문승철

소방학개론

SD에듀
(주)시대고시기획

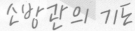

소방관의 기도

신이시여, 제가 부름을 받을 때에는
그 어떤 강렬한 화염 속에서도
한 생명을 구할 수 있는 힘을 주소서.
너무 늦기 전에
어린아이를 감싸 안을 수 있도록,
공포에 떠는 노인을 구할 수 있도록 해주소서.
언제나 집중하여
가냘픈 외침까지도 들을 수 있도록 해주시고,
빠르고 효율적으로
화재를 진압할 수 있도록 해주소서.
저의 임무를 충실하고
최선을 다해 수행할 수 있게 하시어
이웃의 생명과 재산을 보호할 수 있도록 하소서.
그리고 당신의 뜻에 따라
이생에서 생이 다하게 되거든,
부디 은총을 베푸시어
제 아내와 아이들을 돌보아주소서.

머리말

수험생 여러분, 지금 여러분 앞에 「문승철 소방학개론」이 있습니다. 본서는 2018년 하반기부터 공개된 기출문제를 분석하여 예측한 출제경향과, 2020년 소방공무원이 국가직으로 전환됨에 따라 출제 난도가 높아질 것을 예상하여 수험생 여러분 스스로 수험대비를 할 수 있도록 알차게 내용을 구성하였습니다.

이 책을 쓰면서 수험생의 합격에 대한 절실함을 함께하고자 진정성과 성실성을 보여드리기 위해 노력했습니다.

본서의 특징은 다음과 같습니다.

첫째, 연구공학 파트에서 계산 문제의 출제 비중이 높아짐에 따라 수험생 여러분들이 충분히 대비할 수 있도록 출제가 예상되는 문제들을 수록하였습니다.

둘째, 방대한 소방학 내용 중 최근 시험에 빈출되는 중요한 내용들을 한눈에 볼 수 있도록 강조하였고 수험생들이 이해하기 어려운 부분을 명쾌하게 비교 · 구분하였습니다.

셋째, 1회 정독으로 3회 복습의 효과를 얻을 수 있도록 구성하였습니다.

이 책을 준비하면서 많은 분들의 도움을 받았습니다. 늦은 시각까지 항상 고생하시는 SD에듀 임직원 여러분께 감사 인사를 드리고 싶습니다.

소방공무원의 수요와 인기가 매년 증가하고 있습니다. 여러분의 미래인 합격을 앞당길 수 있도록, 공무원의 꿈이 하루 빨리 실현될 수 있도록 합격의 그날까지 함께 하겠습니다.

※ 이설(異說)이 있는 부분은 '소방학교 교재'를 참조하였습니다.

편저자 문승철

소방공무원 시험 알아보기

1. 소방공무원 경쟁 채용시험

(1) 시험과목

채용구분	시험시간	시험과목	
공채	10:00 ~ 11:40 (100분)	소방학개론, 소방관계법규, 행정법총론, 한국사, 영어	
경채	10:00 ~ 11:00 (60분)	일반	소방사(3) : 국어, 생활영어, 소방학개론 소방교 · 소방장(3) : 국어, 영어, 소방학개론
		소방 (소방사)	소방관련학과(3) : 국어, 소방학개론, 소방관계법규

※ 2022년부터 공채시험은 필수 5과목으로 변경되어 선택과목 득점의 조정점수 산출방법에 따른 조정점수 적용 폐지

(2) 시험일정(2022년 기준)

1단계		2단계		3단계		4단계
필기시험	▶	체력시험	▶	인 · 적성검사 신체검사서제출 서류전형	▶	면접시험
4.9(토)		5.10(화)~6.10(금)		6.15(수)~7.15(금)		6.15(수)~7.15(금)

(3) 출제범위

과목		출제범위
소방학개론		소방조직, 재난관리, 연소 · 화재이론, 소화이론
생활영어		소방활동에 필요한 생활영어(경채, 소방사)
소방 관계법규	공채	「소방기본법」 같은 법 시행령 · 시행규칙 「소방시설공사업법」 같은 법 시행령 · 시행규칙 「화재예방, 소방시설 설치 · 유지 및 안전관리에 관한 법률」 같은 법 시행령 · 시행규칙 「위험물안전관리법」 같은 법 시행령 · 시행규칙
	경채	「소방기본법」 같은 법 시행령 「화재예방, 소방시설 설치 · 유지 및 안전관리에 관한 법률」 같은 법 시행령

2. 소방공무원 체력검사

* 체력검사는 총점 60점 중 30점 이상 득점자를 합격자로 합니다.

종목	성별	평가점수									
		1	2	3	4	5	6	7	8	9	10
악력 (kg)	남	45.3~ 48.0	48.1~ 50.0	50.1~ 51.5	51.6~ 52.8	52.9~ 54.1	54.2~ 55.4	55.5~ 56.7	56.8~ 58.0	58.1~ 59.9	60.0 이상
	여	27.6~ 28.9	29.0~ 30.2	30.3~ 31.1	31.2~ 31.9	32.0~ 32.9	33.0~ 33.7	33.8~ 34.6	34.7~ 35.7	35.8~ 36.9	37.0 이상
배근력 (kg)	남	147~ 153	154~ 158	159~ 165	166~ 169	170~ 173	174~ 178	179~ 185	186~ 194	195~ 205	206 이상
	여	85~ 91	92~ 95	96~ 98	99~ 101	102~ 104	105~ 107	108~ 110	111~ 114	115~ 120	121 이상
앉아 윗몸 앞으로 굽히기 (cm)	남	16.1~ 17.3	17.4~ 18.3	18.4~ 19.8	19.9~ 20.6	20.7~ 21.6	21.7~ 22.4	22.5~ 23.2	23.3~ 24.2	24.3~ 25.7	25.8 이상
	여	19.5~ 20.6	20.7~ 21.6	21.7~ 22.6	22.7~ 23.4	23.5~ 24.8	24.9~ 25.4	25.5~ 26.1	26.2~ 26.7	26.8~ 27.9	28.0 이상
제자리 멀리뛰기 (cm)	남	223~ 231	232~ 236	237~ 239	240~ 242	243~ 245	246~ 249	250~ 254	255~ 257	258~ 262	263 이상
	여	160~ 164	165~ 168	169~ 172	173~ 176	177~ 180	181~ 184	185~ 188	189~ 193	194~ 198	199 이상
윗몸 일으키기 (회/분)	남	43	44	45	46	47	48	49	50	51	52 이상
	여	33	34	35	36	37	38	39	40	41	42 이상
왕복 오래 달리기 (회)	남	57~59	60~61	62~63	64~67	68~71	72~74	75	76	77	78 이상
	여	28	29~30	31	32~33	34~36	37~39	40	41	42	43 이상

※ 상기 내용은 변동될 수 있으며, 반드시 최종 공고를 확인하시기 바랍니다.

소방학개론
어떻게 공부해야 할까요?

소방학개론은 **이론**과 **법령**으로 나눌 수 있습니다.

이론 부분은 반드시 이해를 한 후 문제에 접근하여야 합니다.
최근에는 연소공학 파트에서 계산 문제의 출제 비중이 높아지고 있습니다.
따라서 무조건적인 암기는 지양하여야 하며 **최근 기출문제를 통해 문제 유형을 익혀야** 합니다.

법령 부분 역시 이해를 동반한 암기가 필요합니다.
처음부터 암기 위주로 학습을 하면 역효과가 날 수 있습니다.
따라서 **이해하기 → 정리하기 → 암기하기**의 순으로 단계별 학습을 하고,
이를 세분화하여 **용어 정의 → 법령 정리 → 내용의 압축 → 암기하기**의 순으로 학습을 하시길 권합니다.

2018년 하반기부터 소방공무원 시험의 문제가 공개되었고,
2020년 4월부터는 소방공무원이 국가직으로 전환되었습니다.
이에 따라 앞으로 소방공무원 시험의 난도가 전반적으로 높아지고,
합격선도 높아질 것으로 예상되므로 이전보다 좀 더 철저한 학습이 필요하다고 생각합니다.

용어의 이해와 암기

소방학개론은 특수한 과목이기에 용어가 낯설고 어려울 수 있으므로 용어의 이해와 암기가 필요합니다. '플래시오버, 백드래프트, 블레비 현상, 비열, 잠열, 현열' 등의 어려운 용어는 반복 학습을 통해 이해하고 숙달해야 효과적인 암기가 가능합니다.

기출문제 분석

기출문제의 중요성은 이루 말할 수 없습니다. 문제의 70~80% 이상은 이전에 출제되었던 영역에서 출제되기 때문에 기출문제의 철저한 분석이 필요합니다. 2018년 하반기 소방공무원 시험부터 문제가 공개되었으므로 공개된 시험 문제는 반드시 풀어보고 분석하여야 합니다.

완전히 자신의 것으로 만들기

학습한 내용을 정리하고 암기하여 완전히 자신의 것으로 만드십시오. 중요 용어와 핵심이론을 스스로에게 설명할 수 있을 때 비로소 자신의 실력이 됩니다.

이 책의 구성과 특징

① 핵심정리

방대한 양의 소방학개론을 핵심만 추려 쉽게 이해할 수 있도록 정리

---

3. 소방의 임무

(1) 소방의 업무

① 화재예방활동
② 소화활동
③ 구조 및 구급활동
④ 화재조사활동

(2) 소방의 임무

① 기본적 임무(= 본래적 임무)
  ㉠ 기본적으로 소방의 목적을 지키는 것이다.
  ㉡ 정부의 기능 중 질서기능에 속하며 보안기능(안녕, 질서 보존)을 담당한다.
  ㉢ 화재를 예방·경계하여 국민의 복리 증진에 이바지하며 안전한 생활을 보장한다.
  ㉣ 화재를 진압하여 국민의 생명 및 신체를 보호하고 재산 손실을 방지한다.

② 파생적 임무
  ㉠ 소방의 기본적인 임무 이외에 또 다른 임무이다.
  ㉡ 정부의 기능 중 봉사기능에 속하며 권력이 없는 직접 서비스 기능이다.

2. 파생적 임무
  · 봉사기능

□ 119체크
소방의 기본적 임무에 대한 설명으로 옳지 않은 것은?
① 화재를 예방·경계하여 공공의 안녕 및 질서유지와 국민의 복리를 증진한다.
② 정부기능 가운데 질서기능에 속하며 그중에서도 보안기능을 담당한다.
③ 구조대 및 구급대의 권력이 없는 직접서비스를 통하여 국민의 건강을 지키고 안전한 생활을 보장한다.
④ 화재를 진압하여 국민의 생명·신체 및 재산을 보호하고 안전한 생활을 보장한다.

해설
①, ②, ④는 소방의 기본적 임무에 해당되고, ③은 소방의 파생적 임무

② 이론플러스 및 기출플러스

이론의 부가적인 설명과 관련 내용의 기출 및 문제를 통해 심화학습이 가능하도록 구성

---

1 「소방공무원법」(1977년 제정, 1978년 시행)

1. 목적 및 용어의 정의

(1) 「소방공무원법」의 목적과 성격

① 이 법은 소방공무원의 책임 및 직무의 중요성과 신분 및 근무조건의 특수성에 비추어 그 임용·교육훈련·복무·신분보장 등에 관하여 「국가공무원법」에 대한 특례를 규정하는 것을 목적으로 한다.

② 「소방공무원법」은 「국가공무원법」의 특별법적 성격을 갖는다. 따라서 소방공무원은 「국가공무원법」 보다는 「소방공무원법」을 우선 적용받는다.

(2) 용어의 정의 기출 13, 21(슝진)

① 임용
  신규채용, 승진, 전보, 파견, 강임, 휴직, 직위해제, 정직, 강등, 복직, 면직, 해임, 파면을 말한다.

② 복직
  휴직, 직위해제, 정직(강등에 따른 정직 포함) 중에 있는 소방공무원을 직위에 복직시키는 것을 말한다.

이론 플러스
□ 119비교
· 지방소방공무원법(1973년)
· 소방공무원법(1977년)

119 플러스
다음 중 용어의 설명이 잘못된 것은? [13 공주 기출]
① "직위해제"란 휴직·직위해제 또는 정직(강등에 따른 정직을 포함한다) 중에 있는 소방공무원을 직위에 복귀시키는 것을 말한다.
② "임용이란" 신규채용·승진·전보·파견·강임·휴직·직위해제·정직·강등·복직·면 ...

③ 119 관련법령보기

소방학개론과 관련된 소방법규를 한눈에 보기 쉽게 정리

... 등 긴급구조능력을 보유한 기관이나 단체로서 대통령령으로 정하는 기관과 단체를 말한다.

📖 119 관련법령보기

「재난 및 안전관리 기본법 시행령」 제4조(긴급구조지원기관)

1. 교육부, 과학기술정보통신부, 국방부, 산업통상자원부, 보건복지부, 환경부, 국토교통부, 해양수산부, 방송통신위원회, 검찰청, 기상청 및 산림청
2. 국방부장관이 법 제57조 제3항 제2호에 따른 탐색구조부대로 지정하는 군부대와 그 밖에 긴급구조지원을 위하여 국방부장관이 지정하는 군부대
3. 「대한적십자사 조직법」에 따른 대한적십자사
4. 「의료법」 제3조 제2항 제3호 마목에 따른 종합병원
4의2. 「응급의료에 관한 법률」 제2조 제5호에 따른 응급의료기관, 같은 법 제27조에 따른 응급의료정보센터 및 같은 법 제44조 제1항 제1호·제2호에 따른 구급차 등의 운용자
5. 「재해구호법」 제29조에 따른 전국재해구호협회
6. 법 제3조 제7호에 따른 긴급구조기관과 긴급구조활동에 관한 응원협정을 체결한 기관 및 단체
7. 그 밖에 긴급구조에 필요한 인력과 장비를 갖춘 기관 및 단체로서 행정안전부령으로 정하는 기관 및 단체

119 플러스
「재난 및 안전관리 기본법」상 긴급구조기관이 아닌 것은? [16 중앙 기출]
① 경찰청
② 소방청
③ 소방본부
④ 소방서

해설
경찰청은 긴급구조기관이 아니라 긴급구조지원기관에 해당된다. ②, ③, ④는 긴급구조기관에 해당된다.
정답 ①

⑤ 안전구역으로 요구조자들을 구출할 수 있도록 활동을 전개한다.

119 (人) 알아보기

구조 시 주의사항

1. 장애물 제거 시 주의사항
   (1) 필요한 기자재를 준비하고 대원의 안전을 취한다.
   (2) 요구조자의 생명, 신체에 영향이 있는 장애를 먼저 제거한다.
   (3) 위험이 큰 장애부터 제거한다.
   (4) 장애는 주위에서 중심부로 제거한다.
   (5) 위에서 아래로 순차적으로 제거한다.

2. 요구조자가 다수인 경우의 주의사항
   (1) 큰 소리로 아픔을 호소하는 자보다 의식이 없는 자 쪽의 정도가 중하다고 판단한다.
   (2) 생명위기의 정도가 같은 경우 구출이 용이한 자부터 구출한다.
   (3) 생명위기의 정도가 같은 경우 약자(어린이, 노인, 신체장애자, 여성 등)를 우선한다.
   (4) 생명위기의 정도가 같은 경우 고통을 호소하는 사람부터 구출한다.

❍ **구조활동의 원칙 : 안전성, 신속성, 확실성**

④ **119 더 알아보기**

다시 확인하고 넘어가야 할 사항이나 알아두면 좋은 사항들을 알기 쉽게 정리

---

01 다음 중 소화활동설비에 해당하는 것은?

① 비상경보설비
② 무선통신보조설비
③ 공기안전매트
④ 상수도소화용수설비

해설
② 소화활동설비에는 연소방지설비, 연결송수관설비, 연결살수설비, 무선통신보조설비, 제연설비, 비상콘센트설비가 있다.
① 비상경보설비는 경보설비, ③ 공기안전매트는 피난기구, ④ 상수도소화용수설비는 소화용수설비에 해당된다.

02 다음 중 옥내소화전설비에 대한 설명으로 옳지 않은 것은?

① 가압송수장치는 고가수조방식, 압력수조방식, 지하수조방식, 가압수조방식이 있다.
② 유량측정장치는 성능시험배관의 직관부에 설치하되 펌프 정격토출량의 165% 이상 측정할 수 있는 성능이 되어야 한다.
③ 펌프의 토출 측에는 압력계를, 흡입 측에는 연성계 또는 진공계를 설치한다.
④ 펌프성능은 체절운전 시 정격토출압력의 140%를 초과하지 아니하고, 정격토출량의 150%로 운전 시 정격토출압력의 65% 이상이 되어야 한다.

⑤ **단원별 예상문제**

출제 경향에 맞는 엄선된 문제들을 통해 이론 확인 및 실전 대비까지 가능하도록 구성

---

05 다음에서 설명하는 스프링클러설비의 종류로 옳은 것은?

> 화재 발생 시 감지기의 작동으로 1차측 유수검지장치가 작동하여 2차측 폐쇄형 스프링클러헤드까지 소화용수가 송수되어 폐쇄형 스프링클러헤드가 열에 의해 개방되는 방식이다.

① 습식 스프링클러설비
② 건식 스프링클러설비
③ 준비작동식 스프링클러설비
④ 일제살수식 스프링클러설비

해설
① 가압송수장치에서 폐쇄형 스프링클러(2차측)헤드까지 배관 내에 항상 물이 가압되어 있다가 화재로 인한 열로 폐쇄형 스프링클러헤드가 개방되는 방식이다.
② 건식 유수검지장치 2차측에 압축공기 또는 질소 등의 기체로 충전된 배관에 폐쇄형 스프링클러헤드가 부착된 스프링클러설비로서, 폐쇄형 스프링클러헤드가 개방되어 배관 내의 압축공기 등이 방출되면 건식 유수검지장치 1차측의 수압에 의하여 건식 유수검지장치가 작동하게 되는 스프링클러설비를 말한다.
④ 가압송수장치에서 일제개방밸브 1차측까지 배관 내에 항상 물이 가압되어 있고 2차측에서 개방형 스프링클러헤드까지 대기압으로 있다가 화재 발생 시 자동감지장치 또는 수동식 기동장치의 작동으로 일제개방밸브가 개방되면 스프링클러헤드까지 소화용수가 송수되는 방식의 스프링클러설비이다.

⑥ **상세한 해설**

혼자서도 학습할 수 있도록 자세하고 친절한 해설 수록

이 책의 목차

학습플랜

* 본인이 학습한 날짜와 목표 분량 및 실제 학습량을 적어가며 계획적으로 공부해보세요.

날짜	_월_일	_월_일	_월_일	_월_일	_월_일	_월_일	_월_일
목표							
실제 학습량							
날짜	_월_일	_월_일	_월_일	_월_일	_월_일	_월_일	_월_일
목표							
실제 학습량							
날짜	_월_일	_월_일	_월_일	_월_일	_월_일	_월_일	_월_일
목표							
실제 학습량							
날짜	_월_일	_월_일	_월_일	_월_일	_월_일	_월_일	_월_일
목표							
실제 학습량							
날짜	_월_일	_월_일	_월_일	_월_일	_월_일	_월_일	_월_일
목표							
실제 학습량							

PART

01

소방의 기초론

문승철 소방학개론

CHAPTER 01

소방의 의의

1 소방(消防)의 개념

1. 개요

(1) 소방의 의미

① 소방(消防)이라는 단어의 사전적 의미는 '불이 나지 않도록 미리 막고, 불이 났을 때 불을 끄는 일'이다.

② 최근에는 재난, 재해 그 밖의 위급한 상황에서의 구조, 구급의 개념까지 확대함은 물론, 나아가 사회 안전의 확보라는 개념까지 포괄하여 사용한다.

③ 소방관서에서 일상적으로 하는 업무로 화재를 예방·경계하거나 진압하고 그 밖의 소방활동, 즉 재난·재해 그 밖의 위급한 상황에서의 구조·구급활동 등을 통하여 국민의 생명·신체 및 재산을 보호하는 등의 소방활동을 말한다.

> 🎁 **이론 플러스**
> '소방'이라는 용어 최초 사용
> 갑오경장(1895년) 「경무청 세칙」에서 수화소방(水火消防)이라는 용어를 처음으로 사용

(2) 소방의 추세와 범위

① 국가기능의 확대와 국민들의 소방서비스에 대한 수요가 증대됨에 따라 소방에 대한 영역이 확대되어 가는 추세에 있다.

② 소방의 활동 범위가 다양화되고 국민의 소방에 대한 수요가 증가함에 따라 소방의 의미는 소방기관이 국민의 요구에 대한 재화(財貨)와 용역(用役)의 제공이라는 것과 소방의 인적·물적 자원의 관리로 확대되었다.

③ 이러한 관점에서 소방은 「소방기본법」에 따른 소방기관의 활동보다 각종 인위적 재난 및 자연적 재해 등과 연관된 확장된 업무까지도 포함되는 것으로 볼 수 있다.

④ 소방은 사회의 기본 조직 및 정상 기능을 와해시키고, 지역 사회가 외부의 도움 없이는 극복할 수 없고, 정상적인 능력으로는 처리할 수 없는 생명과 재산, 사회간접시설, 생활수단의 피해를 일으키는 단일 또는 일련의 사건을 해결하는 기능까지도 포함한다고 볼 수 있다.

2. 소방활동의 주체에 따른 구분

(1) 형식적 의미의 소방

① <u>소방기관에서 행하는 일체의 모든 활동</u>을 의미한다.

② 즉, 소방활동 + 입법활동(<u>규칙 제정</u>) + 행정활동(<u>임용 등</u>) + 사법활동(<u>징계, 행정심판 등</u>)을 포함한다.

(2) 실질적 의미의 소방

① 「소방기본법」제1조의 목적을 달성하기 위한 활동으로 구체적인 내용은 다음과 같다.

    ㉠ 화재를 예방·경계·진압하고

    ㉡ 구조·구급활동 등을 통해

    ㉢ 국민의 생명·신체 및 재산을 보호함으로써

    ㉣ 공공의 안녕 및 질서 유지와 복리 증진에 이바지한다.

② 소방기관의 소방활동뿐만 아니라 공공기관의 소방활동, 민간의 소방활동을 모두 포함한다.

③ 소방목적을 위하여 국민에게 명령 및 강제와 같은 수단을 이용하여 국민의 자연적 자유를 제한, 회복하는 작용이다.

④ 사회 공공의 안녕·질서 유지와 사회의 복리 증진에 기여하기 위해 국가의 일반통치권에 의하여 국민에게 명령 및 강제하는 것을 목적으로 하고 있다.

(3) 실질적 의미의 소방과 형식적 의미의 소방의 관계

실질적 의미의 소방과 형식적 의미의 소방이 반드시 일치하지는 않는다.

3. 소방작용의 내용과 성질에 따른 구분

(1) 협의의 소방

① 소방기관에서 행하는 화재의 예방, 경계 및 진압 활동을 의미하는 것으로서 형식적 의미의 소방을 말한다.

② 실정법상 소방기관이 수행하는 모든 사무를 의미한다.

③ 소방기관이 수행하는 사무에는 화재의 예방, 경계, 진압 및 기타 재난, 재해 그 밖의 위급한 상황에서의 구조, 구급활동은 물론, 소방관 복무규칙의 제정 등 입법적 활동 또는 소방법령 위반자에 대한 수사 활동, 과태료의 부과 등 사법적 활동이 포함된다.

이론 플러스

형식적 의미의 소방과 실질식 의미의 소방과 관계

∴ 실질 ⊇ 형식

(2) 광의의 소방

① 소방작용의 내용 및 성질을 기준으로 한 것으로서 실질적 의미의 소방을 말한다.

② 기본 조직 및 정상 기능을 와해시키고, 지역 사회가 외부의 도움 없이는 스스로 극복할 수 없고 정상적인 능력으로는 처리할 수 없는 <u>생명과 재산, 사회간접시설 및 그 생활수단의 피해를</u> 일으키는 단일 또는 일련의 사건을 해결하는 기능까지 포함하는 활동을 의미한다.

③ 실정법상 소방기관은 물론 타 행정기관의 국민의 생명과 신체 및 재산을 보호하기 위한 활동 사무 등도 포함된다.

2 소방의 이념·목적·임무

1. 소방의 이념

(1) 개념

① 소방의 이념이란 소방이 지향해야 할 가치로, 공직이념을 바탕으로 하여 국가재난관리의 전문중추조직으로서의 긍지와 자부심을 가지고 서로 협동하는 화합, 단결을 의미하며, 정의와 평화, 안녕, 질서를 추구하는 가운데 경쟁력을 최대한으로 높이는 것을 말한다.

② 위급한 상황일지라도 비상성이 넘치는 담대한 자세로 용감하고 신중하게 대응하는 것을 기본 이념으로 한다.

(2) 소방의 심벌

최소크기규정 — 10mm

① 주위를 예방·경계하다가 사고가 발생하면 새매처럼 신속하게 날아가 소중한 인명을 구하고 힘차게 비상하는 소방청을 상징한다.

소방 슬로건

보다 나은 소방청+
국민의 내일을 위한 안전혁신
국민중심의 안전 가치에 일상의 안심을 더합니다

1. 국민안전 가치 실현을 위한 소방 청책 추진의 실행력을 확보하기 위한 '소방청 브랜드 슬로건'이다.
2. 국민 중심의 안전이 당연시되고, 당연시되는 안전에 일상의 안심 (국민의 마음)까지 배려하는 소방청 정책의지의 표현이다.

소방 캐치프레이즈

불과 물의 상징적 의미
1. 불
   • 정의성
   • 광명성
   • 창의성
   • 화합성
2. 물
   • 필수성
   • 유연성
   • 포용성
   • 윤리성

② 심벌마크는 소방청을 상징하는 대표적인 디자인 요소로 소방청의 아이덴티티를 구축하고, 통합적인 이미지를 형성하는 가장 중요한 역할이다.

③ **상징적 의미**

　㉠ 새매 : 우리나라 전통 텃새로서 천연기념물로 지정. 예방과 경계, 용맹 상징

　㉡ 방수모 : 완전한 안전 상징

　㉢ 무궁화 : 소방청의 대표성 상징

　㉣ 햇불 : 국민에게 희망을 전달하는 소방활동 상징

　㉤ 리본 : 소방청의 단합 상징

　㉥ 육각수 : 맑은 소방용수와 투명한 신념의 소방청 의미

　㉦ 관창 : 소방본부의 대표장비로 소방청의 정체성 상징

(3) 소방의 캐릭터

영웅이　영이　웅이

① **캐릭터 소개**

　화재, 재난·재해 등으로부터 국민의 생명과 재산을 보호하기 위한 인간형 캐릭터로, 남녀노소 누구나 대한민국 소방관의 이미지를 떠올릴 수 있도록 방화복, 헬멧, 안전화 등을 착용하여 믿음직스럽고 용감한 소방관을 표현함과 동시에 대중적이면서 친근한 이미지로 국민을 희생, 봉사하는 소방관의 모습을 의미한다.

② **영웅이의 어원**

　안전을 책임지는 안전지킴이로 국민을 위해 희생·봉사하는 영웅(HERO)을 의미하며, 통합 캐릭터의 명칭을 '영웅이'로 하고, 여자 캐릭터는 '영이', 남자 캐릭터는 '웅이'로 하여 국민들이 기억하기 쉽고 친근하게 부를 수 있는 이름이다.

이론 플러스

캐릭터의 상징적 의미

① 큰 눈

　국민의 생명·신체 및 재산을 보호하며, 언제 어디서나 화재를 예방·경계하고 진압하는 예리하고 민첩한 소방관의 모습을 의미한다.

② 머리 위에 물방울

　화재를 예방·경계·진입하는 데 중요한 물의 이미지와 소방관의 신속함을 의미한다.

③ 듬직하게 허리에 올린 손

　위급한 상황에서 구조 구급활동을 통해 국민의 생명·신체 재산을 안전하게 보호하겠다는 소방관의 각오를 의미한다.

④ 커다란 발

　일상에서 발생하는 모든 위험요소로부터 국민을 보호하는 소방관의 책임과 의무를 의미한다.

⑤ 환한 미소를 짓는 커다란 입

　국민의 이야기를 늘 밝은 미소와 친절함으로 화답하며, 시민에게 친근한 모습으로 봉사함을 의미한다.

⑥ 가슴 위에 119 숫자

　국민들이 위급한 상황에서 재빨리 도움을 요청할 수 있는 믿음직스러운 소방관의 모습을 의미한다.

⑦ 머리 위에 붉은 물방울

　언제 어디서나 화재를 예방·경계하고 진입하는 소방관의 열정과 희생정신을 의미한다.

2. 소방의 목적

(1) 소방의 소극적 목적

① 인위적 또는 자연적 현상에 의해 발생하는 화재의 예방·경계 및 진압을 한다.

② 사회 공공의 안녕과 질서를 유지한다.

③ 사회 공동생활의 평온과 건전한 상태를 보장하는 데 있다.

(2) 소방의 적극적 목적

사회의 복리 증진에 기여한다.

(3) 「소방기본법」 제1조의 목적

<u>화재를 예방·경계</u>하거나 진압하고 화재, 재난·재해, 그 밖의 위급한 상황에서의 <u>구조·구급활동</u> 등을 통하여 <u>국민의 생명·신체 및 재산을 보호</u>함으로써 <u>공공의 안녕 및 질서 유지</u>와 <u>복리 증진에 이바지함</u>을 목적으로 한다.

3. 소방의 임무

(1) 소방의 업무

① 화재예방활동

② 소화활동

③ 구조 및 구급활동

④ 화재조사활동

(2) 소방의 임무

① **기본적 임무(= 본래적 임무)**

㉠ 기본적으로 소방의 목적을 지키는 것이다.

㉡ 정부의 기능 중 <u>질서기능</u>에 속하며 <u>보안기능(안녕, 질서 보존)</u>을 담당한다.

㉢ <u>화재를 예방·경계</u>하여 국민의 복리 증진에 이바지하며 안전한 생활을 보장한다.

㉣ <u>화재를 진압</u>하여 국민의 생명 및 신체를 보호하고 재산 손실을 방지한다.

② **파생적 임무**

㉠ 소방의 기본적인 임무 이외에 또 다른 임무이다.

㉡ 정부의 기능 중 <u>봉사기능</u>에 속하며, <u>권력이 없는 직접 서비스</u> 기능이다.

㉢ <u>구조대 및 구급대</u> 등의 서비스를 통하여 국민의 건강을 지키고 안전한 생활을 보장하는 것이다.

이론 플러스

소방의 임무

1. 기본적 임무
   • 질서기능, 보안기능
2. 파생적 임무
   • 봉사기능

□ 119체크

소방의 기본적 임무에 대한 설명으로 옳지 않은 것은?

① 화재를 예방·경계하여 공공의 안녕 및 질서유지와 국민의 복리를 증진한다.

② 정부기능 가운데 질서기능에 속하며 그중에서도 보안기능을 담당한다.

③ 구조대 및 구급대의 권력이 없는 직접서비스를 통하여 국민의 건강을 지키고 안전한 생활을 보장한다.

④ 화재를 진압하여 국민의 생명·신체 및 재산을 보호하고 안전한 생활을 보장한다.

해설

①, ②, ④는 소방의 기본적 임무에 해당되고, ③은 소방의 파생적 임무에 해당된다.

정답 ③

③ 소방행정의 업무 범위

　㉠ 소극적 의미의 소방행정(= 과거의 소방행정)

　　• 일상적인 업무로서 화재를 예방, 경계, 진압하는 활동

　　• 일반 주민 및 소방 관련 종사자 등에 대한 홍보, 교육, 훈련, 민원 업무 처리, 인 · 허가 업무 처리, 방화 순찰 등

　㉡ 적극적 의미의 소방행정(= 현대의 소방행정)

　　• 화재의 예방, 경계, 진압의 소방행정에서 사회복지 차원의 적극적 소방행정으로 확대된 기능

　　• 구조 및 구급활동 기능

　　• 화재 및 각종 재난, 재해 시 소화 및 인명구조 등을 수행하는 방재 업무 지원

　　• 방역 지원, 인명 구조, 각종 시설 등의 수리봉사반 운영, 생활보호대상자 등에 대한 사회복지 활동 및 봉사활동 지원

이론 플러스

□ 119체크

「소방기본법」제16조의3에서 규정한 소방대의 생활안전활동으로 옳지 않은 것은?

① 위해동물, 벌 등의 포획 및 퇴치 활동

② 단전사고 시 비상전원 또는 조명의 공급

③ 자연재해에 따른 급수 · 배수 및 제설 등 지원활동

④ 붕괴, 낙하 등이 우려되는 고드름, 나무, 위험 구조물 등의 제거 활동

해설

①, ②, ④는 생활안전활동에 해당되고, ③은 소방지원활동에 해당된다.

정답 ③

119 더 알아보기

소방업무

1. 소방활동
　① 화재를 예방, 경계, 진압하는 활동
　② 구조 · 구급활동
　③ 화재조사활동

2. 소방지원활동
　① 산불에 대한 예방 · 진압 등 지원 활동
　② 자연재해에 따른 급수 · 배수 및 제설 등 지원 활동
　③ 집회 · 공연 등 각종 행사 시 사고에 대비한 근접 대기 등 지원 활동
　④ 화재, 재난 · 재해로 인한 피해복구 지원 활동
　⑤ 군 · 경찰 등 유관기관에서 실시하는 훈련 지원 활동
　⑥ 소방시설 오작동 신고에 따른 조치 활동
　⑦ 방송제작 또는 촬영 관련 지원 활동

3. 생활안전활동
　① 붕괴, 낙하 등이 우려되는 고드름, 나무, 위험 구조물 등의 제거 활동
　② 위해동물, 벌 등의 포획 및 퇴치 활동
　③ 끼임, 고립 등에 따른 위험 제거 및 구출 활동
　④ 단전사고 시 비상전원 또는 조명의 공급
　⑤ 그 밖에 방치하면 급박해질 우려가 있는 위험을 예방하기 위한 활동

3 소방행정의 수단

1. 계몽 · 지도(비권력적 행정행위)

① 소방법규의 변경 등에 의해 발생되는 혼란과 오해로 인한 위법행위를 방지한다.
② 행정상 계몽 · 지도는 반드시 사회 공공의 질서 유지를 고려해야 한다.
③ 법의 집행을 위한 행정상 계몽 · 지도는 상황에 따라서 한계가 있다.
④ 계몽의 예로 소방차 길 터주기 캠페인을 들 수 있다.
⑤ 행정지도의 예로 소방본부장 또는 소방서장이 노유자시설, 다중이용업소, 숙박시설, 의료시설, 장례식장에서 사용하는 의자 · 소파 · 침구류에 대하여 필요하면 방염처리된 제품을 사용하도록 권장하는 것을 들 수 있다.

2. 봉사활동

(1) 상대적 봉사

① 직접적인 혜택을 받는 사람들을 중심으로 하는 봉사활동이다.
② 구조 · 구급활동과 같은 소방의 직접적 서비스 기능에 해당한다.
  ㉠ 소방구급대를 통하여 응급환자의 응급조치 및 이송하는 활동
  ㉡ 소방구조대를 통하여 요구조자를 직접 구조하는 활동
③ 강물의 범람, 홍수 등에 의해 발생되는 지역의 수재민을 구조, 구급하는 활동이다.

(2) 포괄적 봉사

① 소방의 혜택을 받는 사람이 사회의 불특정 다수인이 되는 활동이다.
② 인접한 소방대상물의 연소 방지 및 인명, 재산 피해를 최소화하기 위한 소화활동이다.

3. 명령과 강제(권력적 행정행위)

(1) 소방법상 명령의 조건

① 실행 기간 및 지켜야 할 의무 내용을 구체적으로 기록하여야 한다.
② 명령의 주체는 소방청장, 시 · 도지사, 소방본부장, 소방서장, 소방대장 등이다.
③ 서면에 의하여 명령을 하는 것이 원칙이다.
④ 특정한 소방대상자에 한해서 명령을 하여야 한다.

이론 플러스

소방행정의 수단
1. 계몽 · 지도
2. 봉사활동
3. 명령과 강제

이론 플러스

봉사활동
1. 상대적 봉사
2. 포괄적 봉사

□ 119체크
소방행정수단 중에서 상대적 봉사활동의 정의에 대하여 바르게 설명한 것은?
① 소방행정정책으로 인한 직접적인 혜택을 받는 사람들을 중심으로 하는 봉사활동을 말한다.
② 소방의 목적상 소극적인 기능에 해당한다.
③ 소방의 혜택을 받는 사람이 사회의 불특정 다수인이 되는 활동을 말한다.
④ 인접한 소방대상물로의 연소방지 및 인명, 재산 피해를 최소화하기 위한 소화활동을 말한다.

해설
①은 상대적 봉사에 해당되고, ②, ③, ④는 포괄적 봉사에 해당된다.
정답 ①

(2) 소방법상 명령 및 강제수단의 예

① 소방활동 종사명령

 119 관련법령보기

「소방기본법」 제24조(소방활동 종사명령)

① 소방본부장, 소방서장 또는 소방대장은 화재, 재난·재해, 그 밖의 위급한 상황이 발생한 현장에서 소방활동을 위하여 필요할 때에는 그 관할 구역에 사는 사람 또는 그 현장에 있는 사람으로 하여금 사람을 구출하는 일 또는 불을 끄거나 불이 번지지 아니하도록 하는 일을 하게 할 수 있다. 이 경우 소방본부장, 소방서장 또는 소방대장은 소방활동에 필요한 보호장구를 지급하는 등 안전을 위한 조치를 하여야 한다.

② 피난 명령 등

 119 관련법령보기

「소방기본법」 제26조(피난 명령)

① 소방본부장, 소방서장 또는 소방대장은 화재, 재난·재해, 그 밖의 위급한 상황이 발생하여 사람의 생명을 위험하게 할 것으로 인정할 때에는 일정한 구역을 지정하여 그 구역에 있는 사람에게 그 구역 밖으로 피난할 것을 명할 수 있다.

CHAPTER 02 소방의 역사

1 선사시대

1. 구석기시대(약 70만 년 전)

(1) 구석기시대 소방의 개요

① 우리 민족이 한반도에 어떤 경로로 이동하였는가는 어느 누구도 정확히 알 수가 없다.

② 그러나 많은 학자들에 의한 구석기 유적 발굴로 구석기시대 전기, 중기, 후기 로 분류되는 유적과 유물이 전국 곳곳에서 발굴됨에 따라 하나하나 그 의문 이 풀리고 있다.

③ 구석기시대에는 불과 뗀석기 등을 사용하였으며, 공동생활과 계급이 없는 평 등사회를 유지하였다.

(2) 구석기시대 소방의 특징

① 인류가 최초로 불을 사용하였던 시대이다.

② 약 50만 년 전 중국 북경인이 주구점 동굴에서 불을 사용한 흔적을 발견하였다.

③ 우리나라에서는 구석기 유적지인 공주 석장리 유적지에서 화덕 자리를 발견 하였다.

2. 신석기시대(B.C. 8천 년 전)

(1) 신석기시대 소방의 개요

① 신석기시대에는 간석기와 빗살무늬토기가 등장하였고, 계급사회가 아닌 혈 연사회를 이룬 부족사회로 발전하게 되어 씨족공동체를 이루었다.

② 씨족공동체는 자급자족하는 경제적인 독립체였으므로 씨족의 영역 안에서 채집이나 사냥 등 경제적인 활동을 하는 것을 인정하지 않았다.

③ 신석기인의 주거지로는 땅을 널찍이 파서 만든 움집과 자연동굴, 인공적인 동굴 등이 있었다.

이론 플러스

구석기시대(약 70만 년 전)
1. 인류가 불을 최초로 사용한 시기
2. 불을 사용한 흔적
   - 공주 석장리 화덕자리 발견
   - 중국 베이징인 주구점동굴

이론 플러스

신석기시대(B.C. 8천 년 전)
1. 온돌사용
2. 탄화된 좁쌀(조, 피)
3. 화덕자리(중앙)
4. 황해도 봉산지탑리, 평양 남경

이론 플러스

청동기시대(B.C. 2,000년경)
1. 탄화된 쌀(= 탄화미)이 발견
2. 여주 흔암리, 부여 송국리

이론 플러스

최초 화재기록(삼국사기)
신라 미추왕 원년에 금성 서문에 화재가 발생

이론 플러스

□ 119비교
1. 신라 진평왕(18년)
 • 영흥사에 화재
2. 통일신라 문무왕(2년)
 • 영화사에 화재

(2) 신석기시대 소방의 특징

① 온돌이 사용된 최초의 흔적은 신석기시대의 움집 화덕에서 찾아볼 수 있다.

② 평양 남경, 황해도 봉산 지탑리 등에서 탄화된 좁쌀이 발견되었다.

2 삼국시대와 통일신라시대

1. 삼국시대

(1) 개요

① 삼국시대에 들어와서는 농업이 이미 기본 산업이 되었고 어업은 농업 다음가는 산업으로 발달하였으며, 직조기술 또한 발달하였다.

② 국가의 조직이 완성되고 고대 신분제도가 확립되어 귀족과 관리들이 군사, 정치, 제례 등을 담당하고 일반 평민이나 노비들은 생산을 담당하게 됨으로써 산업이 전반적으로 발달한 것으로 보인다.

③ 이와 같이 사회 구성원들 사이에 계층 분화가 생기고 삼국 간의 잦은 전란으로 삼국시대 사람들은 대부분 도성이나 읍성에 거주하였는데, 이것은 대개 구릉을 이용하여 축조한 것이다.

④ 신라의 금성, 고구려의 평양성 등이 바로 도성의 예인데 처음에는 왕궁이나 관촌을 포함한 왕성뿐이었으나, 후기에는 서민 부락까지도 위속하는 외성을 쌓았다.

⑤ 도성의 축조술이 발전되어 왕궁, 관부, 성문 등 대건축물이 건축되고 인가는 서로 연접하여 짓게 되었다. 이로 인하여 삼국시대에 이르러서 화재가 사회적 재앙으로 등장하게 되었다.

(2) 삼국시대 소방의 특징

① 화재가 사회적 재앙으로 등장하게 된 시기이다.

② 화재가 국가적 관심사였던 시기이다.

③ 김부식의 「삼국사기」 문헌에 따르면 '미추왕' 원년에 금성 서문에 화재가 발생하여 민가 100여 동이 소실하였다는 내용과 진평왕 18년에 영흥사에 불이 났을 때 왕이 친히 이재민을 위로하고 구제하였다는 기록이 있다.

2. 통일신라시대

(1) 개요

① 통일신라시대에 전란이 그치고 사회가 안정을 찾자 왕족과 귀족은 호화로운 생활을 하기 시작하였으며, 인구의 급증과 불교의 융성으로 인한 사찰의 증가는 토지의 확장과 산업의 발전을 수반하였다.

② 농업에 주력한 결과 토지가 확장되고 농산물이 증가하여 사유지제도가 발전하게 되었으며 이로 인하여 부호가 발생하였다. 왕궁, 귀족 등 부호의 사치스러운 생활을 뒷받침하기 위한 의류, 금, 은, 세공품들을 수출하고 당과 일본으로부터는 나선의복 등 사치품을 들여오는 등 대외무역이 급증하였으며 외국으로 이민까지 하게 되어 중국에는 신라방이라는 신라인 집단 거주지가 생기게 되었다.

③ 생산품의 교역으로 상업이 발달하고 대도시의 시장, 상점이 증가하였는데 당시 경주는 상업도시로서 번창하였다. 신라 통일 전에는 경주에 시장이 한 개뿐이었던 것으로 보이나 통일 후 동, 서, 남의 세 곳에 시장이 생겼다. 「삼국유사」 1권에도 "신라 금성 시대 중에는 178,936호가 있었으며, 부호대가가 35개나 있었고 귀족들은 사시에 따라 별장생활을 하였다"는 기록이 있다. 이 기록은 부호들의 호화로운 생활을 보여 주는 동시에 경주가 도시의 면모를 갖추고 있음을 나타낸다.

④ 도시가 번창하고 인가가 조밀함에 따라 화재가 자주 발생하였을 것이다. 「삼국사기」의 기록에 따르면 경주의 영화사에 문무왕 2년, 6년, 8년 각각 화재가 발생하였던 것으로 기록되어 있다. 이 시대에는 통치자뿐만 아니라 일반 민중들에게도 화재에 대한 경각심이 생겼고 그 결과 방화의식의 기초가 다져진 것으로 보인다.

(2) 통일신라시대 소방의 특징

① 국민들의 금화의식이 상당히 높았다.
② 지붕을 기와로 개량하였다.
③ 나무 대신 숯을 사용하여 밥을 지었다.
④ 경주의 영화사에서 문무왕 2년, 6년, 8년 각각 화재가 발생하였던 것으로 기록되어 있다.

이론 플러스

통일신라시대
1. 금화의식 수준이 높았다.
   • 밥을 지을 때 나무 대신 숯으로 하였다.
   • 초가지붕을 기와지붕으로 개량
2. 문무왕(2년), 영화사에서 화재

119체크

다음 중 우리나라 소방의 역사에 대한 설명으로 옳지 않은 것은?
① 불을 처음으로 사용한 시기는 구석기시대이다.
② 화재가 국가적 재앙으로 여겼던 시대인 삼국시대에 진평왕 18년에 영흥사에서 화재가 발생하여 왕이 친히 이재민을 구제·위로했다.
③ 통일신라시대에는 표면연소 대신에 불꽃연소로 밥을 지어 국민들의 금화의식이 상당히 컸음을 알 수 있다.
④ 조선 경종(1723년) 때 중국으로 소방장비인 수총기를 수입하였다.

해설

①, ②, ④는 옳은 내용이고, ③은 틀린 내용이다. 통일신라시대에는 불꽃연소 대신에 표면연소로 밥을 지어 국민들의 금화의식이 상당히 높았다.

정답 ③

이론 플러스

119참조
1. 나무(목재)
   • 불꽃연소, 발염연소, 유염연소
2. 숯(목탄)
   • 표면연소, 작열연소, 무염연소

3 고려시대와 조선시대

1. 고려시대

(1) 개요

① 고려시대에는 삼국시대와 통일신라시대보다 화재가 많이 발생하였는데 이는 인구의 증가와 대형 건물의 축조, 잦은 병란에 그 원인이 있는 것으로 보인다. 더욱이 도읍지였던 개경(개성)은 지역이 협소하여 건물들이 밀집하였고, 초옥이 대부분이어서 한번 화재가 발생하게 되면 민가·상가로 연속 확대되어 수백 동씩 연소되는 경우가 많다. 또한 이 시대에는 병화(兵火)와 왜구의 방화 약탈이 심하여 각 궁전과 창고의 대형 화재가 많았다.

② 금화제도의 시작으로 실화 및 방화자에 대한 처벌을 강화했다. 관리에 대하여는 현행 면직처분에 해당하는 현임을 박탈하였으며, 민간인이 실화로 전야를 소실하였을 때는 태(笞) 50, 인가·재물을 연소한 경우에는 장(杖) 80의 형을 주었고 관부·요지 및 사가·사택 재물에 방화한 자는 징역 3년형을 주었다. 각 관아와 진(鎭)은 당직자 또는 그 장이 금화책임자였으며, 문종 20년 윤여창 화재 이후로 창름(쌀광), 부고(府庫)에 금화관리자를 배치하고, 어사대가 수시 점검하여 일직이궐(자리를 비거나 빠지는 일)하였을 때는 먼저 가둔 후 보고하였다.

③ 주택구조 등은 초가지붕을 기와지붕으로 개선토록 권장하였으며(당시 개경은 와가 20%, 초가 80%였다) 길을 따라 옥을 짓도록 하여 연소확대를 막았다.

④ 창고시설은 화재에 대비하여 지하창고로 설치하였는데 대창의 경우 20만 석 이상도 저장할 수 있었다.

⑤ 화약제조 및 사용량이 늘어남에 따라 화통도감을 신설하여 특별 관리하였다.

(2) 고려시대 소방의 특징

① 금화제도가 시작되었다.

② 별도의 금화조직은 없었다. 그러나 가옥 또는 대창(큰 쌀 창고) 등에 금화관리를 두었다. 모든 창고에는 금화를 담당하는 관리를 배치하되 어사대로 하여금 수시로 점검하도록 하여 관리가 자리를 비운 때에는 관품의 고하를 막론하고 옥에 가두었다.

③ 오늘날 사용하는 '소방'이라는 용어 대신에 '소재(消災)'라는 용어를 사용하였다.

④ 화약의 제조와 사용이 늘어남에 따라 화통도감을 설치하였다(최무선).

⑤ 초가지붕을 기와지붕으로 개선토록 권장하였다.

⑥ 방화(放火)자에 대한 처벌을 강화하였다.

⑦ 삼사(회계 업무 담당)에 화재가 발생해 왕이 직접 관리들을 처벌하기도 했다.

2. 조선시대

(1) 개요

① 조선시대에는 한성부를 비롯한 평양부·함흥부 등 도시들이 밀접·복잡해지고 수공업의 급속한 성장과 상업도시의 발달에 따라 전국 각지에서 대형 화재가 발생하였으며, 병란 및 민란 등으로 궁궐 문화재에도 극심한 화재가 발생하였다.

② 이 시대부터 소방 고유 조직이 탄생되었다. 특히 세종 때는 금화도감을 설치하고 금화군을 편성하여 화재를 방비하는 등 새로운 소방제도가 가장 많이 마련된 시기였다.

③ 연산군 이후부터 철종에 이르기까지 크고 작은 화재가 많이 발생하였음에도 계속되는 당쟁과 침략 전쟁에 시달렸던 때문인지 소방제도에 관한 기록은 찾아볼 수가 없다.

(2) 조선시대의 소방제도

① 금화제도

㉠ 금화제도의 정착시기 : 「경국대전」에 체계를 갖춘 금화법령이 명시되어 있다. 금화법령은 「경국대전」의 편찬으로 그 골격을 갖추었는데 권지 1, 4, 5에 행순, 금화, 방화 관계 법령과 실화, 방화에 관한 형률이 기록되어 있다.

㉡ 금화관서의 설치 및 변천

• 세종 8년(1426) 2월에 한성부 대형 화재를 계기로 금화도감을 설치하게 되었다. 금화도감은 상비소방제도로서의 관서는 아니지만 화재를 방비하는 독자적 기구를 갖추었다. 이는 곧 우리나라 최초의 소방관서라 볼 수 있으며 이후 수성금화도감 등으로 변천하였다.

✿ 금화도감 : 병조에 설치, 제조 7명, 부사 6명, 판관 6명, 사 5명으로 구성

• 세종 8년(1426) 6월에 금화도감과 성문도감을 병합한 <u>수성금화도감(공조 소속)</u>을 설치하여 화재를 예방·경계·진압하는 업무뿐만 아니라 복리 증진 업무까지 그 기능을 확대하였다.

• 세조 6년 기구를 폐지하고 관원 수를 감하는 관제의 개편이 있었는데 이때 금화도감을 한성부에 속하는 기구로 개편하였다. 이후 한성부에서 어떠한 형태로 운영되었는지는 명확치 않으나 임진왜란 중에 없어진 것으로 보인다.

이론 플러스

조선시대 금화제도의 변천

1. 금화령(태종, 17년)
   • 최초 소방법령
2. 금화조건(세종 5년, 1423년)
   • 금화에 대한 조건(절차)를 병조에서 왕에게 건의한 것
3. 금화도감 설치(세종 8년, 1426. 2월)
   • 우리나라 최초 소방관서(금화관서)
   • 병조에서 설치
   • 인적구성 : 제(7), 부(6), 판(6), 사(5)
   • 구화패(금화패) 발급
4. 수성금화도감(세종 8년, 1426년 6월)
   • 금화도감 + 성문도감
   • 화재를 예방, 경계, 진압(금화도감)
   • 길과 다리정비, 성 수리, 도랑과 하천을 소통(성문도감)
   • 공조에 설치
   • 1460년(세조) 혁파되어 한성부에 편입
5. 금화군 설치(세종 13년, 1431년)
   • 우리나라 최초의 소방대
   • 화재 발생 시 투입되는 예비조직의 임무
   • 수성금화도감 소속에서 한성부로 편입(1460년, 세조)
6. 멸화군 설치(세조, 1467년 12월)
   • 화재 감시 및 예방, 화재 발생 시 진압 임무 등 화재에 관한 모든 업무를 소관
   • 정원 50명으로 이루어졌으며, 도끼 20개와 쇠갈고리 15개, 삼끈으로 만든 동아줄 5개를 지급받음
7. 수성금화사 창설(성종 12년, 1481년)
8. 소방조직 폐지(인조 15년, 1637년)
9. 수총기 수입(경종 3년, 1723년)
   • 중국으로부터 수입한 최초 소방장비

우리나라 소방역사에 대한 설명으로 옳은 것만을 모두 고른 것은?

[21 기출]

> ㄱ. 고려시대에는 소방(消防)을 소재(消災)라 하였으며, 화통도감을 신설하였다.
> ㄴ. 조선시대 세종 8년에 금화도감을 설치하였다.
> ㄷ. 1915년에 우리나라 최초 소방본부인 경성소방서를 설치하였다.
> ㄹ. 1945년에 중앙소방위원회 및 중앙소방청을 설치하였다.

① ㄱ, ㄴ
② ㄱ, ㄴ, ㄷ
③ ㄴ, ㄷ, ㄹ
④ ㄱ, ㄴ, ㄷ, ㄹ

해설

옳은 것은 ㄱ, ㄴ이다.

오답정리

ㄷ. 1925년에 우리나라 최초 소방서인 경성소방서를 설치하였다.

ㄹ. 1946년에 중앙소방위원회를 설치하고, 1947년에 중앙소방청을 설치하였다.

정답 ①

우리나라 소방역사에 대한 설명으로 옳지 않은 것은?

[20 기출]

① 조선시대인 1426년(세종 8년) 금화도감이 설치되었다.
② 일제강점기인 1925년 최초의 소방서가 설치되었다.
③ 미군정 시대인 1946년 중앙소방위원회가 설치되었다.
④ 대한민국 정부수립 이후인 1948년 소방법이 제정·공포되었다.

해설

소방법이 제정·공포된 연도는 1958년이다. ①, ②, ③은 옳은 내용에 해당된다.

정답 ④

수성금화도감의 기능

금화도감		성문도감
화재를 예방·경계·진압	+	• 길과 다리 정비 • 성 수리 • 도랑과 하천 소통

② **구화조직**

금화도감이 설치되기 전에도 궁중화재를 진압하기 위한 금화조건이 있었다. 금화도감이 설치된 후에는 궁중뿐만 아니라 관아, 민가를 구화하기 위한 금화군제도와 오가작통제도가 실시되었는데 금화도감이 없어진 후에는 멸화군 조직으로 이어져 내려오다 임진왜란 후 없어졌다. 한편 지방에서는 자발적으로 의용소방조직을 만들어 활용하였다.

③ **구화기구**

조선 전기의 화재진화도구로는 도끼, 쇠갈고리, 저수기, 물양동이, 방화용 토가, 불 덮개, 거적 등이 있었다. 중기에 들어서서 경종 3년(1723)에 중국으로부터 수총기를 도입한 것 이외에는 새로운 것이 없었는데 구한말 일본인들을 통해 새로운 소방기구가 도입되기 시작하였다.

④ **금화패 발급**

소방종사자를 나타내는 증표로 금화패(구화패)를 발급하였다.

⑤ **타종**

의금부에서는 화재 발생 시 소방신호인 타종을 쳐 화재가 났음을 알렸다.

⑥ **도시계획 개념 도입**

대형 화재가 인근 민가로 확대되는 것을 방지하기 위해 <u>도시계획의 개념이 도입·시행</u>되었다.

(3) 조선시대 소방의 특징

① <u>금화제도의 정착시기</u>로 「경국대전」에 금화법령이 체계를 갖추었다.

② 세종 8년(1426) 2월 <u>금화도감(우리나라 최초의 소방관서, 병조 소속)</u>을 설치하였다(제조 7명, 부사 6명, 판관 6명, 사 5명으로 구성).

③ 세종 8년(1426) 6월 <u>수성금화도감(성문도감 + 금화도감, 공조 소속)</u>을 설치하였다.

④ 소방종사자의 증표로 금화패(구화패)를 발급하였다.

⑤ 의금부에서 화재 발생 시 소방신호인 타종을 쳐 알렸다.

⑥ 궁중뿐만 아니라 관가, 민가를 구화하기 위한 <u>금화군(1431년, 우리나라 최초의 소방대)</u>, 멸화군, 지방의용 조직을 만들어 활동하였다.

⑦ 경종(1723) 때 중국으로부터 소방장비인 <u>수총기</u>를 수입하였다.

⑧ 오가작통제를 실시하였다.

⑨ <u>행순제도(오늘날 순찰제도에 해당)를 실시</u>하였다.

⑩ 방화법령을 제정하였다.

⑪ <u>도시계획의 개념을 도입·시행</u>하였다.

⑫ 사다리, 도끼, 저수용기, 물양동이, 흡수구 등 <u>화재진화도구를 사용</u>하였다.

4 구한말 · 일제강점기

1. 갑오경장(1894년) 이후

(1) 개요

① 이전까지 금화사는 포도청에서 일시 담당한 것으로 보이는데 1894년 갑오경장을 계기로 포도청을 없애고 한성 5부의 경찰사무를 합쳐 경무청을 설치하게 되었다. 그리고 1895년 관제를 개혁하면서 내부에 경찰관계 내국을 신설하였으며 경찰과 소방은 내무부 지방국에서 관장토록 하였다.

② 지방은 23개 관찰부로 나누고 22개 관찰부에 경찰관을 배치하였다. 그리고 1894년 설치된 경무청은 그대로 두어 한성부 내의 경찰사무를 담당토록 하였고 소방사무는 경무처 직제에 의거하여 총무국으로 분류하였다. 이때 만들어진 경무청 세칙에는 "수화, 소방은 난파선 및 출화 홍수 등에 계하는 구호에 관한 사항"으로 명시되었는데 여기에서 '소방'이라는 용어를 우리나라 역사상 처음으로 쓰게 되었다.

③ 문호의 개방으로 외래문물이 유입되면서 새로운 소방제도가 들어왔는데 이 때부터 소방장비를 갖추고 훈련을 실시하게 되었으며 수도의 개설로 소화전이 설치되고, 화재보험제도가 실시되었다. 특히 소화전은 1909년에 「수도급수규칙」을 제정하면서 수도를 설치할 때 소화용전을 설치하도록 하였는데 이 제도는 현재 「수도법」 제45조에서 규정된 내용과 동일한 성격이다. 또한 공설소화전 외에 사설소화전을 설치할 수 있도록 하였으며 사설소화전을 공용으로 사용하고자 할 때에는 이를 거절하지 못하도록 하였다. 이리하여 우물을 파고 급수기를 비치하던 시대에 소방용수 확보에 새로운 전기를 맞게 되었다.

④ 1906년에 일본인이 우리나라에 화재보험회사 대리점을 설치하기 시작하였고 1908년에는 일본인 통감부가 우리나라 최초의 화재보험회사를 설립하였는데 이 회사들은 주로 일본인을 상대하였다. 이후 일제 강점기에 화재보험제도는 우리사회에도 널리 보급되었다.

이론 플러스

갑오경장 이후의 소방역사

- 갑오개혁, 1894년 이후
- '소방(消防)' 용어 최초 사용(1895년)
  - 「경무청 세칙」(1895년) : 水火消防
- 내무부 지방국에서 소방을 관장
  - 소방의 신분은 경찰신분
- 화재보험회사 설립(1908년)
- 소화전 설치(1909년)

□ 119체크

"수화(水火)·소방(消防)은 난파선 및 출화(出火) 홍수(洪水) 등에 관계하는 구호에 관한 사항" 문장을 최초 사용한 시기는?

① 고려시대(918~1392년)
② 조선시대(1392~1910년)
③ 일제강점기(1910~1945년)
④ 미군정시대(1945~1948년)

해설

조선시대 갑오경장 이후(1895년) 경무청 세칙 "수화(水火)·소방(消防)은 난파선 및 출화(出火) 홍수(洪水) 등에 관계하는 구호에 관한 사항"에서 '소방'이라는 용어를 최초로 사용하였다.

정답 ②

기출 플러스

'소방'이라는 용어를 최초로 사용한 시대는? [13 광주 기출]

① 조선시대 초기
② 갑오개혁 시대
③ 일제시대
④ 미군정 시대

해설

소방이라는 용어를 최초로 사용한 시기는 갑오경장(= 갑오개혁 시대)으로 1895년 경무청 세칙에서 수화소방(水火消防)이라는 용어를 처음으로 사용하였다.

정답 ②

(2) 갑오경장 이후 소방의 특징

① 경무청 세칙의 '수화(水火), 소방(消防)은 난파선 및 출화, 홍수 등에 계하는 구호에 관한 사항'라는 규정에서 우리나라 최초로 '소방(消防)'이라는 용어를 사용하였다(1895).

② 내무부 지방국에서 소방과 경찰을 관장하였다. 이 당시 소방의 신분은 경무청 소속의 경찰 신분이었다.

③ 우리나라에서 최초로 화재보험제도를 실시하였다(1908).

④ 궁정소방대에서 중기펌프 및 완용펌프를 구비하여 사용하였다.

⑤ 공설소화전·사설소화전을 설치하였다.

2. 일제강점기(1910년 ~ 1945년)

(1) 경찰조직 내 소방기구

① 중앙소방행정기구

1910년 6월에 설치한 경무총감부에서는 소방업무를 보안과 내 소방계에서 분장하였다. 1919년 3·1운동을 계기로 관제의 개혁이 이루어졌는데 외청격이었던 경무총감부가 총감부 내국인 경무국으로 개편되었고 소방업무는 경무국 내 보안과에서 관장토록 하였다. 1939년 중·일 전쟁이 본격화됨에 따라 방공(防空)의 중요성을 감안하여 경무국에 방호과를 설치하고 소방사무를 분장토록 하였다. 1943년 11월 관제의 대개편에 따라 방호과를 경비과로 개편하였으며 경비과에서 소방사무를 관장하였다.

② 지방소방행정기구

㉠ 도 경무부 : 중앙의 경무총감부 산하로 도에는 경무부를 두었는데 경무과, 고등경찰과, 보안과 및 위생과 등 4개과가 있었으며 소방사무는 보안과에서 분장하였다. 1939년에는 중앙기구의 개편으로 방호과를 설치함에 따라 도 경무부에는 방호과를 두고 소방사무를 방호과에서 담당하였다.

㉡ 경찰서와 헌병부대 : 지방에는 경찰서와 헌병부대를 설치하였는데 여기에서 소방조를 지휘·감독하여 소방업무를 수행하였으며 1919년 이후에는 헌병부대가 폐지되고 174개 경찰서로 운영되었다.

(2) 소방조

① 이제까지 일본인이 자신들의 생명과 재산 보호를 위하여 설치·운영해오던 소방조를 1915년 6월 23일 소방조의 조직과 운영에 관한 법규인 「소방조규칙」을 조선총독부령(제65호)으로 제정·시행함에 따라 전국으로 확대되었는데, 1915년 12월 평안남도 경무부에서 「소방조직규칙 시행세칙」을 제정하기 시작하여 황해도가 1931년에 마지막으로 제정함으로써 전국적으로 조직되었다.

② 1938년 당시 소방조는 1,393개조에 69,414명이었으며 이 소방조는 1939년 7월 경방단에 흡수되었다.

(3) 상비소방제도의 성립

① 개념

일제 통치하의 소방기본조직은 소방조 조직이다. 그러나 소방 수요가 늘어나고 화재 발생이 증가함에 따라 상비 소방요원이 배치되고 소방관서가 설치되었다. 상비소방수제도는 소방조 소속 상비소방수와 경무부 소속 상비소방수로 이원화되었다.

② 소방조 소속 상비소방수

당시 일제총독부의 자료가 없어 정확한 시행 연도는 알 수 없으나 1900년대 무렵부터 소방조 상비소방수가 임명된 것으로 보여진다. 이들의 숫자는 정확히 파악하기 어려우나 1918년 말 조선총독부 통계에 의하면 150여 명 수준이었다.

③ 도 경무부 소속 상비소방수

도 경무부 소속 상비소방수제도가 생겨난 것은 한·일 합방 직후인 것으로 여겨지는데 1922년 당시 이들을 판임관(당시 순사의 직급, 현재의 8~9급 공무원에 해당)으로 대우하면서 정식 공무원으로 양성하였다. 일제 강점기에 도입된 소방수제도는 일본의 제도를 모방·시행한 것이지만 우리나라에서 처음 실시된 소방직 공무원제도라는 점에서 의미가 있다.

(4) 휘발유펌프 수입

1912년 순종 때 최초의 서양 소방장비인 스웨덴산 휘발유펌프 1대를 수입하였다.

기출 플러스

다음 소방의 발전과정에 대한 설명으로 옳은 것만 고른 것은?
[18 상반기 기출]

가. 세종 8년에 금화도감을 설치하였다.
나. 일제강점기에 상비소방수 제도가 있었다.
다. 대한민국 정부수립 후에 1958년에 소방법을 제정·공포하였다.
라. 2004년 소방방재청을 설립하였다.

① 가
② 가, 나, 다
③ 가, 나, 라
④ 가, 나, 다, 라

해설

보기의 가, 나, 다, 라 모두 옳은 내용이다.
정답 ④

우리나라 소방의 변천과정이 옳은 것은? [12 인천 기출]

① 금화제도 → 금화도감 → 수성금화도감 → 상비소방수제도
② 금화도감 → 금화제도 → 수성금화도감 → 상비소방수제도
③ 금화제도 → 금화도감 → 상비소방수제도 → 수성금화도감
④ 금화도감 → 수성금화도감 → 금화제도 → 상비소방수제도

해설

금화제도의 시작(고려시대) – 금화도감 설치(조선시대 세종 8년 2월) – 수성금화도감 설치(조선시대 세종 8년 6월) – 상비소방수제도 설치(일제강점기 경무부 소속)에 해당한다.
정답 ①

(5) 소방서 설치
① 1925년에 우리나라 최초의 소방서인 경성(종로)소방서를 설치하였다.
② 이후 1939년에는 부산과 평양에, 1941년에는 청진에, 1944년에는 용산·인천·함흥에, 1945년에 성동 등에 확대 설치하였다.

(6) 소방협회 설립
① 1928년 12월 2일 재단법인으로 조선소방협회가 설립되었는데 본부는 조선총독부 총무국에, 연합지부는 각 도 경무부에, 지부는 경찰서 또는 소방서에 두도록 했다.
② 1939년 경방단이 설치된 후에는 "조선방공협회"로 이어졌다.

(7) 경방단
① 1939년 7월 3일 조선총독부령 제104호로 「경방단규칙」이 제정·공포됨에 따라서 소방조와 수방단을 해체하고 경방단으로 통합하였다.
② 구한말 이래 조직되어 있던 소방조는 제도상으로는 모습을 감추고 새로운 경방단 조직으로 소방활동을 하게 되었다.

(8) 일제강점기 소방의 특징
① 1912년 순종 때 최초의 서양 소방장비인 스웨덴산 휘발유펌프 1대를 수입하였다.
② 1915년 일본의 민간 소방조직체를 모방한 소방조(오늘날 의용소방대처럼 비상근)를 도입·운영하였다.
③ 경무부 소속의 상비소방수제도(상근직)를 운영하였다.
④ 1925년 우리나라 최초의 소방서인 경성(종로)소방서를 설치하였다.
⑤ 1928년 소방협회를 설립하였다.
⑥ 1939년 경방단을 설치(소방조 흡수)하였다.
⑦ 일본에서 사용하던 119 전화기를 설치하였다.

중앙과 지방이 하나되는

국가소방공무원시대

2020.4.1. 소방공무원 국가직 전환

2019.11.19. 소방공무원법 개정안 통과
기구 1관 2국 15과, 3소속기관
　　　18개 시도소방본부
신분 국가직

소방청

2017.7.26. 소방청 출범

2017.7.26. 정부조직법 개정안(소방청 신설 내용) 통과
기구 1관 2국, 14담당관 · 과
　　　2소속기관, 18개 시도소방본부
신분 소방청 : 국가직
　　　시 · 도 : 지방직

국민안전처

(중앙소방본부)
2014.11.19. 이후

2014.11.7. 정부조직법 개정안 통과
기구 1본부, 2국, 8과, 2소속기관, 18시 · 도 소방본부
신분 중앙소방본부 : 국가직
　　　시 · 도 : 지방직

소방방재청

2004.6.1. 이후

체제 소방방재청
기구 2국, 7과, 2소속기관, 18시 · 도 소방본부
신분 소방방재청 : 국가직
　　　시 · 도 : 지방직

내무부 · 행정자치부

(소방국)
1992년 이후

체제 시 · 도 책임으로 일원화
기구 1992.4. 시 · 도 소방본부 설치
신분 시 · 도 지방직으로 전환(1995.1.)

내무부

(소방국)
1975년~1992년

체제 서울 · 부산 자치소방
기구 1975.8. 내무부 소방국 설치
신분 1978.3. 소방공무원법 제정
　　　※ 1978.7. 소방학교 설치

내무부

(치안국)
정부수립이후(1948~1975)

기구 중앙 : 내무부 치안국 소방과
　　　지방 : 경찰국 소방과, 소방서
　　　※ 1958.3. 소방법 제정
신분 경찰공무원법 적용

미군정시대(1946~1948)

중앙 소방위원회(소방청)
지방 도소방위원회(지방소방청)
　　　시 · 읍 · 면 : 소방부

조선~구한말

1426 금화도감, 수성금화도감
1481 수성금화사
1925 경성소방서(현 종로소방서)

기출 플러스

다음 중 우리나라에서 최초로 독립된 자치소방체제가 성립된 시기는?

[10 충남 기출]

① 1945~1948년
② 1948~1970년
③ 1971~1992년
④ 1992~2003년

해설

우리나라에서 소방을 경찰에서 분리하여 최초로 독립된 자치소방체제가 성립된 시기는 2차 대전이 끝나고 미군정시대인 1945~1948년에 해당한다.

정답 ①

5 현대

1. 미군정기(1945년 ~ 1948년)

(1) 미군정기의 소방행정체제

① **중앙행정과 소방**

1946년 서울시가 서울특별시로 승격되자 기구를 개편하여 소방부에 방화국을 두고 건축 및 개축 시에는 방화국의 허가를 받도록 하였는데 이는 일제강점기 경찰에서 건축허가권을 가지고 있다가 경찰이 이를 다루지 않게 됨에 따라 과도적으로 소방이 관장하게 된 것이다. 그러나 소방행정과 도시계획 및 건축행정이 불가분의 관계로 생각하게 되었던 것은 방화대책상 커다란 진일보였다.

② **지방행정과 소방**

미군정하에서도 지방행정기구는 대부분 그대로 운영되어 오다가 1946년 10월 23일 도 기구를 개편하였는데 당시의 도 기구는 밑에 내무국 등 7개국 등이 있었다. 한편 도 경찰부는 폐지되고 전과 동일한 권한을 가진 각 관구 경찰청이 설치되었다.

(2) 자치소방제도의 설치

① 미군정청이 조선총독부를 인수할 당시 소방행정은 경무국 통신과에 속하여 있었는데 경무국의 경비과를 인수한 군정청은 소방업무와 통신업무를 합쳐 소방과를 설치하였고, 1946년 11월 소방과를 소방부로 개편하는 동시에 경찰부에도 소방과를 설치하였다.

② 1946년 4월 10일 「군정법」 제66호로 소방부 및 소방위원회를 설치하고 소방행정을 경찰에서 분리하여 자치화하였다.

(3) 중앙소방위원회

① 중앙소방위원회는 상무부 토목국(1946년 8월 7일부터 토목부)에 설치하고 위원회는 7인으로 구성토록 하였으며, 그중 1인은 서기장으로 하였다. 위원은 전문지식이 있는 인사로 군정장관이 임명하였으며 정부관리를 제외한 위원에게는 봉급을 지급하였고 필요시 기술보조역 및 직원을 두었다. 위원회의 임무는 지방행정처와 협력하여 전국 소방예산을 작성하고 시·읍·면에 대하여 소방부 운영에 대한 경비 할당을 추천하고, 소방방화상 중요하다고 보이는 사항의 규격과 규칙을 제정하고 연구 등을 수행하였다.

② 1947년 남조선 과도정부로 개편된 후에는 동위원회의 집행기구로 소방청을 설치하였다. 소방청에는 청장 1인과 서기장 1인을 두고 군정고문 1인을 배치하였으며 부속기구로 총무과, 소방과, 예방과를 두었다.

(4) 도 소방위원회

① 각 도에는 소방기관으로 도 소방위원회를 설치토록 하였는데 위원회는 도지사가 임명하는 5인으로 구성하며, 그중 1인은 서기장으로 보하고 위원회에 기술보조원 및 직원을 두었다. 이 당시 위원회의 임무는 화재로 인한 피해와 화재 위험에 관하여 연구하고, 소화·방화에 대하여 적당한 계획을 수립하여 시·읍·면을 원조하고 정책, 계획, 보고 및 예산에 있어 중앙소방위원회를 원조하는 것 등이 있었다.
② 소방위원회의 사무집행기구로는 서울에 소방부(후에 소방국), 도에는 소방청을 두었다. 각 도 소방청에는 소방과와 예방과를 두었다.

(5) 시·읍·면 소방부

지금까지 경무부에 의한 소방부의 운영 및 관리에서 각 시·읍·면의 직접 감독과 소방부를 발족토록 하였다.

(6) 소방서의 증설

① 일제강점기의 경방단이 소방대로 개편되었다.
② 일제강점기 말기까지 5개 소방서(북한의 3서 제외)에 불과하였으나 자치소방 체제로 전환된 후에는 50여 개로 증설되었다. 이때 소방서의 기구는 어떠하였는지 확실치 않으나, 서울의 소방서 직원이 600여 명이었음을 고려해 볼 때 일제강점기보다 훨씬 확대되었을 것으로 여겨진다.

(7) 미군정기 소방의 특징(1945년~1948년)

① **자치소방체제 실시**
해방 후 일제강점기 때와는 달리 미군정기 때는 소방을 경찰에서 분리하여 우리나라 최초로 독립된 자치소방체제를 실시하였다.
② **소방행정조직**
  ㉠ 중앙
  • 1946년에 중앙소방위원회를 설치하였다.
  • 1947년에 중앙소방청을 설치하였다.
  ㉡ 지방
  • 도에는 소방위원회와 지방소방청 설치하였다.
  • 시·읍·면에는 소방부를 설치하였다.

2. 정부 수립 이후(초창기, 1948년 ~ 1970년)

(1) 개요

① 1948년 8월 15일 대한민국 정부가 수립되자 미군정시대의 소방청을 비롯한 자치소방기구는 경찰기구에 흡수되었고, 소방행정은 다시 경찰행정체제 속에 포함되어 국가소방체제를 실시하였다.

② 1970년 8월 30일 「정부조직법」 개정으로 내무부의 소방기능을 삭제하고 소방사무를 자치사무로 이양키로 하였으나 서울, 부산에서만 실시되고 다른 지역에서는 실시되지 못하다가 1975년 민방위제도 실시와 더불어 소방은 민방위 업무체제의 한 분야로 자리잡아 오늘에 이르고 있다.

(2) 소방행정조직

① **중앙소방행정기구**

㉠ 과도정부의 경무부 토목부 중앙소방위원회를 인수한 내무부는 내부직제에 의거 소방업무를 치안국 내 소방과에서 분장토록 하였다.

㉡ 1950년 3월 18일 내무부직제의 개정으로 소방과는 보안과 내 소방과계로 축소되었으며, 1955년 2월 17일에는 보안과의 소방계를 경비과의 방화계와 병합하여 방호계로 하였고 방호계에서 소방업무와 방공업무를 동시에 분장하였다.

㉢ 1961년 10월 2일에는 치안국에 소방과를 다시 설치하였는데 당시 소방과에는 방호계와 소방계를 두고 민방공, 소방, 수난구조 및 방호업무를 분장하였다.

㉣ 1964년 12월 6일에는 내무부차관을 위원장으로 하는 소방행정심의회를 설치하였으며, 1964년 5월 23일 소방과의 방호계장을 총경으로, 소방계장을 소방령으로 보하도록 하였는데 1969년 1월 「경찰공무원법」 시행으로 소방령으로 보하던 소방계장을 소방총경으로 조정하였다.

② **지방소방행정기구**

㉠ 도 경찰국 : 과도기 정부 때 소방서의 수가 50개소에 달하였지만 1950년 5월 27일에 23개 소방서만 존치하고 27개 소방서는 폐지하였으나 그 후 소방서의 수가 계속 증가되어 민방위본부 발족 시에는 28개 소방서가 존재하였다. 소방업무를 소방서 설치 지역은 소방서에서 맡아 수행하였지만, 소방서 미설치지역은 경찰서에서 담당하였다. 이후 1971년 12월 31일 「소방법」 개정 시 소방서 미관할 구역의 소방업무를 시장·군수가 담당토록 하였으나 그 시행을 유보해 오다가 민방위본부 발족 후 「소방법」 개정으로 1976년 1월 1일부터 경찰서 및 지·파출소의 소방업무를 시·군·면에서 인수하여 수행하였다.

ⓛ 소방서·경찰서 : 1948년 내무부 치안국에 소방과를 설치하면서 각 도에 있던 소방청을 흡수하여 소방과를 설치하였으나 1950년 내무부 치안국 소방과가 흡수되었고 그 후 소방업무가 다시 경비과로 흡수되었다.

ⓒ 소방서의 설치 : 「소방서직제」(대통령령 제7203호) 및 「소방서 설치에 관한 규정」(대통령령 제7205호)에 의거, 서울과 부산은 내무부장관의 협의를 거쳐 조례로 정하고 다른 지역은 시·군의 소방서 직제에 의하도록 하였다.

ⓔ 소방서의 직제 : 이전까지는 소방서에 과·계 조직이 없다가 1967년 11월 23일 「소방서직제」 개정으로 시·도지사가 필요한 계를 설치할 수 있도록 하였으며, 1969년 1월 14일에는 소방서 내에 방호과와 소방과를 두도록 하였다. 소방서장은 당초 소방총경으로 보하도록 하였는데 1960년 소방직 공무원의 최상위 직급인 소방령이 신설되자 소방서장은 소방령 또는 소방감으로 보하도록 하였다. 이후 1967년 직제 개정으로 소방서장 직급이 소방령으로 바뀌었고 1969년에는 「경찰공무원법」 개정에 따라 소방서장은 소방총경으로 직급을 상향 조정하였다. 또한 소방서에 두는 통신기원, 재무서기, 재무서기보를 1962년 12월 2일 소방직 공무원으로 대체하였으며 소방서에 배치되어 있던 임시직 또는 고용원(후에 유급상비대원)은 「지방소방공무원법」으로 양성화되었다.

③ **소방공무원교육기관**

㉠ 소방공무원에 대한 교육은 경찰교육기관에서 맡아왔다. 경찰교육기관은 정부 수립 후 경찰수습소를 인수하여 경찰관교습소, 조선경찰학교, 국립경찰학교 등으로 개칭·운영하였다.

ⓛ 1949년 9월 19일에는 내무부장관 소속하에 경찰전문학교를, 서울특별시장과 각 도지사 소속하에 경찰학교를 설치하였다. 이 당시 경찰전문학교에서는 간부급 경찰관을, 시·도 경찰학교는 하급경찰관의 양성과 재교육을 분담·실시하였다. 소방공무원에 대한 교육은 경찰전문학교에서 전담토록 하였는데 1963년 4월 경찰전문학교 내에 소방학과를 설치하였다.

ⓒ 1972년 7월 22일 경찰전문학교를 경찰대학으로 승격하면서 같은 해 7월 31일 경찰대학 부설소방학교를 설치하였다. 경찰대학 부설 소방학교의 교장은 치안국(후에 치안본부) 소방과장이 겸하도록 하고, 교학과장은 경찰대학의 경정 또는 경감급에서 대학장이 임명토록 하였다.

ⓔ 경찰대학의 소방학교는 민방위본부가 발족되어 소방업무를 인수하면서 폐지되었으나 소방공무원교육기관이 마련되지 않았기 때문에 경찰대학에서 소방공무원 위탁교육을 실시하였다.

기출 플러스

미군정 시대부터의 우리나라 소방역사에 대한 설명으로 옳지 않은 것은?

[18 소방간부 기출]

① 미군정기에 최초의 독립된 자치 소방행정체제를 실시하였다.
② 1958년에 「소방법」이 제정되었다.
③ 1970년에 전국 시·도에 소방본부를 설치하였다.
④ 1977년에 국가·지방소방공무원에 대한 단일신분법이 제정되었다.
⑤ 2017년에 소방청이 설립되었다.

해설

1970년이 아니라 1992년에 전국 시·도에 소방본부를 설치하였다. ①, ②, ④, ⑤는 옳은 내용이다.

정답 ③

이론 플러스

「소방법」

- 제정 : 1958년
- 주요 내용
  - 화재, 풍·수·설해의 예방·경계·진압
  - 소방시설 설치를 의무화
  - 건축허가 시 소방서장의 의견을 청취
  - 의용소방대 설치 최초 법적 근거

이론 플러스

□ 119체크

다음 〈보기〉에서 소방의 역사를 시대순으로 바르게 배열한 것은?

┌─ 보기 ─
ㄱ. 소방법 제정
ㄴ. 이원적 소방행정조직체제
ㄷ. 중앙소방위원회 설치
ㄹ. 소방공동시설세 신설
└─────────

① ㄱ - ㄴ - ㄷ - ㄹ
② ㄴ - ㄷ - ㄹ - ㄱ
③ ㄷ - ㄱ - ㄹ - ㄴ
④ ㄱ - ㄷ - ㄹ - ㄴ

해설

소방위원회 설치(1946년) → 소방법 제정(1958년) → 소방공동시설세 설치(1961년) → 이원적 소방행정조직체제(1972년)

정답 ③

(3) 1958년 「소방법」 제정

① 의의

ⓐ 광복 이후 정국의 혼미 속에서도 1946년 4월 10일에는 군정법령 제66호로 소방부 및 소방위원회를 설치하고 소방행정을 경찰에서 분리하여 자치화하였다. 1947년 4월 1일에는 중앙에 소방청을 설치하여 전국의 소방업무를 관장하게 되었으나, 그동안 소방규제업무가 제 기능을 발휘하지 못하다가, 1950년 3월 24일 내무부령(제10호)으로 「소방조사규정」을 제정하여 화재예방업무 활동을 시작하였다.

ⓑ 「소방법」이 제정되기 전까지의 소방의 주 활동은 화재의 진압에 있었다. 그러나 1950년대 후반부터 화재가 발생했을 때 단순히 불만 끄는 소방이 아니라 국민들의 일상생활에서 오는 사소한 부주의에 따른 화재 발생 요인을 사전에 제거하고 화재에 대한 경각심을 고취하는 등 화재예방활동에 중점을 두었는데 그 계기가 된 것이 바로 「소방법」의 제정(법률 제485호, 1958년 3월 10일)이다.

② 주요 내용

ⓐ 화재, 풍·수·설해의 예방·경계·진압·규정을 마련하였다.

ⓑ 소방시설 설치를 의무화하였다.

ⓒ 건축허가 시 소방서장의 의견을 청취하도록 하였다.

ⓓ 의용소방대를 설치하도록 하였다.

(4) 소방재정

① 국비예산으로 편성되는 경찰예산 중 소방비는 그 규모가 빈약하여 인건비와 차량 유지비가 대부분이었다.

② 1951년 2월 26일 내무부장관 지시로 소방목적세를 부과하여 부족한 소요예산을 충당하여 오다가 1961년 12월 8일 「지방세법」 개정(법률 제827호)으로 소방공동시설세가 명문화되어 오늘에 이르고 있다.

119 더 알아보기 ▼

소방공동시설세(消防共同施設稅, public facilities tax)

공동시설세 중의 하나로 지방자치단체가 소방시설의 설치 및 운영에 소요되는 경비에 충당하기 위하여 선박 또는 건축물의 소유자 등 소방의 혜택을 받는 자에게 부과하는 조세이다.

(5) 대한민국 정부 수립 이후 소방의 특징(1948년~1970년, 소방초창기)

① **국가소방체제**

대한민국 정부 수립 후 시·군까지 일괄적으로 관리하는 <u>국가소방체제로 소방행정조직을 전환하였다.</u>

② **자치소방제도 폐지**

미군정기 때 독립된 자치소방제도를 폐지하고 소방을 다시 경찰에 예속시켰다.

③ **조직**

㉠ 중앙 : <u>내무부 치안국 소방과</u>

㉡ 지방 : 시·도 경찰국 소방과

④ **「소방법」 제정**

정부 수립 이후 최초로 <u>1958년에 「소방법」</u>이 제정되었다.

⑤ **소방공동시설세 신설**

1961년에 소방공동시설세를 신설·도입하였다.

3. 소방 발전기(1970년 ~ 1992년)

(1) 개요

① 1970년 8월 3일 「정부조직법」의 개편으로 소방사무를 자치사무로 하도록 하였으나 제도적 절차가 마련되지 않아 경찰국 기구 내에서 소방사무를 취급하여 오다가 1972년 5월 31일과 같은 해 6월 1일에 서울, 부산에서 각각 소방본부가 발족되어 소방사무를 관장하였다.

② 그러나 다른 도에서는 대통령령으로 정하는 시기까지 내무부장관이 관장토록 함으로써 계속 경찰기구 내에서 소방업무를 관장하였다. 이로써 국가소방과 자치소방으로 이원화되기 시작하였다.

(2) 이원적 소방행정체제 실시(1972년)

① <u>서울과 부산은 자치소방체제를 실시하였고 이 두 지역에 소방본부를 최초로 설치(서울 5월, 부산 6월)하였으며, 시장이 지휘하도록 하였다.</u>

② 기타 지역은 국가소방체제를 실시하였고 내무부 경찰국 소방과에서 운영하였으며, 시장·군수가 지휘·감독하였다.

이론 플러스

소방의 관장했던 기구 비교
(암기 : 갑·질/대·치)
- 갑오개혁기
  - 내무부 지방국
  - 소방신분은 경찰신분
- 대한민국 정부수립 후
  - 내무부 치안국
  - 소방신분은 경찰신분

이론 플러스

❏ 119체크

다음 우리나라 소방의 역사에 관한 설명 중 올바른 것은?

① 조선 세종 8년 때 '소방'이라는 용어를 처음으로 사용했다.

② 우리나라는 삼국시대에 금화도감이 설치되었다.

③ 1948년 소방업무는 국가소방체제로 하여 경찰조직의 내무부 치안국 소방과로 예속되었다.

④ 1894년 소방업무는 내무부 지방국이 아닌 한성 5부에서 관장토록 하였다.

해설

'1948년 소방업무는 국가소방체제로 하여 경찰조직의 내무부 치안국 소방과로 예속되었다.' 는 ③번 지문은 옳은 내용이다.

[오답정리]

① 소방이라는 용어는 갑오경장 1895년에 처음으로 사용했다.

② 금화도감은 조선시대 세종 8년에 설립되었고 우리나라 최초의 소방관서이다.

④ 1894년 소방업무는 내무부 지방국에서 관장하였다.

정답 ③

(3) 소방국 설치와 「소방공무원법」 제정

① **소방국 설치**

1975년 7월 23일 「정부조직법」 개정(법률 제2772호)과 같은 해 8월 26일 「내무부직제」 개정(대통령령 제7760호)으로 민방위본부가 발족하면서 내무부 치안본부 소방과에서 민방위본부 내에 소방국을 설치하게 되었다.

② **「소방공무원법」 제정**

1977년에 「소방공무원법」을 제정하여 1978년 3월에 시행되었다. 1948년 정부가 수립되면서 경찰관의 계급, 명칭 그대로 소방공무원의 신분이 정해졌으며, 1949년 「국가공무원법」이 제정되면서 일반직 공무원의 신분이 되었다가 다시 1969년 1월 7일 경찰공무원의 소방직으로 바뀌었다. 그 후 1973년 2월 8일 「지방소방공무원법」을 제정하고, 의용소방대의 유급상비대원을 소방직 공무원으로 양성화함으로써 국가공무원은 경찰공무원으로, 지방공무원은 소방공무원으로 그 신분이 이원화되었다. 그러나 1978년 3월 1일 독자적 신분 법인 「소방공무원법」이 제정·시행되었다.

(4) 소방학교

① **중앙소방학교**

㉠ 민방위본부로 소방업무가 이관되었으나 소방교육기관을 마련하지 못하여 경찰대학에서 소방공무원교육을 위탁하여 실시해 오다가 1978년 7월 22일 「소방학교직제」가 제정·공포(대통령령 제106호)됨에 따라 경기도 수원시 지방행정연수원 부지 내에 교사를 건축하여 개교하였다. 이 당시 기구는 2과 5계가 있었다.

㉡ 1986년 12월 31일 충남 천안시로 교사를 새로이 건축·이전하였으며 교관단을 증설하고 1991년 4월 23일 소방연구실을 신설하여 현행에 이르고 있다.

㉢ 1995년 6월 29일 발생한 서울 삼풍백화점 붕괴사고의 영향으로 현장지휘팀, 첨단장비팀, 기술지원팀, 긴급동원팀 등 4팀(정원 61명)으로 구성된 중앙119구조대가 발족되었다. 1995년 12월 27일 서울 방학동의 구 서울소방학교에서 발대식을 갖고 각 팀별로 임무를 분장받아 활동에 임하고 있다.

② **지방소방학교**

소방교육의 수요가 증가되고 지방자치시대가 본격 시행됨에 따라서 권역별로 지방소방학교를 설치하고 중앙소방학교와 분담하여 교육을 실시하고 있다.

③ 교육체계

㉠ 교육기능 분담

교육기관	교육기능
중앙소방학교	간부 기본교육, 전문교육, 수탁교육, 특별교육
지방소방학교	비간부 기본교육, 신임교육

㉡ 권역별 교육기관 설치 및 교육대상

교육기관	교육대상
서울소방학교 (1986.7. 개교)	충남, 대구, 부산, 경남
경북소방학교 (1994.7 개교)	경북, 대구, 부산, 경남
광주소방학교 (1996.3 개교)	광주, 전남, 전북, 제주
경기소방학교 (1997.6.2 개교)	경기, 인천, 강원

(5) 소방발전기의 특징(1970년~1992년)

① 내무부 소방기능 삭제 및 시·도의 고유사무 법적 근거 마련(1970년)

② **국가소방·자치소방 이원화**

㉠ 자치소방체제(1972년)

• 서울과 부산은 자치소방

• 서울과 부산에 소방본부를 최초로 설치(1972년)

• 서울과 부산 소방공무원은 지방소방공무원법(1973년 제정) 적용

㉡ 국가소방체제

• 서울과 부산을 제외한 지역

• 서울과 부산을 제외한 소방공무원은 경찰공무원법(1969년) 적용

③ 지방소방공무원법 제정(1973년)

④ 민방위본부 창설(경찰로부터 분리)과 민방위본부 내에 소방국 설치(1975년)

⑤ 독자적인 단일신분법적 성격인 소방공무원법(제정 : 1977년, 시행 : 1978년)

⑥ **중앙소방학교 직제 제정 공포(1978년)** : 경기도 수원시에 설립 → 1986년 충남 천안으로 이관 → 2019년 충남 공주로 이관

⑦ **지방소방학교 최초 설립(1986년)** : 서울소방학교

이론 플러스

□ 119체크

대한민국 정부수립과 동시에 소방본부가 설치되었다. (O, X)

해설

소방본부가 우리나라에 처음으로 설치된 시기는 1972년 서울과 부산에 자치소방을 실시한 때이다.

정답 ×

이론 플러스

□ 119체크

다음 중 소방의 발전과정을 순서대로 나열한 것으로 옳은 것은?

> ㄱ. 소방위원회
> ㄴ. 최초로 소방서 설치
> ㄷ. 최초로 소방이라는 용어사용
> ㄹ. 소방법 제정
> ㅁ. 내무부 민방위본부 창설

① ㄴ - ㄷ - ㄹ - ㄱ - ㅁ
② ㄴ - ㄱ - ㄷ - ㅁ - ㄹ
③ ㄷ - ㄴ - ㄱ - ㄹ - ㅁ
④ ㄷ - ㄱ - ㄴ - ㅁ - ㄹ

해설

소방의 발전과정을 순서대로 나열한 것은 ㄷ - ㄴ - ㄱ - ㄹ - ㅁ이다.

ㄷ. 최초로 소방이라는 용어사용 – 갑오개혁

ㄴ. 최초로 소방서 설치 – 일제강점기

ㄱ. 소방위원회 – 1946년

ㄹ. 소방법 제정 – 1958년

ㅁ. 내무부 민방위본부 창설 – 1975년

정답 ③

🔖 기출 플러스

해방 이후의 소방조직 변천과정을 과거부터 현재까지 옳게 나열한 것은? [19 기출]

> ㄱ. 중앙에는 중앙소방위원회를 두고, 지방에는 도소방위원회를 두어 독립된 자치소방제도를 시행하였다.
> ㄴ. 소방행정이 경찰행정 사무에 포함되어 시·군까지 일괄적으로 관리하는 국가소방체제로 전환되었다.
> ㄷ. 서울과 부산은 소방본부를 설치하였고, 다른 지역은 국가소방체제로 국가소방과 자치소방의 이원화시기였다.
> ㄹ. 소방사무가 시·도 사무로 전환되어 전국 시·도에 소방본부가 설치되었다.

① ㄱ → ㄴ → ㄷ → ㄹ
② ㄱ → ㄴ → ㄹ → ㄷ
③ ㄴ → ㄱ → ㄷ → ㄹ
④ ㄴ → ㄱ → ㄹ → ㄷ

해설

문제 지문의 소방역사의 변천과정은
ㄱ → ㄴ → ㄷ → ㄹ 순이다.

ㄱ. 중앙에는 중앙소방위원회를 두고, 지방에는 도소방위원회를 두어 독립된 자치소방제도를 시행하였다. → 1946년 미군정기 때이다.

ㄴ. 소방행정이 경찰행정 사무에 포함되어 시·군까지 일괄적으로 관리하는 국가소방체제로 전환되었다. → 1948년 이후인 대한민국 정부수립 때이다.

ㄷ. 서울과 부산은 소방본부를 설치하였고, 다른 지역은 국가소방체제로 국가소방과 자치소방의 이원화시기였다. → 1972년 소방행정의 발전기 때이다.

ㄹ. 소방사무가 시·도 사무로 전환되어 전국 시·도에 소방본부가 설치되었다. → 1992년 시·도 광역자치소방체제이다.

정답 ①

4. 광역자치소방체제(1992년 ~ 현재)

(1) 광역행정의 의의

① 광역행정(Regional Administration)이란 일반적으로 지방행정의 민주성, 효과성, 능률성을 제고하기 위하여 넓은 지역에 걸쳐 있는 일정한 행정사무를 종합적·통일적으로 처리하는 지방행정 방식을 의미한다.

② 현재 우리나라의 지방자치는 광역자치단체인 시·도와 기초자치단체인 시·군·구 등의 이(二)계층제로 실시되고 있다. 그러나 실제로는 중앙정부가 상위에 위치하여 중앙정부, 광역자치단체·기초자치단체의 이(二)계층제로 운영되고 있다.

③ 광역행정은 프랑스에서 시작되어 영국, 서독, 미국 등에서 발전되고 있는 현대 행정사상이다.

④ 지방행정의 광역화는 둘 이상의 지방자치단체가 관할구역에 걸쳐 공동적, 통일적으로 수행할 행정이 발생되었을 때 이루어지게 된다. 이러한 광역행정을 효율적으로 수행할 수 있도록 마련된 행정조직 및 관리체제를 광역자치행정체제라 말한다.

(2) 우리나라 광역자치소방체제의 도입

① 우리나라의 소방제도는 1970년 「정부조직법」이 개정(법률 제2249호)되면서 서울특별시와 광역시는 광역자치단체를 중심으로 한 자치소방제도로 전환되었으며 시·군의 경우에는 '지방재정 사항을 고려하여 대통령이 정하는 시기'까지 잠정적으로 국가에서 소방사무를 수행하도록 하여 국가와 자치소방으로 이원화되어 왔는데, 국가소방제도로 운영되고 있는 시·도의 소방행정은 국가의 특별소방행정기관으로서 소방업무를 수행하면서 지휘감독체계는 실질적으로 소방서가 설치된 당해 기초자치단체의 장인 시장, 군수의 지휘·감독을 받도록 하였다.

② 국가소방제도는 일사불란한 지휘체계가 확립되고 인력, 장비, 재정의 효율적 관리가 가능한 장점이 있으나 지역의 소방 여건 변화에 능동적으로 대처하지 못하고 사무의 성격이 자치사무로서 지방자치화시대에 배치되는 문제점이 있었다.

③ 이렇게 이원적 형태로 운영되어 오던 소방조직은 1991년 5월 31일 「정부조직법」이 개정되고 같은 해 12월 14일 법률 제4419호로 개정된 「소방법」 중 제3조에서 "제1항 서울특별시, 직할시 및 도는 그 지방단체의 관할 구역 안에서 소방업무를 수행한다.", "제2항 이 법에 규정된 소방업무를 수행하는 소방본부장 또는 도지사의 지휘·감독을 받는다."라고 하여 광역자치소방행정체제를 도입하였다.

(3) 광역소방으로서의 제도 및 조직 개편

① **제도의 변화**

　㉠ 국가, 지방으로 이원화된 조직체계에서 광역자치소방체제로 통일하였다.

　㉡ 각 도의 소방조직이 소방과에서 소방본부로 확대 설치하였다.

　㉢ 소방서 담당 관할 구역에 모든 시·군이 포함되도록 확대하였다.

　㉣ 소방공무원(지방직) 임용권한이 시·도지사로 조정하였다.

　㉤ 소방공동시설세가 시·군세에서 도세로 전환하였다.

　㉥ 의용소방대 설치운영권과 화재예방조례 제정권이 시·군에서 도로 조정
　　하였다.

② **조직의 개편**

　㉠ 서울특별시 및 각 광역시의 조직은 변화가 없었으나 9개 도에 소방본부를
　　설치하고 도 소방본부는 소방행정과, 방호과 등 2개 과와 소방행정계, 장
　　비계, 감찰계, 방호계, 예방계, 교육계 등 6개 계로 조직되었다.

　㉡ 날로 증가하는 구조구급업무를 관리하기 위하여 1995년 7월 18일「재난
　　관리법」을 제정하고 내무부 소방국 내에 장비통신과 직제를 신설하였으
　　며 소방본부 및 소방서에는 구조구급(계)를 설치하였다. 또한 1995년 12
　　월 27일 중앙119구조대를 발족시켜 새로운 재난관리체계를 확립하였다.

　㉢ 1996년 1월 1일 내무부와 그 소속 기관 직제의 개정으로 내무부 소방국장
　　의 소방직으로 단일화와 최고 계급인 소방총감 계급을 신설하여 종전 9단
　　계에서 10단계로의 계급구조를 이루었다.

③ **소방본부·소방서 설치**

　광역자치소방체제로서 전국 모든 시·도에는 소방본부를, 시·군·자치구에
　는 소방서를 설치하였다.(1992년)

④ **지방직 전환 및 민방위재난통제본부 설치**

　1995년 소방공무원의 신분을 대부분 지방직으로 전환(단, 소방본부장, 중앙
　소방학교장은 국가직에 해당)했으며, 행정자치부 민방위재난통제본부를 설
　치하였다.

시·도단위의 광역자치소방체제의 특징
- 내무부에 방재국 신설(1994년)
- 「재난관리법」제정(1995년)
- 구조·구급과 신설(1995년)
- 중앙119구조대 발족(1995년)
- 소방공무원 신분을 대부분 지방직으로 전환(1995년)
- 민방위재난통제본부 설치(1995년)

5. 소방방재청시대(2004년 ~ 2014년)

(1) 개요

① 1995년 행정자치부 산하에 설치됐던 민방위재난통제본부는 재난 시 사후 복구에 주력했고, 민방위 업무까지 도맡고 있어 독자적인 재난관리기구로 보기 어렵다는 지적이 꾸준히 제기됐다.

② 2002년 태풍 루사로 인한 피해 및 2003년 2월 18일 대구 지하철 화재를 계기로 정부는 독자적인 재난관리기구 설립을 추진했다. 2004년 3월 「재난 및 안전관리 기본법」이 만들어지면서 그 해 6월 1일 소방방재청이 정식으로 출범했다.

③ 각종 재난으로부터 국토를 보존하고 국민의 생명, 신체 및 재산을 보호하기 위하여 국가 및 지방자치단체의 재난 및 안전관리체제를 확립하였다.

(2) 소방방재청 조직

청장·차장과 재난종합상황실, 정책홍보관리관(4관), 예방기획국(5과)·대응관리국(4과)·복구지원국(4과), 4개 소속 기관(중앙119구조대·중앙민방위방재교육원·중앙소방학교·국립방재연구소)으로 이루어져 있다.

(3) 주요 업무

① 크게 공통 분야와 예방 분야·대응 분야·복구 사후관리·특수 과제 등 5개 분야로 세분된다.

② 공통 분야는 조직 문화 혁신과 공무원 전문성 제고, 국가 안전관리 종합 정보 및 통신 시스템 확립, 재난관리 표준화·체계화, 민간 안전지도자 양성과 국민 교육훈련 강화 등이다.

(4) 법률 제정

① 2003년 5월 29일 「소방법」을 세분화하여 <u>4분법</u>으로 개편하였다.

② 2004년 3월 11일 「재난 및 안전관리 기본법」 제정·공포하였다.

> **119 더 알아보기** ✔
>
> **4분법**
> 1. 「소방기본법」
> 2. 「화재예방, 소방시설 설치·유지 및 안전관리에 관한 법률」(약칭 : 소방시설법)
> 3. 「소방시설공사업법」
> 4. 「위험물안전관리법」

6. 국민안전처시대(2014년 11월 ~ 2017년 6월)

(1) 개요

① 2014년 4월 16일 세월호 참사를 계기로 소방방재청과 해양경찰청을 해체·흡수하여 2014년 11월 19일 국민의 안전과 국가적 재난관리를 위한 재난안전총괄기관으로서 체계적인 재난안전관리시스템 구축을 통하여 안전사고 예방과 재난 시 종합적이고 신속한 대응 및 수습체계를 마련하기 위한 국가 재난 콘트롤타워인 행정안전부를 발족하였다.

② 국민안전처(Ministry of Public Safety and Security, MPSS)는 안전 및 재난에 관한 정책의 수립·운영 및 총괄·조정, 비상대비, 민방위, 방재, 소방, 해양에서의 경비·안전·오염방제 및 해상에서 발생한 사건의 수사에 관한 사무를 관장하며 국무총리 소속으로 두었다.

(2) 2014년 11월 19일 「정부조직법」 제22조의2(국민안전처)

① 안전 및 재난에 관한 정책의 수립·운영 및 총괄·조정, 비상대비, 민방위, 방재, 소방, 해양에서의 경비·안전·오염방제 및 해상에서 발생한 사건의 수사에 관한 사무를 관장하기 위하여 국무총리 소속으로 국민안전처를 둔다.

② 국민안전처에 장관 1명과 차관 1명을 두되, 장관은 국무위원으로 보하고, 차관은 정무직으로 한다.

③ 국민안전처에 소방사무를 담당하는 본부장을 두되 소방총감인 소방공무원으로 보하고, 해양에서의 경비·안전·오염방제 및 해상에서 발생한 사건의 수사에 관한 사무를 담당하는 본부장을 두되 치안총감인 경찰공무원으로 보한다.

④ 본부장은 각각의 소관 사무에 관하여 국민안전처장관의 지휘 아래 인사 및 예산에 대한 독자적인 권한을 수행한다.

⑤ 국민안전처장관은 안전 및 재난에 관하여 국무총리의 명을 받아 관계 중앙행정기관을 총괄·조정한다.

⑥ 국민안전처장관은 소관 사무에 관하여 지방행정의 장을 지휘·감독한다.

(3) 소속 기관

중앙소방학교, 중앙119구조본부, 국가민방위재난안전교육원, 국립재난안전연구원 등

이론 플러스

소방법 규정 내용의 변천
1. 1958년
   • 화재예방, 경계, 진압
   • 풍수해, 설해
   • 의용소방대 설치
2. 1983년
   • 구급대 규정
3. 1989년
   • 구조대 규정
4. 1999년
   • 구조, 구급을 제1조에 규정

7. 소방청시대(2017년 7월 ~ 현재)

(1) 개요

① 2017년 7월 국민안전처가 해체되어 국민안전처가 담당했던 소방사무는 소방청이, 재난 · 재해업무는 행정안전부가, 해양사무는 해양경찰청이 각각 담당하게 되었다. 소방청(消防廳, National Fire Agency)은 소방에 관한 사무를 관장하는 대한민국의 중앙행정기관으로서 2017년 7월 26일 행정안전부를 개편하여 발족하였으며, 세종특별자치시 정부2청사로 13 정부세종청사에 위치한다. 청장은 소방총감으로, 차장은 소방정감으로 보한다.

② 소방청은 1975년 내무부 산하 소방국으로 신설된 이후 42년 만에 행정안전부 산하 외청으로 독립했다.

(2) 「정부조직법」 제34조(행정안전부)

① 소방에 관한 사무를 관장하기 위하여 행정안전부장관 소속으로 소방청을 둔다.

② 소방청에 청장 1명과 차장 1명을 두되, 청장 및 차장은 소방공무원으로 보한다.

(3) 조직

청장, 차장, 대변인실, 119종합상황실, 운영지원과, 기획조정관실, 기획재정담당관실, 행정법무담당관실, 정보통계담당관실, 소방정책국(소방정책과, 화재예방과, 화재대응조사과, 소방산업과), 119구조구급국(119구조과, 119구급과, 119생활안전과, 소방장비항공과)

(4) 소속 기관

중앙소방학교, 중앙119구조본부, 국립소방연구원

8. 소방공무원 국가직 전환(2020년 4월)

(1) 취지

① 현재 소방조직은 시 · 도지사가 임용하는 지방소방공무원과 대통령 또는 소방청장이 임용하는 국가소방공무원으로 구성된 이원적 체계로 구성되어 있다.

② 이와 같은 소방공무원의 이원적 체계로 인하여 지방자치단체별로 재정 여건 등에 따라 소방인력, 소방장비 등의 편차가 발생하고 국민이 받는 소방서비스의 시 · 도별 편차가 심화되고 있는 실정이다.

③ 이에 이원적 체계를 갖고 있는 소방공무원을 국가직 공무원으로 일원화함으로써, 소방정책의 일관성 등을 확보하고 소방공무원의 처우 개선 및 시·도별 편차 없는 소방서비스를 제공하려는 것이다.

(2) 구체적 내용

① 소방공무원의 계급을 국가소방공무원의 계급으로 일원화하였다.

② 소방공무원인사위원회를 소방청에 두되, 시·도지사가 임용권을 행사하는 경우에는 시·도에 인사위원회를 두도록 하였다.

③ 소방령 이상의 소방공무원은 소방청장의 제청으로 국무총리를 거쳐 대통령이 임용하고, 소방경 이하의 소방공무원은 소방청장이 임용하며, 대통령령으로 정하는 바에 따라 대통령은 임용권의 일부를 소방청장 또는 시·도지사에게 위임할 수 있도록 하고 소방청장은 시·도지사 및 소방청 소속 기관의 장에게 위임할 수 있도록 하였다.

④ 소방공무원의 신규채용시험 및 승진시험과 소방간부후보생 선발시험은 소방청장이 실시하되, 소방청장이 필요하다고 인정할 때에는 대통령령으로 정하는 바에 따라 그 권한의 일부를 시·도지사 또는 소방청 소속 기관의 장에게 위임할 수 있도록 하였다.

⑤ 소방청에 중앙승진심사위원회를 두고 소방청 및 대통령령으로 정하는 소속 기관에 보통승진심사위원회를 두되, 시·도지사가 임용권을 행사하는 경우에는 시·도에 보통승진심사위원회를 두도록 하였다.

⑥ 소방청장은 소방공무원의 교육훈련을 위한 소방학교를 설치·운영하여야 하고, 시·도지사는 소속 소방공무원의 교육훈련을 위한 교육훈련기관을 설치·운영할 수 있도록 하였다.

⑦ 소방공무원의 인사상담 및 고충을 심사하기 위하여 소방청, 시·도 및 대통령령으로 정하는 소방기관에 소방공무원 고충심사위원회를 두도록 하였다.

소방조직의 유래
1. 역사상 최초의 공식적인 소방조직
   B.C 23년경 로마 시저 황제가 설치한 'The Familia Publica'(자위소방에 해당)
2. 역사상 최초로 구성된 공공소방기관
   로마 아우구스투스의 통치기간에 설치된 'Corps of Vigilies'(소방경방조직)
3. 우리나라 최초의 소방관서
   조선 세종 8년 2월(1426)에 설치된 금화도감
4. 우리나라 최초의 소방서가 설치된 시기
   일제강점기인 1925년에 설치된 경성소방서(현 종로소방서)
5. 우리나라 최초의 소방대 설치
   금화군(조선 1431년)
6. 우리나라 최초로 소방본부가 설치된 시기
   1972년 서울과 부산에 설치
7. '소방'이라는 용어를 최초로 사용한 시기
   갑오경장(1895년, 경무청 세칙 – 수화·소방(水火消防)
8. 우리나라 최초로 화재보험회사가 설립된 시기
   일제강점기 이전, 1908년

소방용어의 변천
1. 고려시대 : 소재
2. 조선시대 : 금화, 멸화
3. 갑오경장 : 소방
4. 일제 강점기 : 소방
5. 미군정기 : 소방
6. 대한민국 정부 수립 ~ 현재 : 소방

소방행정조직체제의 변천
1. 갑오경장 : 경무청 소속으로 경찰 신분
2. 일제강점기 : 경무부 소속의 상비소방수제도를 운영
3. 미군정기 : 소방을 경찰에서 분리하여 최초로 독립된 자치소방체제 실시
4. 대한민국 정부 수립(1945~1970년) : 국가소방체제로 전환, 경찰 신분
5. 1970~1992년 : 이원적 소방행정체제 실시(1972년)
6. 1992년~현재 : 시·도 단위의 광역자치소방체제

이론 플러스
우리나라 소방행정체제의 변천
1. 자치소방행정체제(1945~1948년)
2. 국가소방행정체제(1948~1970년)
3. 이원적소방행정체제(1970~1992년)
4. 광역자치소방행정체제(1992년~현재)

시기	미군정 시대	정부 수립 이후	발전기 ~ 현재			
기간	1945.9. ~ 1948.10.	1948.11. ~ 1975.8.	1975.8. ~ 2004.5.	2004.6. ~ 2014.11.18.	2014.11.19. ~ 7.7.25.	17.7.26. ~ 현재
소속 중앙	소방위원회 (소방청)	내무부 치안국 (소방과)	행자부 민방위 본부 (소방국)	소방 방재청	국민 안전처 (중앙소방 본부)	소방청
소속 지방	도 소방 위원회 (지방 소방청), 시·읍·면 (소방부)	경찰국 소방과 소방서	도 소방과 서울, 부산, 대구, 인천, 광주 (소방본부)	시·도 (소방본부)	시·도 (소방본부)	시·도 (소방본부)
성격	자치소방 체제	국가소방 체제	국가+ 자치소방	시·도 자치소방		

소방의 역사 요약정리

1. 구석기시대
    (1) 인류가 최초로 불을 사용하였다.
    (2) 약 50만 년 전 **중국 북경인(주구점 동굴)**이 불을 사용한 흔적이 발견되었다.
    (3) 우리나라 **공주 석장리** 유적지에서 화덕자리가 발견되었다.
2. 신석기시대
    (1) 신석기시대의 움집 화덕에서 온돌이 사용된 최초의 흔적이 발견되었다.
    (2) 평양 남경, 황해도 봉산 지탑리 등에서 탄화된 좁쌀이 발견되었다.
3. 삼국시대(고구려, 백제, 신라)
    (1) 화재가 사회적 재앙으로 등장하게 된 시기이다.
    (2) 화재가 국가적 관심사였던 시기이다.
    (3)「삼국사기」(김부식)
        ① '미추왕' 원년에 **금성 서문**에 화재가 발생하여 민가 100여 동이 소실되었다.
        ② **진평왕** 18년에 **영흥사**에 불이 났을 때 왕이 친히 이재민을 위로하고 구제하였다.
4. 통일신라시대
    (1) 국민들의 금화의식이 상당히 높았다.
    (2) 지붕을 기와로 개량하였다.
    (3) 나무 대신 숯을 사용하여 밥을 지었다.
5. 고려시대
    (1) 금화제도가 시작되었다.
    (2) 별도의 금화조직은 없었다. 그러나 가옥 혹은 대창(큰 쌀 창고) 등에 **금화관리**를 두었다.

→ 모든 창고에는 금화를 담당하는 관리를 배치하되 <u>어사대</u>로 하여금 수시로 점검하도록 하여 관리가 자리를 비운 때에는 관품의 고하를 막론하고 옥에 가두었다.

(3) '<u>소재(消災)'라는 용어를 사용하였다.</u>

(4) 화통도감을 설치하였다(최무선).

(5) 초가를 기와지붕으로 개선토록 권장하였다.

(6) 방화(放火)자에 대한 처벌을 강화하였다.

(7) 삼사(회계업무 담당)에 화재가 발생해 왕이 직접 관리들을 처벌하기도 했다.

6. 조선시대 ★★

(1) <u>금화제도의 정착시기</u>
「경국대전」에 금화법령이 체계를 갖추었다.

(2) 세종 8년 2월(1426)
<u>우리나라 최초의 소방관서인 금화도감(병조 소속)이 설치되었다</u>(제조 7명, 부사 6명, 판관 6명, 사 5명).

(3) 세종 8년 6월(1426)
<u>수성금화도감(공조 소속)이 설치되었다</u>(= 성문도감 + 금화도감).

(4) 소방종사자의 증표로 금화패(구화패)가 발급되었다.

(5) 의금부에서는 화재 발생 시 소방신호인 타종을 쳐 알렸다.

(6) 궁중뿐만 아니라 관가, 민가를 구화하기 위한 <u>금화군, 멸화군, 지방의 용조직을</u> 만들어 활동하였다.

(7) 경종(1723) 때에는 중국으로부터 소방장비인 <u>수종기가</u> 수입되었다.

(8) 오가작통제가 실시되었다.

(9) 행순제도(오늘날 순찰제도에 해당)와 방화법령이 있었다.

(10) 대형화재가 인근 민가로 확대되는 것을 방지하기 위해 <u>도시계획의 개념이 도입·시행</u>되었다.

(11) 사다리, 도끼, 저수용기, 물양동이, 흡수구 등 <u>화재진화도구를 만들어 사용</u>했다.

7. 갑오개혁 이후(1894 ~)

(1) '<u>소방(消防)'이라는 용어를 처음으로 사용하였다(1895).</u>
→ 경무청 세칙에 '수화소방(水火消防)은 난파선 및 출화, 홍수 등에 계하는 구호에 관한 사항'

(2) <u>내무부 지방국에서 소방과 경찰을 관장하였다.</u>
→ 소방의 신분은 경무청 소속의 경찰 신분이었다.

(3) 최초로 화재보험제도를 실시하였다(1908).

(4) 궁정소방대에 중기펌프 및 완용펌프를 구비하였다.

(5) 공설·사설 소화전을 설치하였다.

8. 일제강점기(1910 ~ 1945)

(1) 1912년 순종 때, 최초의 서양 소방장비인 <u>스웨덴산 휘발유펌프 1대를 수입하였다.</u>

(2) 소방조직체제
① 1915년, 일본의 민간 소방조직체를 모방한 소방조를 운영하였다.
② 경무부 소속의 <u>상비소방수제도를</u> 운영하였다.

③ 소방조는 의용소방대처럼 비상근제도이며, 상비소방수제도는 상
근제도의 소방조직을 말한다.

(3) <u>1925년</u>, 우리나라 최초의 소방서인 <u>경성(종로)소방서</u>가 설치되었다.
이후 1939년 부산·평양, 1941년 청진, 1944년 용산·인천·함흥,
1945년 성동 등에 설치되었다.

(4) 119전화기가 설치되었다.

(5) 1939년 경방단이 설립되었다.

9. 미군정기(1945 ~ 1948)

(1) <u>소방을 경찰에서 분리하여 최초로 독립된 자치적 소방체제를 실시하
였다.</u>

(2) 중앙

① 1946년 중앙소방위원회가 설치되었다.

② 1947년 중앙소방청이 설치되었다.

(3) 지방

① 각 도에 소방위원회, 지방소방청을 설치하였다.

② 시·읍·면에는 소방부를 설치하였다.

10. 정부 수립 이후(초창기, 1948 ~ 1970)

(1) 시·군까지 일괄적으로 관리하는 <u>국가소방체제로 전환되었다.</u>

(2) 독립된 자치소방제도를 폐지하고 <u>경찰에서 소방을 다시 관장하였다.</u>

(3) 중앙에는 <u>내무부 치안국에 소방과</u>를, 지방에는 시·도 경찰국에 소
방과를 설치하였다.

(4) 「소방법」을 제정하였다(1958).

(5) 소방공동시설세를 신설하였다(1961).

11. 소방 발전기(1970 ~ 1992)

(1) <u>이원적 소방행정체제 실시하였다(1972).</u>

① <u>서울·부산</u>
<u>자치소방체제, 소방본부를 최초로 설치하고[서울(5월), 부상(6
월)], 시장이 지휘하였다.</u>

② 기타 지역
국가소방체제, 내무부 경찰국 소방과에서 운영, 시장·군수가
지휘·감독하였다.

(2) 「지방소방공무원법」을 제정하였다(1973).

(3) 민방위본부를 창설하였다(1975).

(4) 「소방공무원법」을 제정하였다(1977). → 시행은 1978년 3월

(5) 중앙소방학교 직제를 제정하였다(1978년, 경기도 수원에 설립 →
1986년 충남 천안으로 옮김).

12. 광역자치소방체제(1992 ~ 현재)

(1) <u>시·도(광역)자치 행정체제 확립하였다.</u>

(2) 시·도에 소방본부, 시·군·자치구에 소방서를 설치하였다.

    (3) <u>1995년</u>

      ① <u>소방공무원 신분은 대부분 지방직으로 전환되었다(단, 소방본부장, 중앙소방학교장은 국가직에 해당).</u>

      ② 행정자치부에 민방위재난통제본부를 설치하였다.

13. 소방방재청시대(2004 ~ 2014)

    (1) 2003년 2월 18일, 대구 지하철 화재가 발생하였다.

    (2) <u>2003년 5월 29일</u>, 「소방법」(1958)이 세분화하여 <u>4분법</u>으로 개편되었다.

      ① 「소방기본법」

      ② 「화재예방, 소방시설 설치ㆍ유지 및 안전관리에 관한 법률」

      ③ 「소방시설공사업법」

      ④ 「위험물안전관리법」

    (3) 2004년 3월 11일, 「재난 및 안전관리 기본법」이 제정ㆍ공포되었다.

    (4) 2004년 5월, 소방방재청이 설립되었다(소방업무, 민방위 재난ㆍ재해업무까지 관장).

14. 국민안전처시대(2014.11 ~ 2017.6)

    (1) <u>세월호 침몰사건을 계기로 국민안전처가 개설되었다.</u>

    (2) 육상, 해상, 항공, 에너지 등을 통합 수용하였다.

    (3) 소속 기관

      <u>중앙소방학교, 중앙119구조본부, 국가민방위재난안전교육원, 국립재난안전연구원</u> 등

15. 소방청시대(2017.7 ~ 현재)

    (1) 2017년 7월 26일, 행정안전부를 개편하여 발족하였다.

    (2) 「정부조직법」 제34조(행정안전부)

      ① 소방에 관한 사무를 관장하기 위하여 행정안전부장관 소속으로 소방청을 둔다.

      ② 소방청에 청장 1명과 차장 1명을 두되, 청장 및 차장은 소방공무원으로 보한다.

      ③ 소속 기관 : 중앙소방학교, 중앙119구조본부, 국립소방연구원

PART
01

단원별 예상문제

01 우리나라 소방기관의 역사를 바르게 설명한 것은?

① 고려시대 때 금화도감을 설립했다.
② 「소방법」 및 「소방공무원법」이 1948년에 제정·시행되었다.
③ 1925년 경성소방서가 생겼으며 이후 평양과 부산에도 설치되었다.
④ 현재는 서울, 부산은 지방자치소방체제를, 시·도는 국가소방체제를 유지하고 있다.

해설

③ 1925년 지금의 종로(경성)소방서 설치 이후 1939년 부산과 평양에도 소방서가 설치되었다.
① 금화도감은 조선 시대 세종 8년 2월(1426)에 설치된 우리나라 최초의 소방관서이다.
② 「소방법」은 1958년에 제정·공포하였으며, 「소방공무원법」은 1977년에 제정되어 1978년에 시행하였다.
④ 1992년부터 현재에 이르기까지 소방행정체제는 시·도 광역자치소방체제로 운영하고 있다. 참고로 1972년부터 1992년까지 서울과 부산은 자치소방체제를, 기타 시·도 지역은 국가소방체제를 실시하였다.

02 '수화(水火), 소방(消防)은 난파선 및 출화(出火) 홍수(洪水) 등에 관계하는 구호에 관한 사항'이라는 문장을 최초 사용한 시기는?

① 고려시대(918 ~ 1392년)
② 조선시대(1392 ~ 1910년)
③ 일제강점기(1910 ~ 1945년)
④ 미군정시대(1945 ~ 1948년)

해설

② 조선시대 갑오개혁 이후(1895) 경무청 세칙에서 '소방(消防)'이라는 용어를 최초로 사용하였다.

03 조선 후기 소방조직에 대한 설명으로 옳지 <u>않은</u> 것은?

① 수성금화도감에서는 길과 다리, 성을 수리하고 도랑과 하천(천거)을 소통시켰으며 화재를 금하였다.
② 경무청 세칙에서 '소방'이라는 용어를 처음(1895) 사용했다.
③ 내무부 지방국에서 소방과 경찰을 관장했다.
④ 화재보험제도가 최초로 실시되고, 공설·사설 소화전이 설치되었다.

해설

① 수성금화도감은 조선 초기 세종 8년(1426년) 6월에 설치되었으며 길과 다리, 성을 수리하고 도랑과 하천(천거)을 소통시키며 화재를 금하는 기능을 하였다.

04 우리나라에서 이원적 소방조직체제로 서울과 부산에 소방본부가 설치된 시기는?

① 미군정기   ② 정부 수립 직후
③ 1972년   ④ 1992년

해설

③ 1972년에 이원적 소방조직체제로 서울과 부산에 소방본부를 설치하였다.

05 우리나라 소방의 변천 과정을 시기순으로 바르게 나열한 것은?

> 가. 수성금화도감의 설치   나. 금화도감의 설치
> 다. 금화제도의 시행   라. 상비소방수제도의 시행

① 다 – 나 – 가 – 라   ② 가 – 나 – 라 – 다
③ 나 – 다 – 가 – 라   ④ 다 – 가 – 라 – 나

해설

다. 금화제도는 고려시대에 시행되었다.
나. 금화도감은 조선 세종 8년 2월(1426년)에 설치되었다.
가. 수성금화도감은 조선 세종 8년 6월(1426년)에 설치되었다.
라. 상비소방수제도는 일제강점기에 시행되었다.

06 소방의 기본적 임무에 관한 내용으로 옳지 <u>않은</u> 것은?

① 정부의 기능 가운데 질서기능에 속하며, 그중에서도 보안기능을 담당한다.
② 화재의 예방과 경계를 통하여 국민의 복리 증진과 안전한 생활을 보장한다.
③ 화재의 진압으로 국민의 생명과 신체 및 재산의 손실을 방지한다.
④ 구급대의 응급의료지원서비스로 국민의 건강과 안전한 생활을 영위한다.

해설
④ 구급대의 응급의료지원서비스는 소방의 파생적 임무(봉사적 임무)에 해당한다.

07 불이 가지고 있는 소방의 상징적 이념이 <u>아닌</u> 것은?

① 윤리성　　　　　　　　　　② 광명성
③ 정의성　　　　　　　　　　④ 화합성

해설
① 윤리성은 물이 갖는 소방의 이념이다.

119 더 알아보기

소방의 상징적 이념

불이 갖는 소방의 이념	정의성, 광명성, 창의성, 화합성
물이 갖는 소방의 이념	윤리성, 유연성, 포용성, 필수성

08 대한민국 정부 수립 이후 1948 ~ 1970년까지의 소방체제는?

① 이원적 소방체제　　　　　　② 국가소방체제
③ 자치소방체제　　　　　　　④ 광역자치소방체제

해설
① 이원적 소방체제는 1970 ~ 1992년까지의 소방체제이다.
③ 자치소방체제는 1945 ~ 1948년까지의 소방체제이다.
④ 광역자치소방체제는 1992년 ~ 현재까지의 소방체제이다.

119 더 알아보기

소방체제의 변화

자치소방체제	국가소방체제	이원적 소방체제	광역자치소방체제
1945 ~ 1948년	1948 ~ 1970년	1970 ~ 1992년	1992년 ~ 현재

09 우리나라 소방의 역사에 대한 설명으로 옳지 <u>않은</u> 것은?

① 일제강점기 때 우리나라에서 처음으로 화재보험제도가 실시되었고, 공설·사설 소화전이 설치되었다.

② 1972년 서울특별시와 부산직할시에 소방본부를 설치하여 자치소방체제를 유지하였고 기타 시·도는 정부 수립 이후 초창기처럼 국가에서 관리하는 국가소방체제를 유지하는 이원적 소방행정체제를 시행하게 되었다.

③ 1912년 순종 때 궁정소방대에서 최초의 서양 소방장비인 스웨덴산 휘발유펌프 1대를 구입하였다.

④ 1992년 국가와 지방으로 이원화된 소방조직체제를 광역자치소방체제로 통일하고 소방사무 책임을 시(市)·군(君)에서 시(市)·도(道)로 완전히 전환하였다.

해설

① 1908년 우리나라에서 처음으로 화재보험제도가 실시되었고, 공설·사설 소화전이 설치되었다.

10 다음 우리나라 소방의 역사에 관한 설명 중 옳은 것은?

① 조선 세종 8년 때 '소방'이라는 용어를 처음으로 사용했다.

② 우리나라는 삼국시대에 금화도감이 설치되었다.

③ 1948년 소방업무는 국가소방으로 하여 경찰조직의 내무부 치안국 소방과로 예속되었다.

④ 1894년 소방업무는 내무부 지방국이 아닌 한성 5부에서 관장토록 하였다.

해설

① '소방'이라는 용어는 갑오개혁(1895) 때 처음으로 사용했다.
② 우리나라 최초의 소방관서인 금화도감은 조선시대 세종 8년에 설립되었다.
④ 1894년 소방업무는 내무부 지방국에서 관장하였다.

11 현재 우리나라 소방행정체계에 대한 설명으로 옳지 <u>않은</u> 것은?

① 소방공무원은 특별시장, 광역시장, 특별자치시장, 도지사, 특별자치도지사의 지휘를 받는다.

② 국가직 소방공무원의 계급은 10계급이며, 서울특별시와 경기도 소방본부장의 직급은 소방감이다.

③ 시·도지사가 임용하는 지방소방공무원과 대통령 또는 소방청장이 임용하는 국가소방공무원으로 구성된 이원적 체계를 갖고 있는 소방공무원을 국가직 공무원으로 일원화하였다.

④ 우리나라 소방은 행정안전부 소속의 독립청인 소방청이 소방사무를 담당하고 있다.

해설

② 소방공무원의 계급은 11단계이며, 서울특별시와 경기도 소방본부장의 직급은 소방정감이다.

12 소방의 역사 및 행정체제에 대한 설명으로 옳지 <u>않은</u> 것은?

① 1426년(세종 8)에 최초의 소방관서인 금화도감을 설치하였다.
② 1925년 최초의 소방서인 경성(종로)소방서가 설치되었고 동시에 「소방법」이 제정되었다.
③ 정부 수립과 함께 자치소방체제를 폐지하고 국가소방체제를 유지하였으나 이후 정부는 서울과 부산에 자치적인 소방본부를 설치하여 이원적 소방행정체제를 유지하였다.
④ 2004년 소방방재청을 설치하여 소방업무뿐만 아니라 민방위 재난재해업무를 관장하는 재난통합관리체제를 유지하였다.

해설
② 1925년 최초 소방서인 경성(종로)소방서가 설치되었고, 「소방법」은 1958년 제정되었다.

13 소방의 역사를 시기순으로 바르게 배열한 것은?

> ㄱ. 「소방법」 제정   ㄴ. 이원적 소방체제
> ㄷ. 소방위원회 설치   ㄹ. 소방공동시설세 설치

① ㄱ – ㄴ – ㄷ – ㄹ   ② ㄴ – ㄷ – ㄹ – ㄱ
③ ㄱ – ㄷ – ㄹ – ㄴ   ④ ㄷ – ㄱ – ㄹ – ㄴ

해설
④ 소방위원회 설치(1946) → 「소방법」 제정(1958) → 소방공동시설세 설치(1961) → 이원적 소방체제(1972)

14 다음 중 소방의 발전 과정을 순서대로 나열한 것은?

> ㄱ. 소방위원회   ㄴ. 최초로 소방서 설치
> ㄷ. 최초로 '소방'이라는 용어 사용   ㄹ. 「소방법」 제정
> ㅁ. 내무부 민방위본부 창설

① ㄴ – ㄷ – ㄹ – ㄱ – ㅁ   ② ㄴ – ㄱ – ㄷ – ㅁ – ㄹ
③ ㄷ – ㄴ – ㄱ – ㄹ – ㅁ   ④ ㄷ – ㄱ – ㄴ – ㅁ – ㄹ

해설
ㄷ. '소방'이라는 용어는 갑오개혁 때 처음 사용되었다.
ㄴ. 최초로 소방서가 설치된 때는 일제 강점기이다.
ㄱ. 소방위원회는 1946년에 설치되었다.
ㄹ. 「소방법」은 1958년에 제정되었다.
ㅁ. 내무부 민방위본부는 1975년에 창설되었다.

15 다음과 관련 있는 시대는?

> • 양곡 창고(운여창), 쌀 창고(창름)와 창고(부고)에 금화관리를 두어 금화제도가 시작된 시기이다.
> • 방화(放火)자에 대한 처벌을 강화하였다.
> • 초가를 기와지붕으로 개선하도록 권장하였다.

① 삼국시대   ② 통일신라시대

③ 고려시대   ④ 조선시대

해설

③ 금화제도가 시작된 시기는 고려시대로, 고려시대에는 금화관리자를 배치하고 어사대가 수시로 점검하였다.

16 '소방'이라는 용어를 최초로 사용한 시기는?

① 조선시대 초기

② 갑오개혁 이후

③ 일제강점기

④ 미군정시대

해설

② 갑오개혁 이후 경무청 세칙의 '수화(水火), 소방(消防)은 난파선 및 출화, 홍수(洪水) 등에 계(係)하는 구호에 관한 사항'이라는 규정에서 '소방'이라는 용어를 처음 사용하였다(1895).

17 우리나라에서 최초로 독립된 자치소방체제가 성립된 시기는?

① 1945 ~ 1948년   ② 1948 ~ 1970년

③ 1971 ~ 1992년   ④ 1992 ~ 2003년

해설

① 우리나라에서 소방을 경찰에서 분리하여 최초로 독립된 자치소방체제가 성립된 시기는 미군정시기인 1945 ~ 1948년에 해당한다.

18 우리나라 소방의 역사에서 광역체제행정은 언제 정착되었는가?

① 갑오개혁 이후
② 정부 수립 이후 국가·자치소방체제
③ 정부 수립 이후 국가소방체제
④ 1992년 시·도 자치소방체제

해설
④ 우리나라 소방의 역사에서 광역체제행정이 정착된 시기는 1992년 시·도 자치소방체제 이후이다.

19 다음 소방행정에 관한 설명 중 옳지 <u>않은</u> 것은?

① 1958년 「소방법」이 제정되었다.
② 1972년 소방행정은 국가와 지방자치의 이원적 행정체제로 바뀌었다.
③ 1972년 「소방공무원법」이 제정되었다.
④ 1978년 소방학교가 설립되었다.

해설
③ 「소방공무원법」은 1977년에 제정되어 1978년에 시행되었다.

20 우리나라 소방 역사에 대한 설명으로 옳지 <u>않은</u> 것은?

① 조선시대인 1426년(세종 8년) 금화도감이 설치되었다.
② 일제강점기인 1925년 최초의 소방서가 설치되었다.
③ 미군정 시대인 1946년 중앙소방위원회가 설치되었다.
④ 대한민국 정부 수립 이후인 1948년 소방법이 제정·공포되었다.

해설
소방법이 제정·공포된 연도는 1958년이다.

I wish you the best of luck

PART

02

소방자원에 관한
관리 및 기능

문승철 소방학개론

자격증 · 공무원 · 금융/보험 · 면허증 · 언어/외국어 · 검정고시/독학사 · 기업체/취업

이 시대의 모든 합격! SD에듀에서 합격하세요!

www.youtube.com → SD에듀 → 구독

CHAPTER 01 소방인적자원

1 「소방공무원법」(1977년 제정, 1978년 시행)

1. 목적 및 용어의 정의

(1) 「소방공무원법」의 목적과 성격

① 이 법은 소방공무원의 책임 및 직무의 중요성과 신분 및 근무조건의 특수성에 비추어 그 임용·교육훈련·복무·신분보장 등에 관하여 「국가공무원법」에 대한 특례를 규정하는 것을 목적으로 한다.

② 「소방공무원법」은 「국가공무원법」의 특별법적 성격을 갖는다. 따라서 소방공무원은 「국가공무원법」 보다는 「소방공무원법」을 우선 적용받는다.

(2) 용어의 정의 기출 13, 21(승진)

① **임용**

신규채용, 승진, 전보, 파견, 강임, 휴직, 직위해제, 정직, 강등, 복직, 면직, 해임, 파면을 말한다.

② **복직**

휴직, 직위해제, 정직(강등에 따른 정직 포함) 중에 있는 소방공무원을 직위에 복귀시키는 것을 말한다.

③ **강임**

동종의 직무 내에서 하위의 직위에 임명하는 것을 말한다(직제의 개폐, 과원의 축소, 본인이 동의할 때).

④ **전직**

직렬을 달리하는 임명을 말한다.

예 경찰공무원 ↔ 소방공무원

⑤ **전보**

동일 직위 및 자격 내에서 근무기관이나 부서를 달리하는 임용을 말한다.

예 부산진구 소방서장 ↔ 사상구 소방서장

이론 플러스

☐ 119비교
- 지방소방공무원법(1973년)
- 소방공무원법(1977년)

기출 플러스

다음 중 용어의 설명이 잘못된 것은? [13 광주 기출]

① "직위해제"란 휴직·직위해제 또는 정직(강등에 따른 정직을 포함한다) 중에 있는 소방공무원을 직위에 복귀시키는 것을 말한다.

② "임용이란" 신규채용·승진·전보·파견·강임·휴직·직위해제·정직·강등·복직·면직·해임 및 파면을 말한다.

③ "강임"이란 동종의 직무 내에서 하위의 직위에 임명하는 것을 말한다.

④ "전보"란 소방공무원의 동일 직위 및 자격 내에서의 근무기관이나 부서를 달리하는 임용을 말한다.

해설

휴직·직위해제 또는 정직(강등에 따른 정직을 포함한다) 중에 있는 소방공무원을 직위에 복귀시키는 것은 **직위해제가 아니라 복직**에 해당된다.

정답 ①

119 더 알아보기

「소방공무원 임용령」에서 규정된 소방기관(8개)
소방청, 시·도, 중앙소방학교, 중앙119구조본부, 국립소방연구원, 지방소방
학교, 소방서, 서울종합방재센터

2. 공무원의 분류

(1) 경력직 공무원

① **의의**

실적과 자격에 의해서 임용되며, 신분이 보장되고 평생토록 공무원으로 근무
할 것이 예정된 공무원을 말한다.

② **일반직 공무원**

기술, 연구 또는 행정 일반에 대한 업무를 담당하며, 직군별, 직렬별로 분류
되는 공무원을 말한다(행정 9급~1급).

③ **특정직 공무원** 기출 17, 21

법관, 검사, 외무공무원, 경찰공무원, 소방공무원, 교육공무원, 군인, 군무원,
헌법재판소 헌법연구관, 국가정보원의 직원과 특수 분야의 업무를 담당하는
공무원으로 「국가공무원법」 이외의 다른 법률이 특정직 공무원으로 지정하
는 공무원을 말한다.

(2) 특수경력직 공무원

① **의의**

경력직 공무원을 제외한 나머지 공무원을 말한다. 공개채용시험을 치르지 않
는다.

② **정무직 공무원**

㉠ 권한과 책임의 정도가 높고, 고도의 정치 정책적 업무를 담당하는 공무원

㉡ 업무의 성격이 정치적 판단이나 정책 결정을 필요로 하는 고급 공무원

㉢ 선거에 의해 취임하거나 임명에 국회의 동의를 요하는 공무원

　　예 대통령, 국무총리, 국무위원(각 부 장관), 각 부의 차관, 국회의원, 자
　　　치단체장, 지방의회의원, 국가정보원의 원장, 감사원의 원장, 감사위
　　　원 등

③ **별정직 공무원**

㉠ 특정한 업무를 담당하기 위하여 일반직 공무원과는 다른 절차와 방법에 의해 임용되고, 일반직 공무원의 계급에 상당하는 보수를 받는 공무원

㉡ 특수경력직 공무원 중 정무직에는 포함시킬 수 없으나 성격상 독립하여 인사행정을 행할 것이 요구되는 직위의 공무원

㉢ 국회 수석전문위원, 각 부 차관보, 각급 노동위원회 상임위원 등, 비서관, 비서, 기타 다른 법령이 별정직으로 지정하는 공무원

3. 소방공무원의 계급 및 정년

(1) 소방공무원의 계급 구분(11단계)

<u>소방총감</u>, 소방정감, 소방감, 소방준감, 소방정, 소방령, 소방경, 소방위, 소방장, 소방교, 소방사

(2) 소방공무원의 정년

구분	내용
연령정년	60세
계급정년	소방령 14년, 소방정 11년, 소방준감 6년, 소방감 4년

✿ 계급정년이 없는 직급 : 소방총감, 소방정감 및 소방경 이하

2 소방임용

1. 신규채용시험의 구분 및 실시기관

(1) 신규채용시험의 구분

① **공개경쟁채용시험**

소방공무원의 신규채용은 공개경쟁시험으로 한다.

② **공개경쟁선발시험**

소방위·지방소방위의 신규채용은 대통령령으로 정하는 자격을 갖추고 공개경쟁시험으로 선발된 사람(이하 "소방간부후보생"이라 한다)으로서 정하여진 교육훈련을 마친 사람 중에서 한다.

기출 플러스

다음 중 소방공무원 계급 순서로 맞는 것은? [16 중앙 기출]

① 소방총감 – 소방준감 – 소방정감 – 소방정 – 소방감
② 소방총감 – 소방감 – 소방준감 – 소방정 – 소방정감
③ 소방총감 – 소방정감 – 소방준감 – 소방정 – 소방감
④ 소방총감 – 소방정감 – 소방감 – 소방준감 – 소방정

해설

소방공무원 계급 순서는 다음과 같다. 소방총감(= 소방청장) > 소방정감 > 소방감 > 소방준감 > 소방정 > 소방령 > 소방경 > 소방위 > 소방장 > 소방교 > 소방사

정답 ④

이론 플러스

□ 119체크

모든 소방공무원 계급에는 연령정년이 있다. (O, X)

해설

모든 소방공무원은 어떤 계급이든 60세가 되면 당연 퇴직된다.

정답 O

모든 소방공무원 계급에는 계급정년이 있다. (O, X)

해설

모든 소방공무원 계급에는 계급정년이 있지 않다. 계급정년이 있는 계급은 소방령, 소방정, 소방준감, 소방감이다.

정답 ✕

③ **경력경쟁채용시험**

다음 어느 하나에 해당하는 경우에는 경력 등 응시요건을 정하여 같은 사유에 해당하는 다수인을 대상으로 경쟁의 방법으로 채용하는 시험(이하 "경력경쟁채용시험"이라 한다)으로 소방공무원을 채용할 수 있다. 다만, 다수인을 대상으로 시험을 실시하는 것이 적당하지 아니하여 대통령령으로 정하는 경우에는 다수인을 대상으로 하지 아니한 시험으로 소방공무원을 채용할 수 있다.

㉠ 「국가공무원법」 제70조 제1항 제3호 또는 「지방공무원법」 제62조 제1항 제1호에 따라 직위가 없어지거나 과원이 되어 퇴직한 소방공무원이나 「국가공무원법」 제71조 제1항 제1호 또는 「지방공무원법」 제63조 제1항 제1호에 따라 신체·정신상의 장애로 장기 요양이 필요하여 휴직하였다가 휴직기간이 만료되어 퇴직한 소방공무원을 퇴직한 날부터 3년 이내에 퇴직 시에 재직하였던 계급 또는 그에 상응하는 계급의 소방공무원으로 재임용하는 경우

㉡ 공개경쟁시험으로 임용하는 것이 부적당한 경우에 임용예정직무에 관련된 자격증 소지자를 임용하는 경우

㉢ 임용예정직에 상응하는 근무실적 또는 연구실적이 있거나 소방에 관한 전문기술교육을 받은 사람을 임용하는 경우

㉣ 「국가공무원법」 또는 「지방공무원법」에 따른 5급 공무원의 공개경쟁채용시험이나 「사법시험법」에 따른 사법시험 또는 「변호사시험법」에 따른 변호사시험에 합격한 사람을 소방령 또는 지방소방령 이하의 소방공무원으로 임용하는 경우

㉤ 「국가공무원법」 제85조 또는 「지방공무원법」 제41조의4에 따라 재학 중에 장학금을 받고 졸업한 사람을 임용하는 경우

㉥ 외국어에 능통한 사람을 임용하는 경우

㉦ 경찰공무원을 그 계급에 상응하는 소방공무원으로 임용하는 경우

㉧ 소방업무에 경험이 있는 의용소방대원을 해당 시·도의 지방소방사 계급의 지방소방공무원으로 임용하는 경우

(2) 시험 실시기관

① **소방청장**

㉠ 소방공무원의 신규채용시험 및 승진시험과 소방간부후보생 선발시험은 소방청장이 실시한다.

㉡ 소방청장이 필요하다고 인정할 때에는 대통령령으로 정하는 바에 따라 그 권한의 일부를 시·도지사 또는 소방청 소속 기관의 장에게 위임할 수 있다.

② 시 · 도지사

　㉠ 소속 소방경 이하의 신규채용시험

　㉡ 소속 소방령 이하 계급으로의 승진시험

③ **중앙소방학교장(소방청장이 위임)**

　신규채용시험 및 승진시험, 간부후보생 선발에 필요한 문제 출제

2. 시험의 공고 및 합격 결정

(1) 공개경쟁채용시험의 공고

① 시험실시기관 또는 시험실시권의 위임을 받은 자(이하 "시험실시권자"라 한다)는 소방공무원공개경쟁채용시험을 실시하고자 할 때에는 임용예정 계급, 응시자격, 선발예정인원, 시험의 방법·시기·장소·시험과목 및 배점에 관한 사항을 <u>시험 실시 20일 전까지 공고</u>하여야 한다. 다만, 시험 일정 등 미리 공고할 필요가 있는 사항은 <u>시험 실시 90일 전까지 공고</u>하여야 한다.

② 공고 내용을 변경하고자 할 때에는 <u>시험 실시 7일 전까지</u> 그 변경 내용을 공고하여야 한다.

(2) 임용시험의 동점자 합격결정

① 공개경쟁채용시험·경력경쟁채용시험 등 및 소방간부후보생 선발시험의 합격자를 결정할 때 <u>선발예정인원을 초과하여 동점자가 있는 경우에는 그 선발 예정인원에 불구하고 모두 합격자로 한다.</u>

② <u>동점자의 결정은 총득점을 기준으로 하되, 소수점 이하 둘째자리까지 계산한다.</u>

3. 임용권자

119 관련법령보기 📖

소방공무원법 제6조(임용권자)

① 소방령 이상의 소방공무원은 소방청장의 제청으로 국무총리를 거쳐 대통령이 임용한다. 다만, 소방총감은 대통령이 임명하고, 소방령 이상 소방준감 이하의 소방공무원에 대한 전보, 휴직, 직위해제, 강등, 정직 및 복직은 소방청장이 한다.

② 소방경 이하의 소방공무원은 소방청장이 임용한다.

③ 대통령은 제1항에 따른 임용권의 일부를 대통령령으로 정하는 바에 따라 소방청장 또는 시·도지사에게 위임할 수 있다.

이론 플러스

「소방공무원법」상 임용권자 정리

• 대통령
• 소방청장
• 중앙소방학교장
• 중앙119구조본부장
• 시·도지사
• 소방서장
• 지방소방학교장
• 서울종합방재센터장

❑ 119체크

「소방공무원법」상 임용권자가 아닌 자는?

정답 소방본부장

④ 소방청장은 제1항 단서 후단 및 제2항에 따른 임용권의 일부를 대통령령으로 정하는 바에 따라 시·도지사 및 소방청 소속기관의 장에게 위임할 수 있다.

⑤ 시·도지사는 제3항 및 제4항에 따라 위임받은 임용권의 일부를 대통령령으로 정하는 바에 따라 그 소속기관의 장에게 다시 위임할 수 있다.

⑥ 임용권자(임용권을 위임받은 사람을 포함한다. 이하 같다)는 대통령령으로 정하는 바에 따라 소속 소방공무원의 인사기록을 작성·보관하여야 한다.

소방공무원임용령 제3조(임용권의 위임)

1. 대통령의 임용권한의 위임
   ① 소방청장에게 임용권한 위임
      소방청과 그 소속기관의 **소방정 및 소방령에 대한 임용권**과 소방정인 **지방소방학교장에 대한 임용권**을 소방청장에게 위임
   ② 시도지사에게 임용권한 위임
      시·도 소속 소방령 이상의 소방공무원(소방본부장 및 지방소방학교장은 제외한다)에 대한 임용권을 특별시장·광역시장·특별자치시장·도지사·특별자치도지사(이하 "시·도지사"라 한다)에게 위임한다.

2. 소방청장의 임용권한 위임
   ① 중앙소방중학교장에게 위임
      중앙소방학교 소속 소방공무원 중 소방령에 대한 전보·휴직·직위해제·정직 및 복직에 관한 권한과 소방경 이하의 소방공무원에 대한 임용권을 중앙소방학교장에게 위임한다.
   ② 중앙119구조본부장에게 위임
      ㉠ 중앙119구조본부 소속 소방공무원 중 소방령에 대한 전보·휴직·직위해제·정직 및 복직에 관한 권한과 소방경 이하의 소방공무원에 대한 임용권을 중앙119구조본부장에게 위임한다.
      ㉡ 중앙119구조본부장이 119특수구조대장에게 임용권한 위임
         119특수구조대 **소속 소방경 이하의 소방공무원**에 대한 해당 119특수구조대 안에서의 전보권을 해당 119특수구조대장에게 위임한다.
   ③ 시·도지사에게 위임
      ㉠ 시·도 소속 **소방령 이상 소방준감 이하**의 소방공무원(소방본부장 및 지방소방학교장은 제외한다)에 대한 **전보, 휴직, 직위해제, 강등, 정직 및 복직**에 관한 권한
      ㉡ **소방정인 지방소방학교장에 대한 휴직, 직위해제, 정직 및 복직에 관한 권한**
      ㉢ 시·도 소속 **소방경 이하의 소방공무원에 대한 임용권**

3. 시·도지사의 임용권한 위임
   ① 시·도지사는 그 관할구역안의 지방소방학교·서울종합방재센터·소방서 소속 **소방경 이하**(서울소방학교·경기소방학교 및 서울종합방재센터의 경우에는 소방령 이하)의 소방공무원에 대한 해당 기관 안에서의 **전보권**
   ② 소방위 이하의 소방공무원에 대한 휴직·직위해제·정직 및 복직에 관한 권한을 지방소방학교장·서울종합방재센터장 또는 소방서장에게 위임한다.

4. 임용권을 위임받은 중앙소방학교장 및 중앙119구조본부장은 소속 소방공무원을 승진시키려면 미리 소방청장에게 보고하여야 한다.
5. 소방청장은 소방공무원의 정원의 조정 또는 소방기관 상호간의 인사교류 등 인사행정 운영상 필요한 때에는 그 임용권을 직접 행사할 수 있다.

(1) 대통령

① 소방령 이상의 소방공무원 임용(소방청장의 제청 → 국무총리를 경유 → 대통령이 임용)
② 소방총감은 대통령이 임명

(2) 소방청장

① 소방준감 이하의 공무원에 대한 전보·휴직·직위해제·강등·정직·복직(6가지)
② 소방경 이하의 소방공무원 임용
③ 소방정 이하의 소방공무원에 대한 임용(대통령이 위임)

(3) 시·도지사(소방청장이 위임)

① 소방청장이 임용권을 위임한 시·도 소속 소방공무원의 임용
② **시·도지사의 임용권 위임**
   시·도지사는 그 관할 구역 안의 지방소방학교·서울종합방재센터·소방서 소속 지방소방경 이하(서울소방학교·경기소방학교 및 서울종합방재센터의 경우에는 지방소방령 이하)의 소방공무원에 대한 당해 기관 안에서의 전보권과 지방소방위 이하의 소방공무원에 대한 휴직·직위해제·정직 및 복직에 관한 권한을 지방소방학교장·서울종합방재센터장 또는 소방서장에게 위임한다.

(4) 중앙소방학교장(소방청장이 위임)

① 소속 소방령의 정직·복직·직위해제·전보·휴직에 관한 임용
② 소속 소방경 이하의 임용
③ 임용권을 위임받은 중앙소방학교장은 소속 소방공무원을 승진시키려면 미리 소방청장에게 보고하여야 한다.

(5) 중앙119구조본부장(소방청장이 위임)

① 소속 소방령의 <u>정직 · 복직 · 직위해제 · 전보 · 휴직</u>에 관한 임용

② 소속 <u>소방경 이하</u>의 임용

③ 중앙119구조본부장은 119특수구조대 소속 소방경 이하의 소방공무원에 대한 해당 119특수구조대 안에서의 전보권을 해당 119특수구조대장에게 다시 위임한다.

④ 임용권을 위임받은 중앙119구조본부장은 소속 소방공무원을 승진시키려면 미리 소방청장에게 보고하여야 한다.

4. 공무원 임용결격사유 및 신규채용방법

(1) 공무원 임용결격사유

① 피성년후견인

② 파산선고를 받고 복권되지 아니한 자

③ 금고 이상의 실형을 선고받고 그 집행이 종료되거나 집행을 받지 아니하기로 확정된 후 <u>5년</u>이 지나지 아니 한 자

④ 금고 이상의 형을 받고 그 집행유예 기간이 끝난 날부터 2년이 지나지 아니한 자

⑤ 금고 이상의 형의 선고유예를 받은 경우 그 <u>선고유예기간</u> 중에 있는 자

⑥ 법원의 판결 또는 다른 법률에 따라 자격이 상실 또는 정지된 자

⑦ 공무원으로 재직기간 중 직무와 관련하여 횡령, 배임 및 업무상 횡령과 배임의 죄를 범한 자로서 <u>300만 원</u> 이상의 벌금형을 선고받고 그 형이 확정된 후 <u>2년</u>이 지나지 아니한 자

⑧ 「성폭력범죄의 처벌 등에 관한 특례법」 제2조에 규정된 죄를 범한 사람으로서 <u>100만 원 이상</u>의 벌금형을 선고받고 그 형이 확정된 후 <u>3년</u>이 지나지 아니한 자

⑨ 미성년자에 대한 다음 각 목의 어느 하나에 해당하는 죄를 저질러 파면 · 해임되거나 형 또는 치료감호를 선고받아 그 형 또는 치료감호가 확정된 자(집행유예를 선고받은 후 그 집행유예기간이 경과한 사람을 포함한다)

　가. 「성폭력범죄의 처벌 등에 관한 특례법」 제2조에 따른 성폭력범죄

　나. 「아동 · 청소년의 성보호에 관한 법률」 제2조 제2호에 따른 아동 · 청소년 대상 성범죄

⑩ 징계로 <u>파면</u> 처분을 받은 때부터 <u>5년</u>이 지나지 아니한 자

⑪ 징계로 <u>해임</u> 처분을 받은 때부터 <u>3년</u>이 지나지 아니한 자

　✪ 경력경쟁채용요건상 결격사유 : 종전의 재직기관에서 감봉 이상의 징계처분을 받은 자

(2) 신규채용방법

임용권자는 채용후보자명부의 등재순위에 의하여 임용하여야 한다. 그러나 다음에 해당하는 경우에는 그 등재순위에 관계없이 임용할 수 있다.

① 임용예정기관에 근무하고 있는 소방공무원 외의 공무원을 소방공무원으로 임용하는 경우
② 6개월 이상 소방공무원으로 근무한 경력이 있거나 임용예정 직위에 관련된 특별한 자격이 있는 자를 임용하는 경우
③ 도서·벽지, 군사분계선 인접지역 등 특수지역 근무희망자를 그 지역에 배치하기 위하여 임용하는 경우
④ 채용후보자의 피부양가족이 거주하고 있는 지역에 근무할 채용후보자를 임용하는 경우
⑤ 소방공무원의 직무수행과 관련한 실무수습 중 사망한 시보임용예정자를 소급하여 임용하는 경우

5. 임용의 유예 및 시보임용

(1) 임용의 유예

① 유예기간

임용권자 또는 임용제청권자는 <u>채용후보자명부의 유효기간(2년＋1년의 범위에서 연장 가능)의 범위 안에서</u> 기간을 정하여 임용 또는 임용제청을 유예할 수 있다. 다만, 유예기간 중이라도 그 사유가 소멸하는 경우에는 임용 또는 임용제청을 하여야 한다.

② 유예대상

㉠ 학업을 계속하고자 하는 경우
㉡ <u>6개월 이상</u>의 장기요양을 요하는 질병이 있는 경우
㉢ 군에 입대하거나 군복무 중인 경우
㉣ 임신하거나 출산한 경우
㉤ 그 밖에 임용 또는 임용제청의 유예가 부득이하다고 인정되는 경우
    ✿ 결혼을 하는 경우(×)

(2) 시보임용

① 의미

<u>소방공무원으로서의 자질, 적성 등 적격성을 검증하는 과정</u>으로 시보임용기간 중에 있는 소방공무원의 근무성적 또는 교육훈련성적이 불량한 때에는 임용권자의 재량으로 면직시킬 수 있다. 또한 <u>이 기간 중에는 공무원으로 신분보장을 받지 못한다.</u>

② **시보기간**

㉠ 소방위 이상 : 1년

㉡ 소방장 이하 : 6개월

③ **시보기간에 산입하지 않는 경우**

휴직기간, 직위해제기간, 징계에 의한 정직 또는 감봉처분을 받은 기간

④ **시보기간에 산입하는 경우**

㉠ 동일계급의 소방공무원으로 근무한 기간

㉡ 소방공무원으로 임용되기 전 그 임용과 관련하여 소방공무원 교육훈련기관에서 교육훈련을 받은 기간

⑤ **시보임용 소방공무원에 대한 면직 또는 면직제청 사유**

㉠ 징계사유에 해당할 때

㉡ 교육훈련성적이 만점의 6할 미만일 때

㉢ 근무성적평정점이 만점의 5할 미만일 때

6. 보직관리의 일반 원칙

① 1인 1직위를 부여한다.

② 전공, 경력, 적성 등을 고려하여 보직을 부여한다.

③ 상위계급에 하위계급자 보직 부여를 제한한다.

④ 특수자격증 소지자에게 특별한 사정이 없으면 관련 직위의 보직을 부여해야 한다.

⑤ 초임 소방공무원의 보직은 다음과 같이 부여한다.

㉠ 소방간부후보생을 소방위로 임용할 때에는 최하급 소방기관에 보직하여야 한다.

㉡ 신규채용에 의하여 소방사로 임용된 자는 최하급 소방기관에 보직하여야 한다.

㉢ '최하급 소방기관'이란 소방청, 특별시·광역시·도의 소방본부, 중앙소방학교, 중앙119구조본부, 지방소방학교 및 서울종합방재센터를 제외한 소방기관을 말한다.

✿ 최하급 소방기관 : 소방서, 119안전센터, 119지역대 등

⑥ 소방공무원의 필수보직기간은 1년으로 한다.

7. 소방공무원 인사위원회

(1) 설치

① 소방공무원 인사위원회는 <u>소방청</u>과 <u>시·도</u>에 둔다.

② 소방공무원 인사위원회는 위원장을 포함한 <u>5인 이상 7인 이하</u>의 위원으로 구성한다.

③ 소방청 인사위원장은 <u>소방청 차장</u>이 되며, 시·도 인사위원장은 <u>해당 지방자치단체의 부단체장(행정부시장·행정부지사)</u>이 된다.

④ 위원은 인사위원회가 설치된 기관의 장이 소속 소방정·지방소방정 이상의 소방공무원 중에서 임명한다.

⑤ 회의는 재적위원 <u>2/3 이상</u> 출석과 출석위원 <u>1/2 이상</u>의 찬성으로 의결한다.

(2) 심의사항

① 소방공무원의 인사행정에 대한 방침과 기준 및 기본계획

② 소방공무원의 인사에 관한 법령의 제정·개정 또는 폐지에 관한 사항

③ 그 밖에 소방청장과 시·도지사가 해당 인사위원회의 회의에 부치는 사항

8. 인사기록

(1) 신고

성명, 주소, 기타 인사기록의 기록 내용을 변경해야 할 정당한 사유가 있을 때에는 그 사유가 발생한 날로부터 <u>30일 이내</u>에 소속 인사기록관리자에게 신고하여야 한다.

(2) 인사기록을 열람할 수 있는 자

① 인사기록관리자

② 인사기록관리담당자

③ 본인

④ 기타 소방공무원 인사자료의 보고 등을 위해 필요한 자

✿ ③, ④의 경우 인사기록관리자의 허가를 받아 인사기록관리담당자의 참여하에 소정의 장소에서 열람한다.

9. 소방공무원 인사기록카드에 등재된 징계처분의 기록 말소 사유

① 징계처분의 집행이 종료된 날로부터 다음의 기간이 경과한 때. 다만, 징계처분을 받고 그 집행이 종료된 날로부터 다음의 기간이 경과하기 전에 다른 징계처분을 받은 때에는 각각의 징계처분에 대한 해당 기간을 합산한 기간이 경과하여야 한다.

    ㉠ 강등 : 9년

    ㉡ 정직 : 7년

    ㉢ 감봉 : 5년

    ㉣ 견책 : 3년

② 소청심사위원회나 법원에서 징계처분의 무효 또는 취소가 확정된 때

③ 징계처분에 대한 일반사면이 있을 때

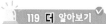

119 더 알아보기

직위해제처분의 기록을 말소하여야 하는 경우

1. 직위해제처분의 종료일로부터 2년이 경과한 때
2. 소청심사위원회나 법원에서 직위해제처분의 무효 또는 취소의 결정이나 판결이 확정된 때

10. 소방공무원 임용시기 및 임용일자 소급의 금지

(1) 임용시기 및 면직시기

① **소방공무원의 임용시기**

소방공무원은 임용장 또는 임용통지서에 기재된 일자에 임용된 것으로 보며 임용일자를 소급해서는 아니 된다.

② **사망으로 인한 면직시기**

사망으로 인한 면직은 <u>사망한 다음 날</u>에 면직된 것으로 본다.

③ **임용일자**

임용장 또는 임용통지서가 피임용자에게 송달되는 기간 및 사무인계에 필요한 기간을 참작하여 정하여야 한다.

(2) 임용시기의 특례(→ 소급이 가능한 경우)

① 순직한 사람을 다음 어느 하나에 해당하는 날을 임용일자로 하여 특별승진임용하는 경우

    ㉠ 재직 중 사망한 경우 : <u>사망일의 전날</u>

    ㉡ 퇴직 후 사망한 경우 : <u>퇴직일의 전날</u>

② 직권으로 면직시키는 경우 : 휴직기간의 만료일 또는 휴직사유의 소멸일

③ 시보임용예정자가 소방공무원의 직무수행과 관련한 실무수습 중 사망한 경우 : 사망일의 전날에 임용된 걸로 본다.

11. 소방공무원의 승진 등

(1) 승진임용의 종류 ★

① 시험승진임용

② 심사승진임용

③ 특별승진임용

이론 플러스

승진임용의 종류
• 시험승진
• 심사승진
• 특별승진

□ 119체크
승진임용에 해당하지 않는 것은?

정답 근속승진

(2) 승진 최저근무연수(휴직, 직위해제, 징계처분 기간은 산입하지 않음)

직위	연수	직위	연수
소방정	4년	소방장	2년
소방령	3년	소방교	1년
소방경	3년	소방사	1년
소방위	2년		

(3) 근속승진

① 소방사로서 4년 이상 재직하고 있는 자(사 → 교)

② 소방교로서 5년 이상 재직하고 있는 자(교 → 장)

③ 소방장으로 6년 6개월 이상 재직하고 있는 자(장 → 위)

④ 소방위로 8년 이상 재직하고 있는 자(위 → 경)

(4) 승진시험 동점자 합격 결정 순서

최종합격자를 결정할 때 시험승진임용 예정인원수를 초과하여 동점자가 있는 경우에는 시험승진임용 예정 인원수와 최종합격자의 수가 같을 때까지 다음 순서에 따라 최종합격자를 결정한다.

① 최근에 작성된 승진대상자명부의 총평정점이 높은 사람

② 해당 계급에서 장기근무한 사람

③ 해당 계급의 바로 하위 계급에서 장기근무한 사람

④ 소방공무원으로 장기근무한 사람

> **119 더 알아보기**
>
> 승진대상자명부의 총평정점이 같은 경우에는 다음 순서에 따라 선순위자를 결정한다.
> 1. 근무성적평정점이 높은 사람
> 2. 해당 계급에서 장기근무한 사람
> 3. 해당 계급의 바로 하위 계급에서 장기근무한 사람
> 4. 소방공무원으로 장기근무한 사람

(5) 승진심사위원회

① 중앙승진심사위원회는 소방청에 두며 위원장을 포함한 위원 5 ~ 7명으로 구성한다.

② 보통승진심사위원회는 소방청, 시·도 및 중앙소방학교, 중앙119구조본부에 두며 위원장을 포함한 위원 7 ~ 9명으로 구성한다. 단, 지방소방준감으로의 승진심사를 위한 보통승진심사위원회는 위원장을 포함한 위원 5 ~ 9명으로 구성한다.

③ 승진임용하려는 결원의 5배수 범위 안에서 승진후보자를 심사·선발하고, 연 2회 실시하며, 회의는 비공개로 한다.

④ 특별승진은 소방청장 또는 시·도지사가 필요하다고 인정하면 수시로 실시할 수 있다.

(6) 승진임용의 제한

① 부정행위를 한 자로서 관련 법률에 의해 5년간 시험에 응시할 수 없는 사람

② 징계(처분, 처분요구, 의결요구)·직위해제·휴직·시보임용기간 중에 있는 사람

③ 징계처분의 집행이 끝난 날로부터 다음에 해당하는 기간이 경과하지 않은 사람. 다만, 금품·향응수수, 공금의 횡령·유용, 성폭력, 성희롱 또는 성매매로 인한 징계처분 경우에는 각각 6개월을 더한 기간 ★★
   ㉠ 강등·정직 : 18개월
   ㉡ 감봉 : 12개월
   ㉢ 견책 : 6개월

④ 징계에 관하여 소방공무원과 다른 법령의 적용을 받는 공무원이 소방공무원으로 임용된 경우, 종전의 신분에서 강등의 징계처분을 받고 그 처분 종료일로부터 18개월이 지나지 아니한 사람과 근신·영창이나 그 밖에 이와 유사한 징계처분을 선고받고, 그 처분의 종료일부터 6개월이 지나지 않은 사람

⑤ 임용 전 신임교육 또는 지휘역량교육(소방경, 소방령, 소방정)을 이수하지 않은 시보임용자

12. 공무원의 의무

(1) 국가 및 지방공무원법상 공무원의 의무

① 성실의 의무
② 복종의 의무
③ 비밀 엄수의 의무
④ 품위 유지의 의무
⑤ 청렴의 의무
⑥ 친절·공정의 의무
⑦ 취임 시 선서의 의무
⑧ <u>종교 중립의 의무</u>
⑨ 정치 운동의 금지 의무
⑩ 직장 이탈 금지 의무
⑪ 영리 업무 및 겸직 금지 의무
⑫ 집단 행위의 금지 의무

✪ 공무원이 외국정부로부터 영예 또는 증여를 받을 경우 대통령의 허가를 받아야 한다.

(2) 「소방공무원법」상 소방공무원의 의무

① 거짓 보고 등의 금지
㉠ 소방공무원은 직무에 관한 보고나 통보를 거짓으로 하여서는 아니 된다.
㉡ 소방공무원은 직무를 게을리 하거나 유기(遺棄)해서는 아니 된다.

② 지휘권 남용 등의 금지
화재진압 또는 구조·구급활동을 할 때 소방공무원을 지휘·감독하는 사람은 정당한 이유 없이 그 직무수행을 거부 또는 유기하거나 소방공무원을 지정된 근무지에서 진출·후퇴 또는 이탈하게 하여서는 아니 된다.

③ 복제(= 제복착용의무)
소방공무원은 제복을 착용하여야 한다.

119 더 알아보기 ✓

「소방공무원임용령」

1. 소방공무원 경력경쟁채용시험 시 우수한 현장 **구조인력을 확보하기 위하여 구조업무와 관련있는 직무분야 경력경쟁채용시험의 근무경력요건을 3년에서 2년으로** 단축하였다.

2. 임용권자는 최종합격자가 임용을 포기하는 등의 사정으로 채용예정인원에 미달하거나 결원을 보충할 필요가 있다고 인정하는 경우에는 **최종합격자 발표일부터 6개월 이내**에, 최종합격자가 부정행위로 인해 합격이 취소되어 결원을 보충할 필요가 있다고 인정하는 경우에는 **최종합격자 발표일부터 3년 이내**에 각각 추가합격자를 결정할 수 있다.

3. 특별위로금의 지급 대상 범위에「소방기본법」에 따른 **생활안전활동으로 인해 질병에 걸리거나 부상을 입은 경우를 추가**하고, 특별위로금의 지급 신청기간을 30일에서 **6개월로 연장**하였다.

13. 소방공무원 근무규정

(1) 외근근무

근무 유형		내용
기본 근무	검사요원	• 화재예방검사 • 무허가위험물 단속 • 무검정 소방용품의 단속
	119안전센터 직원	• 센터 내 근무 • 대기근무 • 민원안내근무 • 장비관리 및 정비근무 • 통신근무(1일 2회 이상 점검) • 기동순찰근무 • 지리조사 • 소방용수조사에 필요한 조사 • 본서출장
	기동순찰근무	• 화재기(9.1 ~ 4.30) : 1일 2회 이상 • 비화재기(5.1 ~ 8.30) : 1일 1회 이상
특수상황근무		화재현장조사, 화재 발생 시 출동근무, 구급·구조 출동근무, 특별경계근무, 경호경비근무, 소방훈련, 소방정보수집, 소방홍보

(2) 비상근무

① 발령권자

발령권자	지역
소방청장	전국 또는 2개 이상의 시·도 관할 지역 및 2개 이상 시·도의 소방력이 요구되는 상황
소방본부장	당해 시·도 전역 또는 2개 이상의 소방서 관할 구역 및 2개 이상 소방서의 소방력이 요구되는 상황
소방서장	단일 소방서 관할 구역
시장 또는 군수	소방서 미설치 지역

② 비상근무 발령의 등급 기준

등급	내용
소방비상 '갑'호	• 대형 화재가 발생한 때 • **화재위험경보(건조경보)**가 발표된 때 • 한해, 풍·수·설해 등 긴급 재해가 발생하여 소방관서의 장이 필요하다고 인정될 때
소방비상 '을'호	기상특보에 의한 **화재위험주의(건조주의보)**가 발표되어 경계근무가 필요한 때

(3) 당직근무

당직근무에는 일직, 숙직 및 상황당직이 있다.

3 징계

1. 징계의 사유와 종류

(1) 징계의 사유

① 「소방공무원법」, 「국가공무원법」, 「지방공무원법」에 의한 명령이나 지방자치단체의 조례·규칙에 위반한 때
② 직무상의 의무를 위반하거나 직무를 태만히 한 때
③ 직무의 내외를 불문하고 그 체면 또는 위신을 손상시키는 행위를 한 때
④ 정당한 사유 없이 「감사원법」에 의한 감사를 거부하거나 자료의 제출을 게을리한 때

(2) 징계의 종류(6종)

징계양정의 경중 및 신분의 배제 여부에 따라 다음과 같이 구분한다.

종류	내용
중징계	파면, 해임, 강등, 정직
경징계	감봉, 견책
배제징계	공무원의 신분을 배제하는 징계 예 파면, 해임
교정징계	공무원의 신분은 보유하나 신분적 이익 일부를 제한하는 징계 예 강등, 정직, 감봉, 견책

2. 징계의 구분 정리

징계 종류		기간	신분 등	직무정지	승진·승급제한	기록말소	보수	성질
중징계	파면	−	5년간 공무원 임용 제한	퇴직급여액의 1/2 감액 (재직기간이 5년 미만인 경우에는 1/4이 감액)				배제징계
	해임	−	3년간 공무원 임용 제한	−				
	강등	−	바로 하위 계급에 임용	3개월	징계처분의 집행이 끝난 날부터 18개월	9년 후	3개월 동안 전액 감액	교정징계
	정직	1개월～3개월	−	−	징계처분의 집행이 끝난 날부터 18개월	7년 후	정직기간 동안 전액 감액	
경징계	감봉	1개월～3개월	−	−	징계처분의 집행이 끝난 날부터 12개월	5년 후	감봉기간 중 보수의 1/3을 감액	
	견책	−	−	−	징계처분의 집행이 끝난 날부터 6개월	3년 후	−	

✿ 금품 및 향응 수수, 공금의 횡령·유용, 성폭력, 성희롱 또는 성매매로 인한 징계처분의 경우 승진·승급 제한 기간에서 6개월을 더한다.

3. 징계위원회

(1) 설치기관

① 소방준감 이상의 징계 의결의 경우

    ㉠ 국무총리 소속으로 설치된 징계위원회에서 행한다.

    ㉡ 이 경우 징계의결 요구권자는 소방청장이 된다.

② 소방정 이하의 소방공무원에 대한 징계 의결의 경우

    소방청, 시·도, 중앙소방학교, 중앙119구조본부, 지방소방학교, 서울종합방재센터, 소방서에 소방공무원 징계위원회를 둔다.

구분	내용
소방청에 설치된 징계위원회	소방정 및 소방령 이하의 소방공무원에 대한 징계 또는 징계부가금 사건을 심의·의결
중앙소방학교 및 중앙119구조본부에 설치된 징계위원회	소속 소방경 이하의 소방공무원에 대한 징계 또는 징계부가금 사건을 심의·의결
지방소방학교, 서울종합방재센터, 소방서에 설치된 징계위원회	• 소속 소방위 이하의 소방공무원에 대한 징계 또는 징계부가금 사건을 심의·의결 • 소방서에 설치된 징계위원회에서 의결한 정직·감봉·견책은 소방서장이 집행

(2) 징계위원회 구성

① 징계위원회의 위원장은 해당 징계위원회가 설치된 기관의 장의 차순위 계급자(동일 계급의 경우에는 직위를 설치하는 법령에 규정된 직위의 순위를 기준으로 정함)가 된다.

② 소방청 및 시·도에 설치된 징계위원회는 위원장을 포함한 5인 이상 7인 이내의 위원과 민간위원으로 구성한다. 이 경우 민간위원의 수는 위원장을 제외한 위원 수의 2분의 1 이상이어야 한다.

③ 중앙소방학교, 중앙119구조본부, 지방소방학교, 서울종합방재센터, 소방서에서 설치된 징계위원회는 위원장 1명을 포함한 3명 이상 7명 이하의 위원과 민간위원으로 구성한다. 이 경우 민간위원의 수는 위원장을 제외한 위원 수의 2분의 1 이상이어야 한다.

④ 징계위원회가 설치된 소방기관의 장은 다음에 해당하는 사람 중에서 민간위원을 위촉한다.

구분	내용
소방청 및 시·도에 설치된 징계위원회	• 법관, 검사, 변호사로 10년 이상 근무한 사람 • 대학에서 법률학, 행정학, 소방 관련 학문을 담당하는 정교수 이상으로 재직 중인 사람 • 소방공무원으로 소방정·지방소방정 이상으로 근무하고 퇴직한 사람
중앙소방학교, 중앙119구조본부, 지방소방학교, 서울종합방재센터, 소방서에 설치된 징계위원회	• 법관, 검사, 변호사로 5년 이상 근무한 사람 • 대학에서 법률학, 행정학, 소방 관련 학문을 담당하는 부교수 이상으로 재직 중인 사람 • 소방공무원으로 20년 이상으로 근속하고 퇴직한 사람

(3) 회의 및 의결

① 징계위원회의 회의는 비공개를 원칙으로 하되, 회의 내용도 공개하지 않는다.

② 위원회의 회의 개최는 위원장을 포함하여 과반수의 출석으로 한다.

③ 징계위원회는 징계 의결의 요구서를 받은 날부터 30일 이내에 의결하여야 한다.

④ 징계집행은 징계 의결의 통고를 받은 날로부터 15일 이내에 이를 행한다.

4 소방공무원 근무성적평정

1. 근무성적평정의 의의 및 목적

(1) 의의

① 소방공무원의 일상의 직무수행 능력과 자질 및 실적 등을 평가하여 이를 인사관리에 이용하는 것을 말한다.

② 1978년부터 소방공무원에 대한 독자적인 근무성적평정을 시작하게 되었다.

(2) 목적

근무성적평정은 소방행정조직과 소방공무원의 발전, 능률 향상, 윤리관 확립을 위하여 실시하는 것을 목적으로 하며, 구체적인 3가지 목적을 나눌 수 있다.

① **소방조직과 소방행정의 발전**

객관적인 평가를 통한 장점과 단점을 파악하여 적재적소에 배치하여 소방력을 향상시킬 수 있다.

② **인사조치의 기준 확보**

공정하고 객관적인 인사를 할 수 있도록 기준을 제시한다.

③ **인사기술의 평가기준 제시**

각종 인사기술의 타당성 평가에 필요한 자료를 제공한다.

2. 구체적인 내용

(1) 근무성적평정의 횟수와 시기

① 횟수는 연 2회 실시한다.

② 시기는 6월 30일과 12월 31일을 기준으로 한다.

(2) 근무성적평정항목(소방장·지방소방장 이하의 근무성적평정표)

① 근무실적(10점)

② 직무수행능력(10점)

③ 직무수행태도(10점)

(3) 근무성적평정방법

① **대인비교법 사용**

표준인물을 선택하여 대인을 비교하여 평가하는 대인비교법을 사용한다.

② **만점 및 최고점 기준**

총 60점 만점으로 평정하되, 1차 평정자와 2차 평정자는 각각 30점을 최고점으로 한다.

③ **평정점의 분포 비율** ★★

㉠ 평정결과는 평정대상자의 계급별로 다음 분포 비율에 맞게 평정한다. 다만, 피평정자수가 적어 다음의 분포 비율을 적용하는 것이 불합리하거나 '가'에 해당하는 자가 없을 경우에는 이를 적용하지 않을 수 있으며, 이 경우 '가'의 비율을 '양'에 가산한다.

평정	수	우	양	가
평정점	55～60점	45～55점 미만	33～45점 미만	33점 미만
분포 비율	2할	4할	3할	1할

㉡ 근무성적평정의 결과는 공개하지 아니한다(비공개 원칙).

3. 평정자

① 근무성적평정의 평정자

직급		소속		1차 평정자	2차 평정자
중앙조직	소방정	소방청	관·국	소속 국장	차장
			관·국 외	소속 과장	
		중앙소방학교		중앙소방학교장	차장
		중앙119구조본부		중앙119구조본부장	차장
		지방소방학교		소속 시·도 본부장	차장
	소방령	소방청	관·국	소속 과장	소속 국장
			관·국 외		차장
		중앙소방학교		중앙소방학교장	차장
		중앙119구조본부		중앙119구조본부장	차장
	소방경 이하	소방청	관·국	소속 과장	소속 국장
			관·국 외		차장
		중앙소방학교		소속 과장	중앙소방학교장
		중앙119구조본부		소속 과장	중앙119구조본부장
지방조직	소방정	소방관서		시·도 소방본부장	부시장 또는 부지사
	소방령·소방경	소방본부		소속 부서장(과장 등)	시·도 소방본부장
		소방서		서장	
		지방소방학교		소방학교장	
		서울종합방재센터		서울종합방재센터소장	
	소방위 이하	소방본부		소속 부서장(과장 등)	시·도 소방본부장
		소방서		소속 부서장(과장, 안전센터장, 구조대장)	소방서장
		지방소방학교		소속 부서장(과장 등)	소방학교장
		서울종합방재센터		소속 부서장(과장 등)	서울종합방재센터소장

✿ '관·국·외'란 운영지원과, 대변인실, 119종합상황실, 청장실 및 차장실을 말한다.

② 평정자를 따로 지정할 수 있는 경우
　㉠ 평정자가 누구인지 특정하기 어려운 경우
　㉡ ①의 표에서 정하지 않은 기관에 소속된 소방공무원의 경우

5 소방공무원의 권리구제

1. 심사청구

(1) 사유

인사권자의 징계 등 부당한 처분에 대한 불복을 하고자 할 때 심사를 청구
할 수 있다.

(2) 절차

- 중앙소방공무원 $\xrightarrow[\text{소방청장을 경유}]{\text{30일 이내에 심사청구}}$ 소청심사위원회
- 시·도 소속소방공무원 $\xrightarrow[\text{30일 이내}]{\text{처분이 있음을 알게 된 날부터}}$ 시·도 소청심사위원회

2. 고충심사위원회

(1) 기능 및 설치

① **기능**

소방공무원의 재심 청구, 인사상담 및 고충을 심사한다.

② **설치**

소방청, 시·도 및 대통령령으로 정하는 소방기관(소방학교, 소방서)에 설치
한다.

(2) 절차

소방공무원 고충심사위원회의 심사를 거친 소방공무원의 재심청구와 소방
령 이상의 소방공무원의 인사상담 및 고충은 「국가공무원법」에 따라 설치
된 중앙고충심사위원회에서 심사한다.

3. 행정소송의 피고

① 징계처분이나 휴직처분, 면직처분, 그 밖에 의사에 반하는 불리한 처분에 대
한 행정소송은 <u>소방청장</u>을 피고로 한다.

② 시·도지사가 임용권을 행사하는 경우에는 관할 <u>시·도지사</u>를 피고로 한다.

이론 플러스

소방공무원의 권리구제
- 심사청구
- 고충심사위원회
- 행정소송

CHAPTER 02 소방물적자원

이론 플러스

소방서 산하의 소방조직
소방서 > 119출장소 > 119안전센
터 > 119지역대

119출장소의 설치기준
• 소방서가 설치되지 않은 시·군·
구 지역에 119출장소를 설치할 수
있다.
• 소방서를 설치할 수 있는 지역이거
나 이미 119출장소가 설치된 지역
임에도 불구하고 석유화학단지·
공업단지·주택단지 또는 문화관
광단지의 개발 등으로 대형 화재의
위험이 있거나 소방 수요가 급증하
여 특별한 소방대책이 필요한 지역
에는 119출장소를 추가로 설치할
수 있다.

1 소방물적자원관리(소방장비 및 소방용수시설 관리)

1. 「소방력 기준에 관한 규칙」의 용어의 정의

① 소방기관이란 소방장비, 인력 등을 동원하여 소방업무를 수행하는 소방서, 119안전센터, 119구조대, 119구급대, 119구조구급센터, 119항공대, 소방정대, 119지역대, 119종합상황실, 소방체험관을 말한다.
② 소방장비란 소방업무를 수행하는 데에 필요한 소방자동차, 소방항공기, 소방정, 소방전산시설·통신시설 등을 말한다.

2. 소방서 등 설치 기준

(1) 주요 설치 기준

① **소방서 설치 기준**
시·군·자치구 단위로 설치한다.

② **소방서 증설 기준**
시·군·자치구에 설치된 소방서 관할 구역에 설치된 119안전센터의 수가 5개를 초과하는 경우에는 소방서를 추가로 설치할 수 있다.

③ **소방서 설치의 예외 기준**
석유화학단지·공업단지·주택단지 또는 문화관광단지의 개발 등에 따라 대형화재의 위험이 있거나 소방수요가 급증하여 특별한 소방대책이 필요한 경우에 해당 지역마다 소방서를 설치할 수 있다.

(2) 119안전센터 · 구조대 및 소방정대의 설치 기준 : 인구수 또는 관할 면적을 고려한다.

지역	내용
특별시	인구 5만 명 이상 또는 면적 2km² 이상
광역시, 인구 50만 명 이상의 시	인구 3만 명 이상 또는 면적 5km² 이상
인구 10만 명 이상 50만 명 미만의 시 · 군	인구 2만 명 이상 또는 면적 10km² 이상
인구 5만 명 이상 10만 명 미만의 시 · 군	인구 1만 5천 명 이상 또는 면적 15km² 이상
인구 5만 명 미만의 지역	인구 1만 명 이상 또는 면적 20km² 이상

(3) 119지역대의 설치 기준

① 119안전센터가 설치되지 아니한 읍 · 면 지역으로 관할 면적이 30km² 이상이거나 인구 3천 명 이상 되는 지역에 설치할 수 있다.

② 농공단지 · 주택단지 · 문화관광단지 등 개발지역으로 인접 소방서 또는 119안전센터와 10km 이상 떨어진 지역에 설치할 수 있다.

③ 도서 · 산악지역 등 119안전센터에 소속된 소방공무원이 신속하게 출동하기 곤란한 지역에 설치할 수 있다.

2 소방기관에 두는 소방자동차 등 배치 기준

1. 소방서에 두는 소방자동차 배치 기준

(1) 소방사다리차

① **고가사다리 1대 이상 배치**

관할 구역에 층수가 11층 이상인 아파트가 20동 이상 있거나 11층 이상 건축물이 20개소 이상 있는 경우 고가사다리를 1대 이상 배치한다.

② **굴절사다리차 1대 이상 배치**

관할 구역에 층수가 5층 이상인 아파트가 50동 이상 있거나 백화점, 복합영상관 등 대형 화재의 우려가 있는 5층 이상 건물이 있는 경우 굴절사다리차를 1대 이상 배치한다.

✿ 고가사다리차 또는 굴절사다리차가 배치되어 있는 119안전센터와의 거리가 20km 이내인 경우에는 배치하지 않을 수 있다.

(2) 화학차(내폭화학차, 고성능화학차)

① 제4류 위험물을 지정수량의 40배 이상 저장·취급하는 제조소 등(제조소, 옥내저장소, 옥외탱크저장소, 옥외저장소, 암반탱크저장소 및 일반취급소)의 수 및 규모에 따라 다음에서 정한 화학차 대수의 합계에 해당하는 대수를 배치한다.

　㉠ 제조소 등이 50개소 이상 500개소 미만인 경우는 1대를 배치하고, 500개소 이상 1천 개소 미만인 경우는 2대를 배치하며, 1천 개소 이상인 경우는 다음 계산식에 따라 산출(소수점 이하 첫째자리에서 올림)된 수만큼 추가 배치할 수 있다.

$$화학차 \ 대수 = (제조소 \ 등의 \ 수 - 1,000) \div 1,000$$

　㉡ 제조소 등에서 저장·취급하는 위험물의 규모가 위험물 지정수량의 6만 배 이상 240만 배 미만인 경우는 1대를 배치하고, 240만 배 이상 480만 배 미만인 경우는 2대를 배치하며, 480만 배 이상인 경우에는 1대를 추가 배치할 수 있다.

② 화학구조대가 별도로 설치되어 있는 경우에는 119안전센터에 배치되는 차량을 화학구조대에 배치할 수 있다.

(3) 지휘차 및 순찰차

지휘차 및 순찰차는 각각 1대 이상 배치한다.

(4) 기타

소방활동을 원활하게 추진하기 위하여 소방서장이 필요하다고 판단하는 경우 배연차, 조명차, 화재조사차, 중장비, 견인차, 진단차, 행정업무용 차량, 오토바이 등을 추가로 배치할 수 있다.

2. 119안전센터 등에 두는 소방자동차 배치 기준

(1) 펌프차

① 119안전센터

　㉠ 119안전센터에는 펌프차를 2대를 기본으로 배치한다.

　㉡ 관할 인구 10만 명과 소방대상물 1,000개소를 기준으로 하여 관할 인구 5만 명 또는 소방대상물 500개소 증가 시마다 1대를 추가로 배치할 수 있다.

ⓒ 인접한 119안전센터와의 거리가 <u>10km 이내인 경우에는 1대를 감하여 배</u>치할 수 있다.

ⓔ 119안전센터에 화학차가 배치되어 있는 경우, 화학차를 펌프차로 간주하여 화학차가 배치된 수만큼 줄여서 배치할 수 있다.

② **119지역대**

119지역대에는 펌프차 <u>1대를 기본으로 배치</u>한다.

✿ 관할 면적이 50km² 이상이고, 관할 인구가 5천 명 이상일 경우 1대를 추가 배치할 수 있다.

(2) 물탱크차

① **119안전센터**

ⓐ 119안전센터에는 물탱크차 1대를 배치한다.

ⓑ 관할 지역별로 공설 소화전이 충분히 설치된 경우에는 소화전의 설치 상황을 고려하여 특별시, 광역시 및 인구 50만 이상의 시(대도시)는 2 ~ 5개의 119안전센터, 인구 10만 이상 50만 미만의 시·군 지역(중도시)은 2 ~ 3개의 119안전센터마다 공동으로 1대를 배치할 수 있다. 인구 5만 이상 10만 미만의 시·군·읍 지역(소도시) 및 5만 미만의 읍·면 지역 및 농공단지·문화관광단지의 개발 등으로 특별한 소방대책이 필요하다고 인정되는 지역(소도읍)에 설치된 119안전센터에는 각각 1대를 기본으로 배치하되, 관할 구역에 공설 소화전 30개 이상 있는 경우 2개의 119안전센터를 공동으로 하여 1대를 배치할 수 있다.

② **119지역대**

공설소화전이 부족하여 소방용수를 원활히 공급할 수 없거나 소방활동을 위하여 특히 필요한 경우 1대를 배치할 수 있다.

(3) 구급차

① **119지역대**

구급건수가 <u>연 200건 이상이거나 관할 면적이 50km² 이상이고 관할 인구가 5천 명 이상</u>일 경우 구급차 1대를 배치한다.

✿ 섬·산악지역 등 소방 수요 및 지역 특성 등을 고려하여 특히 필요하다고 인정하는 경우 1대를 추가로 배치할 수 있다.

3. 119구조대의 소방자동차 등 배치 기준

(1) 일반구조대

① **구조차 및 장비운반차**

구조차 1대를 기본으로 배치하고, 구조활동을 원활하게 추진하기 위하여 필요한 경우 지역 실정에 맞게 장비운반차 1대를 배치할 수 있다.

② **소방사다리차**

1대를 배치하되, 구조대와의 거리가 20km 이내에 있는 119안전센터에 배치되어 있는 경우에는 배치하지 않을 수 있다.

③ **구조정(救助艇) 및 수상오토바이**

수상구조가 일시 운영되거나 별도의 수난구조대를 운영하는 경우에 1대씩 배치한다.

(2) 시 · 도 소방본부 직할특수구조대

구조차 1대, 장비운반차 1대, 구급차 1대, 지휘차 1대를 기본으로 배치하고, 지역 실정 및 소방 수요 특성에 따라 화학분석제독차 등을 추가 배치할 수 있다.

(3) 소방서에 두는 특수구조대 ★★

구조대별로 다음 표에 따른 기본 장비를 우선 배치하고, 구조활동을 원활하게 추진하기 위하여 필요한 경우 지역 실정에 맞게 장비를 추가로 배치할 수 있다.

구분	기본 장비	추가 장비
화학구조대	화학분석제독차 1대 이상	장비운반차, 화학차, 구급차 등 그 밖의 소방차량
수난구조대	구조정 1대 및 수상오토바이 1대 이상	구급차 등 그 밖의 소방차량
고속국도구조대	구조차 1대 이상	구급차, 펌프차 등 소방차량
산악구조대	산악구조장비운반차 1대 이상	구급차 및 구조버스 등 그 밖의 소방차량
지하철구조대	개인당 공기호흡기, 화학보호복	특수 소방장비

이른 플러스

특수구조대의 종류
(암기 : 화 · 수 · 산/고 · 지)
• 화학구조대
• 수난구조대
• 산악구조대
• 고속국도구조대
• 지하철구조대

4. 119구급대의 소방자동차 등 배치 기준

(1) 구급차

① 소방서에 소속된 119안전센터의 수에 1대를 추가한 수의 구급차를 기본으로 배치한다.

② 관할 인구 3만 명을 기준으로 하여 관할 인구 5만 명 또는 구급활동건수가 500건 이상 증가 시마다 1대를 추가로 배치할 수 있다.

(2) 구급오토바이

구급대별로 1대 이상 배치할 수 있다.

3 소방장비의 관리

1. 적용범위

차량의 도장 및 표지, 정비, 운영 등

2. 소방자동차 등의 운용 절차

(1) 소방자동차 운용 시 보고하지 않아도 되는 경우

장비운용자는 소방자동차를 운용하기 전에 미리 소속 소방기관의 장에게 보고하여야 한다. 다만, 다음에 해당하는 경우에는 그러하지 아니한다.

① 화재진압 및 구조·구급활동 등 긴급한 상황에서 운용하는 경우
② 소방자원활동을 위하여 운용하는 경우
③ 비상소집 및 비상근무를 위하여 운용하는 경우

(2) 운행증 교부

소방기관의 장은 장비운용사가 소방자동차를 운용하기 전에 보고한 경우 운행증을 교부하여야 한다. 다만, 전산으로 보고 및 승인하는 경우는 제외한다.

(3) 소방장비의 운용 절차

소방장비의 운용 절차에 관한 세부사항은 소방기관의 장이 정할 수 있다.

3. 소방장비의 관리 상태 확인과 점검 방법 및 기록 유지

(1) 소방장비의 관리 상태 확인

① **시 · 도지사** : 연 1회

② **소방서장** : 연 2회

③ 시 · 도지사의 확인도 소방서장의 확인과 동시에 할 수 있다.

(2) 소방장비의 예방 점검 및 기록 유지

① **소방자동차**

㉠ 예방 점검

- 일일 점검 : 장비운용자가 하루에 한 번 이상(교대제 근무의 경우는 교대 시마다) 일일 점검부에 따라 점검한다.
- 주간 점검 : 장비운용자가 일주일에 한 번 이상 주간 점검부에 따라 점검한다. 다만, 일일 점검과 주간 점검을 같은 날에 하는 경우에는 일일 점검 항목과 주간 점검 항목 중 중복되는 항목은 하나만 선택하여 점검할 수 있다.
- 특별 점검 : 소방자동차의 특수한 결함이나 고장 등으로 인하여 성능이 저하되거나 안전사고 발생의 위험이 크다고 인정되는 경우에 장비 관리공무원이 전문 인력과 점검 장비를 갖춘 기관 · 단체 등에 의뢰하여 점검한다.

㉡ 정밀 점검 : 장비관리공무원이 소방펌프차, 소방화학차, 소방사다리차(고가 및 굴절사다리차) 중에서 소방청장이 정하는 특수장치 부분에 대하여 해당 소방자동차의 취득일부터 5년이 지난 시점부터 다음의 기준에 따라 점검한다.

- 소방펌프차 및 소방화학차 : 2년마다 1회 이상. 다만, 내용연수가 끝나는 연도에는 1회 이상 점검하여야 한다.
- 소방사다리차(고가 및 굴절사다리차) : 매년 1회 이상

② **그 밖의 소방장비**

장비운용자가 제조업체가 정한 기준에 따라 점검하며, 이동용 소방펌프는 이동용 소방펌프 관리카드와 이동용 소방펌프 사용 · 점검 일지에 따라, 그 밖의 소방장비는 소방장비 일일 점검 · 정비 일지에 기록하여야 한다.

4. 소방장비 등에 대한 국고보조 대상사업

(1) 범위

① 소방활동장비와 설비의 구입 및 설치
- ㉠ 소방자동차
- ㉡ 소방헬리콥터 및 소방정
- ㉢ 소방전용통신설비 및 전산설비
- ㉣ 그 밖의 방화복 등 소방활동에 필요한 소방장비

② 소방관서용 청사의 건축

(2) 기준보조율

소방장비 중 119구조장비의 기준보조율은 50%이다.

(3) 기준가격

구분	기준가격
국내조달물품	정부고시가격
수입물품	조달청에서 조사한 해외시장의 시가
정부고시가격 및 조달청에서 조사한 해외시장의 시가를 알 수 없는 경우	2 이상의 공신력 있는 물가조사기관에서 조사한 가격의 평균 가격

5. 소방장비의 분류

대분류	중분류	소분류
기동장비	소방자동차	소방펌프차, 소방물탱크차, 소방화학차, 화생방 대응차, 소방사다리차, 무인방수차, 지휘차, 구조차, 구급차, 조명배연차, 화재조사차, 생활안전차, 안전진단차, 소방순찰차, 현장지원차, 행정 및 교육지원차, 이륜차, 중장비
	소방선박	소방정, 구조정, 지휘정
	소방항공기	고정익, 회전익
화재진압장비	소화용수기구	결합금속구, 소방용수 이용장비
	관창	일반관창, 특수관창, 폼관창, 방수총
	사다리	화재진압용 사다리
	소방용 펌프	동력소방펌프
	소방호스	소방호스, 소방호스 운용 용품
	소방용 보조기구	소화용 기구, 산소발생 공기정화기, 열화상 카메라, 이동식 송배풍기
	이동식진화기	소화기, 초순간진화기
	소방용 로봇	화재진압 로봇, 정찰 로봇

이론 플러스

화재진압장비
- 열화상 카메라
- 정찰로봇

구조 장비	일반구조용	**구조용 사다리**, 개방장비, 조명기구, 총포류, 동물포획 장비 세트, 일반구조 통신장비, 이송 및 안전장비, 그 밖의 일반장비
	산악구조용	등하강 및 확보장비, 산악용 안전벨트, 고리, 도르래, 슬링, 등반용 로프 및 부대장비, 배낭, 일반장비, 빙벽 등반장비 세트, 설상 구조장비 세트, 암벽 및 거벽 등반장비 세트, 구조대상자 이송 및 안전장비, 산악용 근거리 통신장비
	수난구조용	급류 구조장비, 잠수장비, 수중통신장비, 인명구조 및 안전장비
	화생방 및 대테러 구조용	경계구역 설정라인, 제·소독장비, 누출물 수거장비, 누출방지장비, 화생방 오염환자 이송장비, 시료 채취 및 이송장비, 실링백 세트, 에어리프팅백, 보호의류 등, 대테러 구조장비
	절단 구조용	절단기, 톱, 드릴, **유압절단장비**
	중량물 작업용	**유압장비**, 휴대용 윈치, 다목적 구조 삼각대, 운전석 에어백 작동 방지장치, 에어백, 지지대, 리프트 잭, 체인블럭, 체인세트, 벨트슬링, 중량물 작업용 와이어
	탐색 구조용	헬멧식 연기투시기, 적외선 야간투시경, 매몰자 탐지기, 영상송수신장비세트, 붕괴물 경보기, 수중 탐지기, 수중비디오, 수중카메라, GPS수신기, 인명구조견, **구조용 로봇**, 공중 수색장비
	파괴용	도끼, 방화문파괴기, 해머드릴, **착암기**
구급 장비	검사장비	검안기기, 손전등, 심전도기기, 청진기, 체온 및 온도계, 인체측정기, 혈압 혈류계
	기도확보유지장비	기도유지장치
	분만장비	분만용 장비
	순환유지장비	쇼크방지용 바지, 정맥주사 세트, 지혈대
	시트	멸균시트, 체온유지시트, 화상용 시트
	심장박동회복장비	자동심장충격기, 자동심폐소생기
	외상처치장비	집게, 경추보호대, 구출고정장치, 기초 인명소생 가방세트, 긴척추고정판(머리 고정대 포함), 목고정대, 곡반, 부목
	호흡유지장비	네블라이저, 백밸브마스크, 포켓마스크, 비강케뉼라, 비재호흡마스크, 안면마스크, 인공호흡기, 자동식 산소소생기, 지속양압환기장치, 충전식 흡인기
	환자이송장비	들것, 보온용 담요
	그 밖의 구급장비	소독기, 산소발생기, 원격화상 전송장치, 혈관압박 의복 또는 지지율, 폐기물 보관통
	구급의약품	의약품, 소독품
	교육장비	마네킹

	기반장비	냉방장치, 동력조절장비, 발전기류, 전기물리학 교재, 회로 보호장치 및 액세서리
정보 통신 장비	네트워크장비	고정 네트워크 장비 및 부품, 광 네트워크 장치, 네트워크서 비스 장비, 음향장비 및 제어기
	무선통신장비	개인무선통신장치, 고정 네트워크 장비 및 부품, 전화장비, 회로 어셈블리 및 라디오주파수 부품
	보안장비	네트워크 보안장비, 보안 및 보호 소프트웨어
	소프트웨어	네트워킹 소프트웨어, 데이터관리 및 질문 소프트웨어
	유선통신장비	개인유선통신장치, 이동식 및 임시용 조명 및 액세서리, 전 기케이블 및 부속품, 정류기(整流器)
	전산장비	복합영상장비 및 콘트롤러, 음향기기 및 영상기기, 카메라 및 액세서리, 컴퓨터, 컴퓨터 디스플레이, 컴퓨터 데이터입 력장비, 컴퓨터 프린터, 고정 네트워크장비 및 부품, 등사기, 매체저장장치, 영사기 및 소모품, 회의용 비디오 및 전화장 비, 콜매니지먼트시스템 또는 액세서리
측정 장비	소방시설 점검장비	공통시설 점검장비, 소화기구 점검장비, 소화설비 점검장비, 화재경보설비 점검장비, 누전 점검장비, 무전통신보조설비 점검장비, 제연설비 점검장비, 유도등 및 조명등 점검장비
	화재조사 및 감식장비	발굴용 장비, 기록용 장비, 감식감정용 장비, 증거수집장비, 특수감식감정장비, 분석실 구비 장비
	일반측정장비	전기측정장비, 가스측정장비, 공기성분 분석기, 측정기, 화재 탐지기, X-ray 투시기
	화생방 등 측정장비	방사능 측정장비, 화학생물학 측정장비
보호 장비	호흡장비	공기호흡기, 공기공급기, 산소호흡기, 마스크
	보호의류 및 헬멧	방화복, 방호복, 특수방호복, 방화두건, 보호장갑, 안전화, 헬멧
	안전장구	안전안경, 인명구조 경보기, 신체 및 관절보호대, 대원 위치 추적장치, 대원 탈출장비, 대원 안전확보장비, 손매듭기, 방 탄조끼, 방한커버
보조 장비	기록보존용	카메라, 녹음기, 차량용 운행기록계, 초시계, 컴퓨터 프린터, 영상장비
	정비기구	일반정비기구, 세탁건조장비, 발전기
	현장지휘소 운영장비	지휘 텐트, 상황브리핑 장비
	현장지원장비	출입통제선, 차량 이동기, 휴대용 확성기
	그 밖의 보조장비	안전매트, 전선 릴, 수중펌프, 드럼펌프, 양수기, 수손(水損) 방지막

4 소방용수시설의 설치 및 관리

1. 설치 근거 및 관리자

(1) 설치 및 관리 등의 근거(「소방기본법」 제10조)

① 시·도지사는 소방활동에 필요한 소화전(消火栓)·급수탑(給水塔)·저수조(貯水槽)(이하 "소방용수시설"이라 한다)를 설치하고 유지·관리하여야 한다. 다만, 「수도법」 제45조에 따라 소화전을 설치하는 일반수도사업자는 관할 소방서장과 사전협의를 거친 후 소화전을 설치하여야 하며, 설치 사실을 관할 소방서장에게 통지하고, 그 소화전을 유지·관리하여야 한다.

② 시·도지사는 소방자동차의 진입이 곤란한 지역 등 화재 발생 시에 초기 대응이 필요한 지역으로서 대통령령으로 정하는 지역에 소방호스 또는 호스릴 등을 소방용수시설에 연결하여 화재를 진압하는 시설이나 장치(이하 "비상소화장치"라 한다)를 설치하고 유지·관리할 수 있다.

③ ①에 따른 소방용수시설과 ②에 따른 비상소화장치의 설치의 기준은 행정안전부령으로 정한다.

(2) 정의 및 관리자

① **소방용수시설의 정의**

소방활동에 필요한 소화전(消火栓)·급수탑(給水塔)·저수조(貯水槽)를 말한다.

② **비상소화장치의 정의**

소방호스 또는 호스릴 등을 소화용수시설에 연결하여 화재를 진압하는 시설이나 장치를 말한다.(비상소화장치, 소화전, 소방호스, 관창)

③ **설치 및 관리자**

소방용수시설과 비상소화장치의 설치 및 관리자는 시·도지사이다.

2. 소방용수시설 설치의 기준

(1) 공통 기준

① 소방용수시설은 소방대상물과의 수평거리 140m 이하에 설치한다.

② 주거지역, 상업지역, 공업지역에 설치하는 소방용수시설은 소방대상물과 수평거리 100m 이하에 설치한다.

이론 플러스

소방용수시설의 종류
• 소화전
• 급수탑
• 저수조

비상소화장치의 종류
• 비상소화장치함
• 소화전
• 소방호스
• 관창

(2) 소화전과 급수탑의 설치 기준

① 소화전 설치 기준

상수도와 연결하여 지하식 또는 지상식의 구조로 하고, 소방용 호스와 연결하는 <u>소화전의 연결금속구의 구경은 65mm</u>로 하여야 한다.

② 급수탑의 설치 기준

급수배관의 구경은 <u>100mm 이상</u>으로 하고, 개폐밸브는 지상에서 <u>1.5m 이상 1.7m 이하</u>의 위치에 설치한다.

(3) 저수조의 설치 기준

① 지면으로부터 <u>낙차가 4.5m 이하</u>일 것

② 흡수부분의 <u>수심이 0.5m 이상</u>일 것

③ 소방펌프자동차가 쉽게 접근할 수 있도록 할 것

④ 흡수에 지장이 없도록 토사 및 쓰레기 등을 제거할 수 있는 설비를 갖출 것

⑤ <u>흡수관의 투입구</u>가 <u>사각형</u>의 경우에는 한 변의 길이가 <u>60cm 이상</u>, <u>원형</u>의 경우에는 <u>지름이 60cm 이상</u>일 것

⑥ 저수조에 물을 공급하는 방법은 <u>상수도와 연결하여 자동으로 급수</u>되는 구조일 것

3. 소방용수표지 ★★

(1) 지하에 설치하는 소화전 또는 저수조의 경우 소방용수표지의 기준

① 맨홀뚜껑은 지름 648mm 이상으로 한다. 다만, 승하강식 소화전의 경우에는 이를 적용하지 아니한다.

② 맨홀뚜껑에는 "소화전·주정차금지" 또는 "저수조·주정차금지"의 표시를 한다.

③ 맨홀뚜껑 부근에는 노란색 반사도료로 폭 15cm의 선을 그 둘레를 따라 칠한다.

기출 플러스

「소방기본법 시행규칙」상 소방용수시설의 설치기준으로 옳은 것은?

[21 공채 기출]

① 소방용호스와 연결하는 소화전의 연결금속구의 구경은 40밀리미터로 할 것

② 공업지역인 경우 소방대상물과 수평거리를 100미터 이하가 되도록 할 것

③ 저수조에 물을 공급하는 방법은 상수도에 연결하여 수동으로 급수되는 구조일 것

④ 급수탑의 개폐밸브는 지상에서 0.8미터 이상 1.5미터 이하의 위치에 설치하도록 할 것

해설

공업지역인 경우 소방대상물과 수평거리를 100미터 이하가 되도록 할 것은 옳은 내용이다.

오답정리

① 소방용호스와 연결하는 소화전의 연결금속구의 구경은 65밀리미터로 할 것

③ 저수조에 물을 공급하는 방법은 상수도에 연결하여 자동으로 급수되는 구조일 것

④ 급수탑의 개폐밸브는 지상에서 1.5미터 이상 1.7미터 이하의 위치에 설치하도록 할 것

정답 ②

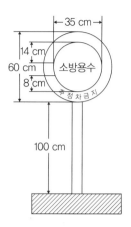

(2) 급수탑 및 지상에 설치하는 소화전·저수조의 경우 소방용수표지의 기준

① 안쪽 문자는 <u>흰색</u>, 안쪽 바탕은 <u>붉은색</u>, 바깥쪽 바탕은 <u>파란색</u>, 바깥쪽 문자는 <u>노란색</u>으로 하고 반사도료를 사용하여야 한다.

② 표지를 세우는 것이 매우 어렵거나 부적당한 경우에는 그 규격 등을 다르게 할 수 있다.

4. 소방용수시설별 장단점 비교

구분	장점	단점
지상식 소화전	• 간편한 사용 • 관리 용이	• 지상으로 돌출되어 차량 등에 의하여 파손될 우려 • 도로에는 설치가 곤란
지하식 소화전	보행 및 교통에 지장이 없음	• 사용이 불편하고 관리가 어려움 • **강설 시 동결되어 사용할 수 없는 경우가 발생** • 도로포장 공사 시 매몰 우려가 있으므로 뚜껑 인상을 해야 함
급수탑	물탱크차량에 급수하는 데 가장 용이	• 도로면에 설치되어 있기 때문에 차량 등에 파손 우려 • 불필요한 물의 낭비와 동절기에 동결의 우려 • 동절기에 보온조치 등 불필요한 예산이 낭비 • 도시 미관을 해침
저수조	• 단수 시 급수작전에 효과를 기할 수 있음 • 고지대 등 급수작전이 미흡한 지역에 설치할 경우 지대한 효과를 거둘 수 있음	• 비싼 설치 비용 • 뚜껑이 무거워 사용 불편 • 설치 위치 선정이 어려움 • **공사 시 교통에 많은 지장 초래**

소방력(소방)의 요소

1. 소방력의 3요소 : 인원, 장비(= 소방장비), 수리(= 소방용수)
2. 소방력의 4요소 : 인원, 장비, 수리, 통신
3. 소방력 보강계획 수립권자 : 시·도지사가 5년마다 수립

단원별 예상문제

01 다음 중 화재진압장비에 해당되지 <u>않는</u> 것은?

① 소방화학차
② 소방용 로봇
③ 관창
④ 화재진압용 사다리

해설
① 소방화학차는 기동장비에 해당된다.

> **119 더 알아보기**
>
> **화재진압장비의 종류**
> 1. 소화용수기구(결합금속구, 소방용수이용장비)
> 2. 관창(일반관창, 특수관창, 폼관창, 방수총)
> 3. 사다리(화재진압용 사다리)
> 4. 소방용 펌프(동력소방펌프)
> 5. 소방호스(소방호스, 소방호스 운용 용품)
> 6. 소방용 보조기구(소화용 기구, 산소발생 공기정화기, 열화상 카메라, 이동식 송배풍기)
> 7. 이동식 진화기(소화기, 초순간진화기)
> 8. 소방용 로봇(화재진압 로봇, 정찰 로봇)

02 「의용소방대 설치 및 운영에 관한 법률」에서 규정한 의용소방대 설치 지역이 <u>아닌</u> 것은?

① 시·도
② 시·읍
③ 면
④ 군·리

해설
④ 의용소방대는 시·도, 시·읍 또는 면에 둔다.

03 다음 중 「소방공무원임용령」에 관한 설명으로 옳은 것은?

① 국가소방공무원은 「국가공무원임용령」을 적용하고, 지방소방공무원은 「지방공무원임용령」을 적용한다.
② 소방공무원 임용에 있어서 소방사 공개경쟁채용시험에 응시할 수 있는 자의 연령은 20세 이상 40세 이하로 한다.
③ 소방공무원 공개경쟁채용시험을 실시하고자 할 때에는 시험에 관한 제반사항을 시험 실시 40일 전까지 공고하여야 한다.
④ 신규채용 시 채용예정인원이 정해져 있음에도 불구하고 동점자 발생 시에는 모두 합격자로 결정한다.

해설
① 소방공무원은 국가직 소방공무원과 지방직 소방공무원으로 구분하지 않고 모두 국가직 소방공무원으로 일원화되어 모든 소방공무원은 「소방공무원임용령」을 적용받는다.
② 소방공무원의 임용에 있어 소방사 공개경쟁채용시험에 응시할 수 있는 자의 연령은 18세 이상 40세 이하로 한다.
③ 소방공무원 공개경쟁채용시험을 실시하고자 할 때에는 임용예정계급, 응시자격, 선발예정시험, 시험의 방법·시기·장소·시험과목 및 배점에 관한 사항을 시험 실시 20일 전까지 공고하여야 한다.

04 「소방공무원임용령」에서 규정하고 있는 '임용'에 해당되지 <u>않는</u> 것은?

① 신규채용
② 직위해제
③ 파견
④ 감봉

해설
④ 「소방공무원임용령」에서 규정하고 있는 '임용'이란 신규채용, 승진, 전보, 파견, 강임, 휴직, 직위해제, 정직, 강등, 복직, 면직, 해임 및 파면 등을 말한다. 감봉은 해당하지 않는다.

05 다음 공무원의 분류 중 소방공무원이 속하는 것은?

① 일반직 공무원
② 특정직 공무원
③ 정무직 공무원
④ 별정직 공무원

해설
② 소방공무원은 담당 업무가 특수하여 자격·신분 보장·복무 등에서 「국가공무원법」 이외의 특별법이 우선 적용되는 경력직 공무원 중 특정직 공무원에 해당한다.

06 소방공무원 징계 중에서 경징계에 해당하는 것은?

① 3개월 정직　　　　　　　　　　　② 3개월 감봉
③ 해임　　　　　　　　　　　　　　④ 강등

> **해설**
> ② 파면, 해임, 강등, 정직은 중징계에 해당되며 감봉과 견책은 경징계에 해당한다. 참고로 징계 수위에 따른 순서는 '견책 < 감봉 < 정직 < 강등 < 해임 < 파면'이다.

07 다음 중 소방공무원 임용 및 임용시기에 대한 설명으로 옳지 않은 것은?

① 시보임용예정자가 소방공무원의 직무수행과 관련한 실무수습 중 사망한 경우에는 사망한 날에 임용된 것으로 본다.
② 소방공무원은 임용장에 기재된 일자에 임용된 것으로 본다.
③ 근무 중 사망한 공무원의 면직일은 사망한 그 다음날로 한다.
④ 소방공무원의 임용이란 파면, 해임, 강등, 정직, 직위해제 등을 포함한다.

> **해설**
> ① 시보임용예정자가 소방공무원의 직무수행과 관련한 실무수습 중 사망한 경우에는 사망일의 전날에 임용된 것으로 본다.

08 다음 중 일부 국고보조대상이 아닌 것은?

① 방화복　　　　　　　　　　　　　② 소화전
③ 소방자동차　　　　　　　　　　　④ 소방전용통신설비

> **해설**
> ② 소화전은 일부 국고보조대상에 해당되지 않는다.

09 「소방기본법」상 저수조 설치 기준으로 옳지 않은 것은?

① 지면으로부터 낙차가 4.5m 이하이어야 한다.
② 흡수 부분의 수심이 0.5m 이상이어야 한다.
③ 저수조는 소방펌프자동차가 쉽게 접근할 수 있어야 한다.
④ 흡수관 투입구가 사각형인 경우 60cm 이상, 원형인 경우 50cm 이상이어야 한다.

> **해설**
> ④ 흡수관 투입구가 사각 혹은 원형의 경우 한 변의 길이 및 지름이 60cm 이상이어야 한다.

10 다음 소방장비 중 구조장비에 해당되지 않는 것은?

① 슬링

② 유압절단장비

③ 인공호흡기

④ 다목적 구조 삼각대

해설

③ 인공호흡기는 소방장비 중 구급장비에 해당된다.

① 슬링은 구조장비 중 산악구조용 장비이다.

② 유압절단장비는 구조장비 중 절단 구조용 장비이다.

④ 다목적 구조 삼각대는 구조장비 중 중량물 작업용 장비에 해당된다.

11 다음 중 소방용수시설이 아닌 것은?

① 상수도(上水道)

② 저수조(貯水槽)

③ 소화전(消火栓)

④ 급수탑(給水塔)

해설

① 소방용수시설에 상수도는 해당되지 않는다. 상수도는 소화용수설비에 해당된다.

12 소방공무원의 징계 중 '중징계'에 해당하지 않는 것은?

① 정직

② 해임

③ 파면

④ 감봉

해설

④ 중징계에는 정직, 강등, 해임, 파면이 있으며 경징계에는 감봉과 견책이 있다.

13 소방공무원 임용 등에 관한 설명으로 옳지 않은 것은?

① 소방경 이하는 소방청장이 임용한다.

② 소방령 이상은 소방청장의 제청으로 행정안전부장관을 거쳐 대통령이 임용한다.

③ 시·도 소속의 소방공무원은 소방청장의 위임을 받아 시·도지사가 임용할 수 있다.

④ 소방준감 이하의 소방공무원에 대한 정직·복직·직위해제·전보·휴직·강등은 소방청장이 행한다.

해설

② 소방령 이상은 소방청장의 제청으로 국무총리를 거쳐 대통령이 임용한다.

14 다음 중 소방청 소속의 중앙소방조직에 해당되지 <u>않은</u> 것은?

① 중앙소방학교
② 중앙119구조본부
③ 국립소방연구원
④ 국립방재연구원

해설

④ 국립방재연구원은 소방청 소속의 중앙소방조직에 해당되지 않는다. 소방청 소속의 중앙소방조직으로는 중앙소방학교, 중앙119구조본부, 국립소방연구원이 있다.

15 근속승진해당자의 조건으로 옳은 것은?

① 소방사로 3년 이상 근속자
② 소방교로 5년 이상 근속자
③ 소방장으로 7년 6개월 이상 근속자
④ 소방위로 11년 이상 근속자

해설

① 소방사 : 4년 이상 근속자
③ 소방장 : 6년 6개월 이상 근속자
④ 소방위 : 8년 이상 근속자

16 승진대상자명부의 점수가 동일한 때에 가장 마지막 순위자는?

① 근무성적평정점이 높은 사람
② 해당 계급에서 장기근무한 사람
③ 해당 계급의 바로 하위 계급에서 장기근무한 사람
④ 소방공무원으로 장기근무한 사람

해설

④ 소방공무원으로 장기근무한 사람이 가장 마지막 순위자이다.
참고로, 승진대상자명부의 총평정점이 같은 경우에는 다음 순서에 따라 선순위자를 결정한다.
1. 근무성적평정점이 높은 사람
2. 해당 계급에서 장기근무한 사람
3. 해당 계급의 바로 하위 계급에서 장기근무한 사람
4. 소방공무원으로 장기근무한 사람

17 다음 중 중량물 작업용 장비가 <u>아닌</u> 것은?

① 다목적 구조 삼각대　　　　　② 에어백
③ 유압장비　　　　　　　　　　④ 착암기

해설
④ 착암기는 파괴용 장비이다.

119 더 알아보기

중량물 작업용 장비와 파괴용 장비

중량물 작업용	유압장비, 휴대용 윈치, 다목적 구조 삼각대, 운전석 에어백 작동 방지장치, 에어백, 지지대, 리프트잭, 체인블럭, 체인세트, 벨트슬링, 중량물 작업용 와이어
파괴용	도끼, 방화문파괴기, 해머드릴, 착암기

18 다음 중 용어의 설명으로 <u>옳지 않은</u> 것은?

① "필수보직기간"이란 소방공무원이 다른 직위로 전보되기 전까지 현 직위에서 근무하여야 하는 최대 기간을 말한다.
② "임용"이란 신규채용·승진·전보·파견·강임·휴직·직위해제·정직·강등·복직·면직·해임 및 파면을 말한다.
③ "강임"이란 동종의 직무 내에서 하위의 직위에 임명하는 것을 말한다.
④ "전보"란 소방공무원의 동일 직위 및 자격 내에서의 근무기관이나 부서를 달리하는 임용을 말한다.

해설
① "필수보직기간"이란 소방공무원이 다른 직위로 전보되기 전까지 현 직위에서 근무하여야 하는 최소 기간을 말한다(「소방공무원임용령」 제2조 제4호).

19 소방공무원의 임용권자가 <u>아닌</u> 자는?

① 소방본부장　　　　　　　　　② 시·도지사
③ 대통령　　　　　　　　　　　④ 중앙소방학교장

해설
① 소방본부장은 소방공무원 임용권자에 해당되지 않는다. 소방령 이상의 소방공무원의 임용권자는 대통령이고, 소방경 이하의 임용권자는 소방청장이다. 시·도지사는 소방청장의 위임을 받아 소속 소방공무원에 대한 임용권을 갖는다. 또한 관계 하급기관 또는 소방기관(중앙소방학교, 중앙119구조본부, 지방소방학교, 서울종합방재센터 및 소방서)의 장은 임용권의 일부를 위임받을 수 있다.

20 다음 중 소방공무원에 대한 설명으로 옳지 <u>않은</u> 것은 모두 몇 개인가?

> ㄱ. 소방서장은 시·도지사가 임용한다.
> ㄴ. 소방경 이상의 소방공무원은 소방청장의 제청으로 국무총리를 거쳐 대통령이 임용한다.
> ㄷ. 금고 이상의 형을 받고 그 집행이 종료되거나 집행을 받지 않기로 확정된 후 5년이 지나지 않은 자는 모든 직렬의 공무원에 임용될 수 없다.
> ㄹ. 승진소요 최저근무연수는 소방사 1년, 소방위 2년, 소방정 4년이다.
> ㅁ. 강등은 1계급 아래로 직급을 내리고 6개월간 직무가 정지된다.

① 0개
② 1개
③ 2개
④ 3개

해설

ㄴ. 소방령 이상의 국가소방공무원은 소방청장의 제청으로 국무총리를 거쳐 대통령이 임용한다.
ㅁ. 강등은 1계급 아래로 직급을 내리고 3개월간 직무가 정지된다.

21 119구조장비의 국고보조율은 몇 % 이상의 지원에 해당하는가?

① 20%
② 30%
③ 40%
④ 50%

해설

④ 119구조장비의 국고보조율은 50% 이상에 해당한다.

22 다음 중 소방력의 3요소와 관련이 <u>없는</u> 것은?

① 소방대원(인력)
② 소방장비
③ 소방시설
④ 소방용수

해설

③ 소방력(소방자원)의 3요소는 소방인력, 소방장비, 소방수리(물, 용수)로 소방시설은 해당하지 않는다.

23 다음 중 소방공무원의 계급 순서로 맞는 것은?

① 소방총감 – 소방정감 – 소방감 – 소방준감 – 소방정
② 소방총감 – 소방감 – 소방준감 – 소방정 – 소방정감
③ 소방총감 – 소방정감 – 소방준감 – 소방정 – 소방감
④ 소방총감 – 소방준감 – 소방정감 – 소방정 – 소방감

해설
① '소방총감 – 소방정감 – 소방감 – 소방준감 – 소방정 – 소방령 – 소방경 – 소방위 – 소방장 – 소방교 – 소방사'순이다.

24 「소방공무원법」에 규정된 소방공무원의 의무가 아닌 것은?

① 거짓 보고 등의 금지
② 지휘권 남용 등의 금지
③ 제복 착용의 의무
④ 복종과 성실의 금지 의무

해설
① · ② · ③ 「소방공무원법」에 규정된 소방공무원의 의무는 거짓 보고 등의 금지, 지휘권 남용 등의 금지, 제복 착용의 의무 등이다.

25 다음 중 소방공무원 징계에 대한 설명으로 옳지 <u>않은</u> 것은?

① 징계 등 의결 요구를 받은 징계위원회는 그 요구서를 받은 날부터 30일 이내에 징계 등에 관한 의결을 하여야한다. 다만, 부득이한 사유가 있을 때에는 해당 징계위원회의 의결로 30일 이내의 범위에서 그 기간을 연장할수 있다.
② 징계 등의 집행은 징계 등 의결의 통지를 받은 날부터 15일 이내에 징계 등 처분 사유 설명서에 의결서 사본을첨부하여 징계 등 의결된 자에게 교부(소방령 이상 소방공무원에 대한 파면, 해임 또는 강등의 경우에는 임용제청권자가 교부)함으로써 이를 행한다.
③ 징계위원회는 중징계 또는 중징계 관련 징계부가금 요구사건의 피해자가 신청하는 경우에는 그 피해자에게 징계위원회에 출석하여 해당 사건에 대해 의견을 진술할 기회를 주어야 한다.
④ 징계위원회의 회의는 공개하며, 징계위원회는 재적위원 과반수(과반수가 3명 미만인 경우에는 3명 이상)의 출석으로 개의(開議)하고 출석위원 과반수의 찬성으로 의결한다.

해설
④ 「소방공무원 징계령」제8조(회의의 비공개) 징계위원회의 회의는 공개하지 아니한다.

26 다음 「소방공무원임용령」에 대한 설명 중 옳지 <u>않은</u> 것은?

① "소방기관"이라 함은 소방청, 특별시·광역시·특별자치시·특별자치도와 중앙소방학교·중앙119구조본부·지방소방학교·서울종합방재센터 및 소방서를 말한다.

② 중앙소방학교 소속 또는 중앙119구조본부 소속 소방령에 대한 전보·휴직·직위해제·정직 및 복직에 관한 권한과 소방경 이하의 소방공무원에 대한 임용권을 위임받은 중앙소방학교장 및 중앙119구조본부장은 소속 소방공무원을 승진시키려면 미리 소방청장에게 보고하여야 한다.

③ 소방공무원인사위원회 위원장은 소방청에 있어서는 소방청장이, 시·도에 있어서는 「지방자치법 시행령」에 따른 당해 지방자치단체의 부단체장이 되고, 위원은 인사위원회가 설치된 기관의 장이 소속 소방정 이상의 소방공무원 중에서 임명한다.

④ 공개경쟁채용시험·경력경쟁채용시험 등 및 소방간부후보생 선발시험의 합격자를 결정할 때 선발예정인원을 초과하여 동점자가 있는 경우에는 그 선발예정인원에 불구하고 모두 합격자로 한다. 이 경우 동점자의 결정은 총득점을 기준으로 하되, 소수점 이하 둘째자리까지 계산한다.

해설

③ 소방공무원인사위원회 위원장은 소방청에 있어서는 소방청 차장이, 시·도에 있어서는 「지방자치법 시행령」에 따른 당해 지방자치단체의 부단체장(행정부시장·행정부지사를 말한다)이 되고, 위원은 인사위원회가 설치된 기관의 장이 소속 소방정 이상의 소방공무원 중에서 임명한다.

27 다음 「소방공무원법」에 대한 설명으로 옳지 <u>않은</u> 것은?

① 소방공무원의 인사(人事)에 관한 중요 사항에 대하여 소방청장 및 특별시장·광역시장·특별자치시장·도지사·특별자치도지사의 자문에 응하게 하기 위하여 소방청과 특별시·광역시·특별자치시·도·특별자치도에 소방공무원인사위원회를 둔다.

② 소방령 이상의 소방공무원은 국무총리의 제청으로 대통령이 임용한다. 다만, 소방총감은 대통령이 임명하고, 소방준감 이하의 소방공무원에 대한 전보, 휴직, 직위해제, 강등, 정직 및 복직은 소방청장이 한다.

③ 소방경 이하의 소방공무원은 소방청장이 임용하며, 관할 시·도 지역의 소속 소방공무원은 시·도지사가 임용한다.

④ 소방공무원의 신규채용시험 및 승진시험과 소방간부후보생 선발시험은 소방청장이 실시하며, 관할 시·도 지역의 소방경 이하의 신규채용시험과 소방령 이하 계급으로의 승진시험은 시·도지사가 실시한다.

해설

② 소방령 이상의 소방공무원은 소방청장의 제청으로 국무총리를 거쳐 대통령이 임용한다. 관할 시·도 소속의 소방공무원에 대한 임용은 소방청장의 위임을 받아 시·도지사가 임용한다.

28 다음 중 공무원의 임용 유예 사유로 옳지 **않은** 것은?

① 임신하거나 출산한 경우
② 6개월 이상의 장기요양을 요하는 질병이 있는 경우
③ 해외연수를 하고자 하는 경우
④ 군에 입대하거나 군복무 중인 경우

해설
③ 해외연수는 공무원 임용 유예 사유가 아니다.

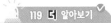 **119 더 알아보기**

공무원 임용 유예 사유
1. 학업의 계속
2. 6개월 이상의 장기요양을 요하는 질병이 있는 경우
3. 군에 입대하거나 군복무 중인 경우
4. 임신하거나 출산한 경우
5. 그 밖에 임용 또는 임용제청의 유예가 부득이하다고 인정되는 경우

29 우리나라 소방행정에 관한 설명으로 옳은 것은?

① 미군정 시대에는 소방행정을 경찰에서 분리하여 자치 소방행정체제를 도입하였다.
② 1972년 전국 시·도에 소방본부를 설치·운영하고 광역소방행정체제로 전환하였다.
③ 소방공무원은 공무원 분류상 경력직 공무원 중 특수경력직 공무원에 해당한다.
④ 소방공무원의 징계 중 경징계에는 정직, 감봉, 견책이 있다.

해설
② 전국 시·도에 소방본부를 설치운영하고 광역자치소방행정체제로 전환한 시기는 1992년이다. 1972년에는 서울과 부산은 자치소방체제를 실시하고, 기타 지역은 국가소방행정체제를 실시한 이원적 소방행정체제였다.
③ 소방공무원은 경력직 공무원 중 특정직 공무원에 해당한다.
④ 소방공무원 징계 중 경징계에는 감봉, 견책이 있고, 중징계에는 파면, 해임, 강등, 정직이 있다.

I wish you the best of luck

PART

03

소방행정론

문승철 소방학개론

CHAPTER 01 소방행정작용

1 소방행정작용의 특성

1. 우월성(지배·복종관계)

(1) 우월성의 의미

소방기관은 국민보다 우월한 입장에서 국민의 허락을 받지 않고 일방적인 결정에 의해 행정조치를 할 수 있다.

(2) 「소방기본법」 제25조(강제처분 등)

① 소방본부장, 소방서장 또는 소방대장은 사람을 구출하거나 불이 번지는 것을 막기 위하여 필요할 때에는 화재가 발생하거나 불이 번질 우려가 있는 소방대상물 및 토지를 일시적으로 사용하거나 그 사용의 제한 또는 소방활동에 필요한 처분을 할 수 있다.

② 소방본부장, 소방서장 또는 소방대장은 사람을 구출하거나 불이 번지는 것을 막기 위하여 긴급하다고 인정할 때에는 소방대상물 또는 토지 외의 소방대상물과 토지에 대하여 제1항에 따른 처분을 할 수 있다.

③ 소방본부장, 소방서장 또는 소방대장은 소방활동을 위하여 긴급하게 출동할 때에는 소방자동차의 통행과 소방활동에 방해가 되는 주차 또는 정차된 차량 및 물건 등을 제거하거나 이동시킬 수 있다.

2. 획일성 및 원칙성

(1) 획일성 및 원칙성의 의미

① 소방대상물의 연면적 혹은 사용 용도가 동일한 때에는 전국 어디에서나 동일한 소방시설을 설치해야 한다(원칙성).

② 소방법령은 획일적이고 원칙적으로 적용되지만 특별한 경우에는 적용특례규정을 두어 예외를 인정하는 경우도 있다.

이론 플러스

소방행정작용의 특성
• 우월성
• 획일성
• 기술성
• 강제성

□ 119체크

화재의 예방조치, 강제처분 등 소방행정기관이 당사자의 허락을 받지 않고 일방적인 결정에 행정조치를 취하는 것을 소방행정작용의 특성 중 무엇이라 하는가?

① 획일성
② 기술성
③ 강제성
④ 우월성

해설

화재의 예방조치, 강제처분 등 소방행정기관이 당사자의 허락을 받지 않고 일방적인 결정에 행정조치를 취하는 것을 **우월성**이라 한다.

정답 ④

---

(2) 획일성 및 원칙성의 예

119 관련법령보기 🗐

「소방기본법 시행령」 제7조(특수가연물의 저장 및 취급의 기준)

법 제15조 제2항에 따른 특수가연물의 저장 및 취급의 기준은 다음 각 호와 같다.

1. 특수가연물을 저장 또는 취급하는 장소에는 품명·최대수량 및 화기취급의 금지 표지를 설치할 것
2. 다음 각 목의 기준에 따라 쌓아 저장할 것. **다만, 석탄·목탄류를 발전(發電)용으로 저장하는 경우에는 그러하지 아니하다(특례규정).**
   가. 품명별로 구분하여 쌓을 것
   나. 쌓는 높이는 10m 이하가 되도록 하고, 쌓는 부분의 바닥면적은 50m²(석탄·목탄류의 경우에는 200m²) 이하가 되도록 할 것. 다만, 살수설비를 설치하거나, 방사능력 범위에 해당 특수가연물이 포함되도록 대형수동식소화기를 설치하는 경우에는 쌓는 높이를 15m 이하, 쌓는 부분의 바닥면적을 200m²(석탄·목탄류의 경우에는 300m²) 이하로 할 수 있다.
   다. 쌓는 부분의 바닥 면적 사이는 1m 이상이 되도록 할 것

3. 기술성(= 수단성)

소방관계법규는 소방의 목적을 합목적적이고 공정하게 달성하기 위한 <u>기술적·수단적 성질</u>을 갖는다.

2 소방행정행위(= 행정처분)

1. 행정행위(行政行爲)의 개념

① 행정권력이 행정법규를 구체적으로 적용·집행하는 행위를 말한다.
② 실정법상의 용어가 아니고 실정법의 이론 구성을 위해 발달한 학문상의 개념이므로 그 내용은 학자에 따라 여러 가지 차이가 있으나 일반적으로는 '행정주체가 법 아래에서 구체적 사실에 관한 법집행으로서 행하는 권력적 단독행위인 공법행위'의 뜻으로 쓰인다.
③ 실정법상의 '행정처분'이라는 용어가 대체로 이에 해당한다.

2. 소방행정행위의 종류

(1) 법률적 행정행위

① 개념

소방기관의 <u>의사가 표시된 대로 효력이 발생</u>하는 행정행위를 말한다. 법률적 행정행위는 그 내용에 따라 명령적 행위와 형성적 행위로 나누어진다.

② 명령적 행위

국민에 대하여 일정한 의무를 부과하거나 그 의무를 해제하는 것을 내용으로 하는데, 여기에는 하명과 허가, 면제가 있다.

ⓐ 하명 : 행정객체로 하여금 작위·부작위·수인·급부 등의 의무를 명하는 행정행위를 말한다.

• 작위하명 : 일정한 행위를 할 것을 적극적으로 명하는 것을 말한다.
  예 「소방기본법」상 화재예방처분 중 타고 남은 재의 처리 등

• 부작위하명(= 금지) : 금지는 그 행위 자체가 선량한 풍속 기타 사회질서에 반하여 사회상 곧 유해하기 때문에 행하여지는 절대적 금지(예 미성년자의 음주, 흡연 및 남녀혼숙 등의 금지)와 단순히 허가를 받지 아니하고 일정한 행위를 하는 것을 금지하는 상대적 금지(예 무면허운전의 금지)로 분류된다.
  예 「소방기본법」상 화재예방처분 중 불장난·화기취급의 금지

• 수인하명 : 행정상 강제에 대하여 반항하여서는 아니 된다는 것을 명하는 것을 말한다.
  예 「소방기본법」상 강제처분

• 급부하명 : 행정목적을 위해 금전 또는 물품의 납입을 명하는 것을 말한다.
  예 대집행 비용징수, 수수료 납부

ⓑ 허가 : 법규에 의한 일반적 금지(의무)를 특정한 경우에 해제하여 적법하게 사실상 또는 법률상 일정한 행위를 할 수 있도록 자유의 상태를 회복시켜주는 행정행위를 말한다.

• 대인허가 : 주로 사람의 능력·지식 등 주관적 요소를 대상으로 하는 허가를 말한다.
  예 소방시설설계업 등록, 의사면허·운전면허 등

• 대물허가 : 물건의 내용·상태 등 객관적 요소를 대상으로 하는 허가를 말한다.
  예 위험물제조소 등의 설치 허가, 건축허가 등

• 혼합허가 : 인적 요소와 물적 요소가 결합된 상태를 대상으로 하는 허가를 말한다.
  예 <u>소방시설공사업 등록(기술인력 + 자본금)</u>, 탱크시험자 등록(<u>기술인력 + 장비 + 시설</u>)

이론 플러스

📋 119체크

다음 중 행정행위의 성격이 다른 하나는?

① 허가
② 하명
③ 공증
④ 면제

해설

①, ②, ④는 법률적 행정행위에 해당되고, ③은 준법률적 행정행위에 해당된다.

정답 ③

ⓒ 면제 : 법령에 의하여 정해진 작위·부작위·급부·수인의무(受忍義務)를 특정한 경우에 면해주는 행위를 말한다. 예 소방시설 설치 면제

(2) 준법률적 행정행위

① 개념

소방기관의 행정행위 중 효과의사 이외의 정신작용(판단·인식·관념 등)의 표시를 구성요소로 하고 그 법률효과는 행위자의 의사 여하를 불문하고 <u>직접 법규가 정하는 바에 의하여 발생하는 행위</u>를 말한다.

② 공증

특정 사실 또는 법률관계의 존부를 공적으로 증명함으로써 공적 증거력을 부여하는 행위를 말한다.

예 자격증, 면허증 등 발급

③ 통지

특정인 또는 불특정 다수인에게 어떠한 사실을 알리는 행위 중 법적효과를 가져오는 행위를 말한다.

예 각종 고시, 공고, 대집행 계고와 대집행 영장발부 통지, 「국제징수법」의 가산금과 중가산금의 납부독촉 등

④ 수리

행정청이 사인의 행위를 유효한 행위로 받아들이는 행위를 말한다.

예 각종 원서, 신청서, 신고서, 사직원, 혼인신고 수리 등

⑤ 확인

특정 사실 또는 법률관계의 존부에 관해 다툼이 있는 경우 공적으로 판단하여 확정하는 행위로, 새로운 법률관계를 창설하는 것은 아니다.

예 국가시험 합격 결정, 준공 검사, 당선인 결정

119 더 알아보기

행정행위 도해정리

법률적 행정행위	명령적 행정행위	하명	작위하명	~해라 예 피난명령

법률적 행정행위	명령적 행정행위	하명	작위하명	~해라 예 피난명령
			부작위 하명	~금지, 제한 예 소방용수시설의 사용 금지
			급부하명	노동력, 금품 납부 예 수수료 납부
			수인하명	저항하지 마라, 감내하라 예 소방대의 긴급통행
			소화활동종사명령 = 작위하명 + 급부하명	
		허가 ↑ 상대적 금지를 해제	대인허가	• 개인의 주관적 사정을 고려 • 자격증, 면허증 소지자에 한해 영업 하도록 하는 것 예 소방시설설계업 등록
			대물허가	물건 등 객관적인 사정을 고려 예 위험물 제조소 등의 설치 허가
			혼합허가	대인허가 + 대물허가 예 소방시설공사업 등록, 탱크시험자 등록
		면제		의무를 특별한 경우에 소멸시키는 행정행위 예 소방시설 설치 면제: 스프링클러소화설비, 물분 무등소화설비가 설치되어 있는 경우 자동화재탐 지설비설치를 면해주는 것
	형성적 행정행위	특허		• 소방관계법규에는 **명령적 행정행위가 대부분이며, 형성적 행정행위는 거의 없음** • **한국소방안전원 정관을 변경하고자 할 때 소방청장의 인가를 받아야 함**
		인가		
		대리		
준법률적 행정행위	공증			특정한 사실 또는 법률관계의 존재를 공적으로 증명하는 행위 예 자격수첩 교부, 자격증 발급
	통지			어떤 사실을 알리는 행위 예 소방특별조사계획을 관계인에게 알리는 것
	수리			소방행정기관이 타인의 행위를 유효한 행위로서 수령하는 행정행위 예 혼인신고 수리, 원서제출 접수 등
	확인			법률관계의 존부(存否)에 관하여 의문이나 다툼이 있는 경우에 이를 판단·확정하는 행정행위 예 자격 합격자 결정, 당선인 결정 등

이론 플러스

혼합허가의 예
• 소방시설공사업등록
  - 기술인력 + 자본금(1억원 이상)
• 탱크시험자등록
  - 기술능력 + 시설 + 장비

3 소방행정의 실효성 확보수단(= 의무이행 확보수단)

1. 행정상 강제집행

(1) 개념

① 의무의 불이행에 대하여 행정주체가 실력을 가하여 그 의무를 이행시키거나 또는 이행된 것과 동일한 상태를 실현하는 작용을 말하며, 행정상 강제처분 이라고도 한다.

② 장래를 향하여 의무의 이행을 강제하는 점에서 과거의 의무 위반에 대한 제 재인 행정벌과 구별되며, 의무의 존재와 그 불이행을 전제로 하는 점에서 의 무를 과하지 아니하고 즉시 실력으로써 강제하는 행정상의 즉시강제(卽時强 制)와 구별된다.

③ 이와 같은 행정상 의무의 강제는 국민의 자유·재산의 침해가 되므로 반드시 법률의 근거가 있어야 한다.

(2) 대집행

① **개념**

대체적 작위의무에 대한 강제수단으로 당해 행정청이 의무자가 행할 작위를 스스로 행하거나, 제3자에게 행하게 하고 그 비용을 의무자에게 징수하는 것 을 말한다(「행정대집행법」 제2조).

② **대집행의 절차**

계고(戒告), 대집행영장에 의한 통지, 실행, 비용징수의 4단계로 나뉜다.

(3) 집행벌

비대체적 작위의무 또는 부작위의무나 수인의무의 불이행 시에 일정 액수의 금전(이행강제금)이 부과될 것임을 의무자에게 미리 통지함으로써 심리적 압 박을 주어 행정상 의무이행의 확보를 도모하는 간접 강제수단을 말한다.

(4) 직접강제

<u>사전에 명령을 부과하여</u> 그 의무를 불이행하는 경우에 행정기관이 직접 의 무자의 신체·재산에 실력을 가해 의무자가 의무를 이행한 것과 같은 상태 를 실현하는 작용을 말한다. 직접강제는 의무의 불이행을 전제로 하는 점에 서 그것을 전제로 하지 않는 행정상 즉시강제와 구별된다.

(5) 강제징수

① **개념**

행정법상 금전급부를 불이행한 경우 의무자의 재산에 실력을 가해 의무이행이 있었던 것과 같은 상태를 실현하는 행정작용이다.

② **절차**

독촉 → 압류 → 매각 → 청산(체납처분 → 국세 → 가산금)

2. 행정상 즉시강제

(1) 개념

① 행정법상 의무의 불이행을 기다릴 것 없이 행정주체가 직접 개인의 신체·재산에 실력을 가함으로써 행정상 필요한 상태를 실현시키는 작용을 말한다.

② 목전의 급박한 행정상 장해를 제거할 필요가 있는 경우에, 미리 의무를 명할 시간적 여유가 없을 때 또는 그 성질상 의무를 명하여 가지고는 목적 달성이 곤란할 때에, 직접 국민의 신체 또는 재산에 실력을 가하여 행정상 필요한 상태를 실현하는 작용이다.

(2) 즉시강제의 예

119 관련법령보기

「화재의 예방 및 안전관리에 관한 법률」 제17조(화재의 예방조치 등)

② 소방관서장(=소방청장, 소방본부장, 소방서장)은 목재, 플라스틱 등 가연성이 큰 물건 또는 소방차량의 통행이나 소화 활동에 지장을 줄 수 있는 물건의 소유자, 관리자 또는 점유자를 알 수 없는 경우 소속 공무원으로 하여금 그 물건을 옮기거나 보관하는 등 필요한 조치를 하게 할 수 있다.

3. 행정벌

(1) 개념

① 행정법상의 의무 위반에 대하여 일반통치권에 기하여 제재로서 과하는 벌을 말한다.

② 행정벌도 일종의 벌이므로 이것을 과함에는 항상 법률의 근거가 있어야 하며, 법률에 의하여 개별적·구체적으로 벌칙정립권을 위임하는 경우 이외에는 일반적인 위임은 허용되지 않는다.

이론 플러스

□ 119체크

법에 의한 의무를 제대로 이행하지 못했을 경우 행정기관이 실력으로 그 의무의 이행을 실현시키는 것을 소방강제집행이라 한다. 이러한 행정상 강제집행의 수단이 아닌 것은?

① 대집행
② 직접강제
③ 집행벌
④ 즉시강제

해설

즉시강제는 의무 불이행을 전제로 하지 않는다. 따라서 의무 불이행을 전제로 하는 행정상 강제집행에 해당되지 않는다. ①, ②, ③은 의무 불이행을 전제로 하는 행정상 강제집행에 해당된다.

정답 ④

(2) 행정형벌

① 행정법상의 의무 위반에 대하여 그 제재로써 「형법」에 형명이 있는 형벌(사형·징역·금고·자격상실·자격정지·벌금·구류·과료·몰수)을 과하는 행정벌의 일종을 말한다.

② 행정형벌에 관하여는 원칙적으로 「형법」 총칙의 규정이 적용될 것이나 명문으로써 적용을 배제하고 있는 경우는 물론, 그와 같은 명문의 규정이 없는 경우에도 행정범(行政犯)의 특수성을 고려하여 고의, 법인의 범죄능력, 타인의 비행에 대한 책임, 공범 등에 관하여 「형법」 총칙이 그대로 적용될 수 없다고 하는 것이 통설이다.

③ 행정형벌의 과형은 원칙적으로 법원에서 형사소송절차에 의하여 진행되고, 예외적으로 즉결심판절차·통고처분절차에 의하여 행한다.

(3) 행정질서벌

① 행정형벌과는 달리 「형법」에 없는 과태료를 과하는 경우를 말한다.

② 행정질서벌은 행정상의 질서위반에 대하여 금전으로 제재를 가하는 행정법상 의무이행 확보수단의 하나이며 형벌이 아니므로, 「형법」 총칙의 적용을 받지 않으며, 처벌절차도 「형사소송법」에 의하지 않는다.

119 더 알아보기

소방행정의 실효성 확보수단의 도해정리

직접적 강제 수단	행정상 강제집행	대집행	• 대체적 작위의무 불이행의 경우 • 소방공무원 또는 제3자로 하여금 의무를 대신 이행하게 하고 그 비용을 의무자에게 징수하는 것 • 계고 → 통지 → 실행 → 비용 징수 예 무허가 위험물 제거 등
		집행벌	• 비대체적 작위의무 불이행의 경우 • 이행강제금을 부과하여 심리적 압박으로 의무를 이행하게 하는 것
		직접강제	사전에 명령을 부과하여 그 의무를 불이행하는 경우에 의무자의 신체 또는 재산상에 공권력을 사용하여 의무를 실현시키는 행정행위
		강제징수	금전납부의무의 불이행 시 의무자의 재산에 강제적으로 독촉, 압류, 매각, 청산(비용처리)을 실현하는 것
	행정상 즉시강제		사전에 명령을 부과할 시간적 여유가 없는 긴박한 경우이거나 그 성질상 의무를 명하여서는 목적을 달성하기 어려운 경우 직접 국민의 신체 또는 재산에 공권력을 행사하여 행정상 필요한 상태를 실현시키는 행정행위

간접적 강제 수단	행정벌	행정형벌	• 소방법규 위반 시 「형법」에 의한 형벌을 부과하는 경우 • **소방법규에는 징역, 금고, 벌금** 등 3종류가 있음
		행정 질서벌	• 행정상 질서 유지를 위하여 부과하는 경우 • 게으른 업무자 등에게 부과하는 질서벌 • **과태료 처분**(300만 원 ~ 20만 원 이하)
	신(新) 의무이행 확보수단		공급거부, 위반사실의 공표, 관허사업제한, 과징금, 가산세, 부당이득세 등

직접강제와 즉시강제의 비교

1. 직접강제
   (1) 법률에 근거하여 행정법상 의무의 불이행이 있는 경우에 행하는 행정상 최후의 수단이다.
   (2) 선행되는 의무의 존재(= 사전에 명령을 부과)와 그 의무의 불이행을 전제로 한다.
   　예 어선 나포, 군중 해산 등

2. 즉시강제
   (1) 긴박한 상황이거나 미리 의무를 명할 시간적 여유가 없을 때 또는 의무를 명하여서는 그 목적을 달성하기 곤란할 경우에 직접 국민의 신체 또는 재산에 공권력을 행사하여 행정상 필요한 상태를 실현시키는 행정행위이다.
   (2) 선행되는 의무자가 없거나 의무 자체를 가지지 않는 경우 즉, 의무 불이행을 전제로 하지 않는다.
   　예 「소방기본법」 제12조(화재의 예방조치 등) 제2항 : 소방본부장이나 소방서장은 위험물 또는 물건의 소유자·관리자 또는 점유자의 주소와 성명을 알 수 없어서 필요한 명령을 할 수 없을 때에는 소속 공무원으로 하여금 그 위험물 또는 물건을 옮기거나 치우게 할 수 있다.

과태료와 과징금의 비교

1. 과태료
   (1) 소방행정상 질서 유지를 위하여 부과하는 경우
   (2) 소방관계법규에서 정한 과태료 금액
   ① 500만 원 이하의 과태료
   　　화재발생, 구조·구급 상황을 거짓으로 알린 자
   ② 300만 원 이하의 과태료
   　　㉠ 화재안전기준을 위반하여 소방시설을 설치 또는 유지·관리하는 자
   　　㉡ 피난·방화시설, 방화구획의 폐쇄·훼손·변경 등 행위를 한 자
   ③ 200만 원 이하의 과태료
   　　㉠ 특수가연물의 저장·취급 기준을 위반한 사람 등
   　　㉡ 소방활동구역을 소방대장의 허가없이 무단으로 출입한 사람 등

④ 100만 원 이하의 과태료
  ㉠ 소방자동차 전용구역에 주차하거나 소방자동차 진입을 막는 등의 행위를 한 경우
  ㉡ 실무교육을 받지 아니한 소방안전관리자 및 소방안전관리보조자
⑤ 20만 원 이하의 과태료
  화재 등의 통지지역에서 신고를 하지 아니하고 불을 피우거나 연막소독 등을 함으로써 화재로 오인하여 소방차를 출동하게 한 자

(3) 과태료 부과권자

「소방기본법」	시·도지사, 소방본부장, 소방서장
「소방시설법」	소방청장, 시·도지사, 소방본부장, 소방서장
「소방시설공사업법」	시·도지사, 소방본부장, 소방서장
「위험물안전관리법」	시·도지사, 소방본부장, 소방서장

2. 과징금

(1) 시·도지사는 「소방시설법」, 「소방시설공사업법」에 따라 영업정지를 명하는 경우로서 그 영업정지가 국민에게 심한 불편을 주거나 그 밖에 공익을 해칠 우려가 있는 때에는 영업정치처분을 대신하여 과징금을 부과할 수 있다. 시·도지사는 「위험물안전관리법」 제12조 각 호의 어느 하나에 해당하는 경우로서 제조소 등에 대한 사용의 정지가 그 이용자에게 심한 불편을 주거나 그 밖에 공익을 해칠 우려가 있는 때에 과징금을 부과할 수 있다.

(2) 과징금 액수

「소방기본법」	규정 ×
「소방시설법」	3천만 원 이하
「소방시설공사업법」	3천만 원 이하
「위험물안전관리법」	2억 원 이하

(3) 과징금 부과권자
  과징금 부과권자는 시·도지사이다.

4 소방행정구제

1. 행정구제의 의의

① 행정구제(行政救濟)는 행정기관이 국민의 권익을 침해했을 경우 그 국민이 행정청이나 법원에 대해 구제를 요청하는 것이다.

② 행정기관의 작용으로 인하여 권익을 침해당한 자가 행정기관이나 법원에 대하여 원상회복인 당해 행정작용의 시정 및 손해의 전보(塡補)를 구하는 절차로 크게 사전적 권리구제와 사후적 권리구제로 나뉜다.

2. 사전적 행정구제

(1) 의미

행정작용의 효력이 발생하기 전에 미리 부작용을 예방하기 위해 사용되는 방법이다.

(2) 종류

① 「행정절차법」

행정청이 행정작용을 할 때 대외적으로 거쳐야하는 사전절차를 의미한다.
예 화재경계지구 내의 소방대상물에 대한 소방특별조사를 실시하고자 할 때 소방본부장, 소방서장은 관계인에게 7일 전까지 통보하여야 한다.

② 「청원법」

국민이 정부나 시청, 구청 등의 행정기관에 어떤 행정처리를 요구하는 일들과 방법 등을 규정한 법이다.

③ 청문

행정주체가 어떤 정책을 결정할 때 당사자나 이해관계가 있는 여러 사람을 소환하여 그 의견을 듣는 것이다.

④ 옴부즈맨제도

국회를 통해 임명된 조사관이 공무원의 권력 남용 등을 조사·감시하는 행정통제제도로, 현대 국가의 행정기능이 확대되면서 행정부에 대한 입법 또는 사법부의 통제가 한계에 직면하여 보완책으로 고안된 제도이다. 우리나라의 국민권익위원회, 민원상담실 등이 이에 해당한다.

이론 플러스

소방행정의 구제수단

1. 사전적 권리구제 수단
   • 행정절차법
   • 청원법
   • 청문
   • 옴부즈맨제도
2. 사후적 권리구제 수단
   • 행정심판
   • 행정소송
   • 손실보상
   • 손해배상

옴부즈맨(Ombudsman)제도

1. 의회에 의해 임명된 관리로서, 시민들에 의해 제기된 각종 민원을 수사하고 해결해주는 사람을 말한다.
2. 공무원의 위법 또는 부당한 행위를 국민이 제기하는 민원으로 불평을 조사하여 관계 기관에 시정을 권고함으로써 국민의 권리를 구제하는 기관으로 행정감찰관 또는 로마의 호민관 등을 말한다.
3. 세계 최초의 옴부즈맨은 1809년 스웨덴의회 옴부즈맨이다.
4. 우리나라에서는 국민권익위원회가 유사한 기능을 담당한다.

3. 사후적 행정구제

(1) 의미

행정작용의 효력이 발생한 후에 그 부작용을 구제받기 위한 방법으로 행정상 손해전보제도와 행정상 쟁송제도가 있다.

(2) 종류

① **행정상 손해전보제도**

행정작용으로 인해 발생한 국민의 재산상의 손해를 국가 또는 공공단체가 갚아 주는 제도로 행정상 손해배상과 행정상 손실보상이 있다.

구분	내용
행정상 손해배상	공무원의 직무상 불법행위 또는 공공시설의 설치·관리상의 흠으로 인해 손해를 입은 사람에게 국가나 공공단체가 그 손해를 배상해 주는 제도
행정상 손실보상	불법한 행위로 인한 것이 아닌 정당한 공권력의 행사가 이루어졌으나 개인에게 재산상의 특별한 희생이 되는 경우 공평 부담의 원칙에 따라 국가나 지방자치단체가 보상해 주는 제도

② **행정상 쟁송제도**

행정상 구체적 법률관계에 관한 분쟁이 있는 경우, 이와 관계된 사람의 신청에 따라 행정기관이나 법원이 법적 절차에 의해 이를 심판하는 것으로 행정심판과 행정소송이 있다.

구분	내용
행정심판	행정기관이 행정법상의 분쟁을 직접 심리하고 판정을 내리는 것으로 자기 통제 또는 행정 감독 수단으로서의 기능을 지님
행정소송	행정상의 법률관계에 관해 분쟁이 있는 경우 이해관계인이 행정법원에 소송을 제기하여 정식 재판 절차로 행하는 쟁송 절차

5 소방행정의 한계와 특수성

1. 소방행정권의 한계

(1) 소방소극목적의 원칙

소방행정권은 사회의 안녕·질서 유지에 방해가 되는 화재위험요소가 있는 경우에 한해 이를 제거하기 위해서만 발동할 수 있다는 원칙을 말한다.

(2) 소방공공의 원칙

소방의 목적을 달성하는 데 직접적인 영향을 주지 않는 개인들의 사생활에는 관여하지 않는다는 원칙을 말한다.

① 사생활의 불가침 원칙
② 사주거의 불가침 원칙
③ 민사법률의 불간섭 원칙
④ **소방책임의 원칙**
   ㉠ 개인행동에 대한 책임 원칙(= 행위책임)
   ㉡ 물건상태에 대한 책임 원칙(= 상태책임)

(3) 소방비례의 원칙(= 과잉금지의 원칙)

① **적합성의 원칙**
   소방행정의 목적과 그 목적을 실현하기 위한 수단의 관계에서 그 수단은 목적을 실현하는 데 <u>적합하여야 한다.</u>
② **최소 침해의 원칙**
   <u>최소한으로 침해하여야 한다.</u>
③ **상당성의 원칙**
   <u>수단의 도입으로 인해 생겨나는 침해가 의도하는 이익의 효과를 능가하여서는 안 된다</u>는 원칙을 말한다.

2. 소방행정의 특수성

(1) 법제적 특성

① 「소방공무원법」은 「국가공무원법」의 특별법적 성격을 가지므로 소방공무원에 대하여 우선 적용된다.

② 현장 중심의 재난관리라는 특수한 분야의 업무를 담당하는 특정직 공무원으로서의 소방공무원에 대하여는 「국가공무원법」의 특별법이 우선적으로 적용이 되어 일반행정직 공무원들과 그 임용절차, 자격, 계급구분, 징계의 방법, 보수체계, 신분보장 등을 달리하게 되며, 일반행정직 공무원들과의 신분교류가 없이 소방행정조직 내에서만 순환이 되는 독특한 시스템을 유지하고 있다.

(2) 조직적 특성

군, 경찰 등과 같은 계급체계를 기초로 한 강력한 위계질서와 상명하복의 지휘·명령체계를 갖고 있다(준군사적 조직형태).

(3) 업무적 특성

긴급성, 계층성, 규제성, 전문성, 신속·대응성, 위험성, 현장성, 결과성, **가외성**, 대기성, 신속·정확성, 일체성 등이 있다.

⚙ 독립성(×)

119 더 알아보기

가외성(redundancy)

1. 소방행정에서 중첩이나 여분, 초과분 등을 의미한다.
2. 불확실성의 과업 환경에서 생존 가능성이나 오류 가능성의 감소로 신뢰성 증진, 적응성, 안정성, 조직의 창의성과 개혁성 증진, 정보 수용 범위의 한계를 극복하는 데 도움이 된다.
3. 소방조직이 여유자원(인원, 장비 등)을 많이 가지고 있을 때 이를 가외성이 높다고 한다.
4. fail-safe원칙(= 이중안전장치)도 가외성의 예에 해당한다.

이론 플러스

□ 119체크

소방업무의 특수성 중 소방조직이나 체제 또는 장비의 기본요소 이외에 초과 또는 잉여분 혹은 중첩성 내지 중복성을 나타내는 것은?

① 대기성
② 계층성
③ 가외성
④ 전문성

해설

소방조직이나 체제 또는 장비의 기본요소 이외에 초과 또는 잉여분 혹은 중첩성 내지 중복성을 '가외성(redundancy)'이라 한다.

정답 ③

소방조직

1 조직(組織)의 의의와 기본 원리

1. 조직(組織)의 의의

(1) 개요

① 인간 등의 집단 혹은 공동체가 일정한 목적 또는 의사를 달성하기 위해서, 지휘 관리와 역할 분담이 정해져 계속적인 결합이 유지되고 있을 때, 그 집단은 조직 혹은 단체로 불린다.

② 집단의 활동을 조직화하기 위해서는 어떠한 관리의 방법이 존재하지 않으면 안 된다. 관리는 소수자의 강력한 리더십에 의한 경우도 있고, 집단의 합의에 의한 경우도 있지만, 구성요소에 변동이 있어도 조직의 자율적인 활동을 유지하기 위해서는, 대표 선출이나 총회 운영 등의 조직 운영을 위한 제 규범을 갖추는 것이 불가결이 된다. 현대의 대기업이나 정부는 다수의 계층으로 구성된 복잡한 조직 구조를 가지고 있다.

③ 조직은 환경에서 자원을 획득하고, 그것을 처리하여 산출물을 생산하는 안정되고 정형화된 사회 구조를 지닌다. 생산 기능에서 이러한 투입을 제품과 서비스로 변환시킨다.

(2) 조직(組織)의 정의

① 조직(組織)이란 일정한 환경 내에서 공동의 특정한 목표를 달성하기 위해 의도적으로 체계화된 구조에 따라 구성원의 상호작용을 통해 외부 환경에 적응하는 사회적 집단체제를 말한다.

② 조직(組織)은 개인이 완수할 수 없는 목적을 달성하기 위한 여러 사람들의 협동·수단·시스템(체계)을 말한다.

(3) 조직의 구성요소

조직은 서로 상호작용하는 다양한 요소들로 구성되어 있는데 다양한 구성요소들 중 특히 4가지가 중요하고, 조직 역량을 향상시키기 위해서는 구성요소들 간의 조화가 이루어져야 한다.

① 사람(People)

② 업무(Tasks / Work)

③ 조직 구조와 체계(Structure) – 공식적인 조직 구조(Formal Organization)

④ 조직 문화(Culture) – 비공식적 조직 구조(Informal Organization)

(4) 조직의 특징

① 조직은 <u>반드시 공통된 목표</u>가 있어야 한다.

② 일정한 규모의 구성원이 있어야 한다.

③ 일정한 체계를 갖추고 있어야 한다.

④ 조직은 유기체이므로 끊임없이 환경과 교류하며 주변 환경에 적응해야 한다.

⑤ 소방조직은 군, 경찰 등과 같이 계급체계를 기초로 하는 준군사적 지휘·명령체계를 가진다.

2. 조직(組織)의 기본 원리

(1) 계층제의 원리

① 계층제란 권한과 책임의 정도에 따라 직무를 등급화함으로써 상하조직 단위 사이를 직무상 지휘, 감독 관계에 서게 하는 것을 말한다.

② 관리 계층을 최고 관리, 중간 관리, 하급 관리로 구분한다.

(2) 명령 통일의 원리

① 조직의 각 구성원들은 1인의 상사로부터 명령을 받아야지 2인 이상의 사람으로부터 직접 명령을 받아서는 안 된다는 원리이다.

② 조직 질서를 유지하기 위한 명령체계의 확립을 요구하는 원칙이다.

(3) 통솔 범위의 원리

① 한 사람의 통솔자가 직접 감독할 수 있는 부하 직원의 수 또는 관리자가 효과적으로 직접 감독·관리할 수 있는 부하 직원의 수로 관리의 범위를 의미하는 원리이다

② 통솔 범위의 적정화 방법

1인 상급자에 부하 직원 5 ~ 6명 정도를 두는 게 적정하다.

이론 플러스

조직의 기본 원리
- 계층제의 원리
- 명령 통일의 원리
- 통솔 범위의 원리
- 분업화·전문화의 원리
- 조정의 원리
- 권한·책임의 원리
- 계선의 원리

기출 플러스

소방조직의 원리에 해당하지 않는 것은? [21 기출]

① 조정의 원리

② 계층제의 원리

③ 명령 분산의 원리

④ 통솔 범위의 원리

해설

명령 분산의 원리가 아니라 명령통일의 원리이다. ①, ②, ④는 소방조직의 원리에 해당된다.

정답 ③

(4) 분업 전문화의 원리

① 업무를 그 종류와 성질별로 나누어 조직 구성원들에게 가능한 한 한 가지의 주된 업무를 분담시킴으로써 조직 관리상의 능률을 향상시키는 원리이다.

② **분업 전문화의 방법**

㉠ 횡적·수평적 분업 전문화 : 같은 계층 범위의 구성원들 간에 조정과 협동이 잘 이루어지도록 횡적으로 분화시키는 것이다.

㉡ 종적 분업 전문화 : 상위 계층에서 하위 계층까지 누가 무엇을 하느냐에 따라 부서와 업무가 정해지는 것이다.

(5) 조정의 원리

① 조직의 창조적 측면으로 조직의 공동 목표를 수행하는 데 행동의 통일을 가할 수 있도록 집단의 노력을 질서 있게 배열하고 조직과 환경 간의 균형을 유지함으로써 조직의 존속을 도모하는 원리이다.

② **효과적인 조정을 위한 요소**

㉠ 조직 목표를 설정하고 이에 따른 계획을 수립해야 한다.

㉡ 조직의 정보체계를 확립하여 명령계통을 단일화해야 한다.

㉢ 규정과 절차를 마련하여 일상적 조정과 통합을 이루어야 한다.

㉣ 조직과 수평 부서 간의 업무 활동들을 구조적, 기능적으로 통합해 나가야 한다.

(6) 권한 책임의 원리

할당된 직무 수행을 위한 책임의 명확화와 더불어 책임에는 이에 대응하는 권한이 있어야 한다는 원리이다.

(7) 계선의 원리

특정 사안에 대한 결정에 있어서 의사결정 과정에서는 개인의 의견이 참여되지만 결정을 내리는 것은 개인이 아닌 소속 기관의 기관장이 내린다는 원리이다.

기출 플러스

소방조직의 기본원리 중 '특정사안에 대한 결정에 있어서 의사결정과정에서는 개인의 의견이 참여되지만 결정을 내리는 것은 개인이 아닌 소속기관의 기관장이다.'에 해당되는 것은? [17 하반기 기출]

① 계선의 원리
② 업무조정의 원리
③ 계층제의 원리
④ 명령통일의 원리

해설

특정사안에 대한 결정에 있어서 의사결정과정에서는 개인의 의견이 참여되지만 결정을 내리는 것은 개인이 아닌 소속기관의 기관장이다.'에 해당하는 소방조직의 기본원리는 '계선의 원리'에 해당된다.

정답 ①

2 조직(組織)의 구조와 유형

1. 조직(組織)의 구조

(1) 개념

조직 구조(organizational structure)란 조직 구성원들의 상호관계, 즉 조직 내에서의 권력 관계, 지위·계층 관계, 조직 구성원들의 역할 배분·조정의 양태, 조직 구성원들의 활동에 관한 관리체계 등을 통틀어 일컫는 말이다.

(2) 소방조직의 구조

① 기능 중심 조직

ㄱ 같은 활동으로 조직된 구조로서 <u>인력이나 자원 및 기술을 수행하는 목적에 따라</u> 배분하는 방식이다. 기업에서의 생산부서, 마케팅부서, 인사부서, 회계부서처럼 각각의 기능적 분야로 같은 활동을 하는 부서가 나누어져 있는 구조를 말한다.

ㄴ 업무 형태에 따라서 <u>전문화된 작은 규모의 조직에서 주로 활용된다.</u>

예 소방조직을 진압대, 구조대, 구급대, 화재예방 등으로 편성

ㄷ 장단점

장점	• 개인에 따른 **확실한 임무**를 부여할 수 있음 • 개인적으로 **최대한의 능력**을 발휘할 수 있음 • 기술적인 효율성을 보장 • 어떤 경우에도 업무의 혼란을 예방할 수 있음 • 개인적으로 업무 능률을 증대시키는 기회가 됨
단점	• 전문화로 인하여 다양한 능력을 지닌 사람을 채용하거나 만들기가 어려움 • 변화에 대한 저항이 강하고 조직의 목적과 맡은 바 임무를 잊어버리기 쉬움 • **다른 부서 조직과의 협조를 어렵게 함** • 부서 간의 업무 강도의 형평성이 맞지 않는 경우가 있음 • 개인적인 업무가 중심이 되므로 조직의 목표와 관련성을 갖기가 힘든 경향이 있음

② 분업 중심 조직

ㄱ <u>조직의 규모가 대규모이거나 소방 수요 및 소방서와 같은 하위 조직이 증가하는 경우에 사용</u>하는 방식이다.

ㄴ 소방조직의 서비스와 이를 이용하는 <u>수용자 중심의 조직</u>으로 구성된다.

ㄷ 기능 중심의 조직보다 더욱 세분화된 업무를 수요자 중심으로 구성한다.

예 1팀, 2팀 등으로 조직

ㄹ 장단점

장점	• 불안정하게 변하는 주변 환경에 잘 적응할 수 있음 • 중간 관리자를 육성할 수 있음 • 부서 간 업무 조정이 간단하며, 업무 책임을 분명히 할 수 있음 • 고객이 요구하는 것을 쉽게 충족시킬 수 있음
단점	• 조직의 통제 및 조정이 어려움 • 조직의 전문성 및 훈련의 수준이 낮음 • 자원의 이용이 비효율적임

③ 애드호크라시(Adhocracy)

㉠ 의미 : 미국의 미래학자 앨빈 토플러가 그의 저서 '미래의 충격(1969)'에서 종래의 관료 조직을 대체할 미래 조직을 가리키는 말로 사용한 용어이다.

㉡ 특징

• 구조가 고도의 수평적 분화가 이루어져 복잡하지 않으며, 조직 구조의 공식화가 낮다.

• 형식주의나 공식성에 얽매이지 않으며, 모든 의사결정권이 전문가로 구성된 팀에 의해 이루어져 융통성과 신속성이 있고 의사결정권이 분권화되어 있다.

• 임시적, 역동적, 동태적, 유기적인 조직으로 전문가 집단이다.

㉢ 형태 : Task Force Team, Project Team, Matrix 조직 등이 있다.

㉣ Matrix 조직 : 일반적인 업무는 자신이 속한 부서 상관의 지휘·감독을 받고, 특별한 프로젝트와 같은 업무는 프로젝트 관리자의 지휘·감독을 받는다. 이와 같은 이중적 지휘체계를 갖는 조직을 말한다.

2. 조직(組織)의 유형

(1) 수혜자를 기준으로 분류(Blau & Scott)

① 기업조직

조직의 소유주가 조직의 수혜자로 경쟁적인 상황에서 운영의 능률을 극대화하는 것을 핵심과제로 하는 조직

② 호혜적 조직

조직의 구성원이 조직의 수혜자로 구성원의 참여와 구성원에 대한 통제를 보장하는 민주적 절차를 조직 내에서 유지하는 것을 핵심과제로 하는 조직

③ 봉사조직

고객집단을 조직의 수혜자로 고객에 대한 전문적 봉사와 행정적 절차 사이에 발생하는 갈등을 조정하는 것을 핵심과제로 하는 조직

④ **공익조직**

국민 모두를 조직의 수혜자로 국민에 의한 외재적 통제가 가능하도록 민주적 장치를 발전시키는 것을 핵심과제로 하는 조직

(2) 통제와 복종의 구조에 따른 분류(Etzioni)

① **강제적 조직**

강압적 권한을 사용하여 조직을 통제하고 부하는 굴종적 복종의 양태를 띠고 있는 조직 유형(교도소, 강제 구금되는 정신병원 등)

② **공리적 조직**

공리적 권한을 사용하여 조직을 통제하고 부하는 이해 타산적 복종의 양태를 띠고 있는 조직 유형(사기업 등)

③ **규범적 조직**

규범적 권한을 사용하여 조직을 통제하고 부하는 도덕적 복종의 양태를 띠고 있는 조직 유형(학교, 종교 조직 등)

(3) 사회적 기능을 기준으로 한 분류(T. Parsons)

① **생산 조직**

㉠ 사회가 소비하는 재화나 용역을 생산하는 기능을 한다.

㉡ 대표적인 조직 : 기업

② **정치적 · 목표지향적 조직**

㉠ 사회로 하여금 가치가 부여된 목표를 획득할 수 있도록 하며, 사회 내부에 정치 권력을 배분하는 기능을 한다.

㉡ 대표적인 조직 : 정부, 관공서

③ **통합적 조직**

㉠ 갈등을 해소하고, 제도화된 기대를 실현하는 방향으로 사회 구성원들의 동기를 유발하여 그들의 활동을 전체적으로 통합하는 기능을 한다.

㉡ 대표적인 조직 : 병원, 진료소

④ **유형 유지 조직**

㉠ 교육적 · 문화적 · 표현적 행동을 통하여 사회의 계속성을 유지하는 기능을 한다.

㉡ 대표적인 조직 : 학교, 교회, 예술 및 문화 단체

(4) 조직 구성원의 참여도를 기준으로 한 분류(Likert)

① 착취적(= 수탈적) 권위형(체제 1유형)

관리자는 부하를 신뢰하지 않으며 대부분의 의사결정에 부하를 참여시키지 않는다.

② 온정적 권위형(체제 2유형)

조직의 주요 정책은 최고 관리층에서 결정하되, 하위 관리층에서는 위에서 결정된 범위 내에서 결정을 내릴 수 있으나 최종 결정을 하기 위해서는 최고 관리층의 동의를 얻어야 한다.

③ 협의적 민주형(체제 3유형)

조직의 주요 정책은 최고 관리층에서 결정하지만, 한정된 범위 내에서 특정한 사항에 관한 결정은 하위 관리층에서 할 수 있다.

④ 참여적 민주형(체제 4유형)

가장 이상적인 유형으로 관리자는 부하를 완전히 신뢰하며, 의사결정은 조직의 각 부서에서 이루어진다. 조직 내의 의사전달은 수직적·수평적으로 잘 이루어지고, 의사결정 과정이 개방되어 있어 조직 구성원은 조직의 목표 설정에서부터 평가단계에 이르기까지 참여가 가능하다.

3 동기부여이론

1. 개요

① 동기부여란 '자극을 주어 행동하게 하거나 의욕을 불어 일으키는 것'을 말한다.

② 조직행동론에서는 동기부여가 3가지 요소로 구성되어 있다. 첫째는 행동이 추구하는 목적을 나타내는 방향성, 둘째는 목표를 달성할 때까지 행동이 지속적으로 계속되는 지속성 그리고 마지막은 열정이라고도 표현할 수 있는 행동의 강도이다. 이러한 동기 구성요소를 충족시킴으로써 구성원들의 생산성과 사기를 높일 수 있다.

③ 동기부여이론은 '내용이론(욕구이론)', '과정이론' 두 부분으로 나눌 수 있다. 내용이론(욕구이론)은 개인에게 있어서 무엇이 특정의 행동을 유발하게 하는지를 규명하는 데 초점을 맞춘 이론이고, 과정이론은 동기부여가 어떤 과정을 통해 일어나는지에 초점을 맞춘 이론이다.

2. 내용이론

(1) 매슬로우(Maslow)의 욕구단계이론

① 순서에 의해 어떤 특정 욕구가 결핍되어 있으면 그 욕구가 개인의 의식을 지배한다는 이론이다.

② 특징
  ㉠ 욕구가 행위를 결정한다고 가정한다.
  ㉡ 욕구의 순차성을 가정한다. 욕구는 우선순위의 계층이 있다(생리적 욕구 → 안전에 대한 욕구 → 소속감과 애정에 대한 욕구 → 자존의 욕구 → 자아 실현의 욕구).
  ㉢ 일단 충족된 욕구는 더 이상 동기화되지 않는다.
  ㉣ 욕구의 퇴행은 없다고 가정한다.

(2) 허즈버그(F. Herzberg)의 동기 · 위생요인

① 위생요인과 동기요인의 비교
  허즈버그는 인간의 욕구를 동기요인과 위생요인의 욕구체제로 구분하였는데 이 두 가지는 연속선상에 있는 것이 아니라 전혀 별개의 차원에 있는 것이라 가정한다.

이론 플러스

매슬로우가 제시한 인간의 욕구
• 생리적 욕구
• 안전의 욕구
• 사회적 욕구
• 존경의 욕구
• 자아실현의 욕구

기출 플러스

매슬로우의 인간의 욕구에 해당하지 않은 것은? [09 경북 기출]
① 생활의 욕구
② 안전의 욕구
③ 존경의 욕구
④ 자아실현의 욕구

해설

생활의 욕구는 매슬로우가 주장한 인간의 욕구에 해당하지 않는다. 생리적 욕구를 주장하였다.
정답 ①

구분	위생요인(환경)	동기요인(직무 그 자체)
개념	• 종업원이 작업을 함에 있어서 불만족의 발생과 관련된 환경적인 요인 • 외적 요인 • 불만족 요인	• 종업원의 직무 수행에 적극적으로 동기를 줄 수 있는 만족을 일으키는 요인 • 내적 요인 • 만족 요인
관련 요인	• 조직의 정책과 행정 • 감독, 임금, 작업 조건, 대인관계 • 안정감, 안전 등	• 성취감, 책임감, 자율성, 일에 대한 보람 • 타인으로부터 인정, 승진

② 특징

　㉠ 조직 상황에 있어서 불만족과 만족은 서로 별개의 차원에 있으며, 불만족의 반대 개념은 만족이 아니다.

　㉡ 위생요인이 만족되면 직무에 대한 불만족은 제거될 수 있으나 보다 나은 업무수행을 하도록 성취의욕을 올려주지 못한다. 그러나 동기요인을 만족시켜 주면 구성원이 성숙하여 능력마저도 향상시킬 수 있다.

(3) 맥그리거(D. McGregor)의 X-Y이론

인간의 저수준 욕구에 착안한 인간관과 그 관리 전략을 X이론, 그리고 고수준 욕구에 착안한 인간관과 그 관리 전략을 Y이론으로 한다.

구분	X이론	Y이론
특징	• 인간은 본질적으로 악함(성악설) • 인간은 본능적으로 행동함 • 인간은 강제적으로 동기화됨 • 인간의 본능은 경쟁적임 • 개인이 가장 중요함(개인주의) • 인생관은 현실적임(= 염세적) • 인간은 본질적으로 일을 싫어함	• 인간은 본질적으로 선함(성선설) • 인간은 자율성에 따라 행동함 • 인간은 자발적인 협력에 의하여 동기화됨 • 인간의 본성은 협동적임 • 집단이 가장 중요함(집단주의, 전체주의) • 인생관은 낙천적임 • 인간은 본질적으로 일을 하고 싶어함
관련 전략	• 강제, 명령, 통제, 금전에 의한 유인, 위협, 벌칙 등을 사용해야 함 • 과학적 관리론	• 명령, 통제를 줄이고 개개인이 자발적 근무 의욕과 동기가 발생하도록 유인해야 함 • 사회·심리적 욕구의 충족을 중시 • 인간관계론

(4) 앨더퍼(C. P. Alderfer)의 ERG이론

① 존재욕구(Existence needs)

배고픔, 갈증, 쾌적한 작업 환경, 보수 등과 같은 여러 가지 형태의 생리적, 물리적 욕구이다.

② 관계욕구(Relatedness needs)

조직에서 타인과의 대인관계와 관련된 모든 욕구이다(집단에의 소속감, 애정, 안정감 등).

③ 성장욕구(Growth needs)

창조적, 개인적 성장을 위한 개인의 노력과 관련된 모든 욕구이다.

3. 과정이론

(1) 브룸(Vroom)의 기대이론(VIE 이론)

① 이론의 주요 내용

여러 형태의 행동 대안 중에서 개인의 어떤 행위에 대한 선택은 각 행동 대안이 가지는 동기 부여의 힘이 강한 쪽으로 이루어진다는 것이다. 즉, 사람들은 어떤 행동이 바람직한 성과를 가져오리라는 기대의 정도에 비추어 행동 대안을 결정한다는 이론이다.

② 동기과정의 기본 요인(VIE)

㉠ 유인가(valence) : 목표가 갖는 매력의 정도이고, 결과에 대하여 개인이 갖고 있는 선호의 정도이다. 긍정적일 수도 있고, 부정적일 수도 있다.

㉡ 수단(instrumentality) : 제1의 성과 또는 과업의 수행 그 자체는 개인에게는 아무 의미가 없다. 다만, 제2의 성과인 보상을 획득하기 위한 수단일 뿐이다.

㉢ 기대(expectancy) : 어떠한 행동이나 노력의 결과에 의해 나타나는 성과에 관한 신념을 말하며 성과기대와 보상기대가 있다.

(2) 아담스(Adams)의 공정성이론

① 한 개인이 다른 사람에 비해 얼마나 공정하게 대우받느냐에 초점을 둔 이론이다. 사람들의 행위가 다른 사람들과의 관계에서 공정성을 유지하는 쪽으로 동기가 유발된다는 것이 핵심이다.

② 자기와 타인의 투입과 노력에 대한 성과를 비교하여 동일한 경우는 공정하지만, 불균등하면 불공정성을 느끼고, 불공정성을 느낄 때는 공정성을 회복하도록 노력하는 것이 작업동기가 된다.

(3) 로크(Locke)의 목표설정이론

① 인간의 행위(동기)는 가치와 의도(목표)에 의해서 결정된다고 보는 이론으로 목표가 실제 행위나 성과를 결정하는 요인으로 작용한다고 본다.

② 인간은 자신이 설정한 목표를 성취하려는 의도를 지니며 이것이 제일 중요한 동기라고 한다.

4 소방행정조직

1. 개요

① 소방행정조직은 소방행정의 목적을 달성하기 위하여 의도적으로 형성된 집단적 공동체로서 화재 예방, 경계, 진압, 조사, 구조·구급활동을 통하여 국민의 생명과 신체, 재산을 보호하고 공공의 안녕 및 질서 유지와 국민의 복리증진을 도모하기 위하여 형성된 집합체이다.

② 소방행정조직은 크게 중앙소방행정조직과 지방소방행정조직 그리고 민간소방조직으로 구별할 수 있다. 중앙소방행정조직은 다시 직접적 소방행정조직과 간접적 소방행정조직으로 분류할 수 있다.

2. 직접적 소방행정조직

(1) 소방청

① 소방에 관한 사무를 관장하기 위하여 행정안전부장관 소속으로 소방청을 둔다.

② 소방청에 청장 1명과 차장 1명을 두되, 청장 및 차장은 소방공무원으로 보한다.

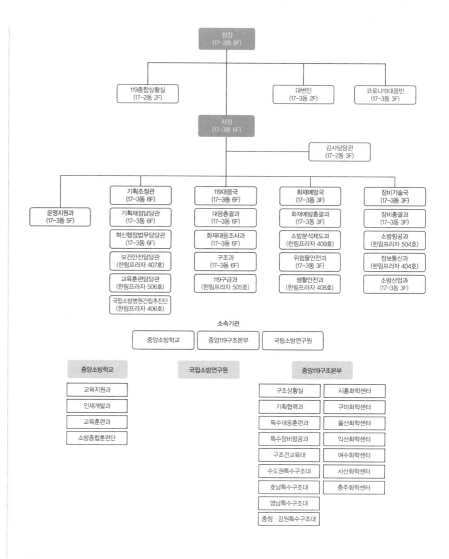

(2) 소속 기관

① **중앙소방학교(1978년 설립, 학교장은 소방감으로 임명)**

㉠ 소방공무원과 소방간부후보생 및 의무소방원의 교육 등의 업무를 관장하는 소속 기관이다.

㉡ 주요 업무
- 소방공무원, 소방간부후보생, 의무소방원 및 소방관서에서 근무하는 사회복무요원의 교육훈련에 관한 사항
- 학생, 의용소방대원, 민간자원봉사자 등에 대한 소방안전체험교육 등 대국민 안전교육훈련에 관한 사항
- 소방정책의 연구와 소방안전기술의 연구·개발 및 보급에 관한 사항

이론 플러스

중앙소방학교 연혁
- '78.07.27. 소방학교 직제 공포
- '78.09.04. 개교(경기도 수원시)
- '86.12.31. 충남 천안으로 이관
- '95.05.16. 중앙소방학교로 개칭
- '19.06.30. 충남 공주로 이관

- 화재 원인 및 위험성 화학물질 성분에 대한 과학적 조사·연구·분석 및 감정에 관한 사항

② **중앙119구조본부(1995년 중앙119구조대 발족, 본부장은 소방감으로 임명)**

재난현장에 출동하여 인명구조 활동을 하는 소속 기관으로 구조대원의 교육 훈련과 다음과 같은 사항을 관장한다.

㉠ 각종 대형·특수재난사고의 구조·현장지휘 및 지원

㉡ 재난유형별 구조기술의 연구·보급 및 구조대원의 교육훈련

㉢ 시·도지사의 요청 시 본부장이 필요하다고 판단하는 재난사고의 구조 및 지원

㉣ 그 밖의 중앙긴급구조통제단장이 필요하다고 판단되는 재난사고의 구조 및 지원

③ **국립소방연구원(2019.05.14. 설립)**

㉠ 설립 목적

국내 유일의 소방전문연구기관으로서 소방정책 및 화재안전기준 연구· 개발, 화재에 대한 과학적 조사·감식·감정, 위험물 판정·시험, 소방 기술 연구·개발 및 현장 실용화에 관한 연구를 전담한다.

㉡ 조직 구성

- 국립소방연구원에 원장 1명을 두며, 원장은 고위공무원단에 속하는 임 기제 공무원으로 보하되, 그 직위의 직무 등급은 나등급으로 한다.
- 원장은 국립소방연구원의 사무를 총괄하고, 소속 공무원을 지휘·감 독한다.

㉢ 기대 효과

국립소방연구원 신설로 화재 사고 원인의 신속한 분석과 첨단장비 개 발, 소방대원의 안전 확보 등 화재예방과 현장 중심 대응역량 강화로 국 민이 안전한 소방서비스 향상을 기대할 수 있을 것으로 보인다.

이론 플러스

중앙119구조본부 연혁

- '95.10.19.
  - 중앙119구조대 직제공포(대통령 령 제14791호)
- '95.12.27.
  - 중앙119구조대 발대(서울시 도 봉구 방학동)
- '97.08.22.
  - 대한민국 국제구조대 발대
- '11.01.28.
  - 기관명칭 변경(중앙119구조대 → 중앙119구조단)
- '13.09.17.
  - 기관명칭 변경(중앙119구조단 → 중앙119구조본부)
  - 특수사고대응단 및 6개 119화학 구조센터 신설
- '13.09.17.
  - 중앙119구조본부로 승격

이론 플러스

국립소방연구원 연혁

- '91.04.
  - 소방연구실 설치
- '01.12.
  - 중앙소방학교에서 현 소재지로 이전(충남 아산시 송악면)
- '06.06.
  - 「소방과학연구실」 명칭 변경
- '10.02.
  - 국제공인시험기관 한국인정기구 (KOLAS) 공인인정
- '15.12.
  - 재난현장 안전사고 분석센터 개소
- '17.12.
  - 특수화재실험동 및 실용화연구 센터 등 개소
- '19.05.14
  - 소방청 1차 소속 전환 및 '국립 소방연구원' 승격

3. 간접적 소방행정조직

(1) 한국소방안전원(2018년 출범)

① **설립 근거**
- ㉠ 「소방기본법」 제40조(한국소방안전원의 설립 등)
- ㉡ 소방청장의 인가를 받아 설립

② **설립 목적**
- ㉠ 소방기술과 안전관리기술의 향상 및 홍보
- ㉡ 그 밖의 교육·훈련 등 행정기관이 위탁하는 업무의 수행
- ㉢ 소방 관계 종사자의 기술 향상

③ **성격**
- ㉠ 설립되는 안전원은 법인으로 한다.
- ㉡ 안전원에 관하여 이 법에 규정된 것을 제외하고는 「민법」 중 재단법인에 관한 규정을 준용한다.

④ **안전원의 업무**
- ㉠ 소방기술과 안전관리에 관한 교육 및 조사·연구
- ㉡ 소방기술과 안전관리에 관한 각종 간행물 발간
- ㉢ 화재예방과 안전관리의식 고취를 위한 대국민 홍보
- ㉣ 소방업무에 관하여 행정기관이 위탁하는 업무
- ㉤ 소방안전에 관한 국제협력
- ㉥ 그 밖에 회원에 대한 기술지원 등 정관으로 정하는 사항

⑤ **회원의 자격**
- ㉠ 「화재예방, 소방시설 설치·유지 및 안전관리에 관한 법률」, 「소방시설공사업법」 또는 「위험물안전관리법」에 따라 등록을 하거나 허가를 받은 사람으로서 회원이 되려는 사람
- ㉡ 「화재예방, 소방시설 설치·유지 및 안전관리에 관한 법률」, 「소방시설공사업법」 또는 「위험물안전관리법」에 따라 소방안전관리자, 소방기술자 또는 위험물안전관리자로 선임되거나 채용된 사람으로서 회원이 되려는 사람
- ㉢ 그 밖에 소방 분야에 관심이 있거나 학식과 경험이 풍부한 사람으로서 회원이 되려는 사람

⑥ **안전원의 정관에 기재하여야 하는 사항**
- ㉠ 목적
- ㉡ 명칭
- ㉢ 주된 사무소의 소재지
- ㉣ 사업에 관한 사항
- ㉤ 회원과 임원 및 직원에 관한 사항

ⓑ 재정 및 회계에 관한 사항

ⓢ 이사회에 관한 사항

ⓞ 정관의 변경에 관한 사항

⑦ 안전원은 정관을 변경하려면 소방청장의 인가를 받아야 한다.

⑧ **안전원의 운영 경비**

㉠ 업무 수행에 따른 수입금

㉡ 회원의 회비

㉢ 자산운영수익금

㉣ 그 밖의 부대수입

⑨ **안전원의 임원**

㉠ 안전원에 임원으로 원장 1명을 포함한 9명 이내의 이사와 1명의 감사를 둔다.

㉡ 원장과 감사는 소방청장이 임명한다.

⑩ **유사명칭의 사용금지**

이 법에 따른 안전원이 아닌 자는 한국소방안전원 또는 이와 유사한 명칭을 사용하지 못한다.

✿ **위반 시 벌칙 : 200만 원 이하의 과태료에 처한다.**

(2) 한국소방산업기술원(2008년 12월 출범)

① **설립 근거**

「소방산업의 진흥에 관한 법률」 제14조(한국소방산업기술원의 설립)

② **연혁**

1977년 재단법인 한국소방검정협회로 창립되었다.

③ **설립 목적**

소방청장은 소방산업의 진흥·발전을 효율적으로 지원하기 위하여 한국소방산업기술원을 설립할 수 있다.

④ **성격**

「민법」 중 재단법인에 관한 규정을 준용한다.

⑤ **주요 사업**

㉠ 소방산업의 육성과 소방산업 기술진흥을 위한 정책·제도의 조사·연구

㉡ 소방산업의 기반조성 및 창업 지원

㉢ 소방산업 전문인력의 양성 지원

㉣ 소방산업 발전을 위한 소방장비 보급의 확대와 마케팅 지원

㉤ 소방산업의 발전을 위한 국제협력 및 해외 진출의 지원

㉥ 소방사업자의 품질관리능력과 전문성 향상에 필요한 사업

㉦ 소방장비의 품질 확보, 품질 인증 및 신기술·신제품에 관한 인증 업무

이론 플러스

한국소방산업기술원 연혁
- 1977년 6월
  - 재단법인 한국소방검정협회를 창립
- 1979년 7월
  - 재단법인 한국소방검정공사로 개칭
- 1992년 7월
  - 특수법인 한국소방검정공사로 재발족
- 1996년 2월
  - 국제공인 시험기관으로 지정
- 2003년 1월
  - 소방기술연구센터를 개설
- 2005년 8월
  - 국가 공인검사기관으로 지정
- 2008년 12월
  - 한국소방산업기술원 출범

ⓞ 소방산업에 관한 데이터베이스의 구축·운영, 출판, 기술 강습 및 홍보

ⓩ 소방용 기계·기구, 소방시설 및 위험물 안전에 관한 조사·연구·기술 개발 및 지원

ⓒ「위험물안전관리법」제8조 제1항 후단에 따른 탱크안전성능시험

ⓚ「소방산업의 진흥에 관한 법률」또는 다른 소방방재 관계 법령에 규정된 사업으로서 소방청장이 위탁하는 사업

ⓣ 그 밖에 기술원의 설립 목적을 달성하는 데 필요한 사업

(3) 소방산업공제조합(2009년 4월 출범)

① **설립 근거**

ㄱ「소방산업의 진흥에 관한 법률」제23조(소방산업공제조합의 설립)

ㄴ 소방청장의 인가기관으로 설립

② **설립 목적**

소방사업자는 상호협동과 자율적인 경제활동을 도모하고 소방산업의 건전한 발전을 위하여 소방청장의 인가를 받아 각종 자금 대여와 보증 등을 행하는 소방산업공제조합을 설립할 수 있다.

③ **성격**

ㄱ 공제조합은 법인으로 한다.

ㄴ 공제조합에 관하여 이 법에서 규정한 것을 제외하고는「민법」중 사단법인에 관한 규정과「상법」중 주식회사의 계산에 관한 규정을 준용한다.

④ **주요 사업**

ㄱ 소방장비개발 및 소방인력의 기술 향상과 소방사업체의 경영 안정에 필요한 자금의 대여 및 투자

ㄴ 소방장비의 공동위탁판매 또는 제조용 부품의 공동구매(「독점규제 및 공정거래에 관한 법률」제19조 제1항에 규정된 행위는 제외)

ㄷ 대통령령으로 정하는 기관·단체 등에 대한 소방장비의 보급 지원

ㄹ 소방사업자가 소방장비개발 및 소방인력의 기술 향상과 소방사업체의 경영 안정에 필요한 자금을 금융기관으로부터 차입하고자 할 경우 그 채무에 대한 보증

ㅁ 조합원의 의무 이행에 필요한 보증

ㅂ 소방사업체에 관한 데이터베이스의 구축·운영

ㅅ 조합원의 업무 수행에 따른 손해배상책임을 보장하는 공제사업

ㅇ 조합원에게 고용된 사람의 복지 향상과 업무상 재해로 인한 손실을 보상하는 공제사업

ㅈ 그 밖에「소방기본법」등 관련 법령에서 정하는 사업

ㅊ ㄱ부터 ㅈ까지의 사업의 부대사업으로서 정관으로 정하는 사업

(4) 대한소방공제회(1984년 10월 29일 사단법인 설립)

① **설립 근거** : 「대한소방공제회법」(1991년 11.30. 제정)

② **설립 목적**

소방공무원에 대한 효율적인 공제제도를 확립·운영하고, 직무수행 중 사망하거나 상이(傷痍)를 입은 사람에 대한 지원사업을 함으로써 이들의 생활 안정과 복지 증진에 이바지함을 목적으로 한다.

③ **성격**

대한소방공제회는 법인으로 한다.

4. 지방소방행정조직

지방소방행정조직에는 소방본부, 소방서, 119안전센터, 119지역대, 119구급대, 소방정대, 지방소방학교, 서울종합방재센터 등이 있다.

✿ 지방소방학교 : 서울, 경기, 충청, 경북, 광주, 부산, 강원, 인천, 경남 소방교육훈련장

5. 민간소방조직

(1) 의용소방대

① **설치 근거**

「의용소방대 설치 및 운영에 관한 법률」(약칭 : 의용소방대법)

② **의용소방대법의 목적**

화재진압, 구조·구급 등의 소방업무를 체계적으로 보조하기 위하여 의용소방대 설치 및 운영 등에 필요한 사항을 규정함을 목적으로 한다.

③ **설치권자** : 시도지사 또는 소방서장

특별시장·광역시장·특별자치시장·도지사·특별자치도지사 또는 소방서장은 재난 현장에서 화재진압, 구조·구급 등의 활동과 화재예방활동에 관한 업무를 보조하기 위하여 의용소방대를 설치할 수 있다.

④ **설치지역** : 시·도, 시·읍·면

의용소방대는 특별시·광역시·특별자치시·도·특별자치도, 시·읍 또는 면에 둔다.

⑤ **임무**

ㄱ 화재의 경계와 진압업무의 보조

ㄴ 구조·구급업무의 보조

ㄷ 화재 등 재난 발생 시 대피 및 구호업무의 보조

ㄹ 화재예방업무의 보조

㉺ 그 밖에 행정안전부령으로 정하는 사항
  • 집회, 공연 등 각종 행사장의 안전을 위한 지원활동
  • 주민생활의 안전을 위한 지원활동
  • 그 밖에 화재예방 홍보 등 소방서장이 필요하다고 인정하는 사항

⑥ **정년**

의용소방대원의 정년은 65세로 한다.

⑦ **조직**

㉠ 의용소방대에는 대장·부대장·부장·반장 또는 대원을 둔다.
㉡ 대장 및 부대장은 의용소방대원 중 관할 소방서장의 추천에 따라 시·도지사가 임명한다.
㉢ 대장 및 부대장의 임기는 3년으로 하며, 대장은 한 차례만 연임할 수 있다.

⑧ **의용소방대 구분**

㉠ 남성 의용소방대 : 재난현장에서 화재진압, 구조·구급, 화재예방 및 홍보활동, 각종 소방활동에 관한 업무보조
㉡ 여성 의용소방대 : 재난현장에서 화재진압, 구조·구급, 화재예방 및 홍보활동, 각종 소방활동에 관한 업무보조
㉢ 혼성 의용소방대(남성 + 여성) : 재난현장에서 화재진압, 구조·구급, 화재예방 및 홍보활동, 각종 소방활동에 관한 업무보조(관할 구역의 인구 감소 등 지역 여건에 따라 조직)
㉣ 지역 의용소방대(남성, 여성 또는 혼성) : 재난현장에서 화재진압, 구조·구급, 화재예방 및 홍보활동, 각종 소방활동에 관한 업무보조
㉤ 전문 의용소방대(남성, 여성 또는 혼성) : 산악, 하천 등 지역 특수성에 따라 소방업무 관련 전문자격 소유자 등으로 구성하여 재난현장 등에서 소방활동
㉥ 전담 의용소방대(남성, 여성 또는 혼성) : 화재진압에 필요한 시설과 장비를 갖추고 화재 등 위급한 상황 발생 시 소방활동

⑨ **정원**

㉠ 시·도 : 60명 이내
㉡ 시·읍 : 60명 이내
㉢ 면 : 50명 이내
㉣ 법 제2조 제3항에 따라 관할 구역을 따로 정한 지역에 설치하는 의용소방대 : 50명 이내
㉤ 전문의용소방대 : 50명 이내

⑩ **의용소방대원의 근무 등**

　㉠ 의용소방대원은 <u>비상근(非常勤)</u>으로 한다.

　㉡ 소방본부장 또는 소방서장은 소방업무를 보조하게 하기 위하여 필요한 때에는 의용소방대원을 소집할 수 있다.

⑪ **의용소방대원의 경비 및 재해보상 등**

　㉠ 의용소방대의 운영과 활동 등에 필요한 경비는 해당 시·도지사가 부담한다.

　㉡ 시·도지사는 의용소방대원이 임무를 수행하는 때에는 예산의 범위에서 수당을 지급할 수 있다.

　㉢ 시장·군수·구청장은 관할 구역에서 의용소방대원이 임무를 수행하는 경우 그 임무 수행에 필요한 비용의 전부 또는 일부를 지원할 수 있다.

　㉣ 시·도지사는 의용소방대원이 임무의 수행 또는 교육·훈련으로 인하여 질병에 걸리거나 부상을 입거나 사망한 때에는 행정안전부령으로 정하는 범위에서 시·도의 조례로 정하는 바에 따라 보상금을 지급하여야 한다.

　　✪ 재해보상 : 장제보상, 요양보상, 장애보상, 유족보상

(2) 자위소방대

① **설치 근거**

「화재예방, 소방시설 설치·유지 및 안전관리에 관한 법률」

② **설치 목적**

소방안전관리대상물 화재 시 소방대원이 도착하기 전에 초기소화, 피난유도 등을 하기 위하여 설치한다(소방안전관리대상물 업체의 직원 중에서 선정된 사람으로 구성).

③ **편성·운영권자**

소방안전관리대상물의 소방안전관리자

④ **자위소방대의 기능**

　㉠ 응급구조 및 방호안전기능

　㉡ 화재 발생 시 비상연락

　㉢ 초기 소화 및 피난 유도

　㉣ 화재 발생 시 인명·재산 피해 최소화를 위한 조치

(3) 자체소방대

① **설립 근거**

「위험물안전관리법」 제19조(자체소방대)

② **설치 목적**

위험물 제조소 등의 화재 발생 시 소방대원이 도착하기 전에 초기 소화와 피난 유도 등을 하기 위하여 설치한다.

③ **설치권자**

당해 사업소의 관계인

④ **설치대상물**

㉠ 제4류 위험물의 지정수량 3천 배 이상을 저장·취급하는 제조소 또는 일반취급소에 설치한다.

㉡ 제4류 위험물의 저장 최대수량이 지정수량의 50만 배 이상의 옥외탱크저장소

 119 관련법령보기

「위험물안전관리법 시행령」 별표 8

자체소방대에 두는 화학소방자동차 및 인원(제18조 제3항 관련)

사업소의 구분	화학소방자동차	자체소방대원의 수
1. 제조소 또는 일반취급소에서 취급하는 제4류 위험물의 최대수량의 합이 지정수량의 3천 배 이상 12만 배 미만인 사업소	1대	5인
2. 제조소 또는 일반취급소에서 취급하는 제4류 위험물의 최대수량의 합이 지정수량의 12만 배 이상 24만 배 미만인 사업소	2대	10인
3. 제조소 또는 일반취급소에서 취급하는 제4류 위험물의 최대수량의 합이 지정수량의 24만 배 이상 48만 배 미만인 사업소	3대	15인
4. 제조소 또는 일반취급소에서 취급하는 제4류 위험물의 최대수량의 합이 지정수량의 48만 배 이상인 사업소	4대	20인
5. 옥외탱크저장소에 저장하는 제4류 위험물의 최대수량이 지정수량의 50만 배 이상인 사업소	2대	10인

(4) 소방안전관리자

① **선임 근거**

「화재예방, 소방시설 설치·유지 및 안전관리에 관한 법률」

② **선임권자**

소방안전관리자는 일정 규모 이상의 소방시설이 설치되어 있는 특정소방대상물에서 평상시 화기주의 등 소방안전관리를 하도록 관계인이 선임한다.

③ 수행 업무

㉠ 피난계획에 관한 사항과 대통령령으로 정하는 사항이 포함된 소방계획서의 작성 및 시행

㉡ 자위소방대(自衛消防隊) 및 초기 대응체계의 구성·운영·교육

㉢ 피난시설, 방화구획 및 방화시설의 유지·관리

㉣ 소방훈련 및 교육

㉤ 소방시설이나 그 밖의 소방 관련 시설의 유지·관리

㉥ 화기(火氣) 취급의 감독

㉦ 소방안전관리에 관한 업무수행에 관한 기록·유지(㉢, ㉤, ㉥의 업무를 말한다)

㉧ 화재발생 시 초기대응

㉨ 그 밖에 소방안전관리에 필요한 업무

④ **소방안전관리자 자격 종류**

특급소방안전관리자, 1급 소방안전관리자, 2급 소방안전관리자, 3급 소방안전관리자

(5) 위험물안전관리자

① **선임 근거**

「위험물안전관리법」 제15조(위험물안전관리자)

② **선임권자**

제조소 등의 관계인은 위험물의 안전관리에 관한 직무를 수행하게 하기 위하여 제조소 등마다 대통령령이 정하는 위험물의 취급에 관한 자격이 있는 자를 위험물안전관리자로 선임하여야 한다.

③ **임무**

제4류 위험물인 인화성 액체를 취급하는 주유소 등 지정 수량과 관계없이 평상시 화기주의 등 화재를 방어하기 위한 안전관리를 한다.

(6) 민간 민방위대

전시·사변 또는 이에 준하는 비상사태 및 재난으로부터 주민의 생명과 재산을 보호하기 위하여 정부의 지도하에 주민이 수행하여야 할 방공, 응급적인 방재·구조·복구 및 군사 작전상 필요한 노력 지원 등의 모든 자위적 활동으로 지역 및 직장 단위로 20세에서 40세까지 민방위대를 둔다.

이론 플러스

소방안전관리자
- 선임·재선임
  - 30일 이내
- 선임신고(소방본부장 or 소방서장)
  - 14일 이내

위험물안전관리자
- 선임·재선임
  - 30일 이내
- 선임신고(소방본부장 or 소방서장)
  - 14일 이내

기출 플러스

「의용소방대 설치 및 운영에 관한 법률」상 의용소방대의 임무로 옳지 않은 것은? [18 간부 기출]

① 화재예방업무의 보조
② 구조 구급 업무의 보조
③ 소방시설 점검업무의 보조
④ 화재의 경계와 진압업무의 보조
⑤ 화재 등 재난 발생 시 대피 및 구호업무의 보조

해설

소방시설 점검업무의 보조는 의용소방대의 임무에 해당되지 않는다. ①, ②, ④, ⑤는 의용소방대의 임무에 해당된다.

정답 ③

119 관련법령보기 🗐

의용소방대 설치 및 운영에 관한 법률(약칭 : 의용소방대법)

제1장 총칙

제1조(목적)
이 법은 화재진압, 구조·구급 등의 소방업무를 체계적으로 보조하기 위하여 의용소방대 설치 및 운영 등에 필요한 사항을 규정함을 목적으로 한다.

제2조(의용소방대의 설치 등)
① 특별시장·광역시장·특별자치시장·도지사·특별자치도지사(이하 "시·도지사"라 한다) 또는 소방서장은 재난현장에서 화재진압, 구조·구급 등의 활동과 화재예방활동에 관한 업무(이하 "소방업무"라 한다)를 보조하기 위하여 의용소방대를 설치할 수 있다.
② 제1항에 따른 의용소방대는 특별시·광역시·특별자치시·도·특별자치도(이하 "시·도"라 한다), 시·읍 또는 면에 둔다.
③ 시·도지사 또는 소방서장은 필요한 경우 관할 구역을 따로 정하여 그 지역에 의용소방대를 설치할 수 있다.
④ 시·도지사 또는 소방서장은 필요한 경우 제2항 또는 제3항에 따른 의용소방대를 화재진압 등을 전담하는 의용소방대(이하 "전담의용소방대"라 한다)로 운영할 수 있다. 이 경우 관할 구역의 특성과 관할 면적 또는 출동거리 등을 고려하여야 한다.
⑤ 그 밖에 의용소방대의 설치 등에 필요한 사항은 행정안전부령으로 정한다.

시행규칙 제2조(의용소방대의 설치 등)
① 특별시장·광역시장·특별자치시장·도지사·특별자치도지사(이하 "시·도지사"라 한다) 또는 소방서장은 「의용소방대 설치 및 운영에 관한 법률」(이하 "법"이라 한다) 제2조 제1항에 따라 의용소방대를 설치하는 경우 남성만으로 구성하는 의용소방대, 여성만으로 구성하는 의용소방대 또는 남성과 여성으로 구성하는 의용소방대로 구분하여 설치할 수 있다.
② 시·도지사 또는 소방서장은 지역특수성에 따라 소방업무 관련 전문기술·자격자 등으로 구성하는 전문의용소방대(이하 "전문의용소방대"라 한다)를 설치할 수 있다.
③ 시·도지사 또는 소방서장은 법 제2조 제4항에 따른 전담의용소방대(이하 "전담의용소방대"라 한다)를 운영하려는 경우에는 별표 1에 따른 시설과 장비를 갖추어야 한다.
④ 제1항부터 제3항까지에서 규정한 사항 외에 의용소방대의 설치 등에 필요한 세부적인 사항은 특별시·광역시·특별자치시·도 또는 특별자치도(이하 "시·도"라 한다)의 조례로 정한다.

제2조의2 (의용소방대의 날 제정과 운영)

① 의용소방대의 숭고한 봉사와 희생정신을 알리고 그 업적을 기리기 위하여 매년 3월 19일을 의용소방대의 날로 정하여 기념행사를 한다.

② 의용소방대의 날 기념행사에 관하여 필요한 사항은 소방청장 또는 시·도지사가 따로 정하여 시행할 수 있다.

제2장 의용소방대원의 임명·해임 및 조직 등

제3조 (의용소방대원의 임명)

시·도지사 또는 소방서장은 그 지역에 거주 또는 상주하는 주민 가운데 희망하는 사람으로서 다음 각 호의 어느 하나에 해당하는 사람을 의용소방대원으로 임명한다.

1. 관할 구역 내에서 안정된 사업장에 근무하는 사람
2. 신체가 건강하고 협동정신이 강한 사람
3. 희생정신과 봉사정신이 투철하다고 인정되는 사람
4. 「소방시설공사업법」 제28조에 따른 소방기술 관련 자격·학력 또는 경력이 있는 사람
5. 의사·간호사 또는 응급구조사 자격을 가진 사람
6. 기타 의용소방대의 활동에 필요한 기술과 재능을 보유한 사람

제4조 (의용소방대원의 해임)

① 시·도지사 또는 소방서장은 의용소방대원이 다음 각 호의 어느 하나에 해당하는 때에는 해임하여야 한다.

1. 소재를 알 수 없는 경우
2. 관할 구역 외로 이주한 경우. 다만, 신속한 재난현장 도착 등 대원으로서 활동하는 데 지장이 없다고 인정되는 경우에는 그러하지 아니하다.
3. 심신장애로 직무를 수행할 수 없다고 인정되는 경우
4. 직무를 태만히 하거나 직무상의 의무를 이행하지 아니한 경우
5. 제11조에 따른 행위금지 의무를 위반한 경우
6. 그 밖에 행정안전부령으로 정하는 사유에 해당하는 경우

② 그 밖에 의용소방대원의 해임절차 등에 필요한 사항은 행정안전부령으로 정한다.

> **시행규칙 제6조 (의용소방대원의 해임사유 등)**
> ① 법 제4조 제1항 제6호에서 "행정안전부령으로 정하는 사유"란 다음 각 호의 사유를 말한다.
> 　1. 다음 각 목의 구분에 따른 교육 및 훈련의 참석 기준에 미달하는 경우
> 　　가. 전담의용소방대원 : 다음의 모든 교육 및 훈련 참석시간
> 　　　　1) 제18조 제1항 단서에 따른 교육 및 훈련 연 12시간 이상
> 　　　　2) 제18조 제1항 제1호에 따른 기본교육(해당되는 경우에 한정한다) 18시간 이상
> 　　나. 신규 임명된 후 2년이 지나지 아니한 의용소방대원 : 제18조 제1항 제1호에 따른 기본교육 18시간 이상
> 　　다. 가목 및 나목 외의 의용소방대원 : 제18조 제1항 제2호에 따른 전문교육 연 6시간 이상

2. 법 제14조부터 제16조까지의 규정에 따른 경비, 소집수당 또는 활동 비 등의 집행과 관련하여 비위사실(非**違事實**)이 있는 경우

② 시·도지사 또는 소방서장은 의용소방대원에게 해임의 사유가 있다고 인정될 때에는 해당 의용소방대원에게 그 사실을 증명할 만한 충분한 사유를 명확히 밝혀 통지하여야 한다.

③ 시·도지사 또는 소방서장은 법 제4조 제1항 제3호부터 제5호까지에 따른 사유로 의용소방대원을 해임하는 경우에는 제12조 제1항에 따른 의용소방대 운영위원회의 심의를 거쳐야 한다. 이 경우 해임대상자는 운영위원회에 출석하여 의견을 진술하거나 운영위원회 개최일 전날까지 의견서를 제출할 수 있다.

④ 시·도지사 또는 소방서장은 의용소방대원을 해임하였을 때에는 해당 의용소방대원 및 소속 의용소방대장에게 그 사실을 통지하여야 한다.

⑤ 제1항부터 제4항까지에서 규정한 사항 외에 의용소방대원의 해임 절차 및 방법 등에 관한 세부적인 사항은 시·도의 조례로 정한다.

제5조(정년)

의용소방대원의 정년은 65세로 한다.

> **시행규칙 제7조(정년)**
> 의용소방대원은 그 정년에 이른 날이 1월부터 6월 사이에 있으면 6월 30일에, 7월부터 1월 사이에 있으면 12월 31일에 각각 당연히 퇴직한다.

제6조(조직)

① 의용소방대에는 대장·부대장·부장·반장 또는 대원을 둔다.

② 대장 및 부대장은 의용소방대원 중 관할 소방서장의 추천에 따라 시·도지사가 임명한다.

③ 그 밖에 의용소방대의 조직 등에 필요한 사항은 행정안전부령으로 정한다.

> **시행규칙 제9조(대장 및 부대장)**
> ① 관할 소방서장은 법 제6조 제2항에 따라 대장 및 부대장을 시·도지사에게 추천할 때에는 운영위원회의 심의를 거쳐야 한다.
> ② 대장은 소방본부장 및 소방서장의 명을 받아 소속 의용소방대의 업무를 총괄하고 의용소방대원을 지휘·감독한다.
> ③ 부대장은 대장을 보좌하고, 대장이 부득이한 사유로 직무를 수행할 수 없는 경우에는 그 직무를 대리한다.
>
> **시행규칙 제10조(대장 등의 임기)**
> ① 대장의 임기는 3년으로 하며, 한 차례만 연임할 수 있다.
> ② 부대장의 임기는 3년으로 한다.
> ③ 제1항 및 제2항에서 규정한 사항 외에 의용소방대원의 임기에 관한 사항은 시·도의 조례로 정한다.

시행규칙 제11조(정원 등)

① 의용소방대에 두는 의용소방대원의 정원은 다음 각 호와 같다.

   1. 시 · 도 : 60명 이내

   2. 시 · 읍 : 60명 이내

   3. 면 : 50명 이내

   4. 법 제2조 제3항에 따라 관할 구역을 따로 정한 지역에 설치하는 의용소방대 : 50명 이내

   5. 전문의용소방대 : 50명 이내

② 의용소방대원은 관할 행정구역(동 · 리) 단위로 균형있게 배치되도록 임명하여야 한다.

③ 시 · 도지사 또는 소방서장은 제1항에서 정하고 있는 정원의 범위 내에서 시 · 도의 조례로 정원을 따로 정할 수 있다.

④ 제1항에도 불구하고 시 · 도지사 또는 소방서장은 행정구역이 통폐합되는 경우 행정구역 통폐합 이전 각각의 의용소방대 조직과 정원을 그대로 운영할 수 있다.

시행규칙 제12조(의용소방대 운영위원회)

① 시 · 도지사 및 소방서장은 의용소방대 운영에 관한 중요사항을 심의하기 위하여 의용소방대 운영위원회(이하 "운영위원회"라 한다)를 구성 · 운영하여야 한다.

② 운영위원회는 다음 각 호의 사항을 심의한다.

   1. 제6조 제3항에 따른 의용소방대원의 해임에 관한 사항

   2. 제9조 제1항에 따른 대장 및 부대장의 추천에 관한 사항

   2의2. 법 제16조의2에 따른 의용소방대 및 의용소방대원별 활동실적 평가 및 포상에 관한 사항

   3. 법 제17조에 따른 재해보상금 지급결정에 관한 사항

   4. 그 밖에 의용소방대 운영에 필요한 사항

③ 제1항 및 제2항에서 규정한 사항 외에 운영위원회의 구성 및 운영 등에 관하여 필요한 세부적인 사항은 시 · 도의 조례로 정한다.

제7조(임무)

의용소방대의 임무는 다음 각 호와 같다.

  1. 화재의 경계와 진압업무의 보조

  2. 구조 · 구급 업무의 보조

  3. 화재 등 재난 발생 시 대피 및 구호업무의 보조

  4. 화재예방업무의 보조

  5. 그 밖에 행정안전부령으로 정하는 사항

> **시행규칙 제13조(임무)**
> 법 제7조 제5호에서 "행정안전부령으로 정하는 사항"이란 다음 각 호의 사항을 말한다.
> 1. 집회, 공연 등 각종 행사장의 안전을 위한 지원활동
> 2. 주민생활의 안전을 위한 지원활동
> 3. 그 밖에 화재예방 홍보 등 소방서장이 필요하다고 인정하는 사항

제8조(복장착용 등)

① 의용소방대원이 제7조에 따른 임무(제10조 제2항에 따른 전담의용소방대 활동을 포함한다. 이하 같다)를 수행하는 경우에는 복장을 착용하고 신분증을 소지하여야 한다.

② 소방본부장 또는 소방서장은 의용소방대원 또는 의용소방대원이었던 자가 경력증명발급을 신청하는 경우에는 경력증명서를 발급하고 관리하여야 한다.

③ 의용소방대원의 복장·신분증과 경력증명서 등에 필요한 사항은 행정안전부령으로 정한다.

제3장 의용소방대원의 복무와 교육훈련 등

제9조(의용소방대원의 근무 등)

① 의용소방대원은 비상근(非常勤)으로 한다.

② 소방본부장 또는 소방서장은 소방업무를 보조하게 하기 위하여 필요한 때에는 의용소방대원을 소집할 수 있다.

제10조(재난현장 출동 등)

① 의용소방대원은 제9조 제2항에 따른 소집명령에 따라 화재, 구조·구급 등 재난현장에 출동하여 소방본부장 또는 소방서장의 지휘와 감독을 받아 소방업무를 보조한다.

② 전담의용소방대원은 제1항에도 불구하고 소방본부장 또는 소방서장의 소집명령이 없어도 긴급하거나 통신두절 등 특별한 경우에는 자체적으로 화재진압을 수행할 수 있다. 이 경우 전담의용소방대장은 화재진압에 관하여 행정안전부령으로 정하는 바에 따라 소방본부장 또는 소방서장에게 보고하여야 한다.

③ 시·도지사 또는 소방서장은 의용소방대에 대하여 「공유재산 및 물품 관리법」에도 불구하고 소방장비 등 필요한 물품을 무상으로 대여하거나 사용하게 할 수 있다.

④ 제3항에 따른 대여 또는 사용에 필요한 사항은 행정안전부령으로 정한다.

> **시행규칙 제17조(무상대여)**
> ① 시·도지사 또는 소방서장은 법 제10조 제3항에 따라 의용소방대에 대하여 다음 각 호의 소방장비 등 물품을 무상으로 대여하거나 사용하게 할 수 있다.
> 1. 소방용 통신시설
> 2. 소방용 차량

3. 화재진압장비·구조구급장비 및 보호장비

4. 그 밖의 집기 및 사무용품 등

② 의용소방대원은 제1항에 따른 소방장비 등 물품을 기능 및 용도에 맞게 사용 또는 운용하여야 한다.

③ 제1항 및 제2항에서 규정한 사항 외에 소방장비 등의 무상대여 등에 관하여 필요한 세부적인 사항은 시·도의 조례로 정한다.

시행규칙 제17조의2(장비의 지급)

① 시·도지사는 예산의 범위에서 의용소방대원에게 진압장비 및 개인안전장비 등의 소방장비를 지급할 수 있다.

② 제1항에 따른 소방장비의 지급에 관하여 필요한 세부적인 사항은 시·도의 조례로 정한다.

제11조(행위의 금지)

의용소방대원은 의용소방대의 명칭을 사용하여 다음 각 호의 어느 하나에 해당하는 행위를 하여서는 아니 된다.

1. 기부금을 모금하는 행위

2. 영리목적으로 의용소방대의 명의를 사용하는 행위

3. 정치활동에 관여하는 행위

4. 소송·분쟁·쟁의에 참여하는 행위

5. 그 밖에 의용소방대의 명예가 훼손되는 행위

제12조(복무에 대한 지도·감독)

소방본부장 또는 소방서장은 의용소방대원이 그 품위를 유지할 수 있도록 복무에 대한 지도·감독을 실시하여야 한다.

제13조(교육 및 훈련)

① 소방청장, 소방본부장 또는 소방서장은 의용소방대원에 대하여 교육(임무 수행과 관련한 보건안전교육을 포함한다)·훈련을 실시하여야 한다.

② 제1항에 따른 교육·훈련의 내용, 주기, 방법 등에 필요한 사항은 행정안전부령으로 정한다.

시행규칙 제18조(교육 및 훈련)

① 소방본부장 또는 소방서장은 다음 각 호의 구분에 따른 의용소방대원에 대하여 해당 호에서 정하는 교육 및 훈련을 실시하여야 한다. 다만, 제1호에 따른 기본교육을 이수한 전담의용소방대원에 대하여는 제2호에 따른 전문교육에 갈음하여 매월 2시간 이상 장비조작 및 화재진압 등에 관한 교육 및 훈련을 실시하여야 한다.

1. 신규 임명된 후 2년이 지나지 아니한 의용소방대원 : 다음 각 목의 사항에 관한 기본교육 36시간

가. 의용소방대 제도

나. 화재 진압장비 사용방법

다. 위험물 및 전기·가스 안전관리

라. 그 밖에 의용소방대원으로서의 기본자질 함양을 위하여 소방 청장이 필요하다고 인정하는 사항

2. 제1호에 따른 기본교육을 이수한 의용소방대원 : 다음 각 목의 사항에 관한 전문교육 연 12시간

가. 수난(水難) 구조

나. 산악 구조

다. 소방자동차의 구조 및 점검

라. 그 밖에 의용소방대원의 전문성 강화를 위하여 소방청장이 필 요하다고 인정하는 사항

② 제1항에 따른 기본교육 및 전문교육의 내용 및 운영에 관한 세부적인 사항은 소방청장이 정한다.

③ 제1항에도 불구하고 소방본부장 또는 소방서장은 의용소방대원의 소방 활동에 관한 전문성 강화를 위하여 별도의 교육 및 훈련을 실시할 수 있다.

④ 소방청장, 소방본부장 또는 소방서장은 제1항에 따른 교육·훈련을 「소 방공무원법」 제20조 제1항 또는 제2항에 따라 설치된 소방학교 또는 교육훈련기관이나 「소방기본법」 제40조에 따른 한국소방안전원 등에 위탁하여 운영할 수 있다.

⑤ 소방청장, 소방본부장 또는 소방서장은 의용소방대원의 교육·훈련에 필요한 장비 및 교재를 개발하여 보급할 수 있다.

⑥ 제1항부터 제4항까지에서 규정한 사항 외에 의용소방대원의 교육·훈 련에 필요한 세부적인 사항은 시·도의 조례로 정한다.

제4장 의용소방대원의 경비 및 재해보상 등

제14조(경비의 부담)

① 의용소방대의 운영과 활동 등에 필요한 경비는 해당 시·도지사가 부담한다.

② 국가는 제1항에 따른 경비의 일부를 예산의 범위에서 지원할 수 있다.

제15조(소집수당 등)

① 시·도지사는 의용소방대원이 제7조에 따른 임무를 수행하는 때에는 예산의 범위에서 수당을 지급할 수 있다.

② 제1항에 따른 수당의 지급방법 등에 필요한 사항은 행정안전부령으로 정하는 기준에 따라 시·도의 조례로 정한다.

> **시행규칙 제19조(소집수당 등)**
> ① 법 제15조 제1항에 따른 소집수당은 소방위에게 적용되는 시간외근무수 당 단가로 지급한다.
> ② 제1항에 따른 소집수당은 1시간 단위로 계산하여 지급하되, 1일에 8시간 을 초과할 수 없다. 다만, 전담의용소방대원과 「재난 및 안전관리 기본법」 제60조에 따라 특별재난지역으로 선포된 지역에서 법 제7조에 따른 임무를 수행하는 의용소방대원에게는 시·도의 조례로 정하는 바에 따라 1일 8시간을 초과하여 지급할 수 있다.

③ 제1항 및 제2항에서 규정한 사항 외에 소집수당 등의 지급방법 및 절차 등에 관한 세부적인 사항은 시·도의 조례로 정한다.

시행규칙 제20조(성과중심의 포상 등)
① 소방본부장 또는 소방서장은 법 제16조의2 제1항에 따라 의용소방대 및 의용소방대원별로 활동실적을 평가하고 관리해야 한다. 이 경우 필요하면 소방본부장은 활동실적 평가 및 관리를 위한 시스템을 구축·운영할 수 있다.
② 소방본부장 또는 소방서장은 제1항에 따른 활동실적에 따라 운영경비를 지급하고, 포상기회를 부여하는 등 성과중심으로 포상하고 관리해야 한다.
③ 제1항 및 제2항에서 규정한 사항 외에 의용소방대 및 의용소방대원의 활동실적 평가, 관리 및 포상에 필요한 세부적인 사항은 시·도의 조례로 정한다.

제16조(활동비 지원)
시장·군수·구청장(자치구의 구청장을 말한다)은 관할 구역에서 의용소방대원이 제7조에 따른 임무를 수행하는 경우 그 임무 수행에 필요한 비용의 전부 또는 일부를 지원할 수 있다.

제16조의2(성과중심의 포상 등)
① 소방본부장 또는 소방서장은 의용소방대 및 의용소방대원별로 활동실적을 평가·관리하고, 이를 토대로 성과중심의 포상 등을 실시할 수 있다.
② 제1항에 따른 의용소방대 및 의용소방대원별 활동실적 평가·관리 방법 및 포상 등에 관하여 필요한 사항은 행정안전부령으로 정하는 기준에 따라 시·도의 조례로 정한다.

제17조(재해보상 등)
① 시·도지사는 의용소방대원이 제7조에 따른 임무의 수행 또는 제13조에 따른 교육·훈련으로 인하여 질병에 걸리거나 부상을 입거나 사망한 때에는 행정안전부령으로 정하는 범위에서 시·도의 조례로 정하는 바에 따라 보상금을 지급하여야 한다.
② 시·도지사는 제1항에 따른 보상금 지급을 위하여 보험에 가입할 수 있다.

시행규칙 제21조(재해보상)
① 법 제17조에 따른 재해보상의 종류는 다음 각 호와 같다.
　1. 요양보상
　2. 장애보상
　3. 장례보상
　4. 유족보상
② 제1항에 따른 재해보상의 종류별 지급기준은 별표 8과 같다.
③ 제1항 및 제2항에서 규정한 사항 외에 재해보상금의 지급방법 및 절차 등에 관한 세부적인 사항은 시·도의 조례로 정한다.

제5장 전국의용소방대연합회 설립 등

제18조(전국의용소방대연합회 설립)
① 재난관리를 위한 자율적 봉사활동의 효율적 운영 및 상호협조 증진을 위하여 전국의용소방대연합회(이하 "전국연합회"라 한다)를 설립할 수 있다.
② 전국연합회의 구성 및 조직 등에 필요한 사항은 행정안전부령으로 정한다.

> **시행규칙 제22조(지역의용소방대연합회의 설립)**
> ① 의용소방대 상호 간의 교류, 소방정보 교환 및 의용소방대원의 복지향상 등을 위하여 법 제18조에 따른 전국의용소방대연합회의 지부(支部)로서 시·도 또는 시·군·구 등에 지역의용소방대연합회(이하 "지역연합회"라 한다)를 설립할 수 있다.
> ② 지역연합회의 구성 및 조직 등에 필요한 사항은 시·도의 조례로 정한다.
>
> **시행규칙 제23조(전국의용소방대연합회의 구성 등)**
> ① 법 제18조 제1항에 따른 전국의용소방대연합회(이하 "전국연합회"라 한다)는 제22조 제1항에 따른 각 시·도 지역연합회의 대표 2명씩으로 구성한다.
> ② 전국연합회에 회장 1명, 부회장 2명, 감사 2명 및 사무총장 1명을 두되(회장, 부회장 및 사무총장은 임원으로 한다), 회장, 부회장 및 감사는 총회에서 선출하고, 사무총장은 회장이 임명한다.
> ③ 전국연합회 임원 및 감사의 임기는 다음 각 호와 같다.
> 　1. 회장의 임기는 3년으로 하고 한 번만 연임할 수 있다.
> 　2. 부회장 및 사무총장의 임기는 3년으로 한다.
> 　3. 감사의 임기는 3년으로 한다. 다만, 시·도 지역연합회 대표의 임기가 종료되는 경우 감사의 임기도 만료되는 것으로 한다.
> ④ 회장은 전국연합회를 대표하고, 법 제20조 제1항에 따른 정기총회 및 임시총회의 의장이 되며, 전국연합회의 사무를 총괄한다.
> ⑤ 부회장은 회장을 보좌하고, 회장이 부득이한 사유로 직무를 수행할 수 없을 때에는 회장이 미리 지명한 부회장이 그 직무를 대행한다.
> ⑥ 감사는 업무집행 및 예산을 감사한다.
> ⑦ 사무총장은 회장의 명을 받아 사무를 처리한다.
>
> **시행규칙 제24조(전국연합회의 분과위원회)**
> ① 전국연합회의 효율적 운영을 위하여 운영분과위원회, 연구개발분과위원회, 자원봉사분과위원회를 두되, 각 분과위원회의 위원수는 15명 이내로 한다.
> ② 분과위원회의 기능은 다음 각 호와 같다.
> 　1. 운영분과위원회 : 전국연합회 운영에 관한 사항
> 　2. 연구개발분과위원회 : 의용소방대 관련 연구사업 및 의용소방대의 처우 개선에 관한 사항
> 　3. 자원봉사분과위원회 : 대형재난과 관련한 시·도 간 상호 지원 네트워크 구축에 관한 사항

③ 분과위원회의 위원장은 회장이 지명한다.
④ 분과위원회의 위원장은 필요시 해당 분과위원회를 소집한다.

시행규칙 제25조(전국연합회의 회의운영)
① 법 제20조 제1항에 따른 정기총회는 매년 1월 또는 2월에 개최한다.
② 정기총회와 임시총회는 재적회원 과반수의 출석으로 개회하고, 출석회원 과반수의 찬성으로 의결한다.
③ 총회의 의사에 관하여는 의사록을 작성하고, 회원에게 공개하여야 한다.

제19조(업무)
전국연합회의 업무는 다음 각 호와 같다.
 1. 의용소방대의 효율적 운영을 위한 연구에 관한 사항
 2. 대규모 재난현장의 구조·지원 활동을 위한 네트워크 구축에 관한 사항
 3. 의용소방대원의 복지증진에 관한 사항
 4. 그 밖에 의용소방대의 활성화에 필요한 사항

제20조(회의)
① 전국연합회의 회의는 정기총회 및 임시총회로 구분한다.
② 정기총회는 1년에 한 번 개최하고, 다음 각 호의 사항을 의결한다.
 1. 전국연합회의 회칙 및 운영과 관련된 사항
 2. 전국연합회 기능 수행을 위한 사업계획에 관한 사항
 3. 회계감사 결과에 관한 사항
 4. 그 밖에 회장이 총회에 안건으로 상정하는 사항
③ 임시총회는 전국연합회의 회장 또는 재적회원 3분의 1 이상이 요구하는 경우 소집한다.
④ 그 밖에 회의운영에 필요한 사항은 행정안전부령으로 정한다.

제21조(전국연합회의 지원)
소방청장은 국민의 소방방재 봉사활동의 참여증진을 위하여 전국연합회의 설립 및 운영을 지원할 수 있다.

제22조(전국연합회의 지도 및 관리·감독)
소방청장은 전국연합회의 운영 등에 대하여 지도 및 관리·감독을 할 수 있다.

5 광역자치소방행정체제와 기초자치소방행정체제의 비교

1. 광역자치소방행정체제

(1) 장점

① 시·도 단위의 소방력을 총괄적으로 운영하여 대형화 추세로 가고 있는 소방 업무를 효율적으로 대처 가능하다.

② 인사에 대한 탄력적 운영으로 사기 진작에 기여한다.

③ 재정의 자립도가 취약한 시·군의 소방업무를 인근 소방서에서 담당하므로 시·군의 재정 부담이 경감된다.

④ 지역 간 소방의 균형적 발전에 기여한다.

(2) 단점

① 지역 성격에 맞는 소방행정조직의 육성 및 발전을 저해할 우려가 있다.

② 책임과 권한의 한계가 불분명하다.

③ 시·군은 자주 소방력을 갖추지 않고 광역자치단체의 의지대로 행정을 수행함으로써 불균형적인 소방서비스를 받게 될 염려가 있다.

④ 시장·군수는 소방업무를 도(道)의 업무로만 인식함으로써 소방행정에 대한 지원협조를 등한시할 우려가 있다.

⑤ 시·도의 재정 부담을 가중시킨다.

2. 기초자치소방행정체제

(1) 장점

① 책임과 권한의 한계가 명확하다.

② 1시, 1군에 1소방서 설치로 소방조직의 확대·발전을 기할 수 있다.

③ 자치이념에 입각한 명백한 이론적 근거가 있고 일반행정과의 협조체제가 용이하다.

④ 민주성 요청에 충실할 수 있다.

(2) 단점

① 시·군의 재정 부담 증가, 즉 재정자립도가 낮은 시·군에서는 소방력 확보가 어려워 영세성 극복에 문제가 있다.

② 인사의 적체로 소방공무원의 고령화·사기 저하를 야기한다.

③ 소방서 간 협조체제가 미흡하여 특수장비 등 활용의 문제가 발생한다.

3. 광역자치소방행정체제의 당위성

① 소방행정의 능률성, 효과성 향상

② 소방재정의 효율적 관리

③ 통합적 지위체계 및 응원출동체제 확립

④ 합리적 인사관리

PART 03 단원별 예상문제

01 소방행정의 특수성에 해당하는 사항으로 옳지 <u>않은</u> 것은?

① 긴급성
② 임시성
③ 전문성
④ 현장성

해설

①·③·④ 소방행정의 특수성은 법제적 특성, 조직성 특성, 업무적 특성이 있다. 이 중 업무적 특성에는 긴급성, 계층성, 규제성, 전문성, 신속·대응성, 위험성, 현장성, 가외성, 결과성, 대가성, 신속·정확성 등이 있다.

02 직접적 중앙소방행정조직이 <u>아닌</u> 것은?

① 중앙소방학교
② 소방청
③ 한국소방검정공사
④ 중앙119구조본부

해설

③ 직접적 중앙소방행정조직에는 소방청, 중앙소방학교, 중앙119구조본부가 있다.

03 다음 중 일정구역의 시·도 내에서 화재 및 구급, 구조에 관한 책임을 가지고 있는 자는?

① 소방청장
② 시·도지사
③ 소방본부장
④ 소방서장

해설

② 시·도 내에서 화재 및 구급·구조에 관한 책임을 가지고 있는 자는 시·도지사이다.

04 다음 중 민간소방조직에 해당하지 <u>않는</u> 것은?

① 의무소방대원   ② 자체소방대

③ 의용소방대   ④ 민간민방위대

해설

① 의무소방대원은 민간조직이 아니라 규정에 의한 시험을 치른 후 군복무 대신 정해진 기간 동안 복무를 하는 소방대원에 해당한다.
민간소방조직의 종류에는 자체소방대, 자위소방대, 의용소방대, 민간민방위대 등이 있다.

05 다음 중 소방공무원에 대한 설명으로 옳지 <u>않은</u> 것은?

① 소방공무원은 「소방공무원법」을 우선 적용한다.
② 소방공무원의 사망 시에는 사망한 다음 날에 면직된 것으로 본다.
③ 소방공무원은 경력직 공무원 중에서 특정직에 속한다.
④ 소방공무원은 국가소방공무원과 지방소방공무원으로 이원화되어 있다.

해설

④ 소방공무원은 2020년 1월 1일부터 국가소방공무원으로 단일화되었다.

06 시·도지사가 임용권을 행사하는 소방공무원이 징계처분, 휴직·면직처분 등의 기타 불리한 처분에 대한 행정소송을 제기할 때에 피고가 되는 대상자는?

① 소방본부장   ② 소방서장

③ 소방청장   ④ 시·도지사

해설

④ 시·도지사가 임용권을 행사하는 경우에는 관할 시·도지사를 피고로 한다.

119 더 알아보기

행정소송의 피고
1. 징계처분이나 휴직처분, 면직처분, 그 밖에 의사에 반하는 불리한 처분에 대한 행정소송은 소방청장을 피고로 한다.
2. 시·도지사가 임용권을 행사하는 경우에는 관할 시·도지사를 피고로 한다.

07 간접적 소방행정기관에 해당되지 <u>않는</u> 것은?

① 한국소방안전원

② 대한소방공제회

③ 한국소방산업기술원

④ 서울종합방재센터

해설

① · ② · ③ 간접적 소방행정기관에는 한국소방안전원, 대한소방공제회, 한국소방산업기술원, 소방산업공제조합이 있다. 서울종합방재센터는 직접적 소방행정기관이다.

08 다음 중 소방조직 등에 대한 설명으로 옳지 <u>않은</u> 것은?

① 소방대는 소방공무원, 의무소방원, 의용소방대원으로 구성되어 있다.

② 소방본부장 또는 소방서장은 시 · 도지사의 지휘, 감독을 받는다.

③ 2003년 대구 지하철 방화사건을 계기로 2004년 3월 11일 「재난 및 안전관리기본법」이 제정되었으며, 같은 해 5월 소방방재청을 설립하여 6월 1일 개청되었다.

④ 소방행정조직은 2017년 7월 소방청 개설로 국가소방체제와 지방자치소방체제의 이원적 소방체제를 최초로 실시하였다.

해설

④ 국가소방체제와 지방자치소방체제의 이원적 소방체제를 최초로 실시한 시기는 1972년으로 서울과 부산은 자치소방체제, 기타 지역은 국가소방체제를 실시하였다.

09 광역소방제도의 장점으로 볼 수 <u>없는</u> 것은?

① 시 · 군 간의 재정적 불균형을 평준화할 수 있다.

② 대형 재난이 발생했을 때 통합적 지휘체제 구축이 용이하다.

③ 각 지역별 특성에 맞는 소방서비스를 수행하기가 용이하다.

④ 통합적 인사관리를 통한 합리적 인사가 가능하다.

해설

③ 각 지역별 특성에 맞는 소방서비스를 수행하기 용이한 것은 기초자치소방제도의 장점이다.

10 다음 중 준법률적 행정행위에 해당되지 <u>않는</u> 것은?

① 허가   ② 공증

③ 수리   ④ 통지

해설

① 허가는 법률적 행정행위에 해당된다. 준법률적 행정행위에는 공증, 통지, 수리, 확인이 있다.

11 소방관서 조직 중 EMS(Emergency Medical Service) 업무와 가장 관련 깊은 부서는?

① 소방행정팀   ② 예산장비팀

③ 예방안전팀   ④ 구조・구급팀

해설

④ EMS(Emergency Medical Service)는 구조・구급팀의 업무에 해당한다.

12 소방조직에 관한 설명이 <u>잘못된</u> 것은?

① 소방공무원의 소방령, 소방정, 소방준감, 소방감은 계급정년이 있다.

② 소방공무원은 특별직 공무원이다.

③ 소방공무원의 계급은 11단계로 이루어져 있다.

④ 소방공무원은 국가직 신분으로 단일화하였다.

해설

② 소방공무원은 경력직 공무원 중 특정직 공무원이다.

13 다음 괄호 안에 들어갈 말로 알맞은 것은?

소방관서는 전통적으로 (   ) 형식으로 조직되어 있다. 이것은 소방조직이 다른 조직에 비하여 순응적 조직문화를 가지고 있다는 것을 의미하지만 반대로 자발적이고 상향적 혁신의 장애가 될 수 있다는 것을 의미한다.

① 준군사적   ② 일방행정적

③ 사기업적   ④ 수평적

해설

① 소방조직은 군, 경찰 등과 같이 계급체계를 기초로 한 지휘, 명령체계를 가지고 있다. 즉, 소방관서는 전통적으로 준군사적 형식으로 조직되어 있다.

14 화재의 예방조치, 강제처분 등 소방행정기관이 당사자의 허락을 받지 않고 일방적인 결정에 행정조치를 취하는 것은 소방행정작용의 특성 중 무엇에 해당되는가?

① 획일성   ② 기술성

③ 우월성   ④ 강제성

해설

③ 화재의 예방조치, 강제처분 등 소방행정기관이 당사자의 허락을 받지 않고 일방적인 결정에 행정조치를 취하는 것을 우월성이라 한다.

15 부산광역시 진구 서면에서 화재가 발생하였다. 화재로 인하여 많은 사상자와 재산 피해가 발생하였으며 불은 아직 소멸되지 않았다. 이러한 상황에서 소방행정업무의 책임자는?

① 소방청장

② 소방본부장

③ 부산광역시 진구 구청장

④ 부산광역시장

해설

④ 소방행정업무 책임자는 시·도지사이다. 시·도지사는 관할 지역의 특성을 고려하여 종합계획의 시행에 필요한 세부계획을 매년 수립하고 이에 따른 소방업무를 성실히 수행하여야 한다.

16 화재를 진압하고 화재, 재난, 재해 그 밖의 위급한 상황에서의 구조·구급활동 등을 보조하기 위한 지방조직체계는?

① 의용소방대   ② 자위소방대

③ 위험물안전관리자   ④ 소방안전관리자

해설

① 「소방기본법」에 따른 "소방대" 중에서 의용소방대에 해당한다(「소방기본법」 제2조, 「의용소방대 설치 및 운영에 관한 법률」 제2조).

17 다음 중 소방서의 설치 기준에 대한 설명으로 옳지 <u>않은</u> 것은?

① 소방서는 시·군·구 단위로 설치한다.

② 시·군·자치구에 설치된 소방서에 119안전센터의 수가 5개를 초과하는 경우에는 소방서를 추가로 설치할 수 있다.

③ 소방업무의 효율적인 수행을 도모하기 위하여 특히 필요한 경우에는 인근 시·군 또는 자치구를 포함한 지역을 단위로 설치할 수 있다.

④ 소방 수요가 급증하여 특별한 소방대책이 필요한 지역이라도 예외 기준 없이 소방력 기준에 따른 소방서 설치 기준과 증설 기준에 따라 설치하여야 한다.

해설

④ 소방서 설치 예외 기준 : 석유화학단지·공업단지·주택단지 또는 문화관광단지의 개발 등에 따라 대형 화재의 위험이 있거나 소방의 수요가 급증하여 특별한 소방대책이 필요한 경우에는 해당 지역마다 소방서를 설치할 수 있다.

18 다음 중 「소방공무원임용령」에서 말하는 '소방기관'으로 옳지 <u>않은</u> 것은?

① 소방청　　　　　　　　　　② 시·도

③ 소방본부　　　　　　　　　④ 서울종합방재센터

해설

③ 「소방공무원임용령」에서의 소방기관은 소방청, 시·도, 중앙소방학교, 중앙119구조본부, 지방소방학교, 서울종합방재센터 및 소방서, 국립소방연구원이다. 소방본부는 소방기관에 해당하지 않는다.

19 소방이라는 목적을 달성하기 위하여 국민에게 특정한 행위를 금지하도록 하는 의무를 명하는 행정행위를 무엇이라 하는가?

① 소방작위하명　　　　　　　② 소방부작위하명

③ 소방급부하명　　　　　　　④ 소방수인하명

해설

② 소방이라는 목적을 달성하기 위하여 국민에게 특정한 행위를 금지하도록 하는 의무를 명하는 행정행위를 소방부작위하명이라 한다.

20 다음은 어떤 종류의 행정행위에 해당되는가?

- 위험물 제조소 등의 설치 또는 변경허가의 수수료 납입 등을 명하는 행위이다.
- 지정 수량 이상의 위험물의 임시 저장 및 취급의 승인에 따른 수수료 납입 등을 명하는 행위이다.
- 위험물 제조소 등의 탱크안전성능검사에 따른 수수료 납입 등을 명하는 행위이다.

① 소방작위하명   ② 소방부작위하명
③ 소방급부하명   ④ 소방수인하명

해설

③ 소방의 목적으로 금전, 물품, 노력 등을 제공할 의무를 명하는 행정행위를 소방급부하명이라 한다.

21 다음 중 119지역대의 설치 기준으로 옳지 <u>않은</u> 것은?

① 119안전센터가 설치되지 아니한 지역으로 인구가 3,000명 이상 되는 지역에 설치할 수 있다.
② 119안전센터가 설치된 읍·면 지역으로 관할 면적이 $30km^2$ 이상이 되는 지역에 설치할 수 있다.
③ 개발 지역으로서 인접 소방서와 10km 이상 떨어진 지역에 설치할 수 있다.
④ 119안전센터에 소속된 소방공무원이 신속히 출동하기 어려운 지역에 설치할 수 있다.

해설

② 119안전센터가 설치되지 아니한 읍·면 지역으로 관할 면적이 $30km^2$ 이상이 되는 지역에 설치할 수 있다.

 **119 더 알아보기**

119지역대의 설치 기준
1. 119안전센터가 설치되지 아니한 읍·면 지역으로 관할 면적이 $30km^2$ 이상이거나 인구 3,000명 이상 되는 지역에 설치할 수 있다.
2. 농공단지·주택단지·관광단지 등 개발지역으로서 인접 소방서 또는 119안전센터와 10km 이상 떨어진 지역에 설치할 수 있다.
3. 도서·산악지역 등 119안전센터의 신속한 출동이 곤란한 지역에 설치할 수 있다.

22 다음에 해당하는 행정행위는 무엇인가?

> 일정한 행위를 해야 할 의무(대체적 작위의 의무)의 불이행을 행정주체가 행정객체에게 스스로 또는 제3자에게 의무를 행하게 하고 그에 대한 비용은 행정객체가 징수하는 것을 말한다.

① 대집행   ② 집행벌
③ 직접강제   ④ 강제징수

해설
① 대집행이란 일정한 행위를 해야 할 의무(대체적 작위의 의무)의 불이행을 행정주체가 행정객체에게 스스로 또는 제3자에게 의무를 행하게 하고 그에 대한 비용은 행정객체가 징수하는 것을 말한다.

23 소방행정구제는 사전 행정구제와 사후 행정구제로 나눌 수 있다. 다음 중 사전 행정구제와 거리가 먼 것은?

① 행정심판   ② 행정절차법
③ 청원법   ④ 옴부즈만 제도

해설
① 행정심판은 사후 행정구제에 해당한다.

소방행정구제
행정구제란 행정주체의 행정작용에 의해 행정객체의 권익이 침해당한 경우에 행정주체에 대하여 원상회복, 손해배상 또는 당해 행정작용의 시정을 요구하는 절차를 말한다. 소방행정구제는 사전 행정구제와 사후 행정구제로 나눌 수 있다.

사전 행정구제	행정절차법, 청원법, 옴부즈만(Ombudsman) 제도
사후 행정구제	행정심판과 행정소송, 손해배상 및 손실보상

24 소방강제에 대한 행정행위에서 소방관계법규에 준하는 소방행정벌의 종류에 해당하지 <u>않는</u> 것은?

① 징역
② 구류
③ 벌금
④ 과태료

② 구류는 소방행정벌에 해당하지 않는다.

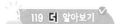 119 **더 알아보기**

소방행정벌의 구분
소방행정벌은 행정형벌과 행정질서벌로 구분된다.

소방관계법규 관련 행정형벌	징역, 벌금, 금고
소방관계법규 관련 행정질서법	과태료

25 다음과 관련된 의무이행확보수단은?

> 소방관서장은 목재, 플라스틱 등 가연성이 큰 물건 또는 소방차량의 통행이나 소화 활동에 지장을 줄 수 있는 물건의 소유자, 관리자 또는 점유자를 알 수 없는 경우 소속 공무원으로 하여금 그 물건을 옮기거나 보관하는 등 필요한 조치를 하게 할 수 있다.

① 대집행
② 집행벌
③ 직접강제
④ 즉시강제

④ 제시문은 즉시강제에 대한 설명이다. 즉시강제는 선행 요건으로 의무 불이행을 요하지 않는다.

119 **더 알아보기**

직접강제와 즉시강제의 비교
1. 직접강제
   (1) 법률에 근거하여 행정법상 의무의 불이행이 있는 경우에 행하는 행정상 최후의 수단이다.
   (2) 선행되는 의무의 존재(= 사전에 명령을 부과)와 그 의무의 불이행을 전제로 한다.
      예 어선 나포, 군중 해산 등
2. 즉시강제
   (1) 긴박한 상황이거나 미리 의무를 명할 시간적 여유가 없을 때 또는 의무를 명하여서는 그 목적을 달성하기 곤란할 때 행하는 의무이행확보수단이다.
   (2) 선행되는 의무자가 없거나 의무 자체를 가지지 않는 경우 즉, 의무 불이행을 전제로 하지 않는다.
      예 「화재의 예방 및 안전관리에 관한 법률」 제17조(화재의 예방조치 등) 제2항
      소방관서장(=소방청장, 소방본부장, 소방서장)은 목재, 플라스틱 등 가연성이 큰 물건 또는 소방차량의 통행이나 소화 활동에 지장을 줄 수 있는 물건의 소유자, 관리자 또는 점유자를 알 수 없는 경우 소속 공무원으로 하여금 그 물건을 <u>옮기거나 보관하는 등 필요한 조치를 하게 할 수 있다.</u>

PART

04

재난 및 안전관리론

문승철 소방학개론

재난의 기초

1 재난의 개념·특성 및 용어

1. 재난의 개념

(1) 재난(Disaster)의 어원과 의미

① **재난의 어원**

홍수, 지진과 같은 대규모의 천재(天災)인 자연재해를 지칭하는 것이다.

② **현대사회에서의 재난**

대규모의 인위적 사고의 결과가 자연재해를 능가함에 따라 자연재해와 인위재난을 포괄하는 개념으로 받아들여진다.

(2) 재난(Disaster)의 정의

① **일반적 정의**

일반적으로 정부의 일상적인 절차나 자원을 통하여 관리될 수 없는 심각한 대규모의 사망자, 부상자, 재산 손실을 발생시키는 것으로, 보통 예측 가능성이 없이 갑작스럽게 발전하며, 여러 공적 기관과 개인자원조직들의 즉각적이고, 조정·통제된 그리고 효과적인 대응활동과 신속한 복구활동이 요구되는 일련의 사건을 말한다.

② **물리적 정의**

㉠ 재난을 재산 피해와 인명 피해의 정도에 초점을 맞추어 정의하는 관점이다.

㉡ 대부분의 나라에서는 물리적 관점에서 피해 규모에 따라 일상적 사고와 구별되는 재난으로 정의하기도 한다.

③ **사회적 정의**

㉠ 사회적 관점은 재난으로 인한 그 지역사회의 충격과 혼란 상태를 중요시한다.

㉡ <u>유엔재해보호구호기구(UNDP)와 유엔발전계획(UNCRD)</u>에서는 사회의 기본 조직 및 정상 기능을 와해시키는 갑작스러운 사건이나 큰 재난으로서 그 영향을 받은 사회가 외부의 도움이 없이는 극복할 수 없고, 정상적인 능력으로 처리할 수 없는 재산, 사회간접시설, 생활수단의 피해를 일으키는 단일 또는 일련의 사건으로 본다.

④ **프리츠(Fritz)의 정의**

재난은 사회 일반 또는 사회 내 일부 조직에 심대한 피해를 끼쳐 그 사회 구성원이나 물리적 시설의 손실로 인하여 <u>사회 구조가 교란되고 그 사회의 본질적인 기능 수행에 장애가 발생하는 사건</u>으로서, 우연적이거나 통제 불가능하며, 시·공간상에 집중적으로 나타나는 실제적·위협적 사건을 말한다.

⑤ **코번(Coburn)의 정의**

사회 인프라의 정상기능을 와해시킬 정도로 급격하거나 또는 대규모의 참화를 가져오는 사건의 발생을 재난(Disaster)이라고 정의하였다.

⑥ **「재난 및 안전관리 기본법」**

"재난"이란 국민의 생명·신체·재산과 국가에 피해를 주거나 줄 수 있는 것으로서 자연재난은 태풍, 홍수, 호우(豪雨), 강풍, 풍랑, 해일(海溢), 대설, 한파, 낙뢰, 가뭄, 폭염, 지진, 황사(黃砂), 조류(藻類) 대발생, 조수(潮水), 화산활동, 소행성·유성체 등 자연우주물체의 추락·충돌, 그 밖에 이에 준하는 자연현상으로 인하여 발생하는 재해를 말하며, 사회재난이란 화재·붕괴·폭발·교통사고(항공사고 및 해상사고를 포함한다)·화생방사고·환경오염사고 등으로 인하여 발생하는 대통령령으로 정하는 규모 이상의 피해와 <u>국가핵심기반의 마비</u>, 「감염병의 예방 및 관리에 관한 법률」에 따른 감염병 또는 「가축전염병예방법」에 따른 가축전염병의 확산, <u>「미세먼지 저감 및 관리에 관한 특별법」에 따른 미세먼지</u> 등으로 인한 피해를 말한다.

2. 재난의 특성

(1) 누적성

① 재난은 가시적 발생 이전부터 오랜 시간 동안 누적되어 온 위험 요인들이 특정한 시점에서 표출된 결과이다.

② 즉, 비가시적으로 누적되고 있는 위험 발발 요인이 재난을 발생시키는 중요한 요인이다.

(2) 인지성

① 사람들은 계단을 비상계단으로 이해하는 경우도 있지만 단순한 계단으로 이해하는 경우도 있다. 그리고 동일한 재난을 위기관리자는 단순한 기술적인 사고로 여기는 데 비해 그 재난의 피해자들은 대재앙으로 인식하기도 한다.

② 이처럼 언어에 내재된 모호성으로 인해 재난의 배양에 있어 정보 수집과 의사소통의 어려움이 발생하게 되고 그에 따라 위험 발발 요인이 축적되게 된다.

이론 플러스

재난의 특성(암기 : 상인이 불복하누)
1. 컴포트(Comfort)
   - 상호작용성
   - 불확실성
   - 복잡성
2. 터너(Turner)
   - 상호작용성
   - 불확실성
   - 복잡성
   - 누적성
3. 종합적인 재난의 특성
   - 상호작용성
   - 인지성
   - 불확실성
   - 복잡성
   - 누적성

(3) 불확실성

① 불확실성은 누적성이나 복잡성과는 달리 재난관리 전 과정에 걸쳐 나타난다는 점이 중요하다. 즉, 재난 발생 전의 경우 비가시적 요인들이 누적되고 배양되면서 발생 가능성이 커지는데 이때 이런 요인들 간의 상호작용은 예측할 수 없고 또한 재난 자체가 언제 어디서 발생할지 정확하게 예측할 수도 없게 된다.

② 재난 발생 후의 경우에는 재난 자체가 기존의 기술적·사회적 장치와 맞물려 어떻게 전개될지 알 수 없을 뿐만 아니라 위기관리 조직 외의 다른 기관들의 참여로 인해 기관 간의 권한과 범위 설정이 새로이 요구되고 그에 따라 대응·복구단계의 진행 방향 또한 정확하게 예측할 수 없게 된다. 결국 불확실성은 재난 발생 전에는 누적성과 발생 후에는 복잡성과 함께 작용하면서 재난 상황을 특징짓게 된다고 할 것이다.

③ 선형적, 기계적인 과정만을 따르는 것이 아니라 비선형적, 유기적 혹은 진화적인 과정을 따를 수도 있다.

(4) 복잡성

복잡성은 재난 자체의 복잡성과 재난의 발생 후에 관련된 기관들 간의 관계에서 야기되는 복잡성으로 나눠서 살펴볼 수 있다.

① 재난 자체의 복잡성

㉠ 재난 자체의 복잡성의 경우 세 가지 측면에서 볼 수 있다. 재난의 강도, 규모 그리고 최초 사건과 관련된 다른 재난의 발생이다.

예 지진의 경우 지진의 강도와 규모(여진 포함), 지진으로 인한 전염병의 창궐

㉡ 재난의 복잡성 원인 중의 하나는 재난이 상호작용성을 지닌다는 것이다. 재난의 발발은 대체로 단일한 원인에 기인하지 않는다. 물론 어떤 특정한 결정적인 원인이 있다고 하더라도 그것은 또 다른 요인들과 재난의 발발을 향해 상호 상승작용을 하는 것이다. 발생 이후에도 재난은 피해주민의 반응, 피해지역의 기반시설 등의 요인들과 계속된 상호작용을 동반하면서 진행해 나간다. 결국 이러한 상호작용에 의해 총체적으로 피해의 강도와 범위가 정해지는 것이다.

② 재난의 발생 후에 관련된 기관들 간의 관계에서 야기되는 복잡성

㉠ 재난 발생 이전과 비교할 때 재난 발생 이후의 단계에서 재난관리행정의 경계 자체가 확대된다.

㉡ 재난 발생 이후의 단계에선 기존의 위기관리조직의 개입 범위가 축소된다. 따라서 예방·완화단계에서와는 달리 복수의 기관이 참여하게 되고 그에 따라 관련 기관들 간의 권한 설정, 역할 분담, 조정의 문제가 야기된다.

(5) 상호작용성

재난의 발생원인은 단일한 원인에 기인하지 않고 재난의 결과 또한 단일한 피해를 입지 않고 상호작용으로 피해를 입히게 된다. 재난이 발생할 경우 재난 자체와 피해 주민 및 피해 지역의 기반시설이 서로 영향을 미치면서 여러가지 사건이 전개될 수 있다. 재난이 일어나 기반시설에 마비가 오면서 피해 주민이 대피하고 대피지역에 연쇄적으로 경제적 정신적 피해가 발생하고 복구에 필요한 경제적 손실과 인력 등 다양한 상호작용이 일어난다.

3. 재난 관련 용어

(1) 재앙(Calamity)

① **재앙(災殃)의 특징(Quarantelli, 1993)**
  ㉠ 전체 주거지의 전부나 대부분이 영향을 받는다.
  ㉡ 거의 모든 위기관리조직의 시설과 작전기지가 직접적으로 타격을 받는다.
  ㉢ 대체로 그 지역 공무원이 통상적인 업무를 수행할 수 없고, 이러한 상황은 회복기까지 계속된다.
  ㉣ 지역사회의 정상적이고 일상적인 기능의 대부분이 같은 시간에 돌연히 중단된다.

② **재앙과 재난**
  재앙이 재난에 비해 충격과 피해 면에서 보다 큰 개념이다.

(2) 위기(Crisis)

① **위기의 개념**
  정치, 경제, 사회, 문화적 분야에서 상당히 광범위하게 사용되는 개념으로 안전, 경제, 정치, 사회, 환경 등의 측면에서 개인, 조직, 지역 사회 또는 사회 전체에 불안정하고 위험한 상황을 초래하거나 초래할 수 있는 돌발적인 사건이다.
  예 정치적 위기, 경제적 위기, 사회적 위기, 문화적 위기 등

② **용어 사용**
  ㉠ 독일 : 관념적인 재난용어인 위기를 사용한다.
  ㉡ 미국, 영국 : 위기 개념 대신에 사고(incident) 또는 재난(disaster)의 개념을 주로 사용한다.

(3) 재해(Hazard)

① 태풍과 홍수와 같은 자연현상, 재난이 발생할 가능성에 중점을 둔 개개의 사건을 말한다.

② 자연이나 인위적인 환경에서 인간의 생명과 생활에 악영향을 미치는 재난을 말한다.

③ 자주 일어나지 않으며 급격한 사건을 말한다.

(4) 위험(Risk)

주어진 시간에 재해가 발생할 가능성 또는 사망, 부상, 손상의 잠재적 손실을 말한다.

(5) 재난과 사고의 구분

① 재난은 돌발적인 대규모 사태라는 측면에서 일상적인 소규모 사고와 구별된다.

② 예측 불가능하다는 면에서 사람들이 의외의 사건으로 받아들이지 않는 일반적인 사고와 구분된다.

③ 일상적인 사고는 그 지역의 대응능력만으로 충분히 수습할 수 있다는 점에서 해당지역의 대응자원만으로 통제 불가능한 재난과 구별된다.

④ 사고와 재난 개념 구분의 실익은 일상적 사고에 비해 재난은 정밀하고 특별한 대응복구체계를 필요로 하며, 별도의 대응계획을 수립해야 한다는 것이다.

> **119 더 알아보기**
>
> **일상적 사고와 재난의 비교**
>
> | 일상적 사고(Routine Emergencies) | 재난(Disaster) |
> | --- | --- |
> | 일상적 측면에 작용 | 비일상적 측면에 작용 |
> | 익숙한 일과 절차 | 익숙하지 않은 일과 절차 |
> | 도로, 전화, 시설의 손상이 없음 | 도로 차단, 혼잡, 전화불통, 시설 파괴 |
> | 수용 가능한 통신 빈도 | 무선주파수에 과부하 경향 |
> | 주로 조직 내의 통신 | 조직 간 정보 분배 필요 |
> | 평범한 통신용어 사용 | 다른 용어를 사용하는 사람과의 통신 |
> | 주로 지역 언론과 관련 | 국가 및 국제 언론과 관련 |
> | 요구되는 자원이 관리 능력 내 | 요구되는 자원이 종종 관리 능력 초과 |

2 재난의 분류

1. 개요

① 재난은 국가와 지역에 따라 다양하게 분류되고 있을 뿐만 아니라 재난의 복합적인 현상으로 인해 그 분류 기준도 명확하지 않다.

② 그러나 일반적으로 재난은 몇 가지 기준에 의하여 분류되고 있는데 그것은 재난의 발생 원인에 의한 분류, 재난의 발생 장소에 의한 분류, 재난 대상에 의한 분류, 직·간접에 의한 분류, 재난 발생 과정의 시간적 차이에 의한 분류가 있다.

2. 일반적인 재난의 분류

재난의 유형을 자연재난과 인위재난으로 분류하는 방법은 재난관리의 목적에 따라 대응계획을 수립하는 경우 대응단계별 필요 자원의 특성 등을 쉽게 파악할 수 있다는 점에서 대응정책상의 유용성이 있다.

(1) 자연재난

태풍, 홍수, 호우, 폭풍, 해일, 폭설, 가뭄, 지진, 황사, 적조 등과 같이 자연현상에 기인한 것으로, 고전적 의미에서의 재난은 주로 자연재해를 지칭한다.

(2) 인위재난

폭발, 붕괴사고 등과 같이 인위적 원인에 의한 것으로 도시화 현상과 더불어 대규모의 인위적 사고도 재난으로 받아들여지고 있다.

자연재난		인위재난			
기상재해	지질재해	기계적 재난	화학적 재난	환경재난	특수재난
풍해, 수해 설해, 해일 박해, 뢰해 조해, 냉해 상해, 병충해 등	지진, 화산 등	시설물사고, 교통사고, 기계사고 등	화학물 누출, 화재사고, 폭발사고 등	대기오염, 수질오염, 토양오염 등	원자력사고, 전염병, 소요사태, 전쟁 등

(3) 자연재난과 인위재난의 비교

① 오늘날 발생되는 재난의 특징은 자연적 요인과 인위적 요인에 의한 재난 또는 대형 사고가 빈발하고 있다는 점에서 도시화 현상과 불가분의 관계가 있는 각종 사회기반시설, 교통시설, 산업시설의 건설에 대한 재난예방적 측면이 강조되고 있다는 것이다. 자연재난은 근본적으로 예방할 수 없는 불가항력적 특징이 강한 반면 인위재난은 인위적이라는 점에서 예방이 가능하다.

② 자연재난은 광범위한 지역에 걸쳐 발생되며 재산 피해와 사상자 발생이 넓은 지역에서 산발적으로 발생된다. 인위재난은 국소 지역에서 재산 피해와 사상자가 집중적으로 발생된다는 특징을 가진다.

③ 재난 상황이 전개되는 시점에서 자연재난은 대응활동과 재난통제가 극히 제한적으로 진행되는 반면 인위재난은 대응활동과 재난통제의 가능성이 상대적으로 높다. 시간적 측면에서도 자연재난이 장기간에 걸쳐 완만히 진행되는 것에 비해 인위재난은 단기간에 걸쳐 급격히 완결된다.

구분	자연재난	인위재난
예방(예측)	예방이 어려움	예방이 가능
피해 규모	광범위한 지역에 발생하며, 사상자 발생이 넓은 지역에서 산발적으로 발생함	국소 지역에서 재산 피해와 사상자가 집중적으로 발생함
기간	장기에 걸쳐 완만하게 진행	단기에 걸쳐 빠르게 진행
대응	재난대응활동과 재난통제가 극히 제한적으로 진행됨	재난대응활동과 재난통제의 가능성이 상대적으로 높음
통제	통제가 불가능한 것으로 인식됨	통제가 가능한 것으로 인식됨

(4) 자연재난과 인위재난의 복합성

① 산업화와 도시화에 따라 인위재난 중 방사능 누출사고와 화학공장사고 등과 같이 광범위한 지역에 걸쳐 장기간 재해 현상이 진행되기도 하고 지진과 같은 자연재난도 단기간에 걸쳐 많은 재산과 인명피해를 집중적으로 발생시키는 등 각각의 특징을 공유하는 현상을 보인다.

② 자연재난과 인위재난의 원인은 차이점이 있으나 피해 측면과 대응 측면에 있어서는 복합적인 상황과 맞물려 그 구분의 의미가 크지 않다.

③ 재난 시 인명구조와 재난의 진압을 위해 참가하는 대응기관들에 있어서 대부분의 재난은 유사한 대응자원을 동원하고 사용하는 지휘체계 모형에 있어서도 별다른 차이점을 보이지 않는다.

3. Jones와 Anesth의 재난 분류

(1) Jones의 재난 분류

① David K. C. Jones의 재난 분류는 재난의 발생 원인과 재해 현상에 따라 크게 자연재해, 준자연재해, 그리고 인위재해로 삼분(三分)한다. 자연재해는 다시 지구물리학적 재해와 생물학적 재해로 나누며 지구물리학적 재해를 다시 지질학적, 지형학적, 기상학적 재해로 구분하고 있다.

② 장기간에 걸친 완만한 환경변화 현상(공해, 염수화, 토양침식, 파업 등)까지 재해에 포함시켰다.

③ 위기적 특징이 없는 일반 행정관리의 대상까지도 재난으로 분류함으로써 재난관리에 적용하기가 너무 포괄적이다.

재해						
자연재해					준자연 재해	인위 재해
지구물리학적 재해			생물학적 재해			
지질학적 재해	지형학적 재해	기상학적 재해				
지진, 화산, 쓰나미 등	산사태, 염수토양 등	안개, 눈, 해일, 번개, 토네이도, 폭풍, 태풍, 가뭄, 이상기온 등	세균질병, 유독식물, 유독동물		스모그 현상, 온난화 현상, 사막화 현상, 염수화 현상, 눈사태, 산성화, 홍수, 토양침식 등	공해, 광화학연무, 폭동, 교통사고, 폭발사고, 태업, 전쟁 등

(2) Anesth의 재난 분류

① 재난을 인위재해와 자연재해로 이분(二分)하는 관점도 세분류(細分類)를 각각 달리하고 있다. Br. J. Anesth는 자연재해를 기후성 재해와 지진성 재해로 분류하고 인위재해를 고의성 유무에 따라 사고성 재해와 계획적 재해로 구분하고 있다.

② 대기오염, 수질오염과 같이 장기간에 걸쳐 완만하게 전개되고, 인명 피해를 발생시키지 않는 일반 행정관리 분야의 재난을 제외하였다.

③ 각 국의 지역재난계획에서 주로 적용되고 있다.

대분류	세분류	재해의 종류
자연재해	기후성 재해	태풍
	지진성 재해	지진, 화산폭발, 해일
인위재해	사고성 재해	• 교통사고(자동차, 철도, 항공, 선박사고) • 산업사고(건축물 붕괴) • 폭발사고(갱도, 가스, 화학 폭발물) • 화재사고 • 생물학적 재해(박테리아, 바이러스, 독혈증) • 화학적 재해(부식성 물질, 유독물질) • 방사능 재해
	계획적 재해	테러, 폭동, 전쟁

4. 실정법상 재난의 분류

「재난 및 안전관리 기본법」에서는 재난을 크게 자연재난과 사회재난으로 분류하고 있다.

구분	내용
자연재난	태풍, 홍수, 호우(豪雨), 강풍, 풍랑, 해일(海溢), 대설, 한파, 낙뢰, 가뭄, 폭염, 지진, 황사(黃砂), 조류(藻類) 대발생, 조수(潮水), 화산활동, **소행성·유성체 등 자연우주물체의 추락·충돌**, 그 밖에 이에 준하는 자연현상으로 인하여 발생하는 재해
사회재난	**화재·붕괴·폭발·교통사고(항공사고 및 해상사고 포함)·화생방사고·환경오염사고** 등으로 인하여 발생하는 대통령령으로 정하는 규모 이상의 피해와 **국가핵심기반의 마비**, 「감염병의 예방 및 관리에 관한 법률」에 따른 **감염병** 또는 「가축전염병예방법」에 따른 **가축전염병의 확산**, 「미세먼지 저감 및 관리에 관한 특별법」에 따른 **미세먼지** 등으로 인한 피해

3 재해 · 재난이론

현대사회의 재해재난관리, 혹은 위기관리와 관련한 대표적인 이론을 분류하면 대개 '재난배양이론(DIT)', '정상사건이론(NAT)', '고도신뢰이론(HRT)' 등을 들 수 있다.

1. 재난배양이론(DIT, Disaster Incubation Theory)

① 재난배양이론은 이 분야의 선구적인 이론가인 Bary Turner의 이론으로부터 시작된 논리로서 <u>재해재난 발생의 사회적, 문화적인 측면을 강조하는 내용이고</u>, 이후에 이를 체계적으로 발전시킨 것이 Perrow의 정상사건이론이다. 이 두 이론은 모두 복잡한 현대사회의 속성 속에서 재해재난 발생의 필연성을 찾고 있으며, 그것에 대한 관리의 어려움을 강조한다.

② <u>터너(Barry Turner)</u>의 재난배양이론(DIT, Disaster Incubation Theory)을 살펴보면, 터너는 재난이 발생하는 해당 사회의 사전(Precondition) 조건들을 규명하는 데 관심을 보이며, 재난이 이미 사회 속에 내재되어 있다는 것을 강조한다. 즉, 재해재난 발전의 초기 단계인 배양(Incubation) 단계에서부터 사회 속에서는 재난이 잠재되어 누적되어 가고 있다는 것이다. 이러한 재난의 배양에 대한 강조는 <u>재해재난 그 자체보다는 재난을 야기하는 사회적 상황에 대하여 사전적인 관심을 기울여야 함을 의미한다.</u>

③ 소위 '위험평가'에서 흔히 무시되었던 사회 문화적인 조건들을 제대로 인식하고서, 위험과 관련된 조직문화의 맹점, 부적절한 정보, 의사소통의 문제점, 오차수정의 실패, 안전규제 도입의 실패 등을 성찰해야 한다는 것이다. 즉, 재해재난관리는 무엇보다도 위험이 외부에서 갑작스럽게 나타나는 것이 아니라 해당 사회의 내적 산물(Inner Products)이라는 인식을 바탕으로 해야 한다는 것이다.

2. 정상사고이론(NAT)

① 패로우(Charles B. Perrow)는 현대사회의 기술적, 조직적 시스템의 특성을 복잡(Complexity)하고, 꽉 짜여진(Tightly-coupled) 것에서 재난발생의 원인을 찾는다. 원자력 발전소 등이 그 대표적인 예로 복잡하고 <u>꽉 짜여진 기술적 체계는 필연적으로 사고(Accidents)를 발생시킬 수밖에 없다는 것이 정상사고이론의 핵심주장이다.</u>

② 체계가 복잡하다는 것은 그 체계를 구성하는 요소들 간의 복잡한 상호작용으로 말미암아 인간이 요소들 간의 상호작용을 정확하게 이해하기 어렵게 되어, 결과적으로 불확실성이 높아지는 것을 의미한다. 또 체계의 요소들이 다중적인 기능을 하기 때문에 그만큼 실패가 다양하게 나타나게 되며, 요소들 간의 관계가 밀접하기 때문에 그러한 실패는 연속적으로 발생하게 된다. 이때 다수의 상호 통제 매개체가 서로 다른 많은 요소들과 연결되어 있기 때문에 어떤 하나의 통제 매개체의 분석만으로는 그 복잡성을 이해할 수 없다. 이렇게 복잡하고 꽉 짜여진 체계에서 예기치 않은 조그만 사건이 발생하게 되면 그것은 곧 가속화의 과정을 거쳐 거대한 재난으로 확대되는 경향이 존재한다. 즉, 복잡성과 꽉 짜여짐의 조합은 사고의 발생과 그 확대를 불가피하게 만든다. 패로우는 이렇게 발생하는 사고를 '<u>정상' 사고(Normal Accident)</u>라고 명명하였으며, 이는 <u>재해재난 발생의 필연성을 강조하는 것</u>으로 그 재난관리에 대하여 일종의 비관적 자세를 취하고 있다(Perrow, 1984).

3. 고도신뢰이론(HRT, High Reliability Theory)

90년대 이후 이러한 비관적인 견해로부터 적극적으로 재해재난을 관리할 수 있다는 주장들이 제기되었는데 이중 하나가 고도신뢰이론(HRT, High Reliability Theory)이다. 뛰어난 안전 기록을 성취하고 있는 조직들의 독특한 조직 전략을 연구한 Berkely 학파가 고안한 <u>고도신뢰이론은 사고 예방이 가능하다는 전제 아래, 복잡성과 꽉 짜여진 체계에서도 사고 발생 가능성을 낮출 수 있다는 시각을 담고 있다.</u> 복잡하고 꽉 짜여진 조직이라도 조직의 전략을 발전시킬 수 있기 때문에 사고는 예방할 수 있고, 조직의 안전에 관한 신뢰성도 높

□ 119체크
현대사회와 같이 복잡하고 견고하게 이루어진 사회에서는 필연적으로 사고가 발생한다는 정상사고이론(Normal Accident Theory)을 주장한 학자는?
① 터너(Barry A. Turner)
② 버드(Frank E. Bird Jr.)
③ 패로우(Charles B. Perrow)
④ 하인리히(Herbert W. Heinrich)

정답 ③

고도신뢰이론
(High Reliability Theory)의 전략
• 가외성 전략
• 의가결정의 분권화 전략
• 관점의 유연화 전략
• 조직학습전략

일 수 있다는 것이 핵심적 이론이며, 적절한 전략을 사용함으로써 체계의 안전성을 높일 수 있다고 주장하였다. 위기관리 전략을 아래와 같이 제시하고 있다 (Rijpma, 1997).

① **가외성(Redundancy) 전략**

고도신뢰이론은 실패한 영역이나 인물들을 복구(Back-up)하기 위하여 조직에 가외성을 도입한다. 가외성(Redundancy)은 <u>어느 부분이 실패하더라도 다른 부분이 그 역할을 보충하거나 실패를 막을 수 있도록 하는 전략이다.</u> 이는 자연스럽게 다양한 관점을 유지하여 의사결정의 분권화를 도모하는 것으로 이어진다.

② **의사결정의 분권화(De-centralization) 전략**

고도신뢰이론은 기본적인 <u>의사결정의 전제들(Decision Premises)</u>에 기반을 두고 의사결정의 탈집중화 혹은 분권화를 도모한다. 즉, 문제가 발생했을 때 신속한 대응을 위해서 의사결정을 분권화하는 전략을 택하는 것이다. 그러나 복잡하고 꽉 짜여진 기술조직 시스템에서는 한 부분의 의사결정의 결과가 미칠 영향을 알 수 없을 경우가 많다. 즉, 부분적인 대응이 오히려 문제를 악화시킬 수 있는 가능성이 존재하기 때문에 의사결정의 분권화전략은 시스템 전체의 의사결정의 조정과 시스템 전체 속에서 이루어져야 한다.

☞ '의사결정의 전제'란 기본적인 조직의 목표나 안전의식이 고취된 조직에 있어서의 안전문화, 체계화되어 있는 조직의 위기대응 등을 의미하는 것으로 이해될 수 있다.

③ **관점의 유연화(Conceptual Slacks) 전략**

조직 한 부분의 성급하고 부적절한 의사결정을 제도적으로 막기 위해 조직의 기술시스템과 생산과정에 대한 다양한 관점과 접근법을 동시에 유지함으로써 문제가 발생했을 때 강도 높은 토론과 협의를 통해 의사결정을 하는 전략이 관점의 유연화 전략이다

④ **조직학습(Organization Learning) 전략**

어떠한 부분조직도 전체 시스템의 기술과 생산과정에 대한 완벽한 지식을 가지지 않도록 조직을 설계함으로써 상호조정과 협의를 거쳐 의사결정을 하도록 유도하는 것을 말한다. 장기간의 시도 및 비용을 수반하는 시행착오에 의한 학습, 즉 훈련과 모의실험 등을 통한 학습을 수행하는 것이다.

이론 플러스

□ 119체크

고도신뢰이론에서 체계 내의 어느 한 부분이 실패하더라도 다른 부분이 그 역할을 보충하거나 실패를 방지하는 전략은?
① 조직학습
② 가외성 확보
③ 관점의 유연화
④ 의사결정의 분권화

해설

체계 내의 어느 한 부분이 실패하더라도 다른 부분이 그 역할을 보충하거나 실패를 방지하는 전략은 가외성 전략이다.

정답 ②

CHAPTER 02 재난관리

1 재난관리의 개념

1. 광의의 재난관리와 협의의 재난관리

(1) 광의의 재난관리

① 재난관리는 재난통제에 비해 좀 더 넓은 접근방법을 의미하는 것으로 인간에게 피해를 끼칠 수 있는 폭발적 사건의 위험을 통제하는 것으로 이해된다. 이러한 의미에서 재난관리(disaster management)란 사전에 재난을 예방하고 재난에 대비하며, 재난 발생 후 그로 인한 물적·인적 피해를 최소화하고 본래의 상태로 시설을 복구하기 위한 모든 측면을 포함하는 총체적 용어로 재난에 대한 위협과 재난으로 인한 결과를 관리하는 것을 말한다.

② 이러한 총체적 의미로서의 재난관리는 편의상 완화관리단계(Mitigation management Phase) - 준비계획단계(Preparedness Planning Phase) - 대응단계(Response Phase) - 복구단계(Recover Phase)로 구분되며 광의의 재난관리는 이러한 4단계의 국면에 걸쳐 순차적인 총체적 관리를 위해 하나의 메커니즘을 구성하여 관리하는 것이다.

(2) 협의의 재난관리

① 광의의 재난관리 과정 중 완화관리단계와 복구관리단계는 대체로 완만하며 긴급대응을 필요로 하는 관리 분야가 아니라는 점에서 일반 행정관리와 크게 다를 바 없다. 따라서 일반관리와 구별되는 긴급관리의 특징을 갖는 단계는 대응단계라 할 수 있으며 일반적으로 재난대응계획상의 재난관리는 이와 같이 협의의 재난관리를 지칭한다.

② 즉 협의의 재난관리 개념은 재난 발생 시 피해를 최소화하기 위해 혼란한 위기 상황에 질서를 부여하는 대응 및 복구과정으로 일상적 비상대응기관들의 자원을 관리하고, 조직 간의 의사소통을 원활히 하며 체계적인 사고지휘체계를 구성함으로써 인적·물적 피해를 최소화하기 위한 일련의 과정을 말한다.

2. 실정법상의 재난관리 개념

「재난 및 안전관리 기본법」 제3조에서는 재난관리의 개념을 "재난의 예방·대비·대응 및 복구를 위하여 행하는 모든 활동"이라고 정의하고 있으므로 재난관리를 광의의 개념으로 해석하고 있다.

2 재난관리단계

1. 개요

① 재난관리의 과정은 재난의 생애주기(Life-Cycle)에 따라 예방 및 완화, 준비, 대응, 그리고 복구의 4단계 과정으로 분류된다. 이러한 단계는 자연재해의 관리를 염두에 두고 분류한 것이지만 특성이 다른 인위적 재난의 관리, 폭동과 테러리즘 등 위기의 관리에도 적용될 수 있다.

② 재난관리 과정의 예방 및 완화(Mitigation), 준비(Preparedness), 대응(Response), 복구(Recovery) 단계는 각 단계마다의 활동이 요구된다.

2. 재난관리단계별 활동

(1) 예방 및 완화단계

① 예방 및 완화단계의 활동은 미래에 발생할 가능성이 있는 재난을 사전에 예방하고, 재난 발생 가능성을 감소시키며, 발생 가능한 재난의 피해를 최소화시키기 위한 활동을 말한다. 즉, 사회와 그 구성원의 건강, 안전, 복지에 대한 위험이 있는지 알아보고 위험 요인을 줄여서 재난 발생의 가능성을 낮추는 활동을 수행하는 단계로 장기적 관점에서 장래의 모든 재난에 대비하고자 하는 것으로써 정치적, 정책 지향적 기술이 필요하다는 점에서 다른 단계의 활동들과 구분될 수 있다.

② 예방 및 완화단계는 재난관리를 위한 장기계획의 마련, 화재방지 및 기타 재난 피해 축소를 위한 건축기준법규의 마련, 위험 요인과 지역을 조사하여 위험지도의 작성, 수해상습지구의 설정과 수해방지시설의 공사, 안전기준의 설정 등이 있다.

이론 플러스

□ 119체크

「재난 및 안전관리 기본법」상 재난관리의 대비단계 관리사항을 있는 대로 모두 고른 것은?

ㄱ. 국가재난관리기준의 제정·운용
ㄴ. 재난 예보·경보체계 구축·운영
ㄷ. 재난안전분야 종사자 교육
ㄹ. 재난안전통신망의 구축·운영

① ㄱ, ㄴ
② ㄱ, ㄹ
③ ㄱ, ㄴ, ㄹ
④ ㄴ, ㄷ, ㄹ

정답 ②

기출 플러스

「재난 및 안전관리 기본법」상 재난관리 단계별 조치사항의 연결이 옳지 않은 것은? [21 기출]
① 예방단계 – 재난방지시설의 관리
② 대비단계 – 재난현장 긴급통신수단의 마련
③ 대응단계 – 특별재난지역의 선포
④ 복구단계 – 피해조사 및 복구계획 수립·시행

해설

특별재난지역의 선포는 복구단계에서의 활동이다.

정답 ③

(2) 준비·계획단계

① 예방 및 완화단계의 제반활동에도 불구하고 재난 발생 확률이 높아진 경우, 재난 발생 후에 효과적으로 대응할 수 있도록 사전에 대응활동을 위한 메커니즘을 구성하는 등 운영적인 준비 장치들을 갖추는 단계이다.

② 각 재난 상황에 적절한 재난계획을 수립하고, 부족한 대응자원에 대한 보강작업, 비상연락망과 통신망을 정비하여 유사시 활용할 수 있는 경보시스템 구축, 일반 국민에 대한 홍보 및 대응요인에 대한 훈련과 재난 발생 시 실제적인 대응활동을 통한 현장대응상의 체제 보완 등이 준비·계획단계의 활동에 속한다.

(3) 대응단계

① 일단 재난이 발생한 경우 신속한 대응활동을 통하여 재난으로 인한 인명 및 재산 피해를 최소화하고, 재난의 확산을 방지하며, 순조롭게 복구가 이루어질 수 있도록 활동하는 단계이다. 여기에서는 준비단계에서 수립된 각종 재난관리계획 실행, 대책본부의 활동 개시, 긴급대피계획의 실천, 긴급의약품 조달, 생필품 공급, 피난처 제공, 이재민 수용 및 보호, 후송, 탐색 및 구조 등의 활동이 포함된다.

② 대응단계에서는 재난관리 행정체제의 영역이 크게 확장되며 다수의 이질적인 기관이 참여하므로 지휘체계와 참여 기관들 간의 팀워크가 매우 중요하다.

(4) 복구단계

① 복구단계는 재난 상황이 어느 정도 안정된 후 취하는 활동단계로 재난으로 인한 피해지역을 재난 이전의 상태로 회복시키는 활동을 포함한다. 단기적으로는 피해주민들이 최소한의 생활을 영위할 수 있도록 지원하고 장기적으로는 피해지역의 원상복구 또는 개량 복구를 추구한다.

② 이 복구 작업에는 쓰러진 전선이나 전화의 복구 또는 온갖 잡동사니와 쓰레기로 뒤덮인 거리나 도시를 청소하는 단기적인 복구 작업일 수도 있고, 무너지거나 파괴된 도로나 건물 또는 도시 전체를 재건립하는 장기적인 복구 작업일 수도 있다.

(5) 재난관리단계별 활동표

예방 (완화)	개념	평상시 재난을 사전에 예방하고, 발생 가능성을 감소시키며, 피해를 최소화하기 위한 단계
	활동	• 토지이용관리 • 위험지도 작성 • 재난취약시설에 대한 일제 점검 • 평상시 위험예지훈련 • 안전법규, 건축기준법규, 기타 관련 법령·조례 제정 • 안전기준 설정 • 재난재해보험 • 수해상습지구의 설정과 수해방지시설의 공사 등
		※ 「재난 및 안전관리 기본법」상 예방단계에서의 활동 • 정부합동안전점검 • 국가기반시설의 관리 • 특정관리대상시설 등의 지정 및 관리 • 지방자치단체에 대한 지원 • 재난방지시설의 관리 • 재난안전분야 종사자 교육 • 안전관리전문기관에 대한 자료 요구 • 재난관리체계 등에 대한 평가 • 재난관리 실태 공시 등
대비 (준비)	개념	재난 발생 확률이 높아진 경우, 재난 후 대응할 수 있도록 운영적인 장치를 준비하는 단계
	활동	• 비상방송시스템 구축 • 재난관리 우선순위체계 수립 • 비상통신시스템 구축 • 대응조직(기구)관리 • 긴급대응계획의 수립 및 연습 • 재난위험성 분석 • 자원동원관리체계 구축 • 경보시스템 구축 • 대응요원들의 교육·훈련 • 재난방송 및 공공정보자료관리
		※ 「재난 및 안전관리 기본법」상 대비단계에서의 활동 • 재난관리자원의 비축·관리 • 재난현장 긴급통신수단의 마련 • 국가재난관리기구의 제정·운용 • 기능별 재난대응 활동계획의 작성·활용 • 재난분야 위기관리 매뉴얼 작성·운용 • 다중이용시설 등의 위기상황 매뉴얼 작성·관리 및 훈련 • 안전기준의 등록 및 심의 등 • 재난안전통신망의 구축·운영 • 재난대비훈련 기본계획 수립 • 재난대비훈련 실시

기출 플러스

「재난 및 안전관리 기본법」상 재난관리 단계별 활동 내용 중 예방단계에 포함되어야 할 내용을 〈보기〉에서 있는 대로 고른 것은?

[21 소방간부 기출]

┤ 보기 ├
ㄱ. 재난에 대응할 조직의 구성 및 정비
ㄴ. 재난의 예측 및 예측정보 등의 제공·이용에 관한 체계의 구축
ㄷ. 재난 발생에 대비한 교육·훈련과 재난관리 예방에 관한 홍보
ㄹ. 재난이 발생할 위험이 높은 분야에 대한 안전 관리체계의 구축 및 안전관리규정의 제정
ㅁ. 재난관리자원의 비축·관리

① ㄱ
② ㄱ, ㄴ
③ ㄱ, ㄴ, ㄷ
④ ㄱ, ㄴ, ㄷ, ㄹ
⑤ ㄱ, ㄴ, ㄷ, ㄹ, ㅁ

해설

재난관리 단계별 활동 내용 중 예방단계에 포함되어야 할 내용은 ㄱ, ㄴ, ㄷ, ㄹ이다. 재난관리자원의 비축·관리는 대비단계에 포함되어야 할 내용이다.

정답 ④

기출 플러스

재난관리의 개념과 단계별 관리상황에 관한 설명 중 옳은 것은?

[14 전북 기출]

① 예방 및 완화 – 위험지도의 작성
② 대비단계 – 토지이용관리
③ 대응단계 – 비상방송시스템 구축
④ 복구단계 – 피해주민 수용 및 구호

해설

② 예방단계 – 토지이용관리
③ 대비단계 – 비상방송시스템 구축
④ 대응단계 – 피해주민 수용 및 구호

정답 ①

기출 플러스

「재난 및 안전관리 기본법」상 재난의 대응단계에 해당하는 것만을 모두 고르면? [22 방재안전 기출]

ㄱ. 재난예보·경보 체계 구축·운영
ㄴ. 응급부담
ㄷ. 특별재난지역의 선포
ㄹ. 재난현장 긴급통신수단의 마련
ㅁ. 재난사태 선포

① ㄱ, ㄴ, ㅁ
② ㄱ, ㄷ, ㄹ
③ ㄴ, ㄷ, ㄹ
④ ㄴ, ㄹ, ㅁ

해설

ㄱ, ㄴ, ㅁ은 대응단계에서의 활동에 해당되고, ㄷ은 복구단계, ㄹ은 대비단계에서의 활동에 해당된다.

정답 ①

대응	개념	일단 재난이 발생한 경우, 신속한 대응활동을 통하여 인명과 재산 피해를 최소화하는 단계
	활동	• 비상방송시스템 가동 • 응급의료지원활동의 전개 • 긴급대응계획의 가동 • 재해대책본부 및 긴급구조통제단의 가동 • 피해주민 수용 및 구호 • 긴급의약품 조달, 생필품 공급 • 긴급대피 및 은신처 제공(피난처 제공) • 대응자원의 동원 • 공식적으로 승인된 주민비상경고 • 탐색 및 구조활동 ※「재난 및 안전관리 기본법」상 대응단계에서의 활동 • 위험구역의 설정 • 위기경보의 발령 • 재난사태의 선포 • 각종 응급조치 • 재난예보·경보체계 구축·운영 • 동원명령 • 대피명령 • 강제대피조치 • 통행제한 • 응원 • 응급부담 • 긴급구조 • 긴급구조 현장 지휘 • 긴급구조활동에 대한 평가 • 긴급구조대응계획의 수립 • 재난대비능력보강 • 긴급구조지원기관의 능력에 대한 평가 등

복구	개념	• 재해 상황이 어느 정도 안정된 후 재해 이전의 상태로 회복하는 단계
		• 단기 복구와 중장기 복구활동으로 구분
		  – 단기 복구는 최소한의 필수불가결한 생활지원활동을 말함
		  – 중장기 복구는 정상적인 생활 상태로의 복구 및 보다 향상된 상태로의 복구를 위해 취해지는 활동을 말함

	활동	• 피해주민 및 대응활동요원들에 대한 재난심리상담(외상 후 스트레스 치유) • 감염병 예방 및 방역활동 • 이재민 지원 • 시설 복구 및 피해보상 • 피해평가 • 대부 및 보조금 지원 • 잔해물 제거 • 임시거주지 마련

복구	활동	※「재난 및 안전관리 기본법」상 복구단계에서의 활동 • 특별재난지역 선포 및 지원 • 재난복구계획의 수립·시행 • 재난 피해 신고 및 조사 • 비용 부담의 원칙 • 응급지원에 필요한 비용 • 치료 및 손실보상 • 재난지역에 대한 국고보조 등의 지원

3 재난관리방식

1. 분산관리방식

(1) 역사적 배경과 개념

① 재난관리 방식 중 분산관리방식은 1930년대 전통적 조직이론의 등장과 함께 합리성을 목표로 하는 조직이 전문화의 원리를 택하도록 하는 행정이론적 환경과 일치하는 시기에 등장하였다.

② 분산관리방식은 전통적 재난관리제도로서 재난 발생의 유형에 따라서 부처별로 국가재난관리 책임을 분산시키는 체제이다.

③ 미국은 1970년대에 분산적 접근방식으로 재난을 관리하였다.

(2) 특징

① 재난계획과 대응 책임기관을 각각 다르게 배정하여 관리하는 방식이다.

② 재난의 종류에 따라 대응방식에 차이가 있다는 것을 강조한다.

2. 통합관리방식

(1) 역사적 배경과 개념

① 재난관리 방식 중 분산관리방식은 재난 시 유사기관 간의 중복대응과 과잉대응의 문제를 야기하였고 난해한 계획서의 비현실성과 다수기관 간의 조정, 통제에 대해 여러 가지 반복되는 문제를 야기하게 되었다.

② 모든 재난은 피해범위, 대응자원, 대응방식에 있어 유사하며, 재난 유형별 재난계획이 실제 재난 상황에서 적응성이 거의 없다는 것이 제기되었다. 이에 따라 재난대응에 참가하는 모든 일상적 비상대응기관 단체들을 통합 관리함으로써 효과적으로 대응할 수 있게 된 것이 통합관리방식이다.

이론 플러스

□ 119체크

재난관리 단계별 활동내용 중 복구단계에 해당하는 것은?

① 이재민 지원
② 비상경보체계 구축
③ 재난대응계획 수립
④ 위험성 분석 및 위험지도 작성

해설

② 비상경보체계 구축 – 대비단계
③ 재난대응계획 수립 – 대응단계
④ 위험성 분석(대비단계) 및 위험지도 작성(예방단계)

정답 ①

기출 플러스

재난관리 방식 중 분산관리에 대한 일반적인 설명으로 옳지 않은 것은?

[22 기출]

① 재난의 종류에 따라 대응방식의 차이와 대응계획 및 책임기관이 각각 다르게 배정된다.
② 재난 시 유관기관 간의 중복적 대응이 있을 수 있다.
③ 재난의 발생 유형에 따라 소관부처별로 업무가 나뉜다.
④ 재난 시 유사한 자원동원 체계와 자원유형이 필요하다.

해설

①, ②, ③은 분산관리방식에 대한 내용이고, ④는 통합관리방식에 대한 내용이다.

정답 ④

③ 미국은 1979년 민방위준비청에서 10개의 연방기관을 통합하여 연방재난관리청(FEMA)을 창설하였다.

(2) 특징

① 재난관리의 과정인 완화 – 준비 – 대응 – 복구활동을 통합하여 관리한다.
② 재난정보를 통합적으로 관리하여 전체적인 대응활동을 조정·통제하는 데 의의를 둔다.
③ 모든 재난은 피해범위, 대응자원, 대응방식이 유사하다는 것을 강조한다.

3. 분산관리방식에서 통합관리방식으로의 전환

(1) 개요

① 현대사회의 재난은 기술적 요인과 관련된 인위재난이 빈발하고 있다. 이에 따라 국가의 재난관리방식의 문제점이 거론되면서 변화가 생겼다.
② 오늘날 국가에 따라 재난관리방식은 크게 분산관리방식과 통합관리방식의 형태로 분류하고 있으며, 재난현장에서의 대응관리방식도 복구 중심의 현장관리방식에서 대응 중심의 전문화된 현장관리방식으로 전환되고 있다.
③ 오늘날 재난관리방식은 재난관리의 본질적 속성인 통합성, 종합성을 가지며, 이론적 측면에서뿐만 아니라 경험적 측면에서 통합적 관리방식으로 전환되는 추세에 있다.

(2) 재난을 통합적으로 관리해야 하는 이유

① 재난은 하나의 원인에 의하여 일어나기 보다는 다양하고 복합적인 원인에 의하여 발생하고 있다.
② 재난의 사회 행태적 특징들이 대부분 재난 유형별로 나타나는 것이 아니라 재난 유형에 따른 큰 차이가 없이 재난을 준비하고 관리하는 데 관련되는 활동들은 유사하고 동일한 일반적인 활동이 취해진다.
③ 특정한 유형의 재난을 관리하더라도 특정한 지역이 갖는 위험과 재해를 고려하고 연계된 종합적인 관리를 실현하는 것이 효율적일 뿐만 아니라 비용 면에서도 효과적이다.
④ 재난 유형의 차이에도 불구하고 인명과 재산의 보호 및 복구, 재난지역의 안전성 확보, 공공에 대한 정보 제공 등의 활동 목적이 동일하고, 재해관리 행정체제는 인위적 재해에 대응하기 위해 존재하는 하나의 네트워크체제이고, 이들 구성요소들 간의 연계관계를 통하여 재해관리기능을 수행하여야 한다.

이론 플러스

□ 119체크

재난관리방식 중 **통합관리방식**의 특징에 해당하는 것만을 모두 고르면?

- ㄱ. 과도한 부담 가능성
- ㄴ. 정보전달의 일원화
- ㄷ. 전문성 제고 용이
- ㄹ. 특정재난에 대한 관리활동
- ㅁ. 재원 마련과 배분의 간소함

① ㄱ, ㄴ, ㄷ
② ㄱ, ㄴ, ㅁ
③ ㄴ, ㄷ, ㄹ
④ ㄷ, ㄹ, ㅁ

해설

ㄱ, ㄴ, ㅁ은 통합관리방식의 특징에 해당하고 ㄷ, ㄹ은 분산관리방식의 특징에 해당한다.

정답 ②

(3) 퀘렌탈리가 주장한 통합관리방식으로 전환해야 하는 당위성 ★★

① 재난의 개념 변화
② 재난대응의 유사성
③ 재난계획 내용의 유사성
④ 대응자원의 공통성

(4) 분산관리방식과 통합관리방식의 비교

구분	분산관리방식	통합관리방식
역사적 배경	• 미국 : 1970년대에 재난관리기능에 있어서 분산적 접근방식을 채택 • 한국 : 1930년대 도입해서 「재난 및 안전관리 기본법」 제정 이전	• 미국 : 1979년 민방위준비청에서 10개의 연방기관을 통합하여 **연방비상관리청(FEMA)을 창설** • 한국 : 2003 ~ 2004년 제정된 「재난 및 안전관리 기본법」과 소방방재청 설립 이후부터 현재까지
개념 및 특징	• 전통적인 재난관리방식 • 재난사고 때 여러 기관이나 단체가 구조 및 구급활동에 참여 • 지휘체계가 분산되어 효율적인 재난관리가 미흡 • 재난계획과 대응책임기관이 다름 • 재난 종류별 대응방식이 차이가 있음	• 기능별 책임기관을 지정하고 그들을 조정 통제한다는 의미 • 모든 재난은 피해범위, 대응자원, 대응방식에 있어서 유사 • 재난 유형의 차이에도 불구하고 심각한 인적재난에서 수행되어야 할 많은 일들은 주요 자연재해에서 취해져야 할 일들과 크게 다르지 않음
장점	• 재난의 유형별 특징을 강조 • 업무수행의 전문성 • 업무의 과다 방지	• 재난관리의 전체 과정(예방 – 대비 – 대응 – 복구)을 종합적으로 관리 • 비상대응기관 및 단체를 통합적으로 대응 • 인적자원의 효과적 활용 • 동원과 신속한 대응성 확보
단점	• 유사기관 간의 중복 및 과잉 대응 • 계획서의 비현실성과 다수 기관 간의 조정 필요 • 통제에 대한 반복(지휘체계의 혼선) • 재난관리 능력의 저하 • 재난대처의 한계 • 재원 마련과 배분이 복잡 • 업무 중복 및 연계 미흡	• 재난 유형의 차이가 있어도 대응 방법은 유사 • 조직 간의 관계가 문제됨 • 업무와 책임의 과도한 집중성

이론 플러스

□ 119체크

재난관리방식 중 통합관리방식에 대한 설명으로 옳지 않은 것은?

① 재난에 대한 인지능력이 강력하고 종합적이다.
② 모든 재난에 대한 관리책임과 과도한 부담 가능성이 있다.
③ 실효성 있는 현장대응이 가능하다.
④ 정보의 전달이 다원화되어 있다.

해설

①, ②, ③은 통합관리방식에 대한 내용에 해당되고 ④는 분산관리방식에 해당된다.

정답 ④

119 더 알아보기

미국의 FEMA(Federal Emergency Management Agency)

1. 미국의 재난관리체제 구성

미국의 재난관리체제는 연방정부와 지방정부에 따라 다르다. 연방정부의 경우 FEMA(Federal Emergency Management Agency)에서 관리한다. FEMA는 1979년 대통령직속기관으로 설립하여 2003년 3월 국토안보부로 통합(임무는 이전과 동일, 대외활동 시 FEMA 명칭 사용)되었다. 6개 국(局)(대응 및 복구국, 연방보험 및 피해경감국, 소방국, 대외협력국, 정보기술지원국, 행정 및 재정계획국) 2,500명으로 구성되어 있으며 보스톤, 시카고, 댈러스, 시애틀 등에 10개의 지역사무소를 운영하고 있다. 지방정부의 경우 주정부 및 지방정부 자체적으로 재난관리기구를 별도로 구성·운영하고 있다.

2. FEMA의 주요 임무

국가적 재난관리 전략과 조정정책의 제공 및 연구, 교육, 훈련으로서 세부적으로는 연방정부, 주정부, 지방정부, 자원봉사기관, 사기업체 등과 재난관리 협력을 강화하고, 모든 재해에 대비하는 종합적인 국가재난관리체계를 구축하며, 복구가 아닌 사전 경감을 국가재난관리체계의 근간으로 설정하여 신속하고 효율적인 대응과 복구체계를 구축하고 지방정부의 재해관리능력을 강화하는 것이다.

CHAPTER 03 재해 · 재난예방

1 사고예방대책 기본 원리(5단계)

하버트 윌리엄 하인리히(Herbert William Heinrich)가 주장

1. 제1단계 − 예방(안전)관리조직 구성(= 조직체계의 확립)

예방관리조직을 구성하고, 활동방침 및 계획을 수립하여 전문성을 가진 조직에 의해 예방활동을 전개한다.

2. 제2단계 − 사실의 발견(= 현황 파악)

재난·재해 발생 가능성이 있는 대상물의 특성에 적합한 조직을 통해 대상물의 전반적인 시스템 및 가동 과정을 분석하고, 관계인의 여론조사, 담당자의 관찰과 점검검사보고서의 분석 연구를 통하여 불안전요소를 발견한다.

3. 제3단계 − 분석평가(= 원인 규명)

2단계에서 나타난 불안전요소를 통하여 보고서 및 현장조사보고서, 사고기록 및 관계 자료 분석, 인적·물적 환경조건 분석, 작업공정 분석, 교육 및 훈련 분석, 배치사항 분석, 안전수칙 및 작업표준 분석, 보호장비의 적부 등의 분석을 통하여 사고의 직접 원인과 간접 원인을 찾아낸다.

4. 제4단계 − 시정방법의 선정(= 대책 선정)

3단계의 분석을 통해 도출된 원인을 토대로 기술적 개선, 배치 조정, 교육 및 훈련, 안전행정의 개선, 규정 및 수칙·작업표준·제도의 개선, 안전운동 전개 등의 효과적인 개선방법을 선정한다.

이론 플러스

사고예방대책의 기본원리 순서
1. 조직체계의 확립(= 안전관리조직)
2. 현황 파악(= 사실발견)
3. 원인 규명(= 분석평가)
4. 대책 선정(= 시정방법의 선정)
5. 목표 달성(= 시정책의 적용)

---

5. 제5단계 - 시정책(是正策)의 적용(= 목표 달성)

시정책에는 하베이가 주장한 3E대책 등이 있다.

3E 적용 (하베이의 3E대책)	3S	4S
• 교육, 홍보(Education) • 기술(Engineer) • 독려, 관리, 시행 (Enforcement)	• 표준화(Standardization) • 단순화(Simplication) • 전문화(Specialization)	3S + 종합화 (Synthesization)

2 재해 · 재난예방의 4원칙

1. 예방 가능성의 원칙

천재지변을 제외한 모든 인재는 예방이 가능하다.

2. 손실 우연성의 원칙

사고의 경우 손실의 유무 또는 대소는 사고 당시의 조건에 따라 우연적으로 발생한다.

3. 원인 연계성의 원칙

사고에는 반드시 원인이 있고 원인은 대부분 복합적 연계 원인이다.

4. 대책 선정의 원칙

사고의 원인이나 불안전요소가 발견되면 반드시 대책을 선정 · 실시하여야 한다.

3 위험예지훈련

1. 개념

① 위험예지란 말 그대로 위험을 미리 안다는 뜻으로서 작업 중에 발생할 수 있는 위험 요인을 발견·파악하여 그에 따른 대책을 강구하고 작업이 시작되기 전에 위험 요인을 제거함으로써 안전을 확보한다는 뜻이다.

② 현장 제일선의 안전을 매일 시시각각으로 확보해 가기 위해서는 리더를 중심으로 하여 단시간미팅(회합)을 통해서 작업 현장에 잠재되어 있는 위험 요인을 파악·해결하기 위한 기법이 필요한데 무재해운동에서는 특히 위험예지 기법을 활용하고 있다. 이 위험예지과정이나 활동에 지적확인 및 터치 앤드 콜 기법을 병행하여 실시함으로써 침체되어 있는 현장 분위기를 생동감 있고 살아 꿈틀거리게 하며 팀워크 활동을 북돋우어 밝고 명랑한 집단 분위기를 조성하는 데 크게 기여할 수 있다. 위험을 미리 찾아내어 해결책을 강구하기 위한 작업요원들의 실력 배양을 위하여 연습활동을 하여야 하는데 이 과정을 위험예지훈련이라고 말한다.

2. 위험예지훈련의 4라운드

작업의 상황 속에 '어떠한 위험이 잠재하고 있는가?'에 대하여 직장 동료 간에 대화(토의, 그림으로 그려낸 도해 등을 사용)를 나누면서 위험예지 4라운드를 거쳐 단계적으로 진행해 나간다.

(1) 제1라운드(위험 사실 파악 = 현상 파악)

① 어떤 위험이 잠재하고 있는가? - 위험에 대한 현상들을 파악하기 위한 브레인스토밍을 실시하는 라운드이다.

② 전원이 대화로써 도해의 상황 속에 잠재하고 있는 위험 요인을 발견해 내고 그 요인이 초래하는 현상(사고)을 생각해낸다.

(2) 제2라운드(위험 원인 조사 = 본질 추구)

① 이것이 위험의 포인트이다! - 브레인스토밍으로 발견해 낸 위험 중에서 가장 위험한 것을 합의로서 결정하는 라운드이다.

② 발견한 위험 요인 가운데 이것이 가장 중요하다고 생각되는 위험 요인을 파악하여 ○표, 다시 요약하여 ◎표를 붙여 지적·확인한다.

(3) 제3라운드(대책 강구 = 대책 수립)

① 당신이라면 어떻게 할 것인가? - 보다 더 위험도가 높은 것에 대하여 브레인 스토밍으로 대책을 세운다.

② ◎표를 붙인 중요 위험 요인을 해결하려면 어떻게 하면 좋은가를 생각하여 구체적인 대책을 세운다.

(4) 제4라운드(행동계획 결정 = 목표 설정)

① 우리들은 이렇게 하자 - 브레인스토밍으로 수립한 대책 가운데서 질 높은 항목을 합의하는 라운드이다.

② 대책 중 중점 실시 항목을 요약해서 ※표를 하고 밑줄을 그어 그것을 실천하기 위한 행동 목표를 설정하여 제창한다.

119 더 알아보기

브레인스토밍(Brain storming)

1. 개념

문제를 해결하기 위해서는 혼자만의 구상보다는 여러 사람이 함께하는 방법이 더 효과적일 수 있다는 전제하에 한 가지 문제를 놓고 회의를 통해 여러 가지 아이디어를 구상하는 방법으로서 짧은 시간에 많은 아이디어를 만들어 낼 수 있는 토론 기법이다.

2. 브레인스토밍의 4대 원칙

(1) 자유로운 분위기를 유지한다.

강압적이지 않고 자유로운 복장과 분위기 속에서 토론을 한다.

(2) 아이디어의 질보다는 양을 중시한다.

많은 아이디어에서 좋은 아이디어가 있을 확률이 높다. 아이디어의 좋고 나쁨의 판단을 하지 않고 무조건 아이디어를 만들어 본다. 아이디어를 많이 내는 창의성인 유창성에 해당하므로 생각나는 대로 많은 아이디어를 만들어 낸다.

(3) 비판하지 않는다(비판 금지).

상대방이 어떤 아이디어를 내든지 비판하지 않는다. 한번 비판하고 야유하기 시작하면 아이디어를 내어 놓기가 쑥스러워지고 위축이 되어 발표를 잘 내지 못하게 되므로, 브레인스토밍의 효과가 사라지게 된다.

(4) 결합과 개선

나의 아이디어가 고갈이 되었을 경우는 말하지 않고 그냥 있는 것보다 다른 사람이 제출한 아이디어를 결합하거나 자신의 생각을 더해서 발표한다. 즉, 타인의 아이디어를 이용하는 것으로, 이는 창조적 모방에 해당한다.

4 사고위험요인

1. 개요

① 재해(사고)발생의 직접적인 원인을 구분하면 물적인 요소에 의한 것과 인적인 요소에 의한 것으로 나눌 수 있다. 즉 물적 원인과 인적 원인에 의해 발생한다.

② 물적 원인이 전혀 없는데 인적 원인만으로 발생한 재해(예 소방대원이 화재 현장 건물에서 계단을 두 계단씩 뛰어 내리다가 발을 잘못 디뎌 계단에서 굴러 떨어져 머리를 다친 경우), 반대로 인적 원인이 없는데 물적 원인에 의해 발생한 사고(예 화재 출동 중 타이어에 펑크가 나서 소방차량이 전복되어 승차한 소방대원이 중상을 입은 경우) 등도 있지만 이와 같은 예의 사고는 적게 발생하며 대부분의 재해(사고)는 물적 원인과 인적 원인의 양쪽이 겹쳐서 일어나는 것으로 어느 한쪽만이 원인이라고 하는 것은 잘못된 경우가 많다.

③ "LPG 폭발 현장에서 대원이 보호 장비를 제대로 갖추지 않고 방어활동을 하다 누설된 가스의 2차폭발로 얼굴에 중화상을 입었다", "고층건물 화재현장에서 유리파편이 지상으로 떨어져 밑에 있던 대원이 부상당했다" 등 사고의 원인은 불안전한 상태에 불안전한 행위가 겹쳐 발생한 사고가 대부분이다. 따라서 안전관리의 기본적 대책으로서 불안전한 상태의 제거에 중점을 두어야 할 것인가, 아니면 불안전한 행위의 제거에 중점을 두어야 할 것인가에 대해서는 산업안전 측면에서 논의가 계속되고 있는 과제이나, 소방활동 측면에서의 안전관리의 방향은 근원적 한계가 있는 불안전한 현장의 환경 개선은 어렵지만 그 밖의 불안전한 상태의 개선과 병행하여 불안전한 행위를 배제할 수 있는 대책을 중점적으로 실시해야만 할 것이다.

2. 불안전한 상태

(1) 개념

① 불안전한 상태란 재해 내지 사고를 일으킬 것 같거나 그 발생 요인을 만들어 낸 물리적인 상태나 환경을 말한다.

② 불안전한 장비를 사용하면 사용자가 아무리 주의를 기울여도 언젠가는 재해(사고)가 일어나게 되며 불안전한 작업 환경에서는 보통 때와는 다르게 사고 발생 가능성이 높아지게 된다. 안전화된 장비라면 사용자가 부주의로 불안전한 행위(사용 잘못)를 했다 하더라도 재해로 이어지지 않고 끝나게 된다(정지한다). 이러한 원인은 건물이나 기계 설비의 위험성은 물론 위험물 등에 의한 화학적 위험, 전기 등의 감전 위험, 작업 환경 등의 위험이 여기에 해당된다.

③ 작업 환경의 위험 요인으로 빼놓을 수 없는 것이 현장의 입지조건뿐 아니라 기상 등 자연환경이다. 건조한 기후의 산림화재 시 강렬한 연소확대 현상에 의한 위험, 강설·강우 시의 소방활동 중 소방대원의 전락 및 동상의 위험, 시계 불량에 의한 전도, 위험 등이다. 이러한 환경적 위험 요인은 인간의 의지만으로 조정할 수 없기 때문에 소방대원이 기꺼이 적응하여 감수해야 하는 경우가 대부분이다.

(2) 작업 환경의 위험 요인

① 물건 자체의 결함
설계 불량, 공작의 결함, 노후, 피로, 사용 한계, 고장 미수리, 정비 불량 등

② 방호 조치의 결함
무방호, 방호 불충분, 무접지 및 무절연이나 불충분, 차폐 불충분, 구간·표시의 결함 등

③ 물건을 두는 방법, 작업 장소의 결함
작업장 공간 부족, 기계·장치·용구·집기의 배치 결함, 물건의 보관 방법 부적절 등

④ 보호구 복장 등 결함
장구·개인 안전장비의 결함 등

⑤ 작업 환경의 결함
소음, 조명 및 환기의 결함, 위험표지 및 경보의 결함, 기타 작업 환경 결함

⑥ 자연환경 등
눈, 비, 안개, 바람 등 기상 상태 불량

3. 불안전한 행위

(1) 개념

① 불안전한 행위란 재해나 사고를 일으킬 것 같거나 그 발생 요인을 만들어낸 사람의 행동을 말한다.

② 불안전한 행위란 일반적으로 위험한 행동이라고 하면 쉬울 것이다. 위험의 존재가 결과적으로 사고를 초래하는 것이기 때문에 사람의 위험한 행위만 없으면 사고의 위험이 없다고 하겠지만 사람의 행위를 관리하는 것은 매우 어려운 일이다.

③ 일반적으로 불안전한 행위의 요인은 의식에 착오가 있었던 경우, 의식했던 대로 행동이 되지 않은 경우, 의식이 없이 행동을 했을 경우 등에 일어나는 것으로 보고 있다. 달리 말해서 그것은 안전한 행동을 알지 못했기 때문에(지식 부족), 안전하게 되지 않았기 때문에(기능 미숙), 안전한 방법을 알고 있거나 안전하게 할 수 있는 능력을 가지고 있으면서 하지 않았기 때문에(태도 불량, 의욕 결여) 일어나는 것이다.

(2) 불안전한 행위의 요인

① 지식의 부족 – 안전한 행위를 모르는 경우
소방대원이 각종 화재 현상과 장비 조작 등에 대한 지식이 없으면 현장 활동 시 안전하게 업무를 수행할 수 없다. 지식 부족의 원인은 다음과 같다.
㉠ 교육하지(배우지) 않았기 때문에
㉡ 기억하지 못하기 때문에
㉢ 잊었기 때문에

② 기능의 미숙 – 안전한 행위를 할 수 없는 경우
안전에 필요한 행위를 알고 있어서 당연히 해야 하는데 의식대로 행동이 되지 않기 때문에 일어나는 사고이다. 기능 미숙의 원인은 다음과 같다.
㉠ 작업에 대한 기능이 미숙하기 때문에
㉡ 작업이 힘겹기 때문에
㉢ 작업량이 능력에 비해 과대하기 때문에

③ 태도 불량 – 의욕의 결여
㉠ 태도 불량의 원인
 • 상황 파악에 잘못이 있을 때
 • 좋지 않다는 것을 의식하면서 행동할 경우
 • 무의식으로 하는 경우
㉡ 일반적으로 안전한 수단이 생략되는 경향의 원인
 • 작업보다 안전수단의 비중이 커질 때
 • 자신과잉
 • 주위의 영향(주위에 동화)
 • 안전의식 결여
 • 피로했을 때
 • 직장(현장) 분위기 등

불안전한 상태와 불안전한 행동의 비교

불안전한 상태	불안전한 행동
• 물건 자체의 결함 • 안전방호장치 결함 • 복장, 보호구의 결함 • 물건의 배치 및 작업 장소 불량 • 작업 환경의 결함 • 생산 공정의 결함 • 경계표시 · 설비 결함 • 기상상태 불량	• 위험한 장소 접근 • 안전장치 기능 제거 • 복장, 보호구의 잘못된 사용 • 기계, 기구의 잘못된 사용 • 운전 중인 기계장치 손질 • 불안전한 속도 조작 • 유해, 위험물 취급 부주의 • 불안전한 상태 방지 • 불안전한 자세 동작 • 감독 및 연락 불충분

4. 위험 요인의 회피 능력

(1) 개념

① 재해현장 활동 시에는 위험한 현상을 관찰하여 위험 요인을 예지, 예측하고 회피하는 능력을 몸에 익히지 않으면 의미가 없다. 이러한 능력은 유형적인 것이 아니고 위험 요인에 대한 의식 혹은 감수성이라 하며, 인간 개개인의 내면에 작용하는 무형적인 능력인 것이다.

② 이 위험 요인에 대한 감수성을 일반적으로 '위험예지능력'이라 부른다.

(2) 위험예지능력을 기르기 위한 준수 사항

① **자기의 주위에 있는 위험 요인을 예지할 수 있는 능력(외적 위험요인예지능력)**
대원 스스로가 활동 중 주위에 있는 위험 요인을 발견해 내는 능력이다. '연소상황부터 판단하고 2층에 부주의하게 진입하면 바닥에 빠질 위험성이 있다' 등의 판단이나 예지를 할 수 있다. 그것은 과거 경험과 지식에 의하고 외적 요인을 오감 등으로 인지할 수 있다.

② **자신의 내면에 있는 위험 요인을 통제할 수 있는 능력(내적 위험요인통제능력)**
인간의 감정 또는 사고 등 자기중심적인 사고가 되기 쉬운 인간의 내면에 있는 위험 요인을 통제하는 능력이다. 사람은 어떤 행동을 하기 전에 행동에 대한 사고방식, 즉 가치판단이 이루어지고 그 판단에 입각해서 행동하는 것이다. 이 판단은 자기중심적으로 되기 쉽고 '이 정도면 괜찮겠지'라든가 '이 정도면 걱정 없다'라고 자기 마음대로 감정과 형편을 좋은 쪽으로 판단하게 된다. 이와 같은 감정이나 자기중심적인 사고방식을 올바른 방향으로 통제하는 능력이 있어야 한다.

③ 올바른 것을 실행하는 능력

외적 위험요인을 인식하고 그 위에 사람의 내적 위험요인을 통제하는 능력을 부가하여야 하며 이것을 행동으로 실행하는 능력이 요구된다. 외부에 있는 잠재적 위험요인을 발견하였으나 방심하거나 적당하게 처리하려고 하는 자기 자신의 내면적인 위험요인을 통제하고 올바른 판단으로 실행하는 능력이 요구된다. 종래에 '머리로는 이해하지만 신체에서는 이행할 수 없다'라고 말하는 것은 자신의 내·외적에 있는 위험요인을 인식하지만 행동으로 안전을 실행하는 능력이 부족한 경우를 뜻한다고 볼 수 있다.

5 사고발생 연쇄성 이론

1. 재해 발생

재해 발생은 작업자가 작업을 시작하여 시간이 경과함에 따라 인간과 환경 및 기계 중 어느 하나가 잘못되어 일어나는 사고 현상으로 인간, 환경, 기계를 안전사고 발생의 3대 요소라고 한다.

2. 하인리히(H. W. Heinrich)의 고전적 도미노이론

(1) 개요

① 하인리히는 재해는 언제나 사고요인의 연쇄반응의 결과로 발생된다는 연쇄성이론(Domino's Theory)을 제시하였다.

② 재해 수준에 이르는 대형 사고의 발생까지는 여러 단계의 사건이 도미노처럼 순차적으로 일어나기 때문에 앞선 단계에서 적절히 대응한다면 이를 막을 수 있다고 제시하였다. 이를 도미노이론이라 한다.

③ 사고 발생은 항상 <u>불안전한 행동과 불안전한 상태에 기인</u>하며, 이를 제거하면 재해를 수반하는 사고의 대부분은 방지할 수 있다고 주장했다.

이론 플러스

사고발생 연쇄성 이론
• 하인리히의 고전적 도미노이론
• 프랭크 버드의 최신 도미노이론
• 웨버의 작전적 에러의 징후 관리론
• 에드워드 아담스의 관리구조이론
• 미셀 차베타카의 사고연쇄성이론

(2) 사고발생의 연쇄과정

① **제1단계(유전적 요인 및 사회적 환경)**
  ㉠ 무모, 완고, 탐욕 등 성격상 바람직하지 못한 특징은 유전적 가능성을 의미한다.
  ㉡ 환경은 성격의 잘못을 조장하고, 교육을 방해한다.
  ㉢ 유전 및 환경은 인적 결함의 원인이다.

② **제2단계(개인적 결함)**
  ㉠ 무모함, 신경질, 흥분성, 안전수단에 대한 무지 등과 같은 선천적·후천적인 인적 결함은 불안전 행동을 유발한다.
  ㉡ 기계적, 물리적 위험성의 존재에 따른 인적 결함을 말한다.

③ **제3단계(불안전 행동 및 불안전 상태) – 직접 원인**
  ㉠ 위험한 기계나 설비에 함부로 접근하거나 안전장치의 기능을 제거하는 것과 같은 불안전한 행동을 말한다.
  ㉡ 부적당한 방호 상태, 불충분한 조명 등과 같은 불안전한 상태는 직접 사고의 원인이 된다.

④ **제4단계(사고)**
  ㉠ 불안전한 행동이나 상태가 선행되어 작업 능률을 저하시킨다.
  ㉡ 직접 또는 간접적으로 인명, 재산 손실을 가져온다.

⑤ **제5단계(재해 = 상해)**
  ㉠ 직접적인 사고로부터 생기는 재해이다.
  ㉡ 사고의 최종 결과로 인적, 물적 손실을 가져온다.

(3) 하인리히의 재해 예방

하인리히는 제3요소인 불안전한 행동 및 불안전한 상태를 제거하면 재해 예방이 된다고 주장했다.

(4) 하인리히의 법칙(Heinrich's law)

① **개요**

  1931년 허버트 윌리엄 하인리히(Herbert William Heinrich)가 펴낸 「산업재해 예방 : 과학적 접근 Industrial Accident Prevention : A Scientific Approach」이라는 책에서 소개된 법칙이다. 이 책이 출간되었을 당시 하인리히는 미국의 트래블러스 보험사(Travelers Insurance Company)의 엔지니

어링 및 손실통제 부서에 근무하고 있었다. 업무 성격상 수많은 사고 통계를 접했던 하인리히(Heinrich)는 7만 5,000건의 산업재해 사례 분석을 통해 산업재해가 발생하여 중상자가 1명 나오면 그 전에 같은 원인으로 발생한 경상자가 29명, 같은 원인으로 부상을 당할 뻔한 잠재적 부상자가 300명이 있었다는 사실을 발견하였다. 이를 하인리히 법칙 1 : 29 : 300이라고 부른다. 즉, 큰 재해와 작은 재해 그리고 사소한 사고의 발생 비율이 1(중상) : 29(경상) : 300(무상해 사고)이라는 것이다.

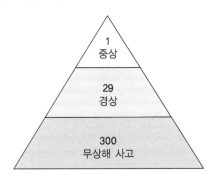

3. 프랭크 버드의 최신 도미노이론(= 손실제어이론)

(1) 개요

최신 도미노이론은 버드에 의해 제기되었다. 기존 하인리히의 도미노이론에서는 직접 원인을 제거하면 재해가 일어나지 않는다는 점이 핵심이었다. 하지만, 버드의 최신 도미노이론에서는 직접 원인을 제거하는 것만으로는 재해는 다시 발생한다고 주장하며 직접 원인의 전 단계인 기본 원인(4M)을 반드시 제거해야만 재해를 예방할 수 있다고 강조하였다.

(2) 사고 발생의 연쇄과정

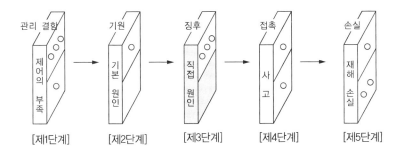

① 제1단계(제어의 부족 = 관리 결함, Lack Of Management Control)

ⓘ 재해 연쇄 속에서 가장 중요한 인자는 안전 관리자 또는 안전 스태프(staff)가 이미 확립되어 있는 전문적인 안전 관리를 충분히 이해함과 동시에 다음의 사항을 행하는 것이다. 안전에 관한 전문적인 관리란 계획, 조직, 지도, 통제 등의 다음의 기능을 말한다.

- 안전관리계획 및 자기 자신이 실시해야 할 직무계획의 책정
- 각 직무 활동에서의 실시 기준의 설정
- 설정된 기준에 의한 실적 평가
- 계획의 개선, 추가 등의 순서

ⓛ 여기서 제어의 부족은 경영자, 안전관리자 등 안전감독기관이 안전에 관한 제도, 조직, 지도, 관리 등을 소홀히 하는 것을 의미한다. 그리고 안전관리계획에는 사고연쇄 중의 모든 요인을 해결하기 위한 대책이 포함되어 있어야 한다.

② 제2단계(기본 원인 = 기원, Indirect Causes)

재해 또는 사고에는 그 기본적 원인 또는 배후적 원인이 되는 개인에 관한 요인 및 작업에 관한 요인이 있다.

ⓘ 개인적 요인 : 지식 및 기능의 부족, 부적당한 동기 부여, 육체적 또는 정신적인 문제 등

ⓛ 작업상의 요인 : 기계 설비의 결함, 부적절한 작업 기준, 부적당한 기기의 사용방법, 작업체제 등 재해의 직접 원인을 해결하는 것보다 오히려 근원이 되는 근본 원인을 찾아내어 가장 유효한 제어를 달성하는 것이 중요하다.

③ 제3단계(직접 원인 = 징후, Immediate Causes)

불안전 행동 또는 불안정 상태라고 말하는 것이며, 역사적으로 추구할 필요가 있는 가장 중요한 대책 사항으로 간주되어 왔다. 그러나 직접 원인은 근본에 있는 문제의 징후(徵候)에 지나지 않는다. 징후를 추구하는 것만으로 기본이 되는 근본 문제를 확인하지 않는 경우에는 연속적인 재해 방지의 가능성은 바랄 수 없다. 관리자는 이들의 징후를 효과적으로 발견하고 분류하기 위한 시스템을 만들고, 그 기본적인 원인을 분명히 하면서 연속적인 제어 방법을 설정할 필요가 있다.

④ 제4단계(사고 = 접촉, Event)

사고란 육체적 손상, 상해, 재해 손실의 결과로 바람직하지 못한 사상을 말한다.

⑤ 제5단계(상해 = 손실, Injury, Damage)

작업장에서 발생하는 신경적·정신적·육체적인 영향인 외상적 상해와 질병 등의 육체적 손상을 포함한다.

(3) 프랭크 버드의 법칙

17만 건 이상의 사고들을 분석한 결과 중상과 경상, 무상해 사고, 그리고 위험 순간 등의 비율이 대개 1 : 10 : 30 : 600의 정도로 발생한다는 법칙이다.

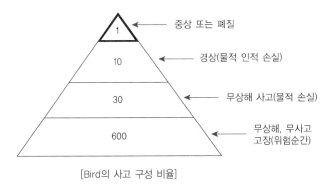

[Bird의 사고 구성 비율]

(4) 재해의 기본 원인(4개의 M)

① 4M의 개념

안전을 과학적으로 진행시키기 위해서는 인간의 실수에 대한 과학적인 이해가 필요하다. 세계적으로 행하여지고 있는 유효한 재해 분석의 한 방법으로 미국 공군에서 개발하여 미국 국가교통안전위원회(NTSB)가 채용하고 있는 방법이 있는데, 이 해석에 있어서 재해라고 하는 최종결과로 중대한 관계를 가진 사항의 전부를 조사하고 분석하여 그것들의 연쇄관계를 명백히 하고 그 결과를 검토하는 키워드로서 4개의 M이 있다. 즉, Man(인간), Machine(기계), Media(매체), Management(관리)이다. 이 4개의 M이야말로 인간이 기계 설비 등과 공존하면서 작업할 수 있는 시스템의 기본 조건, 즉 안전관리 대상의 4요소라 할 수 있다.

Man **(인간)**	인간이 실수를 일으키는 요소도 중요하지만 본인보다도 본인 이외의 사람, 직장에서는 동료나 상사 등 인간 환경을 중시함. 직장에서의 인간관계, 집단의 본연의 모습은 지휘·명령·지시·연락 등에 영향을 주고, 인간 행동의 신뢰성으로 관계하는 것임
Machine **(기계)**	기계 설비 등의 물적 조건을 말하는 것으로 기계의 위험 방호 설비, 기계나 통로의 안전 유지, 인간·기계·인터페이스의 인간 공학적 설계 등을 의미
Media **(작업)**	Media란 본래 인간과 기계를 연결하는 매체라는 의미지만 구체적으로는 작업 정보, 작업 방법, 작업 환경 등을 말함
Management **(관리)**	안전법규의 철저, 기준류의 정비, 안전관리 조직, 교육 훈련, 계획, 지휘·감독 등의 관리

② **4M의 적용**

4M은 항공기나 교통만의 기본적 사항은 아니고, 인간이 일을 하는 모든 경우에 적용할 수 있는 것이다. 화재진화작업, 기계조작, 자동차 운전 등 각각 위험의 특징은 다르지만 그것은 이 4개의 M의 구체적 내용을 각각의 일에 해당하는 사항을 확정하여 재해 요인으로서 직접적이고 결정적인 인과관계를 갖는다고 판단되는 것에 대하여 검토해서, 대책으로 굳혀 실행하면 안전은 확보된다.

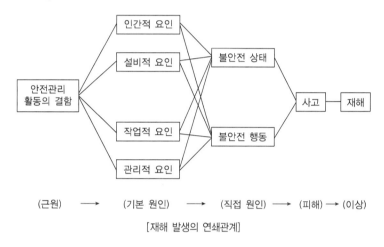

[재해 발생의 연쇄관계]

③ **재해의 기본 원인으로서의 4M**

재해 발생의 연쇄관계에서 재해의 직접 원인인 불안전 상태나 불안전 행동을 발생시키는 기원이 되는 기본 원인이 4개의 M이라고 생각할 수 있다. 이 경우 4개의 M의 각각이 불안전 상태, 불안전 행동의 어느 것에 대해서도 원인이 될 수 있다는 것을 이해할 필요가 있다. 기본 원인이 되는 4개 M의 주된 내용은 다음 표와 같다.

Man (인간)	• 심리적 원인 : 망각, 걱정거리, 무의식 행동, 위험 감각, 지름길 반응, 생략 행위, 억측 판단, 착오 등 • 생리적 원인 : 피로, 수면 부족, 신체기능, 알코올, 질병, 나이 먹는 것 등 • 직장적 원인 : 직장의 인간관계, 리더십, 팀워크, 커뮤니케이션 등
Machine (기계)	• 기계 · 설비의 설계상 결함 • 위험방호의 불량 • 본질 안전화의 부족(인간 공학적 배려의 부족) • 표준화의 부족 • 점검 정비의 부족

Media (매체)	• 부적절한 작업 정보 • 작업 자세, 작업 동작의 결함 • 부적절한 작업 방법 • 작업 공간의 불량 • 작업 환경 조건의 불량
Management (관리)	• 관리 조직의 결함 • 규정·매뉴얼의 불구비, 불철저 • 안전관리계획의 불량 • 교육·훈련 부족 • 부하에 대한 지도·감독 부족 • 불충분한 적성 배치 • 건강 관리의 불량 등

4. 웨버(D. A. Weaver)의 연쇄성이론(= 작전적 에러의 징후 관리론)

(1) 개요

하인리히의 연쇄성이론의 영향을 받은 웨버는 사고의 연쇄반응 이론에 <u>전술적 잘못의 발견(탐색)과 지적(명시)</u>이라는 새 개념을 결합시켜 <u>불안전한 행동이나 상태와 사고 및 재해까지도 전술적 잘못의 징후로 보았다</u>. 사고를 일으키는 직접원인인 불안전한 행동 또는 불안전한 상태의 배후에는 정책(방침), 우선순위, 조직, 의사결정, 평가 통제 및 경영면에 있어서 관리가 제대로 이뤄지지 못한 것을 뜻한다고 주장하였다.

(2) 사고발생의 연쇄과정

① **제1단계** : 유전과 환경
② **제2단계** : 인간의 실수(결함)
③ **제3단계** : 불안전한 행동과 상태 - 운영의 에러에서 나타나는 징조
④ **제4단계** : 사고
⑤ **제5단계** : 상해

아래와 같은 상태에서 발생하는 사고의 원인이 무엇인가? (What)

유전과 환경

인간의 실수

불완전한 행동과 상태

사고

상해

운영의 에러에서 나타나는 징조

왜 불완전한 행동과 또는 상태가 용납되는가? (Why)

감독과 경영 중에서 어느 쪽이 사고방지에 대한 안전지식을 갖고 있는가? (Whether)

운영상의 에러를 알아내고 정의하라

(3) 제3단계에서의 중요한 전략

표면적인 원인보다 심층적인 이유가 더 중요하다고 강조

① **What** : 아래와 같은 상태에서 발생하는 사고의 원인이 무엇인가?

② **Why** : 왜 불완전한 행동과 또는 상태가 용납되는가?

③ **Whether** : 감독과 경영중에서 어느 쪽이 사고방지에 대한 안전지식을 갖고 있는가?

④ **Result** : 운영상의 에러를 알아내고 정의하라!

5. 에드워드 애덤스(Edward Adams)의 연쇄성이론(= 관리구조이론)

(1) 개요

재해의 직접원인이 불안전한 행동, 불안전한 상태에서 유발하거나 방치한 전술적 에러에서 비롯된다고 하였다.

(2) 사고발생의 연쇄과정

① **제1단계** : 관리구조

② **제2단계** : 작전적 에러(전략적 에러)

③ **제3단계** : 전술적 에러 – 불안전한 행동 및 불안전한 상태

④ **제4단계** : 사고

⑤ **제5단계** : 상해(손해)

6. 미셸 차베타카(Michael Zabetakia)의 사고연쇄반응이론

(1) 개요

사고의 직접적인 원인은 불안정한 상태나 행동이 실제로 에너지나 위험물질의 비계획적인 방출을 일으키는 경영정책결정과 관리방침의 결여와 개인차 및 환경요인에 있다고 보았다.

(2) 사고발생의 연쇄과정

① **제1단계** : 안정정책과 결정 – 근본원인

② **제2단계** : 불안전한 행동과 불안전한 상태 – 간접원인

③ **제3단계** : 물질에너지 기준 이탈 – 직접원인

④ **제4단계** : 사고 – 상해, 재산피해

⑤ **제5단계** : 구호

CHAPTER 04 재난 및 안전관리 기본법

재난의 분류

1. 존스의 재난의 분류
   • 자연재난 : 지구물리학적 재난, 생물학적 재난
   • 준자연재난
   • 인위재난
2. 아네스의 재난의 분류
   • 자연재난 : 기후성재난, 지진성 재난
   • 인적재난 : 사고성 재난, 계획적 재난
3. 「재난 및 안전관리 기본법」상 재난의 분류
   • 자연재난
   • 사회재난

❏ 119비교

황사	자연재난
미세먼지	사회재난

환경오염	재난(×)
환경오염 사고	재난(○)

생물학적 재난	존스	자연재난
	아네스	인적재난
	실정법	사회재난

1 총칙

제1조(목적)

이 법은 각종 재난으로부터 국토를 보존하고 국민의 생명·신체 및 재산을 보호하기 위하여 국가와 지방자치단체의 재난 및 안전관리체제를 확립하고, 재난의 예방·대비·대응·복구와 안전문화활동, 그 밖에 재난 및 안전관리에 필요한 사항을 규정함을 목적으로 한다.

제2조(기본이념)

이 법은 재난을 예방하고 재난이 발생한 경우 그 피해를 최소화하는 것이 국가와 지방자치단체의 기본적 의무임을 확인하고, 모든 국민과 국가·지방자치단체가 국민의 생명 및 신체의 안전과 재산보호에 관련된 행위를 할 때에는 안전을 우선적으로 고려함으로써 국민이 재난으로부터 안전한 사회에서 생활할 수 있도록 함을 기본이념으로 한다.

제3조(정의)

이 법에서 사용하는 용어의 뜻은 다음과 같다.

1. "재난"이란 국민의 생명·신체·재산과 국가에 피해를 주거나 줄 수 있는 것으로서 다음 각 목의 것을 말한다.
   가. 자연재난 : 태풍, 홍수, 호우(豪雨), 강풍, 풍랑, 해일(海溢), 대설, 한파, 낙뢰, 가뭄, 폭염, 지진, 황사(黃砂), 조류(藻類) 대발생, 조수(潮水), 화산활동, 소행성·유성체 등 자연우주물체의 추락·충돌, 그 밖에 이에 준하는 자연현상으로 인하여 발생하는 재해
   나. 사회재난 : 화재·붕괴·폭발·교통사고(항공사고 및 해상사고를 포함한다)·화생방사고·환경오염사고 등으로 인하여 발생하는 대통령령으로 정하는 규모 이상의 피해와 국가핵심기반의 마비, 「감염병의 예방 및 관리에 관한 법률」에 따른 감염병 또는 「가축전염병예방법」에 따른 가축전염병의 확산, 「미세먼지 저감 및 관리에 관한 특별법」에 따른 미세먼지 등으로 인한 피해

2. "해외재난"이란 대한민국의 영역 밖에서 대한민국 국민의 생명·신체 및 재산에 피해를 주거나 줄 수 있는 재난으로서 정부 차원에서 대처할 필요가 있는 재난을 말한다.

3. "재난관리"란 재난의 예방·대비·대응 및 복구를 위하여 하는 모든 활동을 말한다.

4. "안전관리"란 재난이나 그 밖의 각종 사고로부터 사람의 생명·신체 및 재산의 안전을 확보하기 위하여 하는 모든 활동을 말한다.

4의2. "안전기준"이란 각종 시설 및 물질 등의 제작, 유지관리 과정에서 안전을 확보할 수 있도록 적용하여야 할 기술적 기준을 체계화한 것을 말하며, 안전기준의 분야, 범위 등에 관하여는 대통령령으로 정한다.

5. "재난관리책임기관"이란 재난관리업무를 하는 다음 각 목의 기관을 말한다.

　가. 중앙행정기관 및 지방자치단체(「제주특별자치도 설치 및 국제자유도시 조성을 위한 특별법」 제10조제2항에 따른 행정시를 포함한다)

　나. 지방행정기관·공공기관·공공단체(공공기관 및 공공단체의 지부 등 지방조직을 포함한다) 및 재난관리의 대상이 되는 중요시설의 관리기관 등으로서 대통령령으로 정하는 기관

5의2. "재난관리주관기관"이란 재난이나 그 밖의 각종 사고에 대하여 그 유형별로 예방·대비·대응 및 복구 등의 업무를 주관하여 수행하도록 대통령령으로 정하는 관계 중앙행정기관을 말한다.

119 관련법령보기

「재난 및 안전관리 기본법 시행령」 별표 1의3

재난 및 사고유형별 재난관리주관기관(제3조의2 관련)

재난관리주관기관	재난 및 사고의 유형
교육부	학교 및 학교시설에서 발생한 사고
과학기술정보통신부	1. 우주전파 재난 2. 정보통신 사고 3. 위성항법장치(GPS) 전파혼신 4. 자연우주물체의 추락·충돌
외교부	해외에서 발생한 재난
법무부	법무시설에서 발생한 사고
국방부	국방시설에서 발생한 사고
행정안전부	1. 정부중요시설 사고 2. 공동구 재난(국토교통부가 관장하는 공동구는 제외한다) 3. 내륙에서 발생한 유도선 등의 수난 사고 4. 풍수해(조수는 제외한다)·지진·화산·낙뢰·가뭄·한파·폭염으로 인한 재난 및 사고로서 다른 재난관리주관기관에 속하지 아니하는 재난 및 사고

기출 플러스

「재난 및 안전관리 기본법 시행령」
상 재난 및 사고 유형별 재난관리주
관기관으로 옳게 짝지어진 것은?

[21 소방간부 기출]

① 도로터널 사고 – 행정안전부
② 가스 수급 및 누출 사고 – 산업통
상자원부
③ 해양 분야 환경오염 사고 – 해양
경찰청
④ 금융 전산 및 시설 사고 – 과학기
술정보통신부
⑤ 경기장 및 공연장에서 발생한 사
고 – 소방청

해설

가스 수급 및 누출 사고의 재난관리
주관기관은 산업통상자원부이다.

오답정리

① 도로터널 사고 – 국토교통부
③ 해양 분야 환경오염 사고 – 해양
수산부
④ 금융 전산 및 시설 사고 – 금융위
원회
⑤ 경기장 및 공연장에서 발생한 사
고 – 문화체육관광부

정답 ②

이론 플러스

재난관리책임기관(제3조 관련)
1. 재외공관
2. 농림축산검역본부
3. 지방우정청
4. 국립검역소
5. 유역환경청, 지방환경청 및 수도
권대기환경청
6. 지방고용노동청
7. 지방항공청
8. 지방국토관리청
9. 홍수통제소
10. 지방해양수산청 등등

기관	내용
문화체육관광부	경기장 및 공연장에서 발생한 사고
농림축산식품부	1. 가축 질병 2. 저수지 사고
산업통상자원부	1. 가스 수급 및 누출 사고 2. 원유수급 사고 3. 원자력안전 사고(파업에 따른 가동중단으로 한정한다) 4. 전력 사고 5. 전력생산용 댐의 사고
보건복지부	보건의료 사고
보건복지부 질병관리청	감염병 재난
환경부	1. 수질분야 대규모 환경오염 사고 2. 식용수 사고 3. 유해화학물질 유출 사고 4. 조류(藻類) 대발생(녹조에 한정한다) 5. 황사 6. 환경부가 관장하는 댐의 사고 7. 미세먼지
고용노동부	사업장에서 발생한 대규모 인적 사고
국토교통부	1. 국토교통부가 관장하는 공동구 재난 2. 고속철도 사고 3. 삭제 〈2019. 8. 27.〉 4. 도로터널 사고 5. 삭제 〈2019. 8. 27.〉 6. 육상화물운송 사고 7. 도시철도 사고 8. 항공기 사고 9. 항공운송 마비 및 항행안전시설 장애 10. 다중밀집건축물 붕괴 대형사고로서 다른 재난관리주관 기관에 속하지 아니하는 재난 및 사고
해양수산부	1. 조류 대발생(적조에 한정한다) 2. 조수(潮水) 3. 해양 분야 환경오염 사고 4. 해양 선박 사고
금융위원회	금융 전산 및 시설 사고
원자력안전위원회	1. 원자력안전 사고(파업에 따른 가동중단은 제외한다) 2. 인접국가 방사능 누출 사고
소방청	1. 화재·위험물 사고 2. 다중 밀집시설 대형화재
문화재청	문화재 시설 사고
산림청	1. 산불 2. 산사태
해양경찰청	해양에서 발생한 유도선 등의 수난 사고

비고
1. 재난관리주관기관이 지정되지 않았거나 분명하지 않은 경우에는 행정안전부장
   관이 「정부조직법」에 따른 관장 사무와 피해시설의 기능 또는 재난 및 사고
   유형 등을 고려하여 재난관리주관기관을 정한다.
2. 감염병 재난 발생 시 중앙사고수습본부는 법 제34조의5 제1항 제1호에 따른
   위기관리 표준매뉴얼에 따라 설치·운영한다.

6. "긴급구조"란 재난이 발생할 우려가 현저하거나 재난이 발생하였을 때에
   국민의 생명·신체 및 재산을 보호하기 위하여 긴급구조기관과 긴급구조
   지원기관이 하는 인명구조, 응급처치, 그 밖에 필요한 모든 긴급한 조치를
   말한다.
7. "긴급구조기관"이란 <u>소방청·소방본부 및 소방서</u>를 말한다. 다만, 해양에서
   발생한 재난의 경우에는 <u>해양경찰청·지방해양경찰청 및 해양경찰서</u>를 말
   한다.
8. "긴급구조지원기관"이란 긴급구조에 필요한 인력·시설 및 장비, 운영체계
   등 긴급구조능력을 보유한 기관이나 단체로서 대통령령으로 정하는 기관과
   단체를 말한다.

119 관련법령보기

「재난 및 안전관리 기본법 시행령」 제4조(긴급구조지원기관)
1. 교육부, 과학기술정보통신부, 국방부, 산업통상자원부, 보건복지부, 환경부, 국
   토교통부, 해양수산부, 방송통신위원회, 경찰청, 기상청 및 산림청
2. 국방부장관이 법 제57조 제3항 제2호에 따른 탐색구조부대로 지정하는 군부대와
   그 밖에 긴급구조지원을 위하여 국방부장관이 지정하는 군부대
3. 「대한적십자사 조직법」에 따른 대한적십자사
4. 「의료법」 제3조 제2항 제3호 마목에 따른 종합병원
4의2. 「응급의료에 관한 법률」 제2조 제5호에 따른 응급의료기관, 같은 법 제27조에
   따른 응급의료정보센터 및 같은 법 제44조 제1항 제1호·제2호에 따른 구급차
   등의 운용자
5. 「재해구호법」 제29조에 따른 전국재해구호협회
6. 법 제3조 제7호에 따른 긴급구조기관과 긴급구조활동에 관한 응원협정을 체결한
   기관 및 단체
7. 그 밖에 긴급구조에 필요한 인력과 장비를 갖춘 기관 및 단체로서 행정안전부령으
   로 정하는 기관 및 단체

9. "국가재난관리기준"이란 모든 유형의 재난에 공통적으로 활용할 수 있도록
   재난관리의 전 과정을 통일적으로 단순화·체계화한 것으로서 행정안전부
   장관이 고시한 것을 말한다.

기출 플러스

「재난 및 안전관리 기본법 시행령」
상 재난 및 사고유형에 따른 재난관
리주관기관으로 옳지 않은 것은?
[20 소방간부 기출]

① 가축질병 – 보건복지부
② 항공기 사고 – 국토교통부
③ 정부주요시설 사고 – 행정안전부
④ 교정시설에서 발생한 사고 – 법
   무부
⑤ 학교시설에서 발생한 사고 – 교
   육부

해설

가축질병은 농림축산식품부가 주관
한다. 보건복지부는 보건의료사고
와 감염병재난을 주관한다.

정답 ①

기출 플러스

「재난 및 안전관리 기본법」상 긴급
구조기관이 아닌 것은?
[16 중앙 기출]

① 경찰청
② 소방청
③ 소방본부
④ 소방서

해설

경찰청은 긴급구조기관이 아니라 긴
급구조지원기관에 해당된다. ②, ③,
④는 긴급구조기관에 해당된다.

정답 ①

9의2. "안전문화활동"이란 안전교육, 안전훈련, 홍보 등을 통하여 안전에 관한 가치와 인식을 높이고 안전을 생활화하도록 하는 등 재난이나 그 밖의 각종 사고로부터 안전한 사회를 만들어가기 위한 활동을 말한다.

9의3. "안전취약계층"이란 어린이, 노인, 장애인, 저소득층 등 신체적·사회적·경제적 요인으로 인하여 재난에 취약한 사람을 말한다.

10. "재난관리정보"란 재난관리를 위하여 필요한 재난상황정보, 동원가능 자원정보, 시설물정보, 지리정보를 말한다.

10의2. "재난안전의무보험"이란 재난이나 그 밖의 각종 사고로 사람의 생명·신체 또는 재산에 피해가 발생한 경우 그 피해를 보상하기 위한 보험 또는 공제(共濟)로서 이 법 또는 다른 법률에 따라 일정한 자에 대하여 가입을 강제하는 보험 또는 공제를 말한다.

11. "재난안전통신망"이란 재난관리책임기관·긴급구조기관 및 긴급구조지원기관이 재난 및 안전관리업무에 이용하거나 재난현장에서의 통합지휘에 활용하기 위하여 구축·운영하는 통신망을 말한다.

12. "국가핵심기반"이란 에너지, 정보통신, 교통수송, 보건의료 등 국가경제, 국민의 안전·건강 및 정부의 핵심기능에 중대한 영향을 미칠 수 있는 시설, 정보기술시스템 및 자산 등을 말한다.

제4조(국가 등의 책무)

① 국가와 지방자치단체는 재난이나 그 밖의 각종 사고로부터 국민의 생명·신체 및 재산을 보호할 책무를 지고, 재난이나 그 밖의 각종 사고를 예방하고 피해를 줄이기 위하여 노력하여야 하며, 발생한 피해를 신속히 대응·복구하기 위한 계획을 수립·시행하여야 한다.

② 국가와 지방자치단체는 안전에 관한 정보를 적극적으로 공개하여야 하며, 누구든지 이를 편리하게 이용할 수 있도록 하여야 한다.

③ 재난관리책임기관의 장은 소관 업무와 관련된 안전관리에 관한 계획을 수립하고 시행하여야 하며, 그 소재지를 관할하는 특별시·광역시·특별자치시·도·특별자치도(이하 "시·도"라 한다)와 시(「제주특별자치도 설치 및 국제자유도시 조성을 위한 특별법」 제10조 제2항에 따른 행정시를 포함한다. 이하 같다)·군·구(자치구를 말한다. 이하 같다)의 재난 및 안전관리업무에 협조하여야 한다.

제5조(국민의 책무)

국민은 국가와 지방자치단체가 재난 및 안전관리업무를 수행할 때 최대한 협조하여야 하고, 자기가 소유하거나 사용하는 건물·시설 등으로부터 재난이나 그 밖의 각종 사고가 발생하지 아니하도록 노력하여야 한다.

제6조(재난 및 안전관리 업무의 총괄 · 조정)

행정안전부장관은 국가 및 지방자치단체가 행하는 재난 및 안전관리 업무를 총괄 · 조정한다.

2 안전관리기구 및 기능

제9조(중앙안전관리위원회) ★★

① 재난 및 안전관리에 관한 다음 각 호의 사항을 심의하기 위하여 국무총리 소속으로 중앙안전관리위원회(이하 "중앙위원회"라 한다)를 둔다.

1. 재난 및 안전관리에 관한 중요 정책에 관한 사항
2. 제22조에 따른 국가안전관리기본계획에 관한 사항
2의2. 제10조의2에 따른 재난 및 안전관리 사업 관련 중기사업계획서, 투자우선순위 의견 및 예산요구서에 관한 사항
3. 중앙행정기관의 장이 수립 · 시행하는 계획, 점검 · 검사, 교육 · 훈련, 평가 등 재난 및 안전관리업무의 조정에 관한 사항
3의2. 안전기준관리에 관한 사항
4. 제36조에 따른 재난사태의 선포에 관한 사항
5. 제60조에 따른 특별재난지역의 선포에 관한 사항
6. 재난이나 그 밖의 각종 사고가 발생하거나 발생할 우려가 있는 경우 이를 수습하기 위한 관계 기관 간 협력에 관한 중요 사항
6의2. 재난안전의무보험의 관리 · 운용 등에 관한 사항
7. 중앙행정기관의 장이 시행하는 대통령령으로 정하는 재난 및 사고의 예방사업 추진에 관한 사항
8. 「재난안전사업 진흥법」 제5조에 따른 기본계획에 관한 사항
9. 그 밖에 위원장이 회의에 부치는 사항

② 중앙위원회의 위원장은 국무총리가 되고, 위원은 대통령령으로 정하는 중앙행정기관 또는 관계 기관 · 단체의 장이 된다.
③ 중앙위원회의 위원장은 중앙위원회를 대표하며, 중앙위원회의 업무를 총괄한다.
④ 중앙위원회에 간사 1명을 두며, 간사는 행정안전부장관이 된다.
⑤ 중앙위원회의 위원장이 사고 또는 부득이한 사유로 직무를 수행할 수 없을 때에는 행정안전부장관, 대통령령으로 정하는 중앙행정기관의 장 순으로 위원장의 직무를 대행한다.

기출 플러스

「재난 및 안전관리 기본법」상 용어의 정의로 옳지 않은 것은?

[22 소방간부 기출]

① "국가재난관리기준"이란 모든 유형의 재난에 공통적으로 활용할 수 있도록 재난관리의 전 과정을 통일적으로 단순화 · 체계화한 것으로서 행정안전부장관이 고시한 것을 말한다.
② "재난관리"란 재난이나 그 밖의 각종 사고로부터 사람의 생명 · 신체 및 재산의 안전을 확보하기 위하여 하는 모든 활동을 말한다.
③ "안전기준"이란 각종 시설 및 물질 등의 제작, 유지관리 과정에서 안전을 확보할 수 있도록 적용하여야 할 기술적 기준을 체계화한 것을 말한다.
④ "긴급구조"란 재난이 발생할 우려가 현저하거나 재난이 발생하였을 때에 국민의 생명 · 신체 및 재산을 보호하기 위하여 긴급구조기관과 긴급구조지원기관이 하는 인명구조, 응급처치, 그 밖에 필요한 모든 긴급한 조치를 말한다.
⑤ "안전취약계층"이란 어린이, 노인, 장애인, 저소득층 등 신체적 · 사회적 · 경제적 요인으로 인하여 재난에 취약한 사람을 말한다.

해설

'재난관리'란 재난의 예방, 대비 대응 및 복구를 위하여 하는 모든 활동을 말하고, 재난이나 그 밖의 각종 사고로부터 사람의 생명 · 신체 및 재산의 안전을 확보하기 위하여 하는 모든 활동을 '안전관리'라 한다.

정답 ②

기출 플러스

다음 중 중앙위원회 심의사항으로 옳지 않은 것은? [15 경기 기출]

① 재난안전의무보험의 관리운용 등에 관한 사항
② 재난사태의 선포에 관한 사항
③ 특별재난지역의 선포에 관한 사항
④ 재난복구에 관한 사항

해설

중앙위원회 심의사항에 ①, ②, ③은 해당되지만 ④ 재난의 대응복구에 관한 사항은 중앙재난안전대책본부의 업무사항에 해당된다.

정답 ④

기출 플러스

「재난 및 안전관리 기본법」상 중앙안전관리위원회와 안전정책조정위원회에 대한 설명으로 옳지 않은 것은? [19 기출]

① 중앙안전관리위원회는 국무총리 소속으로 국무총리가 위원장이다.
② 중앙안전관리위원회는 재난사태의 선포에 관한 사항을 심의하고, 안전정책조정위원회는 특별재난지역의 선포에 관한 사항을 심의한다.
③ 안전정책조정위원회는 중앙위원회에 상정될 안건을 사전에 검토한다.
④ 안전정책조정위원회 위원장은 행정안전부장관이 된다.

해설

재난사태의 선포에 관한 사항과 특별재난지역의 선포에 관한 사항을 심의하는 곳은 모두 중앙안전관리위원회이다. ①, ③, ④는 옳은 내용에 해당된다.

정답 ②

⑥ 행정안전부장관 등이 중앙위원회 위원장의 직무를 대행할 때에는 행정안전부의 재난안전관리사무를 담당하는 본부장이 중앙위원회 간사의 직무를 대행한다.

⑦ 중앙위원회는 사무가 국가안전보장과 관련된 경우에는 국가안전보장회의와 협의하여야 한다.

⑧ 중앙위원회의 위원장은 그 소관 사무에 관하여 재난관리책임기관의 장이나 관계인에게 자료의 제출, 의견 진술, 그 밖에 필요한 사항에 대하여 협조를 요청할 수 있다. 이 경우 요청을 받은 사람은 특별한 사유가 없으면 요청에 따라야 한다.

⑨ 중앙위원회의 구성과 운영 등에 필요한 사항은 대통령령으로 정한다.

119 관련법령보기

「재난 및 안전관리 기본법 시행령」 제6조(중앙안전관리위원회의 위원)

① 중앙안전관리위원회(이하 "중앙위원회"라 한다)의 위원은 다음 각 호의 사람이 된다.
  1. 기획재정부장관, 교육부장관, 과학기술정보통신부장관, 외교부장관, 통일부장관, 법무부장관, 국방부장관, 행정안전부장관, 문화체육관광부장관, 농림축산식품부장관, 산업통상자원부장관, 보건복지부장관, 환경부장관, 고용노동부장관, 여성가족부장관, 국토교통부장관, 해양수산부장관 및 중소벤처기업부장관
  2. 국가정보원장, 방송통신위원회위원장, 국무조정실장, 식품의약품안전처장, 금융위원회위원장 및 원자력안전위원회위원장
  3. 경찰청장, 소방청장, 문화재청장, 산림청장, 기상청장 및 해양경찰청장
  4. 삭제 〈2015.6.30.〉
  5. 그 밖에 중앙위원회의 위원장이 지정하는 기관 및 단체의 장
② "대통령령으로 정하는 중앙행정기관의 장 순"이란 제1항 제1호에 따른 중앙행정기관의 장의 순서를 말한다.

「재난 및 안전관리 기본법 시행령」 제8조(중앙위원회의 운영)

① 중앙위원회의 회의는 위원의 요청이 있거나 위원장이 필요하다고 인정하는 경우에 위원장이 소집한다.
② 중앙위원회의 회의는 재적위원 과반수의 출석으로 개의(開議)하고, 출석위원 과반수의 찬성으로 의결한다.

제10조(안전정책조정위원회) ★★

① 중앙위원회에 상정될 안건을 사전에 검토하고 다음 각 호의 사무를 수행하기 위하여 중앙위원회에 안전정책조정위원회(이하 "조정위원회"라 한다)를 둔다.

1. 중앙행정기관의 장이 수립·시행하는 계획, 점검·검사, 교육·훈련, 평가 등 재난 및 안전관리업무의 조정에 관한 사항, 안전기준관리에 관한 사항, 재난이나 그 밖의 각종 사고가 발생하거나 발생할 우려가 있는 경우 이를 수습하기 위한 관계 기관 간 협력에 관한 중요 사항, 재난안전의무보험의 관리·운용 등에 관한 사항, 중앙행정기관의 장이 시행하는 대통령령으로 정하는 재난 및 사고의 예방사업 추진에 관한 사항의 사항에 대한 **사전 조정**
2. **집행계획의 심의**
3. **국가핵심기반의 지정에 관한 사항의 심의**
4. **재난 및 안전관리기술 종합계획의 심의**
5. 그 밖에 중앙위원회가 위임한 사항

② **조정위원회의 위원장은 행정안전부장관**이 되고, 위원은 대통령령으로 정하는 중앙행정기관의 차관 또는 차관급 공무원과 재난 및 안전관리에 관한 지식과 경험이 풍부한 사람 중에서 위원장이 임명하거나 위촉하는 사람이 된다.

③ 조정위원회에 간사위원 1명을 두며, **간사위원**은 행정안전부의 재난안전관리사무를 담당하는 본부장이 된다.

④ 조정위원회의 업무를 효율적으로 처리하기 위하여 조정위원회에 **실무위원회**를 둘 수 있다.

119 관련법령보기

「재난 및 안전관리 기본법 시행령」 제10조(실무위원회의 구성·운영 등) ★★
① 실무위원회는 위원장 1명을 포함하여 50명 내외의 위원으로 구성한다.
② 실무위원회는 다음 각 호의 사항을 심의한다.
  1. 재난 및 안전관리를 위하여 관계 중앙행정기관의 장이 수립하는 대책에 관하여 협의·조정이 필요한 사항
  2. 재난 발생 시 관계 중앙행정기관의 장이 수행하는 재난의 수습에 관하여 협의·조정이 필요한 사항
  3. 그 밖에 실무위원회의 위원장(이하 "실무위원장"이라 한다)이 회의에 부치는 사항
③ 실무위원장은 행정안전부의 재난안전관리사무를 담당하는 본부장이 된다.
④ 실무위원회의 위원은 다음 각 호의 어느 하나에 해당하는 사람 중에서 성별을 고려하여 행정안전부장관이 임명하거나 위촉하는 사람으로 한다.
  1. 관계 중앙행정기관의 고위공무원단에 속하는 공무원 또는 3급 상당 이상에 해당하는 공무원 중에서 해당 중앙행정기관의 장이 추천하는 공무원
  2. 재난 및 안전관리에 관한 지식과 경험이 풍부한 사람
  3. 그 밖에 실무위원장이 필요하다고 인정하는 분야의 전문지식과 경력이 충분한 사람

⑤ 실무위원회의 회의(이하 "실무회의"라 한다)는 위원 5명 이상의 요청이 있거나 실무위원장이 필요하다고 인정하는 경우에 실무위원장이 소집한다.

⑥ 실무회의는 실무위원장과 실무위원장이 회의마다 지정하는 25명 내외의 위원으로 구성한다.

⑦ 실무회의는 제6항에 따른 구성원 과반수의 출석으로 개의(開議)하고, 출석위원 과반수의 찬성으로 의결한다.

⑧ 실무위원회의 구성 및 운영에 필요한 사항은 행정안전부장관이 정한다.

⑤ 조정위원회의 위원장은 조정위원회에서 심의·조정된 사항 중 대통령령으로 정하는 중요사항에 대해서는 조정위원회의 심의·조정 결과를 중앙위원회의 위원장에게 보고하여야 한다.

119 관련법령보기

「재난 및 안전관리 기본법 시행령」 제9조의2(조정위원회 심의 결과의 중앙위원회 보고)
1. 집행계획의 심의
2. 국가핵심기반의 지정에 관한 사항의 심의
3. 그 밖에 중앙위원회로부터 위임받아 심의한 사항 중 조정위원회 위원장이 필요하다고 인정하는 사항

⑥ 조정위원회의 위원장은 중앙위원회 또는 조정위원회에서 심의·조정된 사항에 대한 이행상황을 점검하고, 그 결과를 중앙위원회에 보고할 수 있다.

제11조(지역위원회) ★★

① 지역별 재난 및 안전관리에 관한 다음 각 호의 사항을 심의·조정하기 위하여 특별시장·광역시장·특별자치시장·도지사·특별자치도지사(이하 "시·도지사"라 한다) 소속으로 시·도 안전관리위원회(이하 "시·도 위원회"라 한다)를 두고, 시장(「제주특별자치도 설치 및 국제자유도시 조성을 위한 특별법」 제11조 제1항에 따른 행정시장을 포함한다. 이하 같다)·군수·구청장(자치구의 구청장을 말한다. 이하 같다) 소속으로 시·군·구 안전관리위원회(이하 "시·군·구 위원회"라 한다)를 둔다.
1. 해당 지역에 대한 재난 및 안전관리정책에 관한 사항
2. 제24조 또는 제25조에 따른 안전관리계획에 관한 사항
3. 해당 지역을 관할하는 재난관리책임기관(중앙행정기관과 상급 지방자치단체는 제외한다)이 수행하는 재난 및 안전관리업무의 추진에 관한 사항

4. 재난이나 그 밖의 각종 사고가 발생하거나 발생할 우려가 있는 경우 이를 수습하기 위한 관계 기관 간 협력에 관한 사항
5. 다른 법령이나 조례에 따라 해당 위원회의 권한에 속하는 사항
6. 그 밖에 해당 위원회의 위원장이 회의에 부치는 사항

② <u>시·도 위원회의 위원장은 시·도지사</u>가 되고, <u>시·군·구 위원회의 위원장은 시장·군수·구청장</u>이 된다.

③ 시·도 위원회와 시·군·구 위원회(이하 "지역위원회"라 한다)의 회의에 부칠 의안을 검토하고, 재난 및 안전관리에 관한 관계 기관 간의 협의·조정 등을 위하여 <u>지역위원회에 안전정책실무조정위원회를 둘 수 있다.</u>

④ 지역위원회 및 제3항에 따른 안전정책실무조정위원회의 구성과 운영에 필요한 사항은 해당 지방자치단체의 조례로 정한다.

제12조(재난방송협의회)

① 재난에 관한 예보·경보·통지나 응급조치 및 재난관리를 위한 재난방송이 원활히 수행될 수 있도록 <u>중앙위원회에 중앙재난방송협의회를 둘 수 있다.</u>

② 지역 차원에서 재난에 대한 예보·경보·통지나 응급조치 및 재난방송이 원활히 수행될 수 있도록 <u>지역위원회에 시·도 또는 시·군·구 재난방송협의회(이하 이 조에서 "지역재난방송협의회"라 한다)를 둘 수 있다.</u>

③ 중앙재난방송협의회의 구성 및 운영에 필요한 사항은 <u>대통령령</u>으로 정하고, 지역재난방송협의회의 구성 및 운영에 필요한 사항은 해당 지방자치단체의 <u>조례</u>로 정한다.

119 관련법령보기

「재난 및 안전관리 기본법 시행령」 제10조의3(중앙재난방송협의회의 구성과 운영)

① 법 제12조 제1항에 따라 중앙위원회에 두는 중앙재난방송협의회는 위원장 1명과 부위원장 1명을 포함한 25명 이내의 위원으로 구성한다.

② 중앙재난방송협의회는 다음 각 호의 사항을 심의한다.
1. 재난에 관한 예보·경보·통지나 응급조치 및 재난관리를 위한 재난방송 내용의 효율적 전파 방안
2. 재난방송과 관련하여 중앙행정기관, 특별시·광역시·특별자치시·도·특별자치도(이하 "시·도"라 한다) 및 「방송법」 제2조 제3호에 따른 방송사업자 간의 역할분담 및 협력체제 구축에 관한 사항
3. 「언론중재 및 피해구제 등에 관한 법률」 제2조 제1호에 따른 언론에 공개할 재난 관련 정보의 결정에 관한 사항
4. 재난방송 관련 법령과 제도의 개선 사항
5. 그 밖에 재난방송이 원활히 수행되도록 하기 위하여 필요한 사항으로서 방송통신위원회위원장과 과학기술정보통신부장관이 요청하거나 중앙재난방송협의회 위원장이 필요하다고 인정하는 사항

③ 중앙재난방송협의회의 위원장은 위원 중에서 과학기술정보통신부장관이 지명하는 사람이 되고, 부위원장은 중앙재난방송협의회의 위원 중에서 호선한다.

④ 중앙재난방송협의회의 위원은 다음 각 호의 사람이 된다.

1. 과학기술정보통신부, 행정안전부, 국무조정실, 방송통신위원회 및 기상청의 고위공무원단에 속하는 일반직 공무원 또는 이에 상당하는 공무원 중에서 해당 기관의 장이 지명하는 사람 각 1명

2. 관계 중앙행정기관(제1호의 위원이 소속된 기관은 제외한다)의 고위공무원단에 속하는 일반직 공무원 또는 이에 상당하는 공무원 중에서 재난의 유형에 따라 해당 중앙행정기관의 장의 추천을 받아 과학기술정보통신부장관이 임명하는 사람. 이 경우 과학기술정보통신부장관은 임명 대상에 대하여 방송통신위원회위원장과 미리 협의하여야 한다.

3. 다음 각 목의 어느 하나에 해당하는 사람 중에서 방송통신위원회위원장과 협의하여 **과학기술정보통신부장관이 위촉하는 사람**

   가. 「방송법 시행령」 제1조의2 제1호에 따른 지상파텔레비전방송사업자(「방송법 시행령」 제25조의2에 따른 지역방송을 하는 방송사업자는 제외한다)에 소속된 사람으로서 재난방송을 총괄하는 직위에 있는 사람

   나. 「방송법 시행령」 제1조의2 제6호에 따른 텔레비전방송채널사용사업자 중 종합편성 또는 보도전문편성을 행하는 방송채널사용사업자에 소속된 사람으로서 재난 방송을 총괄하는 직위에 있는 사람

   다. 「고등교육법」에 따른 대학·산업대학·전문대학 및 기술대학에서 재난 또는 방송과 관련된 학문을 교수하는 사람으로서 조교수 이상의 직위에 있는 사람

   라. 재난 또는 방송 관련 연구기관이나 단체 또는 산업 분야에 종사하는 사람으로서 해당 분야의 경력이 5년 이상인 사람

⑤ 삭제 〈2014. 2. 5.〉

⑥ 위원장은 중앙재난방송협의회를 대표하며, 중앙재난방송협의회의 사무를 총괄한다.

⑦ 중앙재난방송협의회의 위원장이 부득이한 사유로 직무를 수행할 수 없을 때에는 부위원장이 그 직무를 대행한다.

⑧ 중앙재난방송협의회의 회의는 위원장이 필요하다고 인정하거나 위원의 소집요구가 있는 경우에 위원장이 소집하고, 위원장은 그 의장이 된다.

⑨ 중앙재난방송협의회는 구성원 과반수의 출석과 출석위원 과반수의 찬성으로 의결한다.

⑩ 위원장은 회의 안건과 관련하여 필요하다고 인정하는 경우에는 관계 공무원과 민간전문가 등을 회의에 참석하게 하거나 관계 기관의 장에게 자료 제출을 요청할 수 있다. 이 경우 요청을 받은 관계 공무원과 관계 기관의 장은 특별한 사유가 없으면 요청에 따라야 한다.

⑪ 중앙재난방송협의회의 효율적 운영을 위하여 중앙재난방송협의회에 간사 1명을 두되, 간사는 과학기술정보통신부의 재난방송 업무를 담당하는 공무원 중에서 과학기술정보통신부장관이 지명하는 사람이 된다.

⑫ **과학기술정보통신부장관**은 중앙재난방송협의회의 운영에 필요한 행정적·재정적 지원을 할 수 있다.

⑬ 제1항부터 제12항까지에서 규정한 사항 외에 중앙재난방송협의회의 운영에 필요한 사항은 중앙재난방송협의회의 의결을 거쳐 위원장이 정한다.

제12조의2(안전관리민관협력위원회)

① __조정위원회의 위원장__은 재난 및 안전관리에 관한 민관 협력관계를 원활히 하기 위하여 중앙안전관리민관협력위원회(이하 "중앙민관협력위원회"라 한다)를 구성·운영할 수 있다.

② __지역위원회의 위원장__은 재난 및 안전관리에 관한 지역 차원의 민관 협력관계를 원활히 하기 위하여 시·도 또는 시·군·구 안전관리민관협력위원회(이하 이 조에서 "지역민관협력위원회"라 한다)를 구성·운영할 수 있다.

③ 중앙민관협력위원회의 구성 및 운영에 필요한 사항은 __대통령령__으로 정하고, 지역민관협력위원회의 구성 및 운영에 필요한 사항은 해당 지방자치단체의 __조례__로 정한다.

119 관련법령보기

「재난 및 안전관리 기본법 시행령」 제12조의3(중앙민관협력위원회의 구성·운영)

① 법 제12조의2 제1항에 따른 중앙안전관리민관협력위원회(이하 "중앙민관협력위원회"라 한다)는 공동위원장 2명을 포함하여 35명 이내의 위원으로 구성한다.

② 중앙민관협력위원회의 공동위원장은 행정안전부의 재난안전관리사무를 담당하는 본부장과 제4항에 따라 위촉된 민간위원 중에서 중앙민관협력위원회의 의결을 거쳐 행정안전부장관이 지명하는 사람이 된다.

③ 중앙민관협력위원회의 공동위원장은 중앙민관협력위원회를 대표하고, 중앙민관협력위원회의 운영 및 사무에 관한 사항을 총괄한다.

④ 중앙민관협력위원회의 위원은 다음 각 호의 사람이 된다.

  1. 당연직 위원

    가. 행정안전부 안전정책실장

    나. 행정안전부 재난관리실장

    다. 행정안전부 재난협력실장

  2. 민간위원 : 다음 각 목의 어느 하나에 해당하는 사람 중에서 성별을 고려하여 행정안전부장관이 위촉하는 사람

    가. 재난 및 안전관리 활동에 적극적으로 참여하고 전국 규모의 회원을 보유하고 있는 협회 등의 민간단체 대표

    나. 재난 및 안전관리 분야 유관기관, 단체·협회 또는 기업 등에 소속된 재난 및 안전관리 전문가

    다. 재난 및 안전관리 분야에 학식과 경험이 풍부한 사람

⑤ 민간위원의 임기는 2년으로 하며, 위원의 사임 등으로 새로 위촉된 위원의 임기는 전임위원 임기의 남은 기간으로 한다.

⑥ 제1항부터 제5항까지에서 규정한 사항 외에 중앙민관협력위원회의 구성·운영에 필요한 세부 사항은 중앙민관협력위원회의 의결을 거쳐 행정안전부장관이 정한다.

> **「재난 및 안전관리 기본법 시행령」 제12조의4(중앙민관협력위원회의 회의 등)**
> ① 중앙민관협력위원회의 회의는 재적위원 과반수의 출석으로 개의하고, 출석위원 과반수의 찬성으로 의결한다.
> ② 중앙민관협력위원회의 회의 등에 참석하는 위원 등에게는 예산의 범위에서 수당 등을 지급할 수 있다. 다만, 공무원이 그 소관 업무와 관련하여 참석하는 경우에는 그러하지 아니하다.

제12조의3(중앙민관협력위원회의 기능 등)

① 중앙민관협력위원회의 기능은 다음 각 호와 같다.

1. 재난 및 안전관리 민관협력활동에 관한 협의
2. 재난 및 안전관리 민관협력활동사업의 효율적 운영방안의 협의
3. 평상시 재난 및 안전관리 위험요소 및 취약시설의 모니터링·제보
4. 재난 발생 시 인적·물적 자원 동원, 인명구조·피해복구 활동 참여, 피해주민 지원서비스 제공 등에 관한 협의

② 중앙민관협력위원회의 회의는 다음 각 호의 어느 하나에 해당하는 경우에 공동위원장이 소집할 수 있다.

1. 제14조 제1항에 따른 대규모 재난의 발생으로 민관협력 대응이 필요한 경우
2. 재적위원 4분의 1 이상이 회의 소집을 요청하는 경우
3. 그 밖에 공동위원장이 회의 소집이 필요하다고 인정하는 경우

③ 재난 발생 시 신속한 재난대응 활동 참여 등 중앙민관협력위원회의 기능을 지원하기 위하여 중앙민관협력위원회에 대통령령으로 정하는 바에 따라 재난긴급대응단을 둘 수 있다.

제13조(지역위원회 등에 대한 지원 및 지도)

행정안전부장관은 시·도위원회의 운영과 지방자치단체의 재난 및 안전관리 업무에 대하여 필요한 지원과 지도를 할 수 있으며, 시·도지사는 관할 구역의 시·군·구위원회의 운영과 시·군·구의 재난 및 안전관리업무에 대하여 필요한 지원과 지도를 할 수 있다.

제14조(중앙재난안전대책본부 등) ★★

① 대규모 재난의 대응·복구(이하 "수습"이라 한다) 등에 관한 사항을 총괄·조정하고 필요한 조치를 하기 위하여 행정안전부에 중앙재난안전대책본부(이하 "중앙대책본부"라 한다)를 둔다.

② 중앙대책본부에 본부장과 차장을 둔다.

③ 중앙대책본부의 본부장(이하 "중앙대책본부장"이라 한다)은 행정안전부장관이 되며, 중앙대책본부장은 중앙대책본부의 업무를 총괄하고 필요하다고 인정하면 중앙재난안전대책본부회의를 소집할 수 있다. <u>다만, 해외재난의 경우에는 외교부장관이, 방사능재난의 경우에는 중앙방사능방재대책본부의 장이 각각 중앙대책본부장의 권한을 행사한다.</u>

④ 재난의 효과적인 수습을 위하여 다음 각 호의 어느 하나에 해당하는 경우에는 <u>국무총리가 중앙대책본부장의 권한을 행사할 수 있다.</u> 이 경우 행정안전부장관, 외교부장관(해외재난의 경우에 한정한다) 또는 원자력안전위원회 위원장(방사능 재난의 경우에 한정한다)이 차장이 된다.

1. 국무총리가 범정부적 차원의 통합 대응이 필요하다고 인정하는 경우
2. 행정안전부장관이 국무총리에게 건의하거나 수습본부장의 요청을 받아 행정안전부장관이 국무총리에게 건의하는 경우

⑤ 중앙대책본부장은 대규모재난이 발생하거나 발생할 우려가 있는 경우에는 <u>실무반을 편성</u>하고, <u>중앙재난안전대책본부상황실을 설치</u>하는 등 해당 대규모재난에 대하여 효율적으로 대응하기 위한 체계를 갖추어야 한다. 이 경우 중앙재난안전상황실과 인력, 장비, 시설 등을 통합·운영할 수 있다.

119 관련법령보기

「재난 및 안전관리 기본법 시행령」 제15조(중앙대책본부의 구성 등)

① 중앙대책본부(법 제14조 제3항 단서에 따라 방사능재난의 경우 중앙대책본부가 되는 「원자력시설 등의 방호 및 방사능 방재 대책법」 제25조에 따른 중앙방사능방재대책본부는 제외한다)에는 차장·총괄조정관·대변인·통제관·부대변인 및 담당관을 두며, 연구개발·조사 및 홍보 등 전문적 지식의 활용이 필요한 경우에는 중앙대책본부장(국무총리가 중앙대책본부장인 경우에는 차장을 말한다)을 보좌하기 위하여 특별대응단장 또는 특별보좌관(이하 "특별대응단장 등"이라 한다)을 둘 수 있다.

② 제1항에 따른 특별대응단장 등에는 업무수행에 필요한 최소한의 하부조직을 둘 수 있다.

③ 법 제14조 제3항 본문에 따라 행정안전부장관이 중앙대책본부장이 되는 경우에는 다음 각 호의 사람이 차장·특별대응단장 등·총괄조정관·대변인·통제관·부대변인 및 담당관이 된다.

1. 차장·총괄조정관·대변인·통제관 및 담당관 : 행정안전부 소속 공무원 중에서 행정안전부장관이 지명하는 사람
2. 특별대응단장 등 : 해당 재난과 관련한 민간전문가 중에서 행정안전부장관이 위촉하는 사람
3. 부대변인 : 재난관리주관기관 소속 공무원 중에서 소속 기관의 장이 추천하여 행정안전부장관이 지명하는 사람

기출 플러스

「재난 및 안전관리 기본법」상 우리나라 재난관리체계에 관한 설명으로 옳지 않은 것은? [20 기출]

① 재난 및 안전관리에 관한 중요 정책을 심의하기 위하여 국무총리 소속으로 중앙안전관리위원회를 둔다.
② 대통령령으로 정하는 대규모 재난의 대응·복구를 총괄하기 위하여 행정안전부에 중앙재난안전대책본부를 둔다.
③ 소방서는 인명구조, 응급처치 등 긴급 조치를 담당하는 긴급구조지원기관에 해당한다.
④ 시·군·구 재난안전대책본부장은 시장·군수·구청장이며, 시·군·구 긴급구조통제단장은 소방서장이다.

해설

소방서는 인명구조, 응급처치 등 긴급 조치를 담당하는 긴급지원기관이 아니라 긴급구조기관이다. ①, ②, ④는 옳은 내용에 해당된다.

정답 ③

「재난 및 안전관리 기본법 시행령」제16조(중앙재난안전대책본부회의의 구성)

① 법 제14조 제3항 본문에 따른 중앙재난안전대책본부회의(이하 "중앙대책본부회의"라 한다)는 다음 각 호의 사람 중에서 중앙대책본부장이 임명 또는 위촉하는 사람으로 구성한다.

1. 다음 각 목의 기관의 고위공무원단에 속하는 일반직공무원(국방부의 경우에는 이에 상당하는 장성급(將星級) 장교를, 경찰청 및 해양경찰청의 경우에는 치안감 이상의 경찰공무원을, 소방청의 경우에는 소방감 이상의 소방공무원을 말한다) 중에서 소속 기관의 장의 추천을 받은 사람

가. 기획재정부, 교육부, 과학기술정보통신부, 외교부, 통일부, 법무부, 국방부, 행정안전부, 문화체육관광부, 농림축산식품부, 산업통상자원부, 보건복지부, 환경부, 고용노동부, 여성가족부, 국토교통부, 해양수산부 및 중소벤처기업부

나. 조달청, 경찰청, 소방청, 문화재청, 산림청, 기상청 및 해양경찰청

다. 그 밖에 중앙대책본부장이 필요하다고 인정하는 행정기관

2. 재난의 대응 및 복구 등에 관한 민간 전문가

② 법 제14조 제4항에 따라 국무총리가 중앙대책본부장의 권한을 행사하는 경우의 중앙대책본부회의는 제1항 각 호의 어느 하나에 해당하는 기관의 장 중에서 국무총리가 임명하는 사람으로 구성한다.

「재난 및 안전관리 기본법 시행령」제17조(중앙대책본부회의의 심의ㆍ협의 사항) ★★

중앙대책본부회의는 재난복구계획에 관한 사항을 심의ㆍ확정하는 외에 다음 각 호의 사항을 협의한다.

1. 재난예방대책에 관한 사항
2. 재난응급대책에 관한 사항
3. 국고지원 및 예비비 사용에 관한 사항
4. 그 밖에 중앙대책본부장이 회의에 부치는 사항

제14조의2(수습지원단 파견 등)

① **중앙대책본부장**은 국내 또는 해외에서 발생하였거나 발생할 우려가 있는 대규모 재난의 수습을 지원하기 위하여 관계 중앙행정기관 및 관계 기관ㆍ단체의 재난관리에 관한 전문가 등으로 <u>수습지원단을 구성</u>하여 현지에 파견할 수 있다.

② **중앙대책본부장**은 구조ㆍ구급ㆍ수색 등의 활동을 신속하게 지원하기 위하여 <u>행정안전부ㆍ소방청 또는 해양경찰청 소속의 전문 인력으로 구성</u>된 <u>특수기동구조대를 편성</u>하여 재난현장에 파견할 수 있다.

③ 수습지원단의 구성과 운영 및 특수기동구조대의 편성과 파견 등에 필요한 사항은 <u>대통령령</u>으로 정한다.

119 관련법령보기

「재난 및 안전관리 기본법 시행령」 제18조(수습지원단의 구성 및 임무 등)

① 법 제14조의2 제1항에 따른 수습지원단(이하 "수습지원단"이라 한다)은 재난 유형
별로 관계 재난관리책임기관의 전문가 및 민간 전문가로 구성한다. 다만, 해외재
난의 경우에는 따로 수습지원단을 구성하지 아니하고 「119구조·구급에 관한
법률」 제9조에 따른 국제구조대로 갈음할 수 있다.

② 수습지원단의 단장은 수습지원단원 중에서 중앙대책본부장이 지명하는 사람이
되고, 단장은 수습지원단원을 지휘·통솔하며 운영을 총괄한다.

③ 수습지원단은 다음 각 호의 업무를 수행한다.
  1. 지역대책본부장 등 재난 발생지역의 책임자에 대하여 사태수습에 필요한
     기술자문·권고 또는 조언
  2. 중앙대책본부장에 대하여 재난수습을 위한 재난현장 상황, 재난발생의 원인,
     행정적·재정적으로 조치할 사항 및 진행 상황 등에 관한 보고

④ 중앙대책본부장은 신속한 재난상황의 파악, 현장 지도·관리 등을 위하여 수습지
원단을 현지에 파견하기 전에 중앙대책본부 소속 직원을 재난현장에 파견할
수 있다.

⑤ 제1항부터 제4항까지에서 규정한 사항 외에 수습지원단의 구성 및 운영에 필요한
사항은 중앙대책본부장이 정한다.

「재난 및 안전관리 기본법 시행령」 제18조의2(특수기동구조대의 편성 및 파견 등)

① 중앙대책본부장은 법 제14조의2 제2항에 따른 특수기동구조대(이하 "특수기동
구조대"라 한다)의 대원을 소방청 중앙119구조본부 및 해양경찰청 중앙해양특수
구조단 소속 공무원 중에서 선발하고, 특수기동구조대 대장을 특수기동구조대의
대원 중에서 지명한다. 이 경우 중앙대책본부장은 재난 유형별로 필요한 전문
인력을 추가할 수 있다.

② 중앙대책본부장은 법 제14조의2 제2항에 따라 다음 각 호의 어느 하나에 해당하
는 경우 특수기동구조대를 재난 현장에 파견할 수 있다.
  1. 각급통제단장 또는 「수상에서의 수색·구조 등에 관한 법률」 제6조 제1항에
     따른 중앙구조본부의 장, 광역구조본부의 장, 지역구조본부의 장이 중앙대책
     본부장에게 요청하는 경우
  2. 중앙대책본부장이 구조·구급·수색 등의 활동을 신속하게 지원하기 위하여
     필요하다고 인정하는 경우

③ 외교부장관 또는 원자력안전위원회 위원장은 법 제14조 제3항 단서에 따라 중앙
대책본부장의 권한을 행사하는 경우 제2항에 따라 특수기동구조대를 파견하기
위해서는 행정안전부장관과 협의하여야 한다.

④ 특수기동구조대는 재난현장에서 구조·구급·수색 등의 활동에 관하여 각급통
제단장의 지휘·통제를 따른다. 다만, 해양에서 발생하는 재난에 관하여는 「수상
에서의 수색·구조 등에 관한 법률」 제7조에 따른 중앙구조본부의 장, 광역구조
본부의 장, 지역구조본부의 장의 지휘·통제를 따른다.

⑤ 제1항부터 제4항까지에서 규정한 사항 외에 특수기동구조대의 편성 및 파견에
필요한 사항은 중앙대책본부장이 정한다.

제15조(중앙대책본부장의 권한 등)

① 중앙대책본부장은 대규모 재난을 효율적으로 수습하기 위하여 관계 재난관리책임기관의 장에게 행정 및 재정상의 조치, 소속 직원의 파견, 그 밖에 필요한 지원을 요청할 수 있다. 이 경우 요청을 받은 관계 재난관리책임기관의 장은 특별한 사유가 없으면 요청에 따라야 한다.

> **119 관련법령보기**
>
> 「재난 및 안전관리 기본법 시행령」제20조(관계 재난관리책임기관에 대한 재난상황대응계획서의 요청 등)
> ① 중앙대책본부장은 법 제15조 제1항에 따른 재난의 효율적인 수습을 위한 행정상의 조치를 위하여 관계 재난관리책임기관의 장에게 다음 각 호의 내용이 포함된 재난상황대응계획서를 요청할 수 있다.
> 1. 재난 발생의 장소ㆍ일시ㆍ규모 및 원인
> 2. 재난대응조치에 관한 사항
> 3. 재난의 예상 진행 상황
> 4. 재난의 진행 단계별 조치계획
> 5. 그 밖에 중앙대책본부장이 정하는 사항
> ② 중앙대책본부장은 재난상황대응계획서를 받은 경우에는 그 계획서를 검토한 후 관계 재난관리책임기관의 장에게 필요한 조치나 의견을 제시할 수 있다.

② 제1항에 따라 파견된 직원은 대규모 재난의 수습에 필요한 소속 기관의 업무를 성실히 수행하여야 하며, 대규모 재난의 수습이 끝날 때까지 중앙대책본부에서 상근하여야 한다.

③ 중앙대책본부장은 해당 대규모 재난의 수습에 필요한 범위에서 제15조의2 제2항에 따른 수습본부장 및 제16조 제2항에 따른 지역대책본부장을 지휘할 수 있다.

제15조의2(중앙 및 지역사고수습본부)

① 재난관리주관기관의 장은 재난이 발생하거나 발생할 우려가 있는 경우에는 재난상황을 효율적으로 관리하고 재난을 수습하기 위한 중앙사고수습본부(이하 "수습본부"라 한다)를 신속하게 설치ㆍ운영하여야 한다.

② 수습본부의 장(이하 "수습본부장"이라 한다)은 해당 재난관리주관기관의 장이 된다.

③ 수습본부장은 재난정보의 수집ㆍ전파, 상황관리, 재난발생 시 초동조치 및 지휘 등을 위한 수습본부상황실을 설치ㆍ운영하여야 한다. 이 경우 제18조 제3항에 따른 재난안전상황실과 인력, 장비, 시설 등을 통합ㆍ운영할 수 있다.

④ 수습본부장은 재난을 수습하기 위하여 필요하면 관계 재난관리책임기관의 장에게 행정상 및 재정상의 조치, 소속 직원의 파견, 그 밖에 필요한 지원을 요청할 수 있다. 이 경우 요청을 받은 관계 재난관리책임기관의 장은 특

별한 사유가 없으면 요청에 따라야 한다.

⑤ <u>수습본부장은 지역사고수습본부를 운영할 수 있으며, 지역사고수습본부의
장(이하 "지역사고수습본부장"이라 한다)은 수습본부장이 지명한다.</u>

⑥ 수습본부장은 해당 재난의 수습에 필요한 범위에서 시·도지사 및 시장·
군수·구청장(시·도대책본부 및 시·군·구대책본부가 운영되는 경우에
는 해당 본부장을 말한다)을 지휘할 수 있다.

⑦ 수습본부장은 재난을 수습하기 위하여 필요하면 대통령령으로 정하는 바에
따라 수습지원단을 구성·운영할 것을 중앙대책본부장에게 요청할 수 있다.

⑧ 수습본부의 구성·운영 등에 필요한 사항은 <u>대통령령</u>으로 정한다.

119 관련법령보기 📄

「재난 및 안전관리 기본법 시행령」 제21조(중앙사고수습본부의 구성·운영)
① 재난관리주관기관의 장은 법 제15조의2 제1항에 따른 중앙사고수습본부를 효율
적으로 운영하기 위하여 중앙사고수습본부의 구성과 운영 등에 필요한 사항(이하
"수습본부운영규정"이라 한다)을 미리 정하여야 한다. 이 경우 중앙대책본부장과
협의를 거쳐야 한다.
② 중앙대책본부장은 수습본부운영규정에 관한 표준안을 작성하여 재난관리주관
기관의 장에게 수습본부운영규정에 반영할 것을 권고할 수 있다.

제16조(지역재난안전대책본부) ★★

① 해당 관할 구역에서 재난의 수습 등에 관한 사항을 총괄·조정하고 필요한
<u>조치</u>를 하기 위하여 시·도지사는 시·도 재난안전대책본부(이하 "<u>시·도
대책본부</u>"라 한다)를 두고, 시장·군수·구청장은 시·군·구 재난안전대
책본부(이하 "시·군·구 대책본부"라 한다)를 둔다.

② 시·도대책본부 또는 시·군·구 대책본부(이하 "<u>지역대책본부</u>"라 한다)의
본부장(이하 "<u>지역대책본부장</u>"이라 한다)은 <u>시·도지사 또는 시장·군수·
구청장</u>이 되며, 지역대책본부장은 지역대책본부의 업무를 총괄하고 필요하
다고 인정하면 대통령령으로 정하는 바에 따라 <u>지역재난안전대책본부회의
를 소집</u>할 수 있다.

③ 시·군·구 대책본부의 장은 재난현장의 총괄·조정 및 지원을 위하여 재
난현장 통합지원본부(이하 "<u>통합지원본부</u>"라 한다)를 설치·운영할 수 있
다. 이 경우 <u>통합지원본부의 장은 긴급구조에 대해서는 시·군·구 긴급구
조통제단장의 현장지휘에 협력</u>하여야 한다.

④ 통합지원본부의 장은 관할 시·군·구의 부단체장이 되며, 실무반을 편성
하여 운영할 수 있다.

⑤ 지역대책본부 및 통합지원본부의 구성과 운영에 필요한 사항은 해당 지방
자치단체의 <u>조례</u>로 정한다.

「재난 및 안전관리 기본법 시행령」 제21조의2(지역대책본부회의)

① 지역대책본부장은 다음 각 호의 사항을 심의·확정하기 위하여 지역대책본부회의를 구성·운영할 수 있다.

1. 자체 재난복구계획에 관한 사항
2. 재난예방대책에 관한 사항
3. 재난응급대책에 관한 사항
4. 재난에 따른 피해지원에 관한 사항
5. 그 밖에 지역대책본부장이 필요하다고 인정하는 사항

② 지역대책본부회의의 구성 및 운영에 관한 사항은 해당 지방자치단체의 조례로 정한다.

제17조(지역대책본부장의 권한 등)

① 지역대책본부장은 재난의 수습을 효율적으로 하기 위하여 해당 시·도 또는 시·군·구를 관할 구역으로 하는 재난관리책임기관의 장에게 행정 및 재정상의 조치나 그 밖에 필요한 업무협조를 요청할 수 있다. 이 경우 요청을 받은 재난관리책임기관의 장은 특별한 사유가 없으면 요청에 따라야 한다.

「재난 및 안전관리 기본법 시행령」 제22조(관계 재난관리책임기관에 대한 재난상황대응계획서의 요청 등)

① 지역대책본부장은 재난의 효율적인 수습을 위한 행정상의 조치를 위하여 시·도 또는 시·군·구(자치구를 말한다. 이하 같다)를 관할구역으로 하는 **재난관리책임기관의 장에게** 다음 각 호의 내용이 포함된 재난상황대응계획서의 작성 및 제출을 요청할 수 있다.

1. 재난 발생의 장소·일시·규모 및 원인
2. 재난대응조치에 관한 사항
3. 재난의 예상 진행 상황
4. 재난의 진행 단계별 조치계획
5. 그 밖에 지역대책본부장이 정하는 사항

② 지역대책본부장은 재난상황대응계획서를 받은 경우에는 그 계획서를 검토한 후 해당 시·도 또는 시·군·구를 관할구역으로 하는 관계 재난관리책임기관의 장에게 필요한 조치나 의견을 제시할 수 있다.

② 지역대책본부장은 재난의 수습을 위하여 필요하다고 인정하면 해당 시·도 또는 시·군·구의 전부 또는 일부를 관할 구역으로 하는 재난관리책임기관의 장에게 소속 직원의 파견을 요청할 수 있다. 이 경우 요청을 받은 재난관리책임기관의 장은 특별한 사유가 없으면 즉시 요청에 따라야 한다.

③ 파견된 직원은 지역대책본부장의 지휘에 따라 재난의 수습에 필요한 소속 기관의 업무를 성실히 수행하여야 하며, 재난의 수습이 끝날 때까지 지역대책본부에서 상근하여야 한다.

제17조의2(재난현장 통합자원봉사지원단의 설치 등)

① <u>지역대책본부장</u>은 재난의 효율적 수습을 위하여 <u>지역대책본부에 통합자원봉사지원단을 설치·운영</u>할 수 있다.

② 통합자원봉사지원단은 다음 각 호의 업무를 수행한다.

1. 자원봉사자의 모집·등록
2. 자원봉사자의 배치 및 운영
3. 자원봉사자에 대한 교육훈련
4. 자원봉사자에 대한 안전조치
5. 자원봉사 관련 정보의 수집 및 제공
6. 그 밖에 자원봉사 활동의 지원에 관한 사항

③ 행정안전부장관은 통합자원봉사지원단의 원활한 운영을 위하여 필요한 경우 지방자치단체에 대하여 행정 및 재정적 지원을 할 수 있다.

④ <u>행정안전부장관, 시·도지사 및 시장·군수·구청장</u>은 통합자원봉사지원단의 원활한 운영을 위하여 필요한 경우 자원봉사 관련 업무 종사자에 대한 교육훈련을 실시할 수 있다.

⑤ 통합자원봉사지원단의 구성·운영에 관하여 필요한 사항은 해당 지방자치단체의 <u>조례</u>로 정한다.

제17조의3(대책지원본부)

① <u>행정안전부장관</u>은 수습본부 또는 지역대책본부의 재난상황의 관리와 재난 수습 등을 효율적으로 지원하기 위하여 필요한 경우에는 <u>대책지원본부를 둘 수 있다.</u>

② <u>대책지원본부의 장(이하 "대책지원본부장"이라 한다)은 행정안전부 소속 공무원 중에서 행정안전부장관이 지명하는 사람</u>이 된다.

③ 대책지원본부장은 재난 수습 등을 효율적으로 지원하기 위하여 필요하면 관계 재난관리책임기관의 장에게 행정상 및 재정상의 조치, 소속 직원의 파견, 그 밖에 필요한 지원을 요청할 수 있다.

④ 대책지원본부의 구성과 운영 등에 필요한 사항은 <u>대통령령</u>으로 정한다.

119 관련법령보기

「재난 및 안전관리 기본법 시행령」 제22조의2(대책지원본부의 구성 및 운영)

① 대책지원본부(이하 "대책지원본부"라 한다)는 행정안전부 소속 공무원, 관계 재난관리책임기관에서 파견된 공무원·직원 및 민간 전문가 등으로 구성한다.

② 대책지원본부의 장은 재난현장 지원 등 재난상황의 관리와 재난 수습을 효율적으로 지원하기 위하여 대책지원본부에 실무반을 설치·운영할 수 있다.

③ 제1항 및 제2항에서 규정한 사항 외에 대책지원본부의 구성 및 운영 등에 필요한 사항은 행정안전부장관이 정한다.

제18조(재난안전상황실) ★★

① <u>행정안전부장관, 시·도지사 및 시장·군수·구청장</u>은 재난정보의 수집·전파, 상황관리, 재난 발생 시 초동조치 및 지휘 등의 업무를 수행하기 위하여 다음 각 호의 구분에 따른 <u>상시 재난안전상황실을 설치·운영</u>하여야 한다.

1. 행정안전부장관 : 중앙재난안전상황실

2. 시·도지사 및 시장·군수·구청장 : 시·도별 및 시·군·구별 재난안전상황실

② <u>중앙행정기관의 장</u>은 소관 업무분야의 재난상황을 관리하기 위하여 <u>재난안전상황실을 설치·운영</u>하거나 재난상황을 관리할 수 있는 체계를 갖추어야 한다.

③ <u>재난관리책임기관의 장</u>은 재난에 관한 상황관리를 위하여 <u>재난안전상황실을 설치·운영</u>할 수 있다.

④ 재난안전상황실은 중앙재난안전상황실 및 다른 기관의 재난안전상황실과 유기적인 협조체제를 유지하고, 재난관리정보를 공유하여야 한다.

119 관련법령보기

「재난 및 안전관리 기본법 시행령」 제23조(재난안전상황실의 설치·운영)

① 재난안전상황실(이하 "재난안전상황실"이라 한다)은 다음 각 호의 요건을 모두 갖추어야 한다.
　1. 신속한 재난정보의 수집·전파와 재난대비 자원의 관리·지원을 위한 재난방송 및 정보통신체계
　2. 재난상황의 효율적 관리를 위한 각종 장비의 운영·관리체계
　3. 재난안전상황실 운영을 위한 전담인력과 운영규정
　4. 그 밖에 행정안전부장관이 정하여 고시하는 사항

② 행정안전부장관, 특별시장·광역시장·특별자치시장·도지사·특별자치도지사(이하 "시·도지사"라 한다), 시장·군수·구청장(자치구의 구청장을 말한다. 이하 같다) 및 소방서장은 재난으로 인하여 재난안전상황실이 그 기능의 전부 또는 일부를 수행할 수 없는 경우를 대비하여 대체상황실을 운영할 수 있다.

제19조(재난 신고 등)

① 누구든지 재난의 발생이나 재난이 발생할 징후를 발견하였을 때에는 즉시 그 사실을 시장·군수·구청장·긴급구조기관, 그 밖의 관계 행정기관에 신고하여야 한다.

② 신고를 받은 시장·군수·구청장과 그 밖의 관계 행정기관의 장은 관할 긴급구조기관의 장에게, 긴급구조기관의 장은 그 소재지 관할 시장·군수·구청장 및 재난관리주관기관의 장에게 통보하여 응급대처방안을 마련할 수 있도록 조치하여야 한다.

제20조(재난상황의 보고)

① 시장·군수·구청장, 소방서장, 해양경찰서장, 재난관리책임기관의 장 또는 국가핵심기반을 관리하는 장은 그 관할 구역, 소관 업무 또는 시설에서 재난이 발생하거나 발생할 우려가 있으면 대통령령으로 정하는 바에 따라 재난 상황에 대해서는 즉시, 응급조치 및 수습현황에 대해서는 지체 없이 각각 행정안전부장관, 관계 재난관리주관기관의 장 및 시·도지사에게 보고하거나 통보하여야 한다. 이 경우 관계 재난관리주관기관의 장 및 시·도지사는 보고받은 사항을 확인·종합하여 행정안전부장관에게 통보하여야 한다.

② 시장·군수·구청장, 소방서장, 해양경찰서장, 재난관리책임기관의 장 또는 국가기반시설의 장은 재난이 발생한 경우 또는 재난 발생을 신고 받거나 통보받은 경우에는 즉시 관계 재난관리책임기관의 장에게 통보하여야 한다.

119 관련법령보기

「재난 및 안전관리 기본법 시행령」 제24조(재난상황의 보고)

① 법 제20조에 따른 재난 상황의 보고 및 통보에는 다음 각 호의 사항이 포함되어야 한다.
1. 재난 발생의 일시·장소와 재난의 원인
2. 재난으로 인한 피해 내용
3. 응급조치 사항
4. 대응 및 복구활동 사항
5. 향후 조치계획
6. 그 밖에 해당 재난을 수습할 책임이 있는 중앙행정기관의 장이 정하는 사항

② 시장·군수·구청장, 소방서장, 해양경찰서장, 재난관리책임기관의 장 또는 국가핵심기반의 장이 보고하여야 하는 재난의 구체적인 종류, 규모 및 보고방법 등은 행정안전부령으로 정한다.

③ 삭제 〈2017. 1. 6.〉

④ 시·도지사는 보고받은 사항이 다음 각 호의 어느 하나에 해당되는 경우에는 이를 종합하여 행정안전부장관 및 재난관리주관기관의 장에게 통보하여야 한다.
1. 재난이 2개 이상의 시·군·구에 걸쳐 발생한 경우
2. 그 밖에 재난의 신속한 수습을 위하여 중앙대책본부장 또는 재난관리주관기관의 장의 지휘·통제나 다른 시·도의 협력이 필요하다고 인정되는 재난

⑤ 재난관리책임기관 중 시·도의 전부 또는 일부를 관할구역으로 하는 재난관리책임기관의 장은 해당 지역에서 소관 업무에 관계되는 재난이 발생하였을 때에는 즉시 그 사실을 재난이 발생한 지역의 관할 시·도지사 및 시장·군수·구청장에게 통보하여야 한다.

「재난 및 안전관리 기본법 시행규칙」 제5조(재난상황의 보고 등)

① 시장(「제주특별자치도 설치 및 국제자유도시 조성을 위한 특별법」에 따른 행정시장을 포함한다. 이하 같다)·군수·구청장(자치구의 구청장을 말한다. 이하 같다), 소방서장, 해양경찰서장, 재난관리책임기관의 장 또는 국가핵심기반의 장(이하 "재난상황의 보고자"라 한다)은 다음 각 호의 구분에 따라 재난상황을 보고해야 한다.

1. 최초 보고 : 인명피해 등 주요 재난 발생 시 지체 없이 서면(전자문서를 포함한다), 팩스, 전화 중 가장 빠른 방법으로 하는 보고
2. 중간 보고 : 별지 제1호 서식(재난의 경우에는 별지 제2호 서식)에 따라 전산시스템 등을 활용하여 재난수습기간 중에 수시로 하는 보고
3. 최종 보고 : 재난 수습이 끝나거나 재난이 소멸된 후 사항을 종합하여 하는 보고

② 재난상황의 보고자는 응급조치 내용을 별지 제3호 서식의 응급복구조치 상황 및 별지 제4호 서식 응급구호조치 상황으로 구분하여 재난기간 중 1일 2회 이상 보고하여야 한다.

「재난 및 안전관리 기본법 시행규칙」 제5조의2(재난 상황의 보고 대상)

시장·군수·구청장, 소방서장, 해양경찰서장, 재난관리책임기관의 장 또는 국가기반시설의 장이 보고하여야 하는 재난의 종류와 규모는 다음 각 호와 같다.

1. 신고 및 보고된 산불
2. 지정된 국가핵심기반에서 발생한 화재·붕괴·폭발
3. 국가기관, 지방자치단체, 공공기관, 지방공사 및 지방공단, 유치원, 학교에서 발생한 화재, 붕괴, 폭발
4. 접경지역에 있는 하천의 급격한 수량 증가나 제방의 붕괴 등을 일으켜 인명 또는 재산에 피해를 줄 수 있는 댐의 방류
5. 감염병의 확산 또는 해외 신종감염병의 국내 유입으로 인한 재난
6. 단일 사고로서 사망 3명 이상(화재 또는 교통사고의 경우에는 5명 이상을 말한다) 또는 부상 20명 이상의 재난
7. 가축전염병에 걸린 가축의 발견
8. 지정문화재의 화재 등 관련 사고
9. 상수원보호구역의 수질오염 사고
10. 수질오염 사고
11. 유선·도선의 충돌, 좌초, 그 밖의 사고
12. 화학사고
13. 지진재해의 발생
14. 그 밖에 행정안전부장관이 정하여 고시하는 재난

제21조(해외재난 상황의 보고 및 관리)

① 재외공관의 장은 관할 구역에서 해외재난이 발생하거나 발생할 우려가 있으면 즉시 그 상황을 외교부장관에게 보고하여야 한다.

② 보고를 받은 외교부장관은 지체 없이 해외재난 발생 또는 발생 우려 지역에 거주하거나 체류하는 대한민국 국민(이하 이 조에서 "해외재난국민"이라 한다)의 생사확인 등 안전 여부를 확인하고, 행정안전부장관 및 관계 중앙행정기관의 장과 협의하여 해외재난국민의 보호를 위한 방안을 마련하여 시행하여야 한다.

③ 해외재난국민의 가족 등은 외교부장관에게 해외재난국민의 생사확인 등 안전 여부 확인을 요청할 수 있다. 이 경우 외교부장관은 특별한 사유가 없으면 그 요청에 따라야 한다.

3 안전관리계획

제22조(국가안전관리기본계획의 수립 등) ★★

① 국무총리는 대통령령으로 정하는 바에 따라 국가의 재난 및 안전관리업무에 관한 기본계획(이하 "국가안전관리기본계획"이라 한다)의 수립지침을 작성하여 관계 중앙행정기관의 장에게 통보하여야 한다.

② 제1항에 따른 수립지침에는 부처별로 중점적으로 추진할 안전관리기본계획의 수립에 관한 사항과 국가재난관리체계의 기본 방향이 포함되어야 한다.

③ 관계 중앙행정기관의 장은 제1항에 따른 수립 지침에 따라 그 소관에 속하는 재난 및 안전관리업무에 관한 기본계획을 작성한 후 국무총리에게 제출하여야 한다.

④ 국무총리는 제3항에 따라 관계 중앙행정기관의 장이 제출한 기본계획을 종합하여 국가안전관리기본계획을 작성하여 중앙위원회의 심의를 거쳐 확정한 후 이를 관계 중앙행정기관의 장에게 통보하여야 한다.

⑤ 중앙행정기관의 장은 제4항에 따라 확정된 국가안전관리기본계획 중 그 소관 사항을 관계 재난관리책임기관(중앙행정기관과 지방자치단체는 제외한다)의 장에게 통보하여야 한다.

⑥ 국가안전관리기본계획을 변경하는 경우에는 제1항부터 제5항까지를 준용한다.

⑦ 국가안전관리기본계획과 제23조의 집행계획, 제24조의 시·도안전관리계획 및 제25조의 시·군·구안전관리계획은 「민방위기본법」에 따른 민방위계획 중 재난관리분야의 계획으로 본다.

⑧ 국가안전관리기본계획에는 다음 각 호의 사항이 포함되어야 한다.

1. 재난에 관한 대책
2. 생활안전, 교통안전, 산업안전, 시설안전, 범죄안전, 식품안전, 안전취약계층 안전 및 그 밖에 이에 준하는 안전관리에 관한 대책

119 관련법령보기 📑

「재난 및 안전관리 기본법 시행령」 제26조(국가안전관리기본계획 수립)
① 국무총리는 법 제22조 제1항에 따른 국가의 재난 및 안전관리업무에 관한 기본계획(이하 "국가안전관리기본계획"이라 한다)의 수립지침을 5년마다 작성해야 한다.
② 국무총리는 법 제22조 제4항에 따라 국가안전관리기본계획을 5년마다 수립해야 한다. 이 경우 관계 기관 및 전문가 등의 의견을 들을 수 있다.
③ 삭제 〈2014. 2. 5.〉
④ 관계 중앙행정기관의 장은 국가안전관리기본계획을 이행하기 위하여 필요한 예산을 반영하는 등의 조치를 하여야 한다.
⑤ 행정안전부장관은 법 제22조 제4항에 따라 통보받은 국가안전관리기본계획을 행정안전부의 인터넷 홈페이지에 공개해야 한다.

제23조(집행계획)

① 관계 중앙행정기관의 장은 통보받은 국가안전관리기본계획에 따라 그 소관 업무에 관한 집행계획을 작성하여 조정위원회의 심의를 거쳐 국무총리의 승인을 받아 확정한다.
② 관계 중앙행정기관의 장은 확정된 집행계획을 행정안전부장관, 시·도지사 및 재난관리책임기관의 장에게 각각 통보하여야 한다.
③ 재난관리책임기관의 장은 통보받은 집행계획에 따라 세부집행계획을 작성하여 관할 시·도지사와 협의한 후 소속 중앙행정기관의 장의 승인을 받아 이를 확정하여야 한다. 이 경우 그 재난관리책임기관의 장이 공공기관이나 공공단체의 장인 경우에는 그 내용을 지부 등 지방조직에 통보하여야 한다.

제23조의2(국가안전관리기본계획 등과의 연계)

관계 중앙행정기관의 장은 소관 개별 법령에 따른 재난 및 안전과 관련된 계획을 수립하는 때에는 국가안전관리기본계획 및 집행계획과 연계하여 작성하여야 한다.

제24조(시·도안전관리계획의 수립)

① 행정안전부장관은 국가안전관리기본계획과 집행계획에 따라 시·도의 재난 및 안전관리업무에 관한 계획(이하 "시·도안전관리계획"이라 한다)의 수립지침을 작성하여 이를 시·도지사에게 통보하여야 한다.

② 시·도의 전부 또는 일부를 관할 구역으로 하는 재난관리책임기관의 장은 그 소관 재난 및 안전관리업무에 관한 계획을 작성하여 관할 시·도지사에게 제출하여야 한다.

③ <u>시·도지사</u>는 통보받은 수립지침과 제출받은 재난 및 안전관리업무에 관한 계획을 종합하여 <u>시·도안전관리계획을 작성하고 시·도위원회의 심의를 거쳐 확정</u>한다.

④ 시·도지사는 확정된 시·도안전관리계획을 행정안전부장관에게 보고하고, 재난관리책임기관의 장에게 통보하여야 한다.

제25조(시·군·구안전관리계획의 수립)

① 시·도지사는 확정된 시·도안전관리계획에 따라 시·군·구의 재난 및 안전관리업무에 관한 계획(이하 "시·군·구안전관리계획"이라 한다)의 수립지침을 작성하여 시장·군수·구청장에게 통보하여야 한다.

② 시·군·구의 전부 또는 일부를 관할 구역으로 하는 재난관리책임기관의 장은 그 소관 재난 및 안전관리업무에 관한 계획을 작성하여 시장·군수·구청장에게 제출하여야 한다.

③ <u>시장·군수·구청장</u>은 통보받은 수립지침과 제출받은 재난 및 안전관리업무에 관한 계획을 종합하여 <u>시·군·구안전관리계획을 작성하고 시·군·구위원회의 심의를 거쳐 확정</u>한다.

④ 시장·군수·구청장은 확정된 시·군·구안전관리계획을 시·도지사에게 보고하고, 재난관리책임기관의 장에게 통보하여야 한다.

4 재난의 예방

제25조의2(재난관리책임기관의 장의 재난예방조치 등)

① <u>재난관리책임기관의 장</u>은 소관 관리대상 업무의 분야에서 재난 발생을 사전에 방지하기 위하여 다음 각 호의 조치를 하여야 한다.

1. 재난에 대응할 조직의 구성 및 정비
2. 재난의 예측 및 예측정보 등의 제공·이용에 관한 체계의 구축
3. 재난 발생에 대비한 교육·훈련과 재난관리예방에 관한 홍보
4. 재난이 발생할 위험이 높은 분야에 대한 안전관리체계의 구축 및 안전관리규정의 제정
5. 지정된 국가핵심기반의 관리
6. 특정관리대상지역에 관한 조치
7. 재난방지시설의 점검·관리

7의2. 재난관리자원의 비축과 장비 · 시설 및 인력의 지정

8. 그 밖에 재난을 예방하기 위하여 필요하다고 인정되는 사항

---

119 관련법령보기 📖

「재난 및 안전관리 기본법 시행령」 제29조의2(재난 사전 방지조치)

① 행정안전부장관은 법 제25조의2 제1항에 따라 재난 발생을 사전에 방지하기 위하여 다음 각 호의 사항이 포함된 재난발생 징후 정보(이하 "재난징후정보"라 한다)를 수집 · 분석하여 관계 재난관리책임기관의 장에게 미리 필요한 조치를 하도록 요청할 수 있다.

   1. 재난 발생 징후가 포착된 위치

   2. 위험요인 발생 원인 및 상황

   3. 위험요인 제거 및 조치 사항

   4. 그 밖에 재난 발생의 사전 방지를 위하여 필요한 사항

② 행정안전부장관은 재난징후정보의 효율적 조사 · 분석 및 관리를 위하여 재난징후정보 관리시스템을 운영할 수 있다.

---

② 재난관리책임기관의 장은 재난예방조치를 효율적으로 시행하기 위하여 필요한 사업비를 확보하여야 한다.

③ 재난관리책임기관의 장은 다른 재난관리책임기관의 장에게 재난을 예방하기 위하여 필요한 협조를 요청할 수 있다. 이 경우 요청을 받은 다른 재난관리책임기관의 장은 특별한 사유가 없으면 요청에 따라야 한다.

④ 재난관리책임기관의 장은 재난관리의 실효성을 확보할 수 있도록 안전관리체계 및 안전관리규정을 정비 · 보완하여야 한다.

⑤ <u>재난관리책임기관의 장 및 국회 · 법원 · 헌법재판소 · 중앙선거관리위원회의 행정사무를 처리하는</u> 기관의 장은 재난상황에서 해당 기관의 핵심기능을 유지하는 데 필요한 계획(이하 "기능연속성계획"이라 한다)을 수립 · 시행하여야 한다.

⑥ <u>행정안전부장관</u>이 재난상황에서 해당 기관 · 단체의 핵심 기능을 유지하는 것이 특별히 필요하다고 인정하여 고시하는 기관 · 단체(민간단체를 포함한다) 및 민간업체는 <u>기능연속성계획을 수립 · 시행하여야 한다</u>. 이 경우 민간단체 및 민간업체에 대해서는 해당 단체 및 업체와 협의를 거쳐야 한다.

⑦ <u>행정안전부장관</u>은 재난관리책임기관과 기관 · 단체 및 민간업체의 <u>기능연속성계획 이행실태를 정기적으로 점검</u>하고, 재난관리책임기관에 대해서는 그 결과를 재난관리체계 등에 대한 평가에 반영할 수 있다.

⑧ 기능연속성계획에 포함되어야 할 사항 및 계획수립의 절차 등은 국회규칙, 대법원규칙, 헌법재판소규칙, 중앙선거관리위원회규칙 및 대통령령으로 정한다.

「재난 및 안전관리 기본법 시행령」 제29조의3(기능연속성계획의 수립 등)

① 행정안전부장관은 법 제25조의2 제5항에 따른 계획(이하 "기능연속성계획"이라 한다)의 수립에 관한 지침을 작성하여 다음 각 호의 기관·단체 등(이하 "기능연속성계획수립기관"이라 한다)의 장에게 통보해야 한다.

  1. 재난관리책임기관

  2. 법 제25조의2 제6항에 따라 행정안전부장관이 고시하는 기관·단체(민간단체를 포함한다. 이하 이 조에서 같다) 및 민간업체

② 제1항에 따른 지침을 통보받은 관계 중앙행정기관의 장 및 시·도지사는 소관 업무 또는 관할 지역의 특수성을 반영한 지침을 작성하여 관계 재난관리책임기관의 장 및 관할 지역의 재난관리책임기관의 장에게 각각 통보할 수 있다.

③ 기능연속성계획에는 다음 각 호의 사항이 포함되어야 한다.

  1. 기능연속성계획수립기관의 핵심기능의 선정과 우선순위에 관한 사항

  2. 재난상황에서 핵심기능을 유지하기 위한 의사결정권자 지정 및 그 권한의 대행에 관한 사항

  3. 핵심기능의 유지를 위한 대체시설, 장비 등의 확보에 관한 사항

  4. 재난상황에서의 소속 직원의 활동계획 등 기능연속성계획의 구체적인 시행절차에 관한 사항

  5. 소속 직원 등에 대한 기능연속성계획의 교육·훈련에 관한 사항

  6. 그 밖에 기능연속성계획수립기관의 장이 재난상황에서 해당 기관의 핵심기능을 유지하는 데 필요하다고 인정하는 사항

④ 기능연속성계획수립기관의 장은 기능연속성계획을 수립하거나 변경한 경우에는 수립 또는 변경 후 1개월 이내에 행정안전부장관에게 통보해야 한다. 이 경우 시장·군수·구청장은 시·도지사를 거쳐 통보하고, 별표 1의2에 따른 재난관리책임기관의 장은 관계 중앙행정기관의 장이나 시·도지사를 거쳐 통보한다.

⑤ 행정안전부장관은 법 제25조의2 제7항에 따라 기능연속성계획의 이행실태를 점검(이하 이 조에서 "이행실태점검"이라 한다)하는 경우에는 기능연속성계획수립기관의 장에게 미리 이행실태점검 계획을 통보해야 한다.

⑥ 행정안전부장관은 이행실태점검을 하는 경우에는 다음 각 호의 구분에 따라 해당 호에서 정하는 행정기관과 합동으로 점검을 할 수 있다.

  1. 재난관리책임기관과 행정안전부장관이 고시하는 기관·단체 및 민간업체 : 관계 중앙행정기관의 장 또는 소관 지방자치단체의 장

  2. 시·군·구 : 시·도지사

⑦ 행정안전부장관은 이행실태점검 결과에 따라 기능연속성계획수립기관의 장에게 시정이나 보완 등을 요청할 수 있으며, 재난관리책임기관에 대해서는 시정이나 보완 등을 요청한 사항이 적정하게 반영되었는지를 재난관리체계 등에 대한 평가에 반영할 수 있다.

⑧ 기능연속성계획의 수립 및 이행실태점검에 필요한 사항은 행정안전부장관이 정한다.

제26조(국가핵심기반시설의 지정 등)

① 관계 중앙행정기관의 장은 소관 분야의 국가핵심기반을 다음 각 호의 기준에 따라 조정위원회의 심의를 거쳐 지정할 수 있다.

1. 다른 국가핵심기반시설이나 체계 등에 미치는 연쇄효과
2. 둘 이상의 중앙행정기관의 공동대응 필요성
3. 재난이 발생하는 경우 국가안전보장과 경제·사회에 미치는 피해 규모 및 범위
4. 재난의 발생 가능성 또는 그 복구의 용이성

② 관계 중앙행정기관의 장은 지정 여부를 결정하기 위하여 필요한 자료의 제출을 소관 재난관리책임기관의 장에게 요청할 수 있다.

③ 관계 중앙행정기관의 장은 소관 재난관리책임기관이 해당 업무를 폐지·정지 또는 변경하는 경우에는 조정위원회의 심의를 거쳐 국가핵심기반의 지정을 취소할 수 있다.

④ 국가핵심기반의 지정 및 지정취소 등에 필요한 사항은 대통령령으로 정한다.

제26조의2(국가핵심기반의 관리 등)

① 관계 중앙행정기관의 장은 국가핵심기반을 지정한 경우에는 대통령령으로 정하는 바에 따라 소관 분야 국가핵심기반 보호계획을 수립하여 해당 관리기관의 장에게 통보하여야 한다.

② 관리기관의 장은 통보받은 국가핵심기반 보호계획에 따라 소관 국가핵심기반에 대한 보호계획을 수립·시행하여야 한다.

③ 행정안전부장관 또는 관계 중앙행정기관의 장은 대통령령으로 정하는 바에 따라 국가핵심기반의 보호 및 관리 실태를 확인·점검할 수 있다.

④ 행정안전부장관은 국가핵심기반에 대한 데이터베이스를 구축·운영하고, 관계 중앙행정기관의 장이 재난관리정책의 수립 등에 이용할 수 있도록 통합지원할 수 있다.

제27조(특정관리대상지역의 지정 및 관리 등)

① 중앙행정기관의 장 또는 지방자치단체의 장은 재난이 발생할 위험이 높거나 재난예방을 위하여 계속적으로 관리할 필요가 있다고 인정되는 지역을 대통령령으로 정하는 바에 따라 특정관리대상 지역으로 지정할 수 있다.

119 관련법령보기 🔖

「**재난 및 안전관리 기본법 시행령**」 **제31조(특정관리대상시설등의 지정 등)**
① 중앙행정기관의 장 또는 지방자치단체의 장은 특정관리대상지역을 지정하기
　위하여 소관 지역의 현황을 매년 정기적으로 또는 수시로 조사하여야 한다.

「**재난 및 안전관리 기본법 시행령**」 **제34조의2(특정관리대상지역의 안전등급 및**
안전점검 등)
① 재난관리책임기관의 장은 지정된 특정관리대상지역을 특정관리대상지역의 지
　정·관리 등에 관한 지침에서 정하는 안전등급의 평가 기준에 따라 다음 각
　호의 어느 하나에 해당하는 등급으로 구분하여 관리하여야 한다.
　1. A등급 : 안전도가 우수한 경우
　2. B등급 : 안전도가 양호한 경우
　3. C등급 : 안전도가 보통인 경우
　4. D등급 : 안전도가 미흡한 경우
　5. E등급 : 안전도가 불량한 경우
③ 재난관리책임기관의 장은 다음 각 호의 구분에 따라 특정관리대상지역에 대한
　안전점검을 실시하여야 한다.
　1. 정기안전점검
　　가. A등급, B등급 또는 C등급에 해당하는 특정관리대상지역 : 반기별 1회
　　　 이상
　　나. D등급에 해당하는 특정관리대상지역 : 월 1회 이상
　　다. E등급에 해당하는 특정관리대상지역 : 월 2회 이상
　2. 수시안전점검 : 재난관리책임기관의 장이 필요하다고 인정하는 경우

② **재난관리책임기관의 장**은 지정된 특정관리대상지역에 대하여 대통령령으
　로 정하는 바에 따라 재난 발생의 위험성을 제거하기 위한 조치 등 특정관
　리대상지역의 관리·정비에 필요한 조치를 하여야 한다.

③ **중앙행정기관의 장, 지방자치단체의 장 및 재난관리책임기관의 장**은 지정 및
　조치 결과를 대통령령으로 정하는 바에 따라 행정안전부장관에게 보고하거
　나 통보하여야 한다.

④ **행정안전부장관**은 보고받거나 통보받은 사항을 대통령령으로 정하는 바에
　따라 정기적으로 또는 수시로 국무총리에게 보고하여야 한다.

⑤ **국무총리**는 보고받은 사항 중 재난을 예방하기 위하여 필요하다고 인정하
　는 사항에 대해서는 중앙행정기관의 장, 지방자치단체의 장 또는 재난관리
　책임기관의 장에게 시정조치나 보완을 요구할 수 있다.

⑥ 특정관리대상지역의 지정, 관리 및 정비에 필요한 사항은 대통령령으로 정
　한다.

제28조(지방자치단체에 대한 지원 등)

행정안전부장관은 지방자치단체의 조치 등에 필요한 지원 및 지도를 할 수 있고, 관계 중앙행정기관의 장에게 협조를 요청할 수 있다.

제29조(재난방지시설의 관리)

① 재난관리책임기관의 장은 관계 법령 또는 제3장의 안전관리계획에서 정하는 바에 따라 대통령령으로 정하는 재난방지시설을 점검·관리하여야 한다.

② 행정안전부장관은 재난방지시설의 관리 실태를 점검하고 필요한 경우 보수·보강 등의 조치를 재난관리책임기관의 장에게 요청할 수 있다. 이 경우 요청을 받은 재난관리책임기관의 장은 신속하게 조치를 이행하여야 한다.

119 관련법령보기

「재난 및 안전관리 기본법 시행령」 제37조(재난방지시설의 범위)

① 법 제29조 제1항에서 "대통령령으로 정하는 재난방지시설"이란 다음 각 호의 어느 하나에 해당하는 시설을 말한다.

1. 「소하천정비법」 제2조 제3호에 따른 소하천부속물 중 제방·호안(기슭·둑 침식 방지 시설)·보 및 수문

2. 「하천법」 제2조 제3호에 따른 하천시설 중 댐·하구둑·제방·호안·수제·보·갑문·수문·수로터널·운하 및 「수자원의 조사·계획 및 관리에 관한 법률 시행령」 제2조 제2호에 따른 수문조사시설 중 홍수발생의 예보를 위한 시설

3. 「국토의 계획 및 이용에 관한 법률」 제2조 제6호 마목에 따른 방재시설

4. 「하수도법」 제2조 제3호에 따른 하수도 중 하수관로 및 공공하수처리시설

5. 「농어촌정비법」 제2조 제6호에 따른 농업생산기반시설 중 저수지, 양수장, 우물 등 지하수이용시설, 배수장, 취입보(取入洑), 용수로, 배수로, 웅덩이, 방조제, 제방

6. 「사방사업법」 제2조 제3호에 따른 사방시설

7. 「댐건설 및 주변지역지원 등에 관한 법률」 제2조 제1호에 따른 댐

8. 「어촌·어항법」 제2조 제5호 다목(4)에 따른 유람선·낚시어선·모터보트·요트 또는 윈드서핑 등의 수용을 위한 레저용 기반시설

9. 「도로법」 제2조 제2호에 따른 도로의 부속물 중 방설·제설시설, 토사유출·낙석 방지 시설, 공동구(共同溝), 같은 법 시행령 제2조 제2호에 따른 터널·교량·지하도 및 육교

10. 법 제38조에 따른 재난 예보·경보시설

11. 「항만법」 제2조 제5호에 따른 항만시설

12. 그 밖에 행정안전부장관이 정하여 고시하는 재난을 예방하기 위하여 설치한 시설

제29조의2(재난안전분야 종사자 교육)

① 재난관리책임기관에서 재난 및 안전관리업무를 담당하는 공무원이나 직원은 행정안전부장관이 실시하는 전문교육(이하 "전문교육"이라 한다)을 행정안전부령으로 정하는 바에 따라 정기적으로 또는 수시로 받아야 한다.

② 행정안전부장관은 필요하다고 인정하면 대통령령으로 정하는 전문인력 및 시설기준을 갖춘 교육기관으로 하여금 전문교육을 대행하게 할 수 있다.

③ 행정안전부장관은 정당한 사유 없이 전문교육을 받지 아니한 자에 대하여 소속 재난관리책임기관의 장에게 징계할 것을 요구할 수 있다.

④ 전문교육의 종류 및 대상, 그 밖에 전문교육의 실시에 필요한 사항은 행정안전부령으로 정한다.

제30조(재난예방을 위한 긴급안전점검 등)

① <u>행정안전부장관 또는 재난관리책임기관(행정기관만을 말한다. 이하 이 조에서 같다)의 장</u>은 대통령령으로 정하는 시설 및 지역에 재난이 발생할 우려가 있는 등 대통령령으로 정하는 긴급한 사유가 있으면 소속 공무원으로 하여금 긴급안전점검을 하게 하고, 행정안전부장관은 다른 재난관리책임기관의 장에게 긴급안전점검을 하도록 요구할 수 있다. 이 경우 요구를 받은 재난관리책임기관의 장은 특별한 사유가 없으면 요구에 따라야 한다.

② 긴급안전점검을 하는 공무원은 관계인에게 필요한 질문을 하거나 관계 서류 등을 열람할 수 있다.

③ 긴급안전점검의 절차 및 방법, 긴급안전점검결과의 기록·유지 등에 필요한 사항은 대통령령으로 정한다.

④ 긴급안전점검을 하는 공무원은 그 권한을 표시하는 증표를 지니고 이를 관계인에게 보여주어야 한다.

⑤ <u>행정안전부장관</u>은 긴급안전점검을 하면 그 결과를 해당 재난관리책임기관의 장에게 통보하여야 한다.

제31조(재난예방을 위한 안전조치)

① <u>행정안전부장관 또는 재난관리책임기관(행정기관만을 말한다)의 장</u>은 긴급안전점검 결과 재난 발생의 위험이 높다고 인정되는 시설 또는 지역에 대하여는 대통령령으로 정하는 바에 따라 <u>그 소유자·관리자 또는 점유자에게 다음 각 호의 안전조치를 할 것을 명할 수 있다.</u>

　1. 정밀안전진단(시설만 해당한다)

　2. 보수(補修) 또는 보강 등 정비

　3. 재난을 발생시킬 위험 요인의 제거

기출 플러스

행정안전부장관 또는 재난관리책임기관(행정기관만을 말한다. 이하 이 조에서 같다)의 장은 제30조에 따른 긴급안전점검 결과 재난 발생의 위험이 높다고 인정되는 시설 또는 지역에 대하여는 대통령령으로 정하는 바에 따라 그 소유자·관리자 또는 점유자에게 안전조치를 할 것을 명할 수 있는데 이에 포함되지 않는 것은?

　　　　　　　　[13 전북 기출]

① 정밀안전진단
② 보수 또는 보강 등 정비
③ 재난을 발생시킬 위험요인 제거
④ 즉시 퇴피명령

해설

재난예방을 위한 안전조치에 즉시 퇴피명령은 해당하지 않는다. ①, ②, ③은 안전조치에 해당된다.

　　　　　　　　정답 ④

② 안전조치명령을 받은 소유자·관리자 또는 점유자는 이행계획서를 작성하여 행정안전부장관 또는 재난관리책임기관의 장에게 제출한 후 안전조치를 하고, 행정안전부령으로 정하는 바에 따라 그 결과를 행정안전부장관 또는 재난관리책임기관의 장에게 통보하여야 한다.

③ 행정안전부장관 또는 재난관리책임기관의 장은 안전조치명령을 받은 자가 그 명령을 이행하지 아니하거나 이행할 수 없는 상태에 있고, 안전조치를 이행하지 아니할 경우 공중의 안전에 위해를 끼칠 수 있어 재난의 예방을 위하여 긴급하다고 판단하면 그 시설 또는 지역에 대하여 사용을 제한하거나 금지시킬 수 있다. 이 경우 그 제한하거나 금지하는 내용을 보기 쉬운 곳에 게시하여야 한다.

④ 행정안전부장관 또는 재난관리책임기관의 장은 안전조치명령을 받아 이를 이행하여야 하는 자가 그 명령을 이행하지 아니하거나 이행할 수 없는 상태에 있고, 재난예방을 위하여 긴급하다고 판단하면 그 명령을 받아 이를 이행하여야 할 자를 갈음하여 필요한 안전조치를 할 수 있다. 이 경우 「행정대집행법」을 준용한다.

⑤ 행정안전부장관 또는 재난관리책임기관의 장은 안전조치를 할 때에는 미리 해당 소유자·관리자 또는 점유자에게 서면으로 이를 알려 주어야 한다. 다만, 긴급한 경우에는 구두로 알리되, 미리 구두로 알리는 것이 불가능하거나 상당한 시간이 걸려 공중의 안전에 위해를 끼칠 수 있는 경우에는 안전조치를 한 후 그 결과를 통보할 수 있다.

제31조의2(안전취약계층에 대한 안전 환경 지원)

① 재난관리책임기관의 장은 안전취약계층이 재난이나 그 밖의 각종 사고로부터 안전을 확보할 수 있는 생활환경을 조성하기 위하여 안전용품의 제공 및 시설 개선 등 필요한 사항을 지원하기 위하여 노력하여야 한다.

② 지원의 대상, 범위, 방법 및 절차 등에 필요한 사항은 대통령령 또는 해당 지방자치단체의 조례로 정한다.

③ 행정안전부장관은 재난관리책임기관의 장에게 지원이 원활히 수행되는 데 필요한 사항을 요청할 수 있다. 이 경우 요청을 받은 재난관리책임기관의 장은 특별한 사유가 없으면 요청에 따라야 한다.

④ 행정안전부장관은 지원과 관련하여 지방자치단체에 필요한 지원 및 지도를 할 수 있다.

119 관련법령보기

「재난 및 안전관리 기본법 시행령」 제39조의2(안전취약계층에 대한 안전 환경 지원)

① 중앙행정기관의 장이 법 제31조의2 제1항에 따라 안전취약계층으로 지원하는
   대상은 다음 각 호와 같다.
   1. 13세 미만의 어린이
   2. 65세 이상의 노인
   3. 「장애인복지법」 제2조에 따른 **장애인**
   4. 그 밖에 재난이나 그 밖의 각종 사고에 취약하다고 인정되는 사람
② 중앙행정기관의 장은 제1항 각 호에 따른 안전취약계층에게 다음 각 호의 사항을
   지원할 수 있다.
   1. 안전관리를 위하여 필요한 소방·가스·전기 등의 안전점검 및 시설 개선
   2. 어린이 보호구역 등 취약지역의 안전 확보를 위한 환경 개선
   3. 재난 및 사고 예방을 위하여 필요한 안전장비 및 용품의 제공
   4. 그 밖에 안전취약계층의 안전한 생활환경을 조성하기 위하여 필요하다고
      인정되는 사항
③ 제1항 및 제2항에서 규정한 사항 외에 안전취약계층에 대한 안전 환경 지원에
   필요한 사항은 중앙행정기관의 장이 정한다.

제32조(정부합동 안전 점검)

① **행정안전부장관**은 재난관리책임기관의 재난 및 안전관리 실태를 점검하기
   위하여 대통령령으로 정하는 바에 따라 **정부합동안전점검단(이하 "정부합
   동점검단"이라 한다)을 편성**하여 안전 점검을 실시할 수 있다.
② 행정안전부장관은 정부합동점검단을 편성하기 위하여 필요하면 관계 재난
   관리책임기관의 장에게 관련 공무원 또는 직원의 파견을 요청할 수 있다.
   이 경우 요청을 받은 관계 재난관리책임기관의 장은 특별한 사유가 없으면
   요청에 따라야 한다.
③ 행정안전부장관은 점검을 실시하면 점검결과를 관계 재난관리책임기관의
   장에게 통보하고, 보완이나 개선이 필요한 사항에 대한 조치를 관계 재난
   관리책임기관의 장에게 요구할 수 있다.
④ 점검결과 및 조치 요구사항을 통보받은 관계 재난관리책임기관의 장은 보
   완이나 개선이 필요한 사항에 대한 조치계획을 수립하여 필요한 조치를 한
   후 그 결과를 행정안전부장관에게 통보하여야 한다.
⑤ 행정안전부장관은 조치 결과를 점검할 수 있다.
⑥ 행정안전부장관은 안전 점검 결과와 조치 결과를 안전정보통합관리시스템
   을 통하여 공개할 수 있다. 다만, 「공공기관의 정보공개에 관한 법률」 제9
   조 제1항 각 호의 어느 하나에 해당하는 정보에 대해서는 공개하지 아니할
   수 있다.

제32조의3(집중 안전점검 기간 운영 등)

① 행정안전부장관은 재난을 예방하고 국민의 안전의식을 높이기 위하여 재난 관리책임기관의 장의 의견을 들어 매년 집중 안전점검 기간을 설정하고 그 운영에 필요한 계획을 수립하여야 한다.

② 행정안전부장관 및 재난관리책임기관의 장은 집중 안전점검 기간 동안에 재난이나 그 밖의 각종 사고의 발생이 우려되는 시설 등에 대하여 집중적으로 안전점검을 실시할 수 있다.

③ 행정안전부장관은 집중 안전점검 기간에 실시한 안전점검 결과로서 재난관리책임기관의 장이 관계 법령에 따라 공개하는 정보를 안전정보통합관리시스템을 통하여 공개할 수 있다.

④ 집중 안전점검 기간의 설정 및 운영 등에 필요한 사항은 대통령령으로 정한다.

제33조(안전관리전문기관에 대한 자료요구 등)

① 행정안전부장관은 재난 예방을 효율적으로 추진하기 위하여 대통령령으로 정하는 안전관리전문기관에 안전점검결과, 주요시설물의 설계도서 등 대통령령으로 정하는 안전관리에 필요한 자료를 요구할 수 있다.

② 자료를 요구받은 안전관리전문기관의 장은 특별한 사유가 없으면 요구에 따라야 한다.

 119 관련법령보기

「재난 및 안전관리 기본법 시행령」 제40조(안전관리전문기관)

법 제33조 제1항에 따른 안전관리전문기관은 다음 각 호와 같다.

1. 「소방산업의 진흥에 관한 법률」 제14조에 따른 한국소방산업기술원
2. 「한국농어촌공사 및 농지관리기금법」에 따른 한국농어촌공사
3. 「고압가스 안전관리법」에 따른 한국가스안전공사
4. 「전기안전관리법」에 따른 한국전기안전공사
5. 「에너지이용 합리화법」에 따른 한국에너지공단
6. 「한국산업안전보건공단법」에 따른 한국산업안전보건공단
7. 「국토안전관리원법」에 따른 국토안전관리원
8. 「한국교통안전공단법」에 따른 한국교통안전공단
9. 「도로교통법」에 따른 도로교통공단
10. 「자연재해대책법」에 따른 한국방재협회
11. 「소방기본법」에 따른 한국소방안전원
12. 「승강기 안전관리법」에 따른 한국승강기안전공단
13. 그 밖에 행정안전부장관이 안전관리에 관한 자료를 요구할 필요가 있다고 인정하여 고시하는 기관

제33조의2(재난관리체계 등에 대한 평가 등)

① 행정안전부장관은 재난관리책임기관에 대하여 대통령령으로 정하는 바에 따라 다음 각 호의 사항을 정기적으로 평가할 수 있다.

  1. 대규모재난의 발생에 대비한 단계별 예방·대응 및 복구과정

  2. 제25조의2 제1항 제1호에 따른 재난에 대응할 조직의 구성 및 정비 실태

  3. 제25조의2 제4항에 따른 안전관리체계 및 안전관리규정

  4. 제68조에 따른 재난관리기금의 운용 현황

② 제1항에도 불구하고 공공기관에 대하여는 관할 중앙행정기관의 장이 평가를 하고, 시·군·구에 대하여는 시·도지사가 평가를 한다.

③ 행정안전부장관은 다음 각 호의 어느 하나에 해당하는 경우에는 제2항에 따른 평가에 대한 확인평가를 할 수 있다.

  1. 제5항에 따른 우수한 기관을 선정하기 위하여 필요한 경우

  2. 그 밖에 행정안전부장관이 재난 및 안전관리를 위하여 필요하다고 인정하는 경우

④ 행정안전부장관은 제1항과 제3항에 따른 평가 결과를 중앙위원회에 종합보고한다.

⑤ 행정안전부장관은 필요하다고 인정하면 해당 재난관리책임기관의 장에게 시정조치나 보완을 요구할 수 있으며, 우수한 기관에 대하여는 예산지원 및 포상 등 필요한 조치를 할 수 있다. 다만, 공공기관의 장 및 시장·군수·구청장에게 시정조치나 보완 요구를 하려는 경우에는 관할 중앙행정기관의 장 및 시·도지사에게 한다.

⑥ 행정안전부장관은 제2항에 따른 공공기관에 대한 평가 결과를 「공공기관의 운영에 관한 법률」 제48조에 따른 공공기관 경영실적 평가에 반영하도록 기획재정부장관에게 요구할 수 있다.

제33조의3(재난관리 실태 공시 등)

① 시장·군수·구청장(제3호의 경우에는 시·도지사를 포함한다)은 다음 각 호의 사항이 포함된 재난관리 실태를 매년 1회 이상 관할 지역 주민에게 공시하여야 한다.

  1. 전년도 재난의 발생 및 수습 현황

  2. 제25조의2 제1항에 따른 재난예방조치 실적

  3. 제67조에 따른 재난관리기금의 적립 및 집행 현황

  4. 제34조의5에 따른 현장조치 행동매뉴얼의 작성·운용 현황

  5. 그 밖에 대통령령으로 정하는 재난관리에 관한 중요 사항

② 행정안전부장관 또는 시·도지사는 제33조의2에 따른 평가 결과를 공개할 수 있다.

③ 제1항 및 제2항에 따른 공시방법 및 시기 등 필요한 사항은 대통령령으로 정한다.

> ### 119 관련법령보기 📖
>
> **「재난 및 안전관리 기본법 시행령」 제42조의2(재난관리실태 공시방법 및 시기 등)**
> ① 법 제33조의3 제1항 제5호에서 "대통령령으로 정하는 재난관리에 관한 중요 사항"이란 다음 각 호의 사항을 말한다.
>   1. 「자연재해대책법」 제75조의2에 따른 지역안전도 진단 결과
>   2. 그 밖에 재난관리를 위하여 시장·군수·구청장이 지역주민에게 알릴 필요가 있다고 인정하는 사항
> ② 시장·군수·구청장은 매년 3월 31일까지 법 제33조의3 제1항에 따른 **재난관리 실태**를 해당 지방자치단체의 인터넷 홈페이지 또는 공보에 공고해야 한다.
> ③ 법 제33조의3 제2항에 따라 공개하는 평가 결과에는 다음 각 호의 사항이 포함되어야 한다.
>   1. 평가시기 및 대상기관
>   2. 평가 결과 우수기관으로 선정된 기관

5 재난의 대비

제34조(재난관리자원의 비축·관리)

① <u>재난관리책임기관의 장</u>은 재난의 수습활동에 필요한 대통령령으로 정하는 장비, 물자, 자재 및 시설(이하 "재난관리자원"이라 한다)을 비축·관리하여야 한다.

② <u>행정안전부장관, 시·도지사 또는 시장·군수·구청장</u>은 재난 발생에 대비하여 민간기관·단체 또는 소유자와 협의하여 제37조에 따라 응급조치에 사용할 장비, 시설 및 인력을 지정·관리할 수 있다.

③ <u>행정안전부장관, 시·도지사 또는 시장·군수·구청장</u>은 제2항에 따른 지정·관리를 위하여 필요한 경우에는 관계 행정기관의 장, 「공공기관의 운영에 관한 법률」 제2조에 따른 공공기관의 장, 「지방공기업법」 제49조에 따른 지방공사 또는 같은 법 제76조에 따른 지방공단의 장에게 다음 각 호에 따른 정보의 제공을 요청할 수 있다. 이 경우 요청을 받은 관계 행정기관의 장 또는 공공기관의 장 등은 정당한 사유가 없으면 이에 따라야 한다.

1. 「건설기계관리법」 제3조에 따른 건설기계의 등록정보
2. 그 밖에 제37조에 따른 응급조치에 사용할 장비, 시설 및 인력에 관한 정보로서 대통령령으로 정하는 정보

④ <u>행정안전부장관</u>은 제1항에 따라 재난관리책임기관의 장이 비축·관리하는 재난관리자원을 체계적으로 관리 및 활용할 수 있도록 재난관리자원공동활용시스템(이하 "자원관리시스템"이라 한다)을 구축·운영할 수 있다.

⑤ <u>행정안전부장관</u>은 자원관리시스템을 공동으로 활용하기 위하여 재난관리자원의 공동활용 기준을 정하여 재난관리책임기관의 장에게 통보할 수 있다. 이 경우 재난관리책임기관의 장은 통보받은 재난관리자원의 공동활용 기준에 따라 재난관리자원을 관리하여야 한다.

⑥ 제2항에 따른 장비, 시설 및 인력의 지정·관리와 자원관리시스템의 구축·운영 등에 필요한 사항은 행정안전부령으로 정한다.

제34조의2(재난현장 긴급통신수단의 마련)

① <u>재난관리책임기관의 장</u>은 재난의 발생으로 인하여 통신이 끊기는 상황에 대비하여 미리 유선이나 무선 또는 위성통신망을 활용할 수 있도록 긴급통신수단을 마련하여야 한다.

② <u>행정안전부장관</u>은 재난현장에서 제1항에 따른 긴급통신수단(이하 "긴급통신수단"이라 한다)이 공동 활용될 수 있도록 하기 위하여 재난관리책임기관, 긴급구조기관 및 긴급구조지원기관에서 보유하고 있는 긴급통신수단의 보유 현황 등을 조사하고, 긴급통신수단을 관리하기 위한 체계를 구축·운영할 수 있다.

③ <u>행정안전부장관</u>은 제2항에 따른 조사를 위하여 필요한 자료의 제출을 재난관리책임기관, 긴급구조기관 및 긴급구조지원기관의 장에게 요청할 수 있다. 이 경우 요청을 받은 관계 기관의 장은 특별한 사유가 없으면 요청에 따라야 한다.

④ 긴급통신수단을 관리하기 위한 체계를 구축·운영하는 데 필요한 사항은 대통령령으로 정한다.

제34조의3(국가재난관리기준의 제정·운용 등)

① <u>행정안전부장관</u>은 재난관리를 효율적으로 수행하기 위하여 다음 각 호의 사항이 포함된 국가재난관리기준을 제정하여 운용하여야 한다. 다만, 「산업표준화법」 제12조에 따른 한국산업표준을 적용할 수 있는 사항에 대하여는 한국산업표준을 반영할 수 있다.

1. 재난분야 용어정의 및 표준체계 정립
2. 국가재난 대응체계에 대한 원칙
3. 재난경감·상황관리·자원관리·유지관리 등에 관한 일반적 기준
4. 그 밖의 대통령령으로 정하는 사항

119 관련법령보기

「재난 및 안전관리 기본법 시행령」제43조의4(국가재난관리기준에 포함될 사항)
법 제34조의3 제1항 제4호에서 "대통령령으로 정하는 사항"이란 다음 각 호의 사항을 말한다.
1. 재난에 관한 예보·경보의 발령 기준
2. 재난상황의 전파
3. 재난 발생 시 효과적인 지휘·통제 체제 마련
4. 재난관리를 효과적으로 수행하기 위한 관계기관 간 상호협력 방안
5. 재난관리체계에 대한 평가 기준이나 방법
6. 그 밖에 재난관리를 효율적으로 수행하기 위하여 행정안전부장관이 필요하다고 인정하는 사항

② 제1항의 기준을 제정 또는 개정할 때에는 미리 관계 중앙행정기관의 장의 의견을 들어야 한다.
③ 행정안전부장관은 재난관리책임기관의 장이 재난관리업무를 수행함에 있어 제1항의 국가재난관리기준을 적용하도록 권고할 수 있다.

제34조의4(기능별 재난대응활동계획의 작성·활용)
① 재난관리책임기관의 장은 재난관리가 효율적으로 이루어질 수 있도록 대통령령으로 정하는 바에 따라 기능별 재난대응활동계획(이하 "재난대응활동계획"이라 한다)을 작성하여 활용하여야 한다.
② 행정안전부장관은 재난대응활동계획의 작성에 필요한 작성지침을 재난관리책임기관의 장에게 통보할 수 있다.
③ 행정안전부장관은 재난관리책임기관의 장이 작성한 재난대응활동계획을 확인·점검하고, 필요하면 관계 재난관리책임기관의 장에게 시정을 요청할 수 있다. 이 경우 시정 요청을 받은 재난관리책임기관의 장은 특별한 사유가 없으면 요청에 따라야 한다.
④ 제1항부터 제3항까지에서 규정한 사항 외에 재난대응활동계획의 작성·운용·관리 등에 필요한 사항은 대통령령으로 정한다.

제34조의5(재난분야 위기관리 매뉴얼 작성·운용) ★★
① 재난관리책임기관의 장은 재난을 효율적으로 관리하기 위하여 재난유형에 따라 다음 각 호의 위기관리 매뉴얼을 작성·운용하여야 한다. 이 경우 재난대응활동계획과 위기관리 매뉴얼이 서로 연계되도록 하여야 한다.

1. 위기관리 표준매뉴얼

   국가적 차원에서 관리가 필요한 재난에 대하여 재난관리체계와 관계 기관의 임무와 역할을 규정한 문서로 위기대응 실무매뉴얼의 작성 기준이 되며, 재난관리주관기관의 장이 작성한다. 다만, 다수의 재난관리주관기관이 관련되는 재난에 대해서는 관계 재난관리주관기관의 장과 협의하여 행정안전부장관이 위기관리 표준매뉴얼을 작성할 수 있다.

2. 위기대응 실무매뉴얼

   위기관리 표준매뉴얼에서 규정하는 기능과 역할에 따라 실제 재난 대응에 필요한 조치사항 및 절차를 규정한 문서로 재난관리주관기관의 장과 관계 기관의 장이 작성한다. 이 경우 재난관리주관기관의 장은 위기대응 실무매뉴얼과 제1호에 따른 위기관리 표준매뉴얼을 통합하여 작성할 수 있다.

3. 현장조치 행동매뉴얼

   재난현장에서 임무를 직접 수행하는 기관의 행동조치 절차를 구체적으로 수록한 문서로 위기대응 실무매뉴얼을 작성한 기관의 장이 지정한 기관의 장이 작성하되, 시장·군수·구청장은 재난 유형별 현장조치 행동매뉴얼을 통합하여 작성할 수 있다.

② 행정안전부장관은 재난유형별 위기관리 매뉴얼의 작성 및 운용기준을 정하여 재난관리책임기관의 장에게 통보할 수 있다.

③ 재난관리주관기관의 장이 작성한 위기관리 표준매뉴얼은 행정안전부장관의 승인을 받아 이를 확정하고, 위기대응 실무매뉴얼과 연계하여 운용하여야 한다.

④ 재난관리주관기관의 장은 위기관리 표준매뉴얼 및 위기대응 실무매뉴얼을 정기적으로 점검하여야 한다.

⑤ 행정안전부장관은 재난유형별 위기관리 매뉴얼의 표준화 및 실효성 제고를 위하여 대통령령으로 정하는 위기관리 매뉴얼협의회를 구성·운영할 수 있다.

119 관련법령보기

「재난 및 안전관리 기본법 시행령」 제43조의6(위기관리 매뉴얼협의회의 구성·운영)

① 법 제34조의5 제5항에 따른 위기관리 매뉴얼협의회(이하 이 조에서 "협의회"라 한다)는 위원장 1명을 포함하여 200명 이내의 위원으로 구성한다.

② 협의회는 다음 각 호의 사항을 심의한다.

   1. 위기관리 표준매뉴얼 및 위기대응 실무매뉴얼의 검토에 관한 사항
   2. 위기관리 매뉴얼의 작성방법 및 운용기준 등에 관한 사항
   3. 위기관리 매뉴얼의 개선에 관한 사항
   4. 그 밖에 행정안전부장관이 위기관리 매뉴얼의 표준화 및 실효성 제고를 위하여 필요하다고 인정하는 사항

기출 플러스

「재난 및 안전관리 기본법」상 재난관리책임기관의 장은 재난을 효율적으로 관리하기 위하여 재난유형에 따라 위기관리 매뉴얼을 작성·운용하여야 한다. (   ) 안에 들어갈 내용으로 옳은 것은?

[21 소방간부 기출]

(ㄱ)은 국가적 차원에서 관리가 필요한 재난에 대하여 재난관리 체계와 관계 기관의 임무와 역할을 규정한 문서이고, (ㄴ)은 재난현장에서 임무를 직접 수행하는 기관의 행동조치 절차를 구체적으로 수록한 문서이다.

	(ㄱ)	(ㄴ)
①	위기관리 표준매뉴얼	위기대응 실무매뉴얼
②	위기관리 표준매뉴얼	현장조치 행동매뉴얼
③	위기대응 실무매뉴얼	현장조치 행동매뉴얼
④	위기대응 실무매뉴얼	위기관리 표준매뉴얼
⑤	현장조치 행동매뉴얼	위기관리 표준매뉴얼

해설

빈칸에 들어갈 내용은 (ㄱ)은 위기관리 표준매뉴얼, (ㄴ)은 현장조치 행동매뉴얼에 해당된다.

정답 ②

「재난 및 안전관리 기본법」상 재난현장에서 임무를 직접 수행하는 기관의 행동조치 절차를 구체적으로 수록한 문서는?　　　　[22 기출]

① 재난대응 활동계획
② 현장조치 행동매뉴얼
③ 위기대응 실무매뉴얼
④ 위기관리 표준매뉴얼

해설

재난현장에서 임무를 직접 수행하는 기관의 행동조치 절차를 구체적으로 수록한 문서는 현장조치 행동매뉴얼이다.

정답　②

③ 협의회의 위원은 다음 각 호의 사람 중에서 행정안전부장관이 임명하거나 위촉한다.
　1. 재난관리주관기관에서 재난 및 안전관리 업무를 담당하는 부서의 과장급 이상 공무원
　2. 재난관리책임기관에서 위기관리 매뉴얼에 관한 업무를 담당하는 공무원 또는 직원
　3. 재난 및 안전관리 또는 위기관리 매뉴얼에 관한 학식과 경험이 풍부한 사람
④ 협의회의 위원장은 위원 중에서 행정안전부장관이 지명한다.
⑤ 위촉위원의 임기는 2년으로 하며, 위원의 사임 등으로 새로 위촉된 위원의 임기는 전임위원 임기의 남은 기간으로 한다.

⑥ **재난관리주관기관의 장**은 소관 분야 재난유형의 위기대응 실무매뉴얼 및 현장조치 행동매뉴얼을 조정·승인하고 지도·관리를 하여야 하며, 소관 분야 위기관리 매뉴얼을 새로이 작성하거나 변경한 때에는 이를 행정안전부장관에게 통보하여야 한다.

⑦ **시장·군수·구청장**이 작성한 현장조치 행동매뉴얼에 대하여는 시·도지사의 승인을 받아야 한다. 시·도지사는 현장조치 행동매뉴얼을 승인하는 때에는 재난관리주관기관의 장이 작성한 위기대응 실무매뉴얼과 연계되도록 하여야 하며, 승인 결과를 재난관리주관기관의 장 및 행정안전부장관에게 보고하여야 한다.

⑧ **행정안전부장관**은 위기관리 매뉴얼의 체계적인 운용을 위하여 관리시스템을 구축·운영할 수 있으며, 제3항부터 제7항까지의 규정에 따른 위기관리 매뉴얼의 작성·운용 등 필요한 사항은 대통령령으로 정한다.

⑨ **행정안전부장관**은 재난관리업무를 효율적으로 하기 위하여 대통령령으로 정하는 바에 따라 위기관리에 필요한 매뉴얼 표준안을 연구·개발하여 보급할 수 있다. 이 경우 다음 각 호의 사항을 고려하여야 한다.
　1. 재난유형에 따른 국민행동요령의 표준화
　2. 재난유형에 따른 예방·대비·대응·복구 단계별 조치사항에 관한 연구 및 표준화
　3. 재난현장에서의 대응과 상호협력 절차에 관한 연구 및 표준화
　4. 안전취약계층의 특성을 반영한 연구·개발
　5. 그 밖에 위기관리에 관한 매뉴얼의 개선·보완에 필요한 사항

⑩ **행정안전부장관**은 위기관리 매뉴얼의 작성·운용 실태를 정기적으로 점검하여야 하며, 필요한 경우 이를 시정 또는 보완하기 위하여 위기관리 매뉴얼을 작성·운용하는 기관의 장에게 필요한 조치를 하도록 권고할 수 있다. 이 경우 권고를 받은 기관의 장은 특별한 사유가 없으면 이에 따라야 한다.

제34조의6(다중이용시설 등의 위기상황 매뉴얼 작성·관리 및 훈련)

① 대통령령으로 정하는 다중이용시설 등의 소유자·관리자 또는 점유자는 대통령령으로 정하는 바에 따라 위기상황에 대비한 매뉴얼(이하 "위기상황 매뉴얼"이라 한다)을 작성·관리하여야 한다. 다만, 다른 법령에서 위기상황에 대비한 대응계획 등의 작성·관리에 관하여 규정하고 있는 경우에는 그 법령에서 정하는 바에 따른다.

② 제1항에 따른 소유자·관리자 또는 점유자는 대통령령으로 정하는 바에 따라 위기상황 매뉴얼에 따른 훈련을 주기적으로 실시하여야 한다. 다만, 다른 법령에서 위기상황에 대비한 대응계획 등의 훈련에 관하여 규정하고 있는 경우에는 그 법령에서 정하는 바에 따른다.

③ 행정안전부장관, 관계 중앙행정기관의 장 또는 지방자치단체의 장은 위기상황 매뉴얼(제1항 단서 및 제2항 단서에 따른 위기상황에 대비한 대응계획 등을 포함한다)의 작성·관리 및 훈련실태를 점검하고 필요한 경우에는 개선명령을 할 수 있다.

119 관련법령보기 🔳

「재난 및 안전관리 기본법 시행령」 제43조의8(위기상황 매뉴얼 작성·관리 대상)
법 제34조의6 제1항 본문에서 "대통령령으로 정하는 다중이용시설 등의 소유자·관리자 또는 점유자"란 다음 각 호의 어느 하나에 해당하는 건축물 또는 시설(이하 "다중이용시설등"이라 한다)의 관계인을 말한다.
1. 「건축법 시행령」 제2조 제17호 가목에 따른 **다중이용 건축물**
2. 그 밖에 제1호에 따른 건축물에 준하는 건축물 또는 시설로서 행정안전부장관이 법 제34조의6 제1항 본문에 따른 위기상황에 대비한 매뉴얼(이하 "위기상황 매뉴얼"이라 한다)의 작성·관리가 필요하다고 인정하여 고시하는 건축물 또는 시설

「건축법 시행령」 제2조(정의)
17. "다중이용 건축물"이란 다음 각 목의 어느 하나에 해당하는 건축물을 말한다.
　가. 다음의 어느 하나에 해당하는 용도로 쓰는 **바닥면적의 합계가 5천제곱미터 이상인 건축물**
　　1) 문화 및 집회시설(동물원 및 식물원은 제외한다)
　　2) 종교시설
　　3) 판매시설
　　4) 운수시설 중 여객용 시설
　　5) 의료시설 중 종합병원
　　6) 숙박시설 중 관광숙박시설

제34조의7(안전기준의 등록 및 심의 등)

① 행정안전부장관은 안전기준을 체계적으로 관리·운용하기 위하여 안전기준을 통합적으로 관리할 수 있는 체계를 갖추어야 한다.

② 중앙행정기관의 장은 관계 법률에서 정하는 바에 따라 안전기준을 신설 또는 변경하는 때에는 행정안전부장관에게 안전기준의 등록을 요청하여야 한다.

③ 행정안전부장관은 제2항에 따라 안전기준의 등록을 요청받은 때에는 안전기준심의회의 심의를 거쳐 이를 확정한 후 관계 중앙행정기관의 장에게 통보하여야 한다.

④ 중앙행정기관의 장이 신설 또는 변경하는 안전기준은 제34조의3에 따른 국가재난관리기준에 어긋나지 아니하여야 한다.

⑤ 안전기준의 등록 방법 및 절차와 안전기준심의회 구성 및 운영에 관하여는 대통령령으로 정한다.

119 관련법령보기 🄿

「재난 및 안전관리 기본법 시행령」 제43조의10(안전기준의 등록 방법 등)

① 행정안전부장관은 법 제34조의7 제1항에 따른 통합적 관리체계를 갖추기 위하여 법 제34조의7 제2항에 따라 등록대상이 되는 안전기준을 조사하여 관계 중앙행정기관의 장에게 통보할 수 있으며, 관계 중앙행정기관의 장은 안전기준을 등록하는 등 필요한 조치를 하여야 한다.

② 행정안전부장관은 안전기준이 법 제34조의7 제3항에 따라 안전기준심의회를 거쳐 확정되었을 때에는 관보에 고시하여야 한다.

「재난 및 안전관리 기본법 시행령」 제43조의11(안전기준심의회의 구성 및 운영 등)

① 법 제34조의7 제3항에 따른 안전기준심의회(이하 이 조에서 "심의회"라 한다)는 의장을 포함한 20명 이내의 위원으로 구성한다.

② 심의회는 다음 각 호의 사항을 심의·의결한다.
 1. 안전기준의 등록에 관한 사항
 2. 안전기준의 신설, 조정 및 보완에 관한 사항
 3. 그 밖에 의장이 회의에 부치는 사항

③ 심의회의 의장은 행정안전부의 재난안전관리사무를 담당하는 본부장이 된다.

④ 심의회의 위원은 다음 각 호의 사람 중에서 성별을 고려하여 행정안전부장관이 임명하거나 위촉한다.
 1. 관계 중앙행정기관의 고위공무원단에 속하는 일반직공무원 또는 이에 상당하는 공무원
 2. 안전기준에 관한 학식과 경험이 풍부한 사람

⑤ 위촉위원의 임기는 2년으로 하며, 두 차례만 연임할 수 있다.

⑥ 위원의 사임 등으로 새로 위촉된 위원의 임기는 전임위원 임기의 남은 기간으로 한다.

⑧ 심의회는 재적위원 과반수의 출석으로 개의하고, 출석위원 과반수의 찬성으로 의결한다.

⑨ 심의회의 사무를 처리하기 위하여 간사 1명을 두며, 간사는 행정안전부 소속 공무원 중에서 의장이 지명한다.

제34조의8(재난안전통신망의 구축ㆍ운영)

① 행정안전부장관은 체계적인 재난관리를 위하여 재난안전통신망을 구축ㆍ 운영하여야 하며, 재난관리책임기관ㆍ긴급구조기관 및 긴급구조지원기관 (이하 이 조에서 "재난관련기관"이라 한다)은 재난관리에 재난안전통신망 을 사용하여야 한다.

② 재난안전통신망의 운영, 사용 등에 필요한 사항은 다른 법률로 정한다.

제34조의9(재난대비훈련 기본계획 수립)

① 행정안전부장관은 매년 재난대비훈련 기본계획을 수립하고 재난관리책임 기관의 장에게 통보하여야 한다.

② 재난관리책임기관의 장은 제1항의 재난대비훈련 기본계획에 따라 소관분 야별로 자체계획을 수립하여야 한다.

③ 행정안전부장관은 제1항에 따라 수립한 재난대비훈련 기본계획을 국회 소 관상임위원회에 보고하여야 한다.

 **119 관련법령보기**

「재난 및 안전관리 기본법 시행령」 제43조의13(재난대비훈련 기본계획의 수립)
행정안전부장관은 법 제34조의9 제1항에 따라 재난대비훈련 기본계획을 수립하는 경우에는 다음 각 호의 사항을 포함하여야 한다.
1. 재난대비훈련 목표
2. 재난대비훈련 유형 선정기준 및 훈련프로그램
3. 재난대비훈련 기획, 설계 및 실시에 관한 사항
4. 재난대비훈련 평가 및 평가결과에 따른 교육ㆍ재훈련의 실시 등에 관한 사항
5. 그 밖에 재난대비훈련의 실시를 위하여 행정안전부장관이 필요하다고 인정하여 정하는 사항

제35조(재난대비훈련 실시)

① 행정안전부장관, 중앙행정기관의 장, 시ㆍ도지사, 시장ㆍ군수ㆍ구청장 및 긴 급구조기관(이하 이 조에서 "훈련주관기관"이라 한다)의 장은 대통령령으로 정하는 바에 따라 매년 정기적으로 또는 수시로 재난관리책임기관, 긴급구 조지원기관 및 군부대 등 관계 기관(이하 이 조에서 "훈련참여기관"이라 한 다)과 합동으로 재난대비훈련(제34조의5에 따른 위기관리 매뉴얼의 숙달 훈련을 포함한다)을 실시하여야 한다.

② 훈련주관기관의 장은 제1항에 따른 재난대비훈련을 실시하려면 제34조의9 제2항에 따른 자체계획을 토대로 재난대비훈련 실시계획을 수립하여 훈련참여기관의 장에게 통보하여야 한다.

③ 훈련참여기관의 장은 제1항에 따른 재난대비훈련을 실시하면 훈련상황을 점검하고, 그 결과를 대통령령으로 정하는 바에 따라 훈련주관기관의 장에게 제출하여야 한다.

④ 훈련주관기관의 장은 대통령령으로 정하는 바에 따라 다음 각 호의 조치를 하여야 한다.

1. 훈련참여기관의 훈련과정 및 훈련결과에 대한 점검·평가

2. 훈련참여기관의 장에게 훈련과정에서 나타난 미비사항이나 개선·보완이 필요한 사항에 대한 보완조치 요구

3. 훈련과정에서 나타난 제34조의5 제1항 각 호의 위기관리 매뉴얼의 미비점에 대한 개선·보완 및 개선·보완조치 요구

⑤ 재난대비훈련의 효율적인 추진을 위한 절차·방법 등에 필요한 사항은 대통령령으로 정한다.

119 관련법령보기 📄

「재난 및 안전관리 기본법 시행령」 제43조의14(재난대비훈련 등)

① 행정안전부장관, 중앙행정기관의 장, 시·도지사, 시장·군수·구청장 및 긴급구조기관의 장(이하 "훈련주관기관의 장"이라 한다)은 법 제35조 제1항에 따라 관계 기관과 합동으로 참여하는 재난대비훈련을 각각 소관 분야별로 주관하여 연 1회 이상 실시하여야 한다.

② 제1항에 따라 재난대비훈련에 참여하는 기관은 자체 훈련을 수시로 실시할 수 있다.

③ 훈련주관기관의 장은 법 제35조 제1항에 따라 재난대비훈련을 실시하는 경우에는 **훈련일 15일 전까지** 훈련일시, 훈련장소, 훈련내용, 훈련방법, 훈련참여 인력 및 장비, 그 밖에 훈련에 필요한 사항을 재난관리책임기관, 긴급구조지원기관 및 군부대 등 관계 기관(이하 "훈련참여기관"이라 한다)의 장에게 통보하여야 한다.

④ 삭제 〈2017. 1. 6.〉

⑤ 훈련주관기관의 장은 재난대비훈련 수행에 필요한 능력을 기르기 위하여 제1항에 따른 재난대비훈련 참석자에게 재난대비훈련을 실시하기 전에 사전교육을 하여야 한다. 다만, 다른 법령에 따라 해당 분야의 재난대비훈련 교육을 받은 경우에는 이 영에 따른 교육을 받은 것으로 본다.

⑥ 훈련참여기관의 장은 법 제35조 제3항에 따라 **재난대비훈련 실시 후 10일 이내에** 그 결과를 훈련주관기관의 장에게 제출하여야 한다.

⑦ 제1항에 따른 재난대비훈련에 참여하는 데에 필요한 비용은 참여 기관이 부담한다. 다만, 민간 긴급구조지원기관에 대해서는 훈련주관기관의 장이 부담할 수 있다.

⑧ 제1항부터 제7항까지에서 규정한 사항 외에 재난대비훈련 및 지원에 필요한 사항은 행정안전부장관이 정한다.

「재난 및 안전관리 기본법 시행령」 제43조의15(재난대비훈련의 평가)

① 훈련주관기관의 장은 다음 각 호의 평가항목 중 훈련 특성에 맞는 평가항목을 선정하여 법 제35조 제4항에 따른 재난대비훈련평가(이하 "훈련평가"라 한다)를 실시하여야 한다.
  1. 분야별 전문인력 참여도 및 훈련목표 달성 정도
  2. 장비의 종류·기능 및 수량 등 동원 실태
  3. 유관기관과의 협력체제 구축 실태
  4. 긴급구조대응계획 및 세부대응계획에 의한 임무의 수행 능력
  5. 긴급구조기관 및 긴급구조지원기관 간의 지휘통신체계
  6. 긴급구조요원의 임무 수행의 전문성 수준
  7. 그 밖에 행정안전부장관이 정하는 평가에 필요한 사항
② 훈련주관기관의 장은 훈련평가의 결과를 훈련 종료일부터 30일 이내에 재난관리책임기관의 장 및 관계 긴급구조지원기관의 장에게 **통보**하고, 통보를 받은 재난관리책임기관의 장 및 긴급구조지원기관의 장은 평가 결과가 다음 훈련계획 수립 및 훈련을 실시하는 데 반영되도록 하는 등의 재난관리에 필요한 조치를 하여야 한다.

6 재난의 대응

제1절 응급조치 등

제36조(재난사태 선포) ★★

① **행정안전부장관**은 대통령령으로 정하는 재난이 발생하거나 발생할 우려가 있는 경우 사람의 생명·신체 및 재산에 미치는 중대한 영향이나 피해를 줄이기 위하여 긴급한 조치가 필요하다고 인정하면 중앙위원회의 심의를 거쳐 재난사태를 선포할 수 있다.
  다만, 행정안전부장관은 재난 상황이 긴급하여 중앙위원회의 심의를 거칠 시간적 여유가 없다고 인정하는 경우에는 중앙위원회의 심의를 거치지 아니하고 재난사태를 선포할 수 있다.
② 행정안전부장관은 제1항 단서에 따라 재난사태를 선포한 경우에는 지체 없이 중앙위원회의 승인을 받아야 하고, 승인을 받지 못하면 선포된 재난사태를 즉시 해제하여야 한다.
③ 행정안전부장관 및 지방자치단체의 장은 제1항에 따라 재난사태가 선포된 지역에 대하여 다음 각 호의 조치를 할 수 있다.
  1. **재난경보의 발령**, 인력·장비 및 물자의 동원, **위험구역 설정**, **대피명령**, 응급지원 등 이 법에 따른 응급조치
  2. 해당 지역에 소재하는 행정기관 **소속 공무원의 비상소집**

기출 플러스

「재난 및 안전관리 기본법」에 대한 내용이다. (   ) 안에 들어갈 용어로 옳은 것은?　　[21 기출]

(가)은 대통령령으로 정하는 재난이 발생하거나 발생할 우려가 있는 경우 사람의 생명·신체 및 재산에 미치는 중대한 영향이나 피해를 줄이기 위하여 긴급한 조치가 필요하다고 인정하면 (나)의 심의를 거쳐 (다)을/를 선포할 수 있다.

	(가)	(나)	(다)
①	중앙재난안전대책본부장	안전정책조정위원회	재난사태
②	행정안전부장관	중앙안전관리위원회	재난사태
③	중앙재난안전대책본부장	중앙안전관리위원회	특별재난지역
④	행정안전부장관	안전정책조정위원회	특별재난지역

해설

빈칸에 들어갈 내용은 (가) 행정안전부장관, (나) 중앙안전관리위원회, (다) 재난사태이다.

정답 ②

「재난 및 안전관리 기본법」에서 규정하고 있는 행정안전부장관 및 지방자치단체의 장이 재난사태가 선포된 지역에 할 수 있는 조치가 아닌 것은? [12 전북 기출]

① 재난경보의 발령, 인력·장비 및 물자의 동원, 위험구역 설정, 대피명령, 응급지원 등
② 해당지역에 근무하는 행정기관 소속공무원의 비상소집
③ 재난예방에 필요한 조치
④ 해당지역에 대한 여행 등의 금지

해설

여행 등의 금지가 아니라 여행 등 이동 자제권고이다.

정답 ④

시·도 긴급구조 통제단장과 시·군·구 긴급구조 통제단장의 응급조치사항에 해당하지 않는 것은? [17 상반기 기출]

① 긴급수송 및 구조 수단의 확보
② 경보의 발령
③ 현장지휘통신체계의 확보
④ 진화에 대한 응급조치

해설

시·도 긴급구조 통제단장과 시·군·구 긴급구조 통제단장의 응급조치사항에 해당하지 않는 것은 ② 경보발령이다. 경보발령은 시장·군수·구청장의 응급조치사항에 해당된다.

정답 ②

3. 해당 지역에 대한 <u>여행 등 이동 자제 권고</u>
4. 「유아교육법」제31조, 「초·중등교육법」제64조 및 「고등교육법」제61조에 따른 <u>휴업명령 및 휴원·휴교 처분의 요청</u>
5. 그 밖에 <u>재난예방에 필요한 조치</u>

④ 행정안전부장관은 재난으로 인한 위험이 해소되었다고 인정하는 경우 또는 재난이 추가적으로 발생할 우려가 없어진 경우에는 선포된 재난사태를 즉시 해제하여야 한다.

제37조(응급조치)

① 제50조 제2항에 따른 시·도긴급구조통제단 및 시·군·구긴급구조통제단의 단장(이하 "지역통제단장"이라 한다)과 시장·군수·구청장은 재난이 발생할 우려가 있거나 재난이 발생하였을 때에는 즉시 관계 법령이나 재난대응활동계획 및 위기관리 매뉴얼에서 정하는 바에 따라 수방(水防)·진화·구조 및 구난(救難), 그 밖에 재난 발생을 예방하거나 피해를 줄이기 위하여 필요한 다음 각 호의 응급조치를 하여야 한다. <u>다만, 지역통제단장의 경우에는 제2호 중 진화에 관한 응급조치와 제4호 및 제6호의 응급조치만 하여야 한다.</u>

1. 경보의 발령 또는 전달이나 피난의 권고 또는 지시
1의2. 제31조에 따른 안전조치
2. <u>진화</u>·수방·지진방재, 그 밖의 응급조치와 구호
3. 피해시설의 응급복구 및 방역과 방범, 그 밖의 질서 유지
4. <u>긴급수송 및 구조 수단의 확보</u>
5. 급수 수단의 확보, 긴급피난처 및 구호품의 확보
6. <u>현장지휘통신체계의 확보</u>
7. 그 밖에 재난 발생을 예방하거나 줄이기 위하여 필요한 사항으로서 대통령령으로 정하는 사항

② 시·군·구의 관할 구역에 소재하는 재난관리책임기관의 장은 시장·군수·구청장이나 지역통제단장이 요청하면 관계 법령이나 시·군·구안전관리계획에서 정하는 바에 따라 시장·군수·구청장이나 지역통제단장의 지휘 또는 조정하에 그 소관 업무에 관계되는 응급조치를 실시하거나 시장·군수·구청장이나 지역통제단장이 실시하는 응급조치에 협력하여야 한다.

제38조(위기경보의 발령 등) ★★

① <u>재난관리주관기관의 장</u>은 대통령령으로 정하는 재난에 대한 징후를 식별하거나 재난발생이 예상되는 경우에는 그 위험 수준, 발생 가능성 등을 판단하여 그에 부합되는 조치를 할 수 있도록 위기경보를 발령할 수 있다.

다만, 제34조의5 제1항 제1호 단서의 상황인 경우에는 행정안전부장관이 위기경보를 발령할 수 있다.

② <u>위기경보</u>는 재난 피해의 전개 속도, 확대 가능성 등 재난 상황의 심각성을 종합적으로 고려하여 <u>관심ㆍ주의ㆍ경계ㆍ심각으로 구분</u>할 수 있다. 다만, 다른 법령에서 재난 위기경보의 발령 기준을 따로 정하고 있는 경우에는 그 기준을 따른다.

③ <u>재난관리주관기관의 장은 심각 경보를 발령 또는 해제할 경우에는 행정안전부장관과 사전에 협의</u>하여야 한다. 다만, 긴급한 경우에 재난관리주관기관의 장은 우선 조치한 후 지체 없이 행정안전부장관과 협의하여야 한다.

④ <u>재난관리책임기관의 장은 위기경보가 신속하게 발령될 수 있도록 재난과 관련한 위험정보를 얻으면 즉시 행정안전부장관, 재난관리주관기관의 장, 시ㆍ도지사 및 시장ㆍ군수ㆍ구청장에게 통보</u>하여야 한다.

제38조의2(재난 예보ㆍ경보체계 구축ㆍ운영 등)

① <u>재난관리책임기관의 장</u>은 사람의 생명ㆍ신체 및 재산에 대한 피해가 예상되면 그 피해를 예방하거나 줄이기 위하여 <u>재난에 관한 예보 또는 경보 체계를 구축ㆍ운영</u>할 수 있다.

② <u>재난관리책임기관의 장</u>은 재난에 관한 예보 또는 경보가 신속하게 실시될 수 있도록 <u>재난과 관련한 위험정보를 얻으면 즉시 행정안전부장관, 재난관리주관기관의 장, 시ㆍ도지사 및 시장ㆍ군수ㆍ구청장에게 통보</u>하여야 한다.

③ <u>행정안전부장관, 시ㆍ도지사 또는 시장ㆍ군수ㆍ구청장</u>은 재난에 관한 예보ㆍ경보ㆍ통지나 응급조치를 실시하기 위하여 필요하면 다음 각 호의 조치를 요청할 수 있다. 다만, 다른 법령에 특별한 규정이 있을 때에는 그러하지 아니하다.

1. 전기통신시설의 소유자 또는 관리자에 대한 전기통신시설의 우선 사용
2. 「전기통신사업법」에 따른 전기통신사업자 중 대통령령으로 정하는 주요 전기통신사업자에 대한 필요한 정보의 문자나 음성 송신 또는 인터넷 홈페이지 게시
3. 「방송법」에 따른 방송사업자에 대한 필요한 정보의 신속한 방송
4. 「신문 등의 진흥에 관한 법률」에 따른 신문사업자 및 인터넷신문사업자 중 대통령령으로 정하는 주요 신문사업자 및 인터넷신문사업자에 대한 필요한 정보의 게재
5. 「옥외광고물 등의 관리와 옥외광고산업 진흥에 관한 법률」에 따른 디지털광고물의 관리자에 대한 필요한 정보의 게재

④ 재난에 관한 예보ㆍ경보ㆍ통지 중 지진ㆍ지진해일ㆍ화산과 그 밖에 대통령령으로 정하는 자연재난에 대해서는 기상청장이 예보ㆍ경보ㆍ통지를 실시한다. 이 경우 기상청장은 제3항 각 호의 조치를 요청할 수 있다.

⑤ 요청을 받은 전기통신시설의 소유자 또는 관리자, 전기통신사업자, 방송사업자, 신문사업자, 인터넷신문사업자 및 디지털 광고물 관리자는 정당한 사유가 없으면 요청에 따라야 한다.

⑥ 전기통신사업자나 방송사업자, 휴대전화 또는 내비게이션 제조업자는 재난의 예보·경보 실시 사항이 사용자의 휴대전화 등의 수신기 화면에 반드시 표시될 수 있도록 소프트웨어나 기계적 장치를 갖추어야 한다.

⑦ 시장·군수·구청장은 위험구역 및 자연재해위험개선지구 등 재난으로 인하여 사람의 생명·신체 및 재산에 대한 피해가 예상되는 지역에 대하여 그 피해를 예방하기 위하여 시·군·구 재난 예보·경보체계 구축 종합계획(이하 "시·군·구 종합계획"이라 한다)을 5년 단위로 수립하여 시·도지사에게 제출하여야 한다.

⑧ 시·도지사는 시·군·구 종합계획을 기초로 시·도 재난 예보·경보체계 구축 종합계획(이하 이 조에서 "시·도 종합계획"이라 한다)을 수립하여 행정안전부장관에게 제출하여야 하며, 행정안전부장관은 필요한 경우 시·도지사에게 시·도 종합계획의 보완을 요청할 수 있다.

⑨ 시·도 종합계획과 시·군·구 종합계획에는 다음 각 호의 사항이 포함되어야 한다.

1. 재난 예보·경보체계의 구축에 관한 기본 방침
2. 재난 예보·경보체계 구축 종합계획 수립 대상지역의 선정에 관한 사항
3. 종합적인 재난 예보·경보체계의 구축과 운영에 관한 사항
4. 그 밖에 재난으로부터 인명 피해와 재산 피해를 예방하기 위하여 필요한 사항

⑩ 시·도지사와 시장·군수·구청장은 각각 시·도종합계획과 시·군·구 종합계획에 대한 사업시행계획을 매년 수립하여 행정안전부장관에게 제출하여야 한다.

⑪ 시·도지사와 시장·군수·구청장이 각각 시·도 종합계획과 시·군·구 종합계획을 변경하려는 경우에는 제7항과 제8항을 준용한다.

제39조(동원명령 등)

① 중앙대책본부장과 시장·군수·구청장은 재난이 발생하거나 발생할 우려가 있다고 인정하면 다음 각 호의 조치를 할 수 있다.

1. 민방위대의 동원
2. 응급조치를 위하여 재난관리책임기관의 장에 대한 관계 직원의 출동 또는 재난관리자원 및 제34조 제2항에 따라 지정된 장비·인력의 동원 등 필요한 조치의 요청
3. 동원 가능한 장비와 인력 등이 부족한 경우에는 국방부장관에 대한 군부대의 지원 요청

② 필요한 조치의 요청을 받은 기관의 장은 특별한 사유가 없으면 요청에 따라야 한다.

제40조(대피명령)

① <u>시장·군수·구청장과 지역통제단장</u>은 재난이 발생하거나 발생할 우려가 있는 경우에 사람의 생명 또는 신체에 대한 위해를 방지하기 위하여 필요하면 해당 지역 주민이나 그 지역 안에 있는 사람에게 대피하거나 선박·자동차 등을 대피시킬 것을 명할 수 있다. 이 경우 미리 대피장소를 지정할 수 있다.

② 대피명령을 받은 경우에는 즉시 명령에 따라야 한다.

제41조(위험구역의 설정)

① <u>시장·군수·구청장과 지역통제단장</u>은 재난이 발생하거나 발생할 우려가 있는 경우에 사람의 생명 또는 신체에 대한 위해 방지나 질서의 유지를 위하여 필요하면 위험구역을 설정하고, 응급조치에 종사하지 아니하는 사람에게 다음 각 호의 조치를 명할 수 있다.

  1. 위험구역에 출입하는 행위나 그 밖의 행위의 금지 또는 제한

  2. 위험구역에서의 퇴거 또는 대피

② 시장·군수·구청장과 지역통제단장은 제1항에 따라 위험구역을 설정할 때에는 그 구역의 범위와 제1항 제1호에 따라 금지되거나 제한되는 행위의 내용, 그 밖에 필요한 사항을 보기 쉬운 곳에 게시하여야 한다.

③ 관계 중앙행정기관의 장은 재난이 발생하거나 발생할 우려가 있는 경우로서 사람의 생명 또는 신체에 대한 위해 방지나 질서의 유지를 위하여 필요하다고 인정되는 경우에는 시장·군수·구청장과 지역통제단장에게 위험구역의 설정을 요청할 수 있다.

제42조(강제대피조치)

① <u>시장·군수·구청장과 지역통제단장</u>은 대피명령을 받은 사람 또는 위험구역에서의 퇴거나 대피명령을 받은 사람이 그 명령을 이행하지 아니하여 위급하다고 판단되면 그 지역 또는 위험구역 안의 주민이나 그 안에 있는 사람을 강제로 대피 또는 퇴거시키거나 선박·자동차 등을 견인시킬 수 있다.

② 시장·군수·구청장 및 지역통제단장은 주민 등을 강제로 대피 또는 퇴거시키기 위하여 필요하다고 인정하면 관할 경찰관서의 장에게 필요한 인력 및 장비의 지원을 요청할 수 있다.

③ 요청을 받은 경찰관서의 장은 특별한 사유가 없는 한 이에 응하여야 한다.

제43조(통행제한 등)

① **시장·군수·구청장과 지역통제단장**은 응급조치에 필요한 물자를 긴급히 수송하거나 진화·구조 등을 하기 위하여 필요하면 대통령령으로 정하는 바에 따라 경찰관서의 장에게 도로의 구간을 지정하여 해당 긴급수송 등을 하는 차량 외의 차량의 통행을 금지하거나 제한하도록 요청할 수 있다.

② 요청을 받은 경찰관서의 장은 특별한 사유가 없으면 요청에 따라야 한다.

제44조(응원)

① **시장·군수·구청장**은 응급조치를 하기 위하여 필요하면 다른 시·군·구나 관할 구역에 있는 군부대 및 관계 행정기관의 장, 그 밖의 민간기관·단체의 장에게 인력·장비·자재 등 필요한 응원(應援)을 요청할 수 있다. 이 경우 응원을 요청받은 군부대의 장과 관계 행정기관의 장은 특별한 사유가 없으면 요청에 따라야 한다.

② **응원에 종사하는 사람**은 <u>그 응원을 요청한 시장·군수·구청장의 지휘에 따</u>라 응급조치에 종사하여야 한다.

제45조(응급부담)

<u>시장·군수·구청장과 지역통제단장</u>은 그 관할 구역에서 재난이 발생하거나 발생할 우려가 있어 응급조치를 하여야 할 급박한 사정이 있으면 해당 재난현장에 있는 사람이나 인근에 거주하는 사람에게 응급조치에 종사하게 하거나 대통령령으로 정하는 바에 따라 다른 사람의 토지·건축물·인공구조물, 그 밖의 소유물을 일시 사용할 수 있으며, 장애물을 변경하거나 제거할 수 있다.

제46조(시·도지사가 실시하는 응급조치 등)

① 시·도지사는 다음 각 호의 경우에는 제39조부터 제45조까지의 규정에 따른 응급조치를 할 수 있다.

1. 관할 구역에서 재난이 발생하거나 발생할 우려가 있는 경우로서 대통령령으로 정하는 경우
2. 둘 이상의 시·군·구에 걸쳐 재난이 발생하거나 발생할 우려가 있는 경우

② 시·도지사는 제1항에 따른 응급조치를 하기 위하여 필요하면 이 절에 따라 응급조치를 하여야 할 시장·군수·구청장에게 필요한 지시를 하거나 다른 시장·군수·구청장에게 응원을 요청할 수 있다.

제47조(재난관리책임기관의 장의 응급조치)

제3조 제5호 나목에 따른 재난관리책임기관의 장은 재난이 발생하거나 발생할 우려가 있으면 즉시 그 소관 업무에 관하여 필요한 응급조치를 하고, 이 절에 따라 시·도지사, 시장·군수·구청장 또는 지역통제단장이 실시하는 응급조치가 원활히 수행될 수 있도록 필요한 협조를 하여야 한다.

제48조(지역통제단장의 응급조치 등)

① 지역통제단장은 긴급구조를 위하여 필요하면 중앙대책본부장, 시·도지사(시·도대책본부가 운영되는 경우에는 해당 본부장을 말한다. 이하 이 조에서 같다) 또는 시장·군수·구청장(시·군·구대책본부가 운영되는 경우에는 해당 본부장을 말한다. 이하 이 조에서 같다)에게 제37조, 제38조의2, 제39조 및 제44조에 따른 응급대책을 요청할 수 있고, 중앙대책본부장, 시·도지사 또는 시장·군수·구청장은 특별한 사유가 없으면 요청에 따라야 한다.

② 지역통제단장은 제37조에 따른 응급조치 및 제40조부터 제43조까지와 제45조에 따른 응급대책을 실시하였을 때에는 이를 즉시 해당 시장·군수·구청장에게 통보하여야 한다. 다만, 인명구조 및 응급조치 등 긴급한 대응이 필요한 경우에는 우선 조치한 후에 통보할 수 있다.

제2절 긴급구조

제49조(중앙긴급구조통제단)

① 긴급구조에 관한 사항의 총괄·조정, 긴급구조기관 및 긴급구조지원기관이 하는 긴급구조활동의 역할 분담과 지휘·통제를 위하여 소방청에 <u>중앙긴급구조통제단</u>(이하 "<u>중앙통제단</u>"이라 한다)을 둔다.

② <u>중앙통제단의 단장은 소방청장</u>이 된다.

③ 중앙통제단장은 긴급구조를 위하여 필요하면 긴급구조지원기관 간의 공조체제를 유지하기 위하여 관계 기관·단체의 장에게 소속 직원의 파견을 요청할 수 있다. 이 경우 요청을 받은 기관·단체의 장은 특별한 사유가 없으면 요청에 따라야 한다.

④ 중앙통제단의 구성·기능 및 운영에 필요한 사항은 대통령령으로 정한다.

기출 플러스

「재난 및 안전관리 기본법」상 긴급구조에 대한 설명으로 옳지 않은 것은? [19 기출]

① 중앙긴급구조통제단의 단장은 행정안전부장관이 된다.
② 시·도 긴급구조통제단의 단장은 소방본부장이 된다.
③ 시·군·구 긴급구조통제단의 단장은 소방서장이 된다.
④ 재난현장에서는 시·군·구 긴급구조통제단장이 긴급구조활동을 지휘한다.

해설

중앙긴급구조통제단의 단장은 행정안전부장관이 아니라 소방청장이 된다. ②, ③, ④는 옳은 내용에 해당된다.

정답 ①

기출 플러스

다음 중 중앙통제단이 하는 일이 아닌 것은? [16 충남 기출]

① 긴급구조활동의 지휘·통제
② 긴급구조대응계획의 집행
③ 국가 긴급구조대책의 총괄·조정
④ 중앙구조대장이 지시하는 사항

해설

중앙구조대장이 지시하는 사항은 중앙통제단이 하는 일이 아니다. ①, ②, ③은 중앙통제단이 하는 일에 해당된다.

정답 ④

---

119 관련법령보기

「재난 및 안전관리 기본법 시행령」 제54조(중앙통제단의 기능) ★★

중앙통제단은 법 제49조 제4항에 따라 다음 각 호의 기능을 수행한다.

1. 국가 긴급구조대책의 총괄·조정
2. 긴급구조활동의 지휘·통제
3. 긴급구조지원기관 간의 역할분담 등 긴급구조를 위한 현장활동계획의 수립
4. 긴급구조대응계획의 집행
5. 그 밖에 중앙통제단의 장(이하 "중앙통제단장"이라 한다)이 필요하다고 인정하는 사항

「재난 및 안전관리 기본법 시행령」 제55조(중앙통제단의 구성 및 운영)

① 중앙통제단장은 중앙통제단을 대표하고, 그 업무를 총괄한다.
② 중앙통제단에는 부단장을 두고 부단장은 중앙통제단장을 보좌하며 중앙통제단장이 부득이한 사유로 직무를 수행할 수 없을 경우에는 그 직무를 대행한다.
③ 제2항에 따른 부단장은 소방청 차장이 되며, 중앙통제단에는 총괄지휘부·대응계획부·자원지원부·긴급복구부 및 현장지휘대를 둔다.
④ 제1항부터 제3항까지에서 규정한 사항 외에 중앙통제단의 구성 및 운영에 필요한 사항은 행정안전부령으로 정한다.

---

119 더 알아보기

중앙통제단의 구성 ★★

총괄지휘부	국방부 조정관, 연락공보담당, 비상지원팀(상황실)
대응계획부	상황보고반, 계획지원반, 정보지원반
자원지원부	수송지원반, 통신지원반, 자원지원반
긴급복구부	긴급구호반, 긴급시설복구반, 긴급오염통제반
현장지휘대	구조진압반, 현장통제반, 응급의료반

제50조(지역긴급구조통제단)

① 지역별 긴급구조에 관한 사항의 총괄·조정, 해당 지역에 소재하는 긴급구조기관 및 긴급구조지원기관 간의 역할 분담과 재난현장에서의 지휘·통제를 위하여 <u>시·도의 소방본부에 시·도긴급구조통제단</u>을 두고, <u>시·군·구의 소방서에 시·군·구 긴급구조통제단</u>을 둔다.
② 시·도 긴급구조통제단과 시·군·구 긴급구조통제단(이하 "지역통제단"이라 한다)에는 각각 단장 1명을 두되, <u>시·도 긴급구조통제단의 단장은 소방본부장</u>이 되고 <u>시·군·구 긴급구조통제단의 단장은 소방서장</u>이 된다.

③ 지역통제단장은 긴급구조를 위하여 필요하면 긴급구조지원기관 간의 공조 체제를 유지하기 위하여 관계 기관·단체의 장에게 소속 직원의 파견을 요 청할 수 있다. 이 경우 요청을 받은 기관·단체의 장은 특별한 사유가 없으 면 요청에 따라야 한다.

④ 지역통제단의 기능과 운영에 관한 사항은 대통령령으로 정한다.

제51조(긴급구조)

① 지역통제단장은 재난이 발생하면 소속 긴급구조요원을 재난현장에 신속히 출동시켜 필요한 긴급구조활동을 하게 하여야 한다.

② 지역통제단장은 긴급구조를 위하여 필요하면 긴급구조지원기관의 장에게 소속 긴급구조지원요원을 현장에 출동시키거나 긴급구조에 필요한 장비· 물자를 제공하는 등 긴급구조활동을 지원할 것을 요청할 수 있다. 이 경우 요청을 받은 기관의 장은 특별한 사유가 없으면 즉시 요청에 따라야 한다.

③ 제2항에 따른 요청에 따라 긴급구조활동에 참여한 민간 긴급구조지원기관 에 대하여는 대통령령으로 정하는 바에 따라 그 경비의 전부 또는 일부를 지원할 수 있다.

④ 긴급구조활동을 하기 위하여 회전익항공기(이하 이 항에서 "헬기"라 한다) 를 운항할 필요가 있으면 긴급구조기관의 장이 헬기의 운항과 관련되는 사 항을 헬기운항통제기관에 통보하고 헬기를 운항할 수 있다. 이 경우 관계 법령에 따라 해당 헬기의 운항이 승인된 것으로 본다.

119 관련법령보기

「재난 및 안전관리 기본법 시행령」 제58조(민간 긴급구조지원기관에 대한 지원 등)

① 법 제51조 제3항에 따라 긴급구조활동에 참여한 민간 긴급구조지원기관에 지원 하는 경비는 긴급구조 참여자의 수, 동원장비 및 사용물품 등 긴급구조활동에 필요한 인적·물적 요소를 기준으로 **지역통제단장**이 정한다.

② 법 제51조 제3항에 따라 경비 지원을 받으려는 민간 긴급구조지원기관은 행정안 전부령으로 정하는 바에 따라 지역통제단장에게 지원금의 지급신청을 하여야 한다.

③ 제2항에 따라 지원금의 지급신청을 받은 지역통제단장은 긴급구조활동에 대한 지원 사실을 확인한 후 예산의 범위에서 지원금의 전부 또는 일부를 지원한다.

④ **지역통제단장**은 긴급구조활동에 참여하는 민간 긴급구조지원기관에 대하여 다 음 각 호의 어느 하나에 해당하는 지원을 할 수 있다.
1. 긴급구조활동에 필요한 인력 및 장비의 지원
2. 긴급구조활동의 전문성 향상을 위한 교육 및 훈련 장소의 지원
3. 그 밖에 긴급구조능력 향상을 위한 홍보·세미나 등의 행사지원

기출 플러스

「재난 및 안전관리 기본법」상 재난현장에서 시·군·구긴급구조통제단장의 긴급구조 현장지휘 사항을 모두 고른 것은? [21년 기출]

> ㄱ. 재난현장에서 인명의 탐색·구조
> ㄴ. 추가 재난의 방지를 위한 응급조치
> ㄷ. 사상자의 응급처치 및 의료기관으로의 이송
> ㄹ. 긴급구조에 필요한 물자의 관리

① ㄱ, ㄴ
② ㄱ, ㄴ, ㄷ
③ ㄴ, ㄷ, ㄹ
④ ㄱ, ㄴ, ㄷ, ㄹ

해설

재난현장에서 시·군·구 긴급구조통제단장의 긴급구조 현장지휘 사항으로 옳은 것은 보기에 있는 지문 ㄱ, ㄴ, ㄷ, ㄹ 모두이다.

정답 ④

「재난 및 안전관리 기본법」상 긴급구조 현장지휘에 관한 사항으로 옳지 않은 것은? [18년 상반기 기출]

① 추가 재난의 방지를 위한 응급조치
② 긴급구조지원기관 및 자원봉사자 등에 대한 임무의 부여
③ 사상자의 응급처치 및 의료기관으로의 이송
④ 재난관리 책임기관의 인력·장비의 배치와 운용

해설

재난관리 책임기관이 아니라 긴급구조기관 및 긴급구조지원기관의 인력·장비의 배치와 운용이다.

정답 ④

제52조(긴급구조 현장지휘)

① 재난현장에서는 시·군·구 긴급구조통제단장이 긴급구조활동을 지휘한다. 다만, 치안활동과 관련된 사항은 관할 경찰관서의 장과 협의하여야 한다.

② 현장지휘는 다음 각 호의 사항에 관하여 한다.

1. 재난현장에서 인명의 탐색·구조
2. 긴급구조기관 및 긴급구조지원기관의 인력·장비의 배치와 운용
3. 추가 재난의 방지를 위한 응급조치
4. 긴급구조지원기관 및 자원봉사자 등에 대한 임무의 부여
5. 사상자의 응급처치 및 의료기관으로의 이송
6. 긴급구조에 필요한 물자의 관리
7. 현장접근 통제, 현장 주변의 교통정리, 그 밖에 긴급구조활동을 효율적으로 하기 위하여 필요한 사항

③ 시·도긴급구조통제단장은 필요하다고 인정하면 제1항에도 불구하고 직접 현장지휘를 할 수 있다.

④ 중앙통제단장은 대통령령으로 정하는 대규모 재난이 발생하거나 그 밖에 필요하다고 인정하면 제1항 및 제3항에도 불구하고 직접 현장지휘를 할 수 있다.

⑤ 재난현장에서 긴급구조활동을 하는 긴급구조요원과 긴급구조지원기관의 인력·장비·물자에 대한 운용은 제1항·제3항 및 제4항에 따라 현장지휘를 하는 긴급구조통제단장(이하 "각급통제단장"이라 한다)의 지휘·통제에 따라야 한다.

⑥ 제16조 제2항에 따른 지역대책본부장은 각급통제단장이 수행하는 긴급구조활동에 적극 협력하여야 한다.

⑦ 시·군·구긴급구조통제단장은 제16조 제3항에 따라 설치·운영하는 통합지원본부의 장에게 긴급구조에 필요한 인력이나 물자 등의 지원을 요청할 수 있다. 이 경우 요청받은 기관의 장은 최대한 협조하여야 한다.

⑧ 재난현장의 구조활동 등 초동 조치상황에 대한 언론 발표 등은 각급통제단장이 지명하는 자가 한다.

⑨ 각급통제단장은 재난현장의 긴급구조 등 현장지휘를 효과적으로 하기 위하여 재난현장에 현장지휘소를 설치·운영할 수 있다. 이 경우 긴급구조활동에 참여하는 긴급구조지원기관의 현장지휘자는 현장지휘소에 대통령령으로 정하는 바에 따라 연락관을 파견하여야 한다.

⑩ 각급통제단장은 긴급구조 활동을 종료하려는 때에는 재난현장에 참여한 지역사고수습본부장, 통합지원본부의 장 등과 협의를 거쳐 결정하여야 한다. 이 경우 각급통제단장은 긴급구조 활동 종료 사실을 지역대책본부장 및 제5항에 따른 긴급구조지원기관의 장에게 통보하여야 한다.

⑪ 해양에서 발생한 재난의 긴급구조활동에 관하여는 제1항부터 제10항까지의 규정을 준용한다. 이 경우 시·군·구긴급구조통제단장, 시·도긴급구조통제단장, 중앙긴급구조통제단장은 「수상에서의 수색·구조 등에 관한 법률」 제7조에 따른 지역구조본부의 장, 광역구조본부의 장, 중앙구조본부의 장으로 각각 본다.

 119 관련법령보기

「재난 및 안전관리 기본법 시행령」 제59조(긴급구조 현장지휘체계)

① 법 제52조에 따른 현장지휘(연락관을 파견하는 긴급구조지원기관의 현장지휘를 포함한다)는 다음 각 호의 재난이 발생하였을 때에는 행정안전부령으로 정하는 표준현장지휘체계에 따라야 한다.
  1. 둘 이상의 지방자치단체의 관할구역에 걸친 재난
  2. 하나의 지방자치단체 관할구역에서 여러 긴급구조기관 및 긴급구조지원기관이 공동으로 대응하는 재난
② 법 제52조 제1항 및 제3항에 따른 지역통제단장의 현장지휘에 관한 사항은 긴급구조활동이 끝나거나 지역대책본부장이 필요하다고 판단하는 경우에는 지역통제단장과 지역대책본부장이 협의하여 행정안전부령으로 정하는 바에 따라 지역대책본부장이 수행할 수 있다.
③ 제1항 및 제2항에서 규정한 사항 외에 긴급구조활동의 현장지휘에 관한 사항은 행정안전부령으로 정하는 바에 따른다.

제52조의2(긴급대응협력관)

<u>긴급구조기관의 장</u>은 긴급구조지원기관의 장에게 다음 각 호의 업무를 수행하는 긴급대응협력관을 대통령령으로 정하는 바에 따라 지정·운영하게 할 수 있다.
1. 평상시 해당 긴급구조지원기관의 긴급구조대응계획 수립 및 보유자원관리
2. 재난대응업무의 상호 협조 및 재난현장 지원업무 총괄

 119 관련법령보기

「재난 및 안전관리 기본법 시행령」 61조의2(긴급대응협력관의 지정·운영)

① 긴급구조기관의 장은 법 제52조의2에 따라 긴급구조지원기관의 장으로 하여금 같은 조에 따른 긴급대응협력관(이하 "긴급대응협력관"이라 한다)을 지정·운영하게 하려는 경우에는 긴급구조지원기관의 장에게 사전에 문서로 요청하여야 한다.
② 제1항에 따른 요청을 받은 긴급구조지원기관의 장은 법 제52조의2 각 호의 업무와 관련된 부서의 실무책임자를 긴급대응협력관으로 지정하여야 한다.

③ 긴급구조지원기관의 장은 긴급대응협력관을 지정하였거나 지정 변경 또는 해제 하였을 때에는 그 사실이 있는 날부터 30일 이내에 해당 긴급구조기관의 장에게 통보하여야 한다.

④ 제1항부터 제3항까지에서 규정한 사항 외에 긴급대응협력관의 지정·운영에 필요한 사항은 소방청장이 정하여 고시한다.

제53조(긴급구조활동에 대한 평가)

① 중앙통제단장과 지역통제단장은 재난상황이 끝난 후 대통령령으로 정하는 바에 따라 긴급구조지원기관의 활동에 대하여 종합평가를 하여야 한다.

② 제1항에 따른 종합평가결과는 시·군·구긴급구조통제단장은 시·도긴급 구조통제단장 및 시장·군수·구청장에게, 시·도긴급구조통제단장은 소 방청장에게 보고하거나 통보하여야 한다.

119 관련법령보기

「재난 및 안전관리 기본법 시행령」 제62조(긴급구조활동에 대한 평가)

① 법 제53조 제1항에 따른 긴급구조지원기관의 활동에 대한 종합평가에는 다음 각 호의 사항이 포함되어야 한다.
  1. 긴급구조 활동에 참여한 인력 및 장비
  2. 제63조에 따른 긴급구조대응계획의 이행 실태
  3. 긴급구조요원의 전문성
  4. 통합 현장 대응을 위한 통신의 적절성
  5. 법 제55조 제3항에 따른 긴급구조교육 수료자 현황
  6. 긴급구조 대응상의 문제점 및 개선이 필요한 사항

② 제1항에 따른 종합평가 결과를 통보받은 긴급구조지원기관의 장은 평가 결과에 따라 보완 등 적절한 조치를 하여야 한다.

③ 제1항 및 제2항에서 규정한 사항 외에 긴급구조활동 평가에 대한 사항은 행정안전 부령으로 정한다.

제54조(긴급구조대응계획의 수립)

긴급구조기관의 장은 재난이 발생하는 경우 긴급구조기관과 긴급구조지원기관 이 신속하고 효율적으로 긴급구조를 수행할 수 있도록 대통령령으로 정하는 바에 따라 재난의 규모와 유형에 따른 긴급구조대응계획을 수립·시행하여야 한다.

기출 플러스

「재난 및 안전관리 기본법 시행령」 상 긴급구조기관의 장이 수립하는 재난유형별 긴급구조대응계획에 포함되어야 할 내용으로 옳은 것은?

[20 소방간부 기출]

ㄱ. 긴급구조대응계획의 기본방 침과 절차
ㄴ. 긴급구조대응계획의 목적 및 적용범위
ㄷ. 주요 재난유형별 대응 매뉴 얼에 관한 사항
ㄹ. 비상경고 방송메시지 작성 등에 관한 사항
ㅁ. 긴급구조대응계획의 운영책 임에 관한 사항
ㅂ. 재난 발생 단계별 주요 긴급 구조 대응활동 사항

① ㄱ, ㄴ, ㄷ
② ㄱ, ㄴ, ㅁ
③ ㄴ, ㄹ, ㅂ
④ ㄷ, ㄹ, ㅁ
⑤ ㄷ, ㄹ, ㅂ

해설

재난유형별 긴급구조대응계획에 해 당하는 것은 ㄷ, ㄹ, ㅂ이고, 기본계 획에 해당하는 것은 ㄱ, ㄴ, ㅁ이다.

정답 ⑤

119 관련법령보기

「재난 및 안전관리 기본법 시행령」 제63조(긴급구조대응계획의 수립)

① 법 제54조에 따라 긴급구조기관의 장이 수립하는 긴급구조대응계획은 기본계획, 기능별 긴급구조대응계획, 재난유형별 긴급구조대응계획으로 구분하되, 구분된 계획에 포함되어야 하는 사항은 다음 각 호와 같다.

1. 기본계획
   가. 긴급구조대응계획의 목적 및 적용 범위
   나. 긴급구조대응계획의 기본 방침과 절차
   다. 긴급구조대응계획의 운영책임에 관한 사항
2. 기능별 긴급구조대응계획
   가. 지휘통제 : 긴급구조체제 및 중앙통제단과 지역통제단의 운영체계 등에 관한 사항
   나. 비상경고 : 긴급대피, 상황 전파, 비상연락 등에 관한 사항
   다. 대중정보 : 주민 보호를 위한 비상방송시스템 가동 등 긴급 공공정보 제공에 관한 사항 및 재난 상황 등에 관한 정보 통제에 관한 사항
   라. 피해상황분석 : 재난현장 상황 및 피해 정보의 수집·분석·보고에 관한 사항
   마. 구조·진압 : 인명 수색 및 구조, 화재진압 등에 관한 사항
   바. 응급의료 : 대량 사상자 발생 시 응급의료서비스 제공에 관한 사항
   사. 긴급오염통제 : 오염 노출 통제, 긴급 감염병 방제 등 재난현장 공중보건에 관한 사항
   아. 현장통제 : 재난현장 접근 통제 및 치안 유지 등에 관한 사항
   자. 긴급복구 : 긴급구조활동을 원활하게 하기 위한 긴급구조차량 접근 도로 복구 등에 관한 사항
   차. 긴급구호 : 긴급구조요원 및 긴급대피 수용주민에 대한 위기 상담, 임시 의식주 제공 등에 관한 사항
   카. 재난통신 : 긴급구조기관 및 긴급구조지원기관 간 정보통신체계 운영 등에 관한 사항
3. 재난유형별 긴급구조대응계획
   가. 재난 발생 단계별 주요 긴급구조 대응활동 사항
   나. 주요 재난 유형별 대응 매뉴얼에 관한 사항
   다. 비상경고 방송메시지 작성 등에 관한 사항

「재난 및 안전관리 기본법 시행령」 제64조(긴급구조대응계획의 수립절차)

① **소방청장**은 매년 법 제54조에 따라 시·도긴급구조대응계획의 수립에 관한 지침을 작성하여 시·도긴급구조기관의 장에게 전달하여야 한다.
② **시·도긴급구조기관의 장**은 제1항에 따른 지침에 따라 시·도긴급구조대응계획을 작성하여 소방청장에게 보고하고 시·군·구긴급구조대응계획의 수립에 관한 지침을 작성하여 시·군·구긴급구조기관에 통보하여야 한다.
③ **시·군·구긴급구조기관의 장**은 제2항에 따른 시·군·구긴급구조대응계획의 수립에 관한 지침에 따라 시·군·구긴급구조대응계획을 작성하여 시·도긴급구조기관의 장에게 보고하여야 한다.

기출 플러스

「재난 및 안전관리 기본법」에 규정된 기능별 긴급구조 대응계획에 속하는 것이 아닌 것은?[14 전북 기출]

① 비상경고
② 화재조사
③ 대중정보
④ 피해상황분석

해설

화재조사는 기능별 긴급구조 대응계획에 해당하지 않는다. ①, ③, ④는 기능별 긴급구조 대응계획에 해당된다.

정답 ②

재난현장에서 긴급대피, 상황 전파, 비상연락 등을 하는 긴급구조 대응계획은? [13 경기 기출]

① 비상경고
② 대중정보
③ 피해상황분석
④ 지휘통제

해설

재난현장에서 긴급대피, 상황 전파, 비상연락 등을 하는 긴급구조 대응계획은 비상경고에 해당된다.

정답 ①

④ 긴급구조대응계획을 변경하는 경우에는 제1항부터 제3항까지의 규정을 준용한다.

⑤ 제1항부터 제4항까지에서 규정한 사항 외에 긴급구조대응계획의 수립 및 시행에 필요한 사항은 행정안전부령으로 정한다.

제54조의2(긴급구조 관련 특수번호 전화서비스의 통합·연계)

① 행정안전부장관은 긴급구조 요청에 대한 신속한 대응을 위하여 대통령령으로 정하는 긴급구조 관련 특수번호 전화서비스(이하 "특수번호 전화서비스"라 한다)의 통합·연계 체계를 구축·운영하여야 한다.

② 행정안전부장관은 제1항에 따라 통합·연계되는 특수번호 전화서비스의 운영실태를 조사·분석하여 그 결과를 특수번호 전화서비스의 통합·연계 체계의 운영 개선에 활용할 수 있다.

③ 행정안전부장관은 필요한 경우 관계 중앙행정기관의 장 또는 대통령령으로 정하는 공공기관의 장에게 특수번호 전화서비스의 통합·연계 및 조사·분석 결과의 활용 등에 관한 협조를 요청할 수 있다. 이 경우 요청을 받은 해당 기관의 장은 특별한 사유가 없으면 협조하여야 한다.

④ 제1항부터 제3항까지에서 규정한 사항 외에 특수번호 전화서비스의 통합·연계 체계의 구축·운영 등에 필요한 사항은 대통령령으로 정한다.

제55조(재난대비능력 보강)

① 국가와 지방자치단체는 재난관리에 필요한 인력·장비·시설의 확충, 통신망의 설치·정비 등 긴급구조능력을 보강하기 위하여 노력하고, 필요한 재정상의 조치를 마련하여야 한다.

② 긴급구조기관의 장은 긴급구조활동을 신속하고 효과적으로 할 수 있도록 긴급구조지휘대 등 긴급구조체제를 구축하고, 상시 소속 긴급구조요원 및 장비의 출동태세를 유지하여야 한다.

③ 긴급구조업무와 재난관리책임기관(행정기관 외의 기관만 해당한다)의 재난관리업무에 종사하는 사람은 대통령령으로 정하는 바에 따라 긴급구조에 관한 교육을 받아야 한다. 다만, 다른 법령에 따라 긴급구조에 관한 교육을 받은 경우에는 이 법에 따른 교육을 받은 것으로 본다.

④ 소방청장과 시·도지사는 제3항에 따른 교육을 담당할 교육기관을 지정할 수 있다.

⑤ 긴급구조기관의 장은 재난이 발생한 경우 사상자의 신속한 분류·응급처치 및 이송을 위하여 「의료법」 제3조에 따른 의료기관 및 「응급의료에 관한 법률」 제2조에 따른 응급의료기관 등에 현장 응급의료에 필요한 인력·장비 등 자원에 관한 자료를 요청할 수 있다. 이 경우 자료의 요청을 받은 관계 기관의 장은 정당한 사유가 없으면 이에 따라야 한다.

⑥ 제5항에 따라 긴급구조기관의 장이 요청할 수 있는 자료의 종류는 대통령령으로 정한다.

119 관련법령보기 📖

「재난 및 안전관리기본법 시행령」 제65조(긴급구조지휘대 구성·운영)
① 긴급구조지휘대는 다음 각 호의 사람으로 구성하여야 한다.
　1. 신속기동요원
　2. 자원지원요원
　3. 통신지휘요원
　4. 안전담당요원
　5. 경찰관서에서 파견된 연락관
　6. 「응급의료에 관한 법률」 제26조에 따른 권역응급의료센터에서 파견된 연락관
② 긴급구조지휘대는 소방서현장지휘대, 방면현장지휘대, 소방본부현장지휘대 및 권역현장지휘대로 구분하되, 구분된 긴급구조지휘대의 설치 기준은 다음 각 호와 같다.
　1. 소방서현장지휘대 : 소방서별로 설치·운영
　2. 방면현장지휘대 : 2개 이상 4개 이하의 소방서별로 소방본부장이 1개를 설치·운영
　3. 소방본부현장지휘대 : 소방본부별로 현장지휘대 설치·운영
　4. 권역현장지휘대 : 2개 이상 4개 이하의 소방본부별로 소방청장이 1개를 설치·운영

「재난 및 안전관리 기본법 시행령」 제66조(긴급구조에 관한 교육)
① 긴급구조지원기관에서 긴급구조업무와 재난관리업무를 담당하는 부서의 담당자 및 관리자는 법 제55조 제3항에 따라 다음 각 호의 구분에 따른 긴급구조에 관한 교육(이하 "긴급구조교육"이라 한다)을 받아야 한다.
　1. **신규교육** : 해당 업무를 맡은 후 **1년 이내**에 받는 긴급구조교육
　2. **정기교육** : 신규교육을 받은 후 **2년마다** 받는 긴급구조교육
② 제1항에서 규정한 사항 외에 재난관리업무에 종사하는 사람의 교육에 필요한 세부 사항은 행정안전부령으로 정한다.

「재난 및 안전관리 기본법 시행령」 제66조의2(긴급구조기관의 장이 요청할 수 있는 자료)
긴급구조기관의 장은 법 제55조 제5항 전단에 따라 「의료법」 제3조에 따른 의료기관 및 「응급의료에 관한 법률」 제2조 제7호에 따른 응급의료기관 등(이하 "해당 의료기관"이라 한다)에 대하여 다음 각 호의 사항에 관한 자료를 요청할 수 있다.
1. 응급의료 종사자 수 등 해당 의료기관의 응급의료 인력
2. 구급차량, 특수의료장비 등 해당 의료기관의 응급의료 장비
3. 병상, 수술실 등 해당 의료기관의 응급환자 수용능력

기출 플러스

긴급구조지휘대의 구성원이 아닌 사람은?　　　　　[13년 경기기출]
① 신속기동요원
② 자원지원요원
③ 안전담당요원
④ 인근병원에 파견된 연락관

해설
인근병원에 파견된 연락관은 긴급구조지휘대의 구성원에 해당하지 않는다. ①, ②, ③은 긴급구조지위대 구성원에 해당된다.

정답　④

🔖 기출 플러스

「재난 및 안전관리 기본법」 및 같은 법 시행령상 효율적인 재난관리를 위해 실시하는 예방, 대비, 대응및 복구 활동에 관한 내용으로 옳지 않은 것은? [20년 소방간부]

① 국무총리는 국가안전관리기본계획을 5년마다 수립하여야 한다.

② 안전점검의 날은 매월 4일로 하고, 방재의 날은 매년 5월 25일로 한다.

③ 훈련주관기관의 장은 관계 기관과 합동으로 참여하는 재난대비훈련을 각각 소관 분야별로 주관하여 연 1회 이상 실시하여야 한다.

④ 행정안전부장관은 5년마다 재난 및 안전관리에 관한 과학기술의 진흥을 위하여 재난 및 안전관리 기술개발종합계획을 수립하여야 한다.

⑤ 긴급구조지원기관에서 긴급구조업무와 재난관리업무를 담당하는 부서의 담당자 및 관리자는 신규교육을 받은 후 3년마다 정기적으로 긴급구조교육을 받아야 한다.

해설

신규교육을 받은 후 3년마다 정기적으로 긴급구조교육을 받아야 한다.

정답 ⑤

「재난 및 안전관리 기본법 시행규칙」 제16조(긴급구조의 교육)

① 영 제66조 제2항에 따른 재난관리업무에 종사하는 사람에 대한 긴급구조에 관한 교육 내용은 다음 각 호와 같다.
  1. 긴급구조대응계획 및 긴급구조세부대응계획의 수립·집행 및 운용방법
  2. 재난 대응 행정실무
  3. 긴급재난 대응 이론 및 기술
  4. 긴급구조활동에 필요한 인명구조, 응급처치, 건축물구조 안전조치, 특수재난 대응방법 및 법 제49조 제1항에 따른 중앙긴급구조통제단의 단장(이하 "중앙통제단장"이라 한다)이 필요하다고 인정하는 사항

② 제1항에 따른 교육은 다음 각 호의 과정으로 구분하여 시행하여야 한다.
  1. 긴급구조 대응활동 실무자과정
  2. 긴급구조 대응 행정실무자과정
  3. 긴급구조 대응 현장지휘자과정
  4. 중앙통제단장이 필요하다고 인정하는 교육과정
  5. 그 밖에 법 제16조 제2항에 따른 시·도재난안전대책본부의 본부장 및 시·군·구재난안전대책본부의 본부장과 법 제50조 제2항에 따른 시·도긴급구조통제단의 단장 및 시·군·구긴급구조통제단의 단장이 필요하다고 인정하는 교육과정

③ 법 제55조 제4항에 따라 소방청장 또는 특별시장·광역시장·특별자치시장·도지사·특별자치도지사(이하 "시·도지사"라 한다)는 긴급구조에 관한 교육을 담당할 교육기관을 지정하려는 경우에는 해당 기관의 장으로 하여금 긴급구조교육과정 운영계획을 제출하도록 할 수 있다.

④ 제1항부터 제3항까지에서 규정한 사항 외에 긴급구조에 관한 교육의 운영 등에 필요한 세부 사항은 소방청장이 정하여 고시한다.

제55조의2(긴급구조지원기관의 능력에 대한 평가)

① 긴급구조지원기관은 대통령령으로 정하는 바에 따라 긴급구조에 필요한 능력을 유지하여야 한다.

② 긴급구조기관의 장은 긴급구조지원기관의 능력을 (매년)평가할 수 있다. 다만, 상시 출동체계 및 자체 평가제도를 갖춘 기관과 민간 긴급구조지원기관에 대하여는 대통령령으로 정하는 바에 따라 평가를 하지 아니할 수 있다.

③ 긴급구조기관의 장은 제2항에 따른 평가 결과를 해당 긴급구조지원기관의 장에게 통보하여야 한다.

④ 제1항부터 제3항까지에서 규정한 사항 외에 긴급구조지원기관의 능력 평가에 필요한 사항은 대통령령으로 정한다.

119 관련법령보기 🗐

「재난 및 안전관리 기본법 시행령」제66조의4(긴급구조지원기관 능력에 대한 평가 절차)
① 소방청장은 긴급구조기관이 긴급구조지원기관에 대한 능력을 평가하는 데에 필요한 **평가지침을 매년 수립**하여 **다른 긴급구조기관의 장에게 통보**하여야 한다.
② 제1항에 따른 평가지침에는 다음 각 호의 사항이 포함되어야 한다.
　1. 긴급구조기관별로 평가하여야 하는 긴급구조지원기관
　2. 긴급구조지원기관에 대한 평가방법 및 평가 기준
　3. 그 밖에 긴급구조지원기관에 대한 능력 평가와 관련하여 소방청장이 필요하다고 인정하는 사항
③ **긴급구조기관의 장**은 제1항에 따른 평가지침에 따라 긴급구조지원기관에 대한 능력 평가 계획을 수립하고, 미리 평가 대상이 되는 긴급구조지원기관의 장에게 통보하여야 한다.

제56조(해상에서의 긴급구조)

해상에서 발생한 선박이나 항공기 등의 조난사고의 긴급구조활동에 관하여는 「수상에서의 수색·구조 등에 관한 법률」등 관계 법령에 따른다.

제57조(항공기 등 조난사고 시의 긴급구조 등)

① **소방청장**은 항공기 조난사고가 발생한 경우 항공기 수색과 인명구조를 위하여 **항공기 수색·구조계획을 수립·시행**하여야 한다. 다만, 다른 법령에 항공기의 수색·구조에 관한 특별한 규정이 있는 경우에는 그 법령에 따른다.
② **국방부장관**은 항공기나 선박의 조난사고가 발생하면 관계 법령에 따라 긴급구조업무에 책임이 있는 기관의 긴급구조활동에 대한 군의 지원을 신속하게 할 수 있도록 다음 각 호의 조치를 취하여야 한다.
　1. 탐색구조본부의 설치·운영
　2. 탐색구조부대의 지정 및 출동대기태세의 유지
　3. 조난 항공기에 관한 정보 제공

7 재난의 복구

제1절 피해조사 및 복구계획

제58조(재난피해 신고 및 조사)

① 재난으로 피해를 입은 사람은 피해상황을 행정안전부령으로 정하는 바에 따라 **시장·군수·구청장**(시·군·구대책본부가 운영되는 경우에는 해당 본부장을 말한다. 이하 이 조에서 같다)에게 신고할 수 있으며, 피해 신고를 받은 시장·군수·구청장은 피해상황을 조사한 후 **중앙대책본부장에게 보고**하여야 한다.

② **재난관리책임기관의 장**은 재난으로 인하여 피해가 발생한 경우에는 피해상황을 신속하게 조사한 후 그 결과를 **중앙대책본부장에게 통보**하여야 한다.

③ **중앙대책본부장**은 재난피해의 조사를 위하여 필요한 경우에는 대통령령으로 정하는 바에 따라 관계 중앙행정기관 및 관계 재난관리책임기관의 장과 합동으로 **중앙재난피해합동조사단**을 편성하여 재난피해 상황을 조사할 수 있다.

④ 중앙대책본부장은 제3항에 따른 중앙재난피해합동조사단을 편성하기 위하여 관계 재난관리책임기관의 장에게 소속 공무원이나 직원의 파견을 요청할 수 있다. 이 경우 요청을 받은 관계 재난관리책임기관의 장은 특별한 사유가 없으면 요청에 따라야 한다.

⑤ 제1항 및 제2항에 따른 피해상황 조사의 방법 및 기준 등 필요한 사항은 중앙대책본부장이 정한다.

119 관련법령보기

「재난 및 안전관리 기본법 시행령」 제67조(중앙재난피해합동조사단의 구성·운영)

① 법 제58조 제3항에 따른 **중앙재난피해합동조사단**(이하 "재난피해조사단"이라 한다)의 **단장은 행정안전부 소속 공무원**으로 한다.

② 재난피해조사단의 단장은 중앙대책본부장의 명을 받아 재난피해조사단에 관한 사무를 총괄하고 재난피해조사단에 소속된 직원을 지휘·감독한다.

③ 중앙대책본부장은 재난피해의 유형·규모에 따라 전문조사가 필요한 경우 전문조사단을 구성·운영할 수 있다.

④ 제1항부터 제3항까지에서 규정한 사항 외에 재난피해조사단의 편성 및 운영 등에 필요한 사항은 행정안전부령으로 정한다.

제59조(재난복구계획의 수립·시행)

① <u>재난관리책임기관의 장</u>은 사회재난으로 인한 피해[사회재난 중 제60조 제2항에 따라 특별재난지역으로 선포된 지역의 사회재난으로 인한 피해(이하 이 조에서 "특별재난지역 피해"라 한다)는 제외한다]에 대하여 제58조 제2항에 따른 피해조사를 마치면 지체 없이 자체복구계획을 수립·시행하여야 한다.

② <u>시·도지사 또는 시장·군수·구청장</u>은 특별재난지역 피해에 대하여 관할구역의 피해상황을 종합하는 재난복구계획을 수립한 후 수습본부장 및 관계 중앙행정기관의 장과 협의를 거쳐 중앙대책본부장에게 제출하여야 한다.

③ 제2항에도 불구하고 긴급하게 복구를 실시하여야 하는 등 대통령령으로 정하는 특별한 사유가 있는 경우에는 <u>수습본부장이 특별재난지역 피해에 대한 재난복구계획을 직접 수립하여 중앙대책본부장에게 제출할 수 있다.</u>

④ 중앙대책본부장은 제2항 또는 제3항에 따라 제출받은 재난복구계획을 제14조 제3항 본문에 따른 <u>중앙재난안전대책본부회의의 심의를 거쳐 확정</u>하고, 이를 관계 재난관리책임기관의 장에게 통보하여야 한다.

⑤ <u>재난관리책임기관의 장</u>은 제4항에 따라 재난복구계획을 통보받으면 그 재난복구계획에 따라 지체 없이 재난복구를 시행하여야 한다. 이 경우 지방자치단체의 장은 재난복구를 위하여 필요한 경비를 지방자치단체의 예산에 계상(計上)하여야 한다.

제59조의2(재난복구계획에 따라 시행하는 사업의 관리)

① <u>재난관리책임기관의 장</u>은 제59조 제1항에 따른 자체복구계획 또는 같은 조 제4항에 따른 재난복구계획에 따라 시행하는 사업이 체계적으로 관리되도록 하여야 한다.

② <u>중앙대책본부장</u>은 제59조 제4항에 따른 재난복구계획에 따라 시행하는 사업이 효율적으로 추진될 수 있도록 대통령령으로 정하는 사업에 대하여 지도·점검하고, 필요하면 시정명령 또는 시정요청(현지 시정명령과 시정요청을 포함한다)을 할 수 있다. 이 경우 시정명령 또는 시정요청을 받은 관계 기관의 장은 정당한 사유가 없으면 이에 따라야 한다.

③ 제2항에 따른 지도·점검 등에 필요한 사항은 대통령령으로 정한다.

기출 플러스

「재난 및 안전관리 기본법」상 특별 재난지역 선포권자는 누구인가?

[17 기출]

① 대통령
② 행정안전부장관
③ 소방본부장
④ 시·도지사

해설

특별재난지역 선포권자는 대통령 이다.

정답 ①

제2절 특별재난지역 선포 및 지원

제60조(특별재난지역의 선포) ★★

① 중앙대책본부장은 대통령령으로 정하는 규모의 재난이 발생하여 국가의 안녕 및 사회질서의 유지에 중대한 영향을 미치거나 피해를 효과적으로 수습하기 위하여 특별한 조치가 필요하다고 인정하거나 지역대책본부장의 요청이 타당하다고 인정하는 경우에는 중앙위원회의 심의를 거쳐 해당 지역을 특별재난지역으로 선포할 것을 대통령에게 건의할 수 있다.

② 특별재난지역의 선포를 건의 받은 대통령은 해당 지역을 특별재난지역으로 선포할 수 있다.

③ 지역대책본부장은 관할지역에서 발생한 재난으로 인하여 사유가 발생한 경우에는 중앙대책본부장에게 특별재난지역의 선포 건의를 요청할 수 있다.

119 관련법령보기

「재난 및 안전관리 기본법 시행령」 제69조(특별재난의 범위 및 선포 등)

① 법 제60조 제1항에서 "대통령령으로 정하는 규모의 재난"이란 다음 각 호의 어느 하나에 해당하는 재난을 말한다.

1. 자연재난으로서 「자연재난 구호 및 복구 비용 부담기준 등에 관한 규정」 제5조 제1항에 따른 국고 지원 대상 피해 기준금액의 2.5배를 초과하는 피해가 발생한 재난

1의2. 자연재난으로서 「자연재난 구호 및 복구 비용 부담기준 등에 관한 규정」 제5조 제1항에 따른 국고 지원 대상에 해당하는 시·군·구의 관할 읍·면·동에 같은 항 각 호에 따른 국고 지원 대상 피해 기준금액의 4분의 1을 초과하는 피해가 발생한 재난

2. 사회재난의 재난 중 재난이 발생한 해당 지방자치단체의 행정능력이나 재정능력으로는 재난의 수습이 곤란하여 국가적 차원의 지원이 필요하다고 인정되는 재난

3. 그 밖에 재난 발생으로 인한 생활기반 상실 등 극심한 피해의 효과적인 수습 및 복구를 위하여 국가적 차원의 특별한 조치가 필요하다고 인정되는 재난

제61조(특별재난지역에 대한 지원)

국가나 지방자치단체는 특별재난지역으로 선포된 지역에 대하여는 재난지역에 대한 국고보조 등의 지원을 하는 외에 응급대책 및 재난구호와 복구에 필요한 행정상·재정상·금융상·의료상의 특별 지원을 할 수 있다.

119 관련법령보기 🗒

「재난 및 안전관리 기본법 시행령」 제70조(특별재난지역에 대한 지원)

① 국가가 재난과 관련하여 특별재난지역으로 선포한 지역에 대한 특별지원의 내용은 다음 각 호와 같다.

1. 「자연재난 구호 및 재난복구 비용 부담기준 등에 관한 규정」 제7조에 따른 국고의 추가 지원
2. 「자연재난 구호 및 재난복구 비용 부담기준 등에 관한 규정」 제4조에 따른 지원
3. 의료·방역·방제(防除) 및 쓰레기 수거 활동 등에 대한 지원
4. 「재해구호법」에 따른 의연금품의 지원
5. 농어업인의 영농·영어·시설·운전 자금 및 중소기업의 시설·운전 자금의 우선 융자, 상환 유예, 상환 기한 연기 및 그 이자 감면과 중소기업에 대한 특례보증 등의 지원
6. 그 밖에 재난응급대책의 실시와 재난의 구호 및 복구를 위한 지원

② 삭제 〈2005. 11. 30.〉

③ 국가가 법 제61조에 따라 이 영 제69조 제1항 제2호에 해당하는 재난 및 그에 준하는 같은 항 제3호의 재난과 관련하여 특별재난지역으로 선포한 지역에 대하여 하는 특별지원의 내용은 다음 각 호와 같다.

1. 「사회재난 구호 및 복구 비용 부담기준 등에 관한 규정」에 따른 지원
2. 삭제 〈2020. 6. 2.〉
3. 삭제 〈2020. 6. 2.〉
4. 제1항 제3호 및 제5호에 해당하는 지원
5. 그 밖에 중앙대책본부장이 필요하다고 인정하는 지원

④ 삭제 〈2020. 6. 2.〉

⑤ 중앙대책본부장은 제3항에 따른 지원을 위한 피해금액과 복구비용의 산정, 국고 지원 내용 등을 관계 중앙행정기관의 장과의 협의 및 중앙대책본부회의의 심의를 거쳐 확정한다.

⑥ 중앙대책본부장 및 지역대책본부장은 특별재난지역이 선포되었을 때에는 재난 응급대책의 실시와 재난의 구호 및 복구를 위하여 법 제59조 제2항에 따른 재난복구계획의 수립·시행 전에 재난대책을 위한 예비비, 재난관리기금·재해구호기금 및 의연금을 집행할 수 있다.

📝 **기출 플러스**

다음은 「재난 및 안전관리 기본법」 상 특별재난지역의 선포와 관련된 내용이다. ( ) 안에 들어갈 내용으로 옳은 것은? [18 하반기 기출]

(㉠)은(는) 대통령령으로 정하는 규모의 재난이 발생하여 특별한 조치가 필요하다고 인정하거나 지역 대책본부장의 요청이 타당하다고 인정하는 경우에는 (㉡)의 심의를 거쳐 해당 지역을 특별재난지역으로 선포할 것을 대통령에게 건의할 수 있다.

	㉠	㉡
①	중앙재난안전대책본부	안전정책조정위원회
②	중앙안전관리위원회	중앙사고수습본부
③	중앙안전관리위원회	중앙재난안전대책본부장
④	중앙재난안전대책본부	중앙안전관리위원회

해설

빈칸에 들어갈 내용은 ㉠은 중앙재난안전대책본부장, ㉡은 중앙안전관위원회이다.

정답 ④

제3절 재정 및 보상 등

제62조(비용 부담의 원칙)

① 재난관리에 필요한 비용은 이 법 또는 다른 법령에 특별한 규정이 있는 경우 외에는 이 법 또는 제3장의 안전관리계획에서 정하는 바에 따라 그 시행의 책임이 있는 자(제29조 제1항에 따른 재난방지시설의 경우에는 해당 재난방지시설의 유지·관리 책임이 있는 자를 말한다)가 부담한다. 다만, 제46조에 따라 시·도지사나 시장·군수·구청장이 다른 재난관리책임기관이 시행할 재난의 응급조치를 시행한 경우 그 비용은 그 응급조치를 시행할 책임이 있는 재난관리책임기관이 부담한다.

② 제1항 단서에 따른 비용은 관계 기관이 협의하여 정산한다.

제63조(응급지원에 필요한 비용)

① 제44조 제1항, 제46조 또는 제48조 제1항에 따라 응원을 받은 자는 그 응원에 드는 비용을 부담하여야 한다.

② 제1항의 경우 그 응급조치로 인하여 다른 지방자치단체가 이익을 받은 경우에는 그 수익의 범위에서 이익을 받은 해당 지방자치단체가 그 비용의 일부를 분담하여야 한다.

③ 제1항과 제2항에 따른 비용은 관계 기관이 협의하여 정산한다.

제64조(손실보상)

① 국가나 지방자치단체는 제39조 및 제45조(제46조에 따라 시·도지사가 행하는 경우를 포함한다)에 따른 조치로 인하여 손실이 발생하면 보상하여야 한다.

② 제1항에 따른 손실보상에 관하여는 손실을 입은 자와 그 조치를 한 중앙행정기관의 장, 시·도지사 또는 시장·군수·구청장이 협의하여야 한다.

③ 제2항에 따른 협의가 성립되지 아니하면 대통령령으로 정하는 바에 따라 「공익사업을 위한 토지 등의 취득 및 보상에 관한 법률」 제51조에 따른 관할 토지수용위원회에 재결을 신청할 수 있다.

④ 제3항에 따른 재결에 관하여는 「공익사업을 위한 토지 등의 취득 및 보상에 관한 법률」 제83조부터 제86조까지의 규정을 준용한다.

119 관련법령보기

「재난 및 안전관리 기본법 시행령」 제71조(재결의 신청기간)

① 법 제64조 제2항에 따른 손실보상에 관한 협의는 법 제39조 및 제45조(법 제46조에 따라 시·도지사가 행하는 경우를 포함한다)에 따른 **조치가 있는 날부터 60일** 이내에 하여야 한다.

② 법 제64조 제3항에 따른 재결의 신청은 법 제39조 및 제45조(법 제46조에 따라 시·도지사가 행하는 경우를 포함한다)에 따른 **조치가 있는 날부터 180일 이내**에 하여야 한다.

제65조(치료 및 보상)

① 재난 발생 시 긴급구조활동과 응급대책·복구 등에 참여한 자원봉사자, 제45조에 따른 응급조치 종사명령을 받은 사람 및 제51조 제2항에 따라 긴급구조활동에 참여한 민간 긴급구조지원기관의 긴급구조지원요원이 응급조치나 긴급구조활동을 하다가 부상을 입은 경우 및 부상으로 인하여 장애를 입은 경우에는 치료를 실시하고 보상금을 지급하며, 사망(부상으로 인하여 사망한 경우를 포함한다)한 경우에는 그 유족에게 보상금을 지급한다. 다만, 다른 법령에 따라 국가나 지방자치단체의 부담으로 같은 종류의 보상금을 받은 사람에게는 그 보상금에 상당하는 금액을 지급하지 아니한다.
② 재난의 응급대책·복구 및 긴급구조 등에 참여한 자원봉사자의 장비 등이 응급대책·복구 또는 긴급구조와 관련하여 고장나거나 파손된 경우에는 그 자원봉사자에게 수리비용을 보상할 수 있다.
③ 제1항에 따른 치료 및 보상금은 국가나 지방자치단체가 부담하며, 그 기준과 절차 등에 관한 사항은 대통령령으로 정한다.

119 관련법령보기

「재난 및 안전관리 기본법 시행령」 제72조(치료 및 보상금의 부담 및 지급기준 등)
① 법 제65조 제1항 및 제2항에 따른 치료 및 보상금은 해당 재난이 국가의 업무 또는 시설과 관계되는 경우에는 국가가 부담하고, 지방자치단체의 업무 또는 시설과 관계되는 경우에는 지방자치단체가 부담한다.
② 법 제65조 제1항에 따라 실시하는 부상을 입은 사람 및 부상으로 장애를 입은 사람에 대한 치료는 치료에 필요한 실비를 지급하는 방법으로 할 수 있다.
③ 법 제65조 제항에 따라 부상을 입은 사람, 부상으로 장애를 입은 사람, 사망(부상으로 사망한 경우를 포함한다)한 사람의 유족에게 지급하는 보상금의 지급기준에 관하여는 「의사상자 등 예우 및 지원에 관한 법률」 제8조와 같은 법 시행령 제12조를 준용한다.
④ 법 제65조 제2항에 따른 장비 등의 고장이나 파손에 대한 보상은 다음 각 호의 기준에 따라 지급액을 결정한다.
   1. 고장나거나 파손된 장비 등의 수리가 불가능한 경우에는 참여 당시 장비 등의 교환가격
   2. 고장나거나 파손된 장비 등의 수리가 가능한 경우에는 수리에 필요한 실비

⑤ 제1항에 따른 보상 중 유족에 대한 보상금은 그 배우자, 미성년자인 자녀, 부모, 조부모, 성년인 자녀, 형제자매 순으로 지급한다. 이 경우 같은 순위의 유족이 2명 이상일 경우에는 같은 금액으로 나누어 지급하되, 태아는 그 지급순위에 관하여는 이미 출생한 것으로 본다.

「재난 및 안전관리 기본법 시행령」 제73조(치료 및 보상금의 지급절차)

① 법 제65조 제1항에 따라 부상을 입은 사람 및 부상으로 장애를 입은 사람의 치료절차에 관하여는 「민방위기본법 시행령」 제44조를 준용한다.

② 법 제65조 제1항 및 제2항에 따른 보상금의 지급절차에 관하여는 「민방위기본법 시행령」 제41조를 준용한다. 이 경우 "행정안전부장관"은 "주무부처의 장"으로, "제9조 제1항 제1호에 따른 민방위기획위원회"는 "법 제9조에 따른 중앙안전관리위원회"로, "법 제7조 제1항에 따른 특별시·광역시·도민방위협의회"는 "법 제11조에 따른 시·도 안전관리위원회"로, "법 제7조 제1항에 따른 시·군·구민방위협의회"는 "법 제11조에 따른 시·군·구 안전관리위원회"로 본다.

제66조(재난지역에 대한 국고보조 등의 지원)

① 국가는 다음 각 호의 어느 하나에 해당하는 재난의 원활한 복구를 위하여 필요하면 대통령령으로 정하는 바에 따라 그 비용(제65조 제1항에 따른 보상금을 포함한다)의 전부 또는 일부를 국고에서 부담하거나 지방자치단체, 그 밖의 재난관리책임자에게 보조할 수 있다. 다만, 제39조 제1항(제46조 제1항에 따라 시·도지사가 하는 경우를 포함한다) 또는 제40조 제1항의 대피명령을 방해하거나 위반하여 발생한 피해에 대하여는 그러하지 아니하다.

1. 자연재난

2. 사회재난 중 제60조 제2항에 따라 특별재난지역으로 선포된 지역의 재난

② 제1항에 따른 재난복구사업의 재원은 대통령령으로 정하는 재난의 구호 및 재난의 복구비용 부담기준에 따라 <u>국고의 부담금 또는 보조금과 지방자치단체의 부담금·의연금 등으로 충당</u>하되, 지방자치단체의 부담금 중 시·도 및 시·군·구가 부담하는 기준은 행정안전부령으로 정한다.

③ <u>국가와 지방자치단체는 재난으로 피해를 입은 시설의 복구와 피해주민의 생계 안정 및 피해기업의 경영 안정을 위하여 다음 각 호의 지원을 할 수 있다.</u> 다만, 다른 법령에 따라 국가 또는 지방자치단체가 같은 종류의 보상금 또는 지원금을 지급하거나, 제3조 제1호 나목에 해당하는 재난으로 피해를 유발한 원인자가 보험금 등을 지급하는 경우에는 그 보상금, 지원금 또는 보험금 등에 상당하는 금액은 지급하지 아니한다.

1. 사망자·실종자·부상자 등 피해주민에 대한 구호

2. <u>주거용</u> 건축물의 복구비 지원

3. <u>고등학생의 학자금 면제</u>

4. 자금의 융자, 보증, 상환기한의 연기, 그 이자의 감면 등 관계 법령에서 정하는 금융지원

5. 세입자 보조 등 생계안정 지원

6. 관계 법령에서 정하는 바에 따라 국세·지방세, 건강보험료·연금보험료, 통신요금, 전기요금 등의 경감 또는 납부유예 등의 <u>간접지원</u>

7. <u>주 생계수단</u>인 농업·어업·임업·염생산업(鹽生産業)에 피해를 입은 경우에 해당 시설의 복구를 위한 지원

8. 공공시설 피해에 대한 복구사업비 지원

9. 그 밖에 제14조 제3항 본문에 따른 중앙재난안전대책본부회의에서 결정한 지원 또는 제16조 제2항에 따른 지역재난안전대책본부회의에서 결정한 지원

④ 제3항에 따른 지원의 기준은 제1항 각 호의 어느 하나에 해당하는 재난에 대해서는 대통령령으로 정하고, 사회재난으로서 제60조 제2항에 따라 특별재난지역으로 선포되지 아니한 지역의 재난에 대해서는 해당 지방자치단체의 조례로 정한다.

⑤ 국가와 지방자치단체는 재난으로 피해를 입은 사람에 대하여 심리적 안정과 사회 적응을 위한 상담 활동을 지원할 수 있다. 이 경우 구체적인 지원 절차와 그 밖에 필요한 사항은 대통령령으로 정한다.

⑥ 국가 또는 지방자치단체는 제3항 각 호에 따른 지원의 원인이 되는 사회재난에 대하여 그 원인을 제공한 자가 따로 있는 경우에는 그 원인제공자에게 국가 또는 지방자치단체가 부담한 비용의 전부 또는 일부를 청구할 수 있다.

⑦ 제3항 각 호에 따라 <u>지원되는 금품 또는 이를 지급받을 권리는 양도·압류하거나 담보로 제공할 수 없다.</u>

제66조의2(복구비 등의 선지급)

① 지방자치단체의 장은 재난의 신속한 구호 및 복구를 위하여 필요하다고 판단되면 제66조에 따라 재난의 구호 및 복구를 위하여 지원하는 비용(이하 "복구비 등"이라 한다) 중 대통령령으로 정하는 항목에 대해서는 제59조 또는 「자연재해대책법」 제46조에 따른 복구계획 수립 전에 미리 지급할 수 있다.

② 제1항에 따라 복구비 등을 선지급 받으려는 자는 대통령령으로 정하는 바에 따라 재난으로 인한 피해 물량 등에 관하여 신고하여야 한다.

③ 지방자치단체의 장은 제1항에 따라 미리 복구비 등을 지급하기 위하여 피해 주민의 주(主) 생계수단을 판단하기 위한 다음 각 호의 사항에 대한 확인을 해당 각 호의 자에게 요청할 수 있다. 이 경우 확인을 요청받은 자는 특별한 사유가 없으면 요청에 따라야 한다.

1. 근로소득 및 사업소득 수준에 관한 사항 : 국세청장 또는 관할 세무서장
2. 국민연금 가입·납입에 관한 사항 :「국민연금법」제24조에 따른 국민연금공단의 이사장
3. 국민건강보험 가입·납입에 관한 사항 :「국민건강보험법」제13조에 따른 국민건강보험공단의 이사장

④ 제1항에 따른 복구비 등 선지급을 위하여 필요한 선지급의 비율·절차 등에 관한 사항은 대통령령으로 정한다.

119 관련법령보기

「재난 및 안전관리 기본법 시행령」제73조의3(복구비 등의 선지급 비율 등)
① 법 제66조의2 제1항에서 "대통령령으로 정하는 항목"이란 다음 각 호와 같다.
  1. 자연재난의 경우 :「자연재난 구호 및 복구 비용 부담기준 등에 관한 규정」제4조 제1항 제1호 가목 및 나목, 같은 항 제2호 가목부터 바목까지
  2. 사회재난의 경우 :「사회재난 구호 및 복구 비용 부담기준 등에 관한 규정」제3조 제1항 제1호
② 법 제66조의2 제2항에 따라 법 제66조에 따른 재난의 구호 및 복구를 위하여 지원하는 비용(이하 "복구비 등"이라 한다)을 선지급 받으려는 자는 지체 없이 거주지, 사무소 또는 영업소의 소재지를 관할하는 시장·군수·구청장에게 재난으로 인한 피해 물량 등에 관하여 신고하여야 한다.
③ 법 제66조의2 제4항에 따른 **선지급의 비율은 시설의 종류 및 피해 규모 등에 따라 국고와 지방비에서 지원하는 금액을 합한 금액의 100분의 20 이상으로** 하며, 구체적인 선지급 비율 및 절차 등에 관한 사항은 행정안전부장관이 관계 중앙행정기관의 장과 협의한 후 고시하여야 한다.

제66조의3(복구비 등의 반환)

① 국가와 지방자치단체는 복구비 등을 받은 자가 다음 각 호의 어느 하나에 해당하는 경우에는 행정안전부령으로 정하는 바에 따라 그 받은 복구비 등을 반환하도록 명하여야 한다.
  1. 부정한 방법으로 복구비 등을 받은 경우
  2. 복구비 등을 받은 후 그 지급 사유가 소급하여 소멸된 경우
  3. 그 밖에 대통령령으로 정하는 사유가 발생한 경우
② 제1항에 따라 반환명령을 받은 자는 즉시 복구비 등을 반환하여야 한다.
③ 제2항에 따라 반환하여야 할 반환금을 지정된 기한까지 반환하지 아니하면 국세 체납처분 또는 지방세 체납처분의 예에 따라 징수한다.
④ 제3항에 따른 반환금의 징수는 국세와 지방세를 제외하고는 다른 공과금에 우선한다.

8 안전문화 진흥

제66조의4(안전문화 진흥을 위한 시책의 추진)

① <u>중앙행정기관의 장과 지방자치단체의 장</u>은 소관 재난 및 안전관리업무와 관련하여 국민의 안전의식을 높이고 안전문화를 진흥시키기 위한 다음 각 호의 안전문화활동을 적극 추진하여야 한다.

1. 안전교육 및 안전훈련(응급상황시의 대처요령을 포함한다)
2. 안전의식을 높이기 위한 캠페인 및 홍보
3. 안전행동요령 및 기준·절차 등에 관한 지침의 개발·보급
4. 안전문화 우수사례의 발굴 및 확산
5. 안전 관련 통계 현황의 관리·활용 및 공개
6. 안전에 관한 각종 조사 및 분석

6의2. 안전취약계층의 안전관리 강화

7. 그 밖에 안전문화를 진흥하기 위한 활동

② <u>행정안전부장관</u>은 제1항에 따른 안전문화활동의 추진에 관한 총괄·조정 업무를 관장한다.

③ <u>지방자치단체의 장</u>은 지역 내 안전문화활동에 주민이 참여할 수 있는 제도를 마련하여 시행할 수 있다.

④ <u>국가와 지방자치단체</u>는 국민이 안전문화를 실천하고 체험할 수 있는 안전체험시설을 설치·운영할 수 있다.

⑤ <u>국가와 지방자치단체</u>는 지방자치단체 또는 그 밖의 기관·단체에서 추진하는 안전문화활동을 위하여 필요한 예산을 지원할 수 있다.

119 관련법령보기

「재난 및 안전관리 기본법 시행령」 제73조의5(안전문화활동에 대한 총괄·조정)

① 행정안전부장관과 지방자치단체의 장은 법 제66조의4 제1항 제2호·제4호 및 제6호에 따른 안전문화활동과 그 밖에 안전문화의 진흥에 필요한 사업을 효율적으로 추진하기 위하여 안전문화 관련 기관 및 단체로 구성된 **중앙협의체 또는 지역협의체를 각각 구성·운영**할 수 있다.

② 제1항에 따른 중앙협의체 또는 지역협의체의 구성·운영에 필요한 사항은 행정안전부장관 또는 해당 지방자치단체의 장이 각각 정한다.

제66조의7(국민안전의 날 등)

① 국가는 국민의 안전의식 수준을 높이기 위하여 <u>매년 4월 16일</u>을 국민안전의 날로 정하여 필요한 행사 등을 한다.

② 국가는 대통령령으로 정하는 바에 따라 국민의 안전의식 수준을 높이기 위하여 안전점검의 날과 방재의 날을 정하여 필요한 행사 등을 할 수 있다.

「**재난 및 안전관리 기본법 시행령**」 제73조의6(안전점검의 날 등)

① 법 제66조의7에 따른 안전점검의 날은 매월 4일로 하고, 방재의 날은 매년 5월 25일로 한다.
② 재난관리책임기관은 안전점검의 날에는 재난취약시설에 대한 일제점검, 안전의식 고취 등 안전 관련 행사를 실시하고, 방재의 날에는 자연재난에 대한 주민의 방재의식을 고취하기 위하여 재난에 대한 교육·홍보 등의 관련 행사를 실시한다.
③ 제2항에서 규정한 사항 외에 안전점검의 날 및 방재의 날 행사 등에 필요한 사항은 행정안전부장관이 각각 정한다.

제66조의8(안전관리헌장)

① <u>국무총리</u>는 재난을 예방하고, 재난이 발생할 경우 그 피해를 최소화하기 위하여 재난 및 안전관리업무에 종사하는 자가 지켜야 할 사항 등을 정한 <u>안전관리헌장을 제정·고시</u>하여야 한다.
② <u>재난관리책임기관의 장</u>은 제1항에 따른 안전관리헌장을 실천하는 데 노력하여야 하며, 안전관리헌장을 누구나 쉽게 볼 수 있는 곳에 항상 게시하여야 한다.

제66조의9(안전정보의 구축·활용)

① <u>행정안전부장관</u>은 재난 및 각종 사고로부터 국민의 생명과 신체 및 재산을 보호하기 위하여 다음 각 호의 정보(이하 "안전정보"라 한다)를 수집하여 체계적으로 관리하여야 한다.
  1. 재난이나 그 밖의 각종 사고에 관한 통계, 지리정보 및 안전정책에 관한 정보
  1의2. 안전취약계층의 재난 및 각종 사고 피해에 관한 통계
  2. 제32조 제1항에 따른 안전 점검 결과
  3. 제32조 제4항에 따른 조치 결과
  4. 제33조의2 제1항부터 제3항까지에 따른 재난관리체계 등에 대한 평가 결과
  5. 제55조의2 제2항에 따른 긴급구조지원기관의 능력 평가 결과
  6. 제69조 제1항 및 제2항에 따른 재난원인조사 결과
  7. 제69조 제5항 후단에 따른 개선권고 등의 조치결과에 관한 정보
  8. 그 밖에 재난이나 각종 사고에 관한 정보로서 행정안전부장관이 수집·관리가 필요하다고 인정하는 정보
② <u>행정안전부장관</u>은 안전정보를 체계적으로 관리하고 안전정보 및 다른 법령에 따라 재난관리책임기관의 장이 공개하는 시설 등에 대한 각종 안전점검

· 진단 등의 결과를 통합적으로 공개하기 위하여 <u>안전정보통합관리시스템을 구축·운영</u>하여야 한다.

③ <u>행정안전부장관</u>은 안전정보통합관리시스템을 관계 행정기관 및 국민이 안전수준을 진단하고 개선하는 데 활용할 수 있도록 하여야 한다.

④ <u>행정안전부장관</u>은 안전정보통합관리시스템을 구축·운영하기 위하여 관계 행정기관의 장에게 필요한 자료를 요청할 수 있다. 이 경우 요청을 받은 관계 행정기관의 장은 특별한 사유가 없으면 요청에 따라야 한다.

⑤ 안전정보 등의 수집·공개·관리, 안전정보통합관리시스템의 구축·활용 등에 필요한 사항은 대통령령으로 정한다.

제66조의10(안전지수의 공표)

① <u>행정안전부장관</u>은 지역별 안전수준과 안전의식을 객관적으로 나타내는 지수(이하 "안전지수"라 한다)를 개발·조사하여 그 결과를 공표할 수 있다.

② <u>행정안전부장관</u>은 안전지수의 조사를 위하여 관계 행정기관의 장에게 필요한 자료를 요청할 수 있다. 이 경우 요청을 받은 관계 행정기관의 장은 특별한 사유가 없으면 요청에 따라야 한다.

③ <u>행정안전부장관</u>은 안전지수의 개발·조사에 관한 업무를 효율적으로 수행하기 위하여 필요한 경우 대통령령으로 정하는 기관 또는 단체로 하여금 그 업무를 대행하게 할 수 있다.

④ 안전지수의 조사 항목, 방법, 공표절차 등 필요한 사항은 대통령령으로 정한다.

119 관련법령보기

「재난 및 안전관리 기본법 시행령」 제73조의8(안전지수의 조사·공표 등)

① 법 제66조의10 제1항에 따른 안전지수의 조사 항목은 다음 각 호와 같다.
1. 지역별 재난 등의 발생 현황
2. 재난 등에 대한 국민의 안전의식
3. 그 밖에 행정안전부장관이 필요하다고 인정하는 사항

② 법 제66조의10 제3항에서 "대통령령으로 정하는 기관 또는 단체"란 다음 각 호의 기관 또는 단체를 말한다.
1. 국공립 연구기관
2. 「정부출연연구기관 등의 설립·운영 및 육성에 관한 법률」에 따라 설립된 정부출연연구기관
3. 「고등교육법」에 따른 대학·산업대학·전문대학 및 기술대학
4. 「민법」 또는 다른 법률에 따라 설립된 법인인 연구기관

③ 행정안전부장관은 지역별 안전지수를 인터넷 등을 통하여 공표할 수 있다.

④ 제1항부터 제3항까지에서 규정한 사항 외에 안전지수의 조사방법 등에 관하여 필요한 사항은 행정안전부장관이 정한다.

제66조의11(지역축제 개최 시 안전관리조치)

① 중앙행정기관의 장 또는 지방자치단체의 장은 대통령령으로 정하는 지역축제를 개최하려면 해당 지역축제가 안전하게 진행될 수 있도록 지역축제 안전관리계획을 수립하고, 그 밖에 안전관리에 필요한 조치를 하여야 한다.

② 행정안전부장관 또는 시·도지사는 제1항에 따른 지역축제 안전관리계획의 이행 실태를 지도·점검할 수 있으며, 점검결과 보완이 필요한 사항에 대해서는 관계 기관의 장에게 시정을 요청할 수 있다. 이 경우 시정 요청을 받은 관계 기관의 장은 특별한 사유가 없으면 요청에 따라야 한다.

③ 중앙행정기관의 장 또는 지방자치단체의 장 외의 자가 대통령령으로 정하는 지역축제를 개최하려는 경우에는 해당 지역축제가 안전하게 진행될 수 있도록 지역축제 안전관리계획을 수립하여 대통령령으로 정하는 바에 따라 관할 시장·군수·구청장에게 사전에 통보하고, 그 밖에 안전관리에 필요한 조치를 하여야 한다. 지역축제 안전관리계획을 변경하려는 때에도 또한 같다.

④ 제3항에 따른 통보를 받은 관할 시장·군수·구청장은 필요하다고 인정되는 때에는 지역축제 안전관리계획에 대하여 보완을 요구할 수 있다. 이 경우 보완을 요구받은 자는 정당한 사유가 없으면 이에 따라야 한다.

⑤ 제1항부터 제4항까지의 규정에 따른 지역축제 안전관리계획의 내용, 수립 절차 등 필요한 사항은 대통령령으로 정한다.

119 관련법령보기

「재난 및 안전관리 기본법 시행령」 제73조의9(지역축제 개최 시 안전관리조치)

① 법 제66조의11 제1항 및 제3항에서 "대통령령으로 정하는 지역축제"란 각각 다음 각 호의 어느 하나에 해당하는 지역축제를 말한다.
  1. 축제기간 중 순간 최대 관람객이 1천명 이상이 될 것으로 예상되는 지역축제
  2. 축제장소나 축제에 사용하는 재료 등에 사고 위험이 있는 지역축제로서 다음 각 목의 어느 하나에 해당하는 지역축제
    가. 산 또는 수면에서 개최하는 지역축제
    나. 불, 폭죽, 석유류 또는 가연성 가스 등의 폭발성 물질을 사용하는 지역축제

② 법 제66조의11 제1항 및 제3항에 따른 지역축제 안전관리계획(이하 "지역축제 안전관리계획"이라 한다)에는 각각 다음 각 호의 사항이 포함되어야 한다.
  1. 지역축제의 개요
  2. 축제 장소·시설 등을 관리하는 사람 및 관리조직과 임무에 관한 사항
  3. 화재예방 및 인명피해 방지조치에 관한 사항
  4. 안전관리인력의 확보 및 배치계획
  5. 비상시 대응요령, 담당 기관과 담당자 연락처

③ 법 제66조의11 제1항 및 제3항에 따라 지역축제를 개최하려는 자가 지역축제 안전관리계획을 수립하려면 개최지를 관할하는 지방자치단체, 소방서 및 경찰서 등 안전관리 유관기관의 의견을 미리 들어야 한다.

④ 법 제66조의11 제3항에 따라 지역축제를 개최하려는 자는 지역축제 안전관리계획을 수립하여 **축제 개최일 3주 전까지** 관할 시장·군수·구청장에게 제출해야 한다. 이 경우 지역축제 안전관리계획을 변경하려는 경우에는 해당 **축제 개최일 7일 전까지** 변경된 내용을 제출해야 한다.

⑤ 행정안전부장관은 지역축제 안전관리계획이 효율적으로 수립·관리될 수 있도록 하기 위하여 지역축제 안전관리 매뉴얼을 작성하여 중앙행정기관의 장 또는 지방자치단체의 장에게 통보하고 행정안전부 인터넷 홈페이지 등을 통하여 공개할 수 있다.

⑥ 제1항부터 제5항까지에서 규정한 사항 외에 지역축제 안전관리계획의 세부적인 내용 및 수립절차 등에 관하여 필요한 사항은 행정안전부장관이 정한다.

제66조의12(안전사업지구의 지정 및 지원)

① 행정안전부장관은 지역사회의 안전수준을 높이기 위하여 시·군·구를 대상으로 안전사업지구를 지정하여 필요한 지원할 수 있다.

② 제1항에 따른 안전사업지구의 지정기준, 지정절차 등 필요한 사항은 대통령령으로 정한다.

119 관련법령보기

「재난 및 안전관리 기본법 시행령」 제73조의10(안전사업지구의 지정기준 및 절차 등)

① 행정안전부장관은 법 제66조의12 제1항에 따른 안전사업지구(이하 "안전사업지구"라 한다)의 원활한 지원을 위하여 필요한 경우에는 일정한 기간을 정하여 신청을 받아 안전사업지구를 지정할 수 있다.

② 안전사업지구로 지정을 받으려는 **시장·군수·구청장**은 안전사업지구를 지정하는 목적 달성에 필요한 사업(이하 "안전사업"이라 한다)에 관한 다음 각 호의 사항이 포함된 추진계획서 및 관련 자료를 첨부하여 행정안전부장관에게 제출하여야 한다.

1. 안전사업 추진개요
2. 안전사업 추진기간
3. 안전사업에 지원하는 예산·인력 등의 내용
4. 지역주민의 안전사업 추진에 대한 참여 방안
5. 안전사업의 추진에 따른 기대효과

③ 안전사업지구의 지정기준은 다음 각 호와 같다.

1. 안전사업에 대한 해당 지역주민의 참여 가능성 및 정도
2. 안전사업에 관한 재원조달계획의 적정성 및 실현가능성
3. 안전사업지구 지정으로 지역사회 안전수준의 향상에 기여할 것으로 예상되는 정도

④ 행정안전부장관은 안전사업지구를 공개 모집하는 경우에는 공정한 평가 등을 위하여 관계 전문가 및 기관에 자문 또는 조사・연구를 의뢰할 수 있다.

⑤ 안전사업지구를 지정하였을 때에는 관보에 공고하여야 한다.

「재난 및 안전관리 기본법 시행령」 제73조의11(안전사업지구의 지원 및 평가 등)

① 행정안전부장관은 제73조의10에 따라 지정된 안전사업지구에 대하여 안전사업의 시행에 드는 비용의 일부를 보조할 수 있다.

② 안전사업지구로 지정받아 안전사업을 추진하는 시장・군수・구청장은 매년 말까지 해당 연도 안전사업의 추진실적을 행정안전부장관에게 제출하여야 한다.

③ 행정안전부장관은 제2항에 따라 제출된 추진실적을 분석한 결과 필요하다고 인정하는 경우에는 사업계획의 조정 요청, 지원내용의 축소 또는 확대 등의 조치를 할 수 있다.

9 보칙

제66조의13(재난 및 안전관리를 위한 특별교부세 교부)

「지방교부세법」 제9조 제1항 제2호에 따른 특별교부세는 「지방교부세법」에 따라 행정안전부장관이 교부 등을 행한다. 이 경우 특별교부세의 교부는 지방자치단체의 재난 및 안전관리 수요에 한정한다.

제67조(재난관리기금의 적립) ★★

① 지방자치단체는 재난관리에 드는 비용에 충당하기 위하여 매년 재난관리기금을 적립하여야 한다.

② 재난관리기금의 매년도 최저적립액은 최근 3년 동안의 「지방세법」에 의한 보통세의 수입결산액의 평균연액의 100분의 1에 해당하는 금액으로 한다.

🚨 **119 관련법령보기** 📖

「재난 및 안전관리 기본법 시행령」 제74조(재난관리기금의 용도)

법 제68조에 따른 재난관리기금의 용도는 다음 각 호와 같다.

1. 지방자치단체가 수행하는 공공분야 재난관리 활동의 범위에서 해당 지방자치단체의 조례로 정하는 것. 다만, 다음 각 목의 어느 하나에 해당하는 것은 제외한다.

   가. 「보조금 관리에 관한 법률」 제4조에 따라 보조금의 예산 계상을 신청하여 보조금에 관한 예산이 확정된 보조사업에 대한 지방비 부담분

   나. 「자연재해대책법」 등 재난관련 법령에 따른 재난 및 안전관리 사업 계획에 반영되지 않은 사항에 드는 비용. 다만, 응급 복구 및 긴급한 조치에 소요되는 비용은 제외한다.

📝 **기출 플러스**

재난관리기금의 최저적립액은 「지방세법」에 의한 보통세의 수입결산액 중 평균 얼마에 해당하는 금액을 하는가? [16 충남 기출]

① 최근 3년 동안 1/100에 해당하는 금액

② 최근 5년 동안 1/100에 해당하는 금액

③ 최근 3년 동안 3/100에 해당하는 금액

④ 최근 5년 동안 3/100에 해당하는 금액

해설

재난관리기금의 최저적립액은 최근 3년 동안 「지방세법」에 의한 보통세의 수입결산액의 평균액 1/100에 해당하는 금액을 매년 재난관리기금으로 적립해야 한다.

정답 ①

2. 지방자치단체 외의 자가 소유하거나 점유하는 시설에 대한 다음 각 목의 어느 하나에 해당하는 안전조치 비용으로서 해당 지방자치단체의 조례로 정하는 것
   가. 공중의 안전에 위해를 끼칠 수 있는 경우로서 다음의 요건을 모두 충족하는 시설에 대한 안전조치
      1) 「자연재해대책법」 등 재난관련 법령에 따라 지정된 지역 또는 지구에 위치한 시설일 것
      2) 소유자 또는 점유자의 부재나 주소·거소가 불분명한 경우 등 소유자 또는 점유자를 특정하기 어렵거나 경제적 사정 등으로 인해 소유자 또는 점유자에게 안전조치를 기대하기 어려운 경우일 것
   나. 법 제31조 제4항에 따라 지방자치단체의 장이 재난예방을 위해 실시하는 안전조치

「재난 및 안전관리 기본법 시행령」 제75조(재난관리기금의 운용·관리)

① 시·도지사 및 시장·군수·구청장은 전용 계좌를 개설하여 법 제67조에 따라 매년 적립하는 재난관리기금을 관리하여야 한다.

② 시·도지사 및 시장·군수·구청장은 법 제67조 제2항에 따른 매년도 최저적립액(이하 "최저적립액"이라 한다)의 100분의 15 이상의 금액(이하 "의무예치금액"이라 한다)을 금융회사 등에 예치하여 관리하여야 한다. 다만, 의무예치금액의 누적 금액이 해당 연도를 기준으로 법 제67조 제2항에 따른 매년도 최저적립액의 10배를 초과한 경우에는 해당 연도의 의무예치금액을 매년도 최저적립액의 100분의 5로 낮추어 예치할 수 있다.

③ 법 제68조 제2항에서 "대통령령으로 정하는 일정 비율"이란 **해당 연도의 최저적립액의 100분의 21**을 말한다.

④ 제74조에 따른 용도로 사용할 수 있는 재난관리기금은 제2항에 따른 금액을 제외하고 남은 금액과 그 이자를 초과할 수 없다. 다만, 「자연재난 구호 및 복구 비용 부담기준 등에 관한 규정」 제5조 제1항에 따른 국고 지원 대상 피해기준금액의 **5배를 초과하는 피해가 발생한 경우**에는 의무예치금액의 일부를 사용할 수 있다.

⑤ 제1항부터 제4항까지 규정한 사항 외에 재난관리기금의 운용·관리에 필요한 사항은 해당 지방자치단체의 조례로 정한다.

「재난 및 안전관리 기본법 시행령」 제75조의2(재난관리기금의 용도 및 의무예치금액 사용에 관한 특례)

시·도지사 및 시장·군수·구청장은 제74조 및 제75조 제4항에도 불구하고 코로나바이러스감염증-19로 인해 경제적 어려움을 겪고 있는 소상공인·취약계층에 대한 지원, 코로나바이러스감염증-19 재난관리 및 2020년에 발생한 호우·태풍 피해 복구를 위한 지방재원(보조사업에 대한 지방비 부담분을 포함한다)으로 재난관리기금 및 의무예치금액을 사용할 수 있다.

제68조(재난관리기금의 운용 등)

① 재난관리기금에서 생기는 수입은 그 전액을 재난관리기금에 편입하여야 한다.

② 매년도 최저적립액 중 대통령령으로 정하는 일정 비율 이상(해당 연도의 최저적립액의 100분의 21을 말한다)은 응급복구 또는 긴급한 조치에 우선적으로 사용하여야 한다.

제69조(재난원인조사)

① 행정안전부장관은 재난이나 그 밖의 각종 사고의 발생 원인과 재난 발생 시 대응과정에 관한 조사·분석·평가(제34조의5 제1항에 따른 위기관리 매뉴얼의 준수 여부에 대한 평가를 포함한다. 이하 "재난원인조사"라 한다)가 필요하다고 인정하는 경우 직접 재난원인조사를 실시하거나, 재난관리책임기관의 장으로 하여금 재난원인조사를 실시하고 그 결과를 제출하게 할 수 있다.

② 행정안전부장관은 다음 각 호의 어느 하나에 해당하는 재난의 경우에는 재난안전 분야 전문가 및 전문기관 등이 공동으로 참여하는 정부합동 재난원인조사단(이하 "재난원인조사단"이라 한다)을 편성하고, 이를 현지에 파견하여 재난원인조사를 실시할 수 있다.

   1. 인명 또는 재산의 피해 정도가 매우 크거나 재난의 영향이 사회적·경제적으로 광범위한 재난으로서 대통령령으로 정하는 재난

   2. 제1호에 따른 재난에 준하는 재난으로서 행정안전부장관이 체계적인 재난원인조사가 필요하다고 인정하는 재난

③ 재난원인조사단은 대통령령으로 정하는 바에 따라 재난원인조사 결과를 조정위원회에 보고하여야 한다.

④ 행정안전부장관은 재난원인조사를 위하여 필요하면 관계 기관의 장 또는 관계인에게 소속직원의 파견(관계 기관의 장에 대한 요청의 경우로 한정한다), 관계 서류의 열람 및 자료제출 등의 요청을 할 수 있다. 이 경우 요청을 받은 관계 기관의 장 또는 관계인은 특별한 사유가 없으면 요청에 따라야 한다.

⑤ 행정안전부장관은 제1항 및 제2항에 따라 실시한 재난원인조사 결과 개선 등이 필요한 사항에 대해서는 관계 기관의 장에게 그 결과를 통보하거나 개선권고 등의 필요한 조치를 요청할 수 있다. 이 경우 요청을 받은 관계 기관의 장은 대통령령으로 정하는 바에 따라 개선권고 등에 따른 조치계획과 조치결과를 행정안전부장관에게 통보하여야 한다.

⑥ 행정안전부장관은 재난원인조사단의 재난원인조사 결과를 신속히 국회 소관 상임위원회에 제출·보고하여야 한다.

⑦ 재난원인조사단의 권한, 편성 및 운영 등에 필요한 사항은 대통령령으로 정한다.

119 관련법령보기 🗐

「재난 및 안전관리 기본법 시행령」 제75조의3(재난원인조사 등)

① 법 제69조 제2항 제1호에서 "대통령령으로 정하는 재난"이란 다음 각 호의 재난을 말한다.

1. 특별재난지역을 선포하게 한 재난
2. 중앙재난안전대책본부, 지역재난안전대책본부 또는 중앙사고수습본부를 구성·운영하게 한 재난
3. 반복적으로 발생하는 재난으로서 행정안전부장관이 재발 방지를 위하여 재난원인조사가 필요하다고 판단하는 재난

② 법 제69조 제2항에 따른 정부합동 재난원인조사단(이하 "재난원인조사단"이라 한다)은 재난원인조사단의 단장(이하 "조사단장"이라 한다)을 포함한 50명 이내의 조사단원으로 편성한다.

③ **행정안전부장관**은 다음 각 호의 사람 중에서 조사단원을 선발하고, **조사단원 중에서 조사단장을 지명**한다.

1. 행정안전부 소속 재난 및 안전관리 업무 담당 공무원
2. 관계 중앙행정기관 소속 재난 및 안전관리 업무 담당 공무원 중에서 해당 중앙행정기관의 장이 추천하는 공무원
3. 국립재난안전연구원 또는 국립과학수사연구원에서 해당 재난 및 사고 분야의 업무를 담당하는 연구원
4. 발생한 재난 및 사고 분야에 대하여 학식과 경험이 풍부한 사람
5. 그 밖에 재난원인조사의 공정성 및 전문성을 확보하기 위하여 행정안전부장관이 필요하다고 인정하는 사람

④ 조사단장은 조사단원을 지휘하고, 재난원인조사단의 운영을 총괄한다.

⑤ 재난원인조사는 행정안전부령으로 정하는 바에 따라 예비조사와 본조사로 구분하여 실시할 수 있으며, 본조사의 경우 조사단장은 재난발생지역 지방자치단체 또는 관계 기관 등에 정밀분석을 하도록 하거나 관계 기관과 합동으로 조사 또는 연구를 실시할 수 있다.

⑥ 재난원인조사단은 최종적인 조사를 마쳤을 때에는 다음 각 호의 사항을 포함한 조사결과보고서를 작성하여야 하고, 조사결과의 공정성 및 신뢰성을 확보하기 위하여 지방자치단체, 관계 기관 및 관계 전문가 등을 참여시켜 그 조사결과보고서를 검토하게 할 수 있다.

1. 조사목적, 피해상황 및 현장정보
2. 현장조사 내용
3. 재난원인 분석 내용
4. 재난대응과정에 대한 조사·분석·평가(법 제34조의5 제1항에 따른 위기관리 매뉴얼의 준수 여부에 대한 평가를 포함한다)에 대한 내용
5. 권고사항 및 개선대책 등 조치사항
6. 그 밖에 재난의 재발방지 등을 위하여 필요한 내용

⑦ **재난원인조사단**은 법 제69조 제3항에 따라 이 조 제6항에 따른 **조사결과보고서 작성을 완료한 날부터 3개월 이내에 그 결과를 조정위원회에 보고**하여야 한다.

⑧ 법 제69조 제5항에 따라 개선권고를 받은 관계 기관의 장은 1개월 이내에 다음 각 호의 내용을 포함한 조치계획을 행정안전부장관에게 서면으로 통보하여야 한다.
  1. 개선권고 사항별 추진계획
  2. 개선권고 이행에 필요한 법령 등 제도개선 계획
  3. 개선권고 이행에 필요한 업무처리 기준·방법·절차 등 업무 체계 개선 계획
  4. 개선권고 이행에 필요한 교육·훈련·점검·홍보 등 안전문화 개선 계획
  5. 개선권고 이행에 필요한 예산·시설·인력 등 인프라 확충 계획
⑨ **행정안전부장관**은 법 제69조 제5항에 따라 관계 기관의 장에게 개선권고한 사항에 관하여 매년 그 조치결과를 점검·확인하고, 점검·확인 결과 미흡한 사항에 대하여 시정 또는 보완 등을 요구할 수 있다.
⑩ 행정안전부장관은 유사한 재난 및 사고의 재발을 방지하기 위하여 국립재난안전연구원으로 하여금 과학적인 재난원인 조사·분석을 수행하고 이와 관련한 자료를 관리하도록 할 수 있다.
⑪ **행정안전부장관**은 다음 각 호의 어느 하나에 해당하는 경우에는 재난원인조사를 실시하지 않을 수 있다.
  1. 재난이나 사고와 관련해 수사나 재판이 진행 중인 경우
  2. 다른 법령에서 재난관리책임기관의 장이 해당 재난이나 사고의 원인을 조사하도록 규정하고 있는 경우
⑫ **행정안전부장관**은 다른 법령에 따라 재난원인조사를 실시하는 관계 기관 상호 간의 정보 공유·활용과 제도개선 등의 협의를 위해 행정안전부장관이 정하는 바에 따라 협의회를 구성·운영할 수 있다.
⑬ 행정안전부장관이 법 제69조 제1항에 따라 직접 재난원인조사를 실시할 경우에는 행정안전부장관이 정하는 바에 따라 재난원인조사반을 편성하여 운영할 수 있다. 이 경우 재난원인조사반의 구성·운영·권한 등에 관하여는 제2항부터 제6항까지를 준용하며, "재난원인조사단"은 "재난원인조사반"으로, "조사단장"은 "조사반장"으로, "조사단원"은 "조사반원"으로 본다.
⑭ 재난원인조사와 관련한 조사·연구·자문 등에 참여한 관계 전문가에게는 예산의 범위에서 수당·여비·연구비 및 그 밖에 필요한 경비를 지급할 수 있다. 다만, 공무원이 소관 업무와 직접적으로 관련되어 참여하는 경우에는 그렇지 않다.
⑮ 제1항부터 제14항까지에서 규정한 사항 외에 재난원인조사의 실시 및 개선권고 등에 필요한 사항은 행정안전부령으로 정하고, 재난원인조사단의 운영에 필요한 사항은 행정안전부장관이 정한다.

제70조(재난상황의 기록 관리)

① 재난관리책임기관의 장은 다음 각 호의 사항을 기록하고, 이를 보관하여야 한다. 이 경우 시장·군수·구청장을 제외한 재난관리책임기관의 장은 그 기록사항을 시장·군수·구청장에게 통보하여야 한다.
  1. 소관 시설·재산 등에 관한 피해상황을 포함한 재난상황
  1의2. 재난 발생 시 대응과정 및 조치사항

2. 제69조 제1항에 따른 재난원인조사(재난관리책임기관의 장이 실시한 재난원인조사에 한정한다) 결과

3. 제69조 제5항 후단에 따른 개선권고 등의 조치결과

4. 그 밖에 재난관리책임기관의 장이 기록·보관이 필요하다고 인정하는 사항

② **행정안전부장관**은 **매년** 재난상황 등을 기록한 **재해연보 또는 재난연감을 작성**하여야 한다.

③ 행정안전부장관은 제2항에 따른 재해연보 또는 재난연감을 작성하기 위하여 필요한 경우 재난관리책임기관의 장에게 관련 자료의 제출을 요청할 수 있다. 이 경우 요청을 받은 재난관리책임기관의 장은 요청에 적극 협조하여야 한다.

④ **재난관리주관기관의 장**은 제14조에 따른 대규모 재난과 제60조에 따라 특별재난지역으로 선포된 사회재난 또는 재난상황 등을 기록하여 관리할 특별한 필요성이 인정되는 재난에 관하여 재난수습 완료 후 수습상황과 재난예방 및 피해를 줄이기 위한 제도 개선의견 등을 기록한 재난백서를 작성하여야 한다. 이 경우 관계 기관의 장이 재난대응에 참고할 수 있도록 재난백서를 통보하여야 한다.

⑤ 재난관리주관기관의 장은 제4항에 따른 재난백서를 신속히 국회 소관 상임위원회에 제출·보고하여야 한다.

⑥ 재난상황의 작성·보관 및 관리에 필요한 사항은 대통령령으로 정한다.

119 관련법령보기

「재난 및 안전관리 기본법 시행령」 제76조(재난상황의 기록 관리)

① 법 제70조 제1항에 따라 재난관리책임기관의 장은 피해시설물별로 다음 각 호의 사항이 포함된 재난상황의 기록을 작성·보관 및 관리하여야 한다.

1. 피해상황 및 대응 등
   가. 피해일시 및 피해지역
   나. 피해원인, 피해물량 및 피해금액
   다. 동원 인력·장비 등 응급조치 내용
   라. 피해지역 사진, 영상, 도면 및 위치 정보
   마. 인명피해 상황 및 피해주민 대처 상황
   바. 자원봉사자 등의 활동 사항

2. 복구상황
   가. 법 제59조 제1항에 따른 자체복구계획 또는 같은 조 제4항에 따른 재난복구계획에 따라 시행하는 사업의 종류별 복구물량 및 복구금액의 산출내용
   나. 복구공사의 명칭·위치, 공사발주 및 복구추진 현황

3. 그 밖에 미담·모범사례 등 기록으로 작성하여 보관·관리할 필요가 있는 사항

② 시·도지사 및 시장·군수·구청장은 제1항에 따라 작성된 재난상황의 기록을 재난복구가 끝난 해의 다음 해부터 5년간 보관하여야 한다.

③ 법 제70조 제2항에 따라 작성하는 재해연보 및 재난연감은 책자 형태 또는 전자적 형태의 기록물로 발행할 수 있으며, 발행한 재해연보 및 재난연감은 관계 재난관리책임기관의 장에게 송부하거나 전자적 방법으로 게시하여 열람할 수 있도록 하여야 한다.

제71조(재난 및 안전관리에 필요한 과학기술의 진흥 등)

① **정부**는 재난 및 안전관리에 필요한 연구·실험·조사·기술개발(이하 "연구개발사업"이라 한다) 및 전문인력 양성 등 재난 및 안전관리 분야의 과학기술 진흥시책을 마련하여 추진하여야 한다.

② **행정안전부장관**은 연구개발사업을 하는 데에 드는 비용의 전부 또는 일부를 예산의 범위에서 출연금으로 지원할 수 있다.

③ **행정안전부장관**은 연구개발사업을 효율적으로 추진하기 위하여 다음 각 호의 어느 하나에 해당하는 기관·단체 또는 사업자와 협약을 맺어 연구개발사업을 실시하게 할 수 있다.

1. 국공립 연구기관
2. 「특정연구기관 육성법」에 따른 특정연구기관
3. 「과학기술분야 정부출연연구기관 등의 설립·운영 및 육성에 관한 법률」에 따라 설립된 과학기술분야 정부출연연구기관
4. 「고등교육법」에 따른 대학·산업대학·전문대학 및 기술대학
5. 「민법」 또는 다른 법률에 따라 설립된 법인으로서 재난 또는 안전 분야의 연구기관
6. 「기초연구진흥 및 기술개발지원에 관한 법률」 제14조의2 제1항에 따라 인정받은 기업부설연구소 또는 기업의 연구개발전담부서

④ **행정안전부장관**은 연구개발사업을 효율적으로 추진하기 위하여 행정안전부 소속 연구기관이나 그 밖에 대통령령으로 정하는 기관·단체 또는 사업자 중에서 연구개발사업의 총괄기관을 지정하여 그 총괄기관에게 연구개발사업의 기획·관리·평가, 제3항에 따른 협약의 체결, 개발된 기술의 보급·진흥 등에 관한 업무를 하도록 할 수 있다.

⑤ 제2항에 따른 출연금의 지급·사용 및 관리와 제3항에 따른 협약의 체결방법 등 연구개발사업의 실시에 필요한 사항은 대통령령으로 정한다.

제71조의2(재난 및 안전관리기술개발 종합계획의 수립 등)

① 행정안전부장관은 제71조 제1항의 재난 및 안전관리에 관한 과학기술의 진흥을 위하여 5년마다 관계 중앙행정기관의 재난 및 안전관리기술개발에 관한 계획을 종합하여 조정위원회의 심의와 「국가과학기술자문회의법」에 따른 국가과학기술자문회의의 심의를 거쳐 재난 및 안전관리기술개발 종합계획(이하 "개발계획"이라 한다)을 수립하여야 한다.

② 관계 중앙행정기관의 장은 개발계획에 따라 소관 업무에 관한 해당 연도 시행계획을 수립하고 추진하여야 한다.

③ 개발계획 및 시행계획에 포함하여야 할 사항 및 계획수립의 절차 등에 관하여는 대통령령으로 정한다.

119 관련법령보기

「재난 및 안전관리 기본법 시행령」 79조의6(재난 및 안전기술개발 시행계획의 수립)

① 법 제71조의2 제2항에 따라 관계 중앙행정기관의 장이 수립하는 시행계획에는 다음 각 호의 사항이 포함되어야 한다.
  1. 개발계획에 따른 연구개발사업의 구체적인 추진계획
  2. 전년도 연구개발사업의 추진 실적 및 성과
  3. 해당 연도 연구개발사업의 추진 과제 및 계획

② 관계 중앙행정기관의 장은 매년 12월 31일까지 법 제71조의2 제2항에 따른 시행계획을 수립하여 행정안전부장관에게 통보하여야 한다.

③ 행정안전부장관은 제2항에 따라 통보받은 관계 중앙행정기관의 시행계획을 종합하여 「국가과학기술자문회의법」에 따른 국가과학기술자문회의에 보고하여야 한다.

제72조(연구개발사업 성과의 사업화 지원)

① 행정안전부장관은 연구개발사업의 성과를 사업화하는 「중소기업기본법」 제2조에 따른 중소기업(이하 "중소기업"이라 한다)이나 그 밖의 법인 또는 사업자 등에 대하여 다음 각 호의 지원을 할 수 있다. 이 경우 중소기업에 대한 지원을 우선적으로 실시할 수 있다.
  1. 시제품(試製品)의 개발·제작 및 설비투자에 필요한 비용의 지원
  2. 연구개발사업의 성과로 발생한 특허권 등 지식재산권의 전용실시권(專用實施權) 또는 통상실시권(通常實施權)의 설정·허락 또는 그 알선
  3. 사업화로 생산된 재난 및 안전 관련 제품 등의 우선 구매
  4. 연구개발사업에 사용되거나 생산된 기기·설비 및 시제품 등의 사용권 부여 또는 그 알선
  5. 그 밖에 사업화를 위하여 필요한 사항으로서 행정안전부령으로 정하는 사항

기출 플러스

「재난 및 안전관리 기본법」 및 동법 시행령에 따라 수립해야 하는 계획의 내용이다. ( ) 안에 들어갈 내용으로 옳은 것은?

[22 소방간부 기출]

> (가) (㉠)은/는 재난 및 안전관리에 관한 과학기술의 진흥을 위하여 (㉡)년마다 관계중앙행정기관의 재난 및 안전관리기술개발에 관한 계획을 종합하여 조정위원회의 심의와 「국가과학기술자문회의법」에 따른 국가과학기술자문회의의 심의를 거쳐 재난 및 안전관리기술개발 종합계획을 수립하여야 한다.
> (나) (㉢)은/는 국가안전관리기본계획을 (㉣)년마다 수립해야 한다.

① ㉠ 국무총리, ㉡ 1, ㉢ 행정안전부장관, ㉣ 1
② ㉠ 과학기술정보통신부장관, ㉡ 5, ㉢ 행정안전부장관, ㉣ 5
③ ㉠ 행정안전부장관, ㉡ 1, ㉢ 국무총리, ㉣ 1
④ ㉠ 국무총리, ㉡ 5, ㉢ 국무총리, ㉣ 5
⑤ ㉠ 행정안전부장관, ㉡ 5, ㉢ 국무총리, ㉣ 5

해설

빈칸에 들어갈 내용은 ㉠ 행정안전부장관, ㉡ 5, ㉢ 국무총리, ㉣ 5이다.

정답 ⑤

② 제1항에 따른 지원의 방법 및 절차 등에 관하여 필요한 사항은 대통령령으로 정한다.

제73조(기술료의 징수 및 사용)

① 행정안전부장관은 연구개발사업의 성과를 사업화함으로써 수익이 발생할 경우에는 사업자로부터 그 수익의 일부에 해당하는 금액(이하 "기술료"라 한다)을 징수할 수 있다.

② 행정안전부장관은 기술료를 다음 각 호의 사업에 사용할 수 있다.

1. 재난 및 안전관리 연구개발사업

2. 그 밖에 재난 및 안전관리와 관련된 기술의 육성을 위한 사업으로서 대통령령으로 정하는 사업

③ 기술료의 징수대상, 징수방법 및 사용 등에 필요한 사항은 대통령령으로 정한다.

제74조(재난관리정보통신체계의 구축·운영)

① 행정안전부장관과 재난관리책임기관·긴급구조기관 및 긴급구조지원기관의 장은 재난관리업무를 효율적으로 추진하기 위하여 대통령령으로 정하는 바에 따라 재난관리정보통신체계를 구축·운영할 수 있다.

② 재난관리책임기관·긴급구조기관 및 긴급구조지원기관의 장은 제1항에 따른 재난관리정보통신체계의 구축에 필요한 자료를 관계 재난관리책임기관·긴급구조기관 및 긴급구조지원기관의 장에게 요청할 수 있다. 이 경우 요청을 받은 기관의 장은 특별한 사유가 없으면 요청에 따라야 한다.

③ 행정안전부장관은 재난관리책임기관·긴급구조기관 및 긴급구조지원기관의 장이 제1항에 따라 구축하는 재난관리정보통신체계가 연계 운영되거나 표준화가 이루어지도록 종합적인 재난관리정보통신체계를 구축·운영할 수 있으며, 재난관리책임기관·긴급구조기관 및 긴급구조지원기관의 장은 특별한 사유가 없으면 이에 협조하여야 한다.

제74조의2(재난관리정보의 공동이용)

① 재난관리책임기관·긴급구조기관 및 긴급구조지원기관은 재난관리업무를 효율적으로 처리하기 위하여 수집·보유하고 있는 재난관리정보를 다른 재난관리책임기관·긴급구조기관 및 긴급구조지원기관과 공동이용하여야 한다.

② 제1항에 따라 공동이용되는 재난관리정보를 제공하는 기관은 해당 정보의 정확성을 유지하도록 노력하여야 한다.

③ 재난관리정보의 처리를 하는 재난관리책임기관·긴급구조기관·긴급구조지원기관 또는 재난관리업무를 위탁받아 그 업무에 종사하거나 종사하였던 자는 직무상 알게 된 재난관리정보를 누설하거나 권한 없이 다른 사람이 이용하도록 제공하는 등 부당한 목적으로 사용하여서는 아니 된다.

④ 제1항에 따른 공유 대상 재난관리정보의 범위, 재난관리정보의 공동이용절차 등에 관하여 필요한 사항은 대통령령으로 정한다.

제74조의3(정보 제공 요청 등)

① 중앙대책본부장 또는 지역대책본부장은 신속한 재난 대응을 위하여 필요한 경우 재난으로 인하여 생명·신체에 대한 피해를 입은 사람과 생명·신체에 대한 피해 발생이 우려되는 사람(이하 "재난피해자 등"이라 한다)에 대한 다음 각 호에 해당하는 정보의 제공을 관계 중앙행정기관(그 소속기관 및 책임운영기관을 포함한다)의 장, 지방자치단체의 장, 「공공기관의 운영에 관한 법률」 제4조에 따른 공공기관의 장, 「전기통신사업법」 제2조 제8호에 따른 전기통신사업자, 그 밖의 법인·단체 또는 개인에게 요청할 수 있으며, 요청을 받은 자는 정당한 사유가 없으면 이에 따라야 한다.

1. 성명, 주민등록번호, 주소 및 전화번호(휴대전화번호를 포함한다)
2. 재난피해자 등의 이동경로 파악 및 수색·구조를 위한 다음 각 목의 정보
   가. 「개인정보 보호법」 제2조 제7호에 따른 영상정보처리기기를 통하여 수집된 정보
   나. 「대중교통의 육성 및 이용촉진에 관한 법률」 제2조 제6호에 따른 교통카드의 사용명세
   다. 「여신전문금융업법」 제2조 제3호·제6호 및 제8호에 따른 신용카드·직불카드·선불카드의 사용일시, 사용장소(재난 발생 지역 및 그 주변 지역에서 사용한 내역으로 한정한다)
   라. 「의료법」 제17조에 따른 처방전의 의료기관 명칭, 전화번호 및 같은 법 제22조에 따른 진료기록부상의 진료일시

② 중앙대책본부장 또는 지역대책본부장은 재난피해자 등의 「위치정보의 보호 및 이용 등에 관한 법률」 제2조 제2호에 따른 개인위치정보의 제공을 「전기통신사업법」 제2조 제8호에 따른 전기통신사업자와 「위치정보의 보호 및 이용 등에 관한 법률」 제2조 제6호에 따른 위치정보사업을 하는 자에게 요청할 수 있고, 요청을 받은 자는 「통신비밀보호법」 제3조에도 불구하고 정당한 사유가 없으면 이에 따라야 한다.

③ 중앙대책본부장 또는 지역대책본부장은 제1항 및 제2항에 따라 수집된 정보를 관계 재난관리책임기관·긴급구조기관·긴급구조지원기관, 그 밖에 재난 대응 관련 업무를 수행하는 기관에 제공할 수 있다.

④ 중앙대책본부장 또는 지역대책본부장은 제1항 및 제2항에 따라 수집된 정보의 주체에게 다음 각 호의 사실을 통지하여야 한다.

  1. 재난 대응을 위하여 필요한 정보가 수집되었다는 사실

  2. 제1호의 정보가 다른 기관에 제공되었을 경우 그 사실

  3. 수집된 정보는 이 법에 따른 재난 대응 관련 업무 이외의 목적으로 사용할 수 없으며, 업무 종료 시 지체 없이 파기된다는 사실

⑤ 누구든지 제1항 및 제2항에 따라 수집된 정보를 이 법에 따른 재난 대응 이외의 목적으로 사용할 수 없으며, 업무 종료 시 지체 없이 해당 정보를 파기하여야 한다.

⑥ 제1항 및 제2항에 따라 수집된 정보의 보호 및 관리에 관한 사항은 이 법에서 정한 것을 제외하고는 「개인정보 보호법」에 따른다.

⑦ 제2항에 따른 개인위치정보의 제공을 요청하는 방법 및 절차, 제3항에 따른 정보 제공의 대상·범위 및 제4항에 따른 통지의 방법 등에 필요한 사항은 대통령령으로 정한다.

제75조(안전관리자문단의 구성·운영)

① 지방자치단체의 장은 재난 및 안전관리업무의 기술적 자문을 위하여 민간 전문가로 구성된 안전관리자문단을 구성·운영할 수 있다.

② 제1항에 따른 안전관리자문단의 구성과 운영에 관하여는 해당 지방자치단체의 조례로 정한다.

제75조의2(안전책임관)

① 국가기관과 지방자치단체의 장은 해당 기관의 재난 및 안전관리업무를 총괄하는 안전책임관 및 담당직원을 소속 공무원 중에서 임명할 수 있다.

② 안전책임관은 해당 기관의 재난 및 안전관리업무와 관련하여 다음 각 호의 사항을 담당한다.

  1. 재난이나 그 밖의 각종 사고가 발생하거나 발생할 우려가 있는 경우 초기대응 및 보고에 관한 사항

  2. 위기관리 매뉴얼의 작성·관리에 관한 사항

  3. 재난 및 안전관리와 관련된 교육·훈련에 관한 사항

  4. 그 밖에 해당 중앙행정기관의 장이 재난 및 안전관리업무를 위하여 필요하다고 인정하는 사항

③ 제1항에 따른 안전책임관의 임명 및 운영에 필요한 사항은 대통령령으로 정한다.

제76조(재난안전 관련 보험 · 공제의 개발 · 보급 등)

① 국가는 국민과 지방자치단체가 자기의 책임과 노력으로 재난이나 그 밖의 각종 사고에 대비할 수 있도록 재난안전 관련 보험 또는 공제를 개발 · 보급하기 위하여 노력하여야 한다.

② 국가는 대통령령으로 정하는 바에 따라 예산의 범위에서 보험료 · 공제회비의 일부 및 보험 · 공제의 운영과 관리 등에 필요한 비용의 일부를 지원할 수 있다.

제76조의2(재난안전의무보험에 관한 법령이 갖추어야 할 기준 등)

① 재난안전의무보험에 관한 법령을 주관하는 중앙행정기관의 장은 재난안전의무보험에 관한 법령을 제정 · 개정하는 경우에는 해당 법령에 다음 각 호의 기준이 적정하게 반영되도록 노력하여야 한다.

　1. 재난이나 그 밖의 각종 사고로 인한 사람의 생명 · 신체에 대한 손해를 적절히 보상하도록 <u>대통령령으로 정하는 수준의 보상 한도를 정할 것</u>

　2. 법률에 따른 재난안전의무보험의 가입의무자를 신속히 확인하고 관리할 수 있는 체계를 갖출 것

　3. 법률에 따른 재난안전의무보험의 가입의무자에 해당함에도 가입을 게을리 한 자 또는 가입하지 아니한 자 등에 대하여 가입을 독려하거나 제재할 수 있는 방안을 마련할 것

　4. 보험회사, 공제회 등 재난안전의무보험에 관한 법령에 따라 재난안전의무보험 관련 사업을 하는 자(이하 "보험사업자"라 한다)가 대통령령으로 정하는 정당한 사유 없이 재난안전의무보험에 대한 가입 요청 또는 계약 체결을 거부하거나 보험계약 등을 해제 · 해지하는 것을 제한하도록 할 것

　5. 재난이나 그 밖의 각종 사고의 발생 위험이 높은 가입의무자에 대하여 다수의 보험사업자가 공동으로 재난안전의무보험 계약을 체결할 수 있는 방안을 마련할 것

　6. 재난이나 그 밖의 각종 사고로 피해를 입은 자가 최소한의 생활을 유지할 수 있도록 보험금 청구권에 대한 압류금지 등 피해자를 보호하는 조치를 마련할 것

　7. 그 밖에 재난안전의무보험의 적절한 운용을 위하여 대통령령으로 정하는 기준을 갖출 것

② 행정안전부장관은 재난안전의무보험의 관리 · 운용 등에 공통적으로 적용될 수 있는 업무기준을 마련할 수 있다.

119 관련법령보기 📖

「재난 및 안전관리 기본법 시행령」 제84조의2(재난안전의무보험의 보상 한도 등)

① 법 제76조의2 제1항 제1호에서 "대통령령으로 정하는 수준의 보상 한도"란 피해자 1명당 다음 각 호의 기준을 모두 충족하는 금액의 보상 한도를 말한다.

1. 사망의 경우 : 1억 5천만 원 이상

2. 부상의 경우 : 3천만 원 이상

3. 부상에 대한 치료를 마친 후 더 이상의 치료효과를 기대할 수 없고 그 증상이 고정된 상태에서 그 부상이 원인이 되는 신체적 장해가 생긴 경우 : 1억 5천만 원 이상

② 법 제76조의2 제1항 제4호에서 "대통령령으로 정하는 정당한 사유"란 다음 각 호의 사유를 말한다.

1. 재난안전의무보험의 가입대상(이하 "의무보험가입대상"이라 한다)에 대한 허가·인가·등록·신고수리(이하 "허가 등"이라 한다)가 취소 또는 변경되어 관련 법령에 따라 의무보험가입대상에 해당하지 않게 된 경우

2. 영업정지, 휴업·폐업, 천재지변이나 그 밖에 이에 준하는 사유로 의무보험가입대상을 본래의 사용 목적으로 더 이상 사용할 수 없게 된 경우

3. 의무보험가입대상을 양도한 경우

4. 재난안전의무보험의 가입의무자가 법령에 따른 정기검사 등 의무보험가입대상의 유지·관리에 필요한 법령상 의무를 이행하지 않은 경우로서 보험회사, 공제회 등 재난안전의무보험에 관한 법령에 따라 재난안전의무보험 관련 사업을 하는 자(이하 "보험사업자"라 한다)가 기간을 정하여 그 의무의 이행을 요구했음에도 의무를 이행하지 않은 상태가 지속되는 경우

5. 의무보험가입대상이 다른 재난안전의무보험에 이중으로 가입되어 재난안전의무보험의 가입의무자가 하나의 가입 계약을 해제하거나 해지하려는 경우

6. 보험사업자가 해당 재난안전의무보험을 판매하고 있지 않은 경우

7. 「상법」 제650조 제1항·제2항, 제651조, 제652조 제1항 또는 제654조에 따른 계약 해지의 사유가 발생한 경우

8. 그 밖에 제1호부터 제7호까지의 규정에 준하는 사유로서 행정안전부장관이 정하여 고시하는 경우

제76조의3(재난안전의무보험의 평가 및 개선권고 등)

① 행정안전부장관은 재난안전의무보험에 관한 법령과 재난안전의무보험의 관리·운용 등이 제76조의2 제1항에 따른 기준에 적합한지 등을 분석·평가하기 위하여 필요한 경우에는 재난안전의무보험 관련 법령을 주관하거나 재난안전의무보험의 운용을 주관하는 중앙행정기관의 장 등에게 관련 자료의 제출을 요청할 수 있다. 이 경우 자료의 제출을 요청받은 중앙행정기관의 장 등은 특별한 사유가 없으면 이에 따라야 한다.

② 행정안전부장관은 제1항에 따른 재난안전의무보험 등의 분석·평가 결과 해당 재난안전의무보험 등이 제76조의2 제1항에 따른 기준에 적합하지 아니하다고 인정하는 경우에는 재난안전의무보험 관련 법령을 주관하거나 재난안전의무보험의 운용을 주관하는 중앙행정기관의 장 등에게 관련 법령의 개정권고, 재난안전의무보험의 관리·운용에 대한 개선권고 등을 할 수 있다.

③ 행정안전부장관은 제2항에 따른 관련 법령의 개정권고 및 재난안전의무보험의 관리·운용에 대한 개선권고에 관한 사항이 효과적으로 추진될 수 있도록 재난안전의무보험에 관한 법령을 주관하는 중앙행정기관의 장으로부터 재난안전의무보험 제도개선에 관한 계획을 제출받아 이를 종합한 정비계획(이하 "정비계획"이라 한다)을 수립할 수 있다.

④ 제1항부터 제3항까지에서 규정한 사항 외에 재난안전의무보험의 분석·평가, 개선권고의 절차·방법 및 정비계획의 수립 절차·방법 등에 관하여 필요한 사항은 대통령령으로 정한다.

119 관련법령보기

「재난 및 안전관리 기본법 시행령」 제84조의3(재난안전의무보험 분석·평가 절차 등)

① 행정안전부장관은 법 제76조의3 제1항에 따라 재난안전의무보험에 관한 법령과 재난안전의무보험의 관리·운용 등이 법 제76조의2 제1항에 따른 기준에 적합한지 등을 분석·평가하는 경우에는 분석·평가계획을 수립하여 재난안전의무보험 관련 법령을 주관하거나 재난안전의무보험의 운용을 주관하는 중앙행정기관의 장 등(이하 "재난안전의무보험주관기관의장"이라 한다)에게 통보해야 한다.

② 제1항에 따른 분석·평가계획을 통보받은 재난안전의무보험주관기관의장은 분석·평가에 필요한 자료를 작성하여 통보받은 날부터 **3개월 이내에** 행정안전부장관에게 제출해야 한다.

③ 행정안전부장관은 법 제76조의3 제1항에 따라 분석·평가를 실시한 경우에는 그 결과를 재난안전의무보험주관기관의장에게 통보해야 한다.

④ 재난안전의무보험주관기관의장은 법 제76조의3 제2항에 따라 관련 법령의 개정권고, 재난안전의무보험의 관리·운용에 대한 개선권고 등(이하 이 조에서 "개선권고 등"이라 한다)을 받은 경우에는 법 제76조의3 제3항에 따른 재난안전의무보험 제도개선에 관한 계획(이하 이 조에서 "제도개선계획"이라 한다)을 수립하여 개선권고 등을 받은 날부터 30일 이내에 행정안전부장관에게 제출해야 한다. 이 경우 개선권고 등을 이행할 수 없는 경우에는 그 사유를 제출해야 한다.

⑤ 행정안전부장관은 법 제76조의3 제3항에 따라 제도개선계획을 종합한 정비계획을 수립한 경우에는 이를 중앙위원회에 보고해야 한다.

제76조의4(재난안전의무보험 종합정보시스템의 구축 · 운영 등)

① 행정안전부장관은 재난안전의무보험 관리 · 운용의 효율성을 높이고, 재난안전의무보험 관련 자료 또는 정보를 체계적으로 수집하여 종합적으로 관리할 수 있도록 재난안전의무보험 종합정보시스템을 구축 · 운영할 수 있다.

② 행정안전부장관은 제1항에 따른 재난안전의무보험 종합정보시스템의 구축 · 운영을 위하여 필요한 경우에는 관계 중앙행정기관의 장, 지방자치단체의 장, 공공기관, 보험사업자 또는 「보험업법」에 따른 보험 관계 단체의 장 등에게 관련 자료 또는 정보의 제공을 요청하거나 그가 관리 · 운영하는 재난안전의무보험 관련 전산시스템과 연계하여 자료 또는 정보를 수집할 수 있다. 이 경우 관련 자료 또는 정보의 제공을 요청받거나 전산시스템과의 연계 요청을 받은 자는 「개인정보 보호법」 제18조 제1항에도 불구하고 특별한 사유가 없으면 이에 따라야 한다.

③ 행정안전부장관은 「개인정보 보호법」 제18조 제1항에도 불구하고 이 조 제1항에 따른 재난안전의무보험 종합정보시스템에 수집된 자료 또는 정보를 다른 재난관리책임기관과 공동이용할 수 있고, 보험사업자 또는 「보험업법」에 따른 보험 관계 단체 등이 재난안전의무보험 관련 업무의 수행을 위하여 자료 또는 정보의 제공을 요청하는 경우 그 사용 목적에 해당하는 범위에서 관련 자료 또는 정보를 제공할 수 있다.

④ 제3항에 따라 재난안전의무보험 관련 자료 또는 정보를 공동이용하거나 제공받은 자(관련 업무를 위탁받아 그 업무에 종사하거나 종사하였던 자를 포함한다)는 업무상 알게 된 재난안전의무보험 관련 자료 또는 정보를 누설하거나 권한 없이 다른 사람이 이용하도록 제공하는 등 부당한 목적으로 사용해서는 아니 된다.

⑤ 제1항부터 제4항까지에서 규정한 사항 외에 재난안전의무보험 종합정보시스템의 구축 · 운영, 재난안전의무보험 관련 자료 또는 정보의 공동이용 및 제공 등에 필요한 사항은 대통령령으로 정한다.

제76조의5(재난취약시설 보험 · 공제의 가입 등)

① 삭제 〈2020. 6. 9.〉

② 다음 각 호에 해당하는 시설 중 대통령령으로 정하는 시설을 소유 · 관리 또는 점유하는 자는 해당 시설에서 발생하는 화재, 붕괴, 폭발 등으로 인한 타인의 생명 · 신체나 재산상의 손해를 보상하기 위하여 보험 또는 공제에 가입하여야 한다. 이 경우 다른 법률에 따라 그 손해의 보상내용을 충족하는 보험 또는 공제에 가입한 경우에는 이 법에 따른 보험 또는 공제에 가입한 것으로 본다.

1. 「시설물의 안전 및 유지관리에 관한 특별법」 제2조에 따른 시설물
2. 삭제 〈2017. 1. 17.〉
3. 그 밖에 재난이 발생할 경우 타인에게 중대한 피해를 입힐 우려가 있는 시설

③ 제2항에 따른 보험 또는 공제의 종류, 보상한도액 및 그 밖에 필요한 사항은 대통령령으로 정한다.

④ 행정안전부장관은 제2항에 따른 보험 또는 공제의 가입관리 업무를 위하여 필요한 경우 대통령령으로 정하는 바에 따라 중앙행정기관의 장 또는 지방자치단체의 장에게 행정적 조치를 하도록 요청하거나 관계 행정기관, 보험회사 및 보험 관련 단체에 보험 또는 공제의 가입관리 업무에 필요한 자료를 요청할 수 있다. 이 경우 요청을 받은 자는 정당한 사유가 없으면 이에 따라야 한다.

119 관련법령보기

「재난 및 안전관리 기본법 시행령」[별표 3] 재난취약시설 보험 또는 공제의 가입대상 시설(제84조의5 관련)

1. 「공중위생관리법」 제2조 제1항 제2호에 따른 숙박업을 하는 시설
2. 「관광진흥법」 제3조 제1항 제2호에 따른 관광숙박업을 하는 시설
3. 「과학관의 설립·운영 및 육성에 관한 법률」 제2조 제1호에 따른 과학관
4. 「물류시설의 개발 및 운영에 관한 법률」 제21조의2 제1항 제1호에 따른 물류창고업의 등록 대상 물류창고
5. 「박물관 및 미술관 진흥법」 제16조 제1항에 따라 등록을 하는 박물관 및 미술관
6. 「식품위생법 시행령」 제21조 제8호 가목에 따른 휴게음식점영업 또는 같은 호 나목에 따른 일반음식점영업을 위하여 영업장으로 사용하는 바닥면적의 합계가 100제곱미터 이상인 시설
7. 「장사 등에 관한 법률」 제28조의2 제1항 또는 제29조 제1항에 따라 설치되는 장례식장
8. 「경륜·경정법」 제5조 제1항에 따라 설치되는 경륜장 또는 경정장
9. 「경륜·경정법」 제9조 제2항에 따라 경주장 외의 장소에 설치되는 승자투표권의 발매, 환급금 및 반환금의 지급사무 등을 처리하기 위한 시설
10. 「국제회의산업 육성에 관한 법률」 제2조 제3호에 따른 국제회의시설
11. 「국토의 이용 및 관리에 관한 법률」 제43조 제2항에 따른 도시·군계획시설로 설치되는 지하도상가
12. 「도로법 시행령」 제55조 제5호에 따른 점용허가를 받는 지하상가
13. 「도서관법」 제2조 제1호에 따른 도서관
14. 「석유 및 석유대체연료사업법 시행령」 제2조 제3호에 따른 주유소
15. 「여객자동차 운수사업법」 제2조 제5호에 따른 여객자동차터미널
16. 「전시산업발전법」 제2조 제4호에 따른 전시시설

17. 「주택법 시행령」 제3조 제1항에 따른 공동주택으로서 15층 이하의 공동주택[「공동주택관리법」 제2조 제1항 제2호에 따른 의무관리대상 공동주택 및 「민간임대주택에 관한 특별법」 제51조 제2항(「공공주택 특별법」 제50조 제1항에 따라 준용되는 경우를 포함한다)에 따라 주택관리업자에게 관리를 위탁하거나 자체관리해야 하는 임대주택으로 한정한다] 및 부속건물
18. 「한국마사회법」 제4조 제1항에 따라 설치되는 경마장
19. 「한국마사회법」 제6조 제2항에 따라 경마장 외의 장소에 설치되는 마권의 발매 등을 처리하기 위한 시설
20. 「농어촌정비법」 제2조 제16호 라목에 따른 농어촌민박사업을 하는 시설

제77조(재난관리 의무 위반에 대한 징계 요구 등)

① 국무총리 또는 행정안전부장관은 재난관리책임기관의 장이 이 법에 따른 조치를 하지 아니한 경우에는 대통령령으로 정하는 바에 따라 기관경고 등 필요한 조치를 할 수 있다.

② 행정안전부장관, 시·도지사 또는 시장·군수·구청장은 이 법에 따른 재난예방조치·재난응급조치·안전점검·재난상황관리·재난복구 등의 업무를 수행할 때 지시를 위반하거나 부과된 임무를 게을리한 재난관리책임기관의 공무원 또는 직원의 명단을 해당 공무원 또는 직원의 소속 기관의 장 또는 단체의 장에게 통보하고, 그 소속 기관의 장 또는 단체의 장에게 해당 공무원 또는 직원에 대한 징계 등을 요구할 수 있다. 이 경우 그 사실을 입증할 수 있는 관계 자료를 그 소속 기관 또는 단체의 장에게 함께 통보하여야 한다.

③ 중앙통제단장 또는 지역통제단장은 제52조 제5항에 따른 현장지휘에 따르지 아니하거나 부과된 임무를 게을리한 긴급구조요원의 명단을 해당 긴급구조요원의 소속 기관 또는 단체의 장에게 통보하고, 그 소속 기관의 장 또는 단체의 장에게 해당 긴급구조요원에 대한 징계를 요구할 수 있다. 이 경우 그 사실을 입증할 수 있는 관계 자료를 그 소속 기관 또는 단체의 장에게 함께 통보하여야 한다.

④ 제2항과 제3항에 따라 통보를 받은 소속 기관의 장 또는 단체의 장은 해당 공무원 또는 직원에 대한 징계 등 적절한 조치를 하고, 그 결과를 해당 기관의 장에게 통보하여야 한다.

⑤ 행정안전부장관, 시·도지사, 시장·군수·구청장, 중앙통제단장 및 지역통제단장은 제2항 및 제3항에 따른 사실 입증을 위한 전담기구를 편성하는 등 소속 공무원으로 하여금 필요한 조사를 하게 할 수 있다. 이 경우 조사 공무원은 그 권한을 표시하는 증표를 제시하여야 한다.

⑥ 행정안전부장관은 제5항에 따른 조사의 실효성 제고를 위하여 대통령령으로 정하는 전담기구 협의회를 구성·운영할 수 있다.

⑦ 제2항·제3항에 따른 통보 및 제5항에 따른 조사에 필요한 사항은 대통령령으로 정한다.

제77조의2(적극행정에 대한 면책)

① 제77조 제2항 및 제3항에 따른 재난관리책임기관의 공무원, 직원 및 긴급구조요원이 재난안전 사고를 예방하고 피해를 최소화하기 위하여 업무를 적극적으로 추진한 결과에 대하여 그의 행위에 고의 또는 중대한 과실이 없는 경우에는 같은 조 제2항 및 제3항에 따른 명단 통보 및 징계 등 요구를 하지 아니하거나 같은 조 제4항에 따른 징계 등의 책임을 묻지 아니한다.

② 다음 각 호의 사람이 제61조 또는 제66조 제3항에 따른 지원 업무를 적극적으로 처리한 결과에 대하여 그의 행위에 고의나 중대한 과실이 없는 경우에는 관계 법령에 따른 징계 또는 제재 등 책임을 묻지 아니한다.

    1. 「감사원법」 제22조부터 제24조까지에 따른 회계검사와 감찰 대상 공무원 및 임직원

    2. 「금융위원회의 설치 등에 관한 법률」 제38조에 따른 검사 대상 기관 소속 임직원

③ 제1항에 따른 면책의 구체적인 기준, 운영절차 및 그 밖에 필요한 사항은 대통령령으로 정한다. 다만, 제2항 제1호 및 제2호의 사람에 관한 사항은 감사원과 금융위원회의 규칙을 각각 따른다.

제78조(권한의 위임 및 위탁)

① 이 법에 따른 행정안전부장관의 권한은 그 일부를 대통령령으로 정하는 바에 따라 시·도지사에게 위임할 수 있다.

② 행정안전부장관은 제33조의2에 따른 평가 등의 업무의 일부, 제72조에 따른 연구개발사업 성과의 사업화 지원, 제73조에 따른 기술료의 징수·사용에 관한 업무를 대통령령으로 정하는 바에 따라 전문기관 등에 위탁할 수 있다.

③ 행정안전부장관은 제76조의4 제1항에 따른 재난안전의무보험 종합정보시스템의 구축·운영에 관한 업무를 대통령령으로 정하는 바에 따라 「보험업법」 제176조에 따른 보험요율 산출기관에 위탁할 수 있다.

10 벌칙

제78조의3(벌칙)

제31조 제1항(재난예방을 위한 안전조치)에 따른 안전조치명령을 이행하지 아니한 자는 **3년 이하의 징역 또는 3천만 원 이하의 벌금**에 처한다.

제78조의4(벌칙)

제74조의3 제5항(정보 제공 요청 등)을 위반하여 재난 대응 이외의 목적으로 정보를 사용하거나 업무가 종료되었음에도 해당 정보를 파기하지 아니한 자는 **2년 이하의 징역 또는 2천만 원 이하의 벌금**에 처한다.

제79조(벌칙)

다음 각 호의 어느 하나에 해당하는 자는 **1년 이하의 징역 또는 1천만 원 이하의 벌금**에 처한다.

1. 삭제 〈2017. 1. 17.〉
2. 정당한 사유 없이 제30조 제1항에 따른 긴급안전점검을 거부 또는 기피하거나 방해한 자
3. 삭제 〈2016. 1. 7.〉
4. 정당한 사유 없이 제41조 제1항 제1호(제46조 제1항에 따른 경우를 포함한다)에 따른 위험구역에 출입하는 행위나 그 밖의 행위의 금지명령 또는 제한명령을 위반한 자
5. 정당한 사유 없이 제74조의3 제1항에 따른 중앙대책본부장 또는 지역대책본부장의 요청에 따르지 아니한 자
6. 정당한 사유 없이 제74조의3 제2항에 따른 중앙대책본부장 또는 지역대책본부장의 요청에 따르지 아니한 자
7. 제76조의4 제4항을 위반하여 업무상 알게 된 재난안전의무보험 관련 자료 또는 정보를 누설하거나 권한 없이 다른 사람이 이용하도록 제공하는 등 부당한 목적으로 사용한 자

제80조(벌칙)

다음 각 호의 어느 하나에 해당하는 자는 **500만 원 이하의 벌금**에 처한다.

1. 정당한 사유 없이 제45조(응급부담)[제46조 제1항(시·도지사가 실시하는 응급조치 등)에 따른 경우를 포함한다]에 따른 토지·건축물·인공구조물, 그 밖의 소유물의 일시 사용 또는 장애물의 변경이나 제거를 거부 또는 방해한 자
2. 제74조의2 제3항(재난관리정보의 공동이용)을 위반하여 직무상 알게 된 재난관리정보를 누설하거나 권한 없이 다른 사람이 이용하도록 제공하는 등 부당한 목적으로 사용한 자

제82조(과태료)

① 다음 각 호의 어느 하나에 해당하는 사람에게는 <u>200만 원 이하의 과태료</u>를 부과한다.

　1. 제34조의6 제1항(다중이용시설 등의 위기상황 매뉴얼 작성·관리 및 훈련) 본문에 따른 위기상황 매뉴얼을 작성·관리하지 아니한 소유자·관리자 또는 점유자

　1의2. 제34조의6 제2항(다중이용시설 등의 위기상황 매뉴얼 작성·관리 및 훈련) 본문에 따른 훈련을 실시하지 아니한 소유자·관리자 또는 점유자

　1의3. 제34조의6 제3항(다중이용시설 등의 위기상황 매뉴얼 작성·관리 및 훈련) 에 따른 개선명령을 이행하지 아니한 소유자·관리자 또는 점유자

　2. 제40조 제1항(대피명령)[제46조 제1항(시·도지사가 실시하는 응급조치 등)에 따른 경우를 포함한다]에 따른 대피명령을 위반한 사람

　3. 제41조 제1항 제2호(위험구역의 설정)[제46조 제1항(시·도지사가 실시하는 응급조치 등)에 따른 경우를 포함한다]에 따른 위험구역에서의 퇴거명령 또는 대피명령을 위반한 사람

② 제76조의5 제2항(재난취약시설 보험·공제의 가입 등)을 위반하여 보험 또는 공제에 가입하지 않은 자에게는 300만 원 이하의 과태료를 부과한다.

③ 제1항 및 제2항에 따른 과태료는 대통령령으로 정하는 바에 따라 다음 각 호의 자가 부과·징수한다.

　1. 시·도지사 또는 시장·군수·구청장 : 제1항에 따른 과태료

　2. 보험 또는 공제의 가입 대상 시설의 허가·인가·등록·신고 등의 업무를 처리한 관계 행정기관의 장 : 제2항에 따른 과태료

긴급구조대응활동 및 현장지휘에 관한 규칙

1 통제단 등의 설치 · 운영

1. 중앙통제단 조직도

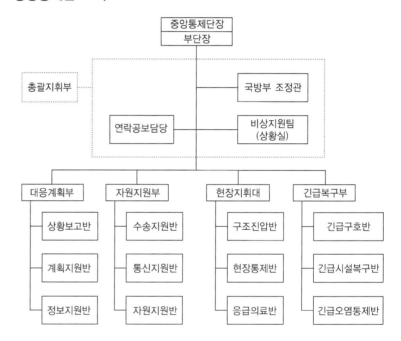

2. 부서별 임무

부서별		주요 임무	대응계획
중앙통제단장		• 긴급구조활동의 총괄 지휘 · 조정 · 통제 • 정부 차원의 긴급구조대응계획의 가동	지휘통제 계획(#1)
총괄 지휘부	국방부 조정관	• 중앙통제단장과 공동으로 국방부의 긴급 구조지원활동 조정 · 통제 • 광범위한 지역에 걸친 재난 시 대규모 탐색구조활동 지원	국방부 세부대응 계획

총괄 지휘부	연락공보 담당	• 대중정보계획(#3) 가동 • 대중매체 홍보에 관한 사항 • 종합상황실과 공동으로 비상경고계획(#2) 가동 • 국회 또는 중앙재난안전대책본부장의 연락 및 보고에 관한 사항	대중정보 계획(#3)
	비상지원팀 (상황실)	• 중앙통제단 지원기능수행 • 긴급구조대응계획중 기능별 긴급구조대응계획 가동 지원 • 각 소속 기관·단체에 분담된 임무 연락 및 이행완료 여부 보고	기능별 대응계획 (#1-11)
대응 계획부	상황보고반	재난상황정보를 종합 분석·정리하여 중앙대책본부장 등에게 보고	지휘통제 계획(#1)
	계획지원반	시·도 긴급구조통제단의 대응계획부의 작전 계획수립 지원	
	정보지원반	시·도 긴급구조통제단 기술정보 지원	
자원 지원부	수송지원반	• 긴급구조지원기관의 자원수송지원 • 다른 지역 자원봉사자의 재난현장 집단수송 지원	
	통신지원반	• 재난현장의 중앙통제단과 소방청의 종합상황실과의 통신 지원 • 정부 차원의 재난통신지원 활동	재난통신 계획(#11)
	자원지원반	소방청 자원관리시스템을 통한 시·도통제단 자원 요구사항 지원	지휘통제 계획(#1)
현장 지휘대	구조진압반	• 정부 차원의 인명구조 및 화재 등 위험진압 지원 • 시·도 소방본부 및 권역별 긴급구조지휘대 자원의 지휘·조정·통제	구조진압 계획(#5)
	현장통제반	• 정부 차원의 대규모 대피계획 지원 • 지방 경찰관서 현장통제자원의 지휘·조정·통제	현장통제 계획(#8)
	응급의료반	• 정부 차원의 응급의료자원 지원활동 • 정부 차원의 재난의료체계 가동 • 시·도 응급의료 자원의 지휘·조정·통제	응급의료 계획(#6)
긴급 복구부	긴급구호반	• 정부긴급구호활동 지원 • 시·도 긴급구조통제단 긴급구호활동의 지휘·조정·통제	긴급구호 계획(#10)
	긴급시설 복구반	• 정부긴급시설복구 지원활동 • 시·도 긴급구조통제단 긴급시설복구자원의 지휘·조정·통제	긴급복구 계획(#9)
	긴급오염 통제반	• 정부 차원의 긴급오염통제 지원활동 • 시·도 긴급구조통제단 긴급오염통제자원의 지휘·조정·통제	긴급오염 통제계획 (#7)

이론 플러스

□ 119체크

긴급구조통제단의 구성 중 총괄지휘부에 속하지 않는 것은?

① 국방부조정관
② 현장통제반
③ 비상지원팀
④ 연락공보담당

해설

현장통제반은 현장지휘대에 속한다.

정답 ②

2 통제단의 운영기준

통제단은 다음의 구분에 따라 운영되어야 한다.

1. 대비단계

재난이 발생하지 아니한 상황에서 긴급구조대응계획의 운용연습과 재난대비 훈련을 실시하는 단계로서 긴급구조지휘대만 상시 운영한다.

2. 대응1단계

하나의 시·군·구에 재난이 발생한 상황에서 해당 지역의 긴급구조지휘대가 현장지휘기능을 수행한다. 이 경우 시·군·구 긴급구조통제단은 필요에 따라 부분 또는 전면적으로 운영할 수 있다.

3. 대응2단계

2 이상의 시·군·구에 걸쳐 재난이 발생한 상황이나 하나의 시·군·구에 재난이 발생하였으나 해당 지역의 시·군·구 긴급구조통제단의 대응능력을 초과한 상황에서 해당 시·군·구 긴급구조통제단을 전면적으로 운영하고 시·도 긴급구조통제단을 필요에 따라 부분 또는 전면적으로 운영한다.

4. 대응3단계

2 이상의 시·도에 걸쳐 재난이 발생한 상황이나 하나의 시·군·구 또는 시·도에서 재난이 발생하였으나 시·도 긴급구조 통제단이 대응할 수 없는 상황에서 해당 시·도 긴급구조통제단을 전면적으로 운영하고 중앙통제단은 필요에 따라 부분 또는 전면적으로 운영한다.

3 긴급구조지휘대의 구성 및 기능

긴급구조지휘대를 구성하는 사람은 통제단이 설치·운영되는 경우 다음의 구분에 따라 통제단의 해당부서에 배치된다.

① **신속기동요원** : 대응계획부

② **자원지원요원** : 자원지원부

③ **통신지휘요원** : 구조진압반

④ **안전담당요원** : 연락공보담당 또는 안전담당

⑤ **경찰파견 연락관** : 현장통제반

⑥ **응급의료파견 연락관** : 응급의료반

119 더 알아보기

긴급구조지휘대 조직도

1. 구성

2. 임무

구분	주요 임무
지휘대장	(1) 화재 등 재난사고의 발생 시 현장지휘·조정·통제 (2) 통제단 가동 전 재난현장 지휘활동 등
응급의료파견 연락관	(1) 재난현장 다수사상자 발생 시 재난의료체계 가동 요청 (2) 사상자 관리 및 병원수용능력 파악 등 의료자원 관리 등
경찰파견 연락관	(1) 재난현장 및 위험지역 출입통제 및 통행금지 (2) 재난발생 지역 긴급교통로 확보 및 치안유지 활동 등
신속기동요원	(1) 재난현장과 상황실(지휘부)간 실시간 정보지원체계 구축 (2) 현장상황 파악 및 통제단 가동을 위한 상황판단 정보 제공 등
자원지원요원	(1) 자원대기소, 자원집결지 선정 및 동원자원 관리 (2) 긴급구조지원기관 및 응원협정체결기관 동원요청 등
통신지휘요원	(1) 재난현장 통신지원체계 유지·관리 (2) 지휘대장의 현장활동대원 무전지휘 운영 지원 등
안전담당요원	(1) 현장활동 안전사고 방지대책 수립 및 이행 (2) 재난현장 안전진단 및 안전조치 등

이론 플러스

❏ 119체크

「긴급구조대응활동 및 현장지휘에 관한 규칙」상 통제단이 설치·운영되는 경우에 긴급구조지휘대를 구성하는 사람과 배치되는 해당 부서의 연결이 옳은 것만을 〈보기〉에서 있는 대로 고른 것은?

┌ 보기 ┐

ㄱ. 신속기동요원 – 대응계획부
ㄴ. 통신지휘요원 – 구조진압반
ㄷ. 안전담당요원 – 현장통제반
ㄹ. 경찰파견 연락관 – 연락공보담당

① ㄱ, ㄴ
② ㄱ, ㄷ
③ ㄱ, ㄴ, ㄹ
④ ㄴ, ㄷ, ㄹ
⑤ ㄱ, ㄴ, ㄷ, ㄹ

해설

ㄷ. 안전담당요원 – 연락공보담당
ㄹ. 경찰파견 연락관 – 현장통제반

정답 ①

□ 119체크

재난현장에 설치하는 현장응급의료소에 응급의학 전문의를 포함한 인원 배치가 알맞은 것은?

① 의사 3인, 간호사 또는 1급 응급구조사 3명, 지원요원 1인 이상
② 의사 4인, 간호사 또는 1급 응급구조사 3인, 지원요원 2인 이상
③ 의사 3인, 간호사 또는 1급 응급구조사 4인, 지원요원 1인 이상
④ 의사 4인, 간호사 또는 1급 응급구조사 4인, 지원요원 2인 이상

해설

현장응급의료소의 인적구성은 의사 3인, 간호사 또는 1급 응급구조사 4인, 지원요원 1인 이상 배치한다.

정답 ③

4 현장응급의료소의 설치 · 운영

① 통제단장은 재난현장에 출동한 응급의료관련자원을 총괄 · 지휘 · 조정 · 통제하고, 사상자를 분류 · 처치 또는 이송하기 위하여 사상자의 수에 따라 재난현장에 적정한 현장응급의료소(이하 "의료소"라 한다)를 설치 · 운영하여야 한다.

② 통제단장은 「의료법」에 따른 종합병원과 「응급의료에 관한 법률」에 따른 응급의료기관에 응급의료기구의 지원과 의료인 등의 파견을 요청할 수 있다.

③ 통제단장은 지역대책본부장으로부터 의료소의 설치에 필요한 인력 · 시설 · 물품 및 장비 등을 지원받아 구급차의 접근이 용이하고 유독가스 등으로부터 안전한 장소에 의료소를 설치하여야 한다.

④ 의료소에는 소장 1명과 분류반 · 응급처치반 및 이송반을 둔다.

⑤ 의료소의 소장(이하 "의료소장"이라 한다)은 의료소가 설치된 지역을 관할하는 보건소장이 된다. 다만, 관할 보건소장이 재난현장에 도착하기 전에는 다음 각 호의 어느 하나에 해당하는 사람 중에서 긴급구조대응계획이 정하는 사람이 의료소장의 업무를 대행할 수 있다.

　1. 「응급의료에 관한 법률」 제26조에 따른 권역응급의료센터의 장
　2. 「응급의료에 관한 법률」 제27조 제1항에 따른 응급의료지원센터의 장
　3. 「응급의료에 관한 법률」 제30조에 따른 지역응급의료센터의 장
　4. 삭제 〈2020. 11. 25〉

⑥ 의료소장은 통제단장의 지휘를 받아 응급의료자원의 관리, 사상자의 분류 · 응급처치 · 이송 및 사상자 현황파악 · 보고 등 의료소의 운영 전반을 지휘 · 감독한다.

⑦ 분류반 · 응급처치반 및 이송반에는 반장을 두되, 반장은 의료소 요원 중에서 의료소장이 임명한다.

⑧ 의료소장은 '의료소장'이 표시된 흰색조끼를 착용한다.

⑨ 의료소에는 응급의학 전문의를 포함한 <u>의사 3명, 간호사 또는 1급 응급구조사 4명 및 지원요원 1명 이상</u>으로 편성한다. 다만, 통제단장은 필요한 의료인 등의 수를 조정하여 편성하도록 요청할 수 있다.

⑩ 소방공무원은 제5항에도 불구하고 의료소장이 재난현장에 도착하여 의료소를 운영하기 전까지 임시의료소를 운영할 수 있다.

⑪ 통제단장은 사망자가 발생한 재난의 경우에 사망자를 의료기관에 이송하기 전에 임시로 안치하기 위하여 의료소에 임시영안소를 설치 · 운영할 수 있다.

PART

04 단원별 예상문제

01 하인리히의 도미노이론 단계를 바르게 나열한 것은?

① 개인적 결함 – 유전적 요인 및 사회적 환경 – 불안전한 행동 및 상태 – 사고 – 재해
② 개인적 결함 – 불안전한 행동 및 불안전 상태 – 유전적 요인 및 사회적 환경 – 재해 – 사고
③ 유전적 요인 및 사회적 환경 – 개인적 결함 – 불안전한 행동 및 상태 – 사고 – 재해
④ 불안전 해동 및 불안전 상태 – 개인적 결함 – 유전적 요인 및 사회적 환경 – 재해 – 사고

해설

③ 하인리히의 도미노이론 단계는 '유전적 요인 및 사회적 환경 – 개인적 결함 – 불안전한 행동 및 상태 – 사고 – 재해'의 순서이다.

02 시·도 긴급구조통제단장과 시·군·구 긴급구조통제단장의 응급조치사항에 해당하지 않는 것은?

① 긴급수송 및 구조 수단의 확보
② 진화에 대한 응급조치
③ 현장지휘통신체계의 확보
④ 경보의 발령

해설

①·②·③ 지방통제단장은 진화에 대한 응급조치와 긴급수송 및 구조 수단의 확보, 현장지휘통신체계의 확보 등의 응급조치만 하여야 한다.

119 관련법령보기

「재난 및 안전관리 기본법」 제37조(응급조치)
① 제50조 제2항에 따른 시·도 긴급구조통제단 및 시·군·구 긴급구조통제단의 단장(이하 "지역통제단장"이라 한다)과 시장·군수·구청장은 재난이 발생할 우려가 있거나 재난이 발생하였을 때에는 즉시 관계 법령이나 재난대응활동계획 및 위기관리 매뉴얼에서 정하는 바에 따라 수방(水防)·진화·구조 및 구난(救難), 그 밖에 재난 발생을 예방하거나 피해를 줄이기 위하여 필요한 다음 각 호의 응급조치를 하여야 한다. 다만, 지역통제단장의 경우에는 제2호 중 진화에 관한 응급조치와 제4호 및 제6호의 응급조치만 하여야 한다.

1. 경보의 발령 또는 전달이나 피난의 권고 또는 지시
1의2. 제31조에 따른 안전조치
2. 진화·수방·지진방재, 그 밖의 응급조치와 구호
3. 피해시설의 응급복구 및 방역과 방범, 그 밖의 질서 유지
4. 긴급수송 및 구조 수단의 확보
5. 급수 수단의 확보, 긴급피난처 및 구호품의 확보
6. 현장지휘통신체계의 확보
7. 그 밖에 재난 발생을 예방하거나 줄이기 위하여 필요한 사항으로서 대통령령으로 정하는 사항

03 「재난 및 안전관리 기본법」에 규정된 용어의 정의로 옳지 <u>않은</u> 것은?

① 에너지, 통신, 교통, 금융, 의료, 수도 등의 국가기반체계 마비와 감염병, 가축전염병 확산 등으로 인한 피해는 사회재난이다.
② 재난관리란 재난이나 그 밖의 각종 사고로부터 사람의 생명·신체 및 재산의 안전을 확보하기 위하여 하는 모든 활동을 말한다.
③ 국가재난관리기준이란 모든 유형의 재난에 공통적으로 활용할 수 있도록 재난관리의 전 과정을 통일적으로 단순화·체계화한 것으로서 행정안전부장관이 고시한 것을 말한다.
④ '재난관리정보'란 재난관리를 위하여 필요한 재난상황정보, 동원가능 자원정보, 시설물정보, 지리정보를 말한다.

해설
② 안전관리에 대한 설명이다. '재난관리'란 재난의 예방·대비·대응 및 복구를 위하여 하는 모든 활동을 의미하고, '안전관리'란 재난이나 그 밖의 각종 사고로부터 사람의 생명·신체·재산의 안전 확보를 위한 모든 활동을 의미한다.

04 「재난 및 안전관리 기본법」상 특별재난지역 선포권자는 누구인가?

① 대통령
② 행정안전부장관
③ 소방본부장
④ 시·도지사

해설
① 특별재난지역은 중앙위원회의 심의를 거친 후 중앙대책본부장(행정안전부장관)의 건의로 대통령이 선포한다.

05 「재난 및 안전관리 기본법 시행령」에 규정된 오염 노출 통제, 긴급 감염병 방제 등 재난현장 공중보건에 관한 사항은 기능별 긴급구조대응계획 중 어디에 해당되는가?

① 비상경고　　　　　　　　　　　　　　② 대중정보
③ 긴급오염통제　　　　　　　　　　　　④ 현장통제

> **해설**
> ① 비상경고에는 긴급대피, 상황 전파, 비상연락 등에 관한 사항이 포함된다.
> ② 대중정보에는 주민 보호를 위한 비상방송시스템 가동 등 긴급 공공정보 제공에 관한 사항 및 재난 상황 등에 관한 정보 통제에 관한 사항이 포함된다.
> ④ 현장통제에는 재난현장 접근 통제 및 치안 유지 등에 관한 사항이 포함된다.

06 「재난 및 안전관리 기본법」상 중앙안전관리위원회의 심의사항에 해당되지 <u>않는</u> 것은?

① 재난 및 안전관리에 관한 중요 정책에 관한 사항
② 국가안전관리기본계획에 관한 사항
③ 재난 및 안전관리사업 관련 중기사업계획서, 투자우선순위 의견 및 예산요구서에 관한 사항
④ 재난 및 안전관리기술 종합계획의 심의

> **해설**
> ④ 재난 및 안전관리기술 종합계획의 심의는 안전정책조정위원회에서 한다.

07 「재난 및 안전관리 기본법」상 재난안전상황실 설치권자에 해당되지 <u>않는</u> 자는?

① 행정안전부장관　　　　　　　　　　　② 소방청장
③ 시 · 도지사　　　　　　　　　　　　　④ 시장, 군수, 구청장

> **해설**
> ② 재난안전상황실 설치권자는 행정안전부장관, 시 · 도지사, 시장 · 군수 · 구청장이다.

08 다음 중 재난에 관한 내용으로 옳지 <u>않은</u> 것은?

① 국민안전의 날은 매년 4월 16일이며, 안전점검의 날은 매월 4일이다.
② 국가안전관리기본계획수립은 행정안전부장관이 5년마다 수립한다.
③ 중앙긴급구조통제단장은 소방청장이다.
④ 특별재난지역선포권자는 대통령이다.

해설
② 국가안전관리기본계획수립은 국무총리가 5년마다 수립한다.

09 「재난 및 안전관리 기본법」상 긴급구조기관에 해당하지 <u>않는</u> 것은?

① 경찰청
② 소방청
③ 해양경찰청
④ 소방본부

해설
① 긴급구조기관은 소방청, 소방본부, 소방서, 해양경찰청, 지방해양경찰청, 해양경찰서이다.

10 「재난 및 안전관리기본법」에 규정된 중앙안전관리위원회(중앙위원회)에 관한 설명으로 옳은 것은?

① 중앙위원회의 간사는 행정안전부차관이다.
② 중앙위원회의 위원은 중앙대책본부의 위원장이 지정하는 기관 및 단체의 장이 된다.
③ 중앙위원회 의결은 재적위원 2/3 이상의 출석과 출석위원 1/2 이상의 찬성으로 한다.
④ 중앙위원회의 위원장은 국무총리가 되고, 위원은 대통령령으로 정하는 중앙행정기관 또는 관계 기관·단체의
　장이 된다.

해설
① 중앙위원회의 간사는 행정안전부장관이 된다.
② 중앙위원회의 위원은 대통령령으로 정하는 중앙행정기관 또는 관계 기관·단체의 장이 된다.
③ 중앙위원회의 회의는 재적위원 과반수의 출석으로 개의(開議)하고, 출석위원 과반수의 찬성으로 의결한다.

11 재난현장에서는 시·군·구 긴급구조통제단장이 긴급구조활동을 지휘한다. 다음 중 긴급구조통제단장이 하는 일로
옳지 않은 것은?

① 재난현장에서 인명의 탐색·구조
② 추가 재난의 방지를 위한 응급조치
③ 긴급구조기관 및 긴급구조지원기관의 인력·장비의 배치와 운용
④ 재난 피해 상황 조사

해설
④ 중앙대책본부장은 재난 피해의 조사를 위하여 필요한 경우에는 대통령령으로 정하는 바에 따라 관계 중앙행정기관 및 관계 재난관리책
　임기관의 장과 합동으로 중앙재난피해합동조사단을 편성하여 재난 피해 상황을 조사할 수 있다.

119 더 알아보기

긴급구조통제단장이 하는 일
1. 재난현장에서 인명의 탐색·구조
2. 긴급구조기관 및 긴급구조지원기관의 인력·장비의 배치와 운용
3. 추가 재난의 방지를 위한 응급조치
4. 긴급구조지원기관 및 자원봉사자 등에 대한 임무의 부여
5. 사상자의 응급처치 및 의료기관으로의 이송
6. 긴급구조에 필요한 물자의 관리
7. 현장접근 통제, 현장 주변의 교통정리, 그 밖에 긴급구조활동을 효율적으로 하기 위하여 필요한 사항

12 「재난 및 안전관리 기본법」상 사회재난에 해당하지 **않는** 것은?

① 지진, 황사, 조류 대발생 등으로 인하여 발생하는 재해
② 화재·붕괴·환경오염사고로 인하여 발생하는 대통령령으로 정하는 규모 이상의 피해
③ 「감염병의 예방 및 관리에 관한 법률」에 따른 감염병의 확산 등으로 인한 피해
④ 「가축전염병예방법」에 따른 가축전염병의 확산 등으로 인한 피해

해설

① 지진, 황사, 조류 대발생 등으로 인하여 발생하는 재해는 자연재난에 해당된다.

119 관련법령보기 📖

「재난 및 안전관리기본법」 제3조(정의)
1. "재난"이란 국민의 생명·신체·재산과 국가에 피해를 주거나 줄 수 있는 것으로서 다음 각 목의 것을 말한다.
   가. 자연재난 : 태풍, 홍수, 호우(豪雨), 강풍, 풍랑, 해일(海溢), 대설, 한파, 낙뢰, 가뭄, 폭염, 지진, 황사(黃砂), 조류(藻類) 대발생, 조수(潮水), 화산활동, 소행성·유성체 등 자연우주물체의 추락·충돌, 그 밖에 이에 준하는 자연현상으로 인하여 발생하는 재해
   나. 사회재난 : 화재·붕괴·폭발·교통사고(항공사고 및 해상사고를 포함한다)·화생방사고·환경오염사고 등으로 인하여 발생하는 대통령령으로 정하는 규모 이상의 피해와 에너지·통신·교통·금융·의료·수도 등 국가기반체계(이하 "국가기반체계"라 한다)의 마비, 「감염병의 예방 및 관리에 관한 법률」에 따른 감염병 또는 「가축전염병예방법」에 따른 가축전염병의 확산, 「미세먼지 저감 및 관리에 관한 특별법」에 따른 미세먼지 등으로 인한 피해
   다. 삭제〈2013. 8. 6〉

13 아네스(Anesth)의 재난 분류에 대한 설명으로 옳지 **않은** 것은?

① 재난은 자연재난과 인적재난으로 구분된다.
② 자연재난은 지구물리학적 재난과 생물학적 재난으로 구분된다.
③ 인적재난은 사고성 재난과 계획적 재난으로 구분된다.
④ 사고성 재난은 화학적 재난, 방사능 재난 등을 포함한다.

해설

② 자연재난을 지구물리학적 재난과 생물학적 재난으로 구분한 학자는 존스(Jones)이다.

119 더 알아보기 ✓

아네스(Anesth)의 재난분류

대분류	세분류	재난내용
자연재난	기후성 재난	태풍
	지진성 재난	지진, 화산폭발, 해일
인적재난	사고성 재난	화재사고, 교통사고(자동차, 철도, 항공, 선박), 생물학적 재난, 화학적 재난, 산업사고, 폭발사고, 방사능 사고 등
	계획적 재난	테러, 폭동, 전쟁 등

14 재난 및 안전관리에 관한 과학기술의 진흥을 위하여 5년마다 관계 중앙행정기관의 재난 및 안전관리기술개발에 관한 계획을 종합하여 조정위원회와 국가과학기술심의회의 심의를 거쳐 재난 및 안전관리기술개발 종합계획을 수립하는 자는?

① 국무총리
② 행정안전부장관
③ 시·도지사
④ 소방청장

해설

② 행정안전부장관은 재난 및 안전관리에 관한 과학기술의 진흥을 위하여 5년마다 관계 중앙행정기관의 재난 및 안전관리기술개발에 관한 계획을 종합하여 조정위원회의 심의와 국가과학기술심의회의 심의를 거쳐 재난 및 안전관리기술개발 종합계획을 수립하여야 한다(「재난 및 안전관리기본법」 제71조의2).

15 다음은 「재난 및 안전관리 기본법 시행령」의 일부이다. ㉠ ~ ㉢에 들어갈 내용을 바르게 연결한 것은?

> 재난관리책임기관의 장은 다음 각 호의 구분에 따라 특정관리대상시설 등에 대한 안전점검을 실시하여야 한다.
> 1. 정기안전점검
>   가. A등급, B등급 또는 C등급에 해당하는 특정관리대상시설 등 : (㉠)
>   나. D등급에 해당하는 특정관리대상시설 등 : (㉡)
>   다. E등급에 해당하는 특정관리대상시설 등 : (㉢)
> 2. 수시안전점검 : 재난관리책임기관의 장이 필요하다고 인정하는 경우

	㉠	㉡	㉢
①	반기별 2회 이상	월 1회 이상	월 2회 이상
②	반기별 2회 이상	월 2회 이상	월 3회 이상
③	반기별 1회 이상	월 1회 이상	월 2회 이상
④	반기별 1회 이상	월 2회 이상	월 3회 이상

해설

③ 특정관리대상시설 등에 대한 정기안전점검의 경우 A등급, B등급 또는 C등급에 해당하는 특정관리대상시설 등은 반기별 1회 이상, D등급에 해당하는 특정관리대상시설 등은 월 1회 이상, E등급에 해당하는 특정관리대상시설 등은 월 2회 이상 실시하여야 한다.

119 관련법령보기

「재난 및 안전관리 기본법 시행령」 제34조의2(특정관리대상시설등의 안전등급 및 안전점검 등)
③ 재난관리책임기관의 장은 다음 각 호의 구분에 따라 특정관리대상시설 등에 대한 안전점검을 실시하여야 한다.
1. 정기안전점검
   가. A등급, B등급 또는 C등급에 해당하는 특정관리대상시설 등 : 반기별 1회 이상
   나. D등급에 해당하는 특정관리대상시설 등 : 월 1회 이상
   다. E등급에 해당하는 특정관리대상시설 등 : 월 2회 이상
2. 수시안전점검 : 재난관리책임기관의 장이 필요하다고 인정하는 경우

16 「재난 및 안전관리기본법」상 재난 분야의 위기관리 매뉴얼의 체계를 바르게 나열한 것은?

① 위기관리 기본가이드 – 위기관리 실무매뉴얼 – 위기대응 표준매뉴얼
② 위기관리 기본가이드 – 위기대응 실무매뉴얼 – 위기관리 표준매뉴얼
③ 위기대응 표준매뉴얼 – 위기관리 실무매뉴얼 – 현장조치 행동매뉴얼
④ 위기관리 표준매뉴얼 – 위기대응 실무매뉴얼 – 현장조치 행동매뉴얼

해설

④ 재난 분야의 위기관리 매뉴얼은 '위기관리 표준매뉴얼 – 위기대응 실무매뉴얼 – 현장조치 행동매뉴얼' 체계로 구성되어 있다.

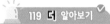 **119 더 알아보기**

위기관리 매뉴얼의 체계

1. 위기관리 표준매뉴얼
   국가적 차원에서 관리가 필요한 재난에 대하여 재난관리 체계와 관계 기관의 임무와 역할을 규정한 문서로 위기대응 실무매뉴얼의 작성 기준이 되며, 재난관리주관기관의 장이 작성한다. 다만, 다수의 재난관리주관기관이 관련되는 재난에 대해서는 관계 재난관리주관기관의 장과 협의하여 행정안전부장관이 위기관리 표준매뉴얼을 작성할 수 있다.

2. 위기대응 실무매뉴얼
   위기관리 표준매뉴얼에서 규정하는 기능과 역할에 따라 실제 재난대응에 필요한 조치사항 및 절차를 규정한 문서로 재난관리주관기관의 장과 관계 기관의 장이 작성한다. 이 경우 재난관리주관기관의 장은 위기대응 실무매뉴얼과 제1호에 따른 위기관리 표준매뉴얼을 통합하여 작성할 수 있다.

3. 현장조치 행동매뉴얼
   재난현장에서 임무를 직접 수행하는 기관의 행동조치 절차를 구체적으로 수록한 문서로 위기대응 실무매뉴얼을 작성한 기관의 장이 지정한 기관의 장이 작성한다. 다만, 시장·군수·구청장은 재난 유형별 현장조치 행동매뉴얼을 통합하여 작성할 수 있다.

17 재난관리 관계기관 간 유사성과 대응자원 공통성 문제를 보완하여 의사결정의 신속성을 확보하기 위한 재난관리 방식은?

① 아네스 방식   ② 존스 방식
③ 통합관리방식   ④ 분산관리방식

해설

③ 퀘렌탤리의 통합관리방식에 대한 설명이다.

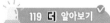 **119 더 알아보기**

퀘렌탤리가 주장한 통합관리방식으로 전환해야 하는 당위성

1. 재난의 개념 변화
2. 재난대응의 유사성
3. 재난계획 내용의 유사성
4. 대응자원의 공통성

18 안전한 미래를 위한 우리나라 재난관리의 추진방향으로 옳지 <u>않은</u> 것은?

① 예방과 대비 중심에서 대응과 복구 중심으로 변화한다.
② 도시계획 수립단계부터 재난관리대책을 적극 반영한다.
③ 재난관리활동에 일반시민의 적극적인 참여 및 실천을 유도한다.
④ 명령, 지시, 통제, 감독의 방식에서 협력, 지원, 조정, 연계의 방식으로 변화한다.

해설

① 우리나라 재난관리의 추진방향은 대응과 복구 중심에서 예방과 대비 중심으로 변화한다.

19 「재난 및 안전관리 기본법 시행령」상 재난 및 사고 유형과 재난관리주관기관의 연결이 옳지 <u>않은</u> 것은?

① 공동구 재난(국토교통부가 관장하는 공동구는 제외) - 행정안전부
② 유해화학물질 유출 사고 - 환경부
③ 해양에서 발생한 유도선 등의 수난사고 - 해양경찰청
④ 위험물 사고 - 국토교통부

해설

④ 위험물 사고의 재난관리주관기관은 소방청이다.

119 더 알아보기

재난 및 사고 유형별 재난관리주관기관

행정안전부	• 정부중요시설 사고 • 공동구(共同溝) 재난(국토교통부가 관장하는 공동구는 제외한다) • 내륙에서 발생한 유도선 등의 수난 사고 • 풍수해(조수는 제외한다)·지진·화산·낙뢰·가뭄·한파·폭염으로 인한 재난 및 사고로서 다른 재난관리주관기관에 속하지 아니하는 재난 및 사고
환경부	• 수질분야 대규모 환경오염 사고 • 식용수 사고 • 유해화학물질 유출 사고 • 조류(藻類) 대발생(녹조에 한정한다) • 황사 • 환경부가 관장하는 댐의 사고 • 미세먼지
소방청	• 화재·위험물 사고 • 다중 밀집시설 대형 화재
해양경찰청	해양에서 발생한 유도선 등의 수난 사고

20 재난관리 단계 중 대응단계의 활동으로 옳은 것은?

① 재난예방에 관한 홍보
② 구호물자 확보 · 비축
③ 긴급의약품 조달과 생필품 공급
④ 각 재난 상황에 적절한 사고 대응계획 수립

해설
③ 긴급의약품 조달과 생필품 공급은 대응단계의 활동에 해당된다.
① 재난예방에 관한 홍보는 예방단계의 활동에 해당된다.
② 구호물자 확보 · 비축은 대비단계의 활동에 해당된다.
④ 각 재난 상황에 적절한 사고 대응계획 수립은 대비단계의 활동에 해당된다.

21 「재난 및 안전관리 기본법」상 ㉠ ~ ㉢에 들어갈 내용을 바르게 연결한 것은?

> 재난관리를 위한 안전관리기구 중 중앙안전관리위원회의 위원장은 (㉠)이(가) 되고, 안전정책조정위원회의 위원장은 (㉡)이(가), 중앙재난안전대책본부장은 (㉢)이 된다.

	㉠	㉡	㉢
①	대통령	국무총리	행정안전부장관
②	국무총리	행정안전부장관	행정안전부장관
③	국무총리	행정안전부장관	행정안전부차관
④	대통령	국무총리	행정안전부차관

해설
② 중앙안전관리위원회의 위원장은 국무총리, 안전정책조정위원회의 위원장과 중앙재난안전대책본부장은 행정안전부장관이 된다.

22 다음 중 자연재난과 인적재난의 설명으로 가장 옳지 않은 것은?

① 자연재난과 인적재난은 모두 급작스럽게 돌풍적으로 일어나며, 통제 가능성이 없으며 피해가 크다.
② 자연재난의 피해는 광범위한 지역에서 발생하고 인적재난의 피해는 국소 지역에서 집중적으로 발생한다.
③ 자연재난은 예방이 불가능하고 피난활동이 어렵다.
④ 자연재난과 인적재난은 우리 생활에 해를 준다.

해설
① 자연재난은 예방과 통제가 불가능한 편이며 인적재난은 예방과 통제가 가능한 편이다.

23 중앙긴급구조통제단의 조직구성 및 부서별 임무에 의할 때 구조진압반, 현장통제반, 응급의료반은 어느 부서에 속하는가?

① 현장지휘대
② 자원지원부
③ 대응계획부
④ 긴급복구부

해설

① 구조진압반, 현장통제반, 응급의료반은 현장지휘대에 속한다.

119 더 알아보기

중앙긴급구조통제단의 구성
1. 현장지휘대 : 구조진압반, 현장통제반, 응급의료반
2. 자원지원부 : 수송지원반, 통신지원반, 자원지원반
3. 대응계획부 : 상황보고반, 계획지원반, 정보지원반
4. 긴급복구부 : 긴급구호반, 긴급시설복구반, 긴급오염통제반
5. 총괄지휘부 : 국방부조정관, 연락공보담당, 비상지원팀(상황실)

24 세계적으로 행하여지고 있는 유효한 재해분석의 한 방법으로 미국 국가교통안전위원회(NTSB)가 채용하고 있는 안전관리 대상의 4M에 속하지 <u>않는</u> 것은?

① Man(인간)
② Media(매체)
③ Mannerism(타성)
④ Management(관리)

해설

①·②·④ 프랭크 버드의 기본원인에 해당되는 4M은 Man(인간), Media(매체), Management(관리), Machine(기계)이다.

25 프랭크 버드의 재해이론에 대한 설명으로 옳지 <u>않은</u> 것은?

① 프랭크 버드는 직접 원인을 제거하여도 재해가 다시 발생한다고 주장하였다.
② 프랭크 버드는 1 : 10 : 30 : 600의 법칙을 주장하였다.
③ 연쇄성이론은 '기본 원인 – 제어의 부족 – 직접 원인 – 사고 – 재해 손실'이다.
④ 4M이란 Man(인간), Machine(기계), Media(매체), Management(관리)이다.

해설

③ 프랭크 버드의 연쇄성이론은 '제어의 부족 – 기본 원인 – 직접 원인 – 사고 – 재해 손실' 순이다.

26 「긴급구조대응활동 및 현장지휘에 관한 규칙」에 대한 설명으로 가장 옳지 않은 것은?

① 통제단이 설치·운영되는 경우에 신속기동요원은 대응계획부에, 경찰파견 연락관은 현장통제반에 속한다.
② 통제단장은 해당지역의 현장응급의료소를 설치·운영하여야 한다.
③ 의료소에는 응급의학 전문의를 포함한 의사 4인, 간호사 3인 및 지원요원 2인 이상으로 편성한다.
④ 긴급구조관련기관이란 「재난 및 안전관리기본법」에 의한 긴급구조기관, 긴급구조지원관, 현장에 참여하는 자원
봉사기관 및 단체를 말한다.

해설
③ 의료소에는 응급의학 전문의를 포함한 의사 3명, 간호사 또는 1급 응급구조사 4명 및 지원요원 1명 이상으로 편성한다. 다만, 통제단장
은 필요한 의료인 등의 수를 조정하여 편성하도록 요청할 수 있다.

27 재난 및 안전관리에 관한 사항을 심의하기 위한 중앙안전관리위원회의 위원장은?

① 국무총리
② 행정안전부장관
③ 대통령
④ 소방청장

해설
① 중앙안전관리위원회의 위원장은 국무총리이다.

28 재난관리의 단계에서 대응단계가 아닌 것은?

① 비상방송 시스템 가동
② 이재민 수용 및 보호
③ 긴급대피계획의 실천 및 재해대책본부의 활동 개시
④ 재난발생에 대비한 교육훈련과 재난관리예방에 관한 홍보

해설
④ 재난발생에 대비한 교육훈련과 재난관리예방에 관한 홍보는 평상시 예방단계에 해당된다.

29 긴급구조통제단의 구성 중 총괄지휘부에 속하지 <u>않는</u> 것은?

① 국방부조정관
② 현장지휘대
③ 비상지원팀
④ 연락공보담당

해설
② 총괄지휘부는 국방부조정관, 연락공보담당, 비상지원팀으로 구성되어 있다.

119 더 알아보기

중앙긴급구조통제단의 구성

구분	내용
총괄지휘부	국방부조정관, 연락공보담당, 비상지원팀(상황실)
대응계획부	상황보고반, 계획지원반, 정보지원반
자원지원부	수송지원반, 통신지원반, 자원지원반
긴급복구부	긴급구호반, 긴급시설복구반, 긴급오염통제반
현장지휘대	구조진압반, 현장통제반, 응급의료반

30 다음 중 재난에 대한 '준비·계획단계'에 대한 설명으로 옳은 것은?

① 미래에 발생할 가능성이 있는 재난을 사전에 예방하기 위한 활동
② 재난 발생 확률이 높아진 경우, 재난 발생 후에 효과적으로 대응할 수 있도록 사전에 대응활동을 위한 메커니즘을 구성하는 등 운영적인 장치들을 갖추는 단계
③ 신속한 활동을 통하여 재난으로 인한 인명 및 재산 피해를 최소화하고, 재해의 확산을 방지하며, 순조롭게 복구가 이루어질 수 있도록 활동하는 단계
④ 재난 상황이 어느 정도 안정된 후 취하는 활동단계로 재해로 인한 피해지역을 재해 이전의 상태로 회복시키는 활동을 포함한 단계

해설
② 준비·계획단계(대비단계)는 재난 발생 확률이 높아진 경우, 재난 발생 후에 효과적으로 대응할 수 있도록 사전에 대응활동을 위한 메커니즘을 구성하는 등 운영적인 장치들을 갖추는 단계를 말한다.
① 예방 및 완화단계에 대한 설명이다.
③ 대응단계에 대한 설명이다.
④ 복구단계에 대한 설명이다.

31 「재난 및 안전관리 기본법」상 재난의 분류가 다른 하나는?

① 「감염병의 예방 및 관리에 관한 법률」에 따른 감염병의 확산

② 황사로 인하여 발생하는 재해

③ 환경오염사고로 인하여 발생하는 대통령령으로 정하는 규모 이상의 피해

④ 「미세먼지 저감 및 관리에 관한 특별법」에 따른 미세먼지 등으로 인한 피해

해설

황사는 자연재난에 해당하고 ①·③·④는 사회재난에 해당한다.

 119 **더 알아보기**

> 1. 「재난 및 안전관리기본법」상 자연재난
>   태풍, 홍수, 호우(豪雨), 강풍, 폭염, 풍랑, 해일(海溢), 대설, 한파, 낙뢰, 가뭄, 지진, <u>황사(黃砂)</u>, 조류(藻類)대발생, 조수(潮水), 화산활동, 소행성, 유성체 등 자연우주물체의 추락, 충돌, 그 밖에 이에 준하는 자연현상으로 인하여 발생하는 재해를 말한다.
> 2. 「재난 및 안전관리기본법」상 사회재난
>   화재, 붕괴, 폭발, 교통사고(항공사고 및 해상사고를 포함한다), 화생방사고, <u>환경오염사고</u> 등으로 인하여 발생하는 대통령령으로 정하는 규모 이상의 피해와 <u>국가핵심기반의 마비</u>, 「감염병의 예방 및 관리에 관한 법률」에 따른 <u>감염병</u> 또는 「가축전염병예방법」에 따른 <u>가축전염병의 확산</u>, 「미세먼지 저감 및 관리에 관한 특별법」에 따른 <u>미세먼지</u> 등으로 인한 피해를 말한다.

32 재난 및 안전관리 기본법」상 재난관리에 관한 내용으로 옳은 것은?

① 예방 – 재난 발생을 사전에 방지하기 위하여 매년 재난 대비훈련 계획을 수립하고, 관계 기관과 합동으로 재난 대비훈련을 실시한다.

② 대비 – 재난을 효율적으로 관리하기 위하여 재난유형에 따라 위기관리 매뉴얼을 작성·운용한다.

③ 대응 – 재난 피해지역을 재해 이전 상태로 회복시키기 위하여 피해상황을 조사하고, 자체복구계획을 수립·시행한다.

④ 복구 – 재난의 수습활동을 효율적으로 하기 위하여 재난관리자원의 비축·관리 및 긴급통신수단을 마련한다.

해설

위기관리매뉴얼작성운영은 대비단계이다.
① 대비, ③ 복구, ④ 대비에 대한 내용이다.

 119 **더 알아보기**

> 대비단계에서의 활동(~구축, ~비축)
> 비상방송시스템 구축, 재난관리 우선순위체계 수립, <u>긴급통신수단의 구축</u>, 대응조직(기구)관리, 긴급대응계획의 수립 및 연습, 재난위험성 분석, 자원동원관리체계 구축, 경보시스템 구축, 대응요원들의 교육·훈련, 재난방송 및 공공정보자료관리, <u>재난분야 위기관리 매뉴얼 작성·운용</u>, 재난대비훈련계획 수립과 재난대비훈련 실시, 안전기준의 등록 및 심의 등

33 「재난 및 안전관리 기본법」상 우리나라 재난관리체계에 관한 설명으로 옳지 <u>않은</u> 것은?

① 재난 및 안전관리에 관한 중요 정책을 심의하기 위하여 국무총리 소속으로 중앙안전관리위원회를 둔다.

② 대통령령으로 정하는 대규모 재난의 대응·복구를 총괄하기 위하여 행정안전부에 중앙재난안전대책본부를 둔다.

③ 소방서는 인명구조, 응급처치 등 긴급 조치를 담당하는 긴급구조지원기관에 해당한다.

④ 시·군·구 재난안전대책본부장은 시장·군수·구청장이며, 시·군·구 긴급구조통제단장은 소방서장이다.

해설

소방서는 긴급지원기관이 아니라 긴급구조기관이다.

119 더 알아보기

「재난 및 안전관리기본법」상 긴급구조기관의 종류
㉠ 소방청
㉡ 소방본부
㉢ 소방서
㉣ 해양경찰청
㉤ 지방해양경찰청
㉥ 해양경찰서

PART

05

연소공학이론

문승철 소방학개론

CHAPTER 01 연소이론

1 원소주기율표

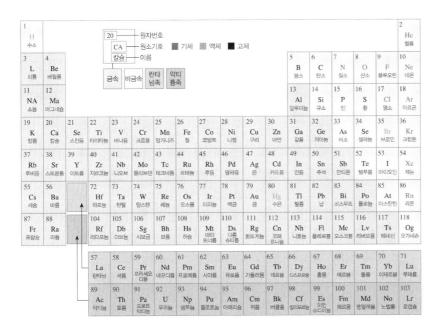

1. 원소(元素, element)

지구상의 모든 물질뿐 아니라 우주의 모든 물질은 무엇으로 이루어져 있을까? 물질을 이루는 원소는 무엇인가? 원소(元素, element)는 물질을 이루는 기본 성분이다. 물질을 구성하는 가장 기본이 되는 성분으로, 어떤 방법으로도 분해되지 않는 가장 작은 단위의 성분을 말한다. 원소는 현재까지 110여 종이 있고 이를 간단하게 표기하기 위해 원소 기호를 만들었다. 오늘날 사용하는 원소의 영어 이름 알파벳의 첫 글자 또는 두 번째 글자까지 원소 기호로 쓴다. 수소(hydrogen)는 H, 헬륨(helrium) He, 산소(oxygen)는 O 등으로 표기한다.

2. 원소주기율표

① 물질을 이루는 원소에 번호를 붙여서 원자 번호 순서대로 원소 기호로 정리하여 표를 만들어 사용하는데, 원소주기율표다. 원소의 번호는 그 원소의 기본 입자인 원자를 구성하는 양성자 수를 원자 번호로 정하여 사용한다. 양성자 수는 원소 종류에 따라 일정하므로 그 원소의 번호로 사용하기에 적합하다. 물론 양성자 수와 전자 수는 같으므로 '원자 번호 = 양성자 수 = 전자 수'다.

② 과학이 발달하면서 원소의 성질 사이에 일종의 규칙성이 존재한다는 것이 알려졌다. 원소들을 성질의 규칙성에 따라 알아보기 쉽도록 배열한 표를 주기율표라고 한다. 러시아의 과학자 멘델레예프(Mendeleev, D. I., 1834~1907)는 여러 장의 카드에 그 당시까지 알려졌던 63종 원소의 성질을 기록하여 늘어놓고 여러 가지로 조합해 보면서 최초의 주기율표를 만들었다. 그 후 조금씩 수정 보완되어 위 그림과 같은 현대의 주기율표가 완성되었다. 주기율표의 세로줄을 족이라고 하고, 가로줄을 주기라고 하는데, 현재의 주기율표는 1~18족, 1~7주기로 구성되어 있다.

③ 각 원소는 전자의 수에 따라 서로 다른 개수의 전자껍질이 있다. 전자는 원자핵에서 가까운 껍질부터 배치되는데, 첫 번째 전자껍질에는 2개, 두 번째와 세 번째 전자껍질에는 8개의 전자가 배치될 수 있다. 원자핵에서 가장 멀리 있는 전자껍질에 배치된 전자를 최외각 전자라고 한다.

④ 주기율표에서 같은 가로줄, 즉 같은 주기에 있는 원소들은 전자껍질의 수가 같고, 이것은 주기와 같다. 또한, 같은 세로줄, 즉 같은 족에 있는 원소들은 가장 바깥쪽 전자껍질에 배치된 전자의 수가 서로 같다.

⑤ 주기율표로 원소들을 배열할 수 있는 것은 이처럼 원소의 전자 배치에 일정한 규칙이 있기 때문이다. 특히, 최외각 전자의 수에 따라 원소의 화학적 성질이 결정된다. 또한, 이에 따라 원자가 결합하는 방식, 즉 물질이 생성되는 방식이 정해진다.

3. 이온결합

대부분의 원자들은 원자가 전자가 8개일 때 가장 안정해지는 경향이 있는데, 이를 여덟 전자규칙이라고 한다. 원자들은 이 규칙을 만족시키는 방향으로 다른 원자들과 화학 결합을 이루는 경향이 있다. 예를 들어 나트륨(Na)이 염소(Cl)와 만나면 전자를 주고받으면서 염화나트륨(NaCl)을 형성한다. 이와 같이 전자를 주고받은 후 결합하여 화합물을 만드는 것을 이온결합(= 양이온과 음이온의 결합, 금속과 비금속의 결합)이라고 한다.

예 $Na + Cl \rightarrow NaCl$(염화나트륨)

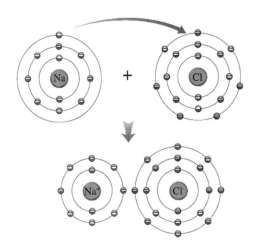

<u>최외각 전자의 수가 1~3개인 원소는 전자를 내놓고, 최외각 전자의 수가 5~7개인 원소는 전자를 얻어</u> 최외각 전자의 수를 8로 맞춘다.

4. 원소와 원자의 구분

① <u>원소(element)는 물질을 구성하는 기본 성분</u>이고, <u>원자(atom)는 원소의 가장 작은 입자다</u>. 모든 물질은 그 성분 원소의 기본 입자인 원자로 이루어진다. 수소 기체는 수소라는 한 가지 성분의 원소로 이루어진 물질이고, 수소 기체 입자는 분자인데 이를 구성하는 것은 수소 원자 2개다. 즉, 수소 원자 2개가 결합하여 우리가 알고 있는 수소 기체가 되는데, 이는 원자 2개로 구성된 물질이고 이를 수소분자라 한다.

② 사람을 비유해 보면 황인종, 백인종, 흑인종 등 인종이 다른데 이 때 인종을 물질을 구성하는 성분인 <u>원소의 개념</u>으로 비유할 수 있고 사람 1명, 2명, 3명, 4명 등 수를 세는 것은 입자의 개수는 세는 것으로 <u>원자의 개념</u>으로 나타낼 수 있다.

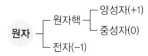

2 원자, 원자량, 분자, 분자량, 이온

1. 원자(Atom)

(1) 원자의 정의

물질을 구성하는 가장 작은 단위의 입자를 '원자'라 하고 구체적이어서 셀 수 있다.

(2) 원자의 구조

① 물질의 기본 입자인 원자는 <u>원자핵</u>과 <u>전자</u>로 구성되며, <u>원자핵은 중성자와 양성자</u>로 구성된다.
② <u>원자는 양성자의 양전하량과 총 전자의 음전하량이 같기 때문에 전기적으로 중성을 띠며,</u> 각각 원자의 양성자 개수는 다르다. 따라서 양성자의 개수로 원자의 특성을 나타낼 수 있는데 이를 <u>원자번호(Z)</u>라 한다.
③ 원자번호(Z)는 양성자수와 같고, 질량수(A)는 양성자수와 중성자수를 합친 것과 같다(전자의 질량은 양성자 질량의 1/1840 수준으로 너무 가벼워, 질량에서는 제외한다). 이 외에도 양성자수가 같고 중성자수가 달라 질량수가 다른 원자들을 동위원소라고 한다.

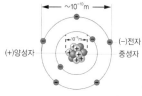

전자질량 : 양성자 질량의 $\frac{1}{1840}$

2. 원자량

질량수가 12인 탄소 원자($12C$)의 질량을 12.00으로 정하고, 이 값과 비교한 다른 원자의 질량비로 나타낸 원자의 상대적 질량을 원자량(原子量, atomic weight)이라 한다. 원자량, 즉 원자의 상대적 질량은 동위원소의 존재 비율을 고려하여 계산한 평균값을 사용한다.

① **홀수번호의 원자의 원자량**
　→ 원자번호 × 2 + 1
② **짝수번호의 원자의 원자량**
　→ 원자번호 × 2

번호	기호	원소명	원자량
1	H	수소	1
2	He	헬륨	4
3	Li	리튬	7
4	Be	베릴륨	9
5	B	붕소	11
6	C	탄소	12

7	N	질소	14
8	O	산소	16
9	F	플루오린	19
10	Ne	네온	20
11	Na	나트륨	23
12	Mg	마그네슘	24
13	Al	알루미늄	27
15	P	인	31
16	S	황	32
17	Cl	염소	35.5
18	Ar	아르곤	40
19	K	칼륨	39
20	Ca	칼슘	40
25	Mn	망가니즈	55
26	Fe	철	56

3. 분자

(1) 정의

아보가드로가 제창한 개념으로 물질의 고유한 성질을 그대로 지닌 가장 작은 입자로서 1개 또는 그 이상의 원자가 모여 형성된 것으로 원자수에 따라 구분된다.

(2) 종류

① **단원자 분자**

1개의 원자로 구성된 분자

예 He, Ne, Ar 등 주로 불활성 기체

② **이원자 분자**

2개의 원자로 구성된 분자

예 H_2, O_2, CO, F_2, Cl_2

③ **삼원자 분자**

3개의 원자로 구성된 분자

예 H_2O, O_3, CO_2 등

(3) 분자량

분자를 구성하는 각 원자의 원자량

① 물(H_2O)의 분자량 = 수소의 원자량(1) $\times$ 2 + 산소의 원자량(16) = 1 $\times$ 2 + 16 = 18

② 일산화탄소(CO)의 분자량 = 탄소의 원자량(12) + 산소의 원자량(16) = 12 + 16 = 28

③ 이산화탄소(CO_2)의 분자량 = 탄소의 원자량(12) + 산소의 원자량(16) $\times$ 2 = 12 + 16 $\times$ 2 = 44

④ 메탄(CH_4)의 분자량 = 탄소의 원자량(12) + 수소의 원자량(1) $\times$ 4 = 12 + 1 $\times$ 4 = 16

⑤ 프로판(C_3H_8)의 분자량 = 탄소의 원자량(12) $\times$ 3 + 수소의 원자량(1) $\times$ 8 = 12 $\times$ 3 + 1 $\times$ 8 = 44

⑥ 공기의 분자량 = 29

4. 이온

(1) 정의

중성인 원자가 전자를 잃거나(양이온), 얻어서(음이온) 전기를 띤 상태를 이온이라 하며 양이온, 음이온, 라디칼(radical) 이온으로 구분한다.

(2) 종류

① 양이온

원자가 전자를 잃어서 (+)전기를 띤 입자

예 $Na \rightarrow Na^+ + e^-$

② 음이온

원자가 전자를 얻어서 (−)전기를 띤 입자

예 $Cl + e^- \rightarrow Cl^-$

③ 라디칼(radical, 원자단, 기)

원자단(2개 이상의 원자가 결합되어 있는 것)이 전하 +, −를 띤 이온

예 NH_4^+, OH^-, SO_4^{2-}

(3) 이온식 양

이온을 구성하는 각 원자의 원자량 총량

염화나트륨(NaCl)의 화학식 양은?

해설

나트륨이온(Na^+)의 이온식 양은 23, 염화이온(Cl^-)의 이온식 양은 35.5이다. 따라서 염화나트륨의 화학식 양은 $23 + 35.5 = 58.5$이다.

정답 58.5

---

3 연소의 기초

1. 연소의 정의

① 연소란 '<u>가연물이 공기 중의 산소 또는 산화제와 반응하여 열과 빛을 발생하면서 산화하는 현상</u>'을 말하며, 발열반응이 계속되면 발생되는 열에 의해 가연물질이 고온화되어 연소는 계속 진행된다. 이러한 연소의 화학반응은 연소할 수 있는 가연물질이 공기 중의 산소뿐만 아니라 산소를 함유하고 있는 산화제에서도 일어난다. 반응을 일으키기 위해서는 활성화에너지(최소 점화에너지)가 필요한데 이 에너지를 점화에너지·점화원·발화원 또는 최소점화(착화)에너지라고 하며 약 $10^{-6} \sim 10^{-4}$ [J]의 에너지가 필요하다. 가연물질의 활성화를 위해 필요한 에너지는 충격·마찰·자연발화·전기불꽃·정전기·고온표면·단열압축·자외선·충격파·낙뢰·나화·화학열 등에 의해 공급되고 있다.

② 연소는 산소 또는 산화제와 결합하는 산화반응이다. 백열전구의 필라멘트가 빨갛게 빛과 열을 내지만 이것은 저항에 의해 빛과 열을 내는 것이지 산화반응이 아니기 때문에 연소라 하지 않는다.

③ 연소는 빛과 열을 발생한다. 우리 주위의 철 등 금속이 녹스는 것은 산화반응이지만 열이 발생하지 않기 때문에 연소라 하지 않는다.

④ 연소는 산화반응과 발열반응을 필요로 하는 화학적 현상이다.

   예 질소(N_2)는 산소와 결합하는 산화반응을 하지만 흡열반응을 하기 때문에 연소라 하지 않는다.

     $\therefore N_2 + O_2 \rightarrow 2NO - QKcal$ (산화반응 + 흡열반응 = 연소 ×)

이론 플러스

연소란?
= 산화반응 + 발열반응

연소에 해당하지 않는 경우
1. 산화반응 + 발열반응×
2. 산화반응 + 흡열반응
3. 산화반응× + 발열반응

→ 연소는 산화반응이다. (○)
→ 산화반응은 연소이다. (×)

기출 플러스

연소란 빛과 열을 동반하는 급격한 산화반응이다. 다음 중 산화반응이지만 연소라 할 수 없는 것은?

[18 상반기 기출]

① $C + O_2 \rightarrow CO_2$

② $N_2 + O_2 \rightarrow 2NO$

③ $2NH_3 + \frac{3}{2}O_2 \rightarrow 3H_2O + N_2$

④ $2HCN + \frac{5}{2}O^2 \rightarrow 2CO_2 +$
   $H_2O + N_2$

해설

$N_2 + O_2 \rightarrow 2NO$의 화학반응식에서 질소($N_2$)는 산소와 결합하는 산화반응이지만 발열반응이 아닌 흡열반응을 하므로 연소하지 않는다. ① 탄소(C), ③ 암모니아(NH_3), ④ 시안화수소(HCN)는 연소반응식에 해당된다.

정답 ②

2. 산화반응과 환원반응

(1) 산화반응

① 의미

ⓐ 건물의 외벽을 금속으로 만들면, 시간이 지날수록 다양한 색이 나타난다. 이것은 금속이 산화되면서 색이 변하기 때문이다. 이러한 현상은 청동 또는 구리로 제작한 동상에서도 볼 수 있다. 구리가 산화되면 검은색의 산화구리가 되고, 산화구리가 공기 중에서 오랜 시간이 지나면 푸른색을 띠게 된다.

ⓑ 구리를 가열하면 공기 중의 산소와 결합하여 검은색의 산화구리가 생성된다. 구리는 전류가 잘 흐르지만, 산화구리는 전류가 흐르지 않는다. 따라서 구리와 산화구리는 전혀 다른 물질이다. 이처럼 어떤 물질이 산소와 결합하는 화학반응을 산화라고 한다.

ⓒ 어떤 물질이 연소하거나 공기 중에서 금속이 녹스는 반응은 모두 물질이 산소와 결합하는 산화 반응이다.

ⓓ 산화반응은 우리 몸에서도 일어난다. 우리가 섭취한 탄수화물은 몸속에서 포도당으로 분해된다. 포도당이 산소와 결합하면 이산화탄소와 수증기가 생성되고, 그 과정에서 에너지가 발생한다.

② 산화반응의 예

ⓐ 연소 : 물질이 산소와 결합하면서 빛과 열이 발생하는 산화반응이다.

ⓑ 금속이 녹스는 것 : 금속이 산소와 결합하는 산화반응이다.

ⓒ 포도당의 산화 : 우리 몸 속의 세포에서 포도당이 산소와 반응하여 분해되어 이산화탄소와 물이 되면서 열이 발생하는 산화반응이다.

(2) 환원반응

① 의미

자연에 존재하는 철광석의 주성분은 철과 산소가 결합한 산화철(Ⅲ)이다. 제철소에서는 자연 상태의 철광석을 고온에서 일산화탄소와 반응시켜 철과 결합한 산소를 떼어내고 순수한 철을 얻는다.

$$Fe_2O_3 + 3CO \rightarrow 2Fe + 3CO_2$$

산화철(Ⅲ)　　일산화탄소　　철　　이산화탄소

이처럼 어떤 물질이 산소를 잃는 반응을 환원이라고 한다. 즉, 산화는 물질이 산소와 결합하는 반응이고, 환원은 물질에서 산소가 떨어지는 반응이다.

② **환원반응의 예**

ⓐ 철광석에서 순수한 철을 얻는 과정은 산소와 결합한 철에서 산소를 떼어 내는 과정이므로 환원반응이다.

ⓑ 제철소에서는 철광석과 코크스, 석회석을 함께 넣고 고온으로 가열하여 철과 결합한 산소를 떼어 낸다.

3. 산화제와 환원제

(1) 산화제와 환원제의 개념

① **산화제의 의미**

자신은 산소를 잃어 환원되면서 다른 물질을 산화시키는 물질이다.

예 제1류 위험물, 제6류 위험물

② **환원제의 의미**

자신은 산소를 얻어 산화되면서 다른 물질을 환원시키는 물질이다.

예 제2류 위험물

$$2CuO + C \rightarrow 2Cu + CO_2$$

산화구리　　탄소　　　구리　　이산화탄소

③ **산화제와 환원제의 예시**

검은색의 산화구리를 탄소 가루와 섞어 가열하면, 산화구리 속의 산소가 탄소와 결합하는 반응이 일어난다. 이때 이산화탄소가 발생하고, 산화구리는 붉은색의 구리로 환원된다. 산화구리는 산화제이고 탄소는 환원제이다.

(2) 산화와 환원의 정리

구분	산소	전자	수소	산화수	내부에너지
산화	얻을 때	잃을 때	잃을 때	증가	증가
환원	잃을 때	얻을 때	얻을 때	감소	감소

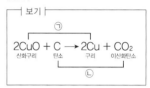

이론 플러스

다음 보기에 대한 설명으로 알맞은 것은?

┌ 보기 ┐

ⓐ
$$2CuO + C \rightarrow 2Cu + CO_2$$
산화구리　탄소　　구리　이산화탄소
ⓑ

	ⓐ	ⓑ	산화제	환원제
①	산화반응	환원반응	산화구리	탄소
②	산화반응	환원반응	탄소	산화구리
③	환원반응	산화반응	탄소	산화구리
④	환원반응	산화반응	산화구리	탄소

해설

ⓐ은 환원반응, ⓑ은 산화반응, 산화제는 산화구리, 환원제는 탄소이다.

정답 ④

이론 플러스

□ 119체크

다음은 산화와 환원에 대한 설명이다. 다음 중 설명이 잘못된 것은?

① 전자가 궤도를 이탈하여 자유전자가 되는 것은 환원반응이다

② 산화는 산소와 결합하여 수소와 전자를 잃고 산소가 증가한다.

③ 환원은 내부에너지가 감소되는 현상이다.

④ 환원물질은 수소와 결합하여 산소를 잃고, 전자와 수소를 얻는 것이다.

해설

전자가 궤도를 이탈하여 자유전자가 되는 것이 산화반응이다.

정답 ①

---

119 더 알아보기

산화와 환원의 관계

구분	산화(Oxidation)	환원(Reduction)
산소 관계	산소와 결합하는 현상 ┌─산화─┐ $C + O_2 \rightarrow CO_2$	산소를 잃는 현상 ┌─ 환원 ─┐ $CuO + H_2 \rightarrow Cu + H_2O$
수소 관계	수소를 잃는 현상 ┌─ 산화 ─┐ $2H_2S + O_2 \rightarrow 2S + 2H_2O$	수소와 결합하는 현상 ┌─ 환원 ─┐ $H_2S + S \rightarrow H_2S$
전자 관계	전자를 잃는 현상 ┌─ 산화 ─┐ $Na \rightarrow Na^+ + e^-$	전자를 얻는 현상 ┌─ 환원 ─┐ $Ag^+ + e^- \rightarrow Ag$
산화수 관계	산화수가 증가되는 현상 ┌─ 산화 ─┐ $Cu^{2+}O + H_2^0 \rightarrow Cu^0 + H_2^+O$ └─ 환원 ─┘	산화수가 감소되는 현상 ┌─환원─┐ $H_2S^{2-} + Cl_2^0 \rightarrow 2HCl^{1-} + S^0$ └─산화─┘

산화수의 결정법

1. 단체의 산화수는 0이다.

2. 화합물에서 수소(H)의 산화수는 +1로 한다[단, 수소(H)보다 이온화경향이 큰 금속과 화합되어 있을 때는 수소(H)의 산화수는 −1이다].

3. 화합물에서 산소(O)의 산화수는 −2로 한다(단, 과산화물인 경우 산소는 −1이다).

4. 이온의 산화수는 그 이온의 전하와 같다.

5. 화합물 중에 포함되어 있는 원자의 산화수의 총합은 0이다.

   예 $NH_3 \rightarrow N + (+1) \times 3 = O$ ∴ N의 산화수 = −3

   $H_2SO_4 \rightarrow (+1) \times 2 + S + (-2) \times 4 = O$ ∴ S의 산화수 = +6

   $KMnO_4 \rightarrow (+1) + Mn + (-2) \times 4 = O$ ∴ Mn의 산화수 = +7

6. 화학 결합이나 반응에서 산화와 환원을 나타내는 척도이다.

4 연소의 용어 정리

1. 인화점(Flash Point, 유도발화점)

(1) 개념

<u>연소범위에서 외부의 직접적인 점화원에 의하여 인화될 수 있는 최저온도</u>, 즉 공기 중에서 가연물 가까이 점화원을 투여하였을 때 불이 붙는 최저의 온도이다.

예 이소프렌의 경우는 −54℃ 이하에서 인화성 증기를 발생하여 연소범위를 만들어 점화원에 의하여 인화한다.

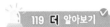

119 더 알아보기

액체가연물질의 인화점

가연물	인화점(℃)	가연물	인화점(℃)
이소프렌	−54	메틸알코올	11
디에틸에테르	−45	에틸알코올	13
아세트알데히드	−38	프로필알코올	15
산화프로필렌	−37	등유	30 ~ 60
이황화탄소	−30	경유	50 ~ 70
가솔린	−43 ~ −20	중유	60 ~ 150
아세톤	−18	벙커C유	72
벤젠	−11	클레오소트유	74
톨루엔	4		

(2) 특징

① 인화점은 인화성 액체의 위험성을 나타내는 기준으로 사용된다.

② <u>액체 가연물에 있어서 가연성 증기를 연소범위의 하한계 농도로 증발시킬 수 있는 최저온도</u>를 의미하기도 한다. 이때 인화점을 <u>하부 인화점</u>이라고도 한다.

③ 인화현상은 액체와 고체에서 볼 수 있다. 이 두 현상 간에는 차이점을 가지는데, 액체의 경우는 증발 과정으로 고체의 경우는 열분해 과정으로 이해할 수 있다.

기출 플러스

가연성 액체의 인화점에 대한 설명으로 옳은 것은? [19 기출]
① 증기가 연소범위의 하한계에 이르러 점화되는 최저온도
② 증기가 발생하기 시작하는 최저온도
③ 물질이 자체의 열만으로 착화하는 최저온도
④ 발생한 화염이 지속적으로 연소하는 최저온도

해설

가연성 액체의 인화점이란 <u>증기가 연소범위의 하한계에 이르러 점화되는 최저온도</u>를 말하며, 하부인화점이라고도 말한다. 연소범위에서 외부의 직접적인 점화원에 의해 인화될 수 있는 최저온도이다.

정답 ①

(3) 액체와 고체의 인화현상의 차이점

구분	액체	고체
가연성 가스 공급	증발 과정	열분해 과정
인화에 필요한 에너지	적음	큼

2. 연소점(Fire Point, 화재점)

(1) 개념

점화원을 제거한 후에도 연소상태가 계속될 수 있는 최저온도를 말하며 일반적으로 액체의 경우 인화점보다 대략 10℃ 정도 높은 온도로서 연소상태가 5 ~ 10초 이상 유지될 수 있는 온도이다. 이것은 가연성 증기 발생속도가 연소속도보다 빠를 때 이루어진다.

(2) 특징

① 연소점은 한 번 발화된 후 연소를 지속시킬 수 있는 충분한 증기를 발생시킬 수 있는 최저 온도로서 인화점 < 연소점 < 발화점의 중간 위치를 차지한다.
② 기체는 점화원과 접촉 시 바로 불이 붙으므로 인화점과 연소점이 동일하다.

3. 발화점(Ignition Point, 착화점, 자동 발화점)

(1) 개념

외부의 직접적인 점화원이 없이 가열된 열의 축적에 의하여 발화가 되고 연소가 되는 최저의 온도, 즉 점화원이 없는 상태에서 가연성 물질을 공기 또는 산소 중에서 가열함으로써 발화되는 최저온도를 말한다.

(2) 특징

① 일반적으로 산소와의 친화력이 큰 물질일수록 발화점이 낮고 발화하기 쉬운 경향이 있으며 고체 가연물의 발화점은 가열공기의 유량, 가열속도, 가연물의 시료나 크기, 모양에 따라 달라진다.
② 발화점은 보통 인화점보다 수백℃가 높은 온도이며 화재 진압 후 잔화정리를 할 때 계속 물을 뿌려 가열된 건축물을 냉각시키는 것은 발화점(착화점) 이상으로 가열된 건축물이 열로 인하여 다시 연소되는 것을 방지하기 위한 것이다.

(3) 일반적으로 발화점이 낮아지는 조건

① 직쇄탄화수 길이가 길어질 때
② 파라핀계 탄화수소화합물의 경우 탄소수가 많을수록
③ 분자의 구조가 복잡할수록
④ 발열량이 높을수록
⑤ 압력, 화학적 활성도가 클수록
⑥ 산소와 친화력이 클수록
⑦ 금속의 열전도율과 습도가 낮을수록
⑧ 화학반응 에너지가 클수록
⑨ 활성화에너지가 작을수록
⑩ 접촉되는 금속의 열전도율이 클수록
⑪ 탄화수소계의 분자량이 커질수록

(4) 발화점에 영향을 주는 요소

① 가연성 가스의 농도와 부피
② 발화를 일으키는 공간의 형태와 크기
③ 가열속도와 압력
④ 발화원의 재질 및 용기의 표면 상태
⑤ 촉매의 유무
⑥ 반응속도 및 발화 자체 시간
⑦ 점화원의 종류
  ✪ 실내 장식물의 모양, 가연성 가스의 비중은 발화점에 영향을 주는 요소가 아니다.

(5) 가연물질의 발화점

물질	발화점(℃)	물질	발화점(℃)
황린	34	가솔린	300
이황화탄소	100	석탄	350
황화린	100	목재	410 ~ 470
셀룰로이드	180	산화에틸렌	430
디에틸에테르	180	산화프로필렌	450
등유	200	톨루엔	480
경유	210	아세톤	538
적린	260	벤젠	562

이론 플러스

파라핀계열의 탄화수소(메탄 등)나 알코올류(메탄올 등)의 탄소수가 증가하면?
㉠ 발화점이 낮아진다.
㉡ 인화점은 높아진다.
㉢ 연소범위가 좁아진다.
㉣ 증기비중은 증가한다.
㉤ 액체비중은 커진다(알코올류의 경우).
㉥ 녹는점이나 끓는점이 높아진다.
㉦ 수용성은 감소한다.
㉧ 증기압이 낮아진다.

119 더 알아보기

인화점과 연소점, 발화점의 비교

1. 일반적인 온도 관계는 인화점 < 연소점 < 발화점이다.
2. 인화점, 연소점, 발화점의 온도가 낮을수록 위험성이 증가한다.
   (1) 인화점과 연소점은 비례하지만 발화점과는 비례도 반비례도 아닌 별개의 개념이다.
   (2) 인화점과 발화점의 차이는 점화에너지의 유무(有無)이다.

가연성 물질의 위험도 기준

1. 가연성 기체 : 연소범위를 기준으로 한다.
2. 가연성 액체 : 인화점을 기준으로 한다.
3. 가연성 고체 : 발화점을 기준으로 한다.

4. 연소속도와 화염속도

(1) 개념

① 연소속도란 연소 시 화염이 미연소 혼합가스에 대하여 수직으로 이동하는 속도를 말한다. 즉, 가연물질에 공기가 공급되어 연소가 되면서 반응하여 연소생성물을 생성할 때의 반응속도를 의미한다.

② 화염속도란 가연성 혼합기 때 화염을 발생시켜 이를 중심으로 주변에 화염이 확대될 때의 이동속도를 말한다.

(2) 특징

① 연소속도 = 화염의 전파속도 - 미연소 혼합가스의 속도

② 연소속도는 일반적으로 온도가 10℃ 상승하면 약 2~3배 정도 빨라진다.

③ 연소생성물 중에서 불연성 물질인 질소(N_2), 물(H_2O), 이산화탄소(CO_2) 등의 농도가 높아져서 가연물질에 산소가 공급되는 것을 방해 또는 억제시킴으로써 연소속도는 저하된다.

(3) 연소속도에 영향을 미치는 인자

① **가연성 물질의 종류**

산화되기 쉽고 열전도율이 적으며 산화될 때 활성화에너지가 작고 발열량이 높은 물질일수록 연소속도가 빠르다.

기출 플러스

연소속도에 영향을 미치는 요인을 모두 고른 것은? [21년 기출]

> ㄱ. 가연성 물질의 종류
> ㄴ. 촉매의 존재 유무와 농도
> ㄷ. 공기 중 산소량
> ㄹ. 가연성 물질과 산화제의 당량비

① ㄱ, ㄴ
② ㄱ, ㄴ, ㄷ
③ ㄴ, ㄷ, ㄹ
④ ㄱ, ㄴ, ㄷ, ㄹ

해설

연소속도는 화염속도에서 미연소 가연성 가스의 이동속도를 뺀 것으로 연소속도에 영향을 미치는 요인은 ㄱ, ㄴ, ㄷ, ㄹ 모두이다.

정답 ④

② **농도(density, potency)**

일정한 온도에서의 연소속도는 연소반응에 관여되는 가연성 물질의 농도의 거듭제곱에 비례한다.

③ **온도**

온도가 높아질수록 연소속도는 빨라진다. 온도가 10℃ 오를 때마다 연소반응을 일으키기에 충분한 에너지를 가진 분자의 수가 2 ~ 3배 정도 증가하므로 연소속도도 2 ~ 3배 정도 증가한다. 즉, 연소온도가 $n \times 10℃$ 상승하면 연소속도는 $2^n \sim 3^n$배가 빨라진다.

④ **압력**

가연성 기체 간의 연소반응에서는 기체의 압력에 비례해 기체의 농도가 증가하므로 연소속도에 있어서 압력은 농도와 같은 효과를 미친다.

⑤ **촉매**

자신은 변화됨이 없이 반응속도만을 변화(반응열의 변화에도 영향을 미치지 아니함)시키는 물질을 촉매라고 한다. 연소반응에서 부촉매(화학반응의 속도를 줄이는 작용을 하는 촉매를 말하며 역촉매라고도 함)는 활성화에너지를 크게 하여 연소속도를 느리게 하지만 정촉매는 활성화에너지를 작게 하여 연소속도를 빠르게 하는 역할을 한다.

⑥ 산화반응을 일으키는 속도

⑦ 가연물과 산화성 물질(= 산화제)의 혼합 비율(= 당량비)

⑧ 산소 농도에 따라 가연물과 접촉하는 속도

⑨ **화염의 온도**

화염의 온도가 높을수록 연소속도가 높아진다.

⑩ **미연소 가연성 기체의 밀도**

밀도가 작을수록 연소속도는 증가한다.

⑪ **미연소 가연성 기체의 비열**

비열이 작을수록 연소속도는 증가한다.

⑫ **미연소 가연성 기체의 열전도율**

열전도율이 클수록 연소속도는 증가한다.

(4) 건축물의 연소속도 비

건축물의 연소속도 비는 내화구조를 1로 하면, 방화구조 3, 목조구조 5 ~ 6의 속도로 확산한다.

이론 플러스

가연물과 산화제의 당량비

$= \dfrac{가연물}{산화제} < 1$

→ 산소에 비해 가연물이 적어 연소속도가 빠르다.

$= \dfrac{가연물}{산화제} \geq 1$

→ 산소에 비해 가연물이 많아 연소속도가 느리다.

5. 증기비중

(1) 개념

어떤 증기의 "증기비중"은 같은 온도, 같은 압력하에서 동 부피의 공기의 무게에 비교한 것으로 증기비중이 1보다 큰 기체는 공기보다 무겁고 1보다 작으면 공기보다 가벼운 것이 된다.

$$\text{증기비중} \xrightarrow{\quad \frac{\text{분자량}}{29} \quad} (29 : \text{공기의 평균 분자량})$$

(2) 증기비중과 연소

탄산가스(CO_2)는 분자량이 44이기 때문에 공기보다 1.52배 정도 무거워서 소화기에서 방출되면 낮은 아래 부분에 쌓이게 된다. 증기비중이 1보다 큰 가연성증기는 낮은 곳에 체류하므로 연소(폭발)범위에 있고 점화원이 있으면 연소(폭발) 위험성이 커진다.

6. 비점(沸點, Boiling point)

(1) 개념

액체의 증기압은 대기압에서 동일하고 액체가 끓으면서 증발이 일어날 때의 온도를 액체의 비점이라 한다.

(2) 비점과 연소

비점이 낮은 경우는 액체가 쉽게 기화되므로 비점이 높은 경우보다는 연소가 잘 일어난다. 일반적으로 비점이 낮으면 인화점이 낮은 경향이 있다. 휘발유는 비점이 30 ~ 210℃, 인화점은 −43 ~ −20℃이며 등유는 비점이 150 ~ 300℃, 인화점은 40 ~ 70℃이다.

7. 비열(比熱 Specific Heat)

비열은 어떤 물체를 위험 온도까지 올리는 데 필요한 열량이나 고온의 물체를 안전한 온도로 냉각시키는 데 제거하여야 할 열량을 나타내는 비교 척도가 된다. 물질에 따라 비열은 많은 차이가 있다. 물이 소화제로서 효과가 있는 이유 중의 하나가 물의 비열이 다른 물질보다 크기 때문이다. 물 이외의 모든 물질은 대체로 비열이 1보다 작다.

8. 융점(融點, Melting point)

대기압(1atm)하에서 고체가 녹아 액체가 되는 온도를 융점이라고 말한다. 융점이 낮은 경우 액체로 변화하기가 용이하고 화재 발생 시에는 연소 구역의 확산이 용이하기 때문에 위험성이 매우 높다.

9. 잠열(潛熱, Latent Heat, 숨은열)

(1) 개념

어떤 물질이 온도 변화 없이 고체에서 액체로 변할 때나 액체에서 기체로 변할 때는 열을 흡수한다. 이처럼 고체에서 액체로, 또는 액체에서 고체로 변할 때 출입하는 열을 융해잠열이라 하고, 액체가 기체로 또는 기체에서 액체로 변할 때 출입하는 열을 증발잠열이라 한다.

(2) 물의 잠열

대기압에서의 물의 융해잠열은 80cal/g, 100℃에서의 증발잠열은 539cal/g이다. 물의 증발잠열이 큰 것은 물이 좋은 소화제가 될 수 있는 이유 중의 하나이다. 0℃의 얼음 1g이 100℃의 수증기가 되기까지는 약 719cal의 열량이 필요하다. 대개의 물질은 잠열이 물보다 작다.

10. 현열(顯熱, Sensible Heat)

물질의 상태 변화 없이 온도가 변화하는 동안 물체가 흡수하거나 전달하는 열량으로 '느낌열'이라고도 한다. 예를 들면 0℃인 물 1g을 1℃ 올리는 데 1cal가 필요하다. 물질의 상태 변화 없이 0℃인 물 1g을 100℃인 물로 끌어올리는 데 필요한 열량은 100cal가 필요하다.

11. 점도(粘度, Viscosity)

액체의 점도는 점착과 응집력의 효과로 인한 흐름에 대한 저항의 측정 수단이다. 모든 액체는 점성을 가지고 있다. 인화성 위험물은 상온에서 액체 상태의 경우가 많으므로, 온도가 상승하는 경우 인화점, 발화점 등을 주의하도록 하여 취급하지만 점성이 낮아지면 유동하기에 용이해진다.

이를 플러스

액체의 점도는 온도가 증가하면 작아진다.
• 물의 점성계수는 온도 0℃에서 최대값을 갖으며 온도가 상승하면 그 값은 감소한다.
• 온도가 증가하면 분자들 간의 응집력은 감소하게 되고 점성계수도 작아진다.

기체의 점도는 온도가 증가하면 증가한다.
• 기체의 점성은 분자확산에 의해 발생하게 된다. 따라서 분자 간의 충돌로 점성이 발생하게 되고 온도가 상승하면 분자 간의 운동은 활발하게 되어 점성이 증가하게 된다.
• 기체는 온도가 상승하면 점성계수도 증가하게 되어 점도가 증가된다.

5 연소의 요소

1. 개요

가연물(기체, 액체 및 고체)이 연소하기 위해서는 산소를 공급하는 산소공급원(공기, 산화제, 지연성 가스) 및 점화원(활성화에너지)이 있어야만 정상적인 연소의 화학반응을 유지할 수 있는데 이와 같이 연소반응의 유지를 위해서 사용되는 가연물, 산소공급원, 점화원을 연소의 3요소라고 한다. 또한 연소의 3요소에 화학적인 연쇄반응을 합하여 연소의 4요소라 한다.

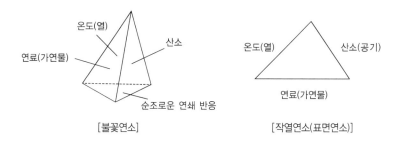

[불꽃연소]   [작열연소(표면연소)]

2. 가연물(환원제)

(1) 개념

가연물은 연소가 가능한 물질로 고체, 액체, 기체가 있다. 우리 주위에 무수히 많이 잔존해 있는 유기화합물의 대부분과 Na, Mg 등의 금속, 비금속, LPG, LNG, CO 등의 가연성 가스가 해당되는데 즉, 산화하기 쉬운 물질이며 이는 산소와 발열반응을 일으키는 물질을 말한다. 이에 비하여 불연성 물질은 반대로 산화하기 어려운 것(활성화에너지의 양이 큰 물질)으로서 물, 흙과 같이 이미 산화되어 더 이상 산화되지 않는 물질이다.

(2) 가연물의 구비 조건(= 연소가 잘 되기 위한 조건) ★★

① 산소와 친화력이 커야 한다. 즉, 화학적 활성도가 커야 한다.
② 발열량이 커야 한다.
  ㉠ 흡열반응이 아니라 발열반응이어야 한다.
  ㉡ 질소는 산소와 결합하는 산화반응을 하지만 흡열반응을 하기 때문에 연소라 하지 않는다.

119 더 알아보기 ✓

흡열반응과 발열반응의 비교
1. **흡열반응** : 반응물질의 에너지 < 생성물질의 에너지
2. **발열반응** : 반응물질의 에너지 > 생성물질의 에너지

③ 비표면적이 커야 한다. 즉, 공기(산소)와 접촉하는 표면적이 커야 한다.
④ 연쇄반응을 일으킬 수 있어야 한다.
⑤ 열전도도가 작아야 한다. 열전도율은 기체 < 액체 < 고체 순서로 커지므로 연소 순서는 반대이다.
⑥ 열축적률이 커야 한다.
⑦ 활성화에너지(= 점화에너지)가 작아야 한다.

(3) 가연물의 비구비 조건(= 불연성 물질)

① 산소와 더 이상 반응하지 않는 물질
물(H_2O), 이산화탄소(CO_2), 이산화규소(SiO_2), 산화알루미늄(Al_2O_3), 삼산화크롬(CRO_3), 오산화인(P_2O_5), 프레온, 규조토 등

$$CO + \frac{1}{2}O_2 \rightarrow CO_2 + Qkcal$$

✪ 일산화탄소(CO)는 산소와 반응하기 때문에 가연물이 될 수 있다.

② 산화 · 흡열반응 물질
질소(N_2), 질소산화물[N_2O(아산화질소), NO(일산화질소), NO_2(이산화질소), N_2O_3(삼산화질소)]의 불연성 기체

$$N_2 + O_2 \rightarrow N_2O - Qkcal$$
$$N_2 + O_2 \rightarrow 2NO - Qkal$$

③ 주기율표상 0족 원소
헬륨(He), 네온(Ne), 아르곤(Ar), 크립톤(Kr), 크세논(Xe), 라돈(Rn) 등

④ 자체가 연소하지 아니하는 물질
흙, 돌과 같이 물질 그 자체가 연소하지 않는 것도 불연성 물질로 본다.

기출 플러스

다음 중 불연성 물질에 해당하지 않는 것은? [22 소방간부 기출]
① He(헬륨)
② CO_2(이산화탄소)
③ P_2O_5(오산화인)
④ HCN(시안화수소)
⑤ SO_3(삼산화황)

해설
HCN(시안화수소)는 가연성 물질에 해당되고, ①, ②, ③, ⑤는 불연성 물질이다.

정답 ④

(4) 가연물의 특성

① **클수록 위험성이 증대되는 것**

온도, 열량, 증기압, 폭발범위(연소범위), 화학적 활성도, 열축적률, 화염전파속도 등

② **낮을수록 위험성이 증대되는 것**

인화점, 착화점, 점성, 비중, 비점, 융점, 열전도율, 표면장력, 증발열, 전기전도율, 비열, LOI(한계산소지수), 활성화에너지 등

3. 산소공급원

(1) 개념

가연물이 연소하려면 산소와 혼합되어 불이 붙을 수 있는 조건을 만들어야 하는데, 이를 연소범위라 한다. 보통 공기 중에는 약 21%의 산소가 포함되어 있어서 공기는 산소공급원 역할을 할 수 있다. 일반적으로 산소의 농도가 높을수록 연소는 잘 일어나고 일반 가연물인 경우 산소 농도 15% 이하에서는 연소가 어렵다. 이밖에도 물질 자체가 분자 내에 산소를 보유하고 있어서 마찰·충격 등의 자극에 의해 산소를 방출하는 물질이 있는데 이를 산화성 물질이라 하며 화재에서 산소공급원 역할을 하는 위험한 물질이므로 「위험물안전관리법」에서 위험물로 분류하여 관리하고 있다.

(2) 공기

① 공기 중에는 산소가 21V% 정도 존재하는데 이 공기 중의 산소가 연소할 때 필요한 주공급원이다.

② 공기 중의 산소 양을 약 15V% 이하로 억제하면 연소반응은 일어나지 않는다 (→ 질식소화).

구분	질소(N_2)	산소(O_2)	아르곤(Ar)	이산화탄소(CO_2)
부피 백분율(V%)	78.09	20.95	0.93	0.03
무게 백분율(wt%)	75.52	23.15	1.28	0.05

(3) 산화성 물질(= 산화제 역할)

① **제1류 위험물(= 산화성 고체)**

불연성 물질이지만 자신이 산소를 함유하고 있어서 가열, 충격, 마찰에 의해 분해되어 산소를 방출하는 산소공급원이다.

예 과염소산염류($MClO_4$), 질산염류(MNO_3), 브롬산염류, 과망간산염류, 무기과산화물 등

119 더 알아보기 ✓

무기과산화물

1. 개념

   자신은 연소하지 않으나 열을 가하거나 물과 접촉 시 산소를 방출하여 다른 물질이 연소하는 데 도움을 주는 조연성 물질의 역할을 한다. 무기과산화물의 종류에는 과산화칼륨, 과산화나트륨, 질산나트륨이 있다.

2. 과산화칼륨(K_2O_2)

   물과 접촉하거나 가열하면 산소를 발생시킨다.

   $$2K_2O_2 + 4H_2O \rightarrow 4KOH + 2H_2O + O_2 \uparrow$$
   $$2K_2O_2 \xrightarrow{\triangle E} 2K_2O + O_2 \uparrow$$

3. 과산화나트륨($2Na_2O_2$)

   수용액은 30~40℃의 열을 가하면 산소를 발생시킨다.

   $$2Na_2O_2 \xrightarrow{\triangle E} 2NaO + O_2 \uparrow$$

4. 질산나트륨($NaNO_3$)

   조해성이 있어 열을 가하면 아질산나트륨과 산소가 발생한다.

   $$2NaNO_3 \xrightarrow{\triangle E} 2NaNO_2 + O_2 \uparrow$$

② **제6류 위험물(= 산화성 액체)**

   불연성 물질이지만 분해 시 산소가 발생하기 때문에 제1류 위험물처럼 산소 공급원 역할을 한다.

   예 과염소산($HClO_4$), 과산화수소(H_2O_2), 질산(HNO_3) 등

(4) 자기반응성 물질(제5류 위험물)

   폭발성 물질로 자신이 가연물이며 산소공급원 기능을 하기 때문에 공기 중 산소와 관계없이 내부연소(자기연소)를 한다.

   예 유기과산화물, 질산에스테류, 니트로화합물, 히드록실아민염류 등

11강 플러스

가연성 가스를 공기 중에서 연소시
키고자 할 때 공기 중의 산소농도가
증가하면 발생되는 현상으로 맞는
것만을 모두 고른 것은? [19 기출]

ㄱ. 연소속도가 빨라진다.
ㄴ. 발화점이 높아진다.
ㄷ. 화염의 온도가 높아진다.
ㄹ. 폭발범위가 좁아진다.
ㅁ. 점화에너지가 작아진다.

① ㄱ, ㄴ, ㄹ
② ㄱ, ㄷ, ㄹ
③ ㄱ, ㄷ, ㅁ
④ ㄴ, ㄷ, ㅁ

해설

문제 〈보기〉 지문에서 공기 중의 산
소농도가 증가하면 ㄱ. 연소속도가
빨라진다, ㄷ. 화염의 온도가 높아
진다, ㅁ. 점화에너지가 작아진다는
맞는 내용이다. ㄴ과 ㄹ은 틀린 지
문이다.

정답 ③

(5) 조연성 가스(= 지연성 가스)

가연물이 연소가 잘 되도록 보조·지원해 주는 가스로 <u>산소(O_2), 불소(F_2), 오존(O_3), 염소(Cl_2)</u> 등이 있다.

119 더 알아보기

공기 중의 산소 농도 증가 시 연소현상 ★★
1. 연소속도가 빨라진다.
2. 화염의 온도가 높아진다.
3. 발화온도는 낮아진다.
4. 폭발한계는 넓어진다.
5. 점화에너지는 작아진다.
6. 화염의 길이는 길어진다.

4. 점화원(착화원, 활성화에너지, 점화에너지, 열원, 불씨)

(1) 개념

① 점화원이란 가연물이 연소를 시작할 때 필요한 열에너지이다. 가연물이 산소를 만나 연소반응할 수 있게 필요한 에너지를 공급해 주는 불씨 등을 말한다.

② 가연물과 산소공급원이 연소범위를 만들었을 때 연소반응이 일어나기 위해서는 아래 그림과 같이 활성화 상태까지 이르게 하는 최소의 에너지가 필요한데 이를 활성화에너지(최소발화에너지)라고 한다. 이 활성화에너지를 공급해주는 에너지원을 점화원이라 한다.

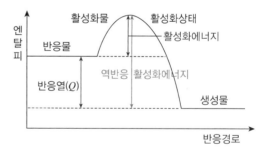

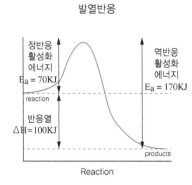

발열반응

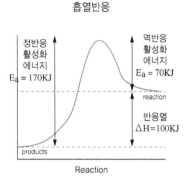

흡열반응

발열반응

흡열반응

엔탈피 $\triangle H = H$생성물(product) $- H$반응물(reactant)

③ 위의 그래프 발열반응과 흡열반응 그리고 정반응과 역반응의 활성화에너지와 반응열(예 연소열)을 나타냅니다. 활성화에너지와 반응열(예 연소열)은 서로 다른 개념이지만 특히 흡열반응일 때의 전체적인 활성화에너지를 나타낼 때는 서로 합이 된다. 이때 엔탈피는 생성물의 엔탈피-반응물의 엔탈피이므로, $\triangle H > 0$으로 양수(+)가 된다.

(2) 점화원의 형태 분류

구분	종류
열적 점화원	적외선, 고열물, 고온표면(가열로, 굴뚝 등), 복사열 등
기계적 점화원	**단열압축**, 마찰, 충격 등
화학적 점화원	연소열, 용해열, **자연발화를 일으키기 위한 열(분해열, 산화열, 미생물에 의한 열, 흡착열, 중합열)**
전기적 점화원	저항열, 전기불꽃, 정전기, 유도열, 유전열, 지락 등
기타 점화원	나화, 원자력 점화원

점화원이 아닌 것은?
• 기화열(= 증발열)
• 융해열(= 융해잠열)

(3) 기계식 점화원

① **충격 및 마찰**

두 개 이상의 물체가 서로 충격·마찰을 일으키면서 작은 불꽃을 일으키는데, 이러한 마찰불꽃에 의하여 가연성 가스에 착화가 일어날 수 있다.

② **단열압축**

기체를 높은 압력으로 압축하면 온도가 상승하는데, 여기에 각종 오일이나 윤활유가 열분해되어 저온 발화물을 생성하며 발화물질이 발화하여 폭발을 하게 된다. 예 디젤엔진

(4) 전기적 점화원

① 전기불꽃

전기설비의 회로상에서나 전기기기·기구 등을 사용하는 장소에서 접점 스파크나 고전압에 의한 방전, 조명기구 등이 파손되면서 과열된 필라멘트가 노출되는 경우, 자동제어기의 경우 릴레이의 접점, 모터의 정류자 등 작은 불꽃에서도 충분히 가연성 가스를 착화시킬 수 있는 에너지가 있다.

② 유도열

도체 주위의 <u>자장 변화</u>로 전류의 흐름에 대한 저항이 생겨 열이 발생한다.

③ 유전열

<u>전선피복의 불량</u>으로 완벽한 절연능력을 갖추지 못해 <u>누설전류가 생겨 열이 발생</u>한다.

④ 저항열

백열전구의 발열로서 전기에너지가 열에너지로 변할 때 생성된다.

⑤ 낙뢰열

구름의 충돌 및 구름에 축적된 전하가 방전될 때 발생된다.

⑥ 정전기(Static Electricity)

ㄱ) 개념 : 어떤 물질이 다른 물질과 마찰 또는 접촉하면서 각 물질 표면에 양전하 또는 음전하가 축적되는데 이 축적된 전기를 정전기 또는 마찰전기라고 한다. 이렇게 축적된 정전기가 일시에 방전될 경우 점화원의 역할을 할 수 있다.

ㄴ) 정전기의 발화 과정 : 전기부도체 간의 마찰 → 전하의 발생 → 전하의 축적 → 방전 → 발화

ㄷ) 정전기의 발생 원인
  - 마찰 정도가 심할 때
  - 유속이 높을 때
  - 필터 등을 통과할 때
  - 비전도성 부유 물질이 많을 때
  - 와류가 생성될 때
  - 낙차가 클 때
  - 공기의 부상, 물 등이 침전할 때

ㄹ) 정전기의 발생량이 증가하는 원인
  - 두 마찰물질의 대전서열이 멀수록 증가한다.
  - 마찰의 정도가 심할수록 증가한다.
  - 건조할수록 증가한다.

ⓜ 정전기 예방대책
- 접지시설을 한다(도체 이용).
- 공기를 이온화한다.
- 상대습도를 70% 이상으로 한다.
- 전기전도성이 큰 물체를 사용한다.
- 정전기 발생을 억제시킨다.
- 접촉하는 전기의 전위차를 적게 하여 정전기의 발생을 억제시킨다.

⑦ **지락전류**

㉠ 정의 : 지락전류란 지락[地絡, 전기 기기의 일부를 대지(大地)에 잇는 일]에 의하여 전로의 외부로 유출되어 화재, 인·축의 감전 또는 전로나 기기의 손상 등 사고를 일으킬 우려가 있는 전류를 말하고, 누설전류란 전로 이외를 흐르는 전류로서 전로의 절연체의 내부 및 표면과 공간을 통하여 선간 및 대지 사이를 흐르는 전류를 말한다. 누설전류가 흐르는 것은 절연체의 절연저항이 무한대가 아니며, 전로 각부 상호 간 또는 전로와 대지 간에 정전용량이 존재하기 때문이다.

㉡ 지락의 원인(Origin Of Ground Faults) : 절연파괴로부터 발생되는 지락사고는 다음과 같이 개략적으로 분류될 수 있다.
- 절연체(유전체)의 경년열화(습기, 대기오염, 외부물체, 및 절연열화에 의해 약화된 절연)
- 기계적 충격이나 절연핑크에 의한 물리적 손상
- 극심한 과도전압 충격이나 정상 전압에 의한 열화
- 단락사고의 확대로 인한 지락

㉢ 지락의 영향
- 인·축에의 감전 및 전기화재의 직접원인이 된다.
- 전압을 상승시켜 접속된 전력기기의 손상의 우려가 있다.

119 더 알아보기

정전기의 종류

1. 마찰대전
고체, 액체류 또는 분체류의 경우 두 물질 사이의 마찰에 의한 접촉과 분리 과정이 계속되면 이에 따른 기계적 에너지에 의해 자유전기가 방출, 흡입되어 정전기가 발생하는 현상

2. 박리대전
서로 밀착되어 있던 두 물체가 떨어질 때 전하의 분리가 일어나 정전기가 발생하는 현상

3. 유동대전
액체류가 배관 등을 흐르면서 고체와의 접촉에 따른 액체류의 유동 때문에 정전기가 발생하는 현상

기출 플러스

정전기 예방대책으로 옳은 것만을 〈보기〉에서 있는 대로 고른 것은?

[22 소방간부 기출]

┤ 보기 ├

ㄱ. 공기를 이온화한다.

ㄴ. 전기전도성이 큰 물체를 사용한다.

ㄷ. 접촉하는 전기의 전위차를 크게 한다.

① ㄱ
② ㄷ
③ ㄱ, ㄴ
④ ㄴ, ㄷ
⑤ ㄱ, ㄴ, ㄷ

해설

ㄱ, ㄴ은 정전기 예방대책으로 옳은 내용이고, ㄷ은 접촉하는 전기의 전위차를 작게하여야 한다.

정답 ③

4. 분출대전
   (1) 분체류(= 한 개의 개체가 거의 같은 크기의 둘 이상의 개체로 나누어 지는 것), 액체류의 상호충돌 및 분출물질과 분출물질과의 마찰에 의해 정전기가 발생하는 현상
   (2) 액체, 기체가 단면적이 작은 개구부로부터 분출할 때 이 사이에 마찰이 일어나 정전기가 발생하는 현상

5. 충돌대전
   분체류 등의 입자 상호 간이나 입자와 고체와의 충돌에 의해 빠른 접촉 분리가 일어남으로써 정전기가 발생하는 현상

6. 파괴대전
   고체나 분체류와 같은 물체가 파괴되었을 때 전하분리 또는 정·부전하의 균형이 깨지면서 정전기가 발생하는 현상

7. 접촉대전
   서로 다른 두 물체가 접촉 분리하였을 때 전기 이중층의 전하분리가 일어나 정전기가 발생하는 현상

대전

물체와 물체를 문지르면 한쪽은 양(+)의 전기를 띠고, 한쪽은 음(−)의 전기를 띠는 현상

대전서열

각종 물질을 접촉이나 마찰을 할때 (+) 또는 (−)에 대전되기 쉬운 물질을 순서대로 열을 지은 것. 거리가 멀수록 대전량은 증가되어 정전기 발생량이 커진다.

정전기 발생 원인

1. 물체의 특성
   (1) 정전기 발생은 접촉·분리하는 두 가지 물체의 상호 특성에 의해 지배되며 대전량은 접촉·분리하는 두 가지 물체가 대전서열 내에서 먼 위치에 있을수록 대전량이 크다.
   (2) 불순물에 의해서도 정전기 발생량이 커진다.

2. 물체의 표면 상황
   물체 표면이 균일하면 발생이 적고, 수분이나 기름 등에 오염되었을 때는 산화, 부식에 의해 정전기가 크게 발생한다.

3. 물체의 이력
   (1) 처음 접촉·분리가 일어날 때 최대가 되며 접촉·분리가 반복됨에 따라 발생량이 점차 감소된다.
   (2) 접촉·분리가 처음 일어났을 때 재해 발생 확률이 최대이다.

   4. 접촉면적 및 압력
      접촉면적이 클수록 정전기 발생량이 크고, 접촉압력이 증가하면 접촉면적도
      증가하여 정전기 발생량도 커진다.
   5. 분리속도
      분리 과정에서는 전하완화시간(= 대전된 전기가 누설되는 시간)에 따라 정
      전기 발생량이 좌우되며, 시간이 길면 전하분리에 주는 에너지도 커져 발생
      량도 증가한다.

(5) 열적 점화원

① 복사열
물질에 따라서 비교적 약한 복사열도 장시간 방사로 발화될 수 있다.
⑨ 햇빛이 유리나 거울에 반사되어 가연성 물질에 장시간 쪼일 때 열이 축적
   되어 발화될 수 있음

② 적외선
눈에 보이지는 않지만 강력한 열이 감지되기 때문에 열선이라고도 한다. 프
라이팬을 가열하면 겉으로는 아무 변화가 없지만 손을 대 보았을 때 뜨거운
열이 올라오는 것을 느낄 수 있다. 이때 적외선 투시경으로 보면 모락모락
올라오는 붉은 선을 볼 수 있다. 적외선의 열효과가 큰 이유는 적외선의 파장
이 물질을 구성하는 분자의 고유 진동수와 비슷해서 물질과 닿으면 충돌효과
가 커지기 때문이다. 또한 적외선은 파장이 커서 가시광선이나 자외선에 비
해 미립자의 산란효과에 거의 영향을 받지 않기 때문에 투과율이 높다.

③ 고열물
용융(鎔融)하고 있는 철, 동, 아연, 유리, 카바이드, 광재(slag) 등의 광물을
용융고열물이라 한다. 용융 상태에 있는 금속, 유리 등과 물이 접촉하여 물이
급격하게 증기가 되며 그때의 팽창에너지에 의해 폭발과 같은 현상을 일으킨
다. 이것을 수증기폭발이라 한다. 일단 이것이 발생하면 주변의 건축물이나
설비, 작업 중인 근로자 등에게 막대한 피해를 주게 된다.

④ 고온표면
고온표면 작업장의 화기, 가열로, 건조장치, 굴뚝, 전기・기계설비 등으로서
항상 화재의 위험성이 내재되어 있다.
㉠ 가열로 전열기 배기관 연도 등의 고온부
㉡ 가스절단의 불꽃
㉢ 용융금속 등의 고온물질

⑤ **나화**

나화란 항상 화염을 가지고 있는 열 또는 화기로써 위험한 화학물질 및 가연물이 존재하고 있는 장소에서 나화의 사용은 대단히 위험하다.
㉠ 난방 난로 담배 등의 나화
㉡ 보일러 토오치 램프 등의 나화
㉢ 가스냉장고의 작은 화염

(6) 화학적 점화원

① **연소열(heat of combustion)**

일반적으로 어떤 물질 1몰 또는 1g이 완전히 연소될 때 방출되는 열의 양이다. 에너지 값(energy value) 또는 칼로리 값(calorific value)이라고도 한다.

② **용해열(heat of solution)**

용해열이란 어떤 물질을 용매에 녹일 때 1mol당 출입하는 열을 말한다. 어떤 물질이 용해될 때에는 용해열이 출입하게 된다. 그런데 이 용해열이라는 것이 용해하는 물질에 따라서 열이 흡수되거나 방출될 수도 있다. 예를 들어 커피에 있는 얼음이 녹는 경우에는 용해하는 과정에서 열이 방출되어 상대적으로 커피가 차가워지는 경우를 들 수 있다.
예 진한 황산(H_2SO_4)이 녹을 때 방출하는 열량을 말한다.

③ **자연발화에 의한 열 ★★**

구분	내용
분해열	물질에 열이 축적되어 서서히 분해할 때 생기는 열 예 셀룰로이드, 니트로셀룰로오스, 니트로글리세린, 아세틸렌, 산화에틸렌, 에틸렌 등
산화열	가연물이 산화반응으로 발열·축적되어 발화하는 현상 예 석탄, 기름 종류(기름걸레, 건성유), 원면, 고무 분말, 금속분 등
미생물열	미생물 발효현상으로 발생되는 열(= 발효열) 예 퇴비(두엄), 먼지, 곡물분 등
흡착열	가연물이 고온의 물질에서 방출하는 (복사)열을 흡수하는 것 예 다공성 물질의 활성탄, 목탄(숯) 분말 등
중합열	작은 다량의 분자가 큰 분자량의 화합물로 결합할 때 발생하는 열 (= 중합반응에 의한 열) 예 시안화수소, 산화에틸렌 등

(7) 자연발화 ★★

① **개념**

자연발화는 밀폐된 공간 등에서 가연물이 외부로부터 열원(점화원)의 공급을 받지 않고 물질 자체적으로 열을 축적하여 온도가 서서히 상승하는 현상으로 유기물질이 대기에 노출되어 발화점 이상의 온도가 되면 산화해서 자연발화한다.

② **자연발화에 영향을 주는 요인(실내 조건)**

　㉠ 공기유통이 원활하지 않고 수분이 적당히 있는 공간에 열이 축적될 수 있어야 한다.

　㉡ 밀폐되어 고온·다습하며 온도가 상승할수록 자연발화가 잘 된다.

③ **자연발화의 조건(가연물 자체의 조건)**

　㉠ 열전도율은 작아야 한다.

　㉡ 주위의 온도, 발열량, 비표면적은 커야 한다.

　㉢ 수분은 적당해야 한다.

④ **자연발화 방지법**

　㉠ 실내에 창문 등을 열어서 공기유통이 잘 되게 한다(→ <u>통풍을 잘 되게 하여 열을 분산시킨다</u>).

　㉡ 저장실의 온도를 낮게 하고 실내에 가연물을 수납할 때 열이 축적되지 않게 한다.

　㉢ 적당한 습기는 물질에 따라 촉매작용을 하여 자연발화하므로 습도가 높은 곳을 피한다.

　㉣ 발열반응에 정촉매작용을 하는 물질을 피한다.

⑤ **자연발화의 대표적인 물질**

　제3류 위험물인 황린(주위 온도가 약 34℃ 이상이 되면 자연발화가 일어나므로 물속에 저장) 등

119 더 알아보기

최소발화에너지(MIE)

1. **최소발화에너지의 개념**

　연소범위에 있는 가연성 혼합가스와 공기 중에 분산된 폭발성 분진을 발화시키는 데 필요한 최소한의 에너지를 말한다.

2. **최소발화에너지(MIE)에 영향을 주는 인자**

　(1) 최소발화에너지는 온도가 높아지면 작아진다.

　(2) 최소발화에너지는 압력이 높아지면 작아진다.

　(3) 최소발화에너지는 산소 농도가 높아지면 작아진다.

　(4) 최소발화에너지는 연소범위가 넓을수록 작아진다.

　(5) 최소발화에너지가 작을수록 위험성이 커진다.

　(6) 최소발화에너지는 열전도율이 낮을수록 작아진다.

　(7) 가연성 가스의 조성이 화학양론적 조성 부근인 경우 최소발화에너지가 최저가 된다.

5. 순조로운 연쇄반응

① 연쇄반응이란 가연물이 점화원에 착화되어 정촉매 작용하는 것으로 불꽃연소, 분해연소 등 화학적 연쇄반응하는 것을 말한다.

② 가연물이 화학적 연쇄반응을 하는 주된 원인은 <u>가연물이 열분해되면서 발생시키는 유리기(= 자유라디칼, 자유활성기, 자유기, 활성기, 활성종)인 수소기(H^+)와 수산기(OH^-)</u>가 공기 중의 산소와 지속적으로 결합하면서 연소가 지속되는 현상을 말한다.

이론 플러스

물질이 발화, 연소하기 위해서는 물적 조건과 에너지 조건이 충족되어야 한다.
- 물적 조건
  - 연소범위의 농도
  - 압력
- 에너지 조건
  - 발화온도
  - 발화에너지
  - 충격감도

연소범위를 화염전파 가능한 범위라 하는 이유?
연소하한계 이하에서의 반응은 용이하게 산화되어 CO_2와 H_2O로 변하지만 화염전파는 진행되지 않기 때문이다. 즉, 계내 온도가 상승하게 되면 열분해에 의해 물적 조건인 농도, 압력도 상승하게 되는데 연소하한계 이하에서는 증기압 및 농도가 낮아 기상에서 반응이 일어나지 못하고 표면에서 산화반응을 하기 때문에 화염전파를 하지 못하고 불꽃이 없는 작열연소를 하게 된다.

6 연소범위(= 연소한계, 폭발범위, 폭발한계)

1. 연소범위의 개념과 특징

(1) 연소범위의 개념

① 연소는 가연성 가스와 지연성 가스(공기, 산소)가 어떤 범위 내로 혼합된 경우일 때만 일어난다. 혼합물 중 가연성 가스의 농도가 너무 희박해도 너무 농후해도 연소는 일어나지 않는데 이것은 가연성 가스의 분자와 산소와의 분자수가 상대적으로 한쪽이 많으면 유효충돌 횟수가 감소하여 충돌했다 하더라도 충돌에너지가 주위에 흡수·확산되어 연소반응의 진행이 방해되기 때문이다.

② 가연성 가스의 혼합 기체 중 가연성 가스가 연소·폭발하기 위해 차지하고 있는 용량 %를 연소범위라 한다.

③ 연소가 일어나기 위한 낮은 쪽의 한계를 하한계, 높은 쪽의 한계를 상한계라 한다. 상한계와 하한계의 사이를 연소범위라 한다.

  ㉠ 연소하한계(LFL, lower flammability limit)
  - 공기 중에서 가장 낮은 농도에서 연소할 수 있는 부피
  - 지연 성가스는 많고, 가연성 가스는 적은 그 이하에서는 연소할 수 없는 한계치
  - 따라서 연소하한계를 <u>가연물의 최저용량비</u>라 한다.

  ㉡ 연소상한계(UFL, upper flammability limit)
  - 공기 중에서 가장 높은 농도에서 연소할 수 있는 부피
  - 지연성 가스는 적고 가연성 가스는 많은 그 이상에서는 연소할 수 없는 한계치
  - 따라서 연소상한계를 <u>가연물의 최대용량비</u>라 한다.

④ 연소범위는 연소가 일어나는데 필요한 가연성 가스나 증기의 농도범위를 말한다.

⑤ 연소범위를 <u>자력으로 화염을 전파하는 공간</u>이라고도 한다.

(2) 연소범위의 특징

① 연소범위는 가연성 가스와 공기가 혼합된 경우보다도 산소가 혼합되었을 경우 넓어지며, 연소위험성이 커진다.

② 불연성 가스(이산화탄소, 질소 등)를 주입하면 연소범위는 좁아진다.

③ 연소한계는 가스의 온도, 기압 및 습도의 영향을 받는다.

　ᄀ 가스의 온도가 높아지면 연소범위는 넓어진다.

　ᄂ 가스의 압력이 높아지면 하한계는 크게 변하지 않으나 상한계는 상승한다.

　ᄃ 가스의 압력이 상압(1기압)보다 낮아지면 연소범위는 좁아진다.

　ᄅ 습도가 높으면 연소범위는 좁아진다.

④ 가연성 가스의 연소범위가 커질수록 위험하다.

⑤ 압력이 높아지면 일반적으로 연소범위는 넓어진다. 단, <u>일산화탄소는 압력이 높아질수록 폭발범위가 좁아진다</u>. 수소는 10atm까지는 연소범위가 좁아지지만 그 이상의 압력에서는 연소범위가 점점 더 넓어진다.

⑥ 온도·탄소 수가 증가하면 하한계는 작아지고 압력·산소가 증가하면 상한계가 커진다.

119 더 알아보기

메탄의 온도 변화에 따른 연소범위 변화추이

구분	연소범위(vol%)	
	하한	상한
20℃	6.0	13.2
250℃	4.6	14.0
500℃	3.7	15.2

(3) 연소범위곡선(= 연소한계곡선)

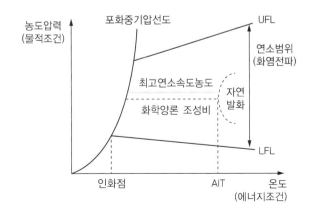

플러스

그림에서 'A'에 대한 설명으로 옳지 않은 것은? [22 기출]

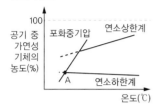

① 외부에너지에 의해 발화하기 시작하는 최저연소온도이다.
② 물질적 조건과 에너지 조건이 만나는 최저연소온도이다.
③ 화학양론비(stoichiometric ratio)에서의 최저연소온도이다.
④ 가연성 혼합기를 형성하는 최저연소온도이다.

해설

인화점에 해당하는 것은 ①, ②, ④이고 ③은 최적농도조건에서 최저연소온도이다.

정답 ③

---

① 물질이 발화, 연소하는 데는 가연물, 산소공급원, 점화원, 연쇄반응의 4요소가 필요하고 또한, 물적 조건과 에너지 조건을 만족하여야 되는데 이 물적 조건을 연소범위라 하며 에너지 조건을 발화온도나 발화에너지, 충격감도라 한다.

② 외부의 입열로 계내 온도가 상승하게 되면 물적 조건인 농도, 압력도 상승하게 되는데 일정한 농도인 연소범위에 도달하게 되면 화염을 전파하게 된다. 이 만나는 점이 물적 조건과 에너지 조건의 최소값이 된다.

③ **인화점(Flash Point)**
ㄱ. 인화점이란 자연발화처럼 느린 열축적에 의한 발화가 아닌 순간 발화하는 온도로 순간발화하기 위해서는 외부에서 에너지가 주어져야 한다. 즉, <u>외부에너지(점화원)에 의해 발화하기 시작하는 최저온도</u>를 말한다.
ㄴ. <u>물적 조건과 에너지 조건이 만나는 최저연소온도</u>이다.
ㄷ. <u>포화증기압과 LFL이 만나는 최저연소온도</u>이다.
ㄹ. <u>가연성 혼합기를 형성하는 최저연소온도</u>이다.

2. 공기 중 가연성 기체의 연소범위 ★★

가연물	연소범위(%)	폭	가연물	연소범위(%)	폭
아세틸렌	2.5 ~ 81	78.5	에틸알코올	3.5 ~ 20	16.5
산화에틸렌	3 ~ 80	77	시안화수소	12.8 ~ 27 (6 ~ 41)	14.2
수소	4 ~ 75	71	암모니아	15 ~ 28	13
일산화탄소	12.5 ~ 75	62.5	아세톤	2 ~ 13	11
아세트알데히드	4 ~ 57	53	메탄	5 ~ 15	10
에테르	1.9 ~ 48	46.1	에탄	3 ~ 12.4	9.4
이황화탄소	1.2 ~ 44	42.8	프로판	2.1 ~ 9.5	7.4
황화수소	4.3 ~ 45	40.7	부탄	1.8 ~ 8.4	6.6
에틸렌	3 ~ 36	33	헥산	1.2 ~ 7.5	6.3
메틸알코올	7 ~ 37	30	가솔린	1.4 ~ 7.6	6.2
산화프로필렌	2 ~ 22	20	벤젠	1.4 ~ 7.1	5.7

7 위험도(Degree of Hazards)

1. 개념 및 공식

(1) 개념

위험도는 가스가 화재를 일으킬 수 있는 척도를 나타낸다.

(2) 위험도를 구하는 공식

$$H = \frac{U - L}{L}$$

(H : 위험도, U : 폭발상한계, L : 폭발하한계)

(3) 위험도 계산의 예

① 이황화탄소의 위험도

$$\frac{44 - 1.2}{1.2} = 35.7 \rightarrow \underline{\text{가연성 가스 중 위험도가 가장 크다.}}$$

② 아세틸렌의 위험도

$$\frac{81 - 2.5}{2.5} = \underline{31.4}$$

(4) 위험도와 위험성

위험도 수치가 클수록 위험성이 크다.

2. 가연성 가스의 위험도

가연물	연소범위(%)	위험도	가연물	연소범위(%)	위험도
이황화탄소	1.2 ~ 44	35.7	일산화탄소	12.5 ~ 75	4.9
아세틸렌	2.5 ~ 81	31.4	휘발유	1.4 ~ 7.6	4.4
산화에틸렌	3 ~ 80	25.6	벤젠	1.4 ~ 7.1	4.07
(에틸)에테르	1.9 ~ 48	24.3	부탄	1.8 ~ 8.4	3.7
수소	4 ~ 75	17.6	프로판	2.1 ~ 9.5	3.5
에틸렌	2.7(3) ~ 36	12.3	에탄	3 ~ 12.4	3.1
산화프로필렌	2 ~ 22	10	메탄	5 ~ 15	2
시안화수소	6 ~ 41	5.8	암모니아	15 ~ 28	0.87

기출 플러스

가연성 가스 중 위험도가 가장 큰 물질은? (단, 연소범위는 메탄 5%~15%, 에탄 3%~12.4%, 프로판 2.1%~9.5%, 부탄 1.8%~8.4%이다)

[20 기출]

① 메탄
② 에탄
③ 프로판
④ 부탄

해설

위험도가 가장 큰 것은 메탄 < 에탄 < 프로판 < 부탄 순으로 부탄의 위험도가 가장 크다. 참고로 연소범위는 메탄 > 에탄 > 프로판 > 부탄 순으로 메탄의 연소범위가 가장 크다.

정답 ④

이론 플러스

□ 119체크

다음 중 아세틸렌(2.5~81)의 위험도로 옳은 것은?

① 31.4
② 32.4
③ 35.4
④ 35.7

해설

아세틸렌의 위험도는

$$\frac{81 - 2.5}{2.5} = 31.40\text{이다.}$$

정답 ①

8 연소의 형태

1. 개념

연소의 형태는 가연물 표면에서의 불꽃 유무에 따라 불꽃연소, 작열연소로 구분할 수 있고, 기체가연물·액체가연물 및 고체가연물을 구성하는 분자의 구조, 원소성분, 물성 등에 따라 기체연소·액체연소·고체연소로 분류되며 연소의 상태에 따라 정상적으로 연소하는 정상연소와 폭발적으로 연소하는 비정상연소로 구분된다.

2. 불꽃유무에 따른 분류

(1) 불꽃연소(= 발염연소, 유염연소)

① 불꽃연소란 가연물이 탈 때 불꽃이 움직이는 모습을 갖는 것으로 발염연소 및 유염연소라고 한다.

② 가연물, 산소 공급원, 점화원, 순조로운 연쇄반응으로 일어나는 연소로서 불꽃이 나타나는 연소이다.

③ 가연물이 연소할 때 산소와 혼합해서 확산하는 형태의 연소이다.

  예 기체 : 프로판, 부탄 등 / 액체 : 등유, 경유 등

(2) 작열연소(= 표면연소, 무염연소, 응축연소, 직접연소)

① 작열연소란 휘발분이 없는 고체가 연소 시 불꽃 없이 생성되는 열이다.

② 작열연소는 순조로운 연쇄반응 없이 가연물, 산소 공급원, 점화원으로 일어나는 연소로서 불꽃 없이 불티만 존재하는 연소이다.

③ 표면연소란 가연물이 표면에서 공기(산소)와 직접 반응하여 물체의 표면 결합이 부서지는 연소를 말하며 반응열(화력)이 작아서 불꽃을 생성하지 못하고 느린 속도로 불씨연소하기 때문에 기화되지 못하고 응축(액화)한다. 즉, 산화반응을 할 때 가연물이 표면에서 액화하기 때문에 그러한 불씨연소를 응축연소라고도 한다.

  예 숯(목탄), 코크스, 금속분(금속나트륨 등), 활성탄, 향, 담뱃불

(3) 불꽃연소와 작열(불씨)연소를 함께 가지는 혼합연소

나무, 종이 짚, 솜뭉치 등은 불꽃연소, 작열연소가 동시에 일어난다.

불꽃연소와 작열연소의 비교

구분	불꽃연소	작열연소
화재 구분	표면에 불꽃이 있는 표면화재	표면에 불꽃이 없는 심부화재(표면연소)
연소의 요소	연소의 4요소가 필요함	연소의 3요소가 필요함
연소속도	연소속도가 빠름	연소속도가 느림
연소성	완전연소하기 쉬움	불완전연소의 우려가 있음
연소가스	CO_2가 많이 발생	CO가 많이 발생
방출열량	시간당 방출열량이 많음	시간당 방출열량이 적음
연쇄반응	연쇄반응이 일어남	연쇄반응이 일어나지 않음
소화	부촉매에 의한 소화 가능	부촉매에 의한 소화 불가능

✪ 표면화재는 표면에 불꽃이 있으며, 표면연소는 표면에 불꽃이 없는 불씨연소다.

3. 물질의 상태에 따른 분류(= 가연물의 분자구조 및 물성에 따른 분류)

(1) 고체연소

상온에서 고체 상태로 존재하는 고체 가연물질의 일반적 연소 형태는 표면연소, 증발연소, 분해연소, 자기연소로 나눌 수 있다.

① 증발연소

ⓐ 고체 가연물이 열분해를 일으키지 않고 그대로 증발하여 증기가 연소되는 것(승화성 고체 예 유황, 나프탈렌($C_{10}H_8$), 승홍($HgCl_2$), 요오드, 장뇌, 고형알코올 등)

ⓑ 고체 가연물이 열에 녹아 액체 상태로 되고 융해된 액체가 기화하여 증기가 된 다음 연소하는 것(융해성 고체 예 양초(파라핀, 왁스) 등)

② 분해연소

ⓐ 가연성 고체가 뜨거운 열에 의해 열분해되면서 생성된 분해물이 공기와 혼합해서 생성된 기체(혼합기체)가 불꽃 연소하는 현상이다.

ⓑ 고체 가연물의 열분해속도는 온도가 올라갈수록 급격히 진행된다.

ⓒ 분해생성물로는 유기물질로서 대개 일산화탄소, 이산화탄소, 수소, 메탄, 메틸알코올 등이 생성된다.

㉣ 분해생성물이 가연성 기체일 때에는 열분해생성물에 착화되어 불꽃을 발생하면서 연소하지만 열분해생성물이 불연성의 액체라든가, 불연성의 기체인 경우 발화에 충분한 에너지가 공급되지 못하면 연소하지 않게 된다. 이러한 현상이 목재나 종이 등을 가열하였을 때 볼 수 있는 탄화현상이다.

㉤ 분해연소물질로는 석탄, 종이, 목재, 플라스틱, 고무류, 섬유류 등이 있다.

③ 표면연소(= 직접연소, 작열연소, 직접연소, 응축연소)

㉠ <u>휘발성 없는 고체 가연물이 산소와 접촉하는 표면에서 불꽃 없이 연소하는 현상</u>이다.

㉡ 가연물은 열분해나 증발을 하지 않기 때문에 불꽃을 발생시키지 않고 고체 표면에서 공기 중에 산소와 부딪치면서 CO를 형성하며 연소하는 현상이다(= 직접연소).

㉢ <u>고체에서 가장 많은 연소가 표면연소이다.</u>

㉣ 표면연소는 불꽃연소보다 연소속도가 매우 느리다.

㉤ 표면연소는 <u>연쇄반응이 일어나지 않는다. 따라서 부촉매에 의한 소화효과가 없다.</u>

㉥ 표면연소를 하는 물질로는 <u>숯, 목탄, 코크스, 향, 금속분</u> 등이 있다.

④ 자기연소(= 내부연소)

㉠ 가연물이 <u>자체 내에 산소를 함유하고 있어</u> 외부에서 열을 가하면 분해되어 가연성 기체와 산소가 발생하게 되므로 공기 중의 산소를 필요로 하지 않고 그 자체의 산소에 의해 연소되는 것을 자기연소 또는 내부연소라고 한다.

㉡ 자기연소를 하는 물질들은 연소가 시작되면 내부에 함유되어 있는 산소의 공급이 신속하기 때문에 연소속도가 급격하게 진행되며, 대부분 폭발성을 지니고 있으므로 <u>폭발성 물질</u>로 취급된다.

㉢ 자기연소의 대표적인 물질로는 <u>제5류 위험물</u>(질산에스테르류, 니트로화합물류, 셀룰로이드류, 히드라진유도체, 히드록실아민 등)이 있다.

(2) 액체연소

액체 가연물질의 연소는 액체 자체가 연소하는 것이 아니라 "<u>증발</u>"이라는 변화 과정을 거쳐 발생된 기체가 타는 것이다. 액체 가연물질이 휘발성인 경우는 외부로부터 열을 받아서 증발하여 연소하는 것을 <u>증발연소</u>라 하고 액체가 비휘발성이거나 비중이 커 증발하기 어려운 경우에는 높은 온도를 가해 열분해하여 그 분해가스를 연소시키는 것을 <u>분해연소</u>라 한다.

① **증발연소(= 액면연소)**

㉠ 액체연소의 가장 일반적인 연소 형태이며 고열에 가열된 액체의 증기가 액면에서 하는 연소이다.

㉡ 액체의 온도가 인화점 이상이 되면 액체 표면으로부터 많은 양의 증기가 증발되므로 연소가 활발해진다. 이를 액체 표면에서 연소가 이루어진다고 해서 액면연소라고도 한다.

㉢ 연소원리는 화염에서 복사나 대류로 액체 표면에 열이 전파되어 증발이 일어나고 발생된 증기가 공기와 접촉하여 액면의 상부에서 연소되는 반복적 현상이다.

㉣ 증발연소를 하는 물질로는 이황화탄소, 디에틸에테르, 아세톤, 휘발유, 알코올, 등유, 경유 등 비중이 작은 유류 등이다(→ 제1석유류, 알코올류, 제2석유류 등).

② **분해연소**

㉠ 휘발성이 작고 점성과 비중이 큰 액체가 열분해하여 발생된 가스가 연소하는 현상이다.

㉡ 분해연소를 하는 물질로는 중유, 글리세린, 벙커C유 등 비중이 큰 제3석유류, 제4석유류, 동식물유 등이 있다(→ 제3석유류, 제4석유류 등).

③ **분무연소(= 액적연소)**

㉠ 액체 연료를 분사하면 안개처럼 미립화되어 그 증발 표면을 넓혀 연소하는 방법이다.

㉡ 인화점 이하에서도 연소가 가능하다.

　⟮예⟯ 가스터빈, 석유난로

④ **등심연소**

연료를 심지로 빨아올려 심지 끝에서 연소하는 현상이다.

　⟮예⟯ 알코올램프, 호롱불

(3) 기체연소

가연성 기체는 공기와 적당한 부피 비율로 섞여 연소범위에 들어가면 연소가 일어나는데 기체의 연소가 액체 가연물질 또는 고체 가연물질의 연소에 비해서 가장 큰 특징은 연소 시의 이상 현상인 폭굉이나 폭발을 수반한다는 것이다. 기체의 연소 형태는 확산연소, 예혼합연소, 폭발연소로 나눌 수 있다.

① **확산연소**

㉠ 개요

• 확산연소란 연료와 산소가 반응대로 확산하면서 연소하는 것을 말하며 층류와 난류 확산연소로 구분한다.

• 자연화재 연소는 대부분 확산화염이며, 일반적인 예로서는 성냥화염이나 양초화염, 액면화재의 화염 등이 이에 속한다.

기출 플러스

기체상 연료노즐에서의 연소에 대한 일반적인 설명으로 옳은 것을 있는 대로 모두 고른 것은? [22 기출]

> ㄱ. 역화는 연료의 연소속도가 분출속도보다 빠를 때 불꽃이 연료노즐 속으로 빨려 들어가 연료노즐 속에서 연소하는 현상이다.
> ㄴ. 선화는 불꽃이 연료노즐 위에 들뜨는 현상으로 연료노즐에서 연료기체의 연소속도가 분출속도보다 느릴 때 발생하는 현상이다.
> ㄷ. 황염은 분출하는 기체연료와 공기의 화학양론비에서 공기량이 적을 때 발생한다.
> ㄹ. 연료노즐에서 흐름이 난류(turbulent)인 경우, 확산연소에서 화염의 높이는 분출속도에 비례한다.

① ㄱ, ㄴ
② ㄷ, ㄹ
③ ㄱ, ㄴ, ㄷ
④ ㄱ, ㄴ, ㄷ, ㄹ

해설

ㄹ. 연료노즐에서 흐름이 난류(turbulent)인 경우, 확산연소에서 화염의 높이는 거의 일정하고 화염의 길이는 유출구의 직경에 비례한다. 참고로 층류인 경우는 가스분출속도에 비례한다.

정답 ③

- 확산연소와 예혼합연소의 차이점은 열방출속도, 화염전파 유무, 재해형태 등에 의해 구분된다.

ⓒ 특징
- 기체연소의 가장 일반적인 연소 형태이다.
- 가연성 가스와 공기가 미리 혼합하지 않고 가스레인지처럼 가스의 주위에 있는 공기(산소)와 혼합시켜 연소시키는 것이다.
  예 LPG - 공기, 수소 - 산소의 경우
- 어느 부분에서나 동일한 농도의 혼합기체가 아니라 각 부분에서 다르게 연소되므로 '비균일연소(= 비균질연소)'라고도 한다.
- 예혼합연소보다 연소속도가 느리다.
- 화염은 황색이나 적색을 띠며 화염의 온도는 예혼합연소에 비해 낮다.
  예 가스레인지의 연소, 라이터의 연소

ⓒ 확산연소의 구조

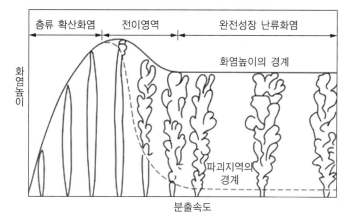

- 화염의 길이와 분출속도와의 관계를 보면 레이놀즈 수가 낮은 곳에서는 교란이 없는 층류확산화염이 형성되고, 레이놀즈 수가 어떤 값에 도달하면 교란이 일어나고 유속이 증가할수록 교란의 시작점이 하류로 이동한다. 따라서 유속이 증가하면 화염길이는 감소한다.
- 전이점이 화염의 근원에 도달하여 난류확산화염이 되면 화염의 길이는 유속에 거의 변화하지 않는다.
- 난류에 의해 화염에 만곡이 생겨 화염면적이 증대된다. 즉, 분출화염(Jet Flames)의 경우 화염높이가 분출속도와 관계되는 레이놀즈 값에 따라 결정됨을 알 수 있다. 레이놀즈 수 $Re = \rho VD / \mu$로 $Re < 2100$이면 층류상태, $2100 < Re < 4000$이면 전이상태, $Re > 4000$이면 난류상태를 나타낸다(여기서, ρ : 유체의 밀도, μ : 유체의 점성계수, D : 관직경, V : 유체의 유속).

- 층류 확산화염
  - 확산화염은 연료가스와 산소가 농도 차이에 따라 반응영역으로 이동하는 연소과정이기 때문에 자력으로 화염전파를 하지 못한다.
  - Fick's Law은 연료와 산소가 높은 농도에서 낮은 농도로 이동한다는 것으로, 산소는 반응에 의해 농도가 0이 되어버리는 반응영역의 화염 쪽으로 이동하게 된다.
  - 연소속도는 가연성기체와 산화제가 반응대를 향해 확산하는 속도에 의존한다.
- 난류 확산화염
  - 산소가 들어오는 부분만큼 반응이 일어나기 때문에 불완전 연소하며, 화염의 높이가 30cm 이상 되면 난류 확산화염이 된다.
  - 층류 확산화염은 분자확산에 의존하며, 난류 확산화염은 와류인 난류 확산에 의존한다.
  - 화염의 길이와 분출속도와의 관계를 보면 레이놀즈 수가 낮은 곳에서는(= 층류확산화염) 분출속도에 따라 화염의 길이가 증가하고, 난류 확산화염이 되면 화염의 길이는 유속에 거의 변화하지 않고 화염의 길이는 직경에 비례한다.

② **예혼합연소**

　㉠ 가연성 기체와 공기를 미리 연소범위 내에 일정하게 혼합한 후 연소하는 것을 말한다.

　㉡ 어느 부분에서나 동일한 농도의 혼합 기체가 균일하게 연소되므로 '균일연소(균질연소)'라고도 한다.

　㉢ 화염의 전파속도와 연소속도가 확산연소에 비해 빠르다.

　㉣ 화염은 청색이나 백색을 띠며 화염의 온도는 확산연소에 비해 높다.

　㉤ 연소속도가 너무 빠르면 백파이어(back-fire, 역화)가 발생할 수 있다.
　　예 가솔린 엔진연소, 분젠버너의 연소, LPG차량 엔진연소

③ **폭발연소**

　㉠ 가연성 기체와 공기의 혼합가스가 밀폐용기 안에 있을 때 점화되면 연소가 폭발적으로 일어나는데 예혼합연소의 경우에 밀폐된 용기로의 역화가 일어나면 폭발할 위험성이 크다.

　㉡ 많은 양의 가연성 기체와 산소가 혼합되어 일시에 폭발적인 연소현상을 일으키는 '비정상연소'이기도 하다.
　　예 내연기관의 폭발

(4) 물질의 상태에 따른 연소 형태 정리

고체 연소	증발연소	열에 의해 녹은 액체에서 발생한 가연성 증기가 공기와 혼합하여 연소하는 현상 예 파라핀, 나프탈렌, 유황, 요오드, 왁스, 장뇌, 고체알코올 등
	분해연소	가연성 고체가 뜨거운 열에 의해 으스러지면서 생성된 분해물이 공기와 혼합해서 생성된 기체가 불꽃연소하는 현상 예 석탄, 종이, 목재, 플라스틱, 고무류, 섬유류 등
	표면연소 (직접연소 · 백열연소)	• 휘발성 없는 고체 가연물이 산소와 접촉하는 표면에서 불꽃 없이 연소하는 현상 • 가연물은 열분해나 증발하지 않기 때문에 불꽃을 발생시키지 않고 고체 표면에서 공기 중에 산소와 부딪치면서 CO를 형성하며 연소하는 현상 예 숯(목탄), 코크스, 금속분
	자기연소 (내부연소)	가연물의 분자 내 산소가 있어 외부의 산소 공급 없어도 자기(내부) 연소하는 현상 예 제5류 위험물 : 질산에스테르류, 니트로화합물 등
액체 연소	증발연소 (액면연소)	일반적인 연소 형태이며 고열에 가열된 액체의 증기가 액면에서 연소하는 현상 예 이황화탄소, 디에틸에테르, 아세톤, 휘발유, 알코올, 등유, 경유 등 비중이 작은 유류
	분해연소	휘발성이 작고 점성이 큰 액체가 열분해하여 발생된 가스가 연소하는 현상 예 중유, 글리세린 등, 비중이 큰 제3 · 4석유류 등 분해를 많이 하며 증발해서 타는 유류
	분무연소 (액적연소)	액체 연료를 분사하면 안개처럼 미립화되어 그 증발 표면을 넓혀 연소하는 현상 예 가스터빈, 석유난로
	등심연소	연료를 심지로 빨아올려 심지 끝에서 연소하는 현상 예 알코올램프, 호롱불
기체 연소	확산연소	가연성 가스와 공기가 미리 혼합하지 않고 가스레인지처럼 가스의 주위에 있는 공기(산소)와 혼합시켜 연소하는 일반적인 현상 예 아세틸렌, 수소, 일산화탄소, 암모니아, 메탄 등
	예혼합 연소	가연물과 산소가 미리 혼합된 상태로 연소하는 현상으로 연소반응이 빠르며 화염이 짧고 고온임 예 **가솔린 엔진연소, 분젠버너의 연소**, LPG차량 엔진 등의 연소
	폭발연소 (비정상연소)	가연성 기체와 공기의 혼합가스가 밀폐용기 중에 점화되어 폭발적으로 타는 현상 예 내연기관의 폭발 등

4. 완전연소와 불완전연소

(1) 개념

가연물질이 연소하면 가연물질을 구성하는 주성분인 탄소(C), 수소(H) 및 산소(O_2)에 의해 일산화탄소(CO)·이산화탄소(CO_2) 및 수증기(H_2O)가 발생한다. 이때, 공기 중의 산소 공급이 충분하면 완전연소 반응이 일어나고 산소의 공급이 불충분하면 불완전연소 반응이 일어나며, 주로 완전연소 시에는 이산화탄소(CO_2)가, 불완전연소 시에는 일산화탄소(CO)가 발생한다.

(2) 완전연소

산소 공급이 충분한 상태에서의 연소이다. 연소생성물로는 이산화탄소(CO_2), 수증기(H_2O) 등이 있다.

(3) 불완전연소

① 개념

산소 공급이 불충분한 상태에서의 연소이다. 연소생성물로는 일산화탄소(CO), 수증기(H_2O) 등이 있다.

② 불완전연소의 원인

㉠ 가스공급량보다 공기의 공급량이 부족할 때

㉡ 과대한 가스량(연료량)이 공급될 때

㉢ 연소기 주위에 다른 기물이 둘러싸인 경우

㉣ 불꽃의 온도가 저하되는 경우

㉤ 환기가 제대로 되지 않을 때

㉥ 주위의 기온이 너무 낮을 때

㉦ 연소기구가 적합하지 않을 때

㉧ 연소의 배기가스 분출이 불량일 때

5. 정상연소와 비정상연소

(1) 개념

액체나 고체의 경우에는 공기의 공급에 따라서 주어진 산소의 양만큼만 연소하게 되므로 비정상연소는 일어나지 않지만 기체의 연소에 있어서는 산소가 공급되는 방법에 따라 정상연소 또는 비정상연소를 하게 된다.

이론 플러스

열의 발생속도와 연소확산속도의 관계
• 정상연소 : 열의 발생속도 = 열의 확산속도
• 비정상연소
  – 열의 발생속도 > 열의 확산속도
  – 열의 발생속도 < 열의 확산속도

(2) 정상연소

① 가연물질의 연소 시 충분한 공기의 공급이 이루어지고 연소 시의 기상조건이 양호할 때에는 정상적인 연소가 이루어진다.

② 화재의 위험성이 적다.

③ 연소상의 문제점이 발생되지 않는다.

④ 연소장치·기기 및 기구에서의 <u>열효율도 높다</u>.

⑤ <u>연소가 일어나는 곳의 열의 발생속도와 열의 확산(방산)속도가 서로 균형을 이루고 있다</u>.

(3) 비정상연소

① 가연물질의 연소 시 공기의 공급이 불충분하거나 기상조건이 좋지 않아 정상적으로 연소가 이루어지지 않고 이상현상이 발생한다.

② 화재의 위험성이 많다.

③ <u>열의 발생속도와 연소확산속도가 서로 균형을 이루지 못하여</u> 화염의 모양·위치·상태 등이 연소가 일어나는 동안 변하는 경우를 '<u>비정상연소</u>'라 한다. <u>대표적인 비정상연소가 폭발이다</u>.

④ <u>열의 발생속도가 열의 확산(방산)속도를 능가할 때 일어난다</u>.

⑤ 연소상의 문제점이 많이 발생함으로써 연료를 취급·사용하는 연소장치·기기 및 기구의 안전관리에 주의가 요구된다.

(4) 비정상연소의 이상현상

① **역화(Back fire, Flash back)**

ㄱ) 개념 : 불꽃이 연소기 내로 전파되어 연소하는 현상으로 가스의 분출속도 (공급속도)보다 연소속도가 클 때 발생된다.

ㄴ) 역화의 원인 ★★

• 가스압력이 비정상적으로 낮거나 노즐 또는 콕 등이 막혀 가스량이 정상 때보다 적을 때

• 혼합 기체의 양이 너무 적을 때

• 버너가 오래되어 노즐의 부식 등으로 분출구멍이 커진 경우

• <u>연소속도보다 가스의 분출속도(공급속도)가 느릴 때</u>

• 버너 부분이 고온으로 되어 그것을 통과하는 가스의 온도가 상승하여 연소속도가 빨라지는 경우

② **블로우오프(Blow Off)** ★★

가스의 분출속도가 크거나 공기의 유동이 너무 강하여 불꽃이 노즐에서 정착하지 않고 떨어지게 되어 **꺼져버리는** 현상을 말한다. 이것은 선화(Lifting)한 상태에서 다시 분출속도가 증가하면 결국 화염이 꺼지는 현상이다.

이론 플러스✧

연소속도와 가스분출속도의 관계

1. 정상연소 : 연소속도 = 가스분출속도

2. 비정상연소
① 역화 : 연소속도 > 가스분출속도
② 선화 : 연소속도 < 가스분출속도
③ 블로우오프 : 연소속도 <<< 가스분출속도

③ **리프팅(Lifting, 선화)**

㉠ 개념 : 역화(Back Fire)의 반대 현상으로 버너에서 연소기의 분출속도가 연소속도보다 커서 불꽃이 노즐에서 떨어져 노즐에 정착되지 않고 <u>불꽃이 버너 상부에 떠서(Lifting) 어떤 거리를 유지하면서 공간에서 연소</u>하는 이상현상이다.

㉡ 선화의 원인

• 가스압(가스량)의 과다로 가스가 지나치게 토출하는 경우

• 1차공기량이 너무 많아 혼합가스량이 많아지는 경우

• 연소기의 노즐이 부식으로 인하여 막혀 분출구멍의 면적이 작아져서 버너 내부의 압력이 증가하여 가스 분출속도가 빨라지는 경우

④ **황염(Yellow Tip)**

버너(= 연소기)에서 <u>황적색의 불꽃이 되는 것은 1차공기량의 부족 때문이며</u> 황염이 되어 불꽃이 길어지고, 저온의 물체에 접촉하면 불완전연소를 촉진하여 일산화탄소(CO)나 그을음이 발생한다. 즉, 염공에서 연료가스의 연소 시 공기량의 조절이 적정하지 못하여 완전연소가 이루어지지 않을 때에 발생한다. <u>황염을 방지하기 위해서는 1차공기량을 충분히 제공해야 한다.</u>

⑤ **연소소음**

가연성 혼합가스의 연소속도나 분출 속도가 대단히 클 때 연소음 및 폭발음 등이 발생하는 현상을 말한다.

⑥ **블로우 다운(Blow down)**

연소기 내에서 불필요해진 일정량의 가스를 대기 중으로 방출하는 것을 말한다.

⑦ **주염**

가연성 가스가 연소하면서 바람을 타고 흘러가는 현상을 말한다. 풍속이 강할 때의 불길은 100~150m 정도에 미치는 경우도 있다.

🎁 이론 플러스

층류확산화염

양초 화염은 분자 확산에 의해 지배되는 층류 확산화염의 좋은 예이다.

난류확산화염

화염 내에서의 가시성 와류에 의한 유체의 기계적인 불안정성에 따라 일어나는 난류확산화염의 좋은 예는 산림화재를 들 수 있다.

9 연소 공기

1. 개념

가연물질을 연소시키기 위해서 사용되는 공기의 양에는 실제공기량, 이론공기량, 과잉공기량, 이론산소량, 공기비 등이 있다.

(1) 실제공기량 = 이론공기량 x 1.1(= 기체의 경우 공기비)

가연물질을 실제로 연소시키기 위해서 사용되는 공기량으로서 이론공기량보다 크다.

(2) 이론공기량 = 이론산소량/0.21

가연물질을 연소시키기 위해서 이론적으로 계산하여 산출한 공기량이다.

(3) 과잉공기량

실제공기량에서 이론공기량을 차감하여 얻은 공기량이다.

(4) 이론산소량

가연물질을 연소시키기 위해서 필요한 최소의 산소량이다.

$$이론산소량 = 이론공기량 \times \frac{21}{100}$$

(5) 공기비(m)

공기비는 실제공기량에서 이론공기량을 나눈 값이다. 일반적으로 공기비는 기체 가연물질은 1.1 ~ 1.3, 액체가연물질은 1.2 ~ 1.4, 고체 가연물질은 1.4 ~ 2.0이 된다.

- 과잉공기량 = 실제공기량 - 이론공기량
- 공기비 = $\dfrac{실제공기량}{이론공기량}$ = $\dfrac{실제공기량}{실제공기량 - 과잉공기량}$

2. 가연성 가스의 이론공기량 및 연소열

가연물질	분자식	분자량	이론공기량		연소열 (kcal/kg)
			Nm³/kg	Nm³/kg	
메탄	CH_4	16.043	9.524	13.304	212.80
에탄	C_2H_6	30.070	16.667	12.421	372.82
프로판	C_3H_8	44.097	23.810	12.100	530.60
n-부탄	C_4H_{10}	58.124	30.953	11.934	687.64
에틸렌	C_2H_4	28.054	14.286	11.412	337.15
아세틸렌	C_2H_2	26.038	11.905	10.246	310.62

10 연소반응식

1. 연소반응식 공식

탄소(C)와 수소(H)로 구성된 탄화수소계 가연성 가스에 대한 연소반응식은 일반적으로 다음과 같이 나타낼 수 있다.

$$CmHn + (m + \frac{n}{4}O_2) \rightarrow mCO_2 + \frac{n}{2}H_2O$$

가연성 가스인 $CmHn$은 완전연소시키면 이산화탄소(CO_2)와 물(H_2O)이 발생되나 공기의 양이 부족하면 불완전연소하여 일산화탄소(CO)가 발생된다.

119 더 알아보기

탄화수소계 가연성 가스의 완전연소반응식

- 부탄(C_4H_{10}) : $C_4H_{10} + 6.5O_2 \rightarrow 4CO_2 + 5H_2O + 687.64kcal$
- 프로판(C_3H_8) : $C_3H_8 + 5O_2 \rightarrow 3CO_2 + 4H_2O + 530.60kcal$
- 메탄(CH_4) : $CH_4 + 2O_2 \rightarrow CO_2 + 2H_2O + 212.80kcal$

액화천연가스의 주성분인 메탄이 연소할 때에는 2mole, 부탄은 6.5mole, 프로판은 5mole의 산소가 필요한데 프로판이나 부탄이 연소하려면 메탄보다 2 ~ 3배의 산소가 더 필요한 것을 알 수 있다.

이론공기량을 구해보면
이론산소량 = 이론공기량 × 21/100 이므로
이론공기량 = 이론산소량 ÷ 0.21
→ 부탄은 31, 프로판은 24, 메탄은 9.5배의 공기가 필요하다.

2. 최소산소농도

(MOC, Minimum Oxygen for Concentration, 임계산소농도)

(1) 개념

최소산소농도는 연소할 때 화염이 전파되기 위해 필요한 최소산소농도를 말한다.

例 프로판이 완전연소하기 위해서는 5mole의 산소가 필요하고 불이 붙기 위해서는 공기 중 2.1% ~ 9.5%가 혼합되어야 한다. 즉, 프로판의 인화점이 2.1%이니 5mole의 산소가 2.1%에서는 불이 붙는다는 뜻이다.

기출 플러스

1기압, 20℃ 인 조건에서 메탄(CH_4) $2m^3$ 가 완전연소하는 데 필요한 산소부피는 몇 m^3 인가? [21 기출]

① 2
② 3
③ 4
④ 5

해설

메탄의 완전연소반응식
$CH_4 + 2O_2 \rightarrow CO_2 + 2H_2O$
위 화학반응식에서 메탄 $1m^3$ 을 완전연소하기 위해서는 산소는 $2m^3$ 이 필요하다. 따라서 메탄 $2m^3$ 을 완전연소하기 위한 산소체적은 $4m^3$ 이 필요하다.

정답 ③

기출 플러스

메틸알코올(CH_3OH)의 최소산소농도(MOC : Minimum Oxygen Concentration, %)로 옳은 것은? (CH_3OH의 연소상한계는 37%, 연소범위의 상·하한 폭은 30%이다) [22 기출]

① 5.0
② 8.5
③ 10.5
④ 14.0

해설

메틸알코올(CH_3OH)의 최소산소농도를 계산할 때 메틸알코올의 완전연소반응식은 다음과 같다.
$CH_3OH + 1.5O_2 \rightarrow CO_2 + 2H_2O$
위 반응식을 통해 산소몰수는 1.5몰이다. 따라서 최소산소농도 = 산소몰수 × 연소하한계이므로 값을 대입하면 1.5 × 7 = 10.5%이다.

정답 ③

(2) 공식

- 최소산소농도(MOC) = 산소의 몰수 × 연소하한계
- 프로판(C_3H_8)의 완전연소식 = $C_3H_8 + 5O_2 \rightarrow 3CO_2 + 4H_2O$

① 프로판이 완전연소하기 위해서는 5mole의 산소가 필요하다.
② 프로판의 연소하한계값은 2.1%이므로 프로판의 최소산소농도 = 5 × 2.1 = 10.5%이다.

119 더 알아보기

메탄과 프로판의 완전연소 시 비교

구분＼종류	메탄(CH_4)	프로판(C_3H_8)
분자량	16	44
비중	$\frac{16}{29} \fallingdotseq 0.55$ ∴ 공기보다 가벼움	$\frac{44}{29} \fallingdotseq 1.52$ ∴ 공기보다 무거움
완전연소 시 산소몰수(mole)	2mole	5mole
이론산소량	메탄 1분자 체적(= $1m^3$)의 2배(= $2m^3$)가 필요	프로판 1분자 체적(= $1m^3$)의 5배(= $5m^3$)가 필요
이론공기량	메탄 1분자 체적의 9.5배(= $9.5m^3$)가 필요	프로판 1분자 체적의 24배(= $24m^3$)가 필요
실제공기량	메탄 1분자 체적(= $1m^3$)의 실제공기량 = 이론공기량 × 공기비(1.1) = 9.5 × 1.1 ≒ $10.5m^3$가 필요	프로판 1분자 체적(= $1m^3$)의 실제공기량 = 이론공기량 × 공기비(1.1) = 24 × 1.1 ≒ $26m^3$가 필요
연소범위	5 ~ 15%	2.1 ~ 9.5%
최소산소농도 (MOC)	산소 몰수 × 연소하한계 값 = 2 × 5 = 10%	산소 몰수 × 연소하한계 값 = 5 × 2.1 = 10.5%
주성분	LNG(액화천연가스)의 주성분	LPG(액화석유가스)의 주성분

3. 이온결합화합물

(1) 이온결합화합물의 화학식

Group Number						
1A	2A	3A	4A	5A	6A	7A
H^+						
Li^+	Be^{2+}		C^{4-}	N^{3-}	O^{2-}	F^-
Na^+	Mg^{2+}	Al^{3+}	Si^{4-}	P^{3-}	S^{2-}	Cl^-
K^+	Ca^{2+}				Se^{2-}	Br^-
Rb^+	Si^{2+}				Te^{2-}	I^-
Cs^+	Ba^{2+}					

산소(O)와 마그네슘(Mg)의 이온결합화합물의 화학식을 쓰시오.

해설

• Mg은 2A족 → Mg^{2+}
• O은 6A족 → O^{2-}
• 전기적인 중성을 위해서 → Mg : O의 비=1:1
• 화학식 : MgO

정답 MgO

다음 원소로부터 생성되는 이온결합화합물의 화학식을 쓰시오.

a. Ba와 S
b. Al과 Cl
c. Al과 O

해설

a. $Ba \rightarrow Ba^{2-}$, $S \rightarrow S^{2-}$ ⇒ Ba : S =1:1 ∴ BaS
b. $Al \rightarrow Al^{3+}$, $Cl \rightarrow Cl^-$ ⇒ Al : Cl =1:3 ∴ $AlCl_3$
c. $Al \rightarrow Al^{3+}$, $O \rightarrow O^{2-}$ ⇒ Al : O =2:3 ∴ Al_2O_3

정답 a. BaS, b. $AlCl_3$, c. Al_2O_3

(2) 금속의 완전연소방정식

① 칼륨의 연소반응

$$4K + O_2 \rightarrow 2K_2O$$

② 나트륨의 연소반응

$$4Na + O_2 \rightarrow 2Na_2O$$

③ 황린의 연소반응

$$P_4 + 5O_2 \rightarrow 2P_2O_5$$

④ 아세틸렌의 연소반응

$$2C_2H_2 + 5O_2 \rightarrow 4CO_2 + 2H_2O$$

⑤ 마그네슘의 연소반응

$$2Mg + O_2 \rightarrow 2MgO$$

⑥ 유황의 연소반응

$$S + O_2 \rightarrow SO_2$$

⑦ 적린(황린)의 연소반응

$$4P + 5O_2 \rightarrow 2P_2O_5 \text{ (오산화인)}$$

⑧ 알루미늄의 연소반응

$$4Al + 3O_2 \rightarrow 2Al_2O_3 \text{ (산화알루미늄)}$$

마그네슘 24(g)이 완전연소하기 위해 필요한 이론산소량(g)은? (마그네슘의 원자량은 24, 산소의 원자량은 16이다)

① 8 ② 16
③ 24 ④ 32

 해설

마그네슘의 완전연소반응식 : $2Mg + O_2 \rightarrow 2MgO$

마그네슘 2mole(48g)의 완전연소에 산소는 1mole(24g)의 완전연소에 산소는 0.5mole(16g)이 필요하다.

정답 ②

11 연소생성물

1. 개요

연소란 가연성 물질이 공기 중의 산소와 만나 열과 빛을 수반하며 산화하는 현상으로 연소는 발열반응을 통해 연소생성물을 생성하고 가연물의 고온화를 통해 연소를 지속시킨다. <u>연소생성물에는 열, 연기, 빛, 화염(불꽃), 연소가스 등이 있다</u>. 연소생성물은 인체에 열적 손상과 비열적 손상으로 피해를 주는데 열적 손상에는 대류와 복사열을 통한 화상과 열응력이 있고, 비열적 손상에는 마취성, 자극성, 독성 가스의 연소(유해)가스와 연기 등이 있다. 특히, 유해가스 흡입 시 판단 능력, 방향 감각 상실 및 패닉 현상에 의해 피난이 늦어지고 더욱더 많은 유독가스를 흡입하여 결국 사망하게 된다.

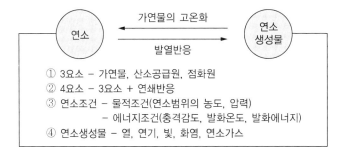

[연소의 일반적인 개념도]

2. 종류

(1) 연소가스

① 일산화탄소(CO)

허용 농도는 50ppm 이하이다. 일산화탄소는 무색·무취·무미의 환원성이 강한 가스로서 300℃ 이상의 열분해 시 발생한다. 12.5 ~ 75%가 폭발한계로서 푸른 불꽃을 내며 타지만 다른 가스의 연소는 돕지 않으며, 혈액 중의 헤모글로빈과 결합력이 산소보다 250 ~ 400배나 강하므로 흡입하면 산소결핍 상태가 된다.

공기 중 농도	인체의 반응
200ppm(0.02%)	가벼운 구토증상
800ppm(0.08%)	심한 구토, 현기증, 경련 등
1,600ppm(0.16%)	20분 정도 지속되면 두통, 현기증, 2시간 이상 지속되면 사망
2,000ppm(0.2%)	1시간 호흡으로 위험한 상태
4,000ppm(0.4%)	1시간 이내 호흡으로 사망할 수 있는 상태
10,000ppm(1%)	1분 정도 호흡으로 사망할 수 있는 상태

[CO의 특성과 인체영향]

분류	내용			
CAS No.	00630-08-0			
물리화학적 성질	분자식	CO	분자량	28.01
	비중	0.79(20℃, 물=1)	녹는점	-205℃
	끓는점	-191.5℃ (760mmHg)	증기압	1mmHg(20℃)
	증기밀도	0.968	응축점	-190℃
	성상	• 무색, 무미, 무취 • 헤모글로빈과 반응하여 COHb를 생성하며, 친화력은 산소보다 250~400배 강함 • 가연성 유독 가스 • 강한 산화제와 접촉하면 불이 나거나 폭발함 • 자연발화온도 609℃		
오염원	• 유기연료의 불완전연소 • 실내 난방의 연료(가스, 석유, 석탄 등) • 인위적 배출량 350~600만 톤/년			
노출경로	호흡을 통한 인체 내 침입			
작용기준	• 80~90%가 적혈구 내의 혈색소와 결합함 • 혈액 내 이동산소의 감소에 의한 저산소증을 초래 • 폐를 통해 호출됨			

이론 플러스

CO와 CO_2의 비교

종류 구분	CO	CO_2
분자량	28	44
비중	0.96	1.52
공기 중 허용농도	50ppm	5,000ppm
연소성	가연성	불연성
생성	불완전 연소 시	완전 연소 시
연소범위	12.5%~75%	–
특성	• 난용성 • 헤모글로빈(Hb)과 결합 • 푸른 불꽃을 낸다.	• 수용성 • 실내 공기의 양호도를 판별하는 기준 물질 • 삼중점 : -56.7℃ • 임계온도 : 31℃

인체에 미치는 영향	• 혈액의 산소운반능력을 방해하여 조직의 산소결핍을 초래 • 허혈증 • 저산소증은 민감한 기관들 즉 두뇌, 심장, 혈관내벽과 같은 조직에 산소공급 부족을 초래

② **이산화탄소(CO_2)**

허용 농도는 5,000ppm 이하로, 비독성 물질에 해당한다. 이산화탄소 그 자체는 일산화탄소처럼 인체에 대해 생화학적 영향을 줄 정도의 유독성을 가진 것은 아니지만 <u>화재 시 대량으로 발생하여 공기 중의 산소부족에 따른 질식효과가 나타나기 때문에 인명을 죽음에 이르게</u> 할 수 있다.

공기 중 농도	인체의 반응
1%	**공중 위생상 허용 농도**
2%	호흡심도가 1.5배 증가(불쾌감)
3%	호흡심도가 2배 증가, 무의식 중(현기증)
4%	두부의 압박감, 국소적 지각 현상(두통, 귀울림, 어지러움, 혈압 상승)
6%	호흡수의 현저한 증가를 스스로 느낌
8%	호흡 곤란
9%	**10분 이내에 의식상실(질식성)**
10%	2~3분 이내에 의식상실, 시력장애, 사망
20%	**중추신경마비로 사망**

[CO_2의 특성과 인체영향]

분류	내용			
CAS No.	00124-38-9			
물리화학적 성질	분자식	CO_2	분자량	44.01
	비중	1.02 (20℃, 물=1)	비등점	−78℃
	WHO 기준	920ppm (8시간)	융점	−56.5℃
	증기밀도	1.527	대기조성	약 0.03%
	성상	• 무색, 무취의 가스이나 액체나 고체도 존재 • 나트륨, 칼륨, 티타늄과 반응 시 발화 • 플라스틱, 고무류 및 피복제를 손상시킴		
오염원	• 인간이나 동물의 호흡기로 배출 • 연료의 연소과정에서 생성 • 소화 및 방화제			

노출경로	호흡을 통한 인체 내 침입
작용기준	• 중추신경계를 억제 및 흥분 • 호흡중추 자극
인체에 미치는 영향	• 흡입 시 호흡과 맥박이 빨라지고 혈압 및 맥압이 상승 • 환경기준 0.5% 이하 • 두통, 권태, 현기증, 구토, 불쾌감 등의 증상을 초래 • 두통, 발한, 이화감, 우울증, 시력장애 발생 • 1.5% 가벼운 정도의 대사장해 • 7~10%에서는 수분 내 혼절

이론 플러스

공기 중 독성가스 허용농도
• 국제기준 : 200ppm 이하
• 고압가스안전관리법
 – 독성가스 : LC50을 기준으로 5,000ppm 이하
 – 맹독성 가스 : 200ppm 이하

ppm(parts per million)
백만분율은 수를 1,000,000과의 비로 나타내는 방법으로, ppm(parts per million)이라는 기호를 사용한다. ppm은 백만분의 1이라는 뜻이다. 농도를 나타낼 때 용액 1kg에 들어있는 용질의 mg수(mg/kg)를 나타낸다. 용액의 밀도가 1kg/L과 근사한 경우에는 용액 1L에 들어있는 용질의 mg수(mg/L)를 나타내기도 한다. ppm값을 10,000으로 나누면 %(백분율)로 단위를 변환할 수 있다. 주로 대기나 해수, 지각 등에 존재하는 미량 성분의 농도를 나타낼 때 사용된다.
예 대기 중의 이산화탄소 농도
 395ppm = 395/1000000*100
 = 0.0395%
 수중의 염소이온 농도 1ppm은 1톤의 물에 1g의 염소이온이 존재한다는 것이다.

③ **황화수소**(H_2S)
허용 농도는 10ppm 이하이다. 고무, 동물의 털과 가죽 및 고기 등과 같은 물질에는 유황 성분이 포함되어 있어, 화재 시에는 이들의 불완전연소로 인해 황화수소가 발생한다. 썩은 달걀에서 나는 것과 같은 특유한 냄새가 난다.

④ **아황산가스**(SO_2)
허용 농도는 5ppm 이하이다. 고무, 동물의 털과 가죽 및 고기 등과 같은 물질에는 유황 성분이 포함되어 있어, 화재 시에는 이들의 완전연소로 인해 아황산가스가 발생한다. 산성비의 원인 물질이다.

⑤ **암모니아**(NH_3)
허용 농도는 25ppm 이하이다. 암모니아는 눈, 코, 인후 및 폐에 매우 자극성이 큰 유독성 가스로서 사람들이 본능적으로 피하고자 할 정도로 역한 냄새가 난다. 상공업용의 냉동시설에서 냉매로 널리 사용된다.

⑥ **시안화수소**(HCN)
허용 농도는 10ppm 이하이다. 청산가스라고도 하며, 목재나 종이류가 탈 때는 공기 중의 질소가 탄소와 결합하면서 생성되기도 하지만, 주로 질소 함유물로 제조되는 수지류, 모직물 및 견직물이 불완전연소되어 발생하는 경우가 많다. 인체에 대량 흡입되면 헤모글로빈과 결합하지 않고도 전신경련, 호흡·심박동 정지 등으로 질식사한다.

⑦ **염화수소**(HCl)
허용 농도는 5ppm 이하이다. PVC와 같이 염소가 함유된 수지류가 탈 때 주로 생성된다. 금속에 대해 강한 부식성이 있어 콘크리트건물의 철골이 때로는 손상되기도 한다.

⑧ **이산화질소**(NO_2)
허용 농도는 1ppm 이하이다. 이산화질소 독성은 매우 커서 대체로 200~700ppm 정도의 농도에 잠시 노출되기만 해도 인체에 치명적이다.

⑨ **아크로린(아크롤레인, CH_2CHCHO)**

허용 농도는 0.1ppm 이하이다. 아크로린은 석유제품 및 유지류(油脂類) 등이 탈 때 생성되는데, 자극성이 매우 크고 맹독이어서 1ppm 정도의 농도만 되어도 견딜 수 없게 될 뿐 아니라, 10ppm 이상의 농도에서는 거의 즉사한다.

⑩ **포스겐($COCl_2$)**

허용 농도는 0.1ppm 이하이다. 맹독성으로 염소가 들어있는 화합물이 화염과 접촉할 때 발생되며, 소화약제인 사염화탄소를 화재 시에 사용하여도 발생하여 치사될 위험이 있다. 또한, 할론104(CCl_4) 소화약제가 증기, 수분, 탄산가스, 산화철, 발연황산 등과 반응하면 포스겐($COCl_2$)가스가 발생한다.

⑪ **불화수소(HF)**

허용 농도는 3ppm 이하이다. 불소계 수지가 탈 때 생성되는 무색의 기체로서 모래, 유리를 부식시킨다. 특히, 물에 잘 녹고, 인화성 폭발성 가스를 발생시킨다.

⑫ **취화수소(브롬화수소)(HBr)**

방염수지류 등이 연소할 때 발생되는 연소생설물로서 유독성이 있어 독성가스로 취급되며 독성의 허용농도는 5ppm이다. 상온·상압에서 무색의 자극성 기체로 물에 잘 용해된다.

⑬ **산화질소(NO)**

산화질소는 −151.8℃에서 액화되며, −163.6℃에서 응고되는데, 고체·액체 모두 청색을 띤다. 이 기체는 물에 거의 녹지 않는다. 산소와 빠르게 반응하여 이산화질소(NO_2)가 된다. 모든 산화질소는 매우 휘발성이 크다. 유독성이 강하여 적은 양의 기체를 흡입하여도 단시간 내에 인체에 치명적이다.

⑭ **기타 연소생성물** ★★

연소물질	연소생성가스	연소물질	연소생성가스
탄화수소류	CO, CO_2	셀룰로이드, 폴리우레탄	질소산화물
합성수지, 레이온	아크로린	질소성분의 모사, 비단, 피혁	시안화수소
나무, 종이	아황산가스	멜라민, 나일론, 요소수지	암모니아
폴리스티렌	벤젠	나무 치오콜	수소의 할로겐화물
PVC, 방염수지류, 불소수지류	HF, HCl, 포스겐 등	페놀수지, 나무, 나일론, 폴리에스테르수지	알데히드류

⑮ 유해(연소)가스 발생 상황

㉠ 산소 농도는 급강하하여 플래시오버 직후 약 2% 정도 존재한다.

㉡ CO_2 농도는 급상승하여 최고 15%, CO 농도는 6% 정도 존재한다.

㉢ CO > HCl > HCN > NH_3 순서로 많이 발생한다.

㉣ HCl은 합성계, 나머지는 천연계에서 많이 발생한다.

㉤ CO 농도는 화재하중이 클수록, 환기량이 적을수록 증대된다.

119 더 알아보기

독성가스 허용 농도의 종류

1. TLV-TWA(Threshold Limit Value-Time Weighted Average)
   시간가중치로서 거의 모든 노동자가 1일 8시간 또는 주 40시간의 평상작업에 있어서 악영향을 받지 않는다고 생각되는 농도로서 시간에 중점을 둔 유해물질의 평균 농도이다.

2. LC_{50}(Lethal Concentration Fifty)
   LC_{50}은 실험동물에 화학물질, 약품 등을 일정 시간 흡입시킨 후 실험동물의 50%가 사망하는 약품농도(ppm, mg/m^3)를 말한다.

유독성 연소가스	TLV(ppm)	LC_{50}(ppm)
이산화탄소(CO_2)	5,000	-
일산화탄소(CO)	50	1,807
암모니아(NH_3)	25	-
벤젠(C_6H_6)	25	-
황화수소(H_2S)	10	713
시안화수소(HCN)	10	-
염화수소(HCl)	5	970
아황산가스(SO_2)	5	-
이산화질소(NO_2)	1	-
불화수소(HF)	3	1,276
염소(Cl_2)	0.5	873
삼염화인(PCl_3)	0.2	-
포스겐($COCl_2$)	0.1	-
아크로린(CH_2CHCHO)	0.1	-

(2) 불꽃(화염, Flame)

① 개요

가연물질의 완전연소 시에는 공기의 공급량이 충분하기 때문에 연소불꽃은 휘백색으로 나타나고 보통 불꽃온도는 1,500℃에 이르게 되며 금속이 탈 때는 3,000℃ 내지 3,500℃에 이른다. 그러나 공기 중의 산소 공급이 부족하면 연소불꽃은 담암적색에 가까운 색상을 나타내며 생성물인 일산화탄소를 많이 발생하여 사람이 마시면 혈액 속에 들어있는 헤모글로빈과 결합하여 질식사하게 된다.

② 불꽃의 색과 온도와의 관계

색깔	온도(℃)	색깔	온도(℃)
담암적색	500	주황색	900 ~ 1,000
암적색	700 ~ 750	황색	1,050
진홍색	750	황적색	1,100
적색	850	백적색	1,300
휘적색	950	휘백색	1,500

③ 화재플럼(Fire Plume)

㉠ 정의

화재 시 발생하는 부력 기둥과 화염 기둥을 합한 화재 기둥을 의미한다.
- Fire Plume은 부력에 의한 화염 기둥의 열기류이며, 부력 기둥은 유체의 밀도차 때문에 기류는 유체 내에서 상승하는 힘이 생기는데 이 힘에 의해 생기는 상승기류의 기둥이다.
- 화염 기둥이란 간헐화염 영역과 연속화염 영역을 합한 것으로 화재 시 발생하는 화염에 의한 기둥을 의미한다.

㉡ Fire Plume의 구분

화재플럼이란 부력에 의해 연소가스와 유입공기가 상승하면서 화염이 섞인 연기 기둥 형태를 나타내는 현상이다. 부력은 유체 내의 상승하는 힘으로 작용하고 높은 온도의 연소가스는 큰 상승기류를 형성한다. 자연화재의 경우에는 연속화염 영역, 간헐화염 영역, 부력 플럼 영역으로 구분된다.

구분			내용
화염 플럼 영역	연속화염 영역	화염	• 지속적인 화염이 존재하는 영역이다. • 길이는 화염의 직경에 비례한다.
		유속 등	연소가스의 흐름이 가속되는 영역이다.
	간헐화염 영역	화염	• 간헐적으로 화염의 존재와 소멸이 반복되는 영역이다. • 연소면의 크기에 반비례하는 주기를 가지고 이러한 진동이 난류성을 증대시킨다.
		유속 등	거의 일정한 유속이 유지되는 영역이다.
부력 플럼 영역		화염	• 화염이 존재하지 않는 영역 즉, 화염상부의 대류 열기류 영역이다. • 주위 공기보다 상대적으로 밀도가 작은 유체가 상승하게 된다.
		유속 등	• 화염의 높이에 따라 유속과 온도가 감소되는 영역이다. • 부력 플럼의 구조는 주위 유체와의 상호작용에 의해 결정되는 것으로, 부력 플럼 내의 온도는 화재 강도와 플럼 높이에 의해 예측할 수 있다. • 화재감지기, 스프링클러 등의 설계에 있어 중요한 부분이다.

[Mccaffrey에 의한 화재플럼의 3가지 영역]

③ Fire Plume의 영향인자

Fire Plume은 연소가스와 유입공기가 부력에 의하여 상승하는 현상이며, 최대 높이나 열적, 유체적인 구조 등이 문제가 된다.

㉠ 플럼의 주요 구성요소는 유입공기이므로 플럼 내·외부의 온도차에 의해 플럼의 높이는 상승한다.

㉡ 공기의 인입 흐름의 속도는 화재의 높이와 화재 플럼의 성질을 좌우한다.

ⓒ 부력 화염에 존재하는 와류에 의한 난류 효과는 연소되는 플럼의 화염 높이에 영향을 미친다.

ⓔ 유체(가솔린)의 증발속도보다 플럼의 상승속도가 유입공기를 조절한다.

④ Fire Plume과 구획경계와의 상호작용

  ㉠ 천장 제트 흐름(Ceiling jet flow)

   • Ceiling jet flow란 고온의 연소생성물이 부력에 의해 힘을 받아 천장면 아래에 얇은 층 을 형성하는 비교적 빠른 속도의 가스흐름으로 화재 초기에만 존재한다.

   • 수직범위의 Fire Plume이 상승하다 천장에 의해 제한을 받게 되면 더운 가스들이 수평방향의 천장 제트 흐름을 형성한다.

   • 천장 제트 흐름에 의해 고온의 연소생성물이 천장의 화재감지기 또는 스프링클러 헤드로 이동하는 메커니즘이다.

  ㉡ 수평화염(Horizontal flame)

   • 천장이 매우 낮거나 화재가 충분히 커서 화염이 직접 천장에 충돌되면 화염이 천장제트와 같이 수평으로 굴절된다.

   • 화염이 수평으로 굴절되면서 공기인입 속도가 현저하게 감소되기 때문에 화염의 길이가 상당히 연장되는데 이를 '수평화염'이라 한다.

   • 수평화염은 부양성의 고온가스가 차가운 공기 위로 흐르기 때문에 비교적 안정된 구조이며, 천장으로의 화염확장은 화재 성장에서 중요하다.

  ㉢ 구획벽의 방해 플럼(벽에 근접한 화재플럼, Confined plume)

   • 화원이 벽쪽이나 구석에 있다면 자유로운 공기인입에 제한을 받게 되는데 이로 인해 부력 플럼에서는 온도가 높이에 따라 훨씬 천천히 저하된다.

   • 이는 차가운 주변 공기와의 혼합속도가 자유로운 경우보다 훨씬 작게 되기 때문이다.

   • 유입공기가 자유공간의 1/2 수준이므로 화염의 길이가 증가한다.

   • 화염 플럼에서는 연소에 필요한 공기를 충분히 공급 받기 위해서 화염의 연장이 발생한다.

   • 화염확산은 화염의 길이가 가장 긴 벽 쪽에서 가장 빠르다.

이론 플러스

Fire Plume 발생 메카니즘

1. 부력
   ① 화재로 발생한 가스는 고온이므로 부력에 의해 화염 위쪽으로 상승기류를 형성 한다.
   ② 부력 기둥은 주위 공기를 유입하면서 상승하여 공간 상부에 연소 생성 가스와 공기의 혼합기층을 만든다.

2. 공기의 인입
   부력 기둥에 의해 더운 기류가 상승하게 되면 차가운 공기가 화재 플럼 내로 유입된다.

3. 와류(소용돌이) 형성
   ① 부력에 의해 상승하는 기류는 인입되는 공기에 의해 희석되어 온도가 서서히 낮아진다.
   ② 상승하는 기류의 차가운 끝부분이 천천히 아래로 내려오면서 공기가 회전하기도 하고 상승하기도 하는데 이를 와류라 한다.

4. 중력에 의한 낙하
   기류는 점점 차가워지고 중력에 의해 낙하하기 시작한다.

4가지 온도

온도	단위환산
°F 화씨온도 (Fahrenheit)	$°F = \dfrac{9}{5}°C + 32$
°C 섭씨온도 (Celsius)	$°C = \dfrac{5}{9}(°F - 32)$
K 켈빈온도 (Kelvin)	$K = °C + 273.15$, $K = \dfrac{5}{9}R$
R 랭킨온도 (Rankine)	$R = °F + 460$

4가지 온도의 관계

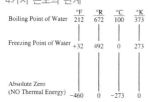

	°F	°R	°C	°K
Boiling Point of Water	212	672	100	373
Freezing Point of Water	+32	492	0	273
Absolute Zero (NO Thermal Energy)	-460	0	-273	0

3. 연소 시 열(Heat)의 특성

(1) 물질의 상태 변화

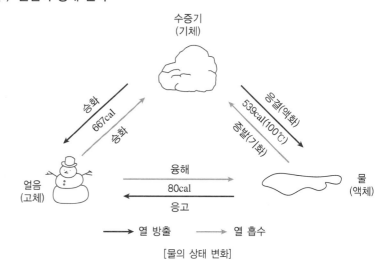

[물의 상태 변화]

(2) 현열(감열, sensible heat)

물질의 상태 변화는 없고 온도의 변화만 있을 때 필요한 열량을 말한다.

$$Q = m \cdot c \cdot \Delta t$$

Q : 현열(kcal, cal)

m : 질량(kg, g)

c : 비열(kcal/kg · ℃, cal/g · ℃)

Δt : 온도차(℃)

(3) 잠열(숨은 열, lent heat, hidden heat)

온도의 변화는 없고 물질의 상태가 변할 때 필요한 열량을 말한다.

$$Q = m \cdot \gamma$$

Q : 열량(kcal, cal)

m : 질량(kg, g)

γ : 융행잠열, 증발잠열(kcal/kg, cal/g)

✿ 물의 기화(증발)잠열은 539cal/g, 얼음의 융해잠열은 80cal/g이다.

(4) 비열(Specific Heat) ★★

① 어떤 물질 1g을 1℃만큼 상승시키는 데 필요한 열량(cal)이다.

② 물의 비열은 1cal/g이다.

③ 물질마다 비열은 다르나 물 이외의 물질의 비열은 보통 1보다 작다.

  ✪ 물의 비열이 가장 크다.

④ 물이 소화약제로 사용되는 이유는 다른 물질에 비해 비열이 커서 냉각효과가 크기 때문이다.

(5) 열량(cal)

① 칼로리(calorie)는 에너지의 단위로, 온도가 다른 물체 사이에 전해지는 에너지의 양이다. 즉, 물질의 온도를 높이는 데 소요되는 열의 양이다.

② 1cal는 1의 물의 온도를 섭씨 1℃까지 높이는 데 필요한 열의 양을 말한다.

(6) 열용량

① 어떤 물질에 대한 이동열량과 이로 인해 생기는 온도 변화의 비를 말한다.

② 열용량 = 비열 × 질량 × 온도 차

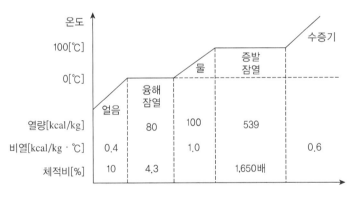

[물의 수소 결합에 의한 특성]

0℃ 물 1g이 수증기 100℃가 되려면 몇 [cal]가 필요한가?

해설

$$Q = m \cdot c \cdot \Delta t + m \cdot \gamma + m \cdot c \cdot \Delta t$$

• 물의 비열은 1[cal/g℃]로 계산한다.
• 물 → 수증기 : 539[cal/g]
  1cal × 1g × (100 − 0) + (1g × 539) = 639   ∴ 639[cal]

- 만약 문제가 2g으로 나오면, 1g의 기본 답 639 × 2g = 1278[cal]가 정답이 된다.
- 열용량 계산식은 '잠열 + 현열의 온도차'로 생각하면 쉽다(∆ : 차이, Σ : 합).
- 약식 : 539(액상이 기상이 되는 잠열값) + 100(현열의 온도차) = 639[cal/g]

정답 639[cal]

20℃의 물 1g이 수증기 100℃로 변하는 데 몇 [cal]가 필요한가?

해설

$$Q = c \cdot m \cdot \Delta t$$

- 물의 비열은 1[cal/g℃]로 계산한다.
- 물 → 수증기 : 539[cal/g]

  1cal × 1g × (100 − 20) + (1g × 539) = 619   ∴ 619[cal]
- 약식 : 539(액상이 기상이 되는 잠열값) + 80(현열의 온도차 100 − 20) = 619[cal/g]

정답 619[cal]

0℃ 얼음 1kg이 수증기 100℃가 되려면 몇 [cal]가 필요한가?

해설

$$Q = c \cdot m \cdot \Delta t$$

- 열용량 = 비열 × 질량 × 온도차
- 얼음 → 물 : 80[kcal/kg]

  [1kcal × 1kg × (100 − 0) + 1kg × 80] + (1kg × 539) = 719   ∴ 719[kcal]
- 약식 : 619(고상이 기상이 되는 잠열값 80 + 539) + 100(현열의 온도차 100 − 0) = 719[kcal/g]

정답 719[kcal]

15℃ 물 1kg이 200℃ 증기로 변할 때 흡수되는 열량을 구하시오.

해설

$$Q = m \cdot c \cdot \Delta t + m \cdot \gamma + m \cdot c \cdot \Delta t$$

물이 수증기로 변할 때 필요한 열량
= 1 × 1 × (100 − 15) + 1 × 539 + 1 × 0.6 × (200 − 100)
= 684[kcal]

정답 684[kcal]

다음 그래프는 1기압하에서 −20℃의 얼음 1g이 가열되는 동안의 온도 변화를 나타낸 것이다. 그래프에 대한 설명으로 옳은 것을 모두 고르면?

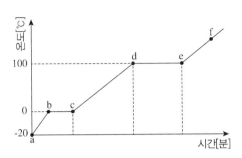

㉠ 구간 b ~ c, 구간 d ~ e에서 잠열을 흡수한다.
㉡ 구간 a ~ b, 구간 c ~ d, 구간 e ~ f에서 현열을 흡수한다.
㉢ 구간 b ~ c에서 흡수하는 열량은 약 80cal이다.
㉣ 구간 c ~ d에서 흡수하는 열량은 약 100cal이다.
㉤ 구간 b ~ e에서 소요되는 열량은 약 619cal이다.

① ㉠, ㉢, ㉤   ② ㉡, ㉢, ㉣
③ ㉠, ㉣, ㉤   ④ ㉠, ㉡, ㉢, ㉣

해설

㉤ 구간 b ~ e에서 소요되는 열량은 b ~ c에서 흡수하는 열량 약 80cal, c ~ d에서 흡수하는 열량 약 100cal, d ~ e에서 흡수하는 열량 539cal를 더하면 약 719cal이다.

정답 ④

(7) 공기온도와 생존한계시간

공기온도	생존한계시간
143℃	5분 이하
120℃	15분 이하
100℃	25분 이하
65℃	60분 이하

전도, 대류, 복사의 비교

종류 \ 구분	전도	대류	복사
주요인	온도차	밀도차	전자차
매질	○	○	×
열전달 속도	느리다	빠르다	매우 빠르다
관련 법칙	푸리에 법칙	뉴턴의 냉각 법칙	스페판 -볼츠 만법칙

매질
에너지를 전달하는 매개체(물질)

(8) 열전달방법 ★★

① 전도(Conduction)

ㄱ 개념

동일한 물질 또는 일정한 물질 상호 간의 열의 이동이며 물질의 각 분자가 지니고 있는 <u>운동에너지가 인접한 분자에 이동해 나가는 현상</u>을 말한다. <u>주로 고체의 열전달 방법으로 각각의 분자들은 진동만 일어나며 이동은 수반하지 않는다.</u> 이것은 물질 내부에 온도차가 있을 때 온도가 높은 곳에서 낮은 곳으로 물질 내부를 이동하는 것이다. 전도는 <u>고체, 유체(액체, 기체) 분자가 정지한 상태에서 그 기본 위치를 바꾸지 않으면서 열에너지를 전달하는 것</u>을 말하며, 물체 내의 온도차로 인해 한 물체에서 다른 물체로 직접 접촉에 의하여 비금속물질의 경우 분자의 진동에 의한 에너지의 전달, 금속물질의 경우는 자유전자의 흐름에 의한 열에너지가 이동하는 상태를 말한다.

예 뜨거운 커피잔 속에 스푼을 넣고 저으면 열이 스푼으로 전달되어 손가락이 뜨거워지는 현상

ㄴ 특징

- 압력과 열전도는 비례하며, <u>진공 상태에서는 열이 전달되지 않는다.</u>
- 열전도는 <u>고체 > 액체 > 기체의 순서</u>이다.
- 열의 흐름은 고체장해물(부도체)에 의해 정지되지 않는다. 다만, 열의 전도성을 낮게 할 뿐이다.
- 금속이 비금속에 비해 열전도율이 큰 이유는 <u>자유전자의 흐름</u> 때문이다.
- 콘크리트보다 철근이 열전도율이 크다.
- <u>Fourier(푸리에)의 열전도 법칙</u>을 따른다.

$$\dot{q} = kA\frac{T_2 - T_1}{l}$$

여기서, $\dot{q}$: 열유동율, 물질을 통해 전달되는 열량(W, J/sec)

k : 물질의 열전도율(W/mK)

T_1, T_2 : 물질 양면의 온도(K)

l : 물질의 두께(m)

A : 표면적(m^2)

열전달속도는 <u>열전도율, 열전달면적, 고온부와 저온부의 온도 차이에 비례하고, 열이 전달되는 물질의 두께(= 열이 전달되는 거리)에 반비례한다.</u> 열의 유동은 시간에 따라 변하지 않는다.

- 주택의 벽면용 단열재의 경우
  - 벽의 면적이 클수록 열손실이 많다(면적 : A).
  - 날씨가 추울수록 열손실이 많다(실내외 공기 온도차 : ΔT).
  - 같은 재료일 때 벽이 두꺼울수록 열손실이 적다(벽 두께 : L).
ⓒ 화재와의 관계
  - 발산되는 열보다 전달되는 열이 많아 누적이 되면 발화의 원인이 된다.
  - 콘크리트 속의 철재는 화재 시 열전도율이 크기 때문에 여기에 접촉된 가연물에 열이 전달되어 화재확대현상을 초래할 수 있다.
  - 일반적으로 화재의 초기단계에서 열의 전달 요인이다.

② 대류(Convection)
  ㉠ 개념
    - 고체 벽에 유체가 접촉하고 있을 때 <u>유체의 일부 온도가 변화하면 동시에 밀도 또한 변화하여 유체의 운동을 통해 균일화되기 위해서 유체가 서로가 이동하는 현상</u>이다.
    - 유체(액체, 기체)입자의 운동에 의해 열에너지가 전달되는 현상이다.
    - 자연대류현상과 같은 유체의 밀도 차에 의해 분자 자체가 이동하는 것이다.
  ㉡ 특징
    - <u>유체의 흐름은 층류일 때보다 난류일 때 열전달이 잘 이루어진다.</u>
    - 대류열전달은 고체 표면과 움직이는 유체 사이에서 분자의 불규칙한 운동과 거시적인 유체의 유동에 의해 이루어진다.
    - <u>대류는 Newton의 냉각법칙을 따른다.</u>

$$\dot{q}'' = \dot{q}'' = k\frac{(T_2 - T_1)}{l} = h(T_2 - T_1), \ h = \frac{k}{l}$$

    여기서, h는 대류전열계수 또는 대류열전달계수라 한다.

  ㉢ 대류의 종류
    대류열전달은 유체의 유동이 외부로부터 작용하는 힘에 의해 이루어지는가 또는 온도차로 인한 부력에 의해 발생하는가에 따라 강제대류(Forced convection)와 자연대류(Natural convection)로 구분된다.
    - 강제대류 선풍기 겨울철 바람
      - 여름에 더운 날 선풍기를 튼다고 해서 방안의 공기 온도가 낮아지는 것은 전혀 아닌데도 시원한 것은 강제대류에 의해 사람의 피부와 공기와의 열전달계수가 높아졌기 때문이다.
      - 겨울에 살을 에는 듯한 바람도 역시 열전달계수를 높여주었기 때문이다.

이론 플러스

층류
유체입자가 층상을 이루면서 흐트러지지 않고 일정하게 흐르는 흐름

난류
유체의 각 부분이 시간적으로나 공간적으로 불규칙한 운동을 하면서 흐르는 흐름

밀도
단위부피당 질량

- 자연대류 – 냉난방 방향
  - 뜨거운 공기는 가벼워 위로 올라가고 차가운 공기는 무거워 아래로 내려온다.
  - 냉방을 할 경우에는 바람을 위로 향하게 하여 방 위쪽의 더운 공기를 식히고 자연스럽게 무거운 찬 공기는 아래로 내려오게 하여 순환되도록 한다.
  - 난방을 할 경우에는 바람을 아래로 향하게 하여 자연대류에 의해 방 위쪽으로 올라가 순환되도록 한다.
  - 이러한 이유로 중앙 냉난방식의 경우 에어컨은 천장에 라디에이터는 아래에 설치한다.
- ② 화재와의 관계
  - 유체의 유동에 의해 연소확대의 원인이 된다.
  - 대류는 화재의 이동경로, 연소확대, 화재의 형태나 특성에 가장 큰 영향을 미친다. 그리고 연기의 수직이동에도 큰 영향을 미친다.
  - 고층건물에서 발생한 대형 화재의 대부분은 대류 때문에 발생한다.
  - 대류현상은 옥외에서 발생한 화재에서 <u>화재폭풍(fire storm)</u>을 일으키기도 한다.
  - 화재 시 연기가 위로 향하거나 화로(火爐)에 의해 실내의 공기가 따뜻해지게 된다.

③ **복사(Radiation)**
- ㉠ 복사는 전도, 대류와 같이 물질을 매개체로 하여 열에너지가 전달되는 것이 아니라 서로 떨어져 있는 두 물체 사이에 열에너지가 <u>전자파 형태</u>로 물체에 복사되며 이것이 다른 물체에 전파되어 흡수되면 열로 변하는 현상이다.
- ㉡ <u>화재 시 열의 이동에 가장 크게 작용하는 열이동방식이다.</u>
- ㉢ 스테판–볼츠만법칙에 의해 <u>복사에너지는 열전달 면적에 비례하고, 절대온도의 4제곱에 비례한다.</u>
- ㉣ 태양이 지구를 따뜻하게 하는 현상이다.
- ㉤ 물체에 복사열이 접촉되면 관통하지 않고 흡수되어 그 물체를 따뜻하게 한다.
- ㉥ <u>진공상태에서는 손실이 없으며, 공기 중에서도 거의 손실이 없다.</u>
- ㉦ <u>복사열은 일직선으로 이동</u>한다.

119 더 알아보기

스테판-볼츠만법칙

$$Q = \sigma AF(T_1^4 - T_2^4)$$

- σ : 스테판-볼츠만계수 $5.67 \times 10^{-8}(W/m^2K^4)$
- A : 열전달면적(m^2)
- F : 기하학적 Factor
- T_1 : 고온(°K)
- T_2 : 저온(°K)

✪ 복사열은 절대온도의 4제곱에 비례하고, 열전달면적에 비례한다.

✪ 열전달 방법의 속도 : 복사 > 대류 > 전도

4. 화재 시 연기의 특성

(1) 연기의 정의

① 연기란 가연물이 연소할 때 생성되는 물질인 고상의 미립자, 액상의 타르 (Tar) 등 액적입자, 무상의 증기 및 기상의 분자가 공기 중에서 부유 확산하는 복합 혼합물이다.

② 연기의 입자 크기는 보통 $0.01 \sim 10(\mu m = \mu)$ 정도이다.

③ 연기는 온도가 낮은 곳이나 공기가 희박한 곳에서 연소할 경우, 많은 입자가 생성되어 농도가 짙게 된다.

④ 탄소입자가 다량으로 포함된 연기는 농도가 짙으며 검게 보이고, 수소입자가 다량 포함된 연기는 백색으로 보인다.

⑤ 화재 초기 발연량은 화재 성숙기의 발연량보다 많다고 할 수 있다.

(2) 연기의 농도와 가시거리

① 연기농도측정법

    ㉠ 중량농도법(mg/m^3) : 단위 체적당 연기입자의 무게를 측정하는 방법이다. 입경이나 입자의 색에는 관계가 없다.

    ㉡ 입자농도법$(개/m^3)$: 단위 체적당 연기입자의 개수를 측정하는 방법이다. 입자(개수)농도는 단순히 입자의 개수만으로 평가되며 그 형상이나 크기 혹은 색과는 관계가 없다.

이론 플러스

연기의 농도 표시법

1. 절대농도
   - 중량농도법
   - 입자농도법
2. 상대농도
   - 감광계수법

ⓒ 감광계수법(투과율법)(m^{-1})
- 연기 속을 투과하는 빛의 양을 재는 광학적 방법이다.
- 빛이 감소되는 계수이다.
- 감광계수가 커지면 빛이 감소되고 시야가 좁아져 가시거리는 짧아진다.
- 감광계수와 가시거리는 반비례관계이다.
- Lambert-Beer 법칙

  연기의 농도가 진해지면 연기입자에 의해 빛이 차단되기 때문에 가시거리는 짧아진다. 따라서 감광계수로 표시한 연기의 농도와 농도의 가시거리는 반비례의 관계를 가진다. 감광계수란, 연기의 농도에 따른 투과량으로부터 계산한 농도로 시야상태를 문제로 하는 화재에 있어서 가장 적절한 농도 표현의 하나이며, 연기의 농도와 감광량 사이에는 다음의 Lambert-Beer 법칙이 성립한다.

$$I = I_0 e^{-C_s L}, \quad C_s = \frac{1}{L} ln \frac{I_0}{I}$$

여기서 C_S : 감광계수(m-1)

  L : 광원과 수광체 간의 거리 (m), 즉 연기두께

  I : 연기가 있을 때의 빛의 세기(lux)

  I_0 : 연기가 없을 때의 빛의 세기(lux)

ⓓ 광학적 농도(Optical Density)

$$D = D_S \frac{AL}{V}$$

D : 광학적 농도

D_S : Specific Optical Density, (무차원)

L : 농도계의 광로길이

A : 시료의 표면적

V : 상자의 용량

② 연기의 농도(감광계수)와 가시거리

감광계수(CS)	가시거리(m)	상황
0.1	20 ~ 30	연기감지기가 작동할 정도
0.3	5	건물 내부에 익숙한 사람이 피난에 지장을 느낄 정도의 농도
0.5	3	어두침침한 것을 느낄 정도의 농도

1.0	1~2	거의 앞이 보이지 않을 정도
10	0.2~0.5	화재 최성기 때의 연기 농도로 유도등이 보이지 않을 정도
30	–	출화실에서 연기가 분출될 때의 연기 농도

 119 더 알아보기

피난한계시야

1. 연기의 시정저해효과

   연기의 농도가 높으면 연기입자에 의한 빛의 차폐효과 때문에 투과거리가 저하된다. 이것을 연기의 시정저해효과라 한다.

2. 건물을 잘 아는 사람 경우
   (1) 피난한계시야 : 3~5m
   (2) 피난연기농도 : 0.2~0.4/m

3. 건물을 잘 알지 못하는 사람의 경우
   (1) 피난한계시야 : 20~30m
   (2) 피난연기농도 : 0.07~0.13/m

4. 연기로부터의 피난한계거리

   보통 사람은 4~5m 위치에서 피난을 개시하지 않으면 시기를 잃어버리게 된다.

(3) 연기의 영향

① 연기가 인체에 미치는 영향은 시각적 영향, 생리적 영향, 심리적 영향으로 구분할 수 있다. 이 중에서 <u>인체에 미치는 영향이 가장 큰 것은 생리적 영향</u>이다.
  ㉠ 시각적 영향 : 연기 발생으로 가시도가 낮아져 피난이 어려울 때 등
  ㉡ 생리적 영향 : 산소 감소, 가스중독, 연기의 고체입자 흡입으로 인한 호흡장애, 심신장애 등
  ㉢ 심리적 영향 : 생리적, 시각적 영향으로 인한 극도의 공포감 등
② 건물에 화재가 발생했을 때 인명 피해의 원인은 유독가스를 포함한 연기 흡입이며 피난할 때 가장 장애가 되기도 한다. 이 외에 연기가 피난활동에 미치는 영향은 패닉 현상, 인지능력 감소, 2차적 재해 등이다.

패닉(Panic) 현상

1. 발생 원인
   (1) 구성원 간의 심리적 유대관계가 약화되었을 때
   (2) 긴급하고 절박한 위험상황에 처해 있을 때
   (3) 탈출 가능성이 있지만 탈출 통로가 제약되거나 막혀 있을 때

2. 발생 방지 방법
   (1) 자신 스스로 패닉 현상에 빠져 들지 않는다.
   (2) 침착한 태도를 유지하고 재해현장의 상황, 피난의 방향 및 통로 등을 정확하게 지시한다.
   (3) 불안과 공포감의 경감에 주력한다.
   (4) 다수인의 경우에는 인원을 통솔 가능하게 분산하여 유도한다.
   (5) 광란적인 사람은 집단에서 격리시킨다.

이론 플러스

□ 119체크
저층건물에서의 연기유동요인이 아닌 것은?
① 열
② 대류이동
③ 화재압력
④ 굴뚝효과

해설
굴뚝효과는 고층건물에서의 연기유동요인에 해당하고 열, 대류이동, 화재압력은 저층건물에서의 연기유동요인에 해당된다.

정답 ④

다음 〈보기〉에서 고층건물에서의 연기유동요인을 모두 고른 것은?

ㄱ. 온도에 의한 가스팽창
ㄴ. 외부에서의 바람에 의한 압력차
ㄷ. 공기조화설비에 의한 영향
ㄹ. 화재로 인한 부력

① ㄱ, ㄴ, ㄷ
② ㄴ, ㄹ
③ ㄱ, ㄷ, ㄹ
④ ㄱ, ㄴ, ㄷ, ㄹ

해설
문제에서 고층건물에서의 연기유동요인은 ㄱ, ㄴ, ㄷ, ㄹ 모두 해당된다.

정답 ④

(4) 건물 내의 연기유동

① 연기의 유동속도
   ㉠ 수평방향 : $0.5 \sim 1\text{m/s}$
   ㉡ 수직방향 : $2 \sim 3\text{m/s}$
   ㉢ 계단 : $3 \sim 5\text{m/s}$

② 저층건물에서의 연기유동
   ㉠ 열
   ㉡ 대류이동
   ㉢ 화재압력

③ 고층건물에서 연기유동을 일으키는 요인
   ㉠ 온도에 의한 가스의 팽창
   ㉡ 굴뚝효과(= 연돌효과) : 건물 내·외의 온도차
   ㉢ 외부 풍압의 영향(외부에서의 바람에 의한 압력차)
   ㉣ 건물 내에서의 강제적인 공기유동(공기조화설비에 의한 영향)
   ㉤ 중성대
   ㉥ 화재로 인한 부력

(5) 굴뚝효과(= 연돌효과, stack effect, chimney effect)

① 개념

　㉠ 고층건축물의 계단실, 엘리베이터실과 같은 수직공간 내의 온도와 밖의 온도가 서로 차이가 있는 경우에 밀도 차에 의해 부력이 발생하여 연기가 수직공간을 따라 상승하는 현상을 말한다.

　㉡ 건축물의 상·하층의 내부와 외부의 온도, 기압차 때문에 건축물 하부에서 외부의 찬 공기가 유입되고 건물 내부의 더운 공기가 수직공간을 따라 위쪽으로 올라가 빠져나가는 현상이다.

② 굴뚝효과에 영향을 주는 요소

　㉠ 건축물의 높이

　㉡ 화재실의 온도

　㉢ 건축물 내·외의 온도 차

　㉣ 외벽의 기밀도

　㉤ 각 층간의 공기 누설

③ **굴뚝효과** : 건물 내부 온도 > 건물 외부 온도 → 연기가 위쪽으로 이동

④ **역굴뚝효과** : 건물 내부 온도 < 건물 외부 온도 → 연기가 아래로 이동

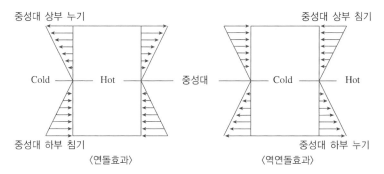

[중성대와 굴뚝효과 및 역굴뚝효과와의 관계]

⑤ **굴뚝효과 방지대책**

　㉠ <u>층간 방화구획으로 각층을 분리</u> : 계단실, 엘리베이터 전실, 개구부 등은 갑종방화문 및 방화셔터로 구획하고 층간 개구부 등은 불연재료로서 틈새를 없애고, 방연·방화댐퍼 등으로 수직상승기류를 차단

　㉡ 계단실의 부속실 가압 등으로 계단실 내로 연기의 유입을 방지

　㉢ 수평적 화재의 방지를 위해서 <u>스프링클러설비의 설치로 화재의 크기를 국한시키고</u>, <u>방화구획을 설치하여 타 방화구역으로의 화재이동 억제</u>

(6) 중성대의 형성과 활용

① **개념**

건물 내부의 압력이 외부의 압력과 일치하는 수직적인 위치를 건물의 중성대(Neutral zone = Neutral plane)라 한다. 이론적으로 틈새(crack)나 다른 개구부가 수직적으로 균일하게 분포되어 있다면 중성대는 정확하게 건물의 중간 높이가 될 것이다. 그러나 건물의 상부에 큰 개구부가 있다면 중성대는 올라갈 것이고 건물의 하부에 큰 개구부가 있다면 중성대는 내려올 것이다.

② **중성대의 형성**

건물화재가 발생하면 연소열에 의해 온도가 상승하여 부력에 의해 실의 천장쪽으로 고온기체가 축적되고 온도가 높아져 기체가 팽창하므로 실내와 실외의 압력이 달라지는데 실의 상부는 실외보다 압력이 높고 하부는 압력이 낮아진다. 따라서 그 사이 어느 지점에 <u>실내와 실외의 정압이 같아지는 경계면(0포인트)이 형성되는데 그 면을 중성대(neutral plane)라고 한다. 그러므로 중성대의 위쪽은 실내 정압이 실외보다 높아 실내에서 기체가 외부로 유출(= 배기)되고, 중성대 아래쪽에는 실외에서 기체가 유입(= 급기)되며, 중성대의 상부는 열과 연기로, 그리고 중성대의 하층부는 신선한 공기가 존재하게 된다.</u>

③ **중성대의 활용**

화재 현장에서는 중성대의 형성 위치를 파악하여 배연 등의 소방활동에 활용하는 요령이 있어야 한다. 즉, <u>배연을 할 경우에는 중성대 위쪽에서 배연을 해야 효과적이며, 이것은 또한 새로운 공기의 유입 증가 현상을 촉발하여 화세가 확대될 수 있음에 유의해야 한다.</u> 밀폐된 건물 내부에서 화재가 발생했을 때 신선한 공기의 유입이 없으므로 빠른 연소의 확대는 없지만 하층 개구부로 신선한 공기가 유입된다면 연소 확대와 동시에 연기량이 증가한다. 따라서 연기층이 급속히 아래로 확대되면서 중성대의 경계면은 하층으로 내려오게 되고, 생존 가능성은 어렵게 된다. <u>반대로 상층 개구부를 개방한다면 연소는 확대되지만 발생한 연기는 빠른 속도로 상승하여 외부로 배출되므로 중성대의 경계선은 위로 축소되고 중성대 하층의 면적이 커지므로 대원과 대피자들의 활동 공간과 시야가 확보되어 신속히 대피할 수 있다.</u> 현장 도착 시 하층 출입문으로 짙은 연기가 배출된다면 상층 개구부 개방을 강구하고, 하층 개구부에서 연기가 배출되고 있지 않다면 상층 개구부가 개방되어 있다고 판단하고 신선한 공기가 유입되는 출입문 쪽을 급기측으로 판단한다.

그리고, <u>중성대를 상층(위쪽)으로 올리기 위해서는 배연 개구부 위치는 지붕 중앙부분 파괴가 가장 효과적이며, 그 다음으로는 지붕의 가장자리 파괴, 상층부 개구부의 파괴가 효과적이다.</u>

✿ 불연속선 : 실내의 천장쪽의 고온가스와 바닥쪽의 찬공기의 경계선을 의미한다.

(7) 연기의 제어

① 희석
다량의 신선한 공기를 유입시켜 위험수준 이하로 섞는 것이다.

② 배기
연기를 밖으로 배출시키는 것이다.

③ 차단
㉠ 방화문, 방화셔터, 방연수직벽, 방화댐퍼 등 차단물을 설치하여 연기 유입을 막는 것이다.

㉡ 방호 장소와 연기가 있는 장소 사이의 압력차를 이용하는 방법이다.

(8) 제연

① 개념
제연이란 연기를 제어하는 설비이며 일반 복합건축물 등에 급기댐퍼로 공기를 불어 넣어주고 배기댐퍼로 연기를 배출하는 설비를 포함하여 제연이라고 한다.

② 제연방식
㉠ 자연제연방식 : 건물에 설치된 창문이나 전용의 배연구를 통하여 옥외로 연기가 배출되는 방식이다.

㉡ 밀폐제연방식 : 화재가 발생하였을 때 밀폐가 잘 되는 문 등으로 공간을 밀폐시켜서 일시적으로 연기의 유출 및 공기 등의 유입을 차단시켜 제연하는 방식이다.

㉢ 스모그타워제연방식 : 굴뚝 또는 환기통을 설치하여 화재 시 온도 상승으로 공기가 부력이 생긴 경우 지붕 위에 설치된 **루프모니터** 등이 외부 바람에 의해 작동하면서 생긴 흡입력을 이용하여 제연하는 방식이다. 즉, 굴뚝·환기통 및 루프모니터의 흡입력을 이용하여 연기를 배출하는 방법으로 고층빌딩(특별피난계단실)에 적합하다.

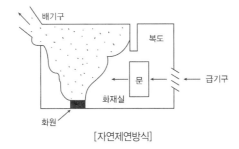

[자연제연방식]

이론플러스

연기의 제어방법
- 희석
- 배기
- 차단

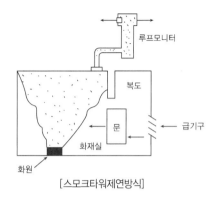

[스모크타워제연방식]

ⓛ 기계(강제)제연방식

• 제1종 기계제연방식

화재 발생 장소에 기계제연을 행하는 동시에 복도나 계단실을 통해서 기계력에 의하여 유입을 행하는 방식이다. 급기량은 배기량보다 적게 제어하여 화재장소의 부압으로도 유지하고 화재장소의 누연을 방지한다.

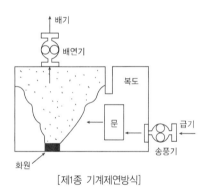

[제1종 기계제연방식]

• 제2종 기계제연방식

복도, 계단부실, 계단실 등 피난통로로서 중요한 부분에 대하여 공기를 송풍기에 의해 유입시키고 그 부분의 압력을 화재장소보다 상대적으로 높여 연기의 침입을 방지하는 방식으로 가압급기제연방식이라고도 한다.

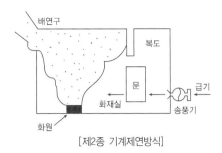

[제2종 기계제연방식]

• 제3종 기계제연방식

화재로 인하여 발생된 연기를 방의 상부로부터 배연기에 의하여 흡입시켜 옥외로 배출하는 방식이다. 특히 연기의 흐름을 방지하고 흡인효과를 증대시키기 위하여 방연수직벽이나 접어올린 제연커튼 등을 병용하여 사용된다.

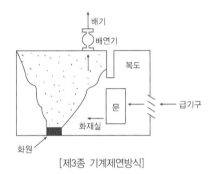

[제3종 기계제연방식]

119 더 알아보기

제연방식

구분	급기	배기	용도
제1종 기계제연방식	기계급기	기계배기	대형건물
제2종 기계제연방식	기계급기	자연배기	아파트(피난계단)
제3종 기계제연방식	자연급기	기계배기	작은 공장

12 연소의 법칙

1. 몰(mole)의 개념

물질을 이루는 기본 입자인 원자, 분자, 이온 등은 질량이 너무 작기 때문에 6.02×10^{23}개의 입자를 1mole로 하여 수량을 나타낸 것이다. 즉, 원자, 분자 이온의 각 1mole에는 원자, 분자, 이온의 수가 각각 6.02×10^{23}개가 들어 있다는 것을 의미한다. 이 수를 '아보가드로수'라 한다.

분자 1mole	입자 수	분자 1mole의 질량g → 1g 분자
원자 1mole →	6.02×10^{23} →	원자 1mole의 질량g → 1g 원자
이온 1mole	(아보가드로수)	이온 1mole의 질량g → 1g 이온

2. 원자에 관한 법칙

(1) 질량 불변의 법칙(질량 보존의 법칙)

화학변화에서 그 변화의 전후에서 반응에 참여한 물질의 질량 총합은 변하지 않는다. 즉, 화학반응에서 반응물질의 질량 총합과 생성된 물질의 총합은 같다(라부아지에가 발견).

예 $C + O_2 \rightarrow CO_2$ [12g + 32g = 44g]

(2) 일정 성분비의 법칙(정비례의 법칙)

순수한 화합물에서 성분 원소의 중량비는 항상 일정하다. 즉, 한 가지 화합물을 구성하는 각 성분 원소의 질량비는 항상 일정하다(프루스트가 발견).

예 $2H_2 + O_2 \rightarrow 2H_2O$ [4g:32g] 즉, 물을 구성하는 수소(H_2)와 산소 O_2의 질량비는 항상 1:8이다.

수소 2g과 산소 24g을 반응시켜 물을 만들 때 반응하지 않고 남아있는 기체의 무게는?

해설

$2H_2 + O_2 \rightarrow 2H_2O$

4g 　32g

2g 　16g

∴ 24g - 16g = 산소 8g

정답 산소 8g

---

(3) 배수 비례의 법칙

두 가지 원소가 두 가지 이상의 화합물을 만들 때, 한 원소의 일정 중량에 대하여 결합하는 다른 원의 중량 간에는 항상 간단한 정수비가 성립된다(돌턴이 발견).

예 H_2O(물)과 H_2O_2(과산화수소) 간에는 수소(H)의 일정량 2와 화합하는 산소(O)의 질량 사이에 16:32, 즉 1:2의 정수비가 성립된다.

> **119 더 알아보기**
>
> **배수 비례의 법칙**
> 1. 배수 비례의 법칙이 성립되는 경우
>   두 원소가 두 가지 이상의 화합물을 만드는 경우에만 성립
>   예 CO와 CO_2, H_2O와 H_2O_2, SO_2와 SO_3, NO와 NO_2, $FeCl_2$와 $FeCl_3$ 등
>
> 2. 배수 비례의 법칙이 성립되지 않는 경우
>   (1) 한 원소와 결합하는 원소가 다를 경우
>   예 CH_4와 CCl_4, NH_3와 NO_2 등
>   (2) 세 원소로 된 화합물인 경우
>   예 H_2SO_3와 H_2SO_4 등

3. 분자에 관한 법칙

(1) 기체 반응의 법칙

화학반응을 하는 물질이 기체일 때 반응물질과 생성물질의 부피 사이에는 간단한 정수비가 성립된다(게이뤼삭이 발견).

예 $2H_2$(2부피) + O_2(1부피) + $2H_2O$(2부피)

N_2(1부피) + $3H_2$(3부피) → $2NH_3$(2부피)

✪ 수소 20mL와 산소 10mL를 반응시키면 수증기 20mL가 얻어진다. 따라서 이들 기체의 부피 사이에는 간단한 정수비 2:1:2가 성립된다.

> 1.5L의 메탄을 완전히 태우는 데 필요한 산소의 부피 및 연소의 결과로 생기는 이산화탄소의 부피는?
>
> 해설
> CH_4(1.5L) + $2O_2$(2×1.5L) → CO_2(1.5L) + $2H_2O$
> 산소의 부피 : 2×1.5L = 3L
> 이산화탄소의 부피 : 1.5L
>
> 정답 산소 3L, 이산화탄소 1.5L

(2) 아보가드로의 법칙

온도와 압력이 일정하면 모든 기체는 같은 부피 속에 같은 수의 분자가 들어 있다. 즉, 모든 기체 1mole이 차지하는 부피는 표준 상태(0℃, 1기압)에서 22.4L이며, 그 속에는 6.02×10^{23}개의 분자가 들어 있다. 따라서 0℃, 1기압에서 22.4L의 기체 질량은 그 기체 1mole(6.02×10^{23}개)의 질량이 되며, 이것을 측정하면 그 기체의 분자량도 구할 수 있다.

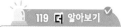

기체 1mole의 부피

모든 기체 1mole이 차지하는 부피는 표준 상태 (0℃, 1기압)에서 22.4L를 차지하며, 그 속에는 6.02×10^{23}개(아보가드로수)의 분자가 들어 있다.

8g의 메탄을 연소시키는 데 필요한 산소 분자의 수는?

해설

메탄의 완전 연소반응식

$CH_4 + 2O_2 \rightarrow CO_2 + 2H_2O$

16g → 2몰의 산소

8g → 1몰의 산소

∴ 산소 분자 1몰의 산소 분자수 $= 6.02 \times 10^{23}$개

정답 6.02×10^{23}개

---

4. 화학식과 화학반응식

(1) 원자가와 당량

① 원자가

어떤 원소의 원자 한 개가 수소 원자 몇 개와 결합 또는 치환할 수 있는가를 나타내는 수

원자가 \ 주기율표의 족	I	II	III	IV	V	VI	VII
양성 원자가	+1	+2	+3	+4 +2	+5 +3	+6 +4	+7 +5
음성 원자가				-4	-3	-2	-1

원자가와 화학식의 관계

화합물은 전체가 중성이므로 원자가를 알면 다음과 같이 구한다.

(+)원자가 × 원자수 = (−)원자가 × 원자수

예 원자가 +3가인 Al과 원자가가 −2가인 O의 화학식은 다음과 같이 구한다.

$$Al^{3+} + O^{2-} \rightarrow Al_2^{3+}O_3^{2-} = Al_2O_3$$

② **원소의 당량**

수소 1g(1/2mole) 또는 산소 8g(1/4mole)과 결합하거나 치환되는 다른 원소의 양. 즉, 수소 원자 1개의 원자량과 결합하는 원소의 양으로서 원자가 1에 해당하는 원소의 양

$$당량 = \frac{원자량}{원자가} \qquad \therefore \; 원자량 = 당량 \times 원자가$$

예 CO_2에서 탄소(C)의 g당량은 12 ÷ 4 = 3g이다.

1g 당량

수소(H) 1g(1/2mole, 11.2L) 또는 산소(O) 8g(1/4mole, 5.6L)과 결합 또는 치환하는 원소의 g수

(2) 화학식

화학식에는 실험식, 분자식, 시성식, 구조식이 있다.

예 아세톤페놀의 화학식 : $C_6H_5COCH_3$

① **실험식(조정식)**

물질의 조성을 원소 기호로써 간단하게 표시한 식

㉠ 분자가 없는 물질인 경우(즉, 이온 화합물인 경우)

예 NaCl

㉡ 분자가 있는 물질인 경우

물질	분자식	실험식	비고
물	H_2O	H_2O	분자식과 실험식이 같음
과산화수소	H_2O_2	HO	실험식을 정수배하면 분자식으로 됨
벤젠	C_6H_6	CH	−

실험식을 구하는 방법

화학식 $A_m B_n C_p$라고 하면

$$m : n : p = \frac{A \text{의 질량(\%)}}{A \text{의 원자량}} : \frac{B \text{의 질량(\%)}}{B \text{의 원자량}} : \frac{C \text{의 질량(\%)}}{C \text{의 원자량}}$$

✿ 화합물 성분 원소의 질량 또는 백분율을 알면 그 실험식을 알 수 있으며, 실험식을 정수배하면 분자식이 된다.

유기화합물을 질량 분석한 결과 C 84%, H 16%의 결과를 얻었다. 이 물질의 실험식은?

해설

$$C : H = \frac{84}{12} = \frac{16}{1} = 7 : 16$$

정답 $C_1 H_{14}$

탄소, 산소, 수소로 되어 있는 유기물 8mg을 태워서 CO_2 15.4mg, H_2O 9.18mg을 얻었다. 이 실험식은?

해설

1. 각 원소의 함량을 구한다.

$$C \text{의 양} = CO_2 \text{의 양} \times \frac{C \text{의 양}}{CO_2 \text{의 분자량}} = 15.40 \times \frac{12}{44} = 4.2$$

$$H \text{의 양} = H_2O \text{의 양} \times \frac{2H \text{의 양}}{H_2O \text{의 분자량}} = 9.18 \times \frac{2}{18} = 1.02$$

$$O \text{의 양} = 8 - (4.2 + 1.02) = 2.78$$

2. 각 원소의 원소수 비를 구한다.

$$C : H : O = \frac{4.2}{12} : \frac{1.02}{1} : \frac{2.78}{16} ≒ 2 : 6 : 1$$

∴ 실험식 = $C_2 H_6 O$

정답 $C_2 H_6 O$

② **분자식**

분자를 구성하는 원자의 종류와 그 수를 나타낸 식. 즉, 실험식에 양수를 곱한 식

$$분자식 = 실험식 \times n(양수)$$

예 아세틸렌 : $(CH) \times 2 = C_2H_2$

실험식이 CH_2O이고, 분자량이 60인 물질의 분자식은?

해설

분자량은 실험식 양의 정수 비례이므로

$n = \dfrac{60}{30} = 2$

$\therefore CH_2O \times 2 = C_2H_4O_2$

정답 $C_2H_4O_2$

---

③ **시성식**

분자식 속에 원자단(라디칼) 등의 결합 상태를 나타낸 식으로서, 물질의 성질을 나타낸 것

119 더 알아보기

원자단(라디칼, radical, 기)

화학변화가 일어날 때 분해되지 않고 한 분자에서 다른 분자로 이동하는 원자의 모임을 원자단(기)이라 하며, 이는 마치 한 개의 원자처럼 작용하는 집단으로 물질의 성질을 나타낸다.

예 포르밀기($-CHO$), 카르복시기($-COOH$), 히드록시기($-OH$), 에테르기($-O-$) 등

④ **구조식**

분자 내의 원자의 결합 상태를 원소 기호와 결합선을 이용하여 표시한 식

물질	NH₃(암모니아)	CH₃COOH(초산)	H₂SO₄(황산)	H₂O(물)
구조식	$$\begin{array}{c} H \\ \mid \\ H-N-H \end{array}$$	$$\begin{array}{c} H \quad O \\ \mid \quad \parallel \\ H-C-C-O-H \\ \mid \\ H \end{array}$$	$$\begin{array}{c} O \quad\; O-H \\ \diagdown \; \diagup \\ S \\ \diagup \; \diagdown \\ H-O \quad O \end{array}$$	$$\begin{array}{c} O \\ \diagup \diagdown \\ H \quad\; H \end{array}$$

(3) 화학반응식

화학반응식이란 물질의 화학반응 변화에서 반응물질과 생성물질의 화학식을 이용하여 나타낸 것을 말하며, 화학반응 전후의 정성적, 정량적 관계를 나타냄으로써 이를 이용하여 반응물과 생성물의 몰수 및 분자수, 질량 또는 부피 등을 구할 수 있다.

119 더 알아보기

화학 반응식이 나타내는 의미

반응식	$2H_2 + O_2 \rightarrow 2H_2O$		
물질명	수소	산소	물
몰(mole)	2mole	1mole	2mole
분자수	$2 \times 6.02 \times 10^{23}$개	$1 \times 6.02 \times 10^{23}$개	$2 \times 6.02 \times 10^{23}$개
부피	$2 \times 22.4L$	$1 \times 22.4L$	$2 \times 22.4L$
질량	$2 \times 2g$	$1 \times 32g$	$2 \times 18g$

5. 기체의 법칙

(1) 보일의 법칙(Boyle's law)

일정한 온도에서 기체가 차지하는 부피는 압력에 반비례한다. 즉, 압력을 P, 부피를 V라 하면 $PV = \text{Const}$(일정)하다.

$$P_1 V_1 = P_2 V_2 = \text{Const}(일정)$$

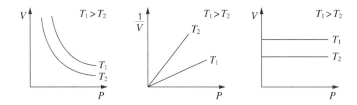

게이지 압력이 7atm일 때, 4L로 압축 충전되어 있는 공기를 온도를 바꾸지 않고 게이지 압력 1atm으로 하면 몇 L의 체적을 차지하는가?

해설

보일의 법칙에 적용한다.

$PV = P'V'$

$(7+1) \times 4 = (1+1) \times V'$

$\therefore V' = \dfrac{(7+1) \times 4}{(1+1)} = \dfrac{32}{2} = 16L$

정답 16L

1기압에서 100L를 차지하고 있는 용기를 내용적 5L의 용기에 넣으면 압력은 몇 기압이 되겠는가?(단, 온도는 일정하다)

해설

온도가 일정하므로 보일의 법칙에 의해 $P_1 V_1 = P_2 V_2$에서 P_2를 구한다.

$P_2 = P_1 \times \dfrac{V_1}{V_2} = 1 \times \dfrac{100}{5} = 20$기압

정답 20기압

(2) 샤를의 법칙(Charles's law)

일정한 압력에서 기체 부피는 온도가 1℃ 상승할 때마다 0℃일 때 부피의 1/273만큼 증가한다. 즉, 일정한 압력하에서 기체의 부피는 절대 온도에 비례한다. 따라서 절대 온도를 T, 부피를 V라 하면 $V/T = \text{Const}$(일정)하다.

$$\frac{V_1}{T_1} = \frac{V_2}{T_2} = \text{Const(일정)}$$

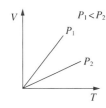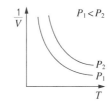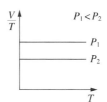

기체 산소가 있다. 1℃에서 부피는 274cc이다. 2℃에서의 부피는?(단, 압력은 일정하다)

해설

$$\frac{V_1}{T_1} = \frac{V_2}{T_2}$$

$$\therefore \ V_2 = V_1 \times \frac{T_2}{T_1} = 274 \times \frac{(273+2)}{(273+1)} = 275\text{cc}$$

정답 275cc

(3) 보일-샤를의 법칙(Boyle-Charles's law)

일정량의 기체가 차지하는 부피는 압력에 반비례하고 절대온도에 비례한다. 즉, 압력을 P, 부피를 V, 절대온도를 T라 하면 다음과 같다.

$$\frac{P_1 V_1}{T_1} = \frac{P_2 V_2}{T_2} = \text{Const(일정)}$$

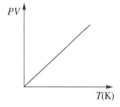 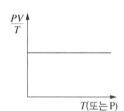

273℃, 5기압에 있는 산소 10L를 100℃, 압력 2기압으로 하면 부피는?(소수점 첫째 자리에서 반올림한 값으로 구한다)

해설

보일-샤를의 법칙에 의해 $\frac{P_1 V_1}{T_1} = \frac{P_2 V_2}{T_2}$에서 부피($V_2$)를 구한다.

$$\therefore \ V_2 = V_1 \times \frac{P_1}{P_2} \times \frac{T_2}{T_1} = \frac{5}{2} \times \frac{(273+100)}{(273+273)} = 17\text{L}$$

정답 17L

(4) 이상기체의 상태방정식

① 이상기체

분자 상호 간의 인력을 무시하고 분자 자체의 부피가 전체 부피에 비해 너무 적어서 무시될 때의 기체로서, 보일-샤를의 법칙을 완전히 따르는 기체이다.

119 더 알아보기

실제기체가 이상기체에 가까울 조건

1. 기체 분자 간의 인력을 무시할 수 있는 조건 : 온도가 높고, 압력이 낮을 경우

$$\text{실제기체} \xrightarrow{\text{고온, 저압}} \text{이상기체}$$

2. 분자 자체의 부피를 무시할 수 있는 경우 : 분자량이 적고, 비점이 낮을 경우
   예 H_2, He 등

② 이상기체의 상태방정식

⊙ 보일-샤를의 법칙에 아보가드로의 법칙을 대입시킨 것으로서, 표준 상태 (0℃, 1기압)에서 기체 1mole이 차지하는 부피는 22.4L이며,

$$\frac{PV}{T} = \frac{1\text{atm} \times 22.4\text{L}}{(273+0)\text{K}} = 0.082\text{atm} \cdot \text{L/K} \cdot \text{mole} = nR(\text{기체 상수})$$

$$\therefore \ PV = RT$$

만약 $n(\text{mole})$의 기체라면 표준 상태에서 기체 $n(\text{mole})$이 차지하는 부피는 $22.4\text{L} \times n$이므로

$$\frac{PV}{T} = \frac{1\text{atm} \times 22.4\text{L}}{(273+0)\text{K}} = n \times 0.082\text{atm} \cdot \text{L/K} \cdot \text{mole} = nR(\text{기체 상수})$$

$$\therefore \ PV = nRT \left(n = \frac{W(\text{무게})}{M(\text{분자량})} \right)$$

기출 플러스

800℃, 1기압에서 황(S) 1kg이 공기 중에서 완전 연소할 때 발생되는 이산화황의 발생량(m^3)은? (단, 황(S)의 원자량은 32, 산소(O)의 원자량은 16이며, 이상기체로 가정한다) [22 기출]

① 2.00
② 2.35
③ 2.50
④ 2.75

해설

$$S + O_2 \rightarrow SO_2$$

황 32g이 연소할 때 이산화황 64g이 생성된다. 비례적으로 황 1000g이 연소할 때 이산화황은 2000g이 생성된다. 이상기체를 가정하니깐 이상기체상태방정식 $PV = nRT$ 식에 대입하면

n(몰수) = 무게/분자량이므로 1기압
$\times$ V = 2000/32 $\times$ 0.082
$\times$ (273 + 800)
V = 2.749 ≒ 2.75m^3이다.

정답 ④

730mmHg, 100℃에서 257mL 부피의 용기 속에 어떤 기체가 채워져 있으며 그 무게는 1.671g이다. 이 물질의 분자량은?

해설

$PV = \dfrac{W}{M}RT$이므로

$\therefore M = \dfrac{WRT}{PV} = \dfrac{1.67 \times (0.082\text{atm} \cdot \text{L/K} \cdot \text{mole}) \times (100 + 273)\text{K}}{(730/760)\text{atm} \times 0.257\text{L}}$

$= 207.04 \fallingdotseq 207$

정답 207

어떤 물질 1g을 증발시켰더니 그 부피가 0℃, 4atm에서 329.2mL였다. 이 물질의 분자량은?(단, 증발한 기체는 이상기체라 가정하며 소수점 첫째 자리에서 반올림한 값으로 구한다)

해설

$PV = \dfrac{W}{M}RT$이므로

$\therefore M = \dfrac{WRT}{PV} = \dfrac{1 \times 0.082 \times 273}{4 \times 329.2 \times 10^{-3}} = 17$

정답 17

ⓛ 이상기체의 밀도 : 절대온도에 반비례하고, 압력에 비례한다.

$$PV = \frac{W}{M}RT, \ \text{밀도} = \frac{W}{V} = \frac{PM}{RT}$$

119 더 알아보기

기체의 분자량을 구하는 방법

1. 기체의 밀도로부터 구하는 방법

   표준 상태(0℃, 1기압)에서 기체의 밀도(d)는

   $d = \dfrac{분자량(g)}{22.4\text{L}} = \dfrac{M}{22.4} (\text{g/L})$이 되므로

   $\therefore$ 분자량(M) = 밀도(d) $\times$ 22.4

2. 같은 부피의 무게 비로부터 구하는 방법

아보가드로 법칙에 의하면 같은 온도와 압력에서 같은 부피 속에는 같은 개수의 분자가 들어 있으므로 같은 조건에서 부피가 같은 두 기체 무게의 비는 분자 1개의 무게 비와 같다. 따라서 같은 조건에서 부피가 같은 두 기체 무게의 비를 $a : b$라 하고, 분자량을 아는 A기체의 분자량을 M_A, 모르는 B기체의 분자량을 M_B라 하면

$$\therefore M_B = M_A \times \frac{b}{a}$$

3. 기체의 비중으로부터 구하는 방법

기체의 비중은 공기의 밀도에 대한 기체 밀도의 비로서(단, 공기의 평균 분자량은 29이다)

$$기체\ 비중 = \frac{기체\ 분자량(M)}{29}$$

$$\therefore 기체\ 분자량(M) = 기체\ 비중 \times 29$$

0℃, 1atm인 완전히 밀폐된 지하공간에서 화재가 발생하였다. 외부에서 관측된 화재 현장의 온도는 400℃이고, 공기와 연기의 평균 분자량은 동일하며 이상기체 거동이라고 한다. 화재 전에 비하여 화재 후의 압력은 몇 배인가?(소수점 둘째 자리에서 반올림한다)

[18년 기출]

해설

문제에서 화재 전과 화재 후 기체의 부피와 몰수, 기체상수가 동일하고 온도만 차이가 있기 때문에 이상기체의 상태 방정식을 이용하여 문제를 해결할 수 있다. 그리고 이상기체는 이상기체의 상태방정식에 정확하게 적용되는 가상적인 기체로, 분자 자체의 부피(크기)가 없고, 분자 사이에 인력이나 반발력이 작용하지 않는다. 따라서, 기체의 부피와는 상관없이 화재 전 온도는 0℃, 화재 후 온도는 400℃로 변했을 때의 압력이 화재 전에 비해 몇 배 증가했는가의 문제이다.

화재 전 : $P_1 V_1 = nRT_1$, 화재 후 : $P_2 V_2 = nRT_2$

$$\frac{P_2}{P_1} = \frac{T_2}{T_1} \rightarrow P_2 = \frac{T_2}{T_1}P_1 = \frac{400 + 273}{0 + 273}P_1$$

P_1이 1기압이므로 $P_2 \fallingdotseq 2.46$

$\therefore$ 화재 전에 비해 화재 후의 압력이 2.5배 증가했다.

정답 2.5배

(5) 돌턴(Dalton)의 분압법칙

① 혼합 기체의 전압은 각 성분 기체들의 분압의 합과 같다.

$$P = P_A + P_B + P_C$$

P : 전압

P_A, P_B, P_C : 성분 기체 A, B, C의 각 분압

② 혼합 기체에서 각 성분의 분압은 전압에 각 성분의 몰 분율(부피 분율)을 곱한 것과 같다.

- 분압 = 전압 × $\dfrac{\text{성분 기체의 몰수}}{\text{전체 몰수}}$ = 전압 × $\dfrac{\text{성분 기체의 부피}}{\text{전체 부피}}$

- $P_A = P \times \dfrac{n_A}{n_A + n_B + n_C} = P \times \dfrac{V_A}{V_A + V_B + V_C}$

질소 2mole과 산소 3mole의 혼합 기체가 나타나는 전압력이 10기압일 때 질소의 분압은?

해설

질소의 분압 = 전압력 × $\dfrac{\text{질소의 분압}}{\text{전체 몰수}}$ = $10 \times \dfrac{2}{2+3}$ = 4

정답 4기압

---

③ 기체 $A(P_1,\ V_1)$와 기체 $B(P_2,\ V_2)$를 혼합했을 때 전압을 구하는 식

$$\therefore\ PV = P_1 V_1 + P_2 V_2,\quad P = \dfrac{P_1 V_1 + P_2 V_2}{V}$$

1기압의 수소 2L와 3기압의 산소 2L를 동일 온도에서 5L의 용기에 넣으면 전체 압력은 몇 기압이 되는가?

해설

전압 $P = \dfrac{P_1 V_1 + P_2 V_2}{V} = \dfrac{1 \times 2 + 3 \times 2}{5} = \dfrac{8}{5}$

정답 $\dfrac{8}{5}$

---

④ 몰 비(mole %) = 압력 비(압력 %) = 부피 비(vol %) ≠ 무게 비(중량 %)

(6) 그레이엄(Graham)의 기체확산속도 법칙

일정한 온도에서 기체의 확산속도는 그 기체 밀도(분자량)의 제곱근에 반비례한다. 즉, A기체의 확산속도를 v_1, 그 분자량을 M_1, 밀도를 d_1이라 하고, B기체의 확산속도를 v_2, 그 분자량을 M_2, 밀도를 d_2라고 하면 다음과 같다.

$$\frac{v_1}{v_2} = \sqrt{\frac{M_2}{M_1}} = \sqrt{\frac{d_2}{d_1}}$$

분자량의 무게가 4배이면 확산속도는 몇 배인가?

해설

$$\frac{v_1}{v_2} = \sqrt{\frac{M_2}{M_1}} = \sqrt{\frac{1}{4}} = \frac{1}{2} = 0.5배$$

정답 0.5배

---

6. 르샤틀리에 법칙

혼합 기체를 구성하고 있는 각 가연성 가스의 폭발하한계를 알면 전체 혼합 기체의 폭발하한계를 근사적으로 구할 수 있는 법칙을 말한다.

$$\frac{100}{L} = \frac{V_1}{L_1} + \frac{V_2}{L_2} + \frac{V_3}{L_3} + \cdots$$

L : 혼합가스의 연소한계(vol%)
V_n : 각 가연성 가스의 용량한계(vol%)
L_n : 각 가연성 가스의 폭발하한계(vol%)

프로판 75V%, 부탄 16V%, 에탄 9V%로 구성된 가스의 폭발하한계는?(단, 프로판, 부탄, 에탄의 폭발하한계는 각각 2.5V%, 1.6V%, 3.0V%이고, 르샤틀리에의 법칙을 이용하여 계산한 후 소수점 셋째 자리에서 반올림한다)

① 1.43   ② 1.98
③ 2.33   ④ 3.43

해설

100/L = 75/2.5 + 16/1.6 + 9/3
∴ L = 2.33

정답 ③

---

13 소방학 계산 문제 총정리

1. 비중(= 증기밀도)을 구하는 계산

어떤 증기의 "증기비중"은 같은 온도, 같은 압력하에서 같은 부피의 공기 무게와 비교한 것으로 증기비중이 1보다 큰 기체는 공기보다 무겁고 1보다 작으면 공기보다 가볍다.

- 비중 $= \dfrac{\text{어떤 기체의 분자량}}{29(\text{공기의 분자량})}$
- 분자량 = 원자량 + 원자량 + …

CO_2 기체의 비중은 얼마인가?(소수점 셋째 자리에서 반올림한 값으로 구한다)

해설

비중 $= \dfrac{\text{어떤 기체의 분자량}}{29(\text{공기의 분자량})}$

CO_2의 분자량 = [C의 원자량 : 12 + (O의 원자량 : 16) × 2] = 44

공기의 분자량 = 29

CO_2의 비중 $= \dfrac{44(CO_2\text{의 분자량})}{29} \fallingdotseq 1.52$배

정답 1.52배

할론1301 기체의 비중은?(공기의 분자량은 29, C의 원자량은 12, F의 원자량은 19, Br의 원자량은 80이다)

해설

할론1301의 비중(증기밀도) $= \dfrac{\text{할론1301의 분자량}}{\text{공기의 분자량}} = \dfrac{12 + (19 \times 3) + 80}{29} = \dfrac{149}{29}$

$= 5.1379\cdots \fallingdotseq 5.14$배

정답 5.14배

---

2. 증기 – 공기밀도 구하는 계산

$$증기 – 공기밀도(비중) = \frac{P_u \times d}{P} + \frac{P - P_u}{P}$$

P : 대기압
d : 증기밀도
P_u : 증기압

25℃(상온)에서 증기압이 76mmHg이고 증기밀도가 2인 인화성 액체가 있다. 증기-공기밀도는 얼마인가?(단, 대기압은 760mmHg이다)

① 0.5
② 1
③ 1.1
④ 1.2

해설

$$증기-공기밀도(비중) = \frac{P_u \times d}{P} + \frac{P - P_u}{P} = \frac{76 \times 2}{760} + \frac{760 - 76}{760} = 1.1$$

정답 ③

---

3. 공기비(m)를 구하는 계산

공기비는 실제공기량에서 이론공기량을 나눈 값이다. 일반적으로 공기비는 기체가연물질은 1.1 ~ 1.3, 액체가연물질은 1.2 ~ 1.4, 고체가연물질은 1.4 ~ 2.0이 된다.

- 과잉공기량 = 실제공기량 – 이론공기량
- 공기비 $= \dfrac{실제공기량}{이론공기량} = \dfrac{실제공기량}{실제공기량 - 과잉공기량}$

4. 이론산소량, 이론공기량, 실제공기량을 구하는 계산

- 이론산소량 = 이론공기량 $\times \dfrac{21}{100}$

- 이론공기량 = 이론산소량 $\div$ 0.21
- 실제공기량 = 이론공기량 $\times$ 1.1

산소 농도가 21%일 때 메탄(CH_4)이 완전연소하는 경우 필요한 이론공기량은 메탄(CH_4) 체적의 몇 배인가?(소수점 둘째 자리에서 반올림한 값으로 구한다)

해설

메탄의 완전연소식 = $CH_4 + 2O_2 \rightarrow CO_2 + 2(H_2O)$

이론공기량 = 이론산소량 $\div$ 0.21

LNG의 주성분인 메탄 1mole을 연소하기 위해서는 산소 $2O_2$가 필요하다(산소 2mole). 공기 중의 산소 농도가 21%이므로 2 ÷ 0.21 ≒ 9.5가 된다. 따라서 이론공기량은 메탄 체적의 9.5배의 공기가 필요하게 된다.

⚙ 실제공기량 계산 : 일반적으로 실제 연소에서는 과잉공기가 필요하게 되어 공기량을 1.1배로 잡는다. 따라서 실제공기량은 9.5×1.1 = 10.45배가 된다.

정답 9.5배

---

5. 이산화탄소의 농도를 구하는 계산

$$CO_2(\%) = \dfrac{21 - O_2(\%)}{21} \times 100$$

이산화탄소를 방사해서 공기 중 산소 농도가 10%로 변했다면, 이때 외부로 방출된 이산화탄소(CO_2)의 농도는 얼마인가?(소수점 둘째자리에서 반올림한 값으로 구한다)

① 약 21% ② 약 34%

③ 약 42% ④ 약 52.4%

해설

이산화탄소 농도(%) $= \dfrac{21 - 10}{21} \times 100 ≒ 52.38(\%)$

정답 ④

6. 완전연소 시 산소 몰수 구하는 계산

① 가연성 가스인 $C_m H_n$은 완전연소시키면 이산화탄소(CO_2)와 물(H_2O)이 발생된다.

② 탄화수소계 가연성 가스의 완전연소방정식

　　㉠ 부탄(C_4H_{10}) = C_4H_{10} + $6.5O_2$ → $4CO_2$ + $5H_2O$ + 687.64kcal

　　㉡ 프로판(C_3H_8) = C_3H_8 + $5O_2$ → $3CO_2$ + $4H_2O$ + 530.60kcal

　　㉢ 메탄(CH_4) = CH_4 + $2O_2$ → CO_2 + $2H_2O$ + 212.80kcal

③ 위 식에 의하면 메탄 1mole이 완전연소하기 위해서는 2mole의 산소가 필요하고, 프로판 1mole이 완전연소하기 위해서는 5mole의 산소가 필요하다.

프로판가스가 완전연소할 때 변화되는 과정의 화학식은 C_3H_8 + XO_2 → $3CO_2$ + $4H_2O$이다. 여기서 X의 값은 얼마인가?

① 1　　　　　　　　　　　② 3

③ 4　　　　　　　　　　　④ 5

해설

프로판가스의 완전연소식으로서 그 산소의 필요량은 5mole의 산소가 필요하다.

C_3H_8 + XO_2 → $3(CO_2)$ + $4(H_2O)$ → C_3H_8 + XO_2 → C_3O_6 + H_8O_4

∴ X = 5

 정답 ④

1.5L의 메탄을 완전히 태우는 데 필요한 산소의 부피와 연소의 결과로 생성되는 이산화탄소의 부피로 옳은 것은?

	산소의 부피	이산화탄소의 부피
①	1.5L	3L
②	3L	1.5L
③	1.5L	2L
④	3L	3L

해설

메탄의 완전연소방정식 : CH_4(1.5L) + $2O_2$(2×1.5L) → CO_2(1.5L) + $2H_2O$

∴ 산소의 부피 = 3L, 이산화탄소의 부피 = 1.5L

 정답 ②

11g의 프로판을 완전연소시키면 몇 몰의 이산화탄소가 생성되는가?(단, C, H, O의 원자량은 각각 12, 1, 16이다)

① 0.25 　　　　　　　　　　② 0.75
③ 1.0 　　　　　　　　　　　④ 3.0

해설

$C_3H_8 + 5O_2 \rightarrow 3CO_2 + 4H_2O$
1mole(44g) 　　 : 　　 3mole(44g)
11g(0.25mole) 　 : 　　 Xmole
∴ X = 0.75

정답 ②

7. 최소산소농도를 구하는 계산

(1) 최소산소농도(MOC, Minimum Oxygen for Concentration, 임계산소농도)의 개념

최소산소농도는 연소할 때 화염이 전파되기 위해 필요한 최소산소농도를 말한다. 예를 들어, 프로판이 완전연소하기 위해서는 5mole의 산소가 필요하고 불이 붙기 위해서는 공기 중 2.1%~9.5%가 혼합되어야 한다. 즉, 프로판의 인화점이 2.1%이니 5몰의 산소가 2.1%에서는 불이 붙는다는 뜻이다.

(2) 공식

① 최소산소농도(MOC) = 산소의 몰수 × 연소하한계
② 프로판(C_3H_8)의 완전연소식 = $C_3H_8 + 5O_2 \rightarrow 3CO_2 + 4H_2O$
③ 프로판이 완전연소하기 위해서는 5mole의 산소가 필요하다.
④ 프로판의 연소하한계값은 2.1%이다.
⑤ 프로판의 최소산소농도 = 5 × 2.1 = 10.5%

프로판 1mole이 완전연소하기 위해서 필요한 최소산소농도(MOC)는 몇 %인가?

① 4.5% 　　　　　　　　　　② 10.5%
③ 12.5% 　　　　　　　　　　④ 46.5%

해설

프로판의 연소범위는 2.1 ～ 9.50이다. 따라서 하한계 2.1과 산소의 몰수를 곱한다.
∴ 2.1 × 5 = 10.5%

정답 ②

8. 총열량을 구하는 계산

0℃ 물 1g이 수증기 100℃가 되려면 몇 cal가 필요한가?

해설

$Q = c \cdot m \cdot \triangle t$, 물의 비열은 1[cal/g℃]로 계산한다.

물 → 수증기 = 539[cal/g]

1cal × 1g × (100 − 0) + (1g × 539) = 639

∴ 639cal

✿ 만약 문제가 2g으로 나오면, 1g의 기본 답 639 × 2g = 1278cal가 정답이 된다.

✿ 열용량 계산식은 '잠열 + 현열의 온도차'로 생각하면 쉽다(⊿ : 차이, Σ : 합을 의미).

✿ 약식 : 539(액상이 기상이 되는 잠열 값) + 100(현열의 온도차) = 639cal/g

정답 639cal

20℃의 물 1g이 수증기 100℃가 되려면 몇 cal가 필요한가?

해설

$Q = c \cdot m \cdot \triangle t$, 물의 비열은 1[cal/g℃]로 계산한다.

물 → 수증기 = 539[cal/g]

1cal × 1g × (100 − 20) + (1g × 539) = 619

∴ 619cal

✿ 약식 : 539(액상이 기상이 되는 잠열 값) + 80(현열의 온도차 100 − 20)
= 619cal/g

정답 619cal

0℃ 얼음 1kg이 수증기 100℃가 되려면 몇 cal가 필요한가?

해설

$Q = c \cdot m \cdot \triangle t$, 열용량 = 비열 × 질량 × 온도차

얼음 → 물 = 80kcal/kg

[1kcal × 1kg × (100 − 0) + 1kg × 80] + (1kg × 539) = 719

∴ 719kcal

✿ 약식 : 619(고상이 기상이 되는 잠열 값 80 + 539) + 100(현열의 온도차 100 − 0)
= 719kcal/g

정답 719kcal

9. 위험도(Degree of Hazards)를 구하는 계산

① 가스가 화재를 일으킬 수 있는 척도를 나타낸다.

② 위험도를 구하는 공식

$$H = \frac{U-L}{L}$$

H : 위험도
U : 폭발상한계
L : 폭발하한계

③ 위험도 계산의 예

㉠ 이황화탄소의 위험도 $= \dfrac{44-1.2}{1.2} \fallingdotseq 35.7$

㉡ 아세틸렌의 위험도 $= \dfrac{81-2.5}{2.5} \fallingdotseq 31.4$

10. 공기호흡기의 사용 시간을 구하는 계산

공기호흡기는 일반적으로 양압식을 사용하며 그 사용 시간은 다음과 같이 계산한다.

$$사용\ 시간 = \frac{[충전압력(kg/cm^2) - 탈출소요압력(kg/cm^2)] \times 용기용량(L)}{공기소비량(L/min)}$$

공기호흡기의 충전압력이 280kg/cm²이고 공기소비량이 24L이다. 이때 공기호흡기의 크기가 6L인 경우 공기호흡기의 사용 시간은 얼마인가?[단, 탈출소요압력(잔압)은 40kg/cm²이다]

해설

공기호흡기 사용 시간

$$= \frac{[충전압력(kg/cm^2) - 탈출소요압력(kg/cm^2)] \times 용기용량(L)}{공기소비량(L/min)}$$

$$= \frac{(280-40) \times 6}{24} = 60분$$

정답 60분

CHAPTER 02 폭발이론

1 폭발의 기초

1. 폭발의 개념

① 폭발은 밀폐된 공간에서 발생한 급격한 압력 상승으로 에너지가 외부(외계)로 전환되는 과정에서 폭음, 파열, 후폭풍 등을 동반하는 현상으로서 물리적·화학적 변화로 발생된다.

② 폭발이란 압력파가 전달되어 폭음과 충격파를 발생시키는 이상팽창을 말한다.

③ 폭발은 정상연소에 비해 연소속도와 화염전파속도가 매우 빠른 비정상연소이다.

④ 물질 내에서 <u>화학발열반응</u>을 한다.

   ✿ 화학흡열반응(×)

2. 폭발의 성립 조건

① 밀폐된 공간이 존재하여야 된다.

② 가연성 가스, 증기 또는 분진이 폭발범위 내에 있어야 한다(= 농도 조건).

③ 점화원(Energy)이 있어야 한다(= 에너지 조건).

④ 연소의 3요소에 밀폐된 공간이 있으면 성립한다.

   ✿ 가스폭발의 2대 조건 : 에너지 조건, 농도 조건

📘 기출 플러스

다음 중 화학적 폭발을 〈보기〉에서 있는 대로 고른 것은?

[21 소방간부 기출]

┌─ 보기 ┐
ㄱ. 중합폭발
ㄴ. 수증기폭발
ㄷ. 산화폭발
ㄹ. 분해폭발
└─────┘

① ㄱ, ㄷ
② ㄷ, ㄹ
③ ㄱ, ㄴ, ㄹ
④ ㄱ, ㄷ, ㄹ
⑤ ㄴ, ㄷ, ㄹ

해설

화학적 폭발에 해당되는 것은 ㄱ. 중합폭발, ㄷ. 산화폭발, ㄹ. 분해폭발이다. 참고로 ㄴ. 수증기폭발은 물리적 폭발에 해당된다.

정답 ④

📘 기출 플러스

다음 중 화학적 폭발에 해당하지 않는 것은?

[22 소방간부 기출]

① 수증기폭발
② UVCE
③ 분해폭발
④ 분진폭발
⑤ 분무폭발

해설

수증기폭발은 물리적 폭발에 해당된다. ②, ③, ④, ⑤는 화학적 폭발에 해당된다.

정답 ①

2 폭발의 형태

1. 물리적 폭발과 화학적 폭발

(1) 물리적 폭발

① 화염을 동반하지 않으며, 물질 자체의 화학적 분자구조가 변하지 않는다. 단순히 상변화(액상→기상) 등에 의한 폭발이다.

② 진공용기의 파손에 의한 폭발현상, 과열액체의 급격한 비등에 의한 증기폭발, 고압용기에서 가스의 과압과 과충전 등으로 용기가 파열되어 급격한 압력이 개방되는 현상 등이 물리적인 폭발에 해당한다. 미세한 금속선에 큰 용량의 전류가 흘러 전선에 급격하게 온도가 상승되어 전선이 용해되어 갑작스러운 기체 팽창이 짧은 시간 내에 발생되는 폭발현상인 <u>전선폭발, 고상간전이폭발(안티몬) 또한 물리적인 폭발에 해당한다.</u>

③ <u>응상폭발(증기폭발, 수증기폭발)과 관련이 있다.</u>

(2) 화학적 폭발

① 개념

화염을 동반하며, 물질 자체의 화학적 분자구조가 변한다. <u>기상폭발(분해폭발, 산화폭발, 중합폭발, 촉매폭발 등)과 관련이 있다.</u>

② 종류

㉠ 산화폭발

• 산화폭발은 연소의 한 형태로서 비정상상태로 연소가 되어서 폭발이 일어나는 형태이다. 연소폭발이라고도 한다. 주로 가연성 가스, 증기, 분진, 미스트 등이 공기와의 혼합물, 산화성, 환원성 고체 및 액체 혼합물 혹은 화합물의 반응에 의하여 발생된다.

• 산화폭발사고는 대부분 가연성 가스가 공기 중에 누설되거나 인화성 액체 저장탱크에 공기가 혼합되어 형성된 폭발성 혼합가스가 점화원에 의해 착화되어 폭발하는 현상이다.

• 공간 부분이 큰 탱크장치나 배관 건물 내에 다량의 가연성 가스가 공간 전체에 채워져 있을 때 폭발한다. 큰 파괴력이 발생되어 구조물이 파괴되며, 이때 폭풍과 충격파에 의하여 멀리 있는 구조물까지도 피해를 입힌다.

예 LPG - 공기, LNG - 공기 등이며 가연성 가스의 혼합가스 점화에 의한 폭발

ⓛ 분해폭발

- 산화에틸렌(C_2H_4O), 아세틸렌(C_2H_2), 히드라진(N_2H_4) 같은 분해성 가스와 디아조화합물 같은 자기분해성 고체류가 단독으로 분해·폭발 하는 형태이다.

$$아세틸렌 : C_2H_2 \rightarrow 2C + H_2 + 54.19[cal]$$

- 아세틸렌은 분해성 가스의 대표적인 것이다. 반응 시 발열량이 크고, 산 소와 반응하여 연소 시 3,000℃의 고온에서 얻어지는 물질로써 금속의 용단·용접에 사용된다.
- 고압으로 압축된 아세틸렌 기체에 충격을 가하면 직접 분해반응을 일 으키므로 고압으로 저장할 때는 불활성 다공물질을 용기 내에 주입하 고 여기에 아세톤액을 스며들게 하여 아세틸렌을 고압으로 용해 충진 하는 방법을 사용한다.
- 용해 아세틸렌을 저장할 때는 용기 내에 가스층 간의 공간이 없도록 하고 아세틸렌의 충진 시 용기에 발열되는 경우에 냉각시키고, 충진 후에도 온도가 안정될 때까지 냉각하여야 한다.
- 일반적으로 널리 사용되는 용해아세틸렌 용기는 고열이 국부적으로 발생되고, 다공물질이 변질 혹은 공간이 생성되는 이상이 발생될 때 분해증발이 일어나 국부적인 과열로 인한 용기가 폭발하는 경우가 있 으므로 신중하게 취급해야 한다.

119 더 알아보기

폭발

급격한 압력의 발생, 해방의 결과로 그 현상이 격렬하게 폭음을 동반한 이상 팽창 현상으로 크게는 물리적인 폭발과 화학적 폭발로 구분하며, 물리적 상태 에 따라 응상폭발과 기상폭발로 구분한다.

ⓔ 중합폭발

- 중합해서 발생하는 반응열을 이용해서 폭발하는 현상으로 초산비닐, 염화비닐 등의 원료인 모노머가 폭발적으로 중합되면 격렬하게 발열 하여 압력이 급상승되고 용기가 파괴되는 폭발을 일으키는 경우가 자 주 있다.

- 중합반응은 고분자 물질의 원료인 단량체(모노머)에 촉매를 넣어 일정 온도, 압력하에서 반응시키면 분자량이 큰 고분자(다량체, 폴리머)를 생성하는 반응으로서 대부분 발열반응이 나타나므로 적절한 냉각설비를 반응장치에 설치하여 이상반응이 되는 것을 방지하여야 한다. 그러나 반응 시 냉각에 실패하면 반응온도의 급격한 상승으로 미반응 모노머의 팽창, 비등이 발생하여 이상고압으로 되는 경우 반응장치를 파괴시키는 경우가 있다.

- 중합이 용이한 물질은 촉매를 주입하지 않아도 공기 중의 산화와 그 외 산화성 물질, 알칼리성 물질이 촉매 역할을 하여 반응을 일으킬 수도 있으므로 반응 중지제를 준비하여야 한다. 중합폭발을 하는 가스로는 시안화수소(HCN), 산화에틸렌(C_2H_4O) 등이 있다.

ⓔ 촉매폭발 : 촉매에 의해서 폭발하는 현상으로 수소(H_2) + 산소(O_2), 수소(H_2) + 염소(Cl_2)에 빛이 쪼일 때 등에 일어난다.

ⓜ 반응폭주 : 화학반응기 내에 압력, 온도, 혼합물의 질량 등의 제어상태가 규정조건을 벗어나서 화학반응속도가 지수 함수적으로 증가함으로써 화학반응이 격해지는 현상을 말한다.

2. 응상폭발과 기상폭발

(1) 개념

① 폭발물질의 물리적 상태에 따라서 기상폭발과 응상폭발로 구분한다.

② 일반적으로 응상이란 고상 및 액상의 것을 말하고, 응상은 기상에 비하여 밀도가 $10^2 \sim 10^3$배이므로 그 폭발의 양상이 다르다.

(2) 기상폭발

수소, 일산화탄소, 메탄, 프로판, 아세틸렌 등의 가연성 가스와 조연성 가스와의 혼합 기체에서 발생하는 가스폭발, 분해폭발, 분무폭발 및 분진폭발, 증기운 폭발, 블레비 현상 등이 기상폭발에 해당된다.

① 가스폭발

가연성 가스와 조연성 가스가 일정 비율로 혼합된 가연성 혼합기는 발화원에 의해 착화되면 가스폭발을 일으킨다. 이것을 폭발성 혼합기(폭발성 혼합가스)라 부른다. 가연성 가스에는 수소, 천연가스, 아세틸렌가스, LPG 외에 휘발유, 벤젠, 톨루엔, 알코올, 에테르 등의 가연성 액체로부터 나오는 증기도 포함된다.

② **분무폭발**

공기 중에 분출된 가연성 액체의 미세한 액적이 무상으로 되어 공기 중에 부유하고 있을 때 착화에너지가 주어지면 발생한다. 분출한 가연성 액체의 온도가 인화점 이하로 존재하여도 무상으로 분출된 경우에는 폭발하는 경우가 있다. 고압의 유압설비로부터 기계류의 분출 후에 공기 중에서 미세한 액적이 되어 일어난다.

③ **분진폭발**

㉠ 가연성 고체의 미분이 일정 농도 이상 공기와 같은 조연성 가스 등에 분산되어 있을 때 발화원에 의하여 착화됨으로써 일어나는 현상이다. 금속, 플라스틱, 농산물, 석탄, 유황, 섬유질 등의 가연성 고체가 미세한 분말 상태로 공기 중에 부유하여 폭발 하한계 농도 이상으로 유지될 때 착화원이 존재하면 가연성 혼합기와 동일한 폭발이 나타난다. 탄광의 갱도, 유황 분쇄기, 합금 분쇄 공장 등에서 가끔 분진폭발이 일어난다.

㉡ 분진폭발의 조건
- 가연성 : 금속, 플라스틱, 밀가루, 설탕, 전분, 석탄 등
- 미분상태 : 미분의 입자 크기는 <u>약 100μ 이하이지만 76μ(200mesh) 이하</u>가 분진폭발에 가장 적합
- 지연성 가스(공기) 중에서의 교반과 운동
- 점화원의 존재

㉢ 가연성 분진의 착화폭발 메커니즘
- 입자 표면에 열에너지가 주어져서 표면 온도가 상승한다.
- 입자 표면의 분자가 열분해 또는 건류작용을 일으켜서 기체 상태로 입자 주위에 방출한다.
- 이 기체와 공기의 혼합으로 폭발성 혼합 기체가 생성된 후 발화되어 화염이 발생된다.
- 이 화염에 의해 생성된 열은 다시 다른 분말의 분해를 촉진시켜 공기와 혼합하여 발화 전파한다.

> **119 더 알아보기** ✓
>
> **분진폭발의 진행과정**
> 분진입자 표면에 열 전달 → 열분해로 입자 주위에 가연성 가스 발생 → 공기(산소)와 혼합 → 폭발성 혼합 기체 생성 → 발화 → 폭발

ㄹ 분진폭발의 특성

- 연소속도나 폭발압력은 가스폭발에 비해 작으나 연소시간이 길고, 에너지가 크기 때문에 파괴력과 타는 정도가 크다. 단위 체적당의 탄화수소의 양이 많기 때문에 발생 에너지는 가스폭발의 수백 배이고 온도는 2,000~3,000℃까지 올라간다.
- 폭발 입자가 연소되면서 비산하므로 이것에 접촉되는 가연물은 국부적으로 심한 탄화를 일으킨다. 특히 인체에 닿으면 심한 화상을 입는다.
- 최초의 부분적 폭발에 의해 폭풍이 주위의 분진을 날리게 하여 2차, 3차의 폭발로 파급됨에 따라 피해가 커진다.
- 가스에 비해 불완전한 연소를 일으키기 쉬워 탄소가 타서 없어지지 않고 연소 후의 가스상에 일산화탄소가 다량으로 존재하는 경우가 있기 때문에 가스에 의한 중독 위험성이 있다.

이론 플러스

가스폭발과 분진폭발의 비교

구분	가스 폭발	분진 폭발
최소발화 에너지	작다	크다
연소속도	빠르다	느리다
연소시간	짧다	길다
최초폭발과 폭발압력	크다	작다
불완전 연소	작다	크다
CO 발생률	작다	크다
그을음	적다	많다
발생에너지	작다	크다
파괴력	작다	크다
2차~3차 연쇄폭발성	작다	크다
온도	낮다	높다

119 더 알아보기

분진폭발과 가스폭발의 비교 특성 ★★

1. 가스폭발에 비해 분진폭발은 최소발화에너지가 크다.
2. 가스폭발에 비해 분진폭발은 불완전연소가 심하므로 일산화탄소(CO)가 발생한다.
3. 1차 분진폭발의 영향으로 주위의 분진을 날리게 하여 2차 · 3차 폭발이 발생할 수 있다.
4. 가스폭발보다 분진폭발은 연소속도, 폭발압력은 작으나 연소시간이 길고 발생 에너지가 크기 때문에 연소 시 그 물질의 파괴력과 그을음이 크다.
5. 분진폭발은 입자가 비산하므로 접촉되는 가연물은 국부적으로 심한 탄화 또는 화상도 유발한다.
6. 분진폭발의 발생 에너지는 가스폭발의 수백 배 이상이고 온도는 탄화수소 양이 많아 약 2,000~3,000℃까지 올라간다.

ㅁ 분진의 폭발성에 영향을 미치는 인자

분진의 화학적 성질과 조성	<ul><li>분진의 발열량이 클수록 폭발성이 크며 휘발 성분의 함유량이 많을수록 폭발하기 쉬움</li><li>탄진에서는 휘발분이 11% 이상이면 폭발하기 쉽고, 폭발의 전파가 용이하기 때문에 폭발성 탄진이라고 함</li><li>산화반응으로 생성하는 가연성 기체의 반응이 클수록 폭발이 잘 됨</li><li>난류는 화염의 전파속도를 증가시켜 폭발 위력이 커짐</li><li>발화온도가 낮을수록 폭발이 잘 됨</li></ul>

입도와 입도분포	• 분진의 표면적이 입자 체적에 비하여 커지면 열의 발생속도가 방열속도보다 커져서 폭발이 용이해짐 • 평균 입자경이 작고 밀도가 작을수록 비표면적과 표면 에너지 가 커져서 폭발이 용이해짐 • 입도 분포 차이에 의한 폭발 특성 변화에 대해서는 상세히 알 수 없으나 작은 입경의 입자를 함유하는 분진의 폭발성이 높다 고 간주함
입자의 형성과 표면의 상태	• 평균입경이 동일한 분진인 경우, 분진의 형상에 따라 폭발성이 달라짐 • 구상 → 침상 → 평편상 입자 순으로 폭발성이 증가함 • 입자 표면이 공기(산소)에 대하여 활성이 있는 경우 폭로시간이 길어질수록 폭발성이 낮아지기 때문에 분해공정에서 발생되는 분진은 활성이 높고 위험성도 큼
수분	• 분진의 부유성을 억제 • 수분의 증발로서 점화에 필요한 에너지가 부족하게 됨 • 증발한 수증기가 불활성 가스의 역할을 함으로써 점화온도를 높임 • 대전성을 감소시키므로 폭발성을 낮게 함
산소농도	• 산소 농도가 높을수록 분진폭발이 잘 일어남 • 예외적으로 산소와 반응성이 큰 분진은 산화성 피막(Al_2O_3 등) 을 형성하여 폭발성이 약해지는 경우도 있음

✪ 마그네슘, 알루미늄 등은 물과 반응하여 수소를 발생하고 그로 인해 위험성이 더
　높아진다.

　ⓑ 폭발압력
　　• 분진의 최대폭발압력은 양론적인 농도보다 훨씬 더 큰 농도에서 일어
　　　난다(가스폭발의 경우와 다름).
　　• 최대폭발압력 상승속도는 입자의 크기가 작을수록 증가한다. 이는 입
　　　자의 크기가 작을수록 확산과 발화가 쉽기 때문이다.
　ⓢ 분진폭발을 일으키는 물질 : 금속분(알루미늄, 마그네슘, 아연 등), 황,
　　쌀·보리 등 곡물분, 석탄, 솜, 담배, 비누, 생선분·혈분의 비료, 종이
　　분, 경질고무 등
　ⓞ 분진폭발이 불가능한 물질 : 소석회[$Ca(OH)_2$], 가성소다[$NaOH$], 탄산
　　칼슘($CaCO_3$), 생석회(CaO), 시멘트분, 대리석분, 유리분, 산화알루미
　　늄[Al_2O_3] 등
④ **분해폭발**
　㉠ 기체 분자가 분해할 때 발열하는 가스는 단일 성분의 가스이지만 발화원
　　에 의해 착화되면 공기나 산소와 섞이지 않아도 혼합가스와 같이 가스 폭
　　발을 일으킨다. 이것을 <u>가스의 '분해폭발'</u>이라고 한다. 분해 폭발성 가스
　　에는 <u>아세틸렌, 산화에틸렌</u>, 에틸렌, 프로파디엔, 메틸아세틸렌, 모노비
　　닐아세틸렌, 이산화염소, 히드라진 등이 있다.

기출 플러스

폭발에 대한 일반적인 설명으로 옳은 것은? [22 기출]

① 아세틸렌과 산화에틸렌은 분해폭발을 일으키기 쉬운 물질이다.
② 상온에서 탱크에 저장된 중유가 유출되면 자유공간 증기운폭발이 일어난다.
③ 밀폐공간에서 조연성가스가 폭발범위를 형성하면 점화원에 의해 가스폭발이 일어난다.
④ 다량의 고온물질이 물속에 투입되었을 때 물의 갑작스러운 상변화에 의한 폭발현상을 반응폭주라 한다.

해설

아세틸렌과 산화에틸렌은 분해폭발을 일으킨다.

오답정리

② 상온에서 탱크에 저장된 가연성 기체 또는 기화하기 쉬운 가연성 액체가 유출되어서 대량의 가연성 혼합기체가 형성되어 자유공간 증기운폭발이 일어난다.
③ 가스폭발은 개방된 공간에서도 가연성 가스와 공기와의 혼합기체에서 가연성 가스의 폭발범위(= 농도조건)과 에너지조건(= 점화원)이 동시에 충족될 때 일어난다.
④ 수증기폭발에 해당된다.

정답 ①

ⓛ 아세틸렌 충전공장과 같은 곳에서는 때때로 고압 아세틸렌의 분해폭발에 의한 사고가 일어난다. 또한, 폴리에틸렌 공장에서 1,000기압 이상의 고압 에틸렌이 분해폭발을 일으켜 누설되고, 공기 중에서 다시 혼합가스 폭발을 일으킨 경우도 있다.

(3) 응상폭발

용융금속이나 금속 조각 같은 고온 물질이 물속에 투입되었을 때 고온의 열이 저온의 물에 짧은 시간에 전달되어 일시적으로 물이 과열 상태로 되면 급격하게 비등하여 나타나는 폭발현상이다. 응상폭발에는 수증기폭발, 증기폭발, 혼합 위험성 물질에 의한 폭발, 폭발성 화합물의 폭발 등이 있다.

① 증기폭발

㉠ 액체의 급속한 기화현상 발생으로 체적 팽창에 의한 고압이 생성되어 폭풍을 일으키는 현상으로서 물, 유기액체 또는 액화가스 등의 액체들이 과열 상태가 될 때 순간적으로 증기화되어 폭발현상이 나타나는 것을 말한다.

㉡ 극저온 액화가스의 증기폭발(극저온 액화가스의 수면유출)
   • LNG 등의 저온액화가스가 상온의 물 위에 유출될 때 급격하게 기화되면서 증기폭발이 발생된다.
   • 이때 뜨거운 유체로 작용하는 것은 물(15℃)이며 LNG는 -162℃에서 액화된 가스이므로 차가운 액체로 작용한다.

② 수증기폭발

용융금속 등 고온 물질이 물속에 투입되었을 때 물은 순간적으로 급격하게 비등하게 된다. 이러한 상변화(액상→기상)에 따른 폭발현상이다.

③ 혼합 위험성 물질에 의한 폭발

산화성 물질과 환원성 물질의 혼합물에는 혼합 직후에 발화 폭발하는 것, 또는 혼합 후에 혼합물에 충격을 가하거나 열을 가하면 폭발을 일으키는 것 등이 있다.

④ 폭발성 화합물의 폭발

산업용 화약, 무기용 화약 등의 화학 폭약의 제조와 가공 공정에서 또는 그 사용 중에 폭발사고가 일어나는 것을 말한다. 그 밖에 반응 중에 생기는 민감한 부생물이 반응조 내에 축적되어 폭발을 일으키는 경우도 해당된다.

예 산화 반응조에 과산화물이 축적되어 일어난 폭발사고

(4) 원인물질의 물리적 상태에 따른 폭발의 분류

기상 폭발	산화 폭발	가스폭발	가연성 가스와 공기와의 혼합 기체의 폭발현상
		분무폭발	무상으로 부유한 가연성 액적이 점화원에 의해 폭발하는 현상
		분진폭발	가연성 고체의 미분(티끌)이 점화원에 의해 폭발하는 현상
	분해폭발		분해할 때에 생성되는 발열가스가 압력 상승에 의해 폭발하는 현상 예 아세틸렌, 산화에틸렌, 제5류 위험물 등
	중합폭발		모노머(단량체)의 중축합반응을 통해 폴리머(다량체)를 생성할 때 발생된 열에 의해 폭발하는 현상 예 시안화수소, 염화비닐, 산화에틸렌 등
	증기운폭발		• Unconfined Vapor Cloud Explosion(UVCE) • 개방된 대기 중에서 다량의 가연성 가스가 유출되어 구름을 형성하여 떠다니다가 공기와 혼합하여 점화원에 의해 폭발하는 현상
	백드래프트 (Back draft)		밀폐된 공간에서 불완전연소인 훈소상태에서 갑작스러운 산소 유입에 따른 화학적 고열가스의 폭발현상
	블레비 현상 (물리적 폭발 → 화학적 폭발)		• Boiling Liquid Expanding Vapor Explosion(BLEVE) • 과열된 액화가스 저장탱크의 내부의 액화가스가 분출되어 착화할 때 폭발하는 현상
응상 폭발	수증기폭발		용융금속 등 고온물질이 물속에 투입되었을 때 물의 급격한 비등 현상으로 액상에서 기상으로의 급격한 상변화에 의한 폭발현상
	증기폭발		저온 액화가스(LNG, LPG 등)가 사고로 인해 물 위에 분출되었을 때 급격한 기화를 동반하는 비등 현상으로 액상에서 기상으로의 급격한 상변화에 의한 폭발현상

3. 폭발등급 및 안전간격

(1) 폭발등급분류 ★★

① **폭발 1등급(0.6mm 초과)** : 메탄, 일산화탄소, 암모니아, 아세톤
② **폭발 2등급(0.4mm 초과~0.6mm 이하)** : 에틸렌, 석탄가스
③ **폭발 3등급(0.4mm 이하)** : 아세틸렌, 이황화탄소, 수소

(2) 안전간격

구형 용기 내에 가스를 점화시킬 때 불꽃이 틈새 사이를 통과하여 화염이 전파된다. 이때 간격에 따라 0.6mm 초과는 폭발 1등급, 0.4mm 초과~0.6mm 이하는 폭발 2등급, 0.4mm 이하는 폭발 3등급으로 구분된다.

3 폭굉유도거리(DID), 폭연(Deflagration)과 폭굉(= 폭효, Detonation)

1. 폭굉유도거리(DID)

(1) 개념

폭발성 혼합가스가 점화했을 때 최초의 완만한 연소에서 격렬한 폭굉으로 발전하는 데 필요한 거리를 말한다.

(2) 폭굉유도거리(DID)가 짧아질 수 있는 조건(→ 위험도가 큼) ★★

① 점화장치에서 공급되는 점화에너지가 강할수록 짧아진다.
② 연소속도가 빠른 가스일수록 짧아진다.
③ 관경이 가늘거나 관 속에 이물질이 있을 경우 짧아진다.
④ 압력이 높을수록 짧아진다.
⑤ 관벽이 거칠고 돌출물이 있을수록 짧아진다.

2. 폭연(Deflagration)과 폭굉(= 폭효, Detonation)

(1) 개념

압력파 또는 충격파의 전파속도가 음속보다 느리게 이동하는 경우를 폭연(Deflagration)이라고 하며, 음속보다 빠르게 이동하는 경우를 폭굉(Detonation)이라 한다.

(2) 폭연과 폭굉의 구분 기준

① **폭연(Deflagration)**
개방된 대기 중에서 혼합가스가 발화할 경우 연소가스는 자유로이 팽창하여 화염속도가 늦은 경우 압력과 폭발음이 거의 발생하지 않지만 화염속도가 빠르고 압력파를 만들면 폭발음이 발생하게 되는데 이러한 경우를 폭연이라 한다.

② **폭굉(Detonation)**
발열반응의 연소 과정에서 압력파 또는 충격파의 전파속도가 음속보다 빠르게 이동하는 경우를 말한다. 충격파란 초음속으로 진행하는 파동으로 충격파를 받는 매질은 같은 압력의 단열 압축보다 높은 온도 상승을 일으킨다. 매질이 폭발성이면, 그 온도 상승에 의하여 반응이 계속 일어나 폭굉파를 일정 속도로 유지한다.

③ **폭연과 폭굉의 구분 기준**
폭연과 폭굉의 구분 기준은 <u>화염(≒충격파)의 전파속도의 차이</u>이다.

(3) 폭연과 폭굉의 비교

구분	폭연	폭굉
속도	• 압력파 또는 충격파가 미반응 매질속으로 음속보다 느리게 이동함(아음속) • 약 0.1~10m/s 이하	• 압력파 또는 충격파가 미반응 매질속으로 음속보다 빠르게 이동함(초음속) • 약 1,000~3,500m/s 이하
압력	• 충격파 압력은 수기압 정도이며 폭굉으로 전이될 수 있음 • 정압	• 압력은 약 1,000kgf/cm² 압력 상승이 폭연의 경우보다 10배 이상임 • 동압
에너지	에너지 방출속도가 물질전달속도에 영향을 받음	에너지 방출속도가 물질전달속도에 기인하지 않고 아주 짧음
온도	열(전도, 대류, 복사)에 의한 전파에 기인함	온도의 상승은 충격파의 압력에 기인함
파면	• 파면(화염면)에서 온도, 압력, 밀도의 변화가 연속적임 • 반응 또는 화염면의 전파가 분자량이나 공기 등의 난류 확산에 영향을 받음	• 파면(화염면)에서 온도, 압력, 밀도가 불연속적으로 나타남 • 충격파를 형성하기 위해서는 아주 짧은 시간 내에 에너지가 방출되어야 함
완전 연소시간	$\dfrac{1}{300}$초	$\dfrac{1}{1,000}$초

4 블레비 현상

(BLEVE, Boiling Liquid Expanding Vapor Explosion)

1. 개념과 발생 과정

(1) 개념

① 옥외 가스 저장탱크에 화재 발생 시 저장탱크 외부가 가열되어 탱크 내 액체 부분이 급격히 증발하면 가스는 온도 상승과 비례하여 탱크 내 압력이 급격한 상승을 초래하게 된다.

② 탱크가 계속 가열되면 용기 강도는 저하되고 내부 압력은 상승하여 어느 시점이 되면 저장탱크의 설계압력을 초과하게 되고 탱크가 파괴되어 급격한 폭발을 일으키는 **물리적 폭발현상**이다(→ 어떤 착화원에 의하여 순간적으로 파이어 볼(fie ball)을 형성하는 화학적 폭발로 이어질 수 있다).

(2) 블레비 현상의 발생 과정(물리적 폭발 → 화학적 폭발)

① 액체가 들어있는 탱크 주위에 화재 발생

② 탱크벽 가열

③ 액체의 온도 상승 및 압력 상승

④ 화염과 접촉 부위 탱크 강도 약화

⑤ 탱크 파열

⑥ 내용물(증기)의 폭발적 분출 증가

⑦ 폭발 후 불기둥이 상부에 화구를 형성하며 버섯구름처럼 화염의 덩어리를 만드는 데 이를 <u>파이어 볼(Fire ball, 약 1,500℃)</u>이라 함

119 더 알아보기

블레비 현상의 발생 메커니즘

액온상승 → 연성파괴 → 액격현상 → 취성파괴

1. 액온상승

   열이 가해졌을 때 액화가스의 온도가 상승하고 이로 인해 안전밸브가 작동하여 증기가 조금씩 방출되어 액면이 낮아져 탱크 내 공간이 커진다.

2. 연성파괴

   탱크 벽이 가열되어 강도가 떨어지고 내부 압력이 상승하며 그 결과 탱크의 미세한 균열이 생겨 탱크 내의 증기가 방출되어 내부 압력은 급격히 떨어진다.

3. 액격현상

   액화가스의 비점이 낮아지고 과열 상태가 된 액화가스는 격렬하게 위력을 발하여 액체를 비산시키고 증기폭발로 인하여 탱크 내 벽에 강한 충격을 준다.

4. 취성파괴

   액격현상에 의하여 탱크 용기가 일시에 파괴되어 파편으로 날아가며 파이어 볼로 발전하게 된다.

기출 플러스

폭발에 대한 설명으로 옳지 않은 것은? [20 기출]

① 증기폭발은 폭발물질의 물리적 상태에 따른 분류 중 기상폭발에 해당한다.

② 폭굉은 연소반응으로 발생한 화염의 전파 속도가 음속보다 빠른 것을 말한다.

③ 블레비(BLEVE)는 액화가스저장 탱크 등에서 외부열원에 의해 과열되어 급격한 압력상승의 원인으로 파열되는 현상이며, 폭발의 분류 중 물리적 폭발에 해당한다.

④ 폭발은 물리적, 화학적 변화의 결과로 발생된 급격한 압력상승에 의한 에너지가 외계로 전환되는 과정에서 파열, 폭음 등을 동반하는 현상을 말한다.

해설

증기폭발은 기상폭발이 아니라 응상폭발에 해당한다. ②, ③, ④는 옳은 내용에 해당된다.

정답 ①

2. 블레비 현상에 영향을 주는 인자와 방지 대책

(1) 블레비 현상에 영향을 주는 인자

① 저장된 물질의 종류와 형태

② 저장용기의 재질

③ 저장(내용)물질의 물질적 역학 상태

④ 주위의 온도와 압력 상태

⑤ 저장(내용)물질의 인화성 등의 여부

✪ 저장용기의 위치(×)

(2) 블레비 현상의 방지 대책

① 저장탱크 상부에 고정식 냉각살수설비를 설치한다(→ 가장 많이 사용).

② 감압시스템에 의한 탱크로 들어오는 화열을 억제한다.

③ 저장탱크 외부 벽면에 단열 조치를 한다.

④ 저장탱크를 지하에 설치한다.

⑤ 화재 시 탱크 내용물을 긴급 이송조치한다.

⑥ 가연물 누출 시 유도구를 설치한다.

⑦ 용기 내압강도를 유지한다.

⑧ 탱크를 저장하는 바닥을 경사를 지어서 설치한다.

5 증기운폭발(UVCE, Unconfined Vapor Cloud Explosion)

1. 개념과 특징

(1) 개념

① 대기 중에 대량의 가연성 가스가 유출되거나 대량의 가연성 액체가 유출되어 그것으로부터 발생하는 증기가 공기와 혼합해서 가연성 혼합 기체를 형성하여 바로 확산되지 않고 구름과 같이 떠다니다가 어떤 발화원에 의해서 대기 중에서 폭발을 일으킨다. 이를 증기운폭발이라 한다.

② 개방된 대기 중에서 발생하기 때문에 자유공간 중의 증기운폭발(Unconfined Vapor Cloud Explosion)이라고 부르며 UVCE라 한다.

(2) 증기운폭발의 특징

① 증기운의 크기가 증가되면 점화 확률이 증가된다.

② 증기운에 의한 재해는 폭발보다는 화재가 보통이다.

③ 폭발효율이 적다. 즉, 연소에너지의 약 20%가 폭풍파로 전환된다.

④ 증기와 공기의 난류 혼합, 방출점으로부터 먼 지점에서의 증기운의 점화는 폭발충격을 증가시킨다.

2. 증기운폭발의 예방 대책

① 물질의 방출을 막는다. 점화 방지를 위하여 안전장치를 설치한다고 하여도 제어가 불가능하다.

② 휘발성이며 가연성 물질을 취급할 때는 재고량을 낮게 유지한다.

③ 아주 낮은 농도에서 누설을 감지할 수 있도록 분석기를 설치·사용한다.

④ 누설이 있을 시는 초기단계에서 시스템이 자동적으로 중지되도록 자동 블록 밸브를 설치한다.

6 폭발 방지 대책

1. 혼합가스 생성 방지

① 발화원을 제거 또는 억제한다.

② 조연성(지연성) 물질의 혼입을 방지한다.

③ 가연성 물질을 불연화 또는 제거한다.

④ 불활성(불연성) 물질을 봉입한다.

2. 전기설비의 방폭구조(→ 점화원인 전기불꽃 제거)

(1) 내압(耐壓)방폭구조(Flame-Proof Type, d)

① 구조

내압방폭구조는 방폭기기의 기본이 되며, 가장 먼저 고안된 방폭 방법으로서 용기 내부에서 가연성 가스가 폭발하였을 경우 용기는 그 폭발압력을 견디고, 폭발 시 발생하는 불꽃이 틈새나 구조적인 접합면을 통하여 용기 밖에 존재하는 위험 가스에 점화되지 못하도록 하며, 외부에서 폭발하였을 경우에는 발생하는 폭발압력을 견디며, 구조용기 표면의 온도에 의해서도 점화가 일어나지 않도록 설계된 구조를 말한다. 따라서 용기의 크기가 증가하면 비용이 증가하기 때문에 사용이 제한되며, 일반적으로 큰 전류를 사용하는 소형 전기기기의 방폭구조에 적합하다.

② 특징

㉠ 내부에서 폭발할 경우 그 압력에 견뎌야 한다.

㉡ 폭발화염이 외부로 노출되지 않아야 한다.

㉢ 폭발 시 외함의 표면온도가 주변의 가연성 가스에 점화되지 않아야 한다.

㉣ 내압방폭구조는 개별기기 보호방식으로서 전기기기의 성능조건을 유지하기에는 적합한 방폭구조지만 외부·전선(WIRING)의 보호는 불가능하므로 0종 장소에서는 사용할 수 없다.

기출플러스

다음에서 말하는 방폭구조는 무엇인가?
[18 상반기 기출]

가. ( )방폭구조 – 전기설비 용기 내부에 공기, 질소, 탄산가스 등의 보호가스를 대기압 이상으로 봉입(封入)하여 당해 용기내부에 가연성 가스 또는 증기가 침입하지 못하도록 한 구조를 말한다.

나. ( )방폭구조 – 위험한 장소에서 사용되는 전기회로에서 정상 시 및 사고 시에 발생하는 전기불꽃 또는 열이 폭발성 가스에 점화되지 않는 것이 점화시험 등에 의해 확인된 구조를 말한다.

다. ( )방폭구조 – 전기기기의 불꽃 또는 아크를 발생하는 부분을 기름(절연유) 속에 넣어, 유면상에 존재하는 가스에 인화될 염려가 없도록 한 구조를 말한다.

① 내압 – 안전증가 – 유입
② 압력 – 안전증가 – 본질안전
③ 압력 – 본질안전 – 유입
④ 내압 – 본질안전 – 안전증가

해설
문제 보기의 빈칸에 들어갈 내용은 가. 압력방폭구조, 나. 본질안전방폭구조, 다. 유입방폭구조이다.

정답 ③

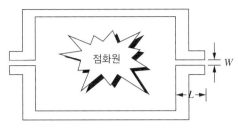

[내압방폭구조]

(2) 압력(壓力)방폭구조(Pressurization Type, p)

① 구조

전기설비 용기 내부에 공기, 질소 등의 불활성 가스 등을 불어 넣어 용기 내의 압력을 외부 압력보다 높게 유지하여 내부에 가연성 가스 또는 증기가 유입되지 못하도록 한 구조이다. 방폭구조의 용기 내부에는 비방폭형 전기기기를 사용하기 때문에 운전실수, 불활성 가스 공급설비 고장 등에 의해 가연성 가스 또는 증기가 용기 내부로 유입되어 보호 효과가 상실되면 경보가 작동하거나 기기의 운전이 자동으로 정지되도록 보호 장치를 설치하여야 한다. 압력방폭구조는 용기 내로 위험물질이 침입하지 못하도록 점화원을 격리하는 것으로 정상운전에 필요한 운전실과 같이 큰 용기와 기기에 사용된다.

② 보호기체(Protective Gas)

용기 내부에 압력(양압)을 유지하거나 폭발성 가스의 농도를 폭발하한값(LEL, Lower Explosion Limit) 이하로 낮추기 위하여 사용되는 가스로 보통 질소가스(Nitogen) 혹은 기타 비인화성 가스를 사용한다.

③ 용기 내부의 압력이 떨어지는 경우

용기 내부의 압력이 떨어지는 경우 Alarm을 발생시키거나, 운전을 정지하는 보호 장치 설치가 필요하다.

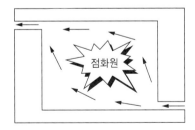

[압력방폭구조]

(3) 유입방폭구조(Oil Immersion Type, o)

전기불꽃을 발생할 수 있는 부분(스위치, 전기기기 등)을 절연유 속에 잠기게 하여 외부에 존재하는 가연성 가스에 점화될 우려가 없도록 하는 구조이다. 항상 필요한 유량을 유지하여야 하며, 유체 표면상의 폭발성 가스의 존재에 대비하여 유면의 온도 상승 한계에 대하여 규정하고 있다.

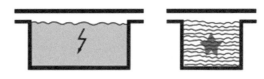

[유입방폭구조]

(4) 안전증방폭구조(Increased Safety Type, e)

전기기기의 권선, Air Gap, 접속부, 단자부 등과 같이 정상적인 운전 중에는 불꽃, 아아크 또는 과열이 생겨서는 안 될 부분에 이런 것의 발생을 방지하기 위하여 구조와 온도 상승에 대하여 특히 안전도를 증가시킨 구조이다.

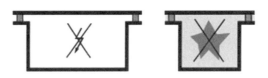

[안전증방폭구조]

(5) 본질안전방폭구조(Intrinsic Safety Type, ia or ib)

① 정상상태(혹은 규정된 이상상태 포함)에서 전기회로에 발생하는 전기불꽃이 시험가스에 점화하지 않도록 불꽃의 에너지를 낮추는 회로(Intrinsically-safe circuit)로 구성된 방폭구조이다.

② 정상 혹은 이상상태의 단락, 단선, 지락 등에서 발생하는 전기불꽃, 아크 등에 의한 점화를 방지한 착화시험으로 성능이 확인된 구조이다.

③ 폭발성 가스가 점화되어 폭발을 일으키는 데는 전기불꽃에 의해 일정량의 에너지가 주어질 필요가 있다는 개념에 기초를 두고 있는데, 이 불꽃의 에너지를 낮춤으로써 점화를 방지한다.

④ 이론적으로는 모든 전기기기에 적용 가능하나, 동력을 직접 사용하는 기기에는 실제로 적용이 불가능하다.

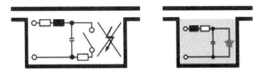

[본질안전방폭구조]

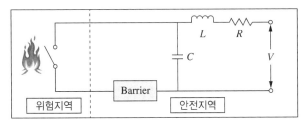

[본질안전방폭구조 개념도]

119 더 알아보기

전기설비의 방폭구조

압력방폭구조	전기설비 용기 내에 불활성 기체를 봉입시켜 가연성 가스의 침입을 방지하는 구조
내압(耐壓) 방폭구조	폭발압력에 견디는 특수한 구조로 가연성 가스의 전파를 차단하기 위해 용기 내부를 압력에 견디도록 전폐구조로 한 것으로, 가장 많이 이용됨
유입(油入) 방폭구조	전기불꽃을 발생할 수 있는 부분(스위치, 전기기기 등)을 절연유 속에 잠기게 하여 외부에 존재하는 가연성 가스에 점화될 우려가 없도록 하는 구조
안전증 방폭구조	정상상태에서 착화될 부분에 안전도를 증가시켜 위험을 방지하는 구조
본질안전 방폭구조	정상 혹은 이상상태의 단락, 단선, 지락 등에서 발생하는 전기불꽃, 아크 등에 의한 점화를 방지한 착화시험으로 성능이 확인된 구조

3. 정전기 제거 조치 ★★

① 접지(도체를 사용)를 한다.
② 공기를 이온화한다.
③ 상대습도를 70% 이상으로 높인다.
④ 유속을 제한한다.
⑤ 이물질을 제거한다.
⑥ 유체의 분출을 막는다.

4. 르샤틀리에 법칙

혼합 기체를 구성하고 있는 각 가연성 가스의 폭발하한계를 알면 전체 혼합 기체의 폭발하한계를 근사적으로 구할 수 있는 법칙을 말한다.

$$\frac{100}{L} = \frac{V_1}{L_1} + \frac{V_2}{L_2} + \frac{V_3}{L_3} + \cdots$$

L : 혼합가스의 연소한계(vol%)
V_n : 각 가연성 가스의 용량한계(vol%)
L_n : 각 가연성 가스의 폭발하한계(vol%)

PART 05 단원별 예상문제

01 다음 중 가연물의 구비 조건으로 옳은 것은?

① 열전도율이 작을 것 ② 활성화에너지가 클 것
③ 흡열반응일 것 ④ 산소와 친화력이 작을 것

해설

② 활성화에너지가 작아야 한다.
③ 발열반응이어야 한다.
④ 산소와 친화력이 커야 한다.

119 더 알아보기

가연물의 구비 조건
1. 열전도율이 작아야 한다.
2. 활성화에너지(점화에너지)가 작아야 한다.
3. 발열량이 커야한다.
4. 산소와 친화력이 커야 한다.
5. 표면적이 넓어야 한다.
6. 반드시 발열반응이어야 한다.

02 다음 중 연소가스의 위험도가 가장 높은 것은?

① 일산화탄소 $12.5\% \sim 75\%$ ② 이황화탄소 $1.2\% \sim 44\%$
③ 아세틸렌 $2.5\% \sim 81\%$ ④ 수소 $4\% \sim 75\%$

해설

$$위험도(H) = \frac{U-L}{L} = \frac{상한계 - 하한계}{하한계} = \frac{연소범위}{하한계}$$

② 이황화탄소의 위험도 $= \frac{44 - 1.2}{1.2} = 35.7$

① 일산화탄소의 위험도 $= \frac{75 - 12.5}{12.5} = 5$

③ 아세틸렌의 위험도 $= \frac{81 - 2.5}{2.5} = 31.4$

④ 수소의 위험도 $= \frac{75 - 4}{4} = 17.8$

03 다음 중 자연발화의 종류가 <u>아닌</u> 것은?

① 흡착열   ② 산화열
③ 용해열   ④ 중합열

해설

③ 용해열은 물질이 용해될 때 발생 또는 흡수되는 열이다(진한 황산이 용해되면서 열 발생).

자연발화의 종류

1. 산화열에 의한 자연발화(산화반응에 의한 발열 → 축적 → 발화)
   예 유지류[건성유(들기름, 아마인유, 해바라기유 등)], 반건성유(참기름, 콩기름 등), 석탄분, 원면, 고무조각, 금속분류, 기름걸레 등
2. 분해열에 의한 자연발화(자연분해 시 발열 → 축적 → 발화)
   예 셀룰로이드, 니트로셀룰로오스(질화면), 니트로글리세린, 산화에틸렌 등
3. 흡착열에 의한 자연발화(주위의 기체를 흡착 시 발열 → 축적 → 발화)
   예 활성탄, 목탄분말, 유연탄 등
4. 발효열(미생물열)에 의한 자연발화(미생물의 발효열 → 축적 → 발화)
   예 퇴비, 먼지 등
5. 중합열에 의한 자연발화(중합 반응열 → 축적 → 발화)
   예 액화시안화수소, 산화에틸렌 등

04 다음 중 전기화재의 직접적 원인이 <u>아닌</u> 것은?

① 누전   ② 지락
③ 과전류   ④ 역기전력

해설

④ 역기전력은 전기회로 내의 임피던스 양 끝에서 흐르고 있는 전류와 반대방향으로 생기는 기전력으로 전기화재의 직접적 원인이 아니다.

119 더 알아보기

전기화재의 발생 원인

1. 단락
   두 개의 전선이 서로 접촉되어 전류가 흐르는 현상을 말한다.
2. 과부하(과전류)
   전력소비기구가 많아 일정 용량 이상 전류가 흐르는 현상을 말한다.
3. 누전
   전류가 전선이나 기구에서 절연 불량 등의 원인으로 건물 내 금속 도체로 흐르는 현상을 말한다.
4. 지락
   전선 또는 전로 중 일부가 직접 또는 간접으로 대지(접지)로 연결된 경우로, 전로와 대지 간의 절연이 저하하여 아크 또는 도전성 물질의 영향으로 전로 또는 기기의 외부에 위험한 전압이 나타나거나, 전류가 흐르게 되는 상태를 말한다. 이렇게 하여 흐르는 전류를 지락전류라 하며 인체 감전, 누전화재 또는 기기의 손상 등을 일으키는 원인이 된다.
5. 정전기
   이동하지 않고 정지된 전하를 말하며, 가연성 기체나 분진을 발화시킬 수 있다.

05 다음 중 독성가스에 대한 내용으로 옳지 않은 것은?

① 포스겐은 PVC, 수지류가 탈 때 생성되며, 허용 농도는 0.1ppm이다.
② 일산화탄소는 완전연소 시 발생하고 이산화탄소는 불완전연소 시 생성되는 물질이다
③ 염화수소는 PVC 등 수지류, 전선의 절연재, 배관재료 등이 탈 때 생성되는 무색 기체로 눈·호흡기에 영향을 주며 금속에 대한 강한 부식성이 있다.
④ 시안화수소는 청산가스라고도 하고 질소 성분의 합성수지류, 동물 털의 불완전연소 시, 나일론, 인조견 등의 직물류, 목재, 종이, 우레탄 등이 탈 때 미량이 발생한다.

해설
② 일산화탄소는 불완전연소 시 발생하고 이산화탄소는 완전연소 시 발생한다.

119 더 알아보기

일산화탄소와 이산화탄소가스의 비교

1. 일산화탄소(CO)
   300℃ 이상 불완전연소 시 발생하며, 공기보다 가벼운 무색·무취·무미의 유독성·가연성 가스이다. 13 ~ 75%가 폭발한계로서 푸른 불꽃을 내며 타지만 다른 가스의 연소는 돕지 않으며, 혈액 중의 헤모글로빈과 결합력이 산소보다 약 250배 강해 흡입하면 산소 운반을 방해하여 질식사시킨다. 인체에 대한 허용 농도는 50ppm이다.
2. 이산화탄소(CO_2)
   완전연소 시 생성되며, 무색·무미의 기체로 공기보다 무겁고, 가스 자체는 독성이 거의 없으나 다량이 존재할 때 사람의 호흡속도를 증가시키고 혼합된 유해 가스의 흡입을 증가시켜 위험을 가중시킨다. 인체에 대한 허용 농도는 5,000ppm이다.

06 폭연과 폭굉에 대한 설명으로 옳은 것은?

① 폭연은 화염의 전파속도가 음속보다 빠르고 폭굉은 화염의 전파속도가 음속보다 느린 현상을 말한다.
② 폭연은 에너지 전달이 충격파에 의해 나타나고, 폭굉은 일반적인 열전달 과정을 통해 나타난다.
③ 폭연은 온도, 압력, 밀도가 화염 면에서 불연속적이고, 폭굉은 온도, 압력, 밀도가 화염 면에서 연속적이다.
④ 폭연은 에너지 방출속도가 물질 전달속도에 영향을 받고, 폭굉은 에너지 방출속도가 물질 전달속도에 기인하지 않고 공간의 압축으로 인하여 아주 짧다.

해설

① 폭연은 화염의 전파속도가 음속보다 느리고 폭굉은 화염의 전파속도가 음속보다 빠른 현상을 말한다.
② 폭연은 에너지 전달이 일반적인 열 전달과정을 통해 나타나고 폭굉은 에너지 전달이 충격파에 의해 나타난다.
③ 폭연은 온도, 압력, 밀도가 화염 면에서 연속적이고, 폭굉은 온도, 압력, 밀도가 화염 면에서 불연속적이다.

119 더 알아보기

폭연과 폭굉의 비교

폭연(Deflagration)	폭굉(Detonation)
• 화염의 전파속도가 음속보다 느린 현상 • 에너지 전달이 일반적인 열전달 과정을 통해 나타남 • 온도, 압력, 밀도가 화염 면에서 연속적 • 에너지 방출속도가 물질 전달속도에 영향을 받고, 화염의 전파가 분자량이나 난류 확산에 의해서 영향을 받음	• 화염의 전파속도가 음속보다 빠른 현상 • 에너지 전달이 충격파에 의해 나타남 • 온도, 압력, 밀도가 화염 면에서 불연속적 • 에너지 방출속도가 물질 전달속도에 기인하지 않고 공간의 압축으로 인하여 아주 짧음

07 다음의 폭발 현상 중 기상폭발의 범주에 속하지 않는 것은?

① 분무폭발
② 가스폭발
③ 응상폭발
④ 분진폭발

해설

③ 응상폭발은 액상폭발과 고상폭발에 해당한다.

폭발의 분류

1. 분류 기준

   폭발은 원인 물질의 물리적 상태로 나타나는 현상 혹은 상태변화에 관여하는 물질의 성상(性狀)에 따라 기상폭발과 응상폭발로 분류하기도 한다.

2. 기상폭발

   가연성 기체와 공기와의 혼합기의 폭발인 가스폭발, 가연성 액체의 분무폭발, 가연성 고체 미분의 분진폭발, 분해연소성 기체 폭발인 분해폭발 등을 들 수 있다.

3. 응상폭발

   액체폭발과 고상폭발에 해당되며 액체 또는 고체의 불안정한 물질의 폭발현상으로 액체의 급속가열인 수증기 폭발과 극저온 액화가스의 수면 유출인 증기폭발 등을 들 수 있다.

---

08 산소와 반응은 하나 흡열반응을 하며, 함유량이 많을수록 발열량을 감소시키는 것은?

① 일산화탄소　　　　　　　　　　　② 아세틸렌
③ 탄소　　　　　　　　　　　　　　④ 질소

해설

④ 질소(N_2)는 산소와 발열반응이 아닌 흡열반응을 하기 때문에 불연성 물질이다. 발열량은 연료에 함유량이 많을수록 감소된다.

---

09 0℃의 얼음 1kg이 100℃의 수증기가 되려면 몇 kcal가 필요한가?

① 619kcal

② 639kcal

③ 719kcal

④ 1278kcal

해설

③ 0℃ 얼음 1kg이 수증기 100℃가 되려면 719kcal가 필요하다.

- $Q = c \cdot m \cdot \Delta t$
- 열용량 = 비열 × 질량 × 온도차
- 얼음의 융해잠열 : 80kcal/kg
- 물의 증발잠열 : 539kcal/kg
- [1kcal × 1kg × (100 − 0) + 1kg × 80] + (1kg × 539) = 719kcal/kg
- 약식 : 619(고상이 기상이 되는 잠열값 80 + 539) + 100(현열의 온도차 100 − 0) = 719[kcal/kg]

10 다음 중 화학적 폭발의 설명으로 옳지 <u>않은</u> 것은?

① 염화비닐은 산화폭발한다.

② 제분공장의 소맥분, 세제는 공기 중 부유하고 있는 가연성 티끌이 주체가 되어 분진폭발한다.

③ 산화에틸렌은 산소와 관계없이 발열·분해하는 분해폭발한다.

④ 윤활유를 무상으로 부유 시 가연성 액적이 주체가 되어 분무폭발한다.

해설
① 염화비닐은 중합폭발한다.

11 과열상태의 탱크에서 내부의 액화가스가 기화하여 분출되어 폭발하는 현상을 무엇이라 하는가?

① 블레비 현상   ② 보일오버 현상

③ 리프팅 현상   ④ 플래시오버 현상

해설
② 보일오버 현상이란 유류저장탱크 내 유류가 끓어 넘쳐 위로 비산하면서 화재 확대를 수반하는 현상을 말한다.
③ 리프팅 현상은 선화(Lifting)로서 가스분출속도가 연소속도보다 커서 노즐에 떨어져 공간에서 연소하는 현상이다.
④ 플래시오버 현상이란 실내 화재 시 뜨거운 가연성 증기층이 천장 부근에 축적되어 실내에 있는 가연물에 복사열을 전달하여 어떤
    착화점에 도달 후 실내 전체의 가연물이 동시연소하는 폭발적인 순간 착화 현상을 말한다.

12 분진폭발에 영향을 미치는 인자에 대한 설명으로 옳지 <u>않은</u> 것은?

① 입자가 작을수록 폭발이 용이해진다.

② 분말의 형상이 평편상보다 둥글수록 폭발이 용이해진다.

③ 휘발성분이 많을수록 폭발이 용이해진다

④ 공기 중에서 부유성이 클수록 위험성이 커진다.

해설
② 분말의 형상이 둥글수록 폭발이 용이하지 않다. 구상(둥근 모양) → 침상(뾰쪽한 모양) → 평편상(넓은 모양)의 입자 순으로 폭발성이
    증가한다.

13 폭발에 대한 설명으로 옳지 <u>않은</u> 것은?

① 분진폭발은 불완전연소를 일으키기 쉬우므로 일산화탄소가 발생하여 가스중독 위험성이 있다.

② 산소농도가 감소할수록 폭발 농도 범위가 좁아진다.

③ 분진폭발은 폭발압력이 선행하고 1/10 ~ 2/10초 늦게 화염이 온다.

④ 분진폭발은 가스폭발보다 발생 에너지가 작기 때문에 폭발에 의한 피해가 작다.

해설
④ 분진폭발은 가스폭발보다 발생 에너지가 크기 때문에 폭발에 의한 피해가 크다.

14 다음 중 0℃의 물 1g이 수증기 100℃가 되려면 몇 cal가 필요한가?

① 619cal

② 639cal

③ 719cal

④ 1,278cal

해설
② 0℃의 물 1g이 수증기 100℃가 되려면 639cal가 필요하다.
- $Q = c \cdot m \cdot \Delta t$ (열용량 : 비열 × 질량 × 온도차)
- 물 → 수증기 : 539[cal/g]
  [1cal × 1g × (100 − 0)] + (1g × 539) = 639 ∴ 639cal
- 약식 : 539(액상이 기상이 되는 잠열값 539) + 100(현열의 온도차 100 − 0) = 639[cal/g]

15 최소발화에너지에 영향을 주는 인자에 대한 설명으로 옳은 것은?

① 연소범위 내에서 농도가 낮아지면 발화에너지가 적어진다.

② 열전도율이 적으면 열축적이 용이하여 발화에너지가 적어진다.

③ 온도가 높으면 분자운동이 활발하므로 발화에너지가 높아진다.

④ 압력이 높아지면 분자 간의 거리가 가까우므로 발화에너지가 높아진다.

해설
① 연소범위 내에서 농도가 높아지면 발화에너지가 적어진다.
③ 온도가 높으면 분자운동이 활발하므로 발화에너지가 적어진다.
④ 압력이 높아지면 분자 간의 거리가 가까워지므로 발화에너지가 적어진다.

16 다음 중 점화원(활성화에너지)이 <u>아닌</u> 것은?

① 분해열
② 저항열
③ 기화열
④ 압축열

③ 점화 후 기화가 되면서 열과 함께 가연성 기체가 발생하지만 기화열 자체는 점화원에 해당하지 않는다.

17 자연급기, 기계배기로 가장 많이 쓰이는 제연방식은?

① 제1종 기계제연방식
② 제2종 기계제연방식
③ 제3종 기계제연방식
④ 제4종 기계제연방식

③ 자연급기, 기계배기로 가장 많이 쓰이는 제연방식은 제3종 기계(강제)제연방식에 해당한다.

18 다음 중 연소의 4요소 중 산소(산화제)에 대한 설명으로 옳지 <u>않은</u> 것은?

① 산화제는 화학반응 과정을 통해 산소나 산화성 가스를 생성하는 물질을 말한다.
② 산화제는 그 자체가 가연성이다.
③ 일반적으로 14%의 낮은 산소농도에서는 연소반응이 일어나지 않는다.
④ 산화제로는 제1류 위험물(산화성 고체)인 아염소산염류 등이 있다.

② 산화제는 그 자체가 가연성이 아니라 불연성이다.

19 도체 주위에 변화하는 자장이 존재거나 도체가 자장 사이를 통과하여 전위차가 발생하고, 이 전위차에 의하여 전류의 흐름이 일어나 도체의 저항에 의하여 열이 발생하는 전기적 점화원은?

① 저항열
② 유전열
③ 유도열
④ 누설열

해설

③ 유도열에 대한 설명이다.

119 더 알아보기

전기적 점화원의 유도열과 유전열의 비교	
유도열	도체 주위의 자장 변화로 전류의 흐름에 대한 저항이 생겨 열이 발생
유전열	전선피복의 불량으로 완벽한 절연능력을 갖추지 못해 누설전류가 생겨 열이 발생

20 연소와 폭발현상에 대한 설명으로 가장 옳은 것은?

① 산화에틸렌은 표면 화재를 일으키면서 나중에 심부 화재로 변하며 발열·화합 반응을 하는 물질에 의해 상압에서 발생하는 폭발이다.
② 폭발은 개방된 공간에서 압력파의 전달로 폭음과 충격파를 가진 이상팽창을 말한다.
③ 탱크 내부의 가스가 화재 시 따뜻한 기류로 쌓여 있다가 폭발하는 것을 블레비 현상이라고 한다.
④ 분진폭발은 가연성 가스가 폭발범위 내의 농도로 공기가 조연성 가스 중에 존재할 때 점화원에 의해 폭발하는 현상으로 가장 일반적인 폭발이다.

해설

① 산화에틸렌은 산소가 없는 상태에서도 단독으로 발열·분해 반응을 하는 물질에 의해 상압보다 고압에서 발생하는 분해폭발이다.
② 폭발은 밀폐된 공간에서 압력파의 전달로 폭음을 동반한 충격파를 가진 이상팽창을 말한다.
④ 가스폭발은 가연성 가스가 폭발범위 내의 농도로 공기나 조연성 가스 중에 존재할 때 점화원에 의해 폭발하는 현상으로 가장 일반적인 폭발이다.

21 연소에 관한 설명으로 옳지 <u>않은</u> 것은?

① 연소란 빛과 발열반응을 수반하는 산화반응이다.
② 연소의 3요소란 가연물, 산소공급원, 점화원을 말한다.
③ 가연물, 산소공급원, 점화원, 연쇄반응까지를 연소의 4요소라 한다.
④ 산소는 가연성 물질로서 그 양이 많을수록 연소를 활성화시킨다.

해설
④ 산소는 조연성 물질로서 그 양이 많을수록 연소를 활성화시킨다.

22 다음 중 연소의 형태가 다른 하나는?

① 촛불   ② 가스버너
③ 모닥불   ④ 연탄불

해설
② 가스버너는 기체의 연소이며 촛불, 모닥불, 연탄불은 고체의 연소이다.

23 다음 중 연소의 4요소에 해당되지 <u>않는</u> 것은?

① 가연성 물질   ② 산소공급원
③ 점화에너지   ④ 순간 반응

해설
④ 연소의 4요소는 가연성 물질, 산소공급원, 점화에너지, 순조로운 연쇄반응이다.

24 다음 연소방정식 중 (가)에 들어가야 할 것은?

$$C_3H_8 + \boxed{(가)} \ O_2 \rightarrow 3CO_2 + 4H_2O$$

① 2   ② 3
③ 5   ④ 6

해설
③ 프로판(C_3H_8) : $C_3H_8 + 5O_2 \rightarrow 3CO_2 + 4H_2O$

25 불완전연소의 원인으로 볼 수 없는 것은?

① 공급되는 공기의 양이 부족할 때
② 연소생성물의 배기량이 불량할 때
③ 공급되는 가연물의 양이 많을 때
④ 주위의 온도가 너무 높을 때

해설
④ 주위의 높은 온도는 완전연소의 원인이 된다.

불완전연소의 원인
1. 가스공급량보다 공기의 공급량이 부족할 때
2. 과대한 가스량(연료량)이 공급될 때
3. 연소기 주위에 다른 기물이 둘러싸인 경우
4. 불꽃의 온도가 저하되는 경우
5. 환기가 제대로 되지 않을 때
6. 주위의 기온이 너무 낮을 때
7. 어떤 물체가 화염에 접촉될 때
8. 연소기구가 적합하지 않을 때
9. 연소의 배기가스 분출이 불량일 때

26 연소 온도가 낮은 것에서 높은 순으로 바르게 배열된 것은?

① 인화점 < 연소점 < 발화점
② 연소점 < 발화점 < 인화점
③ 발화점 < 인화점 < 연소점
④ 발화점 < 연소점 < 인화점

해설
① 일반적인 온도의 크기는 인화점 < 연소점 < (자연)발화점 순이다.

27 다음 중 연소범위에 대한 설명으로 옳지 않은 것은?

① 가연성 기체의 혼합 비율 범위이다.
② 공기 중 연소에 필요한 혼합가스의 농도이다.
③ 기체는 압력이 증가하면 연소범위가 넓어진다.
④ 연소범위는 압력의 변화에 따라 차이가 있다.

해설
③ CO(일산화탄소)의 연소범위는 압력이 증가하면 반대로 좁아진다.

28 다음 중 폭연(deflagration)과 폭굉(detonation)의 차이를 나누는 기준은?

① 화염의 전파속도　　　　　　　　　② 에너지 전달량

③ 압력의 상승량　　　　　　　　　　④ 발생된 화염의 온도

해설

① 폭연과 폭굉의 차이를 나누는 기준은 화염의 전파속도이다.

29 다음 중 고체가 기체보다 열전도율이 큰 것은?

① 전도　　　　　　　　　　　　　　② 대류

③ 복사　　　　　　　　　　　　　　④ 비화

해설

① 전도란 물체끼리 직접 열이 접촉하여 전달되는 분자(물질)충돌 현상이다. 그러나 진공에서는 열이 전달되지 못하며, 고체가 기체보다 열전도율이 크다. 열전도도는 기체 < 액체 < 고체이다.

30 완전연소에 대한 설명으로 옳지 <u>않은</u> 것은?

① 산소공급이 충분할 때 발생한다.

② 화염의 색이 휘백색이다.

③ 연소의 결과로 CO, 그을음, 유리탄소가 발생한다.

④ 불완전연소보다 화염온도가 높다.

해설

③ 완전연소 시에는 CO_2(이산화탄소), H_2O(수증기)가 발생한다.

31 다음 중 스테판-볼츠만법칙에 대한 설명으로 옳은 것은?

① 복사열은 열전달 면적에 비례하고 절대온도의 4승에 비례한다.

② 복사열은 열전달 면적에 반비례하고 절대온도의 4승에 반비례한다.

③ 복사열은 열전달 면적에 비례하고 절대온도의 5승에 비례한다.

④ 복사열은 열전달 면적에 반비례하고 절대온도의 5승에 반비례한다.

해설

① 스테판-볼츠만법칙이란 복사열은 열전달 면적에 비례하고 절대온도의 4승에 비례한다는 법칙이다.

32 후덥지근하고 밀폐된 지역에서 기름걸레가 자연발화를 일으켰다. 이와 가장 관련 있는 것은?

① 산화열 축적   ② 흡착열 축적

③ 분해열 축적   ④ 중합열 축적

해설

① 후덥지근하고 밀폐된 지역에서 기름걸레가 자연발화를 일으킨 것은 산화열에 의해 일어난 것이다.

119 더 알아보기

자연발화의 종류

산화열	기름걸레, 석탄, 원면, 고무분말, 건성유
분해열	셀룰로이드, 니트로셀룰로오스, 산화에틸렌
중합열	시안화수소, 산화에틸렌
흡착열	목탄(숯), 활성탄

33 확산연소와 예혼합연소에 대한 설명으로 옳지 않은 것은?

① 모두 기체연소이다.
② 예혼합연소의 화염은 청색이나 백색이다.
③ 예혼합연소는 기체연소에서 가장 많이 일어나는 연소이다.
④ 확산연소의 온도보다 예혼합연소의 화염온도가 더 높다.

해설

③ 기체연소에서 가장 많이 일어나는 대표적 연소는 확산연소이다.

34 폭발성 가스와 단선, 단락, 지락 등에 의해 발생하는 전기불꽃, 아크(Arc) 또는 고온에 의하여 점화되지 않도록 전압과 전류를 작게 한 전기설비 방폭구조는?

① 안전증방폭구조   ② 유입방폭구조
③ 내압(耐壓)방폭구조   ④ 본질안전방폭구조

해설

④ 본질안전방폭구조는 전기설비 방폭구조 중에서 단선, 단락, 지락 등의 정상상태나 이상상태에서 발생하는 전기불꽃, 아크(Arc) 등에 의해 폭발성 가스에 점화하지 않도록 점화시험으로 성능이 확인된 방폭구조이다.

35 실내 화재에서의 연기 발생과 관련된 설명 중 옳지 <u>않은</u> 것은?

① 감광계수가 높을수록 가시거리가 짧아진다.
② 화재 초기의 발연량은 화재 성숙기의 발연량보다 적다.
③ 연기의 수직 방향의 이동속도는 $2 \sim 3\text{m/s}$이다.
④ 연기가 인체에 미치는 영향으로 가장 큰 것은 생리적 영향이다.

해설
② 화재 초기의 발연량은 주변의 온도가 상대적으로 낮기 때문에 화재 성숙기의 발연량보다 많다.

36 다음 연소생성물 중 인체에 미치는 영향이 가장 큰 연소가스에 대한 설명으로 옳지 <u>않은</u> 것은?

① 일산화탄소(CO) : 무색, 무취, 무독성의 기체이며 물에 잘 녹지 않고 분해연소 시 발생하며 공기보다 약 1.5배 무겁다.
② 아크롤린(CH_2CHCHO) : 석유제품, 유지류, 나무, 종이 등이 탈 때 생성되는 맹독성 가스로 가장 독성이 강하며 $1 \sim 10\text{ppm}$이면 거의 즉사한다.
③ 아황산가스(SO_2) : 황(S)이 함유된 물질이 탈 때, 또는 털, 고무, 나무, 가죽소파 등이 탈 때 발생하는 무색가스로서 눈, 호흡기 계통에 자극이 크다.
④ 황화수소(H_2S) : 황을 포함하고 있는 유기화합물이 불완전연소할 때 발생하는 가스로 계란 썩은 냄새가 난다.

해설
① 일산화탄소는 가연물의 불완전연소 시 많이 발생하며 인명에 피해를 주는 공기보다 가벼운 무색, 무취, 무미의 유독성 기체이며 가연성 물질에 해당된다. 환원성이 강한 가스로서 상온에서 염소와 작용하여 유독성 가스인 포스겐($COCl_2$)을 생성하기도 하며, 인체 내의 헤모글로빈(Hb)과 결합하여 일산화 헤모글로빈(CO - Hb)을 형성하고 산소의 운반기능을 약화시켜 질식케 하며 일산화탄소의 농도가 0.5에 이르면 수분 이내에 사망하게 된다. 특히 일산화탄소는 인체의 헤모글로빈(Hb)과의 친화력이 산소와 헤모글로빈(Hb)과의 친화력보다 210배 ~ 250배나 크므로 질식 위험이 높으며, 동일한 농도의 동일한 양의 연소생성물을 흡입할 경우 가장 독성이 강한 것은 아크롤린(CH_2CHCHO)이지만 화재현장에서 분출하는 양이 많으므로 질식 등 인체에 해를 끼치는 영향이 가장 크다.

37 물질의 상태변화는 있고 온도변화가 <u>없는</u> 것은?

① 현열   ② 잠열
③ 비열   ④ 감열

해설
② 물질의 상태변화는 있고 온도변화가 없는 것은 잠열(숨은열)에 해당하며 물질의 상태변화는 없고 온도변화가 있는 것은 현열이다.

38 다음 물질 중 분진폭발을 일으키지 <u>않는</u> 것은?

① 생석회
② 유황
③ 알루미늄
④ 마그네슘

해설
① 분진폭발을 일으키지 않는 물질로 소석회, 생석회, 탄산칼슘, 대리석가루, 유리가루 등이 있다.

39 다음 중 훈소에 관한 설명으로 옳지 <u>않은</u> 것은?

① 열분해에 의하여 가연성 생성물이 생겼을 때 훈소의 생성은 바람에 의하여 그 농도가 현저히 저하 또는 희석되었을 때 발생한다.
② 공간이 밀폐되어 있어서 산소 공급이 부족하게 되는 등의 일이 있을 때 발생된다.
③ 가연성 혼합 기체는 형성되지 않고 발염이 잘 되는 현상이다.
④ 다량의 연기(액체 미립자 계통의 분해생성물)만 직접 배출되는 현상이다.

해설
③ 훈소는 가연성 혼합 기체를 형성하지만 산소가 부족한 상태에서 발염이 잘 되지 않는 특징이 있다.

40 질소가 함유된 물질 연소 시 발생하는 물질로 헤모글로빈과 결합하지 않고 세포에 의한 산소의 이동을 막아 질식으로 사망에 이르게 하는 일명 청산가스로 불리는 연소생성물은?

① 일산화탄소
② 암모니아
③ 시안화수소
④ 불화수소

해설
③ 시안화수소는 화학식이 HCN인 화합물이다. 시안화수소의 수용액을 시안화수소산 혹은 청산이라 부른다. 시안화수소의 염은 시안화물이라고 한다. 시안화수소는 차의 배기가스, 담배 및 나무의 연기, 질소 함유 플라스틱을 태울 때 나는 연기에 포함되어 있고 시안화물은 화재 시 질병과 사망의 원인이 될 수 있다.

41 다음 중 고체연소 형태와 거리가 먼 것은?

① 등심연소
② 표면연소
③ 분해연소
④ 자기연소

해설

① 등심연소는 석유 스토브나 램프에서와 같이 연료를 심지로 빨아올려 심지 표면에서 증발시켜 연소시키는 연소로서 액체연소에 해당한다.

42 보통 화재에서 휘백색 불꽃의 온도는 섭씨 몇 도인가?

① 500℃
② 700℃
③ 1,300℃
④ 1,500℃

해설

④ 휘백색은 1,500℃에 해당한다.

119 더 알아보기

화재 시 불꽃의 색깔과 온도

색깔	암적색	적색	휘적색	황적색	백적색	휘백색
온도(℃)	700	850	950	1,100	1,300	1,500

43 프로판 1몰일 때 최소산소농도(MOC)는 얼마인가?

① 8.8
② 10.5
③ 14
④ 20

해설

최소산소농도(MOC) = 산소 몰수 × 연소하한계 값
② 프로판 1몰일 때 산소 몰수는 5몰, 프로판의 연소하한계 값은 2.1이다.
∴ 5 × 2.1 = 10.5

44 다음 중 산화와 환원에 대한 설명으로 옳지 <u>않은</u> 것은?

① 전자가 궤도를 이탈하여 자유전자가 되는 것은 환원반응이다

② 산화는 산소와 결합하여 수소와 전자를 잃고 산소가 증가한다.

③ 환원은 내부에너지가 감소되는 현상이다.

④ 환원은 수소와 결합하여 산소를 잃고, 전자와 수소를 얻는 것이다.

해설

① 전자가 궤도를 이탈하여 자유전자가 되는 것(전자를 잃은 것)은 산화반응이다. 환원반응은 어떤 물질이 산소를 잃는 반응을 말한다.

45 화재로 인해 생성되는 연소생성물로 독성이 강하고 무색·무취로 헤모글로빈과 결합하여 인체 산소결핍으로 질식·사망케 하는 가스는?

① 일산화탄소

② 이산화탄소

③ 황화수소

④ 암모니아

해설

② 이산화탄소는 유독성을 가진 것은 아니지만 화재 시 대량으로 발생함으로써 공기 중의 산소 부족에 따른 질식효과로 인명을 죽음에 이르게 할 수 있다.

③ 황화수소는 유황성분이 포함되어 있으며 썩은 달걀에서 나는 것과 같은 특유한 냄새가 난다.

④ 암모니아는 질소나 수소를 함유한 물질이 연소할 때 주로 발생한다.

46 가연성 가스 중 위험도가 가장 큰 물질은?(단, 연소범위는 메탄 5% ～ 15%, 에탄 3% ～ 12.4%, 프로판 2.1% ～ 9.5%, 부탄 1.8% ～ 8.4%이다.)

① 메탄

② 에탄

③ 프로판

④ 부탄

해설

위험도가 가장 큰 것은 메탄 < 에탄 < 프로판 < 부탄 순으로 부탄의 위험도가 가장 크다. 연소범위는 메탄 > 에탄 > 프로판 > 부탄 순으로 메탄의 연소범위가 가장 크다.

정답 44 ① 45 ① 46 ④

119 더 알아보기

공기 중 가연성 기체의 연소범위

가연물	연소범위	폭	가연물	연소범위	폭	비고
아세틸렌	2.5 ~ 81	78.5	에틸알코올	3.5 ~ 20	16.5	
산화에틸렌	3 ~ 80	77	시안화수소	12.8 ~ 27	14.2	
수소	4 ~ 75	71	암모니아	15 ~ 28	13	
일산화탄소	12.5 ~ 75	61.5	아세톤	2 ~ 13	11	
아세트알데히드	4 ~ 57	53	메탄	5 ~ 15	10	※ 위험도크기 순
에테르	1.9 ~ 48	46.1	에탄	3 ~ 12.4	9.4	부탄
이황화탄소	1.2 ~ 44	42.8	프로판	2.1 ~ 9.5	7.4	프로판 에탄
황화수소	4.3 ~ 45	40.7	부탄	1.8 ~ 8.4	6.6	메탄

47 폭발에 대한 설명으로 옳지 않은 것은?

① 증기폭발은 폭발물질의 물리적 상태에 따른 분류 중 기상폭발에 해당한다.
② 폭굉은 연소반응으로 발생한 화염의 전파 속도가 음속보다 빠른 것을 말한다.
③ 블레비(BLEVE)는 액화가스저장탱크 등에서 외부열원에 의해 과열되어 급격한 압력 상승의 원인으로 파열되는 현상이며, 폭발의 분류 중 물리적 폭발에 해당한다.
④ 폭발은 물리적, 화학적 변화의 결과로 발생된 급격한 압력 상승에 의한 에너지가 외계로 전환되는 과정에서 파열, 폭음 등을 동반하는 현상을 말한다.

해설
① 증기폭발은 기상폭발이 아니라 응상폭발에 해당한다.

119 더 알아보기

1. 기상폭발 : 산화폭발(가스폭발, 분무폭발, 분진폭발), 분해폭발, 중합폭발, 증기운폭발, 백드래프트
2. 응상폭발 : 수증기폭발, 증기폭발
3. BLEVE(Boiling Liquid Expanding Vapor Explosion) 현상
   옥외 가스 저장탱크에 화재발생 시 저장탱크 외부가 가열되어 탱크 내 액체부분이 급격히 증발하며 가스는 온도상승과 비례하여 탱크 내 압력이 급격한 상승을 초래하게 된다. 탱크가 계속 가열되면 용기 강도는 저하되고 내부압력은 상승하여 어느 시점이 되면 저장탱크의 설계압력을 초과하게 되고 탱크가 파괴되어 급격한 폭발을 일으키는 현상으로 물리적 폭발로 분류된다.

48 고층건축물에서 연기유동을 일으키는 요인을 모두 고른 것은?

ㄱ. 부력효과	ㄴ. 바람에 의한 압력차
ㄷ. 굴뚝효과	ㄹ. 공기조화설비의 영향

① ㄱ, ㄴ

② ㄱ, ㄷ

③ ㄴ, ㄷ, ㄹ

④ ㄱ, ㄴ, ㄷ, ㄹ

해설

고층건축물에서 연기유동을 일으키는 요인은 〈보기〉의 내용이 모두 옳은 정답이다.

ㄱ. 부력효과, ㄴ. 바람에 의한 압력차, ㄷ. 굴뚝효과, ㄹ. 공기조화설비의 영향

119 더 알아보기

1. 고층건물에서의 연기유동요인
   (1) 온도에 의한 가스의 팽창
   (2) 굴뚝효과(= 연돌효과) : 건물 내·외의 온도차
   (3) 외부 풍압의 영향 : 외부에서의 바람에 의한 압력차
   (4) 건물 내에서의 강제적인 공기유동 : 공기조화설비에 의한 영향
   (5) 중성대 : 건물 내·외의 압력차
   (6) 화재로 인한 부력
2. 저층건물에서의 연기유동요인
   (1) 열
   (2) 대류
   (3) 화재압력

49 연소에 대한 설명으로 옳지 <u>않은</u> 것은?

① 액체가연물의 인화점은 액면에서 증발된 증기의 농도가 연소하한계에 도달하여 점화되는 최저온도이다.

② 연소하한계가 낮고 연소범위가 넓을수록 가연성 가스의 연소위험성이 증가한다.

③ 액체가연물의 연소점은 점화된 이후 점화원을 제거하여도 자발적으로 연소가 지속되는 최저온도이다.

④ 파라핀계 탄화수소화합물의 경우 탄소수가 적을수록 발화점이 낮아진다.

해설

④ 파라핀계 탄화수소화합물의 경우 탄소수가 많을수록 발화점이 낮아진다.

119 더 알아보기

1. 탄화수소계열의 탄소수가 증가시 영향
   (1) 발화점이 낮아진다.
   (2) 증기압이 낮아진다.
   (3) 폭발범위의 하한계가 낮아진다.
2. 인화점
   가연물에 점화원(외부 에너지)을 접촉할 때 연소(착화)를 시작할 수 있는 최저온도(= 증기가 연소범위의 하한계에 이르러 점화되는 최저 착화온도)
3. 연소점
   가연물에 점화원을 제거한 후에도 지속적인 연소를 일으킬 수 있는 최저온도(= 발생한 화염이 지속적으로 연소하는 최저온도)
4. 발화점
   가연물이 외부 점화원의 접촉이 없이 가열된 열만 가지고 스스로 발화될 수 있는 최저온도(= 물질이 자체의 열만으로 착화하는 최저온도)
5. 발화점(착화점)이 낮아지는 조건(점화원이 없어도 낮은 온도에서 발화되며 연소가 빨라지는 것을 의미)
   (1) 발열량이 높을 경우
   (2) 압력이 클 경우
   (3) 산소와의 친화력이 클 경우
   (4) 화학적 활성도가 클 경우
   (5) 분자구조가 복잡할 경우
   (6) 열전도율이 낮을 경우
   (7) 산소농도가 클 경우
   (8) 활성화에너지가 작을 경우
   (9) 탄화수소계의 분자량이 늘려질 때
   (10) 탄소쇄의 길이가 늘여질 때(탄소수가 많을수록)
   (11) 증기압이 낮아질 때
   (12) 접촉되는 금속의 열전도는 클수록

PART

06

화재이론

문승철 소방학개론

CHAPTER 01 화재이론의 개요

1 화재의 기초

1. 화재의 개념

(1) 「화재조사 및 보고규정」에서의 개념

화재란 사람의 의도에 반하거나 고의에 의해 발생하는 연소현상으로서 소화설비 등을 사용하여 소화할 필요가 있거나 또는 화학적인 폭발현상을 말한다.

(2) 구체적 개념

① '화재 발생이 사람의 의도에 반한다'라고 하는 것은 과실에 의한 화재를 의미하며, 여기에는 화재 취급 중 발생하는 실화뿐만 아니라 부작위에 의한 자연발화도 포함된다. 또한 '고의에 의한다'라고 하는 것은 일정한 대상에 대하여 피해 발생을 목적으로 화재 발생을 유도하였거나 직접 방화한 경우를 말한다.

② '연소현상으로서'라고 하는 것은 가연성 물질이 산소와 결합하여 열과 빛을 내며 급속히 산화되어 형질이 변경되는 화학반응을 말한다.

③ '소화시설 등을 사용하여 소화할 필요가 있다'라고 하는 것은 화재란 연소현상으로서 소화의 필요성이 있어야 하며 소화의 필요성 정도는 소화시설이나 그와 유사한 정도의 시설을 사용할 수준이어야 한다는 것이다. 즉, 휴지나 쓰레기를 소각하는 것과 같이 자산 가치의 손실이 없고 자연히 소화될 것이 분명하여 소화의 필요성을 느끼지 않거나 설령 소화의 필요성이 있다고 하여도 소화시설이나 소화장비 또는 간이 소화용구 등을 활용하여 진화할 필요가 없는 것은 화재로 볼 수 없다.

> **119 더 알아보기**
>
> **유사개념**
> 1. 과학적 화재(연소현상) 개념 : 빛과 열을 발생하는 급격한 산화현상
> 2. 「형법」상 화재(방화) 개념 : 불을 놓아 매개물에 독립하여 연소되는 것
> 3. 「민법」상 화재 개념 : 고의 또는 과실로 인하여 타인에게 손실을 입히는 화재

2. 화재의 특성

(1) 우발성

화재는 예측되지 않은 상황에서 돌발적으로 발생한다.

(2) 확대성(성장성)

화재는 한번 발생하면 무한으로 확대된다.

✪ 연소면적은 화재경과시간의 제곱에 비례한다.

(3) 불안정성

기상이나 가연물 건축구조 등의 조건이 상호 간섭하면서 복잡한 형상으로 진행된다.

3. 화재의 국내 발생 현황(통계)

① **장소별 화재발생 현황(2021년)**

비주거 > 주거 > 자동차, 철도차량 > 임야 > 선박, 항공기 등 > 위험물, 가스제조소 등 순으로 발생하였다.

(단위 : 건)

지역별	합계	주거	비주거	자동차, 철도차량	위험물 가스 제조소 등	선박, 항공기 등	임야	기타
합계	36,267	10,005	13,992	4,530	22	125	1,063	6,530

② **원인별 화재발생 현황(2021년)**

부주의 > 전기적 요인 > 기계적 요인 > 미상 > 화학적 요인 등의 순서로 발생하였다.

(단위 : 건)

지역별	합계	전기적 요인	기계적 요인	가스 누출	화학적 요인	교통 사고	부주의	자연적 요인	방화	방화 의심	미상	기타
합계	36,267	9,472	4,038	146	683	398	16,875	241	308	339	3,088	679

③ 장소별 전기화재 건수는 주택 및 아파트 등 주거시설에서 발화한 화재가 전체 32%를 점유하여 가장 많이 발생한 것으로 나타났다(2021년).

④ 전기화재 중 미확인 단락으로 화재가 26.4%로 가장 많았으며, 그 다음으로 절연열화에 의한 단락 화재가 23.3%, 트래킹에 의한 단락이 12.2%, 접촉불량이 10.5%, 과부하가 8.4% 누전지락이 3.7% 순으로 발생하였다.

2 화재용어

1. 화재하중(Fire Load)

(1) 개념

① 화재하중이란 단위 면적당 가연물의 중량이다(화재하중의 단위 : kg/m²).

② 일정 구역 안에 있는 가연물의 전체 발열량을 목재의 단위 질량당 발열량으로 나누면 목재의 질량으로 환산된다. 이를 다시 그 구역의 바닥면적으로 나누면 단위 면적당 가연물(목재)의 질량이 되는데 이를 화재하중이라 하고 **주수시간을 결정**하는 주요인이 된다.

③ 건물화재 시 발열량 및 화재의 위험성을 나타내는 용어이다.

④ 화재의 규모를 결정하는 데 사용한다.

⑤ 화재하중은 방호공간 내에서 화재강도를 예측하여 방화구획 등의 설계 시 어느 정도 내화도를 유지할 것인지 등을 결정하기 위한 기초 자료로 활용한다.

⑥ 화재하중을 감소시키는 방법은 내장재의 불연화이다.

$$Q(\mathrm{kg/m^2}) = \frac{\sum(G_t \cdot H_t)}{H_w \cdot A} = \frac{\sum Q_t}{4{,}500A}$$

Q : 화재하중(kg/m²)
G_t : 가연물질량(kg)
H_t : 가연물의 단위 질량당 발열량(kcal/kg)
A : 화재실 바닥면적(m²)
Q_t : 가연물의 전체 발열량(kcal)
H_w : 목재의 발열량(kcal/kg)

⑦ **화재하중에 따른 내화도**

㉠ 50kg/m² : 1~15시간
㉡ 100kg/m² : 1.5~3시간
㉢ 200kg/m² : 3~4시간

⑧ 온도는 화재하중과 직접적인 관련이 없다.

기출 플러스

화재하중을 산출하는 요소에 해당하지 않는 것은? [21 소방간부 기출]
① 가연물의 배열상태
② 가연물의 질량
③ 가연물의 단위발열량
④ 목재의 단위발열량
⑤ 화재실의 바닥면적

해설

화재하중을 산출하는 요소에 해당하지 않는 것은 ① 가연물의 배열상태이다. 가연물의 배열상태는 화재강도에 영향을 미치는 요인에 해당된다. ②, ③, ④, ⑤는 화재하중을 산출하는 요소에 해당된다.

정답 ①

기출 플러스

바닥면적이 200m²인 구획된 창고에 의류 1,000kg, 고무 2,000kg이 적재되어 있을 때 화재하중은 약 몇 kg/m²인가? (단, 의류, 고무, 목재의 단위발열량은 각각 5,000kcal/kg, 9,000kcal/kg, 4,500kcal/kg이고, 창고 내 의류 및 고무 외의 기타 가연물은 존재하지 않으며, 화재 시 완전연소로 가정한다) [20 기출]

① 15.56
② 20.56
③ 25.56
④ 30.56

해설

화재하중은 다음과 같다.
$$Q(kg/m^2) = \frac{\sum(Gt \cdot Ht)}{Hw \cdot A}$$
$$= \frac{(1{,}000 \times 5{,}000) + (2{,}000 \times 9{,}000)}{4{,}500 \times 200}$$
$$= 25.56 kg/m^2$$

정답 ③

(2) 물질별 단위 발열량

재료	발열량(kcal/kg)
종이	4,000
염화비닐	4,100
목재	4,500
고무	9,000
휘발유	10,000
폴리에틸렌	10,400

바닥면적이 10m²이고 고무가 5kg일 때 화재하중은?(목재의 단위 발열량은 4,500kcal/kg, 고무의 단위 발열량은 9,000kcal/kg이다) [17년 기출]

① $1kg/m^2$ ② $2kg/m^2$
③ $3kg/m^2$ ④ $4kg/m^2$

해설

화재하중(Q) $= \dfrac{\sum (G_t H_t)}{HA}[kg/m^2] = \dfrac{5 \times 9000}{4500 \times 10} = 1$

G_t : 가연물의 양
H_t : 단위 발열량
H : 목재의 단위 발열량
A : 화재실의 바닥면적

정답 ①

기출 플러스

화재가혹도(fire severity)에 대한 설명으로 옳지 않은 것은? (A는 개구부의 면적, H는 개구부의 높이이다) [22 기출]
① 화재가혹도의 크기는 화재강도와 화재하중의 영향을 받는다.
② 화재실의 최고온도와 지속시간은 화재가혹도를 판단하는 중요한 인자이다.
③ 화재실의 환기요소($A\sqrt{H}$)는 화재가혹도에 영향을 준다.
④ 화재가혹도는 화재실이나 화재구획의 단열성에 영향을 받지 않는다.

해설

화재가혹도는 화재실이나 화재구획의 단열성에 영향을 받는다. 단열성이 클수록 화재강도가 커져 화재가혹도가 증가한다.

정답 ④

2. 화재가혹도(Fire Severity, 화재심도)

(1) 개념

① 화재가혹도는 <u>최고 온도 × 지속 시간</u>으로 나타낸다. 화재 시 최고 온도와 지속 시간은 화재의 규모를 판단하는 중요한 요소가 된다.
  ㉠ 화재 시 지속 시간은 가연물의 양(= 화재하중)을 뜻하는 양적 개념이다.
  ㉡ 연소 시 최고 온도(= 화재강도)는 최성기 때의 온도로 화재의 질적 개념이다.
  ㉢ 화재가혹도는 화재의 양과 질을 반영한 개념이다.
② 화재가혹도는 화재로 인한 피해의 정도를 판단할 수 있는 척도가 된다. 즉, 화재 발생으로 <u>건물 내 수용 재산 및 건물 자체에 손상을 입히는 정도를 나타내는 기준</u>이 된다.

③ 화재가혹도는 화재강도를 판단하는 척도로 <u>주수율($L/m^2 \times min$)을 결정</u>하는 인자이다.

④ 방호공간 안에서 화재의 세기를 나타낸다. 즉, 내화성능 판단의 지표가 된다.

⑤ 자동식 소화설비가 초기 화재 진압에 실패하여 화재가혹도가 일정 정도 이상 커져 버리면 소방대의 능력을 초과할 수 있으므로 화재가혹도를 일정 정도 이상 커지지 않게 화재를 가두어야 하는데 이러한 구역을 방호구역이라 한다.

(2) 화재가혹도와 관련 인자

① 화재하중, 화재강도
② 개구부의 크기
③ 가연물의 배열 상태
④ 열방출량
⑤ 연소시간
⑥ 내화도
⑦ 가연물의 종류
⑧ 산소(O_2)의 농도
⑨ 화재실의 구조
⑩ 화재실의 단열성 등

(3) 화재가혹도의 주요 요소

① 화재가혹도의 주요 요소는 화재 강도와 화재하중이 있다.

② 화재강도가 크다는 것은 화재 시 최고 온도가 높아 열축적이 큰 것을 의미하며 주수율($L/m^2 \times min$)을 좌우하는 요소이다.

③ 화재하중이 크다는 것은 가연물이 많아 지속 시간이 긴 것을 의미하며 주수시간 (min)을 결정하는 요소이다.

④ 환기요소($A\sqrt{H}$)는 화재가혹도를 결정하는 중요한 요소이다.

- 온도 인자 : $FO = A\sqrt{H}/AT$
- 개구(시간) 인자 : $F = AF/A\sqrt{H}$

㉠ 환기요소($A\sqrt{H}$)는 온도 인자에 비례하고 시간 인자에 반비례한다.

㉡ 개구부가 클수록 화재강도가 커지고 개구부가 작을수록 지속 시간이 길어져 화재하중이 커진다.

기출 플러스

화재가혹도에 관한 설명으로 옳지 않은 것은? [20 기출]

① 화재가혹도란 화재발생으로 당해 건물과 내부 수용재산 등을 파괴하거나 손상을 입히는 정도를 말한다.

② 최고온도는 화재가혹도의 질적 개념으로 화재강도와 관련이 있다.

③ 지속시간은 화재가혹도의 양적 개념으로 화재하중과 관련이 있다.

④ 화재가혹도에 영향을 미치는 환기요소는 개구부 면적의 제곱근에 비례하고 개구부 높이에 비례한다.

해설

옳지 않은 것은 ④이다. 화재가혹도에 영향을 미치는 환기요소(= $A\sqrt{H}$)는 개구부 면적에 비례하고 개구부 높이의 제곱근에 비례한다.

정답 ④

3. 화재강도(Fire intensity)

(1) 개념

① 화재실의 단위 시간당 축적되는 열의 값을 화재강도라 한다. 화재가 진행되는 과정에서 온도는 시시각각 변한다. 이는 온도–시간곡선으로 표현할 수 있는데, 단위 시간당 발생열량이 많은 시점에서는 급커브를 이룬다. 즉, 열축적률이 크다는 것을 의미한다. 따라서 열축적률이 크면 화재강도가 크다.

② 화재로부터 발생되는 열기의 집중이나 발열량의 크기를 상대적으로 나타낸 것이다.

③ 화재실의 열방출률이 클수록 온도가 높아져서 화재강도는 크게 나타난다.

④ 작은 공간에서는 F/O 후에 높은 온도선을 갖는 것에 비해 큰 공간에서는 F/O가 일어나지 않을 수도 있다. 그리고 건물의 단열 성능이 좋으면 화재강도나 성장률이 매우 높다.

(2) 화재강도에 영향을 미치는 인자

① **가연물의 연소열(ΔHc)**

물질의 종류에 따른 특성치로서 연소열은 물질의 종류별로 다양하며, 연소열이 큰 물질이 존재할수록 발열량이 크므로 화재강도가 크다.

② **가연물의 비표면적(물질의 단위 질량당 표면적)**

물질의 단위 질량당 표면적을 말하며 통나무와 대팻밥같이 물질의 형상에 따라 달라진다. 비표면적이 크면 공기와의 접촉면적이 크게 되어 가연물의 연소속도가 빨라져 열축적률이 커지므로 화재강도가 커진다.

③ **공기(산소)의 공급**

개구부계수(온도 인자 : $FO = A\sqrt{H} / AT$)가 클수록, 즉 환기계수가 크고 벽 등의 면적은 작을수록 온도곡선은 가파르게 상승하며 지속 시간도 짧아진다. 이는 공기의 공급이 화재 시 온도의 상승곡선의 기울기에 결정적 영향을 미친다고 볼 수 있다.

④ **화재실의 벽, 천장, 바닥 등의 단열성**

화재실의 열은 개구부를 통해서도 외부로 빠져 나가지만 실을 둘러싸는 벽, 바닥, 천장 등을 통해 열전도에 의해서도 빠져나간다. 따라서 구조물이 갖는 단열효과가 클수록 열의 외부 유출이 용이치 않고 화재실 내에 축적 상태로 유지되어 화재강도가 커진다.

⑤ **가연물의 발열량**

가연물의 발열량이 클수록 화재강도도 커진다.

⑥ 가연물의 배열 상태

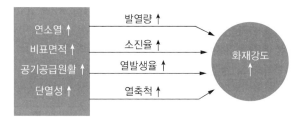

[화재강도에 영향을 미치는 인자]

⑦ 화재실의 구조

4. 화재저항

화재기간 동안 건축물의 주요 구성요소들이 화재에 대항하여 제 기능을 유지할 수 있는 능력을 말한다.

3 화재의 분류

화재는 소화 적응성, 화재의 대상물, 화재의 소실정도, 화재 피해규모, 긴급 상황 보고 여부 등에 따라 분류한다.

1. 소화의 적응성에 의한 분류(= 급수에 따른 분류)

소화 적응성 즉, 가연성 물질의 종류와 성상(性狀)에 따라 일반화재, 유류화재, 전기화재, 금속화재, 가스화재로 분류된다.

(1) 일반화재(A급 화재, 백색 표시)

① 개요

   ㉠ 산소와 친화력이 강한 물질에 의한 화재이며, 생성된 연기가 백색이고, 연소 후 재를 남길 수 있는 대상물 화재를 말한다.

   ㉡ 면화류, 목재가공물, 합성섬유, 페놀, 멜라민, 폴리우레탄 등의 합성수지에 의한 화재이며 물을 포함하는 액체의 냉각작용이 가장 중요한 소화방법인 일반 가연물의 화재이다.

이론 플러스

국가별 화재분류 기준

화재 분류	국내			미국 (NFPA)	국제 규격 (ISO)	색상
	검정 기준	KS 기준	고압 가스법			
일반 화재	A급	A급	–	A급	A급	백색
유류 및 가스 화재	C급	B급	–	B급	B급 (유류) C급 (가스)	황색
전기 화재	C급	C급	–	C급	–	청색
금속 화재	–	D급	–	D급	D급	무색
가스 화재	–	–	E급	–	–	황색
식용유 화재	–	K급	–	K급	F급	–

ㄱ. 국내에서는 화재구분을 검정기준에 따라 A, B, C급 화재로 분류한다.

ㄴ. KS기준에서는 검정기준에다 금속화재를 D급으로, 「고압가스 안전관리법」에서는 E급으로 가스화재를 규정하고 있다. 2016년에 식용유화재를 K급 화재로 분류하였다.

② 일반화재의 발생 원인
    ㉠ 불을 사용·취급하는 시설의 취급 부주의로 인한 화재
    ㉡ 타다 남은 불티에 의한 화재
    ㉢ 담뱃불의 취급 부주의로 인한 화재
    ㉣ 어린이들의 불장난에 의한 화재
    ㉤ 유류 및 전기로 인한 주택, 공장 등의 화재
    ㉥ 개인의 감정에 의한 화재

(2) 유류화재(B급 화재, 황색 표시)

① 개요
    ㉠ 유류화재는 특수인화물류, 제4류 위험물의 제1석유류, 제2석유류, 제3석 유류, 제4석유류, 알코올류, 동식물유류 등으로 인한 화재를 말한다.
    ㉡ 가연성 액체는 자기 자신이 연소하는 것이 아니라 열에 의해 증발한 가연 성 증기가 연소하는 것이다.
    ㉢ 연기는 흑색이며, 연소 후에 재를 남기지 않는다.
    ㉣ 연소열이 크고 인화성이 좋기 때문에 화재성장속도가 일반화재보다 빠르다.
    ㉤ 소화를 위해서는 포소화약제 등을 이용한 질식소화가 가장 효과적이다.

119 더 알아보기

제4류 위험물(인화성액체)

구분	지정품명	인화점
특수인화 물질류	이황화탄소, 디에틸에테르, 아세트 알데히드, 산화프로필렌	• 인화점 : -20℃ 이하 • 비점 : 40℃ 이하 • 발화점 : 100℃ 이하
알코올류	1분자를 구성하는 탄소원자의 수가 1개부터 3개까지인 포화1가 알 코올(변성 알코올을 포함)	
동식물유류	1기압에서 인화점이 250℃ 미만인 것	

인화점에 따른 석유류 분류 ★★

구분	지정품명	인화점
제1석유류	아세톤, 휘발유(가솔린)	21℃ 미만
제2석유류	등유, 경유	21 ~ 70℃ 미만
제3석유류	중유, 클레오소트유	70 ~ 200℃ 미만
제4석유류	기어유, 실린더유	200 ~ 250℃

② **유류화재의 발생 원인**

㉠ 석유를 주유하던 중에 흘린 기름이나 유류장치에서 새어나온 기름에 점화원이 접촉되었을 때

㉡ 연소 및 난방장치의 전도, 가연성 물질의 낙하 등에 의한 발화

㉢ 유류에서 발생한 증기에 점화원이 접촉되었을 때

㉣ 난방기구 등을 장시간 사용하여 인근 가연성 물질에 인화되는 경우

③ **유류화재의 예방 방법**

㉠ 가연성 기체의 축적을 방지하기 위하여 환기시킨다.

㉡ 저장용기를 밀폐시켜 공기와의 접촉을 차단한다.

㉢ 불씨와 같은 점화원을 제거한다.

㉣ 저장용기에 불연성 가스(질소 등)를 봉입하거나 공기를 배출하여 진공 상태로 만든다.

④ **유류저장탱크 연소 시 이상현상** ★★

㉠ 보일오버(Boil-over)

• 탱크의 저부에 물 또는 물-기름 에멀션이 존재하면 뜨거운 열에 의해 급격한 부피 팽창(1,700배 이상)이 일어나 유류가 탱크 외부로 분출되는 현상이다. 화재가 확대되고 진화 작업에 큰 지장을 초래하게 된다.

• 보일오버의 발생 조건

- 탱크 밑부분에 물 또는 수분을 다량 함유한 찌꺼기 등이 있어야 한다.

- 물이 증발할 때 기름 거품을 만들기에 충분한 고온 및 고점도의 성질을 가진 유류가 있어야 한다.

- 열파를 형성하는 유층이 있어야 한다(열류층을 형성).

- 오랫동안 화재가 지속되어야 한다.

- 저장탱크가 지붕 등이 없는 개방된 탱크이어야 한다.

㉡ 슬롭오버(Slop-over)

• 유류의 액표면 온도가 물의 비점 이상으로 올라가게 되어 소화용수가 뜨거운 액표면에 유입되게 되면 물이 수증기로 변하면서 급작스러운 부피 팽창에 의해 유류가 탱크 외부로 분출되는 현상이다.

• 화재의 확대 및 진화 작업에 장애를 초래한다.

• 유류의 표면에 한정되기 때문에 보일오버보다 그리 격렬하지는 않다.

㉢ 프로스오버(Froth-over)

• 저장탱크 속의 물이 점성을 가진 뜨거운 기름의 표면 아래에서 끓을 때 화재를 수반하지 않고 기름이 거품을 일으키면서 넘쳐흐르는 현상이다.

• 대개 뜨거운 아스팔트를 물이 들어 있는 탱크 속에 넣을 때 발생한다.

이론 플러스

보일오버(Boil-over)

1. 개념 : 탱크의 저부에 물 또는 물-기름 에멜전이 존재하면 뜨거운 열에 의해 급격한 부피팽창(1,700배 이상)이 일어나 유류가 탱크 외부로 분출되어 화재가 확대되고 진화작업에 큰 장애를 초래하는 유류저장탱크 화재의 이상현상이다.

2. 보일오버의 발생 조건
   ① 탱크 밑부분에 물 또는 수분을 다량 함유한 찌꺼기 등이 있어야 한다.
   ② 물이 증발할 때 기름 거품을 만들기에 충분한 고온 및 고점도의 성질을 가진 유류가 있어야 한다.
   ③ 열파를 형성하는 유층이 있어야 한다(열류층을 형성).
   ④ 오랫동안 화재가 지속되어야 한다.
   ⑤ 저장탱크가 지붕 등이 없는 개방된 탱크이어야 한다.

3. 보일오버 방지대책
   ① 물이 침투되지 않도록 뚜껑을 잘 닫는다.
   ② 탱크하부에 있는 물이나 물을 함유한 찌꺼기를 탱크 밖으로 빼낸다.
   ③ 탱크하부의 물이 갑작스럽게 비등하여 타고 있는 유류를 탱크 밖으로 비산하므로 물의 갑작스러운 비등을 막기 위해 탱크 내로 모래나 비등석을 투입하여 물의 끓는점을 높인다.

ⓔ 오일오버(Oil-over) : <u>탱크 내 유류가 50% 이하 저장된 경우</u>, 외부의 뜨거운 열로 인한 내부 압력 상승의 탱크 파열현상으로 가장 격렬하다.

ⓜ 링파이어(Ring fire, 윤화)

• 유류저장탱크화재로 불꽃이 치솟는 유류 표면에 포소화약제를 방출하면 탱크 윗면의 중앙 부분은 질식소화로 불이 꺼져도 탱크 벽면은 포가 뜨거운 열에 의해 깨지는데, <u>그 벽면이 귀걸이의 링처럼 환상으로 불길이 남아서 지속되는 현상</u>이다.

• 부상식 지붕(Floating roof) 방식의 위험물 저장탱크 화재 시 탱크의 측판과 부판 사이에 연소하는 화재를 말한다.

(3) 전기화재(C급 화재, 청색 표시)

① 개요

전기 자체가 화재 발생의 직접적 원인이 될 수 없고 전기에너지 이용, 각종 기계류의 설계 부적합, 구조적인 결함과 시설의 취급 소홀, 사용자의 부주의 및 안전수칙을 준수하지 않는 데서 발생하는 화재이다.

② 전기화재의 발생 원인

ⓐ <u>합선 혹은 단락에 의한 발화(→ 전기화재의 발생 원인 중 가장 多)</u>

ⓑ 누전에 의한 발화

ⓒ 과전류(과부하)에 의한 발화

ⓓ 전기불꽃(스파크)에 의한 발화

ⓔ 도체 접속부 과열에 의한 발화

ⓕ 지락에 의한 발화

ⓖ 용접불꽃에 의한 발화

❂ 역기전력(×)

(4) 금속화재(D급 화재, 무색 표시)

① 개요

금속화재는 금속나트륨, 금속칼륨, 인화석회, 카바이트 등의 제3류 위험물, 철분, 마그네슘, 금속분류 등의 제2류 위험물과 제1류 위험물의 무기과산화물류 등의 화재이다. 물과 반응하여 수소(H_2), 아세틸렌(C_2H_2) 등과 같은 가연성 가스를 발생하는 금수성 물질의 화재로 물 및 물을 포함한 소화약제를 사용해서는 안 되며, 가장 적용성이 좋은 소화제는 건조사(마른 모래)이다.

② **금속화재의 발생 원인**
　㉠ 금속이 가연물 주위로 연소하기 쉬운 이유는 이온화 경향도 있지만 일반적으로 <u>열전도도가 커서 열의 방출이 쉽기 때문</u>이다.
　㉡ 덩어리 모양의 괴상은 연소하기 어렵지만 섬유질 모양, 가루 형태로 많은 양이 모여 있으면 주변 공기가 단열효과와 산소와의 접촉하는 <u>표면적을 크게</u> 하여 <u>비열이 감소</u>하고 <u>발열이 높아진다.</u>
　㉢ 금속분은 작은 열로도 고온 열 형성이 가능하며 스스로 자연발화하거나 접촉하고 있는 가연물을 연소시킨다.
　㉣ 금속의 정밀 가공 시에 축적되는 열에 의해서 금속 표면에 붙어 있는 금속가루(분)에 의하여 화재가 발생된다.
　㉤ 마그네슘, 나트륨, 칼륨 등과 같이 미세한 분말인 경우와 수분과의 접촉에 의해 화재의 위험성이 높다.

③ **금속화재의 현황**

제1류 위험물	무기과산화물
제2류 위험물	금속분, 철분, 마그네슘
제3류 위험물	나트륨, 칼륨, 알킬알루미늄, 알킬리튬, 알칼리 금속류, 탄화칼슘 등

④ **금속과 물과의 관계**
　㉠ 금속 등이 물과 접촉하면 격렬히 반응하여 발열하며 가연성 가스를 발생시켜 위험성이 커진다.
　㉡ 무기과산화물 + 물 → 산소가 발생한다.
　㉢ 금속분, 철분, 마그네슘 + 물 → 수소가스가 발생한다.
　㉣ 나트륨, 칼륨 등 + 물 → 수소가스가 발생한다.
　㉤ 탄화칼슘 + 물 → 아세틸렌가스가 발생한다.

⑤ **금속화재의 예방 방법**
　㉠ 금속 가공 시 발생되는 금속분 억제
　㉡ 열 축적 방지
　㉢ 작업장에 환기시설 설치
　㉣ 적당한 습도 유지

⑥ **소화대책**
　㉠ 물이 주체로 된 소화약제 즉, 수계 소화약제인 <u>물에 의한 소화, 물분무 소화, 포소화약제</u> 등은 절대 사용해서는 안 된다.
　㉡ <u>알킬알루미늄 화재 시 가장 적합한 소화약제는 팽창질석, 팽창진주암</u>이다.
　㉢ 그 외 금속화재 시에는 건조사(마른 모래 등), 금속화재용분말소화기 등을 사용한다.
　㉣ 가스계 소화약제는 소화 적응성이 없다.

(5) 가스화재(E급 화재 = B급 화재, 황색 표시)

① 개요

가스는 열량이 높고 사용하기가 편리하며 일반적으로 많이 사용되고 있는 연료 중 하나이다. 그러나 가스는 공기와 일정 비율로 혼합되어 있을 때 급격히 연소 또는 폭발하기 때문에 매우 위험하다. <u>우리나라에서는 주로 B급으로 취급하기도 하지만 6단계 분류에서는 E급으로 취급하고 있다.</u> 가스화재의 소화에는 가스 공급을 차단하는 제거소화가 효과적이다.

119 더 알아보기

가연성 가스

폭발한계(= 연소한계, 연소범위 : 공기와 혼합된 경우의 한계)의 하한이 10% 이하의 것과 폭발한계의 상한과 하한의 차가 20% 이상의 것을 말한다.

② 가스의 구분

㉠ 연소 상태에 따른 분류

가연성 가스	• 수소, 아세틸렌, 일산화탄소, 암모니아, 시안화수소, 메탄, 에탄, 프로판, 부탄 등 • 폭발하한값이 10% 이하인 것 • 폭발한계의 상한과 하한의 차가 20% 이상인 것
조연성 가스 (지연성 가스)	• 산소, 불소, 오존, 염소 • 자신은 연소하지 않으나 다른 물질의 연소를 도와주는 가스
불연성 가스	• 질소, 이산화탄소, 헬륨, 네온, 아르곤, 오산화인, 삼산화황 등 • 산소와 반응하지 않는 것 • 산소와 반응을 하지만 발열반응이 아니라 산화흡열반응하는 가스

㉡ 저장 상태에 따른 분류

액화가스	• 이산화탄소, LNG, LPG 등 • 상온 또는 저온의 고압에서 액화시킨 것으로 용기 내에서 액체와 기체의 평형 상태로 존재
압축가스	• 수소, 산소, 질소, 메탄 등 • 상온에서 압력을 가하여도 액화하기 어려운 가스로서 가스를 상태 변화 없이 압축한 것
용해가스	• 아세틸렌 등 • 아세틸렌은 **아세톤** 혹은 **D.M.F(디메틸포름아미드)** 용제로 용해시킨 다음 목탄, 코크스, 석면, 규조토 등 **다공성 물질**에 충전해서 저장함

용해가스	• 아세틸렌의 핵심 ★★
	  – 기체로 압축시키면 폭발 가능성이 높음
	  – 산소가 없어도 분해 시 열팽창되고 생성되는 압력 상승으로 폭발성을 갖는 가스
	  – 용제인 아세톤에 용해한 뒤 목탄, 석면 등과 같은 다공성 물질에 충전하여 보관·운반
	  – 연소 시 모래 등으로 덮거나 이산화탄소, 분말소화기를 이용하여 질식소화(→ 물에 의한 주수소화는 피함)
	  – 탄화칼슘과 물의 반응으로 아세틸렌을 얻을 수 있음

ⓒ 독성에 따른 분류

독성가스	• 염소, 암모니아, 아크로레인, 포스겐, 일산화탄소 등 인체에 유해한 가스 • 독성의 허용농도는 200ppm 이하
비독성가스	• 산소, 수소, 질소, 이산화탄소 등 인체에 유해하지 않은 가스 • 이산화탄소 허용농도는 5000ppm 이하

ⓓ LNG(액화천연가스)와 LPG(액화석유가스)의 비교

LNG (액화천연가스)	• 천연가스를 -162℃로 냉각 액화시킨 가스로 메탄이 주성분인 클린에너지임 • 공해물질이 거의 없고, 열량이 대단히 높아 주로 도시가스로 사용됨 • 압력을 가해 액화시키면 부피가 1/600로 줄어듦 • 비중이 0.65로 공기보다 가벼움 • 무색, 무취이므로 멜캅탄이라는 부취제를 섞어야 함 • 연소 시 불순물이 거의 발생하지 않는 청정연료임 • 가스누설경보기는 천장면에서 하방 30cm 이내에 설치함
LPG (액화석유가스)	• 원유에 함유된 가스 중 탄산수소가스를 압축, 액화 분리하여 제조 • 프로판, 부탄이 주성분임 • 공기보다 1.5배 정도 무거움 • 무색, 무취 • 물에는 용해되지 않고 유기용매에는 용해됨 • 천연고무를 잘 녹임 • 액체 상태에서는 물보다 가볍고, 기체 상태에서는 공기보다 무거움 • 액체에서 기체로 될 때 체적은 약 250배로 증가함 • 공기 중에서 쉽게 연소·폭발함 • 용기는 40℃가 넘지 않도록 주의하고, 내용적의 90% 정도까지만 충전해야 함 • 가스누설경보기는 지면으로부터 상방 30cm 이내에 설치함 • 소화가 가능한 초기화재 시에는 이산화탄소소화기 또는 분말소화기로 진화가 가능함

(6) 기타 화재

① 산림화재(= 임야화재)

㉠ 개요

- 일반적으로 경사면을 오르는 불은 연소속도가 빠르지만 내려가는 불과 넓고 얕은 산골짜기 불은 연소속도가 늦고 화세도 약하다.
- 침엽수는 잎사귀와 나무줄기에 수지분이 많이 포함되어 있기 때문에 화재 시 발열량이 크고 살아있는 나무도 잘 탄다.

㉡ 산림화재의 분류

수관화	임목의 가지 부분이 타는 것
수간화	나무의 줄기가 타는 것
지표화	지표를 덮고 있는 낙엽, 낙지, 마른 풀 등이 연소하는 것
지중화	땅속 이탄층, 갈탄층 등 유기질층이 타는 것으로 재발화의 위험성이 있어 진화가 어려움

② 식용유화재

㉠ 개요

- 식용유는 실생활에서 가장 쉽게 접할 수 있는 유지류이다. 얼핏 보았을 때 일반 기름과 같아 보이지만 식용유는 조금 다른 성질을 갖고 있는데, 이에 소방청은 지난 2016년 국가화재 안전기준(NFSC)을 새롭게 개정해 식용유화재(K급 화재)에 대한 개념과 적응성을 구분해 놓은 바 있다.
- 국가화재 안전기준에도 구분된 기름화재와 식용유화재는 그 특성과 화재 시 소화 방법도 다른 것을 확인할 수 있다.

㉡ 식용유화재와 유류화재의 차이점

- 식용유는 자연발화하는 특징이 있으며, 인화점과 자연발화점의 차이가 크지 않고 동시에 발화점이 비점보다 낮기 때문에 소화 후 재발화 위험이 있다. 주로 주방에서 발생하는 화재라 하여 Kitchen(주방)의 앞 글자를 따 'K급 화재' 또는 '주방화재'라고 명한다.
- 유류화재는 B급 화재로 분류가 되고, 끓는점이 발화점보다 낮아 시각적으로 뜨거운 정도의 인식이 가능하며, 인화점과 발화점이 300℃ 정도 차이를 갖고 있다. 또한 식용유화재와는 달리 인화점과 발화점의 높은 온도 차이로 인해 소화 후 재발화 가능성이 낮다.

㉢ 식용유화재의 소화 방법

- 식용유화재는 산소를 차단하는 질식소화와 더불어 온도를 발화점 이하로 낮추는 냉각소화의 작용을 할 수 있는 소화 방법이 필요하다.
- 소화약제는 비누화 작용을 하는 제1종 분말소화약제가 주로 사용되어 타고 있는 식용유 표면을 거품으로 덮어 산소 공급을 차단하면서 식용유의 온도를 발화점 이하로 낮추면 재발화가 되지 않는다.

③ 섬유화재

㉠ 섬유화재의 연소 : A급 화재 중 섬유화재의 모직물, 견직물 등에서 연소 시 발생되는 가스는 CO, CO_2와 NO, HCN(시안화수소), NH_3 (암모니아) 등으로 질소를 포함한 가스이다.

㉡ 섬유화재의 특성

종류	발화(℃)	연소 특성
면(綿, cotton)	400	식물성 섬유로서 연소시키기 쉽고 연소속도가 빠름
나일론	425	지속적인 연소가 어렵고 용융하여 망울이 됨(용융점 : 160 ~ 260℃)
아세테이트	475	불꽃을 일으키기 전에 연소하여 용융됨(용융점 : 300 ~ 350℃)
폴리에스테르	485	쉽게 연소되고 256 ~ 292℃ 연화하여 망울이 됨
모(毛, wool)	600	동물성 섬유로서 연소시키기 어렵고 연소속도가 느림

㉢ 동물성 섬유와 식물성 섬유의 비교
- 동물성 섬유인 모(毛, wool)는 주성분이 단백질로서 연소시키기가 어렵고 연소속도도 느리다.
- 식물성 섬유인 면(綿)은 주성분이 셀룰로오스로서 연소시키기가 쉽고 연소속도도 빠르다.

④ 플라스틱화재

㉠ 플라스틱의 개요
- 플라스틱은 열가소성 플라스틱과 열경화성 플라스틱으로 대별된다.
- 열가소성 플라스틱은 가열, 용융해서 목표로 하는 형상, 치수의 금형에 유동 상태로 밀어 넣은 후 생각해서 제품을 만들고 한번 성형한 것을 분쇄해서 다시 가열, 용융할 수 있는 성질의 것이다.
- 열경화성 플라스틱은 한번 성형한 것은 다시 가열, 용융할 수 없는 성질의 것이다.

㉡ 플라스틱의 분류

열가소성 플라스틱	폴리에틸렌, 폴리스티렌, 폴리프로필렌, 아크릴로니트릴스티렌, 폴리염화비닐, 폴리염화비닐리덴, 폴리아미드, 폴리아세탈
열경화성 플라스틱	페놀수지, 우레아수지, 멜라민수지, 에폭시수지, 불포화폴리에스테르수지, 디아릴프탈레이트 수지

ⓒ 플라스틱의 연소 과정 : 적재되어 있는 플라스틱의 5단계 연소 과정은 다음과 같다.
- 1단계 : 초기연소
- 2단계 : 연소 증강
- 3단계 : 플래시오버
- 4단계 : 최성기
- 5단계 : 화재 확산

⑤ **훈소(Smoldering)**

ⓐ 훈소란 가연물이 열분해에 의해서 가연성 가스를 발생시켰을 때 공간이 밀폐되어 산소의 양이 부족하거나 바람에 의해 그 농도가 현저히 저하된 경우 다량의 연기를 내며 고체 표면에서 발생하는 느린 연소 과정으로서 연료 표면에서 작열과 탄화현상(훈소흔)이 일어난다.

ⓑ 공기의 유입이 많을 경우 유염연소로 변화할 수 있다. 또한 작열될 때 온도는 1,000℃ 이상이 되며, 불완전연소가 일어나는 동안 연료의 10%가 일산화탄소로 변화한다.

119 더 알아보기

화재의 분류 정리(= 소화적응성 여부, 급수별에 따른 분류, 가연물의 종류와 성상(性狀)에 따른 분류)

종류	급수	표시색상	내용(가연물·성상)
일반화재	A급	백색	• 목재, 섬유, 고무, 플라스틱 등과 같은 일반 가연물의 화재 • 발생 빈도나 피해액이 가장 큰 화재 • 일반화재에 대한 소화기의 적응화재별 표시는 A로 표시함
유류화재	B급	황색	• 인화성 액체(제4류 위험물), 제1종 가연물(락카 퍼티, 고무풀), 제2종 가연물(고체파라핀, 송지)이나 페인트 등의 화재 • 유류화재에 대한 소화기의 적응화재별 표시는 B로 표시
전기화재	C급	청색	• 전류가 흐르고 있는 전기설비에서 불이 난 경우의 화재 • 전기화재에 대한 소화기의 적응화재별 표시는 C로 표시
금속화재	D급	무색	• 나트륨, 칼륨, 마그네슘과 같은 가연성 금속의 화재 • 금속화재에 대한 소화기의 적응화재별 표시는 D로 표시하고 있으나 현재 국내의 규정에는 없음

가스화재	E급	황색	• 메탄, 에탄, 프로판, 암모니아, 아세틸렌, 수소 등의 가연성 가스의 화재 • 가스화재에 대한 소화기의 적응화재별 표시는 국제적으로 E로 표시하고 있으나 현재 국내에서는 유류화재(B급)에 준하여 사용하고 있음
주방화재	K급	–	주방에서의 식용유

2. 화재의 대상물(처종)에 따른 분류

화재가 발생한 대상물(처종)에 따라 건축·구조물 화재, 자동차·철도차량 화재, 위험물·가스제조소 등 화재, 선박·항공기 화재, 임야 화재, 기타 화재로 분류된다.

구분	내용
건축·구조물 화재	건축물, 구조물 또는 그 수용물이 소손된 것
자동차·철도차량 화재	자동차, 철도차량 및 피견인 차량 또는 그 적재물이 화재로 인하여 소손된 것
위험물·가스 제조소 등 화재	위험물 제조소 등, 가스 제조·저장·취급시설 등이 소손된 것
선박·항공기 화재	선박, 항공기 또는 그 적재물이 소손된 것
임야 화재	산림, 야산, 들판의 수목, 잡초, 경작물 등이 소손된 것
기타 화재	위의 내용에 해당되지 않는 화재

3. 화재의 소실 정도에 따른 분류

구분	내용
전소	건물이 70% 이상 소실되었거나 그 미만이라도 잔존 부분에 보수를 하여도 재사용이 불가능한 화재
반소	건물이 30% 이상 70% 미만이 소실된 화재
부분소	전소 또는 반소화재에 해당되지 아니하는 화재

✪ 화재의 소실정도 구분은 입체면적에 대한 비율을 기준으로 한다.

□ 119체크

1. 방화는 중요화재에 해당된다.
( )

2. 이재민 100명 이상 발생한 화재
는 특수화재에 해당된다. ( )

3. 재산피해 50억 원 이상 추정되는
화재는 대형화재에 해당된다.
( )

해설

1. 방화는 특수화재에 해당된다.
정답 ✕

2. 이재민 100명 이상 발생한 화재
는 중요화재에 해당된다.
정답 ✕

3. 재산피해 50억 원 이상 추정되는
화재는 대형화재이다.
정답 ○

4. 긴급 상황보고 여부에 따른 분류

화재조사활동 중 소방청장에게 긴급히 상황을 보고하여야 할 화재인지 여부에
따라서 대형화재, 중요화재, 특수화재로 구분된다.

구분	내용
대형화재	인명 피해가 사망 5명 이상이거나 사상자 10명 이상 발생 화재 또는 재산 피해 50억 원 이상 추정되는 화재
중요화재	관공서, 학교, 정부미 도정공장, 문화재, 지하철, 지하구 등 공공 건물 및 시설의 화재와 관광호텔, 고층건물, 지하상가, 시장, 백화점, 대량위험물을 제조·저장·취급하는 장소, 중점관리대상 및 화재예방강화지구 그리고 이재민 100명 이상 발생 화재
특수화재	철도, 항구에 매어둔 외항선, 항공기, 발전소 및 변전소의 화재와 특수사고, 방화 등 화재 원인이 특이하다고 인정되는 화재, 외국 공관 및 그 사택의 화재, 기타 대상이 특수하여 사회적 이목이 집중될 것으로 예상되는 화재

5. 화재의 원인에 따른 분류

구분	내용
실화	취급 부주의나 사용·보관 등의 잘못으로 발생한 과실적(過失的) 화재를 말하는 것으로, 실화에는 중과실과 단순 실화인 경과실이 있음
방화	적극적이고 고의적인 생각과 행위로서 일부러 불을 질러 발생시킨 화재
자연발화	산화, 약품혼합, 마찰 등에 의해서 발화한 것과 스파크 또는 화염이 없는 상태에서 열기에 의해 발화된 연소
천재발화	지진, 낙뢰, 분화 등에 의해서 발화한 것
원인불명	실화, 방화, 자연발화, 천재발화 이외의 원인으로서 발화한 것

제트화재(Jet Fire)

1. 개요

제트화재는 고압의 LPG가 누출 시 주위의 점화원에 의하여 점화되어 불기둥을 이루는 것을 말하며, 누출압력으로 인하여 화염이 굉장한 운동량을 가지고 있으며 화재의 직경은 작으나 길이는 풀 화재 보다 길며, 화재이므로 위험요소는 복사열이다.

2. 연소특성

① Torch Fire와 같은 의미이다

② 가연성 액체나 기체가 압력 하에서 방출될 때 분출 점에서부터 화재가 길게 늘어나는 현상이다.

③ 일반적으로 압력탱크에서 액화가스가 누설되어 발생하는 형태이며 같은 크기의 Pool Fire에 비해 복사열 에너지는 크다.

④ 산소-아세틸렌 용접기의 Tip에서 화염이 Jet 상태로 늘어나는 것도 Jet Fire이다.

⑤ 일반적으로 순시 발화 현상을 나타내며 근거리 손상 효과를 나타낸다.

⑥ 방출가스의 흐름에 따라 층류연소와 난류연소인 경우가 있지만 실제 큰 규모의 화재에 있어서는 난류연소가 대부분이다.

⑦ 화염길이는 층류화염에서는 가스유속의 증대와 함께 커지지만 난류화염이 되면 그 이상의 증대는 없고 거의 일정 치에 머문다.

⑧ 유출구 치수의 영향은 층류화염의 경우 그 면적에 비례한 반면 난류화염에서는 유출구의 직경에 비례한다.

풀 화재(Pool Fire)

개방된 용기에 위험물이 저장된 상태에서 증발되는 연료에 착화되어 난류 확산 화염이 발생되는 화재로 누출 후 액상으로 남아 있는 LPG에 점화되면 Pool Fire 발생하며, Pool Fire는 고농도의 LPG가 연소되는 것으로 공기부족으로 검은 연기를 유발한다.

□ 119체크

위험물의 이상현상으로 가장 옳지 않은 것은?

① Boil over - 탱크바닥에 물과 기름이 에멀션으로 존재할 때 물이 갑자기 비등하여 분출되는 현상이다.

② oil over - 탱크 내 유류가 50% 이하 저장된 경우 화재로 인한 내부 압력상승으로 인한 탱크폭발 현상이다.

③ pool fire - 개방된 용기에 위험물이 저장된 상태에서 증발되는 연료에 착화되어 난류 확산화염이 발생되는 화재

④ jet fire - 탄화수소계 위험물의 수송배관이나 용기로부터 위험물이 저속으로 누출될 때 점화되어 발생하는 층류 확산형 화재

해설

옳지 않은 것은 ④이다. jet fire 탄화수소계 위험물의 수송배관이나 용기로부터 위험물이 고속으로 누출될 때 점화되어 발생하는 일반적으로는 난류 확산형 화재이다.

정답 ④

CHAPTER 02

건축물의 화재

기출 플러스

실내 화재의 진행 과정을 설명한 내용으로 옳지 않은 것은? [21 기출]

① 발화기 – 건물 내의 가구 등이 독립 연소하고 있으며 다른 동(棟)으로의 연소 위험은 없다.
② 성장기 – 화재의 진행이 급속히 이루어지고 개구부에서는 검은 연기가 분출된다.
③ 최성기 – 산소가 부족하여 연소되지 않은 가스가 다량발생된다.
④ 감퇴기 – 지붕이나 벽체, 대들보나 기둥도 무너져 떨어지고 열 발산율은 증가하기 시작한다.

해설

실내 화재의 진행 과정을 설명한 내용으로 옳지 않은 것은 ④이다. 감퇴기는 지붕이나 벽체, 대들보나 기둥도 무너져 떨어지고 열 발산율은 증가하는 것이 아니라 열 발산율이 감소하기 시작한다. ①, ②, ③은 옳은 내용에 해당된다.

정답 ④

1 실내건축물화재

1. 실내건축물화재의 진행 과정

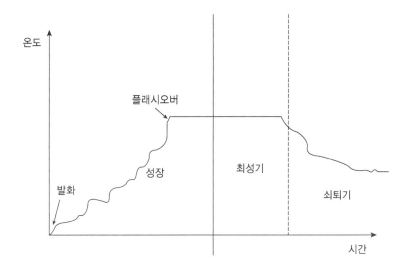

✿ 실내건축물 화재의 진행 과정 : 화재 초기(발화기) → 성장기 → 최성기 → 감쇠기(감퇴기)

(1) 화재 초기(발화기, Incipient)

① 실내 가연물이 처음 불이 붙은 시기이다.
② 건물 내의 가구 등이 독립연소를 하고 있으며 다른 동으로의 연소위험은 없다.
③ 화재 초기에는 다량의 백색 연기가 발생한다.
④ 화재 초기에 훈소가 발생하기도 한다.

(2) 성장기(중기, Growth)

① 제1성장기
화염이 크게 상승하지 않고 백색 연기가 발생한다.

② 제2성장기
㉠ 화재의 진행 변화가 급속히 이루어지고 개구부에서는 흑색 연기가 분출된다.

㉡ 건물이 인접해 있으면 다른 동으로의 연소위험이 있다.

㉢ 최성기 직전에 폭발적 연소확대현상인 플래시오버가 발생한다.

(3) 최성기(Fully developed)

① 실내의 연기 양은 적어지고 화염의 분출은 강해지며 온도가 최고에 이르러 천장, 유리 등이 무너져서 내려앉는 단계이다.

② 산소가 소진되고 다량의 불완전가스가 발생하며 창문 등으로 물질이 흘러내린다.

(4) 감퇴기(Decay)

① 화재가 구획실 내에 있는 이용 가능한 가연물을 거의 소모하게 됨에 따라, 열 발산율은 감소하기 시작하며 연기 발생도 거의 정지된 상태이다.

② 지붕이나 벽체, 대들보나 기둥도 무너져 떨어지고 연기는 흑색에서 백색이 된다.

③ 화세가 쇠퇴하고 다른 곳으로의 연소위험은 없다.

④ 훈소 연소 상태에서 <u>백드래프트(Back Draft)</u>가 일어나기도 한다.

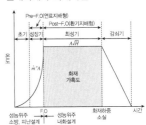
이론 플러스
실내화재의 화재곡선

119 더 알아보기

실내건축물화재의 진행 과정

단계		내용
화재 초기 (발화기)		실내 가연물이 처음 불이 붙은 시기
성장기	제1성장기(초기)	화염이 크게 상승하지 않고 백색 연기가 나옴
	제2성장기(중기)	• 롤오버 및 플래시오버 발생시기이며 개구부에 진한 흑색 연기가 분출함 • 연기의 속도는 3~4m/s로 빠름 • 플래시오버가 발생할 수 있는 최성기 직전의 상태 • 플래시오버가 발생하면 화재의 상황 변화가 다양하고 격렬함

최성기 ★★	• 플래시오버 현상이 진행되면 실내의 연기 양은 적어지고 화염의 분출은 강해지며 온도가 최고에 이르러 천장, 유리 등이 무너져서 내려앉는 단계 • **가장 격렬한 시기** • 산소가 소진되고 다량의 불완전가스가 발생하며 창문 등으로 물질이 흘러내림
감쇠기 (감퇴기)	• 화세가 부분적으로 소멸되고, 연기 발생도 거의 정지단계 • 훈소 연소 상태에서 **백드래프트(Back Draft)**가 일어나기도 함

2. 화재진행에 영향을 미치는 요인

화재가 발화해서 쇠퇴하기까지, 구획실 화재의 성상과 진행 단계에 영향을 미치는 요인들은 다음과 같다.

① 배연구(환기구)의 크기, 수 및 위치
② 구획실의 크기
③ 구획실을 둘러싸고 있는 물질들의 열특성
④ 구획실의 천장 높이
⑤ 최초 발화되는 가연물의 크기, 합성물 및 위치
⑥ 추가적 가연물의 이용 가능성 및 위치

3. 실내건축물화재 시 연소이상현상 진행 과정

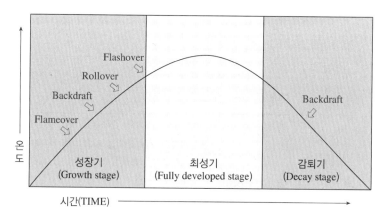

☼ 플레임오버(성장기 때) → 백드래프트(성장기 때 가끔 발생) → 롤오버(성장기 때) → 플래시오버(성장기에서 최성기로 넘어가는 때) → 백드래프트(감퇴기 때 주로 발생)

(1) 천장제트흐름(Ceiling jet flow) **

① 고온의 연소생성물이 부력에 의해 힘을 받아 천장 면 아래에 얇은 층을 형성하는 빠른 속도의 가스 흐름을 말한다.

② 화재 초기에만 존재한다.

③ 천장제트흐름 영역에서의 온도는 수직 열기류로부터의 거리와 함수관계에 있다.

④ 천장열류보다 온도가 낮은 천장재와 유입 공기쪽에서 일어나는 열손실에 의해 천장열류의 온도는 감소한다.

⑤ 흐름의 두께는 천장에서 화염까지 높이의 5~12% 내외 정도의 범위이다.

⑥ 최고의 온도 및 속도의 흐름의 두께는 천장에서 화염까지 높이의 1%의 범위이다.

⑦ 스프링클러헤드 및 화재감지기는 이 현상의 영향범위 내에 부착한다.

(2) 플레임오버(Flameover)

① 화재 진행 중에 불꽃(화염)이 아직 불이 붙지 않은 가스층을 통과하거나 수평이동하는 현상을 말한다.

② 화재의 진행 단계 중 성장기에 발생하며 연소하지 않은 연소생성가스가 구획실로 빠져 나올 때에 관찰될 수 있다.

③ 복도 등과 같은 통로 공간에서 벽, 바닥 표면의 가연물에 화염이 급속히 확산되는 현상이다.

119 더 알아보기

플레임오버(Flameover)의 사용

플레임오버는 1946년 12월 미국 애틀란타에 있는 와인코프 호텔 로비화재에서 가연성 벽을 따라 연소확대가 어떻게 진행되는지 묘사하는 데 처음 사용된 용어이다. 이 화재로 119명이 목숨을 잃었다. 이 사고를 계기로 미국의 주거용 건물의 벽, 천장 그리고 바닥 재질에 대한 기준이 강화되기 시작하였다.

(3) 롤오버(Rollover)

① 개념

플래시오버 전 단계로 화재 초기에 발생된 뜨거운 가연성 가스가 천장 부근에 축적되어 있다가 화재 중기에 이르면 실내 공기의 압력 차이가 생기고 그 압력 차이로 천장을 산발적으로 구르다가 화재가 발생하지 않은 쪽으로 빠르게 굴러가는 현상이다. 실내 상층부 천장 쪽의 초고온 증기인 가연성 가스의 이동과 발화현상이다.

[기출 플러스]

천장제트흐름에 대한 설명으로 옳지 않은 것은? [17 하반기 기출]

① 화재 플럼의 부력에 의하여 발생되며 천장면을 따라 빠르게 흐르는 기류이다.

② 화원의 크기와 위치 그리고 화원에서 천장까지의 높이에 영향을 받는다.

③ 스프링클러헤드나 화재 감지기는 이 현상의 영향 범위를 피하여 부착한다.

④ 흐름의 두께는 천장에서 화염까지 높이의 5~12% 내외 정도의 범위이다.

해설

옳지 않은 것은 ③이다. 스프링클러헤드나 화재 감지기는 이 현상의 영향 범위를 피하여 부착하는 것이 아니라 영향 범위 내에 부착한다.

정답 ③

② 롤오버와 플래시오버의 비교

구분	롤오버	플래시오버
복사열	상대적으로 약함	강함
주요 원인	압력차	복사열
확산 매개	상부의 초고온 증기의 발화	열이 천장에 반사되어 가연물이 분해됨
확대 영역	화염의 선단 부분이 주변 공간으로 확대	분해된 가스가 갑자기 전체 실내로 확대
실내 현상	가스가 천장을 구르며 밖으로 빠져나감	전실, 모든 가연물의 순간적인 착화현상

(4) 플래시오버(Flashover, F.O) ★★

① 개념

㉠ 플래시오버란 건축물의 실내에서 화재가 발생하였을 때 발화로부터 화재가 서서히 진행하다가 어느 정도 시간이 경과함에 따라 <u>대류와 복사현상에 의해</u> 일정 공간 안에 열과 가연성 가스가 축적되고 발화온도에 이르게 되어 <u>일순간에 폭발적으로 실내 전체가 화염에 휩싸이는 화재 현상</u>을 말하며 이를 '순발연소'라고도 한다.

㉡ 천장에 복사된 열과 미연소 가스가 축적되며 <u>복사열이 주원인</u>이 되어 어느 순간 바닥면 위에 내장재의 분해된 가연성 가스와 함께 화염이 확대되는 <u>순간적인 자유연소확대현상</u> 또는 <u>폭발적인 착화현상</u>이다.

② 플래시오버의 진행 과정

㉠ 화재 초기에 발생한 가연성 가스가 천장 근처에 모인다(<u>대류현상</u>).

㉡ 체류한 가스 농도가 점차 증가되며 연소범위 내에서 착화하여 천장에 휩싸인다.

㉢ 천장에 착화한 화염이 실내 가연물에 <u>복사열</u>을 전달하여 가연성 분해가스를 생성한다.

㉣ 어느 순간에 이르러 실내 전체가 화염으로 휩싸이고 순간적으로 착화현상이 일어난다(전실화재).

③ 플래시오버 발생 시점

<u>성장기에 최성기로 넘어가는 단계에서 발생</u>하며, 일반적으로 목조건축물은 빠르면 출화(발화) 후 5 ~ 10분, 내화구조 건축물은 20 ~ 30분이면 발생될 수 있다.

④ 내장재료에 따른 플래시오버 발생

㉠ 일반적으로 가연재료 > 난연재료 > 준불연재료 > 불연재료의 순으로 완만하게 발생된다.

㉡ 불연재료로 내장이 되고 가연물의 양이 적은 경우에는 플래시오버에 이르지 않고 소화되는 경우도 있다.

⑤ 플래시오버의 징후

  ㉠ 실내가 자유연소의 단계에 있는 경우

  ㉡ 실내에 과도하게 열이 축적되어 있는 경우

  ㉢ 뜨거운 열기가 느껴지면서 농연이 아래로 쌓이는 경우

  ㉣ 열기 때문에 소방대원이 낮은 자세로 진입할 수밖에 없는 경우

119 더 알아보기

플래시오버의 징후와 특징

징후	특징
• 고온의 연기 발생 • 롤오버 현상이 관찰됨 • 일정 공간 내에서의 전면적인 자유연소 • 일정 공간 내에서의 계속적인 열집적 (다른 물질의 동시가열) • 두껍고, 뜨겁고, 진한 연기가 아래로 쌓임	• 실내 모든 가연물의 동시발화 현상 • 바닥에서 천장까지 고온 상태

⑥ 플래시오버 현상의 영향 조건

  ㉠ 화원의 크기 : 화원이 크면 화재 발생 시간과 진행 속도가 빠르다.

  ㉡ 내장재의 종류 : 실내부에 수납된 가연물의 성질과 양을 말하며 벽 재료보다 천장 재료가 발생 시간에 더 큰 영향을 미친다.

  ㉢ 개구부의 조건 : 시기에 따라서 다르지만 개구부가 클수록 발생이 빠르다.

⑦ 플래시오버 방지 대책

  ㉠ 개구부를 적당히 제한

  ㉡ 가연물의 양을 제한

  ㉢ 화원을 억제

  ㉣ 내장재(천장 재료)의 불연화

⑧ 플래시오버 전이의 지연 대책 ★★

  ㉠ 냉각 지연법

  ㉡ 배연 지연법

  ㉢ 공기 차단 지연법

---

119 플러스

플래시오버를 지연시키기 위한 소방전술 3가지가 아닌 것은?

[16 중앙 기출]

① 배연 지연법

② 제거소화 지연법

③ 공기차단 지연법

④ 냉각 지연법

해설

플래시오버를 지연시키기 위한 소방전술 3가지가 아닌 것은 ② 제거소화 지연법이다. 플래시오버를 지연시키기 위한 소방전술 3가지는 ① 배연 지연법, ③ 공기차단 지연법, ④ 냉각 지연법에 해당된다.

정답 ②

이론 플러스

플래시오버(F.O)에 영향을 미치는 요인 정리

㉠ **화원의 크기**가 클수록 F.O 발생이 용이하다.

㉡ **내장재료**는 보통합판 > 난연합판 > 석고보드 > Flexible보드 순으로 발생 용이하다.

㉢ **가연물의 발열량**은 초기 가연물의 발열량이 클수록 발생이 용이하다.

㉣ **개구부의 개구율**이 1/8일 때 발생속도가 가장 느리고 1/2~1/3일 때 가장 빠르다.

㉤ **실내 산소분압**이 높을수록 발생이 용이하다.

㉥ **화재하중**이 클수록 발생이 용이하다.

㉦ **실내온도**가 높을수록 발생이 용이하다.

㉧ **실내압력**이 높을수록 발생이 용이하다.

㉨ **연소속도**가 빠를수록 발생 가능성이 크다.

기출 플러스

백드래프트(back draft)에 대한 설명으로 옳은 것은? [21 기출]

① 불완전 연소에 의해 발생된 일산화탄소가 가연물로 작용하여 폭발하는 현상이다.

② 화재 진압 시 지붕 등 상부를 개방하는 것보다 출입문을 먼저 개방하는 것이 효과적인 전술이다.

③ 밀폐된 실내에서 발생되는 현상으로, 출입문을 한 번에 완전히 개방하여 연기를 일순간에 배출해야 폭발력을 억제할 수 있다.

④ 연료지배형화재가 진행되고 있는 공간에 산소가 일시적으로 다량 공급됨에 따라 가연성 가스가 폭발적으로 연소하는 현상이다.

해설

옳은 것은 ①이다. 백드래프트는 불완전 연소에 의해 발생된 일산화탄소가 가연물로 작용하여 폭발하는 현상이다. ②, ③, ④는 옳지 않은 내용이다.

오답정리

② 출입문을 먼저 개방하는 것보다 지붕 등 상부를 개방하는 것이 효과적인 전술이다.

③ 밀폐된 실내에서 발생되는 현상으로, 출입문을 한 번에 완전히 개방하는 게 아니라 조금씩 개방하여 폭발 직전에 물을 방수하여 폭발을 억제한다.

④ 연료지배형화재가 아니라 환기지배형화재가 진행되고 있는 공간에 산소가 일시적으로 다량 공급됨에 따라 가연성 가스가 폭발적으로 연소하는 현상이다.

정답 ①

(5) 백드래프트(Backdraft)

① 개념

화재 발생 시 산소 공급이 원활하지 않아 불완전연소인 <u>훈소상태가 지속될 때</u> 점점 실내 온도가 높아지고 공기의 밀도는 감소하여 부피가 팽창하게 된다. 이때 실내 상부 쪽으로 고온의 기체가 축적되고 <u>외부에서 갑자기 유입된 신선한 공기</u> 때문에 급격히 연소가 활발해져 그 결과 강한 폭풍과 함께 화염이 실외로 분출되는 <u>화학적 고열가스 폭발현상</u>이다.

② 특성

㉠ 백드래프트 현상은 <u>주로 감퇴기(예외적으로 성장기)</u> 때 발생한다.

㉡ 연기폭발 또는 열기폭발이라고도 하며 주로 화재 말기에 가까울수록 위험성이 크고 실내가 <u>CO 폭발범위(12.5 ~ 75%)</u>, 온도 $600℃$ 이상일 때 발생한다.

㉢ 백드래프트가 발생하기 전 징후로는 화재로 발생한 가스와 연기가 건물 내부로 빨려 들어갔다가 외부로 빠져 나오는 현상이 있으며 문 손잡이는 뜨겁고 휘파람 소리가 나기도 한다.

㉣ 미국에서는 이 현상을 '소방관의 살인 현상'이라고 한다.

㉤ 방지 대책으로는 압력이 높은 상부 쪽 천장 등의 개방, 폭발력 억제, 격리, 소화, 환기 등이 있다.

③ 백드래프트의 징후

㉠ 백드래프트의 잠재적 징후

• 과도한 열의 축적으로 훈소 상태의 고열이 된다.

• 연기로 얼룩진 창문이 나타난다.

• 약간의 불씨(화염)가 조금 보이거나, 보이지 않을 수 있다.

• 짙은 황회색으로 변하는 검은 연기가 나타난다.

• 산소 공급이 원활하지 않아서 불꽃이 노란색으로 보일 때도 있다.

• 문 밑 틈새로 나오는 압축된 연기(농연), 일정한 간격을 두고 실내에서 뻐끔대며 나오는 연기가 나타난다.

ⓛ 건물의 실내부에서 관찰할 수 있는 역화의 징후
- 압력 차이로 공기가 빨려 들어올 때 호각(휘파람) 같은 특이한 소리가 들리고 진동이 발생한다.
- 건물 안으로 연기가 되돌아가거나 맴돈다.
- 훈소가 진행되고 높은 열이 집적된 상태이며, 산소 부족으로 불꽃이 약화되어 황색불꽃을 띤다.

ⓒ 건물의 실외부에서 관찰할 수 있는 역화의 징후
- 문틈 외 건물이 완전히 폐쇄되어야 한다.
- 화염은 보이지 않지만 창문과 문이 뜨겁다.
- 유리창이 깨지거나 녹지 않지만 창 안쪽에서 타르와 같은 흑색 물질이 흐른다.
- 창문을 통해 보았을 때 건물 내 연기가 소용돌이친다.

④ 백드래프트 대응전술
ⓐ 배연법(= 지붕환기법) : 연소 중인 건물 지붕의 채광창을 개방하여 환기시키는 것은 백드래프트의 위험으로부터 소방관을 보호할 수 있는 가장 효과적인 방법 중 하나이다.
ⓑ 급냉법(= 담금질법) : 화재가 발생한 밀폐된 공간의 출입구에 완벽한 보호장비를 갖춘 집중 방수팀을 배치하고 출입구를 개방하는 즉시 방수함으로써 폭발 직전의 기류를 급냉시키는 방법이다. 주로 백드래프트의 징후가 없는 상태에서 이루어진다.
ⓒ 측면 공격법 : 화재가 발생한 밀폐된 공간의 개구부 인근에서 이용 가능한 벽 뒤에 숨어 있다가 출입구가 개방되자마자 개구부 입구를 측면 공격하고 화재 공간에 집중 방수함으로써 백드래프트 현상을 방지하는 방법이다.

⑤ 백드래프트의 징후와 소방전술

징후		소방전술
건물 내부 관점	건물 외부 관점	
• 압력차에 의해 공기가 빨려들어 오는 특이한 소리(휘파람소리 등)와 진동의 발생 • 건물 내로 되돌아오거나 맴도는 연기 • 훈소가 진행되고 있고 높은 열이 집적된 상태 • 부족한 산소로 불꽃이 약화되어 있는 상태(노란색의 불꽃)	• 거의 완전히 폐쇄된 건물일 것 • 화염은 보이지 않으나 창문이나 문이 뜨거움 • 유리창 안쪽에서 타르와 같은 물질(검은색 액체)이 흘러 내림 • 건물 내 연기가 소용돌이침	• 지붕배연작업을 통해 가연성 가스와 집적된 열을 배출시킴(냉각작업) • 배연작업 전에 창문이나 문을 통한 배연 또는 진입을 시도해서는 안 됨 • 급속한 연소현상에 대비하여 소방대원은 낮은 자세를 유지해야 함 • 일반적으로 적절한 내부공격시점은 지붕배연작업 후임 • 출입구나 개구부 개방이 불가피할 경우 가능한 한 서서히 개방

플래시오버와 백드래프트의 현상에 대한 설명으로 옳은 것은?

[17 상반기 기출]

① 플래시오버는 종기(감쇠기)에 발생하고 백드래프트는 중기(성장기)에 발생한다.
② 플래시오버의 원인은 산소 공급이고 백드래프트의 원인은 복사열이다.
③ 플래시오버는 충격파를 수반하지 않고 백드래프트는 충격파가 있다.
④ 플래시오버는 환기가 잘 안 되는 상태의 현상이고 백드래프트 환기가 잘 되는 상태의 현상이다.

해설

옳은 것은 ③ 플래시오버는 충격파를 수반하지 않고 백드래프트는 충격파가 있다. ①, ②, ④는 옳지 않은 내용이다.

오답정리

① 백드래프트는 종기(감쇠기)에 발생하고 플래시오버는 중기(성장기)에 발생한다.
② 백드래프트는 원인은 산소공급이고 플래시오버의 원인은 복사열이다.
④ 백드래프트는 환기가 잘 안 되는 상태의 현상이고 플래시오버는 환기가 잘 되는 상태의 현상이다.

정답 ③

⑥ 백드래프트와 플래시오버의 비교

구분	백드래프트	플래시오버
발생 시기	성장기 또는 감퇴기	성장기에서 최성기 사이
발생 빈도	간혹 발생	자주 발생
주요인	산소의 갑작스러운 유입	복사열
폭발 유무	비정상 연소를 동반한 폭발(충격파 발생)	비정상 연소로 순간 착화현상 (→ 폭발이 아니므로 충격파가 발생하지 않음)
전단계 연소	불완전연소 상태 (밀폐된 공간의 훈소 상태)	자유연소 상태
산소량	산소 부족	산소 공급 충분
방지 대책	• 폭발력 억제 • 격리 • 소화 • 환기 – 천장 개방	• 개구부 제한 • 가연물의 양의 제한 • 화원의 억제 • 천장 내장재의 불연화

4. 연료지배형 화재 및 환기지배형 화재

(1) 개요

구획된 건물(compartment)의 화재 현상에 따라 연료지배형 화재와 환기지배형 화재로 나눈다. 일반적으로 플래시오버 이전의 화재는 연료지배형 화재라고 하며, 플래시오버 이후의 화재는 환기지배형 화재라고 한다.

(2) 화재의 분류

① 연료지배형 화재(환기 양호)

화재 초기에는 화세가 약하기 때문에 상대적으로 산소 공급이 원활하여 실내 가연물에 의해 지배되는 연료지배형 화재의 연소 형태를 갖는다.

② 환기지배형 화재(환기 불량)

플래시오버(Flashover)에 이르면 실내 온도가 급격히 상승하여 가연물의 분해 속도가 촉진되고 화세가 더욱 강해지면서 산소량이 급격히 적어지게 된다. 이때 환기가 잘 되지 않아 연료지배형 화재에서 환기지배형 화재로 바뀐다.

(3) 연료지배형 화재와 환기지배형 화재의 비교★★

구분	연료지배형 화재(환기 정상)	환기지배형 화재(환기 비정상)
지배 요인	환기가 정상인 상태에서 연료 비교 (환기 정상인 이론으로 숙지)	연료가 정상인 상태에서 환기 잘 안됨 (환기 비정상인 이론으로 숙지)
발생 장소	목조건물, 큰 창문, 개방된 공간	내화구조, 콘크리트 지하층·무창층
산소량	상대적으로 산소 공급이 원활함	화세가 강하여 산소가 소진되어 부족함
발생시기	플래시오버 이전, 성장기 (낮은 온도)	플래시오버 이후, 최성기 (높은 온도)
화재가혹도	작음(내부 신선한 공기 존재, 자유 연소)	큼(내부에 다량 가스 존재, B/D 주의)
연소속도·시간	환기가 잘 되어 연소속도는 빠르고 연소시간은 짧음 (예 불꽃 연소)	환기가 잘 되지 않아 연소속도는 느리고 연소시간은 긺 (예 불씨 연소)
$A\sqrt{H}$	환기요소($A\sqrt{H}$)에 지배를 받지 않음	환기요소($A\sqrt{H}$)에 지배를 받음
$A\sqrt{H}$ 식	• $A\sqrt{H}$ (환기요소)와 인자 간 관계를 나타냄 • 개구부가 크면 산소가 많아 불이 빨리 타서 온도가 높아 지속시간이 짧음 • 개구부가 작으면 산소가 부족하여 온도는 낮고 지속시간은 긺	• 온도인자 : $\dfrac{A\sqrt{H}}{Ar}$ 　A : 개구부 면적 　H : 개구부 높이 　Ar : 실내 전표면적 • 지속시간인자(F) : $\dfrac{A_F}{A\sqrt{H}}$ 　(* 바닥환기) A_F : 바닥면적
환기 관계	$A\sqrt{H}$ 는 개구부 면적에 비례하고 개구부 높이의 루트(제곱근)에 비례	
환기요소	$A\sqrt{H}$ 는 환기가 잘 되면 높은 온도에 비례(지속시간에 반비례)하여 불은 빨리 탐	

✿ 환기요소 $A\sqrt{H}$: 개구부 면적에는 정비례하나, 높이(위치)는 조금 영향이 있으니 루트에 비례한다는 뜻이다.

📘 기출 플러스

연료지배형화재와 환기지배형화재에 대한 설명으로 옳지 않은 것은?

[19 기출]

① 환기지배형화재는 공기공급이 충분하지 않으므로 불완전연소가 심하다.
② 연료지배형화재는 공기공급이 충분한 조건에서 발생한 화재가 일반적이다.
③ 연료지배형화재는 주로 큰 창문이나 개방된 공간에서, 환기지배형화재는 내화구조 및 콘크리트 지하층에서 발생하기 쉽다.
④ 일반적으로 플래시오버 전에는 환기지배형화재가, 이후에는 연료지배형화재가 지배적이다.

해설

옳지 않은 것은 ④이다. 연료지배형화재와 환기지배형화재를 구분할 때는 플래시오버(대류 → 복사)를 기점으로 나누는데 일반적으로 플래시오버 전에는 연료지배형화재가, 이후에는 환기지배형화재가 지배적이다.

정답 ④

2 목조건축물과 내화구조건축물의 화재

1. 목조건축물 화재

(1) 목재의 성분

① 목재를 구성하는 주성분은 셀룰로오스·리그닌·무기질로서 탄소(C), 수소(H), 산소(O)가 지속적인 연소를 일으켜 화재가 발생한다.

② 그러므로 목재가 탈 때는 일산화탄소(CO), 이산화탄소(CO_2), 수증기(H_2O)가 생성되고 적은 양의 질소(N), 인(P), 유황(S), 수소(H), 아세틸렌, 시안화수소(HCN) 등이 생성된다.

(2) 목재의 연소

① 목재류는 가열이 되면 수분을 잃어서 탄화되다가 일정한 온도 이상이 되면 발화되어 연소가 시작된다.

② 목재는 금속에 비해서 열전도율이 낮아(열축적이 용이) 빨리 연소된다. 작고 얇은 목재 등의 가연물이 두껍고 큰 가연물보다 더 잘 탈 수 있는 이유는 물질을 작게 부수면 공기(산소)와 접촉하는 표면적은 커지기 때문이다.

(3) 목재 형태에 따른 연소 상태

구분	빠름	느림
수분 함유량	적을수록	많을수록(15% 이상)
크기	작고 얇은 것	두껍고 큰 것
모양	각(角)이 있는 것	둥근 것
표면	거친 것	매끄러운 것
색상	흑색(본디 흑색의 나무)	백색
페인트	칠한 것	칠하지 않은 것

① 목재는 수분 함유량이 15% 초과하게 되면 고온에 장시간 접촉해도 착화가 잘 안 된다. 그러나 반 이상의 수분을 함유한 목재라도 이미 연소되고 있는 부분의 목재로부터 활성화에너지를 공급받으면 내부에 산소가 포함되어 있으므로 연소가 계속 진행될 수 있다.

② 가연성 고체는 액체 및 기체와 달리 일반적으로 착화점을 기준으로 위험도를 설정한다. 가연성 고체의 연소는 '물질 내 수분 가열 → 수분 증발 → 열분해 → 연소'의 단계로 이루어진다.

(4) 목재의 구체적 연소 단계

목재가열 → 수분증발(기화) 100~160℃ → 목재분해 200~270℃ → 탄화종료(무염착화) 300~350℃ → 목재의 연소(발염착화) 410~480℃

☼ 100℃에서 기화되고, 약 300℃에서 탄화 기체를 생성하며, 그 기체가 약 400℃에서 불꽃연소를 한다.

(5) 목조건축물의 특성

① 일반 목조건축물의 지붕 속, 천장, 벽 등에 불이 착화한 후 최성기까지 도달하는 데 소요되는 시간은 재질과 풍속에 따라 다르지만 거의 무풍 상태에서 <u>5 ~ 15분</u> 정도, 맹화에서 연소 낙화까지는 <u>6 ~ 19분</u>이 소요된다.

② 화재의 진행시간은 30 ~ 40분 정도이고 최성기 때 온도가 최고점에 이르는데, <u>약 1,100 ~ 1,300℃ 정도로 내화구조 화재에 비해 고온 단기형</u>이다.

119 더 알아보기

건축물의 비교 특성 ★★

종류 \ 구분	최고 온도	진행 시간	특징
목재구조(목조)	1,100 ~ 1,300℃	30 ~ 40분	고온 단기형
내화구조(내화조)	900 ~ 1,100℃	2 ~ 3시간	고온 장기형

(6) 목조건축물의 화재 진행 과정 ★★

화재 발화를 기준으로 화재 전기를 초기화재, 화재 후기를 본격화재라 한다. 화재 발화(출화)를 기준으로 한 목조건축물의 진행 과정은 다음과 같다.

화재원인 → 무염착화 → 발염착화 → 발화(출화) → 최성기 → 연소낙화 → 진화

화재 전기(초기) / (화재 중기) / 화재후기

목재건축물의 화재 순서로 옳은 것은? [15 중앙 기출]

① 발화 – 발염착화 – 무염착화 – 최성기
② 무염착화 – 발염착화 – 발화 – 최성기
③ 발염착화 – 무염착화 – 최성기 – 발화
④ 발화 – 무염착화 – 발염착화 – 최성기

해설

목재건축물의 화재 순서는 화재원인 – 무염착화 – 발염착화 – 발화(= 출화) – 최성기 – 연소낙하이다.

정답 ②

119 더 알아보기

목조건축물의 화재 상황

무염착화	불꽃은 없지만, 바람이나 공기가 주어질 때 언제든지 불꽃을 발할 수 있는 단계
화재발화 (중기)	• 천장까지 불이 번져 연기가 백색에서 흑색으로 변하며 개구부로 분출됨 • 실내 온도가 800 ～ 900℃ 정도로 플래시오버 현상이 나타남
최성기	• 복사열이 발생하여 실내 최고 온도가 약 1,300℃ 정도가 됨 • 유리가 녹고 천장, 대들보 등이 내려앉는 단계로서 가장 격렬한 시기

(7) 목조건축물 화재의 발화

① 화재 실내의 환기 상태에 따라서 실내 가연물의 양, 공기 공급 상태, 가연물의 연소 특성에 따라 연료지배형 화재로 되어 연소속도가 빨라진다.

② 목조건물의 화재 발화 현상은 처음에는 백색 연기가 창, 환기구 등으로 분출되면서 옥내에서 불이 타는 소리가 나지만, 옮겨 붙는 가연물에 의해 연기량이 많아지면서, 지붕과 처마 등에서 연기가 새어나오다가 결국에는 화염이 외부로 분출된다.

③ 하소(煆燒)란 가연성 물질을 공기 속에서 태워 휘발 성분을 없애고 재로 만드는 일이다.

④ 목재가옥의 기둥, 벽 등은 발화부를 중심으로 도괴하는 경향이 있으므로 이 곳을 발화부로 추정하는 것을 도괴방향법이라 하는데 잔화 정리 시 도괴된 건물 밑까지 방수하여 불씨가 남지 않도록 한다.

(8) 목조건축물 구조상 화재 출화

목조건축물 화재의 출화는 화염이 개구부를 통하여 외부로 분출된 상태의 화재로 구조상으로 옥내출화와 옥외출화로 구분되기도 한다.

옥내출화	• 가옥구조에서 천장면에 또는 천장 속, 벽 속에 발염착화 시 • 불연벽체나 불연천장인 경우의 실내에서는 그 뒷면판에 발염착화 시
옥외출화	• 창, 출입구 등에 발염착화 시 • 외부 벽, 추녀 밑에서 발염착화 시(목재 가옥)

(9) 탄화심도

화재 시 열을 공급 받고 있는 나무와 같은 물체가 시간이 지속됨에 따라 물질 속 깊은 부분까지 연소될 때, 그 나무에서 가스가 빠져나온 구멍이나 갈라진 틈의 깊이를 말한다. 즉, 탄화심도란 목재 표면이 '귀갑상(거북이 등 모양)'으로 탄화된 깊이를 말한다.

(10) 발화부 원인 추정의 5원칙

① 원칙 1

발화건물의 기둥, 벽, 건자재 등은 발화부를 중심으로 도괴하는 경향이 있다.

② 원칙 2

화염은 수직의 가연물을 따라 상승하고 측면과 하부는 연소속도가 완만하다.

③ 원칙 3

탄화심도는 발화부에 가까울수록 깊어지는 경향이 있다.

④ 원칙 4

목재의 연소흔에서 표면의 균열흔은 발화부에 가까울수록 뜨거워서 잘고 가늘어지는 경향이 있다. 이러한 균열흔은 다음과 같은 세 가지 유형의 형태로 구분할 수 있다.

완소흔 (700 ~ 800℃)	목재 표면은 거북이등 모양	나무 형태는 3·4각형 형성
강소흔(900℃)	요철(凹凸)형으로 갈라짐	흠이 깊고 만두 모양 형성
열소흔(1,100℃)	흠이 가장 깊고 반월형 모양	대규모 건물 화재에서 발생

⑤ 원칙 5

발열체가 목재면에 밀착되었을 경우 발열체 표면의 목재면에 훈소흔이 남으며 발화부 부근의 훈소흔은 발화 부위인 경우가 있다.

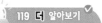

119 더 알아보기

목재의 흔 비교	
훈소흔	• 목재 표면에 발열체가 밀착되었을 때 그 밀착 부위의 목재 표면에 생기는 연소 흔적 • 훈소흔(燻燒痕)은 시간이 경과하면 직경과 깊이가 변하면서 탄화됨
균열흔	목재 표면이 고온의 화염을 받아 연소될 때 표면으로 분출되는 흔적이 되는 흔으로 완소흔(700 ~ 800℃ 3·4각형태) → 강소흔(900℃ 요철) → 열소흔(1,100℃ 환형형태) 순으로 변함

2. 내화구조건축물 화재

(1) 내화구조건축물의 정의

① 「건축법」에서 정하는 내화구조(耐火構造)란 철근콘크리트조, 연와조, 그 밖에(석조 등) 이하 유사한 구조로서 국토교통부령이 정하는 내화성능을 가진 것을 말한다.

② 이와 같은 성능을 가진 내화구조건축물이란 화재 발생 시 쉽게 연소하지 않고 구조물의 변형이 크지 않는 것으로 내장재가 전소하더라도 수리하여 재사용할 수 있는 구조로 된 건축물을 말한다.

(2) 내화구조건축물의 특성

① 화재 시 내화구조건축물은 목조건물과 달리 공기유통이 크게 변하지 않는다.

② 화재 진행 시간은 약 2 ~ 3시간이며 화재 진행 후 1시간쯤 온도는 약 900 ~ 950℃ 정도이고 최성기 때 온도는 약 900 ~ 1,100℃이다. 내화구조 건축물 화재는 비록 목조건물 화재보다 200℃ 정도 낮지만 고온의 유지시간이 길다는 특징이 있다.

③ 연소속도는 일반적으로 온도가 10℃ 상승하면 약 2 ~ 3배 빨라진다.

④ 건축물 구조에 따른 연소속도를 알아보면 '내화구조(1) < 방화구조(3) < 목재구조(6)' 순으로 커지고 있다.

⑤ 실내 화재에서는 플래시오버(Flashover) 현상이 발생되는데 내화구조건축물 화재 시에는 성장기에서 최성기로 넘어가는 단계에서 발생된다.

⑥ 플래시오버 발생 시간(F · O · T)을 보면 가연성 재료는 3 ~ 4분, 난연성 재료는 5 ~ 6분, 준불연 재료는 7 ~ 8분 정도 소요된다.

⑦ 건물의 구조와 특성상 열이 외부로 방출되는 것보다 축적되는 것이 많기 때문에 대체적으로 화재 초기부터 발열량이 많다.

⑧ 내화구조건축물 화재 시 연기 등 연소생성물이 계단이나 복도 등을 따라 화염보다 먼저 상층부로 이동하는 경향이 있어 인명 피해가 발생하는 경우가 많다.

(3) 내화구조건축물 화재의 진행 과정

내화구조건축물 화재의 진행 과정은 목조건축물 화재와 같이 '화원(발화기) → 성장기 → 최성기 → 감쇠기'로 구분한다.

① **화원(발화기, 화재 초기)**

  ㉠ 목조건축물에 비해 기밀성이 뛰어나기 때문에 초기에는 연소가 완만하며 화재 진행 시간이 길다.

  ㉡ 산소량이 감소되어 연소가 약해지며 불완전연소도 일어난다.

  ㉢ 다량의 백색 연기가 발생해 실내에 충만하다.

② **성장기(중기)**

  ㉠ 개구부가 파괴되어 개구부를 통해 흑색 연기 및 화염 등이 분출하게 된다.

  ㉡ 실내 전체가 한순간에 화염으로 휩싸이는 현상(플래시오버)이 발생된다.

  ㉢ 실내 온도가 급격히 상승하여 700 ~ 800℃에 도달하고 연기는 백색에서 흑색으로 변하며 건물 전체에 불길이 번지는 시기이다.

③ **최성기**

  ㉠ 실내 온도가 약 1,000℃로 최고 온도에 달하며 화세가 가장 왕성한 시기이다.

  ㉡ 이 시기는 목조건축물보다 장시간 계속된다.

  ㉢ 천장 등의 구조물 재료(콘크리트, 회반죽, 장식물 등)가 무너져 내리는 현상(콘크리트의 폭열현상)이 발생된다.

④ **감쇠기(종기)**

  ㉠ 화세가 약해지고 연기의 양도 줄어드는 시기이다.

  ㉡ 실내 온도는 높지만 서서히 낮아진다.

119 더 알아보기

내화구조건축물의 화재 진행

초기	다량의 백색 연기 발생, 완만한 연소
성장기	흑색 연기 및 화염 등이 분출, 실내 전체가 순간적으로 화염에 휩싸임
최성기	천장 등의 구조물 재료(콘크리트, 회반죽 등) 붕괴 → 콘크리트 폭열현상
감쇠기	흑색 연기가 차츰 백색으로 변하면서 화재가 점점 약해짐

CHAPTER

03 가스의 열균형

1 개념

① 가스의 열균형은 가스가 온도에 따라 층을 형성하는 경향을 말한다. 즉, 가장 온도가 높은 가스는 최상층에 모이는 경향이 있고, 반면 낮은 층에는 보다 차가운 가스가 모이게 된다. 공기, 가스 및 미립자의 가열된 혼합체인 연기는 상승한다.
   예 지붕 위에 구멍을 뚫으면 연기는 건물이나 방으로부터 상승하여 밖으로 배출됨
② 이러한 열균형의 특성 때문에 소방대원들은 낮은 자세로 진입하여 활동하여야 한다.

2 대응전술

만약 열균형을 이루고 있는 가스층에 직접 방수를 한다면, 높은 곳에서 배연구(환기구) 밖으로 나가는 가장 뜨거운 가스층은 방해를 받을 수 있다. 온도가 가장 높은 가스층에 물을 뿌리게 되면, 물은 수증기로 급속히 변화하여 구획실 내의 가스와 섞이게 된다. 연기와 수증기의 소용돌이치는 혼합은 정상적인 열균형을 파괴하여 뜨거운 가스는 구획실 전체에 섞인다. 이 때문에 많은 소방대원들이 열균형이 파괴되었을 때에 화상을 입게 된다. 일단 정상적인 열균형이 파괴되면, 송풍기를 사용하는 것과 같은 강제배연방법으로 구획실 내의 가스를 배출시켜야 한다. 이러한 상태에 대한 적절한 조치로는 구획실을 배연시켜 뜨거운 가스를 빠져나가게 하고, 뜨거운 가스층으로부터 아래쪽에 있는 화점에 방수를 하는 것이다.

가장 높은 열
중간정도의 열
낮은 온도의 열

❂ 폐쇄된 구조물 내의 정상적인 화재 조건하에, 가장 높은 온도의 열은 천장 부분에서 발견되고, 가장 낮은 온도의 열은 바닥 부분에서 발견된다.

화재 시 나타나는 현상 정리

1. 실내화재에 나타나는 현상
   ㉠ 천장제트흐름(Ceiling Jet Flow)
   ㉡ 플레임오버(Flameover)
   ㉢ 롤오버(Rollover)
   ㉣ 플래시오버(Flashover)
   ㉤ 백드래프트(Backdraft)

2. 유류화재에 나타나는 현상
   ㉠ 보일오버(Boilover)
   ㉡ 슬롭오버(Slopover)
   ㉢ 프로스오버(Frothover)
   ㉣ 오일오버(Oilover)
   ㉤ 링파이어(Ring fire)

단원별 예상문제

01 다음 중 구획된 건물에서 발생한 화재 현상으로 가장 옳지 <u>않은</u> 것은?

① 건물에서 발생한 화재 현상으로 환기지배형과 연료지배형이 있다.
② 연료지배형 화재는 환기지배형 화재에 비해서 폭발성과 역화현상의 피해가 적다.
③ 환기지배형 화재는 연료지배형 화재보다 연소가스가 더 많이 생성된다.
④ 개구부 면적이 작으면 화재가 빠르고 개구부 면적이 크면 화재가 느리다.

해설
④ 개구부 면적이 작으면 화재가 느리고 개구부 면적이 크면 화재가 빠르다.

02 다음 중 화재의 급수에 따른 가연물의 연결이 <u>잘못된</u> 것은?

① A급 – 종이 및 일반 제품
② B급 – 휘발유 등 인화성 물질
③ C급 – 분말 및 고무제품
④ D급 – 가연성 금속

해설
③ 분말 및 고무제품은 A급 화재에 속한다. C급 화재는 통전 중인 전기화재에 속한다.

03 다음 중 LPG에 대한 설명으로 옳지 <u>않은</u> 것은?

① 무색, 무취의 특성이 있다.
② 주성분은 메탄과 프로판으로 구성되어 있다.
③ 기체 상태에서는 공기보다 무거워 바닥에 체류한다.
④ 화염과 접촉 시 공기 중 쉽게 연소, 폭발할 수 있다.

해설
② 메탄은 LNG의 주성분이다. LPG의 주성분은 프로판(C_3H_8)이 약 65%~70%, 부탄(C_4H_{10})이 약 20% 그 외 프로필렌, 부틸렌, 기타 약간의 에탄, 에틸렌, 펜탄 등이 들어있다.

04 연소가스가 연소되는 속도보다 클 때 불꽃이 노즐에 정착하지 않고 떨어진 후 꺼져버리는 현상은?

① 블로우오프　　　　　　　　　　② 선화
③ 역화　　　　　　　　　　　　　④ 백드래프트

해설
① 연소가스가 연소되는 속도보다 클 때 불꽃이 노즐에서 떨어진 후 꺼져버리는 현상은 블로우오프에 해당한다.

05 다음 중 백드래프트의 정의와 징후에 대한 설명으로 가장 옳지 <u>않은</u> 것은?

① 연기는 문틈으로 내부에서 밖으로 향했다가 안으로 들어가기도 한다.
② 실내 상부쪽으로 고온의 기체가 축적되고 온도가 높아져 기체가 팽창한다.
③ 산소가 부족한 건물 내에 산소가 새로 유입될 때 고열가스의 폭발현상이다.
④ 불완전한 연소상태인 화재 중기에만 일어나는 연소확대현상이다.

해설
④ 백드래프트는 중기 이후 주로 말기에 일어나는 역화현상이다.

06 다음 중 백드래프트가 발생하기 전 잠재적 징후로 틀린 것은?

① 짙은 황회색으로 변하는 검은 연기
② 연기로 얼룩진 창문
③ 개구부를 통하여 분출되는 화염
④ 과도한 열의 축적

해설
③ 백드래프트는 밀폐된 공간에서 발생하기 때문에 개구부에서 화염이 분출되지 않는다.

07 구획된 건물의 화재 현상 중 환기지배형 화재에 대한 설명으로 옳지 <u>않은</u> 것은?

① 개방된 공간으로 가연물의 양이 영향을 미친다.
② 환기요소에 영향을 받아 실의 공기 부족으로 화염이 외부로 분출되기도 한다.
③ 환기지배형 화재는 환기량에 비해 연료량이 충분하다.
④ 연료지배형 화재에 비하여 산소 공급을 받지 못하는 상태이다.

해설
① 환기지배형 화재의 영향 요소는 밀폐된 공간이다. 가연물의 양은 환기지배형 화재에 영향을 미치지 않는다.

08 소화용수가 뜨거운 유류 표면에 유입되어 물이 수증기화되면서 갑작스러운 부피 팽창에 의해 유류가 넘치는 현상은?

① 플래시오버(Flashover)

② 프로스오버(Frothover)

③ 보일오버(Boilover)

④ 슬롭오버(Slopover)

해설

④ 뜨거운 유류 표면에 소화용수가 유입되어 물이 수증기화되면서 갑작스러운 부피 팽창에 의해 유류가 넘치는 현상은 슬롭오버에 해당한다.

09 다음 중 플래시오버와 백드래프트의 현상으로 옳은 것은?

① 플래시오버는 종기에 발생하고 백드래프트는 중기에 발생한다.

② 플래시오버 원인은 산소 공급이고 백드래프트의 원인은 복사열이다.

③ 플래시오버는 충격파를 수반하지 않고 백드래프트는 충격파가 있다.

④ 플래시오버는 환기가 잘 되지 않는 상태에서 나타나는 현상이고 백드래프트는 환기가 잘 되는 상태에서 나타나는 현상이다.

해설

③ 플래시 오버는 순간적인 착화현상으로 폭발이 아니므로 충격파를 수반하지 않지만, 백드래프트는 폭발로서 충격파를 형성한다.

①·②·④ 내용이 서로 반대로 되어 있다.

10 다음 중 건축물의 화재하중을 감소시키는 방법으로 알맞은 것은?

① 방화구획의 세분화　　　　　　　② 내장재의 불연화

③ 건물 높이의 제한　　　　　　　　④ 소화시설의 증대

해설

② 화재하중이란 단위 면적당 가연물의 양으로 실내 화재의 위험성을 판단하는 기준이 된다. 화재하중을 감소시키는 방법은 가연물, 즉 실내 내장재를 불연화하는 것이다.

11 (가), (나)에 들어갈 내용을 바르게 배열한 것은?

> 아세틸렌 암모니아, 수소, 일산화탄소 등 가연성 가스란 폭발한계의 하한이 ⌐(가)⌐ % 이하인 것과 폭발한계의 상한과
> 하한의 차가 ⌐(나)⌐ % 이상인 것을 말한다.

	(가)	(나)			(가)	(나)
①	10	20		②	10	30
③	15	20		④	15	30

해설
① 가연성 가스란 폭발한계의 하한이 10% 이하인 것과 폭발한계의 상한과 하한의 차가 20% 이상인 것을 말한다.

12 정전기가 발생하여 주위의 가연성 가스 및 증기에 인화될 수 있는 조건이 <u>아닌</u> 것은?

① 가연성 가스 및 증기가 폭발한계 내에 있을 때
② 정전 스파크 에너지가 가연성 가스 및 증기의 최소 착화에너지 이상이 될 때
③ 방전하기에 충분한 전위차가 있을 때
④ 주위의 습도를 높여 도전율을 높일 때

해설
④ 주위의 습도를 높이는 것은 정전기 방지 대책에 해당된다.

13 다음 중 아세틸렌 취급·관리에 대한 설명으로 옳지 <u>않은</u> 것은?

① 아세틸렌은 동·은·수은·마그네슘을 피하도록 한다.
② 위험도가 매우 낮은 가스로서 압력을 가해도 분해·폭발하지 않는다.
③ 매우 연소하기 쉬운 기체로서 전도하거나 낙하 또는 함부로 방치하면 위험하다.
④ 규조토, 목탄, 석면 등의 다공성물질을 고압 용기에 넣고 아세톤이나 D.M.F 용제에 용해시켜 저장한다.

해설
② 아세틸렌은 연소범위가 가장 넓고(2.5% ~ 81%) 위험도가 매우 높은 가스로서 인화되기 쉽고 압력을 가하면 분해·폭발하기 쉽다.
아세톤에 용해되기 쉬운 특성을 가지고 있다.

14 다음 중 화재의 종류와 표시 색상을 옳게 나열한 것은?

① 일반화재 – B급 – 황색
② 유류화재 – A급 – 백색
③ 전기화재 – C급 – 청색
④ 금속화재 – E급 – 황색

해설

① 일반화재는 A급 화재이며 백색으로 표시한다.
② 유류화재는 B급 화재이며 황색으로 표시한다.
④ 금속화재는 D급 화재이며 무색으로 표시한다.

119 더 알아보기

화재의 종류와 표시 색상

종류	급수	표시색	내용
일반화재	A급 화재	백색	목재, 면화류, 종이 등 보통가연물의 화재(보통화재)
유류화재	B급 화재	황색	인화성 액체 등의 화재
전기화재	C급 화재	청색	통전 중인 전기기기 및 전기설비 등의 화재
금속화재	D급 화재	무색	가연성이 강한 금속류의 화재
가스화재	E급 화재	황색	LNG, LPG 등 가스 누설로 인한 연소·폭발

15 다음 중 내화건축물 화재의 진행 과정을 바르게 나열한 것은?

① 연료지배형 화재 – 대류 – 복사 – 환기지배형 화재
② 연료지배형 화재 – 복사 – 대류 – 환기지배형 화재
③ 환기지배형 화재 – 대류 – 복사 – 연료지배형 화재
④ 환기지배형 화재 – 복사 – 대류 – 연료지배형 화재

해설

① 내화건축물 화재 시 과정별 순서를 보면 자유연소상태에서 연료지배형 화재가 진행되는 동안 생성된 뜨거운 연기의 대류 현상에 의해 천장 부근으로 집적하고, 집적된 연기층은 복사열에 의해 실내 가연물 전체가 화염에 휩싸이는 플래시오버 현상으로 이어지고, 이후 산소의 고갈로 인한 환기지배형 화재로 전환된다.

16 환기량과 연소속도의 관계에 대한 설명으로 옳지 <u>않은</u> 것은?

① 환기지배형 화재는 환기가 잘 되지 않는 훈소연소상태이다.
② 연료지배형 화재는 산소 공급이 충분한 자유연소상태이다.
③ 실내 화재에서 개구부가 크면 연소속도가 증가한다.
④ 환기지배형 화재 시 환기인자는 개구부의 면적과 높이에 각각 비례한다.

해설

④ 환기지배형 화재 시 환기인자는 개구부의 면적에 비례하고 높이의 제곱근에 비례한다.

17 다음 중 밀폐된 구획실에서 화재의 연소 진행 과정으로 옳은 것은?

① 발화기 – 플래시오버 – 성장기 – 최성기 – 감쇠기
② 발화기 – 성장기 – 플래시오버 – 최성기 – 감쇠기
③ 발화기 – 성장기 – 최성기 – 플래시오버 – 감쇠기
④ 플래시오버 – 발화기 – 성장기 – 최성기 – 감쇠기

해설

② 구획실 화재는 "발화기(Ignition) → 성장기(Growth) → 플래시오버(Flashover) → 최성기(Fully developed) → 감쇠기(Decay)"의 단계로 구분할 수 있다.

119 더 알아보기

구획실에서의 화재
구획실(compartment)에서의 화재 진행은 개방 공간에서의 화재 진행보다 훨씬 복잡하다. 논의의 편의상, 구획실은 건물 내의 폐쇄된 방이나 공간으로 정의하고 구획실 화재는 이러한 공간 내에서 발생하는 화재로 정의한다. 구획실 화재의 성장과 진행은 일반적으로 가연물과 산소의 이용 가능성에 의해 통제된다. 연소에 이용할 수 있는 가연물의 양이 한정되어 있을 때의 화재를 "통제된 가연물(fuel controled)"이라 하고 연소에 이용할 수 있는 산소의 양이 한정되어 있을 때의 상태를 "통제된 배연 (ventilation controled)"이라 한다.

18 건축물 화재 중 최성기 상태에 대한 설명으로 옳지 <u>않은</u> 것은?

① 상층으로 완전히 연소되고 부분적으로 농연이 건물 전체에 충만하다.
② 실내 온도는 국부적으로 1,200℃ ~ 1,300℃ 정도가 된다.
③ 건물 전체에 부분적으로 검은 연기가 돌기도 한다.
④ 실내 모든 유리가 불에 타서 녹아 떨어지는 상태가 목격된다.

해설

④ 최성기 상태에서 천장 등이 무너지며 내려앉을 수 있지만, 모든 유리가 타서 녹아 떨어지는 상태는 아니다.

19 화재 지역의 천장 부근에 집적된 고압의 뜨거운 가스가 화재가 발생되지 않은 저압의 다른 부분으로 이동하는 현상은?

① 플래시오버
② 롤오버
③ 백드래프트
④ 보일오버

해설

② 롤오버는 화재지역의 천장 부근에 집적된 고압의 뜨거운 가스가 화재가 발생되지 않은 저압의 다른 부분으로 이동하는 현상으로 화재를 매우 빠르게 확대시키는 원인이 된다.

20 다음 중 임야화재에 대한 설명으로 옳지 않은 것은?

① 수간화(樹幹火)는 나무의 줄기가 타는 것으로 고목이나 고사목에서 발생하고 간벌이나 가지치기 등 숲 가꾸기 작업이 부실한 경우 밀생된 가지나 잎으로부터 수간화가 된다.
② 수관화(樹冠火)는 나무의 지엽이 타는 것으로 연소되기 시작하면 소화하기 어렵고 습도가 50% 이하일 때 소나무, 삼나무, 편백나무 등에서 잘 발생한다.
③ 지표화(地表火)는 산림의 지면을 덮고 있는 낙엽, 가지, 관목 등이 연소하는 것이다.
④ 지중화(地中火)는 땅속에 썩은 나무의 유기질층, 니탄층, 갈탄층, 아탄층 등이 타는 것으로 주로 북아프리카에서 볼 수 있으며 적설 아래에서도 연소는 진행되며 화재 시 진화가 쉽다.

해설

④ 지중화(地中火)는 땅속에 썩은 나무의 유기질층, 니탄층, 갈탄층, 아탄층 등이 타는 것으로 주로 북아프리카에서 볼 수 있으며 적설 아래에서도 연소는 진행되며 화재 진화가 어렵다.

21 다음 중 목재의 연소 과정을 순서대로 바르게 나열한 것은?

① 탄화 종료 → 목재의 가열 → 목재의 분해 → 발화
② 목재의 분해 → 발화 → 탄화 종료 → 목재의 가열
③ 목재의 가열 → 수분 증발 → 발화 → 탄화 종료
④ 수분 증발 → 목재의 분해 → 탄화 종료 → 발화

해설

④ 목재의 연소는 '수분 증발 → 목재의 분해 → 탄화 종료 → 발화' 순으로 이루어진다.

22 다음 제시문의 내용과 관련된 현상은?

> 유류 표면에 포소화약제를 방출했을 때 유류 표면을 이동하면서 뜨거운 탱크 벽면과 부딪치면서 포가 깨져 공기가
> 유입되어 양쪽 벽면에 불이 붙는 현상이다.

① 오일오버 현상   ② 링파이어 현상

③ 프로스오버 현상   ④ 블레비 현상

해설

② 링파이어(윤화) 현상은 탱크의 벽면이 가열된 상태에서 포를 방출하는 경우 가열된 벽면 부분에서 포가 열화되어 안정성이 저하된
    상태에서 증발된 유류가스가 발포되어 있는 유화층을 뚫고 상승되어 유류가스에 불이 붙는 현상이다.

23 목재 · 기둥 및 두꺼운 판자 등이 1,100℃ 내외로 맹렬히 탈 때 그 표면이 귀갑상으로 갈라져 탄화된 연소흔적으로서
대개 그 홈이 깊고 반달 모양으로 높아지는 것은?

① 완소흔(緩燒痕)   ② 열소흔(裂燒痕)

③ 강소흔(强燒痕)   ④ 훈소흔(燻燒痕)

해설

② 열소흔에 대한 설명이다.

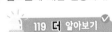

> 1. 목재의 균열흔 종류
>   (1) 완소흔(700 ~ 800℃)
>   목재 표면이 거북이 등 모양으로 나무형태는 3각형, 4각형 형태를 띤다.
>   (2) 강소흔(900℃)
>   목재 표면이 요철 모양으로 갈라지고 홈이 깊고 만두 모양 형태를 띤다.
>   (3) 열소흔(1,100℃)
>   목재 · 기둥 및 두꺼운 판자 등이 1,100℃ 내외로 맹렬히 탈 때 그 표면이 귀갑상으로 갈라져 탄화된 연소 흔적으로서
>   대개 그 홈이 깊고 환형(丸型) 모양 즉, 반달 모양을 띤다.
> 2. 훈소흔
>   목재 표면에 발열체가 밀착되었을 때 그 밀착 부위의 목재 표면에 생기는 연소 흔적이다. 훈소흔은 시간이 경과되면 직경과
>   깊이가 변하면서 탄화된다.

24 다음 제시문의 내용과 관련된 용어는?

> • 건축물의 붕괴 등을 고려하여 설계 시 고려하여야 할 사항이다.
> • 일정구역 내에 있는 예상 최대 가연물의 양이다.
> • 화재실의 단위면적당 등가연물의 중량을 나타낸다.

① 화재강도   ② 화재가혹도
③ 화재하중   ④ 화재저항

해설
① 화재강도는 단위 시간당 축적되는 열의 값을 말한다.
② 화재가혹도는 건물에 손상을 입히는 정도로 '최고온도 × 지속시간'으로 나타낸다.
④ 화재저항은 화재기간 동안 건축물의 주요 구성요소들이 화재에 대항하여 제 기능을 유지할 수 있는 능력을 말한다.

25 구획된 건물의 화재 현상 중 환기인자에 대한 설명으로 옳은 것은?

① 개구부 면적 A의 평방근과 높이에 비례한다.
② 개구부 면적에 비례하고 개구부 높이의 제곱에 반비례한다.
③ 면적(A)과 H 제곱근(= 평방근)에 모두 비례한다.
④ 개구부의 면적(A)이 반비례하고, 높이(H)에 비례한다.

해설
③ 구획된 건물의 화재 현상 중 환기인자는 면적(A)과 H 제곱근에 모두 비례한다.

26 목조건축물의 화재 확대 요인으로 가장 옳지 <u>않은</u> 것은?

① 접염   ② 복사
③ 비화   ④ 대류

해설
①·②·③ 목조건축물의 화재 확대 요인에는 접염, 복사, 비화가 있다.

27 배연과 반대로 개구부를 닫아 산소를 감소시킴으로써 연소속도를 줄이고 공간 내 열의 축적 현상도 늦추게 하여 플래시오버를 지연시키는 방법은?

① 배연지연법
② 공기차단지연법
③ 냉각지연법
④ 제거소화지연법

해설
② 구획실의 기밀성을 강화하고 공기 공급을 제한하여 산소를 감소시킴으로써 연소속도를 줄이고 공간 내 열의 축적 현상도 늦추게 하여 플래시오버를 지연시키는 방법은 공기차단지연법이다.

28 목재건축물의 연소속도에 대한 설명으로 가장 옳지 않은 것은?

① 수분이 적을수록 연소속도가 빠르다.
② 표면이 거칠수록 연소속도가 느리다.
③ 목재의 형상이 둥근 것이 사각형보다 연소속도가 느리다.
④ 목재의 두께가 얇을수록 연소속도가 빠르다.

해설
② 표면이 매끈한 것보다 거칠수록 연소속도가 빠르다.

29 복도와 같은 통로공간에서 벽, 바닥 표면의 가연물에 화염이 급속히 확산되는 현상은?

① 슬롭오버 현상
② 오일오버 현상
③ 플레임오버 현상
④ 블레비 현상

해설
③ 플레임오버는 벽, 바닥, 천장의 가연물이 화재로 인해 가열되면 가연성 가스를 만들고 이때 빠른 속도로 화재가 확산된다. 슬롭오버와 오일오버 현상은 유류화재 현상이고, 블레비 현상은 가스화재 현상이다.

30 내화구조건축물 화재와 목조건축물 화재에 관한 설명으로 옳은 것은?

① 목조건축물 화재는 내화구조건축물 화재에 비하여 온도가 낮다.

② 내화구조건축물 화재에 비하여 목조건축물 화재는 장기형이다.

③ 목조건축물 화재는 내화구조건축물 화재에 비하여 화재가 늦게 진행된다.

④ 내화구조건축물 화재는 목조건축물 화재에 비하여 저온장기형이다.

해설

④ 내화구조건축물 화재는 고온장기형이다. 그러나 목조건축물 화재와 비교했을 때에는 상대적으로 저온장기형이다.

① 목조건축물 화재는 내화구조건축물에 비하여 온도가 높다.

② 내화구조건축물 화재에 비해 목조건축물 화재는 단기형이다.

③ 목조건축물 화재는 내화구조건축물 화재에 비하여 화재가 빠르게 진행된다.

31 화재의 성상에 대한 설명으로 바르지 <u>않은</u> 것은?

① 프로스오버(Frothover)란 유류저장탱크 내부의 물이 점성을 가진 뜨거운 기름의 표면 아래서 끓을 때 화재를 수반하지 않고 기름이 넘쳐흐르는 현상을 말한다.

② 보일오버(Boilover)란 유류저장탱크의 화재 중 열류층이 점차 탱크 바닥으로 도달했을 때 탱크 저부의 물이 급격히 탱크 외부로의 유류 분출을 발생시키면서 화재를 확대시키는 현상을 말한다.

③ 슬롭오버(Slopover)란 화재 초기단계에서 발생된 뜨거운 가연성 가스가 천장 부근에 축적되어 실내 공기압력의 차이로 천장을 구르면서 화재가 발생되지 않는 곳으로 굴러가는 현상을 말한다.

④ 플래시오버(Flashover)란 실내의 가연물이 연소됨에 따라 생성되는 가연성 가스가 실내에 누적되어 폭발적으로 연소하여 실내 전체가 순간적으로 불길에 싸이는 현상을 말한다.

해설

③ 롤오버(Rollover)에 대한 설명이다. 슬롭오버(Slopover)란 중유와 중질유 탱크에 화재가 발생하면 액표면 온도가 물의 비점 이상으로 올라가게 되는데 이때 소화하기 위한 물이나 포가 주입되면 수증기로 변하면서 급격한 부피 팽창으로 기름이 탱크 외부로 분출하는 현상을 말한다.

32 다음 중 실내 화재에서 발생하는 현상으로 옳지 <u>않은</u> 것은?

① 플래시오버   ② 백드래프트

③ 프로스오버   ④ 롤오버

해설

③ 프로스오버는 건축물의 실내 화재가 아닌 유류저장탱크 화재에 해당한다.

33 시간과 온도 변화에 따른 연소 이상현상으로 다음 그림을 보고 ㉠~㉤에 들어갈 단어가 바르게 연결된 것은?

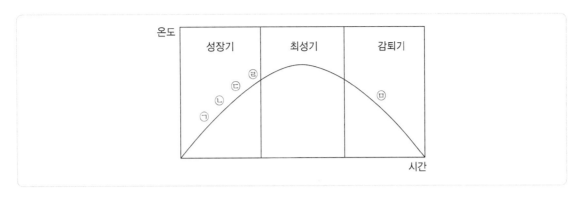

	㉠	㉡	㉢	㉣	㉤
①	롤오버 (Rollover)	백드래프트 (Backdraft)	플래시오버 (Flashover)	플레임오버 (Flameover)	플래시오버 (Flashover)
②	플레임오버 (Flameover)	백드래프트 (Backdraft)	롤오버 (Rollover)	플래시오버 (Flashover)	백드래프트 (Backdraft)
③	롤오버 (Rollover)	백드래프트 (Backdraft)	플레임오버 (Flameover)	백드래프트 (Backdraft)	플래시오버 (Flashover)
④	플레임오버 (Flameover)	백드래프트 (Backdraft)	롤오버 (Rollover)	플래시오버 (Flashover)	플레임오버 (Flameover)

해설

② 시간과 온도 변화에 따른 화재 현상은 ㉠ 플레임오버(Flameover), ㉡ 백드래프트(Backdraft), ㉢ 롤오버(Rollover), ㉣ 플래시오버 (Flashover), ㉤ 백드래프트(Backdraft) 순으로 나타난다.

34 다음 중 화재의 원인과 소화방법 등으로 옳지 않은 것은?

① 정전기 방지 대책으로 습도는 70% 이상으로 한다.
② 금속화재는 마른 모래를 사용하고, 알킬알루미늄 화재 시는 팽창진주암을 사용한다.
③ 석유류의 유속이 높을 경우 정전기가 발생되기 쉽다.
④ 전기화재 원인으로 과전류에 의한 발화 현상이 가장 큰 비중을 차지한다.

해설

④ 전기화재 원인으로 합선에 의한 발화 현상이 통계에서 가장 큰 비중(70%)을 차지한다.

35 다음의 설명 중 옳은 것은?

① 보일오버는 탱크의 벽면이 가열된 상태에서 포를 방출하는 경우 가열된 벽면 부분에서 포가 열화되어 안정성이 저하된 상태에서 증발된 유류가스가 발포되어 있는 거품층을 뚫고 상승하여 유류가스에서 불이 붙는 현상이다.

② 슬롭오버는 서로 다른 원유가 섞여 있거나 중질유 탱크에서 오랜 시간 동안 연소와 함께 탱크 내 잔존 기름이 바닥에 있는 물의 비등으로 탱크 밖으로 분출하는 현상이다.

③ 프로스오버는 유류액 표면 온도가 물의 비점 이상으로 상승하고 소화용수 등이 뜨거운 액표면에 유입되면 물이 수증기화되면서 갑작스러운 부피 팽창에 의해 유류가 탱크 외부로 분출되는 현상이다.

④ 원유를 분별증류하면 비점이 낮은 휘발유 성분이 먼저 분리되고 하부 쪽으로 갈수록 끓는점이 높은 등유, 경유, 중유 순으로 분리된다.

해설

④ 원유를 감압분별증류하면 비점(끓는점)이 낮은 휘발유 성분이 먼저 분리되고 하부 쪽으로 갈수록 끓는점이 높은 등유, 경유, 중유, 아스팔트 순으로 분리된다.

① 보일오버는 서로 다른 원유가 섞여 있거나 중질유 탱크에서 오랜 시간 동안 연소와 함께 탱크 내 잔존 기름이 바닥에 있는 물의 비등으로 탱크 밖으로 분출하는 현상이다. 참고로 링파이어는 탱크의 벽면이 가열된 상태에서 포를 방출하는 경우 가열된 벽면 부분에서 포가 열화되어 안정성이 저하된 상태에서 증발된 유류가스가 발포되어 있는 거품층을 뚫고 상승하여 유류가스에서 불이 붙는 현상이다.

② 슬롭오버는 유류 액표면 온도가 물의 비점 이상으로 상승하고 소화용수 등이 뜨거운 액표면에 유입되면 물이 수증기화되면서 갑작스러운 부피 팽창에 의해 유류가 탱크 외부로 분출되는 현상이다.

③ 프로스오버는 유류 저장탱크 내부의 물이 점성을 가진 뜨거운 기름의 표면 아래서 끓을 때 화재를 수반하지 않고 기름이 넘쳐흐르는 현상을 말한다.

36 화재의 발생으로 건물 내 수용 재산 및 건물 자체에 손상을 입히는 정도를 말하는 것은?

① 화재가혹도   ② 화재하중
③ 화재강도   ④ 훈소화재

해설

① 화재가혹도는 화재심도라고도 하며 화재의 발생으로 건물 내 수용 재산 및 건물 자체에 손상을 입히는 정도를 말한다.

37 다음 제시문의 내용과 관련 있는 현상은?

> 기름이 넘쳐흐르는 단순한 물리적 작용으로 대부분 뜨겁고 점성이 큰 아스팔트를 물이 들어 있는 탱크에 넣을 때 발생하는 것으로 화재를 수반하지 않고 물과 기름이 섞여 넘치는 현상이다.

① 보일오버(Boilover) ② 슬롭오버(Slopover)
③ 프로스오버(Frothover) ④ 오일오버(Oilover)

해설
③ 제시문은 프로스오버(Frothover)에 관한 설명이다.

38 다음 중 플래시오버에 대한 설명 중 가장 옳지 않은 것은?

① 건축물의 개구부가 작을수록 온도가 높고 화력이 강하다.
② 플래시오버는 화염이 실내 전체에 확대되는 현상이다.
③ 성장기에서 최성기로 넘어가는 과정에서 발생하는 현상이다.
④ 플래시오버는 벽재료보다 천장재가 발생시각에 큰 영향을 미친다.

해설
① 건축물의 개구부가 클수록 온도가 높고 화력이 강하다.

39 화재 시 열로 인하여 저장탱크 내의 액화가스가 급격히 팽창 비등함과 동시에 내부압력이 증가되어 탱크 벽면이 파열됨으로 인해 내부의 액화가스가 분출되어 착화되었을 때 폭발하는 현상은?

① 증기운 폭발(UVCE) ② 파이어볼(Fireball)
③ 블레비(BLEVE) 현상 ④ 롤오버(Rollover)

해설
③ 블레비(BLEVE) 현상은 화재 시 열로 인하여 저장탱크 내의 액화가스가 급격히 팽창 비등함과 동시에 내부 압력의 증가로 탱크 벽면이 파열되어 내부의 액화가스가 분출·착화되었을 때 폭발하는 현상을 말한다.

40 화재에 대한 옳은 설명을 모두 고른 것은?

> ㄱ. 낮은 산소분압에서 화재가 발생하였을 때 초기에 화염 없이 일어나는 연소를 훈소연소라 한다.
> ㄴ. 목조건축물 화재는 유류나 가스 화재와는 달리 일반적으로 무염착화 없이 발염착화로 이어진다.
> ㄷ. A급 화재는 일반화재로 면화류, 합성수지 등의 가연물에 의한 화재를 말한다.
> ㄹ. 전소란 건물의 70% 이상이 소실된 화재를 말한다.

① ㄱ, ㄴ   ② ㄷ, ㄹ

③ ㄱ, ㄴ, ㄷ   ④ ㄱ, ㄷ, ㄹ

해설

옳은 것은 ㄱ, ㄷ, ㄹ이다

ㄴ. 목조건축물 화재는 유류나 가스화재와는 달리 일반적으로 무염착화를 일으키고 발염착화로 이어진다.

119 더 알아보기

목조건축물화재의 진행과정은 화원 → 무염착화 → 발염착화 → 발화(출화) → 최성기 → 연소낙하 → 종료 순으로 이어진다.

41 바닥 면적이 200m²인 구획된 창고에 의류 1,000kg, 고무 2,000kg이 적재되어 있을 때 화재하중은 약 몇 kg/m²인가?(단, 의류, 고무, 목재의 단위 발열량은 각각 5,000kcal/kg, 9,000kcal/kg, 4,500kcal/kg이고, 창고 내 의류 및 고무 외의 기타 가연물은 존재하지 않으며, 화재 시 완전연소로 가정한다)

① 15.56   ② 20.56

③ 25.56   ④ 30.56

해설

$$화재하중 = \frac{\sum(G_t \times H_t)}{H \times A}$$

G_t : 가연물의 중량(kg), H_t : 가연물의 단위발열량(kcal/kg), H : 목재의 단위발열량(4,500kcal/kg), A : 바닥면적(m²)

(풀이) 1,000 x 5,000 + 2,000 x 9,000 / 4,500 x 200 = 25.56kg/m²

42 화재가혹도에 관한 설명으로 옳지 <u>않은</u> 것은?

① 화재가혹도란 화재발생으로 당해 건물과 내부 수용재산 등을 파괴하거나 손상을 입히는 정도를 말한다.

② 최고온도는 화재가혹도의 질적 개념으로 화재강도와 관련이 있다.

③ 지속시간은 화재가혹도의 양적 개념으로 화재하중과 관련이 있다.

④ 화재가혹도에 영향을 미치는 환기요소는 개구부 면적의 제곱근에 비례하고 개구부 높이에 비례한다.

해설

화재가혹도에 영향을 미치는 환기요소는 개구부 면적에 비례하고 개구부 높이의 제곱근에 비례한다.

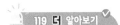

1. 화재가혹도(Fire Severity, 화재심도)
   (1) 화재 시 최고온도와 지속시간은 화재의 규모를 판단하는 중요한 요소가 된다.
   (2) 화재가혹도는 최고온도 × 지속시간으로 나타낸다.
   (3) 화재로 인한 피해의 정도를 판단할 수 있는 척도가 된다. 즉, 화재발생으로 건물 내 수용재산 및 건물 자체에 손상을 입히는 정도를 나타내는 기준이 된다.
   (4) 화재가혹도의 주요소는 가연물의 연소열, 비표면적, 공기의 공급조절, 화재실의 구조 등이다.
   (5) 화재가혹도와 관련 인자 : ① 화재하중, ② 개구부의 크기($A\sqrt{H}$ 에 비례한다), ③ 가연물의 배열상태
      ㉠ 환기인자 = 개구부의 면적(A)과 높이(H)의 제곱근(= 평방근)을 말한다. 즉, $A\sqrt{H}$ 이다.
      ㉡ 실내 환기량은 개구부의 면적(A)과 높이(H)의 제곱근 즉, $A\sqrt{H}$ 에 비례한다.
      ㉢ 실내 온도인자는 환기인자($A\sqrt{H}$, 개구부 면적과 높이 제곱근)에 모두 비례한다.
      ㉣ 실내 화재지속시간은 환기인자($A\sqrt{H}$)에 반비례한다.

2. 화재가혹도의 구성요소
   화재강도는 주수율을 좌우하는 요소가 되고, 화재하중은 주수시간을 좌우하는 요소가 된다.

화재가혹도	최고온도↑	×	지속시간↑
‖	화재강도↑(열축적률↑)		화재하중↑(가연물량↑)
화재의 복합개념	화재의 질적개념		화재의 양적개념
주요소	① 가연물의 연소열 ② 가연물의 비표면적 ③ 공기의 공급조절 ④ 화재실의 벽, 천장, 바닥 등의 단열성		화재실 내에 존재하는 가연물의 양
소화수 주수와의 상관성	주수율(ℓ /m²·min)을 결정		주수시간(min)을 결정

PART

07

소화이론 · 소화약제이론

문승철 소방학개론

CHAPTER 01 소화이론

1 소화의 기초

1. 소화의 정의

① 화재를 발화온도 이하로 감소시키거나 산소의 공급을 차단시켜서 산소 농도를 희석시키는 것 또는 가연물질을 화재 현장으로부터 제거하거나 연소의 연쇄반응을 차단·억제시키는 것을 말한다.

② 연소의 4요소 중 1개 요소 또는 전부를 제거하는 것이다.

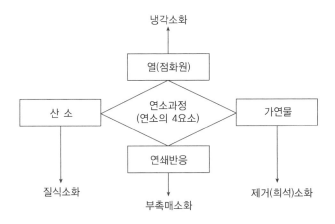

2. 연소의 4요소와 소화원리 비교

제거 요소	가연물	산소	에너지	연쇄반응
소화 원리	제거소화	질식소화	냉각소화	억제소화

3. 소화의 원리

소화의 4대 원리	물리적 소화 (소화의 3대 원리)	질식소화
		냉각소화
		제거소화
	화학적 소화	부촉매소화(= 억제소화)

2 소화의 방법

1. 냉각소화

(1) 의의

① 연소의 4요소 중 에너지(열, 점화)를 제거, 발화점 이하로 내려가게 하여 소화하는 방법을 말한다.

② 화재 진압 시 방수활동은 연소과정에서 물의 흡열반응을 이용하여 열을 제거하는 것이다(냉각소화).

③ 물은 비열, 증발잠열의 값이 다른 물질에 비해 커서 주로 냉각소화에 사용되며, 가연물을 물로 냉각시켜 소화하는 경우 1g의 물이 증발하는 데는 539cal의 열을 흡수하는 효과가 있다.

(2) 가연물질의 냉각 방법

① 점화원의 열을 점화원 유지 상태 이하로 가연물질을 냉각하기 위한 것이다.

② 가연성 분해물질의 생성을 억제하기 위한 것이다.

③ 연소반응의 속도를 지연시키기 위한 것이다.

④ 냉각소화가 가능한 소화약제로는 물, 강화액, CO_2, 할론, 포소화약제 등이 있다.

2. 질식소화 ★★

(1) 의의

① 산소의 희석에 의한 소화로서 <u>가연물이 연소하는 데 필요한 산소 공급을 차단하여 소화하는 방법</u>이다.

② <u>공기 중의 산소 농도 21%를 15% 이하로 낮추면</u> 연소 중인 가연물은 산소의 양이 부족하여 연소가 중단된다.

(2) 연소하는 가연물질의 형태 및 성상에 따라 소화 시 요구되는 공기 중의 산소 용량(V%)

① 대부분의 액체 가연물(가솔린, 등유 등) 연소에는 공기 중의 산소 농도가 15% 이하, 고체 가연물 연소에는 6% 이하, 기체 가연물(아세틸렌) 연소에는 4% 이하가 되면 소화가 가능하다.

② 탄화수소의 기체는 산소 15% 이하에서는 연소하기 어렵다.

(3) 질식소화 방법

① **불연성 기체로 덮는 방법**

공기보다 무거운 불연성 기체를 연소물 위에 덮어 불연성 기체와 산소가 희석 또는 차단되게 하여 소화하는 방법을 말한다. 질식소화에 사용되는 불연성 기체는 이산화탄소(CO_2), 질소(N_2), 할론 등이 있다.

② **불연성의 폼(Foam)으로 연소물을 덮는 방법**

연소물을 공기, 이산화탄소, 질소 등으로 발포시킨 폼(Foam)으로 덮어 소화하는 방법을 말한다. 유지류 등의 소화에 가장 많이 사용되고 있는 폼으로는 화학포, 공기포가 있다.

③ **고체로 연소물을 덮는 방법**

프라이팬 화재 시 연소물을 수건이나 담요 등 고체 물질로 덮어 소화하는 방법을 말한다. 불연성 가스 또는 물속에서 연소가 계속될 때(금속화재) 건조사로 덮어 소화하는 경우도 이에 해당한다.

④ **연소실을 완전하게 밀폐하여 소화하는 방법**

창고나 선박의 선실 등을 밀폐하여 산소의 공급을 차단시킴으로써 소화하는 방법을 말한다.

⑤ **기타 팽창질석으로 질식소화하는 방법**

팽창질석(vermiculite), 팽창진주암(perlite)을 고온 처리하여 경석상태로 만든 분말을 사용하여 질식 소화하는 방법도 있다. 이것은 비중이 작고 모세관 현상과 같은 가는 틈이 있으며 흡착성이 크기 때문에 알킬알루미늄이나 용융 나트륨 등에 사용하여 흡착·유출을 방지하고 표면을 피복하는 질식효과가 크다.

3. 제거소화

(1) 의의

① 가연물질을 다른 위치로 이동시킴으로써 연소를 방지하거나 제거하여 연소를 중단시키는 소화방법이다.

② 가연물이나 화원을 차단(격리, 파괴, 소멸, 감량)·제거시키는 소화방법이다.

③ 가장 원시적인 방법이다.

기출 플러스

다음에서 설명하는 소화원리로 옳은 것은? [17 상반기 기출]

> 공기 중 산소량을 감소시켜 산소 공급을 차단하거나 산소의 농도를 15% 이하로 낮추어 소화를 시키는 원리를 말한다.

① 질식소화
② 부촉매소화
③ 제거소화
④ 유화소화

해설

연소의 3요소 중 산소공급원을 차단하거나 산소농도를 15% 이하로 낮추는 소화 방법을 ① '질식소화'라 한다. 질식소화 방법으로 식용유 화재 시 뚜껑을 덮어 소화하는 방법, 수건, 담요, 이불 등의 고체를 덮어 소화하는 방법, 포(Foam), 이산화탄소(CO_2)·분말·할로겐 소화설비를 이용하여 질식시키는 방법, 마른 모래, 팽창질석, 팽창진주암 등 건조사에 의한 방법 등이 있다.

정답 ①

기출 플러스

소화 방법에 대해 옳은 설명만을 모두 고른 것은? [21 기출]

ㄱ. 질식소화는 일반적으로 공기 중 산소 농도를 낮추어 소화하는 방법을 말한다.
ㄴ. 냉각소화가 가능한 약제로는 물, 강화액, CO_2, 할론 등이 있다.
ㄷ. 피복소화는 비중이 물보다 큰 비수용성 유류화재 시 무상주수하여 소화하는 방법을 말한다.
ㄹ. 부촉매소화는 가스화재 시 가스공급을 차단하여 소화하는 방법을 말한다.

① ㄱ, ㄴ
② ㄱ, ㄴ, ㄷ
③ ㄴ, ㄷ, ㄹ
④ ㄱ, ㄴ, ㄷ, ㄹ

해설

〈보기〉 지문에서 ㄱ, ㄴ은 옳은 내용이다. ㄷ, ㄹ은 틀린 내용에 해당된다.

오답정리

ㄷ. 비중이 물보다 큰 비수용성 유류화재 시 무상주수하여 소화하는 방법을 말한다. → 피복소화가 아니라 유화소화이다.
ㄹ. 가스화재 시 가스공급을 차단하여 소화하는 방법을 말한다. → 부촉매소화가 아니라 제거소화이다.

정답 ①

(2) 제거소화의 방법

① 고체 파라핀(양초)의 화염을 입김으로 불어 날려 보내 끈다.
② 유전 화재 시 질소폭탄을 투하해서 순간적으로 폭풍을 일으켜 유전 표면의 증기를 날려 보낸다.
③ 전기화재 시 전원을 차단한다.
④ 가스화재 시 밸브를 차단시켜 가스 공급을 중단시킨다.
⑤ 산불화재 시 진행 방향의 나무를 잘라 제거한다.
⑥ 유류탱크화재 시 탱크 밑으로 기름을 빼낸다.
⑦ 화재 시 창고 등에서 물건을 빼내어 신속히 옮긴다.

4. 부촉매소화(= 억제소화, 화학적 소화)

(1) 의의

① 가연물이 열분해 과정에서 활성화된 수소기(H^+)와 수산기(OH^-)인 **자유기(유리기, 활성기, 자유라디칼)**를 생성시키는데 이 자유기와 공기 중의 산소분자와의 지속적인 결합을 연쇄반응이라 한다.
② **연소의 연쇄반응을 차단·억제하여 소화하는 방법**이며, 할론소화약제를 통한 소화 방법이 대표적이다.
③ 일반적인 연쇄반응을 억제·차단시키는 화학소화제는 동시에 냉각에 의한 소화 및 산소의 희석에 의한 소화(= 질식소화) 등의 작용을 한다.

(2) 부촉매소화의 원리

① 부촉매소화법은 가연물질 내에 함유되어 있는 수소·산소로부터 활성화되어 생성되는 **수소기(H^+)·수산기(OH^-)**를 화학적으로 제조된 부촉매제(분말, 할론가스 등)와 반응하게 하여 연소생성물인 이산화탄소·일산화탄소·수증기 등의 생성을 억제시킴으로써 소화하는 원리로 화학적 소화방법에 해당한다.
② **불꽃연소**는 연쇄반응이 일어나기 때문에 부촉매소화효과가 있고 표면연소에는 연쇄반응이 일어나지 않기 때문에 부촉매소화효과가 없다.
③ 부촉매소화 작용을 하는 약제로는 **할론소화약제, 분말소화약제, 강화액소화약제, 할로겐화합물 및 불활성기체소화약제**가 있다.

5. 유화소화(Emulsion Effect, 유화효과)

(1) 의의

① 중유화재 시 안개 모양의 무상으로 주수하거나 유류화재 시 포소화약제를 방사하는 경우 유류 표면에 유화층(= 에멀션층)이 형성되어 공기의 공급을 차단시키는 소화방법이다.

② 유류 표면에 형성된 얇은 막을 수막(water film)이라 하며, 이 수막은 물과 유류의 중간 성질을 갖는다.

(2) 유화소화효과가 있는 소화약제 및 적응화재

물소화약제(무상)	중유화재
포소화약제	모든 유류화재
강화액소화약제(무상)	모든 유류화재
내알콜포소화약제	수용성 가연물질(알코올류, 에테르류, 케톤류 등)

6. 희석소화

수용성 가연성 액체(알코올류, 에테르류, 케톤류, 알데히드류 등) 화재 시에 다량의 물을 방사함으로써 연소농도 이하로 농도를 묽게 하여 소화시키는 방법이다. 연소하고 있는 가연성 가스의 농도를 낮추기 위해 불연성 가스를 주입하는 것도 희석소화의 예이다.

7. 피복소화

이산화탄소소화약제의 소화작용이다. 비중이 공기보다 약 1.52배 무거워 연소물질을 덮음으로써 산소의 공급을 차단시키는 소화방법이다.

8. 방진소화

제3종 분말소화약제에서 볼 수 있는 소화작용이다. 메타인산(HPO_3)이 숯불모양으로 연소하는 가연물질(숯, 코크스 등)을 덮어 소화하는 방법이다.

기출 플러스

가연물의 화학적 연쇄반응 속도를 줄여 소화하는 방법으로 옳은 것은?
[20 기출]

① 다량의 물을 주수하여 소화한다.
② 할론소화약제를 사용하여 소화한다.
③ 연소물이나 화원을 제거하여 소화한다.
④ 에멀션(emulsion) 효과를 이용하여 소화한다.

해설

가연물의 화학적 연쇄반응의 속도를 줄여 소화하는 방법은 부촉매에 의한 소화원리로 할론소화약제가 효과적이다. ①은 냉각소화, ③은 제거소화 ④는 유화소화에 해당된다.

정답 ②

기출 플러스

중질유화재 시 무상주수를 함으로써 기대할 수 있는 소화효과로 올바르게 묶인 것은?
[22 기출]

① 질식소화, 부촉매소화
② 질식소화, 유화소화
③ 유화소화, 타격소화
④ 피복소화, 타격소화

해설

중유화재 시 무상주수로 기대할 수 있는 소화는 질식소화, 유화소화이다.

정답 ②

제3종 분말소화약제가 열분해 될 때 생성되는 물질로써 방진작용을 하는 물질은? [22 소방간부 기출]

① N_2(질소)

② H_2O(수증기)

③ K_2CO_3(탄산칼륨)

④ HPO_3(메타인산)

⑤ Na_2CO_3(탄산나트륨)

해설

방진작용을 하는 물질은 메타인산(HPO_3)이다.

정답 ④

9. 탈수소화

① 제3종 분말소화약제의 주성분인 제1인산암모늄($NH_4H_2PO_4$)에 의한 소화작용이다.

② 가연물질로부터 수분을 빼앗아 계속적인 연소반응이 일어나지 않게 하는 소화방법이다.

119 더 알아보기

한계산소지수(LOI, Limited Oxygen Index)

1. 정의

   시료가 발화되어 열원을 제거하였을 때 3분간 꺼지지 않고 연소하는 데 필요한 공기 중의 최소 산소부피(%) 함량을 말한다. <u>재료가 연소를 지속하는데 필요한 최저한의 산소 체적분율(%)</u>을 말한다.

2. 의미

   ① 어떤 물질을 연소시킬 때 산소 소모량이 적다는 의미는 해당 물질이 가연성이 높은 재료임을 말하는 것이고, 산소 소모량이 많다고 하는 것은 해당 그물질이 난연성이라는 것을 의미한다. 이를 바탕으로 섬유류와 같은 고분자 물질에 방염처리를 함으로써 연소할 때 산소를 많이 필요로 하는 제품을 생산하여 적용하기 위함이다. 따라서 한계산소지수를 알려고 하는 이유는 고분자 물질에 산소 소모량 또는 최소 산소 함량을 알아봄으로써 방염 및 난연 기술을 적용하는 것이다.

   ② 연소성(난연성)을 측정하는 척도이며 예를 들어 면류의 LOI가 17%라는 말은 공기 중의 산소농도가 17% 이하로 줄어들면 열원을 제거한 후 연소가 지속할 수 없다

3. 최소산소농도(MOC)과의 차이

   LOI(Limited Oxygen Index)라고 부르는 한계산소지수와 비슷한 의미로 사용하는 것이 있다. 최소산소농도를 의미하는 MOC(Minimum Oxygen Concentration)이다. 사실 LOI와 MOC의 의미는 거의 같은 개념이라고 볼 수 있다. 다만, 최소산소농도 MOC는 가연성 기체가 연소를 지속할 수 있는 최소한의 산소농도를 말하는 것이고, 한계산소지수 LOI는 섬유류나 플라스틱과 같은 고분자 물질이 연소를 지속할 수 있는 산소농도를 말하는 것이다. 즉, 측정하고자 하는 대상이 기체나 고체냐로 구분되어 적용한다.

4. LOI 산출공식

$$LOI = \frac{O_2}{N_2 + O_2} \times 100$$

산소 밸런스(Oxygen Balance)

어떤물질 100g으로 완전연소생성물을 만드는 데 필요한 산소의 양을 gram(g)으로 표시한 것이다. <u>0으로 가까울수록 폭발위험성이 크다.</u>

소화약제이론

1 소화약제의 기초

1. 개요

(1) 개념

소화약제(extinguishing agent)는 화재가 발생했을 때 소화대상물의 연소를 효율적으로 저지시키는 것이다.

(2) 소화약제의 조건

① 연소의 4요소 중 한 가지 이상을 제거할 수 있을 것

② 저장 시 안정성이 있고 가격이 쌀 것

③ 인체에 독성이 없어야 하며 방사 시 환경오염이 적을 것

✿ 일반적으로 소화약제는 비중이 작을수록 소화효과가 크다.

2. 소화약제의 분류 ★★

수계	강화액소화약제, 산·알칼리소화약제, 물소화약제, 포소화약제
가스계	이산화탄소소화약제, 할론소화약제, 분말소화약제, 할로겐화합물 및 불활성기체소화약제

3. 각종 소화약제의 특성 비교

종류 특성	수계 소화약제		가스계 소화약제		
	물	포	이산화탄소	할론	분말
주된 소화효과	냉각	질식, 냉각	질식	부촉매	부촉매, 질식
소화속도	느림	느림	빠름	빠름	빠름
냉각효과	큼	큼	적음	적음	극히 적음
재발화 위험성	적음	적음	있음	있음	있음
대응하는 화재 규모	중형~대형	중형~대형	소형~중형	소형~중형	소형~중형
사용 후의 오염	큼	매우 큼	없음	극히 적음	적음
적응 화재	A급	A, B급	B, C급	(A), B, C급	(A), B, C급

2 수계 소화약제

1. 물소화약제 ★★

(1) 개요

① 물은 오래 전부터 널리 사용되어 오고 있는 소화약제로 대부분의 화재는 물로써 소화가 가능하다. 최근에는 각종 소화약제 및 소화설비들이 개발되어 화재를 효과적으로 진압하고 있으나 아직까지도 물은 중요한 소화약제로 사용되고 있다.

② 물이 소화약제로 널리 사용되고 있는 가장 큰 이유는 구하기가 쉽고, 비열과 증발 잠열이 커서 냉각효과가 우수하며, 펌프, 파이프, 호스 등을 사용하여 쉽게 운송할 수 있기 때문이다. 그러나 사용 후 2차 피해인 수손이 발생하고 추운 곳에서는 사용할 수 없다는 단점도 있다.

③ 특별한 경우를 제외하고는 주로 일반화재(A급 화재)에만 사용된다.

(2) 물의 물리·화학적 성질

① 물(H_2O)은 수소 2원자, 산소 1원자로 구성되어 있으며, 화학적 결합은 <u>극성 공유결합</u>이다.

② 물 분자들 간의 결합은 <u>수소결합</u>에 의해 이루어진다.

③ 물의 어는점은 0℃, 비점(끓는점)은 100℃이다. 이들 값은 압력에 따라 변한다. 높은 산에 올라가면 산 아래보다 기압이 낮은데, 기압이 낮은 곳에서는 물이 100℃보다 낮은 온도에서 끓게 된다.

④ 물도 압력을 받으면 조금 압축되지만 기체에 비하면 압축되는 정도가 매우 적기 때문에 <u>비압축성 유체로 분류</u>한다. 온도에 따라 차이가 있지만 압력이 증가하면 부피가 조금씩 감소한다.

⑤ <u>무상의 물 입자는 전기전도성이 없다.</u>

⑥ 입자의 크기에 따라 열흡수의 냉각효과 및 증발되는 증기화 속도가 다르다.

⑦ 수면의 기압이 낮을수록 비점이 낮아지고 기압이 높을수록 비점이 높아진다.

⑧ 물은 가열 또는 냉각 시 부피가 증가하고 <u>4℃에서 밀도가 가장 높고 무거우며</u> 예외적으로 온도가 높거나 낮을 때 팽창한다. 물은 4℃ 이하로 냉각되면서 밀도가 작아지며 팽창한다. 즉, 차가운 얼음은 밀도가 작고 부피가 커지며 물 위에 뜨게 된다.

⑨ 물은 증기로 변할 때 체적은 <u>1,700배 정도 팽창</u>한다.

⑩ 헬륨, 수소 등을 제외하고 <u>물이 비열이 가장 크다</u>(물의 비열은 10I다).

⑪ 얼음의 융해잠열은 <u>80cal/g</u>이고 물의 <u>기화잠열은 539cal/g</u>이다.

⑫ <u>물의 표면장력은 매우 크다.</u> 표면장력이란 액체의 표면이 스스로 수축하여 가능한 한 작은 면적을 취하려는 힘으로 물이 점성을 가지고 표면에서 끌어당기는 물방울을 유지시키는 힘이다.

119 더 알아보기

물질의 용융열과 증발잠열

물질명	용융열 (cal/g)	증발잠열 (cal/g)	물질명	용융열 (cal/g)	증발잠열 (cal/g)
물	79.7	539.6	에틸알코올	24.9	204.0
아세톤	23.4	124.5	납	5.4	222.6
벤젠	30.1	94.3	파라핀왁스	35.0	−
사염화탄소	4.1	46.3	LPG	−	98.0

물질의 비열

물질명	비열(cal/g·℃)	물질명	비열(cal/g·℃)
물(얼음, 0℃)	1.000(0.487)	구리	0.019
아세톤	0.528	유리	0.161
공기	0.240	철	0.113
알루미늄	0.217	수은	0.033
부탄	0.549	나무	0.420

물소화약제에 대한 설명으로 옳은 것은? [21 기출]

① 질식소화 작용은 기대하기 어렵다.
② 분무상으로 방사 시 B급 화재 및 C급 화재에도 적응성이 있다.
③ 물은 비열과 기화열 값이 작아 냉각소화 효과가 우수하다.
④ 수용성 가연물질인 알코올, 에테르, 에스테르 등으로 인한 화재에는 적응성이 없다.

해설

물을 분무상으로 방사 시 B급 화재 (유류화재) 및 C급 화재(전기화재)에도 적응성이 있다.

오답정리

① 질식소화 작용은 기대하기 어렵다. (×)
→ 물이 수증기로 변할 때 부피 팽창이 1,700배 이상 증가하여 외부에서 유입되는 산소를 차단하는 질식소화 효과가 있다.

③ 물은 비열과 기화열 값이 작아 냉각소화 효과가 우수하다. (×)
→ 물은 비열과 기화열 값이 매우 커 냉각소화 효과가 우수하다.

④ 수용성 가연물질인 알코올, 에테르, 에스테르 등으로 인한 화재에는 적응성이 없다. (×)
→ 수용성 가연물질인 알코올, 에테르, 에스테르 등으로 인한 화재에는 다량의 물을 주입하여 수용성 가연물질의 농도를 낮추어 소화하는 희석소화효과가 있다.

정답 ②

(3) 물소화약제의 특징

① 적응화재

㉠ 일반화재(= A급 화재)

㉡ 무상주수 시 B급·C급 화재에 사용 가능하다.

② 소화효과

㉠ 냉각효과(Cooling effect) : 물의 비열은 헬륨의 $1.25cal/g \cdot ℃$, 수소의 $3.41cal/g \cdot ℃$를 제외하고는 천연물질 중에서 가장 크고 기화열($539cal/g$)도 모든 액체 중에서 가장 크다. 따라서 물의 소화효과 중 가장 대표적인 것은 냉각효과이다.

㉡ 질식효과(Smothering effect) : 100℃의 물이 100℃의 수증기로 변하면 체적이 약 1,700배 정도 늘어나 화재 현장의 공기를 대체하거나 희석시켜 질식효과가 나타난다. 만약 발생된 수증기가 연소 영역을 제한한다면 질식효과는 한층 더 빨라질 것이다. 가장 효과적인 질식소화를 위해서는 물에 약간의 포소화약제를 첨가하는 것이 바람직하다. 그리고 유류화재의 진압을 위해서는 유류 표면에 부드럽게 분무 형태(무상)로 주수해야 한다.

㉢ 유화효과(Emulsification effect)
- 유류화재에 물을 무상으로 주수하면 질식효과 이외에도 유탁액(emulsion)이 생성되어 유화효과 또한 나타난다.
- 유화효과란 물의 미립자가 기름의 연소 면을 두드려서 표면을 물과 기름이 섞인 유화상으로 만들어 가연성 증기의 발생을 억제함으로써 기름의 연소성을 상실시키는 효과를 말한다. 유화효과를 높이기 위해서는 유면에 타격력을 증가(속도에너지 부가)시켜 주어야 하므로 질식효과를 기대할 때보다 물방울의 입경을 약간 크게 하고 좀 더 강하게 분무하여야 한다.

㉣ 희석효과(dilution effect)
- 물에 용해하는 수용성 가연물질인 알코올·에테르·에스테르·케톤류 등의 화재 시 많은 양의 물을 일시에 방사하여 가연물질의 연소농도를 소화농도 이하로 묽게 희석시켜 소화하는 방법을 희석소화 작용이라 한다.
- 희석소화작용이라 함은 대부분 수용성 가연물질의 화재 시에 적용하는 소화작용으로서 물에 어떠한 비율로도 용해가 가능한 물질에 대하여 적용되며, 물을 방사하는 방법에 따라 소화에 소요되는 시간에 다소의 차이는 있으나 분무상보다는 봉상 또는 적상으로 소화약제를 방사하는 경우에 효율적인 소화효과를 얻을 수 있다.

㉤ 타격 및 파괴효과 : 물을 봉상이나 적상으로 주수하면 가연물은 파괴되어 연소가 중단된다. 그러나 유류화재의 경우에는 봉상으로 주수하면 거품이 격렬하게 발생되기 때문에 봉상주수는 피해야 한다.

물분무소화설비

1. 물분무는 물의 입자를 균일하고 약 0.35mm 정도 미세하게 분무한다.
2. 물분무는 열로 인해 수증기가 되면 약 1,700배 부피 팽창하여 공기가 통하지 않는 상태에서 주위의 산소를 낮추고 다량의 기화열을 흡수하므로 질식 및 냉각작용이 발생한다.
3. 물분무 형태로 기름 표면 등에 분무하면 유화층을 형성하여 유면을 덮는 유화소화효과가 있고 수용성 액체에 분무하면 희석소화효과까지 기대할 수 있다.
4. 물분무소화설비는 A급 화재에도 사용하지만 표면적을 넓게 할수록 공기 및 전기가 통하지 않아 B · C급 화재 등에도 적합하며 열의 차단과 가스 화재 시 탱크폭발제어로도 사용된다.

(4) 물의 주수 형태

① 봉상주수

ㄱ. 막대 모양의 굵은 물줄기를 가연물에 직접 주수하는 방법으로 소방용 방수노즐을 이용한 주수가 대부분 여기에 속한다. 현재도 가장 널리 사용되고 있으며 열용량이 큰 일반 고체 가연물의 대규모 화재에 유효한 주수형태이다. 감전의 위험이 있기 때문에 어느 정도의 안전거리를 유지하여야 한다.

ㄴ. 옥내 · 외소화전설비, 연결송수관설비 등에 사용된다.

ㄷ. 화재 시 화세가 강하여 빠른 시간에 소화가 필요한 경우에 사용된다.

ㄹ. 냉각효과 및 타격, 파괴효과가 있다.

ㅁ. 전기전도성이 있으므로 전기화재(C급 화재)에는 부적합하다.

② 적상주수

ㄱ. 스프링클러소화설비, 연결살수설비 헤드의 주수 형태로 살수(撒水)라고도 한다. 저압으로 방출되기 때문에 물방울의 평균 직경은 0.5 ~ 6mm 정도이다.

ㄴ. 일반적으로 실내 고체 가연물 화재의 냉각효과에 사용된다.

ㄷ. 전기전도성이 있으므로 전기화재에 부적합하다.

③ 무상주수

ㄱ. 물분무소화설비의 헤드나 소방대의 분무노즐에서 고압으로 방수할 때 나타나는 안개 형태의 주수로 물방울의 평균 직경은 0.1 ~ 1.0mm 정도이다. 소화효과의 측면에서 본 최저 입경은 열전달과 물방울의 최대 속도와의 관계로부터 유도해보면 0.35mm 정도이다.

ⓛ 일반적으로 유류화재에 물을 사용하면 연소면이 확대되기 때문에 물의 사용을 금하고 있지만 중질유 화재(중질의 연료유, 윤활유, 아스팔트 등과 같은 고비점유의 화재)의 경우에는 물을 무상으로 주수하면 급속한 증발에 의한 질식효과와 에멀션 효과에 의해 소화가 가능하다. 에멀션 효과란 물의 미립자가 기름의 연소면을 두드려서 표면을 물과 기름이 섞인 유화상으로 만들어 기름의 증발 능력을 떨어뜨려 연소성을 상실시키는 효과로, 에멀션 효과를 높이기 위해서는 유면의 타격력을 증가(속도에너지 부가)시켜주어야 하므로 질식효과를 기대할 때보다 입경을 약간 크게 해야 한다.

ⓒ 무상의 입자형태는 전기전도성이 없어(물의 입자가 서로 이격되어 있어 방전의 효과가 있음) 전기 화재에 적합하다.

(5) 물소화약제의 장단점 ★★

장점	• 구하기 쉽고, 값이 저렴하여 경제적임 • 변질 우려가 없어 장기보관 가능 • 냉각, 질식, 유화, 희석 소화효과가 있음 • 비열, 기화잠열, 기화팽창률이 커서 냉각효과가 큼 • 표면장력이 크고 공기나 CO_2 등 기체 흡수성이 큼 • 비압축성 유체로 펌핑(Pumping)이 가능하고 이송이 쉬움 • 봉상주수, 적상주수 시 타격효과와 파괴효과가 있음
단점	• 봉상주수, 적상주수 시 수손피해가 큼 • B・C・D급 화재보다는 주로 일반화재에만 쓰임 • 물은 어는점(0℃)이 높기 때문에 추운 겨울철이나 한랭지에서는 사용하기가 어려움

(6) 물소화약제의 첨가제 ★★

① 개요

물소화약제는 단독으로도 우수한 소화제이지만 동결을 방지하고 침투능력・분산능력・유화능력 등을 증대시키기 위하여 화학물질을 첨가하며 이는 물의 냉각에 의한 소화효과 외에 소화력을 증대시켜 적은 수량으로 높은 소화효과를 얻을 목적으로 첨가하는 것이다.

② 종류

ⓛ 동결방지제 : 소화약제로서 물의 큰 단점은 저온에서의 동결이다. 이와 같은 단점을 보완하기 위해서 첨가하는 약제가 동결방지제이다. 물의 물리・화학적 성질을 고려하여 일반적으로 자동차 냉각수 동결방지제로 많이 사용되는 에틸렌글리콜[ethylene glycol, $C_2H_4(OH)_2$]을 가장 많이 사용하고 있다. 그 외에도 염화칼슘, 글리세린, 프로필렌글리콜, 염화나트륨 등이 있다.

ⓛ **점도보강제(Viscous agent)** : 물은 유동성이 크기 때문에 소화 대상물에 장시간 부착되어 있지 못한다. 따라서 화재에 방사되는 물소화약제의 가연물에 대한 접착성질을 강화시키기 위하여 첨가하는 물질을 점도보강제(증점제)라 한다. 물의 사용량을 줄일 수 있고 높은 장소(공중 소화)에서 사용 시 물이 분산되지 않아 목표물에 정확히 도달할 수 있어 소화 효과를 높일 수 있는 장점이 있으므로 산림화재 진압용으로 많이 사용된다. 점도보강제(증점제) 중 유기계로는 알킨산나트륨염, 펙틴(pectin), 각종 껌 등의 고분자 다당류, 셀룰로오스 유도체, 비이온성 계면활성제가, 무기계로는 벤토나이트, 붕산염 등이 사용되고 있으며 산림화재용으로 사용되는 대표적인 점도보강제(증점제)로는 SCMC(Sodium Carboxy Methyl Cellulose) 등이 있다.

ⓒ **계면활성제(Wetting agent)** : 물은 표면장력이 커서 방수 시 가연물에 침투되기 어렵기 때문에 표면장력을 작게 하여 침투성을 높여주기 위해 첨가하는 계면활성제의 총칭을 **침투제(Wetting Agent)**라 한다. 일반적으로 첨가하는 계면활성제의 양은 1% 이하이다. 침투제가 첨가된 물을 "Wet Water"라고 부르며, 이것은 가연물 내부로 침투하기 어려운 목재, 고무, 플라스틱, 원면, 짚 등의 화재에 사용되고 있다. 계면활성제로는 에틸렌옥사이드, 솔비톨(소르비톨), 알킬황산염 등이 있다.

ⓔ **유동화제(Rapid water)** : 소방펌프 또는 소방호스 등에서 물의 마찰을 줄여 유출속도를 증가시키는 첨가제이다.

ⓜ **유화제(emulsifier)** : 고비점 유류에 사용 가능한 물의 첨가제로 가연물과 에멀션을 형성하여 유화층 형성이 쉽게 되도록 돕는 약제로 폴리옥시에틸렌(비이온계 계면활성제) 등이 있으며, 특히 중질유 화재에 효과적이다.

2. 포(Foam)소화약제

(1) 개요

① 물에 약간의 첨가제(포소화약제)를 혼합한 후 여기에 공기를 주입하면 포(foam)가 발생된다. 이와 같이 생성된 포는 유류보다 가벼운 미세한 기포의 집합체로 연소물의 표면을 덮어 공기와의 접촉을 차단하여 질식효과가 나타나며 함께 사용된 물에 의해 냉각 효과도 나타난다. 즉, 포소화약제는 질식효과와 냉각효과에 의해 화재를 진압한다.

② 포에는 두 가지 약제의 혼합 시 화학반응으로 발생하는 이산화탄소를 핵으로 하는 화학포와 포수용액과 공기를 교반·혼합하여 공기를 핵으로 하는 기계포(공기포)가 있다. 화학포는 현재 사용되지 않으며 일반적으로 '포'라고 하면 기계포를 의미한다.

③ 포소화약제는 포가 유류의 표면을 덮어서 질식시키기 때문에 유류화재의 소화에 가장 효과적이나 일반 화재에도 사용할 수 있다. 일반적으로 물만으로는 소화효과가 약하거나 주수에 의하여 오히려 화재가 확대될 우려가 있는 가연성 액체의 소화에 사용한다.

(2) 포소화약제의 구비 조건

① 포의 안정성이 좋아야 한다.
② 독성이 적어야 한다.
③ 유류와의 점착성이 좋아야 한다.
④ 포의 유동성이 좋아야 한다.
⑤ 비중이 작고 균질하며 유류의 표면에 잘 분산되어야 한다.
⑥ 열이나 바람 등에 포가 소멸되는 소포성이 없어야 한다.
⑦ 내열성과 내유성이 좋아야 한다.

(3) 포소화약제의 소화효과

① 소화효과

포소화약제의 주된 소화효과는 포가 가연물질의 표면을 덮기 때문에 나타나는 질식효과와 상당량의 수분에 의한 냉각효과이다. 이외에도 고발포 포의 경우는 포가 차지하는 체적이 매우 크기 때문에 대류와 복사에 의한 열의 이동 차단, 주변 공기의 배출, 가연성 증기의 생성 억제 등의 소화효과도 기대할 수 있다.

② 적응화재(일반화재, 유류화재)

㉠ 포소화약제의 주된 소화원리는 포에 의한 질식작용과 물에 의한 냉각작용이다. 이외에도 고체 가연물의 화재 시 합성 계면활성제 계통의 약제를 사용하면 계면활성제가 침투제(wetting agent) 역할을 하기 때문에 포가 갖는 소화효과 이외에도 침투제가 갖는 소화 특성을 살릴 수 있다.

㉡ 이와 같은 특성을 이용하여 포소화약제는 비행기 격납고, 자동차 정비공장, 차고, 주차장 등 주로 기름을 사용하는 장소, 특수 가연물을 저장·취급하는 장소, 합성계면활성제포소화약제의 경우 팽창범위가 넓어 LNG가 저장탱크로부터 유출된 때 고발포의 포로 덮어서 외기로부터의 열을 차단해서 증발을 억제시켜 소화하기도 한다.

ⓒ 그러나 포소화약제는 소화 후의 오손 정도가 심하고, 청소가 힘든 결점 등이 있고 또한 감전의 우려가 있어 전기 화재나 통신 기기실, 컴퓨터실 등에는 부적합하다.

③ 이외에도 특별한 경우를 제외하고는 제5류 위험물과 같이 자체적으로 산소를 함유하고 있는 물질이거나 Na, K 등과 같이 물과 반응하는 금속인 경우에도 사용할 수 없다.

(4) 포소화약제의 종류

① 화학포

외통제인 탄산수소나트륨($NaHCO_3$)과 내통제인 황산알루미늄($Al_2(SO_4)_3$), 그리고 물(H_2O)을 혼합시키면 화학반응으로 포가 발생된다. 이 포의 핵심은 이산화탄소이다(→ 질식소화).

$$6NaHCO_3 + Al_2(SO_4)_3 + 18H_2O$$
$$\rightarrow 3Na_2SO_4 + 2Al(OH)_3 + 6CO_2 + 18H_2O$$

② 기계포(= 공기포) ★★

ⓐ 공기포는 포소화약제와 물을 기계적으로 교반시키면서 공기를 흡입하여 (공기를 핵으로 하여) 발생시킨 포로 일명 기계포라고도 한다. 이 소화약제는 화학포소화약제보다 농축되어 있기 때문에 약제 탱크의 용량이 작아질 수 있는 큰 장점이 있다. 이 약제는 크게 단백계와 계면활성제계로 나누어지며 단백계에는 단백포소화약제, 불화단백포소화약제, 계면활성제계에는 합성계면활성제포소화약제, 수성막포소화약제, 내알코올포(수용성 액체용포)소화약제가 있다.

ⓑ 기계포 원액의 저장 온도는 10 ~ 35℃가 적당하다.

(5) 기계포소화약제

① 단백포소화약제(Protein foaming agents)

ⓐ 동물성 단백질인 동물의 피, 뿔, 발톱을 알칼리(수산화나트륨, 수산화칼슘)로 가수분해시키면 최종적으로 아미노산이 된다. 이 과정의 중간 정도 상태에서 분해를 중지시킨 것이 이 소화약제의 주성분으로 흑갈색의 특이한 냄새가 나는 끈끈한 액체이다. 여기에 내화성을 높이기 위하여 포안정제로 금속염인 제일철염($FeCl_2$) 등을 가한 것이 이 약제의 원액이다. 원액은 6%형(원액 6%에 물 94%를 섞어서 사용하는 형)과 이를 다시 농축시킨 3%형이 있으며 현재는 3%형이 주류를 이루고 있다. 주로 팽창비 10 이하의 저팽창포로 사용되며 원액의 비중은 약 1.1, pH는 6.0~7.5 정도이다.

기출 플러스

포(foam)에 대한 일반적인 설명으로 옳은 것은? [22 기출]

① 불화단백포 및 수성막포는 표면하주입방식에 사용할 수 있다.

② 불소를 함유하고 있는 합성계면활성제는 친수성이므로 유동성과 내유성이 좋다.

③ 단백포는 유동성은 좋으나, 내화성은 나쁘다.

④ 알콜형포 사용 시 비누화현상이 일어나면 소화능력이 떨어진다.

해설

불화단백포와 수성막포는 표면하주입방식에 적합하다.

오답정리

② 내유성이 좋지 않다.

③ 유동성이 좋지 않다.

④ 소화능력이 증가한다.

정답 ①

ⓛ 단백질의 농도는 3%형이 40wt% 전후, 6%형이 30wt% 전후로 3%형이 6%형을 약 1.5배 정도 농축한 것이다. 이 원액은 수용액으로 보존하면 가수 분해가 진행되어 변질되기 때문에 사용 시에 규정 농도의 수용액으로 제조하여 사용해야 한다. 이 약제의 저장수명은 대략 3년 정도이지만 이것은 저장 환경에 따라 크게 달라질 수 있다. 즉, 산화를 방지하기 위하여 원액 탱크를 단열하거나, 질소 등을 봉입하거나, 햇빛을 차단하거나 하면 약제의 수명은 연장된다. 유효 기간이 지난 약제는 변질되어 악취가 발생하므로 저장 및 취급에 주의해야 한다.

119 더 알아보기

단백포소화약제의 핵심

개요	• 동·식물성의 단백질 가수분해물질에 포안정제를 첨가한 것으로 **3%형 및 6%형**이 있음(저발포형을 주로 사용) • 포안정제로 **제일철염**($FeCl_2$)을 사용
장점	• 안정성이 커서 화재나 연기를 제어하기가 쉬움 • 내열성과 점착성이 우수함 • 가격이 싸고 분해성이 우수하여 친환경적임
단점	• 기름을 오염시키는 **유염성**이 있음 • 금속을 부식시킴(부식성 有) • 유동성과 내유성이 작아 소화효과가 낮음 • 변질될 우려가 높음

② **수성막포소화약제(Aqueous film foaming agents)**

㉠ 불소계 계면활성제를 주성분으로 한 것으로 역시 물과 혼합하여 사용한다. 수성막포는 합성 거품을 형성하는 액체로서 일반 물은 물론 해수와도 같이 사용할 수 있다. 물과 적절한 비율로 혼합하여 기존의 포 방출구로 방사하면 물보다 가벼운 인화성 액체 위에 물이 떠 있도록 하는 획기적인 약제이다.

㉡ 기름의 표면에 거품과 수성의 막(Aqueous film)을 형성하기 때문에 질식과 냉각작용이 우수하다. 대표적으로 미국 3M사의 라이트 워터(Light Water)라는 상품명의 제품이 많이 팔리고 있는데 유면상에 형성된 수성막이 기름보다 가벼운 것처럼 보이기 때문에 만들어진 상품명이다. <u>단백포소화약제의 소화능력보다 3~5배 정도 높으며 드라이케미컬(Dry chemical)과 함께 사용했을 경우는 700~800%(7~8배) 정도 소화성능이 증가한다.</u>

㉢ 유류화재에 우수한 소화효과를 나타낸다. 3%, 6%, 10%형이 있으나 주로 3%, 6%형이 많이 사용된다. 장기 보존성은 원액이든 수용액이든 타 포원액보다 우수하다. 약제의 색깔은 갈색이며 독성은 없다.

119 더 알아보기 ✔

포소화약제의 병용성

1. 내알코올포는 일반포와 병용하면 그 특성이 저하되기 때문에 함께 사용하지 말아야 한다.
2. 포소화약제는 분말소화약제와 함께 사용하면 분말소화약제의 소포(消泡)작용 때문에 좋지 않다.
3. 포 층에 분말소화약제를 살포해 놓으면 포 층의 형성이 매우 어려워진다. 단, 수성막포소화약제의 포는 소포되지 않기 때문에 분말소화약제와의 병용이 가능하다. 포소화약제와 병용할 수 있는 분말소화약제로는 CDC(Compatible Dry Chemical)가 개발되어 있다.

수성막포소화약제 ★★

개요	• 화재액 표면 위에 수성의 막을 형성함으로서 포의 전파속도를 증가시키고 액체의 증발을 억제하여 소화효과가 우수하며, 일명 라이트 워터(Light Water)라 함 • 단백포소화약제의 소화능력보다 3 ~ 5배 정도 높으며 드라이케미컬(Dry chemical)과 함께 사용했을 경우에는 700 ~ 800%(7 ~ 8배) 정도 소화성능이 증가함 • 불소계 계면활성제 + 안정제 첨가 • 표면하주입방식에 적당 • 흑갈색의 원액이며 유류저장탱크, 비행기 격납고, 옥내 주차장의 폼 헤드용 등이 있음 • 발포형은 3%, 6%형을 사용 • −20℃ ~ 30℃ 사용 가능
장점	• 유류 화재 진압용으로 가장 성능이 뛰어난 포 약제 • 화학적으로 안정하여 반영구적 • 내유성과 유동성이 좋음 • 독성이 없음
단점	• 1,000℃ 이상의 가열된 탱크 벽에서는 벽 주변의 피막이 파괴되어 소화가 곤란한 점이 있음(→ 링파이어 현상을 유발) • 비싸고 부식성이 있음 • 얇은 막으로 내열성이 약해 소포성이 있음

③ **불화단백포소화약제(Fluoroprotein foaming agents)**

㉠ 단백포소화약제에 불소계 계면활성제를 첨가하여 단백포와 수성막포의 단점을 보완한 약제로, 유동성과 내유염성(耐油染性, 포가 기름으로 오염되기 어려운 성질)이 나쁜 단백포의 단점과 표면에 형성된 수성막이 적열된 탱크 벽에 약한 수성막포의 단점을 개선한 것이다. 또한 불소계 계면활성제를 첨가함으로써 안정제인 철염의 첨가량을 줄였기 때문에 침전물이 거의 생성되지 않아 장기보관(8 ~ 10년)이 가능하다.

기출 플러스

다음은 수성막포에 관한 설명이다. ( ) 안에 들어갈 내용으로 옳은 것은? [22 소방간부 기출]

수성막포는 (㉠)이 강하여 표면하주입방식에 효과적이며, 내약품성으로 (㉡)소화약제와 Twin Agent System이 가능하다. 반면에 내열성이 약해 탱크 내벽을 따라 잔불이 남게 되는 (㉢)현상이 일어날 우려가 있으며, 대형화재 또는 고온화재 시 수성막 생성이 곤란한 단점이 있다.

	㉠	㉡	㉢
①	점착성	강화액	윤화
②	점착성	분말	선화
③	내유성	분말	선화
④	내유성	강화액	선화
⑤	내유성	분말	윤화

해설

빈칸에 들어갈 내용은 ㉠ 내유성, ㉡ 분말, ㉢ 윤화이다.

정답 ⑤

ⓛ 계면활성제를 첨가했기 때문에 유류와 친화력을 갖지 않고 겉돌게 되므로 유류를 오염시키지 않는다. 따라서 **불화단백포는 수성막포와 함께 표면 하주입방식(Subsurface injection system)에 적합한 포소화약제로 알려 져 있다. 표면하주입방식은 포가 유류 하부로부터 부상하는 방식이기 때 문에 기름을 오염시키지 않는 불화단백포소화약제나 수성막포소화약제를 사용해야 한다.** 이 방식은 포가 바닥에서 액면으로 부상하면서 탱크 아래 부분의 차가운 기름을 상부로 이동시켜 상부층을 냉각시켜주기 때문에 소 화를 촉진시킬 수 있는 장점도 있다.

ⓒ 표면포방출방식은 포 방출구가 탱크의 윗부분에 설치되어 있기 때문에 화 재 시 폭발이나 화열에 의하여 파손되기 쉽지만 표면하주입방식은 포 방 출구가 탱크 하부에 설치되어 있어서 이의 파손 가능성이 적으므로 설비 에 대한 안정성이 크다.

119 더 알아보기

불화단백포소화약제

개요	• 수성막포와 단백포의 단점을 개선한 포 • 수성막포의 결점인 내열성과 단백포의 단점인 유동성과 내유성, 유 염성을 보완 • 단백포에 불소계 합성계면활성제를 첨가 • 발포형은 3%, 6%를 사용 • **표면하주입방식에 적당**
장점	• 장기보관이 가능 • 소화효과가 우수 • 포의 안정도가 높아 화재의 열에 견디는 내구력이 강함
단점	가격이 비싸 유통이 잘 안 됨

④ **합성계면활성제포소화약제(Synthetic foaming agents)**

㉠ 합성 세제의 주성분과 같은 종류의 계면활성제에 안정제, 부동제, 방청제 등을 첨가한 약제이다. 이 중에서 불소계 계면활성제를 기제로 한 수성막 포소화약제는 따로 분류한다.

㉡ 물에 어떤 물리적인 충격을 가해 주면 물결이 생기면서 물이 부분적으로 솟아올라 'U'자 모양이 되고 이것이 더 발달하면 'O'자 모양의 거품이 된 다. 이때 순수한 물은 표면장력(20℃에서 72.75dyne/cm)이 커서 솟아 오 른 언저리와 언저리가 서로 닿기 전에 원래 상태로 되돌아가 평평한 수면 이 된다. 그중 일부가 거품이 되었다 하여도 거품을 형성한 물분자가 서 로 당겨 수축하기 때문에 거품은 지속되지 못하고 곧 파괴되어 물로 환원 된다.

그러나 물에 표면장력을 약 30dyne/cm 정도까지 떨어뜨릴 수 있는 계면활성제를 첨가하면 표면장력이 감소되어 쉽게 거품이 형성되고, 거품 안의 물이 밑으로 빠지는 속도도 반 정도로 줄게 되어 거품의 수명도 길어지게 된다.

ⓒ 합성계면활성제포소화약제 역시 단백포소화약제와 마찬가지로 물과 혼합하여 사용한다. 3%, 4%, 6%의 여러 가지 형이 있으나 3%형과 6%형이 가장 많이 사용된다. 대부분의 소화약제가 팽창비 10 이하의 저팽창포로 사용되나 이 약제는 저팽창포로부터 고팽창포까지 넓게 사용되고 있다. 고팽창포로 사용하는 경우는 사정거리(포의 방출구에서 화재 지점까지 포를 도달시킨 거리)가 짧은 것이 문제점이다.

ⓔ 합성계면활성제포소화약제는 유동성은 좋은 반면 내열성, 유면 봉쇄성이 좋지 않기 때문에 다량의 유류화재 특히, 가연성 액체 위험물의 저장탱크 등의 고정소화설비에는 그다지 효과적이지 못하다. 단백포소화약제에 비하여 저장 안정성은 매우 우수하나 합성계면활성제가 용이하게 분해되지 않기 때문에 세제공해와 같은 환경 문제를 일으킨다.

119 더 알아보기

합성계면활성제포소화약제

개요	• 합성계면활성제(고급 알코올 황산에스테르, 알킬벤젠술폰산염 등)에 물을 혼합한 뒤 안정제를 첨가하여 사용(→ 탄화수소계 계면활성제 + 기포안정제) • **3%, 6% 저발포형과 1%, 1.5%, 2% 고발포형이 있음(→ 저발포형이면서 고발포형 소화약제)** • 차고, 주차장 및 일반 유류화재에 적합
장점	• 유동성이 좋음 • 안정성이 높아 반영구적이며, 점착성이 큼 • 저팽창 ~ 고팽창까지 팽창범위가 넓어 **고체 및 기체에 사용이 가능.** 즉, 사용범위가 넓음
단점	• 분해성이 낮아 환경문제를 유발함 • 비내열성과 비내유성 • 소포성 • 구리, 아연 등을 부식시킴 • 고팽창의 경우 사정거리가 짧음

기출 플러스

팽창비율에 따른 포의 종류로서 팽창비가 20 이하인 것을 저발포라 하고, 팽창비가 80 이상 1,000 미만인 것을 고발포라 한다. 다음 중 발포배율이 다양하여 고발포 및 저발포로서 소화가 가능한 것은?

[16 중앙 기출]

① 합성계면활성제포
② 불화단백포
③ 내알코올포
④ 수성막포

해설

발포배율이 다양하여 고발포 및 저발포로서 소화가 가능한 것은 ① 합성계면활성제포에 해당된다.

정답 ①

⑤ 내알코올(수용성액체용)포소화약제(alcohol-type foaming agents)
  ㉠ 물과 친화력이 있는 알코올과 같은 수용성 액체(극성 액체)의 화재에 보통의 포소화약제를 사용하면 수용성 액체가 포 속의 물을 탈취하여 포가 파괴되기 때문에 소화효과를 잃게 된다. 이와 같은 현상은 액체의 온도가 높아지면 더욱 뚜렷이 나타난다.
  ㉡ 내알코올포소화약제는 이와 같은 단점을 보완한 약제로 여러 가지의 형이 있으나 초기에는 단백질의 가수분해물에 금속비누를 계면활성제로 사용하여 유화·분산시킨 것을 사용하였다. 이것은 물에 녹지 않기 때문에 여기에 물을 혼합하여 사용한다. 일명 수용성 액체용 포소화약제라고도 하며 알코올, 에테르, 케톤, 에스테르, 알데히드, 카르복실산, 아민 등과 같은 가연성인 수용성 액체의 화재에 유효하다.

119 더 알아보기

내알코올(수용성 액체용)포소화약제

개요	• 포소화약제를 수용성 액체 가연물 등에 사용했을 경우, 물이 수용성 가연물에 용해되기 때문에 포가 소멸되어 소화기능을 발휘할 수가 없음 • 포의 소멸(소포성)을 방지하기 위하여 단백질의 가수분해물, 계면활성제에 금속비누 등을 첨가하여 유화 분산시킨 것을 원재로 한 것(→ 비누화 현상에 의한 질식소화) • 주로 6%형을 사용
장점	알코올류, 케톤류, 에스테르류, 에테르류 등 수용성 가연성 액체 화재 시에 적합
단점	• 유동성이 적음 • 침전 우려로 바로 사용해야 함 • 특성 저하로 다른 포와 병행이 불가능함

기출 플러스

고발포인 제2종 기계포의 팽창비에 해당하는 것은? [20 기출]
① 10배 이상 20배 이하
② 100배 이상 200배 이하
③ 300배 이상 400배 이하
④ 500배 이상 600배 이하

해설

고발포인 제2종 기계포의 팽창비는 250배 이상 500배 미만으로 그에 해당하는 것은 ③ 300배 이상 400배 이하가 그 범위에 해당하므로 옳은 정답이다.

정답 ③

(6) 포의 팽창비

$$포의\ 팽창비 = \frac{발포\ 후\ 포\ 수용액의\ 체적}{발포\ 전\ 포\ 수용액의\ 체적}$$

저발포(3%, 6%)		6 이상 ~ 20 이하
고발포 (1%, 1.5%, 2%)	제1종 기계포	80 이상 ~ 250 미만
	제2종 기계포	250 이상 ~ 500 미만
	제3종 기계포	500 이상 ~ 1,000 미만

(7) 포소화약제의 혼합장치 ★★

① **펌프프로포셔너 방식(= 펌프혼합장치)**

펌프의 토출측과 흡입측 사이에 <u>바이패스관으로 연결</u>하고, 그 <u>바이패스 배관</u> <u>도중에 어댑터(= 흡입기)를 부착</u>하여, 어댑터의 벤추리작용에 의하여 원액을 흡입하는 방식이다.

② **라인프로포셔너 방식(= 관로혼합장치)**

펌프와 발포기의 중간에 설치된 <u>벤추리관의 벤추리작용에 의해</u> 포소화약제를 흡입·혼합하는 방식이다.

③ **프레저프로포셔너 방식(= 차압혼합방식)**

펌프와 발포기의 중간에 설치된 <u>벤추리관의 벤추리작용과 펌프가압수의 포소화약제 저장탱크에 대한 압력에 의해</u> 포소화약제를 흡입·혼합하는 방식이다.

④ **프레저사이드프로포셔너 방식(= 압입혼합장치)**

ㄱ 펌프의 토출관에 <u>압입기</u>를 설치하여 포소화약제 압입용 펌프와 포소화약제를 압입시켜 혼합하는 방식이다.

ㄴ 수용액의 혼합 비율이 <u>가장 정밀</u>하며, 설비가동에 따른 <u>시간이 절약</u>되어서 <u>초기 소화활동에 효과적</u>이며 <u>대규모 포소화설비에 적합</u>하다.

3. 강화액소화약제 ★★

(1) 개념

물의 소화성능을 증대시키기 위해 물에 연소억제작용이 있는 알칼리금속염의 <u>탄산칼륨(K_2CO_3)</u>과 인산암모늄($NH_4H_2PO_4$), 황산암모늄[$(NH_4)_2SO_4$] 등을 첨가한 수용액이다. <u>응고점이 −20℃ 이하</u>이므로 한랭지나 겨울철에 사용할 수 있는 약제이다.

(2) 소화효과 및 적응화재

① <u>봉상주수</u>의 경우에는 <u>냉각작용</u>에 의한 <u>일반화재(A급 화재)</u>에 적합하다.

② <u>무상주수</u>의 경우에는 냉각 및 질식작용에 의해 <u>일반화재(A급 화재) 및 유류화재(B급 화재), 전기화재(C급 화재)</u>에도 적합하다.

③ <u>부촉매에 의한 소화효과</u>도 있다.

✿ 칼륨이온(K^+), 암모늄이온(NH_4^+)

4. 산·알칼리소화약제

① 내통제인 산(황산, H_2SO_4)과 외통제인 알칼리(탄산수소나트륨, $NaHCO_3$)의 화학반응을 이용한 소화약제로 반응 시 발생된 이산화탄소(CO_2) 자체압력에 의해 방사된다.

② 봉상주수일 때는 고체가연물을 냉각시켜 소화하며 <u>일반화재(A급 화재)</u>에 적합하다.

③ 무상주수의 경우에는 냉각효과 및 질식효과를 가지게 되어, <u>일반화재(A급 화재)</u>, <u>유류화재(B급 화재)</u>, <u>전기화재(C급 화재)</u>에 적응 소화한다.

3 가스계소화약제

1. 이산화탄소(CO_2)소화약제 ★★

(1) 개요

① 이산화탄소는 탄소의 최종 산화물로 더 이상 연소 반응을 일으키지 않기 때문에 질소, 수증기, 아르곤, 할론 등의 불활성 기체와 함께 가스계 소화약제로 널리 이용되고 있다.

② 이산화탄소는 유기물의 연소에 의해 생기는 가스로 공기보다 약 1.5배 정도 무거운 기체이다. 상온에서는 기체이지만 압력을 가하면 액화되기 때문에 고압가스 용기 속에 액화시켜 보관한다.

③ 방출 시에는 배관 내를 액상으로 흐르지만 분사헤드에서는 기화되어 분사된다. 가장 큰 소화효과는 질식효과이며 약간의 냉각효과도 있다.

④ 이산화탄소는 사용 후에 오염의 영향이 전혀 없다는 큰 장점이 있다. 보통 유류화재(B급 화재), 전기화재(C급 화재)에 주로 사용되며 밀폐 상태에서 방출되는 경우는 일반화재(A급 화재)에도 사용이 가능하다. 또한 액체 이산화탄소는 자체 증기압이 매우 높기 때문에 다른 가압원의 도움 없이 자체 압력으로도 방사가 가능하다.

⑤ 공기 중에 약 0.03vol% 존재하며 동·식물의 호흡 및 유기물의 연소에 의해서도 발생되고 천연가스, 광천수 등에도 함유되어 있다.

(2) 이산화탄소소화약제의 특징

① 무색·무취의 기체로서 독성이 없으며, <u>공기보다 비중이 1.5배 무겁다</u>(→ 피복소화효과).

② 소화 후에 잔유물을 남기지 않아 <u>증거 보존이 가능</u>하다.

③ 미세한 공간에도 잘 침투하므로 <u>심부화재 적응성이 좋다</u>.

④ 전기절연성이 좋아 전기화재에도 적합하다.

⑤ 소화 시 산소의 농도를 저하시키므로 **질식의 우려**가 있고, 방사 시 약 -80℃ 까지 하강하기 때문에 **동상의 우려**가 있다.

⑥ **자체압으로 방사** 및 소화가 가능하므로 고압저장 시 주의를 요하고 있으며, **방사 시 소음이 크다.**

⑦ 방사 시 **운무현상**이 두드러져 삼중점에 이르면 드라이아이스로 변한다(→ 가시거리가 짧아지며 피난 시 행동에 많은 장애를 초래).

⑧ 소화약제는 고압으로 액화시켜 용기에 보존하며 반영구적으로 보존 및 사용이 가능하다.

⑨ 충전 시 충전비는 1.50 이상이 되어야 한다.

⑩ 이산화탄소소화약제는 타 약제에 비하여 소화효과가 작기 때문에 여러 개의 집합관이 소화설비에 사용된다.

⑪ 소화약제로 사용되는 이산화탄소는 제2종[함량 99.5(V)% 이상, 수분 0.05(wt)% 이하]을 주로 사용한다.

(3) 이산화탄소의 물성

명칭	물성치	명칭	물성치
증기비중	1.529(공기 = 1)	열전도도(20℃)	3.60×10^{-5}cal/cm·s·℃
기체밀도 (0℃, 1atm)	1.976g/L	굴절률	1.000449
승화점(1atm)	-78.50℃	정압비열 (C_p)(0℃, 1atm)	0.199cal/g·℃
임계온도(T_c)	31.35℃	정적비열 (C_v)(0℃, 1atm)	0.153cal/g·℃
임계압력(P_c)	72.9kg/cm^2	증발잠열 (0℃, 35.54kg/cm^2)	56.13cal/g·℃
삼중점	5.1kg/cm^2, -56.7℃	액체밀도 (0℃, 50kg/cm^2)	1.066g/cc

(4) 소화원리

① 소화효과

ㄱ) 질식소화(주된 소화효과)

- 이산화탄소의 가장 큰 소화효과는 질식효과이다. 질식효과는 대기 중의 산소 농도가 어느 정도 이하로 떨어지면 소화되는 효과로 소화에 필요한 이산화탄소의 농도는 가연물의 종류에 따라 달라진다.
- 일반적으로 소화를 위한 이산화탄소의 농도는 대개 34vol% 이상으로 설계되며, 이때 산소의 농도는 14vol% 정도가 된다.

ⓛ 냉각소화
- 냉각효과는 유류탱크화재에서처럼 불타는 물질에 직접 방출하는 경우에 가장 효과적으로 나타난다.
- 산소 농도 저하에 따른 질식효과가 사라진 후에도 냉각된 액체(유류)는 연소에 필요한 가연성 기체를 증발시키지 못하기 때문에 재연소를 방지할 수 있다. 특히 방출되는 이산화탄소에 미세한 드라이아이스 입자가 존재하는 경우에는 냉각효과가 한층 더 커지게 된다.
ⓒ 피복소화 : 이산화탄소는 공기보다 1.5배 무거운 물질로 가연물 표면을 덮어 산소 공급을 차단하는 피복효과를 갖는다.

② **적응화재**
㉠ 이산화탄소는 연소물 주변의 산소 농도를 저하시켜서 소화하기 때문에 자체적으로 산소를 가지고 있거나, 연소 시에 공기 중의 산소를 필요로 하지 않는 가연물 이외에는 전부 사용할 수 있다.
ⓛ 일반화재(A급 화재), 유류화재(B급 화재), 전기화재(C급 화재)에 모두 적응성이 있으나 주로 B・C급 화재에 사용되고 A급은 밀폐된 경우에 유효하다. 밀폐되지 않은 경우에는 이산화탄소가 쉽게 분산되고 가연물에 침투되기가 어렵기 때문에 효과가 아주 미약하다.
ⓒ 이산화탄소는 표면 화재에는 우수한 효과를 나타내나 심부 화재에 사용하는 경우에는 재발화의 위험성이 있다. 그러므로 심부 화재의 경우에는 고농도의 이산화탄소를 방출시켜 소요 농도의 분위기를 비교적 장시간 유지시켜 줌으로써 일차적인 소화는 물론 재발화의 가능성도 제거해 줄 필요가 있다.
ⓔ 이산화탄소는 사용 후 소화제에 의한 오손이 없기 때문에 통신기기실, 전산기기실, 변전실 등의 전기 설비, 물에 의한 오손이 걱정되는 도서관이나 미술관, 소화 활동이 곤란한 선박 등에 유용하다. 그리고 주차장 등에도 사용되나 인명에 대한 위험 때문에 무인의 기계식 주차탑 이외에는 사용하지 않는 것이 바람직하다. 이외에도 제4류 위험물, 특수 가연물 등에도 사용된다.

(5) 장단점

장점	• 소화 후 깨끗하여 피연소물에 피해가 적음 • 증거 보존이 용이하여 화재 원인 조사가 쉬움 • 침투성이 좋아 심부 화재와 표면 화재에 적합함 • 비전도성으로 전기화재에도 적합함 • 장시간 저장해도 변화가 적고 한랭지역에서도 동결의 우려가 없음 • CO_2 자체압으로 방사가 가능해 외부의 방출용 동력장치가 필요 없음

| 단점 | • 고압으로 방사 시 소음이 크며 질식 우려가 있음
• 방사거리가 짧고, 분말소화약제나 할론소화약제에 비해 소화력이 떨어짐
• 방사할 때 기화열 흡수로 인한 소화기 본체와 호스가 냉각되므로 인체에 동상의 우려가 있음 |

(6) 이산화탄소소화약제의 사용 제한 ★★

① 방출 시 인명 피해가 우려되는 밀폐된 지역

② 자체적으로 산소를 함유한 제5류 위험물

③ 칼륨, 나트륨, 마그네슘 등 CO_2를 분해시키는 반응성이 큰 금속 물질(→ 제3류 위험물 등)

④ 전시장 등 다수인이 출입·통행하는 통로 및 전시실

(7) 이산화탄소의 농도를 구하는 식

$$CO_2소화농도\% = \frac{21 - 현재산소농도(\%)}{21} \times 100$$

> 이산화탄소를 방사해서 공기 중 산소농도가 10%로 변했다면, 이때 외부로 방출된 이산화탄소(CO_2)의 농도는 약 몇 퍼센트인가?(소수점 첫째 자리에서 반올림한 값으로 구한다)
>
> ① 21%   ② 34%
> ③ 42%   ④ 52%
>
> 해설
>
> 이산화탄소 농도(%) $= \frac{21 - 10}{21} \times 100 ≒ 52.38(\%)$
>
> ∴ 소수점 첫째 자리에서 반올림하면 52%
>
> 정답 ④

❂ 이산화탄소 소화약제 설계농도

= 이산화탄소 소화농도(%) × 1.2

= 이산화탄소 소화농도(%) + 이산화탄소 소화농도(%)의 20%

기출 플러스

밀폐된 구획공간에서 이산화탄소 방사 시 산소농도를 10%로 설계할 때 방사하는 이산화탄소의 농도는? (단, 소수점은 올림 처리한다)

[21 소방간부 기출]

① 15%

② 24%

③ 35%

④ 45%

⑤ 53%

해설

CO_2 소화농도 구하는 식은 다음과 같다.
CO_2%의 소화농도

$= \frac{(21 - O_2\%)}{21} \times 100$

$= \frac{(21 - 10)}{21} \times 100 = 52.38\%$

∴ 소수점을 올림처리하면 53%이다.

정답 ⑤

2. 할론소화약제

(1) 개요

① 할론소화약제는 지방족 탄화수소인 메탄, 에탄 등에서 분자 내의 수소 일부 또는 전부가 할로겐족 원소(F, Cl, Br, I)로 치환된 화합물을 말하며 '할론 (Halon, Halogenated Hydrocarbon의 준말)'이라고 부르고 있다.

② 이 소화약제는 다른 소화약제와는 달리 연소의 4요소 중의 하나인 연쇄반응을 차단시켜 화재를 소화한다. 이러한 소화를 부촉매소화 또는 억제소화라 하며 이는 화학적 소화에 해당된다.

③ 각종 할론은 상온, 상압에서 기체 또는 액체 상태로 존재하나 저장하는 경우는 액화시켜 저장한다. 일반적으로 유류화재(B급 화재), 전기화재(C급 화재)에 적합하나 전역 방출과 같은 밀폐 상태에서는 일반화재(A급 화재)에도 사용할 수 있다.

(2) 명명법

① 제일 앞에 할론이란 명칭을 쓴다.

② 그 뒤에 구성 원소들의 개수를 C, F, Cl, Br, I의 순서대로 쓰되 해당 원소가 없는 경우는 0으로 표시한다.

③ 맨 끝의 숫자가 0으로 끝나면 0을 생략한다(즉, I의 경우는 없어도 0을 표시하지 않는다).

예 • 할론1301 : $C_1 + F_3 + Cl_0 + Br_1 \rightarrow CF_3Br$

  • 할론1211 : $C_1 + F_2 + Cl_1 + Br_1 \rightarrow CF_2ClBr$

(3) 특징

① 일반 금속에 대한 부식성이 적고 휘발성이 크며(증발성 액체 소화약제), 소화 후 부식, 손상, 오염의 우려가 없다.

② 할론1301소화약제는 이산화탄소소화약제보다 소화성능이 약 3배 정도 뛰어나다.

③ 화재 시 방사하면 할로겐 원자의 억제작용으로 <u>연쇄반응을 하고 있는 가연물을 억제하는 부촉매효과와 질식효과, 냉각효과</u>까지 발생시킬 수 있는 가장 우수한 화학적 소화약제이다.

④ 열분해 시 인체에 유해한 독성 물질을 발생시키기도 한다.

⑤ 오존층을 파괴하여 지구온난화를 일으키므로 지구상에서 점차 생산과 사용이 금지되어 가고 있다.

(4) 할론소화약제의 종류

① **할론1301**(CF_3Br)

ㄱ 독성이 거의 없으며 인체에 무해하나 고온에서 열분해 시 독성이 강한 분해 생성물이 발생하므로 소화 후 환기가 필요하다.

ㄴ <u>무색, 무취이며, 비전도성, 상온 대기압하에서는 기체로만 존재하며 공기보다 5(≒ 5.14)배 무겁다.</u>

ㄷ <u>불꽃연소에 특히 강한 소화력을 나타낸다.</u>

ㄹ 독성이 가장 약해 지하층, 무창층에도 사용 가능하다.

ㅁ 소화효과가 가장 좋다.

ㅂ 방사 시 운무현상이 발생하나 이산화탄소만큼 심하지 않다.

ㅅ 유류화재(B급 화재), 전기화재(C급 화재)에 적합하다.

ㅇ 가장 널리 쓰이지만 <u>오존층 파괴지수가 가장 크다.</u>

② **할론1211**(CF_2ClBr)

ㄱ <u>상온에서 기체</u>이며, 공기보다 약 5.7배 무겁다

ㄴ 방출 시에는 액체로 분사된다.

ㄷ 비점은 -4℃이다.

ㄹ 안정성이 가장 높으며 독성도 약하다.

ㅁ 소화력이 좋아 국내 백화점 등 상품전시매장에서 일반화재의 이동식 소화기, 자동차 소화기로 사용된다.

ㅂ A · B · C급 화재에 사용된다.

ㅅ 자체 압력이 낮아 가압용 가스(질소)를 이용한다.

③ **할론2402**($C_2F_4Br_2$)

ㄱ 상온에서 액체이다.

ㄴ 유일하게 에탄(C_2H_6)에서 치환된 것이다.

ㄷ 비교적 독성이 강하여 거의 사용하지 않는다.

ㄹ 비중이 약 9배로서 가장 무겁다.

④ **할론1011**(CH_2ClBr)

ㄱ 상온에서 액체이며, 독성이 강하기 때문에 소화약제로 이용되기는 적합하지 않다.

ㄴ 2차 대전 당시 영국 항공기 화재진압용으로 사용되었다.

ㄷ 안전성이 낮고 저장이 쉽지 않아 오래전부터 사용하지 않고 있다.

⑤ **할론104**(CCl_4)

ㄱ 사염화탄소는 열분해 및 공기, 수분, 이산화탄소 등과 반응하면 포스겐($COCl_2$)을 발생하기 때문에 법적으로 사용을 금지하고 있는 소화약제이다.

ㄴ 증기는 공기보다 무거우며, 약제 중 독성이 가장 크며, 특유의 냄새가 난다.

기출 플러스

할론1301 소화약제에 대해 가장 옳지 않은 것은? [16 충남 2차 기출]

① 독성이 거의 없으며 B · C급 화재에 사용이 가능하다.

② 공기보다 약 6배 이상 무겁고, 비점 -4℃이다.

③ 전기전도성이 없고 상온 대기압에서 기체로만 존재한다.

④ 무색, 무취이고 액체로 저장되고 방사 시 운무현상이 일어난다.

해설

옳지 않은 것은 ②이다. 공기보다 약 6배 이상 무겁고, 비점 -4℃인 것은 할론1211이다. 할론1301은 공기보다 약 5배 무겁고, 비점 -58℃이며 상온 · 대기압에서 기체로 존재한다. ①, ③, ④는 할론1301 소화약제의 특징으로 옳은 내용이다.

정답 ②

다음 중 오존층 파괴지수(O.D.P)가 가장 높은 소화약제는? [15 중앙 기출]

① 할론1301
② 할론1211
③ 할론2402
④ 이산화탄소

해설

오존층 파괴지수(ODP)의 크기 순 : 할론1301 > 할론2402 > 할론1211 > 이산화탄소 > 불활성기체 소화약제(IG-541 등)

정답 ①

(5) 할론소화약제의 소화효과

① **소화효과**

　㉠ 부촉매에 의한 소화 : 부촉매소화법은 가연물질 내에 함유되어 있는 수소·산소로부터 활성화되어 생성되는 수소기(H^+)·수산기(OH^-)를 화학적으로 제조된 부촉매제와 반응하게 하여 더 이상 연소생성물인 이산화탄소·일산화탄소·수증기 등의 생성을 억제시킴으로써 소화하는 원리로 화학적 소화방법에 해당한다.

　　• 할론은 화염 속에서 다음 식과 같이 열분해되어 두 개의 활성기로 나누어진다.

$$CF_3Br \rightarrow CF_3{}^* + Br^*$$

　　• 분리된 Br^*은 가연물질($R-H$)과 다음과 같이 반응한다.

$$(R-H) + Br^* \rightarrow R^* + HBr$$

　　• HBr은 반응 영역에서 활성화된 수산기(OH^*)와 반응한다.

$$HBr + OH^* \rightarrow H_2O + Br^*$$

　　• 활성화된 Br^*은 다시 다른 가연물질과 반응을 계속한다.

　　이상과 같은 반응을 통해 활성화된 H^*, OH^* 등이 활성을 잃게 되고 반응성이 적은 알킬 활성기(alkyl radical)가 남게 된다.

　㉡ 질식효과 : 할론소화약제는 그 자체가 열에 연소하지 않는 물질로서 대기에 방출되면 비중이 공기보다 무겁고 전기의 절연성이 높아 가연물질의 연소에 필요한 공기 중의 산소의 공급을 차단하며, 열에 의해서 발생된 열분해생성가스 역시 대부분 비중이 산소보다 무거워 가연물질에 공급되는 산소를 차단하여 일정한 농도를 형성하므로 화재를 질식시켜 소화한다.

　㉢ 냉각효과 : 할론소화약제는 저비점 물질로서 비점이 낮고 액상에서 기체상으로 기화하는 과정에서 주위의 열을 흡수하여 화재를 발화점 이하로 냉각시켜 소화하는 냉각소화작용을 한다.

② **적응화재**

　㉠ 주로 유류화재(B급 화재), 전기화재(C급 화재)에 유효하며 밀폐된 장소에서 방출하는 전역 방출 방식의 경우는 일반화재(A급 화재)에도 유효하다.

　㉡ 할론1211은 A · B · C급 화재에 적합하다.

③ 소화효과의 크기

할론1301 > 할론1211 > 할론2402 > 할론101 > 할론104

> **119 더 알아보기**
>
> **할론소화약제의 특성**
>
> 1. 오존층 파괴지수(O.D.P) : 할론1301 > 할론2402 > 할론1211
> 2. 전기음성도 : 불소 > 염소 > 취소 > 옥소
> 3. 부촉매효과의 크기 : 불소 < 염소 < 취소 < 옥소
> 4. ODP(오존파괴지수) = $\dfrac{\text{어떤 물질 1kg에 의해 파괴되는 오존량}}{\text{CFC} - 11 \ \ 1\text{kg에 의해 파괴되는 오존량}}$
> 5. GWP(지구온난화지수) = $\dfrac{\text{어떤 물질 1kg에 의한 지구온난화 정도}}{\text{CO}_2 \ \ 1\text{kg에 의한 지구온난화 정도}}$

(6) 할론소화약제의 장단점

장점	• 부촉매작용으로 연소 억제작용이 가장 큼 • 금속에 대하여 부식성이 적음 • 소화약제의 변질 및 분해가 없음 • 비전도성으로 전기화재에도 적합함 • 전역방출 방식으로 사용하는 경우 일반화재에도 적용됨 • 수명이 반영구적임
단점	• 가격이 비쌈 • 대부분 독성이 있음 • 오존층을 파괴하여 환경오염을 일으킴 • 지구상에서 점차 사라져가는 소화약제임

(7) 할론소화약제의 구비 조건

① 증발 후 잔유물이 없어야 한다.
② 공기보다 무겁고 불연성이어야 한다.
③ 기화되기 쉽고 저비점 물질이어야 한다.

(8) 할론소화약제의 사용 제한

① 자체적으로 산소를 함유한 자기반응성 물질(→ 제5류 위험물)
② 칼륨, 나트륨, 마그네슘 등 반응성이 큰 금속 물질(→ D급 화재)

분말소화약제 중에서 질식소화효과, 냉각소화효과, 비누화현상이 나타나는 것은?　[12 중앙 기출]

① 1종 분말소화약제
② 2종 분말소화약제
③ 3종 분말소화약제
④ 4종 분말소화약제

해설

질식소화효과, 냉각소화효과, 비누화현상을 갖는 분말소화약제는 1종 분말소화약제이다. 참고로 제2종, 제3종, 제4종 분말소화약제는 비누화현상이 일어나지 않는다.

정답 ①

이론 플러스

CDC(Compatible Dry Chemical) 분말소화약제[포병용 소화약제, 2약제 소화방식]

1. 분말소화약제는 빠른 소화능력을 갖고 있으나, 유류화재 등에 사용하는 경우는 소화 후 재발화의 위험성이 있다. 반면, 포소화약제는 소화에 거리는 시간은 길지만, 소화 후 장시간에 걸쳐 포가 유면을 덮고 있기 때문에 재발화의 위험이 아주 적다.
2. 분말소화약제의 빠른 소화능력과 포소화약제의 재연방지효과를 살린 약제를 생각하게 되어 제3종 분말소화약제와 함께 수성막포소화약제를 트윈 에이전트 시스템(Twin agent system)으로 사용하게 되었다.
3. CDC 분말소화약제(Twin agent system)
   ① TWIN 20/20 : 제3종 분말소화약제 20[Kg] + 수성막포 20[L]
   ② TWIN 40/40 : 제3종 분말소화약제 40[Kg] + 수성막포 40[L]

3. 분말소화약제

(1) 개요

① 분말 상태로 저장되어 있어 스스로 분출되지 못하기 때문에 질소가스(N_2)나 탄산가스(CO_2)의 압력을 이용하여 방출되는 약제이다.

② 입자의 크기는 20 ~ 25미크론 정도가 가장 좋다.

③ 분말의 입자크기가 작을수록 비표면적이 커지므로 연쇄반응을 억제·차단효과가 커지는 경향이 있다.

④ 분말소화약제는 제1종, 제2종, 제3종, 제4종이 있다.

⑤ 비중이 가벼울수록 소화효과가 크다(→ 비중 : 1종 > 2종 > 3·4종).

⑥ 소화효과는 <u>제1종 분말 < 제3종 분말 < 제2종 분말 < 제4종 분말</u> 순으로 크다.

⑦ 분말소화약제의 공통된 소화효과는 질식효과, 냉각효과, 부촉매에 의한 소화효과이며, 다른 소화효과로는 분사 시 발생된 분말의 운무가 화염으로부터 방사열을 차단하는 효과, 방진작용, 탈수·탄화작용 등이 있다.

⑧ <u>분말의 안식각이 작을수록 유동성이 커져 소화효과가 크다.</u>

⑨ 급격히 확대할 우려가 높은 가연성 액체의 표면 화재를 소화하는 데 가장 효과적으로 사용되고 있다(→ B급 화재).

⑩ 연소확대의 우려성이 높은 섬유나 종이·목모·대팻밥 등 특수가연물의 표면 화재에도 적합하며 속효성이 있다(→ 제3종 분말).

⑪ 전기가 통하지 않아 전기화재에 사용할 수 있다(→ C급 화재).

⑫ 습기에 의해 굳거나 덩어리지는 것을 방지하기 위해 금속의 스테아린산아연, 스테아린산마그네슘, 실리콘오일 등으로 방습 처리하여야 한다.

⑬ 제5류 위험물(자기연소성물질)과 D급 화재에 속하는 금속류(칼륨, 나트륨, 마그네슘, 티타늄 등)에는 소화효과가 없다.

(2) 분말소화약제의 종류

① 제1종 분말소화약제

㉠ 성분 : $NaHCO_3$(중탄산나트륨, 탄산수소나트륨, 중조, 가성소다)

㉡ 특징

- <u>백색</u>으로 착색되어 있다.
- B급, C급 화재에 적합하다.
- 질식소화, 냉각소화, 부촉매소화효과가 있다.
- <u>식용유화재 시에 비누화 현상에 의해</u> 거품을 형성하여 질식소화 및 재발화 방지에도 효과가 있다.
- 습기에 취약하기 때문에 스테아린산아연, 스테아린산마그네슘 등으로 방습 처리한다.

② 제2종 분말소화약제

　　㉠ 성분 : $KHCO_3$(탄산수소칼륨, 중탄산칼륨)

　　㉡ 특징

- 담자색(= 담회색)으로 착색되어 있다.
- 1종 분말보다 소화효과가 1.67배 정도 크다(→ 칼륨염이 나트륨염에 비하여 흡습성이 강하고 고체화되기 쉽기 때문).
- B급, C급 화재에 적합하다.
- 질식소화, 냉각소화, 부촉매소화효과가 있다.
- 스테아린산아연, 스테아린산마그네슘 등으로 방습 처리한다.
- 제1종 분말소화약제와는 달리 비누화 현상이 일어나지 않으므로 식용유화재에 적합하지 않다.

③ 제3종 분말소화약제

　　㉠ 성분 : $NH_4H_2PO_4$(제1인산암모늄)

　　㉡ 특징

- 담홍색으로 착색되어 있다.
- A급, B급, C급 화재에 적합하다.
- 질식소화, 냉각소화, 부촉매소화효과가 있다.
- 열분해 시 메타인산(HPO_3)이 생성되어 가연물의 표면에 점착되어 산소를 차단하는 방진작용에 의한 소화가 가능하다.
- 열분해 시 생성된 오르소인산(H_3PO_4)이 연소물의 섬유소(= 셀룰로오스)를 난연성의 탄소와 물로 분해시키는 탈수·탄화작용을 한다.
- 실리콘오일 등으로 방습 처리한다.
- 식용유화재 시 비누화 현상이 일어나지 않는다.

④ 제4종 분말소화약제

　　㉠ 성분 : 중탄산칼륨 + 요소[$(NH_2)_2CO$]

　　㉡ 특징

- 회색으로 착색되어 있다.
- B급, C급 화재에 적합하다.
- 질식소화, 냉각소화, 부촉매소화효과가 있다.
- 분말소화약제 중에서 소화성능이 가장 좋다.
- 유·무기산으로 방습 처리한다.
- 가격이 비싸 잘 유통되지 않는다.

이론 플러스

금속화재용 분말소화약제

1. 금속화재는 가연성 금속인 알루미늄, 마그네슘, 나트륨, 칼륨, 리듐, 티타늄(Ti) 등이 연소하는 것으로서 연소온도가 매우 높고 소화가 어려운 화재로 소화약제로 물을 사용 시 금속과 급격한 반응을 일으키거나 수증기 폭발을 일으킬 위험이 있다.

2. 불꽃을 제거하는 것이 목적인 다른 분말소화약제와는 다르게 금속화재용 분말소화약제는 금속 표면을 덮어서 산소의 공급을 차단하거나 온도를 낮추는 것이 주된 소화원리다.

3. 금속화재용 분말소화약제에는 G-1, Mct-L-X, Na-X, Lith-X 등이 있다.

기출 플러스

다음 중 HPO_3가 일반 가연물질인 나무, 종이 등의 표면에 피막을 이루어 공기 중의 산소를 차단하는 방진작용과 관련이 있는 것은? [19 기출]

① 제1종 분말소화약제
② 제2종 분말소화약제
③ 제3종 분말소화약제
④ 제4종 분말소화약제

해설

HPO_3가 일반 가연물질인 나무, 종이 등의 표면에 피막을 이루어 공기 중의 산소를 차단하는 방진작용과 관련이 있는 것은 제3종 분말소화약제이다.

정답 ③

□ 119체크

제1종 분말소화약제와 제2종 분말소화약제의 공통된 분해생성물은?

정답 CO_2, H_2O

제3종 분말소화약제의 분해생성물이 아닌 것은?

정답 CO_2

분말소화약제의 열분해반응식 정리

1. 제1종 분말소화약제
   - $2NaHCO_3 \rightarrow Na_2CO_3 + H_2O + CO_2 - Q[kcal]$ (270℃)
   - $2NaHCO_3 \rightarrow Na_2O + H_2O + 2CO_2 - Q[kcal]$ (850℃)

2. 제2종 분말소화약제
   $2KHCO_3 \rightarrow K_2CO_3 + H_2O + CO_2 - Q[kcal]$

3. 제3종 분말소화약제
   - $NH_4H_2PO_4 \rightarrow NH_3 + H_3PO_4$(오르쏘인산) $- Q[kcal]$ (166℃)
   - $2H_3PO_4 \rightarrow H_2O + H_4P_2O_7$(피로인산) $- Q[kcal]$ (216℃)
   - $NH_4H_2PO_4 \rightarrow NH_3 + H_2O + HPO_3$(메타인산) $- Q[kcal]$ (360℃)
   - $2HPO_3 \rightarrow H_2O + P_2O_5$(오산화인) $- Q[kcal]$ (1,000℃)

4. 제4종 분말소화약제
   $2KHCO_3 + CO(NH_2)_2 \rightarrow K_2CO_3 + NH_3 + CO_2 - Q[kcal]$

(3) 분말소화약제의 장단점

장점	• 소화성능이 우수하며, 심부 화재 및 표면 화재의 소화에도 적합 • 화재의 확대 및 연소가 빠른 인화성 액체의 표면 화재에 소화 효과가 빠른 속효성이 있음 • 전기절연성이 높아 고전압의 전기화재에도 적합함 • 소화약제의 수명이 반영구적이어서 경제적임 • 진화시간이 짧음 • 무독성
단점	• 피연소물질에 영향을 끼침(→ 정밀기기류나 통신기기류에는 부적합) • 배관 내의 흐름 시 고압을 필요로 함 • 습기에 취약(→ 고화성)

(4) 분말소화약제의 정리

종류	주성분	착색	적응화재	소화효과	열분해 생성물
제1종	탄산수소나트륨 =중탄산나트륨 ($NaHCO_3$)	백색	B · C급	질식소화, 냉각소화, 부촉매소화	CO_2(이산화탄소), H_2O(물)
제2종	탄산수소칼륨 =중탄산칼륨 ($KHCO_3$)	담회색 (담자색)	B · C급	질식소화, 냉각소화, 부촉매소화	CO_2(이산화탄소) H_2O(물)
제3종	제1인산암모늄 ($NH_4H_2PO_4$)	담홍색 /황색	A · B · C 급	질식소화, 냉각소화, 부촉매소화, 방진작용, 탈수탄화작용, 방사열차단	HPO_3(메타인산) H_2O(물) H_3PO_4(오르쏘인산) $H_4P_2O_7$(피로인산) P_2O_5(오산화인) NH_3(암모니아)
제4종	중탄산칼륨＋요소 [$KHCO_3$ + $(NH_2)_2CO$]	회색	B · C급	질식소화, 냉각소화, 부촉매소화,	NH_3(암모니아) CO_2(이산화탄소)

4. 할로겐화합물 및 불활성기체소화약제

(1) 개념

할론소화약제의 대체물질로서 오존파괴지수(ODP)와 지구온난화지수(GWP, Global Warming Potential)가 0에 가깝고 전기적으로 비전도성이며, 휘발성이 있거나 증발 후 잔여물을 남기지 않는 소화약제를 말한다.

(2) 특징

① 피연소물질에 피해를 주지 않으며, 소화 후 잔여물이 없다.

② 할로겐화합물 및 불활성기체소화약제는 할론 및 이산화탄소소화약제와 같이 약제를 방출하였을 때 산소농도를 급격히 저하시키지 않는다.

③ 할론소화약제에 비해 소화성능은 떨어지나 오존층 파괴가 적다.

④ 인체에 독성이 낮다.

(3) 할로겐화합물 및 불활성기체소화약제의 기준

① 할론 및 이산화탄소소화약제의 오존파괴지수(ODP, Ozone Depletion Potential)

할론1301	할론2402	할론1211	이산화탄소
10	6.0	3.0	0.05

② 물성

㉠ 피연소물질에 화학적 변화를 발생시키지 않으며, 비열 및 기화잠열이 커야 한다.

㉡ 약제 방출 시 자체 증기압력으로 신속하고 균일하게 방출되어야 한다.

③ 독성을 시험할 때 사용되는 용어 ★★

NOAEL	• No Observed Acute Effect Level • 소화약제 농도를 증가시킬 때 신체에 나쁜 영향을 감지할 수 없는 최대 농도 즉, 심장에 독성을 미치지 않는 최대 농도
LOAEL	• Lowest Observed Adverse Effect Level • 소화약제 농도를 감소시킬 때 신체에 나쁜 영향을 감지할 수 있는 최소 농도 즉, 심장에 독성을 미칠 수 있는 최소 농도
ALC	• Approximate Lethal Concentration • 근사치 농도 • 15분간 노출시켜 그 반수가 사망하는 농도
ALT	• Atmospheric Life Time • 대기잔존연수로 어떤 물질이 방사되어 분해되지 않은 채로 존재하는 기간
LC_0	• Lethal Concentration • 한 마리의 동물도 죽지 않는 최대 농도
LC_{50}	• 반수의 동물이 죽는 최소 농도 • 반수 치사 농도
LC_{100}	전체 동물이 죽는 최소 농도

기플러스

할로겐화합물소화약제가 갖추어야 할 일반적인 조건으로 옳지 않은 것은? [22 기출]

① 독성이 적을수록 좋다.
② 지구온난화에 끼치는 영향이 적을수록 좋다.
③ 대기 중에 잔존시간이 길수록 좋다.
④ 오존층 파괴에 끼치는 영향이 적을수록 좋다.

해설

대기 잔존시간이 짧을수록 좋다.

정답 ③

(4) 할로겐화합물 및 불활성기체소화약제의 종류

① 할로겐화합물

부촉매소화효과(화학적 소화)가 있다.

프레온 명칭	상품명	화학식
FC-3-1-10	PFC - 410	C_4F_{10}(Perfluorobutane)
하이드로 클로로 플루오로 카본 혼화제 (HCFC BLEND A)	NAF S - Ⅲ	$CHCl_2CF_3$(HCFC-123) : 4.75 wt%
		$CHClF_2$(HCFC-22) : 82 wt%
		$CHClFCF_3$(HCFC-124) : 9.5 wt%
		$C_{10}H_{16}$: 3.75 wt%
HCFC-124	FE - 241	$CHClFCF_3$(Chlorotetrafluoroethane)
HFC-125	FE - 25	CHF_2CF_3(Pentafluoroethane)
HFC-227ea	FM - 200	CF_3CHFCF_3(Heptafluoropropane)
HFC-23	FE - 13	CHF_3(Trifluoromethane)
HFC-236fa	FE - 36	$CF_3CH_2CF_3$
FIC-13I1	Triodide	CF_3I

② 불활성 기체

부촉매소화효과(화학적 소화)가 없다.

소화약제	화학식
불연성·불활성기체혼합가스(IG-01)	Ar : 99.9% 이상
불연성·불활성기체혼합가스(IG-100)	N_2 : 99.9% 이상
불연성·불활성기체혼합가스(IG-55)	N_2 : 50%, Ar : 50%
불연성·불활성기체혼합가스(IG-541)	N_2 : 52%, Ar : 40%, CO_2 : 8%

119 더 알아보기

불활성 기체 중 IG-541에 대한 특징
1. 사람이 있는 곳에서 사용할 수 있다.
2. 할론이나 분말소화약제와 같은 화학적 작용에 의한 소화효과가 없다.
3. 오존파괴지수(ODP)가 영(0)이다.
4. 성분은 질소(N_2) 52%, 아르곤(Ar) 40%, 이산화탄소(CO_2) 8%이다.

(5) 할로겐화합물 및 불활성기체소화약제의 소화효과와 적응화재

① 할로겐화합물 및 불활성기체소화약제의 소화효과

냉각소화, 질식소화, 부촉매소화가 있다.

② 할로겐화합물 및 불활성기체소화약제의 적응화재

B급 화재, C급 화재(단, 전역방출방식의 소화설비인 경우 모든 화재에 적용 가능)

(6) 할로겐화합물 및 불활성기체소화약제의 장단점

장점	• 전기 절연성이 우수함 • 수명이 반영구적임 • 증거 보존이 가능함 • 변질 · 부패 · 분해 등의 화학변화를 일으키지 않음 • 부촉매에 의한 연소의 억제작용이 크며, 소화능력이 우수함 • 피연소물질에 물리 · 화학적 변화를 초래하지 않음 • 오존층을 파괴하지 않음 • 지구온난화지수가 낮음
단점	• 가격이 비쌈 • HCFC-124 물질과 HFC-125 물질은 인체에 유해하므로 사람이 있는 장소에서 사용해서는 안 됨

5. 각종 소화약제의 적응 화재와 효과

화재의 종류	가연물의 종류	적응 소화약제	개략적인 소화효과
A급 화재	일반 가연 물질 예 목재, 고무, 종이, 플라스틱류, 섬유류 등	물	냉각, 침투
		수성막포(AFFF)	냉각, 질식, 침투
		A·B·C급 분말	억제, 피복, 냉각
		할론1211	억제, 냉각
B급 화재	가연성 액체 예 휘발유, 그리스, 페인트, 래커, 타르 등	수성막포(AFFF)	냉각, 질식
		B·C급 분말	질식, 냉각
		A·B·C급 분말	억제, 질식
		할론1211·1301	억제, 질식, 냉각
		이산화탄소	질식, 냉각, 피복
C급 화재	통전 중인 전기 기구 예 전선, 발전기, 모터, 판넬, 스위치, 기타 전기 설비 등	B·C급 분말	부도체
		A·B·C급 분말	
		할론1211·1301	
		이산화탄소	
A·B급 화재	일반 가연물과 가연성 액체, 기체의 혼합물	수성막포(AFFF)	질식, 냉각
		A·B·C급 분말	억제, 질식
		할론1211·1301	억제, 질식, 냉각
B·C급 화재	가연성 액체·기체와 통전 중인 전기기구와의 혼합물	B·C급 분말	억제, 질식, 부도체
		A·B·C급 분말	억제, 질식, 부도체
		할론1211·1301	억제, 질식, 냉각, 부도체
		이산화탄소	질식, 냉각, 부도체
A·B·C급 화재	일반 가연물과 가연성 액체, 기체와 통전 중인 전기 기구	A·B·C급 분말	억제, 질식, 부도체
		할론1211	억제, 질식, 냉각, 부도체
D급 화재	가연성 금속과 가연성 금속의 합금	금속화재용 분말	질식(공기 차단), 냉각

PART 07 단원별 예상문제

01 가솔린, 등유, 경유 등 유류화재 발생 시 가장 적합한 소화방식은?

① 냉각소화　　　　　　　　　　　② 질식소화
③ 희석소화　　　　　　　　　　　④ 부촉매소화

해설

② 유류화재에 가장 적합한 소화방식은 산소 공급을 차단하는 질식소화이다. 질식소화는 연소에 필요한 공기를 차단하여 소화하는 방법이다.

02 다음 중 유류에 포나 물을 뿌려 층을 형성함으로써, 유류 표면에 물과 기름의 엷은 막을 만들어 산소 차단 효과를 일으키는 소화에 해당하는 것은?

① 피복소화　　　　　　　　　　　② 유화소화
③ 질식소화　　　　　　　　　　　④ 억제소화

해설

② 유화소화란 물보다 무거운 비수용성 유류에 포나 물을 뿌려 층을 형성함으로써, 유류 표면에 유화층의 물과 기름의 엷은 막(에멀션 효과)을 만들어 산소 차단 효과를 일으키는 소화를 말한다.

03 다음에서 설명하는 소화 원리로 옳은 것은?

> 공기 중 산소량을 감소시켜 산소 공급을 차단하거나 산소의 농도를 15% 이하로 낮추어 소화를 시키는 원리를 말한다.

① 질식소화　　　　　　　　　　　② 부촉매소화
③ 제거소화　　　　　　　　　　　④ 유화소화

해설

② 연소의 4요소 중 연쇄반응의 속도를 빠르게 하는 정촉매를 억제하는 화학적 소화방법이다.
③ 가연물이나 화원을 제거시키는 소화방법이다.
④ 물보다 무거운 비수용성 유류에 포나 물을 뿌려 층을 형성함으로써 유류 표면에 유화층의 물과 기름의 엷은 막(에멀션 효과)을 만들어 산소 차단 효과를 일으키는 소화방법이다.

> **119 더 알아보기** ✓
>
> **질식소화**
> 연소의 3요소 중 산소공급원을 차단하거나 산소 농도를 15% 이하로 낮추는 소화 방법을 질식소화라 한다. 질식소화 방법의 예로는 다음과 같다.
> 1. 식용유화재 시 뚜껑을 덮어 소화하는 방법
> 2. 수건, 담요, 이불 등의 고체를 덮어 소화하는 방법
> 3. 포(Foam), 이산화탄소(CO_2) · 분말 · 할론소화설비를 이용하여 질식시키는 방법

04 다음 중 소화효과와 소화작용으로 옳은 것은?

① 물의 기화잠열은 539kcal/g으로서 냉각효과가 우수하다.
② 무상주수는 유류화재에 사용 가능하며 질식효과가 있다.
③ 물소화약제의 동결방지제로 질산염과 중탄산나트륨 등이 있다.
④ 유류 표면에 유화층이 형성되어 공기 공급을 차단하는 효과는 부촉매작용이다.

해설
① 물의 기화잠열은 539cal/g으로서 냉각효과가 우수하다.
③ 질산염과 중탄산나트륨은 동결방지제가 아니다. 동결방지제로는 에틸렌글리콜, 프로필렌글리콜, 염화칼슘 등을 사용할 수 있다.
④ 유류 표면에 유화층이 형성되어 공기 공급을 차단하는 효과는 유화작용이다.

05 다음 중 소화의 기본원리에서 순조로운 연쇄반응을 억제하여 소화하는 방식은?

① 질식소화
② 제거소화
③ 부촉매소화
④ 냉각소화

해설
③ 순조로운 연쇄반응을 억제하여 소화하는 화학적 방식으로는 자유활성기(자유라디칼)를 억제하는 부촉매소화가 있다.

06 제거소화에 대한 설명으로 옳지 않은 것은?

① 입으로 촛불을 불어 끄는 것
② 가스 화재 시 밸브를 잠그는 것
③ 유류탱크 화재 시 탱크 밑으로 기름을 빼내는 것
④ 가연물의 조성과 산소농도를 연소범위 이하로 점차 낮추는 것

해설
④ 가연물의 조성(연소가스)과 산소농도를 연소범위 이하로 점차 낮추는 것은 희석소화에 해당한다.

07 가스밸브를 잠그는 것은 어떤 소화에 해당되는가?

① 제거소화　　　　　　　　　　　② 냉각소화

③ 질식소화　　　　　　　　　　　④ 유화소화

해설

① 가스밸브를 잠그는 것은 제거소화에 해당된다.

08 다음 중 이산화탄소소화약제에 대한 설명으로 옳지 <u>않은</u> 것은?

① 피연소물에 오손이 적고 증거 보존이 용이하다.

② 질식소화효과가 강해 제5류 위험물에도 효과가 있다.

③ 방사 시 침투성이 있고 심부 화재에 적당하다.

④ 자체압력으로 방사가 가능하고 한랭지역에도 동결 우려가 없다.

해설

② 이산화탄소 소화효과에는 질식·냉각·피복효과가 있다. 제5류 위험물은 산소를 함유하고 있는 '자기반응성 물질'이기 때문에 이산화
탄소·분말·할론·포소화약제 등에 의한 질식효과가 없고, 초기에 다량의 물로 냉각소화하는 것이 적절하다.

09 소화약제를 수계와 가스계로 분류할 때, 가스계소화약제에 해당하지 <u>않는</u> 것은?

① 공기포소화약제　　　　　　　　② 이산화탄소소화약제

③ 할론소화약제　　　　　　　　　④ 분말소화약제

해설

②·③·④ 소화약제의 분류는 크게 수계와 가스계로 구분된다. 수계에는 물소화약제, 포소화약제, 강화액소화약제, 산알칼리소화약제
등이 있으며 가스계에는 할론소화약제, 이산화탄소소화약제, 분말소화약제, 할로겐화합물 및 불활성기체소화약제 등이 있다.

10 다음 중 물소화약제에 첨가할 수 있는 동결방지제로서 옳지 <u>않은</u> 것은?

① 염화나트륨　　　　　　　　　　② 프로필렌글리콜

③ 중탄산나트륨　　　　　　　　　④ 염화칼슘

해설

③ 중탄산나트륨은 제1종 분말소화약제의 주성분이다.

①·②·④ 물소화약제에 첨가할 수 있는 동결방지제로는 프로필렌글리콜, 에틸렌글리콜, 글리세린, 디에틸렌글리콜, 염화나트륨, 염화칼
슘 등이 있다.

11 분말소화약제 중 제1인산염으로 구성된 소화약제는?

① 제1종 분말($NaHCO_3$)

② 제2종 분말($KHCO_3$)

③ 제3종 분말($NH_4H_2PO_4$)

④ 제4종 분말($KHCO_3 + (NH_2)_2CO$)

해설

③ 분말소화약제 중 제1인산염의 소화약제는 제3종 분말($NH_4H_2PO_4$)에 해당한다.

12 다음에서 설명하는 소화약제로 옳은 것은?

A급, B급, C급 화재에 적응성이 있으며, 담홍색으로 착색되어 있고 주성분은 제1인산암모늄이다.

① 제1종 분말소화약제 ② 제2종 분말소화약제

③ 제3종 분말소화약제 ④ 제4종 분말소화약제

해설

③ 제시문은 제3종 분말소화약제에 대한 설명이다.

119 더 알아보기

소화약제의 종류

구분	화학식(주성분)	소화 원리	적응 화재	착색
제1종 분말소화약제	$NaHCO_3$ (탄산수소나트륨, 중탄산나트륨, 중조)	부촉매, 질식, 냉각	B급, C급	백색
제2종 분말소화약제	$KHCO_3$ (탄산수소칼륨, 중탄산칼륨)	부촉매, 질식, 냉각	B급, C급	담자색 (보라색)
제3종 분말소화약제	$NH_4H_2PO_4$ (제1인산암모늄)	부촉매, 질식, 냉각, 방진, 탈수	A급, B급, C급	담홍색 (핑크색)
제4종 분말소화약제	$KHCO_3 + (NH_2)_2CO$ (탄산수소칼륨 + 요소)	부촉매, 질식, 냉각	B급, C급	회색

13 억제작용을 하여 소화효과가 뛰어나지만 오존층 파괴 문제로 사용이 제한되는 소화약제는 무엇인가?

① 할론소화약제

② 이산화탄소소화약제

③ 분말소화약제

④ 할로겐화합물 및 불활성기체소화약제

해설

② 이산화탄소소화약제는 소화 후 소화약제에 의한 오손이 없고, 한냉지에서도 동결될 염려가 없다. 또한, 전기 절연성이고 장시간 저장해도 변화가 없고, 자체 압력으로 방출되기 때문에 동력이 필요하지 않다.

③ 화염과 반응하여 열분해를 일으키고 이때 생성되는 물질에 의한 억제·질식·냉각효과에 의하여 불을 끄는 소화약제이다.

④ 할로겐화합물 및 불활성기체로서 전기적으로 비전도성이며 휘발성이 있거나 증발 후 잔여물을 남기지 않는 소화약제이다.

14 소화약제의 요건으로 옳지 않은 것은?

① 인체에 무해한 것

② 값이 고가인 것

③ 잔유물이 없는 것

④ 변질 우려가 없으며 장기 보관이 가능한 것

해설

② 값이 고가인 것보다 저가인 것이 좋다.

15 다음 중 물을 첨가하거나 이용하는 소화약제가 아닌 것은?

① 포소화약제

② 산알칼리소화약제

③ 강화액소화약제

④ 할로겐화합물 및 불활성기체소화약제

해설

④ 할로겐화합물 및 불활성기체소화약제는 물을 첨가하거나 이용하는 소화약제가 아니고 가스계 소화약제이다.

16 할로겐화합물 및 불활성기체소화약제에 대한 설명으로 옳지 <u>않은</u> 것은?

① HFC-125는 인체에 유해하다.

② HCFC-124는 HCFC BLEND-A 중 9.5%를 차지한다.

③ FIC-1311, CF_3I에서 I는 요오드이다.

④ IG-541의 성분은 N_2(50%), Ar(40%), CO_2(10%)이다.

해설

④ IG-541의 성분은 N_2(52%), Ar(40%), CO_2(8%)이다.

17 물의 유실방지 및 소방대상물의 표면에 오랫동안 잔류하면서 무상주수 시 물체의 표면에서 점성의 효력을 올리는 약제는?

① 점도보강제(Viscous Agent)

② 유동화제(Rapid Water)

③ 계면활성제(Wetting Agent)

④ 유동제(Emulsifier)

해설

① 점도보강제(Viscous Agent)는 화재에 방사되는 물소화약제의 가연물에 대한 접착성질을 강화시키기 위하여 첨가하는 약제이다. 물의 사용량을 줄일 수 있고 초고층 빌딩 등 공중 소화에 사용 시 물이 분산되지 않으므로 목표물에 정확히 도달할 수 있다. 또한 소화효과를 높일 수 있는 장점이 있어 주로 산림화재 진압용으로도 많이 사용된다.

18 화재의 기본적인 소화방법으로 옳지 <u>않은</u> 것은?

① 냉각소화

② 질식소화

③ 촉매소화

④ 연쇄반응차단

해설

③ 아직까지 정해진 방법은 없지만 화재의 기본적인 소화방법의 분류에는 제거·냉각·질식 및 부촉매(연쇄반응 차단)소화 등으로 나누고 그 외의 유화·희석·방진·피복소화 등이 있다. 촉매소화는 해당하지 않는다.

19 금속 물질 화재 시 소화 수단으로 가장 옳지 <u>않은</u> 것은?

① 팽창진주암

② 마른 모래

③ 금속화재용 분말소화기

④ 할론소화기

해설

④ 금속화재의 소화 수단에는 팽창진주암, 팽창질석 등의 건조사와 마른 모래, 금속화재용 분말소화기 등이 있다. 가스계 소화약제인 이산화탄소소화기, 할론소화기 등은 적응성이 없다.

20 화재의 일반적인 소화방법으로 옳지 <u>않은</u> 것은?

① 가연물을 제거하는 제거소화

② 공기 중 산소 공급을 막는 질식소화

③ 혼합 기체를 사용하여 농도 이하로 낮추는 희석소화

④ 자연발화 화학폭발에 의한 팽창소화

해설

④ 일반적인 소화방법에는 ①·②·③ 외에 냉각소화, 부촉매소화, 유화소화, 피복소화 등이 해당되나, 팽창소화라는 분류는 없다.

21 다음 중 가연물을 냉각하는 냉각소화에 대한 설명으로 가장 옳지 <u>않은</u> 것은?

① 발화점 이하의 에너지 상태로 가연물을 유지하기 위함이다.

② 열을 흡수하여 가연성 연소생성물의 생성을 억제한다.

③ 봉상주수는 냉각소화 효과가 있는 주수방식이다.

④ 냉각소화는 화학적 연소반응의 속도를 지연시키는 방법이다.

해설

④ 화학적 연소반응의 속도를 지연시키는 것은 억제소화(부촉매에 의한 소화)에 해당한다. 냉각소화는 물 등의 소화약제로 가연물의 온도를 흡수하여 가연물의 온도를 발화점 혹은 인화점 이하로 내리는 소화방법이다.

22 철분, 금속, 마그네슘 등의 화재에 물을 사용하면 안 되는 이유는?

① 포스겐 가스 발생
② 수소 가스 발생
③ 산소 가스 발생
④ 질소 가스 발생

해설

② 금속화재 시 수분과의 접촉은 일반적으로 수소 등 가연성 가스를 발생시키므로 반드시 물의 주수를 피하여야 한다.

23 화재의 소화 작업에 주로 물을 사용하는 이유는?

① 가연물을 제거하기 위해
② 물의 증발잠열을 이용하기 위해
③ 공기 중의 산소 공급을 차단하기 위하여
④ 물의 비중을 이용하기 위하여

해설

② 화재의 소화 작용에 주로 물을 사용하는 이유는 물의 증발잠열을 이용하기 위해서이다.

119 더 알아보기

물의 특성

물은 극성공유결합을 하며, 적외선을 흡수하고 비열, 증발잠열(액체 → 기체)의 값이 다른 물질에 비해 매우 커서 주로 냉각소화에 사용된다. 주수 시 가연물을 냉각시켜 소화하는 경우 1g의 물이 증발하는 데 539cal의 열을 흡수하는 효과가 있으며, 물이 기화하면 약 1,700배 정도 부피로 팽창하므로 가연성 물질을 인화점 혹은 발화점 이하로 냉각시키는 효과를 나타낸다.

24 촛불을 입으로 불어서 껐을 때의 소화효과는?

① 질식소화
② 냉각소화
③ 억제소화
④ 제거소화

해설

④ 촛불을 입으로 불어서 껐을 때 화원으로부터 격리시키는 것은 제거소화에 해당한다.

제거소화의 예

1. 고체 파라핀(양초)의 화염을 입김으로 불어 날려 보내 끄는 것
2. 유전화재 시 질소폭탄을 투하해서 순간적으로 폭풍을 일으켜 유전 표면의 증기를 날려보내는 것
3. 전기화재 시 전원을 차단하는 것
4. 가스화재 시 밸브를 차단시켜 가스 공급을 중단시키는 것
5. 산불화재 시 진행방향의 나무를 잘라 제거하는 것
6. 유류탱크 화재 시 탱크 밑으로 기름을 빼내는 것
7. 화재 시 창고 등에서 물건을 빼내어 신속히 옮기는 것

25 다음 중 소화의 분류 및 특성으로 가장 옳지 <u>않은</u> 것은?

① 제3종 분말소화약제에서 메타인산이 가연물질을 덮어 잔진현상까지 차단하는 소화작용을 피복소화라고 한다.
② 가연성 물질을 인화점 이하로 냉각시켜 점화에너지를 차단하는 작용을 냉각소화라고 한다.
③ 유전 화재 시 질소폭탄으로 열을 흡수하여 산소와 혼합시키는 방법을 제거소화라 한다.
④ 물보다 비중이 큰 중유 등 비수용성의 유류 화재 시 에멀션 효과를 이용한 산소 차단 효과를 유화소화라고 한다.

해설

① 제3종 분말소화약제에서 메타인산이 가연물질을 덮어 잔진현상까지 차단하는 소화작용은 방진소화라고 한다.

26 이산화탄소를 방사해서 산소농도가 10%가 되었다면 이때의 이산화탄소 농도는?(소수점 첫째 자리에서 반올림한 값으로 구한다)

① 21%
② 34%
③ 42%
④ 52%

해설

④ 이산화탄소 체적농도(%) $= \dfrac{21-10}{21} \times 100 = 52.38(\%)$

∴ 소수점 첫째 자리에서 반올림하면 52%이다.

27 알코올화재 시 대량의 물로 소화하는 방법은?

① 냉각소화

② 질식소화

③ 유화소화

④ 희석소화

해설

④ 알코올(수용성)화재 시 대량의 물로 소화하는 방법은 희석소화에 해당한다. 즉, 가연성 기체의 조성을 연소범위 이하로 하여 희석시키는 것으로 가연물의 농도를 낮추어 점화원에 착화되지 않게 하는 소화방법이다. 참고로 산소공급을 차단시켜 산소농도 21%를 15% 이하로 낮추어 소화하는 방법은 질식소화이다.

28 다음 중 가연성 물질의 소화효과를 설명하는 예로 잘못 연결된 것은?

① 냉각소화 : 물·강화액·CO_2 등의 소화약제를 이용하여 가연성 물질을 발화점 이하로 낮추어 소화하는 작용

② 질식소화 : 담요, 이불, 젖은 가마니 등을 덮어 산소량을 일반적으로 15% 이하로 감소시켜 소화하는 작용

③ 억제소화 : 알코올과 같은 수용성액체의 화재발생 시 농도 60% 이상의 알코올에 물을 침투시켜 농도를 20% 이하로 낮추어 소화하는 작용

④ 제거소화 : 촛불을 입으로 불어 화원으로부터 격리시켜 소화하는 작용

해설

③ 액체나 고체 가연물의 화재 발생 시 물(액체일 경우), 모래(고체일 경우), 불활성 가스(기체일 경우) 등을 이용하여 가연물을 연소농도 이하로 낮추는 소화작용은 억제소화가 아닌 희석소화이다. 억제소화란 연소의 4요소 중 (순조로운) 연쇄반응을 차단하여 자유라디칼을 흡착하여 연소 상태를 저지하는 것으로 화학적 소화방법이다.

29 다음 중 물분무소화설비의 소화효과가 아닌 것은?

① 부촉매소화

② 냉각소화

③ 희석소화

④ 질식소화

해설

① 물분무소화설비의 소화효과에는 냉각소화, 희석소화, 질식소화, 복사열 차단 등의 효과가 있으며 제거소화나 부촉매에 의한 소화효과는 없다.

30 다음 중 소화에 관한 내용으로 옳지 <u>않은</u> 것은?

① 냉각소화 – 봉상주수는 유류화재에 가능하다.

② 제거소화 – 유전 표면의 증기를 날려 보내는 방법이다.

③ 질식소화 – 산소 농도를 21%에서 15% 이하로 낮추는 방법이다.

④ 억제소화 – 가연물 내 활성기에 부촉매소화제를 반응시켜 연소생성물의 생성을 억제시키는 방법이다.

해설

① 봉상주수는 유류면의 슬롭오버(Slopover) 현상에 의한 화재확대로 유류화재에 가능하지 않다.

31 팽창비율에 따른 포의 종류로서 팽창비가 20 이하인 것은 저발포라 하고, 팽창비가 80 이상 1,000 미만인 것을 고발포라고 한다. 다음 중 발포배율이 다양하여 고발포 및 저발포로서 소화가 가능한 것은?

① 합성계면활성제포

② 불화단백포

③ 내알코올포

④ 수성막포

해설

① 합성계면활성제포는 발포배율이 다양하여 고발포 및 저발포로서 소화가 가능하다.

32 다음 중 내알콜포소화약제의 주성분과 관계가 <u>없는</u> 것은?

① 계면활성제

② 분해단백질

③ 금속비누

④ 제1철염

해설

④ 내알코올포소화약제는 포의 소멸(소포성)을 방지하기 위하여 단백질의 가수분해물, 계면활성제에 금속비누(지방산 복염) 등을 첨가하여 유화 분산시킨 것을 원제로 하는 약제이다. 제1철염은 단백포의 부패 및 침전을 방지하기 위한 안정제이다.

33 할론1301의 소화약제 중 염소 원자 개수는?

① 1   ② 0

③ 3   ④ 5

해설

② 할론소화약제의 종류는 탄소(C) > 불소(F) > 염소(Cl) > 브롬(Br)의 순서대로 원자수를 나타내는 숫자로서 명명한다. 할론1301의 분자식은 CF_3Br 이므로 소화약제는 탄소(1), 불소(3), 염소(0), 브롬(1)에 해당한다.

119 더 알아보기

할론소화약제의 특징

원자명(분자식)	탄소	불소	염소	브롬	특징
	C	F	Cl	Br	
104(CCl_4)	1	0	4	–	• 포스겐 가스 발생 • 독성이 강함
1011(CH_2ClBr)	1	0	1	1	원자가 변화 'H_2'
1211(CF_2ClBr)	1	2	1	1	• A · B · C급 화재에 사용 가능 • 압력이 약함
1301(CF_3Br)	1	3	0	1	• 지하 · 무창층 사용 가능 • 독성이 약함 • 오존층 파괴지수가 가장 높음
2402($C_2F_4Br_2$)	2	4	0	2	• 비중이 무거움 • 독성이 있음

34 할로겐화합물 및 불활성기체소화약제 중 주성분이 N_2로만 구성된 약제로 옳은 것은?

① IG-01
② IG-100
③ IG-541
④ IG-55

해설

② 할로겐화합물 및 불활성기체소화약제 중 주성분이 N_2로만 구성된 약제는 IG-100이다.

119 더 알아보기

할로겐화합물 및 불활성기체소화약제

소화약제	화학식
불연성·불활성기체혼합가스(IG-01)	Ar : 99.9% 이상
불연성·불활성기체혼합가스(IG-100)	N_2 : 99.9% 이상
불연성·불활성기체혼합가스(IG-55)	N_2 : 50%, Ar : 50%
불연성·불활성기체혼합가스(IG-541)	N_2 : 52%, Ar : 40%, CO_2 : 8%

35 제4류 위험물 중 알코올류, 아세톤, 에스테르류, 에테르류, 케톤류 등 수용성 위험물에 사용할 수 있는 소화약제는?

① 수성막포소화약제
② 합성계면활성제소화약제
③ 내알코올포소화약제
④ 단백포소화약제

해설

③ 내알코올포소화약제는 알코올류, 아세톤, 에스테르류, 에테르류, 케톤류 등 수용성인 가연성 액체의 소화에 사용되는 포소화약제이다.

36 할로겐화합물 및 불활성기체소화약제소화설비에서 농도를 증가시킬 때 신체에 나쁜 영향을 감지할 수 없는 최대농도를 무엇이라 하는가?

① LOAEL   ② NOAEL
③ ODP   ④ GWP

해설

② 농도를 증가시킬 때 신체에 나쁜 영향을 감지할 수 없는 최대농도를 NOAEL이라 한다.

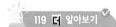

용어의 정의

1. NOAEL
   소화약제 농도를 증가시킬 때 신체에 나쁜 영향을 감지할 수 없는 최대 농도 즉, 심장에 독성을 미치지 않는 최대 농도
2. LOAEL
   소화약제 농도를 감소시킬 때 신체에 나쁜 영향을 감지할 수 있는 최소 농도 즉, 심장에 독성을 미칠 수 있는 최소 농도
3. ODP

   $$오존층 \ 파괴지수 = \frac{어떤 \ 물질 \ 1kg에 \ 의해 \ 파괴되는 \ 오존량}{CFC-11 \ 1kg에 \ 의해 \ 파괴되는 \ 오존량}$$

4. GWP

   $$지구온난화지수 = \frac{어떤 \ 물질 \ 1kg에 \ 의한 \ 지구온난화 \ 정도}{CO_2 \ 1kg에 \ 의한 \ 지구온난화 \ 정도}$$

37 다음 중 할론소화약제의 구비 조건으로 옳지 않은 것은?

① 약제 증발 후 잔유물이 없어야 한다.
② 약제는 공기보다 가볍고 불연성이어야 한다.
③ 기화되기 쉬운 저비점 물질이어야 한다.
④ 약제는 방사 후 금속에 대한 부식성이 적어야 한다.

해설

② 할론소화약제는 공기보다 무겁고 불연성이어야 한다.

38 다음 중 금속화재 소화약제 요건에 대한 설명으로 <u>잘못된</u> 것은?

① 융점이 낮고 비중이 적은 것
② 열흡수량이 적고 유동성이 낮은 것
③ 부식성이 없는 것
④ 분해하여 산소를 방출하지 않는 것

해설
② 금속화재 소화약제는 열흡수량이 많고 유동성이 높아야 한다.

39 다음 중 물의 첨가제에 대한 설명으로 옳은 것은?

> 가연물과 에멀션을 형성하여 유화층 형성을 돕는 약제로서 중유, 원유, 윤활유, 아스팔트유 등 인화점이 높은 유류에 사용하며 계면활성제, 친수성 콜로이드 등이 있다.

① 동결방지제
② 점도보강제(Viscous Agent)
③ 계면활성제(Wetting Agent)
④ 유화제(Emulsifier)

해설
④ 제시문은 유화제에 대한 설명이다.

40 분말소화약제에 대한 설명으로 옳지 <u>않은</u> 것은?

① 제1종, 제2종 분말소화약제는 B급, C급 화재에 사용된다.
② 제1종, 제2종, 제4종 분말소화약제는 B급, C급 화재에 사용된다.
③ 제3종 분말소화약제는 A급, B급, C급 화재에 사용된다.
④ 제4종 분말소화약제는 A급, B급, C급 화재에 사용된다.

해설
④ 제4종 분말소화약제는 B급, C급 화재에만 사용된다.

41 분말소화약제 중에서 제1종 분말소화약제와 제2종 분말소화약제가 방사되었을 때 함께 생성되는 물질은?

① N_2, O_2 ② N_2, CO_2

③ H_2O, CO_2 ④ O_2, CO_2

해설

③ 제1종 분말소화약제와 제2종 분말소화약제가 방사되었을 때는 공통적으로 H_2O, CO_2 가 생성된다.

42 다음 중 소화약제에 대한 설명으로 옳지 <u>않은</u> 것은?

① 할론1301 : 우수한 소화력에도 불구하고 A급 화재에서는 일반적으로 적응력이 없다.

② 포소화약제 : 주 소화효과는 냉각작용과 질식작용이다.

③ 제3종 분말소화약제 : 열분해 시 메탄인산의 물질이 생성되어 A급 화재에 적응성을 갖는다.

④ 제2종 분말소화약제 : 비누화 현상이 있어 특히 주방의 화재에 적응성을 갖는다.

해설

④ 제2종 분말소화약제는 비누화 현상이 일어나지 않는다. 제1종 분말소화약제가 비누화 현상이 있어 주방의 화재에 적응성을 갖는다.

43 오존층 파괴지수(ODP)가 큰 순서로 바르게 나열된 것은?

가. IG-541	나. 할론1211
다. 할론2402	라. 할론1301

① 다 - 나 - 가 - 라   ② 나 - 다 - 라 - 가

③ 나 - 다 - 가 - 라   ④ 라 - 다 - 나 - 가

해설

④ 오존층 파괴지수는 '할론1301 > 할론2402 > 할론1211 > IG-541' 순이다.

44 분말소화약제 중에서 질식소화효과, 냉각소화효과, 비누화 현상이 나타나는 것은?

① 제1종 분말소화약제

② 제2종 분말소화약제

③ 제3종 분말소화약제

④ 제4종 분말소화약제

해설

① 질식소화효과, 냉각소화효과, 비누화 현상이 나타나는 것은 제1종 분말소화약제이다.

45 다음 중 나머지 셋과 거리가 <u>먼</u> 하나는?

① 강화액(loaded stream)

② 라이트워터(light water)

③ 수성막거품포(aqueous film foaming foam)

④ 플루오르화학포(fluoro chemical foam)

해설

① loaded stream(강화액)은 소화약제에 해당한다. ②와 ③은 수성막포, ④는 불소계 화학포로서 ② · ③ · ④는 포의 종류에 해당한다.

46 탄산칼륨과 같은 물질을 첨가하여 물의 소화력을 높이고 한랭지역에서도 사용 가능한 소화기는 무엇인가?

① 강화액소화기

② 포소화기

③ 분말소화기

④ 할론소화기

해설

① 강화액소화기는 탄산칼륨과 같은 물질을 첨가하여 물의 소화력을 높이고 한랭지역에서도 사용 가능한 소화기포 소화약제로는 할론, 할로겐화합물 및 불활성기체 등의 형태가 있으며, 강화액은 물에 화학제품을 섞어 소화력을 강화하였다.

47 물소화약제의 성질에 대한 설명으로 가장 옳은 것은?

① 물 분자는 산소 원자 1개와 수소 원자 2개가 수소 결합을 이루고 있다.

② 같은 질량에서 물은 얼음보다 부피가 크다.

③ 물은 다른 물질에 비해 기화열은 높지만 비열은 낮다.

④ 물은 4℃에서 밀도가 가장 크다.

해설

④ 물은 4℃에서 밀도가 가장 커서 고체인 얼음보다 더 무거워 얼음을 물 위로 뜨게 한다.

① 물 분자는 산소 원자 1개와 수소 원자 2개가 공유 결합을 이루고 있다.

② 같은 질량에서 물은 얼음보다 부피가 작다.

③ 물은 다른 물질에 비해 비열이 높다.

48 독성이 거의 없어 지하층, 무창층에도 사용되며 공기보다 5배 무겁고, 소화효과가 가장 좋아 널리 쓰이지만, 오존층 파괴지수가 큰 소화약제는?

① 할론1040

② 할론1211

③ 할론2402

④ 할론1301

해설

① 무색투명하고 특이한 냄새가 있는 불연성 액체로 맹독성 가스인 포스겐을 생성시킨다.

② 상온에서 기체이며, 공기보다 약 5.7배 무겁다. 방출 시에는 액체로 분사된다.

③ 상온에서 액체이며, 할론1040보다 약하지만 독성이 비교적 있다. 비중이 가장 무겁다.

49 다음 중 A, B, C급 소화기 약제에 사용되는 제1인산암모늄이 화재 시 열분해로 생성되는 것이 아닌 것은?

① NH_3(암모니아)

② P_2O_5(오산화인)

③ H_2O(물)

④ N_2(질소)

해설

④ 제3종 분말소화약제가 열분해하면서 N_2(질소)는 생성되지 않는다. 제3종 분말소화약제가 열분해하면서 생성되는 물질로는 암모니아, 오산화인, 물, 피로인산, 오르쏘인산 등이 있다.

47 ④   48 ④   49 ④   **정답**

50 분말소화약제에 대한 설명으로 옳지 <u>않은</u> 것은?

① 제1종 – 탄산수소칼륨이 주성분이다.

② 제2종 – B · C급 화재에 적응성이 있다.

③ 제3종 – 제1인산암모늄이 주성분이다.

④ 제4종 – 분말가루의 색상이 회색이다.

해설

① 제1종 분말소화약제의 주성분은 탄산수소나트륨이다. 탄산수소칼륨을 주성분으로 하는 것은 제2종 분말소화약제이다.

119 더 알아보기

제1종	성분	$NaHCO_3$(중탄산나트륨 = 탄산수소나트륨 = 중조)
	특징	• 백색으로 착색 • B급, C급 화재에 적합 • 질식, 냉각, 부촉매효과 • 주방에서의 식용유화재에 적합(비누화 현상에 의해 거품을 형성하여 질식소화 및 재발화 방지에도 효과가 있음) • 스테아린산 아연, 스테아린산 마그네슘 등으로 방습 처리
제2종	성분	$KHCO_3$(탄산수소칼륨 = 중탄산칼륨)
	특징	• 담자색(=담회색)으로 착색 • 1종 분말보다 소화효과가 1.67배 정도 큼(칼륨염이 나트륨염에 비하여 흡습성이 강하고 고체화되기 쉽기 때문) • B급, C급 화재에 적합 • 질식, 냉각, 부촉매효과 • 스테아린산아연, 스테아린산마그네슘 등으로 방습 처리 • 비누화 현상 없음
제3종	성분	$NH_4H_2PO_4$(제1인산암모늄)
	특징	• 담홍색으로 착색 • A급, B급, C급 화재에 적합 • 질식, 냉각, 부촉매효과 • 열분해 시 메타인산(HPO_3)이 생성되어 가연물의 표면에 점착되어 산소를 차단하는 방진작용에 의한 소화 가능 • 열분해 시 생성된 오르쏘인산(H_3PO_4)이 연소물의 섬유소(= 셀룰로오스)를 난연성의 탄소와 물로 분해시키는 탈수 · 탄화작용 • 제1종 · 제2종보다 20 ~ 30% 소화효과가 큼 • 실리콘오일 등으로 방습 처리 • 비누화 현상 없음
제4종	성분	$KH(O_3 + CNH_2)_2CO$(중탄산칼륨 + 요소)
	특징	• 회색으로 착색 • B급, C급 화재에 적합 • 질식, 냉각, 부촉매효과 • 소화성능이 가장 좋음 • 유 · 무기산으로 방습 처리 • 가격이 비싸 잘 유통되지 않음

51 가연물의 화학적 연쇄반응 속도를 줄여 소화하는 방법으로 옳은 것은?

① 다량의 물을 주수하여 소화한다.
② 할론소화약제를 사용하여 소화한다.
③ 연소물이나 화원을 제거하여 소화한다.
④ 에멀션(emulsion) 효과를 이용하여 소화한다.

해설

② 가연물의 화학적 연쇄반응의 속도를 줄여 소화하는 방법은 부촉매에 의한 소화원리로 할론소화약제가 해당한다.

119 더 알아보기

부촉매소화효과가 있는 소화약제
할론소화약제, 분말소화약제, 강화액소화약제, 할로겐화합물 및 불활성기체소화약제

---

52 물소화약제 첨가제 중 주요 기능이 물의 표면장력을 작게하여 심부화재에 대한 적응성을 높여 주는 것은?

① 부동제
② 증점제
③ 침투제
④ 유화제

해설

③ 물의 표면장력을 작게 하여 심부화재에 대한 적응성을 높여주는 첨가제를 침투제(= 계면활성제, 습윤제)라 한다.

119 더 알아보기

물소화약제의 첨가제
1. 동결방지제 – 에틸렌글리콜, 프로필렌글리콜, 염화칼슘, 글리세린, 염화나트륨 등
2. 점도보강제(Viscous agent) – 물의 점성을 높임(예 SCMC)
3. 침투제(= 습윤제, 계면활성제) – 물의 표면장력을 낮춰 가연물에 쉽게 침투하도록 하는 첨가제(예 소르비톨)
4. 유동화제(rapid water) – 소화펌프에서 배관쪽을 물을 빠르게 보내는 첨가제
5. 유화제 – 유화층 형성

53 고발포인 제2종 기계포의 팽창비에 해당하는 것은?

① 10배 이상 20배 이하

② 100배 이상 200배 이하

③ 300배 이상 400배 이하

④ 500배 이상 600배 이하

해설

고발포인 제2종 기계포의 팽창비는 250배 이상 500배 미만으로 그에 해당하는 것은 ③ 300배 이상 400배 이하가 그 범위에 해당하므로 옳은 정답이다.

119 더 알아보기

포의 팽창비 = $\dfrac{\text{발포 후 포수용액의 체적}}{\text{발포 전 포수용액의 체적}}$

저발포(3%, 6%)		6 이상 ~ 20 이하
고발포 (1%, 1.5%, 2%)	제1종 기계포	80 이상 ~ 250 미만
	제2종 기계포	250 이상 ~ 500 미만
	제3종 기계포	500 이상 ~ 1,000 미만

자격증 / 공무원 / 취업까지 BEST 온라인 강의 제공
www.SDEDU.co.kr

PART

08

화재조사론

문승철 소방학개론

CHAPTER 01 화재조사의 개요

1 화재조사의 목적 및 특징

1. 화재조사의 목적

① 화재의 예방·경계 및 진압을 위한 자료를 축적한다.

② 화재피해를 조사한다.

③ 화재의 원인 및 연소의 과정을 조사한다.

④ 화재에 대한 책임 규명을 위해 조사한다.

⑤ 화재에 의한 피해를 알리고 유사 화재의 방지와 피해의 경감에 이바지한다.

⑥ 사상자의 발 생원인과 방화 관리 상황 등을 규명하여 인명 구조 및 안전대책의 자료로 활용한다.

⑦ 화재의 발생 상황, 손해 상황 등을 통계화함으로써 널리 소방정보를 수집하고 소방행정시책의 자료로 활용한다.

    ✿ 방화자와 실화자의 처벌을 위해(×), 배상과 보상을 위해(×), 방화자 및 소화활동의 평가(×)

2. 화재조사의 특징

(1) 현장성

화재 현장에서 조사가 이루어져야 하므로 현장성을 갖는다.

(2) 신속성

시간이 지날수록 현장 보존이 어려워지므로 신속성이 필요하다.

(3) 정밀 과학성

정확하게 판단되어야 하므로 정밀 과학성이 요구된다.

기출 플러스

다음 중 화재조사를 하는 이유로 옳지 않은 것은?   [16 충남 기출]

① 화재의 경계와 예방활동을 위한 정보 자료 획득

② 화재 및 제조물 위치관련 통계 작성 추구 및 예방, 진압대책의 자료

③ 방화·실화 수사협조 및 피해자의 구체적 증거확보

④ 강력한 소방시설의 설치를 위한 자료

해설

강력한 소방시설 설치를 위한 자료로 화재조사를 하지 않는다. ①, ②, ③은 화재조사를 실시하는 이유에 해당된다.

정답 ④

소방기관에서 실시하는 화재조사에 대한 일반적인 설명으로 옳지 않은 것은? [22 기출]

① 화재조사는 관계 공무원이 화재 사실을 인지하는 즉시 실시한다.
② 화재조사는 강제성을 지니며, 프리즘식으로 진행한다.
③ 화재조사 시 건축·구조물 화재의 소실정도는 입체면적에 대한 비율을 적용하여 구분한다.
④ 화재원인조사에는 소방·방화시설의 조사는 포함되지 않는다.

해설

화재원인조사에 소방·방화시설의 조사는 포함된다.

정답 ④

(4) 보존성

화재 현장에서의 증거물은 보존이 잘 되어야 화재조사가 정확하게 이루어질 수 있다.

(5) 안전성

화재조사는 소화활동과 동시에 하므로 화재 현장에서의 안전성이 요구된다.

(6) 강제성

화재 현장에서 관계인의 동의를 얻기는 쉽지 않으므로 강제성의 특징이 있다.
⊙ 임의성(×)

(7) 프리즘식

여러 사람의 견해를 모아서 종합적으로 진행한다.

2 화재조사의 용어와 기준

1. 화재조사의 용어 정의(「화재조사 및 보고규정」)

(1) 화재

① 사람의 의도에 반하거나 고의에 의해 발생하는 연소현상으로서 소화시설 등을 사용하여 소화할 필요가 있거나 또는 화학적인 폭발현상을 말한다.
② 화학적인 폭발현상
화학적 변화가 있는 연소현상의 형태로서, 급속히 진행되는 화학반응에 의해 다량의 가스와 열이 발생하면서 폭음, 불꽃 및 파괴가 일어나는 현상을 말한다.

(2) 조사

화재 원인을 규명하고 화재로 인한 피해를 산정하기 위하여 자료의 수집, 관계자 등에 대한 질문, 현장 확인, 감식, 감정 및 실험 등을 하는 일련의 행동을 말한다.

(3) 감식

화재 원인의 판정을 위하여 전문적인 지식, 기술 및 경험을 활용하여 주로 시각에 의한 종합적인 판단으로 구체적인 사실관계를 명확하게 규명하는 것을 말한다.

(4) 감정

화재와 관계되는 물건의 형상, 구조, 재질, 성분, 성질 등 이와 관련된 모든 현상에 대하여 <u>과학적 방법에 의한 필요한 실험</u>을 행하고 그 결과를 근거로 화재 원인을 밝히는 자료를 얻는 것을 말한다.

(5) 화재조사관

소방청, 소방본부, 소방서에서 화재조사업무를 수행하는 소방공무원(내근)을 말한다.

(6) 관계자 등

「소방기본법」 제2조 제3호에 의한 관계인과 화재의 발견자, 통보자, 초기 소화자 및 기타 조사 참고인을 말한다.

(7) 발화

① 열원에 의하여 가연물질에 지속적으로 불이 붙는 현상을 말한다.

② **발화열원**

발화의 최초 원인이 된 불꽃 또는 열을 말한다.

(8) 발화 지점

열원과 가연물이 상호작용하여 화재가 시작된 지점을 말한다.

(9) 발화 장소

화재가 발생한 장소를 말한다.

(10) 최초 착화물

발화열원에 의해 불이 붙고 이 물질을 통해 제어하기 힘든 화세로 발전한 가연물을 말한다.

(11) 발화 요인

발화열원에 의하여 발화로 이어진 연소현상에 영향을 준 인적·물적·자연적인 요인을 말한다.

(12) 발화 관련 기기

발화에 관련된 불꽃 또는 열을 발생시킨 기기 또는 장치나 제품을 말한다.

기출 플러스

「화재조사 및 보고규정」에서 정의하는 용어에 대한 것으로 옳은 것은? [18 상반기 기출]

① 최초 착화물이란 열원에 의하여 가연물질에 지속적으로 불이 붙는 현상을 말한다.

② 동원력이란 발화에 관련된 불꽃 또는 열을 발생시킨 기기 또는 장치나 제품을 말한다.

③ 발화열원이란 발화로 이어진 연소현상에 영향을 준 요인을 말한다.

④ 잔가율이란 화재 당시에 피해물의 재구입비에 대한 현재가의 비율을 말한다.

해설

옳은 것은 ④ 잔가율이란 화재 당시에 피해물의 재구입비에 대한 현재가의 비율을 말한다.

오답정리

① 최초 착화물이란 열원에 의하여 가연물질에 지속적으로 불이 붙는 현상을 말한다.

② 동원력이란 발화에 관련된 불꽃 또는 열을 발생시킨 기기 또는 장치나 제품을 말한다.

③ 발화열원이란 발화로 이어진 연소현상에 영향을 준 요인을 말한다.

정답 ④

(13) 동력원

발화 관련 기기나 제품을 작동 또는 연소시킬 때 사용되어진 연료 또는 에너지를 말한다.

(14) 연소확대물

연소가 확대되는 데 있어 결정적 영향을 미친 가연물을 말한다.

(15) 재구입비

화재 당시의 피해물과 같거나 비슷한 것을 재건축(설계·감리비 포함) 또는 재취득하는 데 필요한 금액을 말한다.

(16) 내용연수

고정자산을 경제적으로 사용할 수 있는 연수를 말한다.

(17) 손해율

피해물의 종류, 손상 상태 및 정도에 따라 피해액을 적정화시키는 일정한 비율을 말한다.

(18) 잔가율

화재 당시에 피해물의 재구입비에 대한 현재가의 비율을 말한다.

(19) 최종잔가율

피해물의 경제적 내용연수가 다한 경우 잔존하는 가치의 재구입비에 대한 비율을 말한다.

(20) 화재현장

화재가 발생하여 소방대 및 관계자 등에 의해 소화활동이 행하여지고 있는 장소를 말한다.

(21) 상황실

소방관서 또는 소방기관에서 화재·구조·구급 등 각종 소방상황을 접수·전파 처리 등의 업무를 행하는 곳을 말한다.

(22) 소방·방화시설

소방시설 및 방화시설을 말한다.

(23) 광역 화재조사단

화재조사의 중요성을 감안하여 <u>시·도 소방본부장</u>이 권역별로 설치한 화재조사 전담부서를 말한다.

(24) 접수

119상황실에서 화재 등의 신고를 받은 최초의 시각을 말한다.

(25) 출동

화재를 접수하고 119상황실로부터 출동지령을 받아 소방대가 소방서 차고에서 출발하는 것을 말한다.

(26) 도착

출동지령을 받고 출동한 <u>선착대</u>가 현장에 도착하는 것을 말한다.

(27) 초진

소방대의 소화활동으로 <u>화재확대의 위험이 현저하게 줄어들거나 없어진 상태</u>를 말한다.

(28) 잔불정리

화재를 진압한 후, <u>잔불을 점검하고 처리하는</u> 것을 말한다. 이 단계에서는 열에 의한 수증기나 화염 없이 연기만 발생하는 연소현상이 포함될 수 있다.

(29) 완진

소방대에 의한 <u>소화활동의 필요성이 사라진 것</u>을 말한다.

(30) 철수

진화가 끝난 후, 소방대가 현장에서 복귀하는 것을 말한다.

(31) 잔불감시

화재를 진화한 후 화재가 재발되지 않도록 <u>감시조</u>를 편성하여 <u>불씨가 완전히 소멸될 때까지 확인하는</u> 것을 말한다.

재구입비, 잔가율, 최종잔가율 비교

1. 재구입비

   재구입비는 화재 당시 피해물과 같거나 비슷한 것을 재건축 또는 재취득하는 데 필요한 금액을 말한다.

   예 2년 전에 소유하고 있는 1,000만 원짜리 차량이 화재로 소실된 경우 똑같은 차량을 구입하려고 할 때 드는 금액이 재구입비이다.

2. 잔가율

   잔가율은 화재 당시에 피해물의 재구입비에 대한 현재가의 비율로서 잔가율은 잔존가치율이라고도 한다.

   예 5년 전에 1,000만 원짜리 차를 샀는데 5년이 지나고 불이 났다고 할 때, 그때 그 차의 시세가 500만 원이라고 하면 잔가율은 500만 원/1,000만 원 = 0.5, 즉 50%가 되는 것이다.

3. 최종잔가율

   피해물의 경제적 내용연수가 다한 경우 잔존하는 가치의 재구입비에 대한 비율로서 최종잔가율은 최종잔존가치율이라고도 한다. 대부분의 물품은 내용연수를 만들어 놓고 사용한다.

   예 100만 원짜리 냉장고의 내용연수를 5년으로 한다면 1년 후에는 80만 원, 2년 후에는 60만 원 등으로 냉장고의 가치가 감소한다. 즉 가치 비율은 0.8, 0.6이 된다. 5년이 지나면 0이 되지만 냉장고를 5년만 사용하는 것은 아니다. 5년이 지나 냉장고가 불에 탔다면 장부상 가치는 0이 되지만 실제 냉장고를 돈을 주고 다시 사야 하니 가치가 있는 것이다. 이 남은 가치, 즉 <u>최종잔가율을 건물, 부대설비, 가재도구, 구축물은 20%(0.2) 그 외의 자산은 10%(0.1)로 정한다</u>.

2. 화재조사의 기준(「소방의 화재조사에 관한 법률」)

(1) 화재조사권자

<u>소방청장, 소방본부장 또는 소방서장(= 소방관서장)</u>

(2) 화재조사의 시기

<u>화재발생 사실을 알게 된 때에는 지체 없이</u> 화재조사를 하여야 한다. 이 경우 수사기관의 범죄수사에 지장을 주어서는 아니 된다.

(3) 화재조사관의 권리

① 화재의 원인조사 및 피해조사권
② 관계인에게 보고 또는 자료제출 명령권 및 질문권

③ 수사기관에 체포된 피의자와 압수된 증거물에 대한 조사권

　　✿ 피의자 체포권(×), 증거물에 대한 압수 수사권(×)

(4) 화재조사관의 의무

① 화재조사를 하는 화재조사관은 그 권한을 표시하는 증표를 지니고 이를 관계인 등에게 보여주어야 한다.

② 화재조사를 하는 화재조사관은 관계인의 정당한 업무를 방해하거나 화재조사를 수행하면서 알게 된 비밀을 다른 용도로 사용하거나 다른 사람에게 누설하여서는 아니 된다.

③ 소방관서장은 방화 또는 실화의 혐의가 있다고 인정되면 지체 없이 경찰서장에게 그 사실을 알리고 필요한 증거를 수집·보존하는 등 그 범죄수사에 협력하여야 한다.

④ 소방공무원과 경찰공무원(제주특별자치도의 자치경찰공무원을 포함한다)은 화재조사를 할 때에 서로 협력하여야 한다.

⑤ 소방관서장, 중앙행정기관의 장, 지방자치단체의 장, 보험회사, 그 밖의 관련 기관·단체의 장은 화재조사에 필요한 사항에 대하여 서로 협력하여야 한다.

3 화재조사의 발표와 소방행정

1. 화재조사의 공식 발표

(1) 명예 및 사생활 존중

화재조사 시 비밀 누설 금지 의무가 있으며, 사생활의 비밀과 자유를 침해받지 않도록 외부에 노출시키지 않는다.

(2) 공소 유지·재판에 대한 영향

형법 및 행정법상의 범죄를 구성할 가능성이 있고 공식 발표에 의해서 영향을 미칠 수도 있으므로 주의를 해야 한다.

(3) 민사 불개입의 원칙

민사상의 물의를 일으킬 수 있는 사항은 발표는 어려움이 있으므로 행정효과와 대조 및 비교하여 공식 발표의 여부를 결정한다.

2. 화재조사의 소방행정 반영

① 출화 위험의 배제, 연소확대의 방지, 손해의 경감 및 인적 안전 확보에 활용한다.

② 구체적으로는 홍보, 법령에 의한 규제, 출입검사, 행정지도 등의 소방행정으로 활용한다.

③ 출화 원인, 초기 소화 상황, 연소확대 상황, 손해 상황 등 물적·인적 위험에 대한 분석을 명확하게 할 필요가 있다.

④ 조사서를 작성하여 소방행정에 반영한다.

⑤ 조사활동은 산업 전반의 재해 방지를 위한 의견 자료로 활용한다.

화재조사 규정 및 업무의 진행

1 화재조사의 종류 및 범위

1. 화재원인조사 ★★★

종류	조사범위
발화원인조사	발화지점, 발화열원, 발화요인, 최초착화물 및 발화 관련 기기 등
발견·통보 및 초기 소화상황조사	화재의 발견경위·통보 및 초기 소화 등 일련의 과정
연소상황조사	화재의 연소경로 및 연소확대물, 연소확대사유 등
피난상황조사	피난경로, 피난상의 장애요인 등
소방·방화시설 등 조사	소방·방화시설의 활용 또는 작동 등의 상황

2. 화재피해조사 ★★★

종류	조사범위
인명피해조사	• 화재진압 중 발생한 사망자 및 부상자 • 화재로 인한 사망자 및 부상자 • 사상자 정보 및 사상 발생원인
재산피해조사	• 소실 피해 : 열에 의한 탄화, 용융, 파손 등의 피해 • 수손 피해 : 소화활동으로 발생한 수손 피해 등 • 기타 피해 : 연기, 물품 반출, 화재 중 발생한 폭발 등에 의한 피해 등

기출 플러스

「화재조사 및 보고규정」상 화재원인 조사의 범위에 해당하지 않는 것은? [18 하반기 기출]
① 화재보험 가입 여부 등의 상황
② 소방시설의 사용 또는 작동 등의 상황
③ 피난경로, 피난상의 장애요인 등의 상황
④ 화재의 연소경로 및 확대원인 등의 상황

해설

화재보험 가입 여부 등의 상황은 화재원인 조사의 범위에 해당되지 않는다. ②, ③, ④는 화재원인조사에 해당된다.

정답 ①

2 화재의 유형과 소실 정도

1. 화재의 유형

(1) 대상물(= 처종)에 의한 화재의 구분

① 건축·구조물 화재

② 자동차·철도차량 화재

③ 위험물·가스제조소 등 화재

④ 선박·항공기 화재

⑤ 임야 화재

⑥ 기타 화재

✿ **특수 화재(×)**

(2) 대상물에 의한 화재의 구분이 어려운 경우

① 대상물에 의한 화재가 복합되어 발생한 경우에는 <u>화재피해액이 많은 것으로 화재를 구분한다.</u>

② 화재피해액이 같은 경우나 화재피해액이 큰 것으로 구분하는 것이 사회 관념 상 적당하지 않은 경우에는 발화장소로 화재를 구분한다.

2. 화재의 소실 정도

(1) 화재의 소실 정도 구분

<u>화재의 소실 정도는 건축물의 입체면적에 대한 소실비율을 기준으로 구분한다.</u>

(2) 화재의 소실 정도 종류

① **전소**

㉠ 건물 70% 이상이 소실된 경우

㉡ 건물의 소실된 부분이 70% 미만이더라도 잔존 부분을 보수하여도 재사용 이 불가능한 경우

② **반소**

건물의 30% 이상 70% 미만이 소실된 경우

③ **부분소**

전소 및 반소에 해당하지 아니한 경우

기출 플러스

건축물 화재에서 70%가 소실되었다면 "화재조사 및 보고규정"에서 화재의 소실정도는? [16 중앙 기출]

① 전소

② 반소

③ 부분소

④ 즉소

해설

건축물 화재에서 70%가 소실되었다면 전소에 해당된다.

정답 ①

3 화재조사 업무 체계

1. 조사 책임

① 소방(방재·안전·재난)본부장 또는 소방서장은 관할 구역 내의 화재에 대하여 조사를 하여야 한다.

② 운행 중인 차량, 선박 및 항공기에서 발생한 화재는 <u>소화활동을 행한 장소를 관할하는 소방본부장 또는 소방서장이 조사</u>하여야 한다.

　例 군산 선적의 화물선이 항해 중 부산 태종대 앞바다에서 불이 나면 부산에서 소화와 화재조사를 한다.

2. 조사 업무의 능력 향상

① 본부장 또는 서장은 조사 업무를 담당할 인원과 장비 및 시설을 기준 이상으로 확보하여 조사 업무 수행에 만전을 기하여야 한다.

② 본부장 또는 서장은 조사관에 대하여 조사 업무의 관련 교육, 연구회 개최 및 과제를 부여 또는 국내·외 소방관련 전문 기관에 위탁 교육을 실시하는 등 화재조사 능력 향상에 노력하여야 한다.

3. 화재조사관의 전문보수교육

① 소방청장은 화재조사관의 자질 향상을 위하여 「소방기본법 시행규칙」제13조 제2항에 따른 전문보수교육을 실시하여야 한다.

② 소방청장은 보수교육에 관한 업무를 <u>소방본부장</u> 또는 <u>소방학교장</u>에게 위탁하여 실시할 수 있다.

③ 소방청장, 본부장 또는 소방학교장은 화재조사관 자격증을 취득한 자에 대한 전문 보수교육을 실시할 때에는 자격증을 발급한 날로부터 <u>2년마다 4시간 이상</u>으로 하고, 전문 보수교육 내용은 화재조사관의 업무에 관한 사항과 업무 지침의 내용을 포함한다.

④ 전문보수교육을 실시한 기관의 장은 보수교육을 받은 자에 대하여 관리하여야 한다.

4. 조사전담부서 설치 등

(1) 조사전담부서 설치

① 화재조사의 원인 감식과 피해 조사의 전문화와 업무 발전을 위하여 소방(방재·안전·재난)본부와 소방서에 화재조사 전담부서를 설치·운영한다.

② 화재조사 전담부서는 간부급 소방공무원과 소방학교장이 실시하는 화재조사 반과정 교육을 이수한 소방공무원으로 구성하여 운영하여야 한다. 다만, 화재조사에 관한 시험에 합격한 자가 없는 경우에는 소방공무원 중 「국가기술자격법」에 따른 건축·위험물·전기·안전관리(가스·소방·소방설비·전기안전·화재감식평가 종목에 한한다) 분야 산업기사 이상의 자격을 취득한 자 또는 소방공무원으로서 화재조사 분야에서 1년 이상 근무한 자로 지정하여 운영하되 우선적으로 이들에게 화재조사에 관한 전문 교육을 이수하도록 하여 소방청장이 실시하는 화재조사에 관한 시험에 응시할 수 있도록 하여야 한다.

③ 화재조사의 정확성을 기하기 위하여 원인조사와 피해조사로 구분하여 조사하고 보조요원을 지정 운영하여야 한다.

④ 소방학교장은 화재조사 전문가 육성과 화재원인 등을 조사·연구할 부서를 설치 운영한다.

(2) 책무

① 조사관은 조사에 필요한 전문적 지식과 기술은 습득하는 데 노력하여 조사 업무를 능률적이고 효율적으로 수행하여야 한다.

② 조사관은 그 직무를 이용하여 관계자의 민사분쟁에 개입하여서는 아니 된다.

(3) 지도

본부장은 서장이 실시하는 조사 업무에 대하여 지도·감독하여야 한다.

(4) 감식, 감정 및 시험 등

① 본부장 또는 서장은 조사상 특히 전문 지식과 기술이 필요하다고 인정되는 경우 서식에 따른 감식 및 감정을 전문 기관 또는 전문인에게 의뢰하거나 전문인 또는 전문 기관과 합동으로 조사할 수 있다. 다만, 외부의 감식·감정 기관에서 별도의 지정 서식을 사용하고 있을 때에는 그 서식으로 의뢰할 수 있다.

② 감식 및 감정을 의뢰받은 전문 기관 또는 전문인은 그 결과를 서식에 작성, 본부장 또는 서장에게 통지하여야 한다. 다만, 별도의 지정 서식을 사용하고 있을 때에는 그 서식으로 통지할 수 있다.

③ 본부장 또는 서장은 과학적이고 합리적인 화재 원인 규명을 위하여 화재 현장에서 수거된 물품에 대하여 감정을 실시하고 원인 입증을 위한 재현 등 시험을 실시할 수 있다.

④ 감정, 시험 등을 위하여 <u>소방본부에 '화재조사 시험·분석연구실'</u>을, <u>소방서에 '화재조사분석실'</u>을 설치·운영한다.

5. 조사본부의 설치 · 운영

(1) 설치 · 운영

본부장 또는 서장은 대형 화재·중요 화재 및 특수 화재 등이 발생하여 조사를 위해 필요할 경우 조사본부를 설치·운영할 수 있다. 이 경우 소방본부 조사요원은 소방서 조사업무를 지원하여야 한다.

(2) 설치 장소

조사본부는 소방관서 또는 조사업무 수행에 편리한 곳에 설치하여야 한다.

(3) 편성

조사본부에는 조사본부장과 조사관 등을 둔다. 또한 조사상 필요한 경우에는 감식 및 감정에 관한 전문 기관 또는 전문인을 포함하여 둘 수 있다.

(4) 조사본부장

① 조사본부장은 화재조사 업무를 관장하는 과장으로 한다. 다만, 부득이한 경우에는 별도로 지정할 수 있다.

② **조사본부장의 책임**

　㉠ 조사요원 등의 지휘 감독과 화재조사 집행

　㉡ 현장보존, 정보관리 및 관계 기관에서의 협조

　㉢ 그 밖의 조사본부 운영 및 총괄에 관한 사항 처리

(5) 조사관

① 조사관은 소방본부 및 소방서의 화재조사 업무를 담당한다.

② **조사관의 책임**

　㉠ 화재조사 집행

　㉡ 조사기록서류 등의 분석 및 관리

(6) 본부요원

본부요원은 조사의 집행에 필요한 제반업무를 담당하여 원활한 조사가 이루어 지도록 노력한다.

(7) 조사본부의 지원 등

본부장 및 서장은 조사에 필요한 인적, 물적 지원을 하여야 한다.

(8) 현장지휘자로부터의 정보인수

조사본부장은 화재현장 지휘자로부터 화재조사에 관련되어 필요한 정보를 인 수받아 조사의 원활한 수행을 기하도록 하여야 한다.

(9) 조사결과의 대외적 발표

조사본부장은 소방행정상 필요한 경우와 외부 기관으로부터 조사 내용의 발표 요청이 있는 경우에는 특별한 사유가 없는 한 그 내용을 발표한다.

(10) 조사본부의 해체

본부장 또는 서장은 조사본부의 기능이 완료되거나 계속할 필요가 없다고 인 정할 경우에는 이를 해체한다.

4 조사 실시상의 총칙

1. 조사의 원칙

조사는 물적 증거를 바탕으로 과학적인 방법을 통해 합리적인 사실의 규명을 원칙으로 한다.

2. 관계자 등의 협조

조사를 실시함에 있어 관계자 등의 입회하에 현장과 기타 관계있는 장소에 출 입하는 것을 원칙으로 한다.

3. 질문

① 질문을 할 때에는 시기, 장소 등을 고려하여 진술을 하는 사람으로부터 임의 진술을 얻도록 하여야 한다.

② 질문을 할 때에는 기대나 희망하는 진술 내용을 얻기 위하여 상대방에게 암시하는 등의 방법으로 유도하여서는 아니 된다.

③ 소문 등에 의한 사항은 그 사실을 직접 경험한 사람의 진술을 얻도록 하여야 한다.

④ 관계자 등에 대한 질문 사항은 질문기록서에 작성하여 그 증거를 확보한다.

4. 자료 · 정보의 수집

조사관은 관계자 등으로부터 조사상 필요한 정보를 확보하여야 한다.

5. 조사기록

조사관은 조사 결과와 기타 참고사항을 기록·유지하여야 한다.

5 화재 건수와 발화 일시의 결정

1. 화재 건수의 결정

(1) 화재 건수의 결정 기준

1건의 화재란 1개의 발화점으로부터 확대된 것으로 발화부터 진화까지를 말한다.

(2) 화재 건수 결정의 주요 내용

① 동일범이 아닌 각기 다른 사람에 의한 방화, 불장난은 동일 대상물에서 발화했더라도 각각 별건의 화재로 한다.

② 동일 소방대상물의 발화점이 2개소 이상 있는 누전점이 동일한 누전에 의한 화재와 지진, 낙뢰 등 자연현상에 의한 다발 화재는 1건의 화재로 한다.

③ 화재 범위가 2 이상의 관할 구역에 걸친 화재에 대해서는 발화 소방대상물의 소재지를 관할하는 소방서에서 1건의 화재로 한다.

2. 발화일시의 결정

① 관계자의 화재발견상황통보(인지)시간, 화재발생 건물의 구조·재질 상태, 화기취급 등의 상황을 종합적으로 검토하여 결정한다.

② 다만, <u>인지시간은 소방관서에 최초로 신고된 시점</u>을 말하며, 자체진화 등의 사후인지 화재로 그 결정이 곤란한 경우에는 <u>발생시간을 추정</u>할 수 있다.

6 건물 동수와 소실 면적의 산정

1. 건물 동수의 산정

① 주요 구조부가 하나로 연결되어 있는 것은 <u>1동</u>으로 한다. 다만, 건널 복도 등으로 2 이상의 동에 연결되어 있는 것은 그 부분을 절반으로 분리하여 각 동으로 본다.

② 건물의 외벽을 이용하여 실을 만들어 헛간, 목욕탕, 작업실, 사무실 및 기타 건물 용도로 사용하고 있는 것은 주 건물과 <u>같은 동</u>으로 본다.

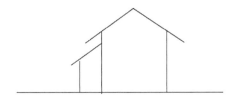

③ 구조에 관계없이 지붕 및 실이 하나로 연결되어 있는 것은 <u>같은 동</u>으로 본다.

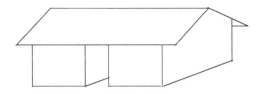

④ 목조 또는 내화구조건물의 경우 격벽(방화벽)으로 방화구획이 되어 있는 경우도 <u>같은 동</u>으로 한다.

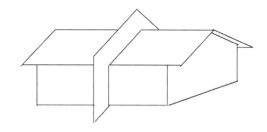

⑤ 독립된 건물과 건물 사이에 차광막, 비막이 등의 덮개를 설치하고 그 밑을 통로 등으로 사용하는 경우는 <u>다른 동</u>으로 한다.

　　예 작업장과 작업장 사이에 조명유리 등으로 비막이를 설치하여 지붕과 지붕이 연결되어 있는 경우

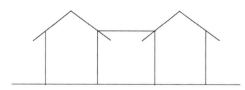

⑥ 내화조 건물의 옥상에 목조 또는 방화구조 건물이 별도 설치되어 있는 경우는 <u>다른 동</u>으로 한다. 다만, 이들 건물이 <u>기능상 하나인 경우</u>(옥내계단이 있는 경우)는 <u>같은 동</u>으로 한다.

⑦ 내화조 건물의 외벽을 이용하여 목조 또는 방화구조건물이 별도 설치되어 있고 건물 내부와 구획되어 있는 경우 <u>다른 동</u>으로 한다. 다만, 주된 건물에 부착된 건물이 옥내로 출입구가 연결되어 있는 경우와 기계설비 등이 쌍방에 연결되어 있는 경우 등 <u>건물 기능상 하나인 경우는 같은 동</u>으로 한다.

2. 소실 면적의 산정 ★★★

(1) 건물의 소실 면적 산정

<u>건물의 소실 면적 산정은 소실 바닥면적으로 산정한다. 다만, 화재 피해 범위가 건물의 6면 중 2면 이하인 경우에는 6면 중의 피해 면적의 합에 1/5을 곱한 값을 소실 면적으로 한다.</u>

천장 60m², 벽면 중 1면이 40m² 소실된 경우 소실 피해 면적은?

해설
$(60 + 40) \times 1/5 = 20\text{m}^2$

정답　20m²

---

(2) 소실 정도를 구분하는 방법과 소실 면적 산정의 비교

① 소실 정도를 구분하는 방법은 <u>입체면적</u>으로 한다.
② 건물의 소실 면적 산정은 <u>소실 바닥면적</u>으로 한다.

7 인명 피해의 구분

1. 사망자

사상자는 화재 현장에서 사망한 사람과 부상당한 사람을 말한다. 화재 현장에서 <u>부상을 당한 후 72시간 이내에 사망한 경우</u>에는 당해 화재로 인한 사망으로 본다.

2. 부상의 정도

의사의 진단을 기초로 다음과 같이 분류한다.

(1) 중상

<u>3주 이상의 입원치료</u>를 필요로 하는 부상을 말한다.

(2) 경상

중상 이외의 부상을 말한다(입원치료를 필요로 하지 않는 것도 포함). 다만, 병원치료를 필요로 하지 않고 단순하게 연기를 흡입한 사람은 제외한다.

✿ 3주 미만의 입원치료를 필요로 하는 부상 또는 3주 이상이라도 통원치료가 가능한 부상

8 화재조사 업무의 집행

1. 화재조사의 개시

조사관은 <u>화재 사실을 인지하는 즉시 조사활동을 시작</u>하여야 한다.

2. 화재활동 시의 상황 파악

① 조사관은 출동 중 또는 현장에서 관계자 등에게 질문을 하거나 현장의 상황으로부터 화기관리, 화재 발견, 신고, 초기 소화, 피난 상황, 인명 피해 상황, 재산 피해 상황, 소방시설 사용 및 작동 상황 등 화재 개요를 파악하여 현장 조사의 원활한 진행에 노력하여야 한다.

② 현장에서 관계자 등의 질문은 신속, 정확히 하여야 하며 진실한 진술을 얻을 수 있도록 노력하여야 한다.

③ 화재 현장에 출동하는 직원은 출동 중에도 조사에 도움이 되는 사항을 확인하여야 하며 화재 현장에서도 소방활동을 통한 상황 파악을 하여 조사 업무에 협조하여야 하고 119안전센터 등의 선임자는 화재 시 서식에 따라 지체없이 국가화재정보시스템에 화재현장 출동보고서를 작성·입력하여야 한다.

④ 조사관은 화재조사에 필요한 자료 등을 관계자에게 요구할 수 있으며, 관계자가 반환을 요구할 때는 조사의 목적을 달성한 후 관계자에게 반환하여야 한다.

3. 소방활동구역의 설정 및 현장보존

① 본부장 또는 서장은 현장조사를 위하여 필요하다고 인정될 때에는 「소방기본법」 제23조에 따른 소방활동구역을 설정할 수 있다.

② 소방활동구역의 설정은 필요한 최소의 범위로 한다.

③ 소방활동구역의 관리는 수사기관과 상호 협조하여야 한다.

④ 소방활동구역의 표시는 로프 등으로 범위를 한정하고 경고판을 부착하며 「소방기본법 시행령」 제8조에 따라 출입을 통제하는 등 현장보존에 최대한 노력하여야 한다.

⑤ 본부장 또는 서장은 소화활동 시 현장 물건 등의 이동 또는 파괴를 최소화하여 원활한 화재조사 활동이 이루어 질 수 있도록 현장보존에 노력하여야 한다.

4. 화재현장조사

감식 등 화재현장조사는 화재 시 및 진화 후에 걸쳐 실시하는 것을 원칙으로 한다. 다만, 정확한 조사를 위해 본부장 또는 서장이 필요하다고 인정할 경우에는 다음 날 주간에 화재현장조사를 실시할 수 있다.

「화재조사 및 보고규정」상 특수화재에 해당하지 않는 것은? [21 기출]

① 외국공관 및 그 사택의 화재
② 이재민 100명 이상 발생 화재
③ 특수사고, 방화 등 화재원인이 특이하다고 인정되는 화재
④ 철도, 항구에 매어 둔 외항선, 항공기, 발전소 및 변전소의 화재

해설

이재민 100명 이상 발생 화재는 중요 화재에 해당한다. ①, ③, ④는 특수 화재에 해당한다.

정답 ②

「화재조사 및 보고규정」상 내용으로 옳지 않은 것은? [20 기출]

① 방화는 중요화재에 해당한다.
② 화재조사에는 화재원인조사와 화재피해조사가 있다.
③ 화재조사는 관계 공무원이 화재 사실을 인지하는 즉시 실시하여야 한다.
④ 화재현장에서 부상을 당한 후 72시간 이내에 사망한 경우에는 당해 화재로 인한 사망자로 본다.

해설

방화는 중요화재가 아니라 특수화재에 해당한다. ②, ③, ④는 옳은 내용에 해당된다.

정답 ①

5. 긴급상황보고 ★★

① 조사활동 중 소방본부장 또는 소방서장이 소방청장에게 긴급 상황을 보고하여야 할 화재는 다음과 같다.

대형화재	• 사망 5명 이상이거나 사상자 10명 이상인 화재 • 재산피해액이 50억 원 이상 추정되는 화재
중요화재	• 이재민 100명 이상인 화재 • 관공서, 학교, 정부미 도정공장, 문화재, 지하철, 지하구 등 공공건물 및 시설의 화재 • 관광호텔, 고층건물, 지하상가, 시장, 백화점, 대량 위험물을 제조·저장·취급하는 장소, 중점관리대상 및 화재경계지구
특수화재	• 철도, 항구에 매어둔 외항선, 항공기, 발전소 및 변전소의 화재 • 특수 사고, 방화 등 화재 원인이 특이하다고 인정되는 화재 • 외국공관 및 그 사택 • 그 밖에 대상이 특수하여 사회적 이목이 집중될 것으로 예상되는 화재

② 화재상황보고는 <u>최초보고, 중간보고, 최종보고</u>로 구분하여 작성·보고한다.

ⓐ 최초보고 : 선착대가 화재현장 도착 즉시 현장지휘관 책임하에 화재의 규모, 인명 피해 발생 여부, 건물구조 개요 등을 보고한다.

ⓑ 중간보고 : 최초보고 후 화재 상황의 진전에 따라 연소확대 여부, 인명구조 활동 상황, 진화활동 상황, 재산 피해 내역 및 화재 원인 등을 수시로 보고하여야 한다. 단, 규명되지 아니한 화재 원인 및 피해 내역은 추정 보고할 수 있다.

ⓒ 최종보고 : 화재종료 직후 최초보고 및 중간보고를 취합하여 보고하여야 한다.

✪ 종합보고(×)

6. 조사 결과 보고

소방서장은 화재조사의 진행 상황을 수시로 보고하여야 하며, 조사 결과는 다음과 같이 소방본부장에게 보고하고 기록을 유지하여야 한다.

(1) 긴급상황보고에 해당하는 화재

<u>화재 인지로부터 30일 이내</u>에 보고하여야 한다. 다만, 화재의 정확한 조사를 위하여 필요한 때는 <u>총 50일 이내</u>에 보고하여야 한다.

(2) 긴급상황보고에 해당하지 않는 일반화재

화재 인지로부터 15일 이내에 보고하여야 한다.

(3) 조사기간을 초과하여 조사가 필요한 경우

그 사유를 사전 보고 후 추가 조사를 할 수 있다.

(4) 감정기관에 감정의뢰 시

감정결과서를 받은 날로부터 10일 이내에 조사 결과를 보고하고 기록·유지하여야 한다.

7. 조사서류 작성

(1) 소방서장은 관할 구역 내에서 발생한 화재

① 화재발생종합보고서
② 질문기록서
③ 화재현장출동보고서

(2) 치외법권 지역 등 조사권을 행사할 수 없는 경우

조사 가능한 내용만 조사하여 해당 서류를 작성한다.

8. 조사서류의 보존

소방서장은 작성된 조사서류(사진 포함)를 문서로 기록하고 전자기록 등 영구보존방법에 따라 보존하여야 한다.

9. 화재증명원의 발급

① 서장은 민원인이 화재증명원의 발급을 신청하면 화재증명원발급대장에 기록을 한 후 화재증명원을 발급하여야 하며, 관공서, 공공기관·단체, 보험사에서 공문으로 발급을 요청 시 공용 발급할 수 있다.
② 서장은 화재피해자로부터 소방대가 출동하지 아니한 화재 장소의 화재증명원 발급 요청이 있는 경우 조사관으로 하여금 사후 조사를 실시하게 할 수 있다. 이 경우 민원인이 제출한 화재 사후 조사의뢰서의 내용에 따라 발화장소 및 발화 지점의 현장이 보존되어 있는 경우에만 조사를 하며, 화재현장출동보고서의 작성은 생략할 수 있다.

③ 소방서장은 조사 결과 화재로 인정될 경우 화재증명원을 발급하여야 한다.

④ 화재증명원의 발급 시 재산 피해 및 인명 피해에 대하여 기재(조사중인 경우는 '조사중'으로 기재)한다. 다만, 재산피해내역은 금액을 기재하지 아니하며 피해물건만 종류별로 구분하여 기재한다.

⑤ 민원인으로부터 화재증명원 교부 신청을 받은 서장은 화재 발생 장소 관할 지역에 관계없이 화재 발생 장소 관할소방서로부터 화재 사실을 확인 받아 화재증명원을 교부할 수 있다. 단, 소방청장은 민원인이 행정안전부에서 운영하는 통합전자민원창구(G4C)로 신청 시 소유주 등으로 등재된 자에 대하여 전자민원문서로 발급할 수 있다.

10. 화재통계관리

소방본부장 및 소방서장은 화재발생과 관련된 통계를 소방청장이 지정하는 서식에 따라 국가화재정보센터 전산시스템에 입력 · 관리하여야 하며 화재통계관리를 위하여 <u>매월 5일</u>까지 마감하여야 한다.

9 소방활동 검토회의 운영규정

1. 목적

이 규정은 소방활동 검토회의 구성 및 집행에 관하여 필요한 사항을 정하여 그 효율적인 운영을 도모함을 목적으로 한다.

2. 정의

이 규정에서 소방활동 검토회의란 시 · 도소방본부장 또는 소방서장이 화재의 진압활동을 종료한 후 관계관의 소집하에 해당 진압활동 상황을 분석 · 검토하여 화재예방 및 진압활동의 자료로 활용하고자 하는 회의를 말한다.

3. 검토회의의 개최 한계

검토회의는 다음 어느 하나에 해당하는 경우에 개최한다.

① 「화재조사 및 보고규정」에 따른 대형 · 중요 · 특수 화재 중 소방관서의 장이 필요하다고 인정한 경우

② 상급 기관의 지시가 있는 경우

③ 그 밖에 화재진압상 현저한 문제점이 발견되어 소방관서의 장이 필요하다고 인정하는 경우

4. 검토회의의 개최 일시 및 장소

① 검토회의는 화재 발생일부터 10일 이내에 개최한다.

② 검토회의는 화재지를 관할하는 소방본부 또는 소방서에서 개최한다.

5. 검토회의의 구성

(1) 통제관

① 대형 화재의 경우 통제관은 소방본부장이 된다.

② 중요 화재, 특수 화재의 경우 통제관은 관할 소방서장으로 하되 필요한 경우 소방본부장이 할 수 있다.

(2) 참석자

① 소방활동에 참여한 사람(긴급구조통제단 각 부 및 유관기관 담당자 포함)

② 예방관계사무 담당 공무원

③ 그 밖에 화재 규모, 방어활동 등을 참작하여 통제관이 필요하다고 지정하는 사람

6. 검토회의의 준비

관할 소방서장은 검토회의에 필요한 소방활동도를 다음 요령으로 작성 준비하여야 한다.

① 소실건물에 인접한 주위 잔존물과 방어상 관련이 있었던 지형 및 공작물 등을 빠짐없이 기입한다.

② 건물의 구조별 도시방법은 목조는 녹색, 방화조는 황색, 내화조는 적색으로 표시한다.

③ 화재 발생 건물의 도시방법은 평면도 또는 투시도로 하되 화재 발생 부분을 알아보기 쉽게 한다.

④ 관창진입 부서는 119안전센터명(소대명), 방수구경 및 사용 수관수를 기입한다.

⑤ 방위, 풍향, 풍속, 건물의 간격과 화점, 발화건물의 소실 및 소실 면적을 기입한다.

⑥ 화재 발견 시 및 현장 도착 시의 연소범위는 주선으로 구분 표시하고 그 소실 면적의 누계를 기입한다. 다만, 최초 도착 시의 연소범위는 선착대의 도착 시 상황을 검토 설명하면서 회의장에서 기입하는 것으로 한다.

⑦ 소방활동도에는 부근의 도로, 수리, 펌프부서 및 수관 연장 방향 등을 기입한다.

⑧ 축척은 정확히 하고 되도록 확대하여 작성한다.

⑨ 도로는 그 너비를 미터로 표시한다.

⑩ 방위표시도는 반드시 기입한다.

⑪ 소방용수시설은 소정기호에 의하여 그 지역 내에 있는 것 전부를 기입하고 소화전에는 배관구경을, 기타 시설에는 수량을 기입한다.

⑫ 출동대는 소방차의 위치 및 수관을 소정기호로써 소대명을 붙여 다음과 같은 색으로 구분 표시한다.

  ㉠ 제1출동대는 적색

  ㉡ 제2출동대는 청색

  ㉢ 제3출동대는 녹색

  ㉣ 응원대는 황색

⑬ 관계 사물을 기입할 때에는 소정의 기호 예에 의하여 기입한다.

⑭ VTR 활용, 검토회의가 가능한 경우 ②, ③, ⑫, ⑬을 제외할 수 있다.

7. 검토회의 순서

검토회의는 다음 순서로 진행한다.

(1) 화재 전의 일반 상태 검토

① 건물 및 관리 상황

② 동건물의 소방시설 상황

③ 부근의 지리 및 소방용수 상황

(2) 화재 발견과 화재 통보 상황의 검토

① 화재신고 접수 시의 화재 상황 및 신고수리 통보 상황

② 화재출동 지령 상황 및 관계 기관으로의 통보 상황

(3) 방어활동의 설명

① 최초 도착대의 도착 시 연소 상황 및 채택한 방어조치(선착지휘자)
② 방어활동에 참석한 각대의 방어행동(각 소대장)
③ 선착대의 방어행동 설명 후 통제관이 지명하는 자에 의한 의견 발표
④ 제1출동대의 방어행동 설명 후 현장지휘자에 의한 의견 발표

(4) 방어행동의 관계있는 사람의 의견

(5) 방어행동의 관계치 않은 사람의 소견

(6) 강평

8. 검토 방안

① 검토설명은 소방활동도에 의하여 설명하고 그 설명대상자는 방어행동에 참가한 전원을 대상으로 한다.
② 검토설명은 방어행동 과정에 있어서 일어날 수 있는 문제점을 제시하여 그 적부에 대한 결론을 얻도록 한다.
③ 검토사안으로는 각 대별 화재방어 특성에 의하여 그 행동상 장단점이 현저하다고 인정되는 것을 중점적으로 검토하는 한편, 각 대 상호 간의 횡적인 검토와 아울러 시차별 출동대의 소방용수 점령 및 방어부서 담당면, 119종합상황실 활동, 구조·구급 활동, 현장 위험성 판단 및 안전관리 사항 등을 종합한 종적인 검토도 병행한다.
④ 검토회의 운영은 통제관의 통제하에 행하되, 다음의 요령에 의한다.
  ㉠ 검토회의에 있어서의 발언은 통제관의 지시 또는 허락에 의한다.
  ㉡ 통제관은 방어행동에 따르는 제 문제점을 제기하여 그에 대한 설명을 구하고 그 설명에 대한 의문을 소명하여 소기의 검토 효과를 거둘 수 있도록 한다.
  ㉢ 설명을 요구받은 참석자는 자기가 채택한 행동과 그 결과에 대하여 간명하게 설명한다.
  ㉣ 통제관은 ㉢의 설명이 불충분하거나 또는 불명료한 점이 있다고 인정될 때에는 타 참석자의 의견을 구한다.
  ㉤ 방어행동에 직접 참가하지 않은 자도 그 설명에 대하여 질문을 하거나 의견을 발표할 수 있다.

9. 결과 보고

검토회의를 개최하였을 때에는 그 결과를 소방청장에게 즉시 보고하여야 한다.

① 소방활동 종합분석보고서

② 회의록 사본

10. 결과 조치

소방서장은 검토회의결과를 기록·보존하여 다음과 같은 자료로 활용한다.

① 직원의 일상 교양

② 이후 화재방어 및 시책교육

③ 문제점 및 개선점 등을 발견, 향후의 교훈으로 삼고 소방 발전에 기여

④ 기록의 보존으로 소방사 편찬 등에 기여

PART 08 단원별 예상문제

01 화재조사의 특징에 관하여 옳지 <u>않은</u> 것은?

① 현장성을 갖는다.
② 신속성을 유지해야 한다.
③ 정밀과학성을 요구한다.
④ 증거성을 갖는다.

해설
④ 증거성은 화재조사의 특징에 해당되지 않는다. 화재조사의 특징은 현장성, 신속성, 정밀과학성, 보존성, 강제성, 안전성, 프리즘식이다.

02 「화재조사 및 보고규정」상 소실 정도에 따른 화재의 구분으로 옳지 <u>않은</u> 것은?

① 전소는 70% 이상 소실을 말한다.
② 반소는 30% 이상 70% 미만의 소실을 말한다.
③ 부분소는 전소 및 반소화재에 해당하지 않을 때를 말한다.
④ 부분소는 30% 미만의 소실 또는 재사용할 수 없는 것을 말한다.

해설
④ 재사용할 수 없는 것은 전소를 말한다.

03 「화재조사 및 보고규정」상 화재 건수에 대한 설명으로 옳지 <u>않은</u> 것은?

① 낙뢰로 2곳에서 불이 붙어 소화한 화재는 1건으로 본다.
② 발화지점이 같은 곳에서 번져 두 곳에서 소화가 된 것은 2건으로 본다.
③ 백화점에서 다른 방화자로 두 곳에서 불이 난 화재는 2건으로 본다.
④ 지진으로 2곳에서 불이 붙어 소화한 화재는 1건으로 본다.

해설
② 발화지점이 같은 곳에서 번져 두 곳에서 소화가 된 것은 1건으로 본다.

04 다음 중 화재조사에서 하는 일로 옳지 <u>않은</u> 것은?

① 화재경계와 예방활동을 위한 정보 자료를 획득한다.

② 화재 및 제조물의 위치 관련 통계 작성을 추구한다.

③ 방화·실화 수사 협조 및 피해자의 구체적 증거를 확보한다.

④ 소송쟁의에 대해 조사하고 행정시책의 자료로 한다.

해설

화재조사의 목적에 ①·②·③은 해당하나 ④ 소송쟁의에 대한 조사 등은 해당되지 않는다.

05 화재조사에 대한 설명으로 옳은 것을 올바르게 짝지은 것은?

ㄱ. 화재 조사의 목적은 화재의 경계와 예방활동 위한 정보 자료 획득, 화재 및 제조물 위치 관련 통계 작성 추구, 방화·실화 수사협조 및 피해자 구체적 증거 확보 등이 있다.

ㄴ. 본부장 또는 서장은 과학적이고 합리적인 화재원인 규명을 위하여 화재 현장에서 수거된 물품에 대하여 감정을 실시하고 원인 입증을 위한 재현 등 시험을 실시할 수 있다.

ㄷ. 관계인의 승낙 의무가 있으나 화재조사는 협조가 잘 이루어지지 않아 관계인의 협조가 없으면 화재조사는 힘들게 된다. 따라서 관계인의 임의적 협조가 항상 필요하다.

ㄹ. 화재조사는 화재원인조사와 화재피해조사가 있다. 화재피해조사에서 인명피해조사 대상은 소방활동 중 발생한 사망자 및 부상자, 그 밖에 화재로 인한 사망자 및 부상자이며 재산피해조사 대상은 소화활동 중 사용된 물로 인한 피해, 연기, 물품반출, 화재로 인한 폭발 등에 의한 피해, 열에 의한 탄화, 용융, 파손 등의 피해, 연소경로 및 연소확대물, 연소확대 사유 등이 있다.

① ㄱ, ㄴ, ㄷ

② ㄴ, ㄹ

③ ㄷ, ㄹ

④ ㄱ, ㄴ

해설

ㄷ. 화재조사는 강제성을 띤다(정당한 사유 없이 화재조사관의 출입 또는 조사를 거부·방해 또는 기피한 자는 200만 원 이하의 벌금에 처한다).

ㄹ. 화재피해조사에서 재산피해조사 대상은 소실피해(열에 의한 탄화, 용융, 파손 등의 피해), 수손피해(소화활동으로 발생한 수손피해 등), 기타피해(연기, 물품반출, 화재 중 발생한 폭발 등에 의한 피해 등)가 있다.

06 다음 중 화재조사 시 고려해야 할 사항이 <u>아닌</u> 것은?

① 발화원인조사 및 초기소화상황조사를 하여 재산 피해를 최소화한다.
② 소방활동 중 발생한 사망자 및 부상자에 대한 조사를 하여 향후 인명 피해를 예방한다.
③ 소방·방화시설의 활용 및 작동 등의 상황을 조사하여 예방자료로 활용한다.
④ 화재조사 활동 후 화재조사보고서는 민간소송에 대한 증빙자료로서 영구히 보관한다.

해설
④ 민간소송에 대한 증빙자료로서 영구히 보관한다는 규정은 없다.

07 화재조사에 관한 설명 중 옳지 <u>않은</u> 것은?

① 화재원인 규명 및 피해 산정을 위한 자료 수집, 관계자 등에 대한 질문, 현장 확인, 감식·감정 및 실험 등을 행하는 일련의 행동을 화재조사라 한다.
② 화재 발생 시 건물의 소실면적 산정은 소실바닥면적으로 산정한다.
③ 건널 복도 등으로 2 이상의 동에 연결되어 있는 것은 그 부분을 절반으로 분리하여 각 동으로 본다.
④ 화재조사는 화재진압을 마침과 동시에 수행한다.

해설
④ 조사관은 화재 사실을 인지하는 즉시 조사활동을 시작하여야 한다(「화재조사 및 보고규정」 제38조).

08 화재의 조사활동에 관한 설명 중 옳지 <u>않은</u> 것은?

① 방화혐의가 있을 때는 경찰서장에게 알린다.
② 화재조사는 소화활동 종료 즉시 시작하여야 한다.
③ 소화로 인하여 생긴 손해도 조사의 대상이 된다.
④ 화재조사요원은 관계인에게 질문할 수 있다.

해설
② 조사관은 화재 사실을 인지하는 즉시 조사활동을 시작하여야 한다(「화재조사 및 보고규정」 제38조).

09 화재조사에 대한 설명으로 옳지 <u>않은</u> 것은?

① 건물·부대설비·가재도구의 최종잔가율은 건물·부대설비·구축물·가재도구는 20%로 하며, 그 외의 자산은 10%로 정한다.

② 운행 중인 차량, 선박 및 항공기에서 발생한 화재는 소화활동을 행한 장소를 관할하는 소방본부장 또는 소방서장 이 조사하여야 한다.

③ 화재조사는 조사를 위한 관계인에 대한 질문 등의 강제성을 지닌다.

④ 건물의 소실면적 산정은 소실입체면적으로 산정한다.

해설

④ 건물의 소실면적 산정은 소실바닥면적으로 산정한다.

10 다음 중 「화재조사 및 보고규정」에서 말하는 용어의 정의가 <u>잘못된</u> 것은?

① 조사자 : 화재조사 업무를 수행하는 간부급 소방공무원을 말한다.

② 발화지점 : 열원과 가연물이 상호작용하여 화재가 시작된 지점을 말한다.

③ 감식 : 화재 원인의 판정을 위하여 전문적인 지식, 기술 및 경험을 활용하여 주로 시각에 의한 종합적인 판단으로 구체적인 사실관계를 명확하게 규명하는 것을 말한다.

④ 감정 : 화재와 관계되는 물건의 형상, 구조, 재질, 성분, 성질 등 이와 관련된 모든 현상에 대하여 과학적 방법에 의한 필요한 실험을 행하고 그 결과를 근거로 화재원인을 밝히는 자료를 얻는 것을 말한다.

해설

① 화재조사관은 소방청, 소방본부, 소방서에서 화재조사업무를 수행하는 소방공무원(내근)을 말한다.

11 「화재조사 및 보고규정」에서 뜻하는 화재의 정의가 <u>아닌</u> 것은?

① 사람의 의도에 반하는 화재

② 고의에 의해 발생하는 화재

③ 화학적인 폭발현상

④ 물리적인 폭발현상

해설

④ 「화재조사 및 보고규정」에서 규정한 화재의 정의는 사람의 의도에 반하거나 고의에 의해 발생하는 연소현상으로서 소화시설 등을 사용하여 소화할 필요가 있거나 또는 화학적 폭발현상을 말한다.

12 화재조사자의 권한에 해당하지 않는 것은?

① 화재 또는 소화로 인한 피해의 조사권
② 관계 기관에 대한 필요사항 통보 요구권
③ 방화 또는 실화의 증거물 압수 수색권
④ 관계 기관에 대한 자료 제출 명령권

해설

③ 방화 또는 실화의 증거물 압수 수색권 및 피의자 체포권은 경찰수사기관의 권한에 해당된다.

화재조사관의 권리
1. 화재의 원인조사 또는 피해조사권
2. 관계인에게 보고 또는 자료제출 명령권 및 질문권
3. 수사기관에 체포된 피의자와 압수된 증거물에 대한 조사권
4. 관계 기관에 대한 필요사항 통보 요구권

13 다음 중 화재조사를 하는 이유로 옳지 않은 것은?

① 화재의 원인 및 연소과정을 조사하기 위해
② 유사화재 방지와 피해의 경감에 이바지하기 위해
③ 화재에 대한 책임규명을 위해
④ 강력한 소방시설의 설치를 위한 자료를 수집·활용하기 위해

해설

④ 강력한 소방시설 설치를 위한 자료가 아니라 소방정보를 수집하고 소방정책시행의 자료로 활용하기 위함이다.

화재조사의 목적
1. 화재의 예방·경계 및 진압을 위한 자료를 축적한다.
2. 화재피해를 조사한다.
3. 화재의 원인 및 연소의 과정을 조사한다.
4. 화재에 대한 책임 규명을 위해 조사한다.
5. 화재에 의한 피해를 알리고 유사화재의 방지와 피해의 경감에 이바지한다.
6. 사상자의 발생 원인과 방화관리 상황 등을 규명하여 인명구조 및 안전대책의 자료로 활용한다.
7. 화재의 발생 상황, 손해 상황 등을 통계화함으로써 널리 소방정보를 수집하고 소방행정시책의 자료로 활용한다.

14 다음 중 화재원인조사로 옳지 <u>않은</u> 것은?

① 사망자 및 부상자의 피해조사
② 발화원인 조사
③ 피난상황 조사
④ 발견·통보 및 초기소화상황 조사

[해설]

① 사망자 및 부상자의 조사는 피해조사 중 인명피해조사에 해당한다.

119 더 알아보기 ✔

화재원인조사와 화재피해조사

1. 화재원인조사(암기 : 발·발·초·연·소·피)

종류	조사 범위
발화원인 조사	발화지점, 발화열원, 발화요인, 최초착화물 및 발화관련기기 등
발견·통보 및 초기 소화상황 조사	발견경위·통보 및 초기 소화 등 일련의 행동과정
연소상황 조사	화재의 연소경로 및 연소확대물, 연소확대사유 등
피난상황 조사	피난경로, 피난상의 장애요인 등
소방·방화시설 등 조사	소방·방화시설의 활용 또는 작동 등의 상황

2. 화재피해조사

종류	조사 범위
인명피해조사	• 화재로 인한 사망자 및 부상자 • 화재진압 중 발생한 사망자 및 부상자 • 사상자 정보 및 사상 발생원인
재산피해조사	• 소실피해 : 열에 의한 탄화, 용융, 파손 등의 피해 • 수손피해 : 소화활동으로 발생한 수손피해 등 • 기타피해 : 연기, 물품 반출, 화재 중 발생한 폭발 등에 의한 피해

15 조사업무의 집행 중 화재출동 시의 조사에 관한 내용으로 옳지 <u>않은</u> 것은?

① 화재조사 활동은 화재 현장에 도착할 때부터 시작하여야 한다.
② 119안전센터 등의 선임자는 화재 시 지체없이 국가화재정보시스템에 화재 현장 출동보고서를 작성·입력하여야 한다.
③ 조사관은 화재조사에 필요한 자료 등을 관계자에게 요구할 수 있으며, 관계자가 반환을 요구할 때는 조사의 목적을 달성한 후 관계자에게 반환하여야 한다.
④ 화재 현장에 출동하는 직원은 출동 중에도 조사에 도움이 되는 사항을 확인하여야 하며 화재 현장에서도 소방활동을 통한 상황을 파악하여 조사업무에 협조하여야 한다.

해설
① 조사관은 화재 발생 사실을 인지함과 동시에 조사활동을 시작하여야 한다(「화재조사 보고규정」 제38조).

16 다음 〈보기〉의 괄호 안에 들어갈 내용으로 바르게 연결된 것은?

> **보기**
>
> 소방청장, 본부장 또는 소방학교장은 화재조사관 자격증을 취득한 자에 대한 전문보수교육을 실시할 때에는 자격증을 발급한 날로부터 (㉠)년마다 (㉡)시간 이상으로 하고, 전문보수교육 내용은 화재조사관의 업무에 관한 사항과 업무지침의 내용을 포함한다.

	㉠	㉡
①	2	2
②	2	4
③	3	2
④	3	4

해설
② 소방청장, 본부장 또는 소방학교장은 화재조사관 자격증을 취득한 자에 대한 전문보수교육을 실시할 때에는 자격증을 발급한 날로부터 2년마다 4시간 이상으로 하고, 전문보수교육 내용은 화재조사관의 업무에 관한 사항과 업무지침의 내용을 포함한다(「화재조사 및 보고규정」 제5조의2 제3항).

17 다음 대형 화재 중 종합상황실에 보고해야 할 기준이 <u>아닌</u> 것은?

① 사망자 5인 이상
② 사상자 10인 이상
③ 재산피해액 50억 원 이상
④ 이재민 100인 이상

해설

④ 대형 화재 중 종합상황실에 긴급보고를 해야 할 기준은 사망자 5명 이상, 사상자 10명 이상, 재산피해액이 50억 원 이상이다. 이재민 100명 이상일 때는 중요 화재에 해당한다.

18 화재건수의 결정과 건물의 동수 산정으로 옳지 <u>않은</u> 것은?

① 동일범이 아닌 각기 다른 사람에 의한 방화, 불장난은 동일 대상물에서 발화했다면 1건의 화재로 본다.
② 동일 소방대상물의 발화점이 2개소 이상일 때, 누전점이 동일한 누전에 의한 화재 및 지진, 낙뢰(벼락) 등 자연현상에 의한 다발화재는 1건의 화재로 한다.
③ 화재범위가 2 이상의 관할 구역에 걸친 화재에 대해서는 발화 소방대상물의 소재지를 관할하는 소방서에서 1건의 화재로 한다.
④ 주요 구조부가 하나로 연결되어 있는 것은 1동으로 한다. 다만 건널 복도 등으로 2 이상의 동에 연결되어 있는 것은 그 부분을 절반으로 분리하여 각 동으로 본다.

해설

① 동일범이 아닌 각기 다른 사람에 의한 방화, 불장난은 동일 대상물에서 발화했더라도 각각 별건의 화재로 본다.

19 다음 중 화재조사에 관한 용어의 설명으로 옳지 <u>않은</u> 것은?

① 화재 : 사람의 의도에 반하거나 고의에 의해 발생하는 연소현상으로서 소화시설 등을 사용하여 소화할 필요가 있거나 화학적인 폭발현상을 말한다.
② 발화 : 열원에 의하여 가연물질에 지속적으로 불이 붙는 현상을 말한다.
③ 잔가율 : 피해물의 경제적 내용연수가 다한 경우 잔존하는 가치의 재구입비에 대한 비율을 말한다.
④ 재구입비 : 화재 당시의 피해물과 같거나 비슷한 것을 재건축 또는 재취득하는 데 필요한 금액을 말한다.

해설

③ 피해물의 경제적 내용연수가 다한 경우 잔존하는 가치의 재구입비에 대한 비율은 최종잔가율이다. 화재 당시 피해물의 재구입비에 대한 현재가의 비율이 잔가율이다.

20 화재원인을 규명하고 화재로 인한 피해를 산정하기 위하여 자료의 수집, 관계자 등에 대한 질문, 현장확인, 감식, 감정 및 실험 등을 하는 일련의 행동을 무엇이라 하는가?

① 감정　　　　　　　　　　　　　　　② 감식
③ 조사　　　　　　　　　　　　　　　④ 수사

해설

① 감정 : 화재와 관계되는 물건의 형상, 구조, 재질, 성분, 성질 등 이와 관련된 모든 현상에 대하여 과학적 방법에 의한 필요한 실험을 행하고 그 결과를 근거로 화재원인을 밝히는 자료를 얻는 것을 말한다.
② 감식 : 화재원인의 판정을 위하여 전문적인 지식, 기술 및 경험을 활용하여 주로 시각에 의한 종합적인 판단으로 구체적인 사실관계를 명확하게 규명하는 것을 말한다.

21 화재의 소실 정도와 소실면적에 대한 설명으로 옳지 <u>않은</u> 것은?

① 건축·구조물 및 자동차·철도차량, 선박, 항공기 등에서 전소, 반소, 부분소의 화재의 소실 정도를 구분하는 방법은 연면적에 대한 비율로 한다.
② 전소는 건물의 70% 이상 소실된 것 또는 건물의 70% 미만이더라도 잔존 부분을 보수하여도 재사용이 불가능한 것을 말한다.
③ 반소는 건물의 30% 이상 70% 미만이 소실된 것을 말한다.
④ 건물의 소실면적 산정은 소실바닥면적으로 산정한다. 다만, 화재피해 범위가 건물의 6면 중 2면 이하인 경우에는 6면 중의 피해면적의 합에 1/5을 곱한 값을 소실면적으로 한다.

해설

① 건축·구조물 및 자동차·철도차량, 선박, 항공기 등에서 전소, 반소, 부분소의 화재의 소실정도를 구분하는 방법은 입체면적에 대한 비율로 한다.

22 「화재조사 및 보고규정」상 내용으로 옳지 <u>않은</u> 것은?

① 방화는 중요화재에 해당한다.

② 화재조사에는 화재원인조사와 화재피해조사가 있다.

③ 화재조사는 관계 공무원이 화재 사실을 인지하는 즉시 실시하여야 한다.

④ 화재현장에서 부상을 당한 후 72시간 이내에 사망한 경우에는 당해 화재로 인한 사망자로 본다.

해설

① 방화는 중요화재가 아니라 특수화재에 해당한다.

대형화재	• 사망 **5명** 이상이거나 사상자 **10명** 이상인 화재 • 재산피해액이 **50억 원** 이상 추정되는 화재
중요화재	• 이재민 **100명** 이상인 화재 • 관공서, 학교, 정부미 도정공장, 문화재, **지하철**, 지하구 등 공공건물 및 시설의 화재 • 관광호텔, **고층건물**, 지하상가, **시장**, 백화점, 대량 위험물을 제조ㆍ저장ㆍ취급하는 장소, 중점관리대상 및 화재경계지구
특수화재	• 철도, 항구에 매어둔 외항선, 항공기, **발전소 및 변전소의 화재** • 특수사고, **방화** 등 화재 원인이 특이하다고 인정되는 화재 • 외국공관 및 그 사택 • 그 밖에 대상이 특수하여 사회적 이목이 집중될 것으로 예상되는 화재

22 ① **정답**

PART

09

구조론 · 구급론

문승철 소방학개론

CHAPTER 01 구조론

1 구조의 개념 및 종류

1. 구조의 개념

(1) 구조

화재, 재난·재해 및 테러, 그 밖의 위급한 상황에서 외부의 도움을 필요로 하는 사람(요구조자)의 생명, 신체 및 재산을 보호하기 위하여 수행하는 모든 활동을 말한다.

(2) 119구조대

탐색 및 구조활동에 필요한 장비를 갖추고 소방공무원으로 편성된 단위 조직을 말한다.

(3) 119항공대

항공기, 구조·구급 장비 및 119항공대원으로 구성된 단위조직을 말한다.

(4) 119구조견

위급상황에서 소방활동에 따른 모든 업무의 보조를 목적으로 소방기관에서 운용하는 개를 말한다.

(5) 119구조견대

위급상황에서 119구조견을 활용하여 소방활동을 수행하는 소방공무원으로 편성된 단위조직을 말한다.

2. 구조 · 구급 기본계획 등

(1) 구조 · 구급 기본계획 등의 수립 · 시행

① **소방청장**은 국가 및 지방자치단체의 구조 · 구급업무를 수행하기 위하여 관계 중앙행정기관의 장과 협의(☞ 소방청에 중앙 구조 · 구급정책협의회를 둔다)하여 구조 · 구급 기본계획을 <u>5년마다</u> 수립 · 시행하여야 한다(☞ <u>계획 시행 전년도 8월 31일까지 수립</u>).

② 기본계획에는 다음 사항이 포함되어야 한다.

    ㉠ 구조 · 구급서비스의 질 향상을 위한 정책의 기본방향에 관한 사항

    ㉡ 구조 · 구급에 필요한 체계의 구축, 기술의 연구개발 및 보급에 관한 사항

    ㉢ 구조 · 구급에 필요한 장비의 구비에 관한 사항

    ㉣ 구조 · 구급 전문인력 양성에 관한 사항

    ㉤ 구조 · 구급활동에 필요한 기반조성에 관한 사항

    ㉥ 구조 · 구급의 교육과 홍보에 관한 사항

    ㉦ 그 밖에 구조 · 구급업무의 효율적 수행을 위하여 필요한 사항

③ **소방청장**은 기본계획에 따라 <u>매년</u> 연도별 구조 · 구급 집행계획을 수립 · 시행하여야 한다(☞ <u>중앙 정책협의회의 협의를 거쳐 계획 시행 전년도 10월 31일까지 수립</u>).

④ **소방청장**은 수립된 기본계획 및 집행계획을 관계 중앙행정기관의 장, 특별시장 · 광역시장 · 특별자치시장 · 도지사 · 특별자치도지사(이하 "시 · 도지사"라 한다)에게 통보하고 국회 소관 상임위원회에 제출하여야 한다.

⑤ 소방청장은 기본계획 및 집행계획을 수립하기 위하여 필요한 경우에는 관계 중앙행정기관의 장 또는 시 · 도지사에게 관련 자료의 제출을 요청할 수 있다. 이 경우 자료제출을 요청받은 관계 중앙행정기관의 장 또는 시 · 도지사는 특별한 사유가 없으면 이에 따라야 한다.

(2) 시 · 도 구조 · 구급집행계획의 수립 · 시행

① **소방본부장**은 기본계획 및 집행계획에 따라 관할 지역에서 신속하고 원활한 구조 · 구급활동을 위하여 <u>매년</u> 특별시 · 광역시 · 특별자치시 · 도 · 특별자치도 구조 · 구급 집행계획("시 · 도 집행계획")을 수립(☞ <u>시 · 도 구조 · 구급정책협의회의 협의를 거쳐 계획 시행 전년도 12월 31일까지 수립</u>)하여 소방청장에게 제출하여야 한다.

② **소방본부장**은 시 · 도 집행계획을 수립하기 위하여 필요한 경우에는 해당 특별자치도지사 · 시장 · 군수 · 구청장(자치구의 구청장을 말한다)에게 관련 자료의 제출을 요청할 수 있다. 이 경우 자료제출을 요청받은 해당 특별자치도지사 · 시장 · 군수 · 구청장은 특별한 사유가 없으면 이에 따라야 한다.

2. 119구조대 편성 · 운영과 종류

(1) 119구조대 편성과 운영

<u>소방청장, 소방본부장 또는 소방서장</u>은 위급한 상황에서 요구조자 생명 등을 신속하고 안전하게 구조하는 업무를 수행하기 위하여 119구조대를 편성하여 운영하여야 한다.

(2) 구조대의 종류

종류	설치 단위	내용
일반구조대	소방서마다 1개 대(隊) 이상	소방서가 없는 시·군·구의 경우에는 해당 시·군·구의 중심지에 있는 119안전센터에 설치할 수 있음
특수구조대	소방서	• 화학구조대 : 화학공장이 밀집한 지역 • 수난구조대 : 내수면지역 • 산악구조대 : 자연공원 등 산악지역 • 고속국도구조대 : 고속국도 • 지하철구조대 : 도시철도의 역사 및 역 시설
직할구조대	소방청 또는 소방본부	• 대형·특수 재난사고의 구조, 현장 지휘 및 테러 현장 등의 지원 • 시·도 소방본부에 설치하는 경우 시·도의 규칙에 의함
테러대응 구조대	소방청과 소방본부에 각각 설치	• 테러 및 특수재난에 전문적으로 대응 • 시·도 소방본부에 설치하는 경우 시·도의 규칙에 의함
국제구조대	소방청	• 소방청장은 국외에서 대형재난 등이 발생한 경우 재외국민의 보호 또는 재난발생국의 국민에 대한 인도주의적 구조 활동을 위하여 국제구조대를 편성하여 운영할 수 있다. • **인명탐색 및 구조, 응급의료, 시설관리, 안전평가, 공보연락을 수행** • 소방청장은 소방청에 설치하는 직할구조대에 설치할 수 있음 • 국제구조대의 파견 규모 및 기간은 **외교부장관과 협의하여** 소방청장이 정함

기출 플러스

다음 중 소방서에 설치하는 특수구조대가 아닌 것은?　　　[13 기출]

① 산악구조대
② 해양구조대
③ 화학구조대
④ 수난구조재

해설

해양구조대는 특수구조대에 해당하지 않는다.

정답 ②

이론 플러스

직할구조대에 설치할 수 있는 것
• 고속국도구조대
• 119항공대

119항공대	소방청 또는 소방본부	• **소방청장 또는 소방본부장**은 초고층 건축물 등에서 요구조자의 생명을 안전하게 구조하거나 도서·벽지에서 발생한 응급환자를 의료기관에 긴급히 이송하기 위하여 119항공대(이하 "항공대"라 한다)를 편성하여 운영한다. • **소방청장**은 119항공대를 소방청에 설치하는 직할구조대에 설치할 수 있다. • **소방본부장**은 시·도 규칙으로 정하는 바에 따라 119항공대를 편성하여 운영하되, 효율적인 인력 운영을 위하여 필요한 경우에는 시·도 소방본부에 설치하는 직할구조대에 설치할 수 있다. • 119항공대의 항공기(이하 "항공기"라 한다)는 **조종사 2명이 탑승**하되, 해상비행·계기비행(計器飛行) 및 긴급 구조·구급 활동을 위하여 필요한 경우에는 **정비사 1명**을 추가로 탑승시킬 수 있다. • **조종사의 비행시간은 1일 8시간을 초과할 수 없**다. 다만, 구조·구급 및 화재 진압 등을 위하여 필요한 경우로서 소방청장 또는 소방본부장이 비행시간의 연장을 승인한 경우에는 그러하지 아니하다. • 조종사는 항공기의 안전을 확보하기 위하여 탑승자의 위험물 소지 여부를 점검해야 하며, 탑승자는 119항공대원의 지시에 따라야 한다. • 소방청장 및 소방본부장은 항공기의 안전운항을 위하여 운항통제관을 둔다.
119구조견대	소방청과 소방본부	• **소방청장과 소방본부장**은 위급상황에서 소방활동의 보조 및 효율적 업무 수행을 위하여 119구조견대를 편성하여 운영한다. • **소방청장**은 119구조견대를 중앙119구조본부에 편성·운영한다. • **소방본부장**은 시·도의 규칙으로 정하는 바에 따라 시·도 소방본부에 구조견대를 편성하여 운영한다. • **소방청장**은 119구조견의 양성·보급 및 구조견 운용자의 교육·훈련을 위한 구조견 양성·보급기관을 중앙119구조본부에 설치·운영한다.
119시민 수상구조대	소방청장·소방본부장 또는 소방서장(이하 "소방청장등"이라 한다)은 여름철 물놀이 장소에서의 안전을 확보하기 위하여 필요한 경우 **민간 자원봉사자로 구성된 구조대(이하 "119시민수상구조대"라 한다)를 지원**할 수 있다.	

2 구조 요청 및 인명 구조

1. 구조 요청의 거절 ★★

(1) 구조 요청을 거절할 수 있는 경우

구조대원은 다음에 해당하는 경우에는 구조 요청을 거절할 수 있다. 다만, 다른 수단으로 조치하는 것이 불가능한 경우에는 그러하지 아니하다.

① 단순 문 개방
② 시설물에 대한 단순 안전조치 및 장애물의 단순 제거
③ 동물의 단순 처리·포획 및 구조
④ 주민생활 불편해소 차원의 단순 민원 등 구조활동의 필요성이 없다고 인정되는 경우

(2) 구조 거절 확인서 작성

구조 요청을 거절한 구조대원은 구조 거절 확인서를 작성하여 소속 소방관서장에게 보고하고, 소속 소방관서에 3년간 보관하여야 한다.

2. 구조활동 상황의 기록 관리

① 구조대원은 구조활동일지에 구조활동 상황을 상세히 기록하고 소속 소방관서에 3년간 보관하여야 한다.
② 소방본부장은 구조활동 상황을 종합하여 연 2회 소방청장에게 보고하여야 한다.

3. 구조대원의 교육 및 훈련

(1) 일상교육훈련

일상교육훈련은 구조대원의 일일근무 중 실시한다.

(2) 특별구조훈련

① 이수 시간
구조대원은 연 40시간 이상 특별구조훈련을 받아야 한다.
② 훈련 내용
㉠ 방사능 누출, 생화학테러 등 유해화학물질 사고에 대비한 화학구조훈련
㉡ 하천(河川)[호소(湖沼) 포함], 해상(海上)에서의 익수·조난·실종 등에 대비한 수난구조훈련

ⓒ 산악·암벽 등에서의 조난·실종·추락 등에 대비한 <u>산악구조훈련</u>

ⓓ 그 밖의 재난에 대비한 특별한 교육훈련

(3) 항공구조훈련

항공구조훈련은 <u>연 40시간 이상</u> 받아야 한다.

4. 인명 구조

(1) 구조의 개념

구조란 위험에 빠지거나 고립되어 스스로 탈출할 수 없는 사람을 발견하여 신속하고 안전하게 안전한 장소로 옮기는 것이다.

(2) 구조의 개시 시점

<u>인지한 때(= 인지 시점)</u>부터 이루어진다.

(3) 인명 구조의 순서 ★★

① <u>피난을 유도</u>하여야 한다.

② <u>인명을 검색</u>하여야 한다.

③ <u>인명을 구출</u>한다.

④ 환자를 <u>응급처치</u>한다.

⑤ 환자를 <u>의료기관으로 이송</u>한다.

119 더 알아보기

구조활동의 절차

1. 구조활동의 절차 Ⅰ
   (1) 신고 접수와 출동지령
   (2) 상태 파악
   (3) 현장보고
   (4) 구조활동
   (5) 응원요청
   (6) 군중통제
   (7) 응급처치
   (8) 구조현장의 안전관리 각 절차의 내용과 주의사항

2. 구조활동의 절차 Ⅱ(= 수색절차)

  (1) 위험평가

  (2) 수색

  (3) 구조

  (4) 응급의료

(4) 인명구조활동의 요령

① 농연 내에서의 활동 요령

  ㉠ 내화구조 건물이나 터널 등 연기가 충만하기 쉬운 건물화재에서는 <u>급기</u> <u>측으로 진입</u>하는 것이 원칙이다.

  ㉡ 진입하기 전에 내부를 밑에서부터 관찰하는 것이 중요하다.

  ㉢ 호흡보호장구의 장착이 필수적이다.

② 인명검색

  ㉠ <u>검색장소는 발화층 상부를 우선</u>하고 창문, 막다른 통로, 승강기, 계단실, 출입구, 화장실, 방구석 등에 초점을 두고 검색을 한다.

  ㉡ <u>요구조자가 많을 때에는 스스로 대피가 곤란한 사람을 우선 대피</u>시키고, 대피 가능한 사람은 피난 방향, 피난 장소 등을 알려주어 대피하도록 한다.

  ㉢ <u>인명에 대한 정보는 불확실한 것이라도 반드시 확인</u>한다.

  ㉣ <u>검색 범위를 분담하여 중복이나 사각지대가 없도록</u> 한다.

  ㉤ 요구조자가 혼란에 빠졌을 때에는 확성기 등을 사용하여 안정시키고 침착하게 행동하도록 한다.

③ 현장 및 인명검색 순서

<u>화점층(예 4층) → 직상층(예 5층) → 직하층(예 3층)</u>

④ 구조방법

  ㉠ 자기 스스로 피난이 가능한 자를 구조할 때에는 피난구조설비를 최대한 활용한다.

  ㉡ 자기 스스로 피난이 불가능한 자를 구조할 때에는 연기와 열기가 없는 곳으로 이동하여 응급처치 및 구조와 같은 수단을 강구한다.

  ㉢ 필요한 경우 예비요원을 확보한다.

(5) 인명검색 시의 안전행동지침 ★★

① 역화(백드래프트)의 가능성이 있는 경우 배연이 이루어지고 난 후에 진입을 시도하여야 한다.
② 항상 공기호흡기를 포함하여 완전한 보호복을 착용하여야 한다.
③ 항상 팀(2인 1조)을 지어서 활동한다.
④ 계획성 있는 행동을 하여야 한다.
⑤ 검색에 투입된 모든 대원을 위한 2차 대피 수단이 준비되어 있어야 한다.
⑥ 발화층 상층부에서 활동할 때에는 언제든지 방수할 수 있는 소방호스를 가지고 있어야 한다.
⑦ 실내로 들어가는 입구에 표시를 하고, 방 안으로 들어갈 때 회전한 방향을 기억했다 빠져 나올 때에는 반대방향으로 회전해서 나온다.
⑧ 문을 개방하기 전에 손등으로 문을 만져보아 열기가 있는지 확인해야 한다.
⑨ 낮은 자세를 유지하고 조심스럽게 이동해야 한다.
⑩ 발을 디딜 때는 뜨거운 부분과 약해진 부분을 조심해야 한다.
⑪ 모든 감각을 동원하여 경계를 늦추지 말아야 한다.
⑫ 항상 벽을 따라서 움직여야 한다.

(6) 방향상실 시의 안전행동

벽을 따라 처음에 들어왔던 출입문 방향으로 이동하여야 한다.

(7) 도구를 활용한 안전 확보

① 구조대원이 호스를 가지고 들어왔다면 호스를 따라 나가면 된다.
② 항상 휴대용 손전등을 휴대하여야 한다.

(8) 출입문 개방 시의 안전 확보 ★★

① 출입문은 조심스럽게 천천히 개방하여야 하며, 열기를 확인하기 위하여 문을 먼저 만져보아야 한다.
② 문의 정면에 위치해서는 안 되며, 한쪽으로 비켜선 낮은 자세를 유지하며 천천히 문을 열어야 한다.
③ 출입문을 안쪽으로 열기 힘들어도 문을 발로 차면 안 된다.
④ 건물을 통하여 이동할 때에는 약화되었거나 위험한 상황이 연출될 수 있는 조건들을 지속적으로 관찰하여야 한다.

수난사고 시 구조 일반

1. **익수자에 대한 구조**
   (1) 우선 구명환이나 로프를 던져야 하며 사람이 직접 수영하여 구하는 것은 최후의 수단이다.
   (2) 구조자는 긴급 시 물에서 환자를 구출하면서 수면 위에서도 인공호흡을 하여야 한다.

2. **잠수물리에 대한 일반 상식**
   (1) 소리
   4배 정도 빨리 들리며 소리의 방향을 파악하기 힘들다.
   (2) 물체
   물속에서는 물체가 25% 정도 크게 보인다.
   (3) 열
   물은 공기보다 열을 약 25배 빨리 전달하므로 빨리 추워진다(저체온증 유발).
   (4) 압력
   수심 10m마다 1기압씩 증가한다.
   예 수심 30m일 경우에는 물속에서 3기압, 물 밖에서는 표준대기압인 1기압, 총 4기압이 된다.

3 구조대원의 자격 및 구조작업

1. 구조대원의 기준

(1) 구조대원의 자격 기준

구조대원은 소방공무원으로서 다음 중 어느 하나에 해당하는 자격을 갖추어야 한다.

① <u>소방청장</u>이 실시하는 인명구조사 교육을 받았거나 인명구조사 시험에 합격한 사람

② 국가·지방자치단체 및 「공공기관의 운영에 관한 법률」 제4조에 따른 공공기관의 구조 관련 분야에서 근무한 경력이 <u>2년 이상</u>인 사람

③ 「응급의료에 관한 법률」 제36조에 따른 <u>응급구조사</u> 자격을 가진 사람으로서 <u>소방청장</u>이 실시하는 구조업무에 관한 교육을 받은 사람

2. 인명구조사

(1) 개념

인명구조에 필요한 지식·기술·체력 및 장비활용능력을 보유한 사람으로 소방청장이 실시하는 인증 평가에 합격한 사람을 말하며, 업무 역량에 따라 등급을 구분한다.

(2) 인명구조사의 등급 구분

등급 구분	등급별 업무 역량 등
인명구조사 2급	• 업무역량 : 독자적으로 구조활동을 수행할 수 있으며, 표준 구조 활동과정(process)에서 요구하는 지침에 따라 업무를 수행할 수 있음 • 영문표현 : ERT(Emergency Rescue Technician) • 자격취득 : 인명구조사 2급 인증시험에 합격한 사람
인명구조사 1급	• 업무역량 : 독자적으로 구조활동을 수행할 수 있으며 구조활동에 관한 업무 지시와 업무 분석이 가능하고, 인명구조 관련 교육 및 자문활동을 수행할 수 있음 • 영문표현 : HERT(High Emergency Rescue Technician) • 자격취득 : 인명구조사 2급을 취득한 사람이 그 취득일로부터 소방공무원으로 근무경력이 5년이 경과하거나 인명구조사 1급 교육과정을 이수한 후 인명구조사 1급 인증시험에 합격한 사람
전문 인명구조사	• 업무역량 : 환경변화 등에 따른 각종 구조활동의 표준과정(process) 수정 및 새로운 구조 활동 지침을 수립·수행할 수 있음 • 영문표현 : PERT(Professional Emergency Rescue Technician) • 자격취득 : 인명구조사 1급을 취득한 사람이 그 취득일로부터 소방공무원으로 근무경력이 5년이 경과하거나 전문인명구조사 교육과정을 이수한 후 전문인명구조사 인증시험에 합격한 사람

3. 구조활동의 우선순위 ★★

① 요구조자의 생명을 구한다(<u>구명</u>).
② 요구조자의 신체를 구출한다(<u>신체구출</u>).
③ 요구조자의 육체적·정신적 고통을 경감해준다(<u>고통경감</u>).
④ 요구조자의 재산을 보호한다(<u>재산보호</u>).

이론 플러스

구조활동의 우선순위
• 구명
• 신체구출
• 고통경감
• 재산보호

□ 119체크
구조활동의 우선순위 중 가장 먼저 해야 할 것은?
① 구명
② 신체구출
③ 고통경감
④ 재산보호

해설
구조활동의 가장 우선순위는 사람의 생명을 구하는 '구명'이다.

정답 ①

4. 구조작업의 실시 순서

구조작업은 우선 구조대원의 안전이 확보된 상태에서 이루어져야 한다.

① 진입 시에 장애가 되는 요인들을 제거한다.
② 2차적 재해 및 사고의 발생을 배제한다.
③ 요구조자의 생명을 구하기 위한 응급처치를 실시한다.
④ 요구조자의 부상당한 상처의 증상이 악화되지 않도록 조치를 한다.
⑤ 안전구역으로 요구조자들을 구출할 수 있도록 활동을 전개한다.

> **119 더 알아보기**
>
> **구조 시 주의사항**
>
> 1. 장애물 제거 시 주의사항
>   (1) 필요한 기자재를 준비하고 대원의 안전을 취한다.
>   (2) 요구조자의 생명, 신체에 영향이 있는 장애를 먼저 제거한다.
>   (3) 위험이 큰 장애부터 제거한다.
>   (4) 장애는 주위에서 중심부로 제거한다.
>   (5) 위에서 아래로 순차적으로 제거한다.
> 2. 요구조자가 다수인 경우의 주의사항
>   (1) 큰 소리로 아픔을 호소하는 자보다 의식이 없는 자 쪽의 정도가 중하다고 판단한다.
>   (2) 생명위기의 정도가 같은 경우 구출이 용이한 자부터 구출한다.
>   (3) 생명위기의 정도가 같은 경우 약자(어린이, 노인, 신체장애자, 여성 등)를 우선한다.
>   (4) 생명위기의 정도가 같은 경우 고통을 호소하는 사람부터 구출한다.

✿ 구조활동의 원칙 : 안전성, 신속성, 확실성

5. 구조 시 효과적인 의사전달의 원칙 ★★

① 요구조자와 항상 눈을 마주친다.
② 요구조자에게 진실을 말하여야 한다.
③ 요구조자가 이해할 수 있는 수준에서 의사를 전달해야 한다. → 전문적 용어 사용은 자제한다.
④ 항상 명확하고 똑바르게 이야기를 한다.
⑤ 요구조자의 이름을 사용한다.
⑥ 요구조자의 자세는 편안한 상태가 될 수 있도록 해야 한다.
⑦ 요구조자에게 충분히 질문 또는 대답을 할 수 있는 시간을 주어야 한다.
⑧ 요구조자가 청각장애인일 경우에는 정확하게 말을 해야 하며, 구조대원의 입 모양을 읽을 수 있도록 해야 한다.

6. 구조장비 및 용도

일반구조용	구조용 사다리, 개방장비, 조명기구, 총포류, 동물포획장비 세트, 일반 구조 통신장비, 이송 및 안전장비, 그 밖의 일반장비
산악구조용	등하강 및 확보장비, 산악용 안전벨트, 고리, 도르래, 슬링, 등반용 로프 및 부대장비, 배낭, 일반장비, 빙벽 등반장비 세트, 설상 구조장비 세트, 암벽 및 거벽 등반장비 세트, 구조대상자 이송 및 안전장비, 산악용 근거리 통신장비 • 등반기 : '쥬마'라고 불리며, 크롤, 베이직 등 • 하강기 : 8자하강기, 스톱하강기, 그리그리, 랙 등 • 카라비너 : 주로 확보용 장비로 사용되며 O형, D형 등
수난구조용	급류 구조장비, 잠수장비, 수중통신장비, 인명구조 및 안전장비
화생방 및 대테러 구조용	경계구역 설정라인, 제·소독장비, 누출물 수거장비, 누출방지장비, 화생방 오염환자 이송장비, 시료 채취 및 이송장비, 슬링백 세트, 에어리프팅 백, 보호의류 등, 대테러 구조장비
절단구조용	절단기, 톱, 드릴, 유압절단장비
중량물작업용	유압장비, 휴대용 윈치, 다목적 구조 삼각대, 운전석 에어백 작동 방지장치, 에어백, 지지대, 리프트 잭, 체인블럭, 체인세트, 벨트슬링, 중량물 작업용 와이어
탐색구조용	헬멧식 연기투시기, 적외선 야간투시경, 매몰자 탐지기, 영상송수신장비세트, 붕괴물 경보기, 수중 탐지기, 수중 비디오, 수중 카메라, GPS 수신기, 인명구조견, 구조용 로봇, 공중 수색장비
파괴용	도끼, 방화문파괴기, 해머드릴, 착암기

산악구조용 장비

1. **8자하강기**

   로프를 이용해서 하강하는 경우에 사용한다.

2. **스톱하강기**

   로프 한 가닥을 이용하여 제동을 걸어주는 장비로서 속도 조절이 용이하다.

3. **그리그리**

   로프의 역회전을 방지할 수 있는 구조로 주로 확보용 장비이다. 암벽 등에서 先등자를 확보하는 경우 많이 사용한다.

4. **카라비너**

   각종 기구와 로프 또는 기구와 기구를 연결할 때 사용하는 기구이다. 장력은 종방향 장축 25KN, 횡방향 단축 8 ~ 10KN이다.

5. **등반기**

   등반 시 장비로서 로프에 결착하여 수직 또는 수평으로 이동할 때 사용하는 기구로 크롤, 베이직 등이 있다.

6. **도르래**

   하천범람으로 고립된 피서객 등 작은 힘으로 물체 등을 이동하기 위한 기구이다.

7. 특수도르래
로프꼬임 방지기(스위블), 수평2단 도르래(탠덤), 정지형 도르래(웰 하우렐)가 있다.

7. 로프(Rope)

(1) 로프 매듭의 종류

① 기본 매듭의 종류

이어매기
(연결, 결합,
결속)
	• 바른매듭(맞매듭)
	  - 같은 굵기의 로프를 연결할 때 사용하는 기본 매듭
	  - 묶고 풀기가 쉬움
	  - 힘을 받는 곳에 사용하여서는 안 됨
	• 한겹매듭, 두겹매듭 : 매듭의 굵기가 서로 다르거나 젖은 로프를 결합할 때 사용
	• 8자연결매듭
	• 피셔맨매듭(장구매듭)
	  - 두 개의 로프를 가지고 각각의 로프를 서로 묶어 매듭 부분을 맞물리게 하는 방법
	  - 잘 풀리지 않아 장시간 고정시킬 때 사용

마디짓기
(결절)
	• 옭매듭(엄지매듭) : 로프에 마디를 만들어 도르래나 구멍으로부터 로프가 빠지는 것을 방지하거나 절단한 로프의 끝에서 꼬임이 풀어지는 것을 방지할 때 사용하는 가장 흔한 형태의 매듭
	• 두겹옭매듭
	• 8자매듭
	• 두겹8자매듭
	  - 로프에 고리를 만드는 경우 가장 많이 활용
	  - 매우 튼튼한 매듭으로 간편하게 묶을 수 있고 강한 충격을 받은 뒤에도 쉽게 풀 수 있음
	• 이중8자매듭
	• 줄사다리매듭 : 로프에 일정한 간격으로 수 개의 엄지매듭을 연속적으로 만들어 로프를 타고 오르거나 내릴 때 사용
	• 고정매듭(보울라인 매듭)
	  - 로프의 굵기에 상관없이 묶고 풀기가 쉬우며 조여지지 않아서 사람이나 물건을 묶어 지지점을 만드는 경우 많이 사용됨
	  - 매듭의 왕(king of kinds)
	• 두겹고정매듭
	• 나비매듭 : 로프 중간에 고리를 만들 필요가 있을 경우 사용하며 다른 매듭에 비하여 충격을 받은 경우에도 풀기가 쉬움

이론 플러스

❑ 119체크
다음 로프의 매듭법 중 움겨매기(결착)의 종류가 아닌 것은?
① 감아매기
② 잡아매기
③ 절반매듭
④ 엄지매듭(옭매듭)

해설
엄지매듭(옭매듭)은 마디짓기(결절)에 해당한다. ①, ②, ③은 움겨매기에 해당한다.

정답 ④

두 로프가 서로 다른 로프를 묶어 매듭부분이 맞물리도록 하는 방법이다. 신속하고 간편하게 묶을 수 있으며 매듭의 크기도 작다. 장시간 고정시켜두는 경우에 주로 사용하며 힘을 받으면 받을수록 단단해지는 매듭은?
① 8자매듭
② 피셔맨매듭
③ 엄지매듭
④ 고정매듭

해설
두 로프가 서로 다른 로프를 묶어 매듭부분이 맞물리도록 하는 방법으로 신속하고 간편하게 묶을 수 있으며 매듭의 크기도 작다. 힘을 받은 후에는 풀기가 매우 어려워 장시간 고정시켜 두는 경우에 주로 사용하는 매듭을 '피셔맨매듭'이라 한다.

정답 ②

움켜매기 (결착)	• 말뚝매기(까베스탕매듭) : 지지점을 설정하기 위해서 로프의 한 쪽 끝을 지지점에 묶는 방법 • 잡아매기 – 요구조자의 신체에 로프를 직접 결착하는 고정매듭으로 안전벨 트가 없을 때 사용 – 충격이 심한 낙하훈련 등을 할 때 신체에 가해지는 고통을 완화 하기 위해 사용 • 절반매듭 – 로프의 접합, 결착 등 매듭의 결합을 확실하게 하기 위해 사용 – 단독으로는 사용할 수 없음 • 감아매기(비상매듭) – 굵은 로프에 가는 로프를 감아 매어 당기는 방법으로 감는 로프 가 주 로프의 절반 정도 굵기일 때 가장 효과적임 – 감은 로프를 늦추면 자유롭게 이동이 가능하여 로프 등반, 고정 에 많이 사용 • 클램하이스트매듭 – 주로프에 보조로프를 3~5회 감고 로프 끝을 고리 안으로 통과 시켜 완성 – 하중이 걸리면 매듭이 고정되고 하중이 걸리지 않으면 매듭을 위·아래로 움직일 수 있음

② 응용 매듭의 종류

　㉠ 두겹고정매듭 : 로프 끝에 두 개의 고리를 만들어서 수직 맨홀 등 좁은
공간으로 진입하거나 요구조자를 구출하는 경우 자주 사용한다.

　㉡ 세겹고정매듭 ★★

　　• 로프에 3개의 고리를 만드는 방법으로 작업 공간이 협소하여 바스켓
들것 등 구조기구를 사용하기 곤란한 장소에서, 의식을 잃은 요구조자
를 끌어올리거나 매달아 내리는 구조활동에 적합하다.

　　• 경추나 척추손상이 의심되는 요구조자, 다발성골절환자에게 사용하면
2차 손상을 입힐 수 있으므로 사용하여서는 안 된다.

　㉢ 앉아매기 : 안전벨트 대용으로 사용이 가능하다.

(2) 로프 관리법

① 장시간의 햇볕을 쏘이지 않아야 하며 화공약품, 기름 등과 접촉을 금지한다.

② 밟거나 깔고 앉지 말아야 하며 날카로운 모서리에 주의해야 한다.

③ 중성세제를 이용하여 세척하고 세척 후 그늘지고 통풍이 잘 되는 곳에 말린다.

(3) 로프의 교체주기

① 매일 사용하는 로프 : 1년

② 매주 사용하는 로프 : 2년

③ 가끔 사용하는 로프 : 4년

④ 충격이나 눌린 로프 : 즉시

(4) 로프의 예시

① 이어매기

㉠ 바른매듭(맞매듭)

- 바른매듭은 묶고 풀기가 쉬우며 같은 굵기의 로프를 연결하기에 적합한 매듭이다. 반면 또는 재질이 다른 것을 연결할 때에는 미끄러져 빠질 염려가 있다.
- 로프 연결의 기본이 되는 매듭이며 힘을 많이 받지 않는 곳에 사용한다.

㉡ 한겹매듭

한겹매듭은 굵기가 다른 로프나 젖은 로프를 결합할 때에 사용한다. 주 로프를 너무 짧게하면 쉽게 빠지므로 주의한다.

㉢ 두겹매듭

한겹매듭에서 로프를 한번 더 돌려감은 것으로 한겹매듭보다 더 튼튼하게 연결할 때에 사용한다.

ⓔ 피셔맨매듭(장구매듭, 데그스매듭)
- 신속하고 간편하게 묶을 수 있으며 매듭의 크기도 작다. 따라서 두 줄을 이을 때 연결매듭으로 많이 활용되는 매듭이지만 힘을 받은 후에는 풀기가 매우 어려워 장시간 고정시켜 두는 경우에 주로 사용한다.
- 이중으로 매듭을 하면 매듭이 단단하고 쉽사리 느슨해지지 않는다.

② **마디짓기**
ⓐ 엄지매듭(옭매듭)
마디를 만들어 도르래나 구멍으로부터 로프가 빠지는 것을 방지하거나 절단한 로프의 끝에서 꼬임이 풀어지는 것을 방지할 때 사용하는 가장 단순한 형태의 매듭이다.

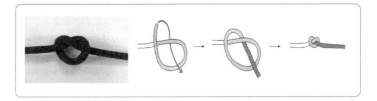

ⓑ 두겹 엄지매듭(두겹 옭매듭)

 로프의 중간에 고리를 만들 필요가 있을 때 사용하는 간편한 매듭으로 힘을 받으면 고리가 계속 조이므로 풀기가 힘들다.

ⓒ 8자매듭
마디를 만들어 도르래나 구멍으로부터 로프가 빠지는 것을 방지하거나 절단한 로프의 끝에서 꼬임이 풀어지는 것을 방지할 때 사용하는 가장 단순한 형태의 매듭이다.

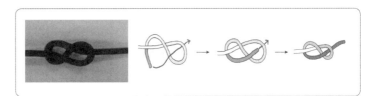

㉣ 두겹 8자매듭
- 간편하고 튼튼하기 때문에 로프에 고리를 만드는 경우 가장 많이 활용
  된다.
- 로프에 고리를 만들어 카라비너에 걸거나 나무, 기둥 등에 확보하고자
  하는 경우 등에 폭넓게 활용되며 로프를 두 겹으로 겹쳐 만드는 방법
  과 한 겹으로 되감기 하는 방식이 있다.

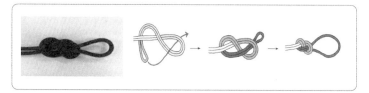

㉤ 줄사다리매듭
- 엄지매듭을 일정한 간격으로 만들어 로프를 타고 오르거나 내릴 때에
  지지점으로 이용하는 매듭이다.
- 긴급한 경우 이외에는 잘 활용되지는 않는다.

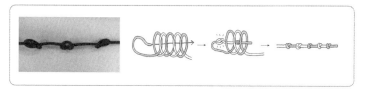

㉥ 나비매듭
- 로프 중간에 고리를 만들 필요가 있을 경우 사용하며 다른 매듭에 비
  하여 충격을 받은 경우에도 풀기가 쉬워 많이 활용된다.
- 로프의 중간 부분이 손상되었을 때 손상된 부분이 가운데로 오도록 하
  여 임시 활용이 가능하다.

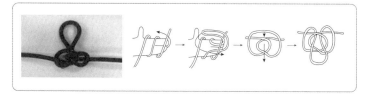

㉦ 고정매듭(bowline knot)
- 로프의 굵기에 관계없이 묶고 풀기가 쉬우며 조여지지 않으므로 로프
  를 사람이나 물건에 묶어 지지점을 만드는 경우에 활용한다.
- 구조활동에 많이 사용되는 중요한 매듭이다.

ⓞ 이중 8자매듭

로프 끝에 두 개의 고리를 만들 수 있어 확보물에 카라비너를 고정하는 경우 매우 유용하다.

③ **움켜매기**

㉠ 절반매듭

- 로프의 접합, 결착 등 매듭을 확실하게 하기 위해 사용하는 매듭이다.
- 단독으로는 사용할 수 없다.

㉡ 감아매기(Prussik knot, 비상매듭)

- 굵은 로프에 가는 로프를 감아매어 당기는 방법으로, 감은 로프를 늦추면 자유로이 이동시킬 수 있으므로 로프등반, 고정 등에 많이 활용된다.
- 감는 로프는 주 로프의 절반정도 굵기일 때 가장 효과적이다.

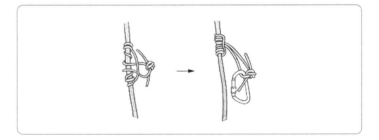

ⓒ 말뚝매기(까베스땅 매듭, Clove hitch)
  - 로프의 한쪽 끝을 지지점에 묶는 매듭으로 구조활동을 위해 로프로 지지점을 설정하는 경우 많이 사용한다.
  - 묶고 풀기는 쉬우나 반복적인 충격이나 하중을 받는 경우 매듭이 자연적으로 풀릴 수 있으므로 매듭의 끝을 잘 처리하여야 한다.

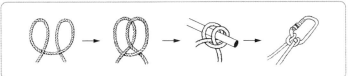

ⓒ 두겹 말뚝매기
  - 말뚝매기와 같은 용도로 사용되지만 보다 안전하고 확실한 방법이다.
  - 말뚝매기를 한 후에 돌려감는 방법과 그대로 돌려감는 방법이 있다.

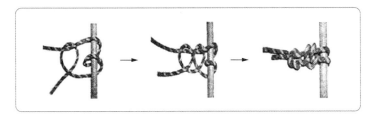

ⓒ 클램하이스트매듭
  - 주 로프에 보조로프를 3~5회 감고 로프 끝을 고리 안으로 통과시켜 완성
  - 하중이 걸리면 매듭이 고정되고 하중이 걸리지 않으면 매듭을 위·아래로 움직일 수 있다.

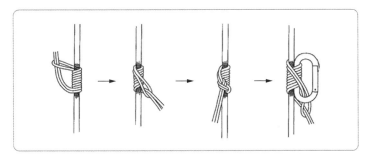

④ **응용매듭**

㉠ 두겹 고정매듭

- 로프의 끝에 두 개의 고리를 만들어 활용하는 매듭으로, 특히 수직 맨홀 등 좁은 공간으로 진입하거나 요구조자를 구출하는 경우 유용하게 활용한다.
- 부상자를 구출하는 경우 고리의 크기를 잘 조정하여 벗겨지는 경우가 없도록 한다.

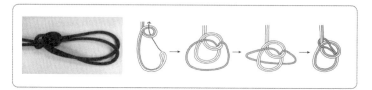

㉡ 세겹 고정매듭

- 로프에 3개의 고리를 만드는 방법이다.
- 작업 공간이 협소하여 바스켓 들것 등 구조기구를 활용하기 곤란한 장소에서 의식을 잃은 요구조자를 끌어올리거나 매달아 내리는 구출활동에 적합하다.
- 경추나 척추 손상이 의심되는 요구조자, 또는 다발성골절환자에게 사용하여서는 안 된다.

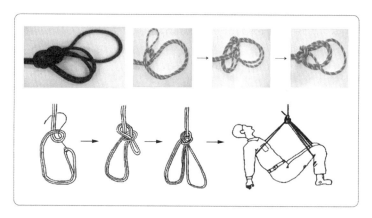

ⓒ 앉아매기

안전벨트 대용으로 하강 또는 수평도하 등에 사용하는 매듭이다.

• 로프를 이용한 앉아매기

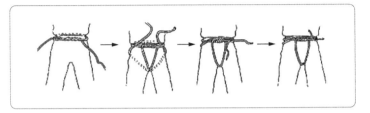

• 슬링을 이용한 앉아매기

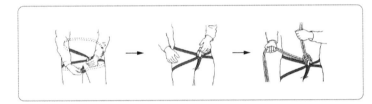

CHAPTER 02 구급론

1 구급대의 운영과 응급구조사의 업무 범위

1. 구급대의 편성 · 운영 및 대원의 자격 기준

(1) 구급대의 편성과 운영

① <u>소방청장, 소방본부장 또는 소방서장</u>은 위급한 상황에서 발생한 응급환자를 응급처치하거나 의료기관에 긴급히 이송하는 등의 구급업무를 수행하기 위하여 구급대를 편성하여 운영하여야 한다.

② 119구급대는 <u>일반구급대</u>와 <u>고속국도구급대</u>로 구분한다.

    ㉠ 일반구급대 : 시 · 도의 규칙으로 정하는 바에 따라 <u>소방서마다 1개 대 이상 설치</u>하되, 소방서가 설치되지 아니한 시 · 군 · 구의 경우에는 해당 시 · 군 · 구 지역의 중심지에 소재하는 119안전센터에 설치할 수 있다.

    ㉡ 고속국도구급대 : 교통사고 발생 빈도 등을 고려하여 <u>소방청, 시 · 도 소방본부 또는 고속국도를 관할하는 소방서에 설치</u>하되, 시 · 도 소방본부 또는 소방서에 설치하는 경우에는 시 · 도 규칙으로 정하는 바에 따른다.

(2) 구급대원의 자격 기준 ★★

구급대원은 소방공무원으로서 다음 중 어느 하나에 해당하는 자격을 갖추어야 한다.

① <u>의료인</u>(의사, 치과의사, 한의사, 조산사 및 간호사)

② <u>1급 응급구조사</u> 자격을 취득한 사람

③ <u>2급 응급구조사</u> 자격을 취득한 사람

④ <u>소방청장</u>이 실시하는 구급업무에 관한 교육을 받은 사람(구급차 운전과 구급에 관한 보조업무만 할 수 있음)

이론 플러스

□ 119체크

다음 중 구급대원의 자격기준으로 옳지 않은 것은?

① 1급 간호사
② 의사
③ 1급 응급구조사
④ 조산사

해설

1급 간호사는 우리나라에 없는 자격이다. 간호사가 의료인에 해당되어 구급대원이 될 수 있다.

정답 ①

2. 응급구조사의 자격 기준 및 업무 범위

(1) 자격 기준

보건복지부장관이 실시하는 시험에 합격한 후 그 자격 인정을 받아야 한다.

1급 응급구조사	• 대학 또는 전문대학에서 응급구조학을 전공하고 졸업한 사람 • **보건복지부장관**이 인정하는 외국의 응급구조사 자격 인정을 받은 사람 • 2급 응급구조사로서 응급구조사의 업무에 **3년 이상** 종사한 사람
2급 응급구조사	• 보건복지부장관이 지정하는 응급구조사 양성기관에서 대통령령으로 정하는 양성과정을 이수한 사람 • 보건복지부장관이 정하여 고시하는 기준에 해당하는 외국의 응급구조사 자격인정을 받은 사람

(2) 업무 범위

1급 응급구조사	• 심폐소생술 시행을 위한 기도 유지(기도기의 삽입, 기도삽관, 후드마스크삽관 등) • 정맥로의 확보 • 인공호흡기를 이용한 호흡의 유지 • **약물 투여** : 저혈당성 혼수 시 포도당의 주입, 흉통 시 니트로글리세린의 혀 아래 투여, 쇼크 시 일정량의 수액 투여, 천식 발작 시 기관지확장제 흡입(구급차에 상비중인 약물 투여 가능)
2급 응급구조사	• 구강 내 이물질의 제거 • 기도기를 이용한 기도 유지 • 기본 심폐소생술 • 산소 투여 • 부목 · 척추고정기 · 공기 등을 이용한 사지 및 척추 등의 고정 • 외부 출혈의 지혈 및 창상의 응급처치 • 심박 · 체온 및 혈압 등의 측정 • 쇼크방지용 하의 등을 이용한 혈압의 유지 • 자동심장충격기를 이용한 규칙적 심박동 유도 • **흉통 시 니트로글리세린의 혀 아래 투여 및 천식 발작 시 기관지확장제 흡입(환자가 해당 약물을 휴대하고 있는 경우에 한함)**

119 더 알아보기

응급구조사의 업무 범위

응급구조사는 의사로부터 구체적인 지시를 받지 아니하고는 규정에 의한 응급처치를 행하여서는 아니된다. 다만, 응급구조사가 의사의 지시를 받지 아니하고 행할 수 있는 경미한 응급처치의 범위는 2급 응급구조사의 업무범위와 같다.

1. 보건복지부령이 정하는 응급처치를 행하는 경우
2. 급박한 상황하에서 통신의 불능 등으로 의사의 지시를 받을 수 없는 경우

이론 플러스

□ 119체크

2급 응급구조사의 업무 범위에 해당하지 않은 것은?

① 기도기를 이용한 기도유지
② 쇼크방지용 하의 등을 이용한 혈압의 유지
③ 자동심장충격기를 이용한 규칙적 심박동 유도
④ 심폐소생술 시행을 위한 기도유지

해설

①, ②, ③은 2급 응급구조사의 업무 범위에 해당하고 ④는 1급 응급구조사 업무 범위에 해당된다.

정답 ④

3. 구급 요청의 거절 및 응급환자 등의 이송 거부

(1) 구급 요청의 거절 ★★

① 구급대원은 구급대상자가 다음 중 어느 하나에 해당하는 <u>비응급환자인 경우</u>에는 구급출동 요청을 거절할 수 있다. 이 경우 구급대원은 구급대상자의 병력·증상 및 주변 상황을 종합적으로 평가하여 구급대상자의 응급 여부를 판단하여야 한다.

　㉠ <u>단순</u> 치통환자

　㉡ <u>단순</u> 감기환자(38℃ 이상의 고열 또는 호흡곤란이 있는 경우는 제외)

　㉢ 혈압 등 생체징후가 안정된 타박상 환자

　㉣ 술에 취한 사람(강한 자극에도 의식이 회복되지 아니하거나 외상이 있는 경우는 제외)

　㉤ 만성질환자로서 검진 또는 입원 목적의 이송 요청자

　㉥ <u>단순</u> 열상 또는 찰과상으로 지속적인 출혈이 없는 외상환자

　㉦ 병원 간 이송 또는 자택으로의 이송 요청자(의사가 동승한 응급환자의 병원 간 이송은 제외)

② 구조·구급대원은 요구조자 또는 응급환자가 구조·구급대원에게 <u>폭력을 행사하는 등 구조·구급활동을 방해하는 경우</u>에는 구조·구급활동을 거절할 수 있다.

③ 구조·구급대원은 구조 또는 구급 요청을 거절한 경우 <u>구조 또는 구급을 요청한 사람이나 목격자에게 그 내용을 알리고, 그 내용을 기록·관리</u>하여야 한다.

④ 구급요청을 거절한 구급대원은 <u>구급 거절 확인서를 작성</u>하여 소속 소방관서장에게 보고하고, 소속 소방관서에 <u>3년간 보관</u>하여야 한다.

(2) 응급환자 등의 이송 거부

① 구급대원은 <u>응급환자 또는 그 보호자</u>(응급환자의 의사를 확인할 수 없는 경우에만 해당)가 의료기관으로의 이송을 거부하는 경우에는 <u>이송하지 아니할 수 있다</u>.

② 구급대원은 응급환자를 이송하지 아니하는 경우 구급 거절·거부 확인서를 작성하여 <u>이송을 거부한 응급환자 또는 그 보호자에게 서명을 받아야 한다</u>(이송거부자가 2회에 걸쳐 서명을 거부한 경우에는 구급 거절·거부 확인서에 그 사실을 표시하여야 한다).

③ 구급대원은 이송거부자가 서명을 거부한 경우에는 <u>이를 목격한 사람에게 관련 내용을 알리고 구급 거절·거부 확인서에 목격자의 성명과 연락처를 기재한 후 목격자에게 서명을 받아야 한다</u>.

🎁 이론 플러스

❏ 119체크

다음 중 구급요청을 거절할 수 있는 사유에 해당하지 않은 것은?

① 혈압 등 생체징후가 안정된 타박상 환자
② 만성질환자로서 검진 또는 입원 목적의 이송 요청자
③ 술에 취한 사람으로 강한 자극에도 의식이 회복되지 아니하거나 외상이 있는 환자
④ 병원 간 이송 또는 자택으로의 이송 요청자

해설

술에 취한 사람으로 강한 자극에도 의식이 회복되지 아니하거나 외상이 있는 환자는 구급요청을 거절할 수 없다. ①, ②, ④는 거절할 수 있다.

정답 ③

④ 구급 거절·거부 확인서를 작성한 구급대원은 소속 소방관서장에게 보고하고, 구급 거절·거부 확인서를 소속 소방관서에 **3년간 보관**하여야 한다.

4. 구급활동상황의 기록유지

① 구급대원은 구급활동일지에 구급활동상황을 상세히 기록하고, 소속 소방관서에 3년간 보관하여야 한다.
② 구급대원이 응급환자를 의사에게 인계하는 경우에는 구급활동일지에 환자를 인계받은 의사의 서명을 받고 구급활동일지 1부를 그 의사에게 제출하여야 한다.
③ 응급구조사가 출동한 때에는 보건복지부령으로 정하는 바에 따라 지체 없이 출동 사항과 처치 내용을 기록하고 이를 소속 구급차 등의 운용자와 해당 응급환자의 진료 의사에게 제출하여야 한다. 다만, 응급구조사를 갈음하여 의사나 간호사가 탑승한 경우에는 탑승한 의사(간호사만 탑승한 경우에는 탑승 간호사)가 출동 및 처치 기록과 관련한 응급구조사의 임무를 수행하여야 한다.
   ✪ **병원접수처(×)**
④ 소방본부장은 구급활동 상황을 종합하여 연 2회 소방청장에게 보고하여야 한다.

5. 구급대원의 교육훈련 및 정기검진

(1) 구급대원의 교육훈련

① 구급대원의 교육훈련은 **일상교육훈련** 및 **특별교육훈련**으로 구분한다.
② **일상교육훈련은 구급대원의 일일근무 중 실시**하되 구급장비 조작과 안전관리에 관한 내용을 포함하여 구급대의 실정에 맞도록 소방청장 등이 정한다.
③ 구급대원은 **연 40시간 이상** 다음의 **특별교육훈련**을 받아야 한다.
   ㉠ 임상실습 교육훈련
   ㉡ 전문 분야별 응급처치교육
   ㉢ 그 밖에 구급활동과 관련된 교육훈련

(2) 건강관리대책

소방청장 등은 소속 구급대원에 대하여 **연 2회 이상 정기검진**을 실시하여야 한다.

(3) 구급차 등의 소독

소방청장 등은 주 1회 이상 구급차 및 응급처치기구 등을 소독하여야 한다.

2 응급이론 일반(「응급의료에 관한 법률」)

1. 용어의 정의

(1) 응급환자

질병, 분만, 각종 사고 및 재해로 인한 부상이나 그 밖의 위급한 상태로 인하여 즉시 필요한 응급처치를 받지 아니하면 생명을 보존할 수 없거나 심신에 중대한 위해가 발생할 가능성이 있는 환자 또는 이에 준하는 자로서 보건복지부령으로 정하는 사람을 말한다.

(2) 응급의료

응급환자가 발생한 때부터 생명의 위험에서 회복되거나 심신상의 중대한 위해가 제거되기까지의 과정에서 응급환자를 위하여 하는 상담, 구조, 이송, 응급처치 및 진료 등의 조치를 말한다.

(3) 의료인

보건복지부장관의 면허를 받은 의사, 치과의사, 한의사, 조산사, 간호사 등을 말한다(응급구조사 제외).

(4) 응급의료종사자

관계 법령에서 정하는 바에 따라 취득한 면허 또는 자격의 범위에서 응급환자에 대한 응급의료를 제공하는 의료인과 응급구조사를 말한다.

✪ 응급구조사는 의료인에 해당하지 않으나 응급의료종사자에는 해당된다.

(5) 의료기관

의료인이 공중 또는 특정 다수인을 위하여 의료·조산의 업을 하는 곳을 말한다.

(6) 응급처치

응급의료행위의 하나로서 응급환자의 기도를 확보하고, 심장박동의 회복, 그 밖에 생명의 위험이나 증상의 현저한 악화를 방지하기 위하여 긴급히 필요로 하는 처치를 말한다.

(7) 응급의료기관

「의료법」에 따른 의료기관 중에서 지정된 권역응급의료센터, 전문응급의료센터, 지역응급의료센터 및 지역응급의료기관을 말한다.

(8) 병원 등

<u>병원, 치과병원, 한방병원 및 요양병원은</u> <u>30개 이상의 병상(병원·한방 병원만 해당)</u> 또는 요양병상(요양병원만 해당, 장기입원이 필요한 환자를 대상으로 의료행위를 하기 위하여 설치한 병상)을 갖추어야 한다.

(9) 종합병원

100개 이상의 병상을 갖추고 전문 의사가 배치된 곳을 말한다.

(10) 구급차 등

응급환자의 이송 등 응급의료의 목적에 이용되는 <u>자동차, 선박, 항공기</u> 등의 이송 수단을 말한다.

(11) 응급환자이송업

구급차 등을 이용하여 응급환자 등을 이송하는 업(業)을 말한다.

2. 권리와 의무

(1) 국민의 권리와 의무

① 응급의료를 받을 권리
② 응급의료에 관한 알 권리
③ 응급환자에 대한 신고 및 협조 의무

(2) 응급의료종사자의 권리와 의무

① 응급의료의 거부 금지
② 응급환자가 아닌 사람에 대한 조치
③ 응급환자에 대한 우선 응급의료
④ 응급의료에 대한 설명 및 동의
⑤ 응급의료 중단의 금지
⑥ 응급환자의 이송
⑦ 응급의료 등의 방해 금지

3. 구급차에 대한 기준

(1) 구급차의 운용자

① 국가 또는 지방자치단체

② 의료기관

③ 다른 법령에 의하여 구급차 등을 둘 수 있는 자

④ 응급환자이송업의 허가를 받은 자

⑤ 응급환자의 이송을 목적사업으로 하여 보건복지부장관의 설립허가를 받은 비영리법인

(2) 구급차의 용도

① 응급환자 이송

② 응급의료를 위한 <u>혈액, 진단용 검사대상물 및 진료용 장비</u> 등의 운반

③ 응급의료를 위한 응급의료종사자의 운송

⚙ **의료기사(×)**

④ 사고 등으로 현장에서 사망하거나 진료를 받다가 사망한 사람의 의료기관 등에 이송 및 그 밖에 보건복지부령이 정하는 용도

(3) 구급차의 표시

① 구급차는 바탕색이 흰색이어야 하며, 전·후·좌·우면 중 2면 이상에 각각 녹십자 표시를 하여야 한다.

② 구급차는 전·후·좌·우면의 중앙 부위에 너비 5cm 이상 10cm 이하의 띠를 가로로 표시해야 한다. 이 경우 띠의 <u>색깔은 특수구급차는 붉은색</u>으로, <u>일반구급차는 녹색</u>으로 한다.

③ <u>일반구급차는 붉은색 또는 녹색으로 '환자이송' 또는 '환자후송'이라는 표시</u>를 할 수 있으며, '응급출동'이라는 표시를 하여서는 아니 된다.

④ <u>특수구급차는 전·후·좌·우면 중 2면 이상에 붉은색으로 '응급출동'이라는 표시</u>를 하여야 한다.

(4) 구급차에 갖추어야 하는 의료장비, 구급의약품 및 통신장비 기준

① 특수구급차

구분	장비 분류	장비
환자 평가용 의료장비	신체 검진	• 환자감시장치(환자의 심전도, 혈중산소포화도, 혈압, 맥박, 호흡 등의 측정이 가능하고 모니터로 그 상태를 볼 수 있는 장치) • 혈당측정기 • 체온계(쉽게 깨질 수 있는 유리 등의 재질로 되지 않은 것) • 청진기 • 휴대용 혈압계 • 휴대용 산소포화농도 측정기
응급처치용 의료장비	기도 확보 유지	• 후두경 등 기도삽관장치(기도삽관튜브 등 포함) • 기도확보장치(구인두기도기, 비인두기도기 등)
	호흡 유지	• 의료용 분무기(기관제 확장제 투여용) • 휴대용 간이인공호흡기(자동식) • 성인용·소아용 산소마스크(안면용·비재호흡·백밸브) • 의료용 산소발생기 및 산소공급장치 • 전동식 의료용 흡인기(흡인튜브 등 포함)
	심장 박동 회복	자동심장충격기(Automated External Defibrillator)
	순환 유지	**정맥주사세트**
	외상처치	• 부목(철부목, 공기 또는 진공부목 등) 및 기타 고정장치(경추·척추보호대 등) • 외상처치에 필요한 기본 장비(압박붕대, 일반거즈, 반창고, 지혈대, 라텍스장갑, 비닐장갑, 가위 등)
구급 의약품	의약품	• 비닐 팩에 포장된 수액제제(생리식염수, 5% 포도당용액, 하트만용액 등) • 에피네프린(심폐소생술 사용 용도로 한정) • 아미오다론(심폐소생술 사용 용도로 한정) • 주사용 비마약성진통제 • 주사용 항히스타민제 • 니트로글리세린(설하용) • 흡입용 기관지확장제
	소독제	• 생리식염수(상처세척용) • 알콜(에탄올) 또는 과산화수소수 • 포비돈액
통신 장비	–	• 「응급의료에 관한 법률」 제15조에 따라 구축한 응급의료정보통신망 • 「전파법」에 따라 할당받은 주파수를 사용하는 기간통신서비스의 이용에 필요한 무선단말기기

이론 플러스

구급차의 구별
1. 특수구급차
• 적색 띠
• 응급출동 표기 O
• 의료장비(자동심장충격기 O)
• 의약품
• 통신장비

2. 일반구급차
• 녹색
• 응급출동 표기 ×
• 의료장비(자동심장충격기 ×)
• 의약품

② 일반구급차

구분	장비분류	장비
환자 평가용 의료장비	신체 검진	• 체온계(쉽게 깨질 수 있는 유리 등의 재질로 되지 않은 것) • 청진기 • 휴대용 혈압계 • 휴대용 산소포화농도 측정기
응급처치용 의료장비	기도 확보 유지	기도확보장치(구인두기도기, 비인두기도기 등)
	호흡 유지	• 성인용 · 소아용 산소마스크(안면용 · 비재호흡 · 백밸브) • 의료용 산소발생기 및 산소공급장치 • 전동식 의료용 흡인기(흡인튜브 등 포함)
	순환 유지	정맥주사세트
	외상처치	외상처치에 필요한 기본 장비(압박붕대, 일반거즈, 반창고, 지혈대, 라텍스장갑, 비닐장갑, 가위 등)
구급 의약품	의약품	• 비닐 팩에 포장된 수액제제(생리식염수, 5% 포도당용액, 하트만용액 등) • 에피네프린(심폐소생술 사용 용도로 한정) • 아미오다론(심폐소생술 사용 용도로 한정)
	소독제	• 생리식염수(상처 세척용) • 알콜(에탄올) 또는 과산화수소수 • 포비돈액

4. 응급구조사의 준수 사항

① 구급차 내의 장비는 항상 사용할 수 있도록 점검하여야 하며, 장비에 이상이 있을 때에는 지체없이 정비하거나 교체하여야 한다.

② 환자의 응급처치에 사용한 의료용 소모품이나 비품은 소속기관으로 귀환하는 즉시 보충하여야 하며, 유효기간이 지난 의약품 등이 보관되지 아니하도록 하여야 한다.

③ 구급차의 무선장비는 매일 점검하여 통화가 가능한 상태로 유지하여야 하며, 출동할 때부터 귀환할 때까지 무선을 개방하여야 한다.

④ 응급환자를 구급차에 탑승시킨 이후에는 가급적 경보기를 울리지 아니하고 이동하여야 한다.

⑤ 응급구조사는 구급차 탑승 시 신분을 알 수 있도록 소속, 성명, 해당자격 등을 기재한 표식을 상의 가슴에 부착하여야 한다.

5. 응급의료체계의 단계 ★★

(1) 현장단계

사고현장에서 환자를 응급처치하는 단계

(2) 이송단계

응급환자를 현장으로부터 병원까지 이송하기 위한 단계

(3) 병원단계

응급환자가 의료기관에 도착하여 전문적인 응급처치를 받는 단계

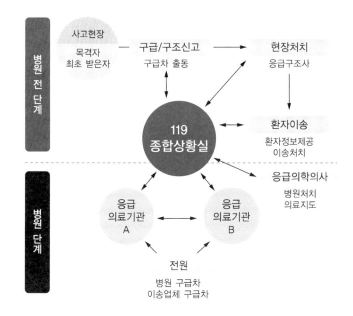

6. 응급처치 시 법적 문제

(1) 동의의 법칙

① 고시된 동의

응급구조사가 제공하는 환자치료에 대해 그 내용을 이해하였으며 동의한다는 환자의 표현을 말한다.

② 묵시적 동의

ㄱ) 응급처치가 절실하게 필요한 의식불명의 환자가 만약 의식이 있다면 응급처치에 동의했을 것이라고 추정하는 것을 말한다.

ㄴ) 묵시적 동의는 긴급한 상황에만 국한된다.

　예 무의식환자와 쇼크, 뇌의 손상, 알코올이나 약물중독 등의 피해자

ⓒ 일반적으로 묵시적 동의는 환자가 의식불명이거나 망상에 빠져 있거나 신체적으로 동의할 수 없는 경우에 적용된다.

③ **미성년자 치료에 있어서의 동의**

㉠ 미성년자에 대한 동의권은 부모나 후견인에게 주어진다.

㉡ 긴급한 응급 상황이 존재한다면 미성년자를 치료하는 것에 대한 동의는 묵시적일 수 있으나 가능하면 친권자나 후견인의 동의를 구해야 한다.

④ **정신질환자의 동의**

㉠ 환자가 실제적으로 동의를 할 수 있는지의 여부를 결정하는 데 반드시 고려되어야 한다.

㉡ 긴급한 상황이라면 묵시적 동의가 적용되어야 한다.

⑤ **치료거부권**

㉠ 환자는 응급의료인의 치료 행위에 대해 치료거부권을 갖는다.

㉡ 한 개인이 치료를 거부할 때, 응급구조사는 그의 정신 상태가 온전한가의 여부를 판단하려고 시도해야 한다. 의심스러운 경우에는 정신적 결함이 있다고 간주하여 치료를 시행하는 것이 최선의 방법이다.

(2) 유기 및 과실

① **유기**

응급구조사가 법적으로나 도덕적으로 범하지 말아야 할 가장 중대한 행위이다.

② **과실**

과실은 법적 책임이 기본이다.

(3) 의무불이행

응급처치 교육을 받은 사람이 응급처치를 하지 않았을 경우 자신의 본분을 다하지 않은 것으로 본다.

(4) 선한 사마리아인법 ★★

① 응급 상황에 있는 사람을 돕다가 해당 환자가 다치거나 사망하는 등 의도하지 않은 결과가 발생해도 도와준 사람이 면책이나 감면을 받을 수 있게 한 법적 제도를 말한다.

② 고통 받는 사람을 결과를 떠나서 기꺼이 도와주도록 격려하는 법으로 누군가가 선한 의도에서 환자에게 응급처치를 잘못했을 때 결과를 떠나서 잘못을 묵인하는 것이다.

③ 우리나라에서는 2008년 6월에 법안을 마련하여 시행하고 있다(「응급의료에 관한 법률」 제5조의2 - 선의의 응급의료에 대한 면책).

「응급의료에 관한 법률」 제5조의2(선의의 응급의료에 대한 면책)

생명이 위급한 응급환자에게 다음 각 호의 어느 하나에 해당하는 응급의료 또는 응급처치를 제공하여 발생한 재산상 손해와 사상(死傷)에 대하여 고의 또는 중대한 과실이 없는 경우 그 행위자는 민사책임과 상해(傷害)에 대한 형사책임을 지지 아니하며 사망에 대한 형사책임은 감면한다.

1. 다음 각 목의 어느 하나에 해당하지 아니하는 자가 한 응급처치
   가. 응급의료종사자
   나. 「선원법」 제86조에 따른 선박의 응급처치 담당자, 「119구조·구급에 관한 법률」 제10조에 따른 구급대 등 다른 법령에 따라 응급처치 제공의무를 가진 자
2. 응급의료종사자가 업무수행 중이 아닌 때 본인이 받은 면허 또는 자격의 범위에서 한 응급의료
3. 제1호 나목에 따른 응급처치 제공의무를 가진 자가 업무수행 중이 아닌 때에 한 응급처치

3 응급처치 기술

1. 응급처치 실시의 일반 원칙

(1) 응급구조사가 준수해야 할 응급처치 실시의 일반 원칙

① 긴박한 상황에서도 구조자 자신의 안전을 우선으로 한다.

② 사전에 보호자 또는 당사자의 이해와 동의를 얻어 실시하는 것을 원칙으로 한다. 다만, 환자가 의식불명, 망상에 빠져 있거나 신체적으로 동의가 없을 때에는 주변 사람에게 알린 후(묵시적 동의로 인정) 도움을 받아 실시한다.

③ 부상 상태에 따라 긴급한 경우 응급처치와 함께 관계 기관인 119구조대, 119구급대, 경찰, 병원 등에 응급구조를 요청한다.

④ 의식이 없거나, 심한 출혈, 복부 부상 환자의 경구를 통하여 어떤 것도 투여하지 않는다.

⑤ 응급구조사는 환자의 생사 판정을 하지 않는다(의사에게 맡김).

⑥ 응급구조사는 원칙적으로 의약품의 사용을 피한다(단, 긴급할 경우에는 예외).

⑦ 오직 응급처치로만 그치고 의사에게 인계 후 의사의 지시를 따른다.

119 데 알아보기

응급처치의 일반적 원칙

1. 긴급 상황이라도 구조자의 안전에 주의
2. 신속, 침착, 질서 있게 대처
3. 긴급 환자부터 우선 처치
4. 의료기관에 연락

(2) 응급처치 시 구급대원의 행동

① 구조 시 환자를 보면서 말한다.
② 호칭은 이름을 부르도록 하며 진실을 말하는 것이 원칙이나 충격적인 말은 피한다.
③ 대화는 전문용어를 피하고 상대방이 이해할 수 있는 표현을 사용한다.
④ 환자 운반 시 무리를 하거나 특정 신체 부분만 사용하여서는 안 된다. 또한 구조자는 단독 행동을 하지 않으며 특이사항은 즉시 보고하여야 하며 안전과 관련된 정보는 즉시 전파한다.

2. 구급환자의 중증도 분류

(1) 중증도 분류

중증도 분류란 사건 현장에서 소방분류반의 구급팀장이 분류하는 것으로 환자의 응급처치에 관여하지 않고 부상 등의 정도에 따라 오직 **병원으로 환자의 이송을 위한 분류**를 말한다. 긴급환자 → 응급환자 → 비응급환자 → 지연(사망)환자의 4단계로 나누고 있다.

(2) 환자의 분류 ★★

긴급환자 (적색, 토끼)	• 수분 혹은 수 시간 이내의 응급처치를 요구 • 기도 폐쇄, 대량의 출혈, 수축기 혈압이 80mmHg 이하의 **쇼크**, 개방성 흉부, **경추 손상**, 기도 화상, 원위부 맥박이 촉지되지 않는 골절, **지속적인 천식**, 저체온증, 경련 등
응급환자 (황색, 거북이)	• 수 시간 이내의 응급처치를 요구 • 중증의 출혈, 기도 화상을 제외한 화상, 경추를 제외한 척추 골절, 척추 손상 등
비응급환자 (녹색, ×)	• 수 시간, 수일 후 치료해도 생명에 지장이 없는 환자 • 소량의 출혈, 단순열상·골절 경미한 열상·찰과상, 타박상 등 연부조직 손상
지연환자 (흑색, +)	• 사망 또는 생존의 가능성이 없는 환자 • 20분 이상 호흡·맥박이 없는 환자, 두부나 몸체가 절단된 경우, 심폐소생술도 효과가 없다고 판단되는 경우

이론 플러스

□ 119체크

수분 혹은 수 시간 이내에 응급처치를 필요로 하는 환자는?

① 긴급환자
② 응급환자
③ 비응급환자
④ 지연환자

해설

수분 혹은 수 시간 이내에 응급처치를 필요로 하는 환자는 긴급환자에 해당한다.

정답 ①

다음 중 응급환자의 중증도 분류 중 표시색상이 바르게 연결된 것은?

① 긴급환자 - 흑색
② 비응급환자 - 적색
③ 응급환자 - 황색
④ 지연환자 - 녹색

해설

중증도 분류의 표시색상이 바르게 연결된 것은 응급환자 - 황색이다.
① 긴급환자 - 적색, ② 비응급환자 - 녹색, ④ 지연환자 - 흑색으로 표시한다.

정답 ③

(3) 중증도 분류표[긴급구조대응활동 및 현장지휘에 관한 규칙 별표 7]

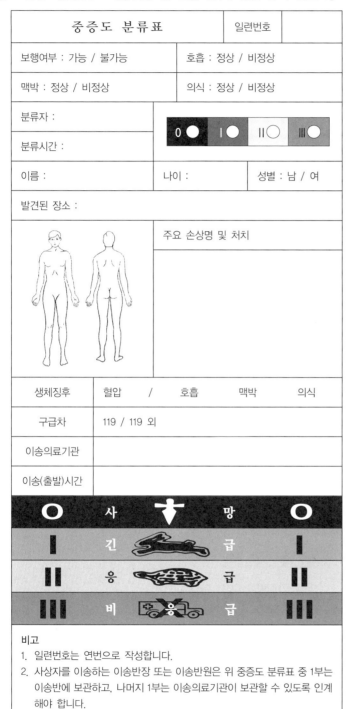

3. 환자의 평가

(1) 1차 평가(ABC 평가)

1차 평가란 생명에 위협이 되는 요소를 5 ~ 10분 이내에 찾아내어 처치하기 위한 단계의 환자평가를 말한다.

① Airway(기도의 개방)

② Breathing(호흡)

③ Circulation(순환)

④ Disability(신경학적 검사)

⑤ Exposure(환자손상부위의 노출)

(2) 2차 평가

2차 평가란 생명에 위협이 없는 상태에서 시행되는 환자평가를 말하며 네 가지로 분류한다.

① **신체검진**

사람의 두부, 경부, 흉부, 복부, 골반, 생식기, 사지, 신경학적 검진을 말한다.

② **활력징후**

맥박, 호흡, 체온, 혈압의 4대 생체징후 파악을 검진한다.

③ **환자의 병력**

주호소, 현병력 또는 외상기전 파악(OPRST), 과거병력(SAMPLE)으로 분류한다.

④ **이송 중 평가**

이송 중에는 중증질환, 외상자는 5분 간격으로, 경상은 보통 15분 간격으로 파악하여야 한다.

✿ 응급의료종사자는 필요시 의료기관(응급실) 안에서도 응급처치를 할 수 있으며 환자는 응급의료종사자 치료행위에 치료거부권을 행사할 수 있다.

> **119 더 알아보기**
>
> **1. 의식 상태 평가에서의 분류(AVPU)**
>
> (1) A(Alert) : 의식명료(정상)
>
> (2) V(Verbal stimuli) : 언어지시반응(신음소리 포함)
>
> (3) P(Pain stimuli) : 통증자극에만 반응
>
> (4) U(Unresponse) : 어떠한 자극에도 무반응

2. 2차 평가 중 환자의 병력에서 '과거 병력'의 분류

(1) Sings/Symptoms : 증상 및 징후

(2) A(Allergies) : 알레르기

(3) M(Medications) : 투약 중인 약물 복용

(4) P(Past history) : 과거력(질병)

(5) L(Last oral intake) : 마지막 식사

(6) E(Events) : 질병, 손상을 일으킨 사건

4. 응급의료체계의 구성 및 응급처치의 기본 단계

(1) 응급의료체계의 구성

① 최초대응자

전문적인 응급구조사는 아니지만 응급에 관한 단기간 교육을 받고 일상 업무에 종사하면서 임시처치를 시행하는 경찰, 소방, 양호교사, 안전요원 등을 말한다.

② 응급구조사

병원에 도착하기 바로 직전 119구급활동과 함께 가장 중추적인 역할을 하는 자이다.

③ 전화상담원

119상황실에서 신고를 접수하면 의료체계를 가동시키는 자이다.

(2) 응급처치의 기본 단계

주변 상황 정리 → 의식 확인 → 구조 요청 → <u>기도 유지(A)</u> → <u>호흡(B)</u> → <u>순환(C)</u> → 약물 투여 → 병원 이송

5. 응급처치의 기본 사항

기도 유지	턱을 위로 올려 기도가 직선이 되어 개방된 상태를 유지하도록 하며 질식을 막기 위해서 기도 내의 이물질을 제거하여 호흡을 자유롭게 하고 호흡장애 시 즉시 인공호흡을 시행하여야 함
지혈 처리	• 직접 압박법이 우선이며 그 다음이 동맥을 압박하는 지혈점 압박법(간접 압박법)임 • 지혈대(천, 밴드 등)로 묶는 것은 합병증이 발병할 수 있으므로 마지막 수단으로 사용하는 것이 좋음

기출플러스

응급의료체계에서 병원에 이송되기 직전 가장 중추적 역할을 하는 자는 누구인가? [09 기출]

① 응급의료진

② 응급구조사

③ 최초대응자

④ 전화상담원

해설

병원에 도착하기 바로 직전까지 119구급활동과 함께 가장 중추적인 역할을 하는 자는 응급구조를 담당하는 1·2급 응급구조사이다.

정답 ②

쇼크 방지	쇼크는 저산소증, 얕고 빠른 호흡, 어지럼증이 나타나며 세포조직에 산소를 충분히 공급하지 못하는 순환장애로 환자에게 약하고 빠른 맥박의 청색증이 나타날 수 있으므로 환자를 바로 눕히고 음료수, 음식 등을 권하지 않는 것을 원칙으로 함
상처 보호	먼지나 세균의 침입을 막기 위해 소독된 거즈나 붕대를 이용하여 드레싱을 하여야 함. 물집을 터트리는 것은 세균 감염이 될 수 있으므로 금하며 청결하고 소독된 재료를 사용하여야 함
자세	의식이 없는 대상자는 똑바로 눕혀 머리만 한쪽으로 돌려놓아야 함
금식	무의식 대상자에게는 경구적으로 어떤 것도 주어서는 안 됨. 의식이 있더라도 복부에 심한 상해를 입었거나 심한 출혈이 있는 대상자도 금식시켜야 함

6. 기도폐쇄환자의 응급처치(= 배밀어내기법, 하임리히법) ★★

① 환자의 기도폐쇄를 해소하기 위하여 사용하는 응급처치법으로서 <u>기도 내의 이물질을 배출하는 방법</u>이다.

② 환자의 상복부 중 흉곽 쪽으로 주먹을 감싸 쥐고 빠른 동작으로 밀쳐 올리며 압박하여 흉곽 내의 압력을 높여 기도 내 이물질을 배출한다.

③ 복부밀기를 <u>매 5회씩 약 5회 정도 실시</u>한다.

④ 1세 미만 영아의 경우는 머리를 거꾸로 하여 등을 두드린다.

⑤ 이물질이 눈에 보이는 경우 손가락을 사용할 수도 있다.

7. 인공호흡

(1) 현장에서의 인공호흡 순위

① **1차 호흡 확인**

엎드려진 환자의 자세는 그대로 유지하고 10초 이내에 호흡을 확인한다.

② **자세 교정**

㉠ 엎드려 있는 자를 옆으로 혹은 환자를 눕힐 때 로그롤방법 등을 사용한다.

㉡ 자세 교정 후 기도 개방은 일반적으로 두부후굴-하악거상법을 이용한다.

③ **2차 호흡 확인**

기도 개방 후 환자의 가슴이 움직이는지 보면서 10초 이내 확인한다.

④ 1차 인공호흡

기본적으로 2회 호기 후에 가슴움직임을 확인한다. 환자의 목 부분인 경동맥 (유아는 상완동맥)을 확인 후 맥박은 있고 호흡이 없으면 성인은 1분에 약 8 회~10회 인공호흡을 시행한다(구강 대 구강, 구강 대 비강). 단, 환자가 의 식이 없고 맥박이 안 뛴다고 판단되었을 때에는 즉시 흉부압박 30회를 실시 한다.

✪ C(흉부압박 30회) – A(기도 유지) – B(인공호흡 2회) 순으로 5주기(5번)를 시행한다.

(2) 인공호흡을 위한 기도 유지법 ★★

① 두부후굴–하악거상법(머리기울임 – 턱들기법)

㉠ 두 손 중 한 손으로 환자의 이마를 뒤로 젖히면서 또 다른 손으로 환자의 아래턱을 잡고 턱을 올려서 앞으로 당겨주는 방법이다.

㉡ 일반적으로 가장 많이 사용하는 인공호흡을 위한 기도 유지 방법이다.

② 하악견인법(턱 들어올리기 방법)

㉠ 경추손상 환자의 경우 환자 머리를 움직이지 않고 환자 머리쪽 중앙에 위 치하여 두 손으로 환자 턱의 각진 부분을 위로 당겨 하악골을 전방으로 밀어 넣는 기도 유지 방법이다.

㉡ 다만, 일반인 구조자는 하악견인법을 시행하지 않는 것을 원칙으로 한다.

8. 심폐소생술(CPR, Cardiopulmonary Resuscitation) ★★

(1) 개념

심장의 기능이 정지하거나 호흡이 멈추었을 때 사용하는 응급처치이다.

(2) 시행 방법

① 반응의 확인

현장의 안전을 확인한 뒤에 환자에게 다가가 어깨를 가볍게 두드리며, 큰 목 소리로 "여보세요, 괜찮으세요?"라고 물어본다. 의식이 있다면 환자는 대답 을 하거나 움직이거나 또는 신음 소리를 내는 것과 같은 반응을 나타낸다. 반응이 없다면 심정지의 가능성이 높다고 판단해야 한다.

② 119 신고

환자의 반응이 없다면 즉시 큰 소리로 주변 사람에게 119 신고를 요청한다. 주 변에 아무도 없는 경우에는 직접 119에 신고한다. 만약 주위에 심장충격기(자 동제세동기)가 비치되어 있다면 즉시 가져와 사용해야 한다.

이론 플러스

□ 119체크

다음 중 성인의 심폐소생술에서 시 술자인 의료인 또는 응급구조사가 2인일 경우의 흉부압박과 인공호흡 의 비율은?

① 10 : 1
② 5 : 2
③ 30 : 2
④ 15 : 2

해설

성인의 심폐소생술에서 시술자인 의 료인 또는 응급구조사가 2인일 경우 의 흉부압박과 인공호흡의 비율은 15 : 2이다.

정답 ④

③ **호흡 확인**

쓰러진 환자의 얼굴과 가슴을 10초 이내로 관찰하여 호흡이 있는지를 확인한다. 환자의 호흡이 없거나 비정상적이라면 심정지가 발생한 것으로 판단한다. 일반인은 비정상적인 호흡 상태를 정확히 평가하기 어렵기 때문에 응급의료전화상담원의 도움을 받는 것이 바람직하다.

④ **가슴압박 30회 시행**

㉠ 환자를 바닥이 단단하고 평평한 곳에 등을 대고 눕힌 뒤에 가슴뼈(흉골)의 아래쪽 절반 부위에 깍지를 낀 두 손의 손바닥 뒤꿈치를 댄다. 손가락이 가슴에 닿지 않도록 주의하면서, 양팔을 쭉 편 상태로 체중을 실어서 환자의 몸과 수직이 되도록 가슴을 압박하고, 압박된 가슴은 완전히 이완되도록 한다.

㉡ 가슴압박은 성인의 경우 분당 100 ~ 120회의 속도와 약 5cm 깊이(소아 4 ~ 5cm, 흉부 전후 직경의 최소 1/3)로 강하고 빠르게 시행한다. 압박과 이완의 비율은 50 : 50을 유지한다. '하나, 둘, 셋, …, 서른'하고 세어가면서 규칙적으로 시행하며, 환자가 회복되거나 119 구급대가 도착할 때까지 지속한다. 심정지 초기에는 가슴압박만을 시행하는 가슴압박 소생술과 인공호흡을 함께 실시하는 심폐소생술의 효과가 비슷하기 때문에 일반인 목격자는 지체 없이 가슴압박 소생술을 시행해야 한다.

⑤ **인공호흡 2회 시행**

환자의 머리를 젖히고, 턱을 들어 올려 환자의 기도를 개방시킨다. 머리를 젖혔던 손의 엄지와 검지로 환자의 코를 잡아서 막고, 입을 크게 벌려 환자의 입을 완전히 막은 후 가슴이 올라올 정도로 1초에 걸쳐서 숨을 불어넣는다. 숨을 불어넣을 때에는 환자의 가슴이 부풀어 오르는지 눈으로 확인한다. 숨을 불어넣은 후에는 입을 떼고 코도 놓아주어서 공기가 배출되도록 한다. 인공호흡 방법을 모르거나, 꺼려지는 경우에는 인공호흡을 제외하고 지속적으로 가슴압박만을 시행한다(가슴압박 소생술).

⑥ **가슴압박과 인공호흡의 반복**

이후에는 30회의 가슴압박과 2회의 인공호흡을 119 구급대원이 현장에 도착할 때까지 반복해서 시행한다. 다른 구조자가 있는 경우에는 한 구조자는 가슴압박을 시행하고 다른 구조자는 인공호흡을 맡아서 시행하며, 심폐소생술 5주기(30 : 2, 가슴압박 30회와 인공호흡 2회)를 시행한 뒤에 서로 역할을 교대한다(단, 시술자인 의료인 또는 응급구조사가 2인일 경우 유아와 아동은 15 : 2로 한다).

⑦ 회복 자세

가슴압박 소생술을 시행하던 중에 환자가 소리를 내거나 움직이면, 호흡도 회복되었는지 확인한다. 호흡이 회복되었다면, 환자를 옆으로 돌려 눕혀 기도(숨길)가 막히는 것을 예방한다. 그 후 환자의 반응과 호흡을 관찰해야 한다. 환자의 반응과 정상적인 호흡이 없어진다면 심정지가 재발한 것이므로 신속히 가슴압박과 인공호흡을 다시 시작한다.

9. 화상의 분류

화염과 열에 의한 화상은 1도 < 2도 < 3도 화상으로 분류한다.

(1) 1도 화상(홍반성)

① <u>표피 화상</u>으로 피부의 손상 부위가 주로 붉으며 통증을 느끼는 상태로서 연고를 사용하여 치료가 가능하다.
② 시원한 물이나 찬 수건으로 화상 부위를 식혀준다.
③ 대부분의 1도 화상은 병원으로 이송할 필요가 없다.

(2) 2도 화상(수포성)

① <u>진피층 화상</u>으로 살 속 깊이 손상을 입어 심한 통증이 있으며 부위가 주로 분홍색과 빨간색 등이고 <u>물집이 생길 수 있다</u>.
② 찬 수건으로 화상 부위를 덮어 주고 환자의 체온이 떨어지지 않도록 한다.
③ 골절 시 화상 위를 싸고 난 후 부목을 대고 병원으로 이송한다.
④ 이송 중 가능하다면 100% 산소를 공급해 준다.

(3) 3도 화상(괴사성)

① <u>모든 전층의 피하조직화상</u>으로 <u>말초신경까지</u> 심한 통증이 있거나 물집이 짓눌리는 상태가 되기도 한다.
② 쇼크에 빠질 우려가 있으므로 생체 징후를 자주 측정하고 수액을 공급하면서 흡인 여부를 점검하여 산소 투여를 하면서 이송한다.

(4) 4도 화상(흑색화상)

고압전기 등의 화상으로 <u>근육, 뼈까지 손상</u>을 입은 탄화열상으로 학설에 따른 화상이다.

119 더 알아보기

화상의 응급처치

1. 화상 부위를 흐르는 찬물 속에 넣어 약 10분 정도 담그도록 한다.
2. 화상 부위의 상처가 부풀어 오르기 전에 반지, 시계, 벨트 또는 꽉 끼는 옷 등을 제거한다.
3. 상처 부위는 깨끗하고 가능하면 멸균 처리된 보푸라기가 없는 거즈로 덮어야 한다.
4. 얼굴에 난 화상은 환자가 숨을 쉴 수 있도록 구멍을 낸 거즈를 덮는다.
5. 물집은 터뜨리지 말고, 화상 부위에 딱 붙어 있는 물질들은 떼어내지 않는다.
6. 일반적으로 로션을 바르거나 바세린 등 연고, 기름 같은 것도 바르지 않는다.

10. 응급의료 장비

기도 유지 장비	• 인공기도 유지기 : 구인두기도기, 비인두기도기 • 기관내 삽관 : 기도삽관용 튜브, 기도삽관탐침, 기도삽관 고정기, 후두경, 기도삽관기구 가방, 기도유지 장비세트
호흡 보조 장비	• 흡인기 : 충전식 흡인기, 수동형 응급흡인기 • 산소 공급용 기구 : 코 삽입관, 단순 안면마스크, 벤트리마스크 • 호흡보조장비 : 구강 대 구강 호흡용 보호막, 포켓마스크, 백-밸브마스크 소생기
순환 보조 장비	• 자동심폐소생술기 • 제세동기 : 자동제세동기, 자동-수동 전환식 제세동기 • 기타 순환보조장비 : 쇼크방지용 하의(MAST), 심폐소생술용 받침판

단원별 예상문제

01 다음 중 현장대원의 구조활동 시 최우선적으로 해야 할 것은?

① 인명구조
② 화점 직근의 소방용수시설 점령
③ 화점 발견
④ 신속한 화재 진압

해설
① 구조활동은 항상 인명구조를 최우선으로 한다.

02 다음 중 구조 시 일반 원칙에 대하여 가장 옳지 <u>않은</u> 것은?

① 신체에 피해가 있어도 항상 신속히 구출하는 방법을 택한다.
② 시간이 조금 소요되더라도 성공률이 높은 방법을 택한다.
③ 현장에서는 실패가 없는 방법을 선택하여 구출하도록 한다.
④ 상황에 따라서 2차 피해가 없도록 안전지대에서 응급처치 후 구조하는 것을 택한다.

해설
① 신체의 피해를 최대한 줄이며 신속히 구출하는 방법을 택한다. 참고로 구조활동의 일반 원칙은 '구명 → 신체 구출 → 정신적·육체적 고통 경감 → 재산 보전'의 순으로 우선순위가 높다.

03 다음 중 특수구조대가 <u>아닌</u> 것은?

① 산악구조대
② 해양구조대
③ 화학구조대
④ 수난구조대

해설
①·③·④ 특수구조대에는 산악구조대, 화학구조대, 수난구조대 외 고속국도구조대, 지하철구조대가 있다.

04 다음 중 구조활동의 우선순위가 바르게 배열한 것은?

> ㄱ. 요구조자의 구명에 필요한 조치를 한다.
> ㄴ. 안전구역으로 구출활동을 침착히 개시한다.
> ㄷ. 위험현장에서 격리하여 재산을 보전한다.
> ㄹ. 요구조자의 상태 악화 방지에 필요한 조치를 한다.

① ㄴ - ㄱ - ㄷ - ㄹ   ② ㄴ - ㄱ - ㄹ - ㄷ

③ ㄱ - ㄴ - ㄷ - ㄹ   ④ ㄱ - ㄴ - ㄹ - ㄷ

해설
④ '구명 → 신체 구출 → 정신적·육체적 고통 경감 → 재산 보전'순이다.

05 소방장비의 분류 중 구조장비(중량물 작업용)에 속하는 것은?

① 공기호흡기
② 산소호흡기
③ 안전화
④ 유압펌프

해설
④ 유압펌프는 유압장비로서 구조장비 중 중량물 작업용에 속한다.
①·②·③ 보호장비에 속한다.

06 로프에 수 개의 엄지매듭을 일정한 간격으로 만들어 로프를 타고 오르거나 내릴 때에 지지점으로 이용할 수 있도록 하는 매듭은?

① 고정매듭
② 나비매듭
③ 감아매기
④ 줄사다리매듭

해설
④ 로프에 수 개의 엄지매듭을 일정한 간격으로 만들어 로프를 타고 오르거나 내릴 때에 지지점으로 이용할 수 있도록 하는 매듭을 줄사다리매듭이라 한다.

07 다음 중 구조 출동업무 중에서 거부할 수 있는 사항 중 적절하지 <u>않은</u> 것은?

① 단순 문 개방
② 맨홀구멍에 빠진 자
③ 동물의 단순처리, 포획, 구조
④ 시설물에 대한 단순 안전조치 및 장애물 단순 제거

해설
② 맨홀구멍에 빠진 자는 단순한 사건이 아니므로 거부할 수 없다.

08 다음 중 화재 시 현장에서 구조활동 순서로 바른 것은?

① 진입 장애요인 제거 – 인명 검색 – 구출 – 병원 이송
② 인명 검색 – 구출 – 진입 장애요인 제거 – 병원 이송
③ 구출 – 병원 이송 – 인명 검색 – 진입 장애요인 제거
④ 인명 검색 – 구출 – 병원 이송 – 진입 장애요인 제거

해설
① 현장에서 구조 활동은 먼저 '진입 장애요인 제거 → 인명 검색 → 구출 → 병원 이송'순으로 진행된다.

09 다음 중 구조장비가 <u>아닌</u> 것은?

① 구조용 사다리　　② 체인블럭
③ 유압호스릴　　④ 동력소방펌프

해설
④ 동력소방펌프는 화재진압장비에 해당한다.

10 다음 중 2급 응급구조사의 업무 범위에 해당하는 것은?

① 심폐소생술을 위한 기도 유지
② 산소 투여
③ 정맥로 확보
④ 인공호흡기를 이용한 호흡 유지

해설
② 산소 투여는 2급 응급구조사의 범위에 해당하며 나머지는 1급 응급구조사의 업무범위에 해당한다.

11 응급환자에 대한 의식상태평가에서의 분류 중 옳지 <u>않은</u> 것은?

① A(Alert) – 의식(비정상)

② V(Verbal stimuli) – 언어 지시 반응

③ P(Pain stimuli) – 통증자극에만 반응

④ U(Unresponse) – 무반응

해설

① A(Alert)는 의식 명료(정상)를 의미한다.

12 다음 중 응급환자의 중증도 분류에 관한 설명으로 가장 옳은 것은?

① 수 시간 이내에 응급조치를 해야 하는 환자는 긴급환자이다.

② 중증도 분류는 환자응급처치에 관여하면서 분류를 한다.

③ 맥박과 호흡이 없는 환자는 적색으로 표시한다.

④ 현장이 위험할 때는 부상이 있어도 환자를 안전한 곳으로 이동시켜야 한다.

해설

① 수 시간 이내에 응급조치를 해야 하는 환자는 응급환자이다.

② 응급처치에 관여하지 않고 오직 이송을 위한 분류이다.

③ 맥박과 호흡이 없는 환자는 지연환자로 흑색으로 표시한다.

13 병원 이송을 위한 중증도 분류로 상황과 색상이 옳지 <u>않는</u> 것은?

① 사망 또는 생존가능성이 없는 환자 – 백색

② 수 시간 이내에 응급처치 – 황색

③ 수 시간, 수일 이내 – 녹색

④ 수 분, 수 시간 이내 응급처치 – 적색

해설

① 사망 또는 생존가능성이 없는 환자는 지연환자로 흑색으로 표시한다.

14 다음의 특성을 갖는 화상은?

> • 진피층 화상으로 살 속 깊이 손상을 입어 심한 통증이 있으며 부위가 주로 분홍색과 빨간색 등이고 물집이 생길 수 있다.
> • 찬 수건으로 화상 부위를 덮어 주고 환자의 체온이 떨어지지 않도록 한다.
> • 골절 시 화상 부위를 싸고 난 후 부목을 해주고 병원으로 이송한다.
> • 이송 중 가능하다면 100% 산소를 공급해 준다.

① 1도 화상   ② 2도 화상
③ 3도 화상   ④ 4도 화상

해설
② 제시문은 2도 화상에 대한 설명이다.

119 더 알아보기

화상의 분류

1도 화상 (홍반성)	• 표피 화상으로 피부의 손상 부위가 주로 빨간색 등이고 통증을 느끼는 상태로써 연고를 사용하여 치료가 가능하다. • 시원한 물이나 찬 수건으로 화상 부위를 식혀준다. • 대부분의 1도 화상은 병원으로 이송할 필요가 없다.
2도 화상 (수포성)	• 진피층 화상으로 살 속 깊이 손상을 입어 심한 통증이 있으며 부위가 주로 분홍색과 빨간색 등이고 물집이 생길 수 있다. • 찬 수건으로 화상 부위를 덮어 주고 환자의 체온이 떨어지지 않도록 한다. • 골절 시 화상 부위를 싸고 난 후 부목을 해주고 병원으로 이송한다. • 이송 중 가능하다면 100% 산소를 공급해 준다.
3도 화상 (괴사성)	• 모든 전층의 피하조직화상으로 말초신경까지 심한 통증이 있거나 물집이 짓눌리는 상태가 되기도 한다. • 쇼크에 빠질 우려가 있으므로 생체 징후를 자주 측정하고 수액을 공급하면서 흡인 여부를 점검하여 산소를 투여하면서 이송한다.
4도 화상 (학설에 따른 화상, 흑색화상)	고압전기 등의 화상으로 근육, 뼈까지 손상을 입은 탄화열상이다.

15 대량 환자 발생 시 이송순위가 가장 높은 것은?

① 긴급환자   ② 지연환자
③ 비응급환자   ④ 응급환자

해설
① 대량 환자 발생 시 이송순위는 '긴급환자 – 응급환자 – 비응급환자 – 지연환자' 순이다.

16 다음 중 응급처치법으로 옳지 <u>않은</u> 것은?

① 턱을 위로 올려 기도가 직선이 되어 개방된 상태를 유지하며 질식을 막기 위해 기도 내의 이물을 제거하여 호흡을 자유롭게 한다. 호흡장애 시 즉시 인공호흡을 한다.

② 의식이 없는 대상자는 측와위 등의 체위가 불가능하다면 똑바로 눕혀 머리만 한쪽으로 돌려 놓는다.

③ 출혈이 계속적으로 있다면 생명을 잃기 쉽기 때문에 상처 부위에 먼지나 세균의 침입을 막기 위해 소독된 거즈나 붕대를 이용하여 드레싱을 하고 즉시 지혈을 한다.

④ 쇼크는 산소를 충분히 공급하지 못하므로 환자의 경구를 통하여 물이나 음료 등을 많이 섭취하게 한다.

해설
④ 무의식환자, 출혈·복부 부상 환자의 경구를 통하여는 어떤 것도 투여하지 않는다.

17 다중이용업소에 설치되어 있는 자동심장충격기는 어느 장비에 해당되는가?

① 기도확보유지장비
② 호흡유지장비
③ 심장박동회복장비
④ 척추고정장비

해설
③ 자동심장충격기(AED)는 심장박동회복장비에 해당한다.

18 다음 중 구급대원이 구급출동 요청을 거절할 수 <u>없는</u> 경우는 어느 것인가?

① 단순 치통환자
② 만성질환환자로서 검진 또는 입원 목적의 이송 요청자
③ 단순 열상 또는 찰과상으로 지속적인 출혈이 없는 외상환자
④ 술에 만취되어 있는 자로 강한 자극에도 의식의 회복이 없거나 외상이 있는 경우

해설
④ 술에 만취되어 있는 자로 강한 자극에도 반응이 없고 의식이 없는 자는 단순 환자가 아니므로 거절 사유에 해당하지 않는다.

19 두 로프가 서로 다른 로프를 묶어 매듭 부분이 맞물리도록 하는 방법으로 신속하고 간편하게 묶을 수 있으며 매듭의 크기도 작아 장시간 고정시켜 두는 경우에 주로 사용하고 힘을 받으면 받을수록 단단해지는 매듭은?

① 8자매듭
② 피셔맨매듭
③ 엄지매듭
④ 고정매듭

해설

② 피셔맨매듭은 두 로프가 서로 다른 로프를 묶어 매듭 부분이 맞물리도록 하는 방법으로 신속하고 간편하게 묶을 수 있으며 매듭의 크기도 작다. 힘을 받은 후에는 풀기가 매우 어려워 장시간 고정시켜 두는 경우에 주로 사용한다.

20 구조 현장에서 장애물 제거 작업 시 유의사항으로 옳지 않은 것은?

① 중심에서 주변으로, 낮은 곳에서 높은 곳으로 행동한다.
② 요구조자의 생명·신체에 영향이 있는 장애를 우선 제거한다.
③ 필요한 기자재를 준비하며 대원의 안전을 확보한다.
④ 위험이 큰 장애부터 순차적으로 제거한다.

해설

① 구조 현장에서 장애물 제거 작업 시 주변에서 중심으로, 높은 곳에서 낮은 곳으로 행동한다.

21 구조대 및 구급대에 관한 설명으로 옳은 것은?

① 특수구조대로는 화학구조대, 수난구조대, 고속국도구조대, 항공구조대가 있다.
② 일반구조대는 119구조대 또는 119안전센터·119지역대마다 각각 1대 이상 설치한다.
③ 고속국도구급대는 소방대장, 소방본부장, 소방서장이 교통사고의 발생 빈도 등을 고려하여 설치한다.
④ 소방청과 소방본부에 항공구조구급대를 설치할 수 있다.

해설

④ 항공구조구급대는 소방청 또는 시·도 소방본부에 설치할 수 있다.
① 특수구조대는 소방서 단위에 설치하고 그 종류는 화학구조대, 수난구조대, 산악구조대, 고속국도구조대, 지하철구조대가 있다. 항공구조대는 특수구조대에 해당되지 않는다.
② 일반구조대는 소방서마다 설치한다.
③ 고속국도구급대는 소방청, 시·도 소방본부, 고속국도 관할 소방서에 설치한다.

22 로프의 끝이나 중간에 절이나 매듭·고리를 만드는 방법을 무엇이라 하는가?

① 이어매기   ② 마디짓기
③ 움켜매기   ④ 앉아매기

해설
② 로프의 끝이나 중간에 절이나 매듭·고리를 만드는 방법은 마디짓기에 해당한다.

23 구조대 및 구급대의 편성 및 운영권자는?

① 소방청장, 소방본부장, 소방서장
② 보건복지부장관, 소방청장, 소방본부장
③ 대통령, 소방청장, 소방본부장
④ 소방대장, 소방본부장, 소방서장

해설
① 소방청장·소방본부장 또는 소방서장은 위급 상황에서 요구조자의 생명 등을 신속하고 안전하게 구조하는 업무를 수행하기 위하여 대통령령으로 정하는 바에 따라 119구조대를 편성하여 운영하여야 한다.

24 굵기가 다른 로프에 일반적으로 사용하는 매듭법은?

① 바른매듭   ② 한겹매듭
③.엄지매듭   ④ 나비매듭

해설
② 굵기가 다른 로프나 젖은 로프를 결합할 때 사용하는 매듭법은 한겹매듭에 해당한다. 같은 굵기에 해당하는 매듭법은 바른매듭에 해당한다.

25 국제구조대의 편성이 아닌 것은?

① 인명탐색 및 구조반   ② 안전관리반
③ 시설관리반   ④ 응급의료반

해설
② 국제구조대는 인명탐색 및 구조반, 응급의료반, 안전평가반, 시설관리반, 공보연락반으로 편성되어 있다.

26 구조 방법을 결정할 경우 준수 사항으로 적절하지 <u>않은</u> 것은?

① 가장 안전하고 신속한 방법 결정
② 절대로 실패하지 않는 방법 결정
③ 2차 사고가 발생될 수 있는 방법 결정
④ 재산의 피해를 최소화할 수 있는 방법 결정

해설

③ 2차 사고가 발생될 수 있는 방법은 피해야 한다.

구조활동의 전개

1. 구조활동의 목적
   구조활동은 요구조자의 구명을 주목적으로 안전하고 확실하며 신속하게 한다.
2. 구조활동의 순서
   구명 → 구출 → 고통 경감 → 재산 보호
3. 구조 방법을 결정할 경우 준수 사항
   (1) 장해 상태 및 특성에 적합한 방법 결정
   (2) 가장 안전하고 신속한 방법 결정
   (3) 상황의 긴급성에 적합한 방법 결정
   (4) 환경에 적합한 방법 결정
   (5) 절대로 실패하지 않는 방법 결정
   (6) 재산의 피해를 최소화할 수 있는 방법 결정
4. 구조 방법을 결정할 경우 회피하여야 할 방법
   (1) 일반인에게 피해가 발생될 수 있는 방법
   (2) 2차 사고가 발생될 수 있는 방법
   (3) 억측에 의한 방법
   (4) 전체가 아닌 일면의 확인에 의한 방법

27 구조대원과 구급대원의 교육 및 훈련으로 옳지 <u>않은</u> 것은?

① 구조대원의 교육훈련은 일상교육훈련, 특별구조훈련, 항공구조훈련으로 구분한다.
② 구급대원은 연 40시간 이상 특별교육훈련을 받아야 한다.
③ 구급대원의 교육훈련은 일상교육훈련 및 특별교육훈련으로 구분한다.
④ 구급대원의 특별교육훈련은 구급대원의 일일근무 중 실시하되, 구급장비 조작과 안전관리에 관한 내용을 포함하여 구급대의 실정에 맞도록 행정안전부장관 등이 정한다.

해설

④ 구급대원의 일상교육훈련은 구급대원의 일일근무 중 실시하되, 구급장비 조작과 안전관리에 관한 내용을 포함하여 구급대의 실정에 맞도록 소방청장 등이 정한다.

28 안전벨트가 없을 경우 요구조자의 신체에 직접 로프를 결착하여 구조할 때 사용하는 매듭은?

① 잡아매기
② 절반매듭
③ 세겹고정매듭
④ 피셔맨매듭

해설
① 안전벨트가 없을 경우 요구조자의 신체에 직접 로프를 결착하여 구조할 때 사용하는 매듭은 잡아매기이다.

기본매듭

1. **절반매듭**
   로프의 접합, 결착 등 매듭의 결합을 확실하게 하기 위해 사용하는 방법으로 단독으로는 사용할 수 없다.

2. **세겹고정매듭**
   로프에 3개의 고리를 만드는 방법으로 작업 공간이 협소하여 바스켓 들 것 등 구조기구를 사용하기 곤란할 경우 로프에 3개의 고리를 만들어 의식을 잃은 요구조자를 끌어올리거나 매달아 내리는 구조활동을 할 때 적합하다. 그러나 경추나 척추 손상이 의심되는 요구조자나 다발성 골절환자에게 사용하면 2차 손상을 입힐 수 있으므로 사용하면 안 된다.

3. **피셔맨매듭**
   두 개의 로프를 가지고 각각의 로프를 서로 묶어 매듭 부분이 맞물리게 하는 방법이다. 매듭 부분을 이중으로 묶으면 더 단단해져 쉽게 느슨해지지 않아서 두 줄을 이을 때 많이 사용하며 잘 풀리지 않아 장시간 고정시킬 때 사용한다. 신속하고 쉽게 묶을 수 있으며 매듭의 크기가 작다는 장점이 있지만 큰 힘을 받으면 풀기가 어렵다는 단점이 있다.

29 다음 로프의 매듭법 중 움켜매기(결착)의 종류가 <u>아닌</u> 것은?

① 감아매기
② 잡아매기
③ 절반매듭
④ 엄지매듭(옭매듭)

해설
④ 엄지매듭(옭매듭)은 마디짓기(결절)에 해당한다.

30 구조대에서 갖추어야 하는 장비와 가장 거리가 <u>먼</u> 것은?

① 자동심장충격기
② 공기호흡기
③ 열화상카메라
④ 로프

해설
① 자동심장충격기는 구조장비가 아닌 심장마비환자에게 사용되는 구급장비에 해당한다.

31 다음 중 기도폐쇄를 해소하기 위해 환자의 상복부를 흉곽쪽으로 밀쳐 올려 기도 내의 이물질을 배출하는 응급처치는?

① 심폐소생술
② 두부후굴-하악거상법(머리기울림-턱들기법)
③ 하임리히법(배밀어내기법)
④ 하악견인법(턱들어올리기법)

해설
③ 단순 이물질에 의한 기도폐쇄환자의 응급처치법에 해당되는 것은 하임리히법(배밀어내기법)이다.

32 특수구급차에 비치하여야 할 장비가 <u>아닌</u> 것은?

① 통신장비
② 정맥주사세트
③ 자동심폐소생술기
④ 후두경 등 기도삽관장치

해설
③ 특수구급차에는 자동심폐소생술기가 아니라 자동심장충격기(AED)를 비치해야 한다.

33 긴급환자의 심폐소생술 시 응급처치 순서는?

① 의식 확인 - 구조 요청 - 호흡 확인 - 기도 유지 - 흉부압박 30회 - 인공호흡 2회
② 구조 요청 - 의식 확인 - 기도 유지 - 호흡 확인 - 인공호흡 2회 - 흉부압박 30회
③ 현장 안전 - 구조 요청 - 기도 유지 - 의식 확인 - 인공호흡 2회 - 흉부압박 30회
④ 현장 안전 - 의식 확인 - 구조 요청 - 흉부압박 30회 - 기도 유지 - 인공호흡 2회

해설
④ 긴급환자의 심폐소생술 시 응급처치 순서는 '현장 안전 - 감염 방지 - 의식 확인 - 구조 요청 - 흉부압박 30회(C) - 기도 유지(A) - 인공호흡 2회 - 맥박 확인' 순이다.

34 환자 이송을 위한 중증도 분류에 의할 때 성격이 <u>다른</u> 하나는?

① 응급환자
② 다발성 골절
③ 거북이 심볼
④ 적색

해설

④ 중증도 분류에서 응급환자는 황색(거북이 심볼)이며, 적색은 긴급환자 분류 방법에 해당한다.

119 더 알아보기

중증도 분류	
긴급환자 (적색, 토끼)	• 수분 혹은 수 시간 이내의 응급처치를 요구 • 기도폐쇄, 대량의 출혈, 수축기 혈압이 80mmHg 이하의 쇼크, 개방성 흉부, 경추손상, 기도화상, 원위부 맥박이 촉지되지 않는 골절, 지속적인 천식, 저체온증, 경련 등
응급환자 (황색, 거북이)	• 수 시간 이내의 응급처치를 요구 • 중증의 출혈, 기도화상을 제외한 화상, 경추를 제외한 척추골절, 척추손상 등
비응급환자 (녹색, ×)	• 수 시간, 수일 후 치료해도 생명에 지장이 없는 환자 • 소량의 출혈, 단순열상·골절, 경미한 열상·찰과상, 타박상 등 연부조직 손상
지연환자 (흑색, +)	• 사망 또는 생존의 가능성이 없는 환자 • 20분 이상 호흡·맥박이 없는 환자, 두부나 몸체가 절단된 경우, 심폐소생술도 효과가 없다고 판단되는 경우

35 다음 중 쇼크환자의 상태로 볼 수 <u>없는</u> 것은?

① 혈류가 감소한다.
② 피부가 촉촉하다.
③ 안면에 홍조를 띤다.
④ 구토를 한다.

해설

③ 쇼크환자에게는 입술의 청색증, 회색빛 피부 등이 나타난다.

119 더 알아보기

쇼크
쇼크는 저산소증, 얕고 빠른 호흡, 어지럼증을 가지는 세포조직에 산소를 충분히 공급하지 못하는 순환장애이다. 쇼크상태의 환자는 약하고 빠른 맥박의 청색증을 가질 수 있으므로 환자를 바로 눕히고 음료수, 음식 등은 권하지 않는 것을 원칙으로 한다.

36 화상의 응급처치와 치료에 관한 사항으로 옳지 <u>않은</u> 것은?

① 피부화상은 체표면적이 아닌 조직물상의 깊이에 따라 1도·2도·3도로 분류한다.

② 화상 부위에 딱 붙어 있는 이물질 등은 일반적으로는 함부로 제거를 시도하지 않는다.

③ 의복이 달라붙은 경우 그 부분을 떼어내고 화상 부위에 찬 수건 또는 소독한 거즈를 두툼하게 덮되 환자의 체온은 유지한다.

④ 물집은 터뜨리지 말고 화학화상의 경우 화학반응이 우려되므로 화상 부위를 물로 세척해야 된다.

해설

③ 의복이 달라붙은 경우 그 부분을 떼어내지 않고 화상 부위에 찬 수건 또는 소독한 거즈를 두툼하게 덮되 환자의 체온은 유지한다.

37 구급 요청 시 구급대원의 거절 사유에 해당되지 <u>않는</u> 것은?

① 38도 이상의 고열이 있거나 호흡 곤란이 동반되는 경우

② 술에 취한 사람으로서 만취자

③ 만성질환자로서 검진 또는 입원 목적의 이송 요청자

④ 병원 간 이송 또는 자택으로의 이송 요청자

해설

① 구급 요청 시 38℃ 이상의 고열이 있거나 호흡곤란이 동반되는 경우는 거절 사유에 해당되지 않는다.

119 관련법령보기

「119구조·구급에 관한 법률 시행령」제20조(구조·구급 요청의 거절)

② 구급대원은 법 제13조 제3항에 따라 구급대상자가 다음 각 호의 어느 하나에 해당하는 비응급환자인 경우에는 구급출동 요청을 거절할 수 있다. 이 경우 구급대원은 구급대상자의 병력·증상 및 주변 상황을 종합적으로 평가하여 구급대상자의 응급 여부를 판단하여야 한다.

1. 단순 치통환자

2. 단순 감기환자. 다만, 섭씨 38도 이상의 고열 또는 호흡 곤란이 있는 경우는 제외한다.

3. 혈압 등 생체 징후가 안정된 타박상 환자

4. 술에 취한 자. 다만, 강한 자극에도 의식이 회복되지 아니하거나 외상이 있는 경우는 제외한다.

5. 만성질환자로서 검진 또는 입원 목적의 이송 요청자

6. 단순 열상 또는 찰과상으로 지속적인 출혈이 없는 외상환자

7. 병원 간 이송 또는 자택으로의 이송 요청자. 다만, 의사가 동승한 응급환자의 병원 간 이송은 제외한다.

38 응급처치에 대한 일반 원칙이 <u>아닌</u> 것은?

① 신속하고 침착하게 그리고 질서 있게 대처한다.

② 환자의 쇼크를 예방한다.

③ 피가 나는 상처 부위의 지혈을 처리한다.

④ 어떠한 경우라도 본인보다 환자 보호를 우선한다.

해설

④ 아무리 긴급한 상황이더라도 구조자 자신의 안전을 최우선으로 한다.

39 우리나라의 응급의료체계 구성에서 최초대응자에 해당되지 <u>않는</u> 사람은 누구인가?

① 응급구조사

② 경찰요원

③ 양호교사

④ 소방대원

해설

① 최초대응자는 전문적인 응급구조사는 아니지만 응급에 관한 단기간 교육을 받고 일상 업무에 종사하면서 임시처치를 시행하는 경찰, 소방, 양호교사, 안전요원 등을 말한다.

40 다음 제시문의 내용과 관련된 중증도는?

> 수분, 수 시간 이내의 응급처치를 요구하며 기도폐쇄, 심장마비가 인지된 심정지, 심한 호흡곤란, 수축기 혈압이 8mmHg 이하의 쇼크, 개방성 흉부손상, 기도화상을 동반한 중증의 화상, 저체온증, 경련이 일어난다.

① 긴급환자   ② 응급환자

③ 비응급환자   ④ 지연환자

해설

① 제시문은 긴급환자의 중증도에 관한 설명이다.

41 화상의 구분에서 피부손상의 정도가 2도 화상에 해당되는 것은?

① 피부 및 피하지방조직까지 손상을 입은 경우

② 일광욕 후 피부가 붉게 되면서 통증을 느끼는 경우

③ 신경조직의 파괴로 화상부위에서 감각기능이 손상된 경우

④ 뜨거운 물에 의한 화상으로서 피부의 진피층까지 손상된 경우

해설

④ 2도 화상(수포성)은 진피층 화상으로 살 속 깊이 손상을 입어 심한 통증이 있으며 부위가 빨갛거나 분홍색 등이고 물집이 생길 수 있다. 물 100℃에도 수포성이 생길 수 있다.

①·③ 3도 화상에 해당한다.

② 1도 화상에 해당한다.

42 응급의료에 관한 국민의 권리와 의무에 관한 설명으로서 틀린 것은?

① 모든 국민은 성별, 연령, 사회적 신분 등을 이유로 차별받지 아니하고 응급의료를 받을 권리를 가진다.

② 선한 사마리아인법은 우리나라에서는 시행되고 있지 않다.

③ 모든 국민은 응급 상황에서의 응급처치 요령 등 기본적인 대응 방법을 알 권리가 있다.

④ 국가 및 지방자치단체는 응급 상황에서의 기본적인 대응 방법을 위한 교육·홍보 등 필요한 조치를 강구하여야 한다.

해설

② 선한 사마리아인법은 우리나라에서는 2008년 6월 13일 제정·공포됐으며, 2008년 12월 14일부터 본격 시행되어 오고 있다.

43 다음 중 중증도에 따른 환자의 분류에 대한 설명으로 올바르지 않은 것은?

① 응급환자 : 수 시간 내에 응급을 요하는 중증의 출혈

② 비응급환자 : 다발성 주요 골절, 척추 손상

③ 지연환자 : 사망

④ 긴급환자 : 쇼크, 기도폐쇄, 기도화상

해설

② 다발성 주요 골절, 척추 손상은 응급환자에 해당한다.

44 다음 중 성인의 심폐소생술에서 흉부압박과 인공호흡의 비율은?

① 10 : 1 ② 5 : 2
③ 30 : 2 ④ 15 : 2

해설
③ 성인, 유아, 아동의 심폐소생술에서 흉부압박과 인공호흡의 비율은 30 : 2이다(단, 시술자인 의료인 또는 응급구조사가 2인일 경우 유아와 아동은 15 : 2로 한다).

45 응급의료체계에서 병원에 이송되기 직전 가장 중추적 역할을 하는 자는 누구인가?

① 응급의료진 ② 응급구조사
③ 최초대응자 ④ 전화상담원

해설
② 병원에 도착하기 바로 직전까지 119구급활동과 함께 가장 중추적인 역할을 하는 자는 응급구조를 담당하는 1·2급 응급구조사이다.

46 119구급대원이 의료행위를 하기 위해 갖춰야 하는 자격 기준이 <u>아닌</u> 것은?

① 「의료법」 제2조 제1항에 따른 의료인
② 「응급의료에 관한 법률」에 따라 1급 응급구조사 자격을 취득한 사람
③ 「응급의료에 관한 법률」에 따라 2급 응급구조사 자격을 취득한 사람
④ 대한적십자사 총재가 실시하는 구급업무의 교육을 받은 자

해설
④ 구급대원의 자격기준은 ①·②·③에 해당하는 사람과, 소방청장이 실시하는 구급업무에 관한 교육을 받은 사람이다. 대한적십자사 총재가 실시하는 구급업무의 교육을 받은 자는 구급차 운전과 구급에 관한 보조업무만 할 수 있다.

47 다음 중 선한 사마리아인법의 일반적인 의미로 옳지 <u>않은</u> 것은?

① 선한 사마리아인법은 대가를 바라지 않고 위험에 처한 자를 무보수로 도와주는 것이다.

② 고통받는 사람을 결과를 떠나서 기꺼이 도와주도록 격려하는 것이다.

③ 누군가가 정말 선한 의도에서 환자에게 응급처치를 잘못했을 때 결과를 떠나 잘못을 묵인해 주는 제도이다.

④ 응급 상황에 있는 사람을 돕다가 해당 환자가 사망하는 등 의도하지 않은 결과가 발생했을 때 도와준 사람에게 정상 참작하여 면책을 받을 수 있게 한 법적 제도는 아니다.

해설

④ 선한 사마리아인법은 응급 상황에 있는 사람을 돕다가 해당 환자가 다치거나 사망하는 등 의도하지 않은 결과가 발생해도 도와준 사람이 정상 참작이나 면책 또는 감면을 받을 수 있게 한 법적 제도. 선한 사마리아인법은 고통 받는 사람을 결과를 떠나서 기꺼이 도와주도록 격려하는 법으로 누군가가 정말 선한 의도에서 환자에게 응급처치를 잘못을 했을 때 결과를 떠나서 잘못을 묵인한다.

48 어떤 사람이 신문을 보면서 음식을 먹다가 갑자기 목을 잡고 고통스러운 몸짓을 하며 청색증이 나타나고 말을 못하고 있다. 이는 어떤 원인에 해당하는가?

① 천식, 알레르기

② 이물질에 의한 기도폐쇄

③ 폐색전증

④ 만성폐쇄성질환

해설

② 음식을 먹다가 갑자기 목을 잡고 고통스러운 몸짓을 하며 청색증이 나타나고 말을 못하고 있다는 것은 이물질에 의한 기도폐쇄가 발생한 것이다. 따라서 배밀어내기(하임리히법) 응급처치를 하여야 한다.

49 다음 중 응급환자의 중증도 분류 표시 색상이 올바르게 연결된 것은?

① 긴급환자 – 흑색

② 비응급환자 – 적색

③ 응급환자 – 황색

④ 지연환자 – 녹색

해설

③ 응급환자 – 황색

① 긴급환자 – 적색

② 비응급환자 – 녹색

④ 지연환자(사망) – 흑색

PART

10

화재진압이론

문승철 **소방학개론**

CHAPTER 01 화재진압의 기초

1 화재진압의 정의 및 의의

1. 화재진압의 정의

① 화재진압(火災鎭壓)이란 협의적인 의미로는 인간생활에 불필요한 연소나 즉시 소화를 하여야 할 연소에 대한 진압만을 의미하지만, 광의적인 의미로는 그 소방대가 화재 현장에서 사람의 생명, 신체, 재산 등을 보호하기 위하여 적극적 또는 소극적으로 펼치는 인명구조, 소화, 연소 방지, 배연, 피난 유도, 기타 소방활동의 일체를 말한다.

② 따라서 화재진압은 다양한 형태로서 구현되며, 대상물의 구조, 용도, 가연물의 종류와 상태, 기상, 도로, 지형, 소방용수 등에 따라 소방대의 운용과 기계·기타 장비의 활용 방법이 달라진다.

2. 화재진압의 의의

화재진압은 신속한 소화활동을 통해 생명과 재산의 피해를 최소화하며, 제2, 제3의 피해가 발생하지 않도록 화재 확산에 대한 방지 작업을 수행하는 데 그 의의가 있다. 화재의 종별, 대상은 천차만별이므로 다양한 화재에 대하여 가장 적절한 수단과 방법으로 대처하기 위한 기술의 체계적인 정립이 필요하다.

2 소방력의 3요소(= 소방의 3요소)

1. 개념

① 소방활동은 소방대(消防隊)를 기초로 한 조직 활동이다. 소방대(消防隊)는 대원(인원)과 차량(장비)으로 구성되며 소방대의 구성 요소에 수리(소방용수)를 합하여 소방력의 3요소라 한다.

② 소방력의 3요소에 통신을 추가하여 소방력의 4요소라 한다.

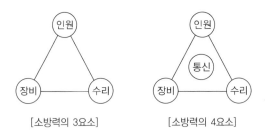

[소방력의 3요소]   [소방력의 4요소]

2. 요소

(1) 인원(= 소방인력)

소방력의 3요소인 인원, 장비, 소방용수가 같은 정도의 중요성을 갖는 것은 아니다. 소방력의 기반이 되는 것은 인원 즉, 소방대원이다.

(2) 장비(= 소방장비)

① 개념

소방장비는 소방활동의 능률을 높이기 위한 것으로서 「소방장비관리법 시행령 별표 1」에서 정하고 있는 장비를 말한다.

② 소방장비

㉠ 기동장비 : 자체에 동력원이 부착되어 자력으로 이동하거나 견인되어 이동할 수 있는 장비

구분	품목
가. 소방자동차	소방펌프차, 소방물탱크차, 소방화학차, 소방고가차, 무인방수차, 구조차 등
나. 행정지원차	행정 및 교육지원차 등
다. 소방선박	소방정, 구조정, 지휘정 등
라. 소방항공기	고정익항공기, 회전익항공기 등

ⓛ 화재진압장비 : 화재진압활동에 사용되는 장비

구분	품목
가. 소화용수장비	소방호스류, 결합금속구, 소방관창류 등
나. 간이소화장비	소화기, 휴대용 소화장비 등
다. 소화보조장비	소방용 사다리, 소화 보조기구, 소방용 펌프 등
라. 배연장비	이동식 송·배풍기 등
마. 소화약제	분말 소화약제, 액체형 소화약제, 기체형 소화약제 등
바. 원격장비	소방용 원격장비 등

ⓒ 구조장비 : 구조활동에 사용되는 장비

구분	품목
가. 일반구조장비	개방장비, 조명기구, 총포류 등
나. 산악구조장비	등하강 및 확보장비, 산악용 안전벨트, 고리 등
다. 수난구조장비	급류 구조장비 세트, 잠수장비 등
라. 화생방 및 대테러 구조장비	경계구역 설정라인, 제독·소독장비, 누출물 수거장비 등
마. 절단 구조장비	절단기, 톱, 드릴 등
바. 중량물 작업장비	중량물 유압장비, 휴대용 윈치(winch : 밧줄이나 쇠사슬로 무거운 물건을 들어 올리거나 내리는 장비를 말한다), 다목적 구조 삼각대 등
사. 탐색 구조장비	적외선 야간 투시경, 매몰자 탐지기, 영상송수신장비 세트 등
아. 파괴장비	도끼, 방화문 파괴기, 해머 드릴 등

(3) 소방용수(수리, 물)

① 소방용수는 소방에 필요한 소방용수시설과 소화활동에 사용이 가능한 수원들을 말한다.

② 일반적으로는 인공적인 것과 자연적인 것으로 구분되며 그 종류는 다음과 같이 구분할 수가 있다.

이론 플러스

소방용수시설
• 소화전
• 급수탑
• 저수조

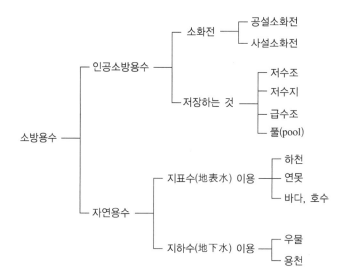

CHAPTER 02 화재진압전술 및 화재진압활동

1 화재진압전술

1. 화재진압전술의 개요

(1) 소방진압전술의 목표

① 첫 번째 목표는 인명구조이다.
② 두 번째 목표는 화재진압이다.

(2) 소방진압전술의 의의

① 화재 발생 시 인명의 구조와 화재진압을 수행하고 연소방지를 주된 목적으로 한다.
② 화재진압 시 소방대가 행동하는 우선 원칙 및 규칙이다.
③ 소방력에서의 장비 및 수리시설을 신속하고 정확하게 활용하는 것이다.
④ 주민의 협력이 있어야 효과를 얻을 수 있다.

2. 화재진압전술의 일반적인 원칙 ★★

① 인명검색 및 인명구조를 최우선으로 한다(인명구조의 원칙).
② 적극적이고 능동적인 활동은 최대의 성과를 기대한다(신속 대응의 원칙).
③ 출동분대 배치는 화재 발생 지점을 포위하는 것을 원칙으로 하며, 포위가 어려운 경우는 호스를 연장하여 포위한다(포위 공격의 원칙).
④ 선착대는 후착대의 진입을 방해해서는 안 되며, 후착대는 선착대의 소방활동에 지장을 주지 않도록 한다(선착대 우위의 원칙).
⑤ 소방활동은 사다리, 파괴기의 운반, 호스의 연장순으로 한다.
⑥ 노즐의 배치는 연소 위험성이 있는 가연물을 판단하여 유효한 성과를 얻을 수 있도록 측후방, 풍상 및 풍하, 절벽, 비화 등 여러 가지의 상황을 고려해야 한다.

⑦ 화세에 비해 소방력이 부족할 때 중요한 시설을 중점적으로 방어한다(중점주
의 원칙).

⑧ 대형 화재 시에는 담당할 곳을 반드시 분담하여 지정한다.

3. 소방현장 활동

(1) 선착대의 임무와 활동

선착대는 화재 시 화재 현장에서 가장 가까운 소방서의 부대이며 지역의 실정에
도 정통하므로 화재방어활동 초기에 가장 중요한 임무를 담당한다. 선착대 활동
의 원칙은 다음과 같다.

① 도착 즉시 인명검색과 요구조자의 구조활동을 우선한다.

② 화점 발견에 주력하고 연소위험이 가장 큰 방면을 포위 부서하도록 한다.

③ 화점 직근의 소방용수시설을 점령하며, 후착대와의 긴밀한 연락을 유지하도
록 한다.

④ 사전 경방계획을 충분히 고려하여 행동하고 신속한 상황보고 및 정보 제공을
한다. 신속히 화재 상황 등을 파악하여 지휘자 및 상황실에 보고하고 후착대
에게 적극적으로 다음 정보를 제공한다. 필요한 경우 초기에 소방력 응원을
요청한다.

재해의 실태	건물구조, 화점, 연소범위, 출입구 등의 상황
인명 위험	요구조자의 유무
소방활동상 위험 요인	위험물, 폭발물, 도괴위험 등
확대 위험	연소경로가 되는 장소 등 화세의 진전 상황

(2) 후착대의 임무와 행동

일반적으로 후착대가 현장에 도착할 시점에는 선착대가 화재진압활동을 개시
한 후이다. 따라서 후착대는 선착대의 활동을 보완 또는 지원해야 한다. 후착대
는 다음 사항에 유의할 필요가 있다.

① 도착 즉시 선착대와 적극적으로 연계하여 인명구조활동 등 중요 임무의 수행
을 지원한다.

② 인명검색과 요구조자 구조활동이 있으면 우선한다.

③ 화재의 방어는 선착대가 진입하지 않은 담당면, 연소건물 또는 연소건물의
인접건물을 우선한다.

④ 선착대 사용 외의 소방용수시설을 점유하여 포위태세를 취하고 수손방지를
한다.

⑤ 선착대의 차량에 원활한 급수중계 등을 실시하며 선착대의 연락에 주의한다.

⑥ 선착대 부서 외의 연소 장소, 인근 건물 등에 진입하여 부서하며 비화경계를 하도록 한다.

⑦ 화재 및 화재진압 상황을 정확하게 파악하고 과잉파괴 행동 등 불필요한 활동은 하지 않는다.

119 더 알아보기

선착대와 후착대의 임무

선착대의 임무	후착대의 임무
• 인명검색과 인명구조 • 화점 발견 • 연소위험이 가장 큰 방면 포위 부서 • 화점 직근의 소방용수시설 점령 • 정보 수집 및 전파	• 인명구조 • 급수중계 • 비화경계 • 수손방지

❂ 인명구조는 선착대와 후착대의 공통된 임무이다.

4. 화재진압전술의 구분

(1) 공격진압전술

① 화재의 진압을 목적으로 하는 것이다.

② 직사주수 방법으로 일격에 소화하는 것이다.

③ 소방력이 화세보다 우위에 있을 때 사용하는 직접적 전술이다.

④ 소방력을 화점에 집중 공격한다.

(2) 수비진압전술

① 화재의 연소를 저지하기 위하여 화재면을 포위하고 주수 등에 화세를 방지하는 전술이다.

② 소방력을 수비적으로 운용하는 것을 의미한다.

③ 소방력이 화세보다 약한 경우에 사용하는 전술이다.

④ 비화경계, 대형 화재 시의 풍하냉각, 위험물탱크 화재 시 인접 탱크의 냉각 등 간접적 전술이다.

(3) 포위전술

화점을 기준으로 노즐을 포위배치하여 공격진압하는 전술이다.

이론 플러스

화재진압전술의 종류
• 공격진압전술
• 수비진압전술
• 포위전술
• 블록전술
• 중점전술
• 집중전술

(4) 블록(Block)전술

인접 건물의 화재 확대 방지 차원에서 블록의 4방면 중, 바람이 불어나가는 쪽(풍하)이나 비화되는 쪽의 화재확대가 가능한 면을 동시에 방어하는 전술이다.

✿ 풍하는 바람이 흘러나가는 쪽, 풍상은 바람이 흘러오는 쪽이다.

(5) 중점전술

① 화재 발생 장소 주변에 사회적·경제적 혹은 소방상 중요한 시설 또는 대상물이 있고 이것에 중점을 두어 방어하는 경우 또는 천재지변 등 보통의 전술로는 진압이 곤란한 경우의 전술이다.

② 대폭발 등으로부터 다수의 인명 보호를 위하여 피난로, 피난 예정지 확보를 위하여 중점적으로 활동할 때에 적합하다.

＊예 대학교 기숙사에서 화재가 발생했을 때 피난로를 우선 확보하는 것을 말한다.

(6) 집중전술

위험물탱크 화재 등 주요 시설을 분대가 동시에 집중적으로 진화하는 전술이다.

5. 방수(주수)방법

(1) 집중방수

연소 실체 또는 인명구조 등을 위해 집중적으로 한 곳에 방수하는 방법이다.

(2) 확산방수

① 연소물이나 연소위험이 있는 곳에 관창을 상하좌우로 흔들어서 넓게 방수하는 방법이다.

② 화재의 성장단계별 중 성장기(중기)단계에서 건축물 실내 화재진압을 위하여 주로 사용되는 주수방법이다.

(3) 반사방수

장해물 등으로 인하여 방수 목표물에 방수할 수 없는 경우에 벽 및 천장 등에 물을 반사시켜 방수하는 방법이다.

(4) 유하방수

방수압력을 약하게 하여 유수하듯이 방수하는 방법이다.

(5) 사다리 위에서의 주수

건물 밖에서 2층 등으로의 진입이 어려운 경우에 적재사다리를 설치하고 사다리 위에서 주수하는 방법이다. 연소 실체에 직접적으로 주수가 가능하고 반사주수보다 효과가 크며 3층 정도까지가 주수의 한계이다.

(6) 사다리차를 활용한 주수

① 중·고층건물의 노출된 화재나 창문 등 개구부를 통해 내부에 주수하는 경우이다.

② 상층으로의 연소 방지 등을 위한 주수에 유효한 방법으로서 사다리차 선단의 관창을 활용한다.

③ 사다리 각도는 75° 이하로 하고, 건물에서 3 ~ 5m 이상 떨어져 주수하는 것을 원칙으로 한다.

(7) 엄호주수

① 의미

직접 화재의 진압을 목적으로 하지 않고 위험한 현장으로 접근하는 선두의 대원 또는 요구조자나 보호 구조물 등을 위하여 후방 또는 측면에서 하는 주수이다.

② 소방대원에 대한 엄호주수

㉠ 활동을 하는 대원의 등 뒤에서 신체 전체를 덮을 수 있도록 분무주수를 하여야 한다.

㉡ 검색활동을 실시하는 대원에 대한 엄호주수의 경우 중속분무가 적당하다.

③ 요구조자에 대한 엄호주수

㉠ 요구조자가 있다고 예상되는 직근의 천장 등에 수막을 형성하여 차열한다.

㉡ 유효사정을 확보하기 위해서는 원칙적으로 고속분무(10 ~ 15°)주수한다.

6. 방수의 종류

소방대는 상황에 따라 직사주수와 분무주수를 이용한다. 일반적으로 직사방수는 직접공격으로, 분무방수는 간접공격으로 이용한다.

> **이론 플러스**
>
> 소방대원에 대한 엄호주수
> : 중속분무
>
> 요구조자에 대한 엄호주수
> : 고속분무

(1) 직사방수

① 방법
대량의 물로 직접타격하는 봉상주수 방법이다.

② 장점
㉠ 원거리 공격과 직접타격이 가능하다.
㉡ 명중률이 높으며, 연소물 제거, 물의 침투효과가 있다.

③ 단점
대량의 물을 소비하며, 물로 인한 수손피해와 호스반동이 크며 감전위험도 있다.

(2) 분무방수

① 방법
안개처럼 주수하는 무상주수 방법이다.

② 장점
㉠ 직사주수보다 큰 질식효과, 냉각효과, 배연효과와 배열효과로 소방관을 보호할 수 있고 수손 피해가 감소한다.
㉡ 감전위험이 없으며 직사방수보다 빠른 소화효과를 기대할 수 있다.

③ 단점
단거리 공격에 해당되며, 실외 등 개방된 공간에는 효과가 적다.

(3) 분무방수의 종류

① 고속분무
분무방수 중 가장 강하다(노즐압력 $6kg/cm^2$, 전개각도는 $10 \sim 30°$ 정도). 요구조자에 대한 엄호주수에 효과적이다.

② 중속분무
고속분무보다는 노즐압력이 약하지만 <u>소방대원에 대한 엄호, 배연, 배열, 냉각, 희석, 질식</u> 등의 효과를 기대한다($3kg/cm^2$ 이상의 노즐압력으로 전개각도는 $30°$ 이상).

③ 저속분무(fog, 포그방수)
가장 미립자화된 방수 방법으로 중속분무보다 더 많은 질식효과와 수손피해를 줄일 수 있으며, 소화시간이 짧고 벽·바닥의 일부를 파괴하여 소화하는 경우 효과가 크다. 또한 <u>간접공격법인 로이드레만 전법에 가장 적합</u>하다.

7. 관창진입

관창은 노즐구경의 압력이 커질수록 반동력이 커진다는 점 등을 고려하여 관창진입은 건축물의 상황과 풍향에 따라 달라질 수 있다. 단기 고온을 유지하는 목조건축물과 장기 고온을 유지하는 내화조건축물의 관창진입 시 일반적인 순서는 다음과 같다.

(1) 내화조건축물

① 관창진입 순서

발화층 → 직상층 → 직하층순으로 한다.

② 관창배치

㉠ 관창은 급기측, 배기측의 2개소 이상의 개구부에 배치하고 방수는 급기측에서 실시하며, 배기측은 원칙적으로 경계관창으로 한다.

㉡ 경계관창으로서 화점 직상층 및 좌우측의 공간에 경계선을 배치하고 관창까지 송수하여 연소 확대에 대비한다.

㉢ 내화조건축물은 덕트 및 파이프스페이스 등의 공간을 경로로 한 연소확대가 예상되므로 각 층 및 각 실의 경계와 확인을 조기에 실시한다.

(2) 목조건축물

① 관창배치의 우선순위는 화재의 뒷면, 측면 및 2층, 1층의 순으로 한다.

② 바람이 있는 경우 풍하, 풍횡, 풍상의 순으로 한다.

③ 경사지 등은 높은 쪽, 횡, 낮은 쪽의 순으로 한다.

④ 목조건축물 화재는 주위 건물로의 연소확대 저지를 중점으로 하기 때문에 관창의 배치도 연소위험이 큰 쪽, 연소할 경우 진압활동이 곤란한 쪽으로의 배치를 우선한다.

⑤ 화재건물에 내화조건물이 인접해 있는 경우는 내화조건물에 개구부가 있다고 생각하고 경계 및 연소방지를 위하여 내화조건물 내부로 신속하게 경계관창의 배치 또는 확인을 한다.

8. 호스의 사리기(Hose Roll)

소방호스를 사리는 방법에는 소방차량의 적재나 사용 계획에 따라 여러 방법이 있다. 어떠한 방법이든지 소방호스의 결합구가 보호되도록 해야 하며 일반적으로 한 겹 말은 소방호스, 두 겹 말은 소방호스, 접은 소방호스의 3종류가 있다.

(1) 한 겹 말은 소방호스

① 소방호스를 일직선으로 편 다음 숫 카프링 쪽에서 암 카프링 쪽을 향하여 굴리면서 감아 가는 것이다.

② 일반적으로 소방호스를 보관대에 보관하는 경우, 화재 현장에서 사용 후 철수하기 위해 적재하는 경우, 호스의 연장 장소가 넓고 장애물이 없는 경우 등에 사용한다.

[한 겹 말은 소방호스 사리기]

(2) 두 겹 말은 소방호스

① 소방호스를 두 겹으로 포개어 놓고 겹쳐진 채로 소방호스를 감아 가는 것이다.

② 호스의 연장 장소가 좁고 지면에 장애물 등이 있는 경우, 소방호스가 감겨진 상태에서 곧바로 사용하고자 하는 경우 주로 사용한다.

[두 겹 말은 소방호스 사리기]

[완성된 두 겹 말은 소방호스]

(3) 접은 소방호스

① 소방호스를 일정한 길이로 접어서 포개어 놓는 방법이다.

② 주로 소방차량에 적재하는 경우, 화재 현장에서 사용 후 철수하는 경우, 옥
내에 진입하는 경우, 계단 등 높낮이 차이가 있는 경우 등에 사용한다.

[접은 소방호스 사리기]

[완성된 접은 소방호스]

2 화재진압활동

1. 현장진압 단계별 활동

(1) 화재방어활동의 기본

화재방어활동의 기본은 인명구조, 소화활동, 연소방지이며 그 외 화재진압 기타
활동은 조명 작업, 수손 방지, 비화 경계, 현장 보존, 현장 철수로 이루어진다.

(2) 화재진압 단계별 활동 순서

'화재 인지 → 화재 출동 → 현장 도착 → 상황 판단 → 인명구조 → 수관 연장
→ 노즐 배치 → 파괴활동 → 방수활동 → 그 외 진입 활동, 잔화 처리, 소방용
설비의 활용' 순으로 이루어진다.

2. 현장지휘

(1) 현장지휘관 전략과 전술의 활용

전력의 형태로서 공격적 작전, 방어적 작전, 한계적 작전으로 나누며 그 내용은
다음과 같다.

① **공격적 작전**

화재 초기 또는 성장기에 화재를 진화하는 데 초점을 맞추는 형태로 소방
력이 화세보다 우세할 때 적용한다.

② **방어적 작전**

화재의 연소 확대를 방지하는 데 초점을 맞추는 형태로 소방대원이 발생지점
에 진입하는 것이 금지되며, 주변 통제가 중요시된다. 소방력이 화세보다 약
한 경우와 주로 화재의 성장기 또는 쇠퇴기에 적용한다.

③ **한계적 작전**

공격적 작전 상황의 끝에 가깝고 방어적 작전 상황의 시작에 해당될 때 적용
되는 작전 형태로 한계적 작전 상황하에서는 공격적 작전과 방어적 작전이
동시에 이루어지는 것을 의미하지는 않는다. 주로 외부에서의 방어적 작전을
준비 또는 대기하고 있는 상황에서 인명구조와 연소 확대 방지를 위해 내부
공격이 필요한 경우 적용한다.

(2) 현장지휘 시 유의사항

현장지휘관은 훈련과 경험에 의한 전문적 지휘지식 및 대원의 임무에 대한 존중
자세를 가지며 행동지향적이 아니라 지시지향적 태도로 의사결정 중심의 태도
를 취한다.

① 명령, 지시 등의 용어는 간략하고 구체적으로 하고 불확실한 표현은 피한다.

② 명령은 화재의 전체를 파악하여 시시각각 변화에 따라서 신속히 대원에게 전
달한다.

③ 명령자의 소속, 성명 등을 붙여 책임의 소재를 명확히 한다.

④ 중요한 명령은 전달의 내용을 재확인한다.

⑤ 각 방면별 지휘는 책임을 가지고 선착대·후착대가 긴밀한 협조를 유지하도
록 한다.

⑥ 특히, 분대장은 소방용수 점령과 동시에 가능한 한 신속히 현장 상황을 판단
하여 블록화재는 화점을 주위로부터 살피고 고층건물 등에 있어서는 연소층
등의 상황, 위험물 화재는 화점의 위치, 종류, 수량 등을 파악하는 것이 최상
의 방법이지만 그것이 곤란한 경우는 타 대의 분대장과 담당범위를 분담하여
인명구조활동 및 화재진압에 만전을 기한다.

(3) 지휘소 위치 잡기

① 최대 시계(視界)를 확보하여 건물인 경우 2개 이상 방향 관찰이 가능한 장소를 선택하고, 화재 전반을 용이하게 파악할 수 있는 장소로 풍상이나 풍횡으로 하고 풍하측은 피한다.

② 주변 지역(환경)에 대한 최대 시계를 확보하여 출동 각 대의 지휘자, 기타 관계자가 용이하게 확인할 수 있는 장소로 위치를 잡는다.

③ 현장 본부를 설치한 때는 소방서와 기타 출동 각대에 연락한다.

④ 중요한 명령, 보고 등은 지휘본부에서 행한다.

⑤ 최고지휘자가 본부를 떠날 때는 반드시 대행자를 지정한다.

⑥ 지휘본부의 위치는 깃발, 피켓 또는 전등으로 표시한다.

⑦ 각종 통신관계의 활용, 보고, 연락 등이 순조롭고 부대의 지휘·운영이 용이한 장소로 위치를 잡는다.

3. 현장대원의 행동

① 옥내 진입 시 공기호흡기 등 개인장구를 착용하고 2인 1조를 원칙으로 자세를 낮게 하여 공기흡입구(급기)측에서 진입하며 도착 즉시 요구조자의 검색에 우선한다.

② 필요시 화재 해당층의 2차 화재방지를 위한 전기, 가스 등을 차단하고 단전으로 인한 피난장애에 유의하며, 스스로 움직일 수 없는 사람부터 구조한다.

③ 후착대는 선착대 행동에 주지하고 경계관창을 할 수 있도록 한다.

④ 사다리 지지각도는 75° 혹은 75° 이하일 때가 갖고 오르기 쉽고 지탱강도가 크다.

⑤ 밀폐된 실내문을 개방 시 가스폭발인 백드래프트에 주의하며 즉시 진입하는 것을 금한다.

4. 화재진압에 따른 전략의 우선순위

① 소방현장에서 가장 흔하게 활용되는 전략개념은 우선순위에 따른 화재진압을 하는 것이다. 이것은 생명보호(Rescue) → 외부 확대 방지(Exposure) → 내부 확대 방지(Confine) → 화점진압(Extinguish) → 재발 방지를 위한 점검·조사(Overhaul) 등 다섯 가지의 대응 목표를 우선순위에 따라 자원을 배치하는 것을 말한다.

② 대부분의 화재진압전략은 화점과 생명의 위치 확인 → 통제 → 진압의 순차적 진압활동을 통해 최적의 결과를 기대할 수 있다.

화재진압전략 우선순위(RECEO)
1. 생명보호(R)
2. 외부 확대 방지(E)
3. 내부 확대 방지(C)
4. 화재진압(E)
5. 점검·조사(O)

③ 최근 이러한 5단계(RECEO)에 따른 화재진압전략의 대응우선순위 전략개념은 마지막 6단계에 '화재 발생 부지(장소) 내 현장 안전조치(Safeguard)'를 추가하여 6단계(RECEOS) 대응 우선순위 전략 개념으로 활용되고 있다.

[화재진압전략의 활동과정]

5. 현장안전관리

건물 내에서 소방관들이 인명검색이나 구조활동을 시도하기 전에 반드시 숙지해야 할 안전행동지침은 다음과 같다.

① 실내로 들어가는 입구에 표시를 하고, 방 안으로 들어갈 때 회전한 방향을 기억했다가 빠져 나올 때는 반대 방향으로 회전해서 나온다.
② 문을 개방하기 전에 손등으로 문을 만져보아 열기가 있는지 확인해야 한다. 백드래프트의 가능성이 있는 경우 배연이 이루어지고 난 후에 진입을 시도한다.
③ 발화층 상층부에서 활동할 때는 언제든지 방수할 수 있는 소방호스를 가지고 있어야 한다. 또한 실내에서는 뜨거운 부분과 약해진 부분을 조심해야 한다.
④ 천장으로 열기가 쌓이므로 낮은 자세를 유지한다.
⑤ 항상 벽을 따라서 움직여야 한다.
⑥ 검색이 완료되면 소속 지휘자에게 신속히 이상 유무를 보고한다. 검색활동을 실시하기 전에 사전에 검색경로를 설정하여야 하는 것이 안전하다.

✿ 건축물의 화재에서 천장, 벽, 바닥, 지붕순으로 위험도를 숙지하도록 한다.

6. 소방대원의 안전 확보를 위한 10가지 원칙

① 안전관리는 임무 이행을 전제로 하는 적극적이고 능동적인 행동이 최선이다.
② 화재 및 재해현장은 항상 위험성이 있으므로 경계심을 철저히 해야 한다.
③ 지휘자는 현장에서 대원들의 개인적 행동이 없도록 대원 장악에 만전을 기한다.
④ 위험정보는 지휘관에게 즉시 보고하며 지휘관은 그 정보를 전 대원에게 숙지시켜야 한다.
⑤ 침착하게 행동을 하며 흥분하지 말아야 한다.
⑥ 각종 장비들의 기능 등을 정확히 숙지시킨다.
⑦ 복장 및 개인장구를 확실히 장착한다.
⑧ 평상시 운동으로 체력단련에 노력한다.

⑨ 사고사례를 교훈으로 삼는다.

⑩ 자신의 안전에 만전을 기하는 자세를 가져야 한다.

7. 지하실 등의 화재진압

① 내화구조에서의 화점확인 시 연기는 화점에 가까울수록 짙고, 흐름도 빠르다.

② 각층에 연기가 있는 경우에는 연기가 있는 최하층을 먼저 조사하도록 한다.

③ 제연설비 작동 시 환기설비가 작동되고 있으면 공기가 휘감겨서 제연설비 효과가 저하되므로 환기설비를 정지시킨다.

④ 실내로 진입 시 자세를 낮게 하여 연기의 흐름을 거슬러서 화점을 확인하며, 덕트(duct, 관) 화재의 경우는 연기가 보이지 않으므로 배관 계통을 따라 화점을 확인한다.

⑤ 지하실의 경우 계단을 내려가는 소방대원은 계단을 내려가는 데 견딜 수 있을 정도의 분무방수를 하여야 한다.

⑥ 접근이 어려운 지역은 그 위층에 구멍을 뚫어 지하실용 관창을 집어넣고 물을 뿌릴 수 있다. 접근하지 못할 지하실인 경우에는 고확산 거품제를 지하실이 넘치도록 사용해야 한다.

⑦ 계단실의 경우 진입, 검색 및 소화를 위해 화점층의 문을 개방하는 경우는 분무주수를 하여 계단실에의 연기 유입을 차단한다.

8. 배연형태의 분류

배연은 화재 확산 억제 및 백드래프트 등을 방지할 수 있다는 이점이 있다. 배연 형태의 분류는 다음과 같다.

(1) 자연배연방식

수직배연은 건물의 천장이나 지붕의 배출구를 파괴 또는 개방하여 배출구로 하는 방식이며, 수평배연은 벽에 있는 창문이나 출입문을 개방하여 배연하는 방식이다.

(2) 강제배연방식

① **송풍기 활용**

회전식 강철 팬의 회전력에 의한 압력으로 배연하는 방식이다.

② **분무주수 활용**

분무주수에 의한 수압으로 배연하는 방식이다.

③ **배연차 활용**

배연차에 장착된 기계 장치에 의해 연기를 흡입하여 배출하는 방식이다.

④ **고발포 활용**

고발포 방사 시의 압력에 의해 배연하는 방식이다.

⑤ **제연설비 및 공기조화설비 활용**

건물에 설비된 제연설비 및 공기조화설비를 최대한 활용할 수 있는 방안을 강구한다.

9. 공기호흡기

(1) 개요

① 공기호흡기 면체는 진입 직전에 착용하며 활동 중 수시로 압력계를 점검하여 활동가능시간을 확인하고 경보가 울리면 즉시 안전한 곳으로 탈출한다.

② 사용 후 고압도관에 남아있는 공기를 제거하고, 면제 유리 부분에 이물질이 닿지 않도록 한다.

(2) 공기호흡기의 사용시간

공기호흡기는 일반적으로 양압식을 사용하며 그 사용시간은 다음과 같이 계산한다.

$$\text{사용시간} = \frac{[\text{충전압력}(kg/cm^2) - \text{탈출소요압력}(kg/cm^2) \times \text{용기용량}(L)]}{\text{공기소비량}(L/min)}$$

공기호흡기의 충전압력이 300kg/cm²이고, 공기소비량이 30L/min이다. 이때 공기호흡기 크기가 10L인 경우 공기호흡기 사용시간은?(단, 탈출소요압력은 60kg/cm²이다)

해설

공기호흡기 사용시간 = $\dfrac{(300-60) \times 10}{30}$ = 80분

정답 80분

PART 10 단원별 예상문제

01 다음 중 후착대만의 임무로 옳지 않은 것은?

① 인명구조 ② 수손방지
③ 급수중계 ④ 비화경계

> **해설**
> ① 후착대의 주요 임무로는 수손방지, 급수중계, 비화경계이다. 인명구조활동은 선착대와 후착대의 공통 임무이지 후착대만의 임무는 아니다.

02 다음 중 소방력의 3요소가 아닌 것은?

① 소방대원(인력) ② 소방장비
③ 소방시설 ④ 소방용수

> **해설**
> ③ 소방력의 3요소는 인력, 장비, 물(용수)을 말한다.

03 충전압력 280kg/cm², 6L 용기의 공기호흡기를 메고 분당 24L의 공기를 소비하는 소방대원이 경보벨이 울릴 때까지 사용가능시간은?(단, 잔압 40kg/cm²에서 탈출한다)

① 40분 ② 50분
③ 55분 ④ 60분

> **해설**
> ④ 공기호흡기 사용시간 $= \dfrac{(충전압력 - 잔압) \times 용기의 용적}{분당공기소비량}$
>
> 280kg/cm²의 충전압력에서 경보벨이 울리는 잔압 40kg/cm²의 이전에서 탈출하여야 하므로 240kg/cm² 압력밖에 사용하지 못한다. 용기가 6L이며, 분당 24L을 소비하므로
>
> 사용가능시간(분) $= \dfrac{(280 - 40) \times 6}{24} = 60(분)$

04 화재진압의 기본 원칙 중 소방대가 화재 현장에 도착 시 가장 먼저 해야 하는 것은?

① 인명검색 및 구조와 비상구 개방
② 화점 포위 및 호스 연장 등의 소방활동
③ 출동대원의 장비상태 점검
④ 현장정보 수집 및 각대 전파

해설
① 화재 현장 도착 시 우선순위는 인명검색 및 구조와 비상구를 개방해서 인명 대피를 유도하는 것이다.

05 다음 중 화재진압 시 행동요령으로 틀린 것은?

① 인명검색 및 구조활동을 최우선으로 한다.
② 문 개방은 정면에서 신속히 하며 정면에서 진입하여야 한다.
③ 진입이 곤란할 때는 상층부에서 바닥을 파괴하여 주수할 수 있다.
④ 내부 진입 시 반드시 2인 1조로 진입하며 공기호흡기를 장착하고 로프, 조명, 파괴기구 등을 휴대하며 급기측에서 진입한다.

해설
② 문 개방은 백드래프트의 상황을 고려하여 안전조치를 취한 다음 측면에서 침착히 하며 측면에서 벽을 따라 진입하여야 한다.

06 다음 중 화재진압 단계별 활동에서의 활동 순서 중 옳지 않은 것은?

① 화재 인지 → 화재 출동 → 현장 도착 → 상황 판단
② 화재 출동 → 인명구조 → 수관 연장 → 노즐 배치
③ 현장 도착 → 상황 판단 → 인명구조 → 수관 연장
④ 인명구조 → 수관 연장 → 파괴활동 → 노즐 배치

해설
④ 화재진압 단계별 활동은 '화재 인지 → 화재 출동 → 현장 도착 → 상황 판단 → 인명구조 → 수관 연장 → 노즐 배치 → 파괴활동 → 방수활동 → 그 외 진입활동, 잔화 처리, 소방용 설비의 활용' 순이다.

07 다음 중 화재진압전술이 <u>아닌</u> 것은?

① 포위전술
② 집중전술
③ 블록전술
④ 회피전술

해설
④ 회피전술은 화재진압전술에 해당되지 않는다.

08 다음 제시문의 내용에 해당하는 소방전술은?

소방전술 중 소방력 대응이 곤란하고 대규모 화재인 경우 장시간 동안 범위를 줄여가면서 소방상 중요한 시설에 중점을 두어 인접 건물로의 연소를 막는 전술이다.

① 포위전술
② 블록전술
③ 중점전술
④ 집중전술

해설
③ 대규모 화재 시 장시간동안 범위를 줄여가면서 소방상 중요한 시설에 중점을 두어 인접건물로의 연소를 막는 전술은 중점전술에 해당한다.

09 선착대가 처음 화재 현장에 도착하여 하는 활동 중 가장 옳지 <u>않은</u> 것은?

① 후착대의 수리점거를 가장 먼저 염두에 두고 부서한다.
② 선착대는 후착대의 진입이 방해되지 않도록 한다.
③ 소방수리시설을 점거하여 포위태세를 갖춘다.
④ 화재 상황을 정확히 판단하여 연소위험이 가장 큰 방면을 부서한다.

해설
① 후착대의 수리점거를 가장 먼저 염두에 두는 것이 아니라 선착대로서 인명구조와 화재진압을 먼저 생각한다.

10 일반적인 소방활동에서 소방대원의 소화작업활동으로 옳지 <u>않은</u> 것은?

① 연소위험이 큰 장소부터 포위한다.
② 소방대원은 배기측으로 진입한다.
③ 도착 즉시 요구조자의 검색에 우선한다.
④ 내부 진입 시 2인 1조로 진입하며 공기호흡기 등을 장착한다.

해설

② 소방대원은 목조건물이 아닌 일반적인 내화구조건물에서 흡기(급기)측으로 진입한다.

11 소방전술에 대한 설명으로 바르지 <u>않은</u> 것은?

① 수비전술은 화재의 진압을 목적으로 한다.
② 공격전술은 소방력이 화세보다 우세할 때 쓰는 소방전술이다.
③ 블록전술은 화재는 구역의 모퉁이, 면, 내부의 세 곳에서 발생하기 때문에 그것에 대응한 소방전술이다.
④ 집중전술이란 위험물 옥외탱크 화재 등에 사용되는 것으로 부대가 집중하여 일거에 진화하는 전술이다.

해설

① 수비전술은 소방력이 화세보다 약한 경우 비화경계, 대형 화재 시의 풍하냉각, 위험물탱크화재 시 인접 탱크를 냉각시키는 것 등의 형태를 말한다.

12 인접 건물의 화재 확대 방지 차원에서 블록의 4방면 중 바람이 불어나가는 쪽이나 비화되는 쪽의 경우 화재확대가 가능한 면을 동시에 방어하는 전술을 무엇이라 하는가?

① 포위전술   ② 블록전술
③ 중점전술   ③ 집중전술

해설

② 인접 건물의 화재 확대 방지 차원에서 블록의 4방면 중, 바람이 불어나가는 쪽이나 비화되는 쪽의 경우 화재확대가 가능한 면을 동시에 방어하는 전술을 블록전술이라고 한다.

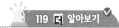
119 ☑ 알아보기

화재진압전술	
포위전술	노즐(관창)을 화점을 기준으로 포위배치하여 진압하는 전술
중점전술	주요시설이 있는 곳 또는 대폭발 우려가 있는 곳을 중점활동하는 전술
집중전술	위험물탱크 화재 등 주요시설을 분대가 동시에 집중적으로 진화하는 방법

13 화재 현장에 도착한 선착대의 임무가 <u>아닌</u> 것은?

① 도착 즉시 인명검색과 요구조자의 구조활동에 우선한다.
② 화점 직근의 소방용수시설을 점령하도록 한다.
③ 건축물의 비화경계에 주력하도록 한다.
④ 사전에 경방계획을 충분히 고려하여 행동하고 신속한 상황 보고 및 정보 제공을 한다.

해설
③ 건축물의 비화경계에 주력하는 것은 후착대의 임무이다. 그 외 후착대의 임무에는 급수중계, 수손방지, 인명구조가 있다.

14 화재진압에 따른 전략의 우선순위를 바르게 배열한 것은?

① 외부 확대 방지 → 생명 보호 → 내부 확대 방지 → 화점진압 → 재발 방지를 위한 점검·조사
② 생명 보호 → 내부 확대 방지 → 재발 방지를 위한 점검·조사 → 외부 확대 방지 → 화점진압
③ 생명 보호 → 외부 확대 방지 → 내부 확대 방지 → 화점진압 → 재발 방지를 위한 점검·조사
④ 외부 확대 방지 → 내부 확대 방지 → 생명 보호 → 화점진압 → 재발 방지를 위한 점검·조사

해설
③ 화재진압에 따른 전략은 '생명 보호 → 외부 확대 방지 → 내부 확대 방지 → 화점진압 → 재발 방지를 위한 점검·조사' 등 5가지의 대응목표를 우선순위에 따라 자원을 배치한다.

15 소방대원이 실시하는 화재의 진압전술 중 옳지 <u>않은</u> 것은?

① 포위전술은 노즐을 화점을 기준으로 포위배치하여 진압하는 전술이다.
② 블록전술은 화재 확대 방지 차원에서 풍상되는 쪽의 경우 화재확대가 가능한 면을 방어하는 전술이다.
③ 중점전술은 주요 시설이나 대폭발 우려가 있는 곳을 중점적으로 활동하는 전술이다.
④ 수비진압전술은 위험물탱크화재 시 인접탱크의 비화경계 등 간접적 진술을 말한다.

해설
② 블록전술은 화재 확대 방지 차원에서 블록의 4방면 중 바람이 불어나가는 쪽(풍하)이나 비화되는 쪽의 경우 화재 확대가 가능한 면을 동시에 방어하는 전술이다.

16 분무방수에 대한 설명으로 옳지 <u>않은</u> 것은?

① 분무방수는 유류화재에 적응이 가능하다.
② 물분무는 입자가 적당할수록 질식소화에 용이하다.
③ 분무방수는 화점에 대한 명중률이 높다.
④ 분무방수는 단거리 공격에 해당되며, 실외 등 개방된 공간에는 효과가 적다.

해설

③ 분무방수보다 직사방수가 화점에 대한 명중률이 높다. 분무방수는 직사주수보다 큰 질식효과, 냉각효과, 배연효과와 배열효과로 소방관을 보호하고 수손피해가 감소하여 감전위험이 없으며 직사방수보다 소화효과가 빠르다.

119 더 알아보기

방수의 종류

소방대는 그때 당시의 여러 가지 상황 판단에 따라 방수는 직사주수와 분무주수를 이용한다. 일반적으로 직사방수는 직접공격이며 분무방수는 간접공격(로이드레만 전법)으로 이용한다.

1. 직사방수
   (1) 특징
      대량의 물로 직접타격하는 봉상주수방법이다.
   (2) 장점
      원거리 공격과 직접 타격이 가능하며, 명중률이 높고 연소물 제거와 물의 침투 효과가 있다.
   (3) 단점
      다량의 물을 소비하며, 물로 인한 수손피해와 호스반동이 크며 감전위험도 있다.
2. 분무방수
   (1) 특징
      안개처럼 주수하는 무상(霧狀)주수방법이다.
   (2) 장점
      직사주수보다 큰 질식효과, 냉각효과, 배연효과와 배열효과로 소방관을 보호하고 수손피해가 감소하여 감전위험이 없으며 직사방수보다 빠른 소화효과를 기대한다.
   (3) 단점
      단거리 공격에 해당되며, 실외 등 개방된 공간에는 효과가 적다.
   (4) 분무방수의 종류
      ① 고속분무
         분무방수 중 가장 강하다(노즐압력 6kg/cm², 전개각도는 10 ~ 30도 정도).
      ② 중속분무
         고속분무보다는 노즐압력이 약하지만 엄호, 배열, 냉각, 희석, 질식 등의 효과를 기대한다(3kg/cm² 이상의 노즐압력으로, 전개각도는 30도 이상).
      ③ 저속분무(fog, 포그방수)
         가장 미립자화된 방수 방법으로 중속분무보다 더 많은 질식효과가 있고, 수손피해를 줄일 수 있으며, 소화시간이 짧고 벽·바닥의 일부를 파괴하여 소화하는 경우 효과가 크다. 또한, 간접공격법인 로이드레만 전법에 가장 적합하다.

17 폭발사고 시 대학기숙사 1층의 피난로를 확보하기 위한 화재진압전술로 옳은 것은?

① 중점전술   ② 집중전술
③ 공격전술   ④ 포위전술

해설
① 중요한 시설 우선 보호 및 다수인의 인명 대피를 위한 피난로 확보를 위한 전술인 중점전술에 해당한다.

18 사다리를 지지(支持)할 때의 기준이 되는 각도로 가장 옳은 것은?

① 60°   ② 65°
③ 70°   ④ 75°

해설
④ 사다리를 걸칠 때의 각도는 75° 혹은 75° 이하가 이상적이다.

19 다음 소방활동에 대한 내용으로 옳지 않은 것은?

① 호스의 말은 수관방법에는 한 겹 말은 수관, 두 겹 말은 수관, 접은 수관이 있다.
② 엄호주수란 직접 화재의 진압을 목적으로 하지 않고 위험한 현장으로 접근하는 선두의 대원 또는 요구조자나 보호구조물을 위해 후방이나 측면을 향해 행하는 주수이다.
③ 중속분무는 가장 미립자된 방수방법으로 수손의 피해를 줄일 수 있을 수 있으며, 벽·바닥의 일부를 파괴하여 소화하는 경우 저속분무보다 더 많은 질식효과가 있다. 또한 간접공격방법인 로이드레만 전법에 가장 적합하다.
④ 내화구조건축물은 발화층 – 직상층 – 직하층 순으로 관창을 진입한다.

해설
③ 간접공격방법인 로이드레만 전법에 가장 적합한 분무주수는 저속분무방식이다.

20 일반적으로 주수하는 순서가 올바르게 나열된 것은?

① 천장 – 화점 – 벽 – 바닥
② 화점 – 벽 – 천장 – 바닥
③ 천장 – 벽 – 화점 – 바닥
④ 화점 – 천장 – 벽 – 바닥

해설
③ 일반적인 주수 순서는 천장, 벽, 화점, 바닥 순이다.

21 다음 중 소화활동 시 소방대원이 지켜야 할 준수사항으로 가장 옳지 <u>않은</u> 것은?

① 관창은 대원이 화재를 진압할 위치에 자리를 잡을 때까지 개방해서는 안 된다.
② 현장 내에서 구조활동 시 수색완료 후에 구조대장에게 보고한다.
③ 2인 1조로 행동하되, 대원 간에 지속적인 연락을 취해야 한다.
④ 소방대원은 공기호흡기를 포함하여 완전한 보호복을 착용해야 한다.

해설
② 현장 내에서 구조활동 시 수색완료 후보다는 상황에 따라서 수색과 함께 구조대장에게 보고한다.

PART

11

위험물이론

문승철 소방학개론

CHAPTER 01 위험물이론의 개요

1 위험물의 기초

1. 위험물 등의 정의

① "위험물"이라 함은 인화성 또는 발화성 등의 성질을 가지는 것으로서 대통령령이 정하는 물품을 말한다.

② "지정수량"이라 함은 위험물의 종류별로 위험성을 고려하여 대통령령이 정하는 수량으로서 제조소 등의 설치허가 등에 있어서 최저의 기준이 되는 수량을 말한다.

③ "제조소"라 함은 위험물을 제조할 목적으로 지정 수량 이상의 위험물을 취급하기 위하여 설치허가를 받은 장소를 말한다.

④ "저장소"라 함은 지정 수량 이상의 위험물을 저장하기 위한 대통령령이 정하는 장소로서 설치허가를 받은 장소를 말한다.

⑤ "취급소"라 함은 지정 수량 이상의 위험물을 제조 외의 목적으로 취급하기 위한 대통령령이 정하는 장소로서 설치허가를 받은 장소를 말한다.

⑥ "제조소 등"이라 함은 제조소·저장소 및 취급소를 말한다.

119 더 알아보기

위험물 '제조소 등'

1. 제조소
2. 저장소(8개)
   옥내 저장소, 옥외 저장소, 옥내 탱크저장소, 옥외 탱크저장소, 간이탱크저장소, 지하탱크저장소, 이동탱크저장소, 암반탱크저장소
3. 취급소(4개)
   이송취급소, 주유취급소, 일반취급소, 판매취급소(1종, 2종)

기출 플러스

「위험물안전관리법」상 위험물에 대한 정의이다. ( ) 안에 들어갈 용어로 옳은 것은?　　[20 공채 기출]

"위험물"이라 함은 (가) 또는 (나) 등의 성질을 가지는 것으로서 (다)이 정하는 물품을 말한다.

	(가)	(나)	(다)
①	인화성	가연성	대통령령
②	인화성	발화성	대통령령
③	휘발성	가연성	행정안전부령
④	인화성	휘발성	행정안전부령

해설

빈칸에 들어갈 내용은 (가) 인화성, (나) 발화성, (다) 대통령령이다.

정답 ②

이론 플러스

❑ 119체크

「위험물안전관리법」상 위험물 취급소에 해당하지 않은 것은?

① 이송취급소
② 주유취급소
③ 관리취급소
④ 판매취급소

해설

관리취급소는 위험물 취급소에 해당하지 않는다.

정답 ③

다음 중 위험물의 성질이 잘못 연결된 것은? [11 기출]

① 제1류 위험물 - 산화성 액체
② 제2류 위험물 - 가연성 고체
③ 제4류 위험물 - 인화성 액체
④ 제5류 위험물 - 자기반응성 물질

해설

제1류 위험물은 산화성 고체에 해당되고, 산화성 액체는 제6류 위험물을 말한다.

정답 ①

🎁 이론 플러스✦

☐ 119체크

다음 〈보기〉의 내용과 관련 있는 위험물은?

┌─ 보기 ─┐

고체로서 화염에 의한 발화의 위험성 또는 인화의 위험성을 판단하기 위하여 고시로 정하는 시험에서 고시로 정하는 성질과 상태를 나타내는 것을 말한다.

① 산화성 고체
② 가연성 고체
③ 자연발화성 및 금수성 물질
④ 자기반응성 물질

해설

고체로서 화염에 의한 발화의 위험성 또는 인화의 위험성이 있는 것은 가연성 고체(= 제2류 위험물)이다.

정답 ②

---

2. 위험물의 종류와 성상

(1) 위험물의 구분 기준

① 물리적·화학적 성질의 공통성
② 화재 위험성의 공통성
③ 화재예방대책의 공통성
④ 소화방법의 공통성

✪ 지정수량의 공통성(×)

(2) 위험물의 종류

제1류 위험물	산화성 고체
제2류 위험물	가연성 고체
제3류 위험물	자연발화성 물질 및 금수성 물질
제4류 위험물	인화성 액체
제5류 위험물	자기반응성 물질
제6류 위험물	산화성 액체

3. 위험물 종류의 정의

(1) 제1류 위험물

"산화성 고체"라 함은 고체로서 산화력의 잠재적인 위험성 또는 충격에 대한 민감성을 판단하기 위하여 소방청장이 정하여 고시하는 시험에서 고시로 정하는 성질과 상태를 나타내는 것을 말한다.

(2) 제2류 위험물

"가연성 고체"라 함은 고체로서 화염에 의한 발화의 위험성 또는 인화의 위험성을 판단하기 위하여 고시로 정하는 시험에서 고시로 정하는 성질과 상태를 나타내는 것을 말한다.

(3) 제3류 위험물

"자연발화성 물질 및 금수성 물질"이라 함은 고체 또는 액체로서 공기 중에서 발화의 위험성이 있거나 물과 접촉하여 발화하거나 가연성 가스를 발생하는 위험성이 있는 것을 말한다.

(4) 제4류 위험물

"인화성 액체"라 함은 <u>액체</u>(제3석유류, 제4석유류 및 동식물유류에 있어서는 1기압과 섭씨 20도에서 액상인 것에 한함)<u>로서 인화의 위험성이 있는 것</u>을 말한다.

(5) 제5류 위험물

"<u>자기반응성 물질</u>"이라 함은 <u>고체 또는 액체로서 폭발의 위험성 또는 가열분해의 격렬함을 판단하기 위하여</u> 고시로 정하는 시험에서 고시로 정하는 성질과 상태를 나타내는 것을 말한다.

(6) 제6류 위험물

"<u>산화성 액체</u>"라 함은 <u>액체로서 산화력의 잠재적인 위험성을 판단하기 위하여</u> 고시로 정하는 시험에서 고시로 정하는 성질과 상태를 나타내는 것을 말한다.

4. 일반적인 위험물의 위험도 크기

제3류 · 5류 위험물 > 제4류 위험물 > 제2류 위험물 > 제1류 · 제6류 위험물 순으로 위험도가 높다.

CHAPTER 02 위험물의 종류와 특징

기출 플러스

제1류 위험물의 일반적 성질에 대한 설명으로 옳지 않은 것은?

[18 하반기 기출]

① 불연성 물질이다.
② 강력한 환원제이다.
③ 대부분 무기화합물이다.
④ 다른 가연물의 연소를 돕는 지연성 물질이다.

해설

제1류 위험물은 강력한 환원제가 아니라 강산화제에 해당된다. ①, ③, ④는 옳은 내용에 해당된다.

정답 ②

1 제1류 위험물(산화성 고체)

성질	품명	지정수량
산화성 고체 (~산염류)	① 아염소산염류 ② 염소산염류 ③ 과염소산염류 ④ 무기과산화물	50kg
	⑤ 브롬산염류 ⑥ 질산염류 ⑦ 요오드산염류	300kg
	⑧ 과망간산염류 ⑨ 중크롬산염류	1,000kg
	⑩ 과요오드산염류 ⑪ 과요오드산 ⑫ 크롬, 납 또는 요오드의 산화물 ⑬ 아질산염류 ⑭ 차아염소산염류 ⑮ 염소화이소시아눌산 ⑯ 퍼옥소이황산염류 ⑰ 퍼옥소붕산염류	50kg, 300kg 또는 1,000kg
	⑱ ①~⑰에 해당하는 어느 하나 이상을 함유한 것	

1. 일반적 성질

① <u>산소를 함유한 강산화제</u>이며 가열, 충격, 마찰 등에 의해 쉽게 분해되어 <u>산소를 방출</u>하여 주변 가연물이 혼합하고 있을 때에는 연소·폭발할 수 있다.

② <u>자신은 불연성</u>이지만 산소를 방출해서 다른 가연물질의 연소를 도와주는 <u>조연성 물질</u>이다.

③ 대부분 무색 결정이나 백색 분말이다.

④ 비중은 물보다 무겁다.

⑤ 모두 무기화합물이고 물질 내 산소를 함유하고 있다.

⑥ 대부분 수용성이고, 수용액 상태에서도 산화성이다.

2. 위험성

① 산화의 위험성이 있다.

② 폭발의 위험성이 있다.

③ 유독 및 부식성의 위험성이 있다.

④ 특수위험성은 다음과 같다.

   ㉠ 무기과산화물 중 알칼리 금속의 과산화물(→ 과산화나트륨, 과산화칼륨, 과산화칼슘 등)은 물과 접촉 반응할 때 산소를 발생시키면서 발열하기 때문에 물과의 접촉을 금하는 금수성 물질이다.

   ㉡ 질산염류는 공기 중 수분을 흡수하여 자신이 녹는 성질인 조해성 물질이다.

⑤ 진화 후 소화잔수는 산화성이 있으므로 오염 건조된 가연물은 연소성이 있다.

3. 예방 대책

① 가열, 충격, 마찰, 타격 등을 주의하고, 연쇄적인 분해를 방지한다.

② 강산류(예 제6류 위험물)와 절대 접촉(혼촉)을 금지한다(단, 제6류 위험물과 혼재는 가능).

③ 화기에 주의한다(직사광선 차단, 용기의 가열·누출·파손·전도 방지).

④ 조해성 물질(예 질산염류 중 질산나트륨)은 방습하고 공기와 접촉을 차단하여 밀전 보관한다.

⑤ 알칼리 금속의 무기과산화물은 물기를 엄금한다.

⑥ 제2류 ~ 제5류 위험물과의 접촉을 금한다.

4. 소화 대책

① 일반적으로 연소되고 있는 가연물의 산소 발생을 억제하기 위해 다량의 물에 의한 냉각소화가 적절하다.

② 제1류 위험물과 가연물이 혼합될 때 폭발의 우려가 있으므로 가연물과 격리한다. 단, 가연물과 격리할 수 없고 가연물이 물과 반응하지 않는다면 다량의 물로 냉각소화한다.

③ 무기과산화물은 물과 반응하여 산소와 열을 발생하므로 냉각소화가 부적당하다. 따라서 건조사 등을 이용한 질식소화가 유효하다.

이론 플러스

위험물의 수용성과 비수용성의 구분

1. 수용성
  • 제1류 위험물
  • 제6류 위험물
  • 제4류 위험물
    – 아세트알데히드
    – 산화프로필렌
    – 알코올류
    – 아세톤

2. 비수용성
  • 제2류 위험물
  • 제3류 위험물
  • 제4류 위험물
  • 제5류 위험물

기출 플러스

위험물의 종류에 따른 소화 방법으로 옳지 않은 것은?   [21 기출]

① 제1류 위험물인 알칼리 금속의 과산화물은 물을 사용한다.

② 제2류 위험물인 마그네슘은 건조사를 사용한다.

③ 제3류 위험물인 알킬알루미늄은 건조사를 사용한다.

④ 제4류 위험물인 알코올은 내알코올포(泡, foam)를 사용한다.

해설

제1류 위험물인 알칼리 금속의 과산화물(= 무기과산화물)은 금속물질로 금수성이다. 따라서 소화 시 물을 사용하면 안 되고 마른 모래 등 건조사에 의한 질식소화를 하여야 한다. ②, ③, ④는 옳은 내용에 해당된다.

정답 ①

5. 위험물제조소 등에 설치하는 주의사항 게시판

무기과산화물 중 알칼리금속의 과산화물은 "물기엄금"이다.

✪ 위험물 운반용기에 수납하는 위험물은 "화기주의, 충격주의", "가연물 접촉주의", 알칼리금속의 무기과산화물은 "화기주의, 충격주의", "가연물 접촉주의, 물기엄금"이다.

2 제2류 위험물(가연성 고체)

성질	품명	지정수량
가연성 고체	① 황화린 ② 적린 ③ 유황	100kg
	④ 철분 ⑤ 금속분 ⑥ 마그네슘	500kg
	⑦ ①~⑥에 해당하는 어느 하나 이상을 함유한 것	100kg 또는 500kg
	⑧ 인화성 고체	1,000kg

119 더 알아보기

제2류 위험물 용어의 해설

1. "유황"은 순도가 60중량퍼센트 이상인 것을 말한다. 이 경우 순도측정에 있어서 불순물은 활석 등 불연성물질과 수분에 한한다.
2. "철분"이라 함은 철의 분말로서 53마이크로미터의 표준체를 통과하는 것이 50중량퍼센트 미만인 것은 제외한다.
3. "금속분"이라 함은 알칼리 금속·알칼리토류 금속·철 및 마그네슘 외의 금속의 분말을 말하고, 구리분·니켈분 및 150마이크로미터의 체를 통과하는 것이 50중량퍼센트 미만인 것은 제외한다.
4. "마그네슘" 또는 마그네슘을 함유한 것 중 다음 각 목의 1에 해당하는 것은 제외한다.
   가. 2밀리미터의 체를 통과하지 아니하는 덩어리 상태의 것
   나. 직경 2밀리미터 이상의 막대 모양의 것
5. "인화성 고체"라 함은 고형 알코올, 그 밖에 1기압에서 인화점이 섭씨 40도 미만인 고체를 말한다.

1. 일반적 성질

① 수소를 가까이하는 환원성 물질로 저온에서도 발화 · 발열 · 발광한다.

② 낮은 온도와 낮은 산소 농도에서도 연소속도가 빠른 <u>이연성과 속연성</u> 물질이다.

③ 산소를 함유하지 않는 <u>강력한 환원성 물질</u>로 산소와 결합력이 쉽다.

④ 금속분 · 철분 · 마그네슘은 물이나 묽은 산과 접촉하면 수소가스가 발생한다.

⑤ 모두 비수용성 물질로 물보다 무겁다.

⑥ 연소 시 연소열이 크고 연소 온도가 높다.

⑦ 연소 시 다량의 유독성 가스를 발생한다.

⑧ 적린, 황화린, 황린(제3류 위험물)은 동소체로 연소 시 오산화인(P_2O_5) 등을 발생한다.

2. 위험성

① 착화온도가 낮아 저온에서 발화가 용이하며, 연소속도가 빠르고 연소 시 다량의 빛과 열을 발생한다.

② 금속분은 산이나 할로겐원소와 접촉되면 발화하며, 금수성 물질로 습기와 접촉하면 자연발화 위험이 있다.

③ <u>금속분 · 유황분 · 철분</u>은 밀폐된 공간에서 부유할 때 점화원이 있으면 <u>분진폭발</u>을 일으킨다.

④ 연소 시 다량의 유독성 가스를 발생한다.

⑤ 강산화성(예 제1류 위험물) 물질과 혼합한 것은 발화 또는 폭발의 위험이 있다.

⑥ 마그네슘은 CO_2와 결합하여 연소하며 탄소를 생성하기 때문에 금수성 물질로 습기와 접촉하면 발열하여 자연발화의 위험이 있다.

3. 예방 대책

① 산화제(예 제1류 · 제6류 위험물)와의 혼합 · 혼촉을 피한다.

② 가열하거나 화기를 피하며 불티, 불꽃, 고온체와의 접촉을 피한다.

③ 철분, 마그네슘, 금속 분류는 물, 습기, 산과의 접촉을 피하여 저장한다.

④ 위험물 누출을 방지하기 위해 저장용기를 밀폐하고 열이 축적되지 않도록 통풍이 잘 되는 냉암소에 저장한다.

📖 **기출 플러스**

「위험물안전관리법 시행령」 및 같은 법 시행규칙상 위험물의 성질과 품명이 옳지 않은 것은? [21 공채 기출]

① 가연성 고체 : 적린, 금속분
② 산화성 액체 : 과염소산, 질산
③ 산화성 고체 : 요오드산염류, 과요오드산
④ 자연발화성 및 금수성 물질 : 황린, 아조화합물

해설

아조화합물은 자연발화성 및 금수성 물질이 아니라 제5류 위험물인 자기반응성 물질에 해당된다.

정답 ④

4. 소화 대책

① 금속분, 철분, 마그네슘 등은 물로 소화하면 분해에 의해 발생한 가연성 수소가스에 의하여 화재를 확대시키고 폭발할 수 있기 때문에 건조사(마른 모래), 건조분말(팽창질석, 팽창진주암) 등으로 질식소화한다.

② 황화린에 물을 주수하면 독성 가스인 황화수소(H_2S)가 발생한다(→ 주수금지).

③ 적린과 인화성 고체 등은 물에 의한 냉각소화가 적당하고, 유황은 물분무가 적당하다.

④ 철분, 금속분, 마그네슘은 이산화탄소소화약제, 할론소화약제 등 가스계 소화약제에 적응성이 없다.

⑤ 화재 시 많은 열과 유독성의 연기를 발생하므로 방호복과 공기호흡기를 반드시 착용한다.

5. 위험물제조소 등에 설치하는 주의사항 게시판

"화기주의", 단 인화성 고체는 "화기엄금"이다.

♻ 위험물 운반용기에 수납하는 위험물이 철분, 금속분, 마그네슘 또는 이 중 어느 하나 이상을 함유한 경우 "화기주의 및 물기엄금", 인화성 고체인 경우 "화기엄금", 그 밖의 것은 "화기주의"이다.

3 제3류 위험물(자연발화성 물질 및 금수성 물질)

성질	품명	지정 수량
자연발화성 물질· 금수성물질	① 칼륨 ② 나트륨 ③ 알킬알루미늄 ④ 알킬리튬	10kg
	⑤ 황린	20kg
	⑥ 알칼리 금속(칼륨 및 나트륨 제외) 및 알칼리토금속(→ 칼슘, Ca) ⑦ 유기금속화합물(알칼알루미늄 및 알킬리튬 제외)	50kg
	⑧ 금속의 수소화물 ⑨ 금속의 인화물 ⑩ 칼슘 또는 알루미늄의 탄화물[→ 탄화칼슘(CaC_2), 탄화알루미늄(Al_4C_3)]	300kg
	⑪ 염소화규소화합물 ⑫ ①~⑪에 해당하는 어느 하나 이상을 함유한 것	10kg, 20kg, 50kg 또는 300kg

1. 일반적 성질

① 유기화합물 또는 무기화합물로 구성되어 있다.

② 주로 고체 분말 및 결정으로서 무기화합물의 불연성으로 구성되어 있다(단, 황린 등은 가연성).

③ 알킬알루미늄, 알킬리튬과 유기금속화합물류는 유기화합물이다.

④ 칼륨, 나트륨, 알킬알루미늄, 알킬리튬은 물보다 가볍고, 나머지는 물보다 무겁다.

⑤ 물과 접촉하면 발열하여 가연성 가스를 발생시킨다(황린 제외).

    ㉠ 칼륨, 나트륨＋물 → 수소가스 발생

    ㉡ 탄화칼슘＋물 → 아세틸렌가스 발생

    ㉢ 탄화알루미늄 ＋ 물 → 메탄가스 발생

    ㉣ 칼슘 ＋ 물 → 수소가스 발생

    ㉤ 수소화알루미늄리튬 ＋ 물 → 수소가스 발생

    ㉥ 트리에틸알루미늄 ＋ 물 → 에테인(에탄)가스 발생

⑥ 금속의 인화물 중 인화칼슘은 유독한 포스핀(인화수소)가스를 발생시킨다(인화칼슘 ＋ 물 → 포스핀가스 발생).

⑦ 칼슘은 물과 반응하여 발열하며, 접촉된 가연물의 연소·폭발이 가능하다.

    ✿ 칼슘과 탄화칼슘의 지정수량 비교 : 칼슘(Ca) - 50kg / 탄화칼슘(CaC_2) - 300kg

기출 플러스

위험물 지정수량이 다른 하나는?

[19 기출]

① 탄화칼슘
② 과염소산
③ 마그네슘
④ 금속의 인화물

해설

지정수량이 다른 하나는 ③이다. 마그네슘은 지정수량이 500kg이다. 참고로 ① 탄화칼슘(제3류), ② 과염소산(제6류), ④ 금속의 인화물(제3류)의 지정수량은 300kg이다.

정답 ③

기출 플러스

위험물과 물이 반응할 때 발생하는 가스로 옳지 않은 것은? [22 기출]

	위험물	가스
①	탄화알루미늄	아세틸렌
②	인화칼슘	포스핀
③	수소화알루미늄리튬	수소
④	트리에틸알루미늄	에테인

해설

탄화알루미늄과 물이 반응하면 아세틸렌이 아니라 메탄가스가 발생한다.

정답 ①

2. 위험성

① 금수성 물질은 물과 접촉하면 발화한다. 예 칼륨, 나트륨, 알킬알루미늄 등
② 공기 중에 노출되면 자연발화한다. 예 황린, 알킬알루미늄 등
③ 강산화성 물질과 접촉하거나 가열될 경우 위험성이 커진다.

> ✿ 알킬알루미늄 및 알킬리튬 : 주로 액체로서 물이나 공기 중에서 자연발화하고, 운송 시 운송책임자의 지원·감독을 받아 운송한다.

3. 예방 대책

① 저장용기는 완전 밀폐하여 공기와의 접촉을 방지하고, 물과 수분의 침투 및 접촉을 금한다.
② 황린은 공기 중의 산소와 상온에서 화합하여 <u>약 34℃에서 자연발화</u>의 위험성이 크기 때문에 <u>물속에 저장</u>한다. 그리고 용기 파손에 의한 저장 보호액(물)의 누출을 방지하여야 한다.
③ 칼륨, 나트륨은 수분의 접촉을 피하여 기름(등유, 경유, 파라핀 등) 속에 저장한다.
④ 알킬알루미늄(주로 액체, 일부는 고체), 알킬리튬 등의 유기금속화합물류는 공기 중에서 급격히 산화하므로 취급·주의하고 용기 내 압력이 상승하지 않도록 한다.

4. 소화 대책

① 절대 주수를 엄금하며, 어떤 경우든 물에 의한 냉각소화는 불가능하다(단, 황린은 제외).
② 포·이산화탄소·할론소화약제는 소화효과가 없다.
③ <u>화재 초기에 건조사 등으로 질식소화 및 피복소화를 한다.</u>
④ <u>알킬알루미늄 화재 시 초기에는 팽창질석과 팽창진주암 등을 사용한다.</u> 만약 진화되지 않으면 주변연소를 방지하고 자연진화되도록 한다.

5. 위험물제조소 등에 설치하는 주의사항 게시판

"물기엄금". 단, 자연발화성 물질은 "화기엄금"이다.

> ✿ 위험물 운반용기에 수납하는 위험물 중 자연발화성물질은 "화기엄금 및 공기접촉엄금", 금수성물질은 "물기엄금"이다.

4 제4류 위험물(인화성 액체)

성질	품명		지정수량
인화성 액체	특수인화물(이황화탄소, 디에틸에테르, 아세트알데히드, 산화프로필렌)		50L
	제1석유류(아세톤, 휘발유)	비수용성액체	200L
		수용성액체	400L
	알코올류		400L
	제2석유류(등유, 경유)	비수용성액체	1,000L
		수용성액체	2,000L
	제3석유류(중유, 클레오소트유)	비수용성액체	2,000L
		수용성액체	4,000L
	제4석유류(기어유, 실린더유)		6,000L
	동식물유		10,000L

119 더 알아보기

인화성 액체

"인화성 액체"라 함은 액체(제3석유류, 제4석유류 및 동식물유류의 경우 1기압과 섭씨 20도에서 액체인 것만 해당한다)로서 인화의 위험성이 있는 것을 말한다.

1. "특수인화물"이라 함은 이황화탄소, 디에틸에테르 그 밖에 1기압에서 발화점이 섭씨 100도 이하인 것 또는 인화점이 섭씨 영하 20도 이하이고 비점이 섭씨 40도 이하인 것을 말한다.
2. "제1석유류"라 함은 아세톤, 휘발유 그 밖에 1기압에서 인화점이 섭씨 21도 미만인 것을 말한다(벤젠, 톨루엔, 크실렌 등).
3. "알코올류"라 함은 1분자를 구성하는 <u>탄소원자의 수가 1개부터 3개까지인</u> 포화1가 알코올(변성알코올을 포함한다)을 말한다. 다만, 다음 각 목의 1에 해당하는 것은 제외한다.
   가. 1분자를 구성하는 탄소원자의 수가 1개 내지 3개의 포화1가 알코올의 함유량이 60중량퍼센트 미만인 수용액
   나. 가연성 액체량이 60중량퍼센트 미만이고 인화점 및 연소점(태그개방식 인화점 측정기에 의한 연소점을 말한다. 이하 같다)이 에틸알코올 60중량퍼센트 수용액의 인화점 및 연소점을 초과하는 것
4. "제2석유류"라 함은 <u>등유, 경유</u> 그 밖에 1기압에서 인화점이 섭씨 21도 이상 70도 미만인 것을 말한다(<u>히드라진</u> 등).
5. "제3석유류"라 함은 중유, 클레오소트유 그 밖에 1기압에서 인화점이 섭씨 70도 이상 섭씨 200도 미만인 것을 말한다(<u>에틸렌글리콜, 글리세린</u> 등). 다만, 도료류 그 밖의 물품은 가연성 액체량이 40중량퍼센트 이하인 것은 제외한다.

이론 플러스

특수인화물 중 비수용성
• 이황화탄소
• 디에틸에테르

특수인화물 중 수용성
• 아세트알데히드
• 산화프로필렌

기출 플러스

「위험물안전관리법 시행령」상 용어에 대한 설명으로 옳지 않은 것은?
[18 기출]

① 특수인화물 : 이황화탄소, 디에틸에테르 그 밖에 1기압에서 발화점이 섭씨 100도 이하인 것 또는 인화점이 섭씨 영하 20도 이하이고 비점이 섭씨 40도 이하인 것
② 제1석유류 : 아세톤, 휘발유 그 밖에 1기압에서 인화점이 섭씨 70도 미만인 것
③ 제3석유류 : 중유, 클레오소트유 그 밖에 1기압에서 인화점이 섭씨 70도 이상 섭씨 200도 미만인 것
④ 동식물유류 : 동물의 지육 등 또는 식물의 종자나 과육으로부터 추출한 것으로서 1기압에서 인화점이 섭씨 250도 미만인 것

해설

제1석유류는 아세톤, 휘발유 그 밖에 1기압에서 인화점이 섭씨 21도 미만인 것을 말한다.

정답 ②

6. "제4석유류"라 함은 기어유, 실린더유 그 밖에 1기압에서 인화점이 섭씨 200도 이상 섭씨 250도 미만의 것을 말한다(윤활유, 다만 도료류 그 밖의 물품은 가연성 액체량이 40중량퍼센트 이하인 것은 제외한다).

7. "동식물유류"라 함은 동물의 지육 등 또는 식물의 종자나 과육으로부터 추출한 것으로서 1기압에서 인화점이 섭씨 250도 미만인 것을 말한다(요오드값에 따라 건성유, 반건성유, 불건성유가 있다).

   (1) 요오드값

   ① 요오드값이란 유지 100g에 부가되는 요오드의 g 수

   ② 요오드값이 크면 불포화도가 커지고 요오드값이 작으면 불포화도가 작아진다. 불포화도가 클수록 자연발화(산화)를 일으킨다.

   (2) 요오드값(= 옥소값)에 따른 종류

   ① 건성유 : 요오드값이 130 이상인 것

   이중결합이 많아 불포화도가 높기 때문에 공기 중에서 산화되어 액 표면에 피막을 만드는 기름

   예 들기름(192~208), 아마인유(168~190), 정어리기름(154~196), 해바라기유(113~146)

   ② 반건성유 : 요오드값이 100~130인 것

   공기 중에서 건성유보다 얇은 피막을 만드는 기름

   예 콩기름(114~138), 참기름(104~118), 옥수수기름(88~147)

   ③ 불건성유 : 요오드값이 100 이하인 것

   공기 중에서 피막을 만들지 않는 안정된 기름

   예 올리브유(75~90), 피마자유(81~91), 야자유(7~16)

기출 플러스

제4류 위험물에 대한 설명으로 옳지 않은 것은? [20 기출]

① 물보다 가볍고 물에 녹지 않는 것이 많다.

② 일반적으로 부도체 성질이 강하여 정전기 축적이 쉽다.

③ 발생 증기는 가연성이며, 증기비중은 대부분 공기보다 가볍다.

④ 사용량이 많은 휘발유, 경유 등은 연소하한계가 낮아 매우 인화하기 쉽다.

해설

제4류 위험물은 발생 증기는 가연성이며, 증기비중은 대부분 공기보다 무겁다.

정답 ③

---

1. 일반적 성질

① 유기화합물로 구성된 인화성 액체이다.

② 인화하기 매우 쉽다.

③ 인화점이 낮다.

④ 대부분 물보다 가벼운 유류가 더 많다.

⑤ 주로 물에 녹지 않는 비수용성이며, <u>전기가 통하지 않는 전기부도체</u>이다.

⑥ 연소 시 <u>증기 비중은 공기보다 무겁다(단, 시안화수소 제외)</u>.

⑦ 휘발유 등은 물처럼 <u>공유결합</u>에 의해 결합되어 있다.

2. 위험성

① 인화위험이 높다.

② 화재 시 발생된 증기는 공기보다 무거워 체류하기 쉽다.

③ 연소범위 하한계가 낮다.

④ 비중은 대부분 물보다 가볍고, 물에 녹지 않은 것이 많다.

⑤ 석유류 화재 중 물을 방수하면 물 위에 불이 붙은 기름이 떠다니며 오히려 화재 면적을 확대시키는 결과를 가져온다(→ 슬롭오버 현상).

⑥ 석유류는 전기부도체로서 공유결합을 하지만 때에 따라 정전기의 축적이 용이하고 이것이 점화원이 되는 경우가 많다.

⑦ 이황화탄소(CS_2)는 약 150℃에서 가열하면 분해하여 이산화탄소와 황화수소가 발생하며, 완전연소 시 발생하는 유독성 가스는 이산화황의 기체 아황산가스이다.

⑧ 자연발화점이 낮은 것은 위험하다(이황화탄소 : 100℃, 휘발유 : 약 300℃).

⑨ 고온체와 접촉·가열되면 낮은 온도에서 발화한다.

3. 예방 대책

① 밀폐용기를 사용하고 배관을 이용하여 누출을 극소화한다.

② 화기나 가열을 피하고 인화성 액체가 연소할 경우 증기를 배출시킨다.

③ 낮은 온도를 유지하고 통풍이 잘 되는 냉암소에 저장한다.

④ 폭발혼합기의 형성을 방지(철저히 환기)한다.

⑤ 정전기의 발생·축적과 스파크의 발생을 제거하고 불연성 가스를 봉입하여 혼합 기체 형성을 억제한다.

⑥ 이황화탄소는 황린처럼 용기와 함께 물속에 저장한다.

⑦ 특수인화물 중에서 아세트알데히드, 산화프로필렌은 동·은·수은·마그네슘을 피하며 알루미늄이나 철의 용기에 저장한다.

4. 소화 대책

① 소량 위험물의 연소 시에는 물을 제외한 소화약제로 질식소화하는 것이 효과적이며, 대량의 경우에는 포에 의한 질식소화가 좋다.

② 수용성 인화성 액체(알코올류 등)의 경우는 내알코올포소화약제에 의한 질식소화를 하거나 다량의 물에 의한 희석소화를 한다.

③ 물보다 무거운 비수용성 유류(중유 등) 화재 시에는 포나 분무상 물로서 유면을 덮어서 에멀전층에 의해 산소유입을 차단하는 유화효과(emulsion effect)를 이용한 유화소화를 한다.

119 더 알아보기 ✓

인화성 액체 화재 시 소화약제

1. 초기·소규모 화재

   포소화약제, 물분무소화약제, 분말소화약제, 이산화탄소소화약제, 할론소화약제

2. 수용성 유류 화재

   알코올포소화약제, 다량의 물에 의한 희석소화

3. 물보다 무거운 비수용성 유류 화재

   포나 분무상의 물로서 유면을 덮어 에멀션효과를 이용한 유화소화를 한다.
   예 중유 화재

4. 대규모 유류 화재

   주로 포에 의한 질식소화를 한다. 무인방수포 등을 이용할 수 있으며 보일 오버나 슬롭오버 등의 세심한 주의가 필요하다.

5. 위험물제조소 등에 설치하는 주의사항 게시판

"화기엄금"이다.

✿ 위험물 운반용기에 수납하는 위험물은 "화기엄금"이다.

5 제5류 위험물(자기반응성 물질)

기출 플러스

다음 중 「위험물안전관리법령」에서 규정하고 있는 제5류 위험물이 아닌 것은?   [11 기출]

① 니트로화합물
② 히드라진유도체
③ 알킬알루미늄
④ 히드록실아민염류

해설

알킬알루미늄은 제3류 위험물에 해당한다.

정답 ③

성질	품명	지정 수량
자기반응성 물질	① 유기과산화물류 ② 질산에스테르류(니트로셀룰로오스 = 질화면, 니트로글리세린 등)	10kg
	③ 히드록실아민 ④ 히드록실아민염류	100kg
	⑤ 히드라진유도체(다이메틸히드라진, 염산히드라진 등) ⑥ 아조화합물 ⑦ 니트로화합물(트리니트로톨루엔 = TNT 등) ⑧ 니트로소화합물 ⑨ 디아조화합물	200kg
	⑩ 금속의 아지화합물 ⑪ 질산구아니딘 ⑫ ①~⑪에 해당하는 어느 하나 이상을 함유한 것	10kg, 100kg 또는 200kg

1. 일반적 성질

① <u>외부로부터 산소의 공급 없이도 가열, 충격 등에 의해 연소폭발을 일으킬 수 있는 물질</u>이다.

② 모두 가연성의 액체 또는 고체물질이고, 연소할 때에는 다량의 가스가 발생한다.

③ 대부분 물에 잘 녹지 않는 비수용성이며, 모두 물과 반응하는 물질이 아니다.

④ 히드라진유도체류를 제외하고는 유기화합물이며, 유기과산화물류를 제외하고는 질소를 함유한 유기질소화합물이다.

2. 위험성

① 물질 자체에 산소를 함유하고 있어 외부의 산소 공급 없이도 자기연소하며, 연소속도가 빠르고 폭발적이다.

② 공기 중에 장기간 저장하면 분해하면서 축적된 열로 **자연발화(→ 분해열), 분해폭발**을 할 수 있다.

③ 강산화제, 강산류와 혼합한 것은 발화를 촉진시키고 위험성도 증가한다.

④ 가열·충격·마찰에 민감하여 쉽게 폭발한다.

⑤ 연소생성물은 다량이고 유독성 가스가 많아 밀폐된 곳에서도 중독위험이 있다.

⑥ 유기과산화물류는 구조가 특이하며 매우 불안정한 물질로서 온도 및 농도가 높은 물질은 가열, 직사광선, 충격, 타격, 마찰에 의해 쉽게 폭발하므로 냉암소에 저장한다.

3. 예방 대책

① 화염, 불꽃 등 점화원을 차단한다.

② 가열, 충격, 마찰, 타격을 피한다.

③ 가급적 작게 나누어 저장하고 용기 파손 및 위험물의 누출을 방지한다.

④ 직사광선 차단, 습도에 주의하고 통풍이 양호한 찬 곳에 보관한다.

⑤ 안정제가 함유되어 있는 것은 안정제의 증발을 막고, 증발 시 즉시 보충한다.

기출 플러스

다음 설명에 해당하는 위험물은?

[21 소방간부 기출]

┌ 보기 ┐

• 물질 자체에 산소가 함유되어 있어 외부로부터 산소공급이 없어도 점화원만 있으면 연소·폭발이 가능하다.

• 연소속도가 빠르며 폭발적이다.

• 가열, 충격, 타격, 마찰 등에 의해서 폭발할 위험성이 높으며 강산화제 또는 강산류와 접촉 시 연소·폭발 가능성이 현저히 증가한다.

① 유기과산화물
② 이황화탄소
③ 과염소산
④ 염소산염류
⑤ 알칼리금속

해설

문제 〈보기〉의 내용은 제5류 위험물인 자기반응성 물질에 대한 설명이다. 이와 관련된 위험물은 ① 유기과산화물이다.

정답 ①

4. 소화 대책

① 물질 자체 내부에 산소를 함유하고 있어 질식소화가 어렵다.
② 화재 초기에만 다량의 물로 냉각소화하는 것이 효과적이다.
③ 초기 화재나 소형 화재 시에는 물이나 분말약제로 일시에 화염을 제거할 수 있으나, 재발화가 염려되므로 최종적으로 물로 냉각소화하는 것이 좋다.
④ 밀폐된 공간 내에서 화재 발생 시 공기호흡기를 착용하여 유독가스에 주의한다.
⑤ 접근할 때에는 엄폐물을 이용하고 화재진압을 할 때에는 무인방수포 등을 이용한다. 화재가 확대되면 소화가 어렵기 때문에 주변연소를 방지하며 자연진화를 기다리는 방법도 있다.

5. 위험물제조소 등에 설치하는 주의사항 게시판

"화기엄금"이다.

✿ 위험물 운반용기에 수납하는 위험물은 "화기엄금" 및 "충격주의"이다.

6 제6류 위험물(산화성 액체)

성질	품명	지정수량
산화성 액체	① 과염소산 ② 과산화수소(농도 36wt% 이상) ③ 질산(비중 1.49 이상) ④ 할로겐간화합물 ⑤ ①~④에 해당하는 어느 하나 이상을 함유한 것	300kg

1. 일반적 성질

① 모두가 무기화합물로 물보다 무겁다.
② 과산화수소(알칼리성)를 제외하고 강산성물질이며, 물에 녹기 쉽다.
③ 모두 산소를 포함하고 있으며, 다른 물질을 산화시킨다.
④ 불연성 물질이지만 분해할 때 다량의 산소를 발생시킨다.
⑤ 피부에 닿으면 화상 등을 입으며, 증기는 유독하여 피부와 접촉 시 점막을 부식시킨다.
⑥ 질산은 자극적인 냄새가 나는 무색의 발연성 액체로서 나무, 종이 등과 접촉하여 발화한다.

2. 위험성

① 자신은 불연성 물질이지만, 산화성이 커서 다른 물질의 연소를 돕는 <u>조연성(지연성) 물질</u>이다.

② 과산화수소를 제외하고는 물 또는 염기와 접촉하면 심하게 발열한다.

③ 제2류, 제3류, 제4류, 제5류, 강환원제, 일반 가연물과 혼합한 것은 혼촉발화하거나 가열 등에 의해 위험한 상태가 된다.

④ 강산성 물질과 접촉 시 발열·폭발하며 가연성 물질과 혼재 시 혼촉발화 위험이 있다.

⑤ 질산은 무색의 부식성이 있는 액체로서 열에 의해 분해되어 이산화질소, 산소가 생성되고, 강산으로 인해 황화수소, 아세틸렌, 이황화탄소 등과 발화·폭발한다.

⑥ 과산화수소는 소독 살균제, 표백제로 사용되고 있으나 고농도인 것은 히드라진 등의 물질들과 접촉하면 폭발의 위험이 있다.

3. 예방 대책

① 화기엄금, 직사광선 차단, 강환원제, 유기물질, 가연성 위험물과의 접촉을 피한다.

② 염기 및 물, 제1류 위험물과의 접촉을 피한다.

③ 용기의 밀전, 파손 방지, 전도 방지, 변형 방지에 주의한다.

④ 질산은 햇빛에 분해되어 자극성의 과산화질소를 만들기 때문에 갈색병에 보관한다.

⑤ 과산화수소는 금속이나 유리용기 사용을 금하며 밀봉 보존 시 용기 내 산소 분해를 촉진하여 내부에 산소압력이 생기므로 <u>구멍 뚫린 마개나 자동가스배출기를 사용</u>한다.

⑥ 강산화제, 강산류, 가연성 물질의 접촉 또는 가열에 의한 유독성 가스의 발생을 방지한다.

4. 소화 대책

① 자신은 불연성이지만 연소를 돕는 물질이므로 화재 시에는 가연물과 격리하도록 한다.

② 소규모 화재 시는 다량의 물로 희석소화한다.

③ 과산화수소는 물과 반응하지 않으므로 다량의 물로 씻어낼 수 있으며 다량 누출 시 마른 모래로 막는다.

기출 플러스

제6류 위험물의 일반적 성질로 옳지 않은 것은? [21 소방간부 기출]

① 불연성 물질로 산소공급원 역할을 한다.

② 증기는 유독하며 부식성이 강하다.

③ 물과 접촉하는 경우 모두 심하게 발열한다.

④ 비중이 1보다 크며 물에 잘 녹는다.

⑤ 다른 물질의 연소를 돕는 조연성 물질이다.

해설

제6류 위험물은 물과 접촉하는 경우 모두 심하게 발열하지 않는다. 과염소산, 질산은 물과 접촉하는 경우에 심하게 발열하지만 과산화수소는 물과의 접촉 시 발열하지 않는다. ①, ②, ④, ⑤는 제6류 위험물의 일반적 성질로 옳은 내용에 해당된다.

정답 ③

④ 발생하는 증기는 유독성이기 때문에 피부를 보호하고 공기호흡기를 착용하며 소화활동을 할 때에는 바람을 등지고 한다.

⑤ 유출사고 시에는 건조사 등으로 유동을 방지하고 중화제(소석회, 중탄산나트륨 등)로 중화한 후 다량의 물로 씻어 낸다.

⑥ 소화적응성이 있는 약제로는 포소화약제, 제3종 분말소화약제, 물분무소화설비, 건조사 등이 있다.

⑦ 소화적응성이 없는 약제로는 할론소화약제, 할로겐화합물 및 불활성기체소화약제이다.

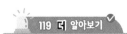

수납하는 위험물의 종류에 따라 운반용기의 외부에 표시하여야 할 주의사항

1. 제1류 위험물 중 알칼리 금속의 과산화물 또는 이를 함유한 것에 있어서는 "화기·충격주의", "물기엄금" 및 "가연물접촉주의" 그 밖의 것은 "화기·충격주의", 및 "가연물접촉주의"

2. 제2류 위험물 중 철분·금속분·마그네슘 또는 이들 중 어느 하나 이상을 함유한 것에 있어서는 "화기주의" 및 "물기엄금" 인화성 고체는 "화기엄금" 그 밖의 것은 "화기주의"

3. 제3류 위험물 중 자연발화성물질에 있어서는 "화기엄금" 및 "공기접촉엄금", 금수성 물질에 있어서는 "물기엄금"

4. 제4류 위험물에 있어서는 "화기엄금"

5. 제5류 위험물에 있어서는 "화기엄금" 및 "충격주의"

6. 제6류 위험물에 있어서는 "가연물접촉주의"

5. 위험물제조소 등에 설치하는 주의사항 게시판

표기하지 않는다.

✿ 위험물 운반용기에 수납하는 위험물에 있어서는 **"가연물접촉주의"**이다.

119 더 알아보기 ✔

위험물에 대한 보충 정리

1. 지정 수량이 작을수록 위험하다.
2. 지정 수량 배수가 클수록 위험하다.
3. 지정 수량의 단위가 다른 것은 제4류 위험물이다. 제4류 위험물의 단위는 리터(L)이다.
   참고로 1·2·3·5·6류 위험물의 단위는 kg이다.
4. 산소공급원 역할을 하는 위험물은 제1류, 제5류, 제6류 위험물이다.
5. 산화제 역할을 하는 위험물은 제1류, 제6류 위험물이다.
6. 환원제 역할을 하는 위험물은 제2류 위험물이다.
7. 위험물의 혼촉과 혼재
   (1) 위험물 간의 혼촉은 절대 금지이다.
   (2) 위험물 간의 혼재는 다음과 같은 경우에만 가능하다.
   ① 제1류와 제6류 위험물
   ② 제2류와 제4류, 제2류와 제5류, 제4류와 제5류 위험물
   ③ 제3류와 제4류 위험물
8. 물질의 저장 방법
   ① 황린, 이황화탄소 : 물속에 저장한다.
   ② 나트륨, 칼륨 등 : 등유, 경유 등 석유류에 저장한다.
   ③ 아세트알데히드, 산화프로필렌 등 : 동, 은, 수은, 마그네슘으로 만든 용기는 피하고 철과 알루미늄으로 만든 용기에 저장한다.
   ④ 알킬알루미늄, 알킬리튬 : 벤젠 또는 헥산유도체에 저장한다.
   ⑤ 니트로셀룰로오스 : 알코올 혹은 물속에 저장한다.
   ⑥ 아세틸렌 : 아세톤 혹은 D.M.F에 녹여 다공성 물질에 충전·저장한다.

PART

11

단원별 예상문제

01 「위험물안전관리법」에서 분류하는 위험물 중 제1류 위험물이 <u>아닌</u> 것은?

① 아염소산염류

② 무기과산화물

③ 아조화합물

④ 브롬산염류

해설

③ 아조화합물은 제5류 위험물에 해당한다.

①·②·④ 제1류 위험물 종류로는 염소산염류, 과염소산염류, 아염소산염류, 무기과산화물, 질산염류, 요오드산염류, 브롬산염류, 중크롬산염류, 과망간산염류 등이 있다.

02 다음 중 「위험물안전관리법」의 제4류 위험물 중 특수인화물에 대한 설명으로 옳지 <u>않은</u> 것은?

① 1기압에서 발화점이 150℃ 이하이다.

② 1기압에서 인화점이 –20℃ 이하이고 비점이 40℃ 이하이다.

③ 지정 수량은 50리터이다.

④ 지정 품목은 디에틸에테르, 이황화탄소이다.

해설

① '특수인화물'은 지정 수량 50L로 이황화탄소, 디에틸에테르 그 밖에 1기압에서 발화점이 100℃ 이하인 것 또는 인화점이 영하 20℃ 이하이고 비점이 40℃ 이하인 것을 말한다.

03 위험물의 소화방법 중 옳지 <u>않은</u> 것은?

① 제2류 위험물인 적린 및 제3류 위험물인 황린은 물로 냉각소화를 한다.

② 중유 등 물보다 무거운 수용성 석유류 화재는 에멀션 효과를 이용한 유화소화를 한다.

③ 칼륨, 나트륨은 초기에 마른 모래, 건조 석회 등의 석분으로 질식 및 피복소화를 한다.

④ 알코올 화재는 내알코올포로 질식소화하거나 다량의 물로 희석소화를 한다.

해설

② 중유 등 물보다 무거운 비수용성 석유류 화재는 에멀션 효과를 이용한 유화소화를 한다.

04 제4류 위험물에 대한 설명으로 옳지 **않은** 것은?

① 제1석유류 – 아세톤, 휘발유 그 밖에 1기압에서 인화점이 21℃ 미만인 것

② 제2석유류 – 등유, 경유 그 밖에 1기압에서 인화점이 20℃ 이상 70℃ 미만인 것

③ 제3석유류 – 중유, 클레오소트유 그 밖에 1기압에서 인화점이 70℃ 이상 200℃ 미만인 것

④ 제4석유류 – 기어유, 실린더유 그 밖에 1기압에서 인화점이 200℃ 이상 250℃ 미만인 것

해설
② 제2석유류는 등유, 경유 그 밖에 1기압에서 인화점이 21℃ 이상 70℃ 미만이다.

05 「위험물안전관리법」에서 위험물질을 유별로 분류하는 데 적용하는 기준이 **아닌** 것은?

① 품목별 물리·화학적 성질　　　　　② 지정 수량에 의한 공통성

③ 소화의 공통성　　　　　　　　　　④ 예방상의 공통성

해설
①·③·④ 위험물질을 유별로 분류하는 데 적용하는 기준으로는 품목별 물리·화학적 성질, 소화의 공통성, 예방상의 공통성 등이 있다.

06 제4류 위험물 중 제2석유류(등유, 경유)에 대한 특성으로 옳지 **않은** 것은?

① 증기비중이 공기보다 가볍다.

② 인화되기 대단히 쉽다.

③ 연소범위 하한이 낮다.

④ 발화점이 낮다.

해설
① 시안화수소를 제외한 모든 제4류 위험물은 증기비중이 공기보다 무겁다.

07 「위험물안전관리법」에 해당하는 제2류 위험물 중 주수소화가 가능한 것은?

① 금속분　　　　　　　　　　　　　② 철분

③ 마그네슘　　　　　　　　　　　　④ 적린

해설
④ 적린은 주수소화가 가능하다.

08 다음 중 아세톤과 휘발유는 몇 석유류에 해당하는가?

① 제1석유류

② 제2석유류

③ 제3석유류

④ 제4석유류

해설

① 아세톤과 휘발유는 제1석유류에 해당한다.

119 더 알아보기

석유류의 분류

제1석유류	아세톤, 휘발유
제2석유류	등유, 경유
제3석유류	중유, 클레오소트유
제4석유류	기어유, 실린더유

09 다음 중 제5류 위험물에 관한 특성으로 옳지 <u>않은</u> 것은?

① 대부분 질소를 함유하고 있는 무기질소화합물이다.

② 가열·충격·마찰에 민감하여 강산화제로서 자연발화가 될 수도 있다.

③ 화재가 확대되면 소화가 어려워 주변 연소를 방지하며 자연진화를 기다리는 방법도 있다.

④ 모두 가연성의 고체(결정이나 분말) 및 액체로서 연소할 때 많은 가스를 발생한다.

해설

① 제5류 위험물은 대부분 질소를 함유하고 있는 유기질소화합물이다.

10 위험물 제조소 등에서 취급소의 분류에 해당하지 <u>않는</u> 것은?

① 지하탱크취급소
② 판매취급소
③ 주유취급소
④ 일반취급소

해설

① 지하탱크취급소는 해당하지 않는다.

취급소의 분류
1. 이송취급소
2. 판매취급소
3. 주유취급소
4. 일반취급소

11 다음 중 위험물의 소화에 대한 설명으로 옳지 <u>않은</u> 것은?

① 모든 제3류 위험물은 물로 소화를 하면 안 된다.
② 제1류 위험물과 혼재되어 있는 위험물의 성질에 맞는 소화방법을 선택한다.
③ CO_2·할로겐화합물 및 불활성기체·할론소화약제는 일반적으로 제3류 위험물에 적용되지 않는다.
④ 수용성 유류 화재는 내알코올포에 의한 질식소화 및 다량의 물로 희석소화한다.

해설

① 제3류 위험물 중 황린은 물로 소화가 가능하다.

12 「위험물안전관리법」에서 칼륨, 나트륨 등 자연발화성 및 금수성 물질은 몇 류 위험물인가?

① 제1류 위험물
② 제2류 위험물
③ 제3류 위험물
④ 제4류 위험물

해설

③ 칼륨, 나트륨, 알킬알루미늄, 알킬리튬, 황린 등은 제3류 위험물에 해당한다.

13 다음 중 운송책임자의 감독·지원을 받아 운송하여야 하는 위험물에 해당하는 것은?

① 알킬알루미늄, 알킬리튬
② 아염소산염류, 질산
③ 니트로글리세린, 황린
④ 알칼리금속, 황화린

해설

① 위험물 운송에 있어서 운송책임자의 감독·지원을 받아 운송하여야 하는 위험물은 알킬알루미늄, 알킬리튬 또는 알킬알루미늄이나 알킬리튬을 함유하는 물질이 있다.

14 제2류 위험물의 예방 대책 및 진압 대책으로 옳지 <u>않은</u> 것은?

① 철분, 금속분, 마그네슘은 물로 주수소화하면 안 된다.
② 인화성 고체는 위험물 게시판에 '화기주의'라고 표기를 한다.
③ 금속분의 경우는 물 또는 묽은 산과의 접촉을 피한다.
④ 저장용기를 밀폐하고 위험물의 누출을 방지하며 통풍이 잘되는 냉암소에 저장한다.

해설

② 제2류 위험물 중 인화성 고체는 위험물 게시판에 '화기엄금'이라고 표기하고, 황화린, 유황, 금속분, 마그네슘, 적린 등은 '화기주의'라고 표기한다.

15 다음 중 제1류 위험물의 성질과 특성으로 가장 옳은 것은?

① 모두 유기화합물이다.
② 대부분 증기비중은 공기보다 가볍다.
③ 가열, 충격, 마찰에 의해 산소가 발생한다.
④ 인화점, 발화점이 높을수록 위험하다.

해설

③ 제1류 위험물은 가열, 충격, 마찰에 의해 산소가 발생한다.

119 더 알아보기

제1류 위험물의 성질
1. 모두 무기화합물이며 자체 산소를 보유한다(산화성 고체).
2. 대부분 수용성이고 수용액 상태에서도 산화성이다.
3. 자신은 불연성물질이지만 조연성 가스를 방출해 다른 가연성 물질의 연소를 돕는다.
4. 가열·충격·마찰 등으로 분해되어 쉽게 산소를 발생한다.
5. 대부분 무색결정이나 백색분말이고 물보다 무겁다(비중이 1보다 큼).

16 위험물의 운반에 관한 기준 중 수납하는 위험물에 따라 규정에 의한 주의사항으로 화기엄금을 표기하지 않아도 되는 것은?

① 제2류 인화성 고체
② 제3류 금수성 물질
③ 제4류 인화성 액체
④ 제5류 자기반응성 물질

해설
② 제3류 금수성 물질은 '물기엄금'을 표기한다.

수납하는 위험물에 따라 다음의 규정에 의한 주의사항
1. 제1류 위험물 중 알칼리 금속의 과산화물 등에 있어서는 '화기·충격주의', '물기엄금' 및 '가연물접촉주의', 그 밖의 것에 있어서는 '화기·충격주의' 및 '가연물접촉주의'
2. 제2류 위험물 중 철분·금속분·마그네슘 등에 있어서는 '화기주의' 및 '물기엄금', 인화성 고체에 있어서는 '화기엄금', 그 밖의 것에 있어서는 '화기주의'
3. 제3류 위험물 중 자연발화성 물질에 있어서는 '화기엄금' 및 '공기접촉엄금', 금수성 물질에 있어서는 '물기엄금'
4. 제4류 위험물에 있어서는 '화기엄금'
5. 제5류 위험물에 있어서는 '화기엄금' 및 '충격주의'
6. 제6류 위험물에 있어서는 '가연물접촉주의'

17 「위험물안전관리법」에서 규정하는 유별을 달리하는 위험물을 혼재할 수 <u>없는</u> 것은?

① 제2류 + 제4류
② 제3류 + 제4류
③ 제3류 + 제5류
④ 제2류 + 제5류

해설
③ 위험물 혼재가 가능한 경우는, 제1류와 제6류, 제2류와 제4류, 제2류와 제5류, 제4류와 제5류, 제3류와 제4류이다.

18 다음 제시문에 해당하는 위험물로서 옳은 것은?

물질의 분해에 의해서 산소를 발생하는 산화성 액체이며 불연성이다. 모두 산소를 함유하고 있으며 물보다 무겁다.

① 제1류 위험물
② 제3류 위험물
③ 제5류 위험물
④ 제6류 위험물

해설
④ 제시문은 제6류 위험물을 의미한다.

19 질산의 비중이 1.49 이상일 때 과산화수소의 위험성을 고시한 것은?

① 농도 20wt% 이상   ② 농도 22wt% 이상

③ 농도 36wt% 이상   ④ 농도 40wt% 이상

해설
③ 제6류 위험물인 과산화수소의 위험성을 나타내는 순도는 농도 36wt% 이상이다.

20 다음 물질 중에서 물 또는 공기와 접촉하면 발화가 가능한 물질은?

① 벤젠   ② 휘발유

③ 알킬알루미늄   ④ 이황화탄소

해설
③ 알킬알루미늄은 제3류 위험물로서 금수성 및 자연발화성 물질이다.

21 위험물에 대한 설명으로 옳지 <u>않은</u> 것은?

① 제1류 위험물 – 불연성 물질로서 가열, 충격에 의해 산소를 방출하는 강산화성 고체이다.
② 제2류 위험물 – 마그네슘, 유황, 적린은 주수에 의한 냉각소화가 가능하다.
③ 제3류 위험물 – 자연발화의 위험성이 있는 것을 말한다.
④ 제5류 위험물 – 자기 자신이 산소를 함유하고 있는 자기반응성 물질이다.

해설
② 마그네슘은 물과 반응 시 수소(H_2) 가스를 발생하므로 소화 시 주수를 해서는 절대 안 된다.
$$Mg + 2H_2O \rightarrow Mg(OH)_2 + H_2 \uparrow$$

22 다음 중 산소공급원 역할을 하는 위험물의 종류가 <u>아닌</u> 것은?

① 제1류 위험물   ② 제2류 위험물

③ 제5류 위험물   ④ 제6류 위험물

해설
② 위험물 중 산소공급원 역할을 하는 것에는 제1류, 제5류, 제6류 위험물이 있다.

23 다음 중 「위험물안전관리법」에서 규정하는 제1류 위험물 및 제6류 위험물의 공통적인 특징은?

① 인화성
② 산화성
③ 가연성
④ 자기반응성

> **해설**
> ② 제1류 위험물(산화성 고체) 및 제6류 위험물(산화성 액체)의 공통적인 특징은 산화성이다.

24 제5류 위험물의 성질에 해당하는 것은?

① 산화성 고체
② 인화성 액체
③ 금수성 물질
④ 자기반응성 물질

> **해설**
> ④ 제5류 위험물은 자기반응성 물질이다.
> ① 산화성 고체는 제1류 위험물이다.
> ② 인화성 액체는 제4류 위험물이다.
> ③ 자연발화성 및 금수성 물질은 제3류 위험물이다.

25 「위험물안전관리법」에 의한 제4류 위험물의 공통 성질에 대한 설명으로 옳지 <u>않은</u> 것은?

① 물에 녹지 않는 것이 많다.
② 액체는 유동성이 있고 물보다 가벼운 것이 많다.
③ 증기비중은 공기보다 작은 것이 많다.
④ 전기 부도체로 정전기가 축적되기 쉽다

> **해설**
> ③ 제4류 위험물 인화성 액체는 증기비중이 공기보다 크다(무겁다).

26 위험물의 성질에 대한 설명으로 옳은 것은?

① 제1류 위험물은 강산화성이며 비중이 1보다 크다.
② 제2류 위험물은 수소를 멀리하고 산소를 가지고 있는 강력한 환원성 물질이다.
③ 제3류 위험물은 공기와의 접촉을 방지하고 물과 수분의 침투 및 접촉을 하여야 한다.
④ 제5류 위험물은 물질 자체 내부에 산소를 함유하여 냉각소화가 어렵다.

해설
① 제1류 위험물은 산소를 가지고 있는 강산화성이며 비중이 1보다 크다.
② 제2류 위험물은 산소를 가지고 있지 않은 강력한 환원성 물질이다.
③ 제3류 위험물 중 칼륨, 나트륨 등은 수분의 침투 및 접촉을 피하여야 한다.
④ 제5류 위험물은 물질 자체 내부에 산소를 함유하며 질식소화가 어렵다.

27 다음 중 물속에 저장하는 것은?

① 칼륨
② 황린
③ 리튬
④ 나트륨

해설
①·③·④ 칼륨, 리튬, 나트륨은 기름 속(등유, 경유, 휘발유, 파라핀유 등)에 저장한다.

28 「위험물안전관리법」상 제6류 위험물인 질산의 지정 수량은?

① 10kg
② 50kg
③ 300kg
④ 1,000kg

해설
③ 제6류 위험물인 질산, 과염소산, 과산화수소의 지정 수량은 300kg이다.

29 위험물의 소화방법 중 옳지 **않은** 것은?

① 알코올화재는 내알코올포로 질식소화하거나 다량의 물로 희석소화를 한다.
② 칼륨, 나트륨은 초기에 마른 모래, 건조석회 등의 석분으로 질식 및 피복소화를 한다.
③ 황화린 및 철분 등 금속분은 다량의 물로 냉각소화를 한다.
④ 중유 등 물보다 무거운 비수용성 석유류 화재는 에멀전 효과를 이용한 유화소화를 한다.

해설
③ 황화린 및 철분 등 금속분은 건조사 건조분말로 질식소화를 한다.

30 「위험물안전관리법」에서 제2류 위험물의 성질로 가장 옳은 것은?

① 물과 접촉 시 가연성 가스를 발생한다.
② 자신은 불연성이나 산소를 방출하여 다른 가연물의 연소를 돕는 조연성 물질이다.
③ 가열・충격・마찰에 의해 분해하고 주변 가연물이 혼합하고 있을 때는 연소・폭발할 수 있다.
④ 산소를 가지고 있지 않은 강력한 환원성 물질이다.

해설
④ 제2류 위험물은 산소를 가지고 있지 않은 강력한 환원성 물질이다.
① 제3류 위험물의 성질이다.
②・③ 제1류 위험물의 성질이다.

31 다음 중 제6류 위험물의 공통 성질이 **아닌** 것은?

① 모두 물보다 비중이 작으며 물에 녹지 않는다.
② 모두 산화성 액체이다.
③ 모두 불연성 물질로 액체이다.
④ 모두 산소를 함유하고 있다.

해설
① 제6류 위험물인 산화성 액체는 모두가 무기화합물로 물보다 무겁고, 물에 녹기 쉽다.

32 다음 중 저장 방법이 옳지 <u>않은</u> 것을 모두 고르면?

> ㄱ. 이황화탄소 – 등유 속에 저장
> ㄴ. 칼륨, 나트륨 – 기름(경유, 휘발유, 파라핀유 등) 속에 저장
> ㄷ. 아세트알데히드 – 동, 은, 수은, 마그네슘에 저장
> ㄹ. 아세틸렌 – 규조토 목탄 등 다공성 용기의 용제에 넣고 아세톤이나 D.M.F에 용해시켜 저장
> ㅁ. 니트로셀룰로오스 – 알코올 혹은 물속에 저장

① ㄱ, ㄷ
② ㄴ, ㄹ
③ ㄱ, ㄹ, ㅁ
④ ㄴ, ㄷ, ㅁ

해설
ㄱ. 이황화탄소, 황린은 물속에 저장한다.
ㄷ. 아세트알데히드, 산화프로필렌은 알루미늄, 철 용기에 저장한다.

33 다음 중 위험물을 수납할 때 주의 게시판 규정 사항으로 옳지 <u>않은</u> 것은?

① 알칼리금속의 과산화물 – 화기 · 충격주의
② 철분 · 금속분 · 마그네슘 – 화기주의 및 물기엄금
③ 자기반응성 물질 – 화기엄금 및 충격주의
④ 자연발화성 물질 – 화기주의 및 공기접촉엄금

해설
④ 자연발화성 물질은 화기엄금 및 공기접촉엄금이다.

119 더 알아보기

위험물을 수납할 때 주의 게시판 규정
1. 자연발화성 물질은 화기엄금 및 공기접촉엄금
2. 금수성 물질은 물기엄금
3. 인화성 고체는 화기엄금
4. 산화성 액체는 가연물접촉주의

34 「위험물안전관리법」에서 위험물에 따라 규정하는 사항으로 괄호에 들어갈 말로 옳은 것은?

(㉠) 물질이라 함은 (㉡) 또는 액체로서 폭발의 위험성 또는 (㉢)의 격렬함을 판단하기 위하여 고시로 정하는 시험에서 고시로 정하는 성질과 상태를 나타내는 것을 말한다.

	㉠	㉡	㉢
①	산화성 액체	기체	가열분해
②	자연발화성	고체	폭발분해
③	자기반응성	고체	가열분해
④	금수성	고체	폭발분해

해설

③ '자기반응성' 물질이라 함은 '고체' 또는 액체로서 폭발의 위험성 또는 '가열분해'의 격렬함을 판단하기 위하여 고시로 정하는 시험에서 고시로 정하는 성질과 상태를 나타내는 것을 말한다.

35 다음 제3류 위험물 중 지정 수량이 다른 것은?

① 나트륨
② 칼륨
③ 알킬알루미늄
④ 알칼리토금속류

해설

④ 나트륨, 칼륨, 알킬알루미늄의 지정 수량은 10kg, 황린의 지정 수량은 20kg, 알칼리토금속류는 50kg이다.

36 다음 중 위험물의 지정 수량이 옳은 것은?

① 황화린 – 100kg
② 염소산염류 – 100kg
③ 과산화수소 – 100kg
④ 질산 – 200kg

해설

② 염소산염류 – 50kg
③ 과산화수소 – 300kg
④ 질산 – 300kg

37 위험물의 성상 구분(제1류~제6류)으로서 그 연결이 옳지 <u>않은</u> 것은?

① 제1류 위험물 – 산화성 고체
② 제2류 위험물 – 가연성 고체
③ 제3류 위험물 – 자기반응성 물질
④ 제6류 위험물 – 산화성 액체

해설

③ 제3류 위험물은 자연발화성 물질 및 금수성 물질이다. 제5류 위험물이 자기반응성 물질이다.

38 다음 중 자신은 연소하지 않지만 다른 가연물의 연소를 돕는 물질은?

① 이산화탄소
② 유기과산화물
③ 무기과산화물
④ 특수인화물

해설

③ 자신은 연소하지 않지만 다른 가연물의 연소를 돕는 물질은 불연성인 제1류 위험물과 제6류 위험물의 산화성 물질로서, 문제에서는
제1류 위험물인 무기과산물이 해당한다.

39 화재진압 시 주수소화에 적응성 있는 위험물로 옳은 것은?

① 황화린
② 질산에스테르류
③ 유기금속화합물
④ 알칼리금속의 과산화물

해설

물에 의한 주수소화가 가능한 것은 질산에스테류(5류 위험물)이다.
① 황화린, ③ 유기금속화합물, ④ 알칼리금속의 과산화물(= 무기과산화물)은 물에 의한 주수소화를 하면 안 되고, 질식소화를 해야 한다.

40 제4류 위험물에 대한 설명으로 옳지 <u>않은</u> 것은?

① 물보다 가볍고 물에 녹지 않는 것이 많다.

② 일반적으로 부도체 성질이 강하여 정전기 축적이 쉽다.

③ 발생 증기는 가연성이며, 증기비중은 대부분 공기보다 가볍다.

④ 사용량이 많은 휘발유, 경유 등은 연소하한계가 낮아 매우 인화하기 쉽다.

해설

제4류 위험물은 발생 증기는 가연성이며, 증기비중은 대부분 공기보다 무겁다.

119 🔔 더 알아보기 ✔

제4류 위험물

위험성	1. 인화위험이 높다. 2. 증기는 공기보다 무겁다. 3. 연소범위 하한계가 낮다. 4. 비중은 물보다 가볍고, 물에 녹지 않은 것이 많다. 5. 석유류 화재 중 물을 방수하면 물 위에 불이 붙은 기름이 떠다니며 오히려 화재면적을 확대시키는 결과를 가져온다(☞ Slop-over현상). 6. 석유류는 전기부도체로서 공유결합을 하지만 때에 따라 정전기의 축적이 용하고 이것이 점화원이 되는 경우가 많다. 7. 이황화탄소(CS_2)는 약 150℃에서 가열하면 분해하여 이산화탄소와 황화수소를 발생하며, 완전연소 시 발생하는 유독성 가스는 이산화황의 기체 아황산가스이다.

PART

12

건축물의
방재와 피난

문승철 소방학개론

건축물의 방재

1 건축법령상 용어의 정의(건축법 시행령 제2조)

1. "신축"이란 건축물이 없는 대지(기존 건축물이 해체되거나 멸실된 대지를 포함한다)에 새로 건축물을 축조(築造)하는 것[부속건축물만 있는 대지에 새로 주된 건축물을 축조하는 것을 포함하되, 개축(改築) 또는 재축(再築)하는 것은 제외한다]을 말한다.

2. "증축"이란 기존 건축물이 있는 대지에서 건축물의 건축면적, 연면적, 층수 또는 높이를 늘리는 것을 말한다.

3. "개축"이란 기존 건축물의 전부 또는 일부[내력벽·기둥·보·지붕틀(제16호에 따른 한옥의 경우에는 지붕틀의 범위에서 서까래는 제외한다) 중 셋 이상이 포함되는 경우를 말한다]를 해체하고 그 대지에 종전과 같은 규모의 범위에서 건축물을 다시 축조하는 것을 말한다.

4. "재축"이란 건축물이 천재지변이나 그 밖의 재해(災害)로 멸실된 경우 그 대지에 다음 각 목의 요건을 모두 갖추어 다시 축조하는 것을 말한다.
   가. 연면적 합계는 종전 규모 이하로 할 것
   나. 동(棟)수, 층수 및 높이는 다음의 어느 하나에 해당할 것
      1) 동수, 층수 및 높이가 모두 종전 규모 이하일 것
      2) 동수, 층수 또는 높이의 어느 하나가 종전 규모를 초과하는 경우에는 해당 동수, 층수 및 높이가 「건축법」(이하 "법"이라 한다), 이 영 또는 건축조례(이하 "법령 등"이라 한다)에 모두 적합할 것

5. "이전"이란 건축물의 주요구조부를 해체하지 아니하고 같은 대지의 다른 위치로 옮기는 것을 말한다.

6. "내수재료(耐水材料)"란 인조석·콘크리트 등 내수성을 가진 재료로서 국토교통부령으로 정하는 재료를 말한다.

이론 플러스

「건축법」상 용어

• 대지(垈地)
각 필지(筆地)로 나눈 토지를 말한다.

• 건축물
토지에 정착(定着)하는 공작물 중 지붕과 기둥 또는 벽이 있는 것과 이에 딸린 시설물, 지하나 고가(高架)의 공작물에 설치하는 사무소·공연장·점포·차고·창고 등을 말한다.

• 건축물의 용도
건축물의 종류를 유사한 구조, 이용 목적 및 형태별로 묶어 분류한 것을 말한다.

• 지하층
건축물의 바닥이 지표면 아래에 있는 층으로서 바닥에서 지표면까지 평균높이가 해당 층 높이의 2분의 1 이상인 것을 말한다.

• 거실
건축물 안에서 거주, 집무, 작업, 집회, 오락, 그 밖에 이와 유사한 목적을 위하여 사용되는 방을 말한다.

• 주요구조부
내력벽(耐力壁), 기둥, 바닥, 보, 지붕틀 및 주계단(主階段)을 말한다. 다만, 사이 기둥, 최하층 바닥, 작은 보, 차양, 옥외 계단, 그 밖에 이와 유사한 것으로 건축물의 구조상 중요하지 아니한 부분은 제외한다.

• 건축
건축물을 신축·증축·개축·재축(再築)하거나 건축물을 이전하는 것을 말한다.

- 대수선
  건축물의 기둥, 보, 내력벽, 주계단 등의 구조나 외부 형태를 수선·변경하거나 증설하는 것을 말한다.
- 리모델링
  건축물의 노후화를 억제하거나 기능 향상 등을 위하여 대수선하거나 건축물의 일부를 증축 또는 개축하는 행위를 말한다.
- 방화문
  화재의 확대, 연소를 방지하기 위해 방화구획의 개구부에 설치하는 문을 말한다.
- 자동방화셔터
  내화구조로 된 벽을 설치하지 못하는 경우 화재 시 연기 및 열을 감지하여 자동 폐쇄되는 셔터
- 방화댐퍼
  환기·난방 또는 냉방시설의 풍도가 방화구획을 관통하는 경우 그 관통부분 또는 이에 근접한 부분에 설치하는 댐퍼를 말한다.

7. "내화구조(耐火構造)"란 화재에 견딜 수 있는 성능을 가진 구조로서 국토교통부령으로 정하는 기준에 적합한 구조를 말한다.

8. "방화구조(防火構造)"란 화염의 확산을 막을 수 있는 성능을 가진 구조로서 국토교통부령으로 정하는 기준에 적합한 구조를 말한다.

9. "난연재료(難燃材料)"란 불에 잘 타지 아니하는 성능을 가진 재료로서 국토교통부령으로 정하는 기준에 적합한 재료를 말한다.

10. "불연재료(不燃材料)"란 불에 타지 아니하는 성질을 가진 재료로서 국토교통부령으로 정하는 기준에 적합한 재료를 말한다.

11. "준불연재료"란 불연재료에 준하는 성질을 가진 재료로서 국토교통부령으로 정하는 기준에 적합한 재료를 말한다.

12. "부속건축물"이란 같은 대지에서 주된 건축물과 분리된 부속용도의 건축물로서 주된 건축물을 이용 또는 관리하는 데에 필요한 건축물을 말한다.

13. "부속용도"란 건축물의 주된 용도의 기능에 필수적인 용도로서 다음 각 목의 어느 하나에 해당하는 용도를 말한다.
    가. 건축물의 설비, 대피, 위생, 그 밖에 이와 비슷한 시설의 용도
    나. 사무, 작업, 집회, 물품저장, 주차, 그 밖에 이와 비슷한 시설의 용도
    다. 구내식당·직장어린이집·구내운동시설 등 종업원 후생복리시설, 구내소각시설, 그 밖에 이와 비슷한 시설의 용도. 이 경우 다음의 요건을 모두 갖춘 휴게음식점(별표 1 제3호의 제1종 근린생활시설 중 같은 호 나목에 따른 휴게음식점을 말한다)은 구내식당에 포함되는 것으로 본다.
    1) 구내식당 내부에 설치할 것
    2) 설치면적이 구내식당 전체 면적의 3분의 1 이하로서 50제곱미터 이하일 것
    3) 다류(茶類)를 조리·판매하는 휴게음식점일 것
    라. 관계 법령에서 주된 용도의 부수시설로 설치할 수 있게 규정하고 있는 시설, 그 밖에 국토교통부장관이 이와 유사하다고 인정하여 고시하는 시설의 용도

14. "발코니"란 건축물의 내부와 외부를 연결하는 완충공간으로서 전망이나 휴식 등의 목적으로 건축물 외벽에 접하여 부가적(附加的)으로 설치되는 공간을 말한다. 이 경우 주택에 설치되는 발코니로서 국토교통부장관이

정하는 기준에 적합한 발코니는 필요에 따라 거실·침실·창고 등의 용도로 사용할 수 있다.

15. "초고층 건축물"이란 층수가 50층 이상이거나 높이가 200미터 이상인 건축물을 말한다.

15의2. "준초고층 건축물"이란 고층건축물 중 초고층 건축물이 아닌 것을 말한다.

16. "한옥"이란 「한옥 등 건축자산의 진흥에 관한 법률」 제2조 제2호에 따른 한옥을 말한다.

17. "다중이용 건축물"이란 다음 각 목의 어느 하나에 해당하는 건축물을 말한다.
   가. 다음의 어느 하나에 해당하는 용도로 쓰는 바닥면적의 합계가 5천 제곱미터 이상인 건축물
      1) 문화 및 집회시설(동물원 및 식물원은 제외한다)
      2) 종교시설
      3) 판매시설
      4) 운수시설 중 여객용 시설
      5) 의료시설 중 종합병원
      6) 숙박시설 중 관광숙박시설
   나. 16층 이상인 건축물

17의2. "준다중이용 건축물"이란 다중이용 건축물 외의 건축물로서 다음 각 목의 어느 하나에 해당하는 용도로 쓰는 바닥면적의 합계가 1천 제곱미터 이상인 건축물을 말한다.
   가. 문화 및 집회시설(동물원 및 식물원은 제외한다)
   나. 종교시설
   다. 판매시설
   라. 운수시설 중 여객용 시설
   마. 의료시설 중 종합병원
   바. 교육연구시설
   사. 노유자시설
   아. 운동시설
   자. 숙박시설 중 관광숙박시설
   차. 위락시설
   카. 관광 휴게시설
   타. 장례시설

18. "특수구조 건축물"이란 다음 각 목의 어느 하나에 해당하는 건축물을 말한다.

가. 한쪽 끝은 고정되고 다른 끝은 지지(支持)되지 아니한 구조로 된 보·차양 등이 외벽(외벽이 없는 경우에는 외곽 기둥을 말한다)의 중심선으로부터 3미터 이상 돌출된 건축물

나. 기둥과 기둥 사이의 거리(기둥의 중심선 사이의 거리를 말하며, 기둥이 없는 경우에는 내력벽과 내력벽의 중심선 사이의 거리를 말한다. 이하 같다)가 20미터 이상인 건축물

다. 특수한 설계·시공·공법 등이 필요한 건축물로서 국토교통부장관이 정하여 고시하는 구조로 된 건축물

19. "환기시설물 등 구조물"이란 급기(給氣) 및 배기(排氣)를 위한 건축 구조물의 개구부(開口部)인 환기구를 말한다.

2 방화(방재) : 「건축물의 피난·방화구조 등의 기준에 관한 규칙」

1. 방화구조

(1) 방화구조의 의미

방화구조란 화염의 확산을 막을 수 있는 성능을 가진 구조로서 건축법령이 정하는 구조이다. 그러나 내화구조처럼 화재에 오랫동안 견딜 수 있는 성능을 가진 재료에는 미치지 못한다.

(2) 방화구조의 기준

① 철망모르타르로서 그 바름 두께가 <u>2cm</u> 이상인 것
② 석고판 위에 시멘트모르타르 또는 회반죽을 바른 것으로서 그 두께의 합계가 <u>2.5cm</u> 이상인 것
③ 시멘트모르타르 위에 타일을 붙인 것으로서 그 두께의 합계가 <u>2.5cm</u> 이상인 것
④ 심벽에 흙으로 맞벽치기한 것
⑤ 「산업표준화법」에 따른 한국산업표준에 따라 시험한 결과 <u>방화 2급 이상</u>에 해당하는 것

2. 건축물의 방화구획

(1) 방화구획의 종류

① 층(수직) 단위

② 면적(수평) 단위

③ 용도(부지) 단위

(2) 방화구획의 기준

주요구조부가 내화구조 또는 불연재료로 된 건축물로서 연면적이 1천 제곱미터를 넘는 것은 방화구획설치 기준에 따라 아래와 같은 구조물로 구획(이하 "방화구획"이라 한다)을 해야 한다.

① **방화구획의 구조물**

㉠ 내화구조로 된 바닥 및 벽

㉡ 60분+방화문, 60분 방화문 또는 자동방화셔터

② **방화구획의 기준**

㉠ 10층 이하의 층은 바닥면적 1천 제곱미터(스프링클러 기타 이와 유사한 자동식 소화설비를 설치한 경우에는 바닥면적 3천 제곱미터) 이내마다 구획할 것

㉡ 매층마다 구획할 것. 다만, 지하 1층에서 지상으로 직접 연결하는 경사로 부위는 제외한다.

㉢ 11층 이상의 층은 바닥면적 200제곱미터(스프링클러 기타 이와 유사한 자동식 소화설비를 설치한 경우에는 600제곱미터) 이내마다 구획할 것. 다만, 벽 및 반자의 실내에 접하는 부분의 마감을 불연재료로 한 경우에는 바닥면적 500제곱미터(스프링클러 기타 이와 유사한 자동식 소화설비를 설치한 경우에는 1천 500제곱미터) 이내마다 구획하여야 한다.

㉣ 필로티나 그 밖에 이와 비슷한 구조(벽면적의 2분의 1 이상이 그 층의 바닥면에서 위층 바닥 아래면까지 공간으로 된 것만 해당한다)의 부분을 주차장으로 사용하는 경우 그 부분은 건축물의 다른 부분과 구획할 것

③ **방화구획의 구체적인 설치기준**

㉠ 방화구획으로 사용하는 60분+방화문 또는 60분 방화문은 언제나 닫힌 상태를 유지하거나 화재로 인한 연기 또는 불꽃을 감지하여 자동적으로 닫히는 구조로 할 것. 다만, 연기 또는 불꽃을 감지하여 자동적으로 닫히는 구조로 할 수 없는 경우에는 온도를 감지하여 자동적으로 닫히는 구조로 할 수 있다.

㉡ 외벽과 바닥 사이에 틈이 생긴 때나 급수관·배전관 그 밖의 관이 방화구획으로 되어 있는 부분을 관통하는 경우 그로 인하여 방화구획에 틈이 생긴 때에는 그 틈을 별표 1 제1호에 따른 내화시간(내화채움성능이 인정된 구조로 메워지는 구성 부재에 적용되는 내화시간을 말한다) 이상 견딜 수

있는 내화채움성능이 인정된 구조로 메울 것

ⓒ 환기·난방 또는 냉방시설의 풍도가 방화구획을 관통하는 경우에는 그 관통부분 또는 이에 근접한 부분에 다음 각 목의 기준에 적합한 댐퍼를 설치할 것. 다만, 반도체공장건축물로서 방화구획을 관통하는 풍도의 주위에 스프링클러헤드를 설치하는 경우에는 그렇지 않다.

ㄱ. 화재로 인한 연기 또는 불꽃을 감지하여 자동적으로 닫히는 구조로 할 것. 다만, 주방 등 연기가 항상 발생하는 부분에는 온도를 감지하여 자동적으로 닫히는 구조로 할 수 있다.

ㄴ. 국토교통부장관이 정하여 고시하는 비차열(非遮熱) 성능 및 방연성능 등의 기준에 적합할 것

ⓓ 자동방화셔터는 다음 각 목의 요건을 모두 갖출 것. 이 경우 자동방화셔터의 구조 및 성능기준 등에 관한 세부사항은 국토교통부장관이 정하여 고시한다.

ㄱ. 피난이 가능한 60분+방화문 또는 60분 방화문으로부터 3미터 이내에 별도로 설치할 것

ㄴ. 전동방식이나 수동방식으로 개폐할 수 있을 것

ㄷ. 불꽃감지기 또는 연기감지기 중 하나와 열감지기를 설치할 것

ㄹ. 불꽃이나 연기를 감지한 경우 일부 폐쇄되는 구조일 것

ㅁ. 열을 감지한 경우 완전 폐쇄되는 구조일 것

(3) 방화구획 시 고려해야 할 사항

① 피난유도설비와 경보설비와의 조합
② 제연설비와 소화설비의 조합
③ 거주자의 수와 특서와의 조합
④ 면적별, 층별, 용도별 방화구획
⑤ 안전구획의 크기와 배치 및 내화구조의 부재(部材)는 하중지지력, 차염성, 차열성을 갖출 것

3. 방화벽

(1) 대규모 건축물의 방화벽 등

① <u>연면적 1천 제곱미터 이상인 건축물</u>은 방화벽으로 구획하되, 각 구획된 바닥면적의 합계는 1천 제곱미터 미만이어야 한다. 다만, 주요구조부가 내화구조이거나 불연재료인 건축물과 건축물 또는 내부설비의 구조상 방화벽으로 구획할 수 없는 창고시설의 경우에는 그러하지 아니하다.

② <u>연면적 1천 제곱미터 이상인 목조 건축물의 구조</u>는 국토교통부령으로 정하는 바에 따라 방화구조로 하거나 불연재료로 하여야 한다.

(2) 방화벽의 구조

건축물에 설치하는 방화벽은 다음 기준에 적합해야 한다.

① 내화구조로서 홀로 설 수 있는 구조일 것

② 방화벽의 양쪽 끝과 윗쪽 끝을 건축물의 외벽면 및 지붕면으로부터 0.5미터 이상 튀어 나오게 할 것

③ 방화벽에 설치하는 출입문의 너비 및 높이는 각각 2.5미터 이하로 하고, 해당 출입문에는 60분+방화문 또는 60분 방화문을 설치할 것

(3) 방화구조와 불연재료

① 연면적 1,000m² 이상인 목조건축물은 그 외벽 및 처마 밑의 연소할 우려가 있는 부분을 방화구조로 하되, 그 지붕은 불연재료로 하여야 한다.

② ①에서 '연소할 우려가 있는 부분'이란 인접대지경계선 · 도로중심선 또는 동일한 대지 안에 있는 2동 이상의 건축물(연면적의 합계가 500m² 이하인 건축물은 하나의 건축물로 봄) 상호의 외벽 간의 중심선으로부터 1층에 있어서는 3m 이내, 2층 이상에 있어서는 5m 이내의 거리에 있는 건축물의 각 부분을 말한다. 다만, 공원 · 광장 · 하천의 공지나 수면 또는 내화구조의 벽, 기타 이와 유사한 것에 접하는 부분을 제외한다.

4. 방화문

(1) 방화문 정의

화재 시 거주자의 대피시간을 확보하고 불이 옮겨 붙는 시간을 지체시키기 위하여 소정의 방화성능과 자동폐쇄기구를 가진 문을 말한다.

(2) 방화문의 구분(건축법 시행령 제64조)

화재에 견디는 시간으로 구분한다.

① 60분+방화문 : 연기 및 불꽃을 차단할 수 있는 시간이 60분 이상이고, 열을 차단할 수 있는 시간이 30분 이상인 방화문

② 60분 방화문 : 연기 및 불꽃을 차단할 수 있는 시간이 60분 이상인 방화문

③ 30분 방화문 : 연기 및 불꽃을 차단할 수 있는 시간이 30분 이상 60분 미만인 방화문

(3) 방화문의 상태

방화문은 항상 닫힌 상태를 유지하여야 하며, 언제나 개방 가능하고, 기계장치(= 도어릴리즈) 등에 의하여 스스로 닫혀야 한다.

이론 플러스

❑ 119체크

방화벽의 구조 기준 중 다음 ( ) 안에 알맞은 것은?

- 방화벽의 양쪽 끝과 윗쪽 끝을 건축물의 외벽면 및 지붕면으로부터 (㉠) 이상 튀어 나오게 할 것
- 방화벽에 설치하는 출입문의 너비 및 높이는 각각 (㉡) 이하로 하고, 해당 출입문에는 60분+방화문 또는 60분 방화문을 설치할 것

① ㉠ 0.3, ㉡ 2.5
② ㉠ 0.3, ㉡ 3.0
③ ㉠ 0.5, ㉡ 2.5
④ ㉠ 0.5, ㉡ 3.0

해설

빈칸의 ㉠ 0.5 ㉡ 2.5이다.

정답 ③

이론 플러스

차열(遮熱)과 비차열(非遮熱)

1. 차열
   면(벽면)에 열을 막아 주는 성능이다.

2. 비차열
   차열 성능이 없다는 뜻으로 차염성(불꽃이나 열기류의 관통을 방지하는 능력)과 차연 성능만 인정되면 된다는 뜻이다.

3 내화구조

1. 건축물의 내화구조 기준

(1) 건축물의 주요구조부

건축물의 주요구조부란 내력벽, 기둥, 바닥, 보, 지붕틀 및 주계단을 말한다. 다만 사이 기둥, 최하층 바닥, 작은 보, 차양, 옥외 계단 그 밖에 이와 유사한 것으로 건축물의 구조상 중요하지 아니한 부분은 제외한다.

① 바닥(최하층 바닥 등 제외)

② 지붕틀

③ 보(작은 보, 차양 등 제외)

④ 내력벽(칸막이벽, 비내력벽 등 제외)

⑤ 주계단(보조 계단, 옥외 계단 제외)

⑥ 기둥(사이 기둥 등 제외)

(2) 내화구조의 의미

내화구조란 철근콘크리트조, 연와조, 석조 등 국토교통부령으로 정한 내화성능을 가지는 것을 말하며, 화재 시 쉽게 연소하지 않고 건물 내에서 화재가 발생하더라도 보통은 방화구획 내에서 진화되며, 최종적인 단계에서 내장재가 전소된다 하더라도 수리하여 재사용할 수 있는 구조이다.

(3) 내화구조 세부사항

① 벽(내화구조벽)

ㄱ 철근콘크리트조 또는 철골콘크리트조로 두께가 10cm 이상인 것

ㄴ 고온·고압 증기로 양생된 경량기포 콘크리트 패널 또는 경량기포 콘크리트 블록조로서 두께가 10cm 이상인 것

ㄷ 골구를 철골조로 하고 그 양면을 두께 4cm 이상의 철망모르타르 또는 두께 5cm 이상의 콘크리트블록·벽돌 또는 석재로 덮은 것 등이거나 벽돌조로서 두께 19cm 이상의 것

외벽 중 비내력벽(내화구조벽 중)

1. 철근콘크리트조 또는 철골철근콘크리트조로서 두께가 7cm 이상인 것
2. 골구를 철골조로 하고 그 양면을 두께 3cm 이상의 철망모르타르 또는 두께가 4cm 이상의 콘크리트블록·벽돌 또는 석재로 덮은 것
3. 철재로 보강된 콘크리트블록조·벽돌조 또는 석조로서 철재에 덮은 콘크리트블록 등 4cm 이상
4. 무근콘크리트조·콘크리트블록조·벽돌조 또는 석조로서 그 두께가 7cm 이상인 것

② **기둥(작은 지름이 25cm 이상)**
㉠ 철골을 두께 5cm 이상의 콘크리트로 덮은 것
㉡ 철근콘크리트조 또는 철골철근콘크리트조
㉢ 철골을 두께 6cm(경량골재를 사용하는 경우 5cm) 이상의 철망모르타르 또는 두께 7cm 이상의 콘크리트블록·벽돌 또는 석재로 덮은 것

③ **바닥**
㉠ 철근콘크리트조 또는 철골철근콘크리트조로서 두께가 10cm 이상인 것
㉡ 철재로 보강된 콘크리트블록조·벽돌조 또는 석조로서 철재에 덮은 콘크리트블록 등의 두께가 5cm 이상
㉢ 철재의 양면을 두께 5cm 이상의 철망모르타르 또는 콘크리트로 덮은 것

④ **보(지붕틀 포함)**
㉠ 철근콘크리트조 또는 철골철근콘크리트조
㉡ 철골을 두께 6cm(경량골재를 사용하는 경우 5cm) 이상의 철망모르타르 또는 두께 5cm 이상의 콘크리트로 덮은 것
㉢ 철골조의 지붕틀(바닥으로부터 그 아랫부분까지의 높이가 4m 이상인 것에 한함)로서 바로 아래에 반자가 없거나 불연재료로 된 반자가 있는 것

⑤ **지붕**
㉠ 철큰콘크리트조 또는 철골철근콘크리트조
㉡ 철재로 보강된 콘크리트블록조, 벽돌조 또는 석조
㉢ 철재로 보강된 유리블록 또는 망입유리로 된 것

⑥ **계단**
㉠ 철큰콘크리트조 또는 철골철근콘크리트조
㉡ 철재로 보강된 콘크리트블록조, 벽돌조 또는 석조
㉢ 무근콘크리트조, 콘크리트블록조, 벽돌조, 석조
㉣ 철골조

(4) 내화구조 건축물의 내화성능 조건

① **차염성(Integrity)**

건축물 주요 구조부의 구조부재에서 균열, 파열, 구멍 등이 발생하였을 때 화염이나 열기가 다른 구획으로 이동하여 화재가 확대되는 것을 막는 것을 말한다.

② **차열성(Insulation, 열차단성, 단열성)**

화재가 발생한 벽이나 바닥의 다른 면 온도가 상승하여 다른 구획의 가연물에 불이 착화하여 새로운 화재가 확대되는 것을 막는 것을 말한다.

③ **하중지지력(Loading bearing capacity)**

건축물 주요구조부의 구조부재가 화재 시 열을 받아 그 강도가 저하하여 구조적으로 파괴되는 것으로부터 견디는 것을 말한다.

2. 건축 재료의 분류

불연재료(난연1급)	콘크리트, 석재, 벽돌, 기와, 석면판, 철강, 알루미늄, 유리, 시멘트 모르타르, 회 등의 불연성 재료
준불연재료(난연2급)	석고보드, 목모, 시멘트판 등의 불연재료에 준하는 방화성능을 가진 건축재료
난연재료(난연3급)	난연 플라스틱판, 난연 합판 등 불에 잘 타지 아니하는 성능을 가진 건축재료

3. 방염성능의 측정기준

(1) 잔염시간

착화 후에 버너를 제거한 때부터 불꽃을 올리면서 연소하는 상태가 그칠 때까지의 경과시간이 20초 이내

(2) 잔진시간

착화 후에 버너를 제거한 때부터 불꽃을 올리지 아니하고 연소하는 상태가 그칠 때까지의 경과시간이 30초 이내

(3) 탄화면적

잔염시간 또는 잔진시간 내에 탄화하는 면적이 50cm^2 이내

(4) 탄화길이

잔염시간 또는 잔진시간 내에 탄화하는 길이가 20cm 이내

(5) 접염횟수

완전히 용융될 때까지 필요한 불꽃을 접하는 횟수가 3회 이상

(6) 최대연기밀도

소방청장이 정하여 고시한 방법으로 발연량(發煙量)을 측정하는 경우 최대연기밀도가 400 이하일 것

4 방화계획

1. 공간적 대응

(1) 개념

화재 등 각종 위해 요소로부터 불특정 다수인을 재해 공간에서 조기에 쉽게 피난시키고 동시에 화재를 진압하는 데 필요한 사항을 말한다.

(2) 성격

① **도피성**
  ㉠ 화재 시 안전하게 계단 등으로 <u>피난할 수 있는 공간의 활용성과 관계되는 사항</u>을 말한다.
  ㉡ 공간과 사람의 대응에 관한 문제
    • 방재계획 기본 방침
    • 피난
    • 내장 제한
    • 부지 및 도로(소방대 진입, 피난층, 출입구 등)
    • 건축물의 규모, 위치, 용도 등

② **대항성**
  건축물의 내화성능, 방화구획 성능, 방배연 성능, 화재 방어 대응성(소방대 활동성), 초기 소화대응력 등 <u>화재에 대항하여 저항하는 성능</u>을 뜻한다.

③ **회피성**
  내장재의 제한, 불연화·난연화 재료 사용, 용도별 구획, 불조심, 방화훈련 등 <u>사전예방활동을 통해 발화확대 등을 감소시키는 조치와 관계되는 사항</u>을 말한다.

이론 플러스

방화계획
1. 공간적 대응
  • 도피성
  • 대항성
  • 회피성
2. 설비적 대응

☐ **119체크**
방화계획 중 공간적 대응에 해당하지 않는 것은?
① 도피성
② 회피성
③ 대항성
④ 구조성

해설
구조성은 공간적 대응에 해당하지 않는다. ①, ②, ③은 공간적 대응에 해당된다.

정답 ④

2. 설비적 대응

(1) 개념

공간적 대응을 지원하는 소방설비의 대응을 말한다.

(2) 성격

① 대항성 중에서도 방연성능에 관계되는 <u>제연설비</u>와 방화구획성능에 해당되는 <u>방화문, 방화셔터</u> 등이 있으며, 초기소화 대응력으로는 <u>자동소화설비, 자동화재탐지설비, 특수소화설비</u> 등이 있다.
② <u>도피성</u>에 관해서는 <u>피난기구(구조대, 완강기, 피난교, 인명구조장비 등)</u>, 피난유도설비(각종 유도등) 등으로 보충한다.
③ <u>회피성</u>에 관해서는 <u>수막설비</u> 등이 있다.

5 건축물 방재계획

인명 및 재산보호를 위한 건축물·건축설비의 계획, 유지관리 등의 제요소로 이루어진 종합적인 계획으로 건축법과 소방법에 근간을 두고 고유 조건에 맞게 합리적이고 종합적인 방재계획 작성이 필요하다.

1. 부지선정 및 배치계획

(1) 개념

소화활동에 지장이 없는 장소, 주변으로부터 위험성 등을 고려하여 건축물의 부지를 확보하고 건물을 배치하는 것이다.

(2) 고려사항

① 가까운 곳에서 화재로부터 영향을 받지는 않은가?
② 소방차 및 구급차의 통행은 적절한가?
③ 소화활동 또는 구출활동에 충분한 여유장소는 있는가?

2. 평면계획(= 수평계획)

(1) 개념

방연구획과 제연구획을 설정하여 소화활동, 소화, 수평적 피난 등을 적절하게 하기 위한 계획이다.

(2) 목적

① 화재에 의한 피해를 좁은 범위로 한정하는 것이다.
② 방화벽, 방화문 등으로 방화구획을 구획 내로 한정하는 것이다.
③ 방연구획과 제연구획이 포함되며, 명확한 두 방향 이상의 피난동선을 확보해야 한다.

(3) 방법

① 화재를 작은 범위로 한정하기 위한 유효한 피난구획으로 조닝(Zoning)화할 필요가 있다.
② 계단은 보행거리를 기준으로 균등 배치하고, 계단으로 통하는 복도 등 피난로는 단순하게 설계하여야 한다.
③ 지하가와 호텔, 차고 및 극장과 백화점 등은 용도별 구획 및 별도 경로의 피난로를 설치한다.
④ 방화, 방연, 제연구역을 통한 피난 시간 확보와 계단의 배치 및 Fail Safe와 Fool Proof에 의한 피난계획 및 Zone 구획을 통한 피난안전성을 확보해야 한다.
⑤ 조닝계획(Zoning) : 계단의 배치, 단순 명쾌한 피난로, 방연 및 배연 계획
⑥ 안전구획(1차, 2차, 3차) 및 용도별 구획

3. 단면계획(= 수직계획)

(1) 개념

상하층의 방화구획으로 불이나 연기가 다른 층으로 이동하지 않도록 하고 수직적 피난 등을 고려하는 계획이다.

(2) 목적

① 상하층의 재해 전파(화염의 이동)를 제어하는 것이다.
② 일반적 건축물의 철근콘크리트 슬라브에 의한 층간 구획을 하지만 노대 설치, 계단, 엘리베이터, 설비배관이나 덕트, 배선 등의 관통에 대한 보완 계획 등을 말한다.

(3) 방법

① 화재의 확산을 방지하기 위해 건축물의 상하층에 대한 층간 구획과 수직 관통부에 대한 방화구획을 하여 화재의 확산을 방지한다.

② 수직통로 구획 및 상하층을 분리하여 연소 확대를 차단한다.

③ 옥상 피난을 위해 옥상의 안전 확보 및 발코니가 연기에 오염되는 것을 방지해야 한다.

④ 수평구획 : 각 층 평면계획이 수직방향의 동선과 엇갈리지 않는 구조로 계획한다.

⑤ 수직통로구획 : 피난계단, 비상용 엘리베이터 등의 수직동선은 전용구획으로 연기의 침입을 막도록 계획한다.

⑥ 중간 절연층(Refuse area) : 초고층 건축물에서 상·하층을 분리하여 연소확대를 차단할 수 있도록 중간 기계층을 충간피난 바닥 즉, 대피장소로 활용한다.

⑦ 옥상 피난 : 옥상의 안전광장을 확보한다.

⑧ 발코니 : 발코니 외기에 면하는 복도와 계단을 설치하여 피난경로가 연기에 오염되는 것을 방지한다.

4. 입면계획(= 공간적 계획, 입체적 계획)

(1) 개념

화재예방, 소화, 구출, 피난, 연소방지 등의 계획의 수립을 통한 화재예방 차원을 말하며, 입면적이 가장 큰 요소는 벽과 개구부, 창문이다.

(2) 목적

① 계층 간을 내화구조의 벽으로 구획하는 것이다.

② 소화활동을 위한 진입구를 마련하는 것이다.

③ 유리창 파손에 의한 2차 피해를 방지하는 것이다.

(3) 방법

① <u>벽과 개구부가 가장 중요한 요소</u>이며, 인접하는 건물에 화재 확산이 이뤄지지 않도록 구획하는 계획도 수립해야 한다.

② 화재 시 상층 연소 확대의 우려가 있는 커튼월 및 개구부의 취약성을 보완한다.

③ 배연과 구조활동을 방해하는 무창구조의 취약성 보완계획을 수립한다.

5. 재료계획

(1) 개념

건축물의 외장재 또는 내장재를 불연재로 택하여 화재예방에 도움을 주는 계획이다.

(2) 고려 사항

① 사용재료의 불연성능, 내화성능을 고려한다.
② 내장재, 외장재, 마감재, 천장, 벽 등의 사용재료 및 장식을 고려한다.

(3) 방법

① 내장재의 불연화 : 출화억제, 발연량 감소, 플래시오버 지연 등으로 인명의 안전과 재해의 확대를 억제한다.
② 천장에 대해서는 완전 불연화에 의해 화재가 확대되는 것을 억제하기 위해 스프링클러를 유효하게 작동되도록 계획한다.
③ 지하층, 고층부, 무창실, 대구획실 등은 철저한 내부 불연화를 도모한다.

이론 플러스

건축법령상 건축물의 구분
• 고층건축물
  층수가 30층 이상이거나 높이가 120미터 이상인 건축물을 말한다.
• 초고층 건축물
  층수가 50층 이상이거나 높이가 200미터 이상인 건축물을 말한다.
• 준초고층 건축물
  고층건축물 중 초고층 건축물이 아닌 것을 말한다.

소방법령상 고층건축물
지하층을 제외한 11층 이상인 건축물

CHAPTER 02 피난론

1 인간의 피난 행동

1. 기본적 피난 본능

(1) 지광본능

어두운 곳에서 밝은 불빛을 따라 행동하는 습성(= 향광성)

(2) 귀소본능

무의식 중에서 평상시 사용한 길, 원래 왔던 길로 되돌아가려는 습성

(3) 추종본능

혼란 시 판단력 저하로 최초로 달리는 앞사람을 따르는 습성(= 병목현상)

(4) 퇴피본능

반사적으로 화염·연기 등 위험으로부터 멀리 하려는 습성(= 회피성)

(5) 좌회본능

오른손잡이는 오른발을 축으로 좌측으로 행동하는 습성

(6) 폐쇄공간지향본능

가능한 한 넓은 공간을 찾아서 이동하다가 위험성이 높아지면 의외의 좁은 장소, 즉 목욕탕이나 화장실 등을 찾는 본능

(7) 초능력본능

비상시에 상상도 못할 힘을 내는 본능

(8) 공격본능

구조용 헬리콥터를 부수려고 한다든지 무차별 인명을 살상하는 것

2. 패닉(Panic)

(1) 개념

패닉은 '공포, 공황상태, 두려움'이란 뜻으로 단체행동 과정에서의 어떠한 위험 요인에 의하여 집단의 목표나 규범이 붕괴되고 그 집단 구성원의 심리적 유대가 분단된 상태에서 개인이 자신의 위험을 피하기 위하여 다른 사람의 안전을 고려하지 않고 행동하는 비이성적이고 무질서한 행동 현상을 말한다.

(2) 패닉으로 발전하기 쉬운 경우

① 절박한 위험이 있을 때
② 구성원 상호 간의 심리적 유대가 결여되어 있을 때
③ 탈출 가능성이 있지만 그 탈출로가 제약을 받고 있을 때

(3) 군중심리적인 면에서 패닉현상에 빠지기 쉬운 이유

① 공통적인 관심으로 집단이 우연적으로 발생한다.
② 각 개인에게는 임무가 없는 집단이며, 각 개인에게 접근성이 있다.
③ 감정적인 분위기로 암시에 걸리기 쉬운 집단이다.

(4) 패닉 방지 원칙

① 소방대원 스스로 패닉에 말려들지 않는다.
② 엄연한 태도를 유지하고 재해의 상황, 피난방향 및 피난로 등을 명확하게 지시한다.
③ 집단 공통의 문제는 불안과 공포이므로 이의 경감에 노력한다.
④ 다수인의 경우에는 통솔 가능한 인원으로 분산하여 유도한다.
⑤ 광란적인 사람은 집단에서 격리한다.

3. 인간의 보행속도

(1) 자유보행속도

0.5 ~ 2m/s로, 보통의 경우 1.3m/s 정도, 빠른 경우 2m/s 정도이다.

(2) 군집보행속도

1m/s 정도이다.

(3) 피난 시 인간의 보행속도

종류	평균 보행속도(m/s)	
	수평	계단
중병인, 신체장애자, 노약자 등 자력으로 행동하기 힘든 사람	0.8	0.4
건물 내부의 위치, 경로에 익숙하지 않은 사람	1.0	0.5
종업원, 경비원, 근무자 등 내부 경로에 익숙한 사람	1.2	0.6

이론 플러스

❏ 119체크

다음 중 피난대책의 일반원칙이 아닌 것은?

① 피난구조설비는 이동식 설비보다 고정식 설비 위주로 설치한다.

② 피난경로는 간단·명료하게 하도록 한다.

③ 피난수단은 첨단장비를 이용하는 것을 원칙으로 한다.

④ 피난대책은 2방향 이상의 피난통로를 확보한다.

해설

피난수단은 원시적인 방법에 의한 것을 원칙으로 한다.

정답 ③

2 피난계획

1. 피난대책의 일반적인 원칙

① 피난경로는 <u>간단명료</u>해야 한다.

② 피난수단은 <u>원시적 방법</u>에 의하는 것을 원칙으로 한다.

③ 피난구조설비는 <u>고정적인 시설</u>에 의해야 한다.

④ 피난동선은 수직과 수평 동선으로 구분되며 계단의 배치는 <u>집중화를 피하고 분산</u>한다.

⑤ <u>피난동선은 상호반대방향으로 다수의 출입구와 연결</u>되는 것이 좋다.

⑥ 거실에서 나와 <u>피난통로는 두 방향 이상 나누어져야</u> 한다.

⑦ 피난의 마지막 종단에는 충분한 공간이 있어야 한다.

⑧ 문자보다는 <u>간단한 그림이나 색채</u>를 이용한다.

⑨ 피난대책은 Fool-Proof와 Fail-Safe의 원칙을 중시해야 한다.

⑩ 일정한 구획을 한정하여 피난 Zone을 설정한다.

⑪ 정전 시에도 피난방향을 명백히 할 수 있는 표시를 한다.

⑫ 피난구는 항시 사용할 수 있도록 한다.

⑬ 계단은 화재 시 연기 통로가 되기 쉽기 때문에 가급적 상용으로 직통계단을 사용하지 말고 피난계단 또는 특별피난계단으로 사용하는 것이 좋다.

피난계획의 일반적인 원칙으로 옳지 않은 것은?

① 건물 내 임의의 지점에서 피난 시 한 방향이 화재로 사용이 불가능하면 다른 방향으로 사용되도록 한다.

② 피난수단은 보행에 의한 피난을 기본으로 하고 인간본능을 고려하여 설계한다.

③ 피난경로는 굴곡부가 많거나 갈림길이 생기지 않도록 간단하고 명료하게 설계한다.

④ 피난경로의 안전구획을 1차로 계단, 2차로 복도로 설정한다.

해설

피난경로의 안전구획을 1차로 복도, 2차는 계단전실, 3차는 계단으로 설정한다.

정답 ④

2. Fool-Proof(비상사태 대비책) 원칙

① 비상사태로 피난자가 혼란을 느끼고 바보와 같은 지능 상태가 되어도 쉽게 인지하도록 하는 것이다.

② 소화·경보설비의 위치, 유도표지에 판별이 쉬운 색채와 그림을 사용한다.

③ 문은 피난방향으로 열 수 있도록 하며 <u>회전식이 아닌 레버식으로</u> 해둔다.

④ 정전 시에도 피난할 수 있도록 외광이 들어오는 위치에 문을 설치한다.

3. Fail-Safe(이중 안전장치) 원칙

① 하나의 수단이 고장 등으로 실패하여도 다른 수단에 의해 구제할 수 있도록 안전한 장치, 병렬화 등을 요구하는 것이다.
② 안전율을 높이는 설계는 이상상태의 전체 파급을 방지한다.
③ 시스템의 여분 또는 병렬화로 두 방향 이상의 피난 통로를 확보한다.

4. 피난 방향 및 피난로의 유형

구분		피난 방향의 종류	피난로의 방향	
피난 방향이 명확한 경우	X형			확실한 피난로가 보장됨
	Y형			
	T형			방향이 확실하여 분간하기 쉬움
	I형			
	Z형			중앙복도형에서 코너식 중앙호함
ZZ형				
H형				중앙코어식으로 피난자들의 집중으로 인한 패닉현상의 발생 우려가 있음
CO형				

5. 수평 방향의 피난시설 계획

(1) 중요 시설

수평 방향의 이동에서 가장 중요한 시설은 복도이다.

(2) 피난복도의 계획 시 고려해야 할 일반 사항

① 천장을 가능한 한 높게 하고, 천장에는 불연재료를 사용한다.
② 복도 내에 피난에 방해가 되는 시설물(휴지통, 자동판매기)을 설치하지 않아야 한다.
③ 피난 방향 및 계단 위치를 알 수 있는 표식을 한다.

6. 수직 방향의 피난시설 계획

(1) 중요 시설

계단이 주된 수직적인 피난시설이다.

(2) 피난계단의 계획 시 고려해야 할 일반사항

① 타실보다 높은 일정한 압력을 가하는 것이 좋다.
② 배연설비를 하며 지하실과 경계에는 확실한 방지책을 실시한다.
③ 피난계단은 직접 옥상층으로 피난이 가능하도록 옥상층까지 연결시킨다.
④ 내장은 불연재료로 하고 손잡이 등에는 가연재료를 쓰지 않는다.
⑤ 계단실은 2시간 이상의 내화성능을 가진 방화구획을 한다.
⑥ 바닥면의 미끄럼 방지를 위한 조치와 난간을 설치한다.

7. 연기에 관계되는 안전구획의 개념

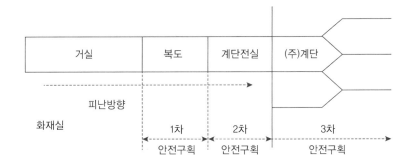

(1) 피난안전구획

복도	1차 피난안전구획
계단전실(특별피난계단부속실)	2차 피난안전구획
계단	3차 피난안전구획

✪ 거실은 피난안전구획이 아니다.

(2) 피난통로

피난통로의 말단에는 피난 시 장애가 없도록 충분한 공간이 확보되어야 한다.

8. 직통계단의 설치 기준

(1) 직통계단의 개념

피난층 또는 지상으로 연결된 계단으로 어떠한 층에서도 피난층까지 계단과
계단참만 통하여 내려갈 수 있는 것을 의미한다.

(2) 직통계단의 설치 기준 ★★

거실의 각 부분으로부터 계단(거실로부터 가장 가까운 거리에 있는 계단)에 이
르는 <u>보행거리가 30m 이하</u>가 되도록 설치하여야 한다. 다만, 건축물(지하층에
설치하는 것으로서 바닥면적의 합계가 300m² 이상인 공연장・집회장・관람
장 및 전시장 제외)의 주요구조부가 내화구조 또는 불연재료로 된 건축물은 그
보행거리가 50미터(층수가 16층 이상인 공동주택의 경우 16층 이상인 층에 대
해서는 40m) 이하가 되도록 설치할 수 있으며, 자동화 생산시설에 스프링클러
등 자동식 소화설비를 설치한 공장으로서 국토교통부령으로 정하는 공장인 경
우에는 그 보행거리가 75m(무인화 공장인 경우에는 100m) 이하가 되도록 설
치할 수 있다.

119 더 알아보기

피난층과 보행거리

1. 피난층

   곧바로 지상으로 나갈 수 있는 출입구가 있는 층을 의미한다.

   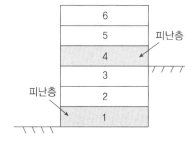

2. 무창층

   지상층 중 다음 각 목의 요건을 모두 갖춘 개구부(건축물에서 채광・환기・
   통풍 또는 출입 등을 위하여 만든 창・출입구, 그 밖에 이와 비슷한 것을
   말한다)의 면적의 합계가 해당 층 바닥면적의 <u>30분의 1 이하</u>가 되는 층을
   말한다.

   가. <u>지름 50센티미터 이상의 원이 내접(內接)</u>할 수 있는 크기일 것

   나. 해당 층의 바닥면으로부터 <u>개구부 밑부분까지의 높이가 1.2미터 이내</u>
   일 것

   다. 도로 또는 차량이 진입할 수 있는 빈터를 향할 것

라. 화재 시 건축물로부터 쉽게 피난할 수 있도록 창살이나 그 밖의 장애물
   이 설치되지 아니할 것
마. <u>내부 또는 외부</u>에서 쉽게 부수거나 열 수 있을 것
3. 보행거리
   실제로 보행하게 되는 최단 거리를 의미한다.

9. 피난계단의 설치 기준

<u>건축물의 5층 이상 또는 지하 2층 이하의 층</u>으로부터 피난층 또는 지상으로 통하는 직통계단(지하 1층인 건축물의 경우에는 5층 이상의 층으로부터 피난층 또는 지상으로 통하는 직통계단과 직접 연결된 지하 1층의 계단을 포함)은 피난계단 또는 특별피난계단으로 설치하여야 한다.

10. 특별피난계단

① 건축물의 내부와 계단실은 노대를 통하여 연결하거나 외부를 향하여 열 수 있는 면적 $1m^2$ 이상인 창문(바닥으로부터 1m 이상의 높이에 설치한 것에 한함) 또는 「건축물의 설비기준 등에 관한 규칙」 제14조의 규정에 적합한 구조의 배연설비가 있는 면적 $3m^2$ 이상인 부속실을 통하여 연결하여야 한다.

② 계단실·노대 및 부속실(「건축물의 설비기준 등에 관한 규칙」 제10조 제2호 가목의 규정에 의하여 비상용 승강기의 승강장을 겸용하는 부속실을 포함)은 창문 등을 제외하고는 내화구조의 벽으로 각각 구획하여야 한다.

③ 계단실 및 부속실의 실내에 접하는 부분(바닥 및 반자 등 실내에 면한 모든 부분)의 마감(마감을 위한 바탕 포함)은 불연재료로 하여야 한다.

④ 계단실에는 예비전원에 의한 조명설비를 하여야 한다.

⑤ 계단실·노대 또는 부속실에 설치하는 건축물의 바깥쪽에 접하는 창문 등(망이 들어 있는 유리의 붙박이창으로서 그 면적이 각각 $1m^2$ 이하인 것을 제외)은 계단실·노대 또는 부속실 외의 당해 건축물의 다른 부분에 설치하는 창문 등으로부터 2m 이상의 거리를 두고 설치하여야 한다.

⑥ 계단실에는 노대 또는 부속실에 접하는 부분 외에는 건축물의 내부와 접하는 창문 등을 설치하지 말아야 한다.

⑦ 계단실의 노대 또는 부속실에 접하는 창문 등(출입구 제외)은 망이 들어 있는 유리의 붙박이창으로서 그 면적을 각각 $1m^2$ 이하로 하여야 한다.

⑧ 노대 및 부속실에는 계단실 외의 건축물의 내부와 접하는 창문 등(출입구 제외)을 설치하지 말아야 한다.

⑨ 건축물의 내부에서 노대 또는 부속실로 통하는 출입구에는 60분+방화문 또는 60분 방화문을 설치하고, 노대 또는 부속실로부터 계단실로 통하는 출입구에는 60분+방화문, 60분 방화문 또는 30분 방화문을 설치할 것. 이 경우 방화문은 언제나 닫힌 상태를 유지하거나 화재로 인한 연기 또는 불꽃을 감지하여 자동적으로 닫히는 구조로 해야 하고, 연기 또는 불꽃으로 감지하여 자동적으로 닫히는 구조로 할 수 없는 경우에는 온도를 감지하여 자동적으로 닫히는 구조로 할 수 있다.

⑩ 계단은 내화구조로 하되, 피난층 또는 지상까지 직접 연결되도록 하여야 한다.

⑪ 출입구의 유효너비는 0.9m 이상으로 하고 피난의 방향으로 열 수 있어야 한다.

⑫ 특별피난계단은 돌음계단으로 하여서는 아니 되며, 옥상광장을 설치하여야 하는 건축물의 특별피난계단은 해당 건축물의 옥상으로 통하도록 설치하여야 한다. 이 경우 옥상으로 통하는 출입문은 피난 방향으로 열리는 구조로서 피난 시 이용에 장애가 없어야 한다.

11. 옥외피난계단의 설치 기준

(1) 옥외피난계단 설치

피난층은 제외한 건축물의 3층 이상인 층으로서 다음 중 어느 하나에 해당하는 용도로 쓰는 층에는 직통계단 외에 그 층으로부터 지상으로 통하는 옥외피난계단을 따로 설치하여야 한다.

① 제2종 근린생활시설 중 공연장(해당 용도로 쓰는 바닥면적의 합계가 300m^2 이상인 경우만 해당), 문화 및 집회시설 중 공연장이나 위락시설 중 주점영업의 용도로 쓰는 층으로서 그 층 거실의 바닥면적의 합계가 300m^2 이상인 것

② 문화 및 집회시설 중 집회장의 용도로 쓰는 층으로서 그 층 거실의 바닥면적의 합계가 1,000m^2 이상인 것

(2) 옥외피난계단의 구조

① 계단은 그 계단으로 통하는 출입구 외의 창문 등(망이 들어 있는 유리의 붙박이창으로서 그 면적이 각각 1m^2 이하인 것을 제외)으로부터 2m 이상의 거리를 두고 설치할 것

② 건축물의 내부에서 계단으로 통하는 출입구에는 60분+방화문 또는 60분 방화문을 설치할 것

③ 계단의 유효 너비는 0.9m 이상으로 할 것

④ 계단은 내화구조로 하고 지상까지 직접 연결되도록 할 것

⑤ 피난계단은 돌음계단으로 하여서는 아니 되며, 옥상광장을 설치하여야 하는 건축물의 피난계단은 해당 건축물의 옥상으로 통하도록 설치할 것. 이 경우 옥상으로 통하는 출입문은 피난 방향으로 열리는 구조로서 피난 시 이용에 장애가 없어야 한다.

12. 옥내피난계단(= 주계단)의 설치 기준

① 계단실은 창문·출입구 기타 개구부를 제외한 당해 건축물의 다른 부분과 내화구조의 벽으로 구획하여야 한다.

② 계단실의 실내에 접하는 부분(바닥 및 반자 등 실내에 면한 모든 부분)의 마감(마감을 위한 바탕 포함)은 불연재료로 하여야 한다.

③ 계단실에는 예비전원에 의한 조명설비를 하여야 한다.

④ 계단실의 바깥쪽과 접하는 창문 등(망이 들어 있는 유리의 붙박이창으로서 그 면적이 각각 $1m^2$ 이하인 것을 제외)은 당해 건축물의 다른 부분에 설치하는 창문 등으로부터 2m 이상의 거리를 두고 설치하여야 한다.

⑤ 건축물의 내부와 접하는 계단실의 창문 등(출입구 제외)은 망이 들어 있는 유리의 붙박이창으로서 그 면적을 각각 $1m^2$ 이하로 하여야 한다.

⑥ 건축물의 내부에서 계단실로 통하는 출입구의 유효너비는 0.9미터 이상으로 하고, 그 출입구에는 피난의 방향으로 열 수 있는 것으로서 언제나 닫힌 상태를 유지하거나 화재로 인한 연기 또는 불꽃을 감지하여 자동적으로 닫히는 구조로 된 60분+방화문 또는 60분 방화문을 설치할 것. 다만, 연기 또는 불꽃을 감지하여 자동적으로 닫히는 구조로 할 수 없는 경우에는 온도를 감지하여 자동적으로 닫히는 구조로 할 수 있다.

⑦ 계단은 내화구조로 하고 피난층 또는 지상까지 직접 연결되도록 하여야 한다.

⑧ 피난계단은 돌음계단으로 하여서는 아니 되며, 옥상광장을 설치하여야 하는 건축물의 피난계단은 해당 건축물의 옥상으로 통하도록 설치할 것. 이 경우 옥상으로 통하는 출입문은 피난 방향으로 열리는 구조로서 피난 시 이용에 장애가 없어야 한다.

13. 지하층에 설치하는 비상탈출구의 구조(주택 제외)

① 비상탈출구의 유효 너비는 0.75m 이상으로 하고, 유효 높이는 1.5m 이상으로 할 것

② 비상탈출구의 문은 피난 방향으로 열리도록 하고, 실내에서 항상 열 수 있는 구조로 하여야 하며, 내부 및 외부에는 비상탈출구의 표시를 할 것

③ 비상탈출구는 출입구로부터 3m 이상 떨어진 곳에 설치할 것

④ 지하층의 바닥으로부터 비상탈출구의 아랫부분까지의 높이가 1.2m 이상이 되는 경우에는 벽체에 발판의 너비가 20cm 이상인 사다리를 설치할 것

⑤ 비상탈출구는 피난층 또는 지상으로 통하는 복도나 직통계단에 직접 접하거나 통로 등으로 연결될 수 있도록 설치하여야 하며, 피난층 또는 지상으로 통하는 복도나 직통계단까지 이르는 피난 통로의 유효 너비는 0.75m 이상으로 하고, 피난 통로의 실내에 접하는 부분의 마감과 그 바탕은 불연재료로 할 것

⑥ 비상탈출구의 진입 부분 및 피난 통로에는 통행에 지장이 있는 물건을 방치하거나 시설물을 설치하지 아니할 것

⑦ 비상탈출구의 유도등과 피난 통로의 비상조명등의 설치는 소방법령이 정하는 바에 의할 것

14. 피난 용도로 쓰이는 옥상광장의 설치

① 옥상광장 또는 2층 이상인 층에 있는 노대 등[노대(露臺)나 그 밖에 이와 비슷한 것을 말한다]의 주위에는 높이 1.2m 이상의 난간을 설치하여야 한다. 다만, 그 노대 등에 출입할 수 없는 구조인 경우에는 그러하지 아니하다.

② 5층 이상인 층이 제2종 근린생활시설 중 공연장·종교집회장·인터넷컴퓨터게임시설제공업소(바닥면적의 합계가 각각 300m² 이상인 경우만 해당), 문화 및 집회시설(전시장 및 동·식물원은 제외), 종교시설, 판매시설, 위락시설 중 주점영업 또는 장례시설의 용도로 쓰는 경우에는 피난 용도로 쓸 수 있는 광장을 옥상에 설치하여야 한다.

③ 다음의 어느 하나에 해당하는 건축물은 옥상으로 통하는 출입문에 「화재예방, 소방시설 설치·유지 및 안전관리에 관한 법률」에 따른 성능인증 및 ②에 따른 제품검사를 받은 비상문자동개폐장치(화재 등 비상시에 소방시스템과 연동되어 잠김 상태가 자동으로 풀리는 장치를 말한다)를 설치해야 한다.

　ㄱ ②에 따라 피난 용도로 쓸 수 있는 광장을 옥상에 설치해야 하는 건축물

　ㄴ 피난 용도로 쓸 수 있는 광장을 옥상에 설치하는 다음의 건축물

　　• 다중이용 건축물

　　• 연면적 1천 제곱미터 이상인 공동주택

④ 층수가 11층 이상인 건축물로서 11층 이상인 층의 바닥면적의 합계가 10,000m² 이상 건축물의 옥상에는 다음의 구분에 따른 공간을 확보하여야 한다.

　ㄱ 건축물의 지붕을 평지붕으로 하는 경우 : 헬리포트나 헬리콥터를 통하여 인명 등을 구조할 수 있는 공간

　ㄴ 건축물의 지붕을 경사지붕으로 하는 경우 : 경사지붕 아래에 설치하는 대피 공간

방화구획, 방호구역, 방수구역, 완전구역, 경계구역에 대한 용어 정의

1. **방화구획**

   화재를 수동적 방법으로 차단하는 개념이다. 건축물의 면적을 일정 규모 이하로 제한하여 위험이 확산되지 않도록 하는 방법으로 건축적인 측면에서 일정 면적 이하로 나누어 구획하는 것이다. 나누는 방법은 벽과 방화문 등으로 건물을 실제로 막는 것이다.

   예 층별 방화구획, 면적별 방화구획($1,000m^2$, 또는 $3,000m^2$마다 방화구획)

2. **방호구역**

   면적을 일정 크기 이하로 제한하지만 수동적, 건축적 측면에서 나누는 것이 아니고 소화설비가 담당할 수 있는 면적 이하로 나누는 것이다. 방화구획과 달리 소화설비가 담당하는 구역만 제한하는 것이지 물리적으로 건물을 막는 것은 아니다.

   예 할론소화설비의 방호구역(당해 할론소화설비가 담당하는 소방대상 면적)

3. **방수구역**

   방호구역과 같은 개념이지만 스프링클러나 물분무설비와 같이 소화약제가 물인 경우에는 방수구역이라고 한다.

   예 스프링클러 유수검지장치 1개가 담당하는 방수구역 $3,000m^2$ 등

4. **완전구역**

   방화구역과 마찬가지로 건축적인 구획이지만 방화구획과의 차이점은 방화구획은 방화문 등을 설치하여 출입이 가능한 구조이며, 완전구획은 출입문이 전혀 없이 완전히 벽(내화구조)으로 차단된 구조이다.

5. **경계구역**

   소방대상물 중 화재 신호를 발신하고 그 신호를 수신 및 유효하게 제어할 수 있는 구역을 말한다.

   예 자동화재탐지설비에서 화재가 발생했을 때 수신기에 지구표시등으로 표시되는 구역

PART 12 단원별 예상문제

01 다음 중 일반적으로 분류되는 방화문에 대한 설명으로 옳지 <u>않은</u> 것은?

① 방화문에는 60분+방화문, 60분 방화문, 30분 방화문이 있다.

② 60분+방화문은 연기 및 불꽃을 차단할 수 있는 시간이 60분 이상이고, 열을 차단할 수 있는 시간이 60분 이상인 방화문을 말한다.

③ 60분 방화문은 연기 및 불꽃을 차단할 수 있는 시간이 60분 이상인 방화문을 말한다.

④ 30분 방화문은 연기 및 불꽃을 차단할 수 있는 시간이 30분 이상 60분 미만인 방화문을 말한다.

해설

② 60분+방화문은 연기 및 불꽃을 차단할 수 있는 시간이 60분 이상이고, 열을 차단할 수 있는 시간이 30분 이상인 방화문을 말한다.

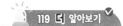

> **방화문의 구분(건축법시행령 제64조)**
> 1. 60분+방화문 : 연기 및 불꽃을 차단할 수 있는 시간이 60분 이상이고, 열을 차단할 수 있는 시간이 30분 이상인 방화문
> 2. 60분 방화문 : 연기 및 불꽃을 차단할 수 있는 시간이 60분 이상인 방화문
> 3. 30분 방화문 : 연기 및 불꽃을 차단할 수 있는 시간이 30분 이상 60분 미만인 방화문

02 화재 시 인간의 본능에 따라 자주 다니던 곳으로 피난하는 특성은?

① 지광본능

② 퇴피본능

③ 귀소본능

④ 추종본능

해설

③ 귀소본능이란 무의식 중에 평상시 사용한 길 또는 왔던 길을 되돌아 가려하는 본능을 말한다.

03 다음 중 건축물의 방화구획에 관한 설명으로 옳지 <u>않은</u> 것은?

① 건축물의 주요구조부가 내화구조 또는 불연재료로 된 건축물로서 연면적이 1천 제곱미터를 넘는 것은 방화구획을 해야 한다.

② 방화구획은 내화구조로 된 바닥, 벽 및 60분+방화문, 60분 방화문, 자동방화셔터의 구조물로 구획해야 한다.

③ 매층마다 구획할 것. 다만, 지하 1층에서 지상으로 직접 연결하는 경사로 부위는 제외한다.

④ 자동식 소화설비가 설치되고 내부마감을 불연재료로 한 11층 이상의 층은 3,000m² 이내마다 구획한다.

해설

④ 자동식 소화설비가 설치되고 내부마감을 불연재료로 한 11층 이상의 층은 1,500m² 이내마다 구획한다.

04 다음 중 피난의 설명으로 옳지 <u>않은</u> 것은?

① 피난 방향의 설계는 중앙코어식(core형)이 가장 안전하다.

② 피난 대책의 일반 원칙은 fool-proof와 fail-safe 방법을 준수한다.

③ 피난 경로는 단순, 명료하게 한다.

④ 피난 동선은 수직과 수평 동선으로 구분되며 계단의 배치는 집중화를 피하고 분산한다.

해설

① 중앙코어식(core형)은 피난 시 패닉을 유발한다.

05 다음 중 무창층의 정의로 옳은 것은?

① 지상층 중 개구부의 면적의 합계가 해당 층의 바닥면적의 3/10 이하인 층

② 지상층 중 개구부의 면적의 합계가 해당 층의 바닥면적의 1/30 이하인 층

③ 지상층 중 개구부의 면적의 합계가 해당 층의 바닥면적의 1/3 이하인 층

④ 지상층 중 개구부의 면적의 합계가 해당 층의 바닥면적의 1/20 이하인 층

해설

② 무창층은 지상층 중 개구부의 면적이 당해 층의 바닥면적의 1/30 이하인 층을 말한다.

06 다음 방염성능에 대한 설명으로 옳지 <u>않은</u> 것은?

① 버너의 불꽃을 제거한 때부터 불꽃을 올리고 연소 상태가 그칠 때까지 시간은 20초 이내이다.
② 버너의 불꽃을 제거한 때부터 불꽃을 올리지 아니하고 연소 상태가 그칠 때까지 시간은 30초 이내이다.
③ 불꽃에 의해 완전히 녹을 때까지 불꽃의 접촉 횟수는 1회 이상이다.
④ 최대연기밀도는 400 이하이다.

해설
③ 불꽃에 의해 완전히 녹을 때까지 불꽃의 접촉 횟수는 3회 이상이다.

07 피난 시 주의사항이 <u>아닌</u> 것은?

① 양방향 이상으로 피난 통로를 확보하도록 한다.
② 피난할 때는 빛을 피해 반대로 향하여 간다.
③ 피난 시에는 통로·계단을 이용하도록 한다.
④ 화재 시에는 연기의 흐름을 파악하여 피난하도록 한다.

해설
② 피난할 때는 빛을 찾아서 빛을 향하여 피난하도록 한다.

08 피난시설 계획의 일반적인 원칙에서 Fail-Safe에 대한 설명으로 옳은 것은?

① 소화설비, 유도표지 등에 판별이 쉬운 색채를 사용한다.
② 피난 경로는 2방향 피난로를 확보한다.
③ 문은 피난 방향으로 열 수 있도록 한다.
④ 외광이 들어오는 위치에 문을 설치한다.

해설
② Fail-Safe 원칙은 피난 시 피난 동선을 2방향 이상 확보하는 등 이중안전장치를 의미한다.

09 다음 중 재난 시 정상적인 피난 경로로 옳지 <u>않은</u> 것은?

① X형
② Y형
③ T형
④ 중앙집중식

해설

④ 중앙집중식은 CO형이라고도 하며 H형과 더불어 패닉(공포, 불안, 떨림)현상을 일으키는 피난 경로에 해당된다.

10 화재 시 하중지지력, 차염성, 차열성을 확보하기 위하여 설정하는 구획은?

① 방화구획
② 방연구획
③ 안전구획
④ 면적구획

해설

① 화재 발생 시 하중지지력(무게를 견딤), 차염성(화염을 막음), 차열성(열을 막음)을 확보하기 위하여 설정하는 구획은 방화구획에 해당한다.

11 건축물의 피난 계획에 대한 설명으로 옳은 것은?

① 모든 피난 동선은 건물 중심부 한 곳으로 향하고 중심부에서 지면 등 안전한 장소로 피난할 수 있도록 하여야한다.
② 피난 동선의 한쪽은 막다른 통로와 연결되어 화재 시 연소가 되지 않도록 하여야 한다.
③ 피난구는 언제나 잠금장치가 해제되어 있어야 한다.
④ 피난구조설비는 이동식 시설로 한다.

해설

① · ② 피난 동선은 어느 곳에서도 2개 이상의 방향으로 피난할 수 있으며, 그 말단은 화재로부터 안전한 장소이어야 한다.
④ 피난구조설비는 고정식 시설로 한다.

12 건축물의 방재계획에서 건축구조에 내화 및 방화성능을 부여하여야 하는 이유로 가장 적당한 것은?

① 화재 시 구조 자체가 붕괴되면 그 건축물이 내장하고 있는 모든 방재적 기능이 소멸하기 때문이다.

② 화재를 진화한 후에 건축물을 다시 보수하여 사용할 수 있도록 하기 위해서이다.

③ 건축물에 사용되는 가연물의 양을 제한하여 화재하중을 적게 하기 위해서이다.

④ 건축물의 구조를 견고히 하여 외부연소를 방지하고 방화를 예방하기 위해서이다.

해설
③ 건축물의 건축구조에 내화 및 방화성능을 고려해야 하는 이유는 건축물 내의 가연물 양을 제한하여 화재하중을 적게 하기 위해서이다. 화재하중이란 화재구획에서 단위면적당 등가가연물의 양으로 표현된다.

13 방화계획 중 공간적 대응에 해당되지 <u>않는</u> 것은?

① 도피성   ② 회피성

③ 대항성   ④ 구조성

해설
④ 방화계획 중 공간적 대응에는 도피성, 대항성, 회피성이 있다. 구조성은 공간적 대응에 해당되지 않는다.

14 다음 중 방화벽을 설치해야 하는 건축물은?

① 내화구조로 된 연면적 $1,000m^2$ 이상의 건축물

② 목재구조로 된 연면적 $1,000m^2$ 이상의 건축물

③ 바닥면적의 합계가 $1,000m^2$ 이상인 공동주택 세대 간

④ 바닥면적의 합계가 $1,000m^2$ 이상인 불연재료로 된 아파트의 벽

해설
② 주요 구조부가 내화구조 또는 불연재료가 아닌 건축물로서 연면적 $1,000m^2$ 이상인 건축물은 방화벽으로 구획한다.

15 무창층의 개구부에 대한 설명으로 옳지 <u>않은</u> 것은?

① 도로 또는 차량이 진입할 수 있는 빈터를 향할 것

② 개구부의 크기가 지름 60cm 이상의 원이 내접할 수 있도록 한다.

③ 해당 층의 바닥면으로부터 개구부 밑부분까지의 높이가 1.2m 이내일 것

④ 내부에서 쉽게 부수거나 열 수 있을 것

해설
② 개구부의 크기가 지름 50cm 이상의 원이 내접할 수 있도록 한다.

16 다음 중 피난 대책의 일반 원칙으로 옳지 <u>않은</u> 것은?

① 피난구조설비는 고정식 설비보다 이동식 설비 위주로 설치한다.

② 피난 경로는 간단·명료하게 하도록 한다.

③ 피난 수단은 원시적인 방법에 의한 것을 원칙으로 한다.

④ 피난 대책은 2방향 이상의 피난 통로를 확보한다.

해설

① 인간은 피난 시 단순해지는 경향이 있으므로 피난구조설비는 이동식 설비보다 고정식 설비 위주로 설치한다.

17 다음 내용과 관련된 건축물 방화계획의 공간적 대응은?

> 내장재의 제한, 용도별 구획, 방화훈련, 불조심, 불연화 및 내연화 등

① 대항성   ② 회피성

③ 도피성   ④ 설비성

해설

② 건축물 방화계획의 공간적 대응 중 회피성과 관련된 내용이다.

 **119 대 알아보기**

건축물 방화계획

1. 공간적인 대응

대항성	건축물의 내화성능, 방화구획 성능, 방배연 성능, 화재방어 대응성(소방대 활동성), 초기 소화대응력 등
회피성	내장재의 제한, 용도별 구획, 방화훈련, 불조심, 불연화 및 내연화 등
도피성	안전한 지역으로 피난

2. 설비적 대응

방연성능	제연설비
방화구획성능	방화문, 방화셔터 등
초기소화 대응력	자동소화설비, 자동화재탐지설비, 특수소화설비 등
도피성	피난기구, 피난유도설비 등

18 건축물의 주요구조부에 해당하지 <u>않는</u> 것은?

① 보 　　　　　　　　　　　　② 내력벽
③ 기둥 　　　　　　　　　　　④ 개구부

해설
④ 건축물의 주요구조부에는 바닥, 지붕틀, 보, 내력벽, 주계단, 기둥이 해당한다.

19 다음 중 인간의 기본적 피난 특성으로 옳지 <u>않은</u> 것은?

① 판단력의 저하로 최초 행동 개시자인 리더를 따르는 습성을 추종본능이라 한다.
② 어두운 곳에서 밝은 불빛을 따라 행동하는 습성을 지광본능이라 한다.
③ 무의식 중에 평상시 사용하는 길, 원래 온 길로 가려는 습성을 귀소본능이라 한다.
④ 오른손잡이가 오른발을 축으로 우측으로 행동하려는 습성을 우회본능이라 한다.

해설
④ 오른손잡이가 오른발을 축으로 좌측(시계반대방향)으로 행동하려는 습성을 좌회본능이라 한다.

20 다음 중 인간의 기본적 피난특성으로 옳지 <u>않은</u> 것은?

① 어두운 곳에서 밝은 불빛을 따라 행동하는 습성을 지광본능이라 한다.
② 반사적으로 화염·연기 등 위험으로부터 멀리하려는 습성을 귀소본능이라 한다.
③ 혼란 시 판단력의 저하로 최초 행동 개시자인 리더를 따르는 습성을 추종본능이라 한다.
④ 오른손잡이가 오른발을 축으로 좌측으로 행동하는 습성을 좌회본능이라 한다.

해설
② 반사적으로 화염·연기 등 위험으로부터 멀리하려는 습성을 퇴피본능이라 한다. 귀소본능은 처음 왔던 곳으로 다시 되돌아가려는 습성이다.

21 다음 중 1차 피난안전구획과 3차 피난안전구획에 해당되는 것을 바르게 묶은 것은?

ㄱ. 복도	ㄴ. 거실
ㄷ. (주)계단	ㄹ. 특별피난계단부속실(전실)
ㅁ. 피난층	

① ㄱ, ㄷ ② ㄱ, ㄹ
③ ㄴ, ㅁ ④ ㄴ, ㅁ

해설

① 복도는 1차 피난안전구역, (주)계단은 3차 피난안전구역에 해당한다.

119 🔔 알아보기

피난안전구획

1차 피난안전구역	복도
2차 피난안전구역	특별피난계단부속실(전실)
3차 피난안전구역	(주)계단

22 출화란 화재를 뜻하는 말로서 옥내출화, 옥외출화로 구분된다. 다음 중 옥외출화시기에 관한 설명으로 옳은 것은?

① 창, 출입구 등에 발염착화한 때
② 천장 속, 벽 속 등에서 발염착화한 때
③ 보통가옥의 구조 시 천장판에 발염착화한 때
④ 불연천장인 경우, 실내의 뒷면에 발염착화한 때

해설

① 옥외출화시기에 해당한다.

119 🔔 알아보기

옥내출화와 옥외출화의 비교
1. 옥내출화의 시기
   (1) 목조가옥에서는 천장 판자에 발염착화한 때
   (2) 도벽, 도장, 천장 같은 불연천장의 실내에서 그 속에 목재에 발염착화한 때
2. 옥외출화의 시기
   (1) 창, 출입구 등에 발염착화한 때
   (2) 외부 벽, 추녀 밑에서 발염착화한 때

23 건축물의 방재계획으로 가장 옳지 <u>않은</u> 것은?

① 측면계획
② 단면계획
③ 평면계획
④ 재료계획

해설
① 건축물의 방재계획에는 단면계획, 평면계획, 부지선정 및 배치계획, 입면계획, 재료계획이 있다. 측면계획은 해당되지 않는다.

24 다음 중 건축물의 방화구획에 대한 설명으로 옳지 <u>않은</u> 것은?

① 건축물의 주요구조부가 내화구조 또는 불연재료로 된 건축물로서 연면적이 1천 제곱미터를 넘는 것은 방화구획을 해야 한다.
② 매층마다 구획할 것. 다만, 지하 1층에서 지상으로 직접 연결하는 경사로 부위는 제외한다.
③ 11층 이상인 경우 바닥면적 200m^2 이내마다 구획한다.
④ 방화구획은 내화구조로 된 바닥, 벽 및 60분 방화문, 30분 방화문, 자동방화셔터의 구조물로 구획해야 한다.

해설
④ 방화구획은 내화구조로 된 바닥, 벽 및 60분+방화문, 60분 방화문, 자동방화셔터의 구조물로 구획해야 한다.

25 건축물 화재 시 발생하는 패닉현상의 직접적 원인이라고 볼 수 <u>없는</u> 것은?

① 연기에 의한 시계의 제한
② 건물의 가연내장재
③ 외부와의 단절로 인한 고립
④ 유독가스에 의한 호흡장애

해설
② 건물의 가연내장재는 패닉현상의 직접적 원인이 아니다.

119 떠 알아보기

패닉(Panic) 현상
1. 발생원인
   (1) 구성원 간의 심리적 유대관계가 약화되었을 때
   (2) 긴급하고 절박한 위험상황에 처해 있을 때
   (3) 탈출 가능성이 있지만 탈출 통로가 제약되거나 막혀 있을 때
   (4) 연기에 의한 시계의 제한
   (5) 외부와의 단절로 인한 고립
   (6) 유독가스에 의한 호흡장애

2. 발생 방지 방법
    (1) 자신 스스로 패닉 현상에 빠져 들지 않도록 한다.
    (2) 침착한 태도를 유지하고 재해 현장의 상황, 피난의 방향 및 통로 등을 정확하게 지시한다.
    (3) 불안과 공포감의 경감에 주력한다.
    (4) 다수인의 경우에는 인원을 통솔 가능하게 분산하여 유도한다.
    (5) 광란적인 사람은 집단에서 격리시킨다.

26 목조건물의 방화벽은 건물 상단과 양단에서 각각 몇 m 이상 돌출시켜야 하는가?

① 0.2
② 0.5
③ 0.8
④ 1.9

해설
② 목조건물의 방화벽은 건물 상단과 양단에서 0.5m 이상 돌출시켜야 한다.

27 화재 확대를 방지하기 위해 설치하는 60분 방화문과 30분 방화문의 비차열 성능 기준을 바르게 연결한 것은?

	60분 방화문	30분 방화문
①	60분 이상	30분 이상 60분 미만
②	60분 이하	30분 이상 60분 이하
③	60분 이상	30분 이상 60분 이하
④	60분 이하	30분 이상 60분 미만

해설
① 60분 방화문은 연기 및 불꽃을 차단할 수 있는 시간이 <u>60분 이상</u>인 방화문을 말하고, 30분 방화문은 연기 및 불꽃을 차단할 수 있는 시간이 <u>30분 이상 60분 미만</u>인 방화문을 말한다.

PART

13

소방시설론

문승철 소방학개론

CHAPTER 01 소방시설의 개요

1 소방시설의 종류 및 구성

1. 소화설비

물 또는 그 밖의 소화약제를 사용하여 소화하는 기계·기구 또는 설비로서 다음에 해당하는 것

(1) 소화기구

① 소화기

② 간이소화용구

에어로졸식 소화용구, 투척용 소화용구 및 소화약제 외의 것을 이용한 간이소화용구(= 삽을 상비한 팽창질석, 팽창진주암, 마른 모래), 소공간용 소화용구

③ 자동확산소화기

화재 시 화염이나 열에 따라 소화약제가 확산하여 국소적으로 소화하는 소화기

(2) 자동소화장치

① 주거용 주방자동소화장치

② 상업용 주방자동소화장치

③ 캐비닛형 자동소화장치

④ 가스자동소화장치

⑤ 분말자동소화장치

⑥ 고체에어로졸자동소화장치

(3) 옥내소화전설비(호스릴 옥내소화전설비 포함)

이론 플러스

소방시설의 분류
1. 소화설비
2. 경보설비
3. 피난구조설비
4. 소화용수설비
5. 소화활동설비

소화설비의 종류
1. 소화기구
   - 소화기
   - 간이소화용구 : 에어로졸식 소화용구, 투척용 소화용구, 소공간용 소화용구 및 소화약제 외의 것을 이용한 간이소화용구
   - 자동확산소화기
2. 자동소화장치
   - 주거용 주방자동소화장치
   - 상업용 주방자동소화장치
   - 캐비닛형 자동소화장치
   - 가스자동소화장치
   - 분말자동소화장치
   - 고체에어로졸자동소화장치
3. 옥내소화전설비(호스릴옥내소화전설비를 포함한다)
4. 옥외소화전설비
5. 스프링클러설비 등
   - 스프링클러설비
   - 간이스프링클러설비(캐비닛형 간이스프링클러설비를 포함한다)
   - 화재조기진압용 스프링클러설비
6. 물분무 등 소화설비
   - 물분무소화설비
   - 미분무소화설비
   - 포소화설비
   - 이산화탄소소화설비

- 할론소화설비
- 할로겐화합물 및 불활성기체 (다른 원소와 화학 반응을 일으키기 어려운 기체를 말한다. 이하 같다) 소화설비
- 분말소화설비
- 강화액소화설비
- 고체에어로졸소화설비

□ 119체크

다음 중 물분무 등 소화설비에 해당하는 것은?

① 할론소화설비
② 스프링클러설비
③ 옥내소화전설비
④ 자동소화장치

해설

할론소화설비가 물분무 등 소화설비에 해당된다. ②, ③, ④는 해당하지 않는다.

정답 ①

경보설비의 종류

1. 단독경보형감지기
2. 비상경보설비
   - 비상벨설비
   - 자동식사이렌설비
3. 시각경보기
4. 자동화재탐지설비
5. 비상방송설비
6. 자동화재속보설비
7. 통합감시시설
8. 누전경보기
9. 가스누설경보기
10. 화재알림설비

(4) 스프링클러설비 등

① 스프링클러설비
② 간이스프링클러설비(캐비닛형 간이스프링클러설비 포함)
③ 화재조기진압용 스프링클러설비

(5) 물분무 등 소화설비 ★★

① 물분무소화설비
② 미분무소화설비
③ 포소화설비
④ 이산화탄소소화설비
⑤ 할론소화설비
⑥ 할로겐화합물 및 불활성기체소화설비
⑦ 분말소화설비
⑧ 강화액소화설비
⑨ 고체에어로졸소화설비

(6) 옥외소화전설비

2. 경보설비

화재 발생 사실을 통보하는 기계·기구 또는 설비로서 다음에 해당하는 것

① 단독경보형 감지기
② **비상경보설비**
   ㉠ 비상벨설비
   ㉡ 자동식사이렌설비
③ 시각경보기
④ 자동화재탐지설비
⑤ 비상방송설비
⑥ 자동화재속보설비
⑦ 통합감시시설
⑧ 누전경보기
⑨ 가스누설경보기
⑩ 화재알림설비

3. 피난구조설비

<u>화재가 발생할 경우 피난하기 위하여 사용하는 기구 또는 설비</u>로서 다음에 해당하는 것

(1) 피난기구

① 피난사다리

② 구조대

③ <u>완강기</u>

④ 그 밖의 「화재예방, 소방시설 설치·유지 및 안전관리에 관한 법률」 제9조 제1항에 따라 소방청장이 정하여 고시하는 화재안전기준으로 정하는 것(예 미끄럼대, 공기안전매트, 피난교, 피난밧줄, 피난용 트랩, 승강식 피난기, 다수인 피안장치 등)

(2) 인명구조기구 ★★

① 방열복, 방화복(안전모, 보호장갑 및 안전화 포함)

② 공기호흡기

③ 인공소생기

(3) 유도등

① 피난유도선

② 피난구유도등

③ 통로유도등

④ 객석유도등

⑤ 유도표지

(4) 비상조명등 및 휴대용 비상조명등

4. 소화용수설비

<u>화재를 진압하는 데 필요한 물을 공급하거나 저장하는 설비</u>로서 다음에 해당하는 것

① 상수도 소화용수설비

② 소화수조·저수조, 그 밖의 소화용수설비

이론 플러스

피난구조설비의 종류

1. 피난기구
   • 피난사다리
   • 구조대
   • 완강기
   • 그 밖에 법 제9조 제1항에 따라 소방청장이 정하여 고시하는 화재안전기준(이하 "화재안전기준"이라 한다)으로 정하는 것
2. 인명구조기구
   • 방열복,
   • 방화복(안전모, 보호장갑 및 안전화를 포함한다)
   • 공기호흡기
   • 인공소생기
3. 유도등
   • 피난유도선
   • 피난구유도등
   • 통로유도등
   • 객석유도등
   • 유도표지
4. 비상조명등
5. 휴대용비상조명등

이론 플러스

소화용수설비의 종류

1. 상수도 소화용수설비
2. 소화수조
3. 저수조
4. 그 밖의 소화용수설비

이론 플러스

소화활동설비의 종류
1. 연결송수관설비
2. 연결살수설비
3. 연소방지설비
4. 무선통신보조설비
5. 제연설비
6. 비상콘센트설비

☐ **119체크**

다음 중 화재를 진압하거나 인명구조활동을 위하여 사용하는 설비에 해당하지 않은 것은?

① 연소방지설비
② 제연설비
③ 무선통신보조설비
④ 통합감시시설

해설

통합감시시설은 경보설비에 해당된다. ①, ②, ③이 소화활동설비에 해당된다.

정답 ④

기출 플러스

「화재예방, 소방시설 설치·유지 및 안전관리에 관한 법률 시행령」상 소방시설의 설비 분류가 다른 것은?

[21 소방간부 기출]

① 상수도소화용수설비
② 연결송수관설비
③ 연결살수설비
④ 연소방지설비
⑤ 무선통신보조설비

해설

소방시설의 설비 분류가 다른 것은 ①이다. 상수도소화용수설비는 소화용수설비에 해당한다. ②, ③, ④, ⑤는 소화활동설비에 해당된다.

정답 ①

5. 소화활동설비 ★★

화재를 진압하거나 인명구조활동을 위하여 사용하는 설비로서 다음에 해당하는 것

① 제연설비
② 연결송수관설비
③ 연결살수설비
④ 비상콘센트설비
⑤ 무선통신보조설비
⑥ 연소방지설비

CHAPTER 02 소방시설 설비의 종류

1 소화설비

1. 소화기구 및 자동소화장치

- 소화기구 ┬ 소화기
          ├ 간이소화용구
          └ 자동확산소화기

- 자동소화장치 ┬ 주거용 주방자동소화장치
             ├ 상업용 주방자동소화장치
             ├ 캐비닛형 자동소화장치
             ├ 가스자동소화장치
             ├ 분말자동소화장치
             └ 고체에어로졸자동소화장치

2. 소화기구

(1) 개요

소화기구란 <u>소화기, 간이소화용구, 자동확산소화기</u> 3가지로 구분하며, 소방대 상물의 방호공간, 장치, 장비 등에서 화재가 발생한 경우 초기에 화재를 진압 할 수 있는 가장 간편한 기구로서 물 또는 소화약제 등을 이용하여 사람이 직 접 조작하거나 자동으로 약제를 방출할 수 있는 것을 말한다.

(2) 소화기구의 설치장소

(다만, 노유자시설의 경우에는 투척용 소화용구 등을 화재안전기준에 따라 산 정된 소화기 수량의 2분의 1 이상으로 설치할 수 있다.)

① 연면적 33㎡ 이상인 것

② ①에 해당하지 않는 시설로서 지정문화재 및 가스시설

③ 터널

④ 지하구

⑤ 전기저장시설

3. 소화기

(1) 정의

물이나 소화약제를 압력에 의하여 방사하는 기구로서 사람이 수동으로 조작하여 소화하는 것(소화약제에 의한 간이소화용구를 제외한다)을 말한다.

(2) 소화기의 분류

① 가압방식에 따른 분류

　㉠ 축압식 소화기

　　현재 가장 많이 사용하는 소화기로 본체용기 중에 소화약제와 함께 소화약제의 방출원이 되는 압축가스(질소 등)를 봉입한 방식의 소화기를 말한다. 용기 내 압력을 확인할 수 있도록 지시압력계가 부착되어 사용가능한 범위가 0.7~0.98MPa로 녹색으로 되어 있다.

　㉡ 가압식 소화기

　　소화약제의 방출원이 되는 가압가스를 소화기 본체용기와는 별도의 전용용기에 충전하여 장치하고 소화기 가압용가스용기의 작동봉판을 파괴하는 등의 조작에 의하여 방출되는 가스의 압력으로 소화약제를 방사하는 방식의 소화기를 말한다.

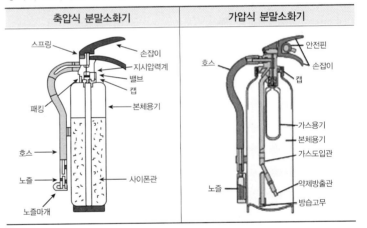

② 능력단위에 따른 분류

　㉠ 소형소화기

　　A급 화재용 소화기 또는 B급 화재용 소화기는 능력단위의 수치가 1 이상이어야 한다. 또한 대형소화기 이외의 소화기를 말한다.

　㉡ 대형소화기

　　능력단위의 수치는 <u>A급 화재에 사용하는 소화기는 10단위 이상, B급 화재에 사용하는 소화기는 20단위 이상</u>이어야 한다. 또한 충전하는 소화약제의 양은 아래 표의 중량이상으로 한다.

대형소화기의 소화약제 종류별 중량	
소화기 종류	중량
물소화기	80L 이상
강화액소화기	60L 이상
할로겐화합물소화기	30kg 이상
이산화탄소소화기	50kg 이상
분말소화기	20kg 이상
포소화기	20L 이상

③ **소화약제에 따른 분류**

㉠ 수계 소화기

　　물소화기, 산·알칼리소화기, 강화액소화기, 포소화기

㉡ 가스계 소화기

　　CO_2 소화기, 할론(Halon)소화기, 할로겐화합물 및 불활성기체소화기

㉢ 분말계 소화기

　　인산염류, 중탄산염류

㉣ 기타 소화기

　　고체에어로졸소화기

• 소화기의 소화약제

소화약제의 종류			
구분			주성분
수계 소화기	물소화기		H_2O + 침윤제(浸潤劑) 첨가
	산·알칼리소화기		A제 : $NaHCO_3$, B제 : $H2SO_4$
	강화액소화기		K_2CO_3
	포소화기	화학포	A제 : $NaHCO_3$, B제 : $Al_2(SO_4)_3$
		기계포	AFFF(수성막포) FFFP(막형성 불화단백포)
가스계 소화기	CO_2 소화기		CO_2
	Halon 소화기	1211	CF_2ClBr
		1301	CF_3Br
분말계 소화기	인산염류		$NH_4H_2PO_4$(제일인산암모늄)
	중탄산염류		$NaHCO_3$ 또는 $KHCO_3$

[비고]

• 침윤제는 인산염과 계면활성제를 사용하여 물질에 침투가 용이해지는 첨가물이다.

• AFFF(Aqueous Film Foaming Foam)는 수성막포를 말한다.

• FFFP(Film Foaming Fluoro Foam)는 불화단백포의 일종이다.

- 분말소화약제 중 중탄산나트륨(NaHCO$_3$)은 소형소화기용으로, KHCO$_3$ 는 대형소화기용으로 주로 사용한다.

(3) 소화기의 종류

① 물소화기

소화기의 원조격인 것으로 수조에 수동펌프를 설치한 수동펌프식과 수조본체를 압력용기로 하고 그 속에 물과 공기를 축압시킨 축압식과, 수조와는 별도로 탄산가스등의 가압용 가스용기를 설치하여 그 가스압력으로 물을 방출하는 가압식이 있으나, 축압식의 물소화기는 현재 생산되지 않고 가압식은 대형소화기에 사용된다. 펌프식은 수조에 수동펌프를 상하로 움직여서 물을 방사하는 것이다.

㉠ 소화원리

소화약제는 맑은 물이나 맑은 물에 계면활성제 등을 첨가하여 소화능력을 높이고 부동성을 갖게 하여 사용온도범위를 확대시킨 것이다. 물은 증발을 하면서 주위의 열을 물 1kg당 539kcal 정도 빼앗아 냉각작용에 의한 소화효과가 가장 크며 또한, 증발할 때 체적이 약 1,700배의 수증기로 변화되므로 질식에 의한 소화효과와 가연성 혼합기체의 희석작용도 하게 된다.

㉡ 설치상의 주의

물은 동결온도가 낮으므로 기온이 0℃ 이하의 장소에는 보온조치가 필요하며 주로 A급 화재(일반화재)에 사용된다.

② 산알칼리소화기

소화기의 내부에 탄산수소나트륨(NaHCO$_3$) 수용액과 진한황산 (H$_2$SO$_4$)이 분리저장된 상태에서, 사용 시 탄산수소나트륨수용액과 황산이 혼합되어 발생되는 이산화탄소를 압력원으로 하여 약제를 방사하며 전도식과 파병식이 있으나 주로 전도식을 사용한다.

③ 강화액소화기

강화액은 탄산칼륨 등의 수용액을 주성분으로 하며 강한 알칼리성(PH 12 이상)으로 비중은 1.35/15℃ 이상의 것을 말한다. 강화액은 −30℃에서도 동결되지 않으므로 한냉지에서도 보온의 필요가 없을 뿐만 아니라 탈수·탄화작용으로 목재·종이 등을 불연화하고 재연방지의 효과도 있어서 A급 화재에 대한 소화능력이 증가된다. 무상으로 방사하는 경우에는 소규모의 C급 화재에도 적용된다. 강화액소화기는 축압식, 가스가압식, 반응식의 3가지 방식이 있으나 최근에는 경제성을 고려하여 거의 축압식을 사용하고 있다. 축압식은 압력용기 속에 강화액을 충전하고 공기압으로 가압시켜, 사용할 때에는 압축공기의 압력으로 강화액을 방사시키게 된다.

㉠ 소화원리

강화액은 무색 또는 황색으로 약간의 점성이 있는 액체로서 알칼리금속염류의 수용액이다. 이 소화액의 특징은 부촉매효과(연소의 진행을 단절하고 반응을 억제하는 효과)에 의한 화재의 제어작용이 크며 연소의 재발을 저지하는 작용을 한다. 반응식의 경우에는 산·알칼리 소화기와 같은 구조로 황산과 탄산칼륨수용액을 분리 저장하고 사용 시 혼합되면 다음과 같은 반응식이 된다.

$$H_2SO_4 + K_2CO_3 \rightarrow K_2SO_4 + H_2O + CO_2 \uparrow$$
(황산)　(중탄산칼륨)　(황산칼륨)　(물)　이산화탄소

약제가 방사되는 압력원은 반응식에서 발생된 이산화탄소가스에 의해서 방사된다.

㉡ 설치상의 주의

보일러실, 건조실, 노의 옆 등 온도가 높아지게 되는 곳에 축압식 소화기를 설치하면 용기의 내압이 상승하여 위험하기 때문에 주위의 온도가 40℃ 이상인 곳은 피하여 설치하여야 한다.

④ **포(= 포말)소화기**

액체 상태의 화학 약재를 사용하는 소화기이다. 본체를 거꾸로 뒤집은 다음에 흔들어서 황산알루미늄 용액과 탄산수소나트륨이 화학반응을 일으켜 이산화탄소와 수산화알루미늄이 생기는데, 이때 이산탄소의 거품과 수산화알루미늄의 거품이 공기의 공급을 차단하는 질식작용으로 화재를 진압한다. 주로 일반화재(A급), 유류화재(B급) 진화용으로 사용된다. 소화 성능은 매우 뛰어나지만 사용방법이 번거롭고 약재에 의한 부식 가능성이 높다는 단점이 있어서 현재는 생산되지 않는다.

⑤ **이산화탄소소화기**

고압가스용기에 이산화탄소를 액화하여 충전한 것으로, 탄산가스가 용기에서 방출되면 좁은 공간에도 잘 침투되고 전기절연성으로 오손이 전혀 없기 때문에 통신기기실·컴퓨터실 또는 전기실 등에 적당하다.

㉠ 소화원리

질식, 냉각작용에 의해 소화된다. 액화탄산가스 1kg은 기화하였을때 15℃에서 534ℓ의 기체로 변하여 가연물의 주위를 즉시 이산화탄소가스로 덮어 질식시킨다. 이산화탄소가스가 방출되어 드라이아이스 상태가 될 때 온도는 −78.5℃까지 급격히 냉각되며 자기증기압에 의해 방출된다. 이산화탄소 가스 1kg에 대하여 용기의 내용적 1.5L 이상으로 충전되어 있다(= 이산화탄소소화기의 충전비).

$$CO_2 \text{ 충전비} = \frac{\text{용기의 내용적(L)}}{\text{용기 내의 약제충전되는 양(kg)}} = \frac{1.5L}{1kg} = 1.5L/kg$$

ⓛ 설치상의 주의

직사광선·고온·다습의 장소를 피하여 비, 눈, 이슬이나 약품 등에 의해서 부식되지 않는 곳에 설치하고, 사용 시 동상이나 질식에 주의하여야 한다. 이산화탄소소화기는 지하층과 무창층, 밀폐된 거실 및 사무실로서 바닥면적이 20㎡ 미만인 장소에는 설치하여서는 아니 된다. 다만, 배기를 위한 유효한 개구부가 있는 장소인 경우에는 제외된다.

⑥ **할론소화기(증발성 액체 소화기)**

탄화수소계의 할로겐화합물을 소화약제로 사용하며 할론에는 여러가지 종류가 있지만 소화기용으로 최초에 보급된 것은 할론104(CCl_4, 사염화탄소, 일명 CTC라고 부름)이며, 그 후 할론1011이 개발되어 실용화되었고, 다시 불소화합물의 우수성이 인정되어 할론2402, 할론1301 등이 사용되게 되었다. 할론은 어느 것이나 무색투명한 액체 또는 기체로서 특유의 강한 취기를 가진다. 작동방법상의 종류로는 수동펌프식, 수동축압식, 축압식, 자기증기압식 등이 있으나 자기증기압식이 가장 많이 사용된다.

ⓐ 소화원리

액체나 기체 모두가 공기보다 무거운 불연성기체 또는 액체로서 연소물의 주위에 체류하여 질식소화함과 동시에 연쇄반응에 있어서의 활성물질에 작용하여 그 활성을 빼앗아 연소반응을 차단하는 억제작용에 약간의 냉각효과를 겸하여 소화시킨다.

ⓛ 설치상의 주의

직사광선을 받는 장소나 40℃ 이상의 고온의 장소에는 설치하지 말아야 하며 소화 시에 유독한 포스겐가스를 발생할 수 있으므로 바닥면적이 20㎡ 미만인 지하층, 무창층의 거실 등에 설치하여서는 아니 된다(다만, 배기를 위한 유효한 개구부가 있는 장소인 경우에는 제외).

⑦ **분말소화기**

현재 우리나라에서 가장 많이 보급되어있는 소화기로 인산암모늄이 주성분이며, 방사된 약제는 연소면의 피복에 의한 질식, 억제작용에 의해 일반화재, 전기화재 등 모든 화재에 효과적이나 소화약제는 다른 종류의 분말 소화약제와는 화학성질이 다르므로 혼합되지 않도록 해야 한다. 이 소화기는 건조된 분말을 주성분으로 하고 분말상태가 장기간 유지되도록 방습제 등을 첨가하여 용기본체에 충전하고 분말약제를 방사할 수 있도록 압축가스를 봉입한다. 이 압축가스의 봉입방법에 따라 용기 본체에 직접 봉입하는 축압식과 별도의 용기에 충전하여 소화기 본체에 부착하는 가압식이 있다. 이 소화기는 안전핀을 제거하고 손잡이를 누르면 봉판이 파괴되고 이 때 압축가스에 의해 약제를 방사하게 된다.

㉠ 소화원리

열분해에 의한 냉각작용 및 발생된 불연성가스, 수증기에 의한 질식작용, 발생이온의 부촉매작용과 연쇄반응을 정지시키는 억제작용에 의해 소화되며, 반응에서부터 소화시간까지가 빠르다는 특색이 있다.

㉡ 설치상의 주의

직사광선이나 고온을 받는 장소에는 축압식소화기를 가능한한 설치하지 않도록 하고, 가스가압식의 경우 안전핀이 이탈되지 않도록 하고 가스가압식의 경우 한번 작동시키면 내부의 약제가 모두 방사되므로 필히 분말약제와 가압용가스를 재충전하여야 한다.

(4) 소화기구의 설치기준

소화기구는 다음 기준에 따라 설치하여야 한다.

① 특정소방대상물의 설치장소에 따라 아래 표에 적합한 종류의 것으로 할 것

[소화기구의 소화약제별 적응성]

소화약제 구분 / 적응 대상	가스			분말		액체				기타			
	이산화탄소소화약제	할론소화약제	할로겐화합물 및 불활성기체소화약제	인산염류소화약제	중탄산염류소화약제	산알칼리소화약제	강화액소화약제	포소화약제	물·침윤소화약제	고체에어로졸화합물	마른모래	팽창질석·팽창진주암	그 밖의 것
일반화재 (A급 화재)	–	○	○	○	–	○	○	○	○	○	○	○	–
유류화재 (B급 화재)	○	○	○	○	○	○	○	○	○	○	○	○	–
전기화재 (C급 화재)	○	○	○	○	○	*	*	*	*	○	–	–	–
주방화재 (K급 화재)	–	–	–	–	*	–	*	*	*	–	–	–	*

② 특정소방대상물에 따라 소화기구의 능력단위는 아래 기준에 따를 것

[특정소방대상물별 소화기구의 능력단위기준]

특정소방대상물	소화기구의 능력단위
1. 위락시설	해당 용도의 바닥면적 $30m^2$ 마다 능력단위 1단위 이상
2. 공연장 · 집회장 · 관람장 · 문화재 · 장례식장 및 의료시설	해당 용도의 바닥면적 $50m^2$ 마다 능력단위 1단위 이상
3. 근린생활시설 · 판매시설 · 운수시설 · 숙박시설 · 노유자시설 · 전시장 · 공동주택 · 업무시설 · 방송통신시설 · 공장 · 창고시설 · 항공기 및 자동차 관련 시설 및 관광휴게시설	해당 용도의 바닥면적 $100m^2$ 마다 능력단위 1단위 이상
4. 그 밖의 것	해당 용도의 바닥면적 $200m^2$ 마다 능력단위 1단위 이상

✪ 소화기구의 능력단위를 산출함에 있어서 건축물의 주요구조부가 내화구조이고, 벽 및 반자의 실내에 면하는 부분이 불연재료 · 준불연재료 또는 난연재료로 된 특정소방대상물에 있어서는 위 표의 기준면적의 2배를 해당 특정소방대상물의 기준면적으로 한다.

③ 부속용도별로 사용되는 부분에 대하여는 소화기구 및 자동소화장치를 추가하여 설치할 것

④ **소화기의 설치기준**

    ㉠ 각층마다 설치하되, 특정소방대상물의 각 부분으로부터 1개의 소화기까지의 보행거리가 소형소화기의 경우에는 20m 이내, 대형소화기의 경우에는 30m 이내가 되도록 배치할 것. 다만, 가연성물질이 없는 작업장의 경우에는 작업장의 실정에 맞게 보행거리를 완화하여 배치할 수 있다.

    ㉡ 특정소방대상물의 각층이 2 이상의 거실로 구획된 경우에는 각 층마다 설치하는 것 외에 바닥면적이 $33m^2$ 이상으로 구획된 각 거실(아파트의 경우에는 각 세대를 말한다)에도 배치할 것

    ㉢ 능력단위가 2단위 이상이 되도록 소화기를 설치하여야 할 특정소방대상물 또는 그 부분에 있어서는 간이소화용구의 능력단위가 전체 능력단위의 2분의 1을 초과하지 아니하게 할 것. 다만, 노유자시설의 경우에는 그렇지 않다.

    ㉣ 소화기구(자동확산소화기를 제외한다)는 거주자 등이 손쉽게 사용할 수 있는 장소에 바닥으로부터 높이 1.5m 이하의 곳에 비치하고, 소화기에 있어서는 "소화기", 투척용소화용구에 있어서는 "투척용소화용구", 마른모래에 있어서는 "소화용모래", 팽창질석 및 팽창진주암에 있어서는 "소화질석"이라고 표시한 표지를 보기 쉬운 곳에 부착할 것

    ㉤ 소형소화기를 설치하여야 할 특정소방대상물 또는 그 부분에 옥내소화전설비 · 스프링클러설비 · 물분무 등 소화설비 · 옥외소화전설비 또는 대형소화기를 설치한 경우에는 해당 설비의 유효범위의 부분에 대하여는 소화

기의 3분의 2(대형소화기를 둔 경우에는 2분의 1)를 감소할 수 있다. 다만, 층수가 11층 이상인 부분, 근린생활시설, 위락시설, 문화 및 집회시설, 운동시설, 판매시설, 운수시설, 숙박시설, 노유자시설, 의료시설, 아파트, 업무시설(무인변전소를 제외한다), 방송통신시설, 교육연구시설, 항공기 및 자동차관련 시설, 관광 휴게시설은 그러하지 아니하다.

ⓑ 대형소화기를 설치하여야 할 특정소방대상물 또는 그 부분에 옥내소화전설비·스프링클러설비·물분무 등 소화설비 또는 옥외소화전설비를 설치한 경우에는 해당 설비의 유효범위안의 부분에 대하여는 대형소화기를 설치하지 아니할 수 있다.

ⓢ 지하구에 설치하는 소화기 설치기준[지하구의 화재안전기준(NFSC 605)]

> 1. 소화기의 능력단위(「소화기구 및 자동소화장치의 화재안전기준(NFSC 101)」 제3조 제6호에 따른 수치를 말한다. 이하 같다)는 A급 화재는 개당 3단위 이상, B급 화재는 개당 5단위 이상 및 C급 화재에 적응성이 있는 것으로 할 것
> 2. 소화기 한대의 총중량은 사용 및 운반의 편리성을 고려하여 7kg 이하로 할 것
> 3. 소화기는 사람이 출입할 수 있는 출입구(환기구, 작업구를 포함한다) 부근에 5개 이상 설치할 것
> 4. 소화기는 바닥면으로부터 1.5m 이하의 높이에 설치할 것
> 5. 소화기의 상부에 "소화기"라고 표시한 조명식 또는 반사식의 표지판을 부착하여 사용자가 쉽게 알 수 있도록 할 것

⑤ 이산화탄소 또는 할로겐화합물을 방사하는 소화기구(자동확산소화기를 제외한다)는 지하층이나 무창층 또는 밀폐된 거실로서 그 바닥면적이 $20m^2$ 미만의 장소에는 설치할 수 없다. 다만, 배기를 위한 유효한 개구부가 있는 장소인 경우에는 그러하지 아니하다.

(5) 소화기의 공통사항

① 화재의 종류와 적응성

화재의 종류	소화기 용기 표시
일반화재	**백색**의 둥근 표지에 **흑색 문자**(A)
유류화재	**황색**의 둥근 표지에 **흑색 문자**(B)
전기화재	**청색**의 둥근 표지에 **백색 문자**(C)

② 방사성능

㉠ 충전소화약제의 중량이 1kg 이하인 것에 있어서는 6초 이상, 1kg을 초과하는 것에 있어서는 8초 이상이어야 한다.

ⓛ 충전된 소화약제의 용량 또는 중량의 90%(포말소화기는 85%) 이상의 양이 방사되어야 한다.

③ 안전장치
  ㉠ 소화기에는 불의의 작동을 방지하기 위한 안전장치를 설치하여야 한다.
  ㉡ 한 동작으로 용이하게 풀리는 것이어야 하며, 풀어내는 데 지장이 없는 봉인을 하여야 한다.

④ 사용 온도 범위

소화기 종류	사용 온도 범위
강화액소화기	-20℃ 이상 40℃ 이하
포소화기	5℃ 이상 40℃ 이하
분말소화기	-20℃ 이상 40℃ 이하
할로겐화합물 및 불활성 기체소화기	55℃ 이하
기타 소화기	0℃ 이상 40℃ 이하

✪ 위 규정에 의한 사용 온도의 범위를 확대하고자 할 때에는 10℃ 단위로 하여야 한다.

⑤ 소화기의 도장
  표면에는 방청도장을 하고, 표면의 25% 이상의 부분을 적색으로 도장하여야 한다.

(6) 소화기의 설치 및 유지 관리

① 바닥면에서 높이가 1.5m 이하가 되는 지점에 설치하여야 한다.
② 적응화재에만 사용하며 성능에 따라서 불에 가까이 접근하여 사용하여야 한다.
③ 소화기는 화재 초기에만 효과가 있다.
④ 소화기 사용법
  ㉠ 소화기를 불이 난 곳으로 옮긴 다음, 손잡이 부분의 안전핀을 뽑는다.
  ㉡ 바람을 등지고 바람이 부는 쪽에서 바람이 불어가는 쪽을 향해 소화기를 양옆으로 비로 쓸 듯이 골고루 방사한다.

4. 간이소화용구

(1) 간이소화용구의 종류

에어로졸식 소화용구, 투척용 소화용구, 소공간용 소화용구 및 소화약제 외의 것을 이용한 간이소화용구가 있다.

(2) 노유자시설의 경우에는 투척용 소화용구 등을 화재안전기준에 따라 산정된 소화기 수량의 2분의 1 이상으로 설치할 수 있다.

(3) 소화약제 외의 것을 이용한 간이소화용구

① **종류** : 마른모래, 팽창질석, 팽창진주암 등이 있다.

② 양동이와 삽이 같이 비치되어 있어야 한다.

③ 소화약제 외의 것을 이용한 간이소화용구의 능력단위

간이소화용구		능력단위
1. 마른모래	삽을 상비한 50L 이상의 것 1포	0.5 단위
2. 팽창질석 또는 팽창진주암	삽을 상비한 80L 이상의 것 1포	

(4) 소공간용소화용구

① 수전반, 배전반, 분전반, 제어반 등의 화재가 대형화재로 이어져 이를 예방하고자 소공간에서의 화재를 자동으로 소화하는 '소공간용 소화용구'를 소화기구의 종류에 추가하여 화재위험성이 높은 소규모 공간에 적용할 수 있도록 하였다.

② **소화효과** : 냉각소화 및 부촉매소화효과가 있다.

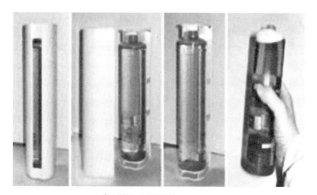

[투척용 소화용구]

5. 자동확산소화기

(1) 정의

"자동확산소화기"란 화재를 감지하여 자동으로 소화약제를 방출 확산시켜 국소적으로 소화하는 소화기를 말한다.

(2) 자동확산소화기 설치기준

① 방호대상물에 소화약제가 유효하게 방사될 수 있도록 설치할 것

② 작동에 지장이 없도록 견고하게 고정할 것

(3) 방사방식에 따른 분류

① **파열식**

투척용 소화용구와 같이 경질유리로 된 용기에 무기산염인 요소, 암모늄염, 알칼리 금속염, 알칼리 토금속염 등의 소화약제를 봉입한 제품으로 화재 시 일정 온도가 되면 용기 내의 자체압력이 증가하여 용기가 파열되면서 소화약제가 화재지역에 뿌려져 소화된다.

② **분사식**

퓨즈블링크(이융성금속) 및 유리벌브형의 감지부가 소화약제저장용기에 부착되어 있어 화재 발생 시 감지부의 작동온도까지 온도가 상승하면 자동적으로 파열 이탈되어 노즐을 통하여 소화약제가 방사되는 소화용구이다.

[분사식 자동확산소화기(축압식)]

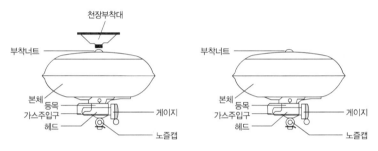

6. 자동소화장치

(1) 정의

"자동소화장치"란 소화약제를 자동으로 방사하는 고정된 소화장치로서 형식승인이나 성능인증을 받은 유효설치 범위(설계방호체적, 최대설치높이, 방호면적 등을 말한다) 이내에 설치하여 자동으로 소화하는 장치를 말한다.

(2) 종류

① "**주거용 주방자동소화장치**"란 주거용 주방에 설치된 열발생 조리기구의 사용으로 인한 화재 발생 시 열원(전기 또는 가스)을 자동으로 차단하며 소화약제를 방출하는 소화장치를 말한다.

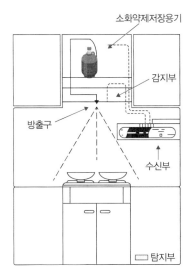

② **"상업용 주방자동소화장치"**란 상업용 주방에 설치된 열발생 조리기구의 사용으로 인한 화재 발생 시 열원(전기 또는 가스)을 자동으로 차단하며 소화약제를 방출하는 소화장치를 말한다.

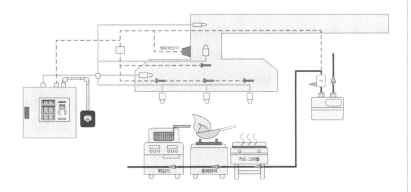

③ **"캐비닛형 자동소화장치"**란 열, 연기 또는 불꽃 등을 감지하여 소화약제를 방사하여 소화하는 캐비닛형태의 소화장치를 말한다.

 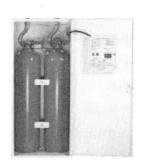

④ "**가스자동소화장치**"란 열, 연기 또는 불꽃 등을 감지하여 가스계 소화약제를 방사하여 소화하는 소화장치를 말한다.

⑤ "**분말자동소화장치**"란 열, 연기 또는 불꽃 등을 감지하여 분말의 소화약제를 방사하여 소화하는 소화장치를 말한다.

⑥ "**고체에어로졸자동소화장치**"란 열, 연기 또는 불꽃 등을 감지하여 에어로졸의 소화약제를 방사하여 소화하는 소화장치를 말한다.

　　㉠ 고체에어로졸자동소화장치의 원리

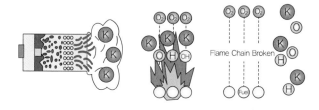

　　㉡ 고체에어로졸자동소화장치 설치 예

🎁 이론 플러스

옥내소화전설비의 용어

• 고가수조
　구조물 또는 지형지물 등에 설치하여 자연낙차의 압력으로 급수하는 수조를 말한다.

• 압력수조
　소화용수와 공기를 채우고 일정 압력 이상으로 가압하여 그 압력으로 급수하는 수조를 말한다.

• 충압펌프
　배관 내 압력손실에 따른 주펌프의 빈번한 기동을 방지하기 위하여 충압역할을 하는 펌프를 말한다.

• 정격토출량
　정격토출압력에서의 펌프의 토출량을 말한다.

2 옥내소화전설비

1. 개요

옥내소화전설비는 화재 초기에 건축물 내의 화재를 진화하는 고정된 수동식 봉상주수방식의 소화설비로 수원, 가압송수장치, 기동용 수압개폐장치(압력챔버, 압력스위치), 개폐밸브, 호스, 노즐, 소화전함, 비상전원, 제어반, 방수구, 소화펌프, 성능시험배관, 순환배관 등으로 구성되어 있다.

2. 수원

(1) 수원의 양 산출기준

옥내소화전 설치 개수가 가장 많은 층의 설치 개수(설치 개수가 2개 이상 설치된 경우는 2개)에 2.6세제곱(호스릴옥내소화전설비 포함)을 곱한 양 이상이 되도록 하여야 한다.

① 옥내소화전 1개당 최소규정방수량 = 130L/min 이상

② 옥내소화전 1개당 화재를 진압하기 위한 물의 양 = 130L/min × 20min 이상 = 2.6세제곱 이상

③ 전체 유효수원의 양(저수량) = 옥내소화전 설치 개수(최대 2개) × 2.6m3 = 5.2세제곱 이상(단, 층수가 30층 이상 49층 이하는 5.2세제곱, 50층 이상은 7.8세제곱)

④ 노즐 선단에서의 방수압력 : 0.17MPa 이상~0.7MPa 이하(100을 곱하여 거리로 환산하면 최소 17m 이상~70m 이하까지 나갈 수 있는 압력이다.)

> **고층건축물의 옥내소화전설비의 수원의 양[고층건축물의 화재안전기준(NFSC 604)]**
>
> <u>층수가 30층 이상 49층 이하</u>의 수원은 그 저수량이 옥내소화전의 설치개수가 가장 많은 층의 설치개수(5개 이상 설치된 경우에는 5개)에 <u>5.2m^3</u>(호스릴옥내소화전설비를 포함한다)를 곱한 양 이상이 되도록 하여야 한다. 다만, <u>층수가 50층 이상</u>인 건축물의 경우에는 <u>7.8m^3</u>를 곱한 양 이상이 되도록 하여야 한다.

⑤ 옥내소화전에서 방수압력 측정 방법

옥내소화전에서 방수압력을 측정하는 방법은 하나의 층에서 최대 두 개의 옥내소화전을 동시에 개방시켜서 방사해보는 것이다. 이때 각각의 옥내소화전 노즐에서 0.17MPa 이상이 나와야 한다. 직사 관창에서는 피토게이지로, 분무 관창에서는 연결금속구를 사용하여 방수압력을 측정한 후 방수량으로 환산한다.

• 옥내소화전 노즐의 방수압에 따른 방수량 계산 공식

$$Q = 0.653 \times d^2 \times \sqrt{10P}$$
$$= 0.653 \times 13^2 \times \sqrt{10 \times 0.17}$$
$$= 143.89\ell/\min$$

Q : 방수량(l/min), P : 방수압(MPa), D : 노즐의 구경(mm)

방수압력을 측정해 본 결과 노즐에서 0.17Mpa 이상 나온다면, 이때의 방수량은 얼마인가? 계산 공식에 따라 구경 d(mm)에는 13mm(옥외소화전은 19mm)를 대입하고, 방사압력 P(MPa)에는 0.17MPa을 도입하여 계산하면 143.89ℓ/min가 산출된다. 계산을 통해 알 수 있는 것은 화재안전기준에서 규정하고 있는 방수량 130ℓ/min 보다 더 많이 방사된다는 것이다.

• 정격토출압력
  정격토출량에서의 펌프의 토출측 압력을 말한다.

• 진공계
  대기압 이하의 압력을 측정하는 계측기를 말한다.

• 연성계
  대기압 이상의 압력과 대기압 이하의 압력을 측정할 수 있는 계측기를 말한다.

• 체절운전
  펌프의 성능시험을 목적으로 펌프 토출측의 개폐밸브를 닫은 상태에서 펌프를 운전하는 것을 말한다.

• 기동용수압개폐장치
  소화설비의 배관 내 압력변동을 검지하여 자동적으로 펌프를 기동 및 정지시키는 것으로서 압력챔버 또는 기동용압력스위치 등을 말한다.

• 급수배관
  수원 및 옥외송수구로부터 옥내소화전방수구에 급수하는 배관을 말한다.

• 분기배관
  배관 측면에 구멍을 뚫어 둘 이상의 관로가 생기도록 가공한 배관으로서 확관형 분기배관과 비확관형 분기배관을 말한다.

• 확관형 분기배관
  배관의 측면에 조그만 구멍을 뚫고 소성가공으로 확관시켜 배관 용접 이음자리를 만들거나 배관 용접이음자리에 배관이음쇠를 용접 이음한 배관을 말한다.

• 비확관형 분기배관
  배관의 측면에 분기호칭내경 이상의 구멍을 뚫고 배관이음쇠를 용접 이음한 배관을 말한다.

• 개폐표시형밸브
  밸브의 개폐 여부를 외부에서 식별할 수 있는 밸브를 말한다.

• 가압수조
  가압원인 압축공기 또는 불연성 고압기체에 따라 소방용수를 가압시키는 수조를 말한다.

(2) 2차 수원(= 옥상수조)

옥내소화전설비의 수원은 산출된 유효수량 외에 유효수량의 3분의 1 이상을 옥상(옥내소화전설비가 설치된 건축물의 주된 옥상을 말한다)에 설치하여야 한다(☞ 1차 수원을 사용할 수 없는 경우를 대비하여 여유분으로 옥상에 별도 설치한다. 소방행정의 업무적 특성 중 '가외성(redundancy)'과 관련있다). 다만, 다음의 어느 하나에 해당하는 경우에는 옥상수조를 설치하지 않는다.

① 지하층만 있는 건축물
② 고가수조를 가압송수장치로 설치한 옥내소화전설비
③ 건축물의 높이가 지표면으로부터 10m 이하인 경우
④ 수원이 건축물의 최상층에 설치된 방수구보다 높은 위치에 설치된 경우
⑤ 가압수조를 가압송수장치로 설치한 옥내소화전설비
⑥ 주펌프와 동등 이상의 성능이 있는 별도의 펌프로서 내연기관의 기동과 연동하여 작동되거나 비상전원을 연결하여 설치한 경우
⑦ 학교·공장·창고시설(옥상수조를 설치한 대상은 제외)로서 동결의 우려가 있는 장소

(3) 옥내소화전설비의 수조 설치기준

① 점검에 편리한 곳에 설치할 것
② 동결방지조치를 하거나 동결의 우려가 없는 장소에 설치할 것
③ 수조의 외측에는 수위계를 설치할 것. 다만, 구조상 불가피한 경우에는 수조의 맨홀을 통하여 수조 안의 물의 양을 쉽게 확인할 수 있어야 한다.
④ 수조의 상단이 바닥보다 높은 때에는 수조의 외측에 고정식 사다리를 설치할 것
⑤ 수조가 실내에 설치된 때에는 실내에 조명설비를 설치할 것
⑥ 수조 밑부분에는 청소용 배수밸브 또는 배수관을 설치할 것
⑦ 수조의 외측, 보기 쉬운 곳에 '옥내소화전설비용 수조'라고 표시한 표지를 할 것. 이 경우 그 수조를 다른 설비와 겸용하는 때에는 그 겸용되는 설비의 이름을 표시한 표지를 함께 하여야 한다.
⑧ 옥내소화전펌프의 흡수배관 또는 옥내소화전설비의 수직배관과 수조의 접속 부분에는 '옥내소화전설비용 배관'이라고 표시한 표지를 할 것. 다만, 수조와 가까운 장소에 옥내소화전펌프가 설치되고 옥내소화전펌프에 표지를 설치한 때에는 그러하지 아니하다.

3. 가압송수장치

이론 플러스

가압송수장치의 종류
1. 고가수조
2. 압력수조
3. 가압수조
4. 지하수조(펌프방식)

(1) 가압송수장치의 분류

옥내소화전설비에 규정된 방사조건으로 물을 공급하는 방식으로 본 기준에서는 고가수조의 낙차를 이용한 가압송수장치, 압력수조를 이용한 가압송수장치, 펌프를 이용하는 가압송수장치, 가압수조를 이용하는 가압송수장치 방식으로 분류하고 있다.

[가압송수장치의 종류 4가지]

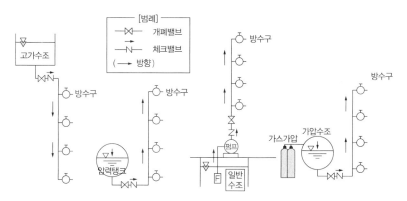

(2) 고가수조의 낙차를 이용한 가압송수장치

① 개요

고가수조는 건축물의 옥상 또는 별도의 구축물 등에 설치되는 수원을 말하며, 높이에 따른 낙차압력을 이용하여 옥내소화전설비에 규정된 방사조건으로 물을 공급하기 위해서는 방호대상물에 설치되는 옥내소화전 방수구의 위치보다 수원의 위치가 높아 중력에 의한 자연낙차 압력을 이용하여 급수할 수 있는 위치에 설치되어야 한다.

[건물의 옥상에 설치되는 고가수조 예]

② **장점**

ㄱ 거의 일정한 수압으로 확실한 급수가 가능하다.

ㄴ 운전비가 적게든다.

ㄷ 단수, 정전, 펌프고장 시에도 일정 시간동안 급수가 가능하다.

ㄹ 배관부속품의 파손이 적다.

ㅁ 취급이 간단하여 대규모 급수설비에 적합하다.

ㅂ 별도의 동력원과 비상전원이 필요하지 않는다.

ㅅ <u>가동부가 없으므로 가장 안전하고 신뢰성이 좋은 방식이다.</u>

③ **단점**

ㄱ 동절기 난방이 안 되는 장소에 설치되는 경우에는 동파방지조치를 하여야한다.

ㄴ 저수조에서의 급수오염 가능성이 크다.

ㄷ 미관이 좋지 않고 구조물 보강계획이 필요하다.

ㄹ 설비비가 높다.

ㅁ 최상층 수압부족 현상, 최하층 수압과다 현상이 발생한다.

ㅂ 지형지물에 따라 고가수조의 적용이 제한적으로 적용된다.

ㅅ 건물이 하중을 받는다.

④ **고가수조의 설치기준**

ㄱ 고가수조의 자연낙차수두(수조의 하단으로부터 최고층에 설치된 소화전 호스 접결구까지의 수직거리를 말한다)는 다음의 식에 따라 계산하여 나온 수치 이상이 되도록 할 것

$$H = h_1 + h_2 + 17(호스릴옥내소화전설비를 포함한다)$$
H : 필요한 낙차(m)
h_1 : 소방용호스 마찰손실 수두(m)
h_2 : 배관의 마찰손실 수두(m)

ⓛ 고가수조에는 <u>수위계ㆍ배수관ㆍ급수관ㆍ오버플로우관 및 맨홀</u>을 설치할 것

(3) 압력수조에 의한 가압송수장치

① 개요

압력수조는 가압송수장치의 일종으로서 대형 압력탱크를 이용하여 옥내소화
전설비에 규정된 방사조건으로 물을 공급하는 가압송수장치로서, 압력수조
방식은 압력탱크 내에 물을 압입하고 압력탱크 내의 압축된 공기압력에 의하
여 송수하는 방식이다. 즉, <u>압력탱크의 1/3은 에어콤프레셔에 의해 압축공기
를, 2/3는 물을 급수펌프로 공급</u>하여 방수구의 법정 방수압력을 공급하는 가
압방식이다.

[압력수조의 예]

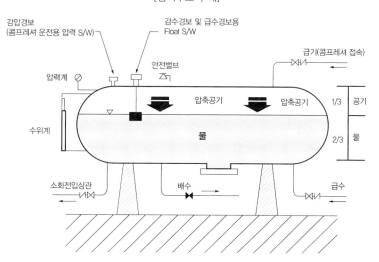

[압력수조의 계통도]

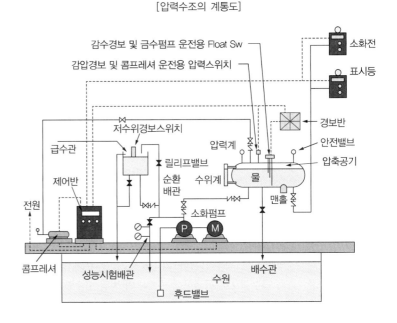

② **장점**
  ⑦ 압축공기가 정상적으로 채워져 있을 경우는 별도의 동력이 없어도 충분한 가압송수가 가능하다.
  ⑥ 높은 곳에 탱크를 설치할 필요가 없으므로 건축물의 구조를 강화할 필요가 없다.
  ⑥ 외관상 지저분하지 않다.
  ⑥ 국부적으로 고압을 필요로 하는데 적합하다.
  ⑩ 탱크의 설치 위치에 제한을 받지 않기 때문에 압력탱크의 설치장소에 따르는 이점이 있다.
  ⑥ 전원공급 차단 시에도 화재진압에 대응이 가능하다.

③ **단점**
  ⑦ 압력탱크 용량의 약 2/3 정도만 사용할 수 있고(만수하였을 때 물의 용적은 약 2/3로 한정) 방수와 동시에 수압이 감소되기 때문에 저수량의 모두를 유효수량으로 볼 수 없어 설계 시에 충분한 양의 수원을 확보할 수 있도록 하여야 한다.
  ⑥ 압력수조가 압력을 충분히 견딜 수 있을 정도의 충분한 강도로 만들어야 하기 때문에 제작비용이 많이 들어간다.
  ⑥ 펌프의 양정이 커야 하므로 시설비가 많이 든다.
  ⑥ 조작상 최고, 최저의 압력차가 크므로 급수압이 일정하지 않다.
  ⑩ 압축기를 설치하여 때때로 공기를 공급하여야 한다.
  ⑥ 취급이 곤란하고 고장이 다른 방식에 비해 많다.

이론 플러스

Air Lock 현상
1. 정의
  압력수조에 의한 방법을 사용할 때 보조수원으로 사용하는 고가수조를 주배관에 연결한 경우 배관 내부가 진공상태로 되는 경우 고가수조를 사용할 수 없게 되는 현상이 생길 수 있다. 이 현상을 Air Lock이라 하며, Air Bound라고도 한다.
2. 발생원인
① 고가수조와 압력수조를 동일한 입상관에 연결시킬 때
② 압력수조와 스프링클러 사이의 공통 배관 내에서 고가수조측의 Check Valve 위치가 너무 높을 때
③ 스프링클러의 수두에 의하여 갇혀있는 압력보다 고가수조의 낙차 압력이 적을 때
④ Check Valve가 열리지 못한다.

◈ 물을 방출하면서 수압이 시간에 따라 감소하게 되므로 공기 가압장치가 필요하다.

◎ 고가수조 방식과 함께 사용할 경우, Air Lock 현상의 우려가 있다.

④ **압력수조의 설치기준**

㉠ 압력수조의 압력은 다음의 식에 따라 산출한 수치 이상으로 할 것

> $P = p_1 + p_2 + p_3 + 0.17$(호스릴옥내소화전설비를 포함한다)
>
> P : 필요한 압력(MPa)
>
> p_1 : 소방용호스의 마찰손실 수두압(MPa)
>
> p_2 : 배관의 마찰손실 수두압(MPa)
>
> p_3 : 낙차의 환산 수두압(MPa)

㉡ 압력수조에는 수위계·급수관·배수관·급기관·맨홀·압력계·안전장치 및 압력저하 방지를 위한 자동식 공기압축기를 설치할 것

(4) 가압수조에 의한 가압송수장치

① **개요**

수조에 있는 소화수를 고압의 공기 또는 불연성기체(가압가스)로 가압시켜 송수하는 원리로, 수조, 가압용기, 제어반, 압력조정장치 등으로 구성되며 가압수조의 압력은 옥내소화전설비의 방수량 및 방수압이 20분 이상, 층수가 30층 이상 49층 이하는 40분 이상, 50층 이상은 60분 이상 유지되어야 한다.

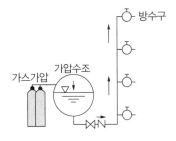

[가압수조의 개요]

---

3. **Air Lock 대책**

① 고가수조 측의 낙차압력이 최소 $1kg/cm^2$ 이상이 될 수 있도록 Check Valve 위치를 낮춘다.

② 배관의 Zone을 분할하여 저층부는 고가수조가, 상층부는 압력수조가 담당하도록 한다.

③ 압력수조 내에서 소화수가 방출된 후 압력탱크 내의 잔류압력을 적게 한다.

Air Bound
에어포켓으로 인해 기계의 특정 부분의 작동이 가로막힌 상태로 특히 원심펌프에서 자주 발생한다.

☆ 이론 플러스 ☆

가압수조방식의 동작순서
1. 배관 내 압력감소
   화재 시 옥내소화전 앵글밸브 개방으로 배관 내 압력감소
2. 증압제어밸브 개방
   증압제어밸브의 입출구 간의 압력차 감지, 화재인식 후 개방
3. 가압용기 개방
   가압용 가스(압축공기, 질소)방출
4. 감압밸브를 통해 설정압으로 가압수조 진입
5. 소방용수 가압
6. 증압제어밸브를 통해 소화수 방수

[가압수조 동작순서 예시]

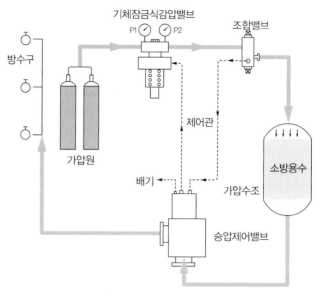

② **장점**
- ㉠ 전원공급 차단 시에도 화재진압에 대응 가능
- ㉡ 상용 및 비상전원(비상발전기실 방화구획 포함) 불필요
- ㉢ 감시제어반 및 동력제어반 구분 설치 불필요

③ **단점**
- ㉠ 2차측 감압된 기체의 압력을 항상 일정하게 유지하는 항압기술이 필요하다.
- ㉡ 보관 시에도 기체누기 제로화하는 고밀봉기술이 필요하다.
- ㉢ 화재 시와 비화재 시 자동판단 기능을 하는 기체유로 자동 개폐기술 필요하다.
- ㉣ 설비가 복잡하고, 유지관리 개소가 많아지며, 설치비용 및 유지관리비용이 많이 소요된다.
- ㉤ 압축공기 축압의 번거로움으로 방수시험이 곤란하다.

④ **가압수조의 설치기준 및 구조**
- ㉠ 가압수조의 압력은 방수량 및 방수압이 20분 이상유지되도록 할 것
- ㉡ 가압수조 및 가압원은 방화구획 된 장소에 설치 할 것
- ㉢ 가압수조를 이용한 가압송수장치는 소방청장이 정하여 고시한 성능인증 및 제품검사의 기술기준에 적합한 것으로 설치할 것
- ㉣ 가압수조장치는 <u>수조, 가압용기, 제어반, 압력조정장치, 성능시험배관 및 기타 필요한 기기 등으로 구성</u>하여야 하며, 시공, 점검 및 정비가 용이한 구조이어야 한다.

　　㉤ 공기를 가압가스로 사용하는 가압수조장치는 수조에 저장된 유효소화수
　　　를 모두 방출한 후에는 가압가스가 방출되지 아니하는 구조이어야 한다.
　　㉥ 수조의 급기관과 압력조정장치 및 압력조정장치와 집합관 사이에는 가압
　　　가스의 공급을 차단할 수 있는 개폐밸브를 설치하여야 한다.
　　㉦ 수조의 소화수 수위나 가압압력이 설정값보다 낮아지는 때에는 소화수보
　　　충장치나 가압가스보충장치가 작동하여야 한다. 다만, 가압가스가 불연
　　　성기체일 경우에는 설비의 성능을 충분히 발휘할 수 있도록 예비가압원을
　　　보유하여야 한다.

(5) 전동기 또는 내연기관에 따른 펌프를 이용하는 가압송수장치(= 지하수조 방식)

① 개요

소방대상물(건축물)의 내부(주로 지하)에 또는 인근에 수조를 설치하여 소방
대상물의 고층부까지 물을 공급하는 방식으로 가압송수장치(소화펌프)가 필
요하다. 이 방식은 수조 내의 보유 수원을 전부 일정한 압력으로 공급할수
있으며, 가압송수장치에 의해 수조의 위치에 대한 제한을 받지 않는다.

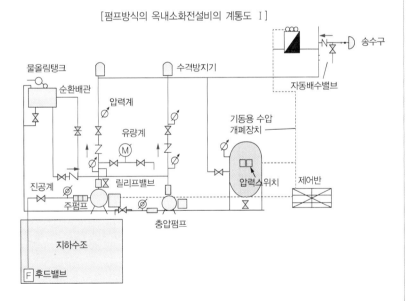

[펌프방식의 옥내소화전설비의 계통도 Ⅰ]

[펌프방식의 옥내소화전설비의 계통도 Ⅱ]

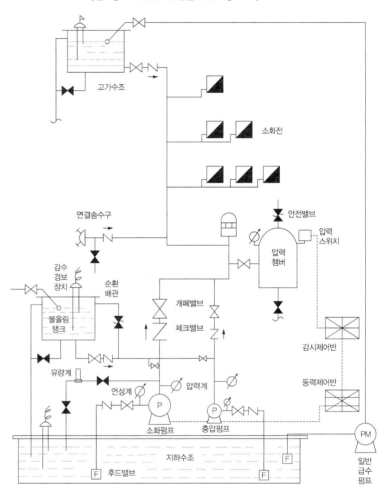

② **장점**

　㉠ 건물의 위치나 구조에 관계없이 설치가 가능하다.

　㉡ 일정한 압력으로 물을 방출할 수 있다.

　㉢ <u>설비 설치의 용이성과 공간활용의 장점 등을 이유로 가장 많이 설치되는 가압송수방식</u>이며, 국내 거의 모든 특수장소에는 펌프가압송수장치가 설치되어 있다.

　㉣ 소요양정 및 토출량을 임의로 선정할 수 있다.

③ **단점**

　㉠ 전원공급 차단이나 펌프의 고장 등으로 작동되지 않은 경우가 있다.

　㉡ 설비가 복잡하고, 저층부에 과압이 걸릴 수 있다.

④ **설치기준**

전동기 또는 내연기관에 따른 펌프를 이용하는 가압송수장치는 다음 기준에 따라 설치하여야 한다. <u>다만, 가압송수장치의 주펌프는 전동기에 따른 펌프로 설치하여야 한다.</u>

㉠ 쉽게 접근할 수 있고 점검하기에 충분한 공간이 있는 장소로서 화재 및 침수 등의 재해로 인한 피해를 받을 우려가 없는 곳에 설치할 것

㉡ 동결방지조치를 하거나 동결의 우려가 없는 장소에 설치할 것

㉢ 특정소방대상물의 어느 층에서도 해당 층의 옥내소화전(두 개 이상 설치된 경우에는 두 개의 옥내소화전)을 동시에 사용할 경우 각 소화전의 노즐선단에서 0.17메가파스칼 이상의 방수압력으로 분당 130리터 이상의 소화수를 방수할 수 있는 성능인 것으로 할 것. 다만, 노즐선단에서의 방수압력이 0.7메가파스칼을 초과할 경우에는 호스접결구의 인입 측에 감압장치를 설치하여야 한다.

㉣ <u>펌프의 토출량은 옥내소화전이 가장 많이 설치된 층의 설치개수(옥내소화전이 두 개 이상 설치된 경우에는 두 개)에 분당 130리터를 곱한 양 이상이 되도록 할 것</u>

㉤ 펌프는 전용으로 할 것. 다만, 다른 소화설비와 겸용하는 경우 각각의 소화설비의 성능에 지장이 없을 때에는 그렇지 않다.

㉥ <u>펌프의 토출측에는 압력계를</u> 체크밸브 이전에 펌프토출 측 플랜지에서 가까운 곳에 설치하고, <u>흡입측에는 연성계 또는 진공계를 설치할 것.</u> 다만, 수원의 수위가 펌프의 위치보다 높거나 수직회전축 펌프의 경우에는 연성계 또는 진공계를 설치하지 않을 수 있다.

[잘못 설치된 압력계 예]

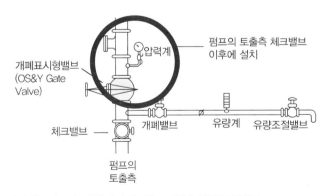

압력계는 펌프의 토출측에서 체크밸브 이전에 설치하여야한다.

구분	압력계	진공계	연성계
측정값	양의 게이지압 측정	음의 게이지압 측정	양·음의 게이지압 측정
관련사진	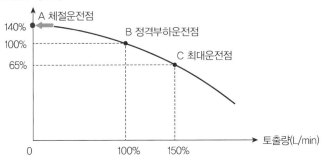		
펌프 설치위치	토출측	흡입측	토출측 또는 흡입측

ⓐ 가압송수장치에는 정격부하운전 시 펌프의 성능을 시험하기 위한 배관을 설치할 것(= 펌프성능시험배관) 다만, 충압펌프의 경우에는 그렇지 않다.

ⓐ 펌프의 성능은 체절운전 시 정격토출압력의 140퍼센트를 초과하지 않아야 하고, 정격토출량의 150퍼센트로 운전 시 정격토출압력의 65퍼센트 이상이 되어야 한다.

[체절운전점 표시도]

토출압력(MPa)

A 체절운전점
140%
B 정격부하운전점
100%
C 최대운전점
65%

0   100%   150%   토출량(L/min)

ⓑ 성능시험배관은 펌프의 토출측에 설치된 **개폐밸브 이전에서 분기하여 설치**하고, 유량측정장치를 기준으로 전단 직관부에 **개폐밸브**를 후단 직관부에는 **유량조절밸브**를 설치할 것

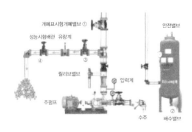

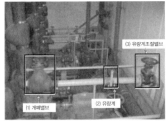

ⓒ 유량측정장치는 성능시험배관의 직관부에 설치하되, 펌프의 정격토출량의 <u>175퍼센트 이상</u> 측정할 수 있는 성능이 있을 것

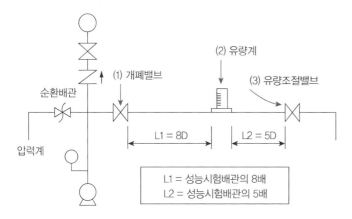

[펌프성능시험배관 설치도]

[벤츄리오피리스 유량계 예]

[Flow-cell 유량계 예]

[오피리스 타입] [클램프 타입]

◎ 가압송수장치에는 <u>체절운전 시 수온의 상승을 방지하기 위한 순환배관을 설치할 것</u>. 다만, 충압펌프의 경우에는 그렇지 않다.

ⓐ 체절운전은 송수가 차단된 상태(펌프의 토출량이 0인 상태)에서 펌프가 운전되는 것을 말한다. 체절운전 상태에서의 압력을 체절압력이라고 하며 소방용펌프의 체절압력(shutoff pressure)은 정격토출압력의 최대 140% 이하로 제한하고 있다. 이는 부하(유량)가 적을 경우에는 압력이 가파르게 상승하는 것을 방지하기 위함이다.

ⓑ 분기점은 펌프와 체크밸브 사이에서 분기한다.

ⓒ <u>릴리프밸브의 작동압력은 체절압력 미만에서 작동한다.</u>

ⓓ 순환배관의 구경은 20mm 이상이다.

ⓔ <u>순환배관에는 절대로 개폐밸브를 설치하여서는 아니된다.</u>

이론 플러스

릴리프밸브(Relief Valve)와 안전밸브(Safety Valve)의 차이

• 릴리프밸브(Relief Valve)
설정된 압력 직하에서 작동되도록 사용자가 압력을 조정하여 사용할 수 있는 밸브로 주로 액체에서 적용된다.

• 안전밸브(Safety Valve)
설정된 압력 이상에서만 작동되도록 제조공장에서 고정시킨 것으로 압력조정이 불가능한 밸브로 주로 기체에서 적용된다.

[순환배관과 릴리프배관]

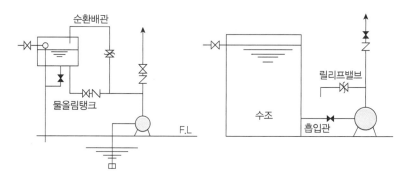

[릴리프밸브의 개방압력 표시도]

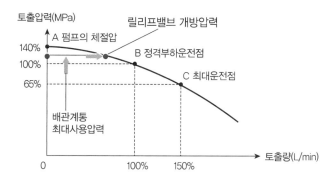

ⓕ 릴리프밸브(Relief Valve)는 설정압력 이상이면 밸브캡을 지지하고 있는 스프링이 밀려올라가 열리면서 과압을 방출하여 펌프 내의 체절운전 시 공회전에 의한 수온상승을 방지한다. 보통 설정압력의 125%에서 완전개방된다.

[릴리프밸브 외형 및 동작 전·후 단면]

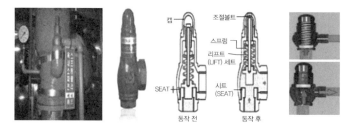

ⓩ 소방펌프 기동장치로는 기동용수압개폐장치 또는 이와 동등 이상의 성능이 있는 것을 설치할 것. 다만, 학교·공장·창고시설(옥상수조를 설치한 대상은 제외한다)로서 동결의 우려가 있는 장소에 있어서는 기동스위치에 보호판을 부착하여 옥내소화전함 내에 설치할 수 있다.

ⓐ 기동용수압개폐장치는 펌프를 이용하는 가압송수장치의 토출측 배관에 연결되어 소화설비의 배관 내 압력변동을 검지하여 자동적으로 펌프를 기동 및 정지시키는 것으로서 압력챔버 또는 기동용압력스위치 등을 말한다.

ⓑ 종류 : 수동방식(ON/OFF 방식)과 자동방식(압력챔버에 압력스위치를 설치하는 방식, 부르동관 기동용 압력스위치, 전자식 기동용 압력스위치 방식)이 있다.

ⓒ 가장 일반적으로 사용하는 기동용수압개폐장치는 압력챔버에 압력스위치를 설치하는 방식이다.

ㄱ. 압력챔버의 내용적은 100리터 이상인 것으로 할 것

ㄴ. 배관 내의 압력을 감지하여 충압펌프 또는 가압송수장치(펌프)를 기동시키는 역할을 한다.

ㄷ. 압력챔버 내부에는 아무것도 없이 텅 비어 있기 때문에 가압수를 채우게 되면 상부에는 공기가 압축되어 고여 있게 되어 맥동압력을 흡수해주는 역할을 하게 된다. 만일 상부의 공기가 누설되어 없어지게 되면 수충격 및 맥동압력의 흡수가 불가능해져 압력스위치의 고장을 초래하거나 펌프의 기동 및 정지가 불완전하게 되는 원인이 될 수 있으므로, 주기적으로 공기의 누설에 대한 점검이 필요하다.

ㄹ. 압력챔버의 구조

[압력챔버 및 압력스위치]

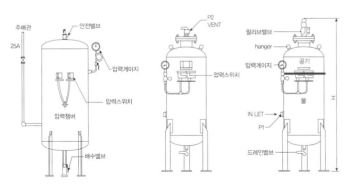

이론 플러스

압력챔버의 구조
1. 내용적 : 100L 이상
2. 안전밸브 : 과압방출
3. 압력스위치 : 압력의 증감을 전기적 신호로 전환
4. 배수밸브 : 압력챔버의 물 배수
5. 개폐밸브 : 점검 및 보수 시 급수 차단
6. 압력계 : 압력챔버 내의 압력표시

[압력챔버]

ⓔ 수원의 수위가 펌프보다 낮은 위치에 있는 가압송수장치에는 '<u>물올림장치</u>'를 설치할 것

ⓐ 물올림장치에는 전용의 탱크를 설치할 것

ⓑ 탱크의 유효수량은 100리터 이상으로 하되, 구경 15밀리미터 이상의 급수배관에 따라 해당 탱크에 물이 계속 보급되도록 할 것

ⓒ 용도 : 펌프내부에 air 유입을 방지하여 펌프가동 시 펌프에 공회전 방지 용도로 사용된다.

ⓓ 설치방법 : 수원의 위치가 모터펌프의 아래부분에 있거나 축방향으로 거리가 멀 때 모터펌프 2미터 위에 설치

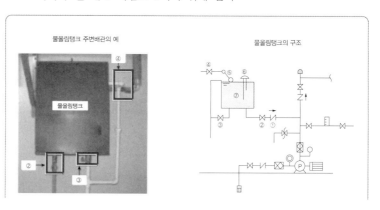

물올림탱크 주변배관의 예   물올림탱크의 구조

이론 플러스

물올림장치(호수조 Priming tank)
수평회전축 펌프를 사용한 지하수조 방식. 즉, 수원의 수위가 펌프보다 아래에 있는 가압송수장치에 필요한 설비로 <u>주기능은 펌프의 푸트밸브 고장으로 펌프실 및 흡입관 내의 물이 수조로 빠져 내려가면 펌프를 작동시켜도 물이 흡입되지 않으므로 이 경우에 펌프 케이싱에서 푸트밸브까지 물을 공급하여 항상 펌프만 작동하면 물이 흡입될 수 있도록 대비시켜 주는 장치</u>

① **체크밸브**

펌프기동 시 가압수가 물올림탱크로 역류되지 않도록 하기 위해서 설치된다.

② **개폐밸브(물올림관)**

물올림관의 체크밸브 고장 수리 시, 물올림탱크 내 물을 배수하지 않고 체크밸브를 수리하기 위해 설치된다.

③ **개폐밸브(배수관)**

물올림탱크의 청소, 점검 시 배수를 위해 설치된다.

④ **개폐밸브(보급수관)** : 볼탑의 수리 시 폐쇄

볼탑의 수리 및 탱크의 청소 시 폐쇄를 위해 설치된다.

⑤ **볼탑**

물올림탱크 내 물의 자동급수를 위해 설치된다.

⑥ **감수경보장치**

물올림탱크의 저수량이 감소 시 경보를 위해 설치된다.

⑦ **물올림탱크**

후드밸브~펌프사이에 물을 공급하기 위한 수원을 저장하기 위해 설치된다.

4. 배관

① 배관과 배관이음쇠는 다음 각 호의 어느 하나에 해당하는 것 또는 동등 이상의 강도·내식성 및 내열성을 국내·외 공인기관으로부터 인정받은 것을 사용하여야 하고, 배관용 스테인리스 강관(KS D 3576)의 이음을 용접으로 할 경우에는 텅스텐 불활성 가스 아크 용접(Tungsten Inertgas Arc Welding) 방식에 따른다.

㉠ 배관 내 사용압력이 1.2메가파스칼 미만일 경우에는 다음 각 목의 어느 하나에 해당하는 것

ⓐ 배관용 탄소 강관(KS D 3507)

ⓑ 이음매 없는 구리 및 구리합금 관(KS D 5301). 다만, 습식의 배관에 한한다.

ⓒ 배관용 스테인리스 강관(KS D 3576) 또는 일반배관용 스테인리스 강관(KS D 3595)

ⓓ 덕타일 주철관(KS D 4311)

㉡ 배관 내 사용압력이 1.2메가파스칼 이상일 경우에는 다음 각 목의 어느 하나에 해당하는 것

ⓐ 압력 배관용 탄소 강관(KS D 3562)

ⓑ 배관용 아크 용접 탄소강 강관(KS D 3583)

② 다음 어느 하나에 해당하는 장소에는 소방청장이 정하여 고시한 「소방용합성
수지배관의 성능인증 및 제품검사의 기술기준」에 적합한 소방용합성수지배
관으로 설치할 수 있다.
ⓐ 배관을 지하에 매설하는 경우
ⓑ 다른 부분과 내화구조로 구획된 덕트 또는 피트의 내부에 설치하는 경우
ⓒ 천장(상층이 있는 경우에는 상층바닥의 하단을 포함한다. 이하 같다)과
반자를 불연재료 또는 준불연재료로 설치하고 그 내부에 습식으로 배관을
설치하는 경우

③ 급수배관은 전용으로 하여야 한다. 다만, 옥내소화전의 기동장치의 조작과
동시에 다른 설비의 용도에 사용하는 배관의 송수를 차단할 수 있거나, 옥내
소화전설비의 성능에 지장이 없는 경우에는 다른 설비와 겸용할 수 있다.

④ 펌프의 흡입 측 배관은 다음 기준에 따라 설치하여야 한다.
㉠ 공기 고임이 생기지 않는 구조로 하고 여과장치를 설치할 것
㉡ 수조가 펌프보다 낮게 설치된 경우에는 각 펌프(충압펌프를 포함한다)마
다 수조로부터 별도로 설치할 것

⑤ 펌프의 토출 측 주배관의 구경은 유속이 초속 4미터 이하가 될 수 있는 크기
이상으로 하여야 하고, 옥내소화전 방수구와 연결되는 <u>가지배관의 구경은 40
밀리미터(호스릴옥내소화전설비의 경우에는 25밀리미터)</u> 이상으로 하여야
하며, <u>주배관 중 수직배관의 구경은 50밀리미터(호스릴옥내소화전설비의 경
우에는 32밀리미터) 이상</u>으로 하여야 한다.

⑥ 연결송수관설비의 배관과 겸용할 경우의 <u>주배관은 구경 100밀리미터 이상</u>,
방수구로 연결되는 배관의 구경은 <u>65밀리미터 이상</u>인 것으로 하여야 한다.

종류	가지배관	주배관
일반	40mm(호스릴 : 25mm) 이상	50mm(호스릴 : 32mm) 이상
연결송수관 겸용	65mm 이상	100mm 이상

⑦ 동결방지조치를 하거나 동결의 우려가 없는 장소에 설치하여야 한다. 다만,
보온재를 사용할 경우에는 난연재료 성능 이상인 것으로 하여야 한다.

⑧ 급수배관에 설치되어 급수를 차단할 수 있는 개폐밸브(옥내소화전방수구를
제외한다)는 개폐표시형으로 하여야 한다. 이 경우 펌프의 흡입측 배관에는
버터플라이밸브 외의 개폐표시형밸브를 설치하여야 한다.

⑨ 배관은 다른 설비의 배관과 쉽게 구분이 될 수 있는 위치에 설치하거나, 그
배관의 표면 또는 배관 보온재 표면의 색상을 「산업표준화법」 제12조에 따른
한국산업표준(KS)에 따라 배관계의 식별 표시(KS A 0503) 또는 적색으로 하
여 식별이 가능하도록 소방용설비의 배관임을 표시하여야 한다.

⑩ 옥내소화전설비에는 소방자동차부터 그 설비에 송수할 수 있는 <u>송수구</u>를 다
음 각 호의 기준에 따라 설치하여야 한다.

㉠ 송수구는 소방자동차가 쉽게 접근할 수 있는 잘 보이는 장소에 설치하되, 화재층으로부터 지면으로 떨어지는 유리창 등이 송수 및 그 밖의 소화작업에 지장을 주지 않는 장소에 설치할 것

㉡ 송수구로부터 주배관에 이르는 연결배관에는 개폐밸브를 설치하지 않을 것. 다만, 스프링클러설비·물분무소화설비·포소화설비 또는 연결송수관 설비의 배관과 겸용하는 경우에는 그렇지 않다.

㉢ 지면으로부터 높이가 <u>0.5미터 이상 1미터 이하</u>의 위치에 설치할 것

㉣ <u>구경 65밀리미터의 쌍구형 또는 단구형</u>으로 할 것

㉤ 송수구의 가까운 부분에 자동배수밸브(또는 직경 5밀리미터의 배수공) 및 체크밸브를 설치할 것. 이 경우 자동배수밸브는 배관 안의 물이 잘 빠질 수 있는 위치에 설치하되, 배수로 인하여 다른 물건 또는 장소에 피해를 주지 않아야 한다.

㉥ 송수구에는 이물질을 막기 위한 마개를 씌울 것

[옥내소화전 송수구]

⑪ 확관형 분기배관을 사용할 경우에는 소방청장이 정하여 고시한 「분기배관의 성능인증 및 제품검사의 기술기준」에 적합한 것으로 설치하여야 한다.

5. 옥내소화전함

(1) 개요

"소화전함"이란 소방대상물의 옥내·외에 설치하거나 그 밖에 소화용으로 사용되는 방수용기구를 보관할 수 있는 함을 말한다.

[호스릴옥내소화전 예]

(2) 재질 및 기준

① 두께 1.5mm 이상의 강판(합성수지재는 4mm 이상의 내열성 및 난연성이 있는 것)으로 하고 방식처리를 한다.

② 문의 면적은 0.5m^2 이상이어야 하며, 짧은 변의 길이(미닫이 방식의 경우 최대 개방길이)는 500mm 이상이어야 한다.

③ 견고하여야 하며 쉽게 변형되지 않는 구조이어야 한다.

④ 보수 및 점검이 쉬워야 한다.

⑤ 소화전함의 내부폭은 180mm 이상이어야 한다.

⑥ 여닫이 방식의 문은 120° 이상 열리는 구조이어야 한다.

⑦ 문은 두 번 이하의 동작에 의하여 열리고 또한 두 번 이하의 동작에 의하여 닫히는 구조이어야 한다.

⑧ 문의 잠금장치는 외부 충격에 의하여 쉽게 열리지 않는 구조이어야 한다.

⑨ 옥내소화전설비의 함에는 그 표면에 "소화전"이라는 표시를 해야 한다.

⑩ 옥내소화전설비의 함 가까이 보기 쉬운 곳에 그 사용요령을 기재한 표지판을 붙여야 하며, 표지판을 함의 문에 붙이는 경우에는 문의 내부 및 외부 모두에 붙여야 한다. 이 경우, 사용요령은 외국어와 시각적인 그림을 포함하여 작성하여야 한다.

(3) 위치표시등

① 위치표시등은 함의 상부에 설치한다.

② 설치 각도는 부착면과 15° 이하 각도로 발산되어야 하며 10m의 거리에서 확실히 식별할 수 있는 적색등으로 설치한다.

③ 가압송수장치의 기동을 표시하는 기동표시등은 옥내소화전함의 상부 또는 그 직근에 **적색등**으로 설치한다. 다만, 자체소방대를 구성하여 운영하는 경우 설치하지 않을 수 있다.

[방수구의 수평거리]

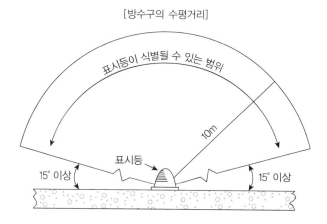

(4) 방수구(소화전 개폐밸브, 앵글밸브)

① 옥내소화전의 방수구는 특정소방대상물의 층마다 설치한다.

② 당해 소방대상물의 각 부분으로부터 하나의 옥내소화전 방수구까지의 **수평거리**는 25m(호스릴옥내소화전설비 포함) 이하가 되도록 한다. 다만, 복층형 구조의 공동주택의 경우에는 세대의 출입구가 설치된 층에만 설치할 수 있다.

③ 방수구의 설치 위치는 바닥으로부터 1.5m 이하가 되도록 한다.

④ 호스의 구경은 40mm 이상의 것(호스릴옥내소화전설비는 25mm 이상)으로서 특정소방대상물의 각 부분에서 물이 유효하게 뿌려질 수 있는 길이로 설치해야 한다.

⑤ **노즐의 구경은 13mm**의 것으로 한다.

[방수구의 수평거리]

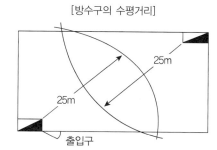

소방 호스	옥내소화전방수구	나사식결합금속구
직사형(봉상)관창		소방차용(무상)관창

6. 전원

(1) 상용전원

옥내소화전설비에는 그 특정소방대상물의 수전 방식에 따라 다음 기준에 따른 상용전원회로의 배선을 설치하여야 한다. 다만, 가압수조방식으로서 모든 기능이 20분 이상 유효하게 지속될 수 있는 경우에는 그렇지 않다.

① 저압수전인 경우에는 인입개폐기의 직후에서 분기하여 전용배선으로 하여야 하며, 전용의 전선관에 보호되도록 할 것

② 특별고압수전 또는 고압수전일 경우에는 전력용 변압기 2차측의 주차단기 1차측에서 분기하여 전용배선으로 하되, 상용전원의 상시공급에 지장이 없을 경우에는 주차단기 2차측에서 분기하여 전용배선으로 할 것

(2) 비상전원

① 비상전원은 <u>자가발전설비</u>, <u>축전지설비</u>(내연기관에 따른 펌프를 사용하는 경우에는 내연기관의 기동 및 제어용 축전지를 말한다) 또는 <u>전기저장장치</u>(외부 전기에너지를 저장해 두었다가 필요한 때 전기를 공급하는 장치)로서 다음 기준에 따라 설치하여야 한다.

㉠ 점검에 편리하고 화재 또는 침수 등의 재해로 인한 피해를 받을 우려가 없는 곳에 설치할 것

㉡ 옥내소화전설비를 유효하게 <u>20분 이상 작동</u>할 수 있어야 할 것(단, <u>층수가 30층 이상 49층 이하(= 준초고층)는 40분 이상, 50층 이상(= 초고층)인 건축물의 경우는 60분 이상</u> 작동할 수 있어야 한다)

    ⓒ 상용전원으로부터 전력의 공급이 중단된 때에는 자동으로 비상전원으로부터 전력을 공급받을 수 있도록 할 것

    ⓔ 비상전원(내연기관의 기동 및 제어용 축전기를 제외한다)의 설치장소는 다른 장소와 방화구획하고, 비상전원의 공급에 필요한 기구나 설비가 아닌 것(열병합발전설비에 필요한 기구나 설비는 제외한다)을 두지 않을 것

    ⓜ 비상전원을 실내에 설치하는 때에는 그 실내에 비상조명등을 설치할 것

② 다음에 해당하는 특정소방대상물의 옥내소화전설비에는 비상전원을 설치하여야 한다. 다만, 둘 이상의 변전소(「전기사업법」 제67조에 따른 변전소를 말한다. 이하 같다)에서 전력을 동시에 공급받을 수 있거나 하나의 변전소로부터 전력의 공급이 중단되는 때에는 자동으로 다른 변전소로부터 전원을 공급받을 수 있도록 상용전원을 설치한 경우와 가압수조방식에는 비상전원을 설치하지 않을 수 있다.

    ㉠ 층수가 7층 이상으로서 연면적이 2,000제곱미터 이상인 것

    ㉡ ㉠에 해당하지 않는 특정소방대상물로서 지하층의 바닥면적의 합계가 3,000제곱미터 이상인 것

7. 옥내소화전설비의 설치 대상물

① 연면적 3,000m² 이상(지하가 중 터널 제외)이거나 지하층·무창층(축사 제외) 또는 층수가 4층 이상으로 바닥면적이 600m² 이상인 층이 있는 것은 모든 층

② 지하가 중 터널로서 길이가 1,000m 이상인 터널 또는 예상 교통량, 경사도 등 터널의 특성을 고려하여 총리령으로 정하는 터널

③ ①에 해당하지 않는 근린생활시설, 판매시설, 운수시설, 의료시설, 노유자시설, 업무시설, 숙박시설, 위락시설, 공장, 창고시설, 항공기 및 자동차 관련시설, 교정 및 군사시설 중 국방·군사시설, 방송통신시설, 발전시설, 장례시설 또는 복합건축물로서 연면적 1,500m² 이상이거나 지하층·무창층 또는 층수가 4층 이상인 층 중 바닥면적이 300m² 이상인 층이 있는 것은 모든 층

④ 건축물의 옥상에 설치된 차고 또는 주차장으로서 차고 또는 주차의 용도로 사용되는 부분의 면적이 200m² 이상인 것

⑤ ① 및 ③에 해당하지 않는 공장 또는 창고시설로서 「소방기본법 시행령」 별표 2에서 정하는 수량의 750배 이상의 특수가연물을 저장·취급하는 것

3 옥외소화전설비

1. 개요

지상에 위치한 대형 건축물의 1층과 2층 화재 시 건축물 내부로의 진입이 어려운 경우 화재를 외부에서 진압하고자 설치한 것으로 해당 소방대상물의 관계인·자위소방대원 또는 상시 거주자가 이를 사용하여 초기화재뿐만 아니라 본격화재에도 적합하며 인접건물로의 연소방지를 위해서 건물외부에 설치되는 소화설비로 수원, 가압송수장치, 배관, 옥외소화전함(옥외소화전방수구, 관창, 호스, 결합금속구, 표시등 등)으로 구성되어 있다

2. 수원

(1) **각 노즐선단의 방수량(= 최소 규정방수량) :** 350L/min 이상

(2) **펌프의 토출량 :** 규정 방사량인 350L/min으로 옥외소화전 개수(2개 이상 설치된 경우에는 2개)를 20분간 방수하는 양 이상으로 하여야 한다. → 350L/min × 20분 = 7m³

(3) **수원의 양(저수량) :** 옥외소화전 설치 개수(최대 2개) × 7m³

설치 개수	1개	2개 이상
수원의 양	7m³	14m³(최대)

(4) **각 노즐선단의 방수압력 :** 0.25MPa 이상~0.7MPa 이하

3. 가압송수장치, 수원의 종류, 2차 수조 설치기준은 옥내소화전설비와 동일하다.

(1) 고가수조의 자연낙차수두(수조의 하단으로부터 최고층에 설치된 소화전 호스 접결구까지의 수직거리를 말한다)는 다음의 식에 따라 산출한 수치 이상이 되도록 할 것

> $H = h_1 + h_2 + 25$
> H : 필요한 낙차(m)
> h_1 : 소방용호스 마찰손실 수두(m)
> h_2 : 배관의 마찰손실 수두(m)

(2) 압력수조의 압력은 다음의 식에 따라 계산하여 나온 수치 이상으로 할 것

$$P = p_1 + p_2 + p_3 + 0.25$$

P : 필요한 압력(MPa)

p_1 : 소방용호스의 마찰손실 수두압(MPa)

p_2 : 배관의 마찰손실 수두압(MPa)

p_3 : 낙차의 환산 수두압(MPa)

4. 옥외소화전설비의 배관

① 호스접결구는 지면으로부터 높이가 0.5m 이상 1m 이하의 위치에 설치하고 특정소방대상물의 각 부분으로부터 하나의 호스접결구까지의 수평거리가 40m 이하가 되도록 설치하여야 한다.

② 호스는 구경 65mm의 것으로 하여야 한다.

③ 배관은 배관용탄소강관(KS D 3507) 또는 배관 내 사용압력이 1.2MPa 이상일 경우에는 압력배관용탄소강관(KS D 3562) 또는 이음매 없는 동 및 동합금(KS D 5301)의 배관용동관이나 이와 동등 이상의 강도·내식성 및 내열성을 가진 것으로 하여야 한다. 다만, 다음 어느 하나에 해당하는 장소에는 제품검사에 합격한 소방용 합성수지배관으로 설치할 수 있다.

  ㉠ 배관을 지하에 매설하는 경우

  ㉡ 다른 부분과 내화구조로 구획된 덕트 또는 피트의 내부에 설치하는 경우

  ㉢ 천장(상층이 있는 경우에는 상층바닥의 하단을 포함한다. 이하 같다)과 반자를 불연재료 또는 준불연재료로 설치하고 그 내부에 습식으로 배관을 설치하는 경우

④ 급수배관은 전용으로 하여야 한다. 다만, 옥외소화전의 기동장치의 조작과 동시에 다른 설비의 용도에 사용하는 배관의 송수를 차단할 수 있거나, 옥외소화전설비의 성능에 지장이 없는 경우에는 다른 설비와 겸용할 수 있다.

⑤ 펌프의 흡입측배관은 다음의 기준에 따라 설치하여야 한다.

  ㉠ 공기고임이 생기지 않는 구조로 하고 여과장치를 설치할 것

  ㉡ 수조가 펌프보다 낮게 설치된 경우에는 각 펌프(충압펌프를 포함한다)마다 수조로부터 별도로 설치할 것

⑥ 동결방지조치를 하거나 동결의 우려가 없는 장소에 설치하여야 한다. 다만, 보온재를 사용할 경우에는 난연재료 성능 이상인 것으로 하여야 한다.

⑦ 가압송수장치의 체절운전 시 수온의 상승을 방지하기 위하여 체크밸브와 펌프사이에서 분기한 구경 20mm 이상의 배관에 체절압력미만에서 개방되는 릴리프밸브를 설치하여야 한다.

⑧ 급수배관에 설치되어 급수를 차단할 수 있는 <u>개폐밸브(옥외소화전방수구를 제외한다)는 개폐표시형으로 하여야 한다.</u> 이 경우 펌프의 흡입측배관에는 <u>버터플라이밸브외의 개폐표시형밸브를 설치하여야 한다.</u>

⑨ 배관은 다른 설비의 배관과 쉽게 구분이 될 수 있는 위치에 설치하거나 그 배관표면 또는 배관 보온재표면의 색상은 식별이 가능하도록 「한국산업표준(배관계의 식별 표시, KS A 0503)」 또는 적색으로 소방용설비의 배관임을 표시하여야 한다.

⑩ 확관형 분기배관을 사용할 경우에는 소방청장이 정하여 고시한 「분기배관의 성능인증 및 제품검사의 기술기준」에 적합한 것으로 설치하여야 한다.

5. 옥외소화전함

① 옥외소화전설비에는 옥외소화전마다 그로부터 <u>5m 이내</u>의 장소에 소화전함을 다음의 기준에 따라 설치하여야 한다.

 ㉠ 옥외소화전이 10개 이하 설치된 때에는 옥외소화전마다 5m 이내의 장소에 1개 이상의 소화전함을 설치하여야 한다.

 ㉡ 옥외소화전이 11개 이상 30개 이하 설치된 때에는 11개 이상의 소화전함을 각각 분산하여 설치하여야 한다.

 ㉢ 옥외소화전이 31개 이상 설치된 때에는 <u>옥외소화전 3개마다 1개 이상</u>의 소화전함을 설치하여야 한다.

② 옥외소화전설비의 함은 소방청장이 정하여 고시한 「소화전함의 성능인증 및 제품검사의 기술기준」에 적합한 것으로 설치하되 밸브의 조작, 호스의 수납 등에 충분한 여유를 가질 수 있도록 할 것. 연결송수관의 방수구를 같이 설치하는 경우에도 또한 같다.

③ 옥외소화전설비의 소화전함 표면에는 "<u>옥외소화전</u>"이라고 표시한 표지를 하고, 가압송수장치의 조작부 또는 그 부근에는 가압송수장치의 기동을 명시하는 <u>적색등</u>을 설치하여야 한다.

④ 함의 재질은 두께 1.5mm 이상의 강판 또는 두께 4mm 이상의 합성수지재이다.

⑤ 문짝의 면적은 0.5㎡ 이상이다.

6. 옥외소화전함의 호스와 노즐

① **호스** : 옥외소화전함에는 구경 65mm에 20m 호스 2개를 격납하여야 한다(아마호스, 고무내장호스).

② **관창** : 옥외소화전함에는 구경 19mm의 노즐 1본을 격납하며 노즐선단에서의 방사압력이 0.25MPa 이상이어야 한다.

③ **앵글밸브** : 옥외소화전 방수구는 구경 65mm로서 옥외소화전에 설치되어 바닥으로부터 1.5m가 되는 위치에 설치하여야 한다.

7. 옥외소화전설비의 설치 대상물

옥외소화전설비를 설치하여야 하는 특정소방대상물(아파트 등, 위험물 저장 및 처리 시설 중 가스시설, 지하구 또는 지하가 중 터널은 제외한다)은 다음의 어느 하나와 같다.

① 지상 1층 및 2층의 바닥면적의 합계가 9천㎡ 이상인 것. 이 경우 같은 구(區) 내의 둘 이상의 특정소방대상물이 행정안전부령으로 정하는 연소(延燒) 우려가 있는 구조인 경우에는 이를 하나의 특정소방대상물로 본다.

② 「문화재보호법」 제23조에 따라 보물 또는 국보로 지정된 목조건축물

③ ①에 해당하지 않는 공장 또는 창고시설로서 「소방기본법 시행령」 별표 2에서 정하는 수량의 750배 이상의 특수가연물을 저장·취급하는 것

4 스프링클러설비

1. 개요

스프링클러설비는 1723년 영국의 화학자인 A. Godfrey에 의하여 만들어졌다. 이 설비는 단순히 물통과 도화선으로 구성되어 화재 시 화염이 도화선에 점화, 화약이 폭발하여 물통의 물이 방출되는 간이설비였다. 그 후 1874년 미국에서 오늘날과 같은 자동 스프링클러헤드가 개발되어 실용화되기에 이르렀다. 스프링클러설비는 초기에 화재를 소화할 목적으로 설치된 소화설비로 화재가 발생한 경우 천장이나 반자에 설치된 헤드가 감열 작동하여 자동적으로 화재를 발견함과 동시에 주변에 비가 오듯이 뿌려주므로 효과적으로 화재를 진압할 수 있는 적상주수방식의 고정식 소화설비이다. 수원 및 가압송수장치, 유수검지장치, 스프링클러헤드, 배관 및 밸브류 등으로 구성되어 있다.

2. 스프링클러설비의 종류 및 특징

설비의 특성에 따라 습식 스프링클러설비, 부압식 스프링클러설비, 건식 스프링클러설비, 준비작동식 스프링클러설비, 일제살수식 스프링클러설비로 나뉜다.

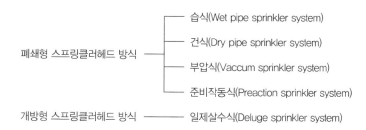

(1) 습식(Wet pipe sprinkler system)

① 가압송수장치에서 폐쇄형 스프링클러헤드까지 배관 내에 항상 물이 가압되어 있다가 화재로 인한 열로 폐쇄형 스프링클러헤드가 개방되는 동시에 즉시 방수되는 응답특성이 빠른 특징이 있으나 영하의 장소에는 사용이 불가능한 단점이 있는 스프링클러설비를 말한다.

② "습식 유수검지장치"란 1차측 및 2차측에 가압수를 가득 채운상태에서 폐쇄형 스프링클러헤드가 열린 경우 2차측의 압력저하로 시트가 열리어 가압수 등이 2차측으로 유출되도록 하는 장치(패들형을 포함한다)를 말한다.

③ 유수검지장치는 본체내의 유수현상을 자동적으로 검지하여 신호 또는 경보를 발하는 장치를 말한다.

[습식유수검지장치 및 내부구조 예]

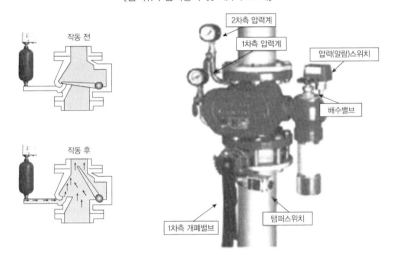

④ 습식 스프링클러설비는 이름 그대로 1차측과 2차측에 물이 채워져 있는 것을 말한다. 1차측과 2차측의 구분은 유수검지장치(밸브)를 기준으로 펌프쪽으로는 1차측 헤드쪽으로는 2차측으로 구분한다.

⑤ 습식 스프링클러설비의 유수검지장치의 이름을 습식 유수검지장치 또는 알람체크밸브라고 부르며 보통 스프링클러설비라고 하면 대부분 습식 스프링클러설비를 사용하고 있다.

⑥ 스프링클러설비 중에서 가장 먼저 개발된 시스템으로 신뢰도가 상당히 높은 시스템이기 때문에 특수한 장소가 아니라면 대부분 습식 스프링클러설비를 사용한다.

⑦ 신뢰도가 높은 이유는 구조가 간단하기 때문이다. 1차측과 2차측에 물이 채워져 있는 상태로 있기 때문에 화재로 인하여 헤드가 개방되면 물이 즉시 나오게 되고 2차측의 압력저하(물이 빠짐)로 습식 유수검지장치(알람체크밸브)

이론 플러스

탬퍼스위치(Tamper Switch, T/S)

1. 개념
   스프링클러설비의 급수배관 상에 설치된 개폐밸브의 개폐유무를 상시 감시할 수 있도록 해주는 장치를 말한다.

2. 탬퍼스위치의 주요 설치장소
   ① 저수조와 펌프 흡입측 배관 사이에 설치한 개폐밸브
   ② 소방펌프의 흡입측 및 토출측 개폐밸브
   ③ 스프링클러설비의 송수관에 설치하는 개폐밸브
   ④ 유수검지장치(알람밸브, 프리액션밸브)의 1차측 및 2차측 개폐밸브
   ⑤ 고가수조와 스프링클러 입상관과 접속된 부분의 개폐밸브

가 개방되어서 1차측의 물이 다시 2차측으로 채워지고 1차측의 압력저하(물이 빠짐)로 펌프가 기동하게 되어 수조의 물을 다시 1차측으로 밀어주는 원리이다.

⑧ <u>화재 시 화재 열에 의하여 스프링클러헤드가 개방되는 동시에 즉시 방수되는 응답특성이 빠른 특성이 있으나 영하의 장소에는 사용이 불가능한 단점도 있다.</u>

⑨ **구성요소**

　㉠ 알람밸브(자동경보밸브) : 알람밸브를 중심으로 1차측과 2차측에 각 1개씩 압력계가 부착되어 항상 같은 압력을 지시하고 있다가 헤드가 개방되면 2차측의 압력이 감소되면서 알람밸브가 개방되어 수신반에 화재표시등을 점등시킴과 동시에 경보를 발령한다.

　㉡ **리타딩챔버**

　　ⓐ 알람밸브에 연결된 약 1[L] 용기로서, 누수 또는 순간적인 압력 등에 의하여 유수검지장치 내 클래퍼가 열려 소량의 물이 유입되면 하부로 자동배수되어 <u>오작동을 방지</u>한다. 만약 화재가 발생한 경우 다량의 물이 유입되면, 리타딩챔버 전체에 물이 충전되어 챔버 상단의 압력스위치가 작동되고 수신기에 화재표시 신호가 송출되며 그에 따라 경보를 발하고 펌프를 기동시킨다.

　　ⓑ 설치목적

　　　ㄱ. 누수 또는 수격으로 인한 알람밸브의 오동작 방지 역할

　　　ㄴ. 과도한 압력을 오리피스를 통해 외부로 배출하는 안전밸브 역할

　　　ㄷ. 수격작용 방지로 배관 및 압력스위치의 손상보호

　㉢ 압력스위치 : 리타딩챔버 상단이나, 알람밸브에 연결되어 있는 압력스위치에 압력수가 도달되면 압력스위치의 벨로우즈를 가압하여 접점을 이루어서 회로를 연결시킴으로 수신부에 화재표시 및 경보를 발령시키게 된다.

이론 플러스

리타딩챔버가 설치되는 설비
1. 습식 스프링클러
2. 건식 스프링클러

[습식 스프링클러설비의 예]

[습식 스프링클러설비 계통도 예]

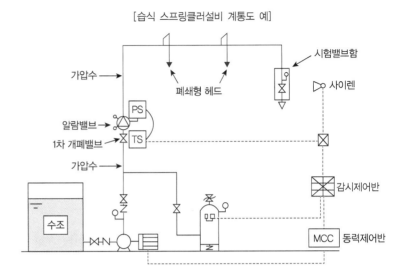

⑩ **작동순서**

화재발생 → <u>헤드(폐쇄형 하향식) 개방</u> → 알람체크밸브 2차측 배관 내 압력이 낮아짐 → 알람체크밸브 개방(1차측 가압수 압력에 의해 알람체크밸브 클래퍼 개방) → <u>압력스위치 작동</u> → 수신기 수신(화재표시등, 밸브개방표시등, 사이렌 작동) → 소화펌프 기동

⑪ **장점**

ⓐ 구조가 간단하고 설치 공사비가 저렴하다.

ⓑ 소화가 신속하다.

ⓒ 유지·관리가 용이하다.

⑫ **단점**

ⓐ 동결의 우려가 있는 장소에 설치가 제한된다.

ⓑ 헤드 오동작으로 인한 수손피해와 배관부식을 촉진시킨다.

ⓒ 배관의 누수로 인한 피해가 우려되는 장소에는 부적당하다.

(2) 건식 스프링클러설비(Dry Pipe System)

① 건식 스프링클러설비의 유수검지장치는 1차 측이 가압수, 2차 측이 압축공기 또는 질소가스로 상시 가압되어 있다.

② 스프링클러헤드가 화재 열로 개방되고 개방된 헤드를 통하여 압축공기가 대기로 누출되면 유수검지장치 2차측의 압력이 떨어지게 되고 1차측의 수압으로 클래퍼가 개방되어 소화용수를 방출하는 구조로 되어있다. 이는 준비작동식 유수검지장치에 비해 별도의 화재감지기가 필요 없이 설치할 수 있는 장점이 있으며, <u>특히 동파가 우려되는 장소, 난방이 되지 않는 옥내외의 대규모 장소, 기동용감지기를 설치하기 곤란한 장소 등에 적합하다.</u>

③ 건식 유수검지장치의 단점으로는 화재 시 스프링클러헤드가 개방된 후 압축
공기가 대기중으로 방출되는 시간만큼의 소화용수 방출지연이 발생한다는
것이다. 이는 지연시간 동안 연소 확대를 초래할 수 있기 때문에 습식 스프링
클러설비에 비해 보다 많은 스프링클러헤드가 개방될 수 있음을 의미하며 설
계 시에 항상 이점이 고려되어야 한다.

[건식 스프링클러설비의 예]

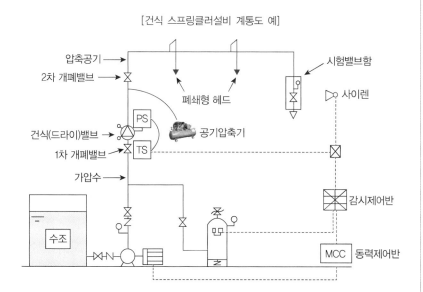

[건식 스프링클러설비 계통도 예]

④ **구성요소**

　㉠ **건식밸브(드라이밸브, 자동경보밸브)** : 건식밸브는 드라이파이프밸브라고 부르며, 건식밸브는 평상시 물이 없는 드라이파이프의 부분에 물이 분출하는 것을 억제하고 있는 밸브이다.

　㉡ **공기압축기** : 건식밸브 2차측에 연결되어 압축공기 상태를 유지시킨다.

　㉢ **엑셀레이터(accelerator, 가속기)** : 건식 유수검지장치 2차측의 스프링클러헤드가 작동되어 공기압력이 일정 압력 이상 낮아지면, 가속기가 이를 감지하여 2차측의 압축공기 일부를 클래퍼의 하부에 있는 중간실(챔버)로 보냄으로써 1차측의 수압과 중간실의 공기압이 추가되어 클래퍼를 쉽게 개방되도록 해주는 장치이다.

　㉣ **익죠스터(Exhauster, 공기배출기)** : 건식 유수검지장치 2차측의 스프링클러헤드가 작동되어 공기압력이 설정압력보다 낮아지면 공기배출기로 2차측의 압축공기를 대기 중으로 신속히 배출되도록 하는 기능을 갖는다.

⑤ **작동순서**

화재발생 → **헤드(폐쇄형 상향식) 개방** → 건식(드라이)밸브 2차측 배관 내 압력이 낮아짐 → 건식(드라이)밸브 개방(1차측 가압수 압력에 의해 건식(드라이)밸브 클래퍼 개방) → **압력스위치 작동** → 수신기 수신(화재표시등, 밸브개방표시등, 사이렌 작동) → 소화펌프 기동

⑥ **장점**

　㉠ 동결의 우려가 있는 장소나 옥외에 설치가 가능하다.

　㉡ 감지기의 설치가 없으므로 준비작동식에 비해 경쟁력이 있다.

⑦ **단점**

　㉠ 살수개시 시간의 지연 및 구조가 복잡하다.

　㉡ 화재초기 압축공기에 의한 화재가 촉진될 우려가 있다.

　㉢ 설비의 설치면적이 크다.

(3) **준비작동식 스프링클러설비(비(Pre-Action Sprinkler System)**

① 가압송수장치에서 준비작동식 유수검지장치 <u>1차측까지 배관 내에 항상 물이 가압되어 있고 2차측에서 폐쇄형 스프링클러헤드까지 대기압 또는 저압으로 있다가 화재발생 시 감지기의 작동</u>으로 준비작동식 유수검지장치가 작동하여 폐쇄형 스프링클러헤드까지 소화용수가 송수되어 폐쇄형 스프링클러헤드가 열에 따라 개방되는 방식의 스프링클러설비를 말한다

② 준비작동식 스프링클러설비의 도입목적은 <u>습식 스프링클러설비나 건식 스프링클러설비에서 스프링클러헤드의 손상 또는 배관의 손상으로 인한 우발적인 살수로 인한 소방대상물(고가장비, 전자장비 등)에 대한 수손을 방지하기 위하여 유수검지장치의 개방을 화재감지장치에 의하도록 한</u> 것이다.

문승철_소방학개론

③ 화재가 화재감지기(또는 스프링클러헤드)를 통하여 감지되면 유수검지장치 내의 클리퍼가 개방되어 2차측 배관 내로 소화용수를 송수하게 된다. 즉, 유수검지장치 이후의 2차측 배관에 소화용수가 상시 충전되어 있는 방식이 아니라 화재감지신호에 의해 유수검지장치가 열려 소화용수가 송수되는 방식으로 구성되어 있다. 송수된 물은 2차측 배관 내에 가압 충전되어 있다가 스프링클러헤드가 화재 열에 의하여 감열체가 분리되어 개방될 경우에 방수가 시작된다.

④ 준비작동식 스프링클러설비는 제어 계통이 비교적 복잡하게 구성되어 있어 신뢰성 측면에서는 습식 스프링클러설비 또는 건식 스프링클러에 비하여 매우 불리한 것이 사실이다. 이러한 원인으로 준비작동식 스프링클러설비는 습식 스프링클러설비 또는 건식 스프링클러설비의 적용이 어려운 제한된 장소에만 적용된다. 즉, 겨울철 동파에 의한 물의 피해를 방지할 수 있으므로 외기와 접해있는 기계식주차장이나 물류창고 등에 주로 설치한다.

⑤ 준비작동식 스프링클러설비는 저수조(수원), 주펌프, 충압펌프, 기동용수압개폐장치(압력챔버), 물올림탱크(수원이 펌프보다 낮은 경우에 설치), 옥상수조, 프리액션밸브(유수검지장치), 폐쇄형헤드, 솔레노이드밸브(전자밸브), 교차회로방식의 감지기, 감시제어반, 동력제어반으로 구성되어 있다.

[준비작동식 스프링클러설비 계통도 예]

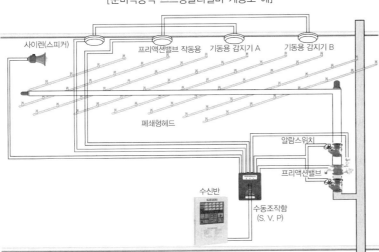

CHAPTER 02 소방시설 설비의 종류 **815**

유수검지장치
배관 내의 유수(= 흐르는 물) 현상을 자동적으로 검지하여 신호 또는 경보를 발하는 장치

※ 수동조작함(= 슈퍼비죠리 판넬)이 있는 스프링클러 설비로는 준비작동식과 일제살수식이 있음

[준비작동식 스프링클러설비 계통도 예]

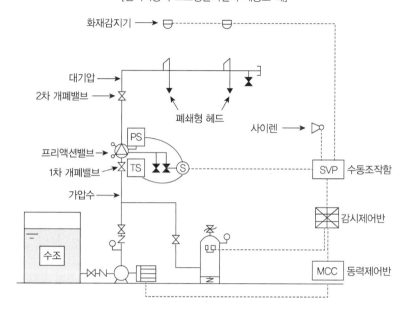

⑥ **구성요소**

㉠ 프리액션밸브(= 준비작동식밸브) : 1차 측에 가압수를 채우고 2차측이 비워져 있거나 저압의 배관누설감시용 공기를 가득 채운 상태에서 화재감지설비의 감지기·화재감지용 헤드, 그 밖의 감지를 한 기기(감지부)의 작동에 의하여 밸브가 열려 가압수가 2차 측으로 유출되는 장치를 말한다.

㉡ 슈퍼비죠리 패널(SVP, Supervisory Panel) : 준비작동식 스프링클러설비의 제어기능을 담당하며, 밸브를 작동시키고(스위치 작동 시 솔레노이드밸브를 전기적으로 개방함으로써 가압부의 압력배출 및 클래퍼를 개방) 전원차단, 자체고장 시 경보장치작동 및 개구부 폐쇄작동기능을 한다.

㉢ 감지기 : 차동식, 정온식 및 복합형 감지기, 연기감지기 등을 사용하고 감지기회로는 교차회로로 각 회로상의 감지기가 동시감지에 의해 프리액션밸브가 작동하도록 되어 있다.

㉣ 전자밸브(= 솔레노이드밸브) : 화재감지기의 화재신호에 의하여 작동되며, 작동과 동시에 가압부의 충압수를 배출함으로써 클래퍼를 개방시키는 역할을 하는 밸브이다.

㉤ 수동기동밸브(= 긴급해제밸브) : 수동방식에 의하여 강제적으로 가압부의 충압수를 배출시킴으로서 다이아프램 내 기밀부인 클래퍼를 개방시켜 밸브를 작동시키는 밸브이다.

⑦ **작동순서**

화재발생 → <u>화재감지기(교차회로방식)</u> → 프리액션밸브(준비작동식밸브)의 <u>솔레노이드밸브 개방</u> → 준비작동식밸브의 중간챔버에 물이 배수 되면서 준비작동식밸브 개방 → 1차측 배관에 물을 송수 → <u>헤드(폐쇄형 상향식) 개방</u> → 압력스위치 작동 → 수신기 수신(화재표시등, 밸브개방표시등, 사이렌 작동) → 소화펌프 기동

⑧ **장점**

㉠ 동결의 우려가 있는 장소에 사용이 가능하다.

㉡ 헤드 오동작 시 수손피해의 우려가 없다.

㉢ 헤드를 개방하기 전 경보로 조기 대처가 용이하다.

⑨ **단점**

㉠ 감지장치로 감지기를 별도로 시공하여야 한다.

㉡ 구조가 복잡하고, 시공비가 많이 든다.

㉢ 2차측 배관 부실시공이 우려된다.

(4) 일제살수식 스프링클러설비(Deluge Sprinkler System)

① 가압송수장치에서 일제개방밸브 1차측까지 배관 내에 항상 물이 가압되어 있고 2차측에서 개방형 스프링클러헤드까지 대기압으로 있다가 화재발생 시 자동감지장치 또는 수동식 기동장치의 작동으로 일제개방밸브가 개방되면 스프링클러헤드까지 소화용수가 송수되는 방식의 스프링클러설비를 말한다.

② "일제개방밸브"에 의해 유수가 제어되고 화재 시 경보가 발신되는 구조의 설비를 일제살수식 스프링클러설비라고 한다.

③ 준비작동식 스프링클러설비와 일제개방스프링클러설비로 구분하는 것은 폐쇄형 스프링클러헤드를 사용하느냐 아니면 개방형 스프링클러헤드를 사용하느냐의 차이이다. 흔히 밸브 자체를 일제개방밸브와 준비작동식 유수검지장치가 서로 다른 것처럼 구분하고 있으나 사실상 밸브는 동일한 밸브이다

④ 극장의 무대부나 주차장, 연소할 우려가 있는 개구부, 랙크식 창고, 위험물 저장창고 등에 일제개방스프링클러가 적용되고 있다.

⑤ 일제살수식 스프링클러설비는 많은 양의 물이 동시에 살수되기 때문에 2차 수손에 대한 대책이 있어야 하며, 특히 오작동 시 많은 피해를 가져올 수 있는 소방대상물의 경우에는 화재감지기 회로를 교차회로 방식으로 구성하도록 하는 것이 바람직하다

⑥ **구성요소** : 일제개방(델류즈)밸브, 화재감지기, 수동기동장치, 솔레노이드밸브, 압력스위치, <u>개방형 상향식 헤드</u>

[일제살수식 스프링클러설비의 예]

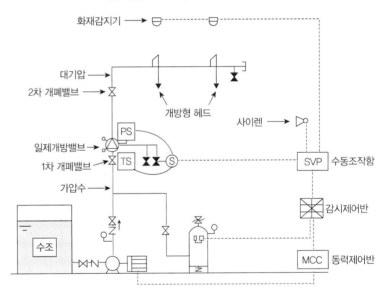

[일제살수식 스프링클러설비 계통도 예]

⑦ **작동순서**

화재발생 → <u>화재감지기(교차회로방식)</u> → 일제개방밸브(델류즈밸브)의 <u>솔레</u><u>노이드밸브 개방</u> → 일제개방밸브의 중간챔버에 물배수 되면서 일제개방밸브 개방 → <u>헤드(개방형 상향식)</u> → 압력스위치 작동 → 수신기 수신(화재표시등, 밸브개방표시등, 사이렌 작동) → 소화펌프 기동

⑧ **장점**

ㄱ 초기화재에 신속한 대처로 화재진압이 가장 빠르다.

ㄴ 층고가 높은 장소에서도 소화가 가능하다.

ㄷ 동파의 우려가 있는 장소에도 설치가 가능하다.

⑨ **단점**

ㄱ 대량 살수로 인한 수손피해가 우려된다.

ㄴ 화재감지장치가 별도로 필요하다.

ㄷ 설치비가 많이 소요된다.

(5) 부압식(= 진공) 스프링클러설비(Vaccum sprinkler system)

① <u>가압송수장치에서 준비작동식 유수검지장치 1차 측까지 항상 정압의 물이 가압되고, 2차측 폐쇄형 스프링클러헤드까지는 소화수가 부압으로 되어 있다가 화재 시 감지기의 작동에 의해 정압으로 변하여 유수가 발생하면 작동하는 스프링클러설비</u>를 말한다.

② 비화재 시 헤드의 개방으로 인한 수손피해를 방지하기 위해 설치하는 스프링클러설비이다

③ 스프링클러헤드의 오동작 시에도 배관 내부가 부압상태이므로 소화수가 방수가 되지 않는다.

④ 2차측 배관 내에 소화수가 항상 충수 되어 있으나, 준비작동식밸브를 적용함에 따라 화재 시 기동용 감지기가 동작되어야 소화가 가능하다.

⑤ 지진 등의 발생 시 소화배관이 파손되더라도 소화수의 수손 피해를 대비 할 수 있다.

⑥ 부압식 스프링클러설비는 <u>단일회로의 화재감지기와 조기반응형 헤드를 설치</u>하여 화재 시 준비작동식 스프링클러설비보다 소화수의 방출 시간을 단축할 수 있다.

⑦ 부압식 스프링클러 설비는 습식, 준비작동식에 해당하는 시설에 모두 적용이 가능하며 매년 국내, 외에서 건설되는 모든 대상물에도 설치가 가능하며 기존 설비된 건물에도 손쉽게 적용이 가능하여 앞으로 IT 관련 산업, 반도체 제조공장, 호텔, 학교, 병원, 관공서, 지하철 역사, 정밀가공 제조설비 등 특히 내진설계에 적용되고 있는 추세이다.

이론 플러스

진공펌프(Vaccum Pump)
배관 내의 압력을 일정 진공압력으로 유지시키는 역할을 한다. 진압력이 떨어지게 되면 진공펌프는 자동으로 작동을 시작하여 배관 내의 압력이 일정진공압(-0.05~-0.08MPa)이 유지되면 작동으로 멈춘다.

부압제어반(Vaccum System Controller)
배관 내의 압력과 화재수신기 및 가압펌프 등을 유기적으로 감시하여 화재 시 진공펌프를 정지시키고 가압펌프를 작동시켜 소화수가 방출되도록 하고, 오작동일 경우에는 진공펌프를 작동시켜 배관 내의 소화수를 흡입하여 소화수로 인한 피해가 발생하지 않도록 하는 역할을 한다.

압력스위치(Pressure Switch)
고진공 압력스위치(High Pressure Switch)와 저진공 압력스위치(Low Pressure Switch)로 구분하여 설치한다. 여기서 고진공은 사용압력 범위가 -100~50kpa를 사용하고 저진공은 사용압력 범위가 -10~-100kpa를 사용하여 진공압력 범위를 설정한다.

진공밸브(Vaccum Valve)
오작동 시에 진공펌프가 작동하면 개방되어 소화수를 흡입할 수 있도록 작동하며, 정상상태에서는 배관 내의 압력이 진공압력으로 형성되면 진공밸브를 닫아 진공압력이 유지될 수 있도록 하는 역할을 한다.

[부압식 스프링클러설비의 예]

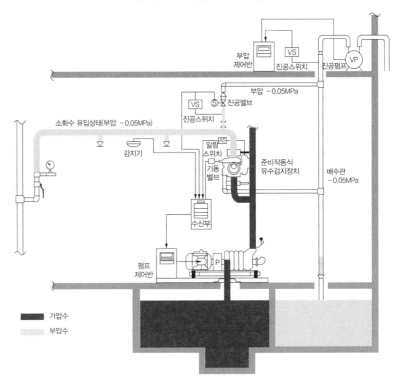

⑧ **구성요소** : 준비작동식 유수검지장치(= 프리액션밸브) 부압제어반, 진공스위치, 진공펌프, 진공밸브, **부압식 스프링클러헤드(폐쇄형 하향식)** 등으로 구성되어 있다.

진공펌프   진공밸브   부압제어반   진공스위치

⑨ 작동원리 및 방법

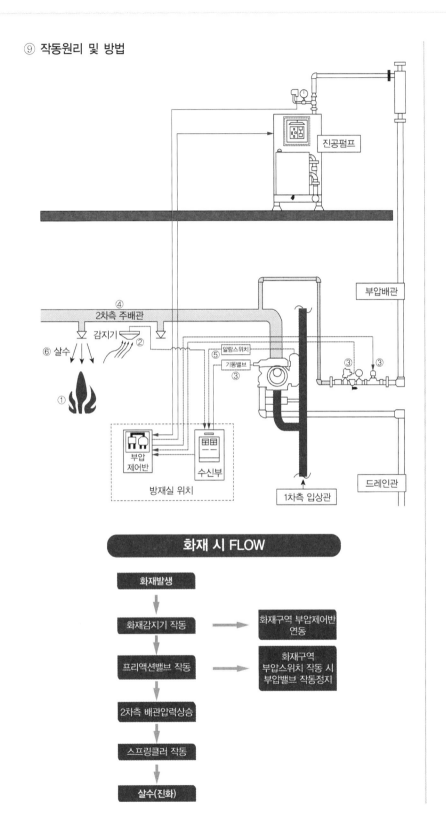

화재 시 구체적인 작동순서	오작동 시 Flow Chart
1. 화재발생 2. 화재감지기(화재표시 → 화재예고신 　고 → 화재판정 → 화재방송 3. 진공펌프 작동 정지 제어 4. 진공스프링클러 제어부 화재 신호 　(화재판정 후 → 화재신호 송출) 5. 기동제어(프리액션밸브의 기동밸브 　개방) 6. 밸브 개방후 2차측으로 소화수 유입 　(2차측 부압 → 정압가압) 7. 프리액션밸브 유수검지 신호(알람신호) 8. 유수검지신호를 화재수신부로 송출 　(화재수신부 작동표시) 9. 스프링클러헤드 작동 10. 소화수 방수	1. 스프링클러헤드 파손(비화재 시) 2. 개방된 헤드로 공기흡입(헤드로 물 　이 떨어지지 않음) 3. 프리액션밸브 2차측 배관에 압력상 　승(−0.05MPa → −0.03MPa) 4. 진공스위치 작동(−0.03MPa에서 on) 5. 스프링클러 배관 고장 신호(화재수 　신반 스프링클러 고장표시, 경보) 6. 진공밸브 개방 제어 7. 연속공기 흡입(진공스위치 연동) 　−0.05MPa~−0.08MPa 시 on-off ☞ 진공펌프의 작동으로 배관 내 물을 흡 　입하고 배수 배관 쪽으로 퇴수하여 비 　화재 시 파손된 헤드로부터 물이 떨어 　지지 않아 수손피해를 방지함

⑩ **장점**

　㉠ 스프링클러 오작동 시 소화수 방출에 의한 수손 피해를 방지할 수 있다.

　㉡ 배관 등의 부식으로 인한 소화수 방출 사고를 예방할 수 있다.

　㉢ 지진 등의 외력으로 인한 배관 이탈에 따른 소화수 방출 사고를 예방할
　　수 있다.

　㉣ 기존 준비작동식에 습식으로 대체할 경우 공기 배출시간이 제거되어 초기
　　진화 능력이 우수하다.

⑪ **단점**

　㉠ 동결의 우려가 있는 장소에는 사용이 제한된다.

　㉡ 구조가 다소 복잡하다.

　㉢ 아직까지는 상용화하기가 어려운 점이 있다.

3. 수원

스프링클러설비의 수원은 그 저수량이 다음의 기준에 적합하도록 하여야 한다.

① **수원의 양 산정 방법**

　㉠ 헤드 선단에서 방수압력 : 0.1MPa 이상~1.2MPa 이하

　㉡ 헤드 선단에서 방수량 : 80L/min 이상

　㉢ 수원의 용량(저수량) : 1.6m³ × N(헤드의 기준 개수)

② 폐쇄형 스프링클러헤드를 사용하는 경우에는 다음 표의 스프링클러설비 설
　치장소별 스프링클러헤드의 기준 개수[스프링클러헤드의 설치개수가 가장
　많은 층(아파트의 경우에는 설치개수가 가장 많은 세대)에 설치된 스프링클
　러헤드의 개수가 기준 개수보다 작은 경우에는 그 설치개수를 말한다. 이하
　같다]에 1.6m³를 곱한 양 이상이 되도록 할 것

[수원의 양 기준 = 헤드의 기준 개수 × 1.6m^3]

소방대상물			헤드 기준 개수
지하층을 제외한 층수가 10층 이하인 소방대상물	공장 또는 창고 (랙크식 창고 포함)	특수 가연물을 저장 취급하는 것	30
		그 밖의 것	20
	근린생활시설·판매시설 및 운수시설 또는 복합건축물	판매시설 또는 복합건축물(판매시설이 설치된 복합건축물)	30
		그 밖의 것	20
	그 밖의 것	헤드의 부착 높이가 8m 이상의 것	20
		헤드의 부착 높이가 8m 미만의 것	10
아파트			10
지하층을 제외한 층수가 11층 이상인 소방대상물(아파트 제외) 지하가 또는 지하역사			30

③ 개방형 스프링클러헤드를 사용하는 스프링클러설비의 수원은 최대 방수구역에 설치된 스프링클러헤드의 개수가 30개 이하일 경우에는 설치헤드수에 1.6m^{3}를 곱한 양 이상으로 하고, 30개를 초과하는 경우에는 산출된 가압송수장치의 1분당 송수량에 20을 곱한 양 이상이 되도록 할 것

④ 스프링클러설비의 수원은 ② 또는 ③에서 산출된 유효수량 외에 유효수량의 3분의 1 이상을 옥상(스프링클러설비가 설치된 건축물의 주된 옥상)을 말한다.

4. 가압송수장치, 수원의 종류, 2차 수조 설치기준은 옥내소화전설비와 동일하다.

① 고가수조의 자연낙차수두(수조의 하단으로부터 최고층에 설치된 헤드까지의 수직거리를 말한다)는 다음의 식에 따라 계산하여 나온 수치 이상이 되도록 할 것

> H = h$_1$ + 10
> H : 필요한 낙차(m)
> h$_1$: 배관의 마찰손실 수두(m)

② 압력수조의 압력은 다음의 식에 따라 계산하여 나온 수치 이상으로 할 것

> P = p$_1$ + p$_2$ + 0.1
> P : 필요한 압력(MPa)
> p$_1$: 낙차의 환산 수두압(MPa)
> p$_2$: 배관의 마찰손실 수두압(MPa)

③ 가압수조의 압력은 방수량 및 방수압이 20분 이상 유지되도록 할 것

5. 방호구역, 유수검지장치, 방수구역, 일제개방밸브의 설치기준

(1) 폐쇄형 스프링클러설비의 방호구역 · 유수검지장치

폐쇄형 스프링클러헤드를 사용하는 설비의 방호구역(스프링클러설비의 소화범위에 포함된 영역을 말한다) · 유수검지장치는 다음의 기준에 적합하여야 한다.

① 하나의 방호구역의 바닥면적은 3,000㎡를 초과하지 않을 것. 다만, 폐쇄형 스프링클러설비에 격자형배관방식(둘 이상의 수평주행배관 사이를 가지배관으로 연결하는 방식을 말한다)을 채택하는 때에는 3,700㎡ 범위 내에서 펌프용량, 배관의 구경 등을 수리학적으로 계산한 결과 헤드의 방수압 및 방수량이 방호구역 범위에서 소화목적을 이루는데 충분할 것

② 하나의 방호구역에는 1개 이상의 유수검지장치를 설치하되, 화재발생 시 접근이 쉽고 점검하기 편리한 장소에 설치할 것

③ 하나의 방호구역은 2개 층에 미치지 아니하도록 할 것. 다만, 1개 층에 설치되는 스프링클러 헤드의 수가 10개 이하인 경우와 복층형 구조의 공동주택에는 3개 층 이내로 할 수 있다.

④ <u>유수검지장치를 실내에 설치하거나 보호용 철망 등으로 구획하여 바닥으로부터 0.8m 이상 1.5m 이하의 위치에 설치</u>하되, 그 실 등에는 개구부가 가로 0.5m 이상 세로 1m 이상의 출입문을 설치하고 그 출입문 상단에 "유수검지장치실"이라고 표시한 표지를 설치할 것. 다만, 유수검지장치를 기계실(공조용기계실을 포함한다)안에 설치하는 경우에는 별도의 실 또는 보호용 철망을 설치하지 않고 기계실 출입문 상단에 "유수검지장치실"이라고 표시한 표지를 설치할 수 있다.

⑤ 스프링클러헤드에 공급되는 물은 유수검지장치를 지나도록 할 것. 다만, 송수구를 통하여 공급되는 물은 그렇지 않다.

⑥ 자연낙차에 따른 압력수가 흐르는 배관상에 설치된 유수검지장치는 화재 시 물의 흐름을 검지할 수 있는 최소한의 압력이 얻어질 수 있도록 수조의 하단으로부터 낙차를 두어 설치할 것

⑦ <u>조기반응형 스프링클러헤드를 설치하는 경우에는 습식 유수검지장치 또는 부압식 스프링클러설비를 설치할 것</u>

(2) 개방형 스프링클러설비의 방수구역 및 일제개방밸브

개방형 스프링클러설비의 방수구역 및 일제개방밸브는 다음의 기준에 적합하여야 한다.

① 하나의 방수구역은 2개 층에 미치지 아니 할 것

② 방수구역마다 일제개방밸브를 설치할 것

이론 플러스

조기반응형 스프링클러헤드 설치(습식, 부압식)
1. 공동주택 · 노유자시설의 거실
2. 오피스텔 · 숙박시설의 침실, 병원의 입원실

③ 하나의 방수구역을 담당하는 헤드의 개수는 50개 이하로 할 것. 다만, 2개 이상의 방수구역으로 나눌 경우에는 하나의 방수구역을 담당하는 헤드의 개수는 25개 이상으로 할 것

④ 일제개방밸브의 설치위치는 <u>실내에 설치하거나 보호용 철망 등으로 구획하여 바닥으로부터 0.8m 이상 1.5m 이하의 위치에 설치</u>, 표지는 "일제개방밸브실"이라고 표시할 것

6. 배관

스프링클러설비의 배관은 입상관(Risers), 수평주행배관(Feed mains), 교차배관(Cross mains), 가지배관(Branch lines) 등으로 구성되어 있다.

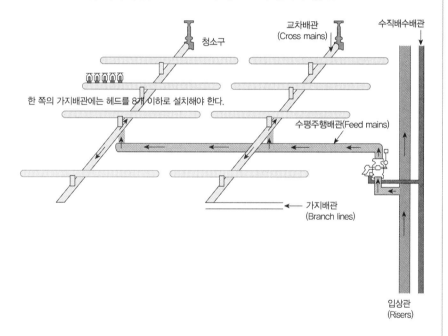

[습식 스프링클러설비 계통도]

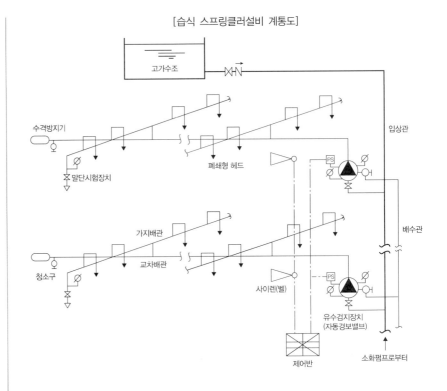

(1) 입상관(Risers)

가압송수장치로부터 각층을 관통하여 층마다 물을 보급시켜주는 배관을 말한다.

(2) 수평주행배관(Feed mains)

당해층에서 유수검지장치로부터 교차배관까지 물을 보급시켜 주는 배관을 지칭하나, 층의 구조 및 배관형태에 따라서 교차배관이 수평 주행배관을 대신하여 쓰이는 경우가 많다.

(3) 교차배관(Cross Mains)

① 스프링클러헤드가 달린 가지배관을 분기시켜 주는 배관이다.
② 직접 또는 수직배관을 통하여 가지배관에 급수하는 배관을 말한다.
③ 수평주행배관 중 가지배관에 소화용수 공급하는 배관으로 가지배관의 하부 또는 측면에 설치되어 가지배관과 교차되는 배관을 말한다.
④ 교차배관의 최소구경은 40mm 이상으로 하며, 패들형 유수검지장치를 사용하는 경우에는 교차배관과 같은 구경과 같게 할 수 있다.

(4) 가지배관(Branch Lines)

① 스프링클러헤드가 직접 설치되어 있는 배관을 말한다.

② 스프링클러 배관 중 가장 가느다란 배관이다.

③ **스프링클러 가지배관의 배열기준**

    ㉠ 가지배관의 배열은 <u>토너먼트 방식이 아니어야 한다.</u>

    ㉡ 한쪽 가비배관에 설치하는 헤드의 개수는 <u>8개 이하</u>로 할 것

④ 가지배관은 노출되거나 은폐되어야 하며 매립되어서는 아니된다. 평상시 물이 채워져 있지 아니한 스프링클러설비의 경우에도 배관의 상태를 점검할 수 있어야 하기 때문이다(건식 스프링클러설비의 가지배관의 경우 물이 채워져 있지 않으나 배관 내 공기 채움으로 인한 부식이 습식 스프링클러 설비보다 빠르게 진행된다).

(5) 스프링클러설비 배관의 기울기

① 습식 스프링클러설비 또는 부압식 스프링클러의 배관은 수평으로 하여야 한다.

② 습식 스프링클러설비 또는 부압식 스프링클러설비 외의 설비는 헤드를 향하여 상향으로 수평주행배관의 기울기를 1/500 이상, 가지배관의 기울기를 1/250 이상으로 할 것. 다만, 배관의 구조상 기울기를 줄일 수 없는 경우는 배수를 원활하게 할 수 있도록 배수밸브를 설치하여야 한다.

③ 수평주행배관, 교차배관, 가지배관의 상호 설치위치와 기울기를 주는 이유(목적)는 배관 안의 물속에 있는 찌꺼기가 낮은 곳으로 침전되도록 하여 외부로 배출하기 위하여 하는 것이다.

④ 가지배관의 기울기를 주는 목적은 가지배관 내의 찌꺼기가 교차배관으로 흘러 들어 가도록 하는 것이다.

이론 플러스

한쪽 가지배관에 설치되는 스프링클러헤드의 개수를 8개 이하로 제한하는 이유
가지배관의 구경이 커질 경우 가지배관으로 인한 살수장애 초래 및 배관의 길이가 길 경우 배관의 손실압력이 증가하므로 이로 인하여 압력이 과도하게 감소되지 않도록 하기 위함으로 해석된다.

7. 스프링클러헤드

① **개방 여부에 따른 분류** : 폐쇄형, 개방형

② **부착 방향에 의한 분류** : 상하형, 하향형, 상하향형, 측벽형

▲ 개방상향형

▲ 개방하향형

← 상향 디플렉터
감열부
실링
프레임
하향 디플렉터 →
▲ 폐쇄상향형   ▲ 폐쇄하향형

▲측벽형 헤드

③ 감열체에 따른 구분(퓨즈블링크형/유리벌브형/플러쉬형)

▲퓨즈블링크 타입　　　　▲유리벌브 타입　　　　▲플러쉬 타입

④ 헤드 배치 기준

　㉠ 부착 장소는 소방대상물의 천장, 반자, 천장과 반자 사이, 덕트, 선반, 기타 이와 유사한 부분으로 폭이 1.2m 초과하는 곳에 설치하여야 한다. 다만, 폭이 9m 이하인 실내의 경우에는 측벽에 설치할 수 있다.

　㉡ 랙크식 창고의 경우로서 특수가연물을 저장 또는 취급하는 것에 있어서는 랙크 높이 4m 이하마다, 그 밖의 것을 취급하는 것에 있어서는 랙크 높이 6m 이하마다 설치하여야 한다. 다만 랙크식 창고의 천장 높이가 13.7m 이하로서 「화재조기진압용 스프링클러설비의 화재안전기준」에 따라 설치하는 경우에는 천장에만 스프링클러헤드를 설치할 수 있다.

　㉢ 스프링클러헤드를 설치하는 천장·반자·천장과 반자 사이·덕트·선반 등의 각 부분으로부터 하나의 스프링클러헤드까지의 수평거리는 다음과 같다.

구분	수평 거리
무대부, 특수가연물을 저장·취급하는 장소 및 랙크식 창고, 위험물 제조소 등	1.7m 이하
비내화구조 소방대상물	2.1m 이하
내화구조 소방대상물	2.3m 이하
랙크식 창고(특수가연물을 저장·취급하는 랙크식 창고 제외)	2.5m 이하
공동주택(아파트) 세대 내의 거실	3.2m 이하

② 무대부 또는 연소할 우려가 있는 개구부는 개방형 스프링클러헤드를 설치한다.

⑩ 공동주택·노유자시설의 거실, 오피스텔·숙박시설의 침실, 병원의 입원실에는 조기반응형 스프링클러 헤드를 설치하여야 한다.

119 ☝ 알아보기

스프링클러헤드를 설치하지 않아도 되는 장소

1. 계단실(특별피난계단의 부속실 포함)·경사로·승강기의 승강로·비상용 승강기의 승강장·파이프덕트 및 덕트피트(파이프·덕트를 통과시키기 위해 구획된 구멍에 한함)·목욕실·수영장(관람석 부분 제외)·화장실·직접 외기에 개방되어 있는 복도·기타 이와 유사한 장소
2. 통신기기실·전자기기실·기타 이와 유사한 장소
3. 발전실·변전실·변압기·기타 이와 유사한 전기설비가 설치되어 있는 장소
4. 병원의 수술실·응급처치실·기타 이와 유사한 장소
5. 천장과 반자 양쪽이 불연재료로 되어 있는 경우로서 그 사이의 거리 및 구조가 다음 중 어느 하나에 해당하는 부분
   가. 천장과 반자 사이의 거리가 2m 미만인 부분
   나. 천장과 반자 사이의 벽이 불연재료이고 천장과 반자 사이의 거리가 2m 이상으로서 그 사이에 가연물이 존재하지 아니하는 부분
6. 천장·반자 중 한쪽이 불연재료로 되어 있고 천장과 반자 사이의 거리가 1m 미만인 부분
7. 천장 및 반자가 불연재료 외의 것으로 되어 있고 천장과 반자 사이의 거리가 0.5m 미만인 부분
8. 펌프실·물탱크실 엘리베이터 권상기실 그 밖의 이와 비슷한 장소
9. 현관 또는 로비 등으로서 바닥으로부터 높이가 20m 이상인 장소
10. 영하의 냉장창고의 냉장실 또는 냉동창고의 냉동실
11. 고온의 노가 설치된 장소 또는 물과 격렬하게 반응하는 물품의 저장 또는 취급장소
12. 불연재료로 된 특정 소방대상물 또는 그 부분으로서 다음 중 어느 하나에 해당하는 장소
    가. 정수장·오물처리장 그 밖의 이와 비슷한 장소
    나. 펄프공장의 작업장·음료수공장의 세정 또는 충전하는 작업장 그 밖의 이와 비슷한 장소
    다. 불연성의 금속·석재 등의 가공공장으로서 가연성물질을 저장 또는 취급하지 아니하는 장소
    라. 가연성 물질이 존재하지 않는 「건축물의 에너지절약설계기준」에 따른 방풍실
13. 실내에 설치된 테니스장·게이트볼장·정구장 또는 이와 비슷한 장소로서 실내 바닥·벽·천장이 불연재료 또는 준불연재료로 구성되어 있고 가연물이 존재하지 않는 장소로서 관람석이 없는 운동시설(지하층 제외)
14. 「건축법 시행령」 제46조 제4항에 따른 공동주택 중 아파트의 대피공간

8. 스프링클러 소화설비의 음향장치 기준 ★★

① 음향장치는 유수검지장치 및 일제개방밸브 등의 담당 구역마다 설치하며, 그 구역의 각 부분으로부터 하나의 음향장치까지의 수평 거리는 25m 이하가 되도록 한다.

② 5층 이상으로 연면적이 3,000m²를 초과하는 소방대상물

   ㉠ 2층 이상의 층에서 발화한 때에는 발화층 및 그 직상층에 한하여 경보를 발할 수 있도록 한다.

   ㉡ 1층에 발화한 때에는 발화층, 그 직상층 및 지하층에 한하여 경보를 발할 수 있도록 한다.

   ㉢ 지하층에 발화한 때에는 직상층 및 기타의 지하층에 한하여 경보를 발할 수 있도록 하여야 한다.

③ 음향장치는 정격전압의 80% 전압에서 음향을 발할 수 있는 것으로 하여야 한다.

④ 음량은 부탁된 음향장치의 중심으로부터 1m 떨어진 위치에서 90dB 이상이 되는 것으로 하여야 한다.

발화층	경보가 되는 층
2층 이상의 층	발화층 + 직상층
1층	2층 + 1층 + 지하층
지하층	발화층 + 직상층 + 기타 지하층

[경보방식]

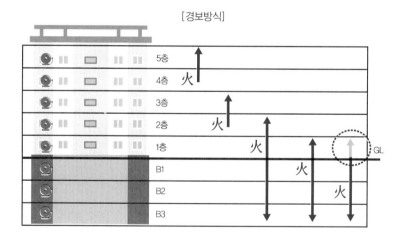

9. 스프링클러소화설비의 송수구 설치기준

① 송수구는 소방차가 쉽게 접근할 수 있는 잘 보이는 장소에 설치하되 화재 층으로부터 지면으로 떨어지는 유리창 등이 송수 및 그 밖의 소화작업에 지장을 주지 아니하는 장소에 설치하여야 한다.

② 송수구로부터 스프링클러설비의 주배관에 이르는 연결배관에 개폐밸브를 설치한 때에는 그 개폐 상태를 쉽게 확인 및 조작할 수 있는 옥외 또는 기계실 등의 장소에 설치하여야 한다.

③ 구경 65mm의 쌍구형으로 하여야 한다.

④ 송수구에는 그 가까운 곳의 보기 쉬운 곳에 송수압력범위를 표시한 표지를 할 것

⑤ 폐쇄형 스프링클러헤드를 사용하는 스프링클러설비의 송수구는 하나의 층의 바닥면적이 3,000m^{2}를 넘을 때마다 1개 이상을 설치한다(5개를 넘을 경우에는 5개).

⑥ 지면으로부터 높이가 0.5m 이상 1m 이하의 위치에 설치하여야 한다.

⑦ 송수구의 가까운 부분에 자동배수밸브(또는 직경 5mm 배수공) 및 체크밸브를 설치하여야 한다. 이 경우 자동배수밸브는 배관 안의 물이 잘 빠질 수 있는 위치에 설치하되, 배수로 인하여 다른 물건 또는 장소에 피해를 주지 아니하여야 한다.

⑧ 송수구에는 이물질을 막기 위한 마개를 씌워야 한다.

10. 전원

(1) 상용전원

스프링클러설비에는 그 특정소방대상물의 수전 방식에 따라 다음 기준에 따른 상용전원회로의 배선을 설치하여야 한다. 다만, 가압수조방식으로서 모든 기능이 20분 이상 유효하게 지속될 수 있는 경우에는 그렇지 않다.

① 저압수전인 경우에는 인입개폐기의 직후에서 분기하여 전용배선으로 하여야 하며, 전용의 전선관에 보호되도록 할 것

② 특별고압수전 또는 고압수전일 경우에는 전력용 변압기 2차측의 주차단기 1차측에서 분기하여 전용배선으로 하되, 상용전원의 상시공급에 지장이 없을 경우에는 주차단기 2차측에서 분기하여 전용배선으로 할 것

(2) 비상전원

① 스프링클러설비에는 자가발전설비, 축전지설비 또는 전기저장장치에 따른 비상전원을 설치하여야 한다.

② 차고·주차장으로서 스프링클러설비가 설치된 부분의 바닥면적의 합계가 1,000㎡ 미만인 경우에는 비상전원수전설비로 설치할 수 있으며, 2 이상의 변전소에서 전력을 동시에 공급받을 수 있거나 하나의 변전소로부터 전력의 공급이 중단되는 때에는 자동으로 다른 변전소로부터 전력을 공급받을 수 있도록 상용전원을 설치한 경우와 가압수조방식에는 비상전원을 설치하지 아니할 수 있다.

11. 스프링클러설비의 장단점 ★★

장점	• 초기 진화에 특히 절대적인 효과가 있다. • 약제가 물이므로 값이 싸고 경제적이다. • 조작이 편리하다. • 오작동 및 오보가 거의 없다. • 화재의 감지, 경보, 소화를 자동으로 수행한다. • 반영구적인 수명을 가진다.
단점	• 설치 초기 비용이 크다. • 시공이 복잡하다. • 물에 의한 피해(수손 피해)가 크다(→ '일제살수식'이 다른 스프링클러 시스템에 비해 수손 피해가 큼).

(1) 스프링클러시스템의 정리 Ⅰ

종류	내용
습식	• 1차측·2차측 배관 내 항상 물이 가압되어 있다가 화재로 인한 열에 의해 헤드의 감열부가 개방되어 물을 살수하는 방식이다. • 폐쇄형 헤드, 습식밸브(알람체크밸브)를 사용한다. • 주로 아파트, 사무실 등에 사용한다. • 기온이 영하로 떨어질 때 동파에 세심한 주의가 필요하다. • 구조가 간단하다. • 설비비가 적게 든다. • 오동작으로 인한 물의 피해가 크다.
건식	• 1차측 배관은 물로, 2차측 배관은 압축공기 또는 질소로 채워져 있다. • 폐쇄형 헤드, 건식밸브(드라이밸브)를 사용한다. • 습식보다 송수속도가 느리다. 그래서 배관 상에 설치된 엑셀레이터를 사용하여 클래퍼(수문 역할) 개방속도를 증가시키다. • 주로 동파 우려가 있는 한랭지역이나 지하주차장 등에 사용한다. • 보온이 불필요하다. • 구조가 복잡하다. • 설비비가 많이 든다. • 오동작으로 인한 물의 피해가 적다.

준비 작동식	• 가압송수장치에서 준비작동식 유수검지장치 1차측까지 배관 내에 항상 물이 가압되어 있고, 2차측에서 폐쇄형 스프링클러헤드까지 대기압 또는 저압으로 있다가 화재발생 시 감지기의 작동으로 준비작동식 유수검지장치가 작동하여 폐쇄형 스프링클러헤드까지 소화용수가 송수되어 폐쇄형 스프링클러헤드가 열에 따라 개방되는 방식이다. • 1차측 배관은 물이 충만되어 있고, 2차측 배관은 대기압 또는 저압으로 채워져 있다. • 폐쇄형 헤드, 준비작동식밸브(프리액션밸브), 감지기에 의해 작동된다. • 0℃ 이하에서도 사용이 가능하므로 보온이 불필요하다. • 주로 대형 건물에 사용된다.
일제 살수식	• 가압송수장치에서 일제개방밸브 1차측까지 배관 내에 항상 물이 가압되어 있고 2차측에서 개방형 스프링클러헤드까지 대기압(무압)으로 있다가 화재 발생 시 자동감지장치 또는 수동식 기동장치의 작동으로 일제개방밸브가 개방되면 스프링클러헤드까지 소화용수가 송수되는 방식이다. • 1차측 배관은 물이 가압되어 있고, 2차측 배관은 대기압(무압) 상태이다. • 개방형 헤드, 일제개방밸브(델류즈밸브), 감지기에 의해 작동된다. • 감지기 설치비용이 많이 들고 수손피해의 단점이 있지만 스프링클러설비 중 화재 진압이 제일 빠르다. • 신속한 소화가 필요한 필름공장, 극장무대, 특수가연물의 저장·취급시설 등에 사용된다.
부압식	가압송수장치에서 준비작동식 유수검지장치의 1차측까지는 항상 정압의 물이 가압되고, 2차측 폐쇄형 스프링클러헤드까지는 소화수가 부압으로 되어 있다가 화재 시 감지기의 작동에 의해 정압으로 변하여 유수가 발생하면 작동하는 방식이다.

(2) 스프링클러시스템의 정리 Ⅱ

구분		습식 S/P	건식 S/P	준비작동식 S/P	일제살수식 S/P	부압식 S/P
방식	1차측	가압수	가압수	가압수	가압수	가압수
	2차측	가압수	압축공기 또는 질소	대기압/저압	대기압/무압	부압수
감지기 유무		X	X	O (교차회로)	O (교차회로)	O (단일회로)
반응 시간		즉시	배관 내 공기방출 후 방사	감지기 동작 > 헤드개방 > 방사	감지기 동작 > 헤드개방 > 방사	감지기 동작 > 헤드개방 > 방사
사용헤드		표준형/ 조기반응형	표준형	표준형	표준형	표준형/ 조기반응형
배관보온		O	X	X	X	O
밸브의 종류		습식유수 검지장치 (알람체크 밸브)	건식유수 검지장치 (드라이밸브)	준비작동식 유수검지장 치(프리액션 밸브)	일제개방 밸브 (델류즈밸브)	준비작동식 유수검지장 치(프리액션 밸브)

(3) 스프링클러시스템의 정리 Ⅲ

구분		장점	단점
폐쇄형 헤드	습식	• 구조가 간단하고 공사비 저렴 • 신속한 소화 가능 • 타방식에 비해 유지관리 용이	• 동결우려장소 사용제한 • 헤드오동작 시 수손피해 및 배관 부식 촉진
	건식	동결우려장소 및 옥외 사용 가능	• 살수개시 시간 지연 및 복합한 구조 • 화재초기 압축공기에 의한 화재 촉진 우려
	준비 작동식	• 동결우려장소 사용 가능 • 헤드 오동작(개방) 시 수손피해 우려 없음 • 헤드 개방 전 화재경보로 조기 대처 용이	• 감지기 별도 시공 필요 • 구조 복잡, 시공비 고가
	부압식	• 스프링클러의 오작동으로 인한 수손 피해를 원천적으로 해결 • 배관 등의 부식으로 인한 소화수 방출 사고를 예방 • 지진 등의 외력으로 인한 배관 이탈에 따른 소화수 방출 사고를 예방 • 기존 준비작동식에 습식으로 대체할 경우 공기 배출시간이 제거되어 초기 진화 능력이 우수	널리 사용하기 어렵다.
개방형 헤드	일제 살수식	• 초기화재 신속 대처 용이 • 층고 높은 장소에서도 소화 가능	• 감지기 별도 시공 필요 • 대량살수로 수손 피해 우려

5 간이스프링클러설비

1. 간이스프링클러설비의 특징

① 간이스프링클러설비는 스프링클러설비 설치대상에 미치지 못하는 특정소방대상물 중 화재발생 시 인명피해가 많이 발생할 것으로 예상되는 특정소방대상물에 설치하는 수계소화설비이다.
② 화재발생 시 간이헤드 2개(일부 특정소방대상물의 경우 5개 헤드)를 동시에 방수하여 화재를 진압 또는 제어하도록 하고 있는 설비이다.
③ 화재위험도의 구분이 없는 특정소방대상물에서 화재위험도가 높은 근린생활시설(사용하는 부분의 바닥면적 합계가 1천m² 이상인 것은 모든 층), 생활형 숙박 시설해당 용도로 사용되는 바닥면적의 합계가 600m² 이상인 것), 복합건축물(연면적 1천m² 이상인 것은 모든 층)의 경우 20분 이상, 기타의 경우 10분 이상 방수할 수 있어 화재를 진압 또는 제어하도록 하고 있다.

2. 간이스프링클러설비의 분류

① 국내 화재안전기준에 의한 분류

간이스프링클러설비를 습식 스프링클러설비, 준비작동식 스프링클러설비로 구분 하고 있다.

ㄱ 습식 스프링클러시스템

1차측 및 2차측에 가압수를 가득 채운상태에서 배관에 폐쇄형 스프링클러 헤드를 부착하여 화재의 열로 인하여 스프링클러헤드가 개방되면 즉시 방수되도록 하는 시스템을 말한다.

ㄴ 준비작동식 스프링클러시스템

1차측에 가압수 등을 채우고 2차측에서 폐쇄형 스프링클러 헤드까지 대기압 또는 저압으로 있다가 화재감지설비의 감지기 또는 화재감지용 헤드의 작동에 의하여 시트가 열리어 가압수 등이 2차측으로 유출되도록 하는 장치를 말한다.

② 간이스프링클러설비는 불특정다수인이 이용하는 다중이용업소 등의 경우에 화재 시 예상되는 인명 및 재산 패해를 최소화하고자 스프링클러설비를 약식으로 도입한 것으로 신속한 화재진압이 요구된다.

③ 신속한 화재진압 또는 제어를 위해서 설비방식은 습식으로 한정하여야 하며, 간이헤드는 조기반응형을 사용하는 것이 바람직하다.

3. 간이스프링클러설비의 종류

① 상수도 직결형 간이스프링클러설비

수조를 사용하지 않고 상수도에 직접 연결하여 항상 기준 압력 및 방수량 이상을 확보할 수 있는 설비를 말한다. 따라서 반드시 화재 시 간이스프링클러설비 이외의 배관에는 급수차단장치를 설치하여야 한다.

② 펌프 등의 가압송수장치를 이용한 간이스프링클러설비

일반적인 스프링클러설비와 마찬가지로 수원을 설치하고 펌프 또는 압력수조를 이용하여 기준 방수압력 및 방수량 이상을 확보하는 설비이다.

③ 가압수조를 이용한 간이스프링클러설비

무전원 방식으로 고압의 기체병인 기동용기에 고압기체를 충전하고, 화재발생과 동시에 기동용기의 고압기체가 배출되어 고압가스 기체병의 격막을 터트려 가스가 배출되고, 가스의 압력으로 수원을 헤드 쪽으로 이동시켜 기준 방수량 및 방수압력 이상을 확보하는 설비이다.

④ 캐비닛형 간이스프링클러설비

가압송수장치, 수조 및 유수검지장치 등을 집적화하여 캐비닛형태로 구성시킨 간이형태의 스프링클러설비를 말한다.

4. 수원

① 상수도직결형

ㄱ 상수도직결형 간이스프링클러설비의 경우 수돗물의 수압을 확보하여야 한다.

ㄴ 차단할 수 있는 장치를 부착하여 화재진압을 위한 충분한 수원을 확보하는 것과 정압형 가압펌프를 인입구에 설치하여 일정 수압을 확보하는 것이다.

ㄷ 기존에 "캐비닛형 간이스프링클러설비"를 이용한 방식은 배관의 구성 및 밸브의 특성상 상수원만으로 충분한 압력을 확보하기 어렵기 때문에 상수도직결형으로 보아서는 아니되며, 펌프가압방식으로 구분하는 것이 바람직하다.

② 수조를 사용하는 경우(캐비닛형 간이스프링클러설비 포함)

적어도 1개 이상의 자동급수장치를 갖추어야 하며, 2개의 간이헤드에서 최소 10분 이상 방수할 수 있는 양 이상을 수조에 확보하여야 한다. 다만, 근린생활시설로 사용하는 부분의 바닥면적 합계가 $1,000m^2$ 이상, 숙박시설 중 생활형 숙박시설로서 해당 용도로 사용되는 바닥면적의 합계가 $600m^2$ 이상, 복합건축물로서 연면적 $1,000m^2$ 이상인 것은 5개의 간이헤드에서 최소 20분 이상 방수할 수 있는 양을 수조에 확보하여야 한다.

5. 적정방수압력

① 가장 먼 가지배관에서 2개의 간이헤드를 동시에 개방할 경우, 각각의 간이헤드 선단의 방수압력은 0.1MPa 이상 방수량은 50L/min 이상이어야 한다. 다만, 근린생활시설로 사용하는 부분의 바닥면적 합계가 $1,000m^2$ 이상, 숙박시설 중 생활형 숙박시설로서 해당 용도로 사용되는 바닥면적의 합계가 $600m^2$ 이상, 복합건축물로서 연면적 $1,000m^2$ 이상인 것은 가장 먼 가지배관 5개의 간이헤드를 동시에 개방할 경우, 각각의 간이헤드 선단의 방수압력이 0.1MPa 이상, 방수량은 50L/min 이상이어야 한다.

② 주차장에 표준반응형 스프링클러헤드를 사용하는 경우 헤드 1개의 방수량은 80L/min 이상이어야 한다.

6. 헤드

① 폐쇄형 간이헤드를 사용하여야 한다.

② 하나의 방호면적은 $13.4m^2$ 이하로 하여야 한다.

③ 헤드와 헤드 사이의 거리는 3.7m 이하로 하여야 한다.

④ 간이헤드에서 벽이나 칸막이까지의 거리는 0.3m에서 1.8m 이내가 되도록 설치하여야 한다.

이론 플러스

후드밸브(Foot Valve)
후드밸브는 수원이 펌프의 임펠러의 위치보다 낮은 경우에 설치되는 것으로서, 흡수구와 임펠러사이의 배관에 물을 채워 주기 위하여 흡수구의 끝부분에 체크밸브가 달려있고, 이물질이 흡입되는 것을 방지하기 위하여 여과망이 부착되어 있는 밸브이다. 체크밸브가 고장이 발생 되면 펌프 기동 시 흡입배관이 비어 있게 되어 펌프가 정상적으로 흡입이 되지 않는 결과를 초래할 수 있다. 또한, 여과망의 입자가 너무 촘촘하면 임펠러로 흡입이 잘 되지 않아 펌프의 흡입성능을 현저하게 저하시키므로 여과망의 크기는 12.7mm를 넘지 않게 하되, 너무 촘촘하지 않도록 하여야 한다.

후드밸브의 구조 예

7. 송수구

① 구경 65mm의 단구형 또는 쌍구형으로 하여야 하며, 송수배관 안지름은 40mm 이상으로 하여야 한다.

② 지면으로부터 높이가 0.5m 이상 1m 이하의 위치에 설치하여야 한다.

③ 화재 시 완강기 등에 의한 피난자 또는 지면으로 떨어지는 유리창 등에 의해 소화작업에 지장이 없는 장소에 설치하여야하며 소방펌프자동차의 접근이 용이하여야 한다.

8. 비상전원

① **비상전원의 정의**

<u>비상전원이라 함은 정전 등으로 인하여 상용전원이 차단되었을 경우 소방대상물에서 소방시설을 일정시간 동안 사용하기 위한 별도의 전원공급장치를 의미한다.</u> 간이스프링클러설비에서는 가압송수장치 등을 10분(근린생활시설, 생활형숙박시설, 복합건축물의 경우에는 20분)이상 작동시킬 수 있는 용량을 가진 전원을 말한다. 간이스프링클러설비에서 비상전원의 주된 역할은 가압송수장치(펌프)를 기동시키는 역할이라 할 수 있다. 가압송수장치의 작동을 무전원으로 가능한 간이스프링클러설비 있어서는 별도의 비상전원 설치 없이 기타 작동이 10분(근린생활시설, 생활형 숙박시설, 복합건축물의 경우에는 20분) 이상 작동될 수 있는 구조를 갖추도록 규정하였다. 예를 들어 상수도직결형은 무전원으로 작동이 되나 급수차단밸브 및 유수검지장치의 작동상태를 확인할 수 있는 전원을 갖추어야 한다.

② **비상전원의 종류**

㉠ 자가발전설비

㉡ 축전지설비

㉢ 전기저장장치

 119 ⓓ 알아보기

화재조기진압용 스프링클러설비

1. 특정한 높은 장소의 화재 위험에 대하여 조기에 진화할 수 있도록 설계된 스프링클러설비이다.
2. 당해 층의 높이가 13.7m 이하여야 한다.
3. 배관은 습식으로 하여야 한다.
4. 헤드 하나의 방호면적은 $6m^2$ 이상~$9.3m^2$ 이하로 하여야 한다.
5. 헤드의 작동온도는 74℃ 이하여야 한다.

119 더 알아보기

옥내소화전, 옥외소화전, 스프링클러설비의 비교

구분	옥내소화전	옥외소화전	스프링클러설비
주수형태	봉상주수	봉상주수	적상주수
최소 규정방수량	$130\ell/\text{min}$	$350\ell/\text{min}$	$80\ell/\text{min}$ (간이 : $50\ell/\text{min}$)
1개당 저수량	$130\ell/\text{min} \times 20\text{min}$ $= 2.6\text{m}^3$	$350\ell/\text{min} \times 20\text{min}$ $= 7\text{m}^3$	$80\ell/\text{min} \times 20\text{min}$ $=$ 헤드 1개당 1.6m^3 (간이 : $50\ell/\text{min}$ $\times 10\text{min}$)
최대설치개수	**최대 2개**	최대 2개	최대 30개
유효수원의 양	$2.6\text{m}^3 \times$ 최대 2개 $=$ 5.2m^3	$7\text{m}^3 \times$ 최대 2개 $=$ 14m^3	$1.6\text{m}^3 \times$ 최대 30개 $=$ 48m^3
방수압	0.17Mpa 이상 ~0.7Mpa 이하	0.25Mpa 이상 ~0.7Mpa 이하	0.1Mpa 이상 ~1.2Mpa 이하
그 밖의 재원	• 소방대상물과 방수구와의 수평거리 : **25m 이하** • 소방호스의 구경 : **40mm 이상** • 노즐의 구경 : 13mm • 소화전함의 두께 : 1.5mm 이상 • 소화전함 문짝의 면적 : 0.5m² 이상	• 소방대상물과 소화전과의 수평거리 : **40m 이하** • 소방호스의 구경 : **65mm** • 노즐의 구경 : 19mm • 옥외소화전과 소화전함과의 거리 : 5m 이내	• 시스템의 종류 : 습식, 건식, 준비작동식, 일제살수식, 부압식 • 가지배관을 토너먼트 방식으로 설치하지 말 것 • 가지배관 한쪽 말단에 설치하는 헤드의 개수 : 8개 이하 • 배관의 크기 순 : 입상배관 > 수평주행배관 > 교차배관 > 가지배관 • 습식을 제외한 스프링클러설비 배관의 기울기 : 수평수행배관은 1/500 이상, 가지배관은 1/250 이상

공통 사항	• 펌프성능 : 펌프 체절운전 시 정격토출압력의 140%를 초과하지 아니하고, 정격토출량의 150%로 운전 시 정격토출압력의 65% 이 상이 되어야 함 • 성능시험배관 : 평상시 펌프의 성능을 시험하여 펌프성능곡선의 양부(良否) 및 방사압과 토출량을 검사하기 위하여 펌프 토출측 개폐밸브 이전에 분기하여 설치 • 유량측정장치는 성능시험배관의 직관부에 설치하되 펌프 정격토 출량의 175% 이상 측정할 수 있는 성능이어야 함 • 순환배관 : 펌프의 체절운전 시 릴리프밸브를 통해 과압을 방지하 고 수온의 상승을 방지하기 위하여 20㎜ 이상의 순환배관을 설치 (→ 수온이 상승하면 배관 내 물이 수증기로 변하여 물속에 공기방 울이 생김. 즉, 기포가 생성되는 공동현상이 발생하여 펌프의 성능 을 저하시키므로 순환배관을 설치하여 수온 상승을 방지하여 공동 현상을 억제함) • 펌프의 흡입측에는 진공계(대기압 이하를 측정) 또는 연성계(대기 압 이하와 대기압 이상을 측정)를 설치하고, 펌프의 토출측에는 압력계(대기압 이상을 측정)를 설치하여야 함

6 물분무소화설비

(1) 개요

① 물분무 헤드를 통하여 물을 안개와 같은 입자로 방사한다.

② 물분무 헤드는 화재진압 및 화재 확산 방지에 이상적인 성능을 발휘하며, 물을 미입자 상태의 무상(안개)으로 방사시키는 시스템이다.

(2) 소화작용

① 물에 의한 <u>냉각작용</u>

② 수증기에 의한 <u>질식작용</u>

③ 유류 화재 시 물이 기름 표면에 방사되어 불연성의 유화층을 형성, 유면을 덮는 <u>유화(에멀션)작용</u>

④ 수용성의 <u>희석작용</u> 등에 의해서 소화하여 화재의 억제, 연소 방지 등

(3) 구성

<u>배관, 제어반, 비상전원, 동력장치, 감지기, 기동장치, 제어밸브, 배수밸브, 물분무헤드, 수원, 기동용 수압개폐장치</u>

(4) 필요저수량

소방대상물	필요저수량(× 20분) 이상
특수가연물 저장·취급 소방대상물	바닥면적(최소 50m²) × 10L/min
차고, 주차장	바닥면적(최소 50m²) × 20L/min
절연유 봉입 변압기	표면적(m²)(바닥부분 제외) × 10L/min
컨베이어 벨트	벨트 부분의 바닥면적(m²) × 10L/min
케이블트레이, 케이블덕트	투영된 바닥면적(m²) × 12L/min

(5) 물분무소화설비의 설치대상물(물분무 등 소화설비와 동일)

① 항공기 및 자동차 관련 시설 중 항공기격납고

② 차고, 주차용 건축물 또는 철골 조립식 주차시설. 이 경우 연면적 800m² 이 상인 것만 해당한다.

③ 건축물 내부에 설치된 차고 또는 주차장으로서 차고 또는 주차의 용도로 사용되는 부분의 바닥면적이 200m² 이상인 층

④ 기계장치에 의한 주차시설을 이용하여 20대 이상의 차량을 주차할 수 있는 것

⑤ 특정 소방대상물에 설치된 전기실·발전실·변전실(가연성 절연유를 사용하지 않는 변압기·전류차단기 등의 전기기기와 가연성 피복을 사용하지 않은 전선 및 케이블만을 설치한 전기실·발전실 및 변전실은 제외)·축전지실·통신기기실 또는 전산실, 그 밖에 이와 비슷한 것으로서 바닥면적이 300m² 이상인 것[하나의 방화구획 내에 둘 이상의 실(室)이 설치되어 있는 경우에는 이를 하나의 실로 보아 바닥면적을 산정]. 다만, 내화구조로 된 공정제어실 내에 설치된 주조정실로서 양압시설이 설치되고 전기기기에 220V 이하인 저전압이 사용되며 종업원이 24시간 상주하는 곳은 제외한다.

⑥ 소화수를 수집·처리하는 설비가 설치되어 있지 않은 중·저준위방사성폐기물의 저장시설. 다만, 이 경우에는 이산화탄소소화설비, 할론소화설비 또는 할로겐화합물 및 불활성기체 소화설비를 설치하여야 한다.

⑦ 지하가 중 예상 교통량, 경사도 등 터널의 특성을 고려하여 행정안전부령으로 정하는 터널. 다만, 이 경우에는 물분무소화설비를 설치하여야 한다.

⑧ 「문화재보호법」 제2조 제2항 제1호 및 제2호에 따른 지정문화재 중 소방청장이 문화재청장과 협의하여 정하는 것

(6) 배수설비

① 차량이 주차하는 장소의 적당한 곳에 높이 10cm 이상의 경계턱으로 배수구를 설치하여야 한다.

② 배수구에서 새어나온 기름을 모아 소화할 수 있도록 <u>길이 40m 이하마다</u> 집수관, 소화핏트 등 기름분리장치를 설치하여야 한다.

③ 차량이 주차하는 바닥은 배수구를 향하여 <u>2/100 이상의 기울기</u>를 유지하여야 한다.

④ 가압송수장치의 최대 수용능력의 수량을 유효하게 배수할 수 있는 크기 및 기울기로 하여야 한다.

(7) 유수검지장치(자동경보장치)(→ 일제개방밸브)

(8) 비상전원 용량

20분 이상 작동이 가능해야 한다.

(9) 물분무소화설비를 설치하지 않을 수 있는 장소

① 물에 심하게 반응하는 물질 또는 물과 반응하여 위험한 물질을 생성하는 물질을 저장 또는 취급하는 장소

② 고온의 물질 및 증류범위가 넓어 끓어 넘치는 위험이 있는 물질을 저장 또는 취급하는 장소

③ 운전 시에 표면의 온도가 섭씨 260℃ 이상으로 되는 등 직접 분무를 하는 경우 그 부분에 손상을 입힐 우려가 있는 기계장치 등이 있는 장소

119 더 알아보기

1. 물입자의 크기
   스프링클러 > 물분무 > 미분무
2. 미분무소화설비의 장단점

장점	• A · B · C급 화재 모두에 적응성이 있다. • 수손 피해가 적은 물로서 독성 및 환경영향성이 없다. • 소화효과가 우수하다(냉각, 질식, 희석, 복사열 차단). • 전역방출방식을 사용가능하며, 폭발억제설비로 사용가능하다.
단점	• D급 화재에는 부적합하다. • 차폐되거나 장애물 있는 장소는 부적합하다. • 실제 실험 후 성능을 확인한 장소에만 사용하는 것이 바람직하다. • 스프링클러설비보다는 고비용이다.

7 포소화설비

(1) 개요

포소화설비는 거품을 발생시켜 화재를 진압하는 소화설비로서 인화성 및 가연성 액체를 저장하는 탱크화재에 적용한다. 기름이나 물보다 밀도가 적은 견고하고 작은 기포(거품)가 인화성 또는 가연성 액체 표면에 유동 전개하여 덮어버리면 이 공기포가 공기와의 접촉을 방해하고, 기포 속에 함유되어 있는 수분에 의하여 연소물질이 냉각소화된다.

(2) 포소화설비의 특징

① 위험물 탱크 등 유류화재에 적합하다.
② 실외에서 옥외소화전보다 소화력이 좋다.
③ 화재의 확대 및 재연소를 방지하여 화재를 최소한으로 줄일 수 있다.
④ 유독성 가스의 발생이 없으므로 인체에 무해하다.
⑤ 포의 내화성이 커서 대규모 화재에 적합하다.

(3) 포소화설비의 구성

배관, 포 헤드, 제어반, 개방밸브, 동력장치, 화재감지기, 기동장치, 포원액 저장탱크, 포소화약제 혼합장치, 수원, 가압송수장치

(4) 포소화설비의 종류

① 포워터 스프링클러설비

일제살수식 스프링클러설비와 유사하며 포소화약제와 물이 혼합된 포수용액이 헤드를 통해 방사된다.

㉠ 포워터 스프링클러헤드 사용
㉡ 설치장소 : 특수가연물 저장·취급하는 공장·창고, 차고, 주차장, 항공기격납고 등

② 포헤드설비

포워터 스프링클러설비와 구조는 유사하며 바닥 유류화재와 같은 평면화재에 사용하며 주로 화재강도가 낮은 장소에 설치하는 설비이다.

㉠ 포헤드 사용
㉡ 설치장소 : 특수가연물 저장·취급하는 공장·창고로서 입면화재의 위험성이 없는 장소 등

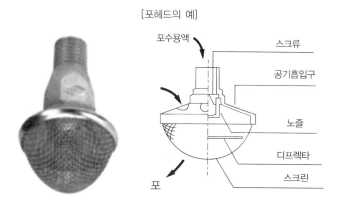

[포헤드의 예]

포수용액

스크류

공기흡입구

노즐

디프렉타

스크린

포

③ **고정포방출설비**

천장 또는 벽면에 설치된 고발포용포방출구를 통해 포소화약제와 물이 혼합된 포수용액이 고발포로 방출하여 소화한다. 고정된 펌프와 배관 및 방출구를 통해 포수용액을 방출토록 한 설비이다

㉠ 고정포방출구 사용

㉡ 설치장소 : 특수가연물 저장・취급하는 공장・창고, 차고 또는 주차장, 항공기격납고 등

㉢ Ⅰ형 포방출구(Cone roof tank에 사용하는 통・Tube 등의 부대시설이 있는 경우)

내유, 내식성의 철판으로 포의 송로를 만들고 송로를 저장탱크의 내면에 스프링형으로 위에서부터 밑으로 탱크측판을 따라 나선형으로 달아내려 장치한다. 포의 송로는 탱크의 바닥으로부터 1.2m에서 그 끝이 멈추게 한다. 이 설비는 포를 유면의 심부에서 토포케 함으로서 포가 밑으로부터 떠오르면서 기름이 탄산가스 함유량을 높여서 불연화를 돕고 질식효과를 줌으로 소화력은 매우 좋으나 시설비가 타 설비에 비하여 많이 들며 콘루프탱크(CRT)에만 사용할 수 있다.

[Ⅰ형 포방출구]

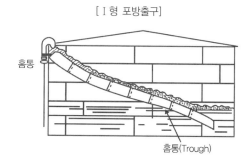

홈통

홈통(Trough)

ⓔ Ⅱ형 포방출구(반사판이 있는 경우)

세로형, 수직형과 가로형, 수평형이 있는데 우리나라에서는 주로 그림과 같은 세로형 챔버를 쓰고 있다. 이것은 가압송수된 소화약제 수용액을 혼합함과 동시에 공기흡입구에서 공기를 흡입하여 공기포를 발생시키는 발포기 및 발생한 포를 안정된 성상의 것으로 반사판에 부딪혀 떨어뜨려 유입시키며 탱크실내의 가연성가스가 역류하여 들어오는 것을 방지하기 위해 봉판이 설치되어 있다. 이 봉판은 얇은 연판등으로 되어 있어서 발포기에서 발생한 포의 압력에 의해서 파괴된다.

[Ⅱ형 포방출구]

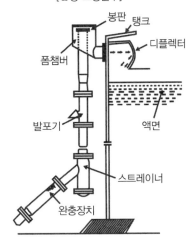

ⓜ 특형 포방출구(Floating roof tank에 사용하는 경우)

플루팅루프(Floating Roof)탱크에 설치하는 고정포방출구로서 플루팅루프탱크의 측면과 굽도리 판에 의하여 형성된 환상부분에 포를 방출하여 소화작용을 하도록 된 포방출구를 말한다.

[특형 포방출구]

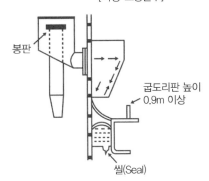

ⓑ Ⅲ형(표면하주입방식) 포방출구(SSI 방식, Subsurface Injection)

탱크의 직경이 커지면 고정 포방출구로 탱크의 외곽에서 포를 발포해도 탱크 중심까지 포가 도달하기 어렵다. 또한 콘루프탱크 화재 시 탱크 지붕이 폭발하거나 측벽의 변형으로 고정포 방출구도 같이 파손될 수 있다. 이런 점들을 보완하기 위해 탱크의 저부에서 포를 방출하는 방식이다.

ㄱ. 적용 탱크 : 콘루프탱크와 같은 대기압 탱크에 적용할 수 있다.

ㄴ. 설치하지 못하는 탱크 : 플루팅루프 탱크, 수용성 액체 위험물 및 점도가 높은 액체 위험물 탱크

ㄷ. 포방출량 및 방출시간 : 표면 주입식의 Ⅲ형 방출구를 적용한다.

ㄹ. 발포기 : 탱크 유압(배압)에 대하여 높은 압력으로 주입하여야 한다 (7kg/㎠ 이상 21kg/㎠ 이하).

ㅁ. 포방출구의 설치 높이 : 탱크 바닥에 고인 물 높이 이상

ㅂ. 사용할 수 있는 포소화약제 : 불화단백포, 수성막포

[Ⅲ형 포방출구]

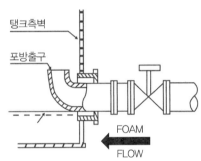

ⓢ Ⅳ형(반표면하주입) 포방출구(SSSI 방식, Semi – Subsurface Injection)

표면하주입방출구를 더욱 개량한 것으로 표면하주입식이 포방출 시 포가 탱크 바닥에서 액면까지 떠오르면서 유류에 오염되어 파괴되므로 이로 인하여 소화효과가 저하되는 것을 막기 위하여 개발된 방식으로 호스가 액체 표면에 떠올라 포를 방출한다.

[Ⅳ형 포방출구(포방출 전)]   [Ⅳ형 포방출구(포방출 시)]

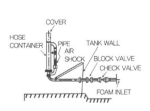 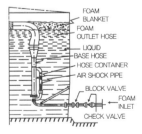

④ **포소화전설비**

포소화약제와 물이 혼합된 포수용액이 포소화전방수구, 호스 및 이동식 포노즐을 통해 방사되어 소화한다. 포소화전설비는 화재 시 연기가 충만되지 않는 옥외주차장 또는 옥외탱크저장소의 장소에 보조설비용으로 사용한다.

㉠ 옥내·외 소화전설비와 비슷한 구조나 특수한 노즐로 포소화약제가 혼합된 포수용액이 포노즐에 유입된 공기와 혼합, 포를 형성하여 방호대상물을 수동으로 소화하는 방식이다.

㉡ 설치장소 : 차고 또는 주차장 중

ㄱ. 완전 개방된 옥상주차장 또는 고가 밑의 주차장 등으로서 주된 벽이 없고 기둥뿐이거나 주위가 위해방지용 철주 등으로 둘러쌓인 부분

ㄴ. 지상 1층으로서 지붕이 없는 부분

⑤ **호스릴포소화설비**

포소화약제와 물이 혼합된 포수용액이 호스릴포방수구, 호스릴 및 이동식 포노즐을 통하여 방사되는 설비로 화재 시 쉽게 접근하여 소화 작업을 할 수 있는 장소 또는 방호대상이 「고정포 방출설비 방식」이나 「포헤드 설비 방식」으로는 충분한 소화효과를 얻을 수 없는 부분에 설치하는 것으로서 화재가 발생한 장소까지 호스릴에 감겨있는 호스를 당겨서 화재를 진압하는 설비이다.

⑥ **압축공기포소화설비**

포소화약제와 물이 혼합된 포수용액에 압축공기 또는 압축질소를 일정한 비율로 혼합하여 방출하는 설비이다.

㉠ 압축공기 또는 압축질소 사용

㉡ 설치장소 : 특수가연물 저장·취급하는 공장·창고, 차고 또는 주차장, 항공기격납고, 발전기실·엔진펌프실·변압기·전기케이블실·유압설비 등

(5) 포소화약제(기계포=공기포) 혼합장치

혼합장치라는 것은 소화에 최적인 포를 형성하기 위하여 포소화약제와 물을 일정 비율(희석용량 농도로 표현)로 혼합한 포수용액을 만드는 장치를 말한다.

① **비례혼합장치**

방사유량에 비례하여 포소화약제를 규정농도 허용범위내로 혼합시키는 성능을 가지고 있으며, 유량변화는 50~200% 정격범위를 가지고, 최대와 최소의 비가 1 : 4 정도이다. 이 장치를 프로포셔너라고도 한다.

② **정량혼합장치**

한정된 방사지역 내에 방사량이 일정할 때 사용하는 장치로서, 일정한 방사량에 대하여는 포소화약제를 항상 일정하게 혼합시키는 성능이 있다.

㉠ 펌프 프로포셔너 방식(펌프혼합장치) (Pump Proportioner)

ㄱ. 종류

ㄱ) 바이패스 프로포셔너 방식

이 방식은 펌프의 토출관과 흡입관을 연결하는 바이패스배관, 흡입기 및 공기포 소화약제의 농도조절밸브로 구성되어 있으며, 바이패스배관의 중간에 흡입기를 설치하여 펌프 토출수의 일부를 흡입기로 보내고 농도조절밸브로 흡입량을 조절한 다음 공기포원액조로부터 펌프의 흡입측에 공기포소화약제를 압송하여 규정농도의 수용액으로 조정하고 송액관을 통하여 발포기에 보내어 공기를 흡입, 공기포원액조로부터 펌프의 흡입측에 공기포소화약제를 압송하여 규정농도의 수용액으로 조정하고 송액관을 통하여 발포기에 보내어 공기를 흡입, 공기포를 발생시키는 구조이다. 따라서 펌프의 토출측과 흡입측을 보조관으로 접속하고 이 관로 도중에 송수관을 설치하는 방식이다. 송수관의 약제 흡입구에는 유량조정기구를 통하여 약제저장탱크까지의 관로를 접속한다. 펌프가 송수를 시작하면 그 일부는 송수관을 통과하여 흡수측으로 되돌아가지만 이때에 일정량의 약제를 흡입하게 되어 펌프 중에서 소정의 희석용량농도의 포수용액이 만들어져 포방출구로 보내어지게 된다. 특히, 이 방식은 균형압력손실을 고려할 필요가 없고 기구가 간단하여 많이 사용된다. 그러나 펌프의 흡입측에 적절한 압입압력을 가하지 않으면 약제의 흡입량이 감소하거나 정상적인 혼합이 이루어지지 않음으로 사용이 불가능하다. 사용 후는 보조관 관로 및 펌프내부를 정수, 세정하는 유지관리가 필요하다.

ㄴ) 석션 프로포셔너 방식

석션 프로포셔너 방식은 바이패스 프로포셔너 방식과 유사하나, 배관의 연결에만 차이가 있다. 바이패스 프로포셔너 방식이 토출관과 흡입관을 연결하여 설치하는데 비해 석션 프로포셔너 방식은 흡입관에만 연결하여 사용하는 방식이다.

[펌프 프로포셔너 방식의 예]

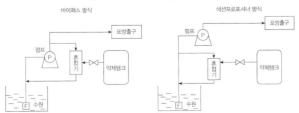

ㄴ. 펌프 프로포셔너 방식의 장·단점

장점	원액을 사용하기 위한 손실이 적고 보수가 용이하다.
단점	• 펌프의 흡입측 배관의 압력손실이 거의 없어야 하며 압력손실이 있을 경우 방출될 소화약제의 양을 감소시키거나 원액 탱크 쪽으로 물이 역류할 수 있다. • 펌프는 흡입측으로 포가 유입되므로 포소화설비 전용이어야 한다. • 포소화약제로 인하여 소방펌프의 부식이 발생하게 된다.

ⓒ 라인 프로포셔너 방식(관로혼합장치)(Line Proportioner)

ㄱ. 벤츄리효과

벤츄리관은 관경이 서서히 작아지다가 다시 서서히 커지는 관로를 말한다. 관의 관경이 급격히 감소하여 급격히 확대되는 관은 오리프스라 부르며 벤츄리관과 구별하고 있다. 벤츄리관의 경우 유량이 일정하다는 전제하에 유체가 넓은 곳에서 좁은 관로를 통과하면서 유량이 일정하므로 속도가 빨라지며 이로 인해 압력(정압)은 감소가 된다. 즉, 유량이 일정한 상태에서 좁은 관로에서는 전체의 압력은 같아야 하므로 속도압(= 동압)이 커짐으로 인한 정압의 감소되는 현상이 발생된다. 이때 벤츄리관에 약제와 연결된 관이 있을 경우 벤츄리관 내 정압감소로 인하여 주위의 약제를 빨라 올려지는 흡입작용이 발생된다. 이를 벤츄리효과라 한다.

ㄴ. 특징

옥외에 주로 사용되는 것으로서 펌프와 포방출구의 중간에 흡입기(벤츄리관의 벤츄리작용)를 설치하여 가압수를 보냄으로써 포소화약제가 가압수에 흡입작용을 하면서 수용액이 형성된 다음 포방출구까지 보내어지는 방식이다. 이것은 포노즐 방출방식에 많이 사용된다.

[라인 프로포셔너 방식의 예]

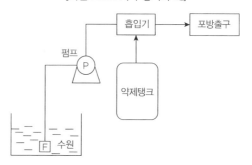

ㄷ. 라인 프로포셔너 방식의 장·단점

장점	가격이 저렴하고 시설이 용이하다.
단점	• 혼합기를 통한 압력손실이 1/3 정도로 매우 높다. • 이로 인하여 혼합기의 흡입 기능 높이가 제한(1.8m 이하)된다. • 혼합 가능한 유량의 범위가 좁다. 따라서 포소요량이 현저히 다른 방호 대상물과는 같이 사용하는 것은 불가하다.

ⓒ 프레져 프로포셔너 방식(차압혼합방식, Pressure Proportioner)

펌프와 발포기의 중간에 설치된 벤츄리관의 벤츄리작용과 펌프 가압수의 포소화약제 저장탱크에 대한 압력에 의하여 포소화약제를 흡입, 혼합하는 방식이다. 펌프 토출측 관로에 배관이 설치되고 포소화약제 탱크가 접속되며 송수된 압력수의 일부는 포소화약제 탱크 내로 도입되어, 벤츄리관의 흡입작용과 도입된 물의 압력을 이용하여 혼합하는 방식이다. 약제탱크는 내부에 약제와 물을 분리하는 다이아프램 또는 레버벽을 격납한 압송식과 다이아프램이 없는 압입식이 있다. 소방대상물의 상태에 따라 유량범위가 정해지면 자동적으로 소정의 희석용량농도로 혼합가능하고 취급이 간단함으로 주차장 등에서 가장 많이 사용되고 있다.

ㄱ. 압입식

펌프의 토출측 송수배관의 일부를 포소화약제탱크에 연결하여 가압수가 탱크로 유입되면서 포소화약제의 혼합기를 거쳐 물과 포소화약제가 혼합되어 수용액 상태로 포방출구까지 보내어지는 방식이다. 이 방식은 탱크 내에서 포소화약제와 물이 혼합되어 변질되거나 포형성이 떨어지는 단점이 있다.

ㄴ. 압송식

펌프의 토출측 송수배관의 일부를 포소화약제 탱크에 연결하여 가압수가 탱크(탱크와 고무튜브로 분리되어 튜브 내에 포소화약제가 저장됨)의 튜브(다이아프램)를 밀어줌으로서 내부에 있던 포소화약제를 혼합기로 보내어 물과 포소화약제를 혼합하여 수용액 상태로 포방출구까지 보내어지는 방식이다. 이 방식은 물과 포소화약제가 분리되어 있다.

[프레져 프로포셔너 방식의 예]

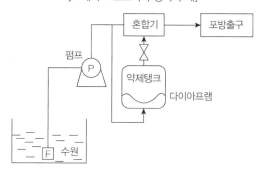

ㄷ. 프레져 프로포셔너 방식의 장·단점

장점	• 혼합기에 의한 압력손실(0.035~0.21MPa)이 적다. • 혼합 가능한 유량범위는 50~200%(정격용량) 1개의 혼합기로 다수의 소방대상물을 어느 정도 충족시킬 수 있다.
단점	• 물과 비중이 비슷한 소화약제(수성막포 등)에는 혼합에 어려움이 있다. • 혼합비에 도달하는 시간이 다소 소요된다(소형 : 2~3min, 대형 : 15min). • 격막이 없는 저장탱크의 경우 물이 유입되면 재사용이 불가능해진다.

ⓛ 프레져사이드 프로포셔너 방식(압입혼합장치, Pressure Side Proportioner)

ㄱ. 특징

송수 전용펌프, 포소화약제 전용펌프를 각각 설치하는 방식으로서, 펌프의 토출측 배관에 혼합기를 설치하고 송수펌프에 의한 가압수와 포소화약제 압입용펌프에 의한 약제를 혼합기에 보냄으로서 수용액을 형성 포방출구까지 보내는 방식이다. 포소화약제의 압입량은 등압밸브로 불려지는 자동밸브에 의하여 조정되며 이는 혼합기의 노즐이나 오리피스를 통과하는 송수량의 변화(압력변화)를 감지하여 개폐정도를 자동변화시킴으로서 조정된다. 이 방식은 위험물시설 등에 많이 사용되고 있으며, 사용 후에는 약제전용펌프와 그 배관을 세척하는 유지관리가 필요하다.

[프레져사이드 프로포셔너 방식의 예]

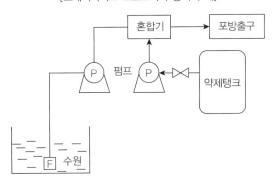

ㄴ. 프레져사이드 프로포셔너 방식의 장·단점

장점	• 소화용수와 약제의 혼합 우려가 없어 장기간 보존하며 사용할 수 있으며 운전 후 재사용이 가능하다. • 혼합기를 통한 압력손실은 0.05~0.34MPa로 낮다.
단점	• 시설이 거대해지며 설치비가 비싸다. • 원액펌프의 토출압력이 급수펌프의 토출압력보다 낮으면 원액이 혼합기에 유입되지 못한다.

포소화약제 혼합장치 핵심정리

펌프 프로포셔너방식 **(펌프혼합장치)** (Pump Proportioner)	펌프의 토출관과 흡입관 사이의 배관 도중에 설치한 흡입기에 펌프에서 토출된 물의 일부를 보내고, 농도 조정 밸브에서 조정된 포소화약제의 필요량을 포소화약제 탱크에서 펌프 흡입측으로 보내어 이를 혼합하는 방식이다. <u>위험물제조소 등의 포소화설비에는 사용하지 않으며, 소방펌프차에 주로 사용되고 있다.</u>
라인 프로포셔너방식 **(관로혼합장치)** (Line Proportioner)	펌프와 발포기의 중간에 설치된 <u>벤츄리관의 벤츄리작용에 의하여 포소화약제를 흡입·혼합하는 방식</u>
프레져 프로포셔너방식 **(차압혼합방식)** (Pressure Proportioner)	펌프와 발포기의 중간에 설치된 벤츄리관의 벤츄리작용과 펌프 가압수의 포소화약제 저장탱크에 대한 압력에 의하여 포소화약제를 혼입·혼합하는 방식으로 <u>위험물제조소 등에 제일 많이 사용되고 있는 혼합방식이다.</u>
프레져사이드 **프로포셔너방식** **(압입혼합장치)** (Pressure Side Proportioner)	펌프의 토출관에 압입기를 설치하여 포소화약제 압입용 펌프로 포소화약제를 압입시켜 혼합하는 방식이다. <u>가압송수용 펌프와 소화원액펌프가 별도로 설치되어 있고</u> 압력이 변동되면 차압밸브에서 자동조절, 즉 약제펌프를 가동시켜 송수관로에 소화원액을 강제로 유입시켜 주는 방식으로 수용액의 혼합비율을 가장 정확하게 하여주며 소화원액이 용량 800L 이상되는 대형설비에서 주로 적용되는 방식이다.

(6) 차고·주차장에 설치하는 호스릴포설비·포소화전 설치 기준

① 특정소방대상물의 어느 층에 있어서도 그 층에 설치된 호스릴포방수구 또는 포소화전방수구(호스릴포방수구 또는 포소화전방수구가 5개 이상 설치된 경우에는 5개)를 동시에 사용할 경우 각 이동식 포노즐 선단의 포수용액 방사압력이 0.35MPa 이상이고 300L/min 이상(1개 층의 바닥면적이 $200m^2$ 이하인 경우에는 230L/min 이상)의 포수용액을 수평거리 15m 이상으로 방사할 수 있어야 한다.

② 저발포의 포소화약제를 사용할 수 있는 것이어야 한다.

③ 호스릴 또는 호스를 호스릴포방수구 또는 포소화전방수구로 분리하여 비치하는 때에는 그로부터 3m 이내의 거리에 호스릴함 또는 호스함을 설치하여야 한다.

④ 호스릴함 또는 호스함은 바닥으로부터 높이 1.5m 이하의 위치에 설치하고 그 표면에는 "포호스릴함(또는 포소화전함)"이라고 표시한 표지와 적색의 위치표시등을 설치하여야 한다.

⑤ 방호대상물의 각 부분으로부터 하나의 호스릴포방수구까지의 수평거리는 15m 이하(포소화전방수구의 경우에는 25m 이하)가 되도록 하고 호스릴 또는 호스의 길이는 방호대상물의 각 부분에 포가 유효하게 뿌려질 수 있도록 하여야 한다.

8 이산화탄소소화설비

(1) 개요

① 스프링클러설비나 포소화설비 등 물에 의한 피해가 예상되는 장소나 전기화재, 유류화재 등에 사용된다.

② 약제의 변질이 없고 한 번 설치하면 반영구적인 보존·사용이 가능하다.

③ A·B·C 화재 등에 유효하며, 소화 후에도 잔유물이 남지 않는다.

④ 이산화탄소소화약제는 전기실 등의 질식·냉각·피복소화가 가능하여 심부화재에도 적합하다.

(2) 방출방식에 따른 분류

전역방출방식	• 고정식 이산화탄소 공급 장치에 배관 및 분사헤드를 고정 설치하여 밀폐 방호구역 내에 이산화탄소를 방출하는 설비 • **심부화재는 7분 이내에 방사하여야 함** • **표면화재는 1분 이내에 방사하여야 함**
국소방출방식	• 고정식 이산화탄소 공급 장치에 배관 및 분사헤드를 설치하여 직접 화점에 이산화탄소를 방출하는 설비로 화재 발생 부분에만 집중적으로 소화약제를 방출하도록 설치하는 방식 • **30초 이내에 방사하여야 함**
호스릴방식 (이동식 방식)	• 분사헤드가 배관에 고정되어 있지 않고 소화약제 저장용기에 호스를 연결하여 사람이 직접 화점에 소화약제를 방출하는 이동식 소화설비 • 방호대상물의 각 부분으로부터 하나의 호스접결구까지의 **수평거리가 15m 이하**가 되도록 하여야 함 • 20℃에서 하나의 노즐마다 60kg/min 이상의 소화약제를 방사할 수 있는 것으로 하여야 함 • 소화약제 저장용기는 호스릴을 설치하는 장소마다 설치하여야 한다. • 소화약제 저장용기의 개방밸브는 호스의 설치 장소에서 수동으로 개폐할 수 있는 것으로 하여야 함 • 소화약제 저장용기의 가장 가까운 곳의 보기 쉬운 곳에 표시등 및 표지를 하여야 함

✪ 집중방출방식(×)

(3) 이산화탄소소화설비의 구성

① 구성

감지기, 가스저장용기, 전자밸브, 기동장치, 가압용 가스용기, 압력조정기, 메인밸브, 선택밸브, 배관, 자동폐쇄장치, 분사헤드, 제어반, 비상전원 등

② 기동장치(저장용기 개방방식)

㉠ 수동식 기동장치

㉡ 자동식 기동장치 : 전기식, 기계식, 가스압력식(가장 많이 사용)

③ 이산화탄소 저장용기

㉠ 설치 장소 : 이산화탄소·할론·분말소화설비의 설치 장소는 동일하다.

- 방호구역 외의 장소에 설치할 것. 다만, 방호구역 내에 설치할 경우에는 피난 및 조작이 용이하도록 피난구부근에 설치하여야 한다.
- 온도가 40℃ 이하이고, 온도 변화가 적은 곳에 설치하여야 한다.
- 직사광선 및 빗물이 침투할 우려가 없는 곳에 설치하여야 한다.
- 방화문으로 구획된 실에 설치하여야 한다.
- 용기의 설치장소에는 당해 용기가 설치된 곳임을 표시하는 표지를 하여야 한다.
- 용기 간의 간격은 점검에 지장이 없도록 3cm 이상의 간격을 유지하여야 한다.
- 저장용기와 집합관을 연결하는 연결배관에는 체크밸브를 설치하여야 한다. 다만, 저장용기가 하나의 방호구역만을 담당하는 경우에는 그러하지 아니하다.
- CO_2 저장용기 외부에 지시압력계를 부착하여야 한다.

㉡ 이산화탄소 저장용기의 충전비 및 방사압력

구분	저압식	고압식
충전비	1.1 이상 ~ 1.4 이하	1.5 이상 ~ 1.9 이하
방사압력	1.05MPa 이상	2.1MPa 이상

④ 이산화탄소소화설비의 선택밸브

㉠ 방호구역 또는 방호대상물마다 설치하여야 한다.

㉡ 각 선택밸브에는 그 담당방호구역 또는 방호대상물을 표시하여야 한다.

⑤ 이산화탄소소화설비의 화재감지기

이산화탄소소화설비의 자동식 기동장치는 다음의 기준에 따른 화재감지기를 설치하여야 한다.

㉠ 각 방호구역 내의 화재감지기의 감지에 따라 작동되도록 하여야 한다.

㉡ 화재감지기의 회로는 교차회로방식으로 설치하여야 한다. 다만, 화재감지기를 「자동화재탐지설비의 화재안전기준(NFSC 203)」 제7조 제1항 단서의 각 호의 감지기로 설치하는 경우에는 그러하지 아니하다.

ⓒ 교차회로 내의 각 화재감지기회로별로 설치된 화재감지기 1개가 담당하는 바닥면적은 「자동화재탐지설비의 화재안전기준(NFSC 203)」 제7조 제3항 제5호·제8호부터 제10호까지의 규정에 따른 바닥면적으로 하여야 한다.

119 더 알아보기

교차회로방식
<u>감지기의 오동작으로 이산화탄소소화약제의 방출을 방지하기 위한 것</u>으로 하나의 방호구역 내에 2 이상의 화재감지기 회로를 설치하고 인접한 둘 이상의 화재감지기가 동시에 감지되는 때에 이산화탄소소화설비가 작동하여 소화약제가 방출되는 방식이다.

⑥ **이산화탄소소화설비의 분사헤드 설치 제외 장소**
  ㉠ 방재실·제어실 등 사람이 상시 근무하는 장소
  ㉡ 니트로셀룰로오스·셀룰로이드 제품 등 자기연소성 물질을 저장·취급하는 장소(→ 제5류 위험물)
  ㉢ 나트륨·칼륨·칼슘 등 활성 금속 물질을 저장·취급하는 장소(→ 금수성 물질)
  ㉣ 전시장 등의 관람을 위하여 다수인이 출입·통행하는 통로 및 전시실 등

⑦ **이산화탄소소화설비의 음향경보장치**
  ㉠ 수동식 기동장치를 설치한 것은 그 기동장치의 조작과정에서, 자동식 기동장치를 설치한 것은 화재감지기와 연동하여 자동으로 경보를 발하는 것
  ㉡ 소화약제의 방사개시 후 <u>1분 이상까지 경보</u>를 계속할 수 있는 것
  ㉢ 방호구역 또는 방호대상물이 있는 구획 안에 있는 자에게 유효하게 경보할 수 있는 것

⑧ **이산화탄소소화설비의 비상전원**
  이산화탄소소화설비를 유효하게 <u>20분 이상</u> 작동할 수 있어야 할 것

(4) 이산화탄소소화약제 작동순서
  ① 감지기 작동
  ② 수신 제어반 연결(경보장치 작동 및 화재지구 표시등 점등)
  ③ 전자밸브(슬레노이드) 개방
  ④ 기동용기 개방 및 기동용 가스방출
  ⑤ CO_2 저장용기 밸브 개방 및 선택밸브 개방
  ⑥ 압력스위치 작동 및 방출표시등 점등
  ⑦ 분사헤드를 통한 CO_2 방출

119 더 알아보기

이산화탄소소화설비의 전역방출방식 계통도(예) 그림

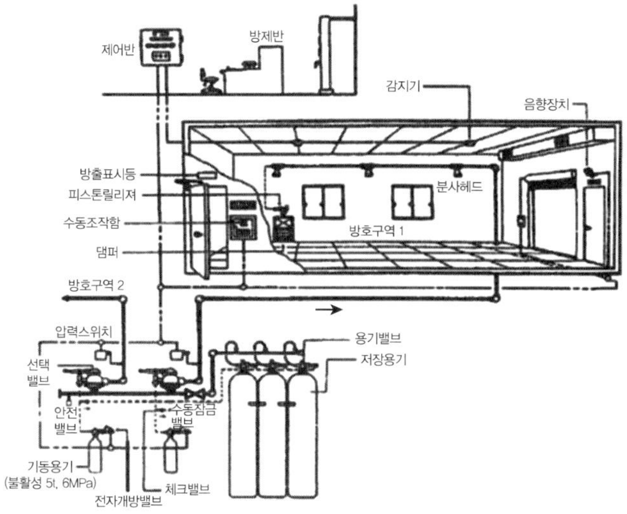

이산화탄소소화설비의 전역방출방식의 작동순서

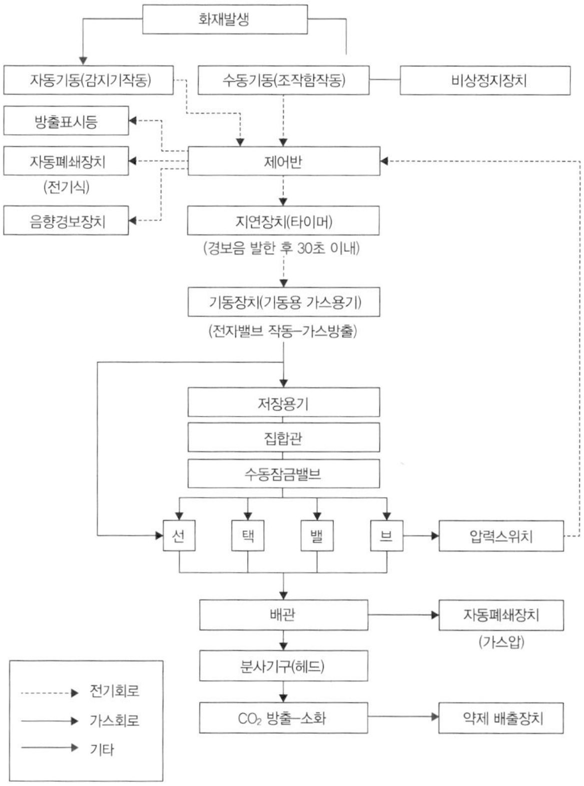

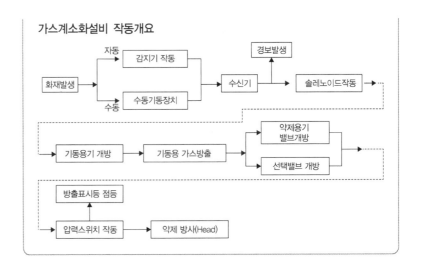

9 할론소화설비

(1) 개요

공기보다 약 5배 ~ 9배 정도 무겁고 낮은 온도에서 쉽게 기화되며 기화된 불연성 증기는 공기보다 무거워 화원을 덮어 부촉매에 의한 소화, 질식소화 등을 하는 할론소화약제를 이용하는 소화설비이다.

(2) 구성

소화약제 저장용기, 가압용 가스용기, 기동장치, 분사헤드, 화재감지장치, 음향경보장치, 압력조정기, 메인밸브, 선택밸브, 배관, 전자개방장치, 안전장치

① **소화약제의 종류**

할론1301, 할론1211, 할론2402 등

② **저장용기**

㉠ 설치 장소 : 이산화탄소・할론・분말소화설비의 설치 장소는 동일하다.
  - 방호구역 외의 장소에 설치할 것. 다만, 방호구역 내에 설치할 경우에는 피난 및 조작이 용이하도록 피난구 부근에 설치하여야 한다.
  - 온도가 40℃ 이하이고, 온도 변화가 적은 곳에 설치하여야 한다.
  - 직사광선 및 빗물이 침투할 우려가 없는 곳에 설치하여야 한다.
  - 방화문으로 구획된 실에 설치하여야 한다.
  - 용기의 설치장소에는 해당 용기가 설치된 곳임을 표시하는 표지를 하여야 한다.

- 용기 간의 간격은 점검에 지장이 없도록 3cm 이상의 간격을 유지하여야 한다.
- 저장용기와 집합관을 연결하는 연결배관에는 체크밸브를 설치하여야 한다. 다만, 저장용기가 하나의 방호구역만을 담당하는 경우에는 그러하지 아니하다.

ⓒ 압력조정장치 설치 : 가압식 저장용기에는 2.0MPa 이하의 압력으로 조정할 수 있는 압력조정장치를 설치

③ 분사헤드 설치 기준

전역방출방식 · 국소방출방식	• 방사압력은 할론2402를 방사하는 것은 0.1MPa 이상, 할론1211을 방사하는 것은 0.2MPa 이상, 할론1301을 방사하는 것에 있어서는 0.9MPa 이상으로 할 것 • 기준 저장량의 소화약제를 10초 이내에 방사할 수 있는 것으로 할 것
호스릴	• 하나의 호스접결구까지의 **수평거리가 20m 이하**가 되도록 할 것 • 소화약제 저장용기의 개방밸브는 호스릴의 설치 장소에서 수동으로 개폐할 수 있는 것 • 저장용기는 호스릴을 설치하는 장소마다 설치할 것 • 노즐은 20℃에서 하나의 노즐마다 1분당 다음의 기준으로 소화약제를 방사할 것 table:소화약제

소화약제	1분당 방사하는 소화약제의 양
할론2402	45kg
할론1211	40kg
할론1301	35kg

④ 배관

㉠ 배관은 전용으로 한다.

ⓛ 강관을 사용하는 경우에는 압력배관용 탄소강관 중 스케줄 40 이상의 것 또는 이와 동등 이상의 강도를 가진 것으로서 아연도금 등에 따라 방식처리된 것을 사용한다.

ⓒ 동관을 사용하는 경우에는 이음이 없는 동 및 동합금관의 것으로서 고압식은 16.5MPa 이상, 저압식은 3.75MPa 이상의 압력에 견딜 수 있는 것을 사용한다.

㉣ 배관부속 및 밸브류는 강관 또는 동관과 동등 이상의 강도 및 내식성이 있는 것으로 한다.

(3) 종류

방출방식	전역방출방식, 국소방출방식, 호스릴방출방식
약제용기 가압방식	가압식, 축압식
기동방식	전기식, 기계식, 가스가압식

(4) 할론소화설비의 구조 및 설치 제외

① 구조

할론1301 소화기	• 가스 자체의 압력으로 방사 혹은 질소가스로 가압할 수 있음 • 지시압력계는 부착되어 있지 않음 • 고정식(배관 설비)용을 사용하고 있음 • 오존층 파괴지수가 가장 높음
할론1211 소화기 할론2402 소화기	• 할론 용기 내에 압력을 지시하는 지시압력계가 붙어 있음 • 사용 가능한 압력 범위가 분말소화약제와 동일함

② 설치 제외

이산화탄소소화설비 또는 할론소화설비는 지하층이나 무창층 또는 밀폐된 거실로서 그 바닥면적이 20m² 미만의 장소에는 설치할 수 없다. 다만, 배기를 위한 유효한 개구부가 있는 장소인 경우에는 그러하지 아니한다.

> **119 ☑ 알아보기**
>
> 지하층이나 무창층 또는 밀폐된 거실로서 그 바닥면적이 20m² 미만의 장소에 설치할 수 있는 경우
> • 할론1301 소화약제
> • 할로겐화합물 및 불활성기체소화약제
> • 분사식 자동확산소화용구

10 할로겐화합물 및 불활성기체소화약제소화설비

(1) 저장용기의 설치 장소

① 방호구역 외의 장소에 설치한다. 다만, 방호구역 내에 설치할 경우에는 피난 및 조작이 용이하도록 피난구 부근에 설치하여야 한다.

② 온도가 55℃ 이하이고, 온도의 변화가 적은 곳에 설치한다.

③ 직사광선 및 빗물이 침투할 우려가 없는 곳에 설치한다.

④ 저장용기를 방호구역 외에 설치한 경우에는 방화문으로 구획된 실에 설치한다.

⑤ 용기의 설치 장소에는 당해 용기가 설치된 곳임을 표시하는 표지를 한다.

⑥ 용기 간의 간격은 점검에 지장이 없도록 3cm 이상의 간격을 유지한다.

⑦ 저장용기와 집합관을 연결하는 연결배관에는 체크밸브를 설치한다. 다만, 저장용기가 하나의 방호구역만을 담당하는 경우에는 그러하지 아니하다.

(2) 분사헤드

분사헤드의 설치 높이는 방호구역의 바닥으로부터 최소 0.2m 이상 최대 3.7m 이하로 하여야 하며 천장 높이가 3.7m를 초과할 경우에는 추가로 다른 열의 분사헤드를 설치하여야 한다. 다만, 분사헤드의 성능인정 범위 내에서 설치하는 경우에는 그러하지 아니하다.

(3) 배관

배관의 구경은 방호구역에 할로겐화합물소화약제는 10초 이내, 불활성가스소화약제는 1분 이내에 방호구역 각 부분에 최소설계농도의 95% 이상 해당하는 약제량이 방출되도록 한다.

11 분말소화설비

(1) 개요

연소 확대 위험이 특히 많거나 열과 연기가 충만하여 소화기구로는 소화할 수 없는 특수한 대상물에 설치하여 수동 또는 자동 조작에 의하여 작동시켜 불연성 가스(주로 질소가스)의 압력으로 소화분말을 배관 내에 압송시켜 고정된 헤드 또는 노즐로 하여금 방호대상물 또는 방호구역에 분말소화약제를 방출하는 설비이다.

(2) 구성

약제탱크, 배관, 제어반, 비상전원, 기동장치, 자동폐쇄장치, 가압용 가스용기, 선택밸브, 화재감지기, 분사헤드, 정압작동장치 등

① 분말소화설비의 저장용기
  ㉠ 설치 장소 : 이산화탄소·할론·분말소화설비의 설치 장소는 동일하다.
    • 방호구역 외의 장소에 설치하여야 한다. 다만, 방호구역 내에 설치할 경우에는 피난 및 조작이 용이하도록 피난구 부근에 설치하여야 한다.
    • 온도가 40℃ 이하이고, 온도 변화가 적은 곳에 설치하여야 한다.
    • 직사광선 및 빗물이 침투할 우려가 없는 곳에 설치하여야 한다.
    • 방화문으로 구획된 실에 설치하여야 한다.
    • 용기의 설치장소에는 해당 용기가 설치된 곳임을 표시하는 표지를 하여야 한다.
    • 용기 간의 간격은 점검에 지장이 없도록 3cm 이상의 간격을 유지하여야 한다.

- 저장용기와 집합관을 연결하는 연결배관에는 체크밸브를 설치하여야 한다. 다만, 저장용기가 하나의 방호구역만을 담당하는 경우에는 그러하지 아니하다.
- ⓛ 설치 기준
  - 저장용기의 내용적은 다음 표에 따른다.

소화약제의 종별	소화약제의 1kg당 저장용기의 내용적
제1종 분말(탄산수소나트륨)	0.80L
제2종 분말(탄산수소칼륨)	1.00L
제3종 분말(인산염)	1.00L
제4종 분말(탄산수소칼륨 + 요소)	1.25L

  - 저장용기에는 가압식은 최고사용압력의 1.8배 이하, 축압식은 용기의 내압시험압력의 0.8배 이하의 압력에서 작동하는 안전밸브를 설치하여야 한다.
  - 저장용기에는 저장용기의 내부 압력이 설정압력으로 되었을 때 주밸브를 개방하는 정압작동장치를 설치하여야 한다.
  - 저장용기의 충전비는 0.8 이상으로 하여야 한다.
  - 저장용기 및 배관에는 잔류 소화약제를 처리할 수 있는 청소장치를 설치하여야 한다.
  - 축압식의 분말소화설비는 사용압력의 범위를 표시한 지시압력계를 설치하여야 한다.
- ② **분말소화설비의 배관**
  - ㉠ 저장용기 등으로부터 배관의 굴절부까지의 거리는 배관구경의 <u>20배 이상</u>으로 하는 것이 좋다.
  - ㉡ 분사헤드의 균일한 방사압력과 방사량을 위해서 배관은 <u>토너먼트배관방식(= 균등배관방식)으로 설치</u>한다.
  - ㉢ 하나의 특정소방대상물 또는 그 부분에 2 이상의 방호구역 또는 방호대상물이 있어 분말소화설비 저장용기를 공용하는 경우에는 방호구역 또는 방호대상물마다 선택밸브를 설치하고 각 선택밸브에 그 담당방호구역 또는 방호대상물을 표시하여야 한다.

③ 분말소화설비의 분사헤드

전역 방출방식 · 국소 방출방식	기준 저장량의 소화약제를 **30초 이내에 방사**할 수 있어야 함
호스릴 방출방식	• 하나의 호스접결구까지의 **수평거리가 15m 이하**가 되도록 할 것 • 소화약제 저장용기의 개방밸브는 호스릴의 설치장소에서 수동으로 개폐할 수 있는 것 • 소화약제의 저장용기는 호스릴을 설치하고 장소마다 설치할 것 • 하나의 노즐마다 1분당 소화약제의 방사량은 다음과 같음 표: • 저장용기에는 그 가까운 곳의 보기 쉬운 곳에 적색의 표시등을 설치하고, 이동식 분말소화설비가 있다는 뜻을 표시한 표지를 할 것

소화약제의 종별	1분당 방사하는 소화약제의 양
제1종 분말	45kg
제2종 분말 · 제3종 분말	27kg
제4종 분말	18kg

(3) 종류

방출방식에 따라 <u>전역 방출방식, 국소 방출방식, 호스릴 방출방식</u> 등으로 구분한다.

12 고체에어로졸소화설비

(1) 개요

칼륨 성분의 고체에어로졸소화약제는 1960년대 구소련 연방의 우주과학연구소에서 소유즈 우주선 등 군사 목적으로 개발된 소화약제로 소화능력이 타 소화약제에 비해 뛰어나고, 고체로 구성된 소화약제 특성상 다양한 분야에 적용이 가능하다. 특히 지금까지 가장 대중적인 소화약제로 사용되어온 할론소화약제가 지구온난화 문제로 "몬트리올 의정서 체제"에서 금지된 이후 대체 소화약제로 각광을 받고 있는 소화약제이다. 오존층 파괴 물질이나 지구 온난화 지수가 전혀 없고 인체 독성 및 장비 부식 성분이 없는 친환경적 소화약제이며 소화 작동 시 장비 손상이 없어 전산실 등 고가 장비 등을 화재로부터 보호하는 데 적합한 소화설비이다.

(2) 소화원리

고체 화합물을 소화약제로 사용하며 유리벌브 작동장치는 주위 온도의 상승에 의하여 자동으로 작동되며 전기식의 감지기와 연동하여 전기신호에 의하여 자동으로 작동된다. 이때 고체 화합물이 연소되어 고농도의 소화성분인 에어로졸이 발생한다. 이 고체 에어로졸의 라디칼이 수소기(H^+)와 수산기(OH^-) 등 활성 라디칼과 반응하여 연쇄반응을 차단하는 부촉매효과가 나타나 잔존물 없이 화재를 진압하는 원리이다. 구체적인 내용은 다음과 같다.

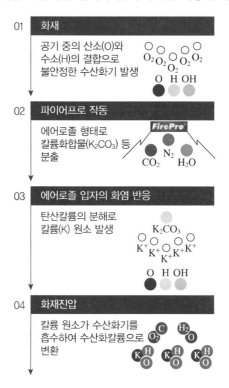

(3) 설치방식

① 유리벌브 작동장치

EPS실, TPS실 등과 같은 소규모의 방호체적 장소 및 분전반 판넬 등과 같은 국소방출 방식의 장소에 설치한다.

② 전기식 작동장치

규모가 큰 장소에 전기식 작동장치를 이용하여 동시에 작동되도록 하는 장소에 설치한다.

③ 저장시설의 크기와 체적에 따라 약제량을 결정하고 단독형 및 다수의 소화기를 연동하여 설치를 한다. 열, 연기, 불꽃 등의 감지기를 통해 화재 감지가 되었을 경우 수동 및 자동으로 작동되어 소화기 작동에 대한 모니터링도 가능하며, 전역 방출 방식으로도 구축이 가능하다.

(4) 소화성능

할론소화약제의 약 5배나 소화성능이 뛰어나며, 15년 이상의 제품 수명으로 경제적이고 다양한 소화설비 시스템 구성이 가능하기 때문에 현장의 환경에 따라 구성을 유동적으로 할 수 있다는 장점이 있다.

> **119 📕 알아보기** ✔
>
> **EPS실**
> EPS(Electric Pipe Shaft)는 전기배선 전용실을 말하며, 고층빌딩의 경우 EPS 실을 각층별로 만들어 케이블, 배관 등의 유지보수 목적으로 사용한다. EPS실 은 고층건물의 경우 각층을 연결하는 통로가 되므로 화재발생 시 연도의 역할을 하게 되므로 대책 강구가 필요하다.
>
> **TPS실**
> TPS(Telecommunication Pipe Shaft)는 단어적 의미로 보면 통신용 또는 제어 용 케이블 등 통신에 관련된 케이블들이나 관련된 장비가 머물거나 지나가는 곳을 뜻한다.

13 경보설비

1. 비상경보설비

(1) 개요

감지기에 의해 화재를 탐지하는 자동화재탐지설비가 적용되지 않는 소규모 소방 대상물에서 화재가 발생했을 경우 수동으로 발신기를 작동시켜 통보장치인 경종 또는 사이렌으로 거주자에게 경보하여 초기 소화활동 및 피난유도 등을 원활하 게 하기 위한 목적으로 설치하는 경보설비로 <u>비상벨설비</u>와 <u>자동식사이렌설비</u>의 2가지 종류가 있으며, <u>감지기는 없고 발신기, 경종, 표시등 수신기는 있다.</u>

① 비상벨설비

화재가 발생한 상황에서 거주자가 화재를 인지하고 거주자에게 화재발생을 알리기 위하여 <u>수동으로</u> 화재신호를 발신하는 발신기와 거주자에게 화재를 통보하는 <u>경종으로 구성된 설비</u>로 경종과 발신기를 연결하는 배선과 화재를 수신하여 경종에 전원을 공급하는 전원공급장치(또는 P형 2급 수신기)로 구 성되어 있다.

② **자동식사이렌설비**

화재가 발생한 상황에서 거주자가 화재를 인지하고 거주자에게 화재발생을 알리기 위하여 <u>수동으로</u> 화재신호를 발신하는 발신기와 거주자에게 화재를 통보하는 <u>사이렌으로 구성</u>된 설비로 사이렌과 발신기를 연결하는 배선과 화재를 수신하여 사이렌에 전원을 공급하는 전원공급장치(또는 P형 2급 수신기)로 구성되어 있다.

(2) 설치기준

① 발신기의 조작스위치는 바닥으로부터 <u>0.8m 이상 1.5m 이하</u>의 높이에 설치하여야 한다.

② <u>지구음향장치</u>는 특정소방대상물의 층마다 설치하되, 해당 특정소방대상물의 각 부분으로부터 하나의 음향장치까지의 <u>수평거리가 25m 이하</u>가 되도록 하고, 해당 층의 각 부분에 유효하게 경보를 발할 수 있도록 설치하여야 한다.

③ 음향장치는 정격전압의 <u>80% 전압</u>에서 발할 수 있어야 한다.

④ 음향장치의 중심으로부터 <u>1m 떨어진 위치에서 90dB</u> 이상이 되어야 한다.

⑤ 발신기는 소방대상물의 층마다 설치하며, 각 대상물로부터 <u>수평거리 25m 이하</u>가 되어야 한다.

⑥ 설비에 대한 감시 상태를 60분간 지속한 후 <u>유효하게 10분 이상 경보</u>를 할 수 있는 축전설비를 설치하여야 한다.

(3) 설치대상물

① 연면적이 400m²(지하가 중 터널 또는 사람이 거주하지 않거나 벽이 없는 축사 등 동·식물 관련시설 제외) 이상인 것

② 지하층 또는 무창층의 바닥면적이 150m²(공연장인 경우에는 100m²) 이상인 것

③ 50명 이상의 근로자가 작업하는 옥내작업장

④ 지하가 중 터널로서 길이가 500m 이상인 것

2. 단독경보형 감지기

(1) 개요

감지기 자체에 건전지와 음향장치가 들어 있으며 화재 시 열에 의해 감지된 화재신호를 신속하게 실내 안에서 경보하여 인명대피를 유도하거나 또는 실내 초기 소화 진압을 하기 위한 설비이다. 즉, 단독경보형 감지기는 별도의 수신기를 필요로 하지 않으며 내장된 음향장치에 의하여 단독으로 화재발생 상황을 알린다.

(2) 구조 및 기능

① 수신기를 필요로 하지 않으며 감지기 내부에 건전지와 음향장치가 내장되어 전원을 공급하며 화재 시에는 감지기 자체에서 경보를 발할 수 있도록 구성된 설비이다.

② 음향장치는 80%의 전압에서도 소리를 낼 수 있어야 하며, 음압은 음향장치의 중심선으로부터 <u>1m 떨어진 위치에서 85dB 이상으로 계속하여 경보할 수 있어야 한다.</u>

③ 단독경보형감지기의 감지부는 연기식은 이온화식연기감지기와 광전식연기감지기로 구분되며 열식은 차동식감지기와 정온식감지기가 생산되고 있다.

④ 단독경보형감지기는 감지부, 경보장치, 전원이 하나로 구성되어 있다.

⑤ 단독경보형감지기는 수동으로 작동시험을 하고 자동복귀형 스위치에 의하여 자동으로 정위치에 복귀하여야 한다.

⑥ 작동되는 감지기는 작동표시등에 의하여 화재의 발생을 표시하고, 내장된 음향장치의 명동에 의하여 화재경보음을 발하여야 한다.

⑦ 작동되는 감지기는 작동표시등에 의하여 화재의 발생을 표시하고, 내장된 음향장치의 명동에 의하여 화재경보음을 발하여야 한다.

⑧ 화재경보음은 단속음도 가능하나 시판되는 대부분의 단독경보형감지기는 음성안내로 화재신호를 발신하고 있어 거주자가 용이하게 인지할 수 있다.

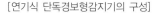

[연기식 단독경보형감지기의 구성]

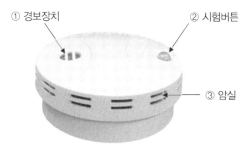

① 경보장치　② 시험버튼　③ 암실

(3) 설치기준

① 각 실(이웃하는 실내의 바닥면적이 각각 30m² 미만이고 벽체 상부의 전부 또는 일부가 개방되어 이웃하는 실내와 공기가 상호유통되는 경우에는 이를 1개의 실로 본다)마다 설치하되, 바닥면적이 150m²를 초과하는 경우에는 150m²마다 1개 이상 설치하여야 한다.

② 최상층의 계단실의 천장(외기가 상통하는 계단실의 경우 제외)에 설치하여야 한다.

③ 건전지를 주전원으로 사용하는 단독경보형 감지기는 정상적인 작동 상태를 유지할 수 있도록 건전지를 교환하여야 한다.

④ 상용전원을 주전원으로 사용하는 단독경보형 감지기의 2차 전지는 제품검사에 합격한 것을 사용하여야 한다.

(4) 설치대상물

① 교육연구시설 또는 수련시설 내에 있는 합숙소 또는 기숙사로서 연면적 2천 m^2 미만인 것

② 수련시설(숙박시설이 있는 것만 해당한다)

③ 연면적 $400m^2$ 미만의 유치원

3. 비상방송설비

(1) 개요

자동화재탐지설비 등에 의해 감지된 화재를 소방대상물 내의 사람에게 음성으로 알리게 하여 피난 및 소화활동을 용이하게 하기 위한 설비이다.

(2) 비상방송설비 설치기준

① 확성기의 음성입력은 <u>3W(실내에 설치하는 것에 있어서는 1W)</u> 이상이어야 한다.

② 확성기는 각층마다 설치하되, 그 층의 각 부분으로부터 하나의 확성기까지의 수평거리가 25m 이하가 되도록 하고, 해당층의 각 부분에 유효하게 경보를 발할 수 있도록 설치하여야 한다.

③ 음량조정기를 설치하는 경우 <u>음량조정기의 배선은 3선식</u>이어야 한다.

④ 조작부의 조작스위치는 바닥으로부터 0.8m 이상 1.5m 이하의 높이에 설치하여야 한다.

⑤ 조작부는 기동장치의 작동과 연동하여 해당 기동장치가 작동한 층 또는 구역을 표시할 수 있어야 한다.

⑥ 증폭기 및 조작부는 수위실 등 상시 사람이 근무하는 장소로서 점검이 편리하고 방화상 유효한 곳에 설치하여야 한다.

⑦ 층수가 5층 이상으로서 연면적이 $3,000m^2$를 초과하는 특정소방대상물은 다음에 따라 경보를 발할 수 있어야 한다.

    ㉠ 2층 이상의 층에서 발화한 때에는 발화층 및 그 직상층에 경보를 발하여야 한다.

    ㉡ 1층에서 발화한 때에는 발화층·그 직상층 및 지하층에 경보를 발하여야 한다.

    ㉢ 지하층에서 발화한 때에는 발화층·그 직상층 및 기타의 지하층에 경보를 발하여야 한다.

우선경보시스템

발화층	우선 경보층	
	5층 이상으로서 연면적 3천㎡를 초과하는 특정소방대상물	30층 이상인 특정소방대상물
2층 이상	발화층 및 직상층	발화층, 직상 4개층
1층	발화층, 직상층, 지하 전체	발화층, 직상 4개층, 지하전체
지하층	발화층, 직상층, 기타 지하층	발화층, 직상층, 기타 지하층

⑧ 다른 방송설비와 공용하는 것에 있어서는 화재 시 비상경보 외의 방송을 차단할 수 있는 구조여야 한다.

⑨ 다른 전기회로에 따라 유도장애가 생기지 않아야 한다.

⑩ 하나의 특정 소방대상물에 2 이상의 조작부가 설치되어 있는 때에는 각각의 조작부가 있는 장소 상호 간에 동시 통화가 가능한 설비를 설치하고, 어느 조작부에서도 해당 특정 소방대상물의 전 구역에 방송을 할 수 있어야 한다.

⑪ 기동장치에 따른 화재신고를 수신한 후 필요한 음량으로 화재 발생 상황 및 피난에 유효한 방송이 자동으로 개시될 때까지의 소요시간은 10초 이하로 하여야 한다.

⑫ 음향장치는 다음의 기준에 따른 구조 및 성능의 것으로 하여야 한다.

　㉠ 정격전압의 80% 전압에서 음향을 발할 수 있는 것이어야 한다.

　㉡ 자동화재탐지설비의 작동과 연동하여 작동할 수 있는 것이어야 한다.

[비상방송설비와 자동화재탐지설비 연동]

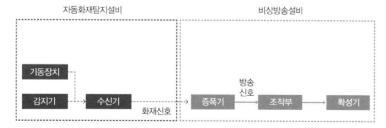

(3) 설치대상물

① 연면적 $3,500m^2$ 이상인 것

② 지하층을 제외한 층수가 11층 이상인 것

③ 지하층의 층수가 3개 층 이상인 것

4. 자동화재탐지설비

(1) 개요

건축물 화재 초기 시에 발생되는 열, 연기 및 불꽃 등을 자동적으로 감지하여 건물의 근무자 및 거주자 등에게 벨, 사이렌 등의 음으로 화재 발생을 알리는 설비이다.

(2) 구성 요소 ★★

감지기, 발신기, 경종, 표시등, 전원, 배선, 중계기, 수신기 등

✪ 송신기(×)

(3) 경계구역 ★★

① 소방대상물 중 화재신호를 발신하고 그 신호를 수신 및 유효하게 제어할 수 있는 구역을 말한다.

② 하나의 경계구역이 두 개 이상의 건축물에 미치지 아니하여야 한다.

③ 하나의 경계구역이 두 개 이상의 층에 미치지 아니하여야 한다. 다만, $500m^2$ 이하의 범위 안에서는 2개의 층을 하나의 경계구역으로 할 수 있다.

④ 하나의 경계구역의 면적은 $600m^2$ 이하로 하고 한 변의 길이는 50m 이하로 하여야 한다. 다만 당해 소방대상물의 주된 출입구에서 그 내부 전체가 보이는 것에 있어서는 한 변의 길이가 50m의 범위 내에서 $1,000m^2$ 이하로 할 수 있다.

⑤ 지하구에 있어서 하나의 경계구역의 길이는 700m 이하로 한다.

(4) 설비의 구분 ★★

① 감지기

  ㉠ 개요

  화재 시에 발생하는 열, 불꽃 또는 연기로 인하여 화재 발생을 자동적으로 감지하여 그 자체에 부착된 음향장치로 경보를 발하거나 이를 수신기에 발신하는 것을 말한다.

  ㉡ 기능 : 센서ㆍ판단ㆍ발신기능

ⓒ 감지기 종류 ★★

열 감지기	차동식	스포트형	주위 온도가 일정상승률 이상이 되는 경우에 작동하는 것으로서 **일국소에서의 열효과에 의하**여 작동되는 것
		분포형	• 주위 온도가 **일정상승률 이상**이 되는 경우에 작동하는 것으로서 **넓은 범위** 내에서의 열효과에 의하여 작동되는 것 • **공기관식, 열전대식, 열반도체식**이 있음
	정온식	감지선형	일국소의 주위 온도가 일정한 온도 이상이 되는 경우에 작동하는 것으로서 외관이 **전선으로 되어 있는 것**
		스포트형	주위 온도가 일정 온도 이상이 되었을 때 작동하는 것으로서 **일국소의 열효과에 의하여 작동됨**
	보상식	스포트형	일국소의 주위 온도 변화에 따라 동작하는 것으로 **차동식과 정온식의 성능을 겸한 것**으로서 그 성능 중 어느 한 기능이 작동되면 작동신호를 발하는 것
연기 감지기	이온화식		• 주위의 공기가 일정한 농도의 연기를 포함하게 되는 경우에 작동하는 것으로서 일국소의 연기에 의하여 **이온전류가 변화하여 작동**하는 것 • 아메리슘 241, α 선을 조사함
	광전식		주위의 공기가 일정한 농도의 연기를 포함하게 되는 경우에 작동하는 것으로서 일국소의 연기에 의하여 광전소자에 접하는 **광량의 변화로 작동**하는 것
특수형 감지기			불꽃감지기, 광전식 중 아날로그 방식 등

119 ⓒ 알아보기

천장 높이에 따른 감지기 설치

1. 4m 미만 : 모든 감지기 설치
2. 4m 이상~8m 미만 : 모든 감지기 주로 1종, 2종(단, 정온식은 2종 제외)
3. 8m 이상~15m 미만 : 차동식 분포형, 이온화식(1종, 2종), 광전식(1종, 2종), 연기복합형, 불꽃감지기
4. 15m 이상~20m 미만 : 이온화식(1종), 광전식(스포트형, 분리형) 1종, 연기복합형, 불꽃감지기
5. 20m 이상 : 불꽃감지기, 광전식(분리형, 공기흡입형) 중 아날로그방식

이론 플러스

감지기 종류

1. 차동식 감지기(스포트형, 분포형)의 종류
   ㄱ. 공기관식 – 차동식 분포형에서 가장 널리 사용
   ㄴ. 열전대식 – 두 가지 서로 다른 금속의 양단을 접합하고 한 쪽의 온도를 일정하게 유지하면서 다른 쪽 온도를 변화시키면 접점의 온도차에 비례하는 기전력이 발생하는데, 이 기전력을 열기전력이라고 하며 발생전류는 열전류이다. 이러한 원리를 이용한 감지기이다.
   ㄷ. 열반도체식 – 온도가 증가하면 저항이 작아지는 반도체인 '서미스터'를 이용하여 특정한 온도가 되면 저항값이 작아져 회로에 많은 전류가 흘러 감지기에 내장된 릴레이가 작동하는 원리이다.

2. 정온식 감지기
   1) 스포트형
      ㄱ. 바이메탈 방식
      ㄴ. 서미스터(열반도체 방식)
   2) 감지선형
      감지소자는 가용절연물로 절연한 2개의 전선을 이용한다. 화재 발생 시 열에 의해 절연성이 저하되어 2선 간에 전류가 흐르게 되어 작동한다.

3. 보상식 감지기
   차동식은 온도가 빠르게 증가하면 화재초기에 화재를 감지할 수 있으나 온도가 느리게 증가하는 자연화재인 경우에는 화재감지가 늦어질 수 있다는 단점이 있으며, 정온식 감지기는 일정한 온도에 도달해야만 감지하기 때문에 화재초기에 감지하기 어렵다는 단점이 있다. 이러한 단점을 극복하기 위해 차동식과 정온식을 겸한 감지기이다.

ⓔ 연기감지기 설치 장소

- 계단 및 경사로, 에스컬레이터 경사로
- 복도(30m 미만의 것은 제외)
- 엘리베이터 승강로(권상기실이 있는 경우 권상기실)·린넨슈트·파이프 피트 및 덕트 기타 이와 유사한 장소
- 천장 또는 반자의 높이가 15m 이상 20m 미만의 장소

ⓜ 감지기 설치 기준

- 감지기(차동식 분포형 제외)는 실내로의 **공기유입구로부터 1.5m 이상** 떨어진 위치에 설치하여야 한다.
- 감지기는 천장 또는 반자의 옥내에 면하는 부분에 설치하여야 한다.
- 보상식 스포트형 감지기는 정온점이 감지기 주위의 평상시 최고 온도보다 **20℃ 이상** 높은 것을 설치하여야 한다.
- 정온식 감지기는 주방·보일러실 등으로 다량의 화기를 취급하는 장소에 설치하되, 공칭작동온도가 최고 주위온도보다 20℃ 이상 높은 것을 설치하여야 한다.
- 스포트형 감지기는 **45° 이상 경사가 지지 아니하도록 설치**하여야 한다.
- 공기관식 차동식분포형감지기는 다음의 기준에 따라야 한다.
  - 공기관의 노출부분은 감지구역마다 20m 이상이 되도록 하여야 한다.
  - 공기관과 감지구역의 각 변과의 수평거리는 1.5m 이하가 되도록 하고, 공기관 상호 간의 거리는 6m(주요 구조부를 내화구조로 한 특정소방대상물 또는 그 부분에 있어서는 9m) 이하가 되도록 하여야 한다.
  - 공기관은 도중에서 분기하지 않아야 한다.
  - 하나의 검출부분에 접속하는 공기관의 길이는 100m 이하로 하여야 한다.
  - 검출부는 5° 이상 경사가 지지 아니하도록 부착하여야 한다.
  - 검출부는 바닥으로부터 0.8m 이상 1.5m 이하의 위치에 설치하여야 한다.
- 연기감지기는 다음의 기준에 의해 설치하여야 한다.
  - 감지기의 부착높이에 따라 다음 표에 따른 바닥면적마다 1개 이상으로 하여야 한다.

부착높이	감지기의 종류	
	1종 및 2종	3종
4m 미만	150	50
4m 이상 20m 미만	75	−

  - 복도 및 통로에 있어서는 보행거리 30m마다, 계단 및 경사로에 있어서는 수직거리 15m마다 1개 이상으로 하여야 한다.

- 천장 또는 반자가 낮은 실내 또는 좁은 실내에 있어서는 출입구의 가까운 부분에 설치하여야 한다.
- 천장 또는 반자 부근에 배기구가 있는 경우에는 그 부근에 설치하여야 한다.
- 감지기는 벽 또는 보로부터 0.6m 이상 떨어진 곳에 설치하여야 한다.

ⓗ 감지기 설치 제외 장소
- 천장 또는 반자의 높이가 20m 이상인 장소, 다만 「자동화재탐지설비 및 시각경보장치의 화재안전기준」 제7조 제1항 단서 각호의 감지기로서 부착높이에 따라 적응성이 있는 장소는 제외한다.
- 헛간 등 외부와 기류가 통하는 장소
- 부식성 가스가 체류하고 있는 장소
- 파이프덕트 등 그 밖의 이와 비슷한 것으로 2개 층마다 방화구획된 것이나 수평단면적이 $5m^2$ 이하인 장소
- 먼지·가루 또는 수증기가 다량으로 체류하는 장소 또는 주방 등 평시에 연기가 발생하는 장소(연기감지기에 한함)
- 목욕식·욕조나 샤워시설이 있는 화장실 기타 이와 유사한 장소
- 고온도 및 저온도로서 감지기의 기능이 정지되기 쉽거나 감지기 유지관리가 어려운 장소
- 프레스공장·주조공장 등 화재 발생의 위험이 적은 장소로서 감지기의 유지 관리가 어려운 장소

② **발신기**
ㄱ 개요
발신기는 화재 발생 신호를 수신기 또는 중계기에 수동으로 발신하는 것을 말한다.
ㄴ 발신기의 종류 ★★

P형 1급 발신기	• P형 1급 수신기 또는 R형 수신기에 접속되며 수동으로 각 발신기의 공통신호를 수신기 또는 중계기에 발신하며 발신 후 전화잭이 있어 잭을 구멍에 꽂아서 수신기와 통화가 가능함 • 구성요소 : 보호판, 누름스위치, **전화잭**, 응답확인램프, 외함, 명판, 순회용스위치
P형 2급 발신기	P형 2급 수신기에만 접속되며 누름버튼 기능만 있고 **전화잭이 없어** 발신과 동시에 수신반과의 동시 통화가 불가능함
T형 발신기(통화형)	• 수동으로 각 발신기의 공통신호를 수신기에 발신하는 것으로서 발신과 동시에 잭이 없이 통화가 가능함 • 송수화기를 들면 수신기로 화재신호가 발신됨
M형 발신기(공유형)	• M형 발신기의 고유신호를 M형 수신기에 공유하여 발신하는 것 • 발신기에서 수신완료까지의 소요시간은 약 10초 정도임

1. 차동식 스포트형

2. 차동식 분포형

3. 정온식 감지선형

- 감지선 계통도

4. 정온식 스포트형

5. 이온화식 연기감지기

6. 광전식 연기감지기

7. 불꽃감지기

8. 광전식 아날로그 감지기

ⓒ 발신기 설치 기준

- 조작이 쉬운 장소에 설치하고, 스위치는 바닥으로부터 <u>0.8m 이상 1.5m 이하</u>의 높이에 설치한다.
- 소방대상물로부터 하나의 발신기까지의 <u>수평거리가 25m 이하</u>가 되도록 한다. 다만, 복도 또는 별도로 구획된 실로서 보행거리가 40m 이상일 경우에는 추가로 설치하여야 한다.

③ **음향장치**

- ㉠ 주음향장치는 수신기 내부 또는 직근에 설치한다.
- ㉡ 음향장치의 경보거리는 <u>수평거리 25m 이하</u>로 한다.
- ㉢ 음량은 음향장치의 중심으로부터 <u>1m 떨어진 곳에서 90dB 이상</u>으로 음색이 구분되는가 여부를 확인한다.
- ㉣ 정격전압의 <u>80% 전압</u>에서 음향을 발할 수 있어야 한다.
- ㉤ 감지기 작동과 연동하여 작동할 수 있는 것으로 하여야 한다.
- ㉥ 둘 이상의 수신기가 설치된 경우, 어느 것에서도 지구음향장치를 작동하여야 한다.

④ **표시등**

- ㉠ 하나의 경계구역을 기준으로 1개 이상의 표시등을 부착한다.
- ㉡ 발신기 상부에 설치되며 위치를 알려주는 적색등이다.
- ㉢ <u>부착면의 15° 되는 방향의 10m 떨어진 곳에서 쉽게 식별</u>되어야 한다.
- ㉣ 발신기 위치에서 가장 가까운 거리에 설치하며 항상 점등되어야 한다.
- ㉤ 적색등은 사용 전압의 130%를 24시간 연속하여 가하는 경우에도 이상이 없어야 한다.

⑤ **배선**

- ㉠ 감지기 사이 회로의 배선은 <u>송배전식</u>으로 하여야 한다.
- ㉡ P형 수신기 및 GP형 수신기의 감지기회로 배선에 있어서 <u>하나의 공통선</u>에 접속할 수 있는 경계구역은 <u>7개 이하</u>로 하여야 한다.
- ㉢ 감지기회로의 전로저항은 <u>50Ω 이하</u>가 되도록 한다.

⑥ **전원**

설비에 대한 감시 상태를 60분간 지속한 후 유효하게 <u>10분 이상</u> 경보할 수 축전지설비를 설치하여야 한다.

⑦ **수신기**

- ㉠ 개요 : 화재 시 발신기 또는 감지기로부터 발하여진 신호를 직접 또는 중계기를 거쳐 수신하여 건물 관계자에게 표시 및 음향장치로 알려주는 설비이다.

ⓛ 수신기 종류

P형 1급 수신기	• **공통**의 **신호**를 수신하며 지구표시등이 설치 • 수신기와 감지기 등과의 사이에 외부회로의 도통시험장치가 있음 • 발신기 등과 연락할 수 있는 전화연결장치가 있음 • 회로수가 제한이 없음
P형 2급 수신기	• **공통**의 **신호**를 수신하며 지구표시등이 설치 • 발신기 등과 연락할 수 있는 전화연결장치가 없음 • 회로수가 5회로 이하로 제한됨
R형 수신기	**고유**의 **신호**를 수신하는 것으로서 숫자 등의 기록 장치에 의해 표시되며 회선수가 매우 많은 건물이나 초고층빌딩, 백화점 등에 주로 사용됨
M형 수신기	M형 발신기로부터 발하여지는 신호를 수신하여 화재의 발생을 소방관서에 통보하는 것으로서 P형이나 R형과는 달리 관할 소방관서 내에 설치하며 관할 구역에 설치된 M형 발신기에서 발신된 고유의 신호에 의하여 신호발신위치를 식별하게 됨
GP형 수신기	P형 수신기 기능과 가스누설경보기의 수신부 기능을 겸한 것
GR형 수신기	R형 수신기 기능과 가스누설경보기의 수신부 기능을 겸한 것

ⓒ 수신기 설치 기준
- 수위실 등 상시 사람이 근무하는 장소에 설치할 것. 다만, 사람이 상시 근무하는 장소가 없는 경우에는 관계인이 쉽게 접근할 수 있고 관리가 용이한 장소에 설치할 수 있다.
- 수신기가 설치된 장소에는 경계구역 일람도를 비치할 것. 다만, 모든 수신기와 연결되어 각 수신기의 상황을 감시하고 제어할 수 있는 수신기를 설치하는 경우에는 주수신기를 제외한 기타 수신기는 그러하지 아니하다.
- 수신기의 음향기구는 그 음량 및 음색이 다른 기기의 소음 등과 명확히 구별될 수 있어야 한다.
- 수신기는 감지기·중계기 또는 발신기가 작동하는 경계구역을 표시할 수 있어야 한다.
- 화재·가스 전기 등에 대한 종합방재반을 설치한 경우에는 해당 조작반에 수신기의 작동과 연동하여 감지기·중계기 또는 발신기가 작동하는 경계구역을 표시할 수 있어야 한다.
- 하나의 경계구역은 하나의 표시등 또는 하나의 문자로 표시되어야 한다.
- 수신기의 조작 스위치는 바닥으로부터의 높이가 0.8m 이상 1.5m 이하인 장소에 설치하여야 한다.
- 하나의 특정소방대상물에 2 이상의 수신기를 설치하는 경우에는 수신기를 상호 간 연동하여 화재발생 상황을 각 수신기마다 확인할 수 있어야 한다.

⑧ **중계기**

수신기에서 직접감지기회로의 도통시험을 행하지 아니하는 것에 있어서는 <u>수신기와 감지기 사이에 설치</u>하여야 한다.

자동화재탐지설비의 계통도

[P형 자동화재탐지설비의 예] [R형 자동화재탐지설비의 예]

자동화재탐지설비의 작동순서

▶ P형 자동화재탐지설비

| 화재발생 | → | (자동감지) 감지기 동작 / (수동조작) 발신기 작동 | → | 수신기 입력 | → | 경종, 시각경보기 동작 / 소화설비 연동 동작 / 피난설비 연동 동작 |

▶ R형 자동화재탐지설비

| 화재발생 | → | (자동감지) 감지기 동작 등 / (수동조작) 발신기 작동 등 | → | 중계기 | → | 수신기 입력 | → | 중계기 | → | 경종, 시각경보기 동작 / 소화설비 연동 동작 / 피난설비 연동 동작 |

P형 수신기와 R형 수신기의 비교 ★★

구분	P형 수신기	R형 수신기
신뢰성	외부선로의 단락 등으로 인하여 수신반 고장이 발생한 경우 시스템이 마비됨	외부선로의 단락 등으로 인하여 특정 중계기에 고장이 발생하더라도 기타 중계기는 정상적인 동작을 하므로 전체 시스템이 마비되지 않음
유지·관리	배선수가 많으므로 유지·관리 및 수리가 어려움	배선수가 적으므로 유지·관리 및 수리가 쉬움
회로의 증설·변경	건축물의 증축이나 내부 구조의 변경으로 인하여 회로가 증설되면 기기장치로부터 수신반까지 배선, 배관을 추가로 설치하여야 함	회로의 증설 시에는 중계기의 예비회로를 사용하거나 별도의 중계기를 신규로 설치하고 기설치된 중계기에서 신호선만 분기되면 되므로 건축물을 손상시키지 않고 회로의 증설을 시행할 수 있음
배관, 배선 공사비	간선 수가 많으므로 공사비 및 인건비가 많이 소요됨	간선 수가 적으므로 공사비 및 인건비 등이 많이 절감됨
시스템방식	1:1접점신호방식	다중전송신호방식
자기진단기능	없음	있음
화재표시기구	램프	액정표시장치(LCD)
가격	저가	고가

R형 수신기의 장단점 ★★

장점	단점
• 선로의 수가 적어 경제적임 • 선로의 길이를 길게 할 수 있음 • 증설 또는 이설이 비교적 쉬움 • 신호의 전달이 확실함 • 화재 발생 지구를 선명하게 숫자로 표시할 수 있음	• 구조 원리가 복잡함 • 제품이 고가임

시각경보기

5. 시각경보기

(1) 개요

자동화재탐지설비에서 발하는 신호를 시각경보기에 전달하여 화재 시 소리를 듣기가 어려운 <u>청각장애인들</u>이 볼 수 있도록 점멸형태의 시각경보를 발하는 자동화재탐지설비의 보조 설비이다.

(2) 설치 기준

① 복도, 통로, 청각장애인용 <u>객실 및 공용으로 사용하는 거실(로비, 회의실, 강의실, 식당, 휴게실, 오락실, 대기실, 체력단련실, 접객실, 안내실, 전시실, 기타 이와 유사한 장소)에 설치</u>하며, 각 부분으로부터 유효하게 경보를 발할 수 있는 위치에 설치하여야 한다.

② 공연장, 집회장, 관람장 또는 이와 유사한 장소에 설치하는 경우에는 <u>시선이 집중되는 무대부 부분 등에 설치</u>하여야 한다.

③ 설치 높이는 바닥으로부터 <u>2m 이상 ~ 2.5m 이하</u>의 장소에 설치하여야 한다. 다만, 천장의 높이가 2m 이하인 경우에는 천장으로부터 0.15m 이내의 장소에 설치하여야 한다.

④ 시각경보장치의 광원은 전용의 축전지설비 또는 전기저장장치(외부 전기에너지를 저장해 두었다가 필요한 때 전기를 공급하는 장치)에 의해 점등되도록 하여야 한다. 다만, 시각경보기에 작동전원을 공급할 수 있도록 형식승인을 얻은 수신기를 설치한 경우에는 그러하지 아니하다.

⑤ 하나의 소방대상물에 2 이상의 수신기가 설치된 경우 어느 수신기에서도 시각경보장치를 작동할 수 있도록 하여야 한다.

(3) 설치대상물

① 근린생활시설, 문화 및 집회시설, 종교시설, 판매시설, 운수시설, 운동시설, 위락시설, 창고시설 중 물류 터미널

② 의료시설, 노유자시설, 업무시설, 숙박시설, 발전시설 및 장례시설

③ 교육연구시설 중 도서관, 방송통신시설 중 방송국

④ 지하가 중 지하상가

6. 자동화재속보설비

(1) 개요

① 소방대상물에 화재 발생 시 <u>수동 또는 자동</u>으로 신속하게 <u>소방관서에 통보</u>하여 주는 각지설비로 사람의 힘을 빌리지 않는 상태에서 자동적으로 작동하는 설비이다.

② 화재신호를 받아 20초 이내에 화재인가 판별하여 소방서로 자동적으로 3회 이상 전달하는 설비이다.

(2) 설치기준

① <u>자동화재탐지설비와 연동으로 작동</u>하여 자동적으로 화재 발생 상황이 소방관서에 전달되는 것으로 하여야 한다.

② 조작스위치는 바닥으로부터 <u>0.8m 이상 ~ 1.5m 이하</u>의 높이에 설치한다.

③ 속보기는 소방관서에 통신망으로 통보하도록 하며, 데이터 또는 코드전송방식을 부가적으로 설치할 수 있다. 단, 데이터 및 코드전송방식의 기준은 소방청장이 정하여 고시한 「자동화재속보설비의 속보기의 성능인증 및 제품검사의 기술기준」 제5조 제12호에 따른다.

④ 문화재에 설치하는 자동화재속보설비는 ①의 기준에도 불구하고 속보기에 감지기를 직접 연결하는 방식(자동화재탐지설비 1개의 경계구역에 한함)으로 할 수 있다.

⑤ 속보기는 소방청장이 정하여 고시한 「자동화재속보설비의 속보기의 성능인증 및 제품검사의 기술기준」에 적합한 것으로 설치하여야 한다.

(3) 특징

① 사람이 없어도 화재 발생 시 언제든지 신속·정확한 통보가 가능하다.

② 정확한 녹음테이프를 사용하므로 인위적 사고 시 당황하거나 목적 달성을 제대로 못하는 경우가 없기 때문에 신고가 정확하다.

③ 잘못 감지한 오보의 신고를 제어하는 회로가 구성되어 있어 오보의 우려가 없다.

④ 일반 전화에 쉽게 연결하여 설치할 수 있다.

⑤ 사용 중인 일반 전화를 차단시키며 자동적으로 소방관서에 연결된다.

⑥ 고층, 대형 건축물이라도 1대의 자동화재속보설비로 대응할 수 있다.

(4) 속보기 체계

화재감지기
(화재감지)

수신기
(화재신호 수신
및 화재발생
표시·경보)

자동화재속보설비의
속보기
(화재발생 경보 및
소방관서에 화재발생·
위치 등 통보)

소방관서
(화재발생 접수)

[자동화재속보설비의 체계]

이론 플러스

통합감시시설

1. 개요

전기·가스·수도 등의 공급설비나 통신시설·하수도시설 등은 미광의 개선, 도로구조의 보전 및 교통의 원활한 소통을 기하기 위하여 지하 공작물(공동구)에 공동수용하게 되는데 이러한 설비에 화재가 발생할 경우 통신망의 두절이나 전력의 공급 차질로 사회적 물의와 혼란을 초래하는 바 소방관서와 공동구의 통제실 간에 화재 등 소방활동과 관련된 정보를 상시 교환할 수 있는 정보통신망을 구축하여 유사시 신속하고 유효한 대처로 피해를 최소화하는 경보설비이다.

2. 설치기준

ㄱ. 소방관서와 공동구의 통제실 간에 화재 등 소방활동과 관련된 정보를 상시 교환할 수 있는 정보통신망을 구축할 것

ㄴ. 정보통신망은 광케이블 또는 이와 유사한 성능을 가진 선로서 원격제어가 가능할 것

ㄷ. 주수신기는 공동구의 통제실에, 보조수신기는 관할 소방관서에 설치하여야 하고 수신기에는 원격제어 기능이 있을 것

ㄹ. 비상시에 대비하여 예비선로를 구축할 것

3. 설치대상물

지하구에 설치한다.

가스누설경보기

1. 용어의 정의

① **"가연성가스 경보기"**란 보일러 등 가스연소기에서 액화석유가스(LPG), 액화천연가스(LNG) 등의 가연성가스가 새는 것을 탐지하여 관계자나 이용자에게 경보하여 주는 것을 말한다. 다만, 탐지소자 외의 방법에 의하여 가스가 새는 것을 탐지하는 것, 점검용으로 만들어진 휴대용탐지기 또는 연동기기에 의하여 경보를 발하는 것은 제외한다.

② **"일산화탄소 경보기"**란 일산화탄소가 새는 것을 탐지하여 관계자나 이용자에게 경보하여 주는 것을 말한다. 다만, 탐지소자 외의 방법에 의하여 가스가 새는 것을 탐지하는 것, 점검용으로 만들어진 휴대용탐지기 또는 연동기기에 의하여 경보를 발하는 것은 제외한다.

③ **"탐지부"**란 가스누설경보기(이하 "경보기"라 한다) 중 가스누설을 탐지하여 중계기 또는 수신부에 가스누설의 신호를 발신하는 부분 또는 가스누설을 탐지하여 수신부 등에 가스누설의 신호를 발신하는 부분을 말한다.

④ **"수신부"**란 경보기 중 탐지부에서 발하여진 가스누설신호를 직접 또는 중계기를 통하여 수신하고 이를 관계자에게 음향으로서 경보하여 주는 것을 말한다.

⑤ **"분리형"**이란 탐지부와 수신부가 분리되어 있는 형태의 경보기를 말한다.

⑥ **"단독형"**이란 탐지부와 수신부가 일체로 되어있는 형태의 경보기를 말한다.

(5) 속보기의 종류

① 자동화재속보설비의 속보기

수동 또는 자동화재탐지설비 수신기의 화재신호와 연동으로 작동하여 관계인에게 화재발생을 경보함과 동시에 소방관서에 자동적으로 통신망을 통한 화재발생 및 소방대상물의 위치 등을 통보해 주는 것을 말한다.

② 문화재용 자동화재속보설비의 속보기

자동화재속보설비의 속보기 기준에도 불구하고 속보기에 감지기를 직접 연결(자동화재탐지설비 1개 경계구역에 한한다)하는 방식의 것을 말한다.

③ A형 화재 속보기

㉠ P형, R형, GP형, GR형 수신기 또는 복합형 수신기로부터 발하는 화재신호를 수신하여 20초 이내에 소방대상물의 위치를 3회 이상 소방관서에 자동적으로 통보

㉡ 지구등이 없음

④ B형 화재 속보기

㉠ P형, R형 수신기와 A형 화재 속보기의 기능을 통합한 것

㉡ 감지기, 발신기, 중계기를 통하여 송신된 화재신호를 수신하여 소방대상물의 관계자에게 경보를 발하고, 20초 이내에 소방대상물의 위치를 3회 이상 소방관서에 자동적으로 통보

㉢ 지구등, 단락 및 단선 시험장치가 있음

7. 누전경보기

(1) 개요

누설전류를 탐지하여 경보를 발할 수 있는 설비이다.

(2) 구성

변류기	누설전류를 검출하여 수신기에 송신
수신기	증폭기가 내장되어 누설전류 증폭
음향장치	70dB 이상
차단릴레이	누설전류가 흐를 때 전원을 자동 차단

(3) 설치 방법

① 경계전로의 정격전류가 60A를 초과하는 전로에 있어서는 1급 누전경보기를, 60A 이하의 전로에 있어서는 1급 또는 2급 누전경보기를 설치하여야 한다. 다만, 정격전류가 60A를 초과하는 경계전로가 분기되어 각 분기회로의 정격전류가 60A 이하로 되는 경우 당해 분기회로마다 2급 누전경보기를 설치한 때에는 당해 경계전로에 1급 누전경보기를 설치한 것으로 본다.

② 변류기는 특정소방대상물의 형태, 인입선의 시설 방법 등에 따라 옥외 인입선의 제1지점의 부하측 또는 제2종 접지선측의 점검이 쉬운 위치에 설치하여야 한다. 다만, 인입선의 형태 또는 특정 소방대상물의 구조상 부득이한 경우에는 인입구에 근접한 옥내에 설치할 수 있다.

③ 변류기를 옥외의 전로에 설치하는 경우에는 옥외형으로 설치하여야 한다.

(4) 전원

① 전원은 분전반으로부터 전용회로로 하고, **각극에 개폐기 및 15A 이하의 과전류차단기**(배선용 차단기에 있어서는 20A 이하의 것으로 각극을 개폐할 수 있는 것)를 설치하여야 한다.

② 전원을 분기할 때에는 다른 차단기에 따라 전원이 차단되지 않아야 한다.

③ 전원의 개폐기에는 누전경보기용임을 표시한 표지를 하여야 한다.

⑦ "가스연소기"란 가스레인지 또는 가스보일러 등 가연성가스를 이용하여 불꽃을 발생하는 장치를 말한다.

2. **분리형 경보기의 탐지부 및 단독형 경보기는 다음의 장소 이외의 장소에 설치한다.**

① 출입구 부근 등으로서 외부의 기류가 통하는 곳

② 환기구 등 공기가 들어오는 곳으로부터 1.5m 이내인 곳

③ 연소기의 폐가스에 접촉하기 쉬운 곳

④ 가구·보·설비 등에 가려져 누설가스의 유통이 원활하지 못한 곳

⑤ 수증기, 기름 섞인 연기 등이 직접 접촉될 우려가 있는 곳

3. **경보기는 건전지 또는 교류전압의 옥내간선을 사용하여 상시 전원이 공급되도록 하여야 한다.**

8. 화재알림설비

(1) 개요

전통시장에 자동화재탐지설비와 자동화재속보설비의 기능을 결합한 IoT 기반의 무선 화재알림시설이 전통시장 현대화 지원 사업(중소기업벤처부)의 일환으로 설치됨에 따라 IoT 기반의 소방산업을 육성·발전시키고, 화재알림설비가 설치된 범위 내에서는 자동화재탐지설비 및 자동화재속보설비를 면제하고자 경보설비의 종류에 화재알림설비를 추가하였다.

(2) 기능

'화재알림시설'은 화재발생 시 연기, 열, 불꽃 등 발화요인을 감지해 관할 소방서와 관계인에게 즉시 통보되는 시스템이다.

(3) 화재알림시설의 기본 구성도

[전통시장 화재알림시설 기본 구성도]

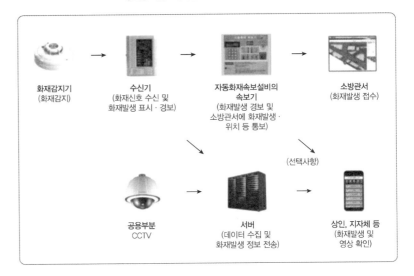

(4) 설치대상물

① 판매시설 중 전통시장

② 문화재

14 피난구조설비

1. 피난기구

(1) 개요

화재 시 사람들을 화재 현장으로부터 안전한 장소로 피난시킬 수 있는 기구를 말한다.

(2) 피난기구의 종류

① 피난사다리

   ⑦ 종류 : 고정식 사다리, 올림식 사다리, 내림식 사다리

   ⓛ 4층 이상의 층에는 금속성 고정식 사다리를 설치한다.

   ⓒ 사용자의 발디딤을 위하여 10cm 이상의 돌자가 설치되어 있다.

② **완강기**

ㄱ 사용자의 중량에 의해 자동적으로 <u>연속하여 교대로 사용</u>하여 하강할 수 있다.

ㄴ 안전하강속도는 <u>16 ~ 150cm/s 이하</u>이다.

ㄷ 구성 : 조속기(속도조절), 후크, 벨트, 로프, 연결금속구, 릴

ㄹ 최대 사용 하중은 <u>150kg(1,500N) 이상</u> 견딜 수 있어야 한다.

ㅁ 벽으로부터 30cm 이상 공간이 떨어져 있어야 한다.

ㅂ 완강기는 강하 시 로프가 소방대상물과 접촉하여 손상되지 않도록 하여야 한다.

ㅅ 완강기로프의 길이는 부착 위치에서 지면 기타 피난상 유효한 착지 면까지의 길이로 하여야 한다.

③ **간이완강기**

<u>사용자가 연속적으로 사용할 수 없다.</u>

④ **구조대**

ㄱ 기능 : 포지 등을 사용하여 자루형태로 만든 것으로 화재 시 피난자가 그 내부에 들어가 내려오는 피난기구이다.

ㄴ 종류 : 사강식(= 경사식 구조대), 수직하강식 구조대이다.

ㄷ 사강식 : 지상으로 약 45°의 각도에 의한 마찰로 하강속도를 감속시키는 구조대이다.

ㄹ 수직하강식 : 포대본체에 일정한 간격으로 협소부를 설치하여 이에 의한 마찰을 통해 하강속도를 감소시키는 방식과 나선상 또는 사행강하에 의해 하강속도를 감소시키는 방식이 있다.

경사강하식 구조대

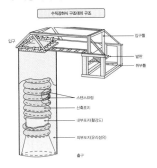

이론 플러스

수직강하식 구조대

수직강하식 구조대의 구조

승강식 피난기

⑩ 구조대의 길이 : 피난상 지장이 없고 안정된 강하속도를 유지할 수 있는 길이로 해야 한다.

⑤ **미끄럼대**

병원, 장애인 복지시설에 적합하다.

⑥ **공기안전매트**

화재 발생 시 사람이 건축물 내에서 외부로 긴급히 뛰어 내릴 때 충격을 흡수하여 안전하게 지상에 도달할 수 있도록 포지에 공기 등을 주입하는 구조로 되어 있는 것을 말한다.

⑦ **승강식 피난기**

사용자의 몸무게에 의하여 자동으로 하강하고 내려서면 스스로 상승하여 연속적으로 사용할 수 있는 무동력 승강식피난기를 말한다.

⑧ **다수인 피난장비**

화재 시 2인 이상의 피난자가 동시에 해당층에서 지상 또는 피난층으로 하강하는 피난기구를 말한다.

⑨ **기타**

피난교, 피난로프, 피난용트랩이 있다.

(3) 피난기구의 적응 및 설치 개수

① 층마다 설치하되, <u>숙박시설·노유자시설 및 의료시설</u>로 사용되는 층에 있어서는 그 층의 바닥면적 <u>500m²마다</u> 설치한다.

② <u>위락시설</u>·문화집회 및 운동시설·판매시설로 사용되는 층 또는 복합 용도의 층에 있어서는 그 층의 바닥면적 <u>800m²마다</u> 설치한다.

③ 계단실형 아파트에 있어서는 각 세대마다, 그 밖의 용도의 층에 있어서는 그 층의 바닥면적 1,000m²마다 1개 이상 설치한다.

④ 숙박시설(휴양콘도미니엄 제외)의 경우에는 추가로 객실마다 완강기 또는 둘 이상의 간이완강기를 설치한다.

⑤ 공동주택의 경우에는 하나의 관리 주체가 관리하는 공동주택 구역마다 공기안전매트 1개 이상을 추가로 설치한다. 다만, 옥상으로 피난이 가능하거나 인접세대로 피난할 수 있는 구조인 경우에는 추가로 설치하지 아니할 수 있다.

(4) 피난기구 설치대상물

특정소방대상물의 모든 층에 설치하여야 한다. 다만, 피난층·지상 1층·지상 2층(노유자시설 중 피난층이 아닌 지상 1층과 지상 2층은 제외) 및 층수가 11층 이상의 층과 위험물 저장 및 처리시설 중 가스시설·지하구 또는 지하가 중 터널의 경우에는 그러하지 아니하다.

119 🔲 알아보기

소방대상물의 설치장소별 피난기구의 적응성

설치 장소별 구분	지하층	2층	3층	4층 이상 10층 이하
의료시설 (장례식장 제외)· 노유자시설· 근린생활시설 중 입원실이 있는 의원·산후조리원· 접골원·조산소	피난용 트랩	–	• 미끄럼대 • 구조대 • 피난교 • 피난용 트랩 • 다수인 피난장비 • 승강식 피난기	• 구조대 • 피난교 • 피난용 트랩 • 다수인 피난 장비 • 승강식 피난기
근린생활시설 (입원실이 있는 의원·산후조리원 ·접골원·조산소 제외) ·위락시설·문화집회 및 운동시설·판매시설 및 영업시설·숙박시설 ·공동주택·업무시설 ·통신촬영시설 ·교육연구시설·공장 ·운수자동차 관련시설(주차용 건축물 및 차고, 세차장, 폐차장 및 주차장 제외)·관광휴게시설 (야외음악당 및 야외극장 제외)· 의료시설 중 장례식장	피난 사다리 · 피난용 트랩	–	• 미끄럼대 • 피난사다리 • 구조대 • 완강기 • 피난교 • 피난용 트랩 • 간이완강기 • 공기안전매트 • 다수인 피난 장비 • 승강식 피난기	• 피난사다리 • 구조대 • 완강기 • 피난교 • 간이완강기 • 공기안전매트 • 다수인 피난 장비 • 승강식 피난기
「다중이용업소의 안전관리에 관한 특별법 시행령」 제2조에 따른 다중이용업소로서 영업장의 위치가 4층 이하인 다중이용업소	–	• **미끄럼대** • **피난사다리** • **구조대** • **완강기**	• 미끄럼대 • 피난사다리 • **구조대** • 완강기	• 미끄럼대 • 피난사다리 • **구조대** • 완강기

✿ 간이완강기의 적응성은 숙박시설의 3층 이상에 있는 객실에, 공기안전매트의 적응성은 아파트(「주택법 시행령」 제48조의 규정에 해당하는 공동주택)에 한함

2. 유도등 및 유도표지

(1) 개요

화재 등의 발생 시 긴급하게 피난 장소로 피난하는 경우의 방향 표시를 말한다.

(2) 유도등의 설치 기준

① 피난구 유도등

ㄱ. 피난구 유도등의 설치 장소
- 옥내로부터 직접 지상으로 통하는 출입구 및 그 부속실의 출입구
- 직통계단·직통계단의 계단실 및 그 부속실의 출입구
- 출입구에 이르는 복도 또는 통로로 통하는 출입구
- 안전구획된 거실로 통하는 출입구

ㄴ. 피난구 유도등은 피난구의 바닥으로부터 <u>높이 1.5m 이상</u>으로서 출입구에 인접하도록 곳에 설치한다.

ㄷ. 피난구 유도등은 <u>녹색바탕에 백색문자</u>로 표시한다.

② 통로유도등

ㄱ. 설치 기준

복도통로 유도등	• 복도에 설치할 것 • 구부러진 모퉁이 및 보행거리 20m마다 설치할 것 • 바닥으로부터 **높이 1m 이하**의 위치에 설치할 것. 다만, 지하층 또는 무창층의 용도가 도매시장·소매시장·여객자동차터미널·지하역사 또는 지하상가인 경우에는 복도·통로 중앙부분의 바닥에 설치하여야 함 • 바닥에 설치하는 통로유도등은 하중에 따라 파괴되지 아니하는 강도의 것으로 할 것
거실통로 유도등	• 거실의 통로에 설치할 것. 다만, 거실의 통로가 벽체 등으로 구획된 경우에는 복도통로유도등을 설치하여야 함 • 구부러진 모퉁이 및 보행거리 20m마다 설치할 것 • 바닥으로부터 **높이 1.5m 이상**의 위치에 설치할 것. 다만, 거실통로에 기둥이 설치된 경우에는 기둥부분의 바닥으로부터 높이 1.5m 이하의 위치에 설치할 수 있음
계단통로 유도등	• 각 층의 경사로참 또는 계단참마다(1개층에 경사로참 또는 계단참이 2 이상 있는 경우에는 2개의 계단참마다) 설치할 것 • 바닥으로부터 **높이 1m 이하**에 설치할 것

ㄴ. <u>통로유도등</u>은 <u>백색바탕에 녹색문자</u>로 표시한다.

③ 객석유도등

ㄱ. 객석의 통로, 바닥 또는 벽에 설치한다.

ㄴ. 객석 내의 통로가 경사로 또는 수평로로 되어 있는 부분은 다음의 식에 따라 산출한 수(소수점 이하의 수는 1로 봄)의 유도등을 설치하여야 한다.

$$설치\ 개수 = \frac{객석의\ 통로의\ 직선\ 부분의\ 길이(m)}{4} - 1$$

④ **유도등 비상전원**

　⊙ 유도등은 <u>20분 이상</u> 유효하게 작동시킬 수 있는 용량으로 해야 한다.

　ⓒ 다음의 소방대상물의 경우는 유도등을 <u>60분 이상</u> 유효하게 작동시킬 수 있는 용량으로 한다.

　　• 지하층을 제외한 층수가 11층 이상의 층

　　• 지하층 또는 무창층으로서 용도가 도·소매시장, 여객자동차터미널, 지하역사, 지하상가

119 알아보기

유도등 정리

구분	피난구 유도등	통로 유도등			객석 유도등
		복도	계단	거실	
용도	피난경로로 사용되는 출입구 표시	피난통로를 안내하기 위한 유도등으로 방향을 명시			객석의 통로 ·바닥·벽에 설치
예시			↓6F 5F↑		
설치 장소 (위치)	출입구 (상부 설치)	일반복도 (하부 설치)	일반계단 (하부 설치)	주차장, 도서관 등 (상부 설치)	공연장 극장 등(하부 설치)

(3) 유도표지

① **개념**

피난할 수 있는 장소를 표시하거나, 피난 장소의 신속한 유도 목적으로 설치하는 표지를 말한다.

② **설치 기준**

　⊙ 계단에 설치하는 것을 제외하고는 각 층마다 복도 및 통로의 각 부분으로부터 <u>하나의 유도표지까지의 보행거리가 15m 이하가 되는 곳과 구부러진 모퉁이의 벽에 설치</u>할 것

　ⓒ 피난구유도표지는 출입구 상단에 설치하고, <u>통로유도표지는 바닥으로부터 높이 1m 이하의 위치에 설치</u>할 것

이론 플러스

유도표지

ⓒ 주위에는 이와 유사한 등화·광고물·게시물 등을 설치하지 아니할 것

ⓔ 유도표지는 부착판 등을 사용하여 쉽게 떨어지지 아니하도록 설치할 것

ⓜ 축광방식의 유도표지는 외광 또는 조명장치에 의하여 상시 조명이 제공되거나 비상조명등에 의한 조명이 제공되도록 설치할 것

유도등 및 유도표지

소방대상물	유도등 및 유도표지의 종류
관람장, 공연장, 운동시설, 집회장(종교시설포함), 유흥주점영업시설(카바레, 나이트클럽 등)	• 대형피난구 유도등 • 통로 유도등 • 객석 유도등
위락시설, 판매시설, 운수시설, 관광숙박시설, 의료시설, 장례식장, 방송통신시설, 전시장, 지하상가, 지하철역사	• 대형피난구 유도등 • 통로 유도등
숙박시설, 오피스텔 또는 지하층·무창층 및 11층 이상인 특정소방대상물	• 중형피난구 유도등 • 통로 유도등
근린생활시설, 노유자시설, 업무시설, 종교집회장, 교육연구시설, 수련시설, 공장창고시설, 교정 및 군사시설, 기숙사, 자동차정비공장, 자동차운전학원, 및 정비학원, 다중이용업소, 복합건축물, 아파트	• 소형피난구 유도등 • 통로 유도등
그 밖의 것	• 피난구축광유도표지 • 통로유도표지

유도등 및 유도표지의 설치 높이

• 1m 이하 : 계단통로 유도등, 복도통로 유도등, 유도표지
• 1.5m 이상 : 피난구 유도등, 거실통로 유도등

3. 비상조명등

(1) 개요

화재 발생 등에 따른 정전 시에 안전하고 원활한 피난활동을 할 수 있도록 거실 및 피난 통로 등에 설치되어 자동 점등되는 조명등을 말한다.

(2) 설치 기준

① 소방대상물의 각 거실과 그로부터 지상에 이르는 복도, 계단 및 그 밖의 통로에 설치해야 한다.

이론 플러스

비상조명등

② 비상전원은 비상조명등을 <u>20분간</u> 유효하게 작동시킬 수 있는 용량으로 해야 한다.

③ 다음의 소방대상물의 경우는 유도등을 <u>60분 이상</u> 유효하게 작동시킬 수 있는 용량으로 한다.

ㅤㄱ 지하층을 제외한 층수가 11층 이상의 층

ㅤㄴ 지하층 또는 무창층으로서 용도가 도·소매시장, 여객자동차터미널, 지하역사, 지하상가

④ 조도는 비상조명등이 설치된 장소의 각 부분의 바닥에서 <u>1럭스(Lx) 이상</u>이어야 한다.

(3) 설치대상물

① 지하층을 포함하는 층수가 5층 이상인 건축물로서 연면적 3,000m² 이상인 것

② ①에 해당하지 않는 특정 소방대상물로서 그 지하층 또는 무창층의 바닥면적이 450m² 이상인 경우에는 그 지하층 또는 무창층

③ 지하가 중 터널로서 그 길이가 500m 이상인 것

4. 휴대용비상조명등

(1) 설치 기준

① 숙박시설 또는 다중 이용업소에서 객실 또는 영업장 안의 구획된 실마다 잘 보이는 곳(외부에 설치 시 출입문 손잡이로부터 1m 이내)에 1개 이상 설치해야 한다.

② 설치 높이는 바닥으로부터 <u>0.8m 이상 1.5m 이하</u>의 높이에 설치해야 한다.

③ 건전지를 사용하는 경우에는 <u>방전방지조치</u>를 하여야 하고, 충전식 배터리의 경우에는 상시 충전되도록 해야 한다.

④ 건전지 및 충전식 배터리의 용량은 <u>20분 이상</u> 유효하게 사용할 수 있어야 한다.

⑤ <u>대규모 점포(지하상가 및 지하역사 제외)는 보행거리 50m 이내마다 3개 이상</u> 설치해야 한다.

⑥ <u>지하상가 및 지하역사에는 보행거리 25m 이내마다 3개 이상</u> 설치해야 한다.

⑦ 사용 시 <u>자동으로 점등</u>되는 구조이고, <u>외함은 난연성능</u>이 있어야 하며 어둠 속에서 위치를 확인할 수 있도록 해야한다.

(2) 설치대상물

① 숙박시설

② <u>수용인원 100인 이상의 영화상영관</u>, 지하가 중 지하상가, 철도 및 도시철도 시설 중 지하역사, 판매시설 중 대규모 점포

5. 인명구조기구 ★★

(1) 개요

인명구조기구는 화재 시 열, 연기에 대하여 인명의 안전을 위한 기구이다.

(2) 종류 ★★

① 방열복 또는 방화복(안전헬멧, 보호장갑, 안전화 포함)

㉠ "방열복"이란 내열성이 강한 섬유 표면에 알루미늄으로 특수코팅 처리한 겉감과 내열섬유의 중간층과 안감이 여러 겹으로 되어 있어 열을 반사·차단하여 준다. 유류화재 등 복사열이 강하나 소방활동 시에 유효하다.

㉡ "방화복"이란 아라미드계 섬유 등 내열성이 있는 재료에 열 방호성, 방수성 등 가공처리를 하여 제작된 것으로서, 방열복에 비해 내열성 등은 떨어지지만 가볍고 활동성이 좋으므로 안전화, 안전장갑과 함께 일반적인 화재현장에서 주된 활동복으로 사용되고 있다.

② 공기호흡기

"<u>공기호흡기</u>"란 소화활동 시에 화재로 인하여 발생하는 각종 유독가스 중에서 일정시간 사용할 수 있도록 제조된 압축공기식 개인호흡장비(보조마스크 포함)를 말한다.

③ 인공소생기

"<u>인공소생기</u>"란 호흡 부전 상태인 사람에게 인공호흡을 시켜 환자를 보호하거나 구급하는 기구를 말한다.

(3) 인명구조기구 설치 기준

특정 소방대상물	인명구조기구의 종류	설치 수량
지하층을 포함하는 층수가 7층 이상인 관광호텔	방열복 또는 방화복, 공기호흡기, 인공소생기	각 2개 이상 비치할 것
지하층을 포함한 층수가 5층 이상인 병원	방열복 또는 방화복, 공기호흡기	각 2개 이상 비치할 것. 다만, 병원의 경우에는 인공소생기를 설치하지 않을 수 있음
• 문화 및 집회시설 중 수용인원 100명 이상의 영화상영관 • 판매시설 중 대규모 점포 • 운수시설 중 지하역사 • 지하가 중 지하상가	공기호흡기	층마다 2개 이상 비치할 것. 다만, 각 층마다 갖추어 두어야 할 공기호흡기 중 일부를 직원이 상주하는 인근 사무실에 갖추어 둘 수 있음
물분무등소화설비 중 이산화탄소소화설비(호스릴이산화탄소소화설비 제외)를 설치하여야 하는 특정소방대상물	공기호흡기	이산화탄소소화설비가 설치된 장소의 출입구 외부 인근에 1대 이상 비치할 것

15 소화용수설비

1. 소화수조의 설치 기준

① 소화수조 저수조의 채수구, 흡수관투입구는 소방차가 2m 이내의 지점까지 접근할 수 있는 위치에 설치하여야 한다.

② 지하에 설치하는 소화용수설비의 흡수관 투입구는 그 <u>한 변이 0.6m 이상</u>이거나 <u>직경이 0.6m 이상</u>인 것으로 하고 소요수량이 $80m^3$ 미만인 것은 1개 이상, $80m^3$ 이상인 것은 2개 이상을 설치하여야 하며, "흡관투입구"라고 표시한 표지를 해야한다.

③ 채수구에는 소방용 호스 또는 소방용 흡수관에 사용하는 구경 <u>65mm 이상</u>의 나사식 결합금속구를 설치해야 한다.

④ 채수구는 지면으로부터 높이가 <u>0.5m 이상 ~ 1m 이하</u>에 설치하고 "채수구"라고 표시한 표지를 한다.

⑤ 소화용수가 지면으로부터의 <u>깊이가 4.5m 이상인 지하에 있는 경우는 가압송수장치를 설치</u>한다.

2. 상수도 소화용수설비의 설치 기준

① 호칭지름 75mm 이상의 수도배관에 호칭지름 100mm 이상의 소화전을 접속할 것
② 소화전은 소방자동차 등의 진입이 쉬운 도로변 또는 공지에 설치할 것
③ 소화전은 특정소방대상물의 수평투영면의 각 부분으로부터 140m 이하가 되도록 설치할 것

16 소화활동설비 ★★

1. 제연설비 ★★

(1) 개요

화재 시 연기가 침입하는 것을 방지하고 산소와 함께 외부의 신선한 공기를 불어 넣어서 인명을 신속히 피난시킴과 동시에 소방대원의 소화활동을 원활하게 돕는 소화활동설비이다.

(2) 작동원리

① <u>가동식의 벽·제연경계벽·댐퍼 및 배출기의 작동은 자동화재 감지기와 연동되어야 하며, 수동으로 기동이 가능</u>해야 한다.
② 제연설비는 화재감지기 작동 – 수신기 – 급·배기댐퍼의 작동 – 팬 작동 – 제연순으로 작동한다.

(3) 제연설비 구획 기준 ★★

① 하나의 제연구역의 면적은 <u>1,000m² 이내</u>로 하여야 한다.
② 거실과 통로(복도 포함)는 상호 제연구획하여야 한다.
③ 통로상의 제연구역은 보행중심선의 길이가 <u>60m를 초과하지 아니하여야 한다.</u>
④ 하나의 제연구역은 <u>직경 60m 원내</u>에 들어갈 수 있어야 한다.
⑤ 하나의 제연구역은 2개 이상 층에 미치지 아니하도록 하여야 한다. 다만, 층의 구분이 불분명한 부분은 그 부분을 다른 부분과 별도로 제연구획하여야 한다.
⑥ 제연구획은 <u>보, 제연경계벽 및 벽(가동벽, 셔터, 방화문 포함)</u>으로 한다.
⑦ 제연경계는 천장 또는 반자로부터 그 수직 하단까지의 거리(제연경계의 폭)가 <u>0.6m 이상</u>이고, 제연경계의 바닥으로부터 그 수직 하단까지의 거리(수직거리)가 <u>2m 이내</u>이어야 한다. 다만, 구조상 불가피한 경우는 2m를 초과할 수 있다.

이론 플러스

제연경계의 폭

1. 천장이나 반자로부터 제연경계의 수직 하단까지의 길이를 말하는 것으로, 연기가 예상제연구역 밖으로 확산되는 것을 방지하기 위함이다.
2. 제연경계의 폭이 0.6m 이상인 이유는 연기층의 두께를 적게 하면 배출구에서 연기를 배기 시 연기와 공기를 같이 흡입하게 되는 것을 방지하기 위한 것이다.

제연경계의 폭 및 수직거리

천장
제연경계 폭 = 0.6m 이상
제연경계
수직거리 = 2m 이내
바닥

---

⑧ 제연경계벽은 배연 시 기류에 따라 그 하단이 쉽게 흔들리지 않아야 하며, 가동식의 경우에는 급속히 하강하여 인명에 위해를 주지 아니하는 구조이어야 한다.

(4) 제연설비의 구성 기준

① 배출구 설치기준
예상 제연구역의 각 부분으로부터 하나의 배출구까지의 수평거리는 <u>10m 이내</u>가 되도록 한다.

② 공기유입방식 및 유입구 설치 기준
예상제연구역에 공기가 유입되는 순간의 풍속은 <u>초속 5m 이하</u>가 되도록 한다.

③ 배출풍도(= 배출덕트) 설치 기준
배출기의 흡입측 풍도안의 풍속은 <u>15m/s 이하</u>로 하고, 배출측 풍속은 <u>20m/s 이하</u>로 한다.

④ 유입풍도 설치 기준
유입풍도안의 풍속은 <u>20m/s 이하</u>로 한다.

(5) 제연설비 설치대상물 ★★

① 문화 및 집회시설, 종교시설, 운동시설로서 무대부의 바닥면적이 $200m^2$ 이상 또는 문화 및 집회시설 중 영화상영관으로서 수용인원 100명 이상인 것

② 지하층이나 무창층에 설치된 근린생활시설, 판매시설, 운수시설, 숙박시설, 위락시설, 의료시설, 노유자시설 또는 창고시설(물류터미널만 해당)로서 해당 용도로 사용되는 바닥면적의 합계가 $1,000m^2$ 이상인 층

③ 운수시설 중 시외버스정류장, 철도 및 도시철도 시설, 공항시설 및 항만시설의 대합실 또는 휴게시설로서 지하층 또는 무창층의 바닥면적이 $1,000m^2$ 이상인 것

④ 지하가(터널 제외)로서 연면적 $1,000m^2$ 이상인 것

⑤ 지하가 중 예상 교통량, 경사도 등 터널의 특성을 고려하여 행정안전부령으로 정하는 터널

⑥ 특정소방대상물(갓복도형 아파트 등 제외)에 부설된 특별피난계단 또는 비상용 승강기의 승강장

119 더 알아보기 ✓

제연설비와 관련된 용어의 정의

1. "제연구역"이란 제연경계(제연설비의 일부인 천장 포함)에 의해 구획된 건물 내의 공간을 말한다.
2. "예상제연구역"이란 화재발생 시 연기의 제어가 요구되는 제연구역을 말한다.
3. "제연경계의 폭"이란 제연경계의 천장 또는 반자로부터 그 수직 하단까지의 거리를 말한다.
4. "수직거리"란 제연경계의 바닥으로부터 그 수직 하단까지의 거리를 말한다.
5. "공동예상제연구역"이란 2개 이상의 예상제연구역을 말한다.
6. "배출풍도"란 예상제연구역의 공기를 외부로 배출하도록 하는 풍도를 말한다.
7. "유입풍도"란 예상제연구역으로 공기를 유입하도록 하는 풍도를 말한다.

자동화재탐지설비와 제연설비의 경계구역 비교

구분 \ 종류	자동화재탐지설비	제연설비
경계구역 면적	600m² 이하 (예외 : 1,000m² 이하)	1,000m² 이하
길이	50m 이하 (지하구 : 700m 이하)	60m 이하

2. 연결송수관설비

(1) 개요

① 고층건물·아케이드 등에 설치하며 <u>소방대가 현장에 도착하여 건물 외부에 돌출된 송수관에 연결하여 화재가 발생한 장소에 봉상주수로 본격소화를 위한 소화활동설비</u>이다.

② 건축물에 설치하는 소화설비 중 <u>가장 이상적이고 확실한 설비</u>이며, 스프링클러소화설비가 설치된 건축물에 있어서도 건축물 구조상 <u>외부로부터 호스를 내부로 연장하기 곤란한 장소</u>에 빠른 시간 내에 가장 효율적인 소화활동을 전개할 수 있는 설비이다.

(2) 종류

건식	고층 건축물이 아닌 저층 건축물(건축물의 층수가 10층 이하 또는 높이가 31m 미만 되는 건축물)에 많이 사용됨
습식	높이가 31m 이상 되는 건축물과 11층 이상의 건축물에 설치하는 연결송수관설비의 형태로서 건축물의 옥상에 고가수조를 설치하여 고가수조의 자연낙차압력을 이용해 송수구 방향에 설치된 체크밸브에 이르는 배관 내에 항상 물이 충만해 있도록 설치한 본격 소화용 설비

(3) 구성요소(송수구, 방수구, 방수기구함, 배관)

① 송수구

- ㉠ 지면으로부터 높이가 <u>0.5m 이상 ~ 1m 이하</u>의 위치에 설치하여야 한다.
- ㉡ 구경은 65mm의 쌍구형으로 하여야 한다.
- ㉢ 송수구는 연결송수관이 수직배관마다 1개 이상 설치하여야 한다.
- ㉣ 송수구 부근에는 자동배수밸브 또는 체크밸브를 설치하여야 한다.

건식(10층 이하)	송수구 → 자동배수밸브 → 체크밸브 → 자동배수밸브의 순서
습식(11층 이상)	송수구 → 자동배수밸브 → 체크밸브의 순서

② 배관

- ㉠ <u>주배관의 구경은 100mm 이상</u>의 것으로 하여야 한다.
- ㉡ 지면으로부터 높이가 31m 이상인 소방대상물 또는 지상 11층 이상인 소방대상물에 있어서는 습식 설비로 하여야 한다.
- ㉢ 연결송수관설비의 배관은 주배관의 구경이 100mm 이상인 옥내소화전, 스프링클러설비 또는 물분무등소화설비의 배관과 겸용할 수 있다.

③ 방수구

- ㉠ 방수구는 그 소방대상물의 층마다 설치한다.

119 [더] 알아보기

방수구 설치하지 않아도 되는 곳

1. 아파트의 1층 및 2층
2. 소방자동차의 접근이 가능하고 소방대원이 소방자동차로부터 각 부분에 쉽게 도달할 수 있는 피난층
3. 송수구가 부설된 옥내소화전을 설치한 특정 소방대상물(집회장·관람장·백화점·도매시장·소매시장·판매시설·공장·창고시설 또는 지하는 제외)로서 다음의 어느 하나에 해당하는 층
   (1) 지하층을 제외한 층수가 4층 이하이고 연면적이 6,000m² 미만인 특정소방대상물의 지상층
   (2) 지하층의 층수가 2 이하인 특정소방대상물의 지하층

이론 플러스

연결송수관설비 계통도

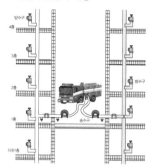

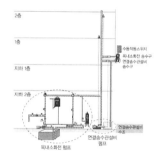

ⓛ <u>11층 이상</u>의 부분에 설치하는 방수구는 <u>쌍구형</u>으로 한다.

 119 데 알아보기 ✔

11층 이상의 부분에 설치하는 방수구를 단구형으로 설치 가능한 경우
1. 아파트의 용도로 사용되는 층
2. 스프링클러설비가 유효하게 설치되어 있고, 방수구가 2개소 이상 설치된 층

ⓒ 방수구의 호스접결구는 바닥으로부터 <u>높이 0.5m 이상 1m 이하</u>의 위치에 설치한다.
ⓔ 연결송수관설비의 전용방수구 또는 옥내소화전방수구로서 <u>구경 65mm</u>의 것으로 한다.

④ **방수기구함**
ⓐ 방수기구함은 피난층과 가장 가까운 층을 기준으로 <u>3개 층마다 설치</u>하되, 그 층의 방수구마다 <u>보행거리 5m 이내</u>에 설치하여야 한다.
ⓑ 방수기구함에는 <u>길이 15m의 호스</u>와 다음의 기준에 따라 <u>방사형 관창</u>을 비치하여야 한다.
 • 호스는 방수구에 연결하였을 때 그 방수구가 담당하는 구역의 각 부분에 유효하게 물이 뿌려질 수 있는 개수 이상을 비치하여야 한다. 이 경우 쌍구형 방수구는 단구형 방수구의 2배 이상의 개수를 설치하여야 한다.
 • 방사형 관창은 단구형 방수구의 경우에는 1개, 쌍구형 방수구의 경우에는 2개 이상 비치하여야 한다.
ⓒ 방수기구함에는 "방수기구함"이라고 표시한 축광식 표지를 할 것. 이 경우 축광식 표지는 소방청장이 고시한 「축광표지의 성능인증 및 제품검사의 기술기준」에 적합한 것으로 설치하여야 한다.

(4) 연결송수관설비의 설치대상물
① <u>층수가 5층 이상으로서 연면적 6,000m² 이상인 것</u>
② ①에 해당하지 아니하는 특정소방대상물로서 지하층을 포함하는 층수가 7층 이상인 것
③ ① 및 ②에 해당하지 아니하는 특정소방대상물로서 지하층의 층수가 3층 이상이고 지하층의 바닥면적의 합계가 1,000m² 이상인 것
④ 지하가 중 터널로서 길이가 2,000m 이상인 것

3. 연결살수설비

(1) 개요

① 지하가 또는 건축물 지하층의 연면적이 $150m^2$ 이상인 곳에 설치하는 본격소화를 위한 소화활동상 필요한 설비이다.

② <u>화재발생으로 연기가 충만하여 소화활동이 곤란한 장소에 설치</u>한다.

③ 화재 시 송수구 및 배관을 통하여 소방펌프차로 송수하여 살수헤드로부터 <u>적상주수</u>로 화재를 진압하는 소화활동설비이다.

④ 자동시스템이 아니며 소방펌프차로 인해 수조 등을 통하여 물을 송수하기 때문에 건물 자체 수원이 없이도 소화활동이 가능하다.

(2) 구성요소

① 송수구

㉠ 소방차가 쉽게 접근할 수 있고 노출된 장소에 설치하여야 한다. 이 경우 가연성가스의 저장·취급시설에 설치하는 연결살수설비의 송수구는 그 방호대상물로부터 20m 이상의 거리를 두거나 방호대상물에 면하는 부분이 높이 1.5m 이상 폭 2.5m 이상의 철근콘크리트 벽으로 가려진 장소에 설치하여야 한다.

㉡ 송수구는 <u>구경 65mm의 쌍구형</u>으로 설치할 것. 다만, 하나의 송수구역에 부착하는 살수헤드의 수가 10개 이하인 것은 단구형의 것으로 할 수 있다.

㉢ 개방형헤드를 사용하는 송수구의 호스접결구는 각 송수구역마다 설치하여야 한다. 다만, 송수구역을 선택할 수 있는 선택밸브가 설치되어 있고 각 송수구역의 주요구조부가 내화구조로 되어 있는 경우에는 그러하지 아니하다.

㉣ 지면으로부터 높이가 0.5m 이상 1m 이하의 위치에 설치하여야 한다.

㉤ 송수구로부터 주배관에 이르는 연결배관에는 개폐밸브를 설치하지 말아야 한다. 다만, 스프링클러설비·물분무소화설비·포소화설비 또는 연결송수관설비의 배관과 겸용하는 경우에는 그러하지 아니하다.

㉥ 송수구의 부근에는 "연결살수설비 송수구"라고 표시한 표지와 송수구역 일람표를 설치하여야 한다. 다만, 선택밸브를 설치한 경우에는 그러하지 아니하다.

㉦ 송수구에는 이물질을 막기 위한 마개를 씌워야 한다.

② 선택밸브

㉠ 화재 시 연소의 우려가 없는 장소로서 조작 및 점검이 쉬운 위치에 설치하여야 한다.

㉡ 자동개방밸브에 따른 선택밸브를 사용하는 경우에는 송수구역에 방수하지 아니하고 자동밸브의 작동시험이 가능하도록 하여야 한다.

이론 플러스

연결살수설비

1. **연결살수설비의 구성**

ㄱ. 연결살수설비는 송수구, 선택밸브, 배관, 살수헤드 등으로 구성되어 있다.

ㄴ. 연결살수설비는 선택밸브를 송수구역 외부에 설치한 경우와 선택밸브를 설치하지 않은 설비로 구분된다.

[연결살수설비의 계통도]

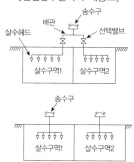

2. **연결살수설비의 형태**

ㄱ. **개방형 헤드를 사용하는 경우**
연결살수설비가 되어있는 건축물의 1층 벽면에 설치된 송수구로부터 소방자동차 등에 의해서 수원을 공급받아 개방형 살수헤드로 물을 살수할 수 있게 설치된 연결살수설비를 말한다.

ㄴ. **폐쇄형 헤드를 사용하는 경우**
연결살수설비용 주배관에 옥내소화전설비의 주배관 및 수도배관 또는 옥상에 설치된 수조에 접속하여 설치한다. 이때 접속부분에는 체크밸브를 설치하여야 한다.

[연결살수설비 개방형과 폐쇄형]

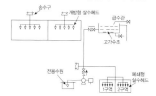

ⓒ 선택밸브의 부근에는 송수구역 일람표를 설치하여야 한다.

✿ 송수구를 송수구역마다 설치한 때에는 설치하지 않아도 된다.

③ **자동배수밸브와 체크밸브**

연결살수설비에는 송수구의 가까운 부분에 <u>자동배수밸브와 체크밸브</u>를 다음의 기준에 따라 설치하여야 한다.

ⓐ <u>폐쇄형 헤드를 사용하는 설비</u>의 경우에는 <u>송수구ㆍ자동배수밸브ㆍ체크밸브의 순</u>으로 설치하여야 한다.

ⓑ <u>개방형 헤드를 사용하는 설비</u>의 경우에는 <u>송수구ㆍ자동배수밸브의 순</u>으로 설치하여야 한다.

ⓒ 자동배수밸브는 배관 안의 물이 잘 빠질 수 있는 위치에 설치하되, 배수로 인하여 다른 물건 또는 장소에 피해를 주지 않아야 한다.

④ **개방형 헤드를 사용하는 연결살수설비**

하나의 송수구역에 설치하는 <u>살수헤드의 수는 10개 이하</u>가 되도록 하여야 한다.

⑤ **배관**

ⓐ 개방형 헤드를 사용하는 연결살수설비의 수평 주행배관은 헤드를 향하여 상향으로 <u>100분의 1 이상의 기울기</u>로 설치하고 주배관 중 낮은 부분에는 자동배수밸브를 설치하여야 한다.

ⓑ <u>가지배관 또는 교차배관을 설치하는 경우에는 가지배관의 배열은 토너먼트방식이 아니어야 하며,</u> 가지배관은 교차배관 또는 주배관에서 분기되는 지점을 기점으로 한 쪽 가지배관에 설치되는 <u>헤드의 개수는 8개 이하로 하여야 한다.</u>

119 더 알아보기

하나의 배관에 부착하는 살수헤드의 개수(개방형 헤드)					
살수헤드 개수	1개	2개	3개	4개 ~ 5개	6개 이상 10개 이하
배관의 구경(mm)	32	40	50	65	80

⑥ **헤드**

ⓐ 연결살수설비의 헤드는 <u>연결살수설비전용헤드 또는 스프링클러헤드로 설치</u>하여야 한다.

ⓑ 천장 또는 반자의 실내에 면하는 부분에 설치해야 한다.

ⓒ 천장 또는 반자의 각 부분으로부터 하나의 살수헤드까지의 수평거리가 <u>연결살수설비전용헤드의 경우에는 3.7m 이하, 스프링클러헤드의 경우에는 2.3m 이하</u>로 해야 한다.

ⓓ 가연성 가스의 저장ㆍ취급시설에 설치하는 연결살수설비의 헤드는 다음과 같다. 다만, 지하에 설치된 가연성가스의 저장ㆍ취급시설로서 지상에 노출된 부분이 없는 경우에는 그러하지 아니한다.

- 연결살수설비 <u>전용의 개방형헤드를 설치</u>하여야 한다.
- 가스저장탱크·가스홀더 및 가스발생기의 주위에 설치하되, <u>헤드 상호 간의 거리는 3.7m 이하</u>로 하여야 한다.
- 헤드의 살수범위는 가스저장탱크·가스홀더 및 가스발생기의 몸체의 중간 윗부분의 모든 부분이 포함되도록 하여야 하고 살수된 물이 흘러 내리면서 살수범위에 포함되지 아니한 부분에도 모두 적셔질 수 있도록 하여야 한다.

(3) 연결살수설비 설치대상물

① <u>판매시설, 운수시설, 창고시설 중 물류터미널</u>로서 당해 용도로 사용되는 부분의 바닥면적의 합계가 <u>1,000m² 이상</u>인 것
② <u>지하층(피난층으로 주된 출입구가 도로와 접한 경우는 제외)</u>으로서 바닥면적의 합계가 <u>150m² 이상</u>인 것. 다만, 국민주택 규모 이하인 아파트 등의 지하층(대피시설로만 사용하는 것만 해당)과 <u>학교의 지하층에 있어서는 700m² 이상</u>인 것
③ 가스시설 중 지상에 노출된 탱크의 용량이 <u>30톤 이상인 탱크시설</u>
④ ① 및 ②의 소방대상물에 부속된 연결통로 등

4. 비상콘센트설비

(1) 개요

화재 시 소방대의 조명장치, 파괴장비 등을 접속하여 사용하는 비상전원설비로서 소방대원의 소화활동 등을 용이하게 하기 위한 소화활동설비이다.

(2) 설치 기준

① <u>하나의 전용회로에 설치하는 비상콘센트는 10개 이하</u>로 하여야 한다.
② 바닥으로부터 높이 <u>0.8m 이상 1.5m 이하</u>의 위치에 설치하여야 한다.
③ 비상콘센트의 배치는 아파트 또는 바닥면적이 1,000m² 미만인 층은 <u>계단의 출입구로부터 5m 이내</u>에, 바닥면적 1,000m² 이상인 층(아파트 제외)은 각 계단의 출입구 또는 계단부속실의 출입구로부터 5m 이내에 설치하여야 한다.
④ 비상콘센트로부터 그 층의 각 부분까지의 거리는 지하상가 또는 지하층의 바닥면적의 합계가 3,000m² 이상인 것은 수평거리 <u>25m 이내</u>, 그 외는 수평거리 <u>50m 이하</u>마다 설치한다.
⑤ <u>전원회로의 배선은 내화배선</u>으로, 그 밖의 배선은 내화배선 또는 내열배선으로 하여야 한다.
⑥ 비상콘센트 보호함에는 그 상부에 적색의 표시등을 설치하여야 한다.

(3) 비상콘센트설비의 설치대상물

① 지하층을 포함하는 층수가 11층 이상인 특정소방대상물의 경우에는 11층 이상의 층

② 지하층의 층수가 3개 층 이상이고 지하층의 바닥면적의 합계가 1,000m² 이상인 것에 지하층의 전층

③ 지하가 중 터널로서 길이가 500m 이상인 것

5. 무선통신보조설비

(1) 개요

지하가 또는 지하공동구 등의 화재 시 지하층에는 전파의 반송이 안좋아지므로 소방대원의 소화활동을 용이하게 할 수 있도록 누설 동축케이블 등을 사용하여 <u>소방대 상호 간에 무선연락이 가능(지상과 지하층 사이)</u>하게 하는 소화활동상 수동 설비이다.

(2) 용어의 의미

① **누설동축케이블**

동축케이블의 외부도체에 가느다란 홈을 만들어서 <u>전파가 외부로 새어나갈 수 있도록 한 케이블</u>을 말한다.

② **분배기**

신호의 전송로가 분기되는 장소에 설치하는 것으로 <u>임피던스 매칭(Matching)과 신호 균등분배를 위해</u> 사용하는 장치를 말한다.

③ **분파기**

서로 <u>다른 주파수의 합성된 신호를 분리</u>하기 위해서 사용하는 장치를 말한다.

④ **혼합기**

두 개 이상의 입력신호를 원하는 비율로 <u>조합</u>한 출력이 발생하도록 하는 장치를 말한다.

⑤ **증폭기**

신호 전송 시 신호가 약해져 수신이 불가능해지는 것을 방지하기 위해서 <u>증폭하는 장치</u>를 말한다.

(3) 구성

① **누설동축케이블**

㉠ 누설동축케이블 및 공중선은 <u>고압의 전로로부터 1.5m 이상</u> 떨어진 위치에 설치하여야 한다. 다만, 해당 전로에 정전기 차폐장치를 유효하게 설치한 경우는 그러하지 아니하다.

ⓛ 누설동축케이블 또는 동축케이블의 <u>임피던스는 50Ω</u>으로 한다.

ⓒ 누설동축케이블의 끝부분에는 무반사 종단저항을 견고하게 설치하여야 한다.

② **무선기기 접속단자**

지상에 설치하는 접속단자는 보행거리 300m 이내마다 설치하고, 다른 용도로 사용되는 접속단지에서 5m 이상의 거리를 두어야 한다.

③ **분배기 등**

<u>임피던스는 50Ω의 것으로 하여야 한다.</u>

④ **증폭기**

㉠ 증폭기의 전면에는 주회로의 전원이 정상인지의 여부를 표시할 수 있는 표시등 및 전압계를 설치하여야 한다.

㉡ 증폭기에는 비상전원이 부착된 것으로 하고 해당 비상전원 용량은 무선통신보조설비를 유효하게 <u>30분 이상 작동</u>시킬 수 있는 것으로 하여야 한다.

(4) 설치 제외 대상

지하층으로서 소방대상물의 바닥부분 2면 이상이 지표면과 동일하거나 지표면으로부터의 깊이가 1m 이하인 경우에는 해당 층에 한하여 무선통신보조설비를 설치하지 아니할 수 있다.

(5) 무선통신보조 설비의 설치대상물

① 지하가(터널 제외)로서 연면적 <u>1,000m² 이상</u>인 것

② 지하층의 바닥면적의 합계가 <u>3,000m² 이상</u>인 것 또는 <u>지하층의 층수가 3개 층 이상</u>이고 지하층의 바닥면적의 합계가 <u>1,000m² 이상</u>인 것은 지하층의 전층

③ 지하가 중 터널로서 길이가 <u>500m 이상</u>인 것

④ 공동구

⑤ 층수가 30층 이상인 것으로서 16층 이상 부분의 모든 층

6. 연소방지설비

(1) 개요

연소방지설비는 전력케이블, 통신케이블, 도시가스관, 냉난방 배관 등이 설치되는 <u>지하구에 설치</u>하여 화재 시 피해를 줄이기 위한 설비이다.

(2) 구성

① **배관**

연소방지설비는 <u>습식 외의 방식</u>으로 하여야 한다.

② 방수헤드

③ 송수구

④ **연소방지도료의 도포**

    ㉠ 도료의 도포 두께는 <u>평균 1mm 이상</u>으로 하여야 한다.

    ㉡ 유성도료의 1회당 도포간격은 <u>2시간 이상</u>으로 하되, 환기가 원활한 곳에서 실시하여야 한다.

⑤ 방화벽

⑥ 공동구의 통합감시시설의 구축

(3) 설치대상물

<u>지하구(전력 또는 통신사업용인 것만 해당)</u>에 설치하여야 한다.

119 더 알아보기

펌프의 제 현상

1. 공동현상(Cavitaion)

    (1) 개요

        펌프의 흡입측 배관 내의 물의 정압이 기존의 증기압보다 낮아져서 기포가 발생되어 물이 흡입되지 않는 현상

    (2) 발생현상

        ① 소음과 진동 발생

        ② 관 부식

        ③ 임펠러의 손상

        ④ 펌프의 성능 저하

    (3) 공동현상의 발생 원인

        ① 관내의 물의 정압이 그때의 증기압보다 낮을 때

        ② 흡입관의 구경이 작을 때

        ③ 펌프의 흡입수두가 클 때

        ④ 펌프의 마찰손실이 클 때

        ⑤ 펌프의 임펠러속도가 클 때

        ⑥ 펌프의 설치 위치가 수원보다 높을 때

        ⑦ 관내의 수온이 높을 때

        ⑧ 유량이 증가하여 펌프물이 과속으로 흐를 때

        ⑨ 흡입거리가 길 때

    (4) 공동현상의 방지 대책

        ① 관 내의 물의 정압을 그때의 증기압보다 높게 한다.

        ② 흡입관의 구경을 크게 한다.

        ③ 펌프의 흡입수두를 작게 한다.

        ④ 펌프의 마찰손실을 작게 한다.

        ⑤ 펌프의 임펠러속도를 작게 한다.

⑥ 펌프의 설치 위치를 수원보다 낮게 한다.

⑦ 펌프를 2개 이상 설치한다.

⑧ 양흡입펌프를 사용한다.

2. 수격작용(Water hammering)

(1) 개요

① 배관 속의 물 흐름을 급히 차단하였을 때 동압이 정압으로 전환되면서 일어나나는 쇼크 현상

② 배관 내를 흐르는 유체의 유속을 급격하게 변화시키므로 압력이 상승 또는 하강하여 관로의 벽면을 치는 현상

(2) 수격작용의 발생원인

① 펌프가 갑자기 정지할 때

② 급히 밸브를 개폐할 때

③ 정상운전 시 유체의 압력 변동이 생길 때

(3) 수격작용의 방지 대책

① 관의 관경(직경)을 크게 한다.

② 관내의 유속을 낮게 한다(관로에서 일부 고압수를 방출한다).

③ 조압수조(surge tank)를 관선에 설치한다.

④ 플라이휠(fly wheel)을 설치한다.

⑤ 펌프 송출구(토출측) 가까이에 밸브를 설치한다.

⑥ 에어챔버를 설치한다.

3. 맥동현상(Serging)

(1) 개요

유량이 단속적으로 변하여 펌프 입출구에 설치된 진공계·압력계가 흔들리고 진동과 소음이 일어나며 펌프의 토출유량이 변하는 현상

(2) 맥동현상의 발생 원인

① 배관 중에 수조가 있을 때

② 배관 중에 기체상태의 부분이 있을 때

③ 유량조절밸브가 배관 중 수조의 위치 **후방**에 있을 때

④ 펌프의 특성곡선이 산 모양이고 운전점이 그 정상부일 때

(3) 맥동현상의 방지 대책

① 배관 중 불필요한 수조를 없앤다.

② 배관 내의 기체(공기)를 제거한다.

③ 유량조절밸브를 배관 중 수조의 **전방**에 설치한다.

④ 운전점을 고려하여 적합한 펌프를 선정한다.

⑤ 풍량 또는 토출량을 줄인다.

4. 에어바인딩(Air-binding)

(1) 개요

펌프 내에 공기가 차 있으면 공기의 밀도는 물의 밀도보다 작으므로 수두를 감소시켜 송액이 되지 않는 현상

(2) 에어바인딩의 발생 원인

펌프 내에 공기가 차있을 때

(3) 에어바인딩의 방지 대책

① 펌프 작동 전 공기를 제거한다.

② 자동공기제거펌프(self priming pump)를 사용한다.

5. 베르누이 정리(Bernoulli's theorem)

(1) 의의

유체역학의 기본법칙 중 하나이며, 1738년 베르누이(D. Bernoulli)가 발표하였다.

(2) 내용

① 점성과 압축성이 없는 이상적인 유체가 규칙적으로 흐르는 경우에 대해 속력과 압력, 높이의 관계에 대한 법칙이다.

② 한 유체의 흐름에서는 어떤 단면에서도 위치에너지와 운동에너지의 합이 일정하다는 법칙이다.

③ 한 유체의 흐름에서는 어떤 단면에서도 위치, 속도, 압력과 각 수두의 합은 일정하다는 법칙이다.

(3) 예시

굵기가 변하는 관에 공기를 흐르게 하고 굵기가 다른 부분의 아래로 가는 유리관을 연결한다. 가는 유리관 속에서의 물의 높이를 관찰하면 굵은 쪽에 연결된 물기둥은 그 높이가 낮아지고, 가는 쪽에 연결된 물기둥은 높이가 높아진다. 같은 높이에서 유체가 흐르는 경우 유체의 속력은 좁은 통로를 흐를 때 증가하고 넓은 통로를 흐를 때 감소한다. 베르누이의 정리에 따르면 유체의 속력이 증가하면 유체 내부의 압력이 낮아지고, 반대로 속력이 감소하면 내부 압력이 높아진다. 압력이 높아지면 유리관 속의 물기둥을 더 세게 누르므로 물기둥의 높이가 낮아지고, 압력이 낮아지면 유리관 속의 물기둥을 약하게 누르므로 물기둥의 높이는 높아진다.

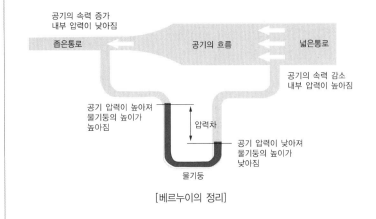

[베르누이의 정리]

물리의 기본 단위(7개)

1. 길이 : m(미터)
2. 질량 : kg(킬로그램)
3. 시간 : s(세컨드, 초)
4. 전류 : A(암페어)
5. 온도 : K(캘빈)
6. 몰 질량 : mole(몰)
7. 광량 : cd(칸델라)

물리의 유도 단위

1. 힘 : N(뉴턴)
2. 에너지 : J(줄)
3. 압력 : Pa(파스칼)
4. 일률 : W(와트)
5. 전기량 : C(쿨롱)
6. 저항 : Ω(옴)
7. 밀도 : kg/m^3
8. 속도 : m/s

표시 색깔 정리

1. 지상에 설치하는 소방용수표지
   - 안쪽 바탕 : 붉은색
   - 바깥쪽 바탕 : 파란색
   - 안쪽 문자 : 흰색
   - 바깥쪽 문자 : 노란색
2. 지하에 설치하는 소화전, 저수조
   - 맨홀뚜껑 : 노란색 반사도료
3. 화재의 분류
   - 일반화재 : 백색
   - 유류화재 : 황색
   - 전기화재 : 청색
   - 금속화재 : 무색
   - 가스화재 : 황색
4. 분말소화약제
   - 제1종 분말소화약제 : 백색
   - 제2종 분말소화약제 : 담회색(담자색)
   - 제3종 분말소화약제 : 담홍색/황색
   - 제4종 분말소화약제 : 회색
5. 위험물 주의사항 게시판
   - 물기엄금 : 청색 바탕, 백색 문자
   - 화기주의 : 적색 바탕, 백색 문자
   - 화기엄금 : 적색 바탕, 백색 문자

6. 중증도 분류
   - 긴급환자 : 적색
   - 응급환자 : 황색
   - 비응급환자 : 녹색
   - 지연환자(사망) : 흑색

7. 축압식 소화기의 지시압력계
   - 정상 : 녹색
   - 재충전 : 황색
   - 과충전 : 적색

8. 유도등
   - 피난구유도등 : 녹색 바탕, 백색 문자
   - 통로유도등 : 백색 바탕, 녹색 문자

9. 주유중 엔진정지 : 황색 바탕, 흑색 문자

10. 소방자동차 전용구역
    - 노면의 기본 : 황색
    - 문자(P, 소방자동차 전용) : 백색

단원별 예상문제

01 다음 중 소화활동설비에 해당하는 것은?

① 비상경보설비
② 무선통신보조설비
③ 공기안전매트
④ 상수도소화용수설비

해설
② 소화활동설비에는 연소방지설비, 연결송수관설비, 연결살수설비, 무선통신보조설비, 제연설비, 비상콘센트설비가 있다.
① 비상경보설비는 경보설비, ③ 공기안전매트는 피난기구, ④ 상수도소화용수설비는 소화용수설비에 해당된다.

02 다음 중 옥내소화전설비에 대한 설명으로 옳지 <u>않은</u> 것은?

① 가압송수장치는 고가수조방식, 압력수조방식, 지하수조방식, 가압수조방식이 있다.
② 유량측정장치는 성능시험배관의 직관부에 설치하되 펌프 정격토출량의 165% 이상 측정할 수 있는 성능이 되어야 한다.
③ 펌프의 토출 측에는 압력계를, 흡입 측에는 연성계 또는 진공계를 설치한다.
④ 펌프성능은 체절운전 시 정격토출압력의 140%를 초과하지 아니하고, 정격토출량의 150%로 운전 시 정격토출압력의 65% 이상이 되어야 한다.

해설
② 유량측정장치는 성능시험배관의 직관부에 설치하되 펌프 정격토출량의 175% 이상 측정할 수 있는 성능이 되어야 한다.

03 다음 중 옥내소화전설비 수조에 대한 설명으로 옳지 <u>않은</u> 것은?

① 점검이 편리한 곳에 설치할 것
② 수조의 외측에 수위계를 설치할 것
③ 수조의 밑부분에는 청소용 배수밸브 또는 배수관을 설치할 것
④ 수조의 상단이 바닥보다 높을 때에는 수조의 외측에 이동식 사다리를 설치할 것

해설
④ 수조의 상단이 바닥보다 높을 때에는 수조의 외측에 고정식 사다리를 설치해야 한다.

04 다음 중 스프링클러헤드를 설치하지 않을 수 있는 장소로 옳지 않은 것은?

① 통신기기실, 전자기기실, 발전실, 병원수술실 등 기타 유사한 장소
② 현관 또는 로비 등으로서 바닥으로부터 높이가 20m 이상인 장소
③ 천장과 반자 양쪽이 불연재료로 되어 있는 경우로서 천장과 반자 사이의 거리가 2m 이상인 부분
④ 고온의 노가 설치된 장소 또는 물과 격렬하게 반응하는 물품의 저장 또는 취급 장소

해설
③ 천장과 반자 양쪽이 불연재료로 되어있는 경우로서 천장과 반자 사이의 거리가 2m 미만인 부분이 제외 대상에 해당한다.

05 다음에서 설명하는 스프링클러설비의 종류로 옳은 것은?

> 화재 발생 시 감지기의 작동으로 1차측 유수검지장치가 작동하여 2차측 폐쇄형 스프링클러헤드까지 소화용수가 송수되어 폐쇄형 스프링클러헤드가 열에 의해 개방되는 방식이다.

① 습식 스프링클러설비
② 건식 스프링클러설비
③ 준비작동식 스프링클러설비
④ 일제살수식 스프링클러설비

해설
① 가압송수장치에서 폐쇄형 스프링클러(2차측)헤드까지 배관 내에 항상 물이 가압되어 있다가 화재로 인한 열로 폐쇄형 스프링클러헤드가 개방되는 방식이다.
② 건식 유수검지장치 2차측에 압축공기 또는 질소 등의 기체로 충전된 배관에 폐쇄형 스프링클러헤드가 부착된 스프링클러설비로서, 폐쇄형 스프링클러헤드가 개방되어 배관 내의 압축공기 등이 방출되면 건식 유수검지장치 1차측의 수압에 의하여 건식 유수검지장치가 작동하게 되는 스프링클러설비를 말한다.
④ 가압송수장치에서 일제개방밸브 1차측까지 배관 내에 항상 물이 가압되어 있고 2차측에서 개방형 스프링클러헤드까지 대기압으로 있다가 화재 발생 시 자동감지장치 또는 수동식 기동장치의 작동으로 일제개방밸브가 개방되면 스프링클러헤드까지 소화용수가 송수되는 방식의 스프링클러설비이다.

 119 더 알아보기

> **준비작동식 스프링클러설비**
> 가압송수장치에서 준비작동식 유수검지장치 1차측까지 배관 내에 항상 물이 가압되어 있고 2차측에서 폐쇄형 스프링클러헤드까지 대기압 또는 저압으로 있다가 화재 발생 시 감지기의 작동으로 준비작동식 유수검지장치가 작동하여 폐쇄형 스프링클러헤드까지 소화용수가 송수되어 폐쇄형 스프링클러헤드가 열에 따라 개방되는 방식의 스프링클러설비를 말한다.

06 초기 화재의 소화용으로 사용되지 <u>않는</u> 것은?

① 스프링클러설비
② 연결송수관설비
③ 옥내소화전설비
④ 소화기

해설

①·③·④ 초기 화재 소화용으로 적합한 것은 소화기, 옥내소화전, 옥외소화전, 스프링클러, 물분무 등 소화설비이고, 본격 화재 소화용으로 적합한 것은 연결송수관설비, 연결살수설비 등 소화활동설비이다.

07 비상콘센트설비에서 하나의 전용회로에 설치할 수 있는 비상콘센트의 수는 몇 개 이하로 하는가?

① 6
② 8
③ 10
④ 12

해설

③ 비상콘센트설비에서 하나의 전용회로에 설치할 수 있는 비상콘센트의 수는 10개 이하로 한다.

08 피난기구에 관한 내용으로 옳지 <u>않는</u> 것은?

① 피난기구는 일반적으로 1·2층 및 11층 이상에 설치하지 않는다.
② 완강기 최대사용 하중은 1,000N 이상의 하중이어야 한다.
③ 승강식 피난기는 몸무게에 의하여 연속 사용할 수 있는 무동력 승강식 피난기이다.
④ 구조대는 구조대를 설치하는 방법에 따라 경사강하식과 수직강하식으로 분류하며 입구틀 및 취부틀의 입구는 지름 50cm 이상의 구체가 통과할 수 있어야 한다.

해설

② 완강기를 80kg(1,000N) 이상에 사용하기에는 너무 약하다. 최대사용 하중 150kg(1,500N) 이상 견딜 수 있어야 한다.

09 시각경보기의 설명으로 옳은 것은?

① 자동화재탐지설비의 보조설비이다.

② 공연장, 집회장, 관람장 또는 이와 유사한 장소에 설치하는 경우에는 시선이 집중되는 무대부 부분 뒤에 설치한다.

③ 설치 높이는 바닥으로부터 2m 이상 2.5m 이하의 장소에 설치하나 다만, 천장의 높이가 2m 이하인 경우에는 천장으로부터 0.3m 이내의 장소에 설치하여야 한다.

④ 화재 시 시야를 볼 수 없는 시각장애인용으로 설치한다.

해설

② 공연장, 집회장, 관람장 또는 이와 유사한 장소에 설치하는 경우에는 시선이 집중되는 무대부 부분 등에 설치한다.

③ 설치 높이는 바닥으로부터 2m 이상 2.5m 이하의 장소에 설치한다. 다만, 천장의 높이가 2m 이하인 경우에는 천장으로부터 0.15m 이내의 장소에 설치하여야 한다.

④ 화재 시 소리를 듣기가 어려운 청각장애인들이 볼 수 있도록 점멸형태의 시각경보를 발하는 장치를 설치한다.

10 다음 중 제연설비 설치장소와 제연구역 구획의 설명으로 옳지 않은 것은?

① 통로상 제연구획은 보행중심선 길이가 50m 초과하지 아니할 것

② 거실과 통로는 상호 제연구획할 것

③ 하나의 제연구획의 면적은 1,000m 이내로 할 것

④ 하나의 제연구획은 직경 60m 원 내에 들어갈 수 있을 것

해설

① 통로상 제연구획은 보행중심선 길이가 60m를 초과하지 말아야 한다.

11 피난구유도등에 대한 설명으로 옳지 않은 것은?

① 표시면과 표시사항은 백색바탕에 녹색문자로 표시한다.

② 피난구 및 피난경로 출입구의 위치를 표시하는 유도등이다.

③ 옥내로부터 직접 지상으로 통하는 출입구 및 그 부속실의 출입구에 설치한다.

④ 직통계단·직통계단의 계단실 및 그 부속실의 출입구에 설치한다.

해설

① 피난구유도등은 녹색바탕에 백색문자로 표시한다.

12 다음과 관련된 포소화설비는 무엇인가?

> - 펌프의 토출관에 압입기를 설치하여 포소화약제 압입용 펌프와 포소화약제를 압입시켜 혼합하는 방식이다.
> - 수용액의 혼합비율이 가장 정밀하며, 설비가동에 따른 시간이 절약되어서 초기 소화활동에 효과적이며 대규모 포 소화설비에 적합하다.

① 라인 프로포셔너
② 프레져 프로포셔너
③ 펌프 프로포셔너
④ 프레져사이드 프로포셔너

해설
④ 제시된 내용은 프레져사이드 프로포셔너에 관한 설명이다.

13 소화전 펌프성능 중 체절운전 시 정격토출압력은 몇 %를 초과하지 아니하여야 하는가?

① 140%
② 150%
③ 160%
④ 170%

해설
① 펌프의 성능은 체절운전 시 정격토출압력의 140%를 초과하지 아니하고, 정격토출량의 150%로 운전 시 정격토출압력의 65% 이상이 되어야 한다.

14 다음 중 피난구유도등의 설치 높이로 옳은 것은?

① 피난구의 바닥으로부터 1.5m 이상
② 피난구의 바닥으로부터 1m 이상
③ 피난구의 바닥으로부터 1.5m 이내
④ 피난구의 바닥으로부터 1m 이내

해설
① 피난구유도등은 피난구 위, 바닥으로부터 1.5m 이상의 높이에 설치한다.

15 가압송수장치인 소방펌프의 체절운전으로 인한 수온 상승과 과압으로 배관이 파손되는 경우를 방지하기 위하여 설치하는 것은?

① 수압개폐장치(압력챔버)
② 물올림장치(호수조)
③ 순환배관 및 릴리프밸브
④ 수격방지기

해설
③ 펌프의 체절운전 시 수온의 상승을 방지하기 위하여 순환배관을 설치한다. 또한 순환배관상에 릴리프밸브를 통해 과압을 방출한다.

16 옥내소화전설비의 방수구 설치 기준에 관한 설명으로 옳지 않은 것은?

① 방수구는 소방대상물의 각 부분으로부터 수평거리 25m 이하가 되도록 설치하여야 한다.
② 바닥으로부터의 높이가 1.5m 이하가 되도록 설치하여야 한다.
③ 호스는 구경 65mm 이상의 것으로서 물이 유효하게 뿌려질 수 있는 길이로 설치하여야 한다.
④ 방수구는 소방대상물의 각 층마다 설치하여야 한다.

해설
③ 호스는 구경 40mm 이상의 것으로서 물이 유효하게 뿌려질 수 있는 길이로 설치하여야 한다.

17 소화기의 사용 가능 온도로 옳은 것은?

① 강화액소화기 : 30℃ ~ 40℃
② 분말소화기 : 5℃ ~ 50℃
③ 포소화기 : 0℃ ~ 50℃
④ 산알칼리소화기 : 0℃ ~ 40℃

해설
④ 산알칼리소화기는 0℃ ~ 40℃에서 사용이 가능하다.
①・② -20℃ 이상 40℃ 이하에 사용, 그 외는 일반적으로 0℃ ~ 40℃ 이하에서 사용이 가능하다.

18 소방시설 중 물분무 등 소화설비에 해당되지 <u>않는</u> 것은?

① 강화액소화설비
② 할로겐화합물 및 불활성기체소화설비
③ 스프링클러소화설비
④ 이산화탄소소화설비

해설

③ 물분무 등 소화설비에는 물분무소화설비, 미분무소화설비, 이산화탄소소화설비, 할론소화설비, 분말소화설비, 강화액소화설비, 할로겐화합물 및 불활성기체소화설비, 포소화설비, 고체에어로졸소화설비가 있다.

19 화재안전기준에서 규정하는 최소 규정 방수량이 가장 큰 소화설비로 옳은 것은?

① 옥내소화전
② 옥외소화전
③ 스프링클러설비
④ 간이스프링클러설비

해설

② 옥외소화전 – 350(L/min) 이상
① 옥내소화전 – 130(L/min) 이상
③ 스프링클러설비 – 80(L/min) 이상
④ 간이스프링클러설비 – 50(L/min) 이상

20 개방형 헤드를 사용하는 연결살수설비의 구경이 65mm인 배관에는 살수헤드를 최대 몇 개까지 부착할 수 있는가?

① 2개
② 3개
③ 4~5개
④ 6 ~ 10개

해설

③ 구경이 65mm인 배관에는 4~5개의 살수헤드를 부착할 수 있다.

119 더 알아보기

하나의 배관에 부착하는 살수헤드의 개수(개방형 헤드)

살수헤드 개수	1개	2개	3개	4개 ~ 5개	6개 ~ 10개
배관의 구경(mm)	32	40	50	65	80

21 자동화재탐지설비에는 그 설비에 대한 감시 상태를 60분간 지속한 후 유효하게 몇 분 이상 경보할 수 있는 축전지설비를 설치하여야 하는가?

① 10

② 15

③ 20

④ 25

해설
① 자동화재탐지설비에는 그 설비에 대한 감시 상태를 60분간 지속한 후 유효하게 10분 이상 경보할 수 있는 축전지설비를 설치하여야 한다.

22 이산화탄소소화설비에 대한 설명으로 옳지 <u>않은</u> 것은?

① 이산화탄소소화기에는 압력계가 필요 없다.

② 이산화탄소는 가격이 저렴하다.

③ 침투성이 좋고 심부화재와 표면화재에 적합하다.

④ 이산화탄소는 비전도성으로 전기화재 등에 적합하다.

해설
① 이산화탄소소화설비는 고압이기 때문에 압력계를 필요로 한다.

23 자동화재탐지설비의 감지기가 하는 기능으로 옳지 <u>않은</u> 것은?

① 센서기능

② 판단기능

③ 발신기능

④ 수신기능

해설
① · ② · ③ 자동화재탐지설비의 감지기는 센서기능, 판단기능, 발신기능을 가지고 있다.

24 옥외소화전과 소화전함의 이격거리는 몇 m 이내로 하여야 하는가?

① 5m

② 10m

③ 15m

④ 20m

해설
① 옥외소화전과 소화전함의 이격거리는 5m 이내가 된다(소화전함에는 호스가 구비되어 있다).

25 다음 피난구조설비 중 유도등에 관한 설명으로 옳지 <u>않은</u> 것은?

① 피난구유도등의 높이는 바닥으로부터 150cm 이상이다.

② 통로유도등의 색상은 녹색 바탕에 백색 글씨이다.

③ 피난구유도등은 피난구로부터 상용전원으로 등을 켜는 경우에는 문자 및 색채를 쉽게 식별할 수 있어야 한다.

④ 복도통로유도등은 바닥으로부터 높이 1m 이하의 위치에 설치하며 보행거리 20m마다 설치한다.

해설
② 통로유도등은 백색 바탕에 녹색 글씨로 한다. 한편, 피난구유도등은 피난구 및 피난 경로 출입구의 위치를 표시하는 녹색 바탕에 백색 글씨로서 바닥으로부터 높이 1.5m 이상의 위치에 설치한다.

26 스프링클러설비의 가압송수장치에 대한 설명 중 옳지 <u>않은</u> 것은?

① 체절운전 시 수온의 상승을 방지하기 위해 순환배관을 설치한다.

② 펌프의 토출 측에는 압력계를, 흡입 측에는 연성계 또는 진공계를 설치하며 펌프의 흡입배관은 공기고임이 생기지 아니하는 구조로 하고 여과장치를 설치한다.

③ 가압송수장치에는 정격부하 운전 시 펌프의 성능을 시험하기 위한 배관을 설치한다.

④ 기동용 수압개폐장치 중 압력챔버를 사용할 경우 용적은 100L 미만으로 한다.

해설
④ 기동용 수압개폐장치 중 압력챔버를 사용할 경우 그 용적은 100L 이상의 것으로 한다.

27 소화기의 설치 및 유지관리에 대한 설명으로 가장 옳지 **않은** 것은?

① 소화기를 지정 구역 내에 비치해 두어야 하며 사람들의 통행에 다소 방해되는 곳이라도 소형소화기일 경우 보행거리 20m마다 중요 위치에 분산시켜 관리해야 한다.

② 소화기를 각각의 보행거리마다 중요 위치에 분산시켜 관리해야 한다.

③ 바닥 높이로부터 1m 이하에 지정하여 설치한다.

④ 사용할 때는 바람을 등지고 서서 호스를 불쪽으로 향하게 한다.

해설

③ 소화기는 바닥 높이로부터 1.5m 이하에 지정하여 설치한다.

28 다음 제시문에 해당하는 내용으로 옳은 것은?

> • 1인 및 다수인이 사용한다.
> • 조속기, 후크, 연결금속구, 벨트, 로프로 구성되어 있다.

① 완강기   ② 피난사다리
③ 피난로프   ④ 구조대

해설

① 완강기는 사용자 하중에 의하여 자동적으로 내려 올 수 있는 기구 중 사용자가 교대하여 연속적으로 사용할 수 있는 것으로, 조속기, 후크(조속기의 연결부), 로프, 연결금속구, 벨트로 구성된다.

29 연결송수관설비의 송수구 부근 설비가 건식일 경우 설치 순서는?

① 송수구 – 자동배수밸브 – 체크밸브 – 자동배수밸브

② 체크밸브 – 자동배수밸브 – 송수구 – 자동배수밸브

③ 송수구 – 자동배수밸브 – 체크밸브

④ 체크밸브 – 자동배수밸브 – 송수구

해설

① 연결송수관 설치 순서는 건식의 경우 '송수구 – 자동배수밸브 – 체크밸브 – 자동배수밸브'이고, 습식의 경우 '송수구 – 자동배수밸브 – 체크밸브'이다.

30 다음 스프링클러설비 중 감지기를 별도로 설치하지 <u>않아도</u> 되는 것은?

> 가. Wet pipe system(습식) 나. Deluge system(일제살수식)
> 다. Preaction system(준비작동식) 라. Dry pipe system(건식)

① 가, 다 ② 나, 라
③ 가, 라 ④ 다, 라

해설
③ 습식 스프링클러설비(Wet pipe system)와 건식 스프링클러설비(Dry pipe system)는 감지기를 별도로 설치하지 않아도 된다.

31 소화설비에서 무상주수에 추가적으로 유용한 효과가 <u>아닌</u> 것은?

① 화원 주위에 복사열 증진효과가 있다.
② 산소 공급을 차단하는 질식효과가 있다.
③ 열을 흡수하는 냉각효과가 있다.
④ 유류 표면에 엷은 수막층이 형성하는 유화효과가 있다.

해설
① 화원 주위에 복사열 증진을 차단하는 효과가 있다.

32 다음 소방시설 중 소화활동설비에 해당하는 것을 모두 고른 것은?

> 가. 비상콘센트설비 나. 방열복
> 다. 제연설비 라. 공기호흡기
> 마. 연소방지설비 바. 무선통신보조설비

① 가, 나, 다, 라 ② 가, 나, 라, 바
③ 가, 다, 마, 바 ④ 가, 다, 라, 바

해설
③ 소방시설 중 소화활동설비에는 연결송수관설비, 연결살수설비, 연소방지설비, 무선통신보조설비, 제연설비, 비상콘센트설비가 있다. 방열복과 공기호흡기는 피난구조설비이다.

33 다음 소방시설의 종류 중 설비가 <u>다른</u> 것은?

① 단독경보형감지기
② 제연설비
③ 비상경보설비
④ 자동화재탐지설비

[해설]
② 제연설비는 소화활동설비에 해당되고 나머지는 경보설비에 해당한다.

34 통로유도등의 표시면으로 옳은 것은?

① 백색 바탕에 녹색 문자
② 녹색 바탕에 백색 문자
③ 적색 바탕에 백색 문자
④ 백색 바탕에 적색 문자

[해설]
① 통로유도등은 백색 바탕에 녹색 문자이다.

35 자동화재탐지설비의 구성 요소에 해당되지 <u>않는</u> 것은?

① 수신기　　　　　　　　　　　② 감지기
③ 중계기　　　　　　　　　　　④ 송신부

[해설]
④ 자동화재탐지설비는 감지기, 수신기, 발신기, 경종, 표시등, 전원, 배선, 중계기 등으로 구성된다.

36 아파트에 폐쇄형 스프링클러헤드를 기준 개수로 사용하였을 경우에 필요한 수원의 저수량은 몇 m^3 이상인가?

① 12　　　　　　　　　　　② 16
③ 32　　　　　　　　　　　④ 48

[해설]
② 아파트의 기준 헤드 개수는 10개이므로 수원의 저수령은 10개 $\times$ 1.6m^3 = 16m^3 이상이다.

37 스프링클러설비에 있어 헤드의 수평 거리로 옳은 것은?

① 비내화구조 – 2.3m 이하
② 무대부, 위험물 제조소 등 – 2.1m 이하
③ 내화구조 – 2.5m 이하
④ 특수가연물 – 1.7m 이하

해설
① 비내화구조는 2.1m 이하이다.
② 무대부, 위험물 제조소 등은 1.7m 이하이다.
③ 내화구조는 2.3m 이하이다.

38 다음 중 자동화재탐지설비 구성 요소 중 열감지기 종류가 <u>아닌</u> 것은?

① 보상식 감지기
② 광전식 감지기
③ 차동식 감지기
④ 정온식 감지기

해설
② 열감지기의 종류에는 차동식, 정온식, 보상식 감지기가 있고, 연기감지기에는 광전식 및 이온화식 감지기가 있다.

39 포소화설비 혼합방식 중 펌프와 발포기 중간에 설치된 벤츄리관의 벤츄리작용에 의하여 소화약제 저장탱크의 압력에 의해서 포소화약제를 흡입·혼합하는 방식은?

① 펌프 프로포셔너 방식
② 라인 프로포셔너 방식
③ 프레져 프로포셔너 방식
④ 프레져사이드 프로포셔너 방식

해설
② 포소화설비 혼합 방식 중 펌프와 발포기 중간에 설치된 벤츄리관의 벤츄리작용에 의하여 소화약제 저장탱크의 압력에 의해서 포소화약제를 흡입·혼합하는 방식은 라인 프로포셔너 방식이다.

정답 37 ④ 38 ② 39 ②

40 스프링클러설비와 비교할 때 물분무소화설비의 장점이 <u>아닌</u> 것은?

① 심부화재에 효과적이다.
② 전기 절연성이 높아 고압 통전기기의 화재에도 사용될 수 있다.
③ 매연 제거와 방어에도 효과가 있다.
④ 소화수 사용량이 적어서 소화작업 시 물에 의한 피해를 줄일 수 있다.

해설
① 스프링클러설비와 비교할 때 물분무소화설비는 심부화재에 효과적이지 않다.

41 천장 높이가 8m 이상 15m 미만인 소방대상물에 열감지기를 설치하고자 할 때 성능적으로 가장 적합한 것은?

① 정온식 감지기   ② 차동식 스포트형
③ 차동식 분포형   ④ 보상식 감지기

해설
③ 천장 높이가 8m 이상 15m 미만인 소방대상물에 열감지기를 설치하고자 할 때 성능적으로 가장 적합한 것은 차동식 분포형이다.

42 화재 시 피난하기 위하여 사용하는 피난구조설비에 해당하지 <u>않는</u> 것은?

① 연소방지설비   ② 공기호흡기
③ 인공소생기   ④ 유도표지

해설
① 연소방지설비는 소화활동설비에 해당한다.

43 제연설비의 제반사항으로 옳지 <u>않은</u> 것은?

① 거실과 통로(복도 포함)는 상호 제연구획할 것
② 통로상 제연구획은 보행중심선 길이가 60m 초과하지 아니할 것
③ 하나의 제연구역 면적은 500m² 이내로 할 것
④ 배출기 흡입 측 풍도 안의 풍속은 15m/s 이하, 배출 측 풍속은 20m/s 이하로 할 것

해설
③ 하나의 제연구역 면적은 1,000m² 이내로 해야 한다.

44 다음 특성에 해당되는 감지기는?

주위 온도가 일정 온도 이상이 되었을 때 작동하는 것으로서 외관이 전선으로 되어있지 않으며 일국소의 열효과에 의하여 작동된다.

① 차동식 스포트형   ② 차동식 분포형
③ 정온식 스포트형   ④ 보상식 스포트형

해설
③ 주위 온도가 일정 온도 이상이 되었을 때 작동하는 것으로서 외관이 전선으로 되어있지 않으며 일국소의 열효과에 의하여 작동되는 감지기는 정온식 스포트형이다.

45 R형 수신기에 대한 특성으로 가장 옳지 않은 것은?

① 화재 발생 시 고유의 신호를 숫자로 표시될 수 있다.
② P형에 비해 선로 수가 적어 경제적이다.
③ P형 수신기보다 선로의 길이를 길게 할 수 있다.
④ P형 수신기보다 회로의 증설 또는 이설이 비교적 어렵다.

해설
④ R형 수신기는 P형 수신기보다 회로의 증설 또는 이설이 비교적 쉽다.

46 다음 중 자동화재탐지설비의 P형 2급 발신기의 구성요소가 아닌 것은?

① 보호판   ② 전화잭
③ 외함   ④ 누름 스위치

해설
② 전화잭은 P형 1급 발신기의 구성요소이다.

119 더 알아보기

P형 발신기 1급과 2급의 구성요소

P형 1급 발신기의 구성요소	전화잭, 응답램프, 누름스위치, 보호판, 명판, 외함으로 구성
P형 2급 발신기의 구성요소	누름스위치, 보호판, 명판, 외함으로 구성

✪ 1급에는 있고 2급에는 없는 두 가지 장치는 전화잭, 응답램프이다.

47 랙크식 창고의 경우 특수가연물을 저장 또는 취급하는 것에 있어서 랙 높이는 몇 m 이하마다 스프링클러헤드를 설치해야 하는가?

① 1.7m

② 2.5m

③ 4m

④ 6m

해설

③ 랙크식 창고의 경우 「소방기본법 시행령」 별표 2의 특수가연물을 저장 또는 취급하는 것에 있어서는 랙크 높이 4m 이하마다, 그 밖의 것을 취급하는 것에 있어서는 랙크 높이 6m 이하마다 스프링클러헤드를 설치하여야 한다.

48 다음은 건식 스프링클러설비의 작동 원리에 관한 설명이다. (가) ~ (다)에 들어갈 내용을 순서대로 적은 것은?

> 건식 스프링클러설비는 (가) 의 1차측이 가압수, 2차측이 (나) 로 채워져 있다. 스프링클러헤드가 화재열로 개방되고 개방된 헤드를 통하여 (다) 가 방출되면 수압에 의하여 클리퍼가 개방되어 소화용수를 방출한다.

	(가)	(나)	(다)
①	유수검지장치	압축공기	압축공기
②	유수검지장치	소화용수	소화용수
③	일제개방밸브	압축공기	소화용수
④	일제개방밸브	소화용수	압축공기

해설

① 유수검지장치를 기준으로 수원에서 펌프를 거쳐 유수검지장치까지가 1차측, 유수검지장치에서 헤드까지를 2차측이라 한다. 1차측은 가압수, 2차측은 압축공기 또는 질소 등의 기체로 채워져 있다가 헤드가 개방되어 압축공기가 방출되면 수압에 의하여 클리퍼가 개방되어 소화용수를 방출한다.

49 자동화재탐지설비와 관련된 설명으로 옳지 않은 것은?

① 수신기는 화재 시 발신기 또는 감지기로부터 신호를 직접 또는 중계기를 거쳐 수신하여 건물 관계자에게 표시 및 음향장치로 알려주는 설비이며 P형은 고유의 신호로 수신하고 R형은 공통 신호로 수신한다.

② "발신기"란 화재 발생 신호를 수신기에 수동으로 발신하는 장치를 말한다.

③ 자동화재탐지설비는 화재를 감지하는 기능이 있어 화재가 발생할 때 자동적으로 작동해야 되는 자동화재속보설비 등과 연동되어 있다.

④ "경계구역"이란 특정 소방대상물 중 화재신호를 발신하고 그 신호를 수신 및 유효하게 제어할 수 있는 구역을 말한다.

해설

① 수신기는 화재 시 발신기 또는 감지기로부터 신호를 직접 또는 중계기를 거쳐 수신하여 건물 관계자에게 표시 및 음향장치로 알려주는 설비이며 R형은 고유의 신호로 수신하고 P형은 공통 신호로 수신한다.

50 다음과 관련된 현상으로 옳은 것은?

> 펌프에서 유체가 이송 시 정전 등으로 펌프가 정지하거나 밸브가 갑자기 잠길 경우 배관 내의 유체의 운동에너지가 압력에너지로 변하여 고압이 발생하거나, 유속이 급변하여 압력의 변화로 배관 내의 벽면을 치는 현상이다.

① 공동현상   ② 수격현상

③ 서징현상   ④ 에어바인딩현상

해설

② 수격현상(Water Hammering)은 펌프에서 유체가 배관 내의 벽면을 치는 현상으로서 정전 등으로 갑자기 펌프가 정지할 경우, 급히 밸브를 잠글 경우, 펌프의 정상 운전 시 유체의 압력 변동이 있는 경우 발생한다.

119 더 알아보기

1. 공동현상
   펌프의 흡입압력이 액체의 증기압보다 낮을 때 기포가 발생하는 현상
2. 서징현상
   공동현상 이후 양정, 토출양이 변화하는 현상(소음, 진동이 생김)
3. 수격현상
   유체의 운동에너지가 압력에너지로 변화하면서 배관 내의 벽면을 치는 현상
4. 에어바인딩현상
   원심 펌프에서 일어나는 공기고임 현상

51 펌프의 공동현상 방지 대책과 가장 거리가 <u>먼</u> 것은?

① 펌프의 설치 위치를 수원보다 낮게 한다.
② 펌프의 흡입관경을 작게 한다.
③ 흡입관의 배관을 간단히 한다.
④ 펌프의 임펠러 속도를 적게 한다.

> **해설**
> ② 펌프의 흡입관경을 크게 해야 한다. 그 외에 펌프의 흡입측 수두 및 마찰 손실을 적게 해야 하며, 양흡입 펌프를 사용해야 하고, 펌프를
> 2대 이상 설치해야 한다.

52 다음 중 공동현상 발생의 원인으로 옳지 <u>않은</u> 것은?

① 펌프의 흡입측 수두가 작을 경우
② 펌프의 설치위치가 탱크보다 너무 높을 때
③ 펌프의 흡입력이 액체의 증기압보다 낮을 때
④ 펌프의 임펠러 속도가 클 경우

> **해설**
> ① 펌프의 흡입측 수두가 클 경우 공동현상이 발생한다. 그 외에 펌프의 흡입관경이 너무 작은 경우, 배관 내의 수온이 고온일 경우,
> 마찰 손실이 과대할 경우에도 공동현상이 발생한다.

53 다음 중 펌프 운전 시 주기적으로 양정, 토출량이 변화하는 현상은?

① 공동현상
② 맥동현상
③ 수격현상
④ 진공현상

> **해설**
> ② 맥동현상(= 서징현상)이란 송출 압력과 송출유량의 주기적인 변동이 발생하는 현상이다. 공동현상 이후에 발생하며 유량이 단속적으로
> 변하여 펌프의 입구 · 출구에 설치된 진공계 및 압력계가 흔들리고 진동과 소음이 일어나며 펌프의 토출유량이 변하는 현상이다.

54 다음과 관련된 법칙은?

> 한 유체 내의 흐름에서는 어떤 단면에서도 위치, 속도, 압력과 각 수두의 합은 항상 일정하다.

① 이상기체상태방정식
② 베르누이법칙
③ 보일의 법칙
④ 일정성분비의 법칙

해설
② 제시문에서 설명하고 있는 법칙은 베르누이 법칙이다. 벤츄리관은 베르누이법칙을 적용한 것이다.

55 소방시설의 분류와 해당 소방시설의 종류가 옳게 연결된 것은?

① 소화설비 – 옥내소화전설비, 포소화설비, 간이스프링클러설비
② 경보설비 – 자동화재속보설비, 자동화재탐지설비, 제연설비
③ 소화용수설비 – 상수도소화용수설비, 소화수조, 연결살수설비
④ 소화활동설비 – 시각경보기, 연결송수관설비, 무선통신보조설비

해설
② 경보설비는 자동화재속보설비, 자동화재탐지설비이다. 제연설비는 소화활동설비이다.
③ 소화용수설비는 상수도소화용수설비, 소화수조이다. 연결살수설비는 소화활동설비이다.
④ 소화활동설비는 연결송수관설비, 무선통신보조설비이다. 시각경보기는 경보설비이다.

56 스프링클러설비의 리타딩챔버(retarding chamber)의 기능으로 옳은 것은?

① 역류방지   ② 가압송수
③ 오작동방지   ④ 동파방지

해설
스프링클러소화설비에서 리타딩챔버의 역할은 누수로 인한 오작동을 방지하는 자동장치이다.

119 더 알아보기

> 리타딩챔버 : 누수로 인한 유수검지 장치의 오동작을 방지하기 위한 안전장치로 압력스위치 작동지연(20초 정도)효과를 가지고 있다.

57 자동기동방식의 펌프가 수원의 수위보다 높은 곳에 설치된 옥내소화전설비의 구성요소를 있는 대로 모두 고른 것은?

> ㄱ. 기동용수압개폐장치　　　　　　　ㄴ. 릴리프밸브
> ㄷ. 동력제어반　　　　　　　　　　　ㄹ. 솔레노이드밸브
> ㅁ. 물올림장치

① ㄱ, ㄴ, ㅁ
② ㄷ, ㄹ, ㅁ
③ ㄱ, ㄴ, ㄷ, ㄹ
④ ㄱ, ㄴ, ㄷ, ㅁ

해설

펌프가 수원의 수위보다 높은 곳에 설치된 옥내소화전 설비의 구성요소는 기동용수압개폐장치, 릴리프밸브, 동력제어반, 물올림장치이다. 참고로 솔레노이드밸브(= 전자밸브)는 이산화탄소소화설비 등 가스계소화설비의 구성장치이다.

58 이산화탄소소화설비에 대한 일반적인 설명으로 옳지 <u>않은</u> 것은?

① 기동용기의 가스는 압력스위치 및 자동폐쇄장치를 작동시키는 역할을 한다.
② 저장용기는 직사광선 및 빗물이 침투할 우려가 없는 곳에 설치한다.
③ 전역방출방식에서 환기장치는 이산화탄소가 방사되기 전에 정지되어야 한다.
④ 전역방출방식에서는 음향경보장치와 방출표시등이 필요하다.

해설

① 기동용기의 가스는 저장용기 밸브나 선택밸브 개방에 이용된다. 환기장치는 이산화탄소가 방사되기 전에 해당 환기장치가 정지할 수 있도록 해야 한다.

59 포혼합장치 중 펌프 프로포셔너(pump proportioner) 방식에 해당하는 것은?

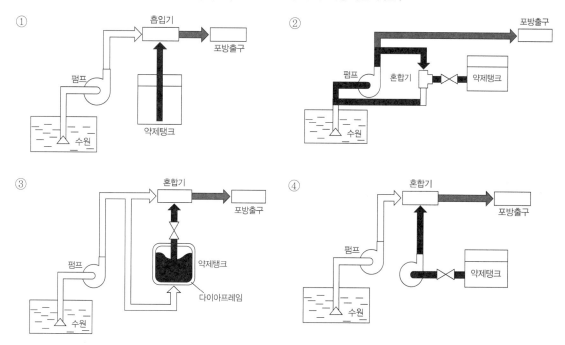

해설
문제 그림에서 펌프 프로포셔너(pump proportioner) 방식에 해당하는 것은 ②이다. 펌프 프로포셔너(pump proportioner) 방식은 펌프의 토출량과 흡입관 사이의 배관에 설치한 흡입기에 펌프에서 토출된 물의 일부를 보내고, 농도 조정밸브에서 조정된 포소화약제의 필요량을 포소화약제 탱크에서 펌프 흡입측으로 보내어 이를 혼합하는 방식이다.

60 소화설비에 대한 설명으로 옳은 것은?

① 산·알칼리 소화기는 가스계 소화기로 분류된다.
② CO₂ 소화설비는 화재감지기, 선택밸브, 방출표시등, 압력스위치 등으로 구성된다.
③ 슈퍼바이저리패널(supervisory panel)은 습식 스프링클러설비의 구성요소이다.
④ 순환배관은 옥내소화전설비의 펌프 체절운전 시 수온 하강 방지를 위해 설치한다.

해설
① 산·알칼리 소화기는 가스계 소화기가 아니라 수계 소화기로 분류된다.
③ 슈퍼바이저리패널(supervisory panel)은 습식 스프링클러설비의 구성요소가 아니라 준비작동식 스프링클러설비의 구성요소이다.
④ 순환배관은 옥내소화전설비의 펌프 체절운전 시 수온 하강 방지를 위해 설치하는 게 아니라 수온 상승 방지를 위해 설치한다.

61 자동화재탐지설비 감지기의 종류에 대한 설명이다. ( ) 안에 들어갈 내용으로 옳은 것은? [21 소방간부]

> 주위온도가 일정 상승률 이상이 되는 경우에 작동하는 것으로서 일국소의 열효과에 의하여 작동하는 것을 (ㄱ)
> 감지기라 하고, 일국소의 주위온도가 일정한 온도 이상이 되는 경우에 작동하는 것으로서 외관이 전선으로 되어
> 있지 아니한 것을 (ㄴ) 감지기라 한다. 이들 두 감지기의 성능을 겸한 것으로서 두 성능 중 어느 하나가 작동되면
> 화재신호를 발하는 것을 (ㄷ) 감지기라고 한다.

	(ㄱ)	(ㄴ)	(ㄷ)
①	정온식 스포트형	차동식 스포트형	보상식 스포트형
②	정온식 분포형	차동식 분포형	열복합식
③	차동식 스포트형	정온식 스포트형	보상식 스포트형
④	차동식 분포형	정온식 분포형	열복합식
⑤	차동식 감지선형	정온식 감지선형	열연복합

해설

③ 빈칸에 들어갈 내용은 (ㄱ) 차동식 스포트형, (ㄴ) 정온식 스포트형 (ㄷ) 보상식 스포트형이다.

119 ☺ 알아보기

감지기의 종류

열감지기	차동식(주위 온도가 일정상승률 이상)	스포트형	일국소(좁은 범위)
		분포형	넓은 범위
	정온식(주위 온도가 일정 온도 이상)	감지선형	전선
		스포트형	일국소
	보상식(차동식 + 정온식의 겸용)	스포트형	
연기감지기	이온화식		이온전류의 변화, 아메리슘241, a선
	광전식		광량의 변화
특수형 감지기	불꽃감지기, 광전식 중 아날로그 방식 등		

62 소방시설의 설비 분류가 <u>다른</u> 것은?

① 상수도소화용수설비
② 연결송수관설비
③ 연결살수설비
④ 연소방지설비
⑤ 무선통신보조설비

해설

① 상수도소화용수설비는 소화용수설비에 해당한다. ②, ③, ④, ⑤는 소화활동설비에 해당된다.

63 폐쇄형 스프링클러헤드를 사용하는 스프링클러설비를 〈보기〉에서 있는 대로 고른 것은?

ㄱ. 일제살수식 스프링클러설비   ㄴ. 부압식 스프링클러설비 ㄷ. 준비작동식 스프링클러설비   ㄹ. 건식 스프링클러설비 ㅁ. 습식 스프링클러설비

① ㄱ
② ㄱ, ㄴ
③ ㄴ, ㄷ, ㄹ
④ ㄴ, ㄷ, ㄹ, ㅁ
⑤ ㄱ, ㄴ, ㄷ, ㄹ, ㅁ

해설

④ 폐쇄형 스프링클러헤드를 사용하는 것은 ㄴ, ㄷ, ㄹ, ㅁ이고 개방형 스프링클러헤드를 사용하는 것은 ㄱ이다.

64 펌프와 발포기의 중간에 설치된 벤츄리관의 벤츄리작용과 펌프가압수의 포소화약제 저장탱크에 대한 압력에 따라 포소화약제를 흡입·혼합하는 방식은?

① 프레져사이드 프로포셔너(Pressure-side Proportioner)

② 프레져 프로포셔너(Pressure Proportioner)

③ 라인 프로포셔너(Line Proportioner)

④ 펌프 프로포셔너(Pump Proportioner)

⑤ 압축공기포 혼합장치

해설

② 펌프와 발포기의 중간에 설치된 벤츄리관의 벤츄리작용과 펌프가압수의 포소화약제 저장탱크에 대한 압력에 따라 포소화약제를 흡입·혼합하는 방식은 '프레져 프로포셔너(Pressure Proportioner)'이다.

65 자동화재탐지설비 수신기의 화재신호와 연동으로 작동하여 관계인에게 화재발생을 경보함과 동시에 소방관서에 자동적으로 통신망을 통한 당해 화재발생 및 당해 소방대상물의 위치 등을 음성으로 통보하여 주는 것은?

① 통합감시시설

② 비상경보설비

③ 비상방송설비

④ 자동화재속보설비

해설

④ 자동화재탐지설비 수신기의 화재신호와 연동으로 작동하여 관계인에게 화재발생을 경보함과 동시에 소방관서에 자동적으로 통신망을 통한 당해 화재발생 및 당해 소방대상물의 위치 등을 음성으로 통보하여 주는 것은 자동화재속보설비이다.

I wish you the best of luck

I wish you the best of luck

좋은 책을 만드는 길
독자님과 함께하겠습니다.

도서나 동영상에 궁금한 점, 아쉬운 점, 만족스러운 점이
있으시다면 어떤 의견이라도 말씀해 주세요.
SD에듀는 독자님의 의견을 모아 더 좋은 책으로 보답하겠습니다.

www.sdedu.co.kr

2023 문승철 소방학개론

개정4판1쇄 발행	2023년 01월 05일 (인쇄 2022년 08월 30일)
초 판 발 행	2018년 01월 05일 (인쇄 2017년 10월 23일)
발 행 인	박영일
책 임 편 집	이해욱
저 자	문승철
편 집 진 행	노윤재 · 윤소진 · 한주승
표지디자인	박종우
편집디자인	차성미 · 김경원 · 이은미 · 박서희
발 행 처	(주)시대고시기획
출 판 등 록	제10-1521호
주 소	서울시 마포구 큰우물로 75 [도화동 538 성지 B/D] 9F
전 화	1600-3600
팩 스	02-701-8823
홈 페 이 지	www.sdedu.co.kr
I S B N	979-11-383-2755-8 (13350)
정 가	37,000원

SD에듀의 소방 도서는...

- 현장실무와 오랜 시간동안 쌓은 저자의 노하우를 바탕으로 최단기간 합격의 기회를 제공합니다.
- 2023년 시험대비를 위해 최신개정법 및 이론을 반영하였습니다.
- 빨간키(빨리보는 간단한 키워드)를 수록하여 가장 기본적인 이론을 시험 전에 확인할 수 있도록 하였습니다.

더 이상의
소방 시리즈는 없다!

알차다!

친절하다!

핵심을 뚫는다!

명쾌하다!

SD에듀가 신뢰와 책임의 마음으로 수험생 여러분에게 다가갑니다.